# 統計學
## Statistics
### The Exploration and Analysis of Data, 7e

**Roxy Peck・Jay L. Devore**　著

陳相如・王聖權・許昌賢・張庭彰　譯

Australia・Brazil・Mexico・Singapore・United Kingdom・United States

統計學 ／ Roxy Peck, Jay L. Devore 著；陳相如等譯．
-- 初版．-- 臺北市：新加坡商聖智學習，2017.06
    面；　公分
    譯自：Statistics: The Exploration and Analysis of Data, 7th ed.
    ISBN 978-986-94626-6-2 (平裝)

1. 統計學

510                                    106007728

## 統計學

© 2017 年，新加坡商聖智學習亞洲私人有限公司台灣分公司著作權所有。本書所有內容，未經本公司事前書面授權，不得以任何方式（包括儲存於資料庫或任何存取系統內）作全部或局部之翻印、仿製或轉載。

© 2017 Cengage Learning Asia Pte. Ltd.
Original: Statistics: The Exploration and Analysis of Data, 7e
    By Roxy Peck · Jay L. Devore
    ISBN: 9780840058010
    ©2012 Cengage Learning
    All rights reserved.

    1 2 3 4 5 6 7 8 9 2 0 1 9 8 7

出 版 商　新加坡商聖智學習亞洲私人有限公司台灣分公司
　　　　　10448 臺北市中山區中山北路二段 129 號 3 樓之 1
　　　　　http://cengageasia.com
　　　　　電話：(02) 2581-6588　　傳真：(02) 2581-9118
原　　著　Roxy Peck · Jay L. Devore
譯　　者　陳相如 · 王聖權 · 許昌賢 · 張庭彰
總 經 銷　台灣東華書局股份有限公司
　　　　　地址：100 臺北市中正區重慶南路一段 147 號 3 樓
　　　　　http://www.tunghua.com.tw
　　　　　郵撥：00064813
　　　　　電話：(02) 2311-4027
　　　　　傳真：(02) 2311-6615
出版日期　西元 2017 年 6 月　初版一刷

ISBN 978-986-94626-6-2

(17CMS0)

# 譯者序

後學承蒙東華書局全體經營夥伴的厚愛與協助，多年來翻譯統計學教科書包括：Gerald Keller (7$^{th}$, Thomson, 2006)、Keller & Warrack (6$^{th}$, Thomson, 2003) 以及 Keller & Warrack (4$^{th}$, Thomson, 2000) 等，因為原文書的內容精實、編審部的校稿用心與印刷精美，而深受各大學校院相關學科教學者的採用，在此深感謝意！

十年後的今天，東華書局再次推出 *Statistics: The Exploration and Analysis of Data 7/e* (Jay Devore, Roxy Peck) 這本優質統計學英文教科書的中譯本，並由亞洲大學的王聖權、許昌賢與張庭彰三位教授與後學前後花費超過一年的時間合作完成。

本書的特色在於：

1. 全書的例子與習題深入日常生活、工作、社會、經濟、政治以及各專業領域所的統計學應用實務，並使用來自最新的報紙與期刊資料；
2. 每一章於「解釋統計分析的結果」篇幅中加入提供學生練習該章重要技巧的充分機會；
3. 提供奇數題號習題的解答，可供學生比對解答結果，及時發現錯誤並予修正，增強學習信心。

更重要的是，依譯者多年的統計學教學經驗，本書完整的章節主題非常適合規劃為一年期或是一學期各種時數的大學相關系所課程之使用。謹在此提供各位先進的參考，並不吝給予指正！

陳相如　德霖技術學院企業管理系
105.12.23

# 目錄

譯者序 ................................................................................................. iii

## 第 1 章　統計學的角色與資料分析過程　　1

| 1.1 | 為何學習統計學？ | 1 |
| --- | --- | --- |
| 1.2 | 變異的本質與角色 | 3 |
| 1.3 | 統計學與資料分析過程 | 6 |
| 1.4 | 資料類型與簡單圖示 | 12 |
| 活動 1.1 | 推特 (Twitter) 上的單字 | 27 |
| 活動 1.2 | 頭圍：瞭解變異性 | 28 |
| 活動 1.3 | 估計尺寸 | 28 |
| 活動 1.4 | 有意義的段落 | 30 |

## 第 2 章　敏銳地收集資料　　33

| 2.1 | 統計研究：觀察與實驗 | 33 |
| --- | --- | --- |
| 2.2 | 抽樣 | 40 |
| 2.3 | 簡單的比較實驗 | 53 |
| 2.4 | 實驗設計的再深入 | 72 |
| 2.5 | 觀察性研究的再深入：設計調查（選讀） | 78 |
| 2.6 | 解釋與表達統計分析的結果 | 84 |
| 活動 2.1 | 臉書交友 | 88 |
| 活動 2.2 | 麥當勞與下一千億個漢堡 | 89 |

| 活動 2.3 | 電動遊戲與疼痛管理 | 89 |
| 活動 2.4 | 小心隨機分派！ | 90 |

## 第 3 章　描述資料的圖形方法　　97

| 3.1 | 展示類別資料：比較的長條圖與圓餅圖 | 98 |
| 3.2 | 展示數量資料：莖葉圖 | 109 |
| 3.3 | 展示數量資料：次數分配與直方圖 | 120 |
| 3.4 | 展示雙變項數量資料 | 143 |
| 3.5 | 解釋與表達統計分析的結果 | 152 |
| 活動 3.1 | 找出各州 | 163 |
| 活動 3.2 | 豆子的計數 | 164 |

## 第 4 章　敘述資料的數量方法　　171

| 4.1 | 敘述資料集的中央位置 | 172 |
| 4.2 | 敘述資料集的變異性 | 183 |
| 4.3 | 摘要資料集：盒狀圖 | 195 |
| 4.4 | 解釋中央位置與變異性：<br>謝比雪夫定理、經驗法則與 $Z$ 分數 | 202 |
| 4.5 | 解釋與表達統計分析的結果 | 212 |
| 活動 4.1 | 收集與摘要數量資料 | 218 |
| 活動 4.2 | 飛機乘客體重 | 218 |
| 活動 4.3 | 盒狀圖的形狀 | 218 |

## 第 5 章　摘要雙變項資料　225

5.1　相關　226
5.2　線性迴歸：對雙變項資料配適一條直線　238
5.3　評估直線的配適性　251
5.4　非線性關係與變換　271
5.5　解釋與表達統計分析的結果　292
活動 5.1　年齡與柔軟度　299

## 第 6 章　機率　307

6.1　解釋機率與基本的機率法則　308
6.2　機率作為決策的基礎　319
6.3　利用經驗和模擬估計機率　323
活動 6.1　Kisses（巧克力）　334
活動 6.2　對歐洲體育迷的一個危機？　334
活動 6.3　籃球熱手　335

## 第 7 章　母體分配　341

7.1　描述母體數值的分配　341
7.2　連續數值變項的母體模型　350
7.3　常態分配　359
7.4　確認常態性與常態化變換　379
活動 7.1　是真實的嗎？　392
活動 7.2　腐爛的雞蛋　**393**

## 第 8 章　抽樣變異性與抽樣分配　　397

- 8.1　統計量與抽樣變異性　　398
- 8.2　一個樣本平均數的抽樣分配　　403
- 8.3　一個樣本比例的抽樣分配　　414
- **活動 8.1**　多次報考 SAT 的學生是否在大學入學上具有優勢？　　420

## 第 9 章　使用單一樣本估計　　425

- 9.1　點估計　　426
- 9.2　一個母體比例的大樣本信賴區間　　433
- 9.3　一個母體平均數的信賴區間　　448
- 9.4　解釋與表達統計分析的結果　　463
- **活動 9.1**　證實在撤銷請願書上的簽名　　469
- **活動 9.2**　有意義的一段文字　　470

## 第 10 章　使用單一樣本假設檢定　　471

- 10.1　假設與檢定程序　　472
- 10.2　假設檢定的錯誤　　477
- 10.3　一個母體比例的大樣本假設檢定　　483
- 10.4　一個母體平均數的假設檢定　　499
- 10.5　檢定力與型 II 錯誤的機率　　512
- 10.6　解釋與表達統計分析的結果　　523
- **活動 10.1**　比較 $t$ 與 $z$ 分配　　526
- **活動 10.2**　一段有意義的文字　　528

## 第 11 章　比較兩個母體或處理　531

- 11.1　使用獨立樣本對兩個母體或處理之平均數間的差異做推論　531
- 11.2　使用成對樣本對兩個母體或處理之平均數間的差異做推論　553
- 11.3　兩個母體或處理比例間差異的大樣本推論　566
- 11.4　解釋與表達統計分析的結果　579
- 活動 11.1　氦氣填充的足球　584
- 活動 11.2　想一想資料收集　584
- 活動 11.3　一段有意義的短文　585

## 第 12 章　卡方檢定　587

- 12.1　單變項資料的卡方檢定　587
- 12.2　在一個雙向表的齊一性和獨立性檢定　600
- 例 12.5　高風險的足球（續）　605
- 12.3　解釋和表達統計分析的結果　617
- 活動 12.1　選擇一個數字，任何數字⋯　621
- 活動 12.2　顏色和感知的味道　622

## 第 13 章　簡單線性廻歸與相關：推論方法　627

- 13.1　簡單線性廻歸模型　628
- 13.2　關於母體廻歸直線斜率的推論　642
- 13.3　檢核模型的適足性　653
- 13.4　解釋與表達統計分析的結果　666
- 活動 13.1　長身高的婦女是否來自「大」家庭？　668

## 第 14 章　多元迴歸分析　671

14.1　多元迴歸模型　672

14.2　配適一個模型並評估其效用　686

**活動 14.1**　探索預測變項數目和樣本量之間的關係　705

## 第 15 章　變異數分析　707

15.1　單因子變異數分析與 $F$ 檢定　708

15.2　多重比較　723

**活動 15.1**　探索單因子變異數分析　732

附錄 A　二項分配　735
附錄 B　統計表　746
精選習題簡答　765
索引　780

# 第 1 章

# 統計學的角色與資料分析過程

Andresr, 2010/Used under license from Shutterstock.com

　　人們每天都接觸資料並基於資料制定決策。**統計學 (statistics)** 是一種提供方法來協助讓資料變得有意義的科學原則。聰明的使用統計方法將提供一套讓我們更清楚瞭解生活周遭事物的有利工具。統計分析在諸如商業、醫學、農業、社會科學、自然科學，以及工程等各領域的廣泛應用逐漸形成一種認知，亦即統計能力──對於統計學目的與方法的熟悉──應該是一個良好教育課程的基礎要素。

　　統計學教導我們如何在不確定性與變異的情況中進行聰明的判斷與合理的決策。在本章，我們考慮在統計情境中之變異的本質與角色，介紹一些基礎的專門用語，並且檢視部分用以摘要資料的一些簡單圖示。

## 1.1　為何學習統計學？

　　俗話說：「沒有資料，你只是另一個擁有意見的人。」雖然軼事與巧合可能編織有趣的故事，你不會希望只基於軼事傳聞來制定重要決策。例如，只是因為一位朋友的朋友吃了 16 顆杏桃，然後他的關節疼痛獲得緩減，並不表示這是你對於

1

父母其中一人選擇關節炎治療方法所需要知道的所有資訊。在建議杏桃治療方法之前，你絕對需要考量其他相關資料——也就是，讓你足以深入瞭解該治療方法效果的資料。

　　缺乏對於統計學的基本認識實在無法在今日的世界裡正常工作。例如，以下就是來自 *USA Today*（2009年6月29日），基於在單一議題呈現之所有資料取得結論的文章之一些頭條新聞：

- 「嬰兒腹痛可能與父親有關」是一篇文章的標題，其報導一項關於嬰兒過度哭鬧與父母親憂鬱症之間關聯性的研究。該項對於超過 7600 位嬰兒與其父母親的研究結論指出，如果嬰兒出生前，父親被診斷出有憂鬱症狀，更有可能發生新生兒的過度哭鬧現象。

- 文章「許多成年人無法說出一位科學家的名字」報導針對 1000 位成人的調查結果。有 23% 的受訪者無法說出任何一位著名科學家的名字；但有 47% 的受訪者能夠說出亞伯特・愛因斯坦 (Albert Einstein) 這位科學家的名字。

- 「無論年齡多寡，很少人認為自己『老』」則是描述對於 2969 位成人所進行大型調查結果的一篇文章標題。受訪者被問到幾歲被認為是老人，結果資料顯示，依受訪者的年齡不同，其對於問題的答案有相當明顯的差異。年輕成人（18 至 29 歲）認定老人的平均年齡為 60 歲；而 30 至 49 歲的受訪者認定的平均年齡則為 69 歲，其他依序為，50 至 64 歲的受訪者認為是 72 歲，65 歲（含）以上的受訪者則認為 74 歲才算是老人。

- 文章「民調發現自從越戰以來最大的代溝」則摘要報導探索社會價值與政治看法意見之一項研究結果。毫無意外地，在網際網路、手機與文字通訊的使用上，不同年齡世代間確實存在很大的行為差異。

- 標題為「如果給你 1000 元（美元），你想做什麼？」的文章報導一項對於消費者的消費與儲蓄研究的一個面向。在該報導中肯定發生某種錯誤，因為所有回答類別（存起來、還清信用卡債、花在假期上……等）的百分比加總竟然達 107%。

要成為以上敘述那些報導的一位消息靈通消費者，你必須能夠做到以下幾點：

1. 從表格、圖形與圖表中萃取資訊。
2. 理解數字的敘述論點。
3. 知道資料應該如何被收集、摘要、分析的基本常識以作出統計結論。

你的統計學課程將協助你具備操作這些工作的能力。

學習統計學也將使你能夠以理智的方式收集資料，然後使用資料來回答感興趣的問題。此外，學習統計學將因提供你所需得出聰明判斷的工具而使你能夠精明地評估他人的工作。在你整個個人與職業生涯中，你將需要瞭解並使用資料來制定決策。要達到此一目標，你必須能夠

1. 決定現有資料是否合適，或者額外的資訊是否需要。
2. 必要的話，以合理與深思熟慮的方式收集更多資訊。
3. 以有用與提供資訊的態度彙整可用的資料。
4. 分析可用的資料。
5. 下結論、制定決策並評估錯誤決策的風險。

人們在制定每天的決策時都會非正式地使用這些步驟。你出外運動是否涉及受傷的風險？你的大學社團在嘗試募集基金時，慈善音樂會或是直接懇求捐款會有較佳效果？當選擇一個特定主修，畢業時找到工作的機會為何？如何依提供包括：申請人被接受的百分比、獲得學位所需時間等資訊的指導手冊選擇研究所課程？學習統計學使得基於資料所作決策的過程變得正式化，並提供完成所列步驟所需的工具。

我們希望這本教科書將協助你瞭解統計推理背後的邏輯，讓你具備適當應用統計方法的能力，並且使你能夠辨識錯誤的統計論述。

## 1.2 變異的本質與角色

統計方法使得我們能夠收集、敘述、分析資料與從資料做成結論。假設我們生活在一個對於每個人而言，所有的測量都是一致的世界，這些工作都會是簡單的。想像由在一所特定大學之所有學生所組成的一個母體，假設每一位學生都註冊相同數量的課程，本學期在教科書上花費完全相同的金錢，並且都支持增加學生收費以支付圖書館增加的服務。對於這個母體而言，在課程數量上，書本花費的金額上，或是學生對於增加費用的意見上都不存在變異。一位研究者瞭解來自這個母體之學生所獲得關於這三個變項的結論，將會是一項特別簡單的任務。根本不會涉及該研究者研究多少學生，或是被研究學生如何被選取的問題。事實上，該研究者可

以僅僅叫住恰巧行經圖書館的下一位學生而收集到修課數、書籍花費金額以及對於增加費用意見的資訊。由於在該母體中沒有變異，這位單一的個人將能夠提供有關所屬母體的完整且正確的資訊，而該研究者也將能夠取得沒有錯誤風險的結論。

很明顯地，此一方才描述的情境是不切實際的。沒有變異的母體是非常少見的，而且因為缺乏挑戰性，這樣的母體就統計而言是不會引人興趣的。事實上，變異幾乎是無所不在的。正因為變異的存在才使得生活（特別是統計學家的生活）變得有趣。我們需要瞭解變異，以期能夠以明智的方式來收集、描述、分析並從資料獲得結論。

例 1.1 與 1.2 闡明為何描述與瞭解變異是從資料取得資訊的關鍵。

## 例 1.1　假如鞋子合腳

圖 1.1 是一種圖形的例子，稱為直方圖（這類圖形的建構與解說在第 3 章討論）。圖 1.1(a) 表示 2000 年至 2008 年期間，某一特定大學女性籃球員身高的分配。其中，每一個條狀物的高度指出在對應身高區間中的籃球員人數。例如，有 40 位籃球員的身高介於 72 吋至 74 吋之間；而只有 2 位籃球員身高在 66 吋與 68 吋之間。圖 1.1(b) 則表示女性體操隊成員的身高分配。這兩個直方圖都是基於 100 位女性的身高所製成。

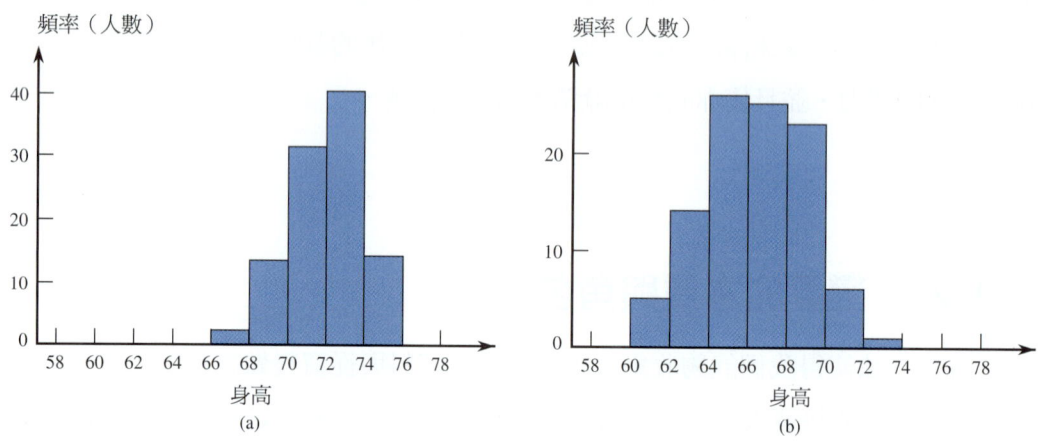

**圖 1.1**

女性運動員身高的直方圖：(a) 籃球員；(b) 體操運動員

第一個直方圖顯示女性籃球員的身高是不同的，大多數落在 68 吋與 76 吋之間。在第二個直方圖我們同樣發現女性體操運動員的身高也是不同的，大多數落在 60 吋與 72 吋的範圍。一樣很清楚的是，相較於籃球員直方圖，因為體操運動員的直方圖以其中心組別呈現較大的分散，體操運動員的身高要比籃球員身高有較大的變化。

現在假設一位很高的女性（5 呎 11 吋）告訴你，她正要找在體育館中與其隊伍一起練

習的妹妹，你會指引她至籃球隊練習的場地，或是體操隊練習的場地？你用來決定的理由為何？如果你發現一雙尺寸為 6 號的鞋子留在衣物間，你會優先嘗試詢問籃球隊成員或是體操隊員以歸還鞋子？

　　你可能回答的是，你將指引該位找妹妹的女性到籃球隊練習場，而嘗試將鞋子還給體操隊的一位成員。為了達成你的結論，你非正式地使用統計推理，這結合你原有對於手足之間身高的關係，以及鞋子尺寸與身高之間關係的知識，還有在圖 1.1 所呈現身高分配的資訊。你可能推敲說手足的身高應傾向於相似，而且，雖然並非不可能，但是 5 呎 11 吋的身高對於一位體操運動員而言確是不尋常。另一方面，高達 5 呎 11 吋的身高對於一位籃球員來說，是很常見的事。同理地，你可能推論高個子有較大的腳，而矮個子的腳較小。基於身高較矮與腳小對於體操運動員來說較常見，因為被發現的鞋子是小尺寸，所以比較可能屬於體操運動員而非籃球員。

## 例 1.2　監控水的品質

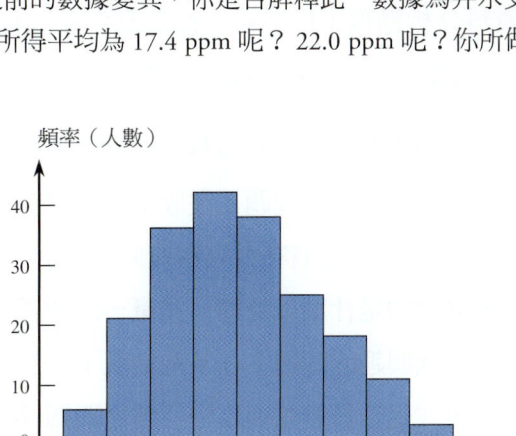

　　基於例行性之水品質監控的努力的一部分，環境控制局每天從一個特定的水井抽取五個水的樣本。每一個樣本的每百萬分之一 (ppm) 汙染物的濃度被測量，然後五個測量值的平均數被計算。圖 1.2 中的直方圖摘要了 200 天的平均汙染值。

　　現在假設離該口水井一英里遠的一家製造業工廠發生化學物外漏事件，並不確認這樣的外漏是否汙染該地區的地下水，而如果會汙染地下水，是否離水井如此距離的化學物外漏事件將會影響該水井中水的品質？

　　外漏事件發生一個月後，從該水井取出五個水樣本的平均汙染物為 15.5 ppm。思考外漏事件之前的數據變異，你是否解釋此一數據為井水受到外漏汙染之具有說服力的證據？如果計算所得平均為 17.4 ppm 呢？22.0 ppm 呢？你所做與圖 1.2 之直方圖有關的推論為何？

**圖 1.2**

井水平均汙染濃度（百萬分之一）的頻率

在這次的外漏事件前，每天平均汙染濃度都不一樣。15.5 ppm 的平均值算不上是異常數值，因此在外漏事件後看到 15.5 ppm 的一個平均數，不必然是汙染物提高的現象。另一方面，數據大如 17.4 ppm 的平均數較不常見，而與 22.0 ppm 一樣大的平均數則絕對不是外漏事件前的典型數值。既然如此，我們可能結論水井汙染程度已經提高。

在上述這兩個例題中，要取得結論需要瞭解變異。瞭解變異可以讓我們區別常見與不常見數值之間的差異。在變異的角度上去辨識不常見數值的能力，是大多數統計過程中的重要層面，也讓我們能夠量化基於資料所得錯誤結論的可能機率。這些概念在後續章節將進一步被深入探討。

## 1.3 統計學與資料分析過程

統計學涉及收集、彙整與分析資料。所有這三項工作都非常關鍵。缺乏彙整與分析，原始資料的價值不高。而且，對於不是以明智方式收集而得的資料來說，即使是複雜的分析也無法產生有意義的資訊。

統計研究的進行是要回答有關人類世界的問題。一種新的流感疫苗是否有效預防疾病？自行車頭盔的使用是否增加？在自行車意外中，戴頭盔的騎乘者所遭受的傷害是否較未戴頭盔者輕微？大學生擁有的信用卡數量有多少？工程系所學生是否較心理學系學生花更多錢在教科書上？資料的收集與分析使得研究者能夠回答這類問題。

資料分析過程可以被視為從規劃資料收集到基於所獲得資料進行有內涵結論的一連串步驟。這個過程可以被歸類為以下六個步驟：

1. **瞭解問題的本質**。有效的資料分析需要瞭解研究問題。我們必須知道研究的目標以及我們希望回答的問題。在收集資料之前有清楚的方向是很重要的，以確保我們能夠使用收集的資料回答感興趣的問題。
2. **決定要測量的是什麼以及如何測量**。這個過程中的下一個步驟是決定所需要的資料以回答感興趣的問題。在某些情況下，選擇是清楚明顯的（例如，在一項對於第一級美式足球員體重與攻守位置之間關係的研究中，你需要的是收集球員體重與負責攻守位置的資料），但是在其他情況，資訊的選擇就不是這樣的明確肯定

（例如，在一項偏好的學習模式與智商之間關係的研究，你如何定義學習模式並進行測量，以及你將採用測量智商的工具為何？）。仔細定義所要研究的變項並開發決定其數值的適當方法是相當重要的。

3. **資料收集**。資料收集的步驟是重要的。研究者首先需決定現有的資料來源是否適當，或是否新的資料必須被收集。即使是使用現有資料的決定，瞭解資料如何被收集以及為何被收集是重要的，以便任何導致的限制也能夠被充分瞭解並且被判斷是可接受的。如果必須收集新資料，由於適當的分析類型與後續可以做的結論取決於資料如何被收集，必須發展仔細的計畫。

4. **資料摘要與初步分析**。資料被收集後，下一個步驟常涉及包括以圖形方式與數量方式彙整摘要資料在內的初步分析。如此的初始分析提供對於資料重要特徵的洞察力，並且在進一步分析時提供選擇適當方法的導引。

5. **正式資料分析**。此一資料分析步驟要求研究者選擇與應用統計方法。本教科書的多數篇幅致力於可以被用以執行此一步驟的方法。

6. **結果解釋**。在此一最後步驟有幾個問題應該被重視。部分例子如：我們能夠從資料瞭解什麼？從分析結果可以做什麼結論？我們的分析結果如何指引未來研究？此一解釋步驟經常引發新研究問題的形成，從而讓我們回到整個過程的第一個步驟。以這種方式，好的資料分析經常是一個反覆的過程。

例如，一所大型大學的入學主管可能想瞭解在 2010 年秋季學期被接受的部分申請學生，為何最後沒能完成註冊。對於這位主管來說，他感興趣的母體是被接受卻沒有在 2010 年秋季學期註冊的所有申請人。因為這是一個大的母體，而且要接觸所有個別申請人可能相當困難，該主管或許決定只從 300 位選出的學生收集資料。這 300 位學生就形成了一個樣本。

> **定義**
>
> 資訊被需求的個人或事物的完整收集被稱為感興趣的**母體 (population)**。**樣本 (sample)** 是母體的子集，被選出進行研究。

決定如何選擇 300 位學生以及從每位學生身上應該收集哪些資料是資料分析過程的步驟 2 與步驟 3 的工作。下一個步驟則涉及組織與摘要資料。組織與摘要資料的方法，諸如表格、圖形或是數量摘要的使用，構成了稱為**敘述統計 (descriptive** statistics) 的統計學分支。統計學的第二個主要分支，**推論統計 (inferential statistics)**，涉及從所選出的樣本進行所屬母體的推論工作。當以這種方式推論，因為關於該母體的結論是基於不完整的資訊，對於非正確結論我們冒有風險。

> **定義**
>
> **敘述統計**是統計學的分支，其包含組織與摘要資料的各種方法。**推論統計**是統計學的分支，其涉及從所選出的樣本進行所屬母體的推論，與評估如此推論的可信度。

例 1.3 闡明在資料分析過程中的所有步驟。

## 例 1.3　扮演角色的好處

若干研究結論指出，刺激心智活動可以導致老年人記憶與心理健康的改善。文章「短期介入以增強老年人認知與情意功能」(*Journal of Aging and Health* [2004]: 562–585) 描述調查表演訓練是否具有相同好處的一項研究。演戲需要人去思考故事中各種角色的目標，記住所有台詞，依循稿子在舞台上移動，並且在同一時間做所有的這些事情。進行此項研究的研究者想要瞭解，參與這種複雜的多重工作是否展現在日常生活中獨立運作能力的改善。這項研究的參與者被指派至三個小組之一。一組參加表演課程 4 週，一組以相同時間進行視覺藝術課程，而第三組是沒有參加任何課程的比較組（又稱為「對照組」）。共有 124 位年齡介於 60 歲至 86 歲的成年人參與該研究。在 4 週研究期間的一開始與結束時，每一位參與者都接受被設計的幾個測驗以測量問題解決、記憶廣度、自尊與幸福感。在分析來自這個研究的資料後，研究者結論在表演組的參與者比其他兩組在問題解決與幸福感上都展現較大的進步。在分析所延續的討論中，幾項新的研究領域被建議。研究者好奇的是，學習寫作或音樂的效果是否近似演戲所觀察到的效果，並敘述進一步研究的計畫。他們同時注意到此研究的參與者普遍擁有良好教育，因此建議在將學習表演的好處這項結論推論到全體老年人的更大母體之前，應進行一更多元化小組的研究。

這個研究闡明了資料分析過程的本質。一個清楚定義的研究問題以及如何測量感興趣變項的適當選擇（用以測量問題解決、記憶廣度、自尊與幸福感的測驗）的重要性甚至要優先於資料收集。假設一個合理的方法被用來收集資料（我們將在第 2 章學習如何評估），並且適當的分析方法被使用，研究者可以獲得學習表演者展現進步潛力的結論。然而，他們也認清了該研究的限制，其從而引導未來研究的計畫。常見的情況是，資料分析循環引發新的研究問題，使得整個過程再次重新開始。

**評估一項研究報告**　這六個資料分析步驟也可以被用來作為評估發表研究報告的準則。下列問題應該被強調成為研究評估的一部分：

- 研究者想要瞭解的是什麼？哪些問題激發了他們的研究？
- 相關的資訊是否被收集？正確的事物是否被測量？
- 資料是否被以明智的方式收集？
- 資料是否被以適當的方式摘要？
- 基於資料類型與資料被收集的方式，是否以適當的分析方法被使用？
- 研究者所作的結論是否被資料分析支持？

　　例 1.4 闡明這些問題如何指導一項研究報告的評估。

## 例 1.4　害怕蜘蛛嗎？你並不孤單！

　　蜘蛛恐懼症是一種產生焦慮常見的失序症狀。事實上，美國心理學會估計介於 7% 至 15.1% 的人口有蜘蛛恐懼症。這種情況的一種有效治療方式是參與一個由臨床治療師帶領的座談會，病人直接面對活的蜘蛛。當這樣的治療方式被證明對於大部分病人是有效的，則需要具備這種技術訓練的治療師一對一的時間治療。文章「蜘蛛恐懼症治療的網路式自助方式與一次座談會的面對面」(*Cognitive Behaviour Therapy* [2009]: 114-120)，提出比較線上自助單元與親身治療之效果的一項研究結果。該文章指出

>　　共有 30 位病人被納入在網路上的後續篩選與結構式的臨床面談。網際網路治療方法由五個週別的主題單元構成，其呈現在一個網頁上，一個暴露於蜘蛛前的影片被製作，並由網際網路支援其播放。而實境面對的治療方式在簡要的口頭介紹後，以一個 3 小時的座談會進行。主要的結果測量是行為的方法測驗 (behavioral approach test, BAT)，作者並使用問卷測量焦慮症狀與沮喪以作為次要的測量。結果顯示，除了在 BAT 呈現臨床上顯著改變之比例外，兩組病人在治療後或後續期間並無差異。在治療後，46.2% 的網際網路組與 85.7% 的實境面對組達到這個改變。而在後續階段，對應的數據則為網際網路組的 66.7% 與實境面對組的 72.7%。

研究者因而結論線上治療是治療蜘蛛恐懼症一種有希望的新方法。

　　研究者在此提出一個良好定義的研究問題──他們想知道線上治療是否與親身面對面治療一樣有效。他們對這個問題感到興趣是因為線上治療不需要個人與治療師相處的時間，而且，如果這個方法真的有效，它將可以以較低的成本幫助較大族群的人們。研究者留意並記錄接受治療的方法，也記錄 BAT 與其他對於焦慮與沮喪測量的結果。研究的參與者在開始治療前，治療結束時，以及治療結束後一年都接受這些測驗。這使得研究者足以評估兩種治療方式的立即效果與長期效果，並得以著重於研究問題。

要評估資料是否被以明智的方式收集，瞭解參與者如何被選擇，以及如何決定特定參與者接受兩種治療方式之一是有用的。這篇文章指出，參與者是經由地區性報紙中的廣告與文章所招募，而且絕大多數是女性大學生。在第 2 章，我們將知道這樣的方式可能限制我們將這項研究的結果進行推論的能力。參與者被以隨機的方式指派到其中一種治療方法，這是確保一種治療方式不被因偏好而選擇的一個好策略。在這類研究中隨機分派的優點在第 2 章也會加以討論。

我們也將延後討論資料分析與結論的適切性，因為我們尚未具備必要的工具來評估研究的這些面向。

統計研究的其他更多有趣例子可以在 *Statistics: A Guide to the Unknown* 以及 *Forty Studies That Changed Psychology: Exploration into the History of Psychological Research* 書中找到。

## 習題 1.1 – 1.11

1.1 針對敘述統計與推論統計兩個名詞提供簡要定義。

1.2 針對母體與樣本兩個名詞提供簡要定義。

1.3 來自由 Travelocity 所進行民意調查的資料得出以下估計：大約有 40% 的旅行者在假期中會察看工作的電子郵件，另外約有 33% 在假期中會接聽手機以保持工作上的聯繫，以及約有 25% 在假期中會攜帶筆記型電腦（*San Luis Obispo Tribune*，2005 年 12 月 1 日）。這些比例是母體數值或是從樣本計算而得？

1.4 基於針對 2121 名 1 至 4 歲兒童所做的研究，威斯康辛醫學院的研究者結論缺鐵與兒童以奶瓶餵奶的時間長度有關（*Milwaukee Journal Sentinel*，2005 年 11 月 26 日）。描述此一研究感興趣的母體與樣本。

1.5 一所有 15,000 名學生的大學學生議會想知道學生對於評分系統允許增加評分級數改變（例如，B+、B、B−，而非只有 B）的贊成比例。200 位學生被訪問其對此一改變提案的態度。感興趣的母體為何？構成這個問題中樣本的學生族群為何？

1.6 線上購物普及性的提高使得許多消費者在工作中使用網際網路連結以便線上瀏覽與購物。事實上，感恩節後的週一被暱稱為「網路星期一」(Cyber Monday) 所指，正是在當天所產生大量增加的線上購物。由一家市場研究公司所進行大規模調查所得資料（*Detroit Free Press*，2005 年 11 月 26 日）被用來計算工作中男性與女性線上購物比例的估計值。最後的估計值大概不會讓所有的雇主高興──樣本中竟有 42%

的男性與 32% 的女性在工作中進行線上購物。這些估計值的計算是來自樣本或整個母體？

1.7　農業郡的民選首長們對於財產所有人支持下水道系統建設的比例感到興趣。由於接觸所有 7000 位財產所有人所耗不貲，因而進行其中 500 位（隨機選取）的調查。描述這個研究問題的母體與樣本。

1.8　一個消費者團體進行新款汽車的撞擊測試。為了決定 2010 年版 Toyota Camry 以每小時 10 哩的速度撞擊水泥牆所導致的損壞程度，該研究團體測試了 6 部該款汽車並評估損壞情形。描述這個研究問題的母體與樣本。

1.9　一位大樓承包商有機會在拍賣會買下 5000 個舊磚塊的一部分。她想要確定這批磚塊中破損的比例，因而無法被使用於她現有的案子，但是她沒有足夠時間一一檢視所有的 5000 個磚塊。取而代之的，她檢查了 100 個磚塊並判斷每一個是否破損。描述這個研究問題的母體與樣本。

1.10　文章「腦部分流檢驗以治療阿茲罕默症病患」（*San Francisco Chronicle*，2002 年 10 月 23 日）總結了刊登在 *Neurology* 期刊的一項研究發現。史丹佛醫學中心的一群醫生對於治療阿茲罕默症的一種新型外科手術是否導致記憶功能的改善感到興趣。該手術程序涉及植入一個細的導管，其稱為分流，是設計從一個緩衝腦部而充滿液體的空間排出毒素。11 位病患接受分流植入手術，並追蹤一年，接受每季一次的記憶功能測試。另一個阿茲罕默症病患的樣本則被當成比較組。比較組中的病患接受這種病狀的標準照顧。在分析這個研究的資料後，研究者結論「結果顯示被手術治療的病患在認知測驗中維持其基本的能力，而控制組中的病患則是穩定的衰退。然而，該研究規模太小而無法產生決定性的統計證據。」

a. 研究者想要得知的是什麼？什麼問題激發了他們的研究？
b. 你認為這個研究是否被以合理的方式進行？你需要什麼額外資訊來評估該研究？

1.11　報紙文章「噴走流行性感冒」（*Omaha World-Herald*，1998 年 6 月 8 日）報導一種以鼻噴劑提供而非注射方式的新流感疫苗效果的研究。該文章陳述「研究者在流感季節的兩個冬天以前，將噴劑發給 1070 名 15 個月大到 6 歲的健康兒童。相較於 532 名服用安慰劑的兒童有 18% 罹患流感，這群施用噴劑的兒童只有 1% 確認罹患流行性感冒。而且在罹患流感後，只有一位接受噴劑疫苗的兒童引發耳朵感染……。通常罹患流感兒童稍後會有 30% 至 40% 發展為耳朵感染。」研究者於是結論鼻噴劑疫苗有效減輕流感症狀，而且有效降低後續發展為耳朵感染的流感兒童人數。

a. 研究者想要得知的是什麼？什麼問題激發了他們的研究？
b. 你認為這個研究是否被以合理的方式進行？你需要什麼額外資訊來評估該研究？

## 1.4 資料類型與簡單圖示

每一個學科都有其使用共通語言的獨特方式，統計學也不例外。你將認出來自以前數學與科學課程的某些專門用語，但是統計學的大部分語言對你而言是全新的。在本節，你將學習某些用來描述資料的術語。

**資料類型**

在任一特定母體中之個人或個體典型地擁有許多可能被研究的特性。思考正在一個統計課程修課的一個學生團體。這個母體中學生的一個特性是其擁有的計算機品牌〔卡西歐(Casio)、惠普(Hewlett-Packard)、夏普(Sharp)、德州儀器(Texas Instruments)……等〕。另一個特性是該學期教科書的購買數量，以及，又一個特性是每一位學生永久住家到學校的距離。**變項 (variable)** 是其數值會因人或因個體而異的任一特性。例如，計算機品牌是一個變項，而購買的教科書數量以及到校距離也是變項。**資料 (data)** 則來自對單一變項或是同時針對兩個或更多變項的觀察。

一個單變量資料集是由對於一個樣本或母體中的個人所做單一變項的觀察所組成。計有兩類的單變量資料集：類別型與數量型。在先前的例子中，計算機品牌是一個類別變項，因為每位學生對於問題：「你所擁有的計算機品牌為何？」的回答是一種類別。而收集所有學生的回答形成了一個類別資料。另外兩個變項，購買的教科書數量以及到校距離，在本質上都是數量型。決定每一位學生如此數量型變項的數值（以計數或測量）可以得到一個數量型資料集。

> **定 義**
>
> 對於單一特性觀察值所組成的資料集是為**單變量資料集** (univariate data set)。
>
> 如果個人觀察值是類別型的回答，則單變量資料集是**類別型** (categorical)〔或稱**質性的** (qualitative)〕。
>
> 如果每一個觀察值是一個數字，則單變量資料集是**數量型** (numerical)〔或稱**量化的** (quantitative)〕。

### 例 1.5　重新選擇大學？

美國南加大的高等教育研究機構每年調查超過 20,000 名高年級大學生。在 2008 年的調查中有一個問題：如果有機會重新選擇大學，你是否仍會選擇在你現就讀的大學註冊？

可能的答案有：一定會 (DY)、可能會 (PY)、可能不會 (PN)，以及一定不會 (DN)。20 位學生的回答如下：

| DY | PN | DN | DY | PY | PY | PN | PY | PY | DY |
| DY | PY | DY | DY | PY | PY | DY | DY | PN | DY |

（這些資料只是調查結果所得資料的一個小的子集。對於完整資料集的描述，請見習題 1.18）。由於對於大學選擇問題的回答是類別型，這是一個單變量類別型資料集。

在例 1.5 中，資料集由針對單一變項（大學選擇回答）的觀察值所組成，所以這是一個單變量資料。某些研究的重點同時聚焦於兩個不同特性。例如，團體中每一位個人的身高（吋）與體重（磅）可能被記錄，所得的資料集由諸如 (68, 146) 等成對的數字所組成，稱為**雙變量資料集 (bivariate data set)**。至於，**多變量資料 (multivariate data)** 則來自於對兩個或更多特質之每一個所取得的類別或數值（因而，雙變量資料是多變量資料的一個特例）。例如，多變量資料可以得自對於一個團體中的每一位個人所決定的身高、體重、脈搏與收縮壓。例 1.6 舉例說明一個雙變量資料集。

### 例 1.6　大學校園有多安全？

思考以下 2005 年佛羅里達州大學校園暴力犯罪的資料。

| 大學／學院 | 註冊學生人數 | 2005 年報導的暴力犯罪次數 |
|---|---|---|
| Florida A&M University | 13,067 | 23 |
| Florida Atlantic University | 25,319 | 4 |
| Florida Gulf Coast University | 5,955 | 5 |
| Florida International University | 34,865 | 5 |
| Florida State University | 38,431 | 29 |
| New College of Florida | 692 | 1 |
| Pensacola Junior College | 10,879 | 2 |
| Santa Fe Community College | 13,888 | 3 |
| Tallahassee Community College | 12,775 | 0 |
| University of Central Florida | 42,465 | 19 |
| University of Florida | 47,993 | 17 |
| University of North Florida | 14,533 | 6 |
| University of South Florida | 42,238 | 19 |
| University of West Florida | 9,518 | 1 |

在此針對 14 所大學分別記錄兩個變項——註冊學生人數與報導的暴力犯罪次數。由於這個資料集包含每一所學校的兩個變項值，這是一個雙變量資料集。而在此討論的每一個變項都是數量型（而非類別型）。

## 兩種數量型資料

有兩種不同的數量型資料：間斷與連續。思考定位所研究數量型變項之各個數值的一條數線（圖 1.3）。在該線上，每一個可能數字（2, 3.125, 8.12976 等）就只對應單一一個點。現在假設感興趣的變項是一位學生註冊的課程數。因此，假設沒有學生註冊超過 8 個課程，可能的數值就會是 1、2、3、4、5、6、7 與 8。這些數值在圖 1.4(a) 中在標示 1、2、3、4、5、6、7 與 8 的點上被以小圓點確認。在數線上這些可能值與其他每一個數值獨立列示；在任一個可能值附近，我們可以放置一個區間，這個區間小到不足以有其他任何可能值被包含於其中。另一方面，在圖 1.4(b) 中的數線線段指出微波爐爆米花袋中的玉米核第一次成功爆開所花費時間（秒）之可能數值的看似合理集合。在此可見所有可能值在數線上組成一整個區間，而且並未有可能值與其他可能值分開列示的情形。

**圖 1.3**
一條數線

**圖 1.4**
一個變項的可能值：
(a) 註冊課程數
(b) 爆米花爆開秒數

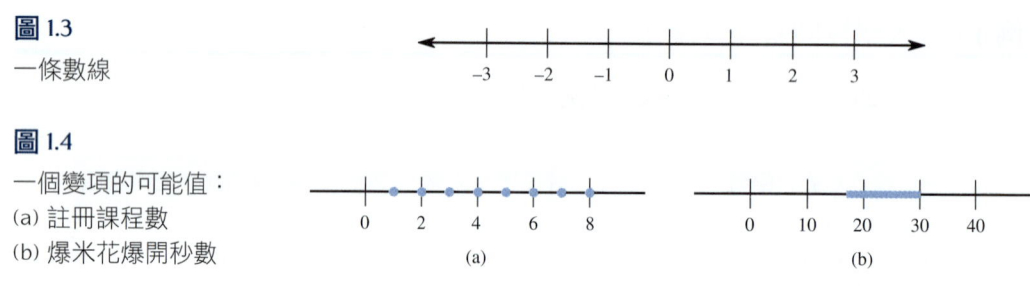

> **定 義**
>
> 當變項的可能值在數線上對應至單獨的點，數量型變項產生**離散的資料**（discrete data）。
>
> 當一組可能值在數線上形成一個完整區間，數量型變項產生**連續的資料**（continuous data）。

離散的資料通常是當觀察值以計數方式決定而產生（例如，一位學生的室友數，或是某種特定種類花卉的花瓣數）。

### 例 1.7　你傳簡訊嗎？

12 位學生每一人在特定日子所傳送簡訊的數量被記錄。所得資料集為

23　　0　　14　　13　　15　　0　　60　　82　　0　　40　　41　　22

傳送簡訊數量的變項可能值為 0、1、2、3……。在數線上這些是獨立的一些點，所以這個資料集由離散的數量資料所組成。

假設傳送簡訊所花費時間取代傳送簡訊數量被記錄。即使花費時間可能會被以最近似之進位整數分鐘所報導，實際花費時間有可能是在一個完整區間中的 6 分鐘、6.2 分鐘、6.28 分鐘，或是其他可能值。因此，記錄傳送簡訊花費時間的數值將產生連續的資料。

通常，當觀察值涉及進行測量而非計數，則為連續的資料。實務上，測量工具並不具備無限的準確性，因此，嚴格來說，可能的測量值在數線上並不形成一個連續區間。然而，連續區間中的任何數字可能是變項的一個值。離散的與連續的資料之間的區別在機率模型的討論中是非常重要的。

## 類別資料的次數分配與長條圖

將資料以適當圖形或表格的呈現，對於摘要與溝通資訊而言可以是一種有效的方式。當資料集是類別型，展現資料的普遍方式是以表格型式，稱為次數分配。

> **類別資料的次數分配** (frequency distribution) 是呈現可能類別與其聯合次數與／或相對次數的一個表格。
>
> 一個特定類別的**次數** (frequency) 是在資料集中該類別出現的次數數量。
>
> 一個特定類別的**相對次數** (relative frequency) 可以計算如下
>
> $$\text{相對次數} = \frac{\text{次數}}{\text{資料集中的觀察數值}}$$
>
> 一個特定類別的相對次數是屬於該類別的觀察值比例。如果表格包含相對次數，有時候被稱為**相對次數分配** (relative frequency distribution)。

### 例 1.8　摩托車安全帽——你能否看見耳朵？

美國交通部制定了摩托車安全帽的標準。為了確保某種安全度，安全帽必須遮蓋機車騎士耳朵的底部。報導「2005 年摩托車安全帽的使用——整體結果」（*National Highway Traffic Safety Administration*，2005 年 8 月）彙整了 2005 年 6 月在全國被選出的道路位置，

觀察 1700 位摩托車騎士所收集的資料。每當一位摩托車騎士經過，觀察者記下該騎士是否未戴安全帽、戴不符合規定的安全帽，或是符合規定的安全帽。資料使用以下編碼

    NH = 不符合規定的安全帽
    CH = 符合規定的安全帽
    N = 未戴安全帽

部分觀察結果為

CH　N　CH　NH　N　CH　CH　CH　N　N

有另外 1690 個觀察結果，我們並未複製於此。總計有 731 位騎士未戴安全帽，153 位騎士戴不符合規定的安全帽，以及 816 位騎士戴符合規定的安全帽。

對應的次數分配可見表 1.1。

**表 1.1　安全帽使用的次數分配**

| 安全帽使用類別 | 次數 | 相對次數 |
|---|---|---|
| 未戴安全帽 | 731 | 0.430　← 731/1700 |
| 不符規定安全帽 | 153 | 0.090　← 153/1700 |
| 符合規定安全帽 | 816 | 0.480 |
|  | 1700 | 1.000 |

觀察總數

加總必須為 1，但是在某些案例中可能因進位而稍微小於 1

從這個次數分配，我們瞭解有相當數量的騎士（43%）並未戴安全帽，但是大多數有戴安全帽的騎士，其安全帽符合交通部的安全標準。

次數分配提供資料集的一個表格呈現。以圖形呈現類別資料也非常普遍。長條圖就是最廣泛用以呈現類別資料的圖示類型之一。

## 長條圖

**長條圖 (bar chart)** 是類別資料次數分配的一個圖形。次數分配中的每一種類型都由一個條狀物或矩形加以表示，而圖形是依每一個條狀物的面積與對應的次數或相對次數呈等比例的方式建構。

## 長條圖

**何時使用：** 類別資料。

**如何建構：**

1. 畫一條水平軸，並且在該線下方的等距區間標示類別名稱或符號。
2. 畫一條垂直軸，並且使用次數或相對次數標示刻度。
3. 在每一個類別符號上放置一個矩形。高度取決於類別的次數或相對次數，所有的矩形應具有相同的寬度。在相同的寬度下，矩形的高度與面積等比例於次數或相對次數。

**期待什麼：**

- 經常與較不經常發生的類別。

### 例 1.9　再訪摩托車安全帽

　　例 1.8 使用來自 1700 位摩托車騎士樣本使用安全帽的資料來建構次數分配（表1.1）。圖 1.5 呈現對應此一次數分配的長條圖。

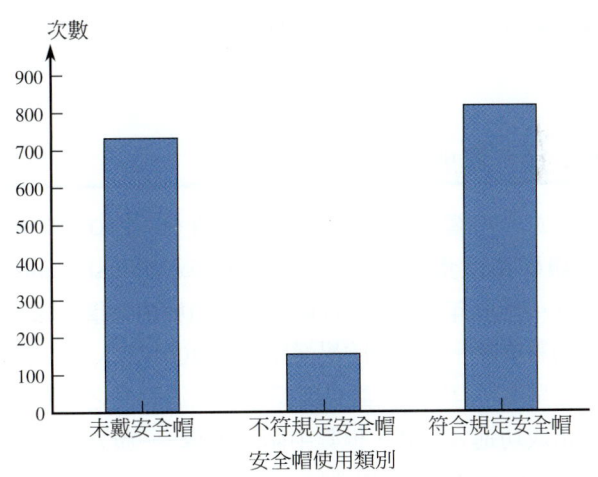

**圖 1.5**
安全帽使用的長條圖

長條圖提供次數分配中資訊的視覺呈現。從長條圖，很容易發現在資料集中使用符合規定安全帽的類別最多。由於戴符合規定安全帽的摩托車騎士大約是戴未符合規定安全帽騎士的五倍，符合規定安全帽的條狀物大約是不符合規定安全帽條狀物的五倍高度（也因此有五倍的面積）。

## 數量資料的點圖

當資料集相當小時，點圖是一種呈現數量資料的簡單方式。每一個觀測值都在一條水平測量刻度上之對應值的位置上方以一個點表示。當一個數值發生多於一次，每發生一次就有一個點而且這些點是垂直堆疊的。

### 點圖

**何時使用**：小的數量資料集。

**如何建構**：

1. 畫一條水平線，並且以適當的測量刻度標示。
2. 依測量刻度定位資料集中的每一個數值，並且以一個點表示。如果有兩個或更多觀測值具有相同數值，垂直地堆疊這些點。

**期待什麼**：點圖傳達以下資訊：

- 資料集中有代表性或典型的數值。
- 資料數值分散的程度。
- 數線上所有數值分配的本質。
- 資料集中異常數值的出現。

### 例 1.10　達成畢業的目標⋯

文章「持續得分當仍具備學生身分：2009 年 NCAA 男生第一級籃球賽會球隊之畢業率與學業進步率」(The Institute for Diversity and Ethics in Sport, University of Central Florida，2009 年 3 月) 比較籃球運動員與由大學派隊參加 2009 年第一級決賽之所有學生運動員的畢業率。附表中的畢業率表示 2002 年入學而於 2008 年底前畢業之運動員百分率。同時也呈現所有學生運動員與籃球學生運動員之間畢業率的差異。〔注意：來自 63 所大學的隊伍成功進入決賽，但其中兩所大學——康乃爾 (Cornell) 與北達科塔州大 (North Dakota State)——並未提供畢業率資料。〕

一種統計分析的電腦套裝軟體——Minitab 被用來建構籃球運動員的 61 個畢業率的點圖（見圖 1.6）。從這個點圖，我們發現校與校之間的籃球運動員畢業率有相當大的變化，介於低如 8% 至高到 100% 的範圍。我們同時發現畢業率似乎群聚在幾個組，是由加入點圖的幾個有顏色的橢圓形所表示。有幾所學校的畢業率達 100%（非常優異！），而由 13 所學校形成的另一個群組其畢業率比大多數群組要來得高。絕大多數學校屬於大約 30% 至 72% 畢業率的大群集。而由北脊 (Northridge) (8%)、馬里蘭 (Maryland) (10%)、波特蘭州

(Portland State) (17%) 與亞利桑那 (Arizona) (20%) 等四所大學所形成的底部群組，其籃球員則有令人尷尬相當低的畢業率。

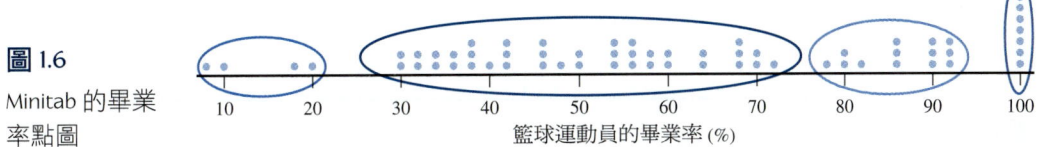

圖 1.6
Minitab 的畢業率點圖

畢業率(%)

| 籃球 | 所有運動員 | 差異（所有－籃球） | 籃球 | 所有運動員 | 差異（所有－籃球） |
|---|---|---|---|---|---|
| 63 | 75 | 12 | 57 | 70 | 13 |
| 56 | 57 | 1 | 45 | 57 | 12 |
| 31 | 86 | 55 | 86 | 85 | −1 |
| 20 | 64 | 44 | 67 | 81 | 14 |
| 38 | 69 | 31 | 53 | 78 | 25 |
| 100 | 85 | −15 | 55 | 69 | 14 |
| 70 | 96 | 26 | 92 | 75 | −17 |
| 91 | 79 | −12 | 69 | 84 | 15 |
| 92 | 89 | −3 | 17 | 48 | 31 |
| 30 | 76 | 46 | 77 | 79 | 2 |
| 8 | 56 | 48 | 80 | 91 | 11 |
| 34 | 53 | 19 | 100 | 95 | −5 |
| 29 | 82 | 53 | 86 | 94 | 8 |
| 71 | 83 | 12 | 37 | 69 | 32 |
| 33 | 81 | 48 | 42 | 63 | 21 |
| 89 | 96 | 7 | 50 | 83 | 33 |
| 89 | 97 | 8 | 57 | 71 | 14 |
| 60 | 67 | 7 | 38 | 78 | 40 |
| 100 | 80 | −20 | 31 | 72 | 41 |
| 67 | 89 | 22 | 47 | 72 | 25 |
| 80 | 86 | 6 | 46 | 79 | 33 |
| 64 | 70 | 6 | 67 | 75 | 8 |
| 40 | 69 | 29 | 100 | 82 | −18 |
| 42 | 75 | 33 | 89 | 95 | 6 |
| 100 | 94 | −6 | 53 | 71 | 18 |
| 10 | 79 | 69 | 100 | 92 | −8 |
| 55 | 72 | 17 | 50 | 83 | 33 |
| 46 | 83 | 37 | 41 | 68 | 27 |
| 60 | 79 | 19 | 100 | 80 | −20 |
| 36 | 72 | 36 | 86 | 79 | −7 |
| 53 | 78 | 25 | 82 | 92 | 10 |
| 36 | 71 | 35 | | | |

圖 1.7 呈現畢業率的兩個點圖——一個是籃球員，另一個是所有學生運動員。當資料以這種方式呈現，很容易察覺某些引人注目的差異存在。比起籃球運動員，所有學生運動員的畢業率傾向於較高而且校際之間的差異較小。

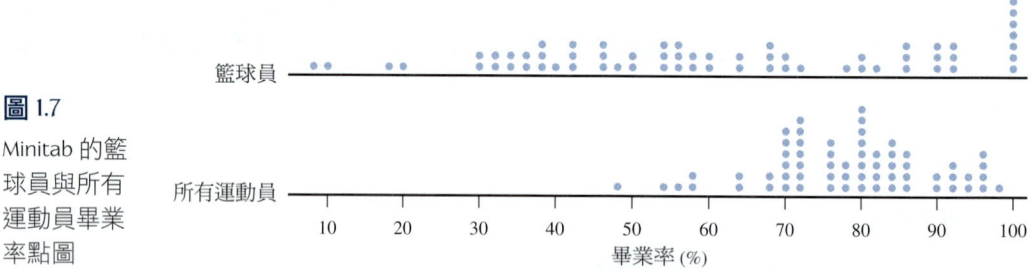

**圖 1.7**
Minitab 的籃球員與所有運動員畢業率點圖

圖 1.7 中的點圖是提供了資訊，但是我們可以做得更好。在此的資料是成對資料的例子。每一個籃球員畢業率被與來自同一所學校之所有學生運動員的畢業率配對。當資料以這種方式配對，針對差異通常會有較多資訊——此例中，每一所學校的所有學生運動員與籃球運動員之畢業率的差異。這些差異（所有 – 籃球）也呈現在資料表中。圖 1.8 提供 61 個差異的點圖。注意有一個差異等於 0，這對應於籃球員畢業率與所有學生運動員畢業率相等的一所學校。有 11 所學校的差異為負值。負值的差異對應至籃球運動員的畢業率高於所有學生運動員畢業率的那些學校。這個差異的點圖最讓人感到興趣的特性是很大量的正值差異與其散布很廣。正值的差異對應至較低籃球員畢業率的學校。校與校之間的畢業率差異存在很多的變異性，而且有三所學校的差異顯著地高於其他學校。〔為滿足你的好奇，這些學校是克萊姆森 (Clemson) 大學的 53% 差異，美國大學 (American University) 的 55% 差異，以及馬里蘭 (Maryland) 大學的 69% 差異。〕

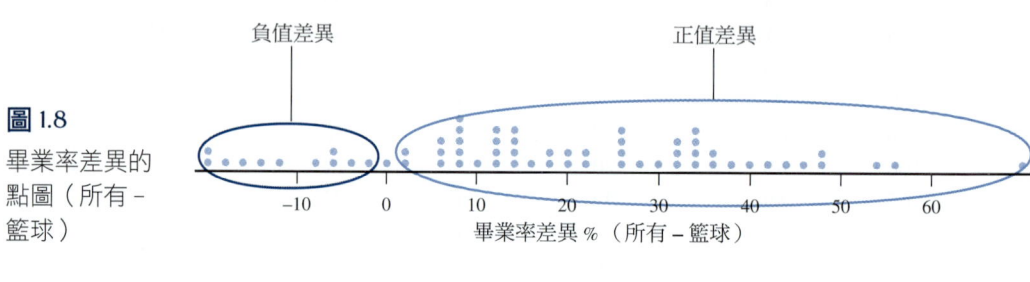

**圖 1.8**
畢業率差異的點圖（所有 – 籃球）

## 習題 1.12 – 1.31

**1.12** 將下列變項歸類為類別型或數量型。對於數量型的變項，決定其為離散的或連續的。

a. 一個有 35 位學生的班級，在截止日前繳交期末報告的學生人數
b. 在某家特定醫院下一個新生寶寶的性別

c. 分配給用以填充碳酸飲料的一個機器的液體量（盎司）
d. 維他命 E 膠囊外層凝膠的厚度
e. 數學主修學生的出生序分類（獨子、老大、排行中間、么子）

1.13 將下列變項歸類為類別型或數量型。對於數量型的變項，決定其為離散的或連續的。
a. 一位顧客購買的電腦品牌
b. 在美國出生者的出生州別
c. 一本教科書的價格
d. 一個水樣本的汙染物濃度（每立方公分微克量）
e. 郵遞區號（仔細思考這個變項）
f. 一磅裝罐中咖啡的實際重量

1.14 針對下列數量變項，說明每一個是間斷或連續。
a. 特定一個月間，雜貨店收到存款不足支票的數量
b. 購買前，一磅裝的牛絞肉之重量減少量（由於水份流失）
c. 某一特定年度的紐約洋基隊員將不會在次年為洋基隊出賽的人數
d. 一個有 35 位學生的班級，購買二手教科書的人數

1.15 針對下列數量變項，說明每一個是間斷或連續。
a. 一歲大響尾蛇的長度
b. 依射飛鏢在地圖上所隨機選擇之加州地點的高度
c. 一支 12 吋塑膠尺當彎曲至足以折斷時，從左邊邊緣至折斷處的距離
d. 在某一加油站下一位加油顧客所付的每加侖價格

1.16 針對下列每一種情況，提供一組來自觀察所敘述的可能資料數值。
a. 行經某一交叉路口的下 10 部汽車所被記錄的製造車廠。
b. 計算統計學課程中 15 位高年級生的每人平均學業成績。
c. 計數 20 個加油站，每一個加油站在某一特定時間裡加油台的使用數量。
d. 決定 12 袋標示 50 磅重的肥料，每一袋的實際重量。
e. 15 個不同的電台被監視一個小時，每一個電台花在商業廣告的時間被記錄。

1.17 在一項針對 100 位最近購買摩托車者的調查中，下列變項的資料被記錄：

購買者性別
購買的摩托車品牌
購買者先前擁有的摩托車數
購買者電話的區域碼
購買時裝備的摩托車重量

a. 這些變項中哪些是類別型？
b. 這些變項中哪些是間斷的數量型？
c. 彙整性別資料時，哪一種圖形展現會是適當的選擇？長條圖或是點圖。
d. 彙整重量資料時，哪一種圖形展現會是適當的選擇？長條圖或是點圖。

1.18 報導「2008 年大學高年級生調查的發現」（Higher Education Research Institute, UCLA，2009 年 6 月）提供下列彙整學生對於問題「如果能夠重新選擇，你是否仍會選擇目前你所註冊的學校？」回答的相對次數分配。

| 回答 | 相對次數 |
| --- | --- |
| 一定會 | .447 |
| 可能會 | .373 |
| 可能不會 | .134 |
| 一定不會 | .046 |

a. 使用這些資訊對於回答資料建構一個長條圖。
b. 假設你將使用這些回答資料與在 (a) 中的長條圖為基礎，做為你的學生報告的一個文章，文章的好標題將是什麼？

1.19 文章「攝取蛋白質」（*AARP Bulletin*，2009 年 9 月）提供 19 種常見蛋白質的食物來源中，每一公克蛋白質的成本。

| 食物 | 成本（美分每公克蛋白質） |
| --- | --- |
| 雞肉 | 1.8 |
| 鮭魚 | 5.8 |
| 火雞 | 1.5 |
| 大豆 | 3.1 |
| 烤牛肉 | 2.7 |
| 白乾酪 | 3.1 |
| 牛絞肉 | 2.3 |
| 火腿 | 2.1 |
| 小扁豆 | 3.3 |
| 豆子 | 2.9 |
| 優格 | 5.0 |
| 鮮奶 | 2.5 |
| 豌豆 | 5.2 |
| 豆腐 | 6.9 |
| 切達起司 | 3.6 |
| 堅果 | 5.2 |
| 蛋 | 5.7 |
| 花生醬 | 1.8 |
| 冰淇淋 | 5.3 |

a. 建立每公克成本資料的點圖。
b. 在你的點圖中找出肉類與家禽類的每公克成本並以不同顏色標示。基於此一點圖，肉類與家禽類是否似乎是好的價值？換言之，相較於其他蛋白質來源，它們是否具有較低的成本？

1.20 電影票房網站 Mojo (www.boxofficemojo.com) 追蹤電影票的銷售。附表中呈現 2007 年與 2008 年排名前 20 名之每一部電影的銷售票房（百萬美元）。

| 電影 (2007) | 2007 年銷售（百萬美元） |
| --- | --- |
| 蜘蛛人 3 | 336.5 |
| 史瑞克 3 | 322.7 |
| 變形金剛 | 319.2 |
| 神鬼奇航：世界盡頭 | 309.4 |
| 哈利波特——鳳凰會的密令 | 292.0 |
| 我是傳奇 | 256.4 |
| 神鬼認證：最後通牒 | 227.5 |
| 國家寶藏：古籍秘辛 | 220.0 |
| 鼠來寶 | 217.3 |
| 300 壯士：斯巴達的逆襲 | 210.6 |
| 料理鼠王 | 206.4 |
| 辛普森家庭 | 183.1 |
| 荒野大飆客 | 168.3 |
| 好孕臨門 | 148.8 |
| 少女孕記 | 143.5 |
| 巔峰時刻 3 | 140.1 |
| 終極警探 4 | 134.5 |
| 驚奇 4 超人：銀色衝浪手現身 | 131.9 |
| 美國黑幫 | 130.2 |
| 曼哈頓奇緣 | 127.8 |

| 電影 (2008) | 2008 年銷售（百萬美元） |
| --- | --- |
| 黑暗騎士 | 533.3 |
| 鋼鐵人 | 318.4 |
| 奪寶奇兵：水晶骷髏王國 | 317.1 |
| 全民超人 | 227.9 |
| 瓦力 | 223.8 |
| 功夫熊貓 | 215.4 |
| 暮光之城：無盡的愛 | 192.8 |
| 馬達加斯加 2 | 180.0 |
| 007 量子危機 | 168.4 |
| 荷頓奇遇記 | 154.5 |
| 慾望城市 | 152.6 |
| 經典老爺車 | 148.1 |
| 媽媽咪呀 | 144.1 |
| 馬利與我 | 143.2 |
| 納尼亞傳奇：賈斯潘王子 | 141.6 |
| 貧民百萬富翁 | 141.3 |
| 無敵浩克 | 134.8 |
| 刺客聯盟 | 134.5 |
| 糊塗情報員 | 130.3 |
| 班傑明的奇幻旅程 | 127.5 |

a. 建立 2008 年票房銷售資料的點圖。針對此一點圖進行任何有趣特性的評論。

b. 建立 2007 年票房銷售資料的點圖。針對此一點圖進行任何有趣特性的評論。2007 與 2008 兩年票房銷售的觀察值分部有何相似之處？兩者之間又有何相異之處？

1.21 大約有 38,000 名學生在加拿大艾德蒙吞的 Grant MacEwan College 上大學。2004 年，該校調查未返校註冊學生以瞭解他們為何沒能完成學位 (Grant MacEwan College Early Leaver Survey Report, 2004)。其中 63 位學生提供離開學校的個人（而非學業）原因。以下所附次數分配彙整這 63 位學生離開學校的主要原因。

| 離開主要原因 | 次數 |
|---|---|
| 財務 | 19 |
| 健康 | 12 |
| 僱用 | 8 |
| 家庭問題 | 6 |
| 想要休息 | 4 |
| 搬遷 | 2 |
| 旅行 | 2 |
| 其他個人因素 | 10 |

使用一個長條圖摘要離開學校原因的理由，並且用幾個句子評論離開學校的最普遍原因。

1.22 圖 EX-1.22 是在 USA Today（2009 年 6 月 29 日）出現的一個圖。這個圖應該是圖中所列問題之回答的長條圖。
a. 問題的回答是類別或數量變項？
b. 解釋為何長條圖而非點圖被用來展現回答資料。
c. 在建立這個圖時一定發生了錯誤。你如何能察覺此圖並非回答資料的正確表達。

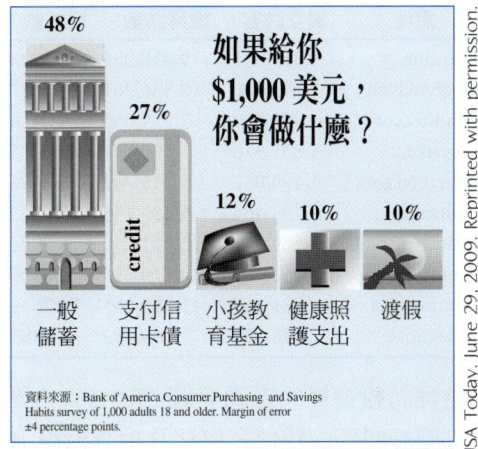

圖 EX-1.22

1.23 線上文章「社會網絡：Facebook 取代 Top Spot、Twitter 爬升」（Compete.com，2009 年 2 月 9 日）包括附帶有關 2009 年 1 月在前 25 名線上社群網址的獨立訪客人數與總拜訪數的資料。總拜訪數與獨立訪客人數的資料被用來計算資料表最後欄位的數值，其中

$$\text{每一位獨立訪客的拜訪數} = \frac{\text{總拜訪數}}{\text{獨立訪客人數}}$$

| 網址 | 獨立訪客 | 總拜訪數 | 每一位獨立訪客的拜訪數 |
|---|---|---|---|
| facebook.com | 68,557,534 | 1,191,373,339 | 17.3777 |
| myspace.com | 58,555,800 | 810,153,536 | 13.8356 |
| twitter.com | 5,979,052 | 54,218,731 | 9.0681 |
| fixter.com | 7,645,423 | 53,389,974 | 6.9833 |
| linkedin.com | 11,274,160 | 42,744,438 | 3.7914 |
| tagged.com | 4,448,915 | 39,630,927 | 8.9080 |
| classmates.com | 17,296,524 | 35,219,210 | 2.0362 |
| myyearbook.com | 3,312,898 | 33,121,821 | 9.9978 |
| livejournal.com | 4,720,720 | 25,221,354 | 5.3427 |
| imeem.com | 9,047,491 | 22,993,608 | 2.5414 |
| reunion.com | 13,704,990 | 20,278,100 | 1.4796 |
| ning.com | 5,673,549 | 19,511,682 | 3.4391 |
| blackplanet.com | 1,530,329 | 10,173,342 | 6.6478 |
| bebo.com | 2,997,929 | 9,849,137 | 3.2853 |
| hi5.com | 2,398,323 | 9,416,265 | 3.9262 |

| 網址 | 獨立訪客 | 總拜訪數 | 每一位獨立訪客的拜訪數 |
|---|---|---|---|
| yuku.com | 1,317,551 | 9,358,966 | 7.1033 |
| cafemom.com | 1,647,336 | 8,586,261 | 5.2122 |
| friendster.com | 1,568,439 | 7,279,050 | 4.6410 |
| xanga.com | 1,831,376 | 7,009,577 | 3.8275 |
| 360.yahoo.com | 1,499,057 | 5,199,702 | 3.4686 |
| orkut.com | 494,464 | 5,081,235 | 10.2762 |
| urbanchat.com | 329,041 | 2,961,250 | 8.9996 |
| fubar.com | 452,090 | 2,170,315 | 4.8006 |
| asiantown.net | 81,245 | 1,118,245 | 13.7639 |
| tickle.com | 96,155 | 109,492 | 1.1387 |

a. 總拜訪數資料的點圖見圖 EX-1.23a。該點圖最明顯的特性為何？其告訴你線上社群網址的什麼資訊？

b. 獨立訪客人數資料的點圖見圖 EX-1.23b。這個點圖如何與在 (a) 中總訪客的點圖存在差異？其告訴你線上社群網址的什麼資訊？

c. 每一位獨立訪客的拜訪數資料的點圖見圖 EX-1.23c。由該點圖提供線上社群網站的什麼新資訊？

1.24　Heal the Bay 是一個基於水品質發行年度海灘報告卡的環境組織（Heal the Bay Beach Report Card，2009 年 5 月）。2009 年潮溼氣候期間在舊金山郡 14 個海灘的評等為：

A+ C B A A+ A+ A A+ B D C D F F

a. 使用點圖來呈現此一評等資料是否適當？解釋你的理由。

b. 以建立一個相對次數分配與一個長條圖的方式來彙整潮溼氣候的評等。

c. 對於相同的這些海灘而言，乾燥氣候的評等為：

A B B A+ F A A A A A A B A

針對乾燥氣候評等建立一個長條圖。

d. 在 (b) 與 (c) 中的長條圖是否支持在乾燥的氣候狀況下，海灘的水品質傾向於有較佳品質之陳述？解釋之。

1.25　文章「走入無線」（AARP Bulletin，2009 年 6 月）報導美國 50 州與哥倫比亞特區僅擁有無線電話服務之估計家庭百分率。在所附的資料表中，每一州也被劃分為三種地理區域之一——西部 (W)、中部州 (M) 與東部 (E)。

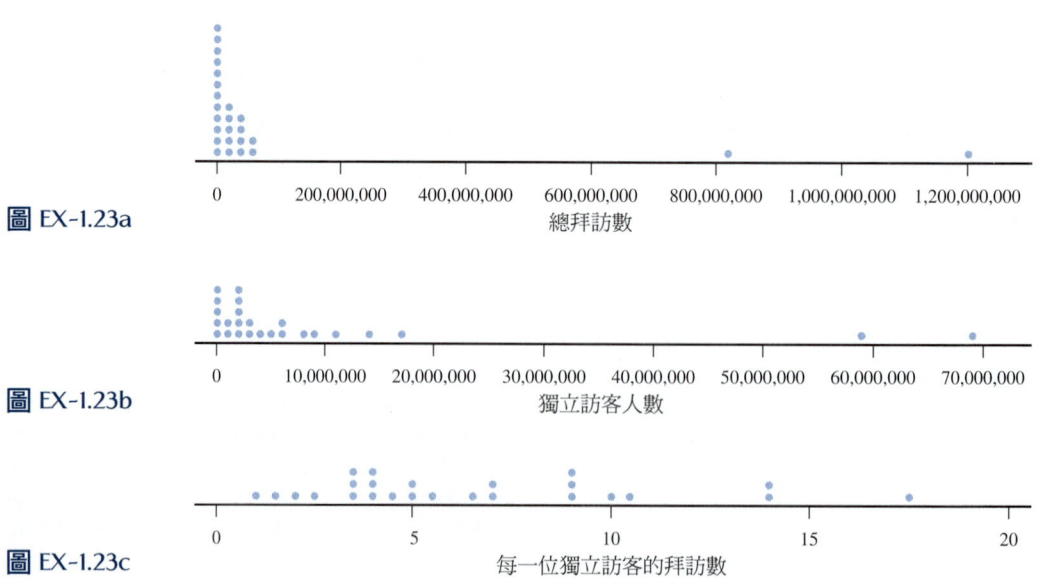

圖 EX-1.23a　總拜訪數

圖 EX-1.23b　獨立訪客人數

圖 EX-1.23c　每一位獨立訪客的拜訪數

| 無線% | 區域 | 州 |
|---|---|---|
| 13.9 | M | AL |
| 11.7 | W | AK |
| 18.9 | W | AZ |
| 22.6 | M | AR |
| 9.0 | W | CA |
| 16.7 | W | CO |
| 5.6 | E | CN |
| 5.7 | E | DE |
| 20.0 | E | DC |
| 16.8 | E | FL |
| 16.5 | E | GA |
| 8.0 | W | HI |
| 22.1 | W | ID |
| 16.5 | M | IL |
| 13.8 | M | IN |
| 22.2 | M | IA |
| 16.8 | M | KA |
| 21.4 | M | KY |
| 15.0 | M | LA |
| 13.4 | E | ME |
| 10.8 | E | MD |
| 9.3 | E | MA |
| 16.3 | M | MI |
| 17.4 | M | MN |
| 19.1 | M | MS |
| 9.9 | M | MO |
| 9.2 | W | MT |
| 23.2 | M | NE |
| 10.8 | W | NV |
| 16.9 | M | ND |
| 11.6 | E | NH |
| 8.0 | E | NJ |
| 21.1 | W | NM |
| 11.4 | E | NY |
| 16.3 | E | NC |
| 14.0 | E | OH |
| 23.2 | M | OK |
| 17.7 | W | OR |
| 10.8 | E | PA |
| 7.9 | E | RI |
| 20.6 | E | SC |
| 6.4 | M | SD |
| 20.3 | M | TN |
| 20.9 | M | TX |
| 25.5 | W | UT |
| 10.8 | E | VA |
| 5.1 | E | VT |
| 16.3 | W | WA |
| 11.6 | E | WV |
| 15.2 | M | WI |
| 11.4 | W | WY |

a. 以圖形方式呈現資料使得足以比較三個地理區域的無線使用百分比。

b. 在 (a) 中的圖形呈現是否揭露三個地理區域無線使用百分比的顯著差異？或是三個地理區域無線使用百分比觀察值的分配相似？

1.26　例題 1.6 提供 2005 年佛羅里達州大學校園暴力犯罪的附表資料（來自 FBI 網址）。

| 大學/學院 | 註冊學生人數 | 2005 年報導的暴力犯罪件數 |
|---|---|---|
| Florida A&M University | 13,067 | 23 |
| Florida Atlantic University | 25,319 | 4 |
| Florida Gulf Coast University | 5,955 | 5 |
| Florida International University | 34,865 | 5 |
| Florida State University | 38,431 | 29 |
| New College of Florida | 692 | 1 |
| Pensacola Junior College | 10,879 | 2 |
| Santa Fe Community College | 13,888 | 3 |
| Tallahassee Community College | 12,775 | 0 |
| University of Central Florida | 42,465 | 19 |
| University of Florida | 47,993 | 17 |
| University of North Florida | 14,533 | 6 |
| University of South Florida | 42,238 | 19 |
| University of West Florida | 9,518 | 1 |

a. 使用所報導之暴力犯罪件數的 14 個觀察值，建立一個點圖。哪些學校的數據比起其他學校來得突出？

b. 其中一所佛羅里達學校只有 692 名學生，而某些學校則比其他學校要大許多。因此，以計算每 1000 名學生所報導的暴力犯罪件數的方式來思考犯罪率應該較為合理。例如，以佛羅里達 A&M 大學來說，暴力犯罪率應該是

$$\frac{23}{13067}(1000) = (.0018)(1000) = 1.8$$

為其他 13 所大學計算暴力犯罪率，然後使用這些數值建立一個點圖。在此一點圖中，是否還是那些相同學校的數據突出而為不尋常？

c. 基於你在 (a) 與 (b) 的答案，以幾個句子評論 2005 年佛羅里達大學所報導之暴力犯罪案件。

1.27 文章「航空器受困於柏油碎石的跑道促使法規的鬆綁」（*USA Today*，2009 年 7 月 28 日）提供下列有關 2008 年 10 月至 2009 年 5 月期間，17 家航空公司在柏油碎石跑道上延誤至少 3 小時之航班數量的資料：

| 航空公司 | 延誤班次 | 每 10,000 航班延誤率 |
|---|---|---|
| ExpressJet | 93 | 4.9 |
| Continental | 72 | 4.1 |
| Delta | 81 | 2.8 |
| Comair | 29 | 2.7 |
| American Eagle | 44 | 1.6 |
| US Airways | 46 | 1.6 |
| JetBlue | 18 | 1.4 |
| American | 48 | 1.3 |
| Northwest | 24 | 1.2 |
| Mesa | 17 | 1.1 |
| United | 29 | 1.1 |
| Frontier | 5 | 0.9 |
| SkyWest | 29 | 0.8 |
| Pinnacle | 13 | 0.7 |
| Atlantic Southeast | 11 | 0.6 |
| AirTran | 7 | 0.4 |
| Southwest | 11 | 0.1 |

圖 EX-1.27 展示兩個點圖：一個呈現延誤班次資料，而另一個呈現每 10,000 航班延誤率資料。

a. 如果你要基於在柏油碎石跑道上延誤至少 3 小時的航班數評等航空公司，你會使用總航班數資料或是每 10,000 航班延誤率資料？解釋你選擇的理由。

b. 寫下可能被做為新聞報導航班延誤之一部分的一段簡短文字，並能夠支持每 10,000 航班延誤率的點圖。

1.28 文章「詐欺、盜用他人身分困擾著消費者」（*San Luis Obispo Tribune*，2005 年 2 月 2 日）包括以下所附控訴盜用他人身分類型的細部分類。

| 控訴類型 | 所有控訴百分比 |
|---|---|
| 信用卡詐欺 | 28% |
| 電話或設備詐騙 | 19% |
| 銀行詐騙 | 18% |
| 僱用詐騙 | 13% |
| 其他 | 22% |

為這些資料建立一個長條圖，並寫下一兩個句子評論最普遍身分詐欺控訴的類型。

1.29 一項 2005 年 AP-IPSOS 普查結果發現，被調查的美國成人中有 21% 認為家中小孩比醫師建議的要來得重。兒童體重問題最重要之形成因素的原因被彙整於附表。

| 缺乏運動 | 38% |
|---|---|
| 容易接觸垃圾食物 | 23% |
| 遺傳 | 12% |
| 食用不健康食物 | 9% |
| 健康狀況 | 8% |
| 過量飲食 | 7% |

a. 為最重要成因的資料建立一個長條圖。

b. 你是否認為將部分這些成因結合成一個類別是合理的？如果是的話，你將結合哪些成因類別？為什麼？

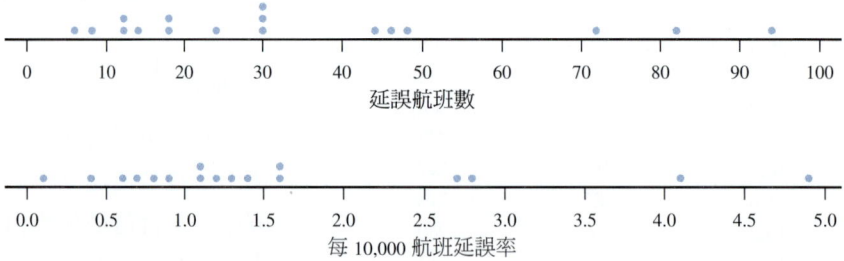

圖 EX-1.27

1.30 文章「**美國人在工作中與道路上昏昏欲睡**」（Associated Press，2001 年 3 月 28 日）彙整來自 2001 年美國睡眠的普查資料。1004 位成人的樣本中每一個個人被問及其睡覺習慣。該文章敘述「40% 的受訪者表示自己在工作中容易想睡覺，並且每個月至少有幾天會影響其工作；而有 22% 說這樣的問題一週會發生好幾天。另有 7% 的受訪者說在工作中有睡意是每天都會發生的事。」假設其他受訪者表示並無工作中有睡意的問題，建立一個相對次數長條圖以彙整既有的資訊。

1.31 「**Ozzie 與 Harriet 不再居住此處**」（*San Luis Obispo Tribune*，2002 年 2 月 26 日）是一篇有關美國郊區改變中外觀之文章的標題。該篇文章報導在全國最大的都會區之郊區，非家庭戶數（例如，由單一就業人口或年長寡婦當家者）已經超過已婚夫妻與小孩同住者的戶數。該文章繼續報導：

> 在全國 102 個最大的都會區中，「非家庭戶數」組成 2000 年戶數的 29%，從 1990 年的 27% 上升。同時，已婚與小孩同住的戶數也有所增加，但是增加比例不及非家庭戶數。由 28% 降至 27%。另外 29% 的郊區住戶是已婚夫妻但是小孩沒有同住者。剩下的 15% 是單親家庭。

使用 2000 年住戶型態的既定資訊，建立一個次數分配與長條圖。（小心從既定資訊萃取 2000 年百分率）。

## 活動 1.1　推特 (Twitter) 上的單字

這項活動需要連線上網。

TweetVolume 是一個基於有多常出現在 Twitter 上的那些單字，讓你能夠在輸入至多三個單字的情況下就能夠產生長條圖的網址。

1. 找到 www.tweetvolume.com 網址並花幾分鐘的時間以不同單字實驗，瞭解該網址的使用。例如，在 2010 年 7 月的單字 statistics（統計）、sample（樣本）與 population（母體）可得以下長條圖。

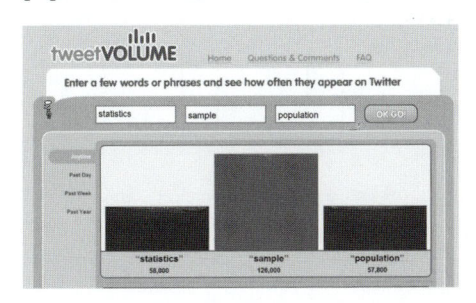

2. 找到一組的三個單字，使得得出的長條圖中所有三個條狀物具有大約相同的高度。

3. 找到一組的三個單字，以滿足以下敘述：
   i. 一個以字母 $a$ 為開頭的單字，一個以字母 $b$ 為開頭的單字，以及一個以字母 $c$ 為開頭的單字。
   ii. 以字母 $a$ 為開頭的單字比其他兩個字更常出現在 Twitter 上（因此在長條圖中有最高的條狀物）。
   iii. 以字母 $b$ 為開頭的單字，要比以字母 $c$ 為開頭的單字更常出現在 Twitter 上。

## 活動 1.2　頭圍：瞭解變異性

**需要材料：**每支隊伍將需要量尺。

這項活動，你將在一支由 6 至 10 人組成的隊伍中工作。

1. 以選出你所屬隊伍中最近慶祝其生日的人的方式，指定為自己隊伍的隊長。
2. 隊長需要測量與記錄自己隊伍中其他每一位成員的頭圍（在前額最寬的部分測量周長）。
3. 當隊長測量後，記錄你隊伍中每一位成員的頭圍。
4. 接著，隊中的每一位成員必須測量隊長的頭圍。直到所有隊員完成測量隊長的頭圍前，不要與其他隊員分享你的測量結果。
5. 在所有隊員都測量隊長的頭圍後，記錄隊中每一位成員觀察而得隊長頭圍的不同測量值。
6. 使用得自步驟 3 的資料，建立隊長對於隊員頭圍測量值得點圖。然後，使用相同量尺，建立隊長頭圍不同測量值的個別點圖（來自步驟 5）。

現在，使用可得的資訊來回答下列問題：

7. 你是否認為隊長的頭圍在不同測量之間有所改變？如果不，解釋為何隊長頭圍的測量不全都相同。
8. 哪一個資料集有較多的變化——你隊中不同隊員的頭圍測量值，或是隊長頭圍的不同測量值？解釋你選擇答案的依據。
9. 思考以下方案（你不需實際執行）：假設有一個 10 人的團體以先指派團體中每個人從 1 到 10 的數字方式測量頭圍。然後，1 號個人測量 2 號個人的頭圍，2 號個人測量 3 號個人的頭圍，依此類推，直到最後由 10 號個人測量 1 號個人的頭圍。你是否認為所得到的頭圍測量值，與由一位個人測量團體中所有 10 個人頭圍所得一組 10 個測量相較，會有較多變化、較少變化，或是呈現大致相同的變異量？

## 活動 1.3　估計尺寸

1. 準備一張含有 6 個欄位與 10 個橫列之表格的活動用紙。以下列六個標題標示表中的欄位：(1) 形狀、(2) 估計的尺寸、(3) 實際尺寸、(4) 差異（估計 – 實際）、(5) 絕對差異，以及 (6) 差異平方。在「形狀」的欄位輸入 1 至 10 的數字。
2. 接著，你將以視覺估圖 1.9 中各種形狀的尺寸。尺寸將被以能夠合乎特定形狀下，有幾個此一大小的正方形數量進行描述

例如，依以下列示的這個形狀的尺寸為 3。

現在你應能夠快速地用眼睛估計圖1.9中各種形狀的尺寸。切勿在圖上畫線——這些是快速視覺下的估計值。在活動用紙的「估計尺寸」欄位記錄你的估計值。

3. 你的老師將提供這10個形狀的實際尺寸，其值應該被輸入在活動用紙的「實際尺寸」欄位。現在以將每一種形狀的估計值減去實際值的方式完成「差異」欄位。

4. 什麼會導致負值的差異？又什麼會導致正值的差異？

5. 所有差異的總和是否告訴你估計與實際尺寸相當一致？是否差異加總為0的值指出所有估計值等於實際值？解釋之。

6. 將你的估計值與班上另一位學生的估計值，以比較估計值與對應之實際值之間差異的絕對值加總進行比較。誰在估計形狀尺寸上較在行？你如何辨別？

7. 使用活動用紙的最後一個欄位記錄差異的平方（例如，假設形狀1的差異為 $-3$，差異的平方會是 $(-3)^2 = 9$）。解釋為何差異平方的總和也可以被用來評估你對於形狀估計的正確性。

8. 在此步驟，與你班上三或四位其他學生合作。對於10個形狀的每一個，以計算由你團體中每一位個人所作的尺寸估計平均數，形成一個新的尺寸估計。這組新的估計值是否比你個人的估計值較為正確？你如何判斷？

9. 你在步驟8的答案是否讓你感到意外？解釋為何意外或不意外？

**圖 1.9**
活動1.3的各種形狀

### 活動 1.4　　有意義的段落

寫下一段包含下列六個名詞的有意義文字：**樣本、母體、敘述統計、長條圖、數量變項**與**點圖**。

一個「有意義的段落」是使用所有列出的單字寫入一個適當上下文，條理清楚具有一致性的文字。此一段落必須展現你瞭解這些名詞的意義以及其與其他名詞間的關係。只是定義這些名詞的連貫性句子不是一個有意義的段落。當選擇一個上下文，仔細思考你必須使用的名詞。選擇一個好的上下文將會使撰寫一段有意義的段落變得較為容易。

### 重要觀念與公式之摘要

| 專有名詞或公式 | 註釋 |
| --- | --- |
| 母體 | 對於想要資訊之個人或測量的完整集合。 |
| 樣本 | 選為研究之母體的一部分。 |
| 敘述統計 | 組織與彙整資料的數量、圖形與表格方法。 |
| 推論統計 | 從樣本推論至母體的方法。 |
| 類別資料 | 個人的觀察值為類別型的反應（非數量的）。 |
| 數量資料 | 個人的觀察值本質上是數量的（量化的）。 |
| 間斷的數量資料 | 可能的數值是沿著數線的獨立點。 |
| 連續的數量資料 | 可能的數值沿著數線形成一個完整區間。 |
| 單變量、雙變量與多變量資料 | 每一個觀察由一個（單變量）、兩個（雙變量），或兩個或更多（多變量）反應或數值所組成。 |
| 類別資料的次數分配 | 呈現類別變項每一個可能值的次數，以及有時候是相對次數的一個表。 |
| 長條圖 | 一個類別資料集次數分配的圖形。每一類別由一個長條所表示，並且長條的面積等比例於對應的次數或相對次數。 |
| 點圖 | 數量資料的圖形，其中的每一個觀察值由在水平測量尺度上或上方的一個點加以表示。 |

# 本章複習練習題　1.32 – 1.37

**1.32** 報導「測試水（品質）2009」(www.nrdc.org) 包含在加州 82 個最熱門游泳海灘水品質的資訊。其中有 38 個在洛杉磯郡。針對每一個海灘，水品質每週被檢驗，而以下資料是在 2008 年未能符合水品質標準的檢驗百分比。

**洛杉磯郡**

| | | | | | | | | | |
|---|---|---|---|---|---|---|---|---|---|
| 32 | 4 | 6 | 4 | 4 | 7 | 4 | 27 | 19 | 23 |
| 19 | 13 | 11 | 19 | 9 | 11 | 16 | 23 | 19 | 16 |
| 33 | 12 | 29 | 3 | 11 | 6 | 22 | 18 | 31 | 43 |
| 17 | 26 | 17 | 20 | 10 | 6 | 14 | 11 | | |

**其他郡**

| | | | | | | | | | |
|---|---|---|---|---|---|---|---|---|---|
| 0 | 0 | 0 | 2 | 3 | 7 | 5 | 11 | 5 | 7 |
| 15 | 8 | 1 | 5 | 0 | 5 | 4 | 1 | 0 | 1 |
| 1 | 0 | 2 | 7 | 0 | 2 | 2 | 3 | 5 | 3 |
| 0 | 8 | 8 | 8 | 0 | 0 | 17 | 4 | 3 | 7 |
| 10 | 40 | 3 | | | | | | | |

a. 針對洛杉磯郡海灘未能符合水品質標準的檢驗百分比建立一個點圖。寫幾個句子敘述該點圖的任何有趣特性。
b. 針對其他郡海灘未能符合水品質標準的檢驗百分比建立一個點圖。寫幾個句子敘述該點圖的任何有趣特性。
c. 基於 (a) 與 (b) 的兩個點圖，敘述洛杉磯郡海灘未能符合水品質標準的檢驗百分比，如何不同於其他郡海灘的檢驗百分比。

**1.33** 美國教育部報導 14% 的成人被歸為低於基本的識字水準，29% 被歸為具有基本的識字水準，44% 被歸類為中度識字水準，而有 13% 被歸類為流利水準 (2003 National Assessment of Adult Literacy)。

a. 識字水準這個變項是類別型或數量型？
b. 要呈現既定資訊是否適合使用一個點圖？解釋你的理由。
c. 建立一個長條圖以展現識字水準的既有資料。

**1.34** Luton 大學裡的電腦輔助評估中心發表一篇標題為「抄襲偵測軟體的技術性回顧」的報導。這篇報導的作者詢問學術機構中的員工關於其同意下列陳述的程度「抄襲在學術機構中是一個顯著的問題。」回答彙整於附表。為這些資料建立一個長條圖。

| 回答 | 次數 |
|---|---|
| 強烈不同意 | 5 |
| 不同意 | 48 |
| 不確定 | 90 |
| 同意 | 140 |
| 強烈同意 | 39 |

**1.35** 文章「該噴射機到底有多安全？」（USA Today，2000 年 3 月 13 日）提供下列彙整由聯邦航空局加諸航空公司違規罰款類型資料的相對次數分配：

| 違規類型 | 相對次數 |
|---|---|
| 安全 | .43 |
| 保養 | .39 |
| 飛行操作 | .06 |
| 危險性的材料 | .03 |
| 其他 | .09 |

使用這個資訊建立違規類型的長條圖，然後寫出一或兩個句子評論各種違規類型的相對發生情形。

**1.36** 每一年，*U.S. News and World Report* 都會出版美國商學院的排名。下列資料提供最近調查中最佳的 25 個課程的接受率（申請者通過的百分率）：

16.3  12.0  25.1  20.3  31.9  20.7  30.1
19.5  36.2  46.9  25.8  36.7  33.8  24.2
21.5  35.1  37.6  23.9  17.0  38.4  31.2
43.8  28.9  31.4  48.9

建立一個點圖,並評論該圖令人關注的特性。

1.37 許多青春期的男孩渴望成為職業運動員。文章「為何青春期的男孩夢想成為職業運動員」(*Psychological Reports* [1999]: 1075-1085) 檢視部分原因。十多歲男童樣本中的每一人被詢問下列問題:

「先前研究顯示,比起其他職業,更多的十多歲男童說他們考慮成為職業運動員。依你的看法,為何這些男孩希望成為職業運動員?」結果所得資料顯示於下表:

| 回答 | 次數 |
| --- | --- |
| 名望與社會名流 | 94 |
| 金錢 | 56 |
| 吸引女性 | 29 |
| 喜歡運動 | 27 |
| 安逸生活 | 24 |
| 不需要教育 | 19 |
| 其他 | 19 |

建立一個長條圖來展現這些資料。

## 第 2 章

# 敏銳地收集資料

Purestock/Kwame Zikomo/SuperStock

統計研究的一個主要目的是收集可以被後續用以制定根據情報之決策的資料。而制定良好決策的能力取決於可取得資訊的品質是無庸置疑的。資料收集的步驟對於取得可靠資訊相當關鍵；分析類型的適當性以及可以獲得的結論皆取決於資料如何被收集。本章中，我們首先思考統計研究的兩種類型，然後聚焦於兩種被廣泛使用的資料收集方法：抽樣與實驗。

## 2.1 統計研究：觀察與實驗

2009 年 9 月 25 日當天，一項針對打屁股與智商之間關係的研究結果被許多不同的新聞媒體報導。當天出現的部分頭條新聞標題有：

「打屁股降低孩童的智商」(*Los Angeles Times*)

「你打小孩屁股嗎？研究指出它可能降低你小孩的智商」(*SciGuy, Houston Chronicle*)

「打屁股會降低智商」（NBC4i，哥倫布，俄亥俄州）

「打屁股影響小孩的智商」（*newscientist.com*）

在這些頭條新聞所指的研究中，研究者追蹤 806 名 2 到 4 歲以及 704 名 5 到 9 歲的小孩，為期四年。每位小孩的智商在研究一開始以及四年後被測量。研究者在研究結束時發現，研究開始時，2 到 4 歲不被打的小孩其平均智商比被打小孩要高 5 分，而 5 到 9 歲不被打的小孩其平均智商則比被打小孩要高 2.8 分。

這些頭條都提示打屁股是所觀察到智商差異的原因。這個結論合理嗎？答案相當程度地取決於該研究設計。在先思考研究設計的部分重要面向後，我們將回到這些頭條新聞並決定該研究是否正中目標。

## 觀察與實驗

資料收集是資料分析過程中的一個重要步驟。當我們著手收集資訊時，記住基於所得資料我們想要回答的問題是很重要的。有時候我們對於回答有關一個單一存在母體的特徵，或是比較兩個或更多良好定義母體的問題感到興趣。而要完成這個工作，我們從每一個考慮中的母體選擇一個樣本，並使用樣本資訊洞悉那些母體的特徵。

例如，生態學家可能對於估計白頭鷹生下的蛋殼平均厚度感到興趣。一位社會學家研究一個鄉村社區想決定性別與對於墮胎的態度是否相關。這些都是本質上屬於觀察的研究的例子。在這些研究中，我們想要觀察一個現有母體或數個母體中成員的特徵，然後以獲得的資訊取得結論。在一個觀察研究中，取得一個足以代表對應母體的樣本是重要的。

有時候，我們嘗試回答的問題處理特定解釋變項對某些反應的影響，而且無法被使用來自觀察研究的資料所解釋。這類問題經常以下列形式出現，「當……會發生什麼事？」或者，「……的影響是什麼？」例如，一位教師可能會好奇，當一個化學課程要求的每週實驗時數從 3 小時增加到 6 小時，測驗分數會發生什麼變化。要回答這類問題，研究者執行一項實驗以收集相關資料。在不同的實驗情境下（3 小時實驗課與 6 小時實驗課），某些反應變項的數值（化學課例子中的測驗分數）被記錄。在一項實驗中，研究者操弄一個或更多的解釋變項，有時也被稱為**因子 (factors)**，以建立實驗情境。

> **定義**
>
> 如果研究者觀察選自一個或更多現有母體之一個樣本的特質，該研究是**觀察研究** (observational study)。觀察研究的目的通常是要取得有關對應母體或是關於兩個或更多母體之間差異的結論。在一項良好設計的觀察研究中，所需樣本是被設計以產生代表母體的樣本之方式而選擇。
>
> 如果研究者在當一個或更多解釋變項，也被稱為因子，被操弄下觀察反應變項如何表現，該研究是一個**實驗** (experiment)。一項實驗的一般目的是決定操弄的解釋變項（因子）對反應變項的影響。在一項良好設計的實驗中，將被暴露於不同實驗情境的組別構成由隨機分派決定。

從一個統計研究所能獲得的結論類型取決於研究設計。觀察研究與實驗都能被用來比較組別，但是在一個實驗，研究者控制誰在哪一組中，而這卻不會發生在一個觀察研究中。當涉及基於來自研究的資料得出結論時，這個似乎是相當小的差異非常關鍵。

一個良好設計的實驗可以導致足以提供因果關係證據的資料。這是介於觀察研究與實驗之間的一個重要差異。而在一個觀察研究中，由於我們無法排除觀察的效果可能歸因於不同於研究之解釋變項以外的其他變項，不可能得出清楚的因果結論。如此變項稱為混淆變項。

> **定義**
>
> **混淆變項**是在一個研究中同時與組員以及感興趣之反應變項有關的一個變項。

在下列三個研究中，思考混淆變項的角色：

- 文章「小組無法決定每日維他命的價值」（*San Luis Obispo Tribune*，2003 年 7 月 1 日）摘要一個政府諮詢小組調查服用維他命好處的結論。該小組檢視許多服用維他命的研究並結論結果是「不適當或矛盾」。主要疑慮是其中許多研究本質上是觀察研究，小組擔心服用維他命的人們可能較健康只因他們普遍傾向於對自己有較佳的照顧。此一潛在的混淆變項使得小組無法結論服用維他命是在該群人們中觀察到擁有較佳健康的原因。
- 研究顯示，對於超過 65 歲民眾而言，注射流感疫苗比未注射者較不容易在次年死於與流感有關的疾病。然而，最近研究顯示，注射流感疫苗比未注射

之超過 65 歲民眾，也較不容易在次年死於任何原因（*International Journal of Epidemiology*，2005 年 12 月 21 日）。這樣的結果導致注射流感疫苗之超過 65 歲民眾要比未注射疫苗的同齡民眾較為健康的推測。如果真如此，比較兩個組——注射與非注射——的觀察研究可能因為兩組中民眾健康情況的差異而高估流感疫苗的效果。這類研究中，健康情況是一個可能的混淆變項。

- 文章「衷心感謝 Fido」（*San Luis Obispo Tribune*，2003 年 7 月 5 日）摘要出現在 *American Journal of Cardiology*（2003 年 3 月 15 日）的一項研究。研究者在該研究中測量心臟病發復原病患的心律變異（心臟處理壓力能力的一種測量值）。他們發現養狗比沒有養狗病患的心律變異較高（較高的心律變異是好的，並表示心臟有較佳處理壓力的能力）。遭遇心臟病發者是否應該立即養一隻狗？其實，答案尚未確定。美國心臟學會建議額外的研究以決定改善的心律變異是否歸因於養狗或是因為狗主人有較多運動。如果實際上狗主人確實比非狗主人傾向於有較多運動，運動程度是讓我們無法結論養狗是心律變異改善原因的一個混淆變項。

以上敘述的每一項研究說明了為何潛在的混淆變項造成無法合理得出在觀察研究中的因果關係結論。

讓我們重新回到本節一開始所敘述之打屁股與智商之間關係的研究。該研究是觀察研究或是實驗？兩個組別被比較（被打屁股與不被打屁股的孩童），但是研究者並不隨機指派孩童到這兩組。所以此一研究是觀察研究，而基於觀察資料，諸如「打屁股降低智商」的因果結論無法被證明。我們能說的是，有證據顯示比起不被打屁股孩童，被打屁股孩童傾向於有較低的智商。而我們不能說的是，打屁股是較低智商的原因。也許有其他變項——諸如家庭或學校環境、社經地位，或是父母的教育——同時與智商以及兒童是否被打屁股有關。這些都是可能混淆變項的例子。

幸運的是，不是每一個人都會像本節稍早提供之新聞頭條的撰寫者犯相同錯誤。正確頭條新聞的某些例子為：

「被打屁股孩童身上測得較低智商」（*world-science.net*）

「被打屁股孩童有較低的智商」（*livescience.com*）

「研究指出孩童的被打屁股與較低智商之間存有關係」（*CBSnews.com*）

## 從統計研究得出結論

在本節，兩種不同的結論類型被敘述。一類涉及從我們在一個樣本中所見到的推論至某一較大母體，而另一類涉及關於一個解釋變項對一個反應變項的影響所獲得的因果結論。何時得出如此結論是合理的？答案取決於資料被收集的方式。表 2.1 彙整不同研究設計下，可以獲得結論的類型。

**表 2.1** 從統計研究得出結論

| 研究敘述 | 合理將有關組特徵的結論推論至母體？ | 合理得出因果結論？ |
| --- | --- | --- |
| 自感興趣母體隨機選取樣本的觀察研究 | 是 | 否 |
| 基於便利或自願反映樣本（設計不良的抽樣計畫）的觀察研究 | 否 | 否 |
| 依隨機指派個人或對象至實驗情境而形成組別的實驗 | | |
|    研究所使用個人或對象為自願者或非自感興趣母體中隨機選取 | 否 | 是 |
|    研究所使用個人或對象為自感興趣母體中隨機選取 | 是 | 是 |
| 組別並非由隨機指派至實驗情境（設計不良的實驗）所形成的實驗 | 否 | 否 |

正如我們從表 2.1 可以見到的，在規劃資料如何被收集之前，仔細思考統計研究的目的是重要的。如果最終資料要有用，觀察研究與實驗皆須被仔細設計。在觀察研究中普遍被使用的抽樣程序在 2.2 節中討論。2.3 節與 2.4 節中，我們則思考實驗並探索構成簡單實驗設計良好範例的內容。

### 習題 2.1 – 2.12

**2.1** 文章「電視對小孩的價值：完全視其如何使用」（*Seattle Times*，2005 年 7 月 6 日）敘述一項研究中，研究者分析 1700 名孩童的標準化測驗結果與電視觀看習慣。他們發現，每天平均觀看超過 2 小時電視的小於 3 歲兒童傾向於在閱讀能力與短期記憶的測量上有較低分數。
a. 此研究敘述的是一個觀察研究或實驗？
b. 結論觀看 2 或更多小時電視是較低閱讀分數的原因是否合理？解釋你的理由。

**2.2** 文章「針灸背痛：甚至比偽裝療法更為有效」（*Time*，2009 年 5 月 12 日）摘要由位於西雅圖 Group Health Center for Health Studies 研究者執行的一項研究結果。研究中，638 位有背痛的成人被隨機指派至四個組別之一。組別 1 接受背痛的一般治療。組別 2 的病患則接受特地為每人症狀量身打造的一組痛點針灸。組別 3 的病患則接受被典型用於背痛治療的一組標準痛點針灸。最後，在組別 4 的病患則

接受假的針灸——他們被用牙籤刺戳在與組別 3 中被使用之相同一組痛點上！得自該研究的兩個值得注意的結論為：(1) 接受真實或假的針灸治療的病患比接受一般治療者經歷較大的疼痛減緩；以及 (2) 對於接受針灸（在個人化或標準痛點組）與接受以牙籤刺戳的假針灸來說，疼痛的減少並無顯著差異。

a. 此研究是一個觀察研究或實驗？解釋你的理由。

b. 結論比起一般治療組別，接受真實或假的針灸是觀察到病患疼痛減少的原因是否合理？此研究的哪一方面支持你的答案？

2.3 文章「青少年在 MySpace（一個社交網路服務網站）所展現的健康危險行為」(*Archives of Pediatrics and Adolescent Medicine* [2009]: 27-34) 敘述一項研究檢視由 500 位隨機樣本之 18 歲青少年所張貼於 MySpace 網址可以公開取得的檔案。每一個檔案的內容被分析。報導的結論之一為，公告自己之運動或涉入嗜好與較少提及危險行為（性喜好或是濫用毒品或暴力）有關。

a. 此研究敘述的是一個觀察研究或實驗？

b. 將陳述的結論推論至擁有可公開取得之 MySpace 網址檔案的全體 18 歲青少年是否合理？此研究的哪一方面支持你的答案？

c. 並非所有的 MySpace 使用者都擁有一個可公開取得的檔案。將陳述的結論推論至所有 18 歲的 MySpace 使用者是否合理？解釋之。

d. 將陳述的結論推論至所有擁有可公開取得檔案之 MySpace 使用者是否合理？解釋之。

2.4 選擇正確的音樂能否使得酒更好喝？這個問題由位於愛丁堡 (Edinburgh)(*www.decanter.com/news*) 一所大學的研究者進行調查。250 位自願者的每一人被隨機指派至五個房間之一，並被要求品嚐並評等所喝的酒。在其中一個房間並未播放音樂，而其他四個房間每間都播放一種不同風格的音樂。研究者結論比起沒有任何音樂，當播放活潑音樂時，卡貝納蘇維翁紅酒 (cabernet sauvignon) 被認為較濃郁且醇厚。

a. 此研究敘述的是一個觀察研究或實驗？

b. 研究者對於播放音樂是酒更高評價的原因之結論是否成立？解釋之。

2.5 思考下列出現在紐約時報 (*New York Times*) 中的圖示。

**來自最熱門大學，愈多人畢業**

即便是在控制學生的資格後，來自較不熱門公立大學的學生較熱門大學更不容易畢業。以下是在不同類型大學的不同族群學生。

**畢業率**
對於在 1999 年進入大學學生的 6 年畢業率

| 學生族群 | 最熱門 | 第二熱門 | 第三熱門 | 最不熱門 |
|---|---|---|---|---|
| 3.5 或更高的高中平均學業成績 1,200 分或更高的 SAT | 89% | 82% | 71% | 59% |
| 3.5 分或更高以及 1,000 至 1,190 分 或 3 至 3.5 分以及 1,200 分或更高 | 83% | 75% | 63% | 62% |
| 3 至 3.5 分以及 1,000 至 1,190 分 | 75% | 67% | 56% | 50% |
| 低於 3 或低於 1,000 分或是兩者兼具 | 71% | 60% | 52% | 48% |

註：Selectivity of colleges is based on average SAT scores of student body. Colleges in the most selective group have an average SAT score of more than 1,200; those in the least selective group have an average score of less than 1,000.

資料來源：William G. Bowen, Matthew M. Chingos, Michael S. McPherson　THE NEW YORK TIMES

基於圖中所彙整的資料，我們發現擁有 3.5 或更高的高中平均學業成績，以及 SAT 總分超過 1200 分的學生，當他們進入一所「最熱門」大學會有 89% 的畢業率；但是當他們進入「最不熱門」大學，則只有 59% 的畢業率。提出可以解釋下列陳述為何不合理的一個潛在混淆變項的例子：如果將所有擁有 3.5 或更高平均學業成績，以及 SAT 總分為 1200 分或超過的學生，從原來就讀的「最不熱門」大學被轉至「最熱門」大學，這些學生的畢業率會是大約 89%。

2.6 「研究指出，果汁可能推波助瀾矮胖的學齡前兒童」是出現在 San Luis Obispo Tribune（2005 年 2 月 27 日）的一篇文章標題。該文章敘述一項研究發現，3 歲與 4 歲小孩每天飲用一次或兩次甜的飲料，一年後會有兩倍嚴重過胖的風險。該研究的作者陳述

> 當甜飲料的消費是一個與體重過重有關之其他飲食因素的標記，整體能量可能會是一個混淆變項（Pediatrics，2005 年 11 月）。

提出該研究作者所擔心，可能是潛在混淆變項之一的一個飲食因素的例子。

2.7 文章「美國人對於酒與健康有著錯誤的觀念」（Associated Press，2005 年 4 月 19 日）報導近年來的觀察研究結論適度飲酒與降低心臟疾病風險有關可能令人誤解。該文章參考由 Centers for Disease Control and Prevention 所進行的一項研究顯示，比起非飲酒族群，適度飲酒族群傾向於有較佳教育程度，較富有且較活耀。解釋為何這些潛在混淆變項的存在，避免我們得出適當飲酒是較低心臟疾病風險的原因之結論。

2.8 文章標題「預防你的小孩過敏：給他們一隻寵物」（San Luis Obispo Tribune，2002 年 8 月 28 日）敘述一項引導研究者結論「與兩隻或更多動物一起飼養的嬰兒，在他們 6 歲前發生過敏的機率大約只有一半。」

a. 你認為這個研究是一個觀察研究或是一項實驗？解釋之。
b. 敘述一個潛在的混淆變項以說明為何結論與兩隻或更多動物的飼養一起長大是觀察而得較低過敏率之原因的結論是不合理的。

2.9 在多倫多市 Hospital for Sick Children 的研究者比較患有糖尿病母親與沒有糖尿病母親所生下的嬰兒（「遭受重複性腳後跟開刀手術之新生嬰兒的調節與痛覺過敏」，Journal of the American Medical Association〔2002〕: 857-861）。患有糖尿病母親所生嬰兒在生命開始的前 36 小時期間，其後腳跟會被針刺多次以取得血液樣本監控血糖程度。研究者指出糖尿病母親的新生兒比非糖尿病母親嬰兒更容易在抽血時有痛苦表情或哭鬧。這使得研究者結論在生命初期經歷疼痛的嬰兒會對疼痛變得高度敏感。評論這個結論的適切性。

2.10 基於在 DietSmart.com 網址所進行的調查，研究者結論固定觀看歐普拉 (Oprah)（一個美國高收視率的脫口秀節目）的女性比起觀看白天其他脫口秀節目的女性，對於發胖食物的渴望只有七分之一的可能性（San Luis Obispo Tribune，2000 年 10 月 14 日）。

a. 結論觀看歐普拉節目導致降低對於發胖食物的渴望是否合理？解釋之。
b. 將此調查的結果推論至美國的所有女性是否合理？又，推論至觀看日間脫口秀節目的所有女性是否合理？解釋是或不是的理由。

2.11 一項針對富裕美國人（$75,000 或更高收入的人）的調查指出，57% 寧可擁有更多時間而非金錢（USA Today，2003 年 1 月 29 日）。

a. 資料如何被收集的什麼條件將使從該樣本推論至富裕美國人母體的結論合理？
b. 從該樣本推論說 57% 的全體美國人寧可擁有更多時間而非金錢是否合理？解釋之。

2.12 住在南部是否導致高血壓？來自 1988 至 1994 年間第三次國家健康與營養調查所進行問卷的 6278 位白人與黑人團體的資料（見 CNN.com 網址 2000 年 1 月 6 日文章標題「研究指出：在美國南部高血壓較大風險」）指出南部人比美國任何其他地區的民眾有較大百分比擁有高血壓。此一在高血壓百分率的差異存在於每一個被研究的道德團體、性別，與年齡組別。列出我們無法結論住在南部導致高血壓的至少兩個可能理由。

## 2.2 抽樣

許多研究的進行為的是要能夠從一個樣本推論至對應的母體。因此，樣本具有母體代表性是重要的。為了要相當地確認，我們必須仔細考慮樣本被選取的方式。有時候以最省事的方法並以隨意的方式收集資料是相當吸引人的；但是如果樣本只基於便利而被選取，就不可能有信心去解釋結果資料。例如，可能很容易使用自己統計學班上的學生作為你大學中學生的樣本。然而，並不是所有主修會將統計學包括在課程中，並且大多數學生在大二或大三修讀統計學。困難處是這些因素（以及我們或許並未注意到的其他因素）是否或如何影響基於來自如此一個樣本的資訊所做的任何結論並不清楚。

> 僅觀看一個樣本是無法知道其是否具有所取自母體的代表性。我們唯一的保證來自被用來選取樣本的方法。

有許多理由讓我們寧可選取一組樣本而非從整個母體獲得資訊〔**普查 (census)**〕獲得資訊有許多理由。有時候測量感興趣之特徵的過程是具有破壞性的，正如測量手電筒燈泡壽命或橘子的含糖量，所以研究整個母體是愚蠢的。但是選取一個樣本的最普遍理由是有限的資源。可使用時間與金錢的限制經常阻礙我們對一個完整母體的觀察。

### 抽樣上的偏誤

抽樣上的偏誤指的是樣本以某種有系統的方式不同於對應母體的傾向。樣本一旦被選取，偏誤可能來自樣本被選取的方式或者來自資訊被取得的方式。在抽樣情況下所遭遇最常見的偏誤型態是選取偏誤、測量或回應偏誤，以及無回應偏誤。

**選取偏誤 (selection bias)**〔有時也被稱為涵蓋不全 (undercoverage)〕是在當樣本被選取的方式系統性地排除感興趣母體的某一部分時發生。例如，研究者可能希望將得自一個研究的結果推論至由某一特定城市之所有居民所組成的母體，但是選取個人的方法可能排除無家可歸者與沒有電話的居民。如果那些被排除於抽樣過程者以某種有系統的方式不同於被納入者，該樣本實際上保證是母體的非代表性樣本。如果此一介於被納入與被排除者之間的差異發生在一個想要研究的重要變項，基於樣本資料的結論對於感興趣的母體可能不是有效的。當只有自願者或自我選取的個人在研究中被使用，選取偏誤也會發生，因為選取參與（例如，在一項打電話進來的電話民調）者可能相當不同於那些選取不參與者。

**測量或回應偏誤 (measurement or response bias)** 發生於當觀察方法產生的數值在某種程度上傾向於系統性地不同於真實值。這種偏誤當一個不正確的刻度尺被用來秤重物品，或是一個問卷上的題目以傾向於影響答案的方式用詞都可能發生。例如，由 American Paper Institute 所贊助的一項蓋洛普民調（*Wall Street Journal*，1994 年 5 月 17 日）有下列問題：「拋棄式尿布被估計在垃圾掩埋場的垃圾占比少於 2%。相對的，飲料容器、第三級郵件以及庭園廢物則被估計有大約 21%。在此假設下，依您的看法，對拋棄式尿布加稅或禁止使用是否公平？」這個問題的用詞很可能促使民眾以特定方式回答。

可能促成回應偏誤的其他因素為發問者的外表或行為，進行研究的團體或組織，以及當問及非法行為或是非普及的信仰時，受訪者不完全誠實的傾向。

雖然測量偏誤與回應偏誤兩個名詞經常被交替使用，測量偏誤一詞經常被用來描述一個不完美的測量工具（正如不正確的刻度尺）的測量結果系統性的偏離真實值。

**無回應偏誤 (nonresponse bias)** 發生於當回答並非得自所有被選入樣本中的個人。如同選取偏誤，無回應偏誤會扭曲結果特別是當回應者與無回應者之間在某些重要方面存在差異。雖然在大多數調查中，某種程度的無回應是不可避免的，當回應率仍高，其對於結果樣本的偏誤影響會是最低的。為了要最小化無回應偏差，對於最初要求提供資訊不予回應的個人進一步採取一系列的努力是重要的。

市調或民意調查的無回應率存在顯著地不同，其取決於資料被收集的方式。市調常以郵件、電話與個人訪談的方式進行。郵寄問卷調查費用低廉但是經常有高的無回應率。電話調查也費用低廉並能快速進行，但是只限於短的訪問才能良好

執行,同時也可能有高的無回應率。個人訪談通常是昂貴的但傾向於有較佳的回應率。一部分有關進行調查的許多挑戰將在 2.5 節討論。

> **偏誤型態**
>
> **選取偏誤:**
> 系統性的排除母體中一部分個體的結果所產生樣本不同於對應母體的趨勢。
>
> **測量或回應偏誤:**
> 由於觀察方法傾向於產生不同於真實值的數值而有樣本不同於對應母體的趨勢。
>
> **無回應偏誤:**
> 由於資料並非得自所有被選取納入樣本中之個人,所產生樣本不同於對應母體的趨勢。

重要而須注意的是,偏誤的產生不是因為樣本被選取的方式就是資料被收集自樣本的方式。雖然可能因其他因素而有需求,如果選取樣本的方法有缺點或是無回應偏誤仍然很高,增加樣本量對於減少偏誤並無助益。抽樣中出現之偏誤種類的完整討論,請見本書參考書目所列由 Lohr 所著作的抽樣書籍。

偏誤的可能來源在下列例題中詳細說明。

### 例 2.1　行動電話使用者是否不同?

許多市場調查以電話方式進行,而參與者常被選自只含有登記室內電話的電話簿。許多年來,這被認為並不是一個嚴重問題,因為大多數行動電話使用者也擁有室內電話,因而他們仍有機會被含括在調查中。但是,只擁有行動電話的人數正在成長中,而這個趨勢受到調查組織的關注。文章「**遺漏行動電話使用者可能影響調查結果**」(*Associated Press*,2008 年 9 月 25 日)敘述一項檢視只擁有行動電話者是否不同於擁有室內電話者的研究。得自該研究的一項發現是,以 30 歲以下的民眾而言,相較於有 36% 的市內電話用者是共和黨員,只擁有行動電話者則有 28% 的共和黨員。這項發現建議使用電話民調的研究者必須擔心,當只有市內電話用者被使用,選取偏誤如何影響所得調查結果的推論能力。

### 例 2.2　在你點餐漢堡前先考慮清楚!

文章「**民眾從素食餐廳購買什麼:卡路里含量與菜單項目的選擇**」(*Obesity* [2009]:

1369–1374）報導在紐約市速食餐廳午餐消費的平均卡路里是 827。研究者隨機選取 267 個速食地點。該文章陳述在每一個地點「成人顧客在進入餐廳時就被接觸，並且在離開時被要求提供其用餐食物的收據以完成簡單的調查。」當他們進入餐廳且在點餐前接觸顧客可能影響其購買的餐點。這會導入回應偏誤的可能。此外，部分民眾當其抵達餐廳時選擇不參加此項研究調查。如果那些選擇不參加者不同於參加者，研究者也必須擔心無回應偏誤。這些偏誤的潛在來源限制了研究者基於得自此研究資料之結論的推論能力。

## 隨機抽樣

在本書中所介紹的大多數推論方法都基於隨機選取的概念。最直截了當的抽樣方法被稱為簡單隨機抽樣。一個**簡單隨機樣本 (simple random sample)** 是指使用確保需求樣本量中之每一個可能不同樣本具有相同被選出機會的方法所選出的一個樣本。例如，假設我們想要選自所有在一家大型設計公司工作的 10 位員工之一個簡單隨機樣本。該樣本要符合簡單隨機樣本，10 位員工的許多不同子集中的每一個必須有相等被選取的機會。一個取自只有全職員工的樣本將不會是所有員工的一個簡單隨機樣本，因為兼職員工並沒有被選取的機會。雖然一個簡單隨機樣本可能隨機地只包含全職員工，其必須以每一位員工具有被納入樣本的機會相同的方式選取。決定樣本是否為一組簡單隨機樣本，是選取過程，而非最終樣本。

字母 $n$ 被用以表示樣本量；這是樣本中個人或物件的數量。以前一段落中設計公司的情景而言，$n = 10$。

### 定 義

**樣本量 $n$ 的一組簡單隨機樣本 (simple random sample of size $n$)** 是在需求樣本量固定下，保證每一個可能不同樣本具有相同機會被選出的方式，選自母體的一組樣本。

簡單隨機樣本的定義意指母體中的每一個成員具有相同被選取的機會。然而，事實上光是每一個個體具有相同被選取的機會，仍不足以保證是一組簡單隨機樣本。例如，假設 100 名學生組成的一個班級，其中 60 位是女生。一位研究者決定以在紙條上寫下所有 60 位女同學姓名，混合紙條後，挑出其中 6 張的方式選出 6 位女學生。她接著以相同程序從該班選出 4 位男學生。即使該班級中的每一位學生具有相同被納入樣本的機會（60 位女生中選出 6 位，以及 40 位男生中選出 4

位），由於並非來自該班級之 10 位學生的所有不同可能樣本具有相同被選取的機會，所得出的樣本並不是一組簡單隨機樣本。10 位學生的許多可能樣本——例如，7 女 3 男的一組樣本或是全部女生的一組樣本——並沒有被選取的機會。在此所敘述的樣本選取方法不必然是一個不好的選擇（事實上，它是即將深入討論之分層抽樣的一個例子），但是它並未產生簡單隨機樣本，而當一個方法被選擇以分析來自如此抽樣方法的資料，這是必須被思考的議題。

**選取一組簡單隨機樣本** 有一些不同方法可以被用來選取一組簡單隨機樣本。一種方式是將母體中每一個成員的名字或號碼放在不同張但一樣的紙條上。充分混合這些紙條然後逐一選取 n 張紙條的過程可以產生一個樣本量 n 的隨機樣本。這個方法容易瞭解，但有明顯的缺點。混合紙條的動作必須適當，而且即使對於相對較小的母體而言，產生需要的紙條數量可能極端地冗長乏味。

一個普遍被用以選取隨機樣本的方法是首先建立母體中的物品或個體的一份清單，被稱為**抽樣底冊 (sampling frame)**。然後清單上的每一個項目可以被以一個數字辨識，並且一個隨機數字的表格或是隨機亂數生成器可以被用以選取樣本。隨機亂數生成器是一個產生滿足與隨機概念有關之一系列數字的程序。大多數的統計套裝軟體都提供隨機亂數生成器，許多計算機也一樣提供。隨機數字的一個小表可於附錄 A 表 1 中找到。

例如，假設手邊有 2009 年間在一家大型經銷商購買新車之 427 位顧客的姓名清單。經銷商老闆想要訪談這些顧客的一組樣本以瞭解顧客滿意度。她計畫選取 20 位顧客的一組簡單隨機樣本。由於要寫下所有 427 個名字在紙條上會是冗長乏味，隨機數字可以被用來選取樣本。要完成如此的抽樣，我們可以使用三碼的數字，從 001 開始至 427 為止，以代表清單上的每一位個人。

來自附錄 A 表 1 之第 6 到 7 列的隨機數字列示如下：

<u>093</u> 876 799 562 565 <u>842</u> 64

<u>410</u> <u>102</u> <u>204</u> 751 <u>194</u> 797 51

從此清單中，我們可以使用三個數字的區集（在上述清單所加的底線）來辨識應該被包括在樣本中的個人。第一個三個數字的區集是 093，因此清單上的第 93 個人將被含括於樣本中。接下來之三個數字的五個區集（876、799、562、565 與 842）並不對應至清單中的任一人，因而忽略之。而對應至清單中之個人的下一個區集為

410，因而也被含括在樣本中。此一過程將持續至 20 人被選取為樣本止。因為任一特定個人應該只被選出一次成為樣本，我們會忽略任何重複的三位數字。

另一個選取樣本的方式會是使用電腦軟體或是繪圖計算機產生 20 個隨機數字。例如，當介於 1 至 427 之間的 20 個隨機數字被要求，Minitab 產生下列結果。

| 289 | 67  | 29  | 26  | 205 | 214 | 422 | 31  | 233 | 98  |
|-----|-----|-----|-----|-----|-----|-----|-----|-----|-----|
| 10  | 203 | 346 | 186 | 232 | 410 | 43  | 293 | 25  | 371 |

這些數字可以被用來決定哪 20 位顧客被包含在樣本中。

當選取一個隨機樣本，研究者可以選擇以放回或不放回的方式進行抽樣。**歸還抽樣 (sampling with replacement)** 表示在每一個成功項目被選取為樣本後，該項目被「放回」母體因而可能在下一階段再一次被選取。實務上，放回抽樣很少被使用。反而，較普遍的方法是不允許相同項目再次被納入樣本中。也就是在被納入樣本後，個人或物品不會在進一步的選取中被考慮。以如此態度抽樣被稱為**不歸還抽樣 (sampling without replacement)**。

> **定 義**
>
> **不歸還抽樣**：一旦來自母體中的一個個體被選取而納入樣本，抽樣過程中它不會再次被選取。一個不歸還選取的樣本包含來自母體的 $n$ 個獨特個體。
>
> **歸還抽樣**：當來自母體的一個個體被選取而納入樣本且對應的資料被記錄後，個體被放回母體並在抽樣過程中可以被再次選取。一個歸還選取的樣本可能會多於一次的包含來自母體之任一特定個體。
>
> 雖然這兩種抽樣形式不同，當樣本量相對於母體規模是小的，而且經常如此，兩者之間只有很小的實質差異。實務上，當樣本量最多是母體規模的 10%，兩種方法可以被視為是相同的。

### 例 2.3　選出蘇打水玻璃瓶的一組隨機樣本

蘇打水玻璃瓶的一個重要特徵是破裂強度。假設我們想測量選自四個包含總數 100 個瓶子的條板箱（母體）之樣本量 $n = 3$ 的一組隨機樣本中，每一個瓶子的破裂強度。每一個條板箱裝有五列的五個瓶子。我們可以用在每一個條板箱中經過所有的列進行編號的方式，以一個由 1 至 100 的數字辨識每一個瓶子。編號從條板箱編號 1 的第一列開始，如同以下圖片：

| 條板箱 1 | | | | | 條板箱 2 | | | | | 條板箱 4 | | | | |
|---|---|---|---|---|---|---|---|---|---|---|---|---|---|---|
| 1 | 2 | 3 | 4 | 5 | 26 | 27 | 28 | ... | | 76 | 77 | ... | | |
| 6 | ... | | | | | | | | | | | | | |
| | | | | | | | | | | | | | | |
| | | | | | | | | ... | | | | | | |
| | | | | | | | | | | | | | | |
| | | | | | | | | | | | | | | 100 |

使用來自計算機或統計套裝軟體的一個隨機亂數生成器，我們可以產生介於 1 至 100 的三個隨機數字，來決定哪幾個瓶子會被包含在我們的樣本中。這可能導致瓶子 15 號（條板箱編號 1 的第 3 列第 5 行），瓶子 89 號（條板箱編號 4 的第 3 列第 4 行），以及瓶子 60 號（條板箱編號 3 的第 2 列第 5 行）被選取。

> 隨機抽樣的目的是要產生一個可能有母體代表性的樣本。雖然隨機抽樣並不保證樣本將有代表性，它確實允許我們評估一個未具代表性樣本的風險。而正是量化此一風險的能力將使我們能夠有信心地從一個隨機樣本推論至對應的母體。

## 關於樣本量的一個重要說明

一個普遍的錯誤觀念為，如果樣本量比起母體規模相對地小，樣本不可能正確地反映母體。民意調查的評論者經常發表聲明如，「加州有 14.6 百萬個登記選民。當每 14,000 人中約只有 1 人被包含於樣本中，1000 位登記選民的一組樣本如何能反映公共意見？」這些評論者並不瞭解隨機選取的力量！

思考由 5000 位州立大學申請人所組成的一個母體，並假設我們對此一母體的數學 SAT 分數感興趣。在這母體中出現數值的一個點圖展示於圖 2.1(a)。圖 2.1(b) 則呈現來自母體的五個不同隨機樣本中之個人數學 SAT 分數的點圖，樣本量的範圍從 $n = 50$ 至 $n = 1000$。注意這些樣本傾向於反映母體中分數的分布。假設我們對於使用樣本來估計母體平均數或是敘述 SAT 分數的變異性感興趣，即使是最小的樣本（$n = 50$）其圖形仍能提供可靠的資訊。雖然取得一組簡單隨機樣本在代表母體上不夠適當是可能的，但只有當樣本量非常小，以及母體本身非常小才有可能，這個風險並不取決於母體的哪一個部分被抽樣。即使當樣本僅由母體的一小部分組成，隨機選取過程使我們對於所得樣本適當地反映母體具有信心。

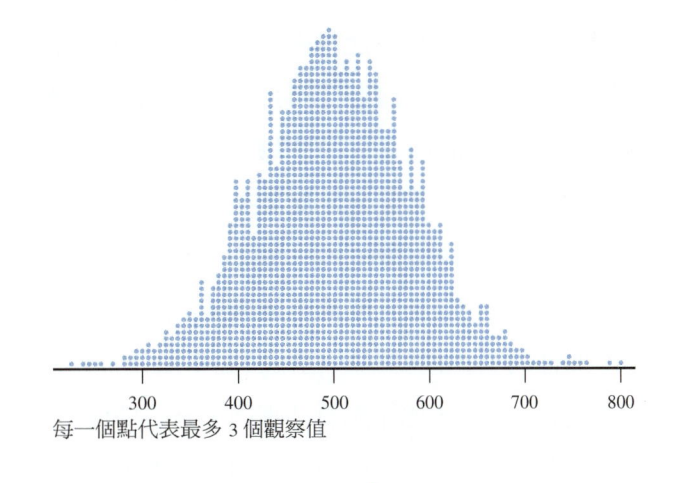

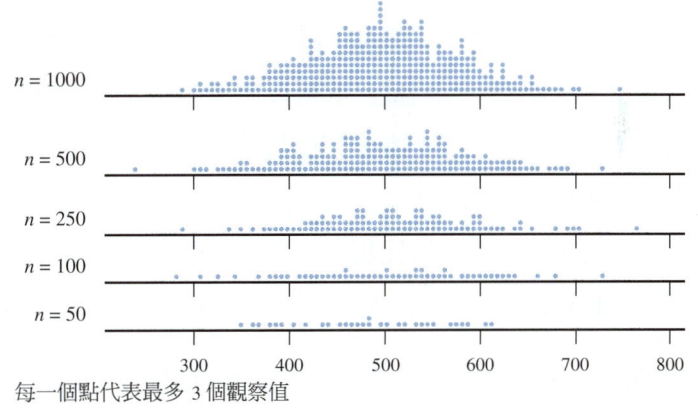

**圖 2.1**
(a) 整個母體數學 SAT 分數的點圖；(b) 樣本量為 50、100、250、500 與 1000 之隨機樣本的數學 SAT 分數的點圖

## 其他抽樣方法

簡單隨機抽樣提供研究者一個客觀而且免於選取偏誤的抽樣方法。然而，在某些情況下，其他可供選擇的抽樣方法可能成本較低，較容易執行，且有時候甚至較正確。

**分層隨機抽樣** 當整個母體可以被分成一組不重複的次級團體時，一種被稱為**分層抽樣 (stratified sampling)** 的方法經常證明要比簡單隨機抽樣更容易執行且有較高的成本效益。在**分層隨機抽樣 (stratified random sampling)** 中，個別的簡單隨機樣本被從每一個次級團體獨立地選出。例如，要估計醫療事故保險的平均成本，研究者可能發現將在一個特定都會區執業之所有醫生的母體視為由四個次級母體所組成是方便的：(1) 外科醫生，(2) 內科與家庭科醫生，(3) 產科醫生，以及 (4) 包含所有其他專科醫生的團體。不從所有醫生的母體抽取簡單隨機樣本，該研究者可以抽取四個不同的簡單隨機樣本——一個來自外科醫生團體，另一個來自內科與家庭醫生團

體,依此類推。這四個樣本能夠提供四個次級團體以及整體醫生母體的資訊。

當母體以這種方式分類,所有次級團體被稱為**層 (strata)**,而每一個次級團體被稱為一個**層 (stratum)**(strata 的單數型)。分層抽樣必須從每一個層選出一個獨立的簡單隨機樣本。當取得個別層與整個母體之特徵的有關資訊是重要的,分層抽樣可以被用以取代簡單隨機抽樣,雖然一個分層樣本不被要求如此——次級團體的估計也可以被以使用來自一組簡單隨機樣本之資料的適當子集合而取得。

分層抽樣的真正優點為,相較於簡單隨機抽樣,其經常讓我們進行有關母體的較正確推論。通常,比起異質性團體,分層抽樣對於同質性團體較容易產生相對地正確特徵估計值。例如,即使是一個小樣本,仍可能獲得自一所大學光榮畢業之學生學業成績平均數的正確估計值。這些學生的個人學業成績都相當類似(一個同質性團體),即使是來自此一次級母體 3 至 4 人的一組樣本也應該具有代表性。另一方面,要產生該大學所有大四學生平均學業成績相對正確的一個估計值,一個學業成績更大變化的團體,是一項更困難的任務。因此,如果一個多變化的母體可以被區分為層,使得每一層比起就感興趣特徵的母體而言更為同質,那麼一組分層隨機樣本比起相同大小的簡單隨機樣本,能夠產生母體特徵的更正確估計值。

**群集抽樣** 有時候從一個母體選擇個人的團體要比選擇個人來得容易。**群集抽樣 (cluster sampling)** 涉及分割感興趣母體為非重疊次級團體,被稱為**群集 (clusters)**。然後群集以隨機方式被選取,而在被選取之群集中的所有個人會被包含於樣本中。例如,假設一所大型都市高中有 600 名高三學生,他們全都登記於第一節課的點名教室。共有 24 個高三的點名教室,每一間教室大約有 25 名學生。如果學校行政人員想選取大約 75 名高三生的樣本,參與一項提供給學生之大學與職業安置諮詢的評估,他們可能會發現隨機選取三個高三生點名教室,然後將所有在這些選出教室中的學生涵蓋於樣本中要來得容易些。如此,就可以同時間對在選出教室中的所有學生進行評估調查——邏輯上一定比起隨機選取 75 名學生,然後對這些個別高三生進行調查較為容易。

因為所有的群集都被選擇,群集抽樣的理想情境是當每一個群集反射母體的特徵。如果真能如此,少數群集所形成的一個樣本會是有母體代表性。如果沒有理由認為母體中所出現的變異性在每一個群集中反映,而群集規模通常是小的,那麼確認在樣本中含有許多群集就變得重要了。

小心不要混淆群集與分層。即使兩種抽樣策略都涉及將母體區分為次級團體，在次級團體被抽樣的方式以及建立次級團體的最佳策略都不相同。在分層抽樣中，我們從每一層抽樣；而在群集抽樣中，我們只將選出的所有群集納入樣本中。由於此一差異，為了提高獲得一個具有母體代表性之樣本的機率，我們想要為分層抽樣建立同質性團體，以及為群集抽樣建立異質性（反映母體中的變異性）團體。

**系統抽樣** 系統抽樣 (systematic sampling) 是一個當可能將感興趣母體視為由一份清單或某些其他連續的排列組成時，被使用的一個程序。一個數值 $k$ 被指定（例如，$k = 50$ 或 $k = 200$）。然後最前面的 $k$ 個個人之一被隨機選取，其後該順序中的每一位第 $k$ 個個人被包含於樣本中。以此方式選出的樣本被稱為**一組 $k$ 分之 1 的系統樣本 (1 in $k$ systematic sample)**。

例如，一所大學教職員工的一個樣本可能被選自員工電話號碼簿。第一個 $k = 20$ 教職員工成員之一員可以被隨機選出，接著清單上每位第 20 位教職員工也被包含於樣本。這樣將產生一組 20 分之 1 的系統樣本。

對於一組 $k$ 分之 1 的系統樣本而言，$k$ 值通常被選擇以滿足需求的樣本量。例如，在剛剛敘述的教職員工號碼簿情節中，如果大學中有 900 位教職員工成員，所敘述的 20 分之 1 系統樣本將產生 45 人的樣本量。如果希望是 100 人的樣本量，可以使用 9 分之 1 的系統樣本（因為 900/100 = 9）。

只要在母體清單中沒有重複型態，系統抽樣運作相當良好。然而，如果存在此類型態，系統抽樣可能產生一組未具代表性的樣本。例如，假設在一個州立公園入口票亭工作的員工記錄過去 10 年來每天入園的訪客人數。從該清單中天數 70 分之 1 的一組系統樣本，我們會自前 70 天隨機挑出其中一天，然後每一個第 70 天接續被選出。但是如果選出的第一天恰巧是週三，整組樣本中所選出的每一天也將會是週三（因為一週有 7 天且 70 是 7 的一個乘數）。這樣的一組樣本不可能具有日子的整個集合的代表性。訪客人數在週末可能較多，而沒有週六或週日會被包含於樣本中。

**便利抽樣：切勿使用！** 研究者經常被吸引而訴諸於「便利」抽樣——也就是說，使用一個容易取得或便利的團體來形成一組樣本。這是不幸的秘訣！來自如此樣本的結果很少是富有資訊的，而且嘗試從便利樣本推論至任何較大母體也會是錯誤的。

便利抽樣的一個常見形式有時被稱為**自發性回應抽樣 (voluntary response sampling)**。如此樣本完全倚賴於個人自願成為樣本的一部分，經常以對一個廣告回應的方式，打電話至一個公眾號碼表達意見，或是登入一個網際網路網址完成一項民意調查。參與如此一個自發性回應調查的個人是極端不可能具有任何較大之感興趣母體的代表性。

## 習題 2.13 – 2.32

2.13 作為課程檢討的一部分，心理系想要自去年之 140 位畢業生中選取一組 20 人的簡單隨機樣本，以取得其所認為課程價值的資訊。敘述可能用來選取樣本的兩種不同方法。

2.14 一份有 500 人簽名的請願書被呈交至一所大學的學生會。學生會主席要決定簽署請願書者確實為該大學註冊學生的比例。由於沒有足夠時間與註冊主任檢查所有 500 個名字，因而學生會主席決定選取 30 個簽名的一組簡單隨機樣本。敘述這個抽樣工作可能如何被完成。

2.15 去年間，一個郡的小額索償法院處理了 870 件案子。敘述樣本量為 50 的一組簡單隨機樣本如何被從案件檔案夾中選出以取得在這類案件中有關平均判賠金額的資訊。

2.16 一所大學的經濟資助（貸款）指導員計畫使用一組分層隨機樣本以估計每學期學生在教科書上的平均花費金額。針對下列提出的分層架構，討論是否值得以這種方式來分層大學學生。
a. 依班級年級高低分層（大一、大二、大三、大四與研究所學生）
b. 依學習領域分層，使用以下類別：機械、建築、商學與其他

c. 依姓氏的第一個字母分層：A 至 E、F 至 K 等

2.17 假設一組 1000 顆橘子樹被以每一列 25 顆共 40 列的方式排列。為了從 30 棵樹的一組樣本決定水果的糖含量，研究者 A 建議隨機選取 5 列，然後從每一個樣本列再隨機選取 6 棵樹。研究者 B 則建議先在一張地圖上從 1 至 1000 將每一棵樹編號，然後使用這些亂數選出 30 棵樹。哪一個選取樣本的方法較佳？解釋之。

2.18 針對每一個敘述的情況，說明其抽樣程序為簡單隨機抽樣、分層隨機抽樣、群集抽樣，或是便利抽樣。
a. 在一所大學的所有大一學生會在 30 個專題課程時段中擇一選課註冊。要在這所大學選擇一個大一學生的樣本，研究者從這 30 個時段中隨機選出其中 4 個，並且在這選出的 4 個時段中的所有學生都被含括在樣本中。
b. 為了取得一所大學的學生、教師與職員的一組樣本，一位研究者從教師名單隨機選取 50 位教師，從學生名單選取 100 位學生，以及從職員名單選取 30 位職員。
c. 一位大學研究員在其任教大學以使用在其編號 101 之心理學課程選課的 85 位學

生之方式取得學生的一組樣本。
d. 為了取得一所特定高中高三學生的一個樣本，一位研究者將每位高三生的名字寫在一張紙條上，將所有紙條放在一個箱子並將其攪和，然後選出 10 張紙條。選出紙條上姓名的學生都被包含於樣本中。
e. 為了取得到場觀看籃球賽觀眾的一組樣本，一位研究者在入口處選出第 24 位觀眾。接著，其後每第 50 位觀眾也被選入樣本中。

2.19　在一所社區學院註冊的 6500 名學生中，有 3000 位是在職生，而其他 3500 位是一般生。該學院可以提供被分類排序的學生名單，因而一般生列出在前，其後才是在職生。
a. 敘述使用一般生與在職生為兩個分層，並從各別層包含 10 位學生之選取一組分層隨機樣本的程序。
b. 在這個社區大學中的每一位學生是否擁有被選入樣本之相同機會？解釋之。

2.20　簡要解釋為何避免使用便利樣本是明智作法的原因。

2.21　選取本書某幾頁作為樣本，並且求出每一頁的字數。基於此一練習的目的，計算式不被計為文字，數字只有在其被拼成文字時，才計為一個字——也就是說，ten（十）需計為一個字，而 10 不計為一個字。
a. 敘述可以取得本書頁數之簡單隨機樣本的一個抽樣程序。
b. 敘述可以取得分層隨機樣本的一個抽樣程序。解釋為何選擇在你的抽樣計畫中被使用之特定的層。
c. 敘述可以取得系統樣本的一個抽樣程序。
d. 敘述可以取得群集樣本的一個抽樣程序。
e. 使用在 (a) 你所提供的程序，選擇至少 20 頁的一個簡單隨機樣本，並記錄每一選取頁中的文字數量。對於獲得的樣本數值建立一個點圖，並以一兩句話評論在一頁中之文字數所揭露的資訊。
f. 使用在 (b) 你所提供的程序，選擇總數包含至少 20 頁的一組分層隨機樣本，並記錄每一選取頁中的文字數量。對於獲得的樣本數值建立一個點圖，並以一兩句話評論在一頁中之文字數所揭露的資訊。

2.22　在 2000 年，加州投票會主席發起於競選活動在所有候選人選票清單上加入「以上皆非」的文字對於顯示其評估落後 10 個百分點的一個費爾德民調是相當重要的。該民調是基於在加州 1000 位註冊選民的一個隨機樣本。他被 Associated Press（2000 年 1 月 30 日）引用說，「在該民調中的費爾德樣本等同於 17,505 分之 1 的選民」，而他進一步說這是非常不誠實，以至於費爾德應該退出民調業務！如果你從事費爾德民調，你會如何回應此一指責？

2.23　文章「數位不平等：年輕成人網路使用上的差異」（*Communication Research* [2008]: 602-621）的作者們想知道比那些沒有這麼多正式教育的民眾，是否具有較高教育程度的民眾能夠更多元的使用網路。要回答此問題，他們使用來自一個全國性電話民調的資料。大約 1300 位家庭主婦被選作此一民調，而其中有 270 位完成訪問。研究者應關注哪一類的偏誤以及為什麼？

2.24 文章「**大學生間興奮劑的非法使用**」（*Psychology, Health & Medicine* [2002]: 283-287）的作者們調查大學生有關其合法與非法興奮劑的使用。被調查的學生樣本由在美國一所小型但具有競爭力的大學之心理學課程選課的學生所組成。
a. 該樣本是一組簡單隨機樣本、分層隨機樣本、系統樣本，或是便利樣本？解釋之。
b. 針對為何來自該民調資料所得表示使用非法興奮劑之學生比例的估計值不該被類推至全體美國大學生，提供兩個理由。

2.25 文章「**欺騙與設計：通訊技術對說謊行為的影響**」（*Computer-Human Interaction* [2009]: 130-136）敘述一項調查，比起諸如電話對談或是電子郵件之其他形式的溝通，說謊在面對面溝通中是否較不常見。此項研究的參與者是在康乃爾大學高年級溝通課程的 30 位學生因通過學分而得以參與。參與者被要求記錄其所有社交活動一週，並標註說謊的部分。基於來自這些記錄的資料，該篇文章的作者結論學生在電話對談中比面對面溝通更常說謊，而面對面溝通比在電子郵件中更常說謊。討論此研究的限制，並對樣本被選取以及潛在的偏誤來源進行評論。

2.26 文章「**普及的電動玩具：暴力出現以及其背景脈絡的量化**」（*Journal of Broadcasting and Electronic Media* [2003]: 58-76）的作者研究電動玩具分級──普級 (E)，至少 13 歲 (T)，以及至少 17 歲 (M)──與每玩一分鐘暴力互動次數之間的關係。檢視的遊戲樣本由 60 個電玩所組成──每一種電玩系統最普遍的 20 個。研究者結論為較大年齡兒童分級的電玩比起為較一般性觀眾分級之電玩，每分鐘有顯著較多的暴力互動。
a. 你是否認為這 60 個電玩樣本被選取的方式使得其具備所有電玩母體的代表性是合理的？
b. 推論研究者的結論對於所有電玩是否合理？解釋你的理由。

2.27 一項是否在線上約會檔案中誠實之研究的參與者在 *Village Voice*，紐約市最流通報紙之一，以及在 Craigslist New York City「**在線上約會檔案中說謊的真相**」，（*Computer-Human Interaction* [2007]: 1-4）被以印刷與線上廣告的方式招攬。參與者的真實身高、體重與年齡被拿來與出現在其線上約會檔案中的資料比較。獲得資料接著被用來對線上約會檔案欺騙行為的普遍性下結論。基於此研究資料的結論要推論至擁有一個線上約會檔案的所有人，你有何顧慮？確認著重於至少兩個顧慮並說明理由。

2.28 報導「**2004 年大學生與信用卡：使用率與趨勢分析**」（Nellie Mae，2005 年 5 月）估計有 21% 之擁有信用卡大學生每月付清帳單，而大學生信用卡之平均未清償餘額為 $2169。這些估計值是來自發給 1260 位學生的線上調查。而有 132 位受訪者回覆。將報導的估計值推論至全體大學生的母體是否合理？在你的回答中至少著重於偏誤的兩個可能來源。

2.29 假設你被要求協助設計一項成年都市居民的調查，以估計營業稅增稅的支持比例。該調查計畫使用一個分層隨機樣本，三個分層架構因而被提出。

架構 1：基於成年都市居民姓氏的第一個字母將其分為四個層（A 至 G、H 至 N、O 至 T、U 至 Z）。

架構 2：將成年都市居民分為三個層：大學生、全職工作的非學生、非全職工作的非學生。

架構 3：以隨機分派成年居民至五個層之一的方式將其分為五個層。

在此研究情況下，以上哪一個分層架構最佳？解釋之。

2.30 文章「**在加州發現的高含汞量**」（*Los Angeles Times*，2006 年 2 月 9 日）敘述頭髮樣本被檢驗含汞量的一項研究。頭髮樣本得自超過 6000 名自願將頭髮樣本送至 Greenpeace and The Sierra Club 的研究者。研究者發現接近 1/3 的受驗者其含汞量超過被認為是安全的濃度。將此結果類推至美國成人的較大母體是否合理？解釋你的理由。

2.31 是否在加州的 San Luis Obispo 市中心繼續辦理 Mardi Gras 遊行是一項被熱烈爭論的議題。該項遊行受到學生與許多居民的喜愛，但是部分慶祝活動則導致抱怨以及取消遊行的請求。當地一家報紙對其讀者進行線上與電話民調並對結果感到驚訝。在網路民調上收到超過 400 個回覆，其中有超過 60% 贊成繼續該項遊行活動；然而，在電話熱線上接獲超過 120 個回電，卻有超過 90% 支持禁止該項遊行（*San Luis Obispo Tribune*，2004 年 3 月 3 日）。造成這些非常不同結果的因素是什麼？

2.32 文章「**基因在癌症的角色可能過於誇張**」（*San Luis Obispo Tribune*，2002 年 8 月 21 日）敘述「早期研究選取在家庭中其姊妹、母親與祖母都罹患乳癌的婦女，評估基因突變媒介中的乳癌風險。這對處於一般母體中之婦女的偏斜風險估計值產生了一個統計偏誤。」在此所敘述的偏誤是選取偏誤、測量偏誤，或是無回應偏誤？解釋之。

## 2.3　簡單的比較實驗

我們嘗試回答的問題有時候與特定解釋變項對某些回答的效果有關。這類問題常見的形式有「當……的時候會發生什麼？」或是「……的影響為何？」例如，一位工業工程師可能正考慮兩種不同的工作站設計，並且可能想知道設計的選擇是否影響工作績效。一位醫學研究者可能想要決定一種疾病的治療提案與標準治療法之間的比較情形。實驗提供收集資料的一種方式以回答這些類型的問題。

### 定　義

一項**實驗** (experiment) 是一個研究，在其中一個或更多解釋變項被操弄以觀察對反應變項的影響。

> **解釋變項** (explanatory variables) 是由實驗者所控制之具有數值的那些變項。解釋變項也被稱為**因子** (factors)。
>
> **反應變項** (response variable) 是一個不被實驗者控制並且被測量，以成為實驗的一部分。
>
> **實驗條件** (experimental condition) 是解釋變項的任意數值組合。實驗條件也被稱為**處理** (treatments)。

假設我們對於決定室溫對大一微積分測驗成績的影響感興趣。在此情況下，解釋變項為室溫（其可以被實驗者操弄）。而反應變項是測驗成績（此變項不被實驗者控制並且將被測量）。

通常，如果能夠以下列名詞敘述實驗的目的，我們可以容易地辨識解釋變項與反應變項：

目的是要評估＿＿＿＿＿＿對＿＿＿＿＿＿的影響。
　　　　　　　解釋變項　　　反應變項

讓我們回到評估室溫對測驗成績影響的實驗的一個例子。我們可能決定使用兩組室溫，65 度與 75 度。這將導致一個對應至兩組溫度而具有兩個實驗條件（或是相當於，兩個處理）的實驗。

假設有第一個學期微積分課程的 10 個時段同意參與我們的研究。我們可能以此方式設計一個實驗：在測驗日設定五間教室的室溫（華氏）為 65 度，而其他五間教室的室溫設定為 75 度，然後比較兩個室溫組的測驗分數。假設在 65 度室溫組學生的平均測驗分數明顯高於 75 度室溫組的平均分數。我們能否結論較高的溫度會導致較低的平均分數？基於上述資訊，由於許多其他因素可能與測驗分數有關，所以答案為否。課程時段是否在一天中的不同時間？是否由相同教師授課？使用不同教科書？課程時段是否因學生能力而不同？這些其他因素之任何一項都可能提供兩組平均測驗分數不同的可能解釋（與室溫無關）。不可能將溫度的影響與這些其他因素的影響區隔。因此，如所敘述的僅僅設定室溫將導致不良設計的實驗。

> 一個良好設計的實驗需要比只是操弄解釋變項還要多的工作；設計必須排除其他可能的解釋，或是實驗結果將不是決定性的（最終答案）。

目標是設計一個將讓我們能夠決定解釋變項對選定的反應變項之影響的實

驗。為達成目標，我們必須考慮雖然在目前研究不感興趣，也可能影響反應變項的任何可能外生變項。

> **定 義**
>
> **外生變項 (extraneous variable)** 是一個並非現有研究中的解釋變項，但被認為影響反應變項者。

一個良好設計的實驗以使用隨機分派至實驗情境，以及有時也以結合直接控制與／或集區化實驗設計的方式，處理外生變項的潛在影響。如此的每一種策略──隨機分派、直接控制與集區──在下列篇幅段落中被敘述。

研究者可以**直接控制 (directly control)** 某些外生變項。在之前微積分課程的例子中，使用的教科書是一個外生變項，因為測驗結果的一部分差異可能歸因於該變項。我們可以用要求所有課程時段都使用相同教科書的方式直接控制這個變項。其後，任何介於不同溫度組別之間所觀察到的差異就不能被使用不同教科書來解釋。一天中的不同時間這個外生變項也可能以要求所有時段課程在相同時間授課這樣的方式被直接控制。

部分外生變項的影響可以以一種被熟知為**集區化 (blocking)** 的程序加以濾除。被透過集區化加以強調的外生變項被稱為集區變項。集區化創造了就集區變項而言相似的組別（被稱為集區）；然後在每一個集區中所有的處理都被嘗試。在我們的例子中，我們可能使用教師作為一個集區變項。如果有五位教師，每人教導兩個微積分時段課程，我們可以確認對於每一位教師而言，將有一個時段課程會是 65 度組別之一，而另一個時段課程會是 75 度組別之一。用這樣的設計，如果我們發現兩個溫度組別測驗分數的差異，做為一種可能的解釋，教師這一個外生變項可以被排除，因為這所有五位教師的學生被安排在每一個溫度組別中。（假設我們以只選擇一位教師的方式控制教師變項，那會是直接控制的一個例子。當然我們無法同時直接控制一天中的時間與教師。）如果一位教師教導所有 65 度的組別，而另一位教導所有 75 度的組別，我們將無法從教師的影響辨識溫度的影響。在此情況下，這兩個變項（溫度與教師）被稱為是**混淆的 (confounded)**。

> 如果兩個變項對反應變項的影響無法從彼此之間被辨識，這兩個變項被稱為是**混淆的**。

如果一個外生變項與解釋變項（其用來定義處理）混淆，不可能就處理對反應的影響取得清楚的結論。直接控制與集區化在確保控制變項與集區變項不與定義處理的變項發生混淆上都是有效的。

我們可以用保持其為恆定（常數）的方式直接控制某些外生變項，並且可以使用集區創造相似的組別，以達成實質上濾除他組的影響。但是如果變項，諸如在我們微積分測驗例子中的學生能力，無法被一位實驗者控制，而且作為集區變項是困難的，那該怎麼辦？這些外生變項會依對實驗組使用**隨機分派 (random assignment)** 的方式加以處理。隨機分派確使我們的實驗並不系統性地偏好一種實驗情境，並嘗試建立儘可能相似的實驗組別。例如，假設修微積分課程的學生可以使用一種隨機的機制被分派至十個可供選課的時段之一，我們會期望就學生能力而言，以及就其他不被直接控制或是作為集區基礎的外生變項而言，得到的組別會是相似的。注意在一項實驗中的隨機分派與隨機選取個體是不同的。理想的情況是，同時使用隨機選取個體與隨機分派個體至實驗情境中，而這麼做將允許得自實驗的結論能夠推論至一個較大的母體。對於許多實驗來說，隨機選取個體是不可能的。只要個體被隨機分派至實驗情境，仍然可能評估處理效果。

為了理解隨機分派如何傾向於建立相似的組別，假設 50 位大學新鮮人可以以個體的身分參與一項調查測驗前完成課程教材的線上複習是否改善測驗成績的實驗。這 50 個個體在成績上變化相當大，其反映在圖 2.2 所呈現之數學與文法 SAT 分數上。

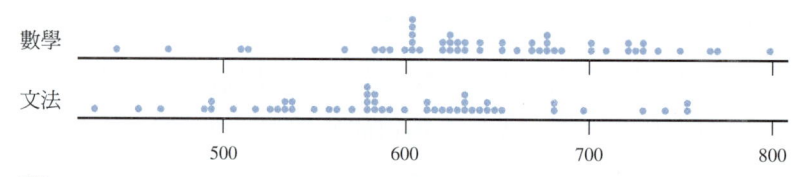

**圖 2.2**

50 位新鮮人數學與文法 SAT 分數的點圖

如果這 50 位學生要被分派至兩個實驗組別（一組將完成線上複習而一組則否），我們會想要確認分派學生至組別並不會以傾向於分派較高成就學生至其中一組與較低成就學生至另一組的偏好某一特定組。

以同時考慮文法與數學 SAT 分數的方式，建立具有相似成就水準的學生組別是困難的，所以我們倚賴隨機分派。圖 2.3(a) 列出三種不同隨機分派學生方式之分

派至每一個實驗組別（一組以淺灰色與一組以深色）之學生的數學 SAT 分數。圖 2.3(b) 則列出相同三種隨機分派方式之每一個被分至兩個實驗組別的文法 SAT 分數。注意每一種隨機分派方式產生文法與數學分數皆相似的組別。因此，如果這三種分派方式之其一被使用，並且兩組在測驗分數存在差異，我們可以排除在數學與文法分數上的差異為可能的對立解釋。

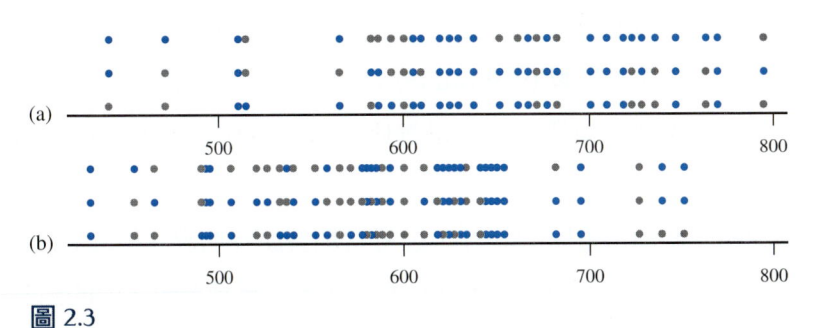

**圖 2.3**

三種不同隨機分派至兩組的點圖，一組以淺灰色一組以深色：
(a) 數學 SAT 分數；(b) 文法 SAT 分數

　　隨機分派不只將傾向於建立就文法與數學 SAT 分數相似的組別，它也將傾向於就其他外生變項而言等化各組。只要個體數量不是太小，我們可以依賴隨機分派產生可比較的實驗組別。這正是隨機分派是所有良好設計實驗之一部分的理由。

　　並不是所有的實驗要求人類個體的使用。例如，一位研究者對以汽油里程數比較三種不同汽油添加劑感到興趣，他可能使用空油箱的單一汽車進行一項實驗。一加侖汽油與一種添加劑將被加入油箱，然後這部汽車將被以定速且循著一條標準路線駕駛直至汽油耗盡。以這一加侖汽油所行使的總距離因而可以被記錄。這樣的實驗可能被重複多次——例如，10 次——使用每一種添加劑。

　　剛剛敘述的實驗可以被視為包含一系列的試行。由於若干外生變項（諸如類似風速或溼度等環境因素的變異，以及車況的小小變異）可能對汽油里程數有所影響，在前 10 次試行使用添加劑 1，次 10 次試行使用添加劑 2，依此類推的作法可能不是一個好主意。一種較佳的方法會是隨機分派添加劑 1 至 30 次計畫試行中的 10 次，接著隨機分派添加劑 2 至剩餘 20 次試行中的 10 次。執行該實驗所得到的計畫可能如以下所示：

| 試行 | 1 | 2 | 3 | 4 | 5 | 6 | 7 | ... | 30 |
|---|---|---|---|---|---|---|---|---|---|
| 添加劑 | 2 | 2 | 3 | 3 | 2 | 1 | 2 | ... | 1 |

當一項實驗可以被視為一系列的試行，隨機分派就涉及各種處理的隨機分派至試行。切記隨機分派——無論是個體至處理或是處理至試行——是一個好實驗的關鍵要素。

唯有在每一種實驗情境（處理）中的個體或觀測值數量夠大到足以使每一個實驗組別可靠地反映母體中變異，隨機分派才是有效的。例如，如果只有 20 位學生修讀微積分，即使利用隨機分派至 10 個課程時段的方式，我們要取得進行比較的相等組別是不可能的。**複製 (replication)** 是對每一個實驗情境進行多次觀察的一種實驗策略。結合複製與隨機分派可以讓研究者對於比較的實驗組別有合理的信心。

為舉例說明一個簡單實驗的設計，思考當地餐館女服務生 Anna 的困境。她想要增加自己小費的金額，而她的策略很簡單：她將在遞給老顧客前的部分帳單背面寫上「謝謝你」，而一部分帳單則不寫。她計畫計算小費的成數以作為成功的衡量（例如，15% 的小費是正常）。她將比較計算得自帳單有手寫與無手寫「謝謝你」的小費平均成數。如果寫著「謝謝你」不會有較多小費，她可能嘗試另一種不同策略。

---

**實驗設計的重要概念**

**隨機分派：**
隨機分派（個體至處理或處理至試行）目的是確保實驗並不系統性地偏好一種實驗情境（處理）。

**集區化：**
使用外生變項以創造相似的組別（集區）。所有的實驗情境（處理）接著在每一個集區中被試行。

**直接控制：**
保持外生變項的恆定使得其影響不與實驗情境（處理）的影響混淆。

**複製：**
確認每一種實驗情境都有適當的觀測值數量。

---

Anna 並沒有接受規劃實驗之技術的訓練，但是她已經採取某些屬於常識的步驟，循正確的方向回答她的問題——寫下「謝謝你」是否將產生較多小費的預期收

入？Anna 定義了一個可操縱的問題，並且收集適當的資料是可行的。收集資料成為其工作中的一部分是容易的。Anna 好奇在顧客帳單上寫下「謝謝你」是否將對其小費金額有所影響。以實驗的用語，我們會將寫「謝謝你」與不寫「謝謝你」稱為**處理 (treatments)**（在實驗中被比較的兩種實驗情境）。而兩種處理聯合起來則為**解釋變項 (explanatory variable)** 的可能觀測數值。小費成數是**反應變項 (response variable)**。在這個詞彙背後的意思是小費成數是對於寫「謝謝你」或不寫「謝謝你」兩種處理的一個反應。Anna 的實驗可以被認為是解釋反應變項中之變異，就其假定原因，解釋變項的變異，的一種嘗試。換言之，當她操控解釋變項，她期待其顧客的反應不同。Anna 有一個好的開始，但現在她必須考慮設計的四個基本原則。

**複製**　Anna 無法針對每一種處理只收集一人之小費資訊的方式進行一項成功的實驗。沒有理由相信任何單一的小費事件具有在其他事件可能發生情況的代表性，因此不可能只以兩個個體來評估兩個處理。要解釋一個特定處理的效果，她必須在實驗中**複製 (Replication)** 每一種處理。

**集區化**　假設 Anna 週四與週五都上班。由於一星期中的某一天可能影響小費行為，Anna 應該在一星期中的某一天進行集區並確保兩種處理的觀測值在兩天中的每一天被收集。

**直接控制與隨機分派**　有若干外生變項可能對小費的金額有所影響。某些餐廳老顧客將坐在靠近窗戶而有好景色的位置；某些客人需要等候座位，而其他客人可能立即就座；甚至某些客人因固定收入而無法負擔較高的小費。部分這些變項可以被直接控制。例如，Anna 可以在其實驗中選擇只用窗邊桌位，因而排除餐桌位置的潛在混淆變項。其他變項，諸如等候時間長度與顧客收入，則無法被容易控制。因此，Anna 使用隨機分派來決定哪些靠窗桌位將會在「謝謝你」組，以及哪些將在「不謝謝你」組是很重要的。當她為每桌客人準備帳單時，她可能以擲銅板的方式來分組。如果銅板落地時正面朝上，她將在帳單上寫下「謝謝你」，當出現反面則省略「謝謝你」。

隨附的視窗摘要實驗設計如何處理外生變項。

> **考慮外生變項**
>
> 外生變項是在一項實驗中不同於解釋變項卻也可能影響反應變項的變項。有數個處理外生變項的策略以避免混淆。
>
> 我們所知道且選擇結合實驗設計的外生變項：
>
> **策略：**
>
> 　　直接控制──將外生變項保持恆定，使其無法影響反應變項
>
> 　　集區化──容許有效的比較，因為每一種處理在每一個集區中被試行
>
> 我們所不知道或選擇不藉由直接控制或集區化以結合實驗設計的外生變項：
>
> **策略：**
>
> 　　隨機分派
>
> 不結合實驗設計的外生變項有時稱為**潛在變項 (lurking variables)**。*
>
> * 要更瞭解潛在變項，參考 "Lurking Variables: Some Examples"（*The American Statistician* [1981]: 227–233）。

## 隨機分派的筆記

　　有數種可以被用來完成將個體隨機分派至處理或處理至試行的策略。其中兩種常用的策略為：

- 寫下每一個個體的名字或是一個獨特的數字以對應紙條上的一個個體。將所有紙條放入一個容器並充分混合。然後取出需要的紙張數量以決定哪些將被分派至第一個處理組別的個體。此一抽取紙條的程序持續直至所有的處理組別被決定。
- 從 1 至 $n$ 指派每個個體一個獨特的數字，其中 $n$ 表示個體的總數。使用一個隨機亂數生成器或亂數表以取得辨識哪些個體將被分派至第一個處理組別的數字。此一過程將重複多次，並忽略任何對應至已經被分派到一個處理組別之個體所產生的亂數，直到所有處理組別的形成。

上述兩種策略相當有效並且在實驗中當每一個處理組別預期的個體數量被事先決定時可以被使用。

另一個有時候被應用的策略是使用一個隨機機制（諸如投擲一枚硬幣或是丟一個骰子）以決定哪一個處理將被分派至一個特殊個體。例如，在一項具有兩個處理的實驗中，你可以投擲一枚硬幣以決定第一個個體是否分派至處理1或處理2。這個動作對每一個個體會持續進行——假設硬幣出現正面，該個體被分派至處理1，而如果硬幣出現反面，個體將被分派至處理2。這個策略很好，但可能導致不等大小的處理組別。例如，在一項有100位個體的實驗中，53位可能被分派至處理1而47位可能被分派至處理2。如果這是可被接受的，擲硬幣策略是分派個體至處理的一種合理方法。

但是，假設你想要確認每一個處理中有相等數量的個體。使用擲硬幣策略直至一個處理組別完成，然後將所有剩餘個體都分派至尚未額滿的組別是否可被接受？對於此一問題的答案是可能不被接受。例如，假設20個個體的一個清單從最年輕至最年長以年齡排序，而我們希望形成各自含有10個個體的兩個處理組別。投擲一枚硬幣以進行分派可能得到下列結果（基於使用附錄A中表1第一列的亂數，其中偶數代表正面而奇數代表反面）：

| 個體 | 亂數 | 投擲硬幣等值 | 處理組別 |
| --- | --- | --- | --- |
| 1 | 4 | H | 1 |
| 2 | 5 | T | 2 |
| 3 | 1 | T | 2 |
| 4 | 8 | H | 1 |
| 5 | 5 | T | 2 |
| 6 | 0 | H | 1 |
| 7 | 3 | T | 2 |
| 8 | 3 | T | 2 |
| 9 | 7 | T | 2 |
| 10 | 1 | T | 2 |
| 11 | 2 | H | 1 |
| 12 | 8 | H | 1 |
| 13 | 4 | H | 1 |
| 14 | 5 | T | 2 |
| 15 | 1 | T | 2 |
| 16 |  |  | 1 |
| 17 | 處理組別2被填滿，分派所有其他 |  | 1 |
| 18 | 個體至處理組別1 |  | 1 |
| 19 |  |  | 1 |
| 20 |  |  | 1 |

如果個體的清單被依年齡排序，處理組別 1 將由不符比例的高齡人數所組成。此一策略經常導致一個處理組別從清單後段不符比例的取樣。因此，如果你可以確認清單依可能與反應變項有關的所有變項而隨機排列，這是隨機分派直至組別額滿，然後分派剩餘個體至尚未額滿組別唯一合理的時機。也因為如此，最好避免使用此一策略。活動 2.4 研究這類策略的潛在困難。

相反地，如果個體數量相當大，每一種處理組別擁有剛好相同數量的個體就可能不重要。假設狀況成立，使用一個不涉及停止分派個體至即將額滿組別的擲硬幣策略（或是這類的其他策略）會是合理的。

## 評估一項實驗設計

實驗設計的關鍵概念提供評估一項實驗設計的架構，如同下列例題中所說明。

### 例 2.4　報復是甜蜜的

文章「利他懲罰的神經基礎」（*Science*，2004 年 8 月 27 日）敘述檢視復仇動機的一項研究。在該項研究中的個體都是健康、右撇子的男性。個體與另一位玩家進行一項遊戲，在其中，如果彼此信賴，兩人都會贏錢；或是一位玩家可能欺騙另一位玩家而贏得所有金錢。有時候，特定情況下欺騙是被遊戲規則所規範，而其他時候，欺騙卻是一個謹慎選擇的結果。欺騙的受害者接著被以加諸罰款給予機會報復，但是有時候受害者必須花費自己的一些錢以強制罰款。此研究是具有四種實驗情境或處理的一項實驗：

1. 欺騙不謹慎（欺騙由遊戲規則規定）且受害者進行報復零成本
2. 欺騙謹慎考慮且受害者進行報復零成本
3. 欺騙不謹慎且受害者進行報復有成本
4. 欺騙謹慎考慮且受害者進行報復有成本

當欺騙是深思熟慮且報復是免費時，所有個體選擇報復（對欺騙者加諸罰款），而當欺騙是謹慎考慮，且即使讓他們付出金額，86% 的個體選擇報復。當欺騙由遊戲規則規範，並且不是深思熟慮的只有 21% 被加諸罰款。

假設研究者隨機分派個體至四種實驗情境，此研究是一個結合隨機分派、直接控制（以只使用健康且右撇子男性為個體的方式控制性別、健康狀況與使用左右手之習慣），以及複製（許多個體被分派至每一種實驗情境）。

## 例 2.5　潛意識的訊息

文章「最強有力的操縱性訊息隱藏其中」（*Chronicle of Higher Education*，1999 年 1 月 29 日）報導一項對於啟動之有趣實驗的結果——潛意識訊息對於我們如何行為的影響。在該項實驗中，個體完成一項語言測驗，在其中，個體被要求使用在單字清單中的每一個字建構句子。一組個體收到與禮貌有關的單字清單，而第二組則收到與粗野有關的單字清單。所有個體被告知完成語言測驗，然後到大廳找研究者使得他可以解釋測驗的下一個部分。當每一位個體抵達大廳，會發現研究者正在對話中。研究者想知道個體是否會打斷對話。研究者發現那些被以與粗野有關的單字啟動的個體有 63% 會打斷對話，而只有 17% 以與禮貌有關之單字啟動的個體打斷對話。

如果我們假設研究者隨機指派個體至兩個組別，那麼此研究是一個比較兩種處理的一項實驗（以與粗野有關的單字啟動，以及以與禮貌有關的單字啟動）。反應變項，禮貌，具有打斷對話與不打斷對話的數值。實驗使用複製（在每一個處理組別有許多個體）並且隨機分派以控制可能影響反應的外生變項。

許多實驗比較接受特殊處理的一個組別與未接受處理的一個**控制組 (control group)**。

## 例 2.6　為新生兒降溫？那麼你需要一個控制組⋯

National Institute of Child Health and Human Development 的研究者研究腦部因短暫缺氧而導致生產併發症的 208 位嬰兒（*The New England Journal of medicine*，2005 年 10 月 13 日）。這些嬰兒是在決定出生後三天降低體溫是否改善存活機會而不傷及腦部之一項實驗中的個體。此一實驗被摘要在一篇文章其陳述「嬰兒被隨機分派至一般照護（控制組）或全身降溫。」在實驗中包含一個控制組提供了提議的降溫處理與一般照護之死亡率與殘障率比較的基礎。某些也可能影響死亡與殘障率的外生變項，諸如缺氧持續期間，無法被直接控制，因此確認實驗並不刻意偏袒某一實驗情境，而隨機分派嬰兒至兩個組是關鍵的。由於這是一個設計良好的實驗，研究者能夠使用你將於第 11 章所看到的結果資料與統計方法來結論，對於出生時缺氧的嬰兒來說，降溫確實降低死亡與殘障的風險。

### 某些常用實驗設計之基礎架構的圖示

簡單的圖形有時被用來強調某些常用實驗設計的重要特性。基於隨機分派實驗單位（被分派至處理的單位，通常是個體或試行）至兩種處理之一的一項實驗架構列示於圖 2.4。這個圖形可以依具有多於兩種處理的實驗而被輕易地修改。在任何特定的環境背景中，我們也會想要以指出處理為何以及將被測量的反應為何的方式訂製此圖形。在例 2.7 將詳細說明。

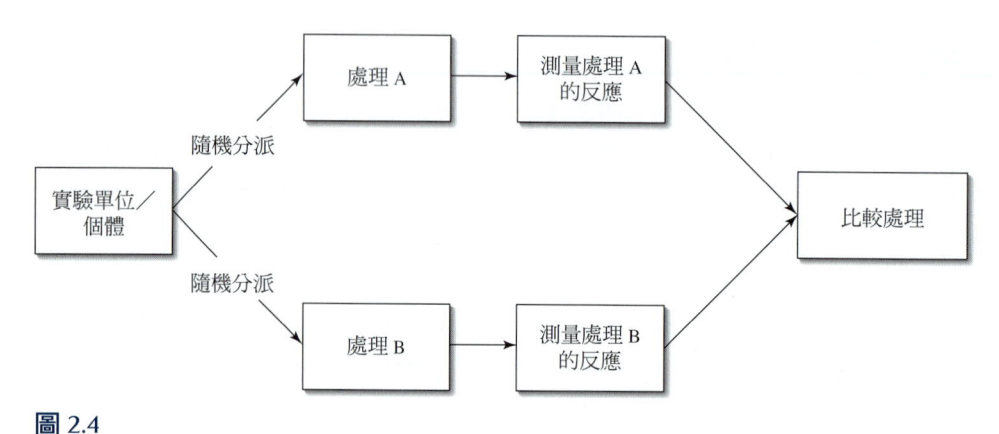

**圖 2.4**
隨機分派實驗單位至兩種處理的實驗圖形

## 例 2.7　有幫助的手

移動他們的手能否協助兒童學習數學？這是由文章「**手勢給予兒童數學新觀念**」（*Psychological Science* [2009]: 267-272）的作者們研究的問題。一項實驗被執行以比較教導兒童如何解答數學題型 3 + 2 + 8 = ＿＿ + 8 的兩種不同方法。一種方法涉及讓學生以一隻手指著等號左方的 3 + 2，然後在填入空格完成等式之前，指著等號右方的空格處。另一種方法並未涉及使用這些手勢。文章陳述該研究使用被給予包含 6 個上述類型題目的前測之 9 歲與 10 歲兒童。只有 6 題全部回答錯誤的兒童才成為實驗中的個體。總計有 128 位個體。

要比較兩種方法，128 位兒童被隨機分派至兩種實驗情境。兒童被分派至被教導使用手勢方法的一種實驗情境，以及被分派至被教導不涉及使用手勢之相似解題策略的另一種方法。然後每一位兒童接受 6 個題目的測驗並且決定每人答對的題數。研究者使用結果資料結論使用結合手勢方法兒童的平均答對題數顯著高於接受未使用手勢教學方法兒童的平均答對題數。

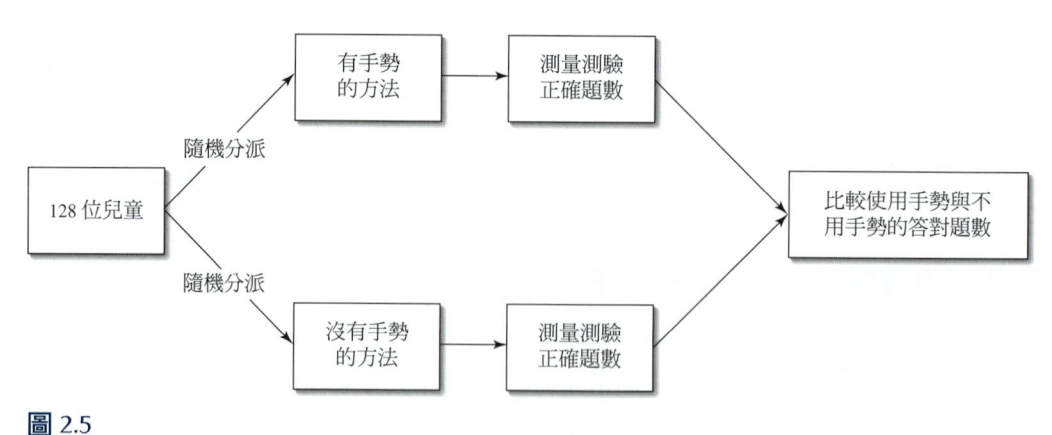

**圖 2.5**
例 2.7 實驗的圖形

此一實驗的基本架構可以被繪製如圖 2.5 所示。這類圖形提供實驗的良好摘要，但須注意實驗的幾個重要特徵並未在圖中被掌握。例如，圖形並未秀出被研究者考慮與被直接控制的某些外生變項。在此例題中，年齡與之前的數學知識皆被以僅使用 9 歲與 10 歲兒童，以及無法正確解答前測中任何題目加以直接控制。因此，需注意的是當一項實驗的圖形可能是一個有用工具，其在敘述一項實驗設計時經常無法單獨存在。

某些實驗包含一系列的試行，而處理被隨機分派至這些試行。圖 2.6 的圖形說明了如此實驗的基本架構。例 2.8 展示這個圖形如何能被修改以敘述一項特殊實驗。

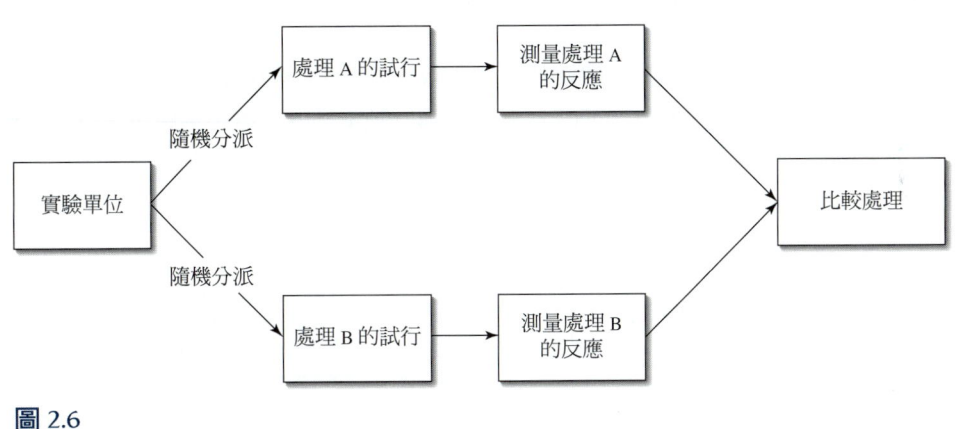

**圖 2.6**
隨機分派處理至試行之實驗的圖形

## 例 2.8　分心嗎？注意那些車子

文章「**行動電話分心對於幼兒行人受傷風險的影響**」（*Pediatrics* [2009]: e179–e185）敘述一項實驗其研究正在講行動電話的行人在跨越馬路時是否比未講行動電話者有較高的意外風險。在此實驗中沒有兒童受到傷害──因為一個視覺互動的步行環境被使用。執行如此一個實驗的一種可能方式是讓一個人在此視覺環境下跨越 20 條街道。而每一個人在跨越某些街道時正在講行動電話，但在其他街道則不使用行動電話。隨機分派這兩種處理（正在講電話，不在講電話）至 20 個試行（20 種模擬的街道跨越）是很重要的。因為行人變得更注意經驗或更為疲倦，因此隨著時間而容易分心，這將導致並不偏好一種處理的設計。此一實驗的基本架構圖示於圖 2.7。

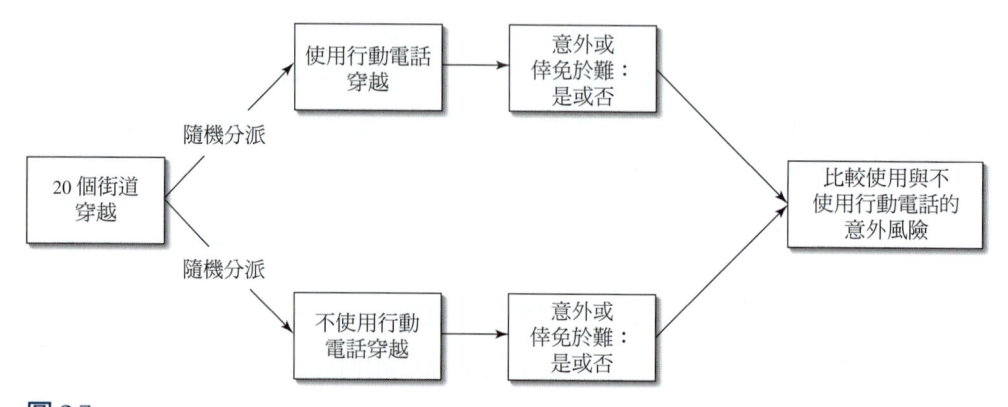

**圖 2.7**

例 2.8 隨機分派至試行之實驗的圖形

　　由該篇文章作者所進行的實際實驗比剛才所敘述的要來得稍微複雜些。在此實驗中，10 歲與 11 歲的 77 位兒童，每人分別完成講與不講行動電話的模擬街道跨越實驗。隨機分派被用以決定哪位兒童先以講電話跨越然後才是不講行動電話，以及哪位兒童先以不講電話跨越。此一實驗的架構圖示於圖 2.8。

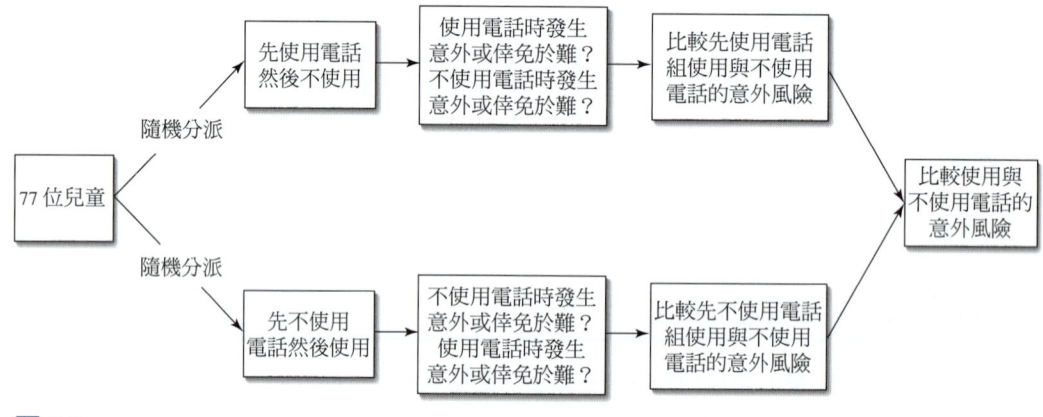

**圖 2.8**

例 2.8 中 77 位兒童實驗的圖形

　　正如例 2.7 的情況，注意雖然圖形本身提供資訊，它卻無法掌握設計的所有重要面向。特別是，其並未掌握年齡的直接控制（實驗中只有 10 歲與 11 歲的兒童被用為個體）。

　　實驗個體被隨機分派至處理或處理被隨機分派至試行（正如在例 2.7 與 2.8 中的實驗）的實驗設計被稱為**完全隨機化設計 (completely randomized designs)**。

　　圖形對於凸顯使用集區化的實驗架構也很有用。這在例 2.9 中說明。

## 例 2.9 重回有幫助的手

讓我們回到例 2.7 所敘述的實驗。以一分鐘的時間回到並重新閱讀該實驗。例 2.7 所敘述的實驗，具有 128 位個體的完全隨機化設計，被用來比較教導兒童如何解答特定類型數學題目的兩種方法。年齡與先前的數學知識是研究者認為可能與期末數學測驗成績有關的外生變項，因而研究者選擇直接控制這些變項。128 位兒童被隨機分派至兩種實驗情境（處理）。研究者依賴隨機分派以產生就其他外生變項而言大致相等的處理組別。

假設我們擔心性別也可能與數學測驗成績有關。一種可能性是直接控制性別──也就是說，在實驗中我們可能只使用男孩或女孩作為個體。接著如果我們看見兩種教學方法的測驗成績存在差異，就不可能歸因於一個實驗組別比另一組包含較多男童與較少女童。此策略的缺點是，如果我們在實驗中只使用男孩，來自該實驗的任何結論也會缺乏推論至女孩的基礎。

另一項處理外生變項的策略是將集區化結合設計。以性別來說，我們會建立兩個集區，一個包含女孩而另一個包含男孩。一旦集區建立，接著我們會隨機分派女孩至兩種處理，同時隨機分派男孩至兩種處理。在實際研究中，128 位兒童的團體包含 81 位女孩與 47 位男孩。使用性別包含集區化之一項實驗架構的圖形清楚展現於圖 2.9。

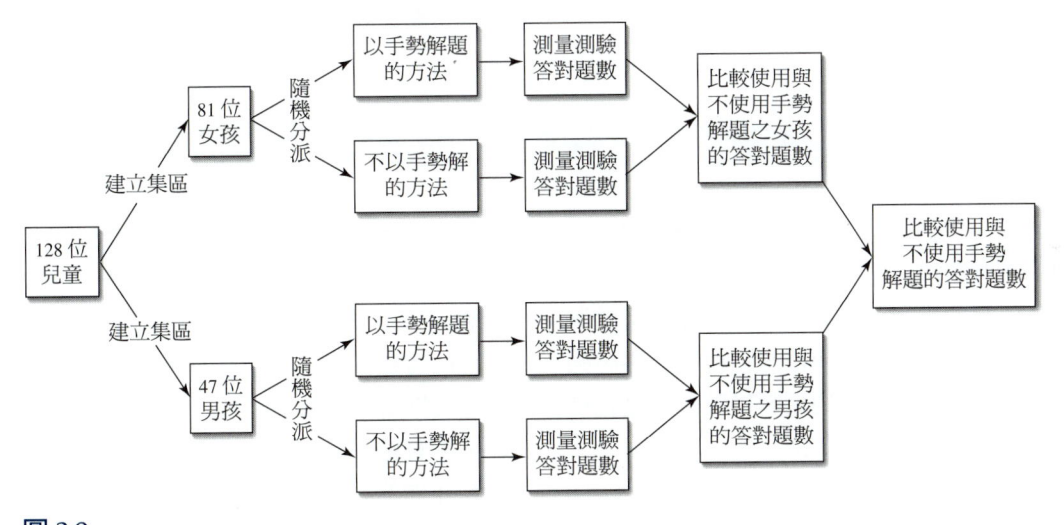

**圖 2.9**

使用性別形成集區之例 2.9 實驗的圖形

當集區化被使用，設計被稱為**隨機化集區設計 (randomized block design)**。注意介於敘述集區化被使用之實驗的圖形（圖 2.9）與原始實驗圖形（圖 2.5）之間的一項差異在於隨機分派何時被使用。當集區化被結合於一項實驗，隨機分派至處理發生於集區形成後並且分別對每一個集區完成之。

在進行一項實驗前，你應該能夠對於下列每一個問題給予一個令人滿意的答案。

1. 將被使用來自實驗的資料加以回答的研究問題是什麼？
2. 反應變項為何？
3. 反應變項的數值將如何被決定？
4. 實驗的解釋變項為何？
5. 對於每一個實驗變項，有多少不同數值？這些數值為何？
6. 實驗的處理有哪些？
7. 哪些外生變項可能影響反應？
8. 實驗設計如何結合個體的隨機分派至處理（或處理至個體）或是處理的隨機分派至試行？
9. 對於在問題 7 所列出的每一個外生變項，實驗設計如何藉由集區化、直接控制或隨機分派免於其對反應的潛在影響？
10. 你將能否使用收集自實驗的資料來回答研究問題？

## 習題 2.33 – 2.47

**2.33** 一家印刷公司品管部門主管想進行一項實驗以決定三種不同黏膠中的哪一種可以得到最大的膠裝強度。雖然在目前研究中並無興趣，其他被認為會影響膠裝強度的因素有一本書的頁數以及該書是否被裝訂為平裝本或精裝本。
a. 此實驗中的反應變項為何？
b. 哪一個反應變項將決定實驗情境？
c. 在問題陳述中有哪兩個外生變項被提及？是否有其他外生變項應被考慮？

**2.34** 一項針對大學生的研究顯示，在聆聽莫札特鋼琴奏鳴曲後其智商最多可以有 9 分的短暫增進。這個結論，被稱為莫札特效應，長久以來被未能在相似研究中確認結果的一群研究者批評。假設你想知道莫札特效應是否發生在你學校中的學生。
a. 敘述依此目的，你可能如何設計一項實驗。
b. 你的實驗設計是否包含任何外生變項的直接控制？解釋之。
c. 你的實驗設計是否包含使用集區化？解釋在你的設計中為何包含或不包含集區化。
d. 在你的設計中隨機分派扮演什麼角色？

**2.35** 下列報導來自一篇出現在 *Chicago Tribune*（2005 年 1 月 18 日）標題為「在健身後，來杯巧克力牛奶？」的文章：

> 位於 Bloomington 印第安納大學的研究者發現巧克力牛奶有效地協助運動員從密集訓練中恢復體力。他們讓 9 位

自行車騎士騎車，休息四小時，然後再騎，共騎三次。在每一次運動後，這些騎士喝下巧克力牛奶或運動飲料開特力（Gatorade）或 Endurox（每小時 2 至 3 杯）；然後，在第二次運動中，他們騎車直至精疲力竭。當他們喝下巧克力牛奶，可以騎乘自行車直至耗盡體力的時間與喝開特力後相似，但是卻比喝 Endurox 後的時間長。

這篇文章對於實驗並不清楚，但是為了有一個良好設計的實驗，其必須結合隨機分派。簡要說明研究者必須在何處使用隨機分派以便實驗的結論有效。

2.36 報導「**兩個滑鼠設計的比較研究**」**(Cornell Human Factors Laboratory Technical Report RP7992)** 包括以下被使用於一項實驗之個體敘述：

24 位康乃爾大學學生與職員（12 名男性與 12 名女性）志願參與研究。男女性各四位的三個組別依其身材被選取以代表第 5 百分位數（女性 152.1 ± 0.3 公分，男性 164.1 ± 0.4 公分），第 50 百分位數（女性 162.4 ± 0.1 公分，男性 174.1 ± 0.7 公分），以及第 95 百分位數（女性 171.9 ± 0.2 公分，男性 185.7 ± 0.6 公分）的範圍…。所有被報導的個體皆使用其右手操作電腦滑鼠。

此實驗設計結合直接控制與集區化。

a. 外生變項身材（身高）的潛在影響是否由集區化或直接控制加以重視？
b. 使用右手或左手操作滑鼠是否被認為是一個外生變項？此變項的潛在效應是否被集區化或直接控制加以強調？

2.37 倫敦 Kings College 的精神醫學機構發現處理「資訊癖」對於智商具有一種短暫卻顯著的減損效果（*Discover*，2005 年 11 月）。在此實驗中，研究者將自願者分成兩組。每一個個體都接受一項智商測驗。一組在測驗時必須檢視電子郵件並回覆即時訊息，而第二組在受測時沒有任何干擾。被干擾組的平均分數比控制組平均低 10 分。說明研究者在此研究中使用隨機分派產生兩個實驗組為何是重要的。

2.38 在一項比較疝氣修補術之兩種不同手術程序的實驗中（「**一項兒童之腹腔鏡手術與外科疝氣修補術之單盲隨機比較**」，*Pediatrics* [2009]: 332–336），89 位兒童被隨機指派至兩種手術方法之一。研究者依賴個體的隨機分派至處理以建立與他們無法控制之外生變項有關的兩個比較組。如此的一個外生變項是年齡。在隨機分派之處理後，研究者觀察在兩個實驗組〔腹腔鏡手術修補 (LR) 與外科手術修補 (OR)〕中之每一組兒童的年齡分布。以下所附數據來自該研究。

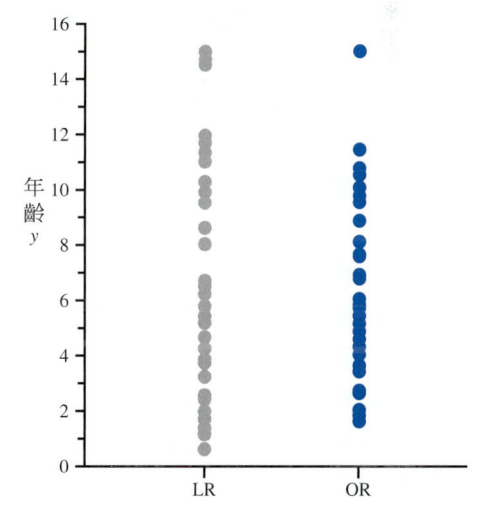

基於此數據，隨機分派個體至實驗組別對於建立組中兒童年齡相似的組別是否成功？解釋之。

2.39 在許多數位環境中,使用者被允許選擇自己在線上被如何以視覺表示。人們如何在線上被表示是否影響線上行為?這個問題被文章「**海神效應:轉換的自我呈現對行為的影響**」(*Human Communication Research* [2007]: 271-290)的作者加以檢視。參與者被隨機分派以有吸引力的化身(表示一個人的一種圖像)或無吸引力的化身來表示他們。

a. 研究者結論當在線上虛擬環境中與一位相反性別者互動時,被分派有吸引力化身的參與者會較被分派無吸引力化身的參與者顯著地接近其他人們。解釋當參與者被允許在線上選擇兩種化身(吸引力,無吸引力)之一代表他們時,為何研究者無法獲得此一結論。

b. 建立一個表示此實驗之基本架構的圖形。

2.40 為了檢視運動對身體成分的影響,35 至 50 歲的健康婦女被歸類為活動(每週至少 9 小時的體能活動)或是久坐(「**習慣性的體能運動對 35 至 50 歲女性休息代謝率與身體成分的影響**」,*Journal of the American Dietetic Association*,[2001]: 1181-1191)。體脂肪率被衡量而研究者發現活動女性的體脂肪率顯著地低於久坐的女性。

a. 該研究是否敘述一項實驗?如果是,解釋變項與反應變項為何?如果不是,解釋為何它不是一項實驗。

b. 單從此研究,結論體能運動是觀察到之體脂肪率差異的原因是否合理?解釋你的答案。

2.41 玩動作電玩是否比娛樂提供更多的東西?文章「**動作電玩的經驗改變視力的空間解析度**」(*Psychological Science* [2007]: 88-94)的作者結論空間解析度,視力的一個重要面向,可以以玩動作電玩改善。他們的結論是基於來自一項實驗的資料,其中,未曾玩過動作電玩的 32 位自願者被「均等與隨機區分成實驗組與控制組」。每一組中的個體在 6 週的時間內玩一種電玩 30 小時。實驗組中的個體玩的是 Unreal Tournament 2004,一種動作電玩。而在控制組的個體玩的是 Tetris,一種不需要使用者一次處理多種物體的電玩。解釋隨機分派至這兩組為何是此實驗的一個重要面向。

2.42 建立一個圖形表示例 2.5 中的潛意識訊息實驗。

2.43 建立一個圖形表示在第 57 頁所敘述之汽油添加劑的實驗。

2.44 一個出現在 *SkyMall Magazine*(由某些航空公司發行的目錄)針對長袖運動衫的廣告陳述如下:「這不是你普通的連帽外套!為什麼?事實為:研究顯示在水容器上寫的文字可能影響使水的結構更佳或惡化,其取決於文字的本質與含意。事實為:人體有 70% 是水。要是正向文字被印刷在你衣服內側?只需 79 美元,你能夠買到有超過 200 個字(諸如希望、感激、勇氣與愛)以 15 種語言印在衣服內側的一件連帽運動衫,使你能夠因被這些正向文字環繞而獲益。」事實上,所參考之在水容器上寫的文字可能影響水的結構顯然是基於 Masaru Emoto 博士的研究,他在紙上打字,將字貼在水容器上,並以察覺水中形成何種水晶的方式觀察水對文字如何反應。他在自行出版的專書,*The Message from Water* 中敘述幾個他的實驗。如果你將訪問 Emoto 博士,你會想問他有關其實驗的什麼問題?

2.45 一項實驗被執行以評估 Sweet Talk，一種針對糖尿病患者文字通訊支援系統的效應（「Sweet Talk 的一項隨機化控制實驗」，*Diabetic Medicine* [2006]: 1332-1338）。實驗的參與者有 92 位病患，8 到 18 歲，一型糖尿病且接受傳統胰島素療法至少一年。參與者被隨機分派至三個實驗組別之：

組別 1：持續的傳統胰島素治療
組別 2：在 Sweet Talk 輔佐下持續的傳統胰島素治療
組別 3：在 Sweet Talk 輔佐下改以新式密集胰島素治療

一個反應變項是血液中血糖濃度的量測值。組別 1 與 2 之間血糖濃度並無顯著差異，但是相較於組別 1 與 2，組別 3 則顯示在此一量測值的顯著改善。

a. 解釋相較於組別 1，為何將在組別 3 所觀察到的改善歸因於 Sweet Talk 的使用是不合理的，即便個體被隨機分派至三個實驗組別。
b. 你會如何修正此實驗，因而可以分辨血糖濃度的改善可以被歸因於密集的胰島素治療，Sweet Talk 的使用，或是兩者的結合？
c. 繪製一個圖形展現得自 (b) 之修正實驗的架構。

2.46 皮尤研究中心 (The Pew Research Center) 進行一項性別歧視的研究。報告「男性或女性：誰是較佳的領導者？公共態度的議論」（www.pewsocialtrends.org，2008 年 8 月 28 日）敘述該研究如何被進行：

在實驗中，兩個超過 1000 位合格選民的獨立隨機樣本被要求閱讀線上所寄發在其選區的一位美國國會假設候選人的檔案。1161 位回答者的一個隨機樣本閱讀 Ann Clark 的檔案，其被敘述為一位律師、上教堂、地區性商會成員、環境論者以及同政黨的成員之一，而為民調的回答者。他們接著被問及對她喜歡與不喜歡之處，他們認為她是否合格，以及他們是否傾向於投票給她。沒有任何徵兆顯示這是性別或性別歧視的一項調查。另外，1139 位合格選民的第二個隨機樣本被要求閱讀 Andrew Clark 的檔案，他——除了其性別外——各方面都與 Ann Clark 一致。這些回答者接著被詢問相同問題。

a. 在此實驗中的兩種處理為何？
b. 在此實驗中的反應變項為何？
c. 解釋在此實驗中，為何「取出兩個獨立的隨機樣本」與隨機分派至兩種處理具有相同優點。

2.47 紅酒含有黃酮醇，一種被認為有益健康效果的抗氧化劑。但要有效果，抗氧化劑必須被血液吸收。文章「紅酒對男性而言是生物相容性抗氧化劑的一種不良來源」（*The Journal of Nutrition* [2001]: 745-748）敘述調查飲食抗氧化劑之三種來源——紅酒、黃洋蔥與紅茶——的一項研究，以決定來源對於吸收的效果。文章涵蓋下列陳述：

我們透過海報與地區報紙募集個體。為確保個體可以容忍在紅酒中的酒精，我們只允許每週至少消費 7 杯酒的男性參加……。透過此實驗，個體消費低黃酮醇的飲食。

a. 此實驗中的三個處理為何？
b. 反應變項為何？
c. 研究者選擇在實驗中控制的三個外生變項為何？

## 2.4 實驗設計的再深入

前述段落涵蓋設計簡單的比較實驗之基本準則——控制、集區化、隨機分派，與複製。一項實驗設計的目標是提供資料收集的一種方法：(1) 最小化在反應中變異的外生來源，使得各種實驗情境在反應上的任何差異可以被輕易評估，以及 (2) 創造與無法被直接或經由集區化控制之外生變項有關之相似實驗組別。

本節中，我們注重於在規劃一項實驗時，你可能需要思考的某些額外考量。

### 一個控制組的使用

如果一項實驗的目的是要決定某些處理是否有效，包含一個不接受處理的實驗組別是重要的。這樣的一個組稱為**控制組 (control group)**。控制組的使用使得實驗可以評估在不使用處理時，反應變項如何表現。這提供了實驗組可以被比較的基準而決定處理是否有效。

#### 例 2.10 比較汽油添加劑

假設一位技師想知道汽油添加劑是否提高燃油效率（每加侖哩數）。如此一項實驗可能使用單一車輛（以消除車與車之間的變異）以及一系列的試行，方式是一加侖汽油注入空的油箱，汽車以定速在一賽道上行駛，然後一加侖汽油的行車距離被記錄。

要決定添加劑是否增加汽油里程數，將需要包含一個控制組的試行，於其中，汽油未使用添加劑的行駛距離被測量。所有試行將被隨機分派至兩種實驗情境之一（添加劑與無添加劑）。

即使此實驗包含的一系列試行都使用同一部車，隨機分派試行至實驗情境仍然非常重要，因為將永遠會有無法控制的變異。例如，氣溫或是其他環境條件在一系列的試行中可能改變，試行與試行之間汽車的物理狀態可能稍有改變等。隨機分派實驗情境至試行將傾向於抵消這些無法控制因素的影響。

---

雖然我們通常將控制組視為不接受處理的一個組，在設計來比較一個新的處理與現有標準處理的實驗中，控制組一詞有時也被用來描述接受現有標準處理的組別。

並非所有實驗都需要使用控制組。例如，許多實驗被設計來比較兩個或更多的情況——比較肥皂之三種不同配方的濃度實驗，或是決定烤箱溫度如何影響某一

特定種類蛋糕的烘焙時間的實驗。然而，有時候控制組會被涵蓋，即使當最終目標是要比較兩種或更多不同處理時。一項具有兩種處理卻沒有控制組的實驗，可能讓我們決定兩種處理間是否存在差異，甚至當差異存在時評估其重要性，但是無法讓我們評估任一處理的個別效果。例如，沒有控制組，我們可能可以說兩種不同汽油添加劑在增加里程數上沒有差異，但是我們將無法知道這是否因為兩種添加劑增加汽油里程數相似數量，或是兩種添加劑對於汽油里程數都沒有效果。

## 安慰劑的使用

在使用人類個體的實驗中，控制組的使用可能不足以決定一種處理是否真的有效。人們往往僅對建議的力量有所反應。例如，假設一項設計以決定一種特殊的草本植物補充劑是否對於促成減重有效的研究，使用一個服用草本植物補充劑的實驗組與不服用的控制組。有可能那些服用草本植物補充劑者相信他們正服用某些將協助其減重而更被激勵，並且不經意地改變其飲食行為或活動水準，導致減重。

雖然就人們反應程度而言有些爭論，許多研究顯示人們有時對於不具有活性成分的處理反應，並且經常報導這類「處理」緩解疼痛或減輕症狀。所以，如果一項實驗的目的是使研究者能夠決定一種處理是否真正有效，比較處理組與控制組可能不夠。為了著手解決此一問題，許多實驗使用所謂的安慰劑。

> **定 義**
>
> 一個**安慰劑** (placebo) 是除了未包含活性成分外，與被處理組所接受的處理一致（在外觀、味道、感受等）的東西。

例如，在草本植物補充劑的實驗，不是使用未接受處理的控制組，研究者可能想要包含一個安慰劑組。在安慰劑組的個人會服用看起來就像是草本植物補充劑但卻不含草本或是任何其他活性成分的一粒藥丸。只要個體不知道其是否服用草本植物補充劑或是安慰劑，安慰劑組會提供一個較佳的比較基礎並且讓研究者得以決定草本植物補充劑是否具有超越與高於「安慰劑效果」的任何真正效果。

## 單盲與雙盲實驗

由於人們對於各種處理的效果經常有其自己的個人信念，因而需要以個體不知道他們正接受的處理為何的方式進行實驗。例如，在一項比較緩減頭痛之藥物治

療的四種不同劑量的實驗中，知道正接受最高劑量治療的某人可能潛意識地被影響而報告頭痛的較大程度減輕。因確認個體未察覺其所接受的處理，我們能夠避免個體的個人認知去影響反應。

個體不知道他們接受的處理為何的一項實驗被敘述為單盲。當然，不是所有實驗都可以進行單盲。例如，在一項比較兩種不同運動對血壓影響的實驗中，參與者不可能不清楚他們是在游泳組或是慢跑組。然而，如果可能，在實驗中「盲目」個體通常是一個好策略。

在某些實驗中，不同於個體的某人負責反應的測量。為確保這個人在測量反應時，不讓個人信念影響反應被記錄的方式，研究者應該確認測量者不知道哪一種處理被給予任一特定個體。例如，在決定一種新疫苗是否降低感冒風險的一項醫學實驗中，醫生必須判定覺得不舒服的一位特定個人實際上罹患感冒或是其他不相干疾病。如果醫生知道一位具有類似感冒症狀的參與者接受了新疫苗，她或許較不可能判定該參與者感冒，甚且更可能解讀該症狀為某些其他疾病的結果。

盲目可能發生在實驗中有兩種方式。一種涉及去盲目個體，而另一種則涉及去盲目測量反應的個人。假設個體不知道接受何種處理並且測量反應的那些人不清楚哪一種處理被給予哪一個個體，該實驗被描述為**雙盲 (double-blind)**。如果兩類盲目中只有一種呈現，該實驗則為單盲。

### 定 義

一個**雙盲 (double-blind)** 實驗是在其中之個體與測量反應的個人都不知道哪一個處理被接受的一個實驗。

一個**單盲 (single-blind)** 實驗是在其中之個體不知道哪一個處理被接受，但是測量反應的個人卻知道哪一個處理被接受，或是個體確實知道哪一個處理被接受，但是測量反應的個人並不知道哪一個處理被接受的一個實驗。

## 實驗單位與複製

一個**實驗單位 (experimental unit)** 是一種處理實施的最小單位。以實驗設計的語言來說，處理被隨機分派至實驗單位，而複製意指每一種處理被實施至多於一個實驗單位。

複製對於隨機分派會是一種建立相似實驗組別的有效方式，以及理解接受相

同處理的個人其反應數值的變異而言是必要的。如同我們將在第 9 至 15 章中所看見的，這使得我們得以使用統計方法決定不同處理組別在反應的差異可以被歸因於接受的處理，或者它們是否能被以機會變異（對於單一處理在反應上被發現的自然變異）。

當設計一項實驗以確定有複製時要小心。例如，假設在兩個三年級班級中的兒童能夠參與一項比較兩種不同教導數學方法的實驗。隨機選擇一個班級來使用一種方法，然後分派另一種方法至剩下班級的做法起初看來似乎合理。但是在此何為實驗單位？如果處理被隨機分派至班級，班級就是實驗單位。因為只有一個班級被分派至每一種處理，這是一個沒有複製的實驗，即使在每個班級中有許多兒童。基於得自此實驗的資料，我們無法決定兩種方法之間是否存在差異，因為我們只有每一種處理的一個觀測值。

對於複製的最後一個註解：切勿將在一個實驗設計中複製與複製一項實驗混淆。複製一項實驗意指使用與先前實驗相同的實驗設計來進行一項新的實驗；這是一種基於一項先前實驗確認結論的方式，但並不消除在每一項個別實驗中自我複製的需要。

### 在實驗中使用自願者擔任個體

雖然在一項涉及經由抽樣收集資料的研究中使用自願者從不是一個好主意，在實驗中使用自願者擔任個體卻是慣例。即使自願者的使用限制研究者推論至一個較大母體的能力，自願者的隨機分派至處理應會導致可比較的組別，因此處理效果仍然可被評估。

---

**習 題** 2.48 – 2.59

2.48 解釋為何某些研究同時包含控制組與安慰劑處理。如果同時包含這兩組，可能進行的額外比較為何？

2.49 解釋為何在許多實驗中盲目是一個合理的策略。

2.50 針對下列每一項提出一個實驗的例子：
a. 個體被盲目的單盲實驗
b. 測量反應的個人被盲目的單盲實驗
c. 雙盲實驗
d. 不可能盲目個體的實驗

2.51 瑞典研究者結論觀賞與討論藝術撫慰心靈並有助於減輕諸如高血壓與便祕等病狀（AFP International News Agency，2005 年 10 月 14 日）。此一結論是基於一項有 20 位高齡婦女一週集會一次討論不同藝術作品的研究。該研究也包含 20 位高齡婦女的一組控制組，其一週聚會一次討論自己的喜好與興趣。四個月後，藝術討論組被發現相較於控制組，具有較正面的態度，有較低的血壓，並使用較少瀉藥。

a. 為何決定研究者如何隨機指派參與研究的婦女至其中一組是重要的？
b. 解釋你認為為何研究者在此研究中包含一個控制組。

2.52 在一項比較兩種不同疝氣修補外科手術的實驗中「**兒童腹腔鏡與開放式疝氣修補手術的單盲隨機化比較**」（*Pediatrics* [2009]: 332–336），89 為兒童被隨機指派至其中一種手術方法。被研究的手術方法為腹腔鏡修補與開放式修補。在腹腔鏡修補中，三個小型切口被形成，且經由這些切口，手術被輔以一個植入其中一個切口的小型照相機而進行工作。另外在開放式修補中，一個大型切口被用來開啟下腹部。此研究中的一個反應變項是手術後控制疼痛與作嘔所給予的藥量。該文章陳述「對於術後疼痛而言，類鴉片止痛劑 (rescue fentanyl)（1 微克/千克），以及止吐劑（0.1 毫克/千克）由單盲參與手術研究的護士依評估適量給予。」

a. 你為何認為處理醫藥的護士不知道（病患）被完成哪種手術是重要的？
b. 解釋此實驗不可能成為雙盲的原因。

2.53 文章「**安慰劑愈來愈有效。製藥者渴望瞭解原因。**」（*Wired Magazine*，2009 年 8 月 8 日）陳述「依據研究，即使是真藥，藥丸的顏色可以促進效果——或有助於說服病患安慰劑有強大療效。」敘述你會如何設計一項調查添加顏色至 Tylenol 止痛劑是否導致感知較大的疼痛減輕的實驗。確認著重於你會如何選擇個體，你如何測量疼痛的減輕，你會使用什麼顏色，以及在你的實驗中是否包含一個控制組。

2.54 一種針對心臟病的全新醫療處理以來自病患的腿部肌肉細胞植入受傷的心肌「**醫生使用從肌肉取得的細胞修補受傷的心臟**」（*San Luis Obispo Tribune*，2002 年 11 月 18 日）。來自亞利桑那心臟機構的 Dib 醫生評估該方法在 16 位嚴重心臟衰竭病患身上的效果。該文章敘述說「通常，心臟每跳動一次會推動其超過一半的血液。Dib 的病患其嚴重的心臟衰竭到只抽取 23% 的血液。在繞道手術與細胞注射後，其改善至 36%，即使有，也不可能說新的力量有多少是來自於額外的細胞。」

a. 解釋基於得自這 16 位病患的資料要推論至所有心臟病患的母體是不合理的原因。
b. 基於此項研究的結果，解釋為何不可能說是否任何觀察到的進步歸因於細胞注射。
c. 敘述一項實驗的設計，其將允許研究者決定是否繞道手術加上細胞注射比僅僅進行繞道手術要更有效。

2.55 文章「**狗醫生以嗅出方式診斷癌症**」（*Knight Ridder Newspaper*，2006 年 1 月 9 日）報導在期刊 *Integrative Cancer Therapies* 所敘述一項實驗的結果。在此實驗中，狗被訓練以聞呼氣的方式能夠分辨有乳癌與肺癌的人以及沒有癌症的人。當在一個呼

氣樣本中偵測出癌症，狗被訓練躺下。經過訓練，狗偵測癌症的能力被以使用得自未曾被用於訓練之人們的呼氣樣本加以測試。該文章陳述「研究者使狗操控者與實驗觀察者皆對於呼氣樣本的辨識盲目。」解釋盲目為何是此實驗設計的一個重要面向。

2.56 一項評估維他命能否幫助已經動過清潔阻塞動脈手術之病患防止動脈阻塞復發的實驗被敘述於文章**「維他命被發現有助於防止動脈阻塞」**（Associated Press，2002年9月1日）。該項研究涉及不是被給予包含葉酸、維他命 B12 與維他命 B6 等組合的一種治療，就是安慰劑的 205 位病患長達 6 個月。
a. 解釋為何一個安慰劑組被使用於此實驗。
b. 解釋為何研究者隨機指派 205 位個體至兩個組（維他命與安慰劑）是重要的。
c. 你是否認為將此實驗結果推論至所有曾經歷經手術清除阻塞動脈的病患之母體是適當的？解釋之。

2.57 加州 Pismo 海灘有一項年度蛤蠣慶典包含蛤蠣濃湯競賽。評審對於來自地區餐廳的蛤蠣濃湯進行評等，而且評等是以評審不知道哪一個濃湯來自哪家餐廳的方式進行。有一年，令位於沿岸的海鮮餐廳感到不安的是，Denny's 的濃湯被宣布為贏家！（當被問及材料為何時，該餐廳的廚師竟然說他不確定——他只需要在濃縮湯塊中加入其取自 Denny's 配送中心之正確數量的奶精！）

a. 如果評審不被「盲目」，你認為 Denny's 的濃湯會贏得競賽嗎？解釋之。
b. 雖然這不是一項實驗，你對於 (a) 的答案協助解釋了為何在實驗中測量反應的那些人經常被盲目。使用你在 (a) 的答案，解釋為何實驗經常以此方式盲目。

2.58 The *San Luis Obispo Tribune*（2002 年 5 月 7 日）報導「一項新的分析被發現在近數十年由製藥公司所進行的主要試驗中，糖錠與抗憂鬱劑效果一致或甚至比其效果還好。」在此被敘述的效應為何？這對於以評估一種新的治療方式效果為目的的實驗設計而言有何寓意？

2.59 文章**「在牙醫椅子上的辯論」**（*San Luis Obispo Tribune*（2000 年 1 月 28 日）敘述進行中，有關較新的樹酯填充比起傳統的銀汞合金填充是否為較佳的一種選項的一項爭辯。由於汞合金含有水銀，而存在著它可能具有微量毒性並被證實對於具有某種免疫與腎臟疾病患者有健康風險的擔心。在該文章中所敘述的一項實驗使用羊隻作為個體，並報導被處以汞合金填充的羊隻腎臟功能減弱。
a. 在實驗中，未接受填充羊隻的一個控制組被使用，但卻沒有安慰劑組。解釋在此實驗中為何不一定需要有一個安慰劑組。
b. 實驗只比較一個汞合金填充處理組與一個控制組。在實驗中也包含一組樹酯填充處理組會有什麼好處？
c. 你認為實驗為何使用羊隻而非人類個體？

## 2.5 觀察性研究的再深入：設計調查（選讀）

基於某一容易測量特質去設計一項觀察研究以比較兩個母體是相當地直截了當，注意力聚焦於選擇一個樣本選取的合理方法。然而，許多觀察研究嘗試使用對於調查的回應來測量個人意見或態度。在這類研究中，抽樣方法與調查設計本身對於取得可靠資訊都是關鍵的。

乍看之下，調查似乎是取得資訊的一種簡單方法。然而，實際上設計與進行一項調查並不是一個簡單工作。必須非常細心才能從調查中取得好的資訊。

### 調查的基本概念

**調查 (survey)** 是陌生人之間的一種自願性巧遇，其中，訪問者以一種特殊型態的對話從回應者身上尋求資訊。這個對話可能面對面，經由電話，或甚至以一個手寫問卷的方式發生，並且相當不同於一般的社交對話。訪問者與回應者都有特定的角色與任務。訪問者決定與對話有關的內容並可能詢問問題——可能是個人的或甚至是令人尷尬的問題。回應者，從而可能拒絕參與對話且可能拒絕回答任何特定問題。但是一旦同意參與調查，回應者有責任深信不疑地回答所有問題。讓我們思考回應者的情況。

### 回應者的任務

對於調查過程的瞭解在過去二十年因心理學領域的貢獻而獲得改善，但是對於人們如何回應調查問題仍存在不少不確定性。調查研究者與心理學家通常同意，當回應者被問及問題時面對一系列的工作：理解問題、從記憶中回溯資訊，以及提供回應。

**工作 1：理解** 理解是回應者面對之最重要單一工作，而幸運的是，它是一個調查問題最容易由問題撰寫者控制的特徵。可以被瞭解的方向與問題其特徵有：(1) 對於感興趣母體適當的一個詞彙，(2) 簡單的句子結構，(3) 較少或沒有模稜兩可之處。詞彙通常是一個問題。通常，最好使用可以被使用而不犧牲清楚意義之最簡單的可能文字。

簡單的句子結構也會使回應者較容易理解問題。一個困難語法的著名例子發生於 1993 年當 Roper 組織建立與二次戰希特勒大屠殺有關的一項調查。在該調查的一個問題為

「納粹處決猶太人從未發生對你而言似乎可能或不可能？」

這問題具有複雜的結構以及一個雙重否定——「不可能……從未發生」——可能導致回應者提供與其真正相信的事實相反的答案。一年後，該問題在一項其他條件不變下的調查中被改寫與提出：

「對你而言，納粹處決猶太人從未發生是否可能，或者你確定它確實曾經發生？」

這個問題的用詞清楚多了，而且事實上回應者的答案相當不同，如同下表中所列示（「不確定」與「沒意見」的百分比被省略）：

| 原始的 Roper 調查 | | 修正的 Roper 調查 | |
|---|---|---|---|
| 不可能 | 65% | 它當然曾經發生 | 91% |
| 可能 | 12% | 它可能從未發生 | 1% |

濾除問題中的語意模糊也非常重要。即使是最簡單且似乎清楚的問題都可以有許多可能的解讀。例如，假設你被問及「你何時搬到 Cedar Rapids？」這是一個表面上看來沒有模糊的問題，但是某些可能的回答會是 (1)「1971 年」，(2)「我 23 歲時」，(3)「夏天」。回應者必須決定三個回答中的一個是適當回應。使用更精確的問題可能降低不確定性：

1. 你哪一年搬到 Cedar Rapids？
2. 當搬至 Cedar Rapids 時，你幾歲？
3. 你是在哪一個季節搬至 Cedar Rapids？

要發掘一個問題是否語意模糊的一種方式是實地測試並且詢問回應者如果他們不確定要如何回答問題時。

語意模糊也可能來自於題目的放置與其措辭。這裡有一個當兩個問題的順序在一項兩種快樂調查版本中的順序不同而被發覺語意模糊的例子。問題為：

1. 整體而言，這些日子以來你認為諸事如何：你會說你非常快樂，相當快樂，或不太快樂嗎？
2. 整體而言，你如何描述你的婚姻：你會說你的婚姻非常快樂，相當快樂，或不太快樂嗎？

對於不同題序而言，回應至一般快樂問題的比例存在差異如下：

回應至一般的快樂問題

|  | 一般問題先問 | 一般問題後問 |
| --- | --- | --- |
| 非常快樂 | 52.4% | 38.1% |
| 相當快樂 | 44.2% | 52.8% |
| 不太快樂 | 3.4% | 9.1% |

如果在此調查中的目的是要估計母體一般快樂的比例，這些數字相當惱人──它們可能都不正確！看來似乎發生的是，問題 1 因其是否被先問或後問而被不同解讀。當一般的快樂問題在婚姻快樂問題之後被問及，很明顯地回應者解讀為其被問及除了他們的婚姻外，生命中所有面向的快樂。在他們剛被問及其婚姻快樂的已知情況下，這是一個合理的解讀，但是比起當一般的快樂問題被先問及，卻是一個不同的解讀。在此惱人的課題是，即使小心遣詞用字的問題，在調查的其他上下文中也可能會有不同解讀。

**工作 2：從記憶回溯**　從記憶中追溯相關訊息來回答問題從不是一項輕鬆的任務，而實際上它不是限制於問題的一個難題。例如，思考下列這個看似基礎的「真實」問題：

　　過去 5 年你拜訪牙醫診所多少次？

a. 0 次
b. 1 至 5 次
c. 6 至 10 次
d. 11 至 15 次
e. 15 次以上

不可能有許多人會清楚記得過去 5 年的每次拜訪牙醫。但一般而言，在必須回答問題的時間內，人們將以與他們能夠重建的記憶及事實一致的答案回應如此一個問題。例如，一個個人可能意識到他通常一年大約拜訪牙醫診所兩趟，所以他可以推斷其為典型年並取得 5 年內 10 次的數字。然後可能有三次特別值得懷念的拜訪，好比說，在冬季中間的牙齒根管。因此，最佳的記憶現在是 13，而回應者將選擇答案 (d)，11 至 15 次。或許不完全正確，但卻是在該情境下可以被報導的最佳結果。

此一相對地模糊記憶對於那些建構有關事實之調查者的意涵為何？首先，調查者應該瞭解大多數的實際回應將是真相的近似。其次，愈接近調查的事件愈容易回憶。

態度與意見的問題也可能以顯著的方式受到回應者對於最近被問到問題的記憶所影響。例如，包含一個詢問回應者其有多麼關心政治之調查問題的一項研究。當該問題接續於一個詢問其是否知道所屬選區國會代表姓名的實際問題之後，回答其關心政治「偶爾」以及「幾乎不曾」的百分比從 21% 提高至 39%！回應者顯然地結論，因為他們不知道之前知識性問題的答案，他們一定與被認知的一樣不關心政治。在一項被問及針對在國家公園中鑽油必須經過核准，回應者相信程度之意見的調查中，當問題緊接在高油價的問題之後，回應會不同於當問題緊接在環境問題之後。

**工作 3：提供回應** 形成與提供回應的工作可以被調查對話的社會層面影響。通常，當一位受訪者同意接受調查，他或她將被鼓勵真實回答。因此，當問題不是太難（施壓回應者的知識或記憶），對於問題的回答將會相當正確。然而，回應者經常希望自我呈現於有利的地位也是事實。這種意願導致所謂的社會期許偏誤。有時候這種偏誤是一個問題中特殊用詞的反應。在 1941 年，下列問題被以兩種不同形式的調查分析（加註強調）：

1. 你是否認為美國應該禁止反對民主的公開演說？
2. 你是否認為美國應該容許反對民主的公開演說？

這些問題是相對的，而且不容許反對民主之公開演說的比例應該等同於禁止反對民主之公開演說的比例似乎合理。但是只有 45% 的回應者提供問題 1 的意見，認為美國應該「禁止」，而 75% 的回應者提供問題 2 的意見，認為美國應該「不容許」反對民主的公開演說。很可能，回應者對於禁止一字負面地反應，正因為禁止某事比起不容許它聽來更為刺耳。

某些調查問題可能是敏感或有威脅性的，諸如關於性、毒品，或是可能的非法行為。在此情況下，一位回應者不只將希望展現正面形象，也必定將重複考慮承認非法行為！在這類案例中，回應者可能隱匿實際真相或甚至對於特定活動與行為說謊。此外，正向表態的傾向並不限於明顯的敏感問題。例如，思考先前提及的一般快樂問題。幾位調查者報告面對面訪談比起郵寄問卷有較高的快樂分數。有可能

是，對於訪員而言一張快樂的臉龐展現回應者更正面的形象。相反地，如果訪員明顯的是一位不快樂的人，回應者可能隱匿答案在量表上較不快樂的一邊，或許認為在如此情境下報告快樂事不適當的。

很清楚的是建構調查與撰寫問題可能是一個令人氣餒的工作。切記以下三件事：

1. 問題應該被所欲調查母體中的個人所瞭解。應該使用適當程度的字彙，而句子結構應該簡單。
2. 問題應該儘可能的認知人類記憶是變幻無常的。特定的問題將因提供較佳的記憶線索而協助回應者。在解釋回應者的答案時應時刻記得記憶的限制。
3. 儘可能地，問題不應對回應者製造感覺受威脅或尷尬的機會。在如此案例中，回應者可能引進社會期許偏誤，其程度對於訪問者而言是未知的。這可以折衷得自調查資料的結論。

建構好的調查是一項困難的工作，而我們只被提供此項議題的簡單介紹。對於更廣泛理解的論述，我們建議讀者參閱於由 Sudman 與 Bradburn 撰寫的教科書。

## 習題 2.60 – 2.65

2.60 由 Conservation International 所進行之一項熱帶雨林調查包含伴隨調查的下列文件陳述：

「一個巨大的改變正經由地球環境被激發。」
「環繞地球的熱帶雨林帶以驚人的速度被砍伐與全部燒毀。」
「歷史上人類從未遭受在我們地球上如此全面性的改變，如同正在發生的清除雨林。」

緊接著的調查包括下列 (a) 至 (d) 部分給定的問題。對於每一個問題，辨識一個可能影響回應以及可能偏誤回應之任何分析結果的字或句子。

a.「你是否知道世界上的熱帶雨林正以每分鐘 80 英畝的速度被摧毀？」
b.「思考你所知道關於消失中的熱帶雨林，你如何評價此問題？」
c.「你是否認為我們有義務避免動植物種的人為滅絕？」
d.「基於目前你所知道的，你是否認為熱帶雨林的毀滅與地球大地層的改變之間存在關聯？」

2.61 學生在快節奏的生活型態中，平衡學校、課後活動與工作的需求被某些人認為是導致減少睡眠的原因。假設你被指派設計一項調查而將提供隨附問題答案的任務。寫出一組可能被使用的調查問題。在

某些情況，你可能需要寫出不只一個問題以適當地強調一個特定議題。例如，週末與上課日晚上的回應可能不同。你可能也需要定義某些名詞使得問題對於其為青少年的目標群眾是可理解的。

被強調的主題有：

回應者獲得的睡眠有多少？是否為足夠的睡眠？

睡眠是否與學校活動牴觸？

如果他們可以改變上課日的起迄時間，他們會建議什麼？

（抱歉！他們無法減少在學校花費的總時間。）

2.62 氣喘是一種慢性的肺部情況，以呼吸困難為特徵。某些研究建議氣喘可能與孩童時期暴露於某些動物有關，特別是狗與貓，在生命的第一年期間（「在生命的第一年暴露於狗與貓以及在 6 至 7 歲的過敏敏感性」，*Journal of the American Medical Association* [2002]: 963-972）。某些引發氣喘性回應的環境因素有：(1) 冷空氣，(2) 灰塵，(3) 強烈的氣味，以及 (4) 吸入性的刺激物。

a. 寫出可能被使用於一項調查且給予來自氣喘困擾的年輕孩童的父母之一組問題。調查必須包括有關在孩童生命第一年出現寵物的問題以及現在出現寵物的問題。而且，調查必須包括強調四種提及之居家環境因素的問題。

b. 一般認為低收入群眾，其傾向於較少良好教育，住家所處環境都有四種環境因素呈現。注意理解的重要性，你能否以使用較簡單的字彙或以改變問題的文字來改善在 (a) 中的問題？

c. 與寵物有關題目的一個問題是記憶的信心。也就是，父母可能不真正記得他們何時養寵物。你如何檢查父母對於寵物的記憶？

2.63 在全國性調查中，父母一貫地表明學校安全為一項重要考量。初級中學暴力的一個來源是打架（「七年級學生打架特性描述的自評報告」，*Journal of Adolescent Health* [1998]: 103-109）。為了建構學生打架的知識基礎，一家學校的行政人員想要在打架結束後對學生施予兩個調查。一個調查給參與者，而另一個是給目睹打架的學生。想要收集的資訊類型包括：(1) 打架原因，(2) 是否為之前打架的延續，(3) 藥物或酒是否為因素之一，(4) 打架是否與幫派有關，以及 (5) 旁觀者的角色。

a. 寫出一組在兩個調查中可以被使用的問題。每一個問題應該包含一組可能的回應。針對每一個問題，指出其是否可以被用在兩個調查或是只有其中一個。

b. 正向的自我表明傾向如何影響打架者對於你在 (a) 中所寫調查問題的回應？

c. 正向的自我表明傾向如何影響旁觀者對於你在 (a) 中所寫調查問題的回應？

2.64 醫師對於年輕婦女飲用大量蘇打與減少牛奶攝取表達關切（「少女，碳酸飲料消費，與骨折」（*Archives of Pediatric and Adolescent Medicine* [2000]: 610-613）。在 (a) 至 (d)，建構可能含括在少女調查中的兩個問題。每一個問題應該包含回應者可以選擇的可能回應。（注意：寫出的問題是不明確的。你的任務是釐清在調查中所使用的問題，而不僅是改變語法！）

a. 回應者消費多少「可樂」飲料？

b. 回應者消費多少牛奶（以及乳製品）？

c. 回應者體力充沛情形如何？

d. 回應者骨折病史為何？

2.65 在文章「青少年健康報告：一種簡要多面向的檢測儀器」(*Journal of Adolescent Health* [2001]: 131-139) 中描述的一項調查嘗試強調被認為對於青少年預防性健康照護是重要的心理因素。對於下列清單中的每一個危險區域，建構一個對於 9 至 12 年級學生而言是可理解並能提供危險因素資訊的問題。使問題以選擇題型態並提供可能回應。

a. 缺乏運動
b. 營養不良
c. 情緒沮喪
d. 性活動
e. 抽菸
f. 飲酒

## 2.6 解釋與表達統計分析的結果

　　統計研究的進行允許調查者回答某一感興趣母體特徵的問題或是某一處理的效果。這類問題被以基於資料的基礎回答，而資料如何被取得則決定了可供使用資訊的品質與可以獲得結論的類型。因此，當敘述一項你所進行的研究（或是當評價一個發表的研究），你必須思考資料如何被收集。

　　資料收集程序的敘述應該釐清該研究是一個觀察研究或一項實驗。對於觀察研究，某些應被注重的議題為：

1. 感興趣的母體為何？被抽樣的母體為何？這兩個母體是否相同？如果被抽樣的母體只是感興趣母體的一個子集合，**涵蓋不全 (undercoverage)** 限制了我們推論至感興趣母體的能力。例如，如果感興趣的母體是在某一所特定大學的全體學生，但是樣本僅從選擇在校園電話簿列出電話號碼的那些學生中選出，涵蓋不全可能是一個問題。我們將需要謹慎思考認為樣本是大學中所有學生之母體的代表是否合理。**過度涵蓋 (overcoverage)** 發生於當被抽樣的母體實際上大於感興趣的母體。如此情況會是在當我們對於所有提供進階安置 (Advanced Placement, AP) 統計學之高中學校的母體感興趣時，但卻從提供任一科目 AP 課程之所有學校的清單中抽樣時發生。涵蓋不全與過度涵蓋都可能會是問題而難以對付。

2. 在樣本中的個人或物體實際上如何被選出？抽樣方法的敘述協助讀者判斷樣本是否能夠被合理地視為感興趣母體的代表。

3. 偏誤的潛在來源為何，以及是否可能任一來源將對觀察結果具有明顯影響？當敘

述一項觀察研究，你必須知道你意識到偏誤的潛在來源並且解釋任何被採取以最小化其影響的步驟。例如，在一項郵寄調查中，無反應可能是一個問題，但是抽樣方法可能藉由提供參與的誘因以及對於那些第一次要求並未回應的受訪者追蹤一次或多次的方式尋求將其影響最小化。一個常見的誤解是增加樣本量為在觀察研究中減少偏誤的一個方式，但是事實卻不然。例如，如果測量偏誤出現，正如同一個沒有正確校正而傾向於量出太重體重的磅秤的情況，抽取 1000 個而非 100 個測量值並不能更正量得的體重太大的事實。相同地，一個較大的樣本量也不能彌補因不良用詞的問題所導致的回應偏誤。

針對實驗而言，部分必須被強調的議題有：

1. 隨機分派的角色為何？所有的好實驗都使用隨機分派作為處理無法輕易被直接控制之潛在混淆變項影響的一種方法。當敘述一個實驗設計，你應該清楚隨機分派如何在設計中被結合。
2. 外生變項在整個實驗中是否以維持固定數值的方式被直接控制？如果是，有哪些變項以及固定於哪些值？
3. 集區是否被使用？如果是，集區如何被產生？如果一項實驗使用集區來產生同質性實驗單位的團體，你應該敘述用以產生集區的準則以及其理由。例如，你可能會說類似「個體被分為兩個集區——規律運動與不規律運動的人——因為據信運動情形可能影響對於飲食的回應。」

因為每一種處理在每一個集區中出現至少一次，集區大小必須至少與處理數一樣大。理想上，集區大小應該等於處理數，因為這樣將大致使實驗者建立非常同質實驗單位的組別。例如，在一項比較大一學生微積分之兩種教導方法的實驗中，我們會希望使用數學 SAT 分數依之前的數學知識進行集區。如果這個實驗有 100 位學生可供作為個體，與其建立兩個大組（高於與低於平均數學 SAT 分數），我們可能想建立每一組各有兩位學生的 50 個集區，第一個集區包含數學 SAT 分數最高的兩位學生，第二個集區包含數學 SAT 分數最高的下兩位學生，依此類推。接著我們會在每一個集區隨機選出一位學生並指派至教學方法 1。在集區中的另一位學生則被指派至教學方法 2。

## 一點就通：注意與限制

在仔細思考研究目的與發展一個計畫之前就開始收集資料是一個大的錯誤。一個設計不良的資料收集計畫會導致資料無法讓研究者回答感興趣的關鍵問題，或是將基於這些資料的結論推論至想要的感興趣母體。

一開始就清楚地定義目的能讓研究者決定實驗或是觀察研究是最佳的進行方式。注意下列不適當的行為：

1. 從一項觀察研究得出因果結論。千萬不要這麼做，並且在他人這麼做時別相信它！
2. 將一項使用自願者為個體的實驗結果推論至較大母體。只有當存在自願者群體可以合理地被認為是得自母體的一個代表性樣本之令人信服的論述，則推論才合理。
3. 將基於來自一個樣本的資料所得結論推論至感興趣的某一母體。有時候這是合理的，但是其他情況下則不合理。從一個樣本推論至一個母體只在當有理由相信樣本可能是母體的代表時才成立。而這只有在樣本是來自母體的一個隨機樣本而且沒有偏誤的主要潛在來源時才是事實。如果樣本並非隨機選取或是出現偏誤的潛在來源，這些議題應該在判斷推論研究結果的適當性決定前被強調。

例如，Associated Press（2003 年 1 月 25 日）報導在加州房屋置產的高成本。在加州最高房價的 10 個郡，每一個郡的房價中位數被提供。雖然這 10 個郡是加州所有郡的一個樣本，它們不是被隨機選取以及（因為是具有最高房價的 10 個郡）基於來自此一樣本的資料推論至加州所有郡是不合理的。

4. 基於使用自願性回應或便利抽樣之觀察研究的結論，將其推論至一個較大母體。這幾乎是從不合理的。

## 習題 2.66 – 2.69

2.66 下列文章段落出現在 *USA Today*（2009 年 8 月 6 日）：

**水泥並不禁得起考驗**

一種使用醫療水泥來固定老人椎骨裂縫的常見治療並未比偽裝的治療來的有效，第一個對於普遍療程揭露的嚴格研究。無論患者接受真正治療或是假的治療，最多 6 個月後疼痛與無法行動實際上相同，研究在今天的 *New England Journal of Medicine* 出現。每年

有數萬名美國人接受骨水泥的治療，特別是骨質疏鬆的年長女性。研究者說還有另一種療程的例子在證實安全與有效之前就被廣泛使用。醫療保險計畫對於門診手術支付 1,500 至 2,100 美元。

這段文字參考的文章為**「對於疼痛的骨質疏鬆性脊椎骨折修補術的一項隨機試行」**（*New England Journal of Medicine* [2009]: 557-568）。透過你大學圖書館或教師取得此篇文章的影本。閱讀文章的下列段落：557 頁的摘要；558 頁的研究設計；558 至 559 頁的參與者；559 至 560 頁的結果評估；以及 564 頁開始的討論。

在 *USA Today* 出現的此一研究摘要只包含一段短評。如果報紙允許四段文字的刊登，此研究的其他重要部分將可被涵蓋。寫出報紙可以使用的四段文字的摘要。切記——你是為 *USA Today* 的讀者所寫，而不是 *New England Journal of Medicine*！

2.67 文章**「看太多電視的效果可能被抵消」**（*USA Today*，2007 年 10 月 1 日）包含下列段落：

> 在約翰霍普金斯大學 Bloomberg 公共衛生學院的研究者報告，不只是孩童花多少小時在電視機前，而且是他們觀看該事件的年齡。他們分析來自一項全國調查的資料，其中 2707 位兒童的父母在小孩 30 至 33 個月大的時候被第一次調查，並且在 5 又 1/2 歲時再次被調查關於其觀看電視與行為。

a. 此研究描述的是一項觀察研究或實驗？
b. 該文章說來自 2707 位父母的樣本資料被使用於該研究。你想要關於樣本的哪些其他資訊以便評估該研究？
c. 實際被 *USA Today* 文章參考的研究為**「在五歲半時兒童的電視暴露與行為及社會結果：暴露的時機是否有關？」**（*Pediatrics* [2007]: 762-769）。該研究敘述樣本如下：

> 研究樣本包含 2707 位兒童其母親在 30 至 33 個月以及在 5.5 歲時皆完成電話訪問，並告知兩個時間點的電視暴露資訊。在完成兩個調查者中，41 位兒童（1%）因在其一或兩個時間點的電視暴露遺漏資料而被排除。與那些登記參與 HS 醫療實驗的人相比較，此研究樣本的父母不成比例地年紀較長、白人、接受較高教育，以及已婚。

「HS 醫療實驗」所指為該研究的摘錄中是一個被用於 Healthy Steps for Young Children 國家評估的全國代表性樣本。基於上述對於研究樣本的描述，你是否認為將這些樣本視為所有 5.5 歲兒童父母的代表是合理的？試解釋之。

d. *USA Today* 文章也包含下列摘要段落：

> 該研究未能檢視兒童觀看的節目內容，因而無法顯示電視是後來問題的肇因，但是確實「告訴父母即使小孩在生命的起頭觀看電視，並於其後停止觀看，可以減少之後的行為與社會問題的風險」，米絲翠 (Mistry) 說。

在這段文字中什麼潛在的混淆變項被辨識？

e. 在 (d) 中的段落說該研究無法證明電視是後續問題的肇因。這段來自 Kamila Mistry（該研究作者之一）的引述是否與肇因的陳述一致？試解釋之。

2.68 短文**「發展科學基礎的食物與營養資訊」**（*Journal of the American Dietetic*

*Association*〔2001〕: 1144-1145）包含評估一篇研究論文的某些準則。從你所屬大學圖書館或是教師取得此篇研究的複本。閱讀文章並列出可被用以評估一項研究的問題清單。

2.69　一篇標題為「我說，不在你讀書時：科學建議小孩不能同時間讀書與快活享受」的文章出現在 *Washington Post*（2006 年 9 月 5 日）。這提供記者以一種設計使得報紙讀者可理解的方式去摘要一項科學研究結果的一個範例。你可以使用搜尋標題的方式線上找到報紙文章或是造訪 http://www.washingtonpost.com/wp-dyn/content/article/2006/09/03/AR2006090300592.html。在報紙文章中被參考的研究發表於 *Proceedings of the National Academies of Science* 並可在 http://www.pnas.org/content/103/31/11778.full 中找到。

閱讀報紙文章然後看一下發表的論文。並對於你是否認為作者在對目標讀者溝通研究發現上是成功的進行評論。

## 活動 2.1　臉書交友

**背景**：文章「教授偏好面對面時間而非臉書」出現在聖路易斯——奧比斯波加州州立理工大學的學生報中（*Mustang Daily*，2009 年 8 月 27 日）。該文章檢視教授與學生對於使用臉書作為教職員學生一種溝通方式的感想。在面訪學生詢問他們是否想要與其教授成為臉書朋友時，撰寫這篇文章的學生獲得不同的意見。被含括在該文章中兩位學生的評論為

「如果你成為他臉書上的朋友，我認為教授愈年輕，你愈可以與其有更多的交集且較不尷尬。教授愈老，你會好奇『他們為何與我交朋友？』」

以及

「我覺得在臉書上與教授成為朋友真的很尷尬。我不希望他們能夠看到我的個人生活，而且老實說，我不會真的對於我的教授在閒暇時間做什麼感到興趣。」

即使被調查的學生表達一致的意見，認為這代表對此議題的一般學生意見仍是不合理的，因為只有四名學生被訪談而且從文章無從瞭解這些學生如何被選出。

在此活動中，你將與一位夥伴合作擬定一個評估在你學校學生對於與教授成為臉書朋友的計畫。

1. 假設你將從你學校選出 50 位學生的一個樣本來參與一項調查。寫出你將詢問樣本中每一位學生的一個或更多問題。

2. 與你的夥伴討論，你是否認為在你學校取得 50 位學生的一個簡單隨機樣本，以及從被選為這個樣本之所有學生取得想要的資訊是簡單或困難。寫下討論的重點摘要。

3. 與你的夥伴，決定可能如何從你學校選出 50 位學生的一個樣本，在即使可能不是一個簡單隨機樣本的情況下，該樣本可以合理地被認為感興趣母體的代表。寫出你抽樣計畫的一個簡要敘述，並指出你計畫中被認為合理聲稱其將具有代表性的所有面向。

4. 對另一組學生解釋你的計畫。要求他們評論你的計畫。寫下你收到評論的一個簡要敘述。現在轉換角色，並提供由另一組所設計計畫的評論。

5. 基於你在步驟 4 所收到的回饋，你是否修正原始的抽樣計畫？如果不，解釋為何不需要修正。如果是，敘述計畫如何被修正。

## 活動 2.2　麥當勞與下一千億個漢堡

**背景**：文章「下一千億個由麥當勞銷售之漢堡的潛在影響」（*American Journal of Preventative Medicine* [2005]: 379–381）估計當麥當勞售出其下一千億個漢堡時，九億九千兩百二十五萬磅的飽和脂肪會被消耗。這個估計是基於每一個售出漢堡的平均重量為 2.4 盎司的假設。這是一個普通漢堡（1.6 盎司）與大麥克（3.2 盎司）的平均重量。作者選擇這個方式是因為

> 麥當勞並未公布個別項目的銷售與利潤。因此，不可能估計麥當勞前一千億個賣出的牛肉漢堡有多少是 1.6 盎司的漢堡，3.2 盎司的大麥克（1968 年問世），4.0 盎司的四分之一磅漢堡（1973 年問世），或是其他三明治。

這個活動可以被由個人或一個小組完成。你的老師將指明你應該使用的方法（個人或小組）。

1. 文章作者相信使用 2.4 盎司作為在麥當勞售出漢堡的平均重量是「保守的」，其導致低於實際消耗量的九億九千兩百二十五萬磅的飽和脂肪估計值。解釋作者的信念為何可能是正確的。
2. 你是否認為可能收集資料而導致平均漢堡重量的估計值會高於 2.4 盎司？如果是，解釋你會如何建議收集這樣的資料。如果否，解釋你為何認為不可能。

## 活動 2.3　電動遊戲與疼痛管理

**背景**：電動遊戲被相信玩電動遊戲所需要的注意力能夠使玩家分心並因此減少痛覺的醫生與治療師用於疼痛管理。文章「電動遊戲與健康」（*British Medical Journal* [2005]: 122–123）陳述

> 然而，對於這樣的干預缺乏長期追蹤與穩健的隨機化控制試行。病患最終是否厭倦這類遊戲也不清楚。甚且，並不知道任何轉移效果是否僅取決於專注在一種互動的工作，或是由於沒有用來比較電動遊戲與其他干擾項的控制試行，遊戲的內容是否也是一個重要因素。後續研究應該檢視遊戲內部諸如新奇、使用者偏好，以及挑戰的相對程度等因素，而且應該比較電動遊戲與其他潛在的干擾性活動。

1. 與一位夥伴合作，選擇該文章段落中所建議的一個未來研究領域並建立可以被完成一項實驗所強調的一個特定問題。
2. 提出可以對來自步驟 1 所強調問題提供資料的一項實驗。要特別著重於個體如何被選取，實驗條件（處理）為何，以及什麼回應會被測量。
3. 在 2.3 節結束之處有可以被用以評估實驗設計的 10 個問題。對於在步驟 2 所提出的設計回答這 10 個問題。
4. 在評估你提出的設計後，你的設計是否有任何想要進行的改變？解釋之。

### 活動 2.4　小心隨機分派！

當個人爬到高海拔時，一種名為高山症 (acute mountain sickness, AMS) 的情況可能發生。AMS 由發生於高海拔的低氣壓與較低氧氣濃度的組合所引發。對於 AMS 的兩種標準處理方式是藥物治療，乙醯氮胺片（可以刺激呼吸與減少溫和症狀）以及攜帶式高壓艙。

鑑於較年輕無經驗登山者人數的增加，對於 12 至 14 歲族群重新評估這些處理是很重要的。一項考慮中的實驗計畫是研究在一個高海拔公園管理處被診斷出高山症而其父母同意參與該實驗的前 18 位年輕人。每一種處理的相等數量被期許而研究者正考慮下列有關處理之隨機分派的策略：使用擲銅板的方式分派處理直到一種處理被分派達 9 次；然後分派另一種處理至剩下的個體。

以下表格呈現其父母同意參與實驗之前 18 位年輕登山者的資料。

| 順序 | 性別 | 年齡（歲） |
| --- | --- | --- |
| 1 | 男 | 12.90 |
| 2 | 女 | 13.34 |
| 3 | 男 | 12.39 |
| 4 | 男 | 13.95 |
| 5 | 男 | 13.63 |
| 6 | 男 | 13.62 |
| 7 | 女 | 12.55 |
| 8 | 女 | 13.54 |
| 9 | 男 | 12.34 |
| 10 | 女 | 13.74 |
| 11 | 女 | 13.78 |
| 12 | 男 | 14.05 |
| 13 | 女 | 14.22 |
| 14 | 女 | 13.91 |
| 15 | 男 | 14.39 |
| 16 | 女 | 13.54 |
| 17 | 女 | 13.85 |
| 18 | 男 | 14.11 |

1. 敘述你會如何執行相等於由研究者所提出的策略。你的計畫應該當他們在公園管理處出現時分派處理 M（藥物）與 H（高壓艙）給這些登山者。
2. 在步驟 (1) 執行你的策略，分派處理至登山者 1 至 18 號。
3. 看看那些登山者被分派至兩組的每一個，你是否認為這個方法很好？好或者不好的原因為何？
4. 計算藥物治療組中的女生比例。此一比例相較於 18 位個體的整個組的女生比例如何？
5. 繪出兩個點圖——一個是那些被分派至藥物治療組的年輕人年齡，以及一個是被分派至高壓艙處理的年輕人年齡。這兩組的年齡分配是否相似？
6. 計算被分派至藥物治療組的平均年齡。其相較於另一個處理組的平均年齡如何？
7. 記錄由你班上每位學生所取得的藥物治療組的女生比例，被分派至藥物組的平均年齡，以及那些被分派至高壓艙組的平均年齡。
8. 使用從步驟 (6) 取得的數值，對下列每一個建立一個點圖：藥物組女生比例，藥物組平均年齡，以及高壓艙組平均年齡。
9. 使用前述步驟的結果，評估這個隨機分派策略的成功。寫出一段短評對研究者解釋他們是否應該使用提出的隨機分派策略以及為什麼。

## 重要觀念與公式之摘要

| 專有名詞或公式 | 註釋 |
| --- | --- |
| 觀察研究 | 觀察現有母體特徵的一項研究。 |
| 簡單隨機樣本 | 給予樣本量為 $n$ 的每一個不同樣本相等機會被選出的方式所選出的樣本。 |
| 分層抽樣 | 將一個母體分成子團體（層）然後從每一層取出一個個別的隨機樣本。 |
| 群集抽樣 | 將一個母體分成子團體（群集），然後以隨機選擇群集的方式形成一個樣本並將在被選出群集中的所有個人或對象包含於樣本中。 |
| $k$ 個取 1 的系統抽樣 | 以從清單中的前 $k$ 個個人隨機選取一個起始點，然後選擇每 $k$ 個個人的方式自被排序的母體中選出的一個樣本。 |
| 混淆變項 | 同時與組員以及反應變項有關的一個變項。 |
| 測量或回應偏誤 | 由於觀察方法傾向於產生與真實值不同的數值而有樣本不同於母體的趨勢。 |
| 選取偏誤 | 由於系統性地排除母體中的某部分所產生樣本不同於母體的傾向。 |
| 無回應偏誤 | 由於測量值未能從被選出包含於樣本的所有個人身上取得，所產生樣本不同於母體的傾向。 |
| 實驗 | 調查實驗條件（處理）對一個反應變項效果的程序。 |
| 處理 | 由實驗者加諸的實驗條件。 |
| 外生變項 | 在研究中並非解釋變項但是被認為會影響反應變項的一個變項。 |
| 直接控制 | 保持外生變項的恆定使得其效果不與實驗條件混淆的方式。 |
| 集區化 | 使用外生變項創造與那些變項相似的組別，然後在每一個集區中隨機分派處理，從而濾出集區變項的效果。 |
| 隨機分派 | 隨機分派實驗單位至處理或處理至試行。 |
| 複製 | 確保在每一個實驗處理中有足夠觀察值數量的一種策略。 |
| 安慰劑處理 | 在所有外表上相似實驗中的其他處理但缺乏活性成分的一種處理。 |

| 專有名詞或公式 | 註釋 |
| --- | --- |
| 控制組 | 未接受處理的組。 |
| 單盲實驗 | 一項實驗中個體不知道接受的處理為何，但是測量反應的個人確實知道其接受的處理，或是一項實驗中個體知道他們接受的處理為何，但是測量反應的個人不知道其接受的處理。 |
| 雙盲實驗 | 一項實驗中個體與測量反應的個人都不知道接受的處理為何。 |

## 本章複習練習題　2.70 – 2.85

2.70　加州公共政策機構 (Public Policy Institute of California) 的一位調查員解釋該機構如何選出加州成人的一個樣本（「重要的是品質，而非數量」，*San Luis Obispo Tribune*，2000年1月21日）：

> 那是以使用電腦產生具有加州地區碼為首的隨機居民電話號碼之方式加以完成，並且當沒有回答時，重複回撥原始選出的號碼以避免對於難以接觸群眾的偏誤。一旦一通電話完成訪問，第二個隨機選擇將以詢問家中成人最近生日者是誰的方式完成。你對家中哪一位成員說話的隨機化與你選擇家庭的隨機化一樣重要。如果你不如此做，你將主要取得女性與年長者的訪問對象。

對此一選取樣本的方式進行評論。抽樣程序如何最小化特定類型的偏誤？這些偏誤來源是否仍然重要？

2.71　基於對4113位美國成人的調查，史丹佛大學的研究者結論網際網路使用者導致社會孤立情況的增加。該調查由網路民調公司以從一個35,000位潛在回應者的母體選出其樣本的方式執行，所有被選出者被提供免費的網路使用與WebTV硬體以換取同意例行性地參與由民調公司所執行的調查。此研究的兩個批評被表達於出現在*San Luis Obispo Tribune*（2000年2月28日）的一篇文章中。第一個評論是增加的社會孤立被以詢問回應者其是否較少在電話中與家人及朋友談話的方式測量。第二個評論是樣本僅由因免費網路使用的提供而被導引參加者的團體中選取，但是調查結果卻推論至全體美國成人。對於每一個評論，指出哪一類的偏誤被敘述以及它為何使你質疑由研究者所下的結論。

2.72　文章「我想要買一個母音，駕駛人說」（*USA Today*，2001年8月7日）推測年輕人偏好只包含數字且/或不形成一個字的文字的汽車名稱（諸如現代汽車的XG300、馬自達汽車的626以及BMW的325i）。該文章繼續陳述現代汽車曾經計畫將最終以XG300銷售的汽車用Concerto的名稱加以辨識，直至他們覺得消費者討厭這個名稱而且他們認為XG300聽來更「科技」與值得較高的價格。在你學校的學生是否有相同想法？敘述你會如何選擇一個樣本來回答這個問題。

2.73　在佛羅里達的一項研究正檢視健康知能課程以及使用包含圖片而避免困難字與專門術語的簡單醫療教學是否能夠讓醫療補助的病患較健康（*San Luis Obispo Tribune*，2002年10月16日）。27個社區健康中心參與這項研究。兩年內，一半的中心將實施標準照護。其他中心將讓病患參加課程並提供其易懂的特殊健康文件資料。解釋研究者隨機分派27個中心至兩個組為何是重要的。

2.74　身分是否與學生對於科學的理解有關？文章「自此至公平：身分對於學生接觸與理解科學的影響」（*Culture and Comparative Studies* [1999]: 577-602）敘述針對團體討論對於學習生物概念效果的一項研究。在團體討論期間，身分與「開口

說話率」（每分鐘專心的談論行為次數）之間關係的分析包含性別為一個集區變項。你是否認為性別是一個有用的集區變項？解釋之。

2.75 文章「小孩的電視觀看可能引起注意力問題」（*San Luis Obispo Tribune*，2004年4月5日）敘述出現在期刊 *Pediatrics* 的一項研究。在此研究中，研究者檢查參與一項長期健康研究之 2500 位兒童的紀錄。他們發現這些兒童中有 10% 在 7 歲時有注意力障礙問題，而在 1 歲與 3 歲觀看電視的時數與 7 歲時注意力障礙風險的提高有關。
a. 此研究敘述的是一項觀察研究或實驗？
b. 舉出會使得結論在年紀小的時候觀看電視時數是注意力障礙風險提高之原因變得不智的潛在混淆變項的一個例子。

2.76 一項對於超過 50,000 名美國護士的研究發現，那些每天只喝一瓶蘇打或水果調味飲品者傾向於較易發胖，而且相較於那些一個月喝少於一次者有 80% 發展成糖尿病的增加風險。（*The Washington Post*，2004年8月25日）「信息很清楚……任何關心自己或其家人健康者不會飲用這些飲料，」協助進行此研究，哈佛公共衛生學院的 Walter Willett 說。而糖與飲料產業則說該研究基本上是錯誤的。「這些主張是煽動的。喝許多蘇打的女性可能只是一般性的不健康生活型態，」美國飲料協會的 Richard Adamson 說。
a. 你是否認為所敘述的此一研究是一項觀察研究或實驗？
b. 結論說喝蘇打或水果調味飲料導致觀察到的糖尿病增加風險是否合理？為何是或否？

2.77 「犯罪發現從未結婚」是來自 *USA Today*（2001年6月29日）一篇文章所下的結論。此結論是基於來自司法部之全國犯罪受害者調查的資料，其估計至少 12 歲的每 1000 人的暴力犯罪件數為從未結婚者 51 件，離婚或分居者 42 件，已婚的個人 13 件，以及鰥寡者 8 件。暴力犯罪的增加風險是否只有單一成因？敘述一項可能的混淆變項，其說明為何結論婚姻地位的改變導致犯罪風險的改變是不合理的。

2.78 在 *San Luis Obispo Tribune*（2002年8月22日）的文章「勞工更加不滿足」陳述「5000 人的調查發現當大多數美國人持續覺得其工作是有趣的，並且甚至滿意他們的通勤，勉強多數喜歡其工作。」此一陳述乃基於只有 51% 的那些回應一項郵寄調查者指出他們滿意其工作的事實。基於從此調查收集的資料，敘述可能限制研究者對上班族美國人結論能力的任何潛在偏誤來源。

2.79 依據文章「烹調方法對總脂肪含量、水份含量與炸雞塊及牛排肉條之感官指標的影響」（*Family and Consumer Sciences Research Journal* [1999]: 18-27），德州女子大學的 40 位大學生志願者被用來進行感官測試。除了相對較小的樣本量外，提出三個理由，說明這個樣本做為推論至全體大學生母體的基礎為何不理想。

2.80 族群與性別是否影響心臟病患接受照護的類型？以下段落來自文章「心臟照護反應種族與性別，而非症狀」（*USA Today*，1999年2月25日，複印許可）：

先前研究指出黑人與女性比白人與男性較不可能對於胸痛或心臟病接受心

導管或冠狀動脈繞道手術。科學家歸咎於病情嚴重性、保險給付、病患偏好以及接觸健康照護的差異。研究者使用錄影行為者的方式消除那些差異——兩位黑人男性、兩位黑人女性、兩位白人男性、兩位白人女性——從一致的腳本敘述胸痛。他們穿著一樣的長袍，使用相同的姿勢，並被從相同位置錄影。研究者要求在美國內科醫生學會或美國家庭醫生學院聚會之720位主要照護醫生觀看影帶並建議照護方式。醫生們認為該研究著重於臨床決策。

評估此一實驗設計。你是否認為這是一個好設計或是不良設計，以及為什麼？如果你設計這樣一個研究，如果有，你會提出什麼以進行不同的研究？

2.81 一篇在 San Luis Obispo Tribune（1999年9月7日）的文章敘述設計以調查肌酸補充物對於肌肉纖維增長之效果的一項設計。該文章陳述研究者「檢查19位男性，全部約25歲並且相似體重，淨（瘦）體重，以及舉重的能量。其中10位被給予肌酸——第一週每天25克，接著在研究剩餘期間每天5克。其餘9人被給予一個假的治療。沒有人被告知接受的治療為何。所有男性在同一位訓練者的指導下運動。測量的反應變項是非脂肪體重的增加（百分比）。」

a. 在給定陳述中被辨識的外生變項為何，而研究者使用何種策略處理它們？
b. 你是否認為參與實驗的男性不被告知是否接受肌酸或安慰劑是重要的？解釋之。
c. 此實驗並未以雙盲方式進行。你是否認為對此進行雙盲實驗是個好主意？解釋之。

2.82 休士頓大學的研究者決定檢驗餐廳服務人員蹲低至顧客的高度會收到較多小費的假設（「服務生高度對餐廳小費的影響」，Journal of Applied Social Psychology [1993]: 678–685）。在實驗中，服務生會擲銅板決定他是否站立或在桌邊蹲低。服務生將記錄帳單與小費金額，以及他是否站立或蹲低。

a. 敘述處理與反應變項。
b. 討論可能的外生變項以及它們可以如何被控制。
c. 討論集區化是否需要。
d. 辨識可能的混淆變項。
e. 討論在此實驗中隨機分派的角色。

2.83 你被要求針對哪一類的草原會有兩種鳥類——北方蒼鷹與短耳貓頭鷹築巢進行判斷。被使用的草原包括未處理的本土草、經整頓的本土草、未處理的非本土草、經整頓的非本土草。你被允許劃地500平方公尺進行研究。解釋你會如何決定在何處種植這四種草地。隨機分派在此決定中扮演的角色為何？辨識任何可能的混淆變項。此研究會被視為觀察研究或是實驗？（基於文章「北方蒼鷹與短耳貓頭鷹對於伊利諾州草地管理的反應」，Journal of Wildlife Management [1999]: 517–523）

2.84 黏土屋頂磁磚的製造商想調查加熱時，黏土類型對於在窯內破裂磁磚比例的影響。兩種不同的黏土類型被考慮。100塊磁磚隨時可被放於窯中。窯內不同位置的加熱溫度稍微不同，且加熱溫度也會影

響破裂。討論一項實驗的設計以收集可被使用以決定哪類黏土的資訊。你所提出的設計如何處理溫度這個外生變項。

2.85 一位抵押借款放款人例行性地會在一家地區報紙上廣告。廣告有三種：一種著重於低利率，一種著重於初次買家的低付款，以及一種吸引想要進行房屋重新貸款的民眾。該放款人想要決定哪一種廣告形式對於吸引顧客進一步打電話詢問訊息最成功。敘述足以提供所需訊息來進行決策的一項實驗。確定考慮諸如廣告在報紙出現的每週時間，廣告出現的報紙版面區塊，或是利率的每日波動等外生變項。在你的設計中隨機分派扮演何種角色？

# 第 3 章

# 描述資料的圖形方法

Florin Tirlea/iStockphoto

大多數大學生（及其父母）都會關心完成大學教育的成本。*The Chronicle of Higher Education*（2008 年 8 月號）報導了 2006 至 2007 學年，全美 50 州之每一州 4 年制公立學校的平均學費與費用。每一州的平均學費與費用（美元）如下：

| 4712 | 4422 | 4669 | 4937 | 4452 | 4634 | 7151 | 7417 | 3050 | 3851 |
| 3930 | 4155 | 8038 | 6284 | 6019 | 4966 | 5821 | 3778 | 6557 | 7106 |
| 7629 | 7504 | 7392 | 4457 | 6320 | 5378 | 5181 | 2844 | 9003 | 9333 |
| 3943 | 5022 | 4038 | 5471 | 9010 | 4176 | 5598 | 9092 | 6698 | 7914 |
| 5077 | 5009 | 5114 | 3757 | 9783 | 6447 | 5636 | 4063 | 6048 | 2951 |

關於這些資料有幾個問題可能會被提出。這 50 州平均學費與費用的典型數值為何？這些觀察值是否集中而接近典型數值，或是州與州之間的平均學費與費用有相當差異？相較於其他州，是否有任何州的平均學費與費用呈現出某種程度的不尋常？平均學費與費用超過 6000 美元的州數比例有多少？超過 8000 美元的州數比例又有多少？

當資料可以用明智的方式來組織時，這類問題大多是很容易被回答的。本章中，我們介紹一些使用表格與圖形以組織與描述資料的方式。

## 3.1 展示類別資料：比較的長條圖與圓餅圖

### 比較的長條圖

在第 1 章，我們知道類別資料可以被彙整於一個次數分配，並使用長條圖以圖形方式展現。長條圖也可以被用來提供兩個或更多群體的視覺比較。而這可以使用在同一組橫軸與縱軸座標下，以建構兩個或更多長條圖來達成，如同在例 3.1 中所說明示範。

#### 例 3.1 多少才算夠遠

The Princeton Review 每年都會對正在申請大學之高中生與大學申請人之雙親進行調查。「2009 College Hopes & Worries Survey Findings」的報告包括 12,715 名高中生回答問題「你理想的大學離家距離是多遠？」答案的彙整。該報告也包括申請進入大學之 3007 對雙親回答問題「你希望小孩進入離家多遠的大學？」答案的彙整。所附的相對次數表彙整學生與雙親的回答。

| 理想距離 | 次數 學生 | 次數 雙親 | 相對次數 學生 | 相對次數 雙親 |
|---|---|---|---|---|
| 少於 250 英里 | 4450 | 1594 | .35 | .53 |
| 250 至 500 英里 | 3942 | 902 | .31 | .30 |
| 500 至 1000 英里 | 2416 | 331 | .19 | .11 |
| 多於 1000 英里 | 1907 | 180 | .15 | .06 |

當建構一個比較的長條圖，我們使用相對次數而非次數，以期在縱軸上建立尺度，因而即使在不同樣本量的情況下，我們仍然可以進行有意義的比較。這些資料的比較長條圖展示於圖 3.1。很容易可以發現學生與雙親之間的差異。較高比例的雙親偏好離家近的大學，而有比雙親還高比例的學生相信，理想大學的離家距離應該多於 500 英里。

要瞭解為何使用相對次數而非次數來比較不同規模大小群體是重要的，思考使用次數而非相對次數所建構非正確的長條圖（圖 3.2）。這個非正確的長條圖傳遞了非常不同而且是誤導介於學生與雙親之間看法差異的印象。

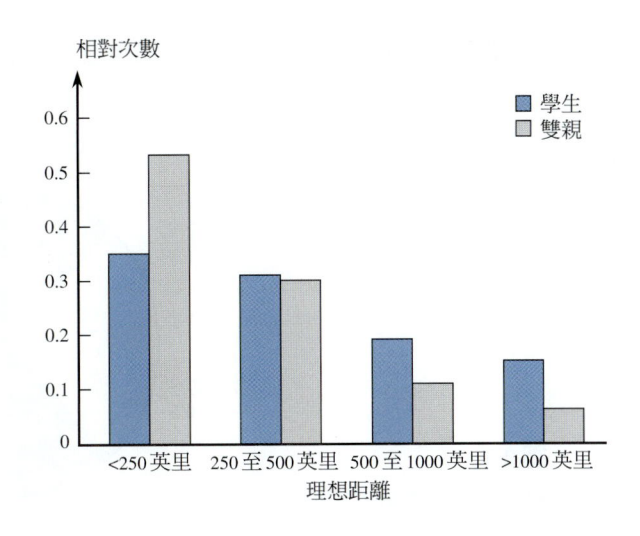

**圖 3.1**
離家理想距離的比較長條圖

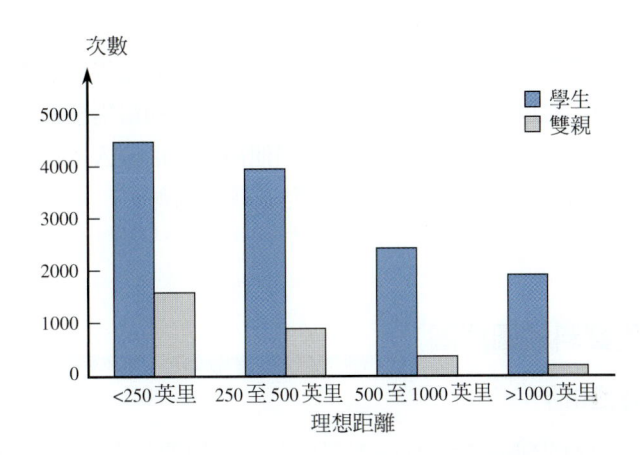

**圖 3.2**
例 3.1 資料非正確的比較長條圖

## 圓餅圖

一組類別資料集也可以使用圓餅圖進行彙整。在圓餅圖中，一個圓盤被用來表示整個資料集，而圓餅的「切片（數）」則表示可能的類別數。對於特定類別的切片大小則是與對應次數或相對次數成比例。當沒有太多不同類別時，圓餅圖在彙整資料集是非常有效的。

### 例 3.2　卡通主角的壽險？

文章「Fred Flintstone，檢查你的保單」（*The Washington Post*，2005 年 10 月 2 日）總結由 Life and Health Insurance Foundation for Education 針對 1014 位成人所進行調查的結果。每位接受調查的民眾被要求從蜘蛛人、蝙蝠俠、佛雷德（卡通摩登原始人）、哈利波特與

辛普森等五位虛構角色中選出其認為最需要投保壽險者。結果所得資料彙整於圖 3.3 的圓餅圖中。

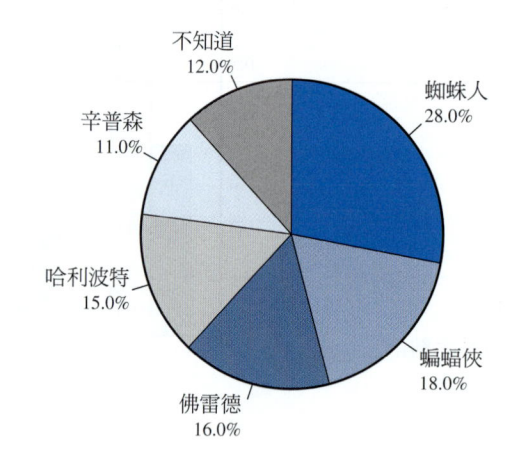

圖 3.3
最需要投保壽險的虛構人物資料之圓餅圖

調查結果與一位保險專家的評估有相當大的差異。該專家的意見為身為有一位小孩的已婚父親，也就是摩登原始人中的佛雷德是目前最需要壽險的人物。未婚而與上了年紀的阿姨同住的蜘蛛人，除非他阿姨仰賴他補貼生活收入才需要壽險。富裕單身漢又沒有眷屬問題的蝙蝠俠，則儘管其工作危險也不需要壽險。

### 類別資料的圓餅圖

**何時使用：**

具有相對少數可能類別的類別資料。想要清楚列示完整資料集之各種類別的比例，圓餅圖最為有用。

**如何建構：**

1. 畫一個圓圈代表整個資料集。
2. 針對每一個類別，計算「切片」的大小。因為一個圓盤有 360 度

    切片大小 = 360°（類別相對次數）

3. 為每一個類別畫適當大小的一個切片。這工作有點難處理，所以大多數的圓餅圖都是使用繪圖計算機或統計套裝軟體產生。

**期待什麼：**

- 資料集中的大與小比例的類別。

## 例 3.3　注意那些打字排版錯誤

履歷表上的打字排版錯誤在申請工作時不會給人什麼好印象。資深主管被問及履歷表上多少個這類錯誤會讓他們不考慮該位求職者(「Job Seekers Need a Keen Eye」, *USA Today*, 2009 年 8 月 3 日)。所得資料被彙整於隨附的相對次數分配。

| 打字排版錯誤 | 數量次數 | 相對次數 |
| --- | --- | --- |
| 1 | 60 | .40 |
| 2 | 54 | .36 |
| 3 | 21 | .14 |
| 至少 4 | 10 | .07 |
| 不知道 | 5 | .03 |

要徒手畫一個圓餅圖,我們首先需要計算每一個類別的切片大小。對於出現 1 個打字排版錯誤而言,切片大小會是

切片大小 = (.40)(360) = 144 度

接著我們將畫一個圓圈並使用分度器來標記符合 144 度的一個切片,正如右圖所繪示。以此方式持續增加切片可以獲得一個完整的圓餅圖。

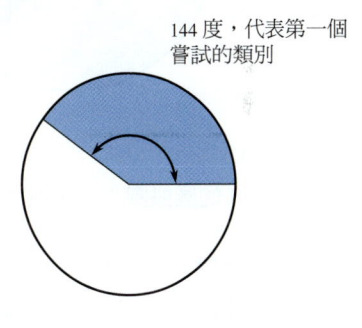

144 度,代表第一個嘗試的類別

使用統計套裝軟體會比徒手建構圓餅圖要來的容易許多。使用 Minitab 統計套裝軟體所獲得打字排版錯誤資料的圓餅圖,如圖 3.4 所示。

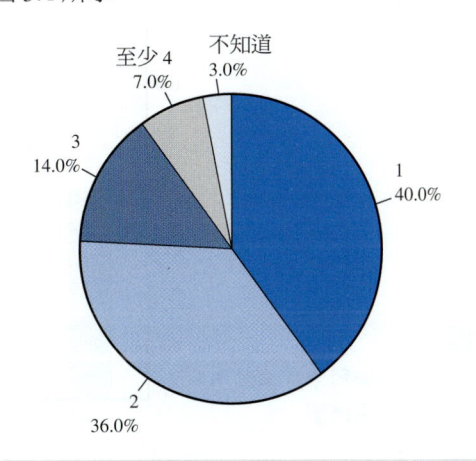

**圖 3.4**
例 3.3 打字排版錯誤資料的圓餅圖

當沒有太多的不同類別時,圓餅圖可以有效地彙整一個單一類別資料集。然而,當目的是要在一個類別型變數的基礎上去比較不同團體,圓餅圖通常不是一個最佳工具。這在例 3.4 中說明。

### 例 3.4　科學家與非科學家看法不一致

科學家與非科學家被要求指出他們對於下列陳述是否同意或不同意：「當由政府進行某件事，經常是無效率與浪費的。」所得資料（來自「科學家、一般民眾看法不同」，*USA Today*，2009 年 7 月 10 日）被用來建立圖 3.5 中的兩個圓餅圖。

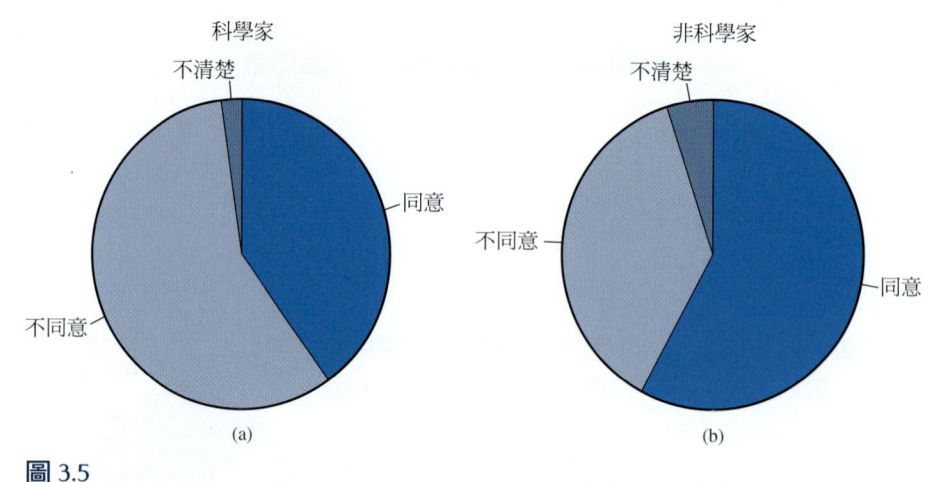

**圖 3.5**
例 3.4 的圓餅圖：(a) 科學家資料；(b) 非科學家資料

雖然科學家與非科學家之間的差異可以由比較圖 3.5 中的圓餅圖看出，使用圓餅圖可能難以比較類別比例。一個比較的長條圖（圖 3.6）使得這類的比較變得容易許多。

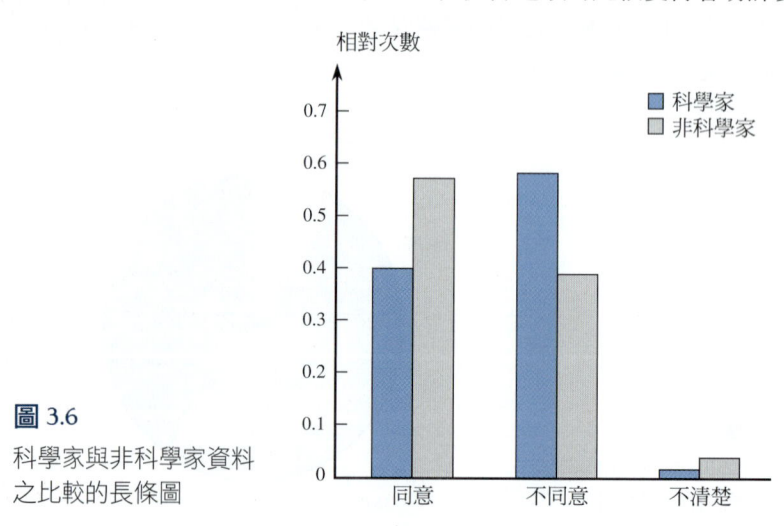

**圖 3.6**
科學家與非科學家資料之比較的長條圖

## 一種不同形式的「圓餅」圖：分割的長條圖

一個圓餅圖可能難以徒手構建，而且圓形的形狀有時候讓它難以比較不同類別的面積，特別是當不同類別的相對次數相似時。**分割的長條圖 (segmented bar**

**graph)**（有時也稱之為一個堆疊的長條圖）以使用一個長方形條狀物而非一個圓形來表示整個資料組的方式避免了這些困難。該條狀物被分成幾個段，而以不同的分段代表不同類別。如同在圓餅圖一樣，一個特定類別的分段其面積等比例於該類別的相對次數。例 3.5 說明了一個分割長條圖的建構。

### 例 3.5　大四學生如何消磨時間

每一年，高等教育研究機構 (Higher Education Research Institute) 都對大四學生進行調查。在 2008 年，大約 23,000 名大四學生參與該項調查（「得自 2008 年大四學生調查的發現」，Higher Education Research Institute，2009 年 6 月）。隨附的相對次數表摘要學生對於問題：「過去一年，在一般的情況下每星期你花多少時間讀書與做家庭作業？」的回答。

| 讀書／家庭作業 | |
|---|---|
| 時間 | 相對次數 |
| 2 小時或更少 | .074 |
| 3 至 5 小時 | .227 |
| 6 至 10 小時 | .285 |
| 11 至 15 小時 | .181 |
| 16 至 20 小時 | .122 |
| 超過 20 小時 | .111 |

要為這些資料建構一個分割的長條圖，首先畫一個任意固定寬度與長度的條狀物，然後如所列示的加上範圍從 0 至 1 的一組刻度。

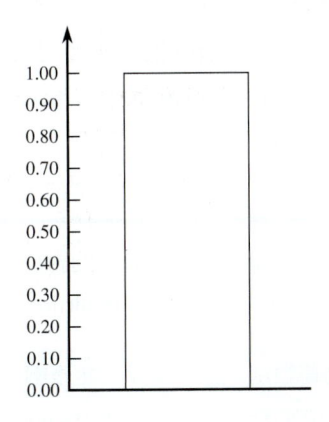

然後分割條狀物成 6 個分段，對應至此例子中的 6 個可能時間類別。第一個分段，對應到 2 小時或更少的類別，範圍從 0 至 .074。第二個分段，對應到 3 至 5 小時的類別，範圍從 .074 至 .301（此類別的相對次數為一個 .227 的長度），依此類推。分割的長條圖如圖 3.7 所示。

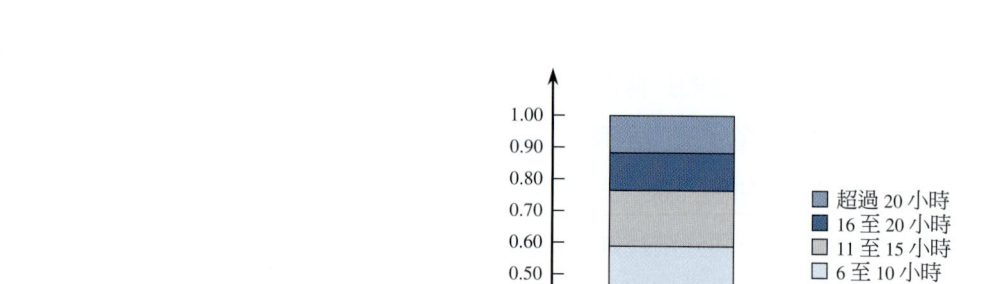

圖 3.7
例 3.5 時間資料研究的分割長條圖

相同的報告也提供在一般情況下，每週花費在鍛鍊與運動上的時間數量資料。圖 3.8 對於花費在讀書與運動時間的資料展現水平的分割長條圖（分割長條圖可以用垂直或水平方式陳列）。一起查看這些圖形使我們容易瞭解學生就花在這兩類活動的時間是如何不同。

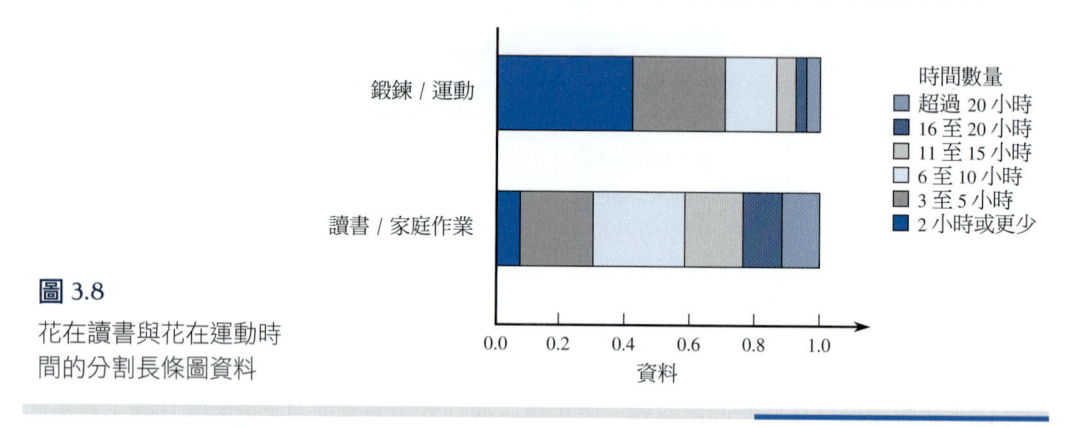

圖 3.8
花在讀書與花在運動時間的分割長條圖資料

## 長條圖與圓餅圖的其他使用

如同我們在先前例子所見，長條圖與圓餅圖可以用來摘要類別的資料組。然而，如同例 3.6 與 3.7 所列示，它們偶爾也應用於其他目的。

### 例 3.6　葡萄產量

2008 年 Grape Crush Report for California 提供下列對於四種不同類別葡萄之每一種葡萄產量的資訊（California Department of Food and Agriculture，2009 年 3 月 10 日）：

| 葡萄類別 | 生產噸 |
|---|---|
| 紅酒葡萄 | 1,715,000 |
| 白酒葡萄 | 1,346,000 |
| 葡萄乾葡萄 | 494,000 |
| 食用葡萄 | 117,000 |
| **總和** | **3,672,000** |

雖然這個表不是頻率分配表，這類的資訊常以圓餅圖來呈現，如圖 3.9 所示。圓餅（派）表示葡萄總產量，而所有切片呈現四類葡萄之每一類的總產量比例。

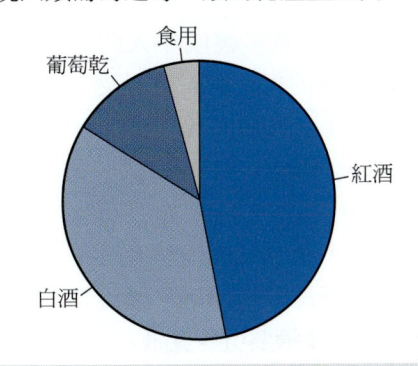

**圖 3.9**
葡萄產量資料的圓餅圖

## 例 3.7　重回大學的花費

全國零售聯盟 (The National Retail Federation) 的 **2008 年重回大學消費者意向與行為調查** (www.nrf.com) 詢問一組大學生樣本中的每一個人，在即將到來的學年期間他們計畫花多少錢於不同類別中。男女計畫花費於五種不同類型購買的平均金額（美元）呈現於附表。

| 購買類別 | 男性平均 | 女性平均 |
|---|---|---|
| 服飾與配件 | $207.46 | $198.15 |
| 鞋子 | $107.22 | $88.65 |
| 學校用品 | $86.85 | $81.56 |
| 電子設備與電腦 | $533.17 | $344.90 |
| 宿舍或公寓家具 | $266.69 | $266.98 |

即使這個表不是頻率分配表，這類資訊經常以長條圖的形式來呈現，如同圖 3.10 中所列示。從該長條圖，我們可以發現除了電子設備與電腦類之男性平均金額要遠高於女性平均金額外，男女在所有購買類型的計畫平均花費金額相近。

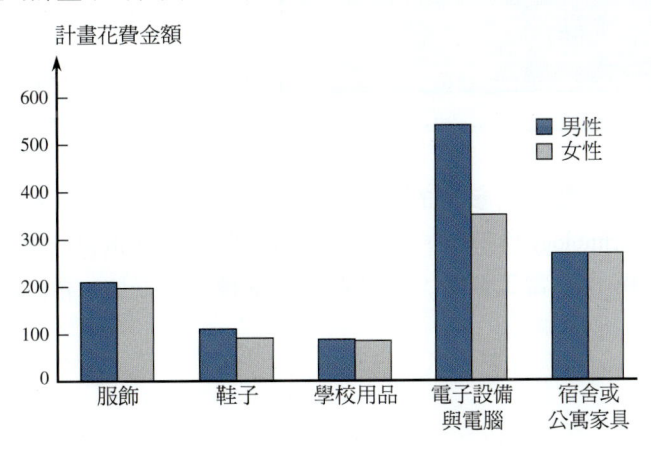

**圖 3.10**
男性與女性重回大學花費之比較的長條圖

## 習題 3.1 – 3.14

**3.1** 在 1252 位 23 至 28 歲年輕成年人的一組全國代表性樣本中的每一個人被問及他們對其「財務體質」的看法（「2009 Young Adults & Money Survey Findings」，Charles Schwab，2009 年）。18% 的受訪者選擇「結實有緻」，而 55% 的受訪者回應「有一點不結實」以及 27% 回應「嚴重走樣」。在一個圓餅圖中摘要這些資訊。

**3.2** 附隨的圖示出現在 *USA Today*（2009 年 10 月 22 日）。其摘要針對瀏覽社群網站是否在工作中被允許的一個問題的調查回應。在本節中介紹的哪一種圖示類型被用來呈現這些回應？（*USA Today* 經常對他們的圖形添加插圖與文本以嘗試讓它們看來更有趣。）

**3.3** 前面習題所參考的調查是由 Robert Half Technology 所執行。該公司發出一個新聞稿（「當工作時，吹口哨但不要推特」，www.roberthalftechnology.com，2009 年 10 月 6 日）提供比在 *USA Today* 快照圖示更詳細的內容。實際被問及的問題為「下列何者最接近描述你公司對於在工作中造訪諸如臉書、MySpace 與推特等社群網址之政策？」回應摘要於下表：

| 回應類別 | 相對次數（以百分比表示） |
| --- | --- |
| 完全禁止 | 54% |
| 只允許業務目的的使用 | 19% |
| 只允許有限的個人使用 | 16% |
| 允許任意型態的個人使用 | 10% |
| 不清楚 / 未回答 | 1% |

a. 解釋調查回應類別與對應的相對次數如何被使用或修正以產生在習題 3.2 中的圖示。
b. 使用表中的原始資料，構建一個分割的長條圖。
c. 哪兩種其他圖示適合摘要這些資料？

**3.4** 美國糖果學會 (The National Confectioners Association) 詢問 1006 位成年人下列問題：「你是否不理會萬聖節糖果的一個私人箱子？」受訪者的 55% 說不，41% 回答說是，以及 4% 不回答問題或是回答說不清楚（*USA Today*，2009 年 10 月 22 日）使用給定資訊構建一個圓餅圖。

**3.5** 報導「與青少年（12 至 17 歲）溝通」(U.S. Department of Health and Human Services, www.cdc.gov) 建議青少年可以基於態度、行為與順從被區分為五組。該報導也包括歸入每一組之青少年的百分比估計值。各組在附表中被敘述。

| 組別與敘述 | 這組中青少年的百分比 |
|---|---|
| 探索者：創新、獨立且異於常人 | 10% |
| 可見的：因為外表、人格或運動能力而有名與受歡迎 | 30% |
| 現狀：溫和與成就的傳統價值展現，尋求主流接受 | 38% |
| 非青少年：由於缺乏社會技能或漠不關心青少年文化與品味而表現較像成年人或年輕兒童 | 14% |
| 隔絕者：心理上與同儕及成人隔絕 | 8% |

構建一個適當的圖形以摘要表中的資訊。解釋你為何選擇此一特定類別的圖形。

3.6 The Center for Science in the Public Interest 評估遍及美國 20 個學區的學校自助餐館。基於食物條碼的嚴格度、食物安全檢驗的頻率、檢驗資訊的存取以及自助餐館檢驗結果，每一個學區被評予一個數字分數。基於被評定的分數，每一學區也被評定四個等級之一。分數與等級被摘要於附表，其出現於報導**「評定等級：學校自助餐館中食物安全的分析」**。

■ 最高級　□ 通過　■ 勉強通過　■ 未通過

| 行政區域 | 總分（以100分計） |
|---|---|
| City of Fort Worth, TX | 80 |
| King County, WA | 79 |
| City of Houston, TX | 78 |
| Maricopa County, AZ | 77 |
| City and County of Denver, CO | 75 |
| Dekalb County, GA | 73 |
| Farmington Valley Health District, CT | 72 |
| State of Virginia | 72 |
| Fulton County, GA | 68 |
| City of Dallas, TX | 67 |
| City of Philadelphia, PA | 67 |
| City of Chicago, IL | 65 |
| City and County of San Francisco, CA | 64 |
| Montgomery County, MD | 63 |

| 行政區域 | 總分（以100分計） |
|---|---|
| Hillsborough County, FL | 60 |
| City of Minneapolis, MN | 60 |
| Dade County, FL | 59 |
| State of Rhode Island | 54 |
| District of Columbia | 46 |
| City of Hartford, CT | 37 |

a. 兩個變項被摘要於圖示中——等級與總分。總分是一個數量型或類別型變項？等級（在圖中被以不同顏色標示）是一個數量型或類別型變項？

b. 解釋該圖如何相等於等級資料之分割的長條圖。

c. 構建總分資料的一個點圖。基於點圖，建議一個可替換的給 20 個學區之等級評定方式（最高級、通過等）。解釋你用以評等的原因。

3.7 文章**「世界上的家務事」**（*USA Today*，2009 年 9 月 15 日）包含五個不同國家的女性訴說其配偶從不協助其家務瑣事的百分比。

| 國家 | 百分比 |
|---|---|
| 日本 | 74% |
| 法國 | 44% |
| 英國 | 40% |
| 美國 | 34% |
| 加拿大 | 31% |

a. 在一個長條圖中展現附表中的資訊。

b. 該文章並未陳述作者如何獲得以上百分比。你會想問作者關於用來計算這些百分比的資料是如何被收集的兩個什麼樣的問題？

c. 假設被用來計算這些百分比的資料是以合理方式收集而得，寫下幾個句子來描述這五個國家就配偶協助其妻子家務瑣事上有何差異。

3.8 文章「2008 大四學生調查的發現」（Higher Education Research Institute，2009 年）詢問很多大四學生，與其他同年齡的一般人比較，如何評定自己的身體健康。以下所附的相對次數表摘要了男性與女性的回應。

| 身體健康評等 | 相對次數 男性 | 女性 |
|---|---|---|
| 最高10% | .220 | .101 |
| 平均以上 | .399 | .359 |
| 普通 | .309 | .449 |
| 低於平均 | .066 | .086 |
| 最低10% | .005 | .005 |

a. 構建這些回應的一個比較的長條圖，讓你能夠比較男性與女性的回應。
b. 共有 8110 位男性與 15,260 位女性回應這項調查。解釋為什麼必須利用相對次數而非每一類別的實際回應人數來建立長條圖。
c. 寫下幾個句子評論大四學生就身體健康如何感知自己，以及男性與女性的看法有何差異。

3.9 文章「說話小心點」（Associated Press，2006 年 3 月 29 日）摘要得自針對 1001 位成人使用不敬言語的調查結果。當他們被問及「言談中有多少次會使用髒話？」46% 回答每週好幾次或更多，32% 表示一個月幾次或更少，而 21% 回答從不。使用以上資訊構建一個分割的長條圖。

3.10 文章「需要被插上電源」（Associated Press，2005 年 12 月 22 日）敘述被問及有關各種科技產品，包括個人電腦、手機與 DVD 播放機之 1006 位成人的調查結果。附表摘要對於這些科技產品有多麼不可或缺之問題的回應。

| 回應 | 相對次數 個人電腦 | 手機 | DVD 播放機 |
|---|---|---|---|
| 無法想像生活中缺少它 | .46 | .41 | .19 |
| 會想念但可接受沒有它 | .28 | .25 | .35 |
| 生活中絕對可以不需要它 | .26 | .34 | .46 |

構建一個比較的長條圖來展現對於這三種不同科技產品之回應的分配。

3.11 青少年與成人之間的不良健身會提高罹患心血管疾病的風險。在一項 3110 位青少年與 2205 位成人的研究中（*Journal of the American Medical Association*，2005 年 12 月 21 日），研究者發現 33.6% 的青少年與 13.9% 的成人不良運動；青少年男生（32.9%）與女生（34.4%）的百分比相近，但是成人女性（16.2%）要比成人男性（11.8%）來得高。

a. 使用一個比較的長條圖摘要這個資訊，以展現在兩個不同年齡組中男性與女性之間的差異。
b. 就你的圖示評論有趣的特徵。

3.12 由調查機構 Associated Press-Ipsos 所進行針對 1001 位成人的一項調查詢問「你住家區域的氣象預報有多準確？」（*San Luis Obispo Tribune*，2005 年 6 月 15 日）回應被摘要於以下表格。

| 非常準 | 4% |
|---|---|
| 很準 | 27% |
| 有點準 | 53% |
| 不太準 | 11% |
| 一點也不準 | 4% |
| 不確定 | 1% |

a. 構建一個圓餅圖以摘要這些資料。
b. 構建一個長條圖以摘要這些資料。
c. 哪一個圖——圓餅圖或長條圖——最能摘要重要資訊？解釋之。

3.13 在一項對於意外死亡的討論中涉及路邊的危險，網站 highwaysafety.com 有一個如下展示的圓餅圖：

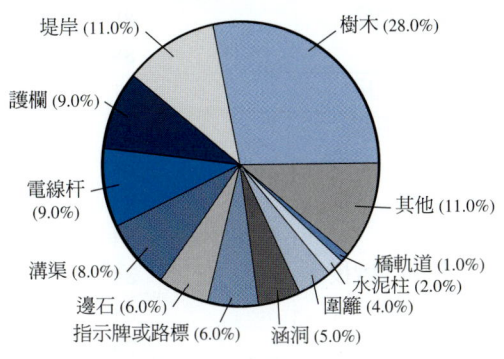

堤岸 (11.0%)
樹木 (28.0%)
護欄 (9.0%)
電線杆 (9.0%)
其他 (11.0%)
橋軌道 (1.0%)
水泥柱 (2.0%)
溝渠 (8.0%)
圍籬 (4.0%)
邊石 (6.0%)
涵洞 (5.0%)
指示牌或路標 (6.0%)

a. 你是否認為這是圓餅圖的一個有效使用？解釋為何是或不是。
b. 構建一個長條圖以顯示因物體撞擊所致死亡的分配。此一圖形在摘要這個資料上是否比圓餅圖有效？解釋之。

3.14 文章「**道路施工區的死亡創歷史新高**」(*San Luis Obispo Tribune*，2001 年 7 月 25 日) 包含一個相似於此的一個長條圖：

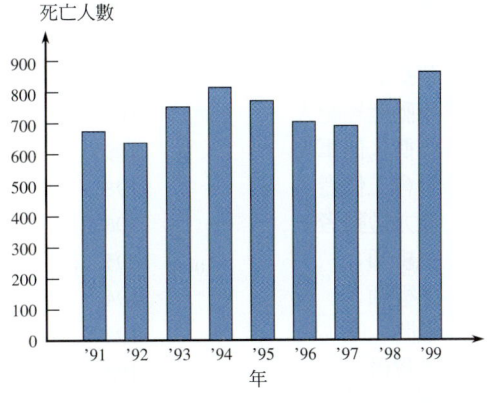

死亡人數
900
800
700
600
500
400
300
200
100
0
'91 '92 '93 '94 '95 '96 '97 '98 '99
年

a. 評論在高速公路工區遇難人數的時間趨勢。
b. 圓餅圖是否也是摘要這些資料的一個有效方式？解釋為何是或不是。

## 3.2 展示數量資料：莖葉圖

莖葉圖是摘要單變量數量資料的一種有效且簡潔的方式。資料組中的每一個數字被分成兩部分，一個莖與一個葉。**莖 (stem)** 是數字的第一個部分並包含起始的數字。**葉 (leaf)** 是數字的最後部分並包含最後數字。例如，數字 213 可能被拆成一個 2 的莖與 13 的葉，或是一個 21 的莖與 3 的葉。所得的莖與葉接著被用來構建圖形。

### 例 3.8 醫生是否應該享有汽車保險的折扣？

許多汽車保險公司會給 5% 至 15% 工作相關的折扣。文章「**汽車費率折扣似乎違背資料**」(*San Luis Obispo Tribune*，2004 年 6 月 19 日) 包含所附關於 40 種職業中每 1000 人每年汽車事故數的資料。

| 職業 | 每 1000 人事故數 | 職業 | 每 1000 人事故數 |
|---|---|---|---|
| 學生 | 152 | 銀行財務 | 89 |
| 醫生 | 109 | 顧客服務 | 88 |
| 律師 | 106 | 經理 | 88 |
| 建築師 | 105 | 醫療支援 | 87 |
| 不動產經紀人 | 102 | 電腦相關 | 87 |
| 應徵入伍軍人 | 99 | 牙醫 | 86 |
| 社會工作者 | 98 | 藥師 | 85 |
| 體力勞動者 | 96 | 業主 | 84 |
| 分析師 | 95 | 教師，教授 | 84 |
| 工程師 | 94 | 會計師 | 84 |
| 顧問 | 94 | 執法人員 | 79 |
| 售貨員 | 93 | 物理治療師 | 78 |
| 軍官 | 91 | 獸醫 | 78 |
| 護士 | 90 | 文書助理，秘書 | 77 |
| 學校行政人員 | 90 | 神職人員 | 76 |
| 技術人員 | 90 | 主婦 | 76 |
| 圖書館員 | 90 | 政治人物 | 76 |
| 創作藝術家 | 90 | 飛行員 | 75 |
| 高階管理人員 | 89 | 消防員 | 67 |
| 保險經紀人 | 89 | 農夫 | 43 |

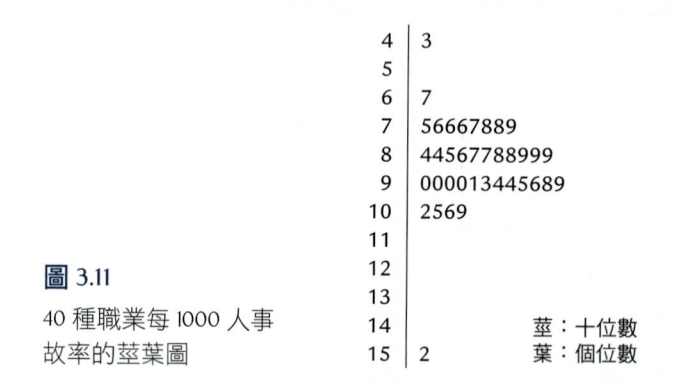

```
 4 | 3
 5 |
 6 | 7
 7 | 56667889
 8 | 44567788999
 9 | 000013445689
10 | 2569
11 |
12 |
13 |
14 |                    莖：十位數
15 | 2                  葉：個位數
```

圖 3.11
40 種職業每 1000 人事故率的莖葉圖

圖 3.11 展現事故率資料的一個莖葉圖。

圖示左邊垂直欄位中的數字是**莖 (stems)**。垂直線以右的每一個數字是對應至資料集中觀測值之一的一個**葉 (leaf)**。圖標

莖：十位數

葉：個位數

告訴我們具有一個 4 的莖與 3 的葉的觀測值對應至一個具有每 1000 人 43 件意外事故率（對照於 4.3 或 0.43）的職業。同樣地，具有 10 的莖與 2 的葉之觀測值對應至每 1000 人 102 件事故（2 的葉是個位數數值）以及具有 15 的莖與 2 的葉對應至每 1000 人 152 件事故。

在圖 3.11 的呈現建議一個典型或代表性的值是在 8 或 9 的莖那兩列，或許接近 90。觀測值大多集中於 75 至 109 的範圍，但是有兩個數值位於低數值端（43 與 67）以及一個觀測值 (152) 遠離其他數值而位於高數值端。

從汽車保險公司的觀點而言，對於具有低事故率的職業提供折扣是合理的──可能是農夫（每 1000 位農夫有 43 件汽車事故）或是消防員（每 1000 位消防員有 67 件意外事故）或是甚至某些事故率在 70 左右的職業。「折扣似乎違背資料」在文章的主題指的是某些保險業者提供折扣給醫生與工程師，卻不給家庭主婦、政治人物，與其他具有低事故率的職業。對於如此明顯的不一致有兩個可能的解釋被提出。其一是，有可能當某些職業具有較高的事故率，但也有較低的每次理賠平均費用。另一個可能的解釋是保險公司可能提供折扣的汽車保險以吸引人們，而這些人隨後也會購買諸如診療不當或強制險等其他種類的保險。

圖 3.11 中每一條線上的葉從最小排列到最大。大多數統計套裝軟體以此方式排序所有的葉，但是不需要這麼做卻仍可以取得展現資料集之許多重要特徵的一個資訊豐富的圖示，諸如形狀與分配。

莖葉圖對於瞭解資料集之典型數值是有用的，以及瞭解資料集中的數值是如何分散的。也很容易認出資料集中不尋常地遠離其他數值的資料值。這類數值被稱為離群值。事故率資料的莖葉圖（圖 3.11）呈現在低數值端的一個離群值 (43) 以及在高數值端的一個離群值 (152)。

### 定義

一個**離群值** (outlier) 是一個非常小或非常大的資料值。用以決定何時一個觀測值是一個離群值的精確規則將在第 4 章提出。

### 莖葉圖

**何時使用：**
具有小到適中的觀測值數量之數量型資料集（對於很大的資料集不太有用）。

**如何構建：**

1. 選擇一個或更多的起始數字作為莖的數值。尾隨的數字（或是有時候只是尾隨數字的第一個）則成為葉。
2. 在垂直欄位列出可能的莖數值。
3. 對於每一個觀測值紀錄除了對應莖數值以外的葉。
4. 在圖示中的某處指出莖與葉的單位。

**尋找什麼（資訊）：**

此圖示涵蓋有關的資訊為
- 資料組中的一個代表性或典型數值
- 典型數值散布的範圍
- 資料中任何間隙的呈現
- 數值分布的對稱程度
- 峰值的數量與位置

## 例 3.9　公立大學的學費

在本章的簡介中，提供美國 50 州 2007 年公立學校平均學雜費的資料。觀測值介於 2844 的低值與 9783 的高值之區間。資料複寫於此：

| 4712 | 4422 | 4669 | 4937 | 4452 | 4634 | 7151 | 7417 | 3050 | 3851 |
| 3930 | 4155 | 8038 | 6284 | 6019 | 4966 | 5821 | 3778 | 6557 | 7106 |
| 7629 | 7504 | 7392 | 4457 | 6320 | 5378 | 5181 | 2844 | 9003 | 9333 |
| 3943 | 5022 | 4038 | 5471 | 9010 | 4176 | 5598 | 9092 | 6698 | 7914 |
| 5077 | 5009 | 5114 | 3757 | 9783 | 6447 | 5636 | 4063 | 6048 | 2951 |

對於莖的一種自然選擇是起始（千位）數字。這將導致一個具有 7 個莖（2、3、4、5、6、7、8 與 9）的圖示。使用一個數值的前兩位數字作為莖則將導致 69 個莖（28、29、……、97）。具有 56 個莖的莖葉圖不會是資料的一個有效摘要。一般而言，使用介於 5 至 20 個莖的莖葉圖傾向於運作良好。

如果我們選擇千位數字作為莖，其他的三個數字（百位、十位與個位）則形成葉。例如，對於第一個欄位前幾個數值，我們會有

4712 → 莖 = 4，葉 = 712
3930 → 莖 = 3，葉 = 930
7629 → 莖 = 7，葉 = 629

所有的葉在圖 3.12 中依其在資料組中的遇到順序被輸入。唯有當每一個葉有兩個或更多數字，逗號才被用來區隔葉。圖 3.12 顯示大多數的州其平均學雜費落在 $4000 到 $7000 的範圍，並且典型的平均學雜費大約是 $6000。少數州之公立四年制機構的平均學雜費比大多數其他州要來得高很多（最高數值的五個州為佛蒙特州、紐澤西州、賓州、俄亥俄州與新罕布什爾州）。

一種可以取代的圖示（圖 3.13）得自除了葉的第一個數字以外放棄其他數字的方式。這是大多數統計套裝軟體當產生圖示時所做的；很少關於典型數值、分散或形狀的資訊會在此一截斷中喪失，並且圖示較簡單與較簡潔。

|  |  |  |
|---|---|---|
| | 2 \| 844, 951 | |
| | 3 \| 050, 851, 930, 778, 943, 757 | |
| | 4 \| 712, 422, 669, 937, 452, 634, 155, 966, 457, 038, 176, 063 | |
| | 5 \| 821, 378, 181, 022, 471, 598, 077, 009, 114, 636 | |
| | 6 \| 284, 019, 557, 320, 698, 447, 048 | |
| | 7 \| 151, 417, 106, 629, 504, 392, 914 | |
| 圖 3.12 | 8 \| 038 | 莖：千位數 |
| 平均學雜費的莖葉圖 | 9 \| 003, 333, 010, 092, 783 | 葉：其他位數 |

|  |  |  |
|---|---|---|
| | 2 \| 89 | |
| | 3 \| 089797 | |
| | 4 \| 746946194010 | |
| | 5 \| 8310450016 | |
| | 6 \| 2053640 | |
| | 7 \| 1416539 | |
| 圖 3.13 | 8 \| 0 | 莖：千位數 |
| 使用截斷莖之平均學雜費的莖葉圖 | 9 \| 03007 | 葉：百位數 |

## 重複的莖以延伸圖示

有時候對於莖的自然選擇會出現在圖示中過多的觀測值只集中於少數幾個莖。一個提供更多資訊的圖形可以用區分在任一特定莖中的葉為兩組的方式取得：那些以 0、1、2、3 或 4 為起始者（「低」葉）以及那些以 5、6、7、8 或 9（「高」葉）為起始者。然後每一個莖的數值在構建圖形時被列出兩次，一次是為了低葉而再一次是為了高葉。也可能重複一個莖超過兩次。例如，每一個莖可能重複五次，對於每一種葉組別的一次為 {0, 1}、{2, 3}、{4, 5}、{6, 7}，以及 {8, 9}。

## 例 3.10　2030 年的中位年齡

以下所附對於 50 個美國州與華盛頓特區 2030 年在普查局的推斷中位年齡資料出現在文章「2030 預測：大多是頭髮花白的老人」（*USA Today*，2005 年 4 月 21 日）。一個州的中位年齡是一個將該州居民區分成一半年輕於與另一半年老於中位年齡的年齡。

**推斷的中位年齡**

| | | | | | | | | | | | |
|---|---|---|---|---|---|---|---|---|---|---|---|
|41.0|32.9|39.3|29.3|37.4|35.6|41.1|43.6|33.7|45.4|35.6|38.7|
|39.2|37.8|37.7|42.0|39.1|40.0|38.8|46.9|37.5|40.2|40.2|39.0|
|41.1|39.6|46.0|38.4|39.4|42.1|40.8|44.8|39.9|36.8|43.2|40.2|
|37.9|39.1|42.1|40.7|41.3|41.5|38.3|34.6|30.4|43.9|37.8|38.5|
|46.7|41.6|46.4| | | | | | | | | |

資料組中的年齡範圍從 29.3 至 46.9。使用每一個資料值的前兩個數字作為莖會得到許多莖，而當只使用第一個數字則獲得只有三個莖的莖葉圖。

使用單一數字的莖與截斷至一個單一數字的葉的莖葉圖在圖 3.14 中呈現。而使用重複的莖的莖葉圖則呈現於圖 3.15。在此每一個莖列出兩次，一次是為低葉（那些以 0、1、2、3、4 起始者）以及一次是為了高葉（那些以 5、6、7、8、9 起始者）。這個圖示要比在圖 3.14 中的那一個更富有資訊，但是遠比基於兩位數莖的圖形簡潔多了。

**圖 3.14**
推斷中位年齡資料的莖葉圖

```
2 | 9
3 | 02345567777788888999999999
4 | 000000111111222333456666
```
莖：十位數
葉：其他位數

**圖 3.15**
使用重複莖之推斷中位年齡資料的莖葉圖

```
2H | 9
3L | 0234
3H | 5567777788888899999999
4L | 0000001111112223334
4H | 56666
```
莖：十位數
葉：個位數

## 比較的莖葉圖

一位分析者經常想要瞭解兩組資料基本上是否存在差異。一個比較的莖葉圖，其中一組的葉被列於莖數值的右邊而第二組的葉則被列於左邊，可以提供初步的視覺印象與洞察。

## 例 3.11　兒童的進步

報導「兒童的進步」（UNICEF，2005 年 4 月）包含所附在北非 19 個國家與中非 23 個國家，小學學齡兒童在學校註冊百分比的資料。

**北非**

| 54.6 | 34.3 | 48.9 | 77.8 | 59.6 | 88.5 | 97.4 | 92.5 | 83.9 | 96.9 | 88.9 |
| 98.8 | 91.6 | 97.8 | 96.1 | 92.2 | 94.9 | 98.6 | 86.6 |

**中非**

| 58.3 | 34.6 | 35.5 | 45.4 | 38.6 | 63.8 | 53.9 | 61.9 | 69.9 | 43.0 | 85.0 |
| 63.4 | 58.4 | 61.9 | 40.9 | 73.9 | 34.8 | 74.4 | 97.4 | 61.0 | 66.7 | 79.6 |
| 98.9 |

我們將使用每一個觀測值的第一個數字為莖與剩餘兩個數字為葉來構建一個比較的莖葉圖。為了保持圖形簡單，所有的葉將被截斷為一個數字。例如，觀測值 54.6 將被處理為

54.6 → 莖 = 5，葉 = 4（從 4.6 被截斷）

以及觀測值 34.3 將被處理為

34.3 → 莖 = 3，葉 = 4（從 4.3 被截斷）

所得到之比較的莖葉圖於圖 3.16 中列示。

|        中非 |   | 北非           |
|---|---|---|
|       4854 | 3 | 4              |
|        035 | 4 | 8              |
|        838 | 5 | 49             |
|    6113913 | 6 |                |
|        943 | 7 | 76             |
|          5 | 8 | 8386           |
|         87 | 9 | 7268176248     |

**圖 3.16** 於小學註冊兒童百分比之比較的莖葉圖

莖：十位數
葉：個位數

從這個比較的莖葉圖可以看到，在北非與中非國家於學校註冊的百分比存在相當大的變異，並且兩個資料的分配形狀相當不同。北非國家學校註冊百分比傾向於較中非國家高，雖然兩個資料集之每一個的最小值大致相同。對於北非國家而言，數值的分布具有在 90 多的單一高峰而當我們朝著對應至低學校註冊百分比的莖移動時，觀測值的數量下降。對於中非國家而言，其分配較為對稱，具有一個在中間 60 多的典型數值。

## 習題 3.15 – 3.21

**3.15** 美國健康與人群服務部 (U.S. Department of Health and Human Services) 在報導「出生人數：2007 年原始資料」(*National Vital Statistics Reports*，2009 年 3 月 18 日) 中提供附表資料。表中的分錄是 2007 年的出生率（每 1,000 人口的出生數）。

| 州 | 每1,000人口的出生數 |
|---|---|
| 阿拉巴馬 | 14.0 |
| 阿拉斯加 | 16.2 |
| 亞利桑那 | 16.2 |
| 阿肯色 | 14.6 |
| 加利福尼亞 | 15.5 |
| 科羅拉多 | 14.6 |
| 康乃狄克 | 11.9 |
| 德拉維亞 | 14.1 |
| 哥倫比亞特區 | 15.1 |
| 佛羅里達 | 13.1 |
| 喬治亞 | 15.9 |
| 夏威夷 | 14.9 |
| 愛達荷 | 16.7 |
| 伊利諾 | 14.1 |
| 印第安納 | 14.2 |
| 愛荷華 | 13.7 |
| 堪薩斯 | 15.1 |
| 肯德基 | 14.0 |
| 路易斯安那 | 15.4 |
| 緬因 | 10.7 |
| 馬里蘭 | 13.9 |
| 麻薩諸塞 | 12.1 |
| 密西根 | 12.4 |
| 明尼蘇達 | 14.2 |
| 密西西比 | 15.9 |
| 密蘇里 | 13.9 |
| 蒙大拿 | 13.0 |
| 內布拉斯加 | 15.2 |
| 內華達 | 16.1 |
| 新罕布什爾 | 10.8 |
| 紐澤西 | 13.4 |
| 新墨西哥 | 15.5 |
| 紐約 | 13.1 |
| 北卡羅來納 | 14.5 |
| 北達科他 | 13.8 |
| 俄亥俄 | 13.2 |
| 奧克拉荷馬 | 15.2 |
| 奧勒岡 | 13.2 |
| 賓夕法尼亞 | 12.1 |
| 羅德島 | 11.7 |
| 南卡羅來納 | 14.3 |
| 南達科他 | 15.4 |
| 田納西 | 14.1 |
| 德克薩斯 | 17.1 |
| 猶他 | 20.8 |
| 佛蒙特 | 10.5 |
| 維吉尼亞 | 14.1 |
| 華盛頓 | 13.8 |
| 西維吉尼亞 | 12.1 |
| 威斯康辛 | 13.0 |
| 懷俄明 | 15.1 |

使用 10、11、……、20 的莖構建一個莖葉圖。對於圖形有趣的特徵進行評論。

3.16 由應用研究處 (Office of Applied Studies) 在 2006 與 2007 年所進行的**藥物使用與健康全國調查** (National Survey on Drug Use and Health) 得出以下在上個月內 12 歲（含）以上使用菸草製品的每州總人數估計值。

| 州 | 人數（千人） |
|---|---|
| 阿拉巴馬 | 1,307 |
| 阿拉斯加 | 161 |
| 亞利桑那 | 1,452 |
| 阿肯色 | 819 |
| 加利福尼亞 | 6,751 |
| 科羅拉多 | 1,171 |
| 康乃狄克 | 766 |
| 德拉維亞 | 200 |
| 哥倫比亞特區 | 141 |
| 佛羅里達 | 4,392 |
| 喬治亞 | 2,341 |
| 夏威夷 | 239 |
| 愛達荷 | 305 |
| 伊利諾 | 3,149 |
| 印第安納 | 1,740 |
| 愛荷華 | 755 |
| 堪薩斯 | 726 |
| 肯塔基 | 1,294 |
| 路易斯安那 | 1,138 |
| 緬因 | 347 |
| 馬里蘭 | 1,206 |
| 麻薩諸塞 | 1,427 |
| 密西根 | 2,561 |
| 明尼蘇達 | 1,324 |
| 密西西比 | 763 |
| 密蘇里 | 1,627 |
| 蒙大拿 | 246 |
| 內布拉斯加 | 429 |
| 內華達 | 612 |
| 新罕布什爾 | 301 |
| 紐澤西 | 1,870 |
| 新墨西哥 | 452 |
| 紐約 | 4,107 |
| 北卡羅來納 | 2,263 |
| 北達科他 | 162 |
| 俄亥俄 | 3,256 |
| 奧克拉荷馬 | 1,057 |
| 奧勒岡 | 857 |
| 賓夕法尼亞 | 3,170 |
| 羅德島 | 268 |

| 州 | 人數（千人） |
|---|---|
| 南卡羅來納 | 1,201 |
| 南達科他 | 202 |
| 田納西 | 1,795 |
| 德克薩斯 | 5,533 |
| 猶他 | 402 |
| 佛蒙特 | 158 |
| 維吉尼亞 | 1,771 |
| 華盛頓 | 1,436 |
| 西維吉尼亞 | 582 |
| 威斯康辛 | 1,504 |
| 懷俄明 | 157 |

a. 使用千位（以千）為莖並截斷葉至十位（以千）數來構建一個莖葉圖。
b. 寫下幾個句子以描述分配的形狀與任何不尋常的觀測值。
c. 四個最大的數值為加利福尼亞、德克薩斯、佛羅里達與紐約。這是否指出相較於其他州，菸草使用在這幾州更是問題？解釋之。
d. 如果你想要基於菸草使用程度比較各州，你是否會使用表中的資料？如果是，解釋為何這是合理的。如果不，你將會用什麼取代此一比較的基礎？

3.17 文章「**邁向無線**」（*AARP Bulletin*，2009年6月）報導美國50州與哥倫比亞特區只有無線電話服務家戶的估計百分比。在所附的資料表中，每一州也被區分為三個地理區域之一——西區(W)、中部(M)與東區(E)。

| 無線 % | 區域 | 州 |
|---|---|---|
| 13.9 | M | AL |
| 11.7 | W | AK |
| 18.9 | W | AZ |
| 22.6 | M | AR |
| 9.0 | W | CA |
| 16.7 | W | CO |
| 5.6 | E | CN |
| 5.7 | E | DE |
| 20.0 | E | DC |
| 16.8 | E | FL |

| 無線 % | 區域 | 州 |
|---|---|---|
| 16.5 | E | GA |
| 8.0 | W | HI |
| 22.1 | W | ID |
| 16.5 | M | IL |
| 13.8 | M | IN |
| 22.2 | M | IA |
| 16.8 | M | KA |
| 21.4 | M | KY |
| 15.0 | M | LA |
| 13.4 | E | ME |
| 10.8 | E | MD |
| 9.3 | E | MA |
| 16.3 | M | MI |
| 17.4 | M | MN |
| 19.1 | M | MS |
| 9.9 | M | MO |
| 9.2 | W | MT |
| 23.2 | M | NE |
| 10.8 | W | NV |
| 16.9 | M | ND |
| 11.6 | E | NH |
| 8.0 | E | NJ |
| 21.1 | W | NM |
| 11.4 | E | NY |
| 16.3 | E | NC |
| 14.0 | E | OH |
| 23.2 | M | OK |
| 17.7 | W | OR |
| 10.8 | E | PA |
| 7.9 | E | RI |
| 20.6 | E | SC |
| 6.4 | M | SD |
| 20.3 | M | TN |
| 20.9 | M | TX |
| 25.5 | W | UT |
| 10.8 | E | VA |
| 5.1 | E | VT |
| 16.3 | W | WA |
| 11.6 | E | WV |
| 15.2 | M | WI |
| 11.4 | W | WY |

a. 使用來自所有50州與哥倫比亞特區的資料，構建無限百分比的一個莖葉圖。此資料集的典型數值為何？
b. 對於西部各州與東部各州的無線百分比構建一個緊鄰的莖葉圖。東西部各州無線百分比之比較的分配如何？

3.18 文章「低迷經濟，高度慷慨」（*USA Today*，2009 年 7 月 28 日）提到儘管 2008 年疲軟的經濟，相較於前幾年有更多美國人在其社區中自願服務。基於普查資料 (www.volunteeringinamerica.gov)，在 2008 年就自願服務人口百分比之最高與最低的五州被確認。最高的五州為猶他 (43.5%)、內布拉斯加 (38.9%)、明尼蘇達 (38.4%)、阿拉斯加 (38.0%) 與愛荷華 (37.1%)。最低的五州則為紐約 (18.5%)、內華達 (18.8%)、佛羅里達 (19.6%)、路易斯安那 (20.1%) 以及密西西比 (20.9%)。

a. 對於包含在 2008 年 50 州的每一州自願服務百分比的資料集，最大值為何？最小值為何？

b. 如果你要為包含在 2008 年 50 州自願服務百分比的資料集構建一個莖葉圖，你會使用什麼莖來構建該圖形？解釋你的選擇。

3.19 文章「霜凍帶（美國經濟活動重心）感覺勞工流失」（*USA Today*，2008 年 5 月 1 日）指出即使總人口增加，許多州年輕的勞動市場正在縮減。此一觀察結果被以附表中的資料提示。表中數據是在 2000 至 2007 年期間 25 歲至 44 歲人口的百分比變動。一個負值的百分比變動對應到在 2007 年比 2000 年擁有較少 25 至 44 歲勞動者的一個州（年輕勞動市場的減少）。

| 州 | % 變動 |
| --- | --- |
| 阿拉巴馬 | −4.1 |
| 阿拉斯加 | −2.5 |
| 亞利桑那 | 17.8 |
| 阿肯色 | 0.9 |
| 加利福尼亞 | −0.4 |
| 科羅拉多 | 4.1 |
| 康乃狄克 | −9.9 |
| 德拉瓦 | −2.2 |
| 哥倫比亞特區 | 1.8 |

| 州 | % 變動 |
| --- | --- |
| 佛羅里達 | 5.8 |
| 喬治亞 | 7.2 |
| 夏威夷 | −1.3 |
| 愛達荷 | 11.1 |
| 伊利諾 | −4.6 |
| 印第安納 | −3.1 |
| 愛荷華 | −6.5 |
| 堪薩斯 | −5.3 |
| 肯塔基 | −1.7 |
| 路易斯安那 | −11.9 |
| 緬因 | −8.7 |
| 馬里蘭 | −5.7 |
| 麻薩諸塞 | −9.6 |
| 密西根 | −9.1 |
| 明尼蘇達 | −4.5 |
| 密西西比 | −5.2 |
| 密蘇里 | −2.9 |
| 蒙大拿 | −3.7 |
| 內布拉斯加 | −5.6 |
| 內華達 | 22.0 |
| 新罕布什爾 | −7.5 |
| 紐澤西 | −7.8 |
| 新墨西哥 | 0.6 |
| 紐約 | −8.0 |
| 北卡羅來納 | 2.4 |
| 北達科他 | −10.9 |
| 俄亥俄 | −8.2 |
| 奧克拉荷馬 | −1.6 |
| 奧勒岡 | 4.4 |
| 賓夕法尼亞 | −9.1 |
| 羅德島 | −8.8 |
| 南卡羅來納 | 0.1 |
| 南達科他 | −4.1 |
| 田納西 | 0.6 |
| 德克薩斯 | 7.3 |
| 猶他 | 19.6 |
| 佛蒙特 | −10.4 |
| 維吉尼亞 | −1.1 |
| 華盛頓 | 1.6 |
| 西維吉尼亞 | −5.4 |
| 威斯康辛 | −5.0 |
| 懷俄明 | −2.3 |

a. 資料集中的最小值為 −11.9，而最大值為 22.0。莖葉圖之莖的一個可能選擇會是使用十位數，而得出 −1、−0、0、1 與 2 的莖。注意由於在資料集中同時

具有正負值，我們會希望使用兩個 0 的莖——一個讓我們可以輸入介於 0 與 −9.9 之間的負值百分比變動的葉，而另一個我們可以輸入界於 0 與 9.9 之間的正值百分比變動的葉。使用這五個莖構建一個莖葉圖（提示：將每一個資料值想成是在小數點前具有兩位數，所以 4.1 會被視為 04.1。）

b. 使用兩位數的莖將會產生超過 30 個莖，比我們對於莖葉圖想要的莖通常來得多。敘述一個策略其使用重複的莖將會產生一個具有大約 10 個莖的莖葉圖。

c. 文章描述「霜凍帶」為國家的寒冷地區——東北部與中西部——指出在霜凍帶的州普遍出現 25 至 44 歲年齡族群的人口數下滑。你如何敘述看到 25 至 44 歲人口數顯著增加的那些州的群組？

3.20 來自**德州運輸學院**(Texas Transportation Institute)（**德州 A&M 大學系統，2005 年**）一篇標題為「**減少塞車策略**」的報導包括所附有關不同大小都會區域之每位通勤者每年尖峰通勤時數的額外通勤時間資料。

| 大都會區域 | 每位通勤者每年額外時數 |
|---|---|
| 洛杉磯，CA | 93 |
| 舊金山，CA | 72 |
| 華盛頓特區，VA，MD | 69 |
| 亞特蘭大，GA | 67 |
| 休士頓，TX | 63 |
| 達拉斯，華茲堡市，TX | 60 |
| 芝加哥，IL-IN | 58 |
| 底特律，MI | 57 |
| 邁阿密，FL | 51 |
| 波士頓，MA，NH，RI | 51 |
| 紐約，NY-NJ-CT | 49 |
| 鳳凰城，AZ | 49 |
| 費城，PA-NJ-DE-MD | 38 |

| 大都會區域 | 每位通勤者每年額外時數 |
|---|---|
| 河邊市，CA | 55 |
| 奧蘭多，FL | 55 |
| 聖荷西，CA | 53 |
| 聖地牙哥，CA | 52 |
| 丹佛市，CO | 51 |
| 巴爾的摩，MD | 50 |
| 西雅圖，WA | 46 |
| 坦帕灣市，FL | 46 |
| 明尼亞波里，聖保羅，MN | 43 |
| 沙加緬度，CA | 40 |
| 波特蘭，OR，WA | 39 |
| 印地安納波里，IN | 38 |
| 聖路易市，MO-IL | 35 |
| 聖安東尼奧，TX | 33 |
| 帕維敦斯市，RI，MA | 33 |
| 拉斯維加斯，NV | 30 |
| 辛辛那提，OH-KY-IN | 30 |
| 哥倫布市，OH | 29 |
| 維吉尼亞海灘，VA | 26 |
| 密爾瓦基，WJ | 23 |
| 紐奧良，LA | 18 |
| 堪薩斯市，MO-KS | 17 |
| 匹茲堡，PA | 14 |
| 水牛城，NY | 13 |
| 奧克拉荷馬市，OK | 12 |
| 克里夫蘭，OH | 10 |

a. 對於這兩類不同大小都會區域之每位通勤者每年延誤時間構建一個比較的莖葉圖。

b. 下列陳述是否與在 (a) 中所構建的圖示一致？解釋之。

都會區愈大，尖峰時段通勤時的額外通勤時間愈長。

3.21 2008 年 50 州的高中輟學率（百分比）在 **2008 Kids Count Data Book (www.aecf.org)** 中提供並於下表列出：

| 州 | 比率 |
|---|---|
| 阿拉巴馬 | 8% |
| 阿拉斯加 | 10% |
| 亞利桑那 | 9% |
| 阿肯色 | 9% |
| 加利福尼亞 | 6% |
| 科羅拉多 | 8% |
| 康乃狄克 | 5% |

| 州 | 比率 |
|---|---|
| 德拉維亞 | 7% |
| 佛羅里達 | 7% |
| 喬治亞 | 8% |
| 夏威夷 | 8% |
| 愛達荷 | 6% |
| 伊利諾 | 6% |
| 印第安納 | 8% |
| 愛荷華 | 3% |
| 堪薩斯 | 5% |
| 肯塔基 | 7% |
| 路易斯安那 | 10% |
| 緬因 | 6% |
| 馬里蘭 | 6% |
| 麻薩諸塞 | 4% |
| 密西根 | 6% |
| 明尼蘇達 | 3% |
| 密西西比 | 7% |
| 密蘇里 | 7% |
| 蒙大拿 | 9% |
| 內布拉斯加 | 4% |
| 內華達 | 10% |
| 新罕布什爾 | 3% |
| 紐澤西 | 4% |
| 新墨西哥 | 10% |
| 紐約 | 5% |
| 北卡羅來納 | 8% |
| 北達科他 | 7% |
| 俄亥俄 | 5% |
| 奧克拉荷馬 | 8% |
| 奧勒岡 | 6% |
| 賓夕法尼亞 | 5% |
| 羅德島 | 6% |
| 南卡羅來納 | 7% |
| 南達科他 | 6% |

| 州 | 比率 |
|---|---|
| 田納西 | 7% |
| 德克薩斯 | 7% |
| 猶他 | 7% |
| 佛蒙特 | 4% |
| 維吉尼亞 | 4% |
| 華盛頓 | 7% |
| 西維吉尼亞 | 8% |
| 威斯康辛 | 4% |
| 懷俄明 | 6% |

注意輟學率介於小從 3% 與高達 10% 的範圍。在為這些資料構建一個莖葉圖時，如果我們將每一個輟學率視為一個兩位數的數值並使用第一個位數為莖，那麼只有兩個可能的莖，0 與 1。一個解決方法是使用重複的莖。考慮一個將葉的範圍區分成五個部分的架構：0 與 1、2 與 3、4 與 5、6 與 7，以及 8 與 9。然後，例如，0 的莖可以被重複為

0　　具有 0 與 1 的葉
0t　　具有 2 與 3 的葉
0f　　具有 4 與 5 的葉
0s　　具有 6 與 7 的葉
0*　　具有 8 與 9 的葉

使用 0t、0f、0s、0* 與 1 的莖為這個資料集構建一個莖葉圖。為這個圖形的重要特性進行評論。

## 3.3　展示數量資料：次數分配與直方圖

　　莖葉圖不經常是摘要資料的一個有效方法；當資料集涵蓋大量觀測值時是使用不便的。次數分配與直方圖對於大的資料集是很好的圖示。

### 離散型數量資料的次數分配與直方圖

　　離散型數量資料幾乎總是得自次數。在此情況下，每一個觀測值是一個整數。正如類別資料，離散型數量資料的一個次數分配列出每一個可能數值（個別地

或以區間分組），關聯的次數，以及有時候對應的相對次數。回憶相對次數是以將次數除以資料集中之總觀測值數量計算而得。

### 例 3.12 雜亂的女王蜂

女王蜂在牠們成年後不久就會交配。在求婚飛翔期間，女王蜂通常會有多重配偶，收集牠將儲存並在其餘生使用的精蟲。文章「**女王蜂奇怪的雜亂**」(*Annals of Zoology* [2001]: 255–265) 的作者研究 30 隻女王蜂的行為以瞭解有關求婚飛翔的長度以及在一次求婚飛翔期間一隻女王蜂選取的配偶數。隨附對於配偶數的資料被產生以達與文章中提出的摘要數值與圖形一致。

**配偶數**

| 12 | 2 | 4 | 6 | 6 | 7 | 8 | 7 | 8 | 11 |
| 8 | 3 | 5 | 6 | 7 | 10 | 1 | 9 | 7 | 6 |
| 9 | 7 | 5 | 4 | 7 | 4 | 6 | 7 | 8 | 10 |

對應的相對次數分配在表 3.1 中呈現。資料集中的最小值為 1，最大值為 12，所以從 1 至 12 的可能值與其對應的次數與相對次數被列於表中。

**表 3.1　配偶數的相對次數分配**

| 配偶數 | 次數 | 相對次數 |
|---|---|---|
| 1 | 1 | .033 |
| 2 | 1 | .033 |
| 3 | 1 | .033 |
| 4 | 3 | .100 |
| 5 | 2 | .067 |
| 6 | 5 | .167 |
| 7 | 7 | .233 |
| 8 | 4 | .133 |
| 9 | 2 | .067 |
| 10 | 2 | .067 |
| 11 | 1 | .033 |
| 12 | 1 | .033 |
| 總和 | 30 | .999 |

$\frac{1}{30} = .033$

因為四捨五入而不等於 1

從相對次數分配，我們可以看見其中的 5 隻女王蜂在其求婚飛翔期間有 6 個配偶。對應的相對次數，$\frac{5}{30} = .167$，告訴我們擁有 6 個配偶的女王蜂比例為 .167，或是相當於 16.7% 的女王蜂擁有 6 個配偶。加總數值為 10、11 與 12 的相對次數可得

$.067 + .033 + .033 = .133$

指出 13.3% 的女王蜂擁有 10 個或更多配偶。

將部分可能值轉換成區間的分組方式有可能建立一個更精簡的次數分配。例如，我們可以將 1、2 與 3 個配偶集合形成 1 至 3 的區間，具有 3 的對應次數。以相同方式來分組其他數值可得表 3.2 所呈現的相對次數分配。

**表 3.2　使用區間下配偶數的相對次數分配**

| 配偶數 | 次數 | 相對次數 |
|---|---|---|
| 1 至 3 | 3 | .100 |
| 4 至 6 | 10 | .333 |
| 7 至 9 | 13 | .433 |
| 10 至 12 | 4 | .133 |

對於離散型數量資料的直方圖是次數或相對次數分配的一個圖形，其與類別資料的長條圖相似。每一個次數或相對次數被以一個以對應數值（或是數值範圍）為中心的長方形表示，而長方形的面積與對應次數或相對次數等比例。

### 離散型數量資料的直方圖

**何時使用：**

離散型數量資料。即使對於大的資料集也很好用。

**如何構建：**

1. 畫一個水平刻度，並標示變項的可能數值。
2. 畫一個垂直刻度，並標示次數或相對次數。
3. 在每一個可能值的上方畫一個以該值為中心的長方形（使得數值 1 的長方形以 1 為中心，數值 5 的長方形以 5 為中心，依此類推）。每一個長方形的高度取決於對應次數或相對次數。可能數值通常為連貫的整數，在此情況下每一個長方形的基本寬度為 1。

**尋找什麼（資訊）：**

- 中央或典型數值
- 散布或變異的程度
- 一般的形狀
- 峰值的位置與數量
- 間隙與離群值的出現

### 例 3.13　再訪雜亂的女王蜂

例 3.12 中的女王蜂資料被摘要於一個次數分配。對應的直方圖呈現於圖 3.17。注意該直方圖中的每一個長方形在對應數值上方以其為中心。當在垂直刻度上以相對次數取代次數，垂直軸上的刻度不同但是圖形的所有基本特性（形狀、位置、散布）不變。

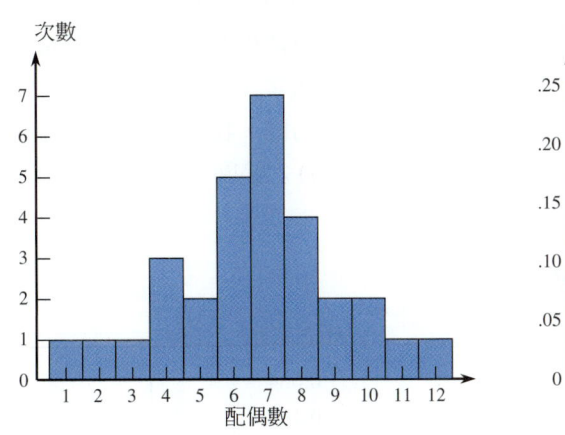

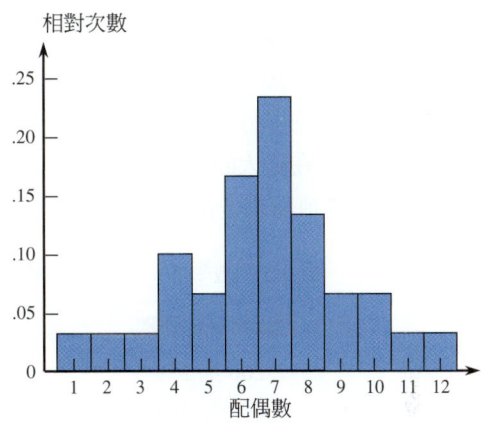

**圖 3.17**
女王蜂資料的直方圖與相對次數分配

基於表 3.2 中的分組次數分配的直方圖可以被以相似方式構建，並呈現於圖 3.18。一個長方形代表每一個區間的次數或相對次數。對於 1 至 3 的區間，長方形從 .5 延伸至 3.5，因而直方圖的長方形之間沒有間隙。

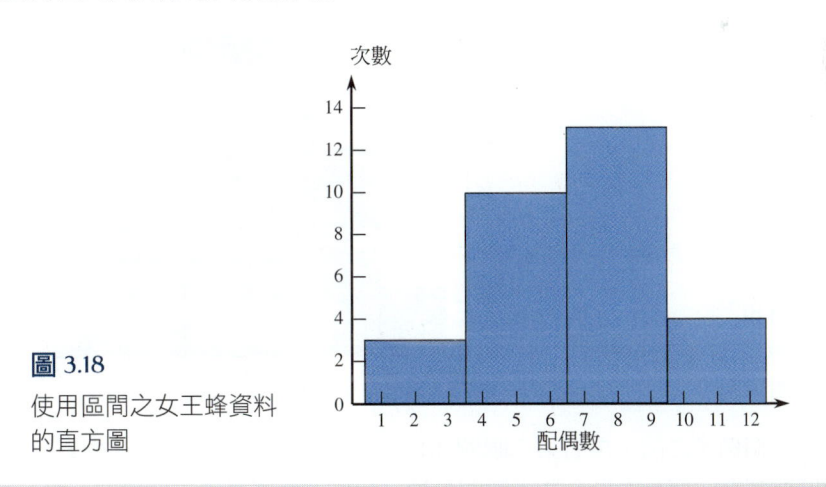

**圖 3.18**
使用區間之女王蜂資料的直方圖

有時候一個離散型數量資料集包含大量的可能值而且或許也有一些遠離大多數值的較大或較小數值。在此情況下，與其形成一個具有很長可能數值清單的次數分配，更常將觀察值分組成區間或範圍。這在例 3.14 中說明。

## 例 3.14　數學 SAT 分數的分配

在 2009 年參加 SAT 測驗之數學部分的 1,530,128 位學生中，每一人都收到介於 200 至 800 分之間的一個分數。分數分配被摘要於出現在標題為「2009 計畫上大學的高三生」之 College Board 報告中的一個次數分配。相對次數分配於表 3.3 中而對應的相對次數直方圖則呈現於圖 3.19。注意與其列出從 200 到 800 之間的每一個可能個別分數值，分數被分組成區間（200 至 299、300 至 399 等）。這導致一個更為精簡的表格卻仍能傳達該資料集的重要特性。同時，注意因為資料集非常大，各組次數仍是很大的數字。由於這些大的次數，在我們的解釋中較容易聚焦於相對次數。從相對次數分配與直方圖，我們可以瞭解當個人數學 SAT 分數存在很大的變異，絕大多數的分數落在 400 到 600 之範圍，並且數學 SAT 分數的一個典型數值看來是在較低的 500 分的某一個。

**表 3.3　數學 SAT 分數的相對次數分配**

| 數學 SAT 分數 | 次數 | 相對次數 |
|---|---|---|
| 200 至 299 | 97,296 | 0.064 |
| 300 至 399 | 295,693 | 0.193 |
| 400 至 499 | 449,238 | 0.294 |
| 500 至 599 | 454,497 | 0.297 |
| 600 至 699 | 197,741 | 0.129 |
| 700 至 800 | 35,663 | 0.023 |

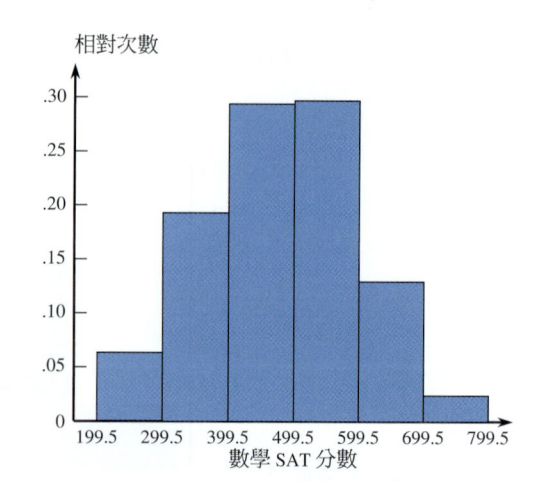

**圖 3.19**

數學 SAT 分數的相對次數直方圖

在離開這個例子之前，再看第二眼圖 3.19 的相對次數分配。注意在相對次數分配中每一個分數區間都有一個長方形。為了簡明易懂，我們選擇將最後一個區間，700 至 800，視為 700 至 799 而使得在此次數分配的所有分數範圍有相同寬度。同時也注意代表分數範圍 400 至 499 的長方形實際上在分數刻度上從 399.5 延伸至 499.5。這與在沒有分組之離散型數量資料的直方圖所發生的相似。例如，圖 3.17 代表 2 的長方形以 2 為中心，但是在配偶數的刻度上卻從 1.5 延伸至 2.5。

## 連續型數量資料的次數分配與直方圖

以連續型資料構建表或圖示的困難，例如在反應時間（以秒計）或飛機旅客隨身行李的重量（以磅計）的觀測值，在於沒有自然的類別。突破此一困境的方式是定義我們自己的類別。針對隨身行李的重量，我們可能期待重量頂多大約 30 磅。將這些重量分組成 5 磅的區間呈現於圖 3.20。然後每一筆觀測的資料值可以被歸入這些區間之其一。這些被使用的區間有時候被稱為**組距 (class intervals)**。這些組距與在類別或離散型數量資料之次數分配中類別或個別數值所扮演的角色相同。

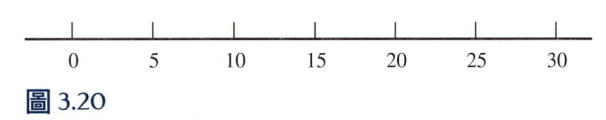

```
|----|----|----|----|----|----|----|
0    5   10   15   20   25   30
```

**圖 3.20**
隨身行李重量資料之適當的組距

沒有進一步的困難需要我們加以強調。我們應該將一個落在組間邊界之諸如 20 的觀測值放在哪裡？我們的慣例是定義區間使得如此一個觀測值被放置於較高而非較低的組距。因此，在一個次數分配中，一個分組可能是 15 至 <20，其中符號 < 是措辭小於的替代。這組將包含大於或等於 15 以及小於 20 的所有觀測值。然後觀測值 20 會落在組別 20 至 <25。

### 例 3.15　在公立大學註冊

各州在公立大學註冊的大學生百分比有很大差異。**國家教育統計中心 (The National Center for Education Statistics)** 提供 2007 年秋季美國 50 州此一百分比的附帶資料。

**在公立大學註冊的大學生百分比**

| 96 | 86 | 81 | 84 | 77 | 90 | 73 | 53 | 90 | 96 | 73 |
| 93 | 76 | 86 | 78 | 76 | 88 | 86 | 87 | 64 | 60 | 58 |
| 89 | 86 | 80 | 66 | 70 | 90 | 89 | 82 | 73 | 81 | 73 |
| 72 | 56 | 55 | 75 | 77 | 82 | 83 | 79 | 75 | 59 | 59 |
| 43 | 50 | 64 | 80 | 82 | 75 |

最小的觀測值為 46（麻塞諸塞）與最大的觀測值為 96（阿拉斯加與懷俄明）。第一個組距由 40 開始是合理的，並且設每一組的區間具有 10 的寬度。這得出 40 至 <50，50 至 <60，60 至 <70，70 至 <80，80 至 <90，以及 90 至 <100 的組距。

表 3.4 呈現結果的次數分配以及相對次數。

表 3.4　在公立大學註冊的大學生百分比次數分配

| 組距 | 次數 | 相對次數 |
|---|---|---|
| 40 至 <50 | 1 | .02 |
| 50 至 <60 | 7 | .14 |
| 60 至 <70 | 4 | .08 |
| 70 至 <80 | 15 | .30 |
| 80 至 <90 | 17 | .34 |
| 90 至 <100 | 6 | .12 |
|  | 50 | 1.00 |

各種的相對次數可以被結合以產生其他有趣的資訊。例如，

$$\begin{pmatrix}公立大學註冊百分比少\\於60的州數比例\end{pmatrix} = \begin{pmatrix}在40至<50\\的百分比\end{pmatrix} + \begin{pmatrix}在50至<60\\的百分比\end{pmatrix}$$

$$= .02 + .14 = .16 \ (16\%)$$

以及

$$\begin{pmatrix}公立大學註冊百分比介\\於60與90間的州數比例\end{pmatrix} = \begin{pmatrix}在60至<70\\的百分比\end{pmatrix} + \begin{pmatrix}在70至<80\\的百分比\end{pmatrix} + \begin{pmatrix}在80至<90\\的百分比\end{pmatrix}$$

$$= .08 + .30 + .34 = .72 \ (72\%)$$

選擇組距的數量或是區間的長度並沒有固定的法則。使用一些相對較寬的區間將集束資料，然而使用許多相對較窄的區間可能分散資料於太多區間，使得沒有區間包含較多觀測值。兩種分配都將無法提供數值如何就測量範圍分配的一個擁有資訊的圖像，而且資料集的有趣特性可能遺失。一般而言，在資料數量少的時候，相對較少的區間，或許介於 5 到 10 之間，應被使用。而當資料數量大的情況，基於 15 至 20（或者更多）個區間的分配常被建議。數量（公式）

$$\sqrt{觀測值數量}$$

經常被用來作為適當區間數量的一個估計值：25 個觀測值得 5 個區間，當觀測值數量為 100 時的 10 個區間等。

兩人對於區間數量進行合理與相似的選擇，它們的寬度，以及第一個區間的起始點經常將取得資料的相似直方圖。

### 連續型數量資料的直方圖

當在一個次數分配中的組距皆具有相同寬度，使用次數分配中的資訊很容易構建一個直方圖。

## 當組距寬度相等時，連續型數量資料的直方圖

**何時使用：**

連續型數量資料。即使對於大的資料集也很好用。

**如何構建：**

1. 在一個水平軸上標示各組距的範圍。
2. 在垂直軸上使用次數或相對次數。
3. 直接在對應區間上方為每一組畫一個長方形（使得邊緣位於組距的邊界）。每一個長方形的高度是對應組距的次數或相對次數。

**尋找什麼（資訊）：**

- 中央或典型數值
- 散布或變異的程度
- 一般的形狀
- 峰值的位置與數量
- 間隙與離群值的出現

### 例 3.16　兒童的電視觀看習慣

文章「兒童早期電視接觸與後續注意力問題」（*Pediatrics*，2004 年 4 月）調查在美國兒童的電視觀看習慣。表 3.5 提供一組 1 歲兒童與一組 3 歲兒童樣本每天觀看電視所花費時數的大約相對次數（讀自出現在文章中的圖形）。在文章中摘要的資料由一項大型全國性調查之一部分所取得。

表 3.5　每天觀看電視花費時數的相對次數分配

| 每天電視時數 | 1 歲年相對次數 | 3 歲年相對次數 |
|---|---|---|
| 0 至 <2 | .270 | .630 |
| 2 至 <4 | .390 | .195 |
| 4 至 <6 | .190 | .100 |
| 6 至 <8 | .085 | .025 |
| 8 至 <10 | .030 | .020 |
| 10 至 <12 | .020 | .015 |
| 12 至 <14 | .010 | .010 |
| 14 至 <16 | .005 | .005 |

圖 3.21(a) 是針對 1 歲大兒童的相對次數直方圖，而圖 3.21(b) 是 3 歲大兒童的相對次數

直方圖。注意兩個直方圖都有一個單一的高峰表示在兩個年齡組的大多數兒童集中於較小的電視時數區間。兩個直方圖在高時數端都相當延展，指出有些年輕兒童看很多電視。

兩個直方圖之間的很大差異在於低時數端，落在 0 至 2 小時電視時數區間的 3 歲大兒童的百分比要遠高於 1 歲大兒童。1 歲大兒童每天電視時數的典型數值會是在 2 至 4 小時之間的某處，而 3 歲大兒童電視時數的典型數值是在 0 至 2 小時的區間。

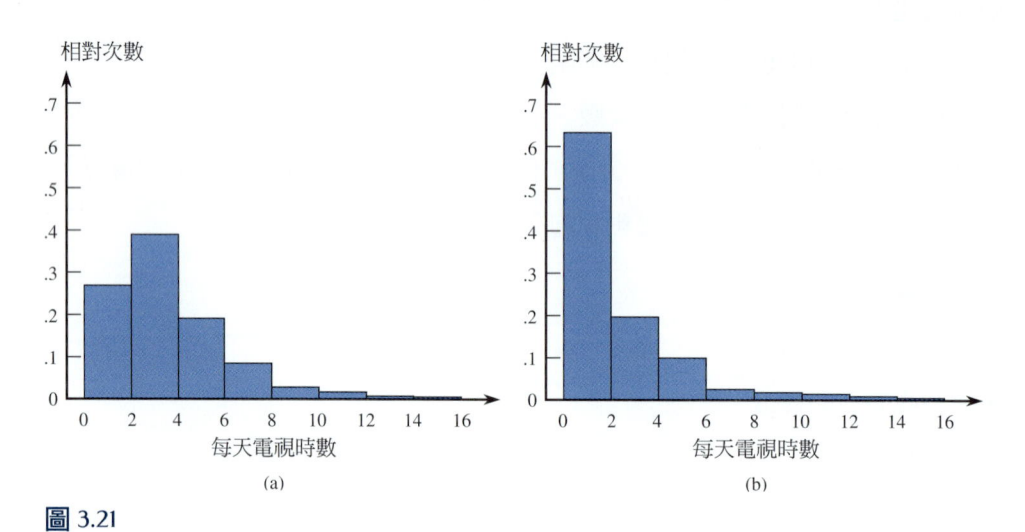

**圖 3.21**

每天電視時數的直方圖：(a) 1 歲大兒童；(b) 3 歲大兒童

---

**不等寬度的組距**　圖 3.22 呈現一個資料集，其中有許多觀測值集中於資料集的中心，而只有少數獨特或是離群的數值低於與高於資料的主體。如果一個次數分配是基於相等寬度的短區間，許多區間將被需要以掌握所有觀測值，並且其中許多區間將沒有觀測值，如同圖 3.22(a) 中所示。相反地，只有一些寬的區間將掌握所有數值，但是之後大多數的觀測值將被分組於少數區間，如同圖 3.22(b) 中所示。在如此情境下，最好使用只有少數資料點的寬組距以及有許多資料點的較短區間的組合，如同圖 3.22(c) 中所示。

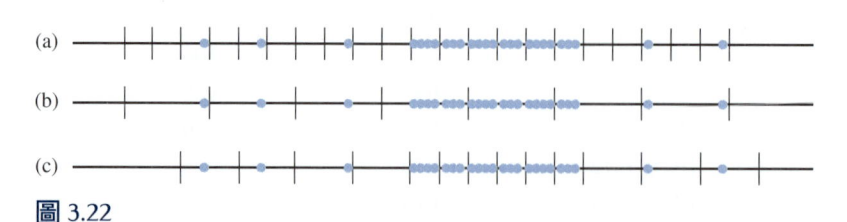

**圖 3.22**

對於有離群值資料集的三種組距選擇：(a) 相等寬度的許多短區間；
(b) 相等寬度的少數寬區間；(c) 不等寬度的區間

## 當組距寬度不等時，構建連續型資料的直方圖

當組距不是相等寬度時，次數或相對次數不應在垂直軸上被使用。取而代之的，是每一個長方形的高度，稱為組距的**密度 (density)**，其計算為

$$密度 = 長方形高度 = \frac{組距的相對次數}{組距寬度}$$

垂直軸被稱為**密度刻度 (density scale)**。

使用密度刻度來構建直方圖確保了直方圖中的每一個長方形的面積將與對應的相對次數等比例。密度的公式也可以在當組寬相等時被使用。然而，當區間為相等寬度，取得密度所需之額外數學是不需要的。

## 例 3.17 錯誤報告平均成績

當人們被問及諸如年齡或體重之特徵的數值時，他們有時候在回答中隱匿真相。文章「學業表現的自我報告」（*Social Methods and Research*，1981 年 11 月：165-185）著重於特徵如 SAT 分數與平均成績 (GPA)。對於一組樣本中的每一位學生，在 GPA 的差異（報告－實際）被決定。正的差異得自個人報告 GPA 高於正確數值。大多數的差異接近 0，但是有一些相當大的錯誤。因為如此，在表 3.6 中所示基於不等組寬的次數分配提供一個有資訊但是簡潔的摘要。

圖 3.23 展現基於此一次數分配的兩個直方圖。在圖 3.23(a) 中的直方圖繪製正確，密度被使用以決定每一個條狀物的高度。在圖 3.23(b) 中的直方圖因其高度等於相對次數，所以為不正確。特別是，這第二個直方圖相當地誇大高報與低報的數值──兩個最極端長方形的面積太大。人們的視線自然被吸引至大的面積部分，所以面積正確地代表相對次數是很重要的。

**表 3.6**　報告 GPA 之錯誤的次數分配

| 組距 | 相對次數 | 寬度 | 密度 |
|---|---|---|---|
| −2.0 至 <−0.4 | .023 | 1.6 | 0.014 |
| −0.4 至 <−0.2 | .055 | .2 | 0.275 |
| −0.2 至 <−0.1 | .097 | .1 | 0.970 |
| −0.1 至 <0 | .210 | .1 | 2.100 |
| 0 至 <0.1 | .189 | .1 | 1.890 |
| 0.1 至 <0.2 | .139 | .1 | 1.390 |
| 0.2 至 <0.4 | .116 | .2 | 0.580 |
| 0.4 至 <2.0 | .171 | 1.6 | 0.107 |

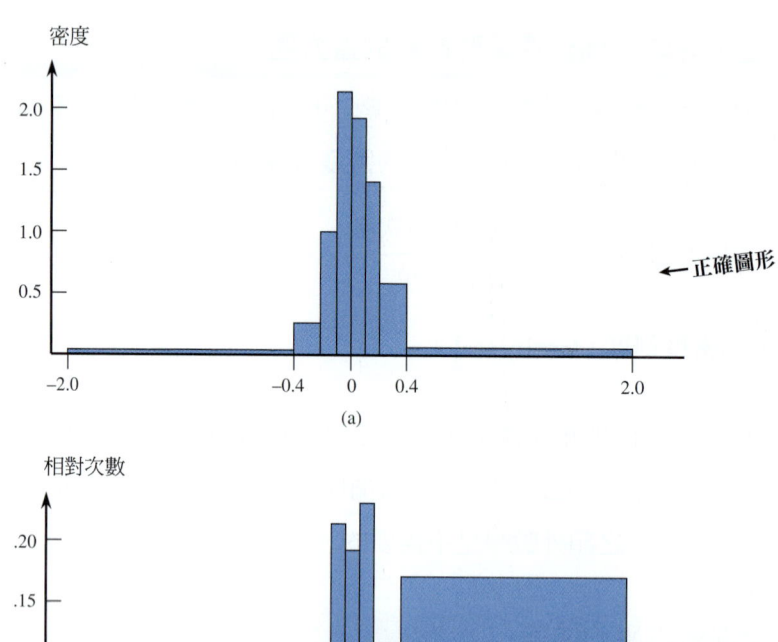

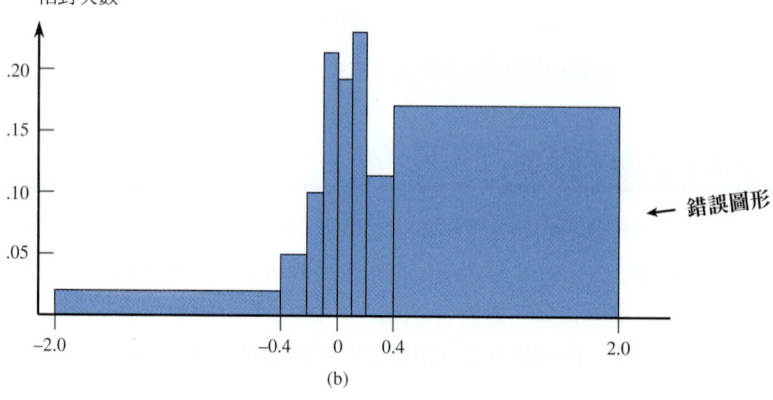

**圖 3.23**
報告 GPA 之錯誤的直方圖：(a) 正確直方圖（高度 = 密度）；(b) 錯誤直方圖（高度 = 相對次數）

## 直方圖的形狀

一般形狀是直方圖的一個重要特徵。在描述各種形狀時，以一條平滑曲線（稱為**平滑直方圖**）近似直方圖本身是便利的。這在圖 3.24 中說明。

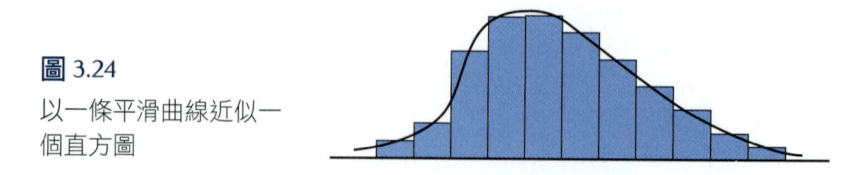

**圖 3.24**
以一條平滑曲線近似一個直方圖

一般形狀的一種敘述與高峰的數量有關，或稱**眾數 (modes)**。

> **定義**
>
> 如果擁有單一高峰，一個直方圖被描述為**單峰** (unimodal)，**雙峰** (bimodal) 則為具有兩個高峰，而**多峰** (multimodal) 則為具有兩個以上的高峰。

這些形狀在圖 3.25 中說明。

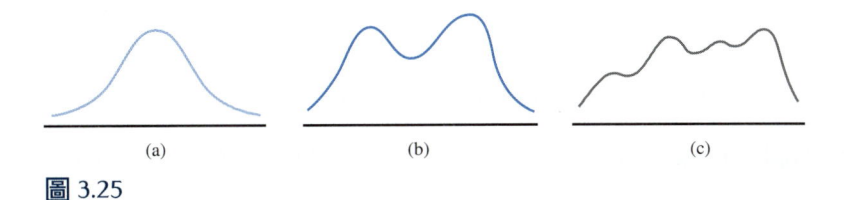

**圖 3.25**
具有各種眾數數量的平滑直方圖：(a) 單峰；(b) 雙峰；(c) 多峰

雙峰有時候發生在當資料集包含在兩個相當不同種類之個人或物體的觀測值。例如，思考一個包含在加州之聖路易歐比斯波與蒙特利之間汽車旅行之行車時間的一個大資料集。這個直方圖將出現兩個高峰，一個是那些選擇內地道路者（大約 2.5 小時）以及另一個是在海岸高速公路旅行者（3.5 至 4 小時）。然而，雙峰並不自動跟隨這類情況而發生。唯有在兩個單獨直方圖的中心相對於兩個資料集中的變異而遠離，雙峰才將發生在結合組別的直方圖中。因此，一個由大學生身高所組成的大資料集，因為男性的典型身高（大約 69 吋）與女性典型身高（大約 66 吋）相隔並不很遠，可能不會產生一個雙峰直方圖。實務上所遇見的許多直方圖為單峰，而多峰並不常見。

單峰直方圖有各種形狀。單峰直方圖是**對稱的 (symmetric)** 如果有一條對稱的垂直線以至於直方圖該線以左的部分是右邊部分的鏡像。（雙峰與多峰直方圖也可以依此方式對稱。）幾個不同的對稱平滑直方圖呈現於圖 3.26。

從一個單峰直方圖的高峰往右，我們移動至被稱為直方圖的**上尾 (upper tail)** 部分。往相反方向前進則我們將移動至**下尾 (lower tail)**。

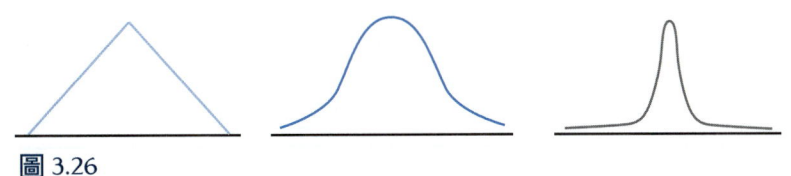

**圖 3.26**
幾個對稱的單峰平滑直方圖

> **定義**
>
> 一個不是對稱的單峰直方圖被說是**偏態的** (skewed)。如果該直方圖的上尾比下尾延伸更遠，則數值的分配是**正偏** (positively skewed) 或**右偏** (right skewed)。相反地，如果下尾比上尾長上許多，則直方圖為**負偏** (negatively skewed) 或**左偏** (left skewed)。

這兩類的偏態於圖 3.27 列示。正偏比負偏更常碰見。正偏的一個例子發生在洛杉磯郡獨棟住宅房價的分配；大多數房子被適當地訂價（至少對於加州而言），然而在比佛利山莊與馬利布相對少的房子則有較高價格。

**常態曲線 (normal curve)**，一個相當特別的形狀，在統計應用中比其他任何更常出現。許多直方圖可以被以常態曲線良好的近似（例如，特徵如手臂長度與一顆蘋果的重量）。在此我們簡要的提出幾個常態曲線最重要的質性特質，延緩更詳盡的討論至第 7 章。一個常態曲線是對稱與鐘形的；其看似在圖 3.28(a) 中的曲線。然而，並非所有鐘形曲線皆為常態。在一常態曲線中，從鐘形的頂端開始，當移向兩尾時曲線高度以一個良好定義的比率降低。（此一降低的比率被以一個特定的數學方程式指定。）

一個尾端並不像常態分配般快速下降的曲線被稱為**重尾 (heavy-tailed)**（相較於常態曲線）。相似地，一個尾端比常態尾端還要快速減少的曲線被稱為**輕尾 (light-tailed)**。圖 3.28(b) 與 3.28(c) 說明這些可能情形。我們著重於一個分配尾端的原

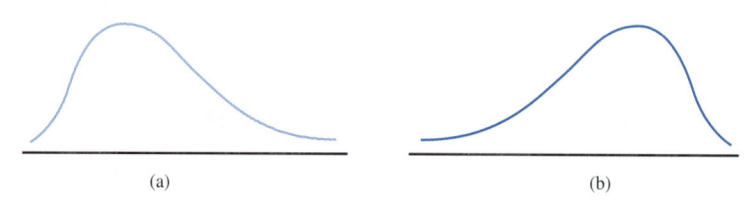

(a)    (b)

**圖 3.27**
偏態平滑直方圖的兩個例子：(a) 正偏；(b) 負偏

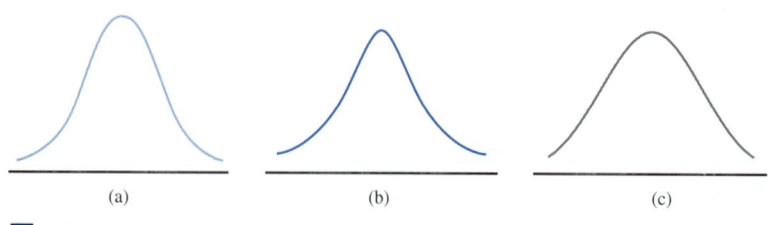

(a)    (b)    (c)

**圖 3.28**
鐘形直方圖的三個例子：(a) 常態；(b) 重尾；(c) 輕尾

因是當母體分配近似常態，許多推論程序運作良好（也就是說，它們導致正確結論）；而當母體分配為重尾則表現不佳。

### 樣本直方圖是否與母體直方圖相似？

樣本資料經常被收集以推論母體。如果樣本無法代表母體，所得結論可能錯誤。所以一組樣本資料的直方圖如何與所有母體數值之直方圖相似？兩個直方圖是否將在大約相同處為中心並散布至大約相同程度？他們是否將有相同數量的高峰以及這些高峰是否出現在大約相同處？

一個有關的議題在於基於來自相同母體的不同樣本之那些直方圖相似於另一個的程度。如果兩個不同樣本直方圖可以被期望以明顯的方式彼此不同，那麼至少其中一個可能本質上不同於母體直方圖。如果樣本實質上不同於母體，基於樣本對母體有關的結論也可能不正確。**抽樣變異 (sampling variability)**——樣本彼此不同與不同於母體——是統計的一個中心觀念。例 3.18 說明直方圖形狀上的抽樣變異。

### 例 3.18 你所應該瞭解關於巴士司機的是……

一個由公家機構所雇用的 708 位巴士司機的樣本被選出，而在四年期間每一位司機涉及之交通事故數量被決定（「離散分配理論在醫學流行病學上非傳染事件研究的應用」*Random Counts in Biomedical and Social Sciences*, G. P. Patil, ed. [University Park, PA: Pennsylvania State University Press, 1970]）。708 個樣本觀測值的列表可能看來像這樣：

3 0 6 0 0 2 1 4 1 . . . 6 0 2

次數分配（表 3.7）顯示 708 位司機中有 117 位沒有發生過事故，也就是 117/708 = .165（或是 16.5%）的相對次數。同理，只發生過一次事故的樣本司機百分比為 .222（或是 22.2%）。最大的樣本觀測值為 11（次）。

雖然這 708 個觀測值實際上組成一組來自所有巴士司機母體的樣本，我們將這 708 個觀測值視為構成整個母體。接著，在圖 3.29 中的第一個直方圖代表母體直方圖。而圖 3.29 中的其他四個直方圖則為基於從該母體隨機選出，每一個具有 50 個觀測值的四組不同樣本。這五個直方圖當然大致彼此相似，但是某些相異點也相當明顯。母體直方圖上升至一個高峰，然後平滑地下降，然而

表 3.7　巴士司機事故數量的次數分配

| 事故數 | 次數 | 相對次數 |
|---|---|---|
| 0 | 117 | .165 |
| 1 | 157 | .222 |
| 2 | 158 | .223 |
| 3 | 115 | .162 |
| 4 | 78 | .110 |
| 5 | 44 | .062 |
| 6 | 21 | .030 |
| 7 | 7 | .010 |
| 8 | 6 | .008 |
| 9 | 1 | .001 |
| 10 | 3 | .004 |
| 11 | 1 | .001 |
|  | 708 | .998 |

樣本直方圖傾向於具有較多高峰、山谷與間隙。雖然母體資料集包含一個 11 的觀測值，四組樣本卻沒有一個有。事實上，在前兩個樣本中，最大的觀測值分別為 7 與 8。在第 8 至 15 章我們將瞭解當我們使用樣本資料對母體下結論時，抽樣變異如何被敘述以及被考慮。

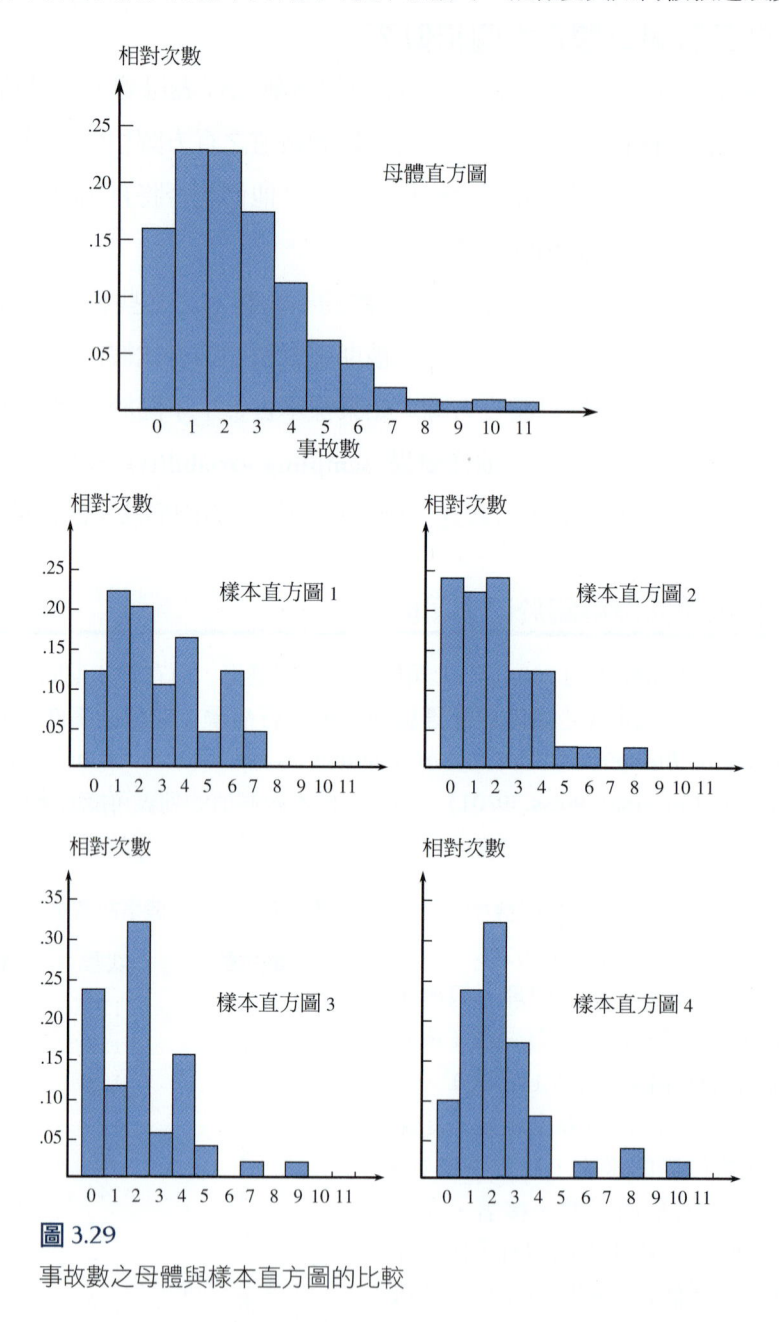

圖 3.29
事故數之母體與樣本直方圖的比較

## 累積相對次數與累積相對次數圖

與其知道多少資料比例落在一個特定組別，我們經常想要決定落在某一特定值以下的比例。當數值是一個組的範圍時這很容易做到。

思考下列 2009 年 10 月間往來鳳凰城與紐約市之間航班乘客隨身行李重量的區間與相對次數：

| 組距 | 0 至 5 | 5 至 <10 | 10 至 <15 | 15 至 <20 | ... |
| --- | --- | --- | --- | --- | --- |
| 相對次數 | .05 | .10 | .18 | .25 | ... |

然後

隨身行李重量少於 15 磅之乘客比例 = 前三個組之一的比例
= .05 + .10 + .18
= .33

同理，

隨身行李重量少於 20 磅之乘客比例 = .05 + .10 + .18 + .25
= .33 + .25 = .58

這類相對次數加總的每一個被稱為**累積相對次數 (cumulative relative frequency)**。注意累積相對次數 .58 是前述累積相對次數 .33 與「目前」相對次數 .25 的總和。累積相對次數的使用在例 3.19 中說明。

### 例 3.19　阿布奎基降雨量

**國家氣候資料中心 (The National Climatic Data Center)** 收集天氣資料多年。1950 至 2008 年阿布奎基，新墨西哥州的年度總降雨量 (www.ncdc.noaa.gov/oa/climate/research/cag3/city.html) 被用來構建於表 3.8 中呈現的相對次數分配。該表也包含累積相對次數的一個欄位。

年度降雨量少於 10 吋的年數比例為 .585，也是 9 至 <10 區間之累積相對次數。年度降雨量少於 8.5 吋的年數比例為何？因為 8.5 不是次數分配其中一個區間的終點，我們只能從給定的資訊估計之。數值 8.5 在 8 至 9 區間之終點的半途，因此可以對於屬於 8 至 8.5 範圍的這個區間合理估計為 .172 的相對次數的一半。接著

$$\begin{pmatrix} 降雨量少於 8.5 吋年 \\ 數比例的估計值 \end{pmatrix} = .052 + .103 + .086 + .103 + \frac{1}{2}(.172) = .430$$

這個比例也可以使用累積相對次數被計算為

$$\begin{pmatrix} 降雨量少於 8.5 吋年 \\ 數比例的估計值 \end{pmatrix} = .344 + \frac{1}{2}(.172) = .430$$

表 3.8　具有累積相對次數之阿布奎基降雨量資料的相對次數分配

| 年度降雨量（吋） | 次數 | 相對次數 | 累積相對次數 |
|---|---|---|---|
| 4 至 <5 | 3 | 0.052 | 0.052 |
| 5 至 <6 | 6 | 0.103 | 0.155 = .052 + .103 |
| 6 至 <7 | 5 | 0.086 | 0.241 = .052 + .103 + .086 或 .155 + .086 |
| 7 至 <8 | 6 | 0.103 | 0.344 |
| 8 至 <9 | 10 | 0.172 | 0.516 |
| 9 至 <10 | 4 | 0.069 | 0.585 |
| 10 至 <11 | 12 | 0.207 | 0.792 |
| 11 至 <12 | 6 | 0.103 | 0.895 |
| 12 至 <13 | 3 | 0.052 | 0.947 |
| 13 至 <14 | 3 | 0.052 | 0.999 |

同理，因為 11.25 是 11 至 12 之間距離的四分之一處，

$$\begin{pmatrix} 降雨量少於 11.25 吋年 \\ 數比例的估計值 \end{pmatrix} = .792 + \frac{1}{4}(.103) = .818$$

一個**累積相對次數**圖只是一個累積相對次數相對於對應區間上方終點的一個圖。成對資料

（區間的上方終點，累積相對次數）

被在一個長方形的座標系統上畫為數個點，並且圖中接續的各點被以一條直線線段連接。針對例 3.19 的降雨量資料，畫出的各點會是

(5, .052)　　(6, .155)　　(7, .241)　　(8, .344)　　(9, .516)
(10, .585)　　(11, .792)　　(12, .895)　　(13, .947)　　(14, .999)

額外一提的是，一對資料（第一個區間的下方終點，0）也被包含在圖中（對於降雨量資料，這會是 (4, 0) 的點），而後各點被以直線線段連接。圖 3.30 展現降雨量資料的累積相對次數圖。累積相對次數圖可以被用來取得對於問題的近似答案，諸如

小於一個特定數值的觀測值比例為何？

以及

哪個數值區隔最小的 $p$ 百分比與最大的數值？

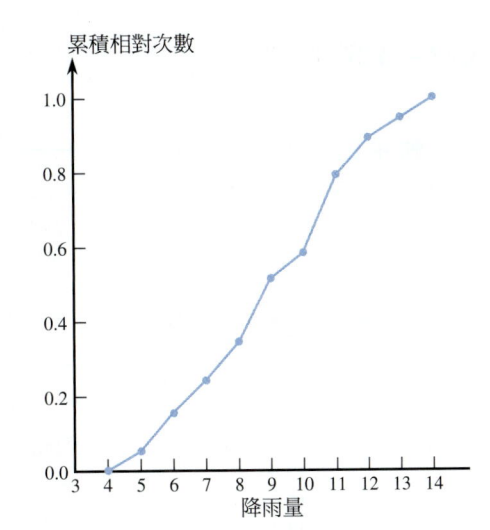

**圖 3.30**
例 3.19 之降雨量資料的累積相對次數圖

例如，要決定年度降雨量少於 9.5 吋之年數的大約比例，我們會從在 $x$- 軸上的 9.5 循一條垂直線而上，然後橫跨 $y$- 軸讀圖以取得對應的相對次數，正如圖 3.31(a) 所列示。大約 .55，或是 55% 的年數其年度降雨量少於 9.5 吋。

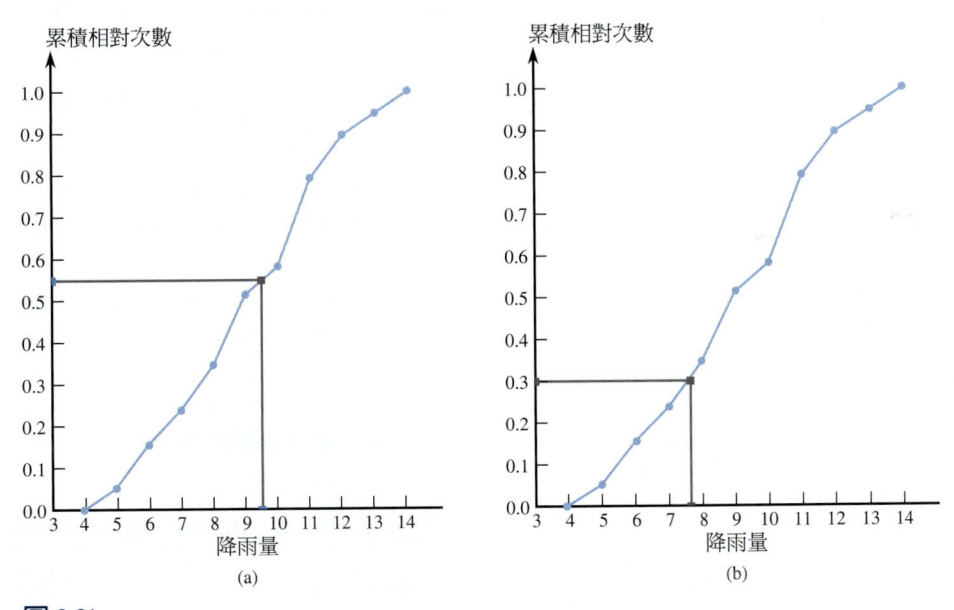

**圖 3.31**
使用累積相對次數圖
(a) 決定年度降雨量少於 9.5 吋的大約年數比例
(b) 找出區隔最低降雨量年數的 30% 與最高降雨量的 70% 的降雨量

同理，要找到區隔最小年度降雨量年數的 30% 與最高降雨量的年數，在累積相對次數軸上的 .30 開始，橫越移動，然後往下來找出對應的降雨量，如同圖 3.31(b) 所示。大約 30% 的年數其年度降雨量少於 7.6 吋。

## 習題 3.22 – 3.37

**3.22** 文章「移動中的美國人」（*USA Today*，2007年11月30日）包含附表中的資料。表中資料為2006年間各州居民搬家的百分比。

| 州 | 2006年間居民搬家的百分比 |
|---|---|
| 阿拉巴馬 | 16.1 |
| 阿拉斯加 | 21.2 |
| 亞利桑那 | 20.2 |
| 阿肯色 | 18.9 |
| 加利福尼亞 | 15.9 |
| 科羅拉多 | 19.6 |
| 康乃狄克 | 13.1 |
| 德拉維亞 | 14.0 |
| 哥倫比亞特區 | 18.8 |
| 佛羅里達 | 17.4 |
| 喬治亞 | 18.8 |
| 夏威夷 | 14.5 |
| 愛達荷 | 21.0 |
| 伊利諾 | 15.0 |
| 印第安納 | 16.8 |
| 愛荷華 | 17.0 |
| 堪薩斯 | 18.7 |
| 肯塔基 | 16.8 |
| 路易斯安那 | 18.9 |
| 緬因 | 14.4 |
| 馬里蘭 | 14.5 |
| 麻薩諸塞 | 13.6 |
| 密西根 | 14.2 |
| 明尼蘇達 | 14.2 |
| 密西西比 | 17.2 |
| 密蘇里 | 17.5 |
| 蒙大拿 | 17.5 |
| 內布拉斯加 | 18.0 |
| 內華達 | 22.0 |
| 新罕布什爾 | 13.7 |
| 紐澤西 | 11.1 |
| 新墨西哥 | 16.8 |
| 紐約 | 11.5 |
| 北卡羅來納 | 17.5 |
| 北達科他 | 17.2 |
| 俄亥俄 | 15.7 |
| 奧克拉荷馬 | 19.2 |
| 奧勒岡 | 20.2 |
| 賓夕法尼亞 | 12.7 |
| 羅德島 | 13.4 |
| 南卡羅來納 | 16.6 |
| 南達科他 | 16.7 |
| 田納西 | 16.6 |
| 德克薩斯 | 19.1 |

| 州 | 2006年間居民搬家的百分比 |
|---|---|
| 猶他 | 20.7 |
| 佛蒙特 | 14.5 |
| 維吉尼亞 | 16.3 |
| 華盛頓 | 19.5 |
| 西維吉尼亞 | 12.7 |
| 威斯康辛 | 15.3 |
| 懷俄明 | 18.8 |

使用 10 至 <12、12 至 <14、14 至 <16 等的組距，構建這些資料的一個直方圖。寫下一些句子來敘述其分配的形狀、中心與散布。

**3.23** 所附就香港45年期間之每年年度最大風速（以每秒公尺計）的資料在一個出現在期刊 *Renewable Energy*（2007年3月）的文章中被提出。使用此一年度最大風速資料構建一個直方圖。該直方圖是近似對稱、正偏或負偏？你會描述該圖為單峰、雙峰或多峰？

30.3 39.0 33.9 38.6 44.6 31.4 26.7 51.9 31.9
27.2 52.9 45.8 63.3 36.0 64.0 31.4 42.2 41.1
37.0 34.4 35.5 62.2 30.3 40.0 36.0 39.4 34.4
28.3 39.1 55.0 35.0 28.8 25.7 62.7 32.4 31.9
37.5 31.5 32.0 35.5 37.5 41.0 37.5 48.6 28.1

**3.24** 所附相對次數表是基於來自**加州 2007 年計畫上大學的高三生報告**（College Board，2008 年）的資料。

| SAT 推理測驗分數 | 男性相對次數 | 女性相對次數 |
|---|---|---|
| 200 至 < 250 | .0404 | .0183 |
| 250 至 < 300 | .0546 | .0299 |
| 300 至 < 350 | .1076 | .0700 |
| 350 至 < 400 | .1213 | .0896 |
| 400 至 < 450 | .1465 | .1286 |
| 450 至 < 500 | .1556 | .1540 |
| 500 至 < 550 | .1400 | .1667 |
| 550 至 < 600 | .1126 | .1550 |
| 600 至 < 650 | .0689 | .1050 |
| 650 至 < 700 | .0331 | .0529 |
| 700 至 < 750 | .0122 | .0194 |
| 750 至 < 800 | .0072 | .0105 |

a. 針對男性 SAT 推理測驗分數構建一個相對次數直方圖。
b. 針對女性 SAT 推理測驗分數構建一個相對次數直方圖。
c. 基於來自 (a) 與 (b) 部分的直方圖，寫下一些句子來評論男性與女性 SAT 推理測驗分數分配的相似性與差異性。

3.25 在附表中的資料代表每一個美國州與哥倫比亞特區其工人是工會成員的百分比（*AARP Bulletin*，2009 年 9 月）。

| 州 | 工人隸屬於工會的百分比 |
| --- | --- |
| 阿拉巴馬 | 9.8 |
| 阿拉斯加 | 23.5 |
| 亞利桑那 | 8.8 |
| 阿肯色 | 5.9 |
| 加利福尼亞 | 18.4 |
| 科羅拉多 | 8.0 |
| 康乃狄克 | 16.9 |
| 德拉維亞 | 12.2 |
| 哥倫比亞特區 | 13.4 |
| 佛羅里達 | 6.4 |
| 喬治亞 | 3.7 |
| 夏威夷 | 24.3 |
| 愛達荷 | 7.1 |
| 伊利諾 | 16.6 |
| 印第安納 | 12.4 |
| 愛荷華 | 10.6 |
| 堪薩斯 | 7.0 |
| 肯塔基 | 8.6 |
| 路易斯安那 | 4.6 |
| 緬因 | 12.3 |
| 馬里蘭 | 15.7 |
| 麻薩諸塞 | 12.6 |
| 密西根 | 18.8 |
| 明尼蘇達 | 16.1 |
| 密西西比 | 5.3 |
| 密蘇里 | 11.2 |
| 蒙大拿 | 12.2 |
| 內布拉斯加 | 8.3 |
| 內華達 | 16.7 |
| 新罕布什爾 | 3.5 |
| 紐澤西 | 6.1 |
| 新墨西哥 | 10.6 |
| 紐約 | 18.3 |
| 北卡羅來納 | 7.2 |
| 北達科他 | 24.9 |
| 俄亥俄 | 14.2 |

| 州 | 工人隸屬於工會的百分比 |
| --- | --- |
| 奧克拉荷馬 | 6.6 |
| 奧勒岡 | 16.6 |
| 賓夕法尼亞 | 15.4 |
| 羅德島 | 16.5 |
| 南卡羅來納 | 3.9 |
| 南達科他 | 5.0 |
| 田納西 | 5.5 |
| 德克薩斯 | 4.5 |
| 猶他 | 5.8 |
| 佛蒙特 | 4.1 |
| 維吉尼亞 | 10.4 |
| 華盛頓 | 19.8 |
| 西維吉尼亞 | 13.8 |
| 威斯康辛 | 15.0 |
| 懷俄明 | 7.7 |

a. 使用 0 至 <5、5 至 <10、10 至 <15、15 至 <20，以及 20 至 <25 的組距，構建這些資料的一個直方圖。
b. 構建這些資料的點圖。對圖形有趣的特性進行評論。
c. 針對這個資料集，哪一個是較富資訊的圖示 — 來自 (b) 部分的點圖或是在 (a) 部分所構建的直方圖？解釋之。
d. 使用在 (a) 部分之直方圖的大約兩倍組距構建一個直方圖。使用 2.5 至 <5 作為第一個組距。寫下一些句子以解釋為何這個直方圖比在 (a) 部分的直方圖更佳的展現此一資料集。

3.26 醫療保健的新醫學計畫對挑選服藥計畫的老年人提供大範圍的變異與選擇（*San Luis Obispo Tribune*，2005 年 11 月 25 日）。對於一個獨立的服藥計畫其每月支出因計畫不同也因州的不同而有變化。附表提供每州最低支出計畫的補貼。

| 州 | 每月支出（美元） |
| --- | --- |
| 阿拉巴馬 | 14.08 |
| 阿拉斯加 | 20.05 |
| 亞利桑那 | 6.14 |
| 阿肯色 | 10.31 |
| 加利福尼亞 | 5.41 |
| 科羅拉多 | 8.62 |

| 州 | 每月支出（美元） |
|---|---|
| 康乃狄克 | 7.32 |
| 德拉維亞 | 6.44 |
| 哥倫比亞特區 | 6.44 |
| 佛羅里達 | 10.35 |
| 喬治亞 | 17.91 |
| 夏威夷 | 17.18 |
| 愛達荷 | 6.33 |
| 伊利諾 | 13.32 |
| 印第安納 | 12.30 |
| 愛荷華 | 1.87 |
| 堪薩斯 | 9.48 |
| 肯塔基 | 12.30 |
| 路易斯安那 | 17.06 |
| 緬因 | 19.60 |
| 馬里蘭 | 6.44 |
| 麻薩諸塞 | 7.32 |
| 密西根 | 13.75 |
| 明尼蘇達 | 1.87 |
| 密西西比 | 11.60 |
| 密蘇里 | 10.29 |
| 蒙大拿 | 1.87 |
| 內布拉斯加 | 1.87 |
| 內華達 | 6.42 |
| 新罕布什爾 | 19.60 |
| 紐澤西 | 4.43 |
| 新墨西哥 | 10.65 |
| 紐約 | 4.10 |
| 北卡羅來納 | 13.27 |
| 北達科他 | 1.87 |
| 俄亥俄 | 14.43 |
| 奧克拉荷馬 | 10.07 |
| 奧勒岡 | 6.93 |
| 賓夕法尼亞 | 10.14 |
| 羅德島 | 7.32 |
| 南卡羅來納 | 16.57 |
| 南達科他 | 1.87 |
| 田納西 | 14.08 |
| 德克薩斯 | 10.31 |
| 猶他 | 6.33 |
| 佛蒙特 | 7.32 |
| 維吉尼亞 | 8.81 |
| 華盛頓 | 6.93 |
| 西維吉尼亞 | 10.14 |
| 威斯康辛 | 11.42 |
| 懷俄明 | 1.87 |

a. 使用 $0 至 <$3，$3 至 <$6，$6 至 <$9 等的組距，為這些資料建立一個相對次數分配。

b. 構建一個直方圖並對其形狀進行評論。

c. 使用相對次數分配或直方圖，估計一個月少於 $13.00 的最低每月計畫之州的百分比。

3.27 下列兩個相對次數分配是使用出現在報導「2004 年大學部學生與信用卡」（Nellie Mae，2005 年 5 月）的資料所構建的。一個相對次數分配是基於一組 1413 位大學生隨機樣本的徵信所資料，而另一個是基於接受調查的 1260 位大學生中之 132 位所完成的調查結果。

| 信用卡餘額（美元）徵信資料 | 相對次數 |
|---|---|
| 0 至 <100 | .18 |
| 100 至 <500 | .19 |
| 500 至 <1000 | .14 |
| 1000 至 <2000 | .16 |
| 2000 至 <3000 | .10 |
| 3000 至 <7000 | .16 |
| 至少 7000 | .07 |

| 信用卡餘額（美元）調查資料 | 相對次數 |
|---|---|
| 0 至 <100 | .18 |
| 100 至 <500 | .22 |
| 500 至 <1000 | .17 |
| 1000 至 <2000 | .22 |
| 2000 至 <3000 | .07 |
| 3000 至 <7000 | .14 |
| 至少 7000 | .00 |

a. 為徵信資料構建一個直方圖。基於構建直方圖的目的，假設樣本中沒有任何一位大學生其餘額高於 $15,000，因而最後一個區間可以被視為 7000 至 <15,000。當構建直方圖時確認使用密度刻度。

b. 為調查資料構建一個直方圖。使用你在 (a) 部分直方圖中所用的相同刻度以期將能容易比較兩個直方圖。

c. 評論從 (a) 部分與 (b) 部分的直方圖中相似處與相異點。

d. 你是否認為調查的高無反應率可能造成兩個直方圖中觀測到的差異？解釋之。

**3.28** 加州 San Luis Obispo 郡的美國普查資料被用來構建下列有關工作人士通勤時間（以分計）的次數分配（提供的次數讀自出現在 *San Luis Obispo Tribune* [2002 年 9 月 1 日] 的圖形，因而只是近似值）：

| 通勤時間 | 次數 |
|---|---|
| 0 至 <5 | 5,200 |
| 5 至 <10 | 18,200 |
| 10 至 <15 | 19,600 |
| 15 至 <20 | 15,400 |
| 20 至 <25 | 13,800 |
| 25 至 <30 | 5,700 |
| 30 至 <35 | 10,200 |
| 35 至 <40 | 2,000 |
| 40 至 <45 | 2,000 |
| 45 至 <60 | 4,000 |
| 60 至 <90 | 2,100 |
| 90 至 <120 | 2,200 |

a. 注意在這次數分配中並非所有區間具有相等寬度。你認為為何不等寬度的區間被使用？
b. 構建一個表格，對於現有次數分配加入相對次數與密度的欄位（參考例 3.17）。
c. 使用在 (b) 部分所計算的密度，為這個資料集構建一個直方圖。（注意：該報展示一個基於次數而非密度的不正確直方圖！）寫下一些句子評論該直方圖的重要特性。
d. 計算累積相對次數，並構建一個累積相對次數圖。
e. 使用在 (d) 部分所構建的累積相對次數圖回答下列問題。
  i. 通勤時間少於 50 分鐘者大約多少百分比？
  ii. 通勤時間多於 22 分鐘者大約多少百分比？
  iii. 區隔最短 50% 與最長 50% 通勤時間的大約通勤時間值為何？

**3.29** 學生貸款可以加總，特別是對於那些加入職業學校學習諸如醫學、法律或牙醫等領域。華盛頓大學的研究者研究醫學系學生並提出下列醫學系學生完成其實習的教育貸款資訊（*Annals of Internal Medicine* [2002 年 3 月]: 384-398）：

| 教育貸款（美元） | 相對次數 |
|---|---|
| 0 至 <5000 | .427 |
| 5000 至 <20,000 | .046 |
| 20,000 至 <50,000 | .109 |
| 50,000 至 <100,000 | .232 |
| 至少 100,000 | .186 |

a. 你無法使用給定資訊來構建一個水平軸為教育貸款區間以及 $y$-軸為相對次數的直方圖的兩個理由為何？
b. 假設沒有學生在完成其實習時仍有至少 $150,000 的教育貸款，使得相對次數分配的最後一組會是 100,000 至 <150,000。以構建教育貸款資料的直方圖摘要該分配。（別忘記在該直方圖各條狀物的高度使用密度刻度，因為區間寬度不全相同。）
c. 基於 (b) 部分的直方圖，寫下一些句子敘述醫學系學生完成其實習時的教育貸款。

**3.30** 一個測驗在一個基礎統計課程中對學生施測。在不同情況下分數的直方圖形狀可能為何：
a. 測驗相當簡單？
b. 測驗相當困難？
c. 班上一半學生修過微積分，另一半之前沒有修過大學數學課程，而測驗強調數學運算？
解釋你在每一種情況下的推理。

**3.31** 所附次數分配摘要抽菸者在他們最終成功戒菸之前嘗試戒菸的次數資料（「跨越五項研究的人口統計變項、抽菸

變項以及結果」，*Health Psychology* [2007]: 278-287）。

| 嘗試次數 | 次數 |
|---|---|
| 0 | 778 |
| 1 | 306 |
| 2 | 274 |
| 3 至 4 | 221 |
| 至少 5 | 238 |

假設沒有人有超過 10 次不成功的嘗試，因而在該次數分配的最後數據可以被視為 5 至 10 次嘗試。使用一個直方圖摘要此一資料集。小心——組距並不全部等寬，所以你將需要為此直方圖使用密度刻度。同時記得對於一個離散型變項，1 的條狀物將從 0.5 延伸至 1.5。思考對於 3 至 4 組與 5 至 10 組的條狀物，這將代表什麼意義？

3.32 例 3.19 曾使用新墨西哥州阿布奎基市的年度降雨量資料構建一個相對次數分配與累積相對次數圖。國家氣候資料中心也提供以下在 1950 至 2008 年奧勒岡州梅福德市的年度降雨量（吋）。

28.84 20.15 18.88 25.72 16.42 20.18 28.96 20.72 23.58 10.62
20.85 19.86 23.34 19.08 29.23 18.32 21.27 18.93 15.47 20.68
23.43 19.55 20.82 19.04 18.77 19.63 12.39 22.39 15.95 20.46
16.05 22.08 19.44 30.38 18.79 10.89 17.25 14.95 13.86 15.30
13.71 14.68 15.16 16.77 12.33 21.93 31.57 18.13 28.87 16.69
18.81 15.15 18.16 19.99 19.00 23.97 21.99 17.25 14.07

a. 為梅德福市降雨量資料構建一個相對次數分配。
b. 使用 (a) 部分的相對次數分配來構建一個直方圖。敘述該圖的形狀。
c. 為梅德福市降雨量資料構建一個累積相對次數圖。
d. 使用 (c) 部分的累積相對次數圖來回答下列問題：
   i. 年度降雨量少於 15.5 吋的年數比例大約為何？
   ii. 年度降雨量少於 25 吋的年數比例大約為何？
   iii. 年度降雨量介於 17.5 與 25 吋之間的年數比例大約為何？

3.33 在前面習題與例 3.19 所參考的國家氣候資料中心也提供其他若干美國城市的降雨量資料。到網頁 www.ncdc.noaa.gov/oa/climate/research/cag3/city.html 並選擇其他城市之一。使用針對你所選擇城市可取得之從 1950 年到最近年份的資料，構建相對次數分配與直方圖。寫下一些句子比較你所選擇城市的年度降雨量數值的分配與奧勒岡州梅福德市的降雨量分配。（使用在習題 3.32 中所構建之梅福德市的直方圖。）

3.34 文章「骨髓癌在年輕於 50 歲病患身上呈現較有利的特徵與展現較佳的存活率」*Blood* [2008]: 4039-4047）的作者研究在 50 歲以前被診斷出第二期多發性骨髓癌的病患。對於每一位接受高劑量化學療法的病患，治療後病患存活的年數（存活時間）被記錄。附表中的累積相對次數是來自文章中所出現存活圖的近似值。

| 存活年數 | 累積相對次數 |
|---|---|
| 0 至 <2 | .10 |
| 2 至 <4 | .52 |
| 4 至 <6 | .54 |
| 6 至 <8 | .64 |
| 8 至 <10 | .68 |
| 10 至 <12 | .70 |
| 12 至 <14 | .72 |
| 14 至 <16 | 1.00 |

a. 使用給予資訊構建一個累積相對次數圖。
b. 使用來自 (a) 部分的累積相對次數圖回答下列問題：

i. 治療後存活少於 5 年病患的大約比例為何？
ii. 治療後存活少於 7.5 年病患的大約比例為何？
iii. 治療後存活多於 10 年病患的大約比例為何？

3.35
a. 使用前面習題所得的累積相對次數來計算每一個組距的相對次數，並構建一個相對次數分配。
b. 以一個直方圖摘要存活時間資料。
c. 基於直方圖，寫下一些句子敘述此研究中罹患第二期骨髓癌病患的存活時間。
d. 你需要哪些額外資訊以決定將得自此研究之病患團體有關存活時間的結論推論至被診斷出多發性骨髓癌並接受高劑量化療之年輕於 50 歲的所有病患是合理的？

3.36　構建對應於下表給定之五個次數分配之每一個分配的一個直方圖，I 至 V，並陳述每一個直方圖是否對稱、雙峰、正偏或負偏：

| 組距 | 次數 |  |  |  |  |
|---|---|---|---|---|---|
|  | I | II | III | IV | V |
| 0 至 <10 | 5 | 40 | 30 | 15 | 6 |
| 10 至 <20 | 10 | 25 | 10 | 25 | 5 |
| 20 至 <30 | 20 | 10 | 8 | 8 | 6 |
| 30 至 <40 | 30 | 8 | 7 | 7 | 9 |
| 40 至 <50 | 20 | 7 | 7 | 20 | 9 |
| 50 至 <60 | 10 | 5 | 8 | 25 | 23 |
| 60 至 <70 | 5 | 5 | 30 | 10 | 42 |

3.37　使用 100 至 120、120 至 140、……、180 至 200 的五個組距，發展基於 70 個觀測值的一個次數分配，其直方圖可以被敘述如下：
a. 對稱的　　　　　　c. 正偏
b. 雙峰　　　　　　　d. 負偏

## 3.4 展示雙變項數量資料

一個雙變量資料集由在兩個變項，$x$ 與 $y$，上的測量值或觀察值所構成。例如，$x$ 可能是得自高速公路的距離，而 $y$ 是該距離的土壤鉛含量。當 $x$ 與 $y$ 皆為數量型變項，每一個觀測值由一對數值組成，諸如 (14, 5.2) 或是 (27.63, 18.9)。一對數值的第一個數值是 $x$ 值，而第二個數值是 $y$ 值。

雙變項資料的一個未組織的清單提供 $x$ 數值或 $y$ 數值之分配的很少資訊，甚至關於兩個變項如何彼此相關的較少資訊。正如圖示可以被用來摘要單變項資料，它們同樣可以有助於雙變項資料。基於雙變項數量資料的最重要圖形為**散布圖 (scatterplot)**。

散布圖中每一個觀測值（成對的數值）被在一個方形座標系統上的一個點所表示，如圖 3.32(a) 所示。水平軸被認定為 $x$ 的數值並被刻度使得任何 $x$ 值可以被

容易定位。同理地，垂直或 y- 軸被標示以容易定位 y 值。對應至任一特定 (x, y) 的點被放在來自 x- 軸上數值的一條垂直線與來自 y- 軸上數值的一條水平線之交會處。圖 3.32(b) 展示代表觀測值 (4.5, 15) 的點；它是在水平軸上方 4.5 與垂直軸往右 15 的位置。

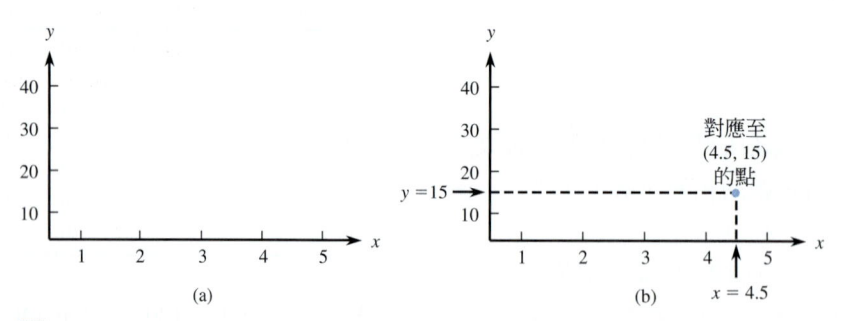

**圖 3.32**
構建一個散布圖：(a) 方形座標軸系統；(b) 對應至 (4.5, 15) 的點

## 例 3.20　奧林匹克花式溜冰

身材高大的溜冰選手是否在花式溜冰競賽中贏得高的藝術分數較為有利？2006 年冬季奧運女性與男性單人選手在 x = 身高（公分）以及在 y = 自選項目藝術得分的資料呈現於附表。（資料集承蒙 John Walker 協助提供。）

| 姓名 | 性別 | 身高 | 藝術（得分） |
| --- | --- | --- | --- |
| PLUSHENKO Yevgeny | M | 178 | 41.2100 |
| BUTTLE Jeffrey | M | 173 | 39.2500 |
| LYSACEK Evan | M | 177 | 37.1700 |
| LAMBIEL Stephane | M | 176 | 38.1400 |
| SAVOIE Matt | M | 175 | 35.8600 |
| WEIR Johnny | M | 172 | 37.6800 |
| JOUBERT Brian | M | 179 | 36.7900 |
| VAN DER PERREN Kevin | M | 177 | 33.0100 |
| TAKAHASHI Daisuke | M | 165 | 36.6500 |
| KLIMKIN Ilia | M | 170 | 32.6100 |
| ZHANG Min | M | 176 | 31.8600 |
| SAWYER Shawn | M | 163 | 34.2500 |
| LI Chengjiang | M | 170 | 28.4700 |
| SANDHU Emanuel | M | 183 | 35.1100 |
| VERNER Tomas | M | 180 | 28.6100 |
| DAVYDOV Sergei | M | 159 | 30.4700 |

| 姓名 | 性別 | 身高 | 藝術（得分） |
|---|---|---|---|
| CHIPER Gheorghe | M | 176 | 32.1500 |
| DINEV Ivan | M | 174 | 29.2500 |
| DAMBIER Frederic | M | 163 | 31.2500 |
| LINDEMANN Stefan | M | 163 | 31.0000 |
| KOVALEVSKI Anton | M | 171 | 28.7500 |
| BERNTSSON Kristoffer | M | 175 | 28.0400 |
| PFEIFER Viktor | M | 180 | 28.7200 |
| TOTH Zoltan | M | 185 | 25.1000 |
| ARAKAWA Shizuka | F | 166 | 39.3750 |
| COHEN Sasha | F | 157 | 39.0063 |
| SLUTSKAYA Irina | F | 160 | 38.6688 |
| SUGURI Fumie | F | 157 | 37.0313 |
| ROCHETTE Joannie | F | 157 | 35.0813 |
| MEISSNER Kimmie | F | 160 | 33.4625 |
| HUGHES Emily | F | 165 | 31.8563 |
| MEIER Sarah | F | 164 | 32.0313 |
| KOSTNER Carolina | F | 168 | 34.9313 |
| SOKOLOVA Yelena | F | 162 | 31.4250 |
| YAN Liu | F | 164 | 28.1625 |
| LEUNG Mira | F | 168 | 26.7000 |
| GEDEVANISHVILI Elene | F | 159 | 31.2250 |
| KORPI Kiira | F | 166 | 27.2000 |
| POYKIO Susanna | F | 159 | 31.2125 |
| ANDO Miki | F | 162 | 31.5688 |
| EFREMENKO Galina | F | 163 | 26.5125 |
| LIASHENKO Elena | F | 160 | 28.5750 |
| HEGEL Idora | F | 166 | 25.5375 |
| SEBESTYEN Julia | F | 164 | 28.6375 |
| KARADEMIR Tugba | F | 165 | 23.0000 |
| FONTANA Silvia | F | 158 | 26.3938 |
| PAVUK Viktoria | F | 168 | 23.6688 |
| MAXWELL Fleur | F | 160 | 24.5438 |

圖 3.33(a) 提供資料的散布圖。看著這些資料與散布圖，我們可以發現

1. 幾個觀測值具有一致的 $x$ 值，但是不同的 $y$ 值（例如，Stephane Lambiel 與 Min Zhang 同為 $x = 176$ 公分，但是 Lambiel 的藝術得分為 38.1400 而 Zhang 的藝術得分為 31.8600）。因此，$y$ 的數值並不僅僅取決於 $x$ 的數值，而且也取決於各種其他因素。

2. 在任何既定身高上，藝術得分有相當大的變異。例如，對於那些身高 160 公分的溜冰選手而言，藝術得分從低約 24.5 到高約 39 的範圍。

**圖 3.33**

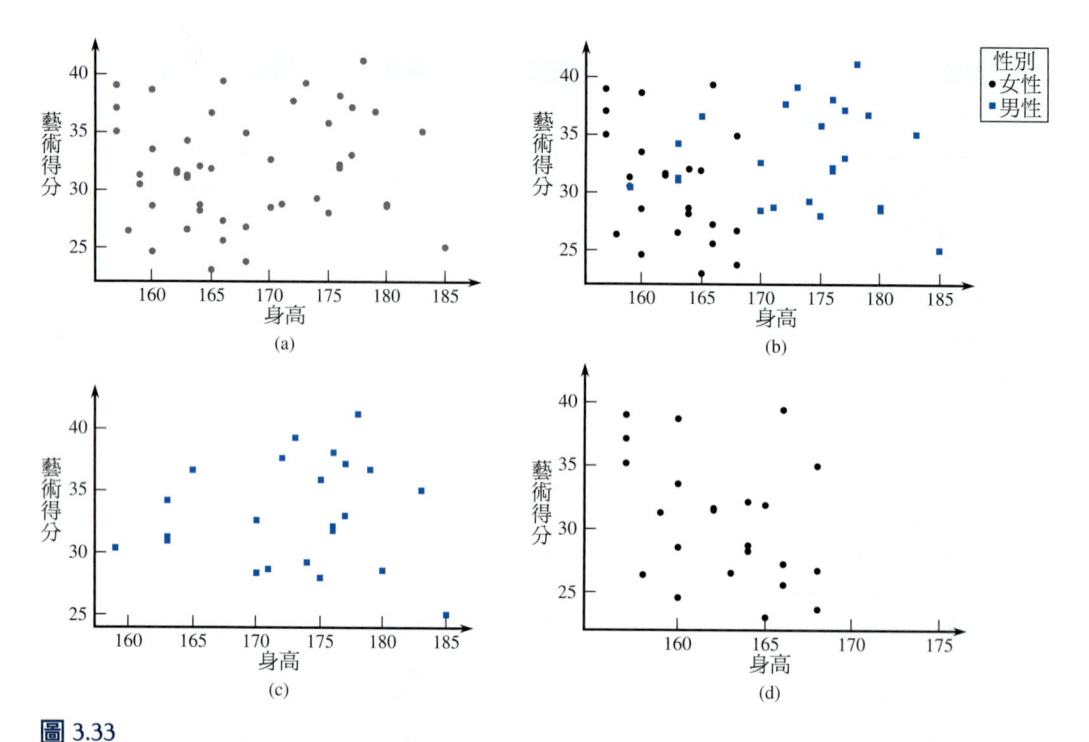

例 3.20 資料的散布圖：(a) 資料的散布圖；(b) 以顏色分辨之男性與女性觀測值資料的散布圖；(c) 男性溜冰選手的散布圖；(d) 女性溜冰選手的散布圖

3. 當身高增加，藝術得分的提高並無明顯趨勢。身高與藝術得分之間並未出現強烈相關。

　　用以構建散布圖的這個資料集包含男性與女性溜冰選手的資料。圖 3.33(b) 所示（身高，藝術得分）成對資料的散布圖，以方塊代表男性溜冰選手的觀測值以及圓點代表女性溜冰選手的觀測值。不令人意外的，女性選手傾向於較男性選手來得矮（女性觀測值傾向於朝散布圖的左邊集中）。仔細檢視這個圖顯示，當結合的（男性與女性）資料集沒有明顯的型態，女性選手的身高與藝術得分之間可能有關。

　　圖 3.33(c) 與圖 3.33(d) 分別展示男性與女性溜冰選手的個別散布圖。有趣的是發現對於女性溜冰選手而言，較高的藝術得分似乎與較小的身高數值有關，可是對於男性來說，身高與藝術得分之間並未顯現關係。而女性身高與藝術得分之間的關係在結合資料的散布圖中並不明顯。

　　圖 3.33 中散布圖的水平與垂直軸並不交集於點 (0, 0)。在許多資料集中，$x$ 或 $y$ 或是兩個變項的數值從 0 到相對於資料集中數值的範圍有相當大的差異。例如，一個冷氣機效能與每日最高室外溫度如何相關的研究可能涉及在溫度 80、82、……、98、100 度時的觀測值。在如此情況下，如果兩個軸交集於異於 (0, 0) 的某一特定點並且被依序劃記，圖形會更富含資訊。這在例 3.21 說明。

## 例 3.21 選修那些「艱難」課程獲得回報

標題為「2007 上大學的高三生」（College Board，2007 年）的報告包含附表顯示那些以不同年數完成 6 個核心學科課程（藝術與音樂、英文、外國語言、數學、自然科學、以及社會科學與歷史）的高三學生在 SAT 寫作與數學部分的平均分數。圖 3.34(a) 與 (b) 展現 $x = $ 總學習年數與 $y = $ 平均寫作 SAT 分數的兩個散布圖。散布圖由 Minitab 統計套裝軟體產生。在圖 3.34(a) 中，我們讓 Minitab 選擇兩個軸的刻度。圖 3.34 (b) 則由指明兩個軸會交集在點 (0, 0) 所取得。第二個圖無法有效使用空間。它比第一個圖要來得擁擠，並且如此的擁擠會使其更難看出任意關係的一般本質。例如，在擁擠的圖上可能更難發現彎曲。

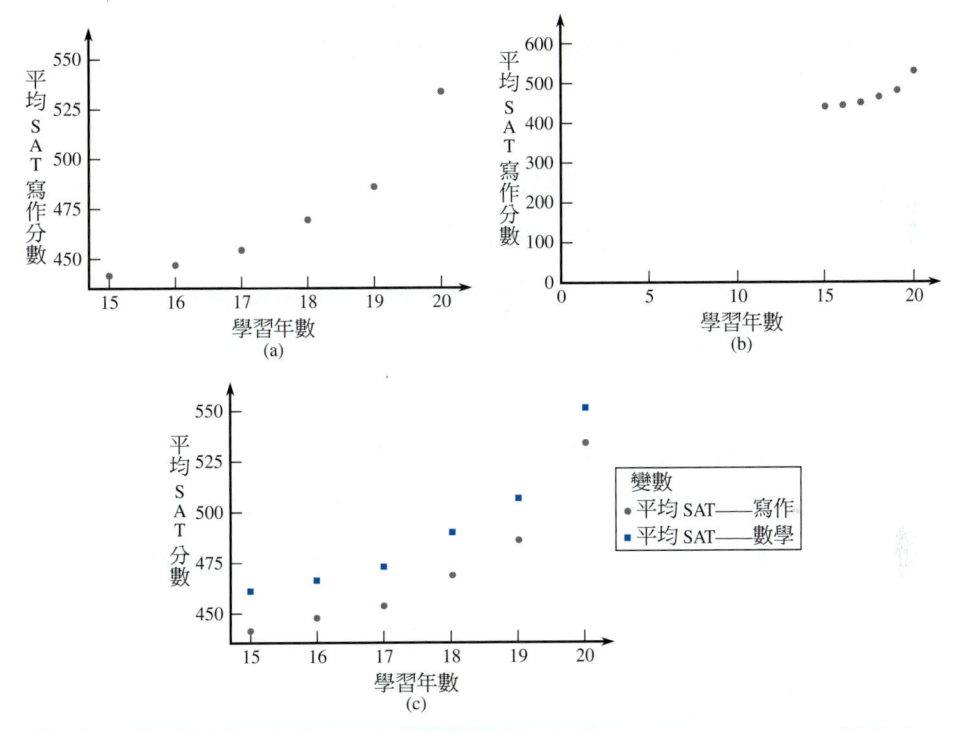

**圖 3.34**

例 3.21 中資料的 Minitab 散布圖：(a) 兩個軸的刻度皆由 Minitab 選擇；(b) 兩個軸交集於點 (0, 0)；(c) 同一圖上的數學與寫作

| 學習年數 | 平均寫作分數 | 平均數學分數 |
|---|---|---|
| 15 | 442 | 461 |
| 16 | 447 | 466 |
| 17 | 454 | 473 |
| 18 | 469 | 490 |
| 19 | 486 | 507 |
| 20 | 534 | 551 |

平均寫作 SAT 分數的散布圖呈現一個相當強烈的曲線型態，指出平均寫作 SAT 分數與學習 6 個核心學科總年數之間存在強烈關係。雖然途中的型態為曲線而非線性，仍然容易看出當學習年數增加，平均寫作 SAT 分數隨之提高。圖 3.34(c) 展示平均寫作 SAT 分數以方形表示以及平均數學 SAT 分數以圓點表示之散布圖。從此圖我們可以看到當在所有學習總年數的數值上，平均數學 SAT 分數傾向於較平均寫作分數來得高，關係的一般曲線型式仍為相似。

在第 5 章，當散布圖顯現一種型態時，摘要雙變項資料的方法被介紹。線性型態相對較容易處理。曲線型態，正如例 3.21 中的那一個，分析上稍微更複雜一些，而且摘要這類非線性關係的方法在 5.4 節中被發展。

### 時間序列圖

資料集經常由在正常區間隨著時間演進所收集的測量值所組成，因而我們可以瞭解隨時間而產生的改變。例如，股價、銷售數據以及其他社經指標可能被以基於每一週或每一個月的基礎而記錄。**時間序列圖 (time-series plot)**（有時也被稱為時間圖）是隨時間所收集資料的一個簡單圖形而在辨識可能感興趣的趨勢或形態上可以是無價的。

時間序列圖可以被以思考資料集為一個雙變項資料集的方式而構建，其中 $y$ 是觀察的變項，而 $x$ 是觀察的時間。這些成對的 $(x, y)$ 被像在散布圖中一樣被畫出。連續的觀測值接著被以一條線段連結；這有助於找出歷經時間的趨勢。

### 例 3.22　聖誕節的開銷

聖誕節價格指數每年被 PNC Advisors 所計算，而且在聖誕節流行歌曲「聖誕節的 12 天」(The Twelve Days of Christmas) 中所敘述給予所有禮物的花費被以詼諧地看待。因為該指數於 1984 年開始（計算），以 $21,080 之「聖誕節的開銷」使得 2008 年是花費最多的一年。多年來聖誕節價格指數的一個圖出現在 PNC 網址 (www.pncchristmaspriceindex.com) 而且在那裡提供的資料被用來構建圖 3.35 的時間序列圖。該圖呈現該指數從 1984 至 1993 年一個向上的趨勢。在開銷上的一個戲劇性下降發生於 1993 與 1995 年間，但是從那時起指數有一個明顯的向上趨勢。你可以拜訪網址瞭解被用以決定聖誕節價格指數之 12 種禮物（梨子樹上的鷓鴣、兩隻斑鳩等）的每一種個別的時間序列圖。看看你是否可以找出造成 1995 年戲劇性下降的原因。

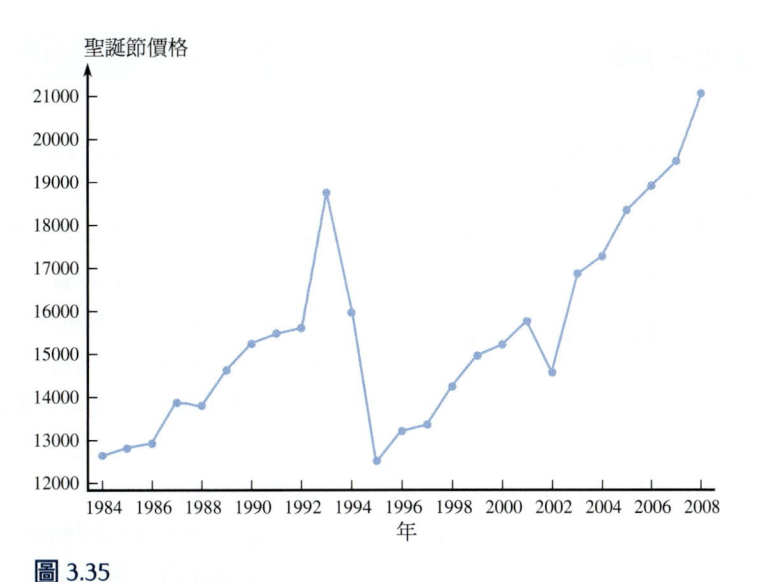

**圖 3.35**
例 3.22 聖誕節價格年指數資料的時間序列圖

## 例 3.23　教育程度與收入──待在學校！

在圖 3.36 中所示的時間序列圖出現於美國普查局的網址。其顯示長期下來，不同教育程度工作者的平均收入對一位高中畢業者平均收入的比例。例如，我們可以從這個圖看出在 1993 年具有學士學位者的平均收入大約是高中畢業者的 1.5 倍。同樣那一年，不是高中畢業者的平均收入僅是高中畢業者平均收入的大約 75%（.75 的一個比例）。該時間序列圖也顯示 1990 年代間介於高中畢業者平均收入與具有學士學位者或更高程度者之間的差距。

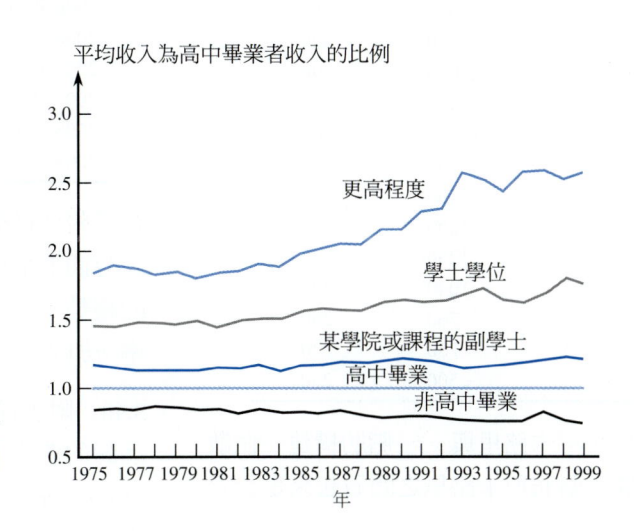

**圖 3.36**
平均收入為高中畢業者平均收入之比例的時間序列圖

## 習題 3.38 – 3.45

**3.38** *Consumer Reports Health* (www.consumerreports.org) 提供隨附有關 36 種速食項目之飽和脂肪（克）、鈉（毫克），以及卡路里資料。

| 脂肪 | 鈉 | 卡路里 |
|---|---|---|
| 2 | 1042 | 268 |
| 5 | 921 | 303 |
| 3 | 250 | 260 |
| 2 | 770 | 660 |
| 1 | 635 | 180 |
| 6 | 440 | 290 |
| 4.5 | 490 | 290 |
| 5 | 1160 | 360 |
| 3.5 | 970 | 300 |
| 1 | 1120 | 315 |
| 2 | 350 | 160 |
| 3 | 450 | 200 |
| 6 | 800 | 320 |
| 3 | 1190 | 420 |
| 2 | 1090 | 120 |
| 5 | 570 | 290 |
| 3.5 | 1215 | 285 |
| 2.5 | 1160 | 390 |
| 0 | 520 | 140 |
| 2.5 | 1120 | 330 |
| 1 | 240 | 120 |
| 3 | 650 | 180 |
| 1 | 1620 | 340 |
| 4 | 660 | 380 |
| 3 | 840 | 300 |
| 1.5 | 1050 | 490 |
| 3 | 1440 | 380 |
| 9 | 750 | 560 |
| 1 | 500 | 230 |
| 1.5 | 1200 | 370 |
| 2.5 | 1200 | 330 |
| 3 | 1250 | 330 |
| 0 | 1040 | 220 |
| 0 | 760 | 260 |
| 2.5 | 780 | 220 |
| 3 | 500 | 230 |

a. 使用 $y =$ 卡路里與 $x =$ 脂肪構建一個散布圖。脂肪與卡路里之間看起來是否存在關係？這關係是否為你所期待的？解釋之。

b. 使用 $y =$ 卡路里與 $x =$ 鈉構建一個散布圖。寫下一些句子評論卡路里與脂肪，以及卡路里與鈉之間關係的差異。

c. 使用 $y =$ 鈉與 $x =$ 脂肪構建一個散布圖。脂肪與鈉之間是否看來存在關係？

d. 就 (c) 部分的散布圖在 $x = 3$ 加上一條垂直線，以及在 $y = 900$ 加上一條水平線。如此區分散布圖為四個區域，而圖中有某些點落在每一個區域中。四個區域中的哪一個對應至較健康的速食選擇？解釋之。

**3.39** 報導「**無線的替代品：來自國家健康訪問調查早期發布的估計值**」(Center for Disease Control, 2009) 提供下列從 2005 年 6 月至 2008 年 12 月的每 6 個月區間，美國住家只有無線電話服務的比例估計值。

| 日期 | 只有無線電話服務的百分比 |
|---|---|
| 2005 年 6 月 | 7.3 |
| 2005 年 12 月 | 8.4 |
| 2006 年 6 月 | 10.5 |
| 2006 年 12 月 | 12.8 |
| 2007 年 6 月 | 13.6 |
| 2007 年 12 月 | 15.8 |
| 2008 年 6 月 | 17.5 |
| 2008 年 12 月 | 20.2 |

為這些資料構建一個時間序列圖並敘述不同時期下來只有無線電話服務住家百分比的趨勢。百分比是否以一個相當穩定的速率增加？

**3.40** 附表提供腳踏車安全帽之 15 個不同品牌的費用與整體品質評價的資料 (www.consumerreports.org)。

| 費用 | 評價 |
|---|---|
| 35 | 65 |
| 20 | 61 |
| 30 | 60 |
| 40 | 55 |
| 50 | 54 |
| 23 | 47 |
| 30 | 47 |
| 18 | 43 |
| 40 | 42 |
| 28 | 41 |
| 20 | 40 |
| 25 | 32 |
| 30 | 63 |
| 30 | 63 |
| 40 | 53 |

a. 使用 $y =$ 品質評價與 $x =$ 費用構建一個散布圖。

b. 基於來自 (a) 部分的散布圖，費用與品質評價之間看起來是否存在關係？該散布圖是否支持較昂貴的腳踏車安全帽傾向於收到較高品質評價的陳述？

3.41 附表提供對於 10 個男性運動鞋不同品牌與 9 個女性運動鞋不同品牌的費用與整體品質評價 (www.consumerreports.org)。

| 費用 | 評價 | 類型 |
|---|---|---|
| 65 | 71 | 男性 |
| 45 | 70 | 男性 |
| 45 | 62 | 男性 |
| 80 | 59 | 男性 |
| 110 | 58 | 男性 |
| 110 | 57 | 男性 |
| 30 | 56 | 男性 |
| 80 | 52 | 男性 |
| 110 | 51 | 男性 |
| 70 | 51 | 男性 |
| 65 | 71 | 女性 |
| 70 | 70 | 女性 |
| 85 | 66 | 女性 |
| 80 | 66 | 女性 |
| 45 | 65 | 女性 |
| 70 | 62 | 女性 |
| 55 | 61 | 女性 |
| 110 | 60 | 女性 |
| 70 | 59 | 女性 |

a. 利用這所有 19 種鞋子的資料，使用 $y =$ 品質評價與 $x =$ 費用構建一個散布圖。寫下一個句子敘述品質評價與費用之間的關係。

b. 構建這 19 個資料點的一個散布圖，使用不同顏色或不同符號來分辨對應至男性鞋子的點與對應至女性鞋子的點。男性與女性運動鞋就費用與品質評價如何不同？費用與品質評價之間的關係對於男性與女性是否相同？如果不同，關係如何不同？

3.42 文章「醫藥箱是一個大殺手」（*The Salt Lake Tribune*，2007 年 8 月 1 日）檢視 1991 至 2006 年期間猶他州處方藥品過量死亡的人數。為這些資料構建一個時間序列圖並敘述隨著時間發展的趨勢。過量死亡人數是否以相當穩定的速率增加？

| 年 | 過量死亡人數 |
|---|---|
| 1991 | 32 |
| 1992 | 52 |
| 1993 | 73 |
| 1994 | 61 |
| 1995 | 68 |
| 1996 | 64 |
| 1997 | 85 |
| 1998 | 89 |
| 1999 | 88 |
| 2000 | 109 |
| 2001 | 153 |
| 2002 | 201 |
| 2003 | 237 |
| 2004 | 232 |
| 2005 | 308 |
| 2006 | 307 |

3.43 文章「城市嘗試恢復資源回收的成果」（*USA Today*，2006 年 10 月 27 日）陳述用於回收再利用所收集的廢棄物數量近年來成長緩慢。此一陳述由附表資料所支持。使用這些資料構建一個時間序列圖。解釋該圖如何是或不是與陳述一致。

| 年 | 回收廢棄物（百萬噸） |
|---|---|
| 1990 | 29.7 |
| 1991 | 32.9 |
| 1992 | 36.0 |
| 1993 | 37.9 |
| 1994 | 43.5 |
| 1995 | 46.1 |
| 1996 | 46.4 |
| 1997 | 47.3 |
| 1998 | 48.0 |
| 1999 | 50.1 |
| 2000 | 52.7 |
| 2001 | 52.8 |
| 2002 | 53.7 |
| 2003 | 55.8 |
| 2004 | 57.2 |
| 2005 | 58.4 |

3.44 根據由國家公路交通安全管理局所產生的 Traffic Safety Facts，一週中的某些日子會比其他日子更危險。週間每天的平均死亡事故在附表中呈現。

每天平均死亡事故（週間的日子）

| | 週一 | 週二 | 週三 | 週四 | 週五 | 週六 | 週日 |
|---|---|---|---|---|---|---|---|
| 1978 至 1982 | 103 | 101 | 107 | 116 | 156 | 201 | 159 |
| 1983 至 1987 | 98 | 96 | 99 | 108 | 140 | 174 | 140 |
| 1988 至 1992 | 97 | 94 | 97 | 106 | 139 | 168 | 135 |
| 1993 至 1997 | 97 | 93 | 96 | 102 | 129 | 148 | 127 |
| 1998 至 2002 | 99 | 96 | 98 | 104 | 129 | 149 | 130 |
| 總和 | 99 | 96 | 100 | 107 | 138 | 168 | 138 |

a. 使用每一個年的範圍的中點（也就是說，對於 1978 至 1982 的範圍其中點為 1980），構建一個顯示週間每一天隨著時間的平均死亡事故的時間序列圖。確認清楚標示其所代表週間哪一天的每一條線。

b. 寫下一個或兩個句子評論週間不同天平均死亡事故的差異。

c. 寫下一個或兩個句子評論隨著時間平均死亡事故的變化。對於如此變化的一個可能原因為何？

3.45 所附有關 2001 年與 2002 年夏天 18 週之電影票房總金額（百萬美元）的時間序列圖出現於 USA Today（2002 年 9 月 3 日）：

隨著時間傾向於在一個正常基礎上重複的型態被稱為季節型態。敘述你所看到在夏天票房資料的任何季節型態。提示：尋找年與年之間似乎一致的型態。

## 3.5 解釋與表達統計分析的結果

一個圖形展示，當被適當地使用，可以是組織與摘要資料的一個有力工具。藉由犧牲一個資料集完整清單的某些細節，資料分配的重要特性會更容易被看見且更容易與他人溝通。

## 表達統計分析的結果

當報告資料分析的結果，一個好的起頭是利用資料的圖形展示。一個良好構建的圖形展示經常是凸顯資料分配之重要特徵的最佳方式，諸如對於數量資料集的形狀與分散，或是在一個雙變量的數量資料集中兩變項間關係的本質。

為了要有效地以圖形展示表達，某些必須記住的事項為

- 確定選擇適合既定類型資料的圖形。
- 確定包含圖形展示之各軸的刻度與標示。
- 在比較的圖形上，確定包含所有的標示或一個備註，使得圖中的那些部分對應至資料集中的那些樣本或組別是清楚的。
- 在散布圖中讓兩個軸不在 (0, 0) 交集雖然有時候是好主意，在長條圖或直方圖中的垂直軸應該總是於 0 開始（參見本節稍後更多有關於此的注意或限制說明）。
- 保持你圖形的簡單。一個簡單的圖形展示要比一個具有許多額外「垃圾」的圖形來得更有效。大多數人不會花費很多時間研讀一個圖形，因而其信息應該是清楚與直接的。
- 保持你圖形的誠實。人們傾向於快速檢視圖形，因而一個圖形的第一印象是資料分配的精確與誠實的描繪是重要的。除了圖形展示本身，資料分析報告通常包含基於圖形展示之資料分配特性的一個簡要討論。
- 對於類別資料，此一討論可能是針對每一個類別的相對百分比的幾個句子，可能指出相較於其他類別，那些普通或稀少的類別。
- 對於數量資料集，圖形展示的討論經常摘要圖形所提供關於資料分配之三個特徵的資訊：中央或位置、分散以及形狀。
- 對於雙變項的數量資料，散布圖的討論典型地會著重於用以構建該圖的兩個變項間關係的本質。
- 對於隨時間被收集的資料，在時間序列圖中的任何趨勢與型態都會被敘述。

## 解釋統計分析的結果

當某人使用一個網路搜尋引擎，他們是否信賴搜尋結果回覆的排序，或是他們先瀏覽結果來尋找最相關者？文章「學習使用者互動模式以預測網路搜尋結果偏好」(*Proceedings of the 29th Annual ACM Conference on Research and Development in*

**圖 3.37**

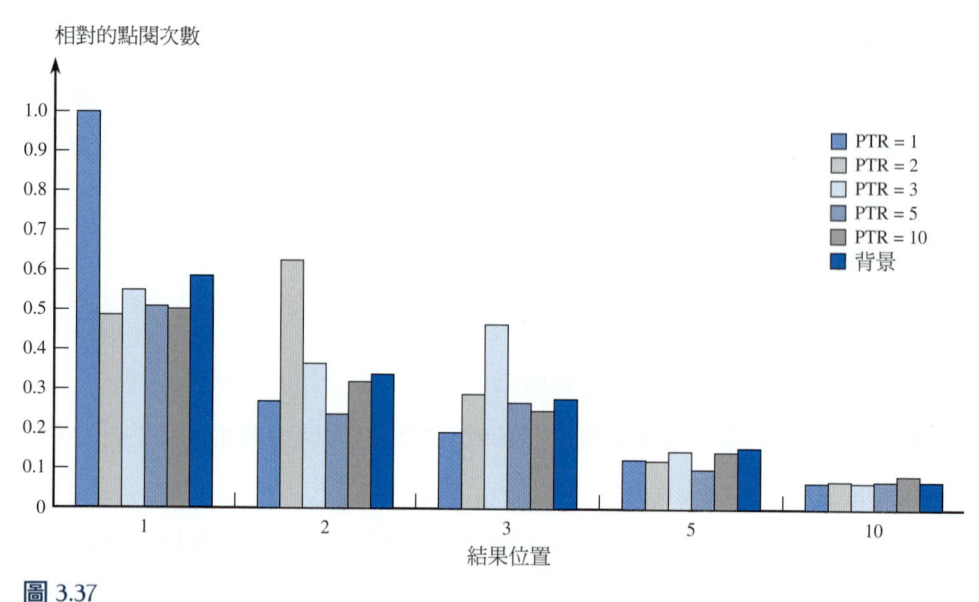

點閱次數資料之比較的長條圖

*Information Retrieval, 2006*) 的作者嘗試在當使用者變動回應一次網路搜尋之來源回覆清單中最相關的位置時，以觀察他們的行為來回答這個問題。他們結論人們較常點閱接近清單頂端的結果，即使當它們不相關時。他們以圖 3.37 中比較的長條圖支持此一結論。

雖然比較的長條圖有點複雜，我們可以從這個圖形展示學到許多。讓我們從檢視各條狀物的第一組開始。對應至搜尋結果清單中，該結果被認為最相關的不同條狀物被定位。例如，在附註 PTR = 1 表示最相關的結果位於回覆清單的第一位，PTR = 2 表示最相關的結果位於回覆清單的第二位，依此類推。PTR = 背景表示最相關的結果並不在回覆清單的前 10 位。第一組條狀物顯示使用者點閱第一個回覆結果的時間比例。注意所有使用者點閱第一個結果當其為最相關時，但是當最相關的結果是在第二個位置時，幾乎半數會點閱第一個結果，而且當最相關的結果甚至遠在清單的下方時，超過半數的使用者會點閱第一個結果。

第二組條狀物代表點閱第二個結果的使用者比例。注意當最相關的結果在第二位，點閱第二個結果的比例最高。回頭檢視這整個圖形展示，我們發現使用者傾向於點閱最相關的結果當其位於前三個位置之一時，但是如果它出現在其後，很少人選擇它。而且，如果最相關的結果位於第三個或較後面的位置，使用者較可能點閱回覆的第一個結果，而且當出現在清單的更下方時，點閱最相關結果的可能性降

低。為了充分瞭解研究者的結論為何是合理的，我們需要能夠從圖形展示萃取這類資訊。

使用圖形的資料展示在報紙、雜誌與期刊是相當普遍的，因而能夠從這類圖形萃取資訊是重要的。例如，一組對 37 個州、2 個領土（關島與維京群島）以及哥倫比亞特區之八年級生施測的標準化數學測驗的測驗分數資料被用來構建圖 3.38 中之莖葉圖與直方圖。仔細檢視這些圖形揭露下列（資訊）：

1. 大多數參與各州的平均八年級生數學分數介於 240 與 280 之間。我們會敘述這個圖形的形狀為負偏，因為在分配的低分端有較長的尾巴。
2. 其中三個平均分數明顯不同於其他。結果是 218（維京群島）、229（哥倫比亞特區）與 230（關島）。這三個分數可以被敘述為離群值。可以發現有趣的是這三個不尋常的數值都來自不是州的地區。
3. 高分端並未出現任何離群值。
4. 37 州的「典型」平均數學分數會是 260 分附近的某處。
5. 州與州之間的平均分數存在相當大的變異。

如果兩個領土與哥倫比亞特區並未參與測驗，圖形會如何不同？結果的直方圖於圖 3.39 中呈現。注意此圖現在更為對稱，且沒有顯而易見的離群值。該圖形

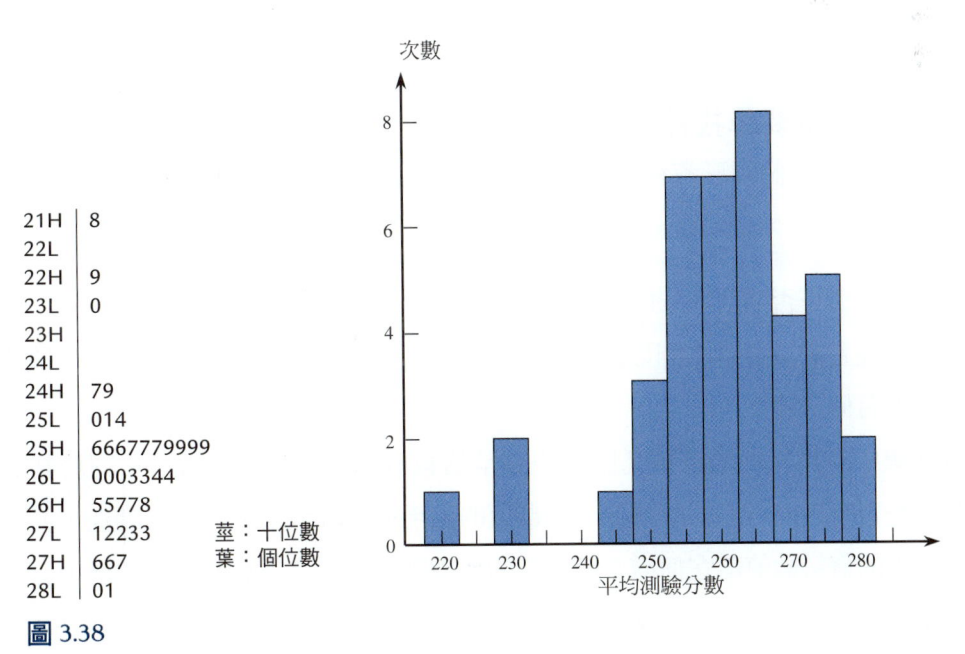

```
21H | 8
22L |
22H | 9
23L | 0
23H |
24L |
24H | 79
25L | 014
25H | 6667779999
26L | 0003344
26H | 55778
27L | 12233
27H | 667
28L | 01
```

莖：十位數
葉：個位數

**圖 3.38**

數學測驗分數之莖葉圖與直方圖

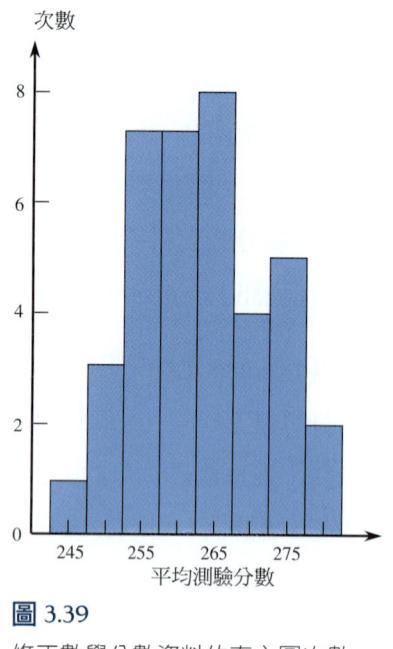

```
24H | 79
25L | 014
25H | 6667779999
26L | 0003344
26H | 55778
27L | 12233
27H | 667
28L |
28H |
29L |          莖：十位數
29H | 68       葉：個位數
```

**圖 3.39**
修正數學分數資料的直方圖次數

**圖 3.40**
修正數學分數資料的莖葉圖

仍然揭露了平均分數上州對州之間的相當大變異，而且「260」依舊看來合理的是一個「典型」平均分數。現在假設 37 州中最高的兩個數值（蒙大拿與北達科他）甚至更高。莖葉圖接著可能看似在圖 3.40 中的哪一個。在此一莖葉圖中，兩個數值突出於圖形的主要部分。這會吸引我們的注意力並可能使我們仔細檢視這兩州以決定什麼因素可能與高數學分數有關。

### 在出版資料中要尋找什麼

當嘗試從一個圖形資料展示中萃取資訊時，這裡是你可能會問自己的一些問題：

- 選用的圖形是否適合收集的資料類型？
- 對於單變量數量資料的圖形展示，你會如何敘述分配的形狀，以及這對於被摘要的變項有何意義？
- 資料集中有無任何離群值（明顯不尋常的數值）？為何這些數值不同於其他資料？是否有任何可能的解釋？（離群值的出現經常導致更進一步的調查。）
- 大多數的資料數值落在何處？資料集的典型數值為何？這對被摘要的變項有何意義？

- 資料值中是否有很多的變異？這對被摘要的變項有何意義？

當然，你必須總是仔細思考資料如何被收集。如果資料不是被以一種合理的態度（基於健全的抽樣方法或實驗設計原則）收集，你必須小心基於這資料形成任何的結論。

思考圖 3.41 中的直方圖，其為基於由國家健康統計中心 (National Center for Health Statistics) 所發布的資料。由此直方圖摘要的資料集是由美國 50 州的嬰兒死亡率（每 1000 位活產兒的死亡數）所組成。直方圖是摘要這些資料的一個適當方式（雖然只有 50 個觀察值，莖葉圖也是合理的）。直方圖本身有點正偏，其大多數死亡率介於 7.5 與 12 之間。州與州之間的嬰兒死亡率有相當大的變異──或許高於我們的期待。此一變異可能被經濟情況或接觸健康照護的差異所解釋。我們可能想要進一步調查這些議題。雖然沒有明顯的離群值，上尾比下尾稍長。資料集中的三個最大數值為 12.1（阿拉巴馬）、12.3（喬治亞）與 12.8（南卡羅來納）──全是南部的州。再一次，這可能建議值得進一步研究的某些有趣問題。典型的嬰兒死亡率會是大約每 1000 位活產兒有 9.5 人死亡。這代表一個改善，因為國家健康統計中心的研究者陳述 1988 年的整體死亡率為每 1000 位活產兒有 10 人死亡。然而，他們也指出美國仍然在 24 個被調查的工業化國家中名列第 22 位，只有紐西蘭與以色列有較高的嬰兒死亡率。

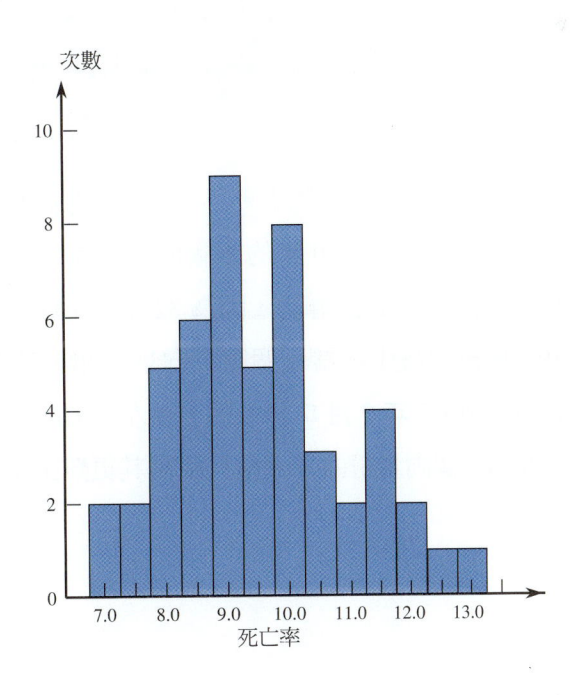

**圖 3.41**
嬰兒死亡率的直方圖

## 一點就通：注意與限制

當構建與解讀圖形展示時，你必須謹記在心這些事：

1. 面積必須等比例於次數、相對次數或是所代表數量的大小。目光很自然地會被吸引至圖形展示中較大的面積區域，而觀察者很自然的會基於面積進行非正式的比較。正確地構建的圖形展示，諸如圓餅圖、長條圖與直方圖，被設計使得圓餅切片或是條狀物的面積等比例於次數或相對次數。有時候，為了努力使得圖形展示更為有趣，設計者忽略了這個重要原則，而最後的圖形是誤導的。例如，思考下列圖形（*USA Today*，2002 年 10 月 3 日）：

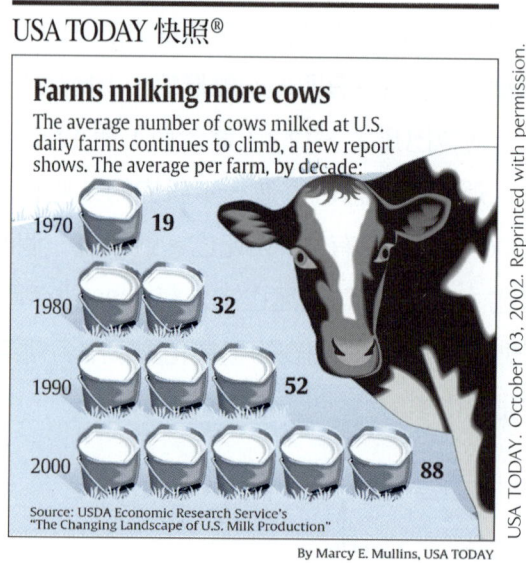

為了嘗試讓圖形在視覺上更為有趣，以牛奶桶取代長條圖的條狀物，結果面積被扭曲了。例如，1980 年的 2 個桶子代表 32 頭乳牛，而 1970 年的一個桶子代表 19 頭乳牛。這是誤導的，因為 32 不是 19 的兩倍大。其他面積也被扭曲。

另一種扭曲發生在當一個第三向量被加入長條圖或圓餅圖。例如，出現在 *USA Today*（2009 年 9 月 17 日）的一頁左下方的圓餅圖。

加入第三個向量扭曲了面積且使得其更難正確的解讀。一個被正確繪出的圓餅圖列示於下。

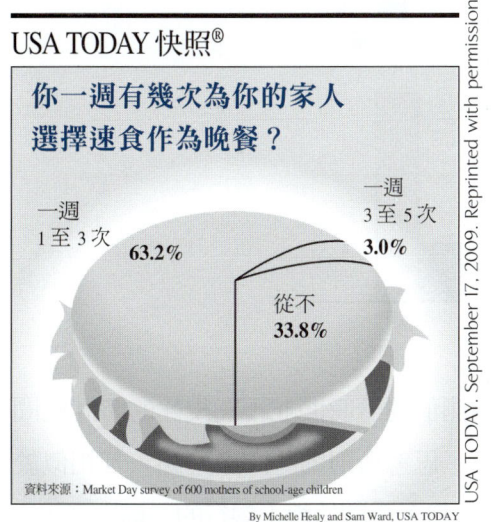

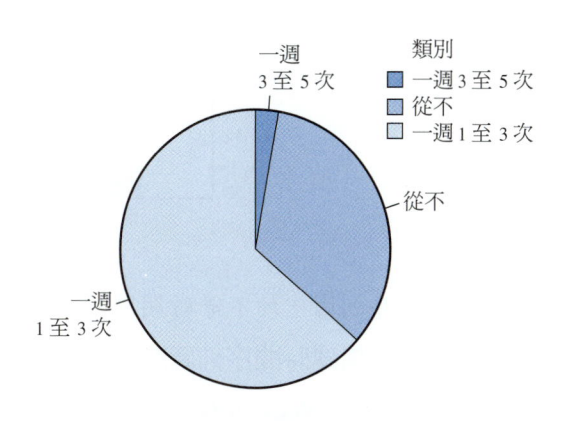

## 第 3 章　描述資料的圖形方法

**USA TODAY 快照®**

你一週有幾次為你的家人選擇速食作為晚餐？

- 一週 1 至 3 次　63.2%
- 一週 3 至 5 次　3.0%
- 從不　33.8%

資料來源：Market Day survey of 600 mothers of school-age children

By Michelle Healy and Sam Ward, USA TODAY

USA TODAY. September 17, 2009. Reprinted with permission.

類別
- 一週 3 至 5 次
- 從不
- 一週 1 至 3 次

2. **小心具有中斷軸的圖形。** 雖然很普遍可以看到具有中斷軸的散布圖，但要非常小心帶有中斷軸的時間序列圖、長條圖或直方圖。在散布圖中中斷軸的使用並不扭曲用以構建該圖的雙變項資料集之關係本質的資訊。反之，在時間序列圖，中斷軸有時可能擴大隨時間變動的重要性。在一個時間序列圖中，雖然中斷垂直軸並非總是不得體的，你必須注意某些事情，並且如果你看見一個具有中斷軸的時間序列圖，如同在隨附之抵押借款利率的時間序列圖中（*USA Today*，2002 年 10 月 25 日），你必須特別注意在垂直軸上的刻度並額外小心解讀該圖形。

**抵押借款利率悄悄升高**

30 年抵押借款利率：
7 月 4 日　6.57%
10 月 24 日　6.31%

資料來源：Freddie Mac

By Quin Tian, USA TODAY

USA TODAY. October 22, 2002. Reprinted with permission.

　　在長條圖與直方圖，垂直軸（其代表次數、相對次數或密度）永遠不應中斷。在這類圖形中如果垂直軸中斷，所得到的圖形將違反「等比例面積」的原則而該圖形將會是誤導的。例如，所附的長條圖與出現在一項設計以協助教師提升學生測驗分數之軟體產品的廣告中的一個圖相似。以從垂直軸的 50 開始，學生使用該軟體的收穫被誇大。條狀物的面積不等比例於所代表的數量的重要性──代表 68 的長方形面積是代表 55 之長方形面積的三倍還多。

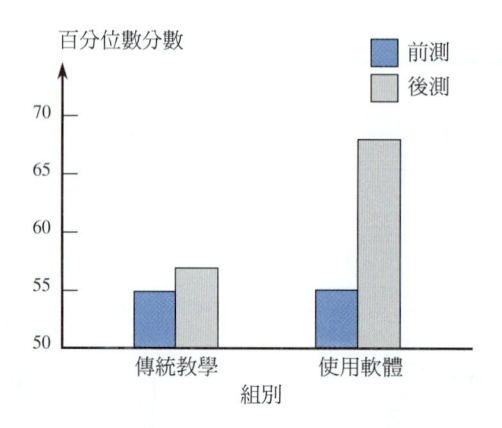

[圖表：百分位數分數前測後測長條圖，傳統教學與使用軟體組別比較]

3. 注意時間序列圖中的不等時間間隔。如果觀測值隨著時間並不在規律的時間區間內取得，在構建時間序列圖時務必特別小心。思考所附的時間序列圖，其相似於出現在 *San Luis Obispo Tribune*（2002 年 9 月 22 日）中關於線上銀行的一篇文章：

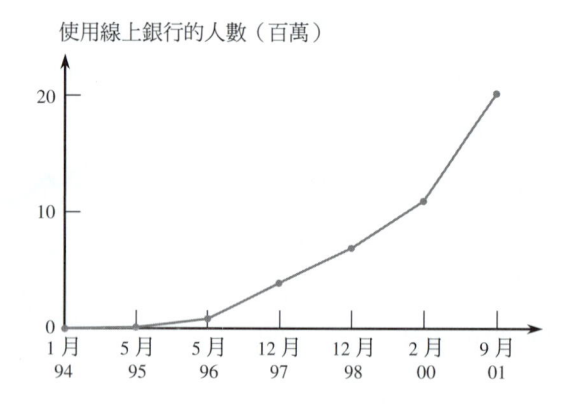

[圖表：使用線上銀行的人數（百萬），時間點 1月94、5月95、5月96、12月97、12月98、2月00、9月01，等間隔]

注意觀測值之間的區間是不規律的，但是圖中的各點沿著時間軸卻是相等間隔。這使得進行隨時間的變動率的一致性評估變得困難。這可能被以沿著時間軸將觀測值做不等的區隔所修正，如同下列圖形所示：

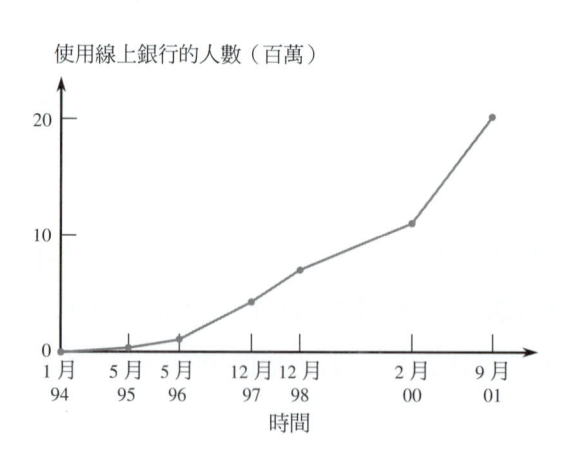

[圖表：使用線上銀行的人數（百萬），時間點依實際時間間隔排列]

4. 注意如何解讀在散布圖中的型態。散布圖中的一個強烈型態表示兩個變項傾向於以一種可預測的方式一起變動，但是其並不表示兩個變項之間存在一個因果關係。在第 5 章我們將進一步思考這一點，但是同時間，當敘述在散布圖中的型態，小心不要使用暗指在一個變項的改變造成另一個變項改變的用語。

5. 確認一個圖形展示建立正確的第一印象。例如，思考以下來自 *USA Today*（2002 年 6 月 25 日）的圖形。雖然這個圖並不違反等比例面積原則，對於「沒有」類別之「條狀物」的被展現方式，使得此圖難以閱讀，而且快速一瞥這個圖會給讀者留下不正確的印象。

## 習題 3.46 – 3.51

3.46　所附比較的長條圖是來自「愈來愈多青少年在手機上」（Pew Research Center, www.pewresearch.org，2009 年 8 月 19 日）的報導。

假設你計畫在你為學校報紙所撰寫的文章中包含這個圖。寫下可以伴隨此圖的一些文字段落。確認要強調此圖所揭露之青少年的手機擁有如何與年齡有關，以及如何隨時間而變動。

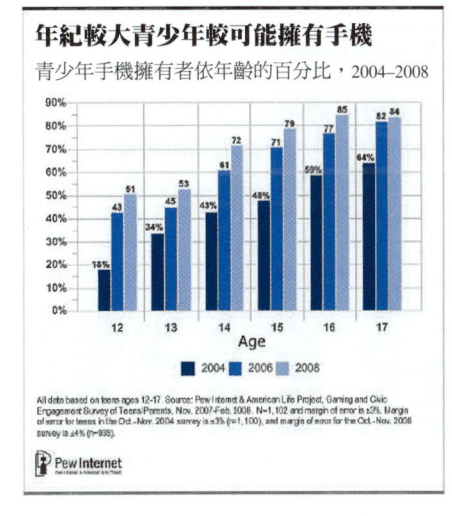

3.47 圖 EX-3.47 是來自在 Cal Poly，San Luis Obispo 的 2008 秋季註冊普查報告。其同時使用圓餅圖與分割的長條圖來摘要 2008 年秋季在大學註冊之學生的種族資料。

a. 使用在圖形展示中的資訊，為種族資料構建一個單一分割的長條圖。
b. 你是否認為原來的圖形展示或是你在 (a) 建立的那個圖，何者提供較多資訊？解釋你的選擇。
c. 你認為原來的圖形展示形式（圓餅圖與分割的長條圖之組合）為何被選擇以取代具有 7 個切片的單一圓餅圖？

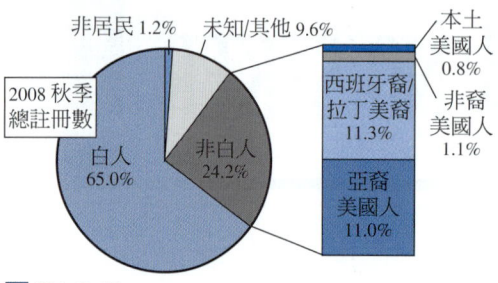

圖 EX-3.47

3.48 附圖出現在 USA Today（2008 年 8 月 5 日）。此圖為一個修正後的比較的長條圖。極可能地，所作修正（結合雙手與地球）是嘗試使得讀者發現這個圖示較為有趣。

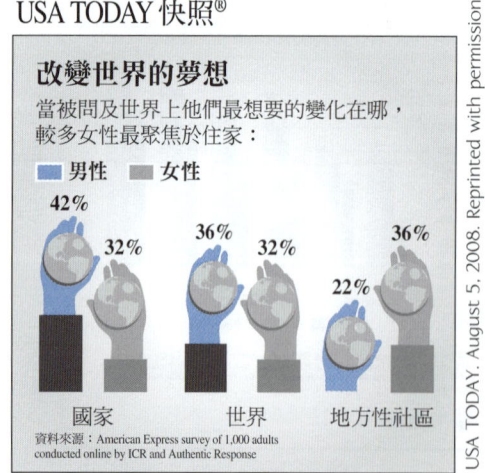

a. 使用在 USA Today 圖形的資訊構建一個傳統的比較的長條圖。
b. 解釋在 USA Today 圖形所做的修正為何比傳統的比較的長條圖在解讀時更為困難？

3.49 以下兩個圖形展示出現於 USA Today （2009 年 6 月 8 日和 2009 年 7 月 28 日）。一個是適當的表示而另一個則否。對於每一個圖，解釋為何是或為何不是被適當的繪製。

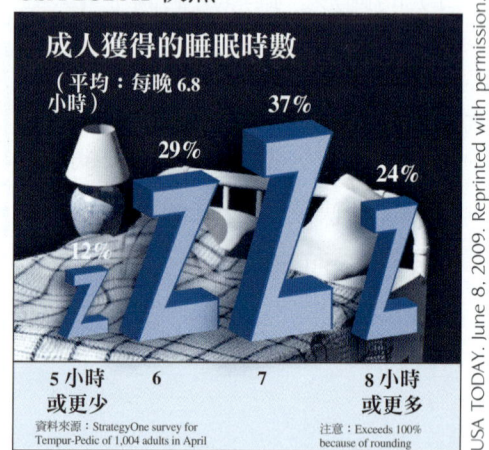

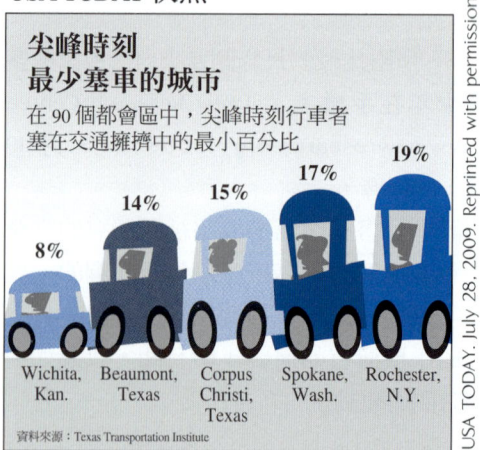

3.50 下列圖形展示可以說是一個比較的長條圖（USA Today，2009 年 8 月 3

日）。你是否認為此一圖形展示是資料的一個有效摘要？如果是，解釋原因。如果不是，解釋為何不，並構建一個圖使得更容易比較男性與女性的冰淇淋偏好。

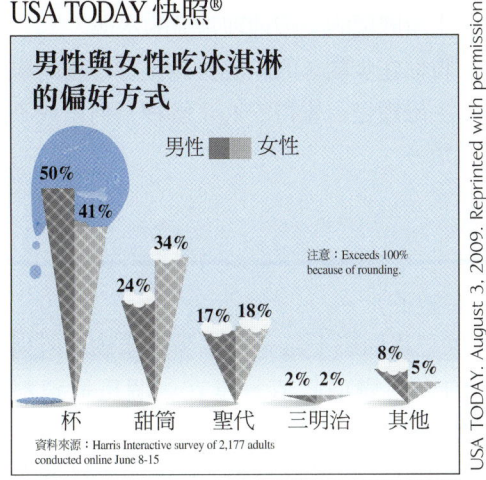

3.51 解釋下列圖形展示（*USA Today*，2009年9月17日）為何是誤導的。

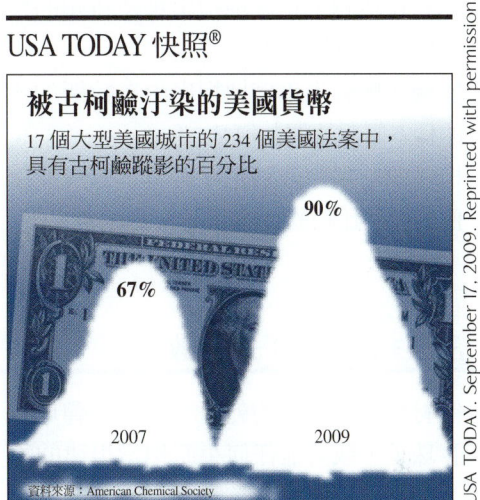

## 活動 3.1　找出各州

**背景**：嘆息學生地理常識現況的一篇報紙文章宣稱更多學生能夠指出 2002 季節電視節目《生存者》(*Survivor*) 拍攝小島的位置而無法在美國地圖上找到佛蒙特州。在此活動中，你將收集使你能夠估計可以正確地找出佛蒙特州與內布拉斯加州位置的學生比例資料。

1. 以一個班級為對象，決定你將如何選擇你認為將具有來自你學校學生之代表性的一組樣本。

2. 使用步驟 1 的抽樣方法以取得此研究的對象。對象必須被出示隨附的美國地圖並被要求指出佛蒙特州。在對象給予他的答案後，要求該對象指出內布拉斯加州。對於每一個對象，分別記錄佛蒙特州以及內布拉斯加州是否被正確地辨識。

3. 當資料收集程序完成，在一個類似以下所示的表格中摘要結果資料：

| 回應 | 次數 |
|---|---|
| 正確指出兩個州 | |
| 正確指出佛蒙特州而非內布拉斯加州 | |
| 正確指出內布拉斯加州而非佛蒙特州 | |
| 無法正確指出任一州 | |

4. 構建一個摘要從步驟 3 表格中資料的圓餅圖。
5. 能夠在地圖上正確地指出佛蒙特州的樣本學生比例為何？
6. 能夠在地圖上正確地指出內布拉斯加州的樣本學生比例為何？
7. 構建顯示兩州分別正確與非正確辨識比例的一個比較的長條圖。
8. 佛蒙特或內布拉斯加，哪一州較接近你學校坐落的州？基於圓餅圖，你是否認為你學校的學生較能指出比較靠近的州？證明你的答案。
9. 寫下一段文字評論由參與此項研究之學生所展現的美國地理常識的水準。
10. 將你在步驟 8 的結論推論至你學校的學生母體是否覺得安心？解釋為何是或不是。

## 活動 3.2　豆子的計數

**所需材料**：一大碗的乾豆子（或是彈珠、塑膠珠子，或其他任何小而相當規律的物體）與一枚硬幣。

在此活動中，你將調查人們是否可以在右手或左手裡握住更多東西。

1. 投擲一枚硬幣以決定你將先測量哪一手。如果硬幣落地時正面朝上，先從右手開始。如果硬幣落地時反面朝上，先從左手開始。以指定的手伸入碗中並抓取儘可能多的豆子。在碗的上方舉起手來並數到 4。如果在數到 4 的過程中沒有豆子掉下來，將手中豆子放到一張紙上並記錄抓起的豆子數量。如果在數的過程中有任何豆子掉下來，重新數到 4。也就是說，你必須在數到 4 的過程中握住豆子，並且在你可以決定抓住多少豆子前沒有任何豆子掉下來。以另一隻手重複此一程序，然後記錄下列資訊：(1) 右手數量，(2) 左手數量，以及 (3) 慣用手（左或右，取決於你是左撇子或是右撇子）。
2. 以記錄你班上每一位學生在步驟 1 所列的三個變項數值，建立一個班級資料集。
3. 使用此一班級資料集，以在莖葉圖的右邊展示右手的計數以及左邊展示左手的計數，構建一個比較的莖葉圖。評論此一圖形的有趣特性並包含右手與左手數量分配的一個比較。
4. 現在構建一個能夠讓你比較慣用手與非慣用手數量的比較的莖葉圖。此一圖形是否支持慣用手數量傾向於多於非慣用手數量的理論？
5. 對於資料集中的每一個觀察值，計算差異慣用手數量——非慣用手數量構建各個差異值的莖葉圖。評論此一圖形的有趣特性。
6. 解釋為何觀看差異值的分配（步驟 5）比比較的莖葉圖（步驟 4）提供更多資訊。在比較的圖形中所遺失的什麼資訊可以在差異的圖形中重新拾回？

## 重要觀念與公式之摘要

| 專有名詞或公式 | 註釋 |
| --- | --- |
| 次數分配 | 一個呈現類別（類別資料）、可能數值（離散型數量資料），或組距（連續型資料）的次數，以及有時候相對與累積相對次數的一個表。 |
| 比較的長條圖 | 使用同組水平與垂直軸的兩個或更多長條圖。 |
| 圓餅圖 | 類別資料集之次數分配的一個圖。每一類別由圓餅的一個切片表示，且切片的面積等比例於對應的次數或相對次數。 |
| 分割的長條圖 | 類別資料集之次數分配的一個圖。每一類別由條狀物的一個分割段所表示，且分割段的面積等比例於對應的次數或相對次數。 |
| 莖葉圖 | 一種組織數量資料的方法，於其中莖的數值（觀測值的帶頭數字）被列出於一個欄位，而每一個觀測值的葉（接續數字）接著被列在對應莖的旁邊。有時候莖被重複使用以延伸圖形。 |
| 直方圖 | 數量型資料集之次數分配的資訊的一個圖。在每一個可能數值（離散型資料）或組距上方一個長方形被繪出。長方形的面積等比例於對應的次數或相對次數。 |
| 直方圖形狀 | 一個（平滑）直方圖可能是單峰（單一一個高峰）、雙峰（兩個高峰）或是多峰。一個單峰直方圖可能是對稱、正偏（一個長的右尾或上尾）或負偏。一個經常性出現的形狀是近似常態。 |
| 累積相對次數圖 | 累積相對次數分配的一個圖。 |
| 散布圖 | 雙變項數量資料的一個圖，於其中每一個觀測值 $(x, y)$ 被以對應至水平 $x$- 軸與垂直 $y$- 軸的一個點所表示。 |
| 時間序列圖 | 隨時間收集之數量資料的一個圖形展示。 |

## 本章複習練習題　3.52 – 3.71

**3.52** 文章「大多數抽菸者但願他們能夠戒菸」(*Gallup Poll Analyses*，2002 年 11 月 21 日）指出抽菸者與非抽菸者所理解有關抽菸的風險不同。所附的相對次數表摘要有關三個團體之每一個所理解抽菸傷害的回應：241 位抽菸者的樣本、261 位先前抽菸者的樣本以及 502 位非抽菸者的樣本。為這些資料構建一個比較的長條圖。不要忘記在構建長條圖時使用相對次數因為這三組樣本量不同。評論抽菸者、先前抽菸者與非抽菸者就理解的抽菸風險而言如何不同。

| 理解的<br>抽菸風險 | 抽菸者 | 次數<br>先前抽菸者 | 非抽菸者 |
|---|---|---|---|
| 非常有害 | 145 | 204 | 432 |
| 有點有害 | 72 | 42 | 50 |
| 不太有害 | 17 | 10 | 15 |
| 一點也無害 | 7 | 5 | 5 |

**3.53** 每年大學委員會都會出版學生參加 SAT 考試的檔案。在報導「2005 年升大學的高三生：整體檔案報告」中，對於依學習的第一種語言所定義的三個團體的平均 SAT 分數被報導。使用附表中的資料對於這三個團體構建其平均語文 SAT 分數的一個長條圖。

| 學習的第一種語言 | 平均語文 SAT |
|---|---|
| 英文 | 519 |
| 英文與其他語言 | 486 |
| 非英文的一種語言 | 462 |

**3.54** 習題 3.53 所參考的報導也提供三個語言團體的平均數學 SAT 分數，如下列表中所示。

| 學習的第一種語言 | 平均數學 SAT |
|---|---|
| 英文 | 521 |
| 英文與其他語言 | 513 |
| 非英文的一種語言 | 521 |

為這三個語言團體構建平均語文與數學分數的一個比較的長條圖。寫下一些句子以敘述長條圖中所呈現三個語言團體之間的異同。

**3.55** 康乃狄克農業實驗站 (The Connecticut Agricultural Experiment Station) 執行一項不同類型啤酒之卡路里含量的研究。26 個淡啤酒的品牌的卡路里含量（每 100 毫升的卡路里）為（來自網址 brewery.org）：

29　28　33　31　30　33　30　28　27　41　39　31　29
23　32　31　32　19　40　22　34　31　42　35　29　43

使用 1、2、3 與 4 的莖構建一個莖葉圖。寫下一或兩個句子敘述淡啤酒的卡路里含量。

**3.56** 習題 3.16 的莖葉圖只使用四個莖。使用重複的莖 1H、2L、2H、……、4L 為這些資料構建一個莖葉圖。例如，第一個觀測值，29，會有一個 2 的莖與 9 的葉。它將被輸入圖形中的莖 2H，因為它是一個「大」的 2──也就是說，它有一個在高數值端（5，6，7，8，9）的葉。

**3.57** 文章「因改變而閃耀的國家」（*USA Today*，2001 年 7 月 3 日）提供 1990 到 2000 年間美國 50 州人口增加百分比的附表資料。表中也提供的是指出每一州是否位於美國西部或東部的一個欄位（各州是以人口規模依序列出）：

| 州 | 變動百分比 | 東／西 |
|---|---|---|
| 加利福尼亞 | 13.8 | W |
| 德克薩斯 | 22.8 | W |
| 紐約 | 5.5 | E |
| 佛羅里達 | 23.5 | E |
| 伊利諾 | 8.6 | E |
| 賓夕法尼亞 | 3.4 | E |
| 俄亥俄 | 4.7 | E |
| 密西根 | 6.9 | E |
| 紐澤西 | 8.9 | E |
| 喬治亞 | 26.4 | E |
| 北卡羅來納 | 21.4 | E |
| 維吉尼亞 | 14.4 | E |
| 麻薩諸塞 | 5.5 | E |
| 印第安納 | 9.7 | E |
| 華盛頓 | 21.1 | W |
| 田納西 | 16.7 | E |
| 密蘇里 | 9.3 | E |
| 威斯康辛 | 9.6 | E |
| 馬里蘭 | 10.8 | E |
| 亞利桑那 | 40.0 | W |
| 明尼蘇達 | 12.4 | E |
| 路易斯安那 | 5.9 | E |
| 阿拉巴馬 | 10.1 | E |
| 科羅拉多 | 30.6 | W |
| 肯塔基 | 9.7 | E |
| 南卡羅來納 | 15.1 | E |
| 奧克拉荷馬 | 9.7 | W |
| 奧勒岡 | 20.4 | W |
| 康乃狄克 | 3.6 | E |
| 愛荷華 | 5.4 | E |
| 密西西比 | 10.5 | E |
| 堪薩斯 | 8.5 | W |
| 阿肯色 | 13.7 | E |
| 猶他 | 29.6 | W |
| 內華達 | 66.3 | W |
| 新墨西哥 | 20.1 | W |
| 西維吉尼亞 | 0.8 | E |
| 內布拉斯加 | 8.4 | W |
| 愛達荷 | 28.5 | W |
| 緬因 | 3.9 | E |
| 新罕布什爾 | 11.4 | E |
| 夏威夷 | 9.3 | W |
| 羅德島 | 4.5 | E |
| 蒙大拿 | 12.9 | W |
| 德拉維亞 | 17.6 | E |
| 南達科他 | 8.5 | W |
| 北達科他 | 0.5 | W |
| 阿拉斯加 | 14.0 | W |
| 佛蒙特 | 8.2 | E |
| 懷俄明 | 8.9 | W |

a. 為由所有 50 州所組成的資料集構建一個成長百分比的莖葉圖。提示：視各觀測值為具有小數點以左兩位數的值。也就是，將諸如 8.5 的一個觀測值視為 08.5。這也將較容易將葉截斷至單一數字；例如，8.5 的葉可以因為構建圖示的目的而被截斷為 8。

b. 評論該資料集的任何有趣特性。是否有任何觀測值明顯是離群值？

c. 現在為東部與西部州構建一個比較的莖葉圖。寫下一些句子以比較東部與西部州成長百分比的分配。

3.58 受阿茲罕默症之苦的民眾在完成日常生活的基本活動 (ADLs) 時常有困難。在一項研究（「阿茲罕默症病患的機能狀態與臨床發現」，*Journal of Gerontology* [1992]: 177-182）中，研究者聚焦於 6 個下列活動：穿衣、洗澡、移動、上廁所、走路與吃東西。在此是 240 位病患之 ADL 障礙數量的資料。

| 障礙數量 | 0 | 1 | 2 | 3 | 4 | 5 | 6 |
|---|---|---|---|---|---|---|---|
| 次數 | 100 | 43 | 36 | 17 | 24 | 9 | 11 |

a. 決定對應至已知次數的相對次數。

b. 這些病患最多具有兩種障礙的比例為何？

c. 使用 (b) 部分的結果以決定具有兩種以上障礙的病患比例。

d. 病患具有至少四種障礙的比例為何？

3.59 移植器官的大小是否重要？嘗試回答這個問題的一項研究（「成功活體捐助者肝移植的最小移植尺寸」，*Transplantation* [1999]: 1112-1116) 提出一個很像下列的散布圖（「移植重量比率」是移植肝的重量相對於接受者理想的肝尺寸）：

a. 討論此一散布圖的有趣特性。

b. 你為何認為整體的關係為負？

移植重量比率(%)

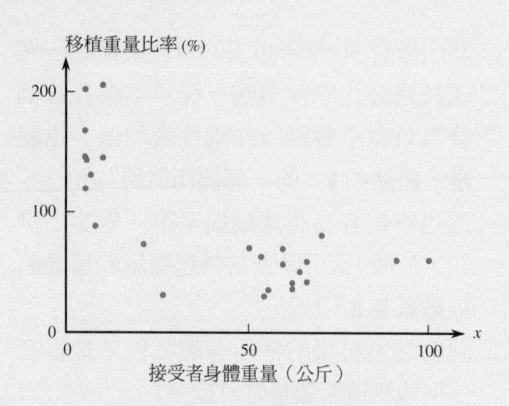

接受者身體重量（公斤）

3.60 國家通訊與資訊管理局 (National Telecommunication and Information Administartion) 出版了一份標題為「經由網路墮落：朝向數位融合」（U.S. Department of Commerce，2000 年 10 月）的報告其包含下列在家中接觸電腦的資訊：

| 年 | 擁有一部電腦的家庭百分比 |
|---|---|
| 1985 | 8.2 |
| 1990 | 15.0 |
| 1994 | 22.8 |
| 1995 | 24.1 |
| 1998 | 36.6 |
| 1999 | 42.1 |
| 2000 | 51.0 |

a. 為這些資料構建一個時間序列圖。注意——觀測值並非在時間上等距。圖上各點不應該沿著 $x$- 軸等距繪出。
b. 評論隨時間的任何趨勢。

3.61 依據全美住宅建築商協會，1950 年住家平均大小為 983 平方呎。平均大小在 1970 年增加至 1500 平方呎，1990 年的 2080 平方呎；以及 2003 年的 2330 平方呎（San Luis Obsipo Tribune，2005 年 10 月 16 日）。
a. 構建一個時間序列圖以顯示住家平均大小如何隨時間改變。
b. 如果該時間序列圖的趨勢持續，你會預測在 2010 年的平均住家大小為何？

3.62 文章「社區大學開始在問，男性哪裡去了？」（Chronicle of Higher Education，2002 年 6 月 28 日）給予社區大學學生性別的資料。據報導，全國在社區大學註冊的學生有 42% 為男性而 58% 為女性。為這些資料構建一個分割的長條圖。

3.63 文章「在普遍級的兒童動畫電影中菸酒的使用」(Journal of the American Medical Association [1999]: 1131-1136) 報導由 5 個主要製片廠在 1937 與 1997 年間所發行之所有普遍級動畫電影中菸酒使用的暴露情形。研究者發現菸的使用在 56% 被檢視的電影中出現。由華德迪士尼公司所產製之有菸使用的電影的總菸草暴露時間（秒）的資料如下：

223  176  548  37  158  51  299  37  11  165
 74   92    6  23  206   9

由米高梅／聯美、華納兄弟、環球與 20 世紀福斯所產製有菸草使用的 11 部普遍級動畫電影的資料也被提供。這些電影的菸草暴露時間（秒）如下：

205  162  6  1  117  5  91  55  24  55  17

為這些資料構建一個比較的莖葉圖。評論這個圖的有趣特性。

3.64 所附對於英國家庭在交通上的支出資料出現在「英國的運輸統計：2002 版」(Family Spending: A Report on the Family Expenditure Survey [The Stationary Office, 2002])。支出（每週英鎊）包含由家庭成員所擁有之購買與保養任何汽車的成本，以及任何與公共運輸以及休閒旅遊有關的成本。

| 年 | 平均交通 | 家庭交通支出的百分比 |
|---|---|---|
| 1990 | 247.20 | 16.2 |
| 1991 | 259.00 | 15.3 |
| 1992 | 271.80 | 15.8 |
| 1993 | 276.70 | 15.6 |

| 年 | 平均交通 | 家庭交通支出的百分比 |
|---|---|---|
| 1994 | 283.60 | 15.1 |
| 1995 | 289.90 | 14.9 |
| 1996 | 309.10 | 15.7 |
| 1997 | 328.80 | 16.7 |
| 1998 | 352.20 | 17.0 |
| 1999 | 359.40 | 17.2 |
| 2000 | 385.70 | 16.7 |

a. 構建交通支出資料與家庭支出百分比資料的時間序列圖。

b. (a) 部分的時間序列圖是否支持接下來的陳述？解釋為何是或為何不是。陳述：雖然實際支出增加，交通運輸占家庭總支出的百分比維持相對地穩定。

3.65 文章「健康兒童調查：發現的檢視」（*San Luis Obsipo Tribune*，2002年10月25日）提供所附在 San Luis Obsipo 郡五年級生的一個樣本資訊。回應是對於問題：

「下課後，你是否獨自在家而無大人照顧？」

| 回應 | 百分比 |
|---|---|
| 從不 | 8 |
| 有時候 | 15 |
| 大多時候 | 16 |
| 所有時候 | 61 |

a. 使用一個圓餅圖摘要這些資料。
b. 為這些資料構建一個分割的長條圖。
c. 哪一種圖形方法——圓餅圖或分割的長條圖——你認為較能傳達有關回應的資訊？解釋之。

3.66 「如果你想要找一份新工作並選擇一位老闆，你會偏好為男人或女人工作？」那是給予在 576 位受雇成人的樣本中之個人的一個問題（*Gallup at a Glance*，2002年10月16日）。回答被摘要於下表：

| 回答 | 次數 |
|---|---|
| 偏好為男人工作 | 190 |
| 偏好為女人工作 | 92 |

| 回答 | 次數 |
|---|---|
| 沒有差異 | 282 |
| 無意見 | 12 |

a. 構建一個圓餅圖以摘要這個資料集，並寫下一兩個句子摘要人們如何回答這個問題。
b. 使用一個分割的長條圖摘要既定資料。

3.67 2005年是美國颶風蹂躪的一個紀錄年（*San Luis Obsipo Tribune*，2005年11月30日）。在季節中的 26 個熱帶暴風雨與颶風中，颶風襲擊四個主要陸地：Dennis、Katrina、Rita 與 Wilma。美國自 1989 年起投保災難損失（大致價值讀自出現在 *San Luis Obsipo Tribune*，2005年11月30日的一段文字）如下：

| 年 | 成本（億美元） |
|---|---|
| 1989 | 7.5 |
| 1990 | 2.5 |
| 1991 | 4.0 |
| 1992 | 22.5 |
| 1993 | 5.0 |
| 1994 | 18.0 |
| 1995 | 9.0 |
| 1996 | 8.0 |
| 1997 | 2.6 |
| 1998 | 10.0 |
| 1999 | 9.0 |
| 2000 | 3.0 |
| 2001 | 27.0 |
| 2002 | 5.0 |
| 2003 | 12.0 |
| 2004 | 28.5 |
| 2005 | 56.8 |

構建一個時間序列資料以顯示隨時間投保的災難損失。你認為在圖中造成高峰的原因為何？

3.68 在 *San Luis Obsipo Tribune*（2002年11月20日）的一篇文章陳述 39% 的那些具有關鍵住宅需要者（那些為住宅支付超過一半所得的人）住在城市地區，而有 42%

住在郊區以及剩餘的住在農村地區。對於那些具有關鍵住宅需要者構建一個圓餅圖以顯示居住區域類型的分配。

3.69 活體捐助者腎臟移植變得愈來愈普遍。通常一位活體捐助者選擇捐出腎臟給患有腎臟疾病的親屬。下列資料出現在 *USA Today* 器官移植的一篇文章(「善意激勵最新的腎臟捐助者」2002 年 6 月 19 日):

| | 腎臟移植數量 | |
|---|---|---|
| 年 | 活體捐助給親戚 | 活體捐助給不相關的人 |
| 1994 | 2390 | 202 |
| 1995 | 2906 | 400 |
| 1996 | 2916 | 526 |
| 1997 | 3144 | 607 |
| 1998 | 3324 | 814 |
| 1999 | 3359 | 930 |
| 2000 | 3679 | 1325 |
| 2001 | 3879 | 1399 |

a. 對於捐助者是接受者的親戚之活體腎臟移植數量構建一個時間序列圖。敘述在此圖中的趨勢。
b. 使用從 1994 至 2001 年的資料,為捐助類型(親戚或無關)構建一個比較的長條圖。寫下一些句子評論你的圖形。

3.70 許多營養專家對於調理食品中高單位的鈉表達關切。下列對每一冷凍餐點鈉含量(毫克)的資料出現在文章「『輕』冷凍食品的比較」(Boston Globe,1991 年 4 月 24 日):

720 530 800 690 880 1050 340 810 760
300 400 680 780 390 950 520 500 630
480 940 450 990 910 420 850 390 600

這些資料的兩個直方圖顯示:
a. 這兩個直方圖對於數值的分配是否給予不同印象?
b. 使用每一個直方圖決定少於 800 的觀測值大約比例,並與實際比例比較。

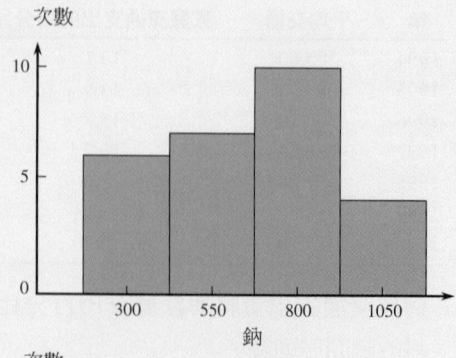

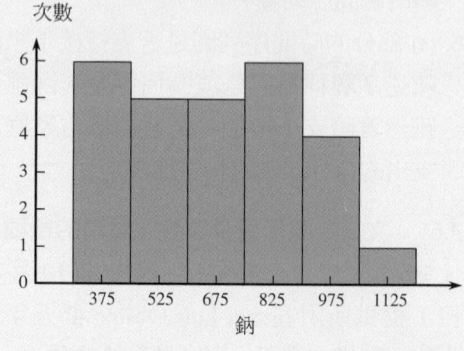

3.71 鎇 241 ($^{241}$Am) 是一種用於煙偵測器製造的放射性元素。文章「在小獵犬身上注射的 $^{241}$Am 的保存與用量測定」(*Radiation Research* [1984]: 564-575) 敘述一項有 55 隻小獵犬被注射一個劑量 $^{241}$Am(等比例於每一隻動物的重量)的研究。每一隻小獵犬 $^{241}$Am 在骨骼的殘留(每公斤微居里)被記錄,所得下列資料:

0.196 0.451 0.498 0.411 0.324 0.190 0.489
0.300 0.346 0.448 0.188 0.399 0.305 0.304
0.287 0.243 0.334 0.299 0.292 0.419 0.236
0.315 0.447 0.585 0.291 0.186 0.393 0.419
0.335 0.332 0.292 0.375 0.349 0.324 0.301
0.333 0.408 0.399 0.303 0.318 0.468 0.441
0.306 0.367 0.345 0.428 0.345 0.412 0.337
0.353 0.357 0.320 0.354 0.361 0.329

a. 為這些資料構建一個次數分配,並繪出對應的直方圖。
b. 寫出該直方圖形狀的重要特性的一個簡短敘述。

# 第 4 章

# 敘述資料的數量方法

Hideji Watanabe/Sebun Photo/amana images/Getty Images

　　在 2006 年,醫療保健引進了一個新的處方簽藥品的計畫。文章**「那些最迫切需要的人可能錯失藥品津貼的登記」**(*USA Today*,2006 年 5 月 9 日)指出在登記截止日前兩週,只有 24% 在此計畫下的那些合格低收入補助者完成登記。該文章也提供在 49 州與哥倫比亞特區(佛蒙特州的資訊未提供)的每一州完成登記之合格者的百分比:

| | | | | | | | | | | | |
|---|---|---|---|---|---|---|---|---|---|---|---|
| 24 | 27 | 12 | 38 | 21 | 26 | 23 | 33 | 19 | 19 | 26 | 28 |
| 16 | 21 | 28 | 20 | 21 | 41 | 22 | 16 | 29 | 26 | 22 | 16 |
| 27 | 22 | 19 | 22 | 22 | 22 | 30 | 20 | 21 | 34 | 26 | 20 |
| 25 | 19 | 17 | 21 | 27 | 19 | 27 | 34 | 20 | 30 | 20 | 21 |
| 14 | 18 | | | | | | | | | | |

這個資料集的一個典型數值為何?24% 的全國性數據是否具有個別州百分比的代表性?登記百分比在州與州之間差異甚大,範圍從低至 12%(亞利桑那)到高為 41%(肯塔基)。我們會如何量化地摘要此一變異?在本章中,我們示範如何計算更正確敘述資料集中之中央位置與分散程度的數字化摘要測量值。在 4.1 節,我們介紹平均數與中位數,兩個被最廣泛使用的分配的中央位置測量值。變異數與標準

差則在 4.2 節中呈現以作為變異性的測量值。在後面幾節，我們將看到某些額外方法可以被用來測量敘述資料分配之中央位置與分散程度。

## 4.1 敘述資料集的中央位置

當敘述數量資料時，報導觀測值的一個代表性數值是很常見的。這樣的一個數字敘述資料大約位於何處或是沿著數線「集中」於何處，因而被稱為中央位置的一個量測值。兩個被最廣泛使用的中央位置量測值為平均數與中位數。

### 平均數

一個數量資料集的平均數只是熟悉的算術平均數：觀測值的加總除以觀測值的數量。對於觀測值取得的變項、資料集中觀測值的數量，以及個別觀測值使用簡潔的記號是有幫助的：

$x=$ 我們取得樣本資料的變項

$n=$ 資料集中的觀測值數量（樣本量）

$x_1=$ 資料集中的第一個觀測值

$x_2=$ 資料集中的第二個觀測值

$\vdots$

$x_n=$ 資料集中的第 $n$ 個（最後一個）觀測值

例如，我們可以有一個在 $x=$ 電池壽命（小時）上由 $n=4$ 的觀測值所構成的一組樣本：

$x_1=5.9 \quad x_2=7.3 \quad x_3=6.6 \quad x_4=5.7$

注意 $x$ 下標的數值與觀測值的大小無關。在此例中，$x_1$ 只是資料集中的第一個觀測值，並不必然是最小的觀測值，以及 $x_n$ 是最後一個觀測值，但不必然是最大值。

$x_1 \cdot x_2 \cdot \cdots \cdot x_n$ 的加總可以以 $x_1+x_2+\cdots+x_n$ 表示，但這是累贅的。希臘字母 $\Sigma$ 傳統上被用在數學中以表示總和。特別是，$\Sigma x$ 表示在所考慮的資料集中所有 $x$ 值的總和*。

---

*$\Sigma x$ 亦可表為 $\Sigma x_i$ 或 $\sum_{i=1}^{n} x_i$，但為簡化起見，我們經常省略和指標。

> **定 義**
>
> 一組樣本的**樣本平均數** (sample mean) 由數量觀測值 $x_1$、$x_2$、……、$x_n$ 所組成，並標示為 $\bar{x}$
>
> $$\bar{x} = \frac{\text{樣本中所有觀測值的加總}}{\text{樣本中的觀測值數量}} = \frac{x_1 + x_2 + \cdots + x_n}{n} = \frac{\sum x}{n}$$

### 例 4.1 改善膝蓋伸展性

運動防護員的一個目的是增加關節的伸展性。在一項調查使用超音波與伸展的治療效果的研究中 (Trae Tashiro, Masters Thesis, University of Virginia, 2004)，被動性的膝蓋伸展在治療後被測量。研究中 10 位參與者每人的被動性膝蓋伸展（角度）如下：

$x_1 = 59$　　$x_2 = 46$　　$x_3 = 64$　　$x_4 = 49$　　$x_5 = 56$
$x_6 = 70$　　$x_7 = 45$　　$x_8 = 52$　　$x_9 = 63$　　$x_{10} = 52$

這些樣本數值的總和為 $59 + 46 + 64 + \cdots + 52 = 556$，而樣本平均被動性膝蓋伸展為

$$\bar{x} = \frac{\sum x}{n} = \frac{556}{10} = 55.6$$

我們會報導 55.6 度為這個樣本被動性膝蓋伸展的一個代表性數值（即使在這樣本中沒人實際上具有 55.6 度的被動性膝蓋伸展）。

---

在例 4.1 中的資料值都是整數，但是平均數算出為 55.6。對於平均數使用更多的精準小數位數字是常見的。這使得平均數的值可以落在可能的可觀察的數值之間（例如，每家庭平均兒童數可能是 1.8，而沒有單一家庭將有 1.8 個兒童）。

樣本平均數 $\bar{x}$ 從樣本觀測值計算而得，所以它是手上特定樣本的一個特徵。習慣上使用羅馬字母來表示樣本特徵，就像我們對 $\bar{x}$ 所做的。母體的特徵則經常以希臘字母表示。這類特徵中最重要的一個為母體平均數。

> **定 義**
>
> **母體平均數** (population mean)，以 $\mu$ 表示，為在整個母體中的所有 $x$ 值的平均數。

例如，所有 600,000 部某一特定車款的汽車在特殊情況下的平均油耗可能是 $\mu = 27.5$ mpg（每加侖哩數）。$n = 5$ 部車的一組樣本可能產生 27.3、26.2、28.4、27.9 與 26.5 的油耗數據，由其中我們為此特殊樣本取得 $\bar{x} = 27.26$（稍微小

於 $\mu$)。然而,第二組樣本可能提供 $\bar{x} = 28.52$,以及第三組樣本 $\bar{x} = 26.85$,依此類推。$\bar{x}$ 的數值因樣本而不同,而 $\mu$ 只會有一個數值。在後續章節,我們將可學習得自一組特殊樣本的 $\bar{x}$ 如何能被用於對 $\mu$ 的數值下各種結論。例 4.2 說明得自一組特殊樣本的 $\bar{x}$ 值如何不同於 $\mu$ 的數值,以及 $\bar{x}$ 的數值如何因樣本而不同。

### 例 4.2 郡的人口數

50 州加上哥倫比亞特區包含 3137 個郡。令 $x$ 表示一個郡的居民數。然後母體中會有 3137 個 $x$ 變項的數值。這 3137 個數值的總和為 293,655,404(2004 普查局估計值),因此 $x$ 的母體平均值為

$$\mu = \frac{293,655,404}{3137} = 93,610.27 \text{ 每郡居民數}$$

我們使用普查局網址,從郡的母體隨機選出三組不同樣本,每一組樣本含有 5 個郡。結果呈現於表 4.1,以及每一組樣本的樣本平均數。不僅這三組樣本的 $\bar{x}$ 彼此不同——因為它們是基於三組不同樣本以及 $\bar{x}$ 的數值取決於樣本中的 $x$ 值——而且三個數值沒有任何一個接近母體平均數 $\mu$ 的值。如果我們不知道 $\mu$ 的值而只有樣本 1 的數值,我們可能使用 $\bar{x}$ 為 $\mu$ 的一個估計值,但是我們的估計值會是出入相當大的。

**表 4.1** 取自美國所有郡的母體的三組樣本($x =$ 居民數)

| 樣本 1 | | 樣本 2 | | 樣本 3 | |
|---|---|---|---|---|---|
| 郡 | $x$ 值 | 郡 | $x$ 值 | 郡 | $x$ 值 |
| Fayette, TX | 22,513 | Stoddard, MO | 29,773 | Chattahoochee, GA | 13,506 |
| Monroe, IN | 121,013 | Johnston, OK | 10,440 | Petroleum, MT | 492 |
| Greene, NC | 20,219 | Sumter, AL | 14,141 | Armstrong, PA | 71,395 |
| Shoshone, ID | 12,827 | Milwaukee, WI | 928,018 | Smith, MI | 14,306 |
| Jasper, IN | 31,624 | Albany, WY | 31,473 | Benton, MO | 18,519 |
| | $\Sigma x = 208,196$ | | $\Sigma x = 1,013,845$ | | $\Sigma x = 118,218$ |
| | $\bar{x} = 41,639.2$ | | $\bar{x} = 202,769.0$ | | $\bar{x} = 23,643.6$ |

或者,我們可以將這三組樣本結合成具有 $n = 15$ 個觀測值的一個單一樣本:

$$x_1 = 22,513, \cdots, x_5 = 31,624, \cdots, x_{15} = 18,519$$

$$\Sigma x = 1,340,259$$

$$\bar{x} = \frac{1,340,259}{15} = 89,350.6$$

這個數值較接近 $\mu$ 的值,但是做為一個估計值仍然有點不令人滿意。在此的問題是 $x$ 數值的母體展現很大的變異性(最大值為加州洛杉磯郡的 $x = 9,937,739$,以及最小值為德州

Loving 郡的 $x = 52$，它顯示少人愛這個郡）。因此，對於 15 個觀測值的一組樣本很難，更遑論只有 5 個，是母體的合理性代表。在第 9 章，你將瞭解如何考慮變異性以決定樣本量時。

平均數作為一個資料集中央位置的量測值之一個潛在缺點為其數值可以相當程度地受到資料集中即使是一個離群值（一個不尋常大或小的觀察值）出現的影響。

### 例 4.3　課程網址的造訪數

40 位學生被登記選課於在 Cal Poly, San Luis Obispo 一個秋季學期的統計推理通識課程。授課教師在一個課程網站上讓學生得以取得課程教材、評分與隨堂筆記，以及課程管理軟體記錄每一位學生在該課程網站接觸任何網頁的頻率。在課程開始後的一個月，教師要求一項指出每一位學生在該課程網站接觸一個網頁的次數。40 個觀測值為：

| 20 | 37 | 4 | 20 | 0 | 84 | 14 | 36 | 5 | 331 | 19 | 0 |
| 0 | 22 | 3 | 13 | 14 | 36 | 4 | 0 | 18 | 8 | 0 | 26 |
| 4 | 0 | 5 | 23 | 19 | 7 | 12 | 8 | 13 | 16 | 21 | 7 |
| 13 | 12 | 8 | 42 |

此資料集的樣本平均數為 $\bar{x} = 23.10$。圖 4.1 是資料的一個 Minitab 點圖。許多人會認為 23.10 對於這個樣本而言不是一個很有代表性的數值，因為 23.10 比資料集中的大多數數值大——只有 40 個觀測值中的 7 個，或是 17.5%，大於 23.10。兩個離群的數值 84 與 331（不！那不是打字錯誤！）對於 $\bar{x}$ 的數值影很大的影響。

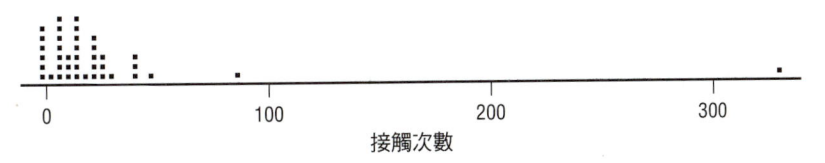

**圖 4.1**

在例 4.3 中資料的 Minitab 點圖

我們現在將注意力轉移至對離群值不那麼敏感的一個中央位置量測值上——中位數。

## 中位數

高速公路的中線將公路分成兩半，而一個數量資料集的中位數也對資料集作

相同的事情。一旦資料數值被依從最小到最大的次序列出，**中位數 (median)** 是清單中的中間數值，而且它將清單分成兩個相等的部分。取決於樣本量 $n$ 是否為偶數或奇數，決定中位數的程序有點不同。當 $n$ 是一個奇數（例如，5），樣本中位數是單一的中間數值。但是當 $n$ 為偶數（例如，6），在排序的清單中有兩個中間數值，我們將這兩個中間數值取平均以獲得樣本中位數。

### 定義

**樣本中位數** (sample median) 由首先將 $n$ 個觀測值從最小到最大排列（包含任何重複數值，使得每一個樣本觀測值出現在排序的清單上）取得。然後

$$\text{樣本中位數} = \begin{cases} \text{當 } n \text{ 為奇數時的單一中間數值} \\ \text{當 } n \text{ 為偶數時的兩個中間數值平均數} \end{cases}$$

### 例 4.4　修改後的網站資料

例 4.3 之網站接觸資料的樣本量為 $n = 40$ 的一個偶數數字。中位數是在資料之排序清單上的第 20 與第 21 個數值（中間兩個）的平均數。從最小到最大將資料排序可產生下列排序清單（兩個中間數值被標示）：

| 0 | 0 | 0 | 0 | 0 | 0 | 3 | 4 | 4 | 4 | 5 | 5 |
| 7 | 7 | 8 | 8 | 8 | 12 | 12 | 13 | 13 | 13 | 14 | 14 |
| 16 | 18 | 19 | 19 | 20 | 20 | 21 | 22 | 23 | 26 | 36 | 36 |
| 37 | 42 | 84 | 331 | | | | | | | | |

中位數可以被決定為：

$$\text{中位數} = \frac{13 + 13}{2} = 13$$

觀看點圖（圖 4.1），我們發現相較於樣本平均數 $\bar{x} = 23.10$，這個數值顯然是該資料集中更為典型的一個數值。

---

樣本平均數可能對於遠遠在其他數值以上或以下的即使是一個單一數值敏感。平均數的數值被朝向如此離群的一個數值或多個數值給拉去。相反地，中位數對於離群值相當不敏感。例如，例 4.4 中的最大樣本觀測值 (331) 可以被以任何數量加大而不改變中位數的數值。同理，第二或第三大觀測值的增加並不影響中位數，幾個最小觀測值的減少也不影響。

中位數的穩定性正是在某些情況下有時被視為中央位置量測值的原因。例如，文章**「教育大學生使用信用卡」**(Nellie Mae, 2005) 報導 2001 年大學生平均信用卡負債為 $2327，而信用卡負債中位數則僅有 $1770。此例中，具有不尋常高信用卡負債之學生的小百分比可能導致一個並非典型學生信用卡負債金額的代表性的平均數。

## 比較平均數與中位數

圖 4.2 顯示可能代表樣本數值的一個分配或是一個母體分配的幾個平滑直方圖。以圖繪而言，中位數是測量軸上區隔平滑直方圖為兩部分的數值，而有 .5（50%）的資料在曲線的每一部分下方。平均數則稍難看出。如果該直方圖在一個三角形（槓桿支點）上平衡，當三角形被放在平均數的位置上其將傾斜。平均數是分配的平衡點。

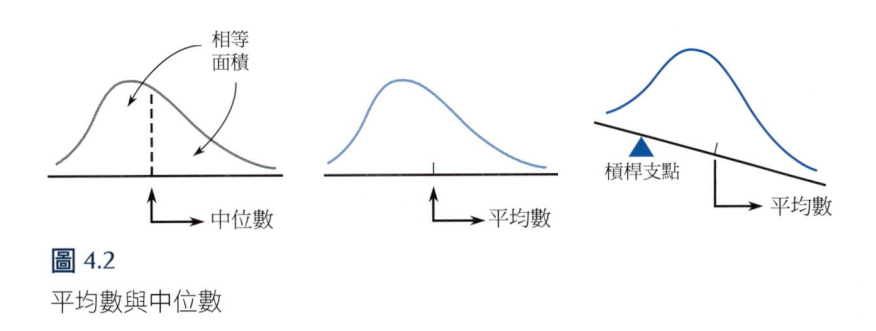

**圖 4.2**
平均數與中位數

當直方圖為對稱，對稱點既是相等區域與平衡點的區隔點，並且平均數與中位數相等。然而，當直方圖為具有一個較長上尾（正偏）的單峰（單一高峰），在上尾之離群的數值將平均數拉高，因而其通常落在中位數上方（右邊）。例如，一個特別高的測驗分數提高平均數但不影響中位數。同理地，當一個單峰直方圖為負偏，平均數通常小於中位數（見圖 4.3）。

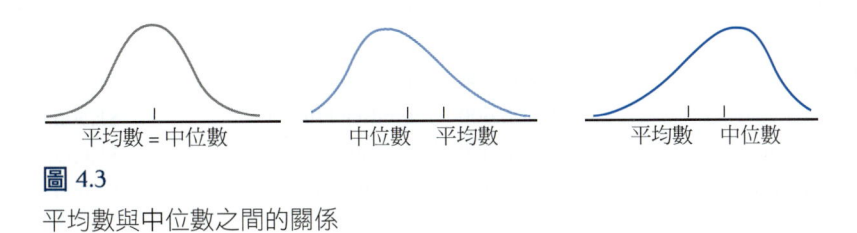

**圖 4.3**
平均數與中位數之間的關係

## 截尾平均數

平均數對於即使是單一一個離群值的極端敏感性以及中位數對於大比例離群

值的極端不敏感性，有時候使得兩者作為中央位置的一個量測值深受質疑。截尾平均數是這兩個極端之間的一個折衷結果。

> **定 義**
>
> **截尾平均數** (trimmed mean) 是由首先從最小到最大排序資料數值，接著從排序清單的每一端刪除選出的一些數值，以及最後平均剩餘數值計算而得。
>
> **截尾的百分比** (trimming percentage) 則是從排序清單的每一端刪除數值的百分比。

有時候從資料集每一端被刪除的觀測值數量被指明。然後對應的截尾百分比被計算為

$$截尾百分比 = \left(\frac{從每一端刪除的數量}{n}\right) \cdot 100$$

在其他情況，截尾百分比被指明然後被用以決定從每一端要刪除的觀測值數量為

$$從每一端刪除的數量 = \left(\frac{截尾百分比}{100}\right) \cdot n$$

如果從這個計算所得從每一端要刪除的觀測值數量不是一個整數，可以被近似為最接近的整數（其稍微改變截尾百分比）。

> **例 4.5　NBA（美國職籃）薪資**

網站 HoopsHype（hoopshype.com/salaries）公開 NBA 球員的薪資。2009 年芝加哥公牛隊球員的薪資為

| 球員 | 2009 年薪資 | 球員 | 2009 年薪資 |
| --- | --- | --- | --- |
| Brad Miller | $12,250,000 | Tyrus Thomas | $4,743,598 |
| Luol Deng | $10,370,425 | Joakim Noah | $2,455,680 |
| Kirk Hinrich | $9,500,000 | Jannero Pargo | $2,000,000 |
| Jerome James | $6,600,000 | James Johnson | $1,594,080 |
| Tim Thomas | $6,466,600 | Lindsey Hunter | $1,306,455 |
| John Salmons | $5,456,000 | Taj Gibson | $1,039,800 |
| Derrick Rose | $5,184,480 | Aaron Gray | $1,000,497 |

這些資料的一個 Minitab 點圖呈現於圖 4.4(a)。由於資料分配不是對稱以及存在離群值，一個截尾平均數是敘述此一資料集之中央位置的合理選擇。

在此資料集中有 14 個觀測值。從該資料集中刪除最大與最小各兩個觀測值，然後平均

剩餘數值將得到一個 $\left(\dfrac{2}{14}\right)(100) = 14\%$ 的截尾平均數。基於公牛隊的薪資資料，兩個最高薪資為 $12,250,000 與 $10,370,425，以及兩個最低薪資為 $1,039,800 與 $1,000,497。剩餘 10 個觀測值的平均為

$$14\% \text{ 截尾平均數} = \frac{9,500,000 + \cdots + 1,306,445}{10} = \frac{45,306,893}{10} = 4,530,689$$

由於資料集中的幾個特別大數值，平均數（$4,997,687）比截尾平均數大。

對於洛杉磯湖人隊而言，因為 2009 年隊上一位球員賺得超過 $23 百萬，而另有兩位球員賺稍微多於 $10 百萬，平均數（$7,035,947）與 14% 的截尾平均數（$5,552,607）之間的差異甚至更大（見圖 4.4(b)）。

**圖 4.4**
NBA 薪資資料的點圖：(a) 公牛隊；(b) 湖人隊

## 類別資料

對於一個類別資料集的自然數量型摘要量為各種類別的相對次數。每一個相對次數是在對應類別中回應的比例（小部分）。通常只有兩個可能回應（**二分 (dichotomy)**）──例如，男性或女性、是否有駕照、上次選舉是否投票。在這類情況下標示兩種可能回應之一為 S（成功）與另一個為 F（失敗）是方便的。只要進一步的分析與標示一致，哪一個類別被指派 S 標示是無所謂的。當資料集是一組樣本，樣本中 S 的部分被稱為**樣本成功比例 (sample proportion of successes)**。

> **定義**
>
> **樣本成功比例**，以 $\hat{p}$ 表示，為
>
> $$\hat{p} = \text{樣本成功比例} = \frac{\text{樣本中 S 的數量}}{n}$$
>
> 其中 S 為用於被指派為成功之回應的標示。

### 例 4.6　你能聽得到我說話嗎？

手機使用者抱怨其服務供應者的品質是常見的。假設在 $n = 15$ 位手機使用者的一組樣本中的每一個人被問及是否滿意手機服務。每一個回應被歸類為 S（滿意）或 F（不滿意）。得到資料為

S　F　S　S　S　F　F　S　S　F
S　S　S　F　F

這組樣本包含 9 個 S，因此

$$\hat{p} = \frac{9}{15} = .60$$

也就是，樣本回應的 60% 為 S。在那些被調查者中，60% 滿意其手機服務。

字母 $p$ 被用來表示**母體成功比例 (population proportion of successes)**[**]。稍後我們將學習來自一組特別樣本之 $\hat{p}$ 的數值如何被用以進行關於 $p$ 的推論。

### 習題　4.1 – 4.16

**4.1**　**道路安全保險機構**(Insurance Institute for Highway Safety)（www.iihs.org，2009 年 6 月 11 日）發布涉及不同類型事故之汽車修理費用的資料。在一項研究中，7 種 2009 年不同車款的迷你與小型汽車被以每小時 6 英里的速度直接撞向一個固定的路障。下表提供每一車款修理保險桿損壞的費用。

| 車款 | 修理費用 |
|---|---|
| Smart Fortwo | $1,480 |
| Chevrolet Aveo | $1,071 |
| Mini Cooper | $2,291 |
| Toyota Yaris | $1,688 |
| Honda Fit | $1,124 |
| Hyundai Accent | $3,476 |
| Kia Rio | $3,701 |

比較平均數與中位數的數值。這些數值為何如此不同？哪一個——平均數或中位數——作為此一資料集之典型數值的一個敘述值明顯較佳？

**4.2**　文章「含咖啡因的能量飲料——一個愈來愈嚴重的問題」（*Drug and Alcohol Dependence* [2009]: 1-10）提供下列有關 8 種暢銷能量飲料的咖啡因濃度資料：

---

[**] 注意這是我們將不使用希臘字母表示母體特徵的一個情況。有些統計學教科書對於母體比例使用符號 $\pi$ 以及樣本比例 $p$。我們在這裡並不使用 $\pi$，因而不會對於數學常數 $\pi = 3.14$……有所混淆。

| 能量飲料 | 咖啡因濃度（毫克 / 盎司） |
|---|---|
| Red Bull | 9.6 |
| Monster | 10.0 |
| Rockstar | 10.0 |
| Full Throttle | 9.0 |
| No Fear | 10.9 |
| Amp | 8.9 |
| SoBe Adrenaline Rush | 9.5 |
| Tab Energy | 9.1 |

a. 這組暢銷能量飲料的平均咖啡因濃度的數值為何？$\bar{x} = 9.625$

b. 可口可樂含有 2.9 毫克 / 盎司以及百事可樂含有 3.2 毫克 / 盎司的咖啡因。寫下一個句子解釋相較於兩種可樂的咖啡因濃度，暢銷能量飲料的咖啡因濃度如何。

4.3　Consumer Reports Health（www.consumerreports.org/health）報導所附對於 12 個咖啡品牌的咖啡因濃度（毫克 / 杯）資料：

| 咖啡因濃度 | 咖啡品牌（毫克 / 杯） |
|---|---|
| Eight O'Clock | 140 |
| Caribou | 195 |
| Kickapoo | 155 |
| Starbucks | 115 |
| Bucks Country Coffee Co. | 195 |
| Archer Farms | 180 |
| Gloria Jean's Coffees | 110 |
| Chock Full o'Nuts | 110 |
| Peet's Coffee | 130 |
| Maxwell House | 55 |
| Folgers | 60 |
| Millstone | 60 |

使用最少一個中央位置量測值來比較咖啡的咖啡因濃度與前一習題中能量飲料的咖啡因濃度。（注意：1 杯 = 8 盎司。）

4.4　Consumer Reports Health（www.consumerreports.org/health）報導對於 11 種不同花生醬之每一種的每 2 茶匙分量的鈉含量（毫克）：

120　50　140　120　150　150　150　65　170　250　110

a. 使用點圖來展示這些資料。評論點圖中的任何不尋常特性。

b. 對於樣本中的花生醬計算鈉含量的平均數與中位數。

c. 此資料集的平均數與中位數的數值相似。鈉含量分配的哪一個方面——如同在 (a) 部分點圖中所繪的——提供平均數與中位數的數值為何相似的解釋？

4.5　在 2009 年 8 月，Harris Interactive 發布「Great Schools」調查的結果。在此調查中，公立或私立學校兒童的 1086 位父母被問及去年每個月他們花在學校志工的時間大約多少。對於此一樣本，每月時數的平均數為 5.6 小時以及中位數為 1.0 小時。平均數與中位數之間的很大差異告訴你關於此一資料集的什麼？

4.6　隨附對於一個月內手機撥號的分鐘數資料被產生以與一項聖地牙哥居民行銷研究的報導中所發布的摘要統計一致（TeleTruth，2009 年 3 月）：

189　0　189　177　106　201　0　212　0　306　0　0　59　224　0　189　142　83　71　165　236　0　142　236　130

a. 對於此資料集的中央位置量測值，你會建議平均數或中位數？對於你的選擇給予一個簡要的解釋。（提示：檢查資料的圖形展示會有幫助。）

b. 以刪除資料集中之三個最小與三個最大的觀測值計算截尾平均數，然後平均剩餘的 19 個觀測值。此一截尾平均數的截尾百分比為何？

c. 你需要使用什麼截尾百分比以便從資料集中刪除所有的 0 分鐘數值？你是否推

薦使用此一截尾百分比的截尾平均數？解釋原因。

**4.7** *USA Today*（2006年5月9日）發布國內前20名報紙在2006年3月31日底，6個月期間平均週間流通量的附錄資料：

| | | | |
|---|---|---|---|
| 2,272,815 | 2,049,786 | 1,142,464 | 851,832 |
| 724,242 | 708,477 | 673,379 | 579,079 |
| 513,387 | 438,722 | 427,771 | 398,329 |
| 398,246 | 397,288 | 365,011 | 362,964 |
| 350,457 | 345,861 | 343,163 | 323,031 |

a. 你認為此一資料集的平均數或中位數將會較大？解釋之。
b. 計算此資料集的平均數與中位數數值。
c. 平均數與中位數中，哪一個在敘述此資料集的典型數值上最佳？
d. 解釋為何由此20個報紙的樣本推論至美國所有日報的母體會是不合理。

**4.8** 本章簡介提供49州（佛蒙特州的資料未能取得）與哥倫比亞特區的每一個其合乎低收入補助而完成登記一項醫療保健藥品計畫的百分比附錄資料（*USA Today*，2006年5月9日）。

| | | | | | | | |
|---|---|---|---|---|---|---|---|
| 24 | 27 | 12 | 38 | 21 | 26 | 23 | 33 |
| 19 | 19 | 26 | 28 | 16 | 21 | 28 | 20 |
| 21 | 41 | 22 | 16 | 29 | 26 | 22 | 16 |
| 27 | 22 | 19 | 22 | 22 | 22 | 30 | 20 |
| 21 | 34 | 26 | 20 | 25 | 19 | 17 | 21 |
| 27 | 19 | 27 | 34 | 20 | 30 | 20 | 21 |
| 14 | 18 | | | | | | |

a. 計算此資料集的平均數。
b. 該文章陳述全國有24%的合格者完成登記。解釋從(a)部分此資料集的平均數為何不等於24。（未能取得佛蒙特州的資訊，但是那並非平均數不等的原因——24%是以排除佛蒙特州資料而計算。）

**4.9** 美國運輸部報導1994年至2003年間與速度有關的碰撞死亡數中具有最高死亡數的20天資料（*Traffic Safety Facts*，2005年7月）。

| 日期 | 速度有關的死亡數 | 日期 | 速度有關的死亡數 |
|---|---|---|---|
| Jan 1 | 521 | Aug 17 | 446 |
| Jul 4 | 519 | Dec 24 | 436 |
| Aug 12 | 466 | Aug 25 | 433 |
| Nov 23 | 461 | Sep 2 | 433 |
| Jul 3 | 458 | Aug 6 | 431 |
| Dec 26 | 455 | Aug 10 | 426 |
| Aug 4 | 455 | Sept 21 | 424 |
| Aug 31 | 446 | Jul 27 | 422 |
| May 25 | 446 | Sep 14 | 422 |
| Dec 23 | 446 | May 27 | 420 |

a. 為這20天計算與速度有關死亡數的平均數。
b. 為這20天計算與速度有關死亡數的中位數。
c. 解釋從此一20天的樣本推論至該年的其他345天為何不合理？

**4.10** 加拿大安大略省的健康與長期照護部在其網站（www.health.gov.on.ca）上發布病患必須等候各種醫療程序的時間資訊。對於在2005年秋天所完成的兩個心臟程序，下列資訊被提供：

| | 完成的程序數 | 等候時間中位數（天） | 等候時間平均數（天） | 90%在以內完成（天） |
|---|---|---|---|---|
| 血管修復術 | 847 | 14 | 18 | 39 |
| 繞道手術 | 539 | 13 | 19 | 42 |

a. 血管修復術等候時間的中位數大於繞道手術等候時間的中位數，但是血管修復術的平均等候時間少於繞道手術。這對於兩種程序之等候時間的分配建議為何？
b. 另一種醫療程序是否可能具有一個等候時間中位數大於「90%在（幾天）以內完成」所報導的時間？解釋之。

**4.11** 房子在加州很昂貴，特別是在空氣清新、藍色大海與極佳景色的中部海岸。在 San Luis Obispo 郡的房價中位數在 2004 年 7 月達到新高，在 2004 年 3 月從 $387,120 衝高至 $452,272。(*San Luis Obispo Tribune*，2004 年 4 月 28 日)。文章包含來自人們嘗試解釋為何房價中位數提高的兩段引文。Richard Watkins，中部海岸 Regional Multiple Listing Services 的主席，的談話被引言為「有一些相當貴的房子售出，其拉高中位數。」Robert Kleinhenz，加州房地產經紀人協會 (California Association of Realtors) 副總經濟分析師解釋房價的反覆無常以陳述：「較少的銷售表示相對少量的非常高或非常低房價可以更容易扭曲中位數。」這些陳述個別是否正確？對於每一個錯誤陳述，解釋為何錯誤並提出可以更正陳述中任何錯誤的一段新文字。

**4.12** 思考下列陳述：超過 65% 的洛杉磯居民收入比該城市的平均薪資少。這個陳述可能正確嗎？如果是，如何是？如果不是，為何不？

**4.13** 從那些在航空公司櫃檯報到所選出的四件行李所組成的一組樣本，產生在 $x=$ 重量（磅）的下列資料：

$x_1 = 33.5, x_2 = 27.3, x_3 = 36.7, x_4 = 30.5$

假設另一件行李被選出並以 $x_5$ 表示其重量。找出一個 $x_5$ 的數值使得 $\bar{x} =$ 樣本中位數。

**4.14** 假設 10 位腦膜炎病患接受大劑量的盤尼西林治療。三天後，體溫被記錄，並且如果病患的體溫出現下降則治療被認為成功。以 S 與 F 分別代表成功與失敗，10 個觀測值為

S S F S S S F F S S

a. 成功樣本比例的數值為何？
b. 以 1 取代每一個 S 以及 0 取代每一個 F。然後為這個以數字編碼的樣本計算 $\bar{x}$。$\bar{x}$ 相較於 $\hat{p}$ 如何？
c. 假設決定要包含 15 位更多病患於此研究。對於 25 位病患的整個樣本要得到 $\hat{p} = .80$，15 位新加入病患中要有多少 S？

**4.15** 研究一特定品牌燈泡壽命的一項實驗涉及將 10 個燈泡運作並觀察其 1000 小時。運作期間有 8 個燈泡失效，而其壽命被記錄。在 1000 小時後兩個仍然運作的燈泡壽命被記錄為 1000+。所得樣本觀測值為

480  790  1000+  350  920  860  570  1000+  170  290

在此節所討論的哪一個中央位置量測值可以被計算，以及那些測量值的數值為何？

**4.16** 一位教師評等在一個 20 位學生的班級中由學生繳交的 19 份測驗卷，而目前為止的平均為 70。（最大可能分數為 100。）最後一張測驗卷的分數必須多高才能提高班級平均 1 分？2 分？

## 4.2 敘述資料集的變異性

報導中央位置的一個量測值只提供關於一個資料集的部分資訊。敘述觀測值

有多麼不同於另一個數值也很重要。在圖 4.5 所展現的三組不同樣本都有平均數 = 中位數 = 45。與第三組樣本比較，在第一組樣本中有許多的變異性。第二組樣本則顯示比第一組樣本較少，但是比第三組較多的變異性；第二組樣本中的大多數變異性歸因於非常遠離中央位置的兩個極端值。

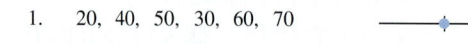

樣本

1. 20, 40, 50, 30, 60, 70

2. 47, 43, 44, 46, 20, 70

3. 44, 43, 40, 50, 47, 46

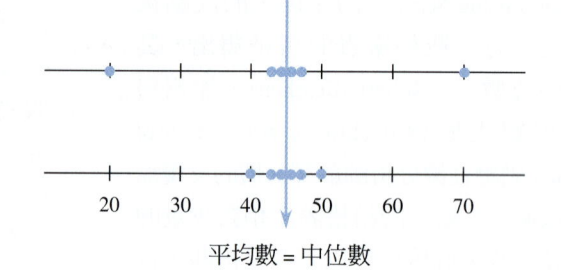

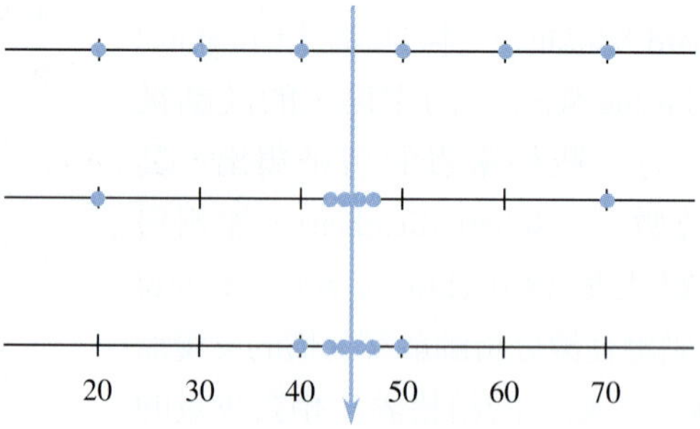

平均數 = 中位數

**圖 4.5**
具有相同中央位置但是不同變異量的三個樣本

變異性最簡單的數量測量值為全距。

### 定 義

一個資料集的**全距** (range) 被定義為

全距 = 最大觀測值 − 最小觀測值

一般而言，較多的變異將被反映在一個較大的全距。然而，變異性是整個資料集的一個特性，並且每一個觀測值皆促成變異性。在圖 4.5 所繪出的前兩組樣本皆有一個 70 − 20 = 50 的全距，但是在第二組樣本則有較少的變異。

## 自平均數的離差

變異性最被廣泛使用的量測值敘述樣本觀測值偏離樣本平均數 $\bar{x}$ 的程度。從每一個觀測值減去 $\bar{x}$ 可得一組自平均數的離差。

### 定 義

$n$ 個自平均數的離差 ($n$ deviations from the sample mean) 是下列差

$(x_1 − \bar{x}), (x_2 − \bar{x}), \ldots, (x_n − \bar{x})$

如果對應的 $x$ 值大於 $\bar{x}$，一個特殊的離差是正的。而如果 $x$ 值小於 $\bar{x}$，離差是負的。

## 例 4.7　大麥克指數

麥當勞速食餐廳現在在全世界許多國家設立據點。但是一個大麥克的花費在不同國家之間存在差異。表 4.2 顯示取自文章「惱怒」（*The Economist*，2009 年 7 月 18 日）有關一個大麥克花費的資料（基於 2009 年 7 月的匯率轉換成美元）。

**表 4.2　7 個國家的大麥克價格**

| 國家 | 以美元計的大麥克價格 |
|---|---|
| 阿根廷 | 3.02 |
| 巴西 | 4.67 |
| 智利 | 3.28 |
| 哥倫比亞 | 3.51 |
| 哥斯大黎加 | 3.42 |
| 祕魯 | 2.76 |
| 烏拉圭 | 2.87 |

注意在大麥克價格上有很大的變異。

對於此一資料集，$\Sigma x = 23.53$ 以及 $\bar{x} = \$3.36$。表 4.3 展示資料與其對應的離差，是以從每一個觀測值減去 $\bar{x} = 3.36$ 而得。因為其中三個觀測值大於 $\bar{x}$，所以三個離差為正。而負的離差對應至小於 $\bar{x}$ 的觀測值。部分離差的值相當大（例如，1.31 與 −0.60），其指出觀測值遠離樣本平均數。

**表 4.3　大麥克資料自平均數的離差**

| 國家 | 以美元計的大麥克價格 | 自平均數的離差 |
|---|---|---|
| 阿根廷 | 3.02 | −0.34 |
| 巴西 | 4.67 | 1.31 |
| 智利 | 3.28 | −0.08 |
| 哥倫比亞 | 3.51 | 0.15 |
| 哥斯大黎加 | 3.42 | 0.06 |
| 祕魯 | 2.76 | −0.60 |
| 烏拉圭 | 2.87 | −0.49 |

通常，樣本中的變異量愈大，離差的數量（忽略符號）愈大。現在我們思考如何將離差結合為單一的一個變異性之數量量測值。第一個想到的可能是去計算平均離差，以加總所有離差〔此一總和可以被精簡地表示為 $\sum(x-\bar{x})$〕，然後除以 $n$。但是，這並不管用，因為在加總中正的與負的離差會相互抵消。

四捨五入的結果，例 4.7 中 7 個離差加總的數值為 $\sum(x-\bar{x}) = 0.01$。如果我們使用甚至更多小數點的精確度計算 $\bar{x}$，總和會甚至更接近 0。

> 在計算離差時除了四捨五入的效果外，以下永遠為真
>
> $$\sum(x-\bar{x}) = 0$$
>
> 由於總和為 0，平均離差永遠為 0，因此它不能作為變異性的量測值。

## 變異數與標準差

避免負值與正值離差相互抵消的慣用方式是在加總前先將其取平方。然後具有相反符號但相同大小的離差，諸如 $+2$ 與 $-2$，對於變異具有相同貢獻。平方離差為 $(x_1 - \bar{x})^2, (x_2 - \bar{x})^2, \ldots, (x_n - \bar{x})^2$，而它們的總和為

$$(x_1 - \bar{x})^2 + (x_2 - \bar{x})^2 + \cdots + (x_n - \bar{x})^2 = \sum(x-\bar{x})^2$$

$\sum(x-\bar{x})^2$ 的常用記號為 $S_{xx}$。將此總和除以樣本量 $n$ 可得平均平方離差。雖然這似乎是變異的一個合理量測值，我們使用一個稍微小於 $n$ 的除數。（這個作法的原因將在本節稍後與第 9 章解釋。）

> **定義**
>
> **樣本變異數** (sample variance)，以 $s^2$ 表示，是自平均數的平方離差的總和除以 $n-1$。也就是，
>
> $$s^2 = \frac{\sum(x-\bar{x})^2}{n-1} = \frac{S_{xx}}{n-1}$$
>
> **樣本標準差** (sample standard deviation) 是樣本變異數的正值平方根，並以 $s$ 表示。

樣本中大量的變異由一個相對大的 $s^2$ 或 $s$ 所指出，同時一個接近 0 的 $s^2$ 或 $s$ 數值則指出小量的變異。注意無論 $x$ 的單位為何（諸如磅或秒），平方離差以及因而 $s^2$ 都會是平方單位。取平方根會得到與 $x$ 相同單位表示的量測值。因此，對於身

高的一組樣本，標準差可能是 $s = 3.2$ 英吋，以及對於教科書價格的一組樣本，可能是 $s = \$12.43$。

### 例 4.8　重返大麥克

讓我們繼續使用在例 4.7 中的大麥克資料以及計算之自平均數的離差來計算樣本變異數與標準差。結合平方離差以計算 $s^2$ 與 $s$ 的數值可得

$$\sum(x - \bar{x})^2 = S_{xx} = 2.4643$$

以及

$$s^2 = \frac{\sum(x - \bar{x})^2}{n - 1} = \frac{2.4643}{7 - 1} = \frac{2.4643}{6} = 0.4107$$

$$s = \sqrt{0.4107} = 0.641$$

**表 4.4　大麥克資料的離差與平方離差**

| 以美元計的大麥克價格 | 自平均數的離差 | 平方離差 |
|---|---|---|
| 3.02 | −0.34 | 0.1156 |
| 4.67 | 1.31 | 1.7161 |
| 3.28 | −0.08 | 0.0064 |
| 3.51 | 0.15 | 0.0225 |
| 3.42 | 0.06 | 0.0036 |
| 2.76 | −0.60 | 0.3600 |
| 2.87 | −0.49 | 0.2401 |
|  |  | $\sum(x - \bar{x})^2 = 2.4643$ |

$s^2$ 的計算可能是冗長乏味的，特別是樣本量大的時候。幸運地，許多計算機與電腦套裝軟體依據要求計算變異數與標準差。一個常被使用的統計電腦套裝軟體為 Minitab。從以大麥克資料使用 Minitab Describe 指令的結果隨之而得。Minitab 提供各種數量的敘述性量測值，包括平均數、中位數與標準差。

```
Descriptive Statistics: Big Mac Price in U.S. Dollars
Variable              N       Mean    SE Mean    StDev    Minimum      Q1     Median
Big Mac Price         7      3.361      0.242    0.641      2.760   2.870      3.280

Variable             Q3    Maximum
Big Mac Price     3.510      4.670
```

標準差可以非正式地被解讀為自平均數離差的一個「典型」或「代表性」的數量大小。因此，在例 4.8，自 $\bar{x}$ 的一個典型離差大約是 0.641；部分觀測值比 0.641 更接近 $\bar{x}$ 而其他則更遠。我們在例 4.8 計算 $s = 0.641$ 並未說明此數值是否指出大量或少量的變異。此時，使用 $s$ 於比較的目的會比作為變異性的絕對評估要來得好。如果不同國家團體的大麥克價格導致一個 $s = 1.25$ 的標準差（這是對於可以提供大麥克資料的所有 45 個國家的標準差），那麼我們可以結論我們的原始樣本比由所有 45 個國家所組成得資料集具有更小變異。

對於整個母體也有與類似於樣本之 $s^2$ 與 $s$ 的變異量測值。這些量測值被稱為**母體變異數 (population variance)** 與**母體標準差 (population standard deviation)**，並且分別以 $\sigma^2$ 與 $\sigma$ 表示。（我們再一次為一個母體特徵使用一個小寫字體的希臘字母。）

---

**符號**

| | | | |
|---|---|---|---|
| $s^2$ | 樣本變異數 | $s$ | 樣本標準差 |
| $\sigma^2$ | 母體變異數 | $\sigma$ | 母體標準差 |

---

在許多統計程序中，我們會使用 $\sigma$ 的數值，但很不幸地它通常未知。因此，在其位置我們必須使用從樣本計算而得的一個我們希望接近 $\sigma$ 的數值（亦即，$\sigma$ 的一個好的估計值）。我們在 $s^2$ 使用除數 $(n-1)$ 而非 $n$ 是因為，平均而言，結果數值傾向於更接近 $\sigma^2$。在第 9 章我們將對此進行更詳細說明。

使用 $(n-1)$ 的另一個替代的基本原理是基於 $\Sigma(x - \bar{x}) = 0$ 的特性。假設 $n = 5$ 且四個離差為

$$x_1 - \bar{x} = -4 \quad x_2 - \bar{x} = 6 \quad x_3 - \bar{x} = 1 \quad x_5 - \bar{x} = -8$$

然後，因為這四個離差的總和為 $-5$，剩下的離差必須為 $x_4 - \bar{x} = 5$（使得所有五個的總和為 0）。雖然有五個離差，只有其中四個包含有關變異的獨立資訊。更廣泛地說，一旦 $(n-1)$ 個任何離差可供使用，剩下的離差數值則可決定。$n$ 個離差實際上只包含 $(n-1)$ 個有關變異的獨立資訊。統計學家以陳述 $s^2$ 與 $s$ 為基於 $(n-1)$ 個**自由度 (degrees of freedom, df)** 來表達。

## 內四分位距

正如 $\bar{x}$ 一樣，$s$ 的數值可以因為一個特別小或大的觀測值的出現而大受影響。

內四分位距 (interquartile range) 是一個不受離群值影響的變異性量測值。它是基於被稱為四分位數 (quartiles) 的幾個數量。下四分位數 (lower quartile) 將資料集內的底部 25% 與上方 75% 區隔，而上四分位數 (upper quartile) 將上方的 25% 與底部的 75% 區隔。中四分位數 (middle quartile) 為中位數，它將底部 50% 與上方 50% 區隔。圖 4.6 闡明在一個平滑直方圖中這些四分位數的位置。

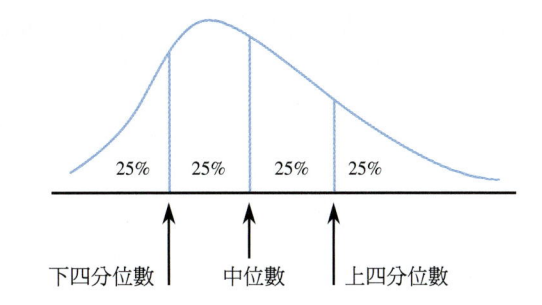

**圖 4.6**
平滑直方圖的四分位數

樣本資料的中位數是以將排序的 $n$ 個觀測值分為一個較低與一個較高的兩半取得；如果 $n$ 為奇數，中位數同時從兩半中被排除。兩個極端的四分位數接著是這兩半的中位數。（注意：中位數只是因計算四分位數而被暫時排除。它並非自資料集中被排除。）

---

**定 義\***

**下四分位數** (lower quartile) = 樣本較低一半的中位數

**上四分位數** (upper quartile) = 樣本較高一半的中位數

（如果 $n$ 為奇數，在計算四分位數時，整組樣本的中位數同時於兩半中被排除。）

**內四分位距** (interquartile range, iqr)，不像標準差那樣對於離群值的出現敏感的一個變異性量測值，可以計算為

　　iqr = 上四分位數 − 下四分位數

\*還有其他幾個定義四分位數的明智方式。某些計算機與套裝軟體使用替代的定義。

---

內四分位距的抗離群值特性來自於最多 25% 的最小樣本觀測值以及最多 25% 的最大樣本觀測值可以更極端而不影響內四分位距的數值之事實。

### 例 4.9　高等教育（學歷）

*The Chronicle of Higher Education* (Almanac Issue, 2009-2010) 發布 2007 年美國 50 州與哥倫比亞特區之擁有學士或更高學歷的人口百分比的附錄資料。51 個資料值為

| | | | | | | | | | | |
|---|---|---|---|---|---|---|---|---|---|---|
| 21 | 27 | 26 | 19 | 30 | 35 | 35 | 26 | 47 | 26 | 27 | 30 |
| 24 | 29 | 22 | 24 | 29 | 20 | 20 | 27 | 35 | 38 | 25 | 31 |
| 19 | 24 | 27 | 27 | 23 | 34 | 34 | 25 | 32 | 26 | 26 | 24 |
| 22 | 28 | 26 | 30 | 23 | 25 | 22 | 25 | 29 | 33 | 34 | 30 |
| 17 | 25 | 23 | | | | | | | | | |

圖 4.7 提供資料的一個莖葉圖（使用重複莖）。資料集中的最小值為 17%（西維吉尼亞），並有兩個數值座落在高數值端以外——38%（麻薩諸塞）與 47%（哥倫比亞特區）。

```
n = 51
葉的單位 = 1.0

1 | 7
1 | 99
2 | 001
2 | 222333
2 | 444455555
2 | 66666677777
2 | 8999
3 | 00001
3 | 23
3 | 444555
3 |
3 | 8
4 |
4 |
4 |
4 | 7
```

**圖 4.7**
莖葉圖：擁有學士或更高學歷的百分比

要計算四分位數與內四分位距，我們首先排序資料並使用中位數將資料分成較低與較高的兩半。因為有一個奇數的觀測值（$n = 51$），在計算四分位數時，中位數同時從高低兩半中被排除。

**排序資料**

| 低數值的一半 | 17 | 19 | 19 | 20 | 20 | 21 | 22 | 22 | 22 | 23 |
| --- | --- | --- | --- | --- | --- | --- | --- | --- | --- | --- |
| | 23 | 23 | **24** | 24 | 24 | 24 | 25 | 25 | 25 | 25 | 25 |
| | 26 | 26 | 26 | 26 | | | | | | |
| **中位數** | | | **26** | | | | | | | |
| 高數值的一半 | 26 | 27 | 27 | 27 | 27 | 27 | 28 | 29 | 29 | 29 |
| | 30 | 30 | **30** | 30 | 31 | 32 | 33 | 34 | 34 | 34 | 35 |
| | 35 | 35 | 38 | 47 | | | | | | |

每一半的樣本包含 25 個觀測值。下四分位數只是樣本低數值這半的中位數（此資料集的 24），以及上四分位數是樣本高數值那半的中位數（此資料集的 30）。這得到

下四分位數 = 24
上四分位數 = 30
iqr = 30 − 24 = 6

此資料集的樣本平均數與標準差分別為 27.18 與 5.53。如果我們將兩個最大值從 38 與 47 改變為 58 與 67（使其仍維持為兩個最大值），中位數與內四分位數不會受影響，同時平均數與標準差會分別變成 27.96 與 8.40。內四分位距的數值不會被資料集內的少數極端值影響。

**母體內四分位距 (population interquartile range)** 是較高與較低母體四分位數之間的差異。如果考慮中的一個資料集的直方圖（無論是母體或樣本）可以被一個常態曲線相當合理地近似，然後標準差 (sd) 與內四分位距之間的關係大約是 sd = iqr/1.35。一個遠大於 iqr/1.35 的標準差數值指出一個比常態曲線較重（或較長）尾的分配。以例 4.9 的教育程度資料而言，我們已經得知 $s$ = 5.53，而 iqr/1.35 = 6/1.35 = 4.44。這建議在例 4.9 中的資料數值分配相較於常態曲線確實是重尾。這可以在圖 4.7 展現的莖葉圖中看出。

## 習題 4.17 – 4.31

4.17　下列資料為 9 個不同品牌切片瑞士乳酪之每盎司價格（美分）(www.consumerreports.org)：

29　62　37　41　70　82　47　52　49

a. 為此資料集計算變異數與標準差。
　　$s^2$ = 279.111；$s$ = 16.707
b. 如果一個切片價格 150 美分的一種非常昂貴乳酪被加入此資料集，平均數與標準差的數值會如何改變？

4.18　由 *Consumer Reports* 所評定非常好的 6 種高纖穀類與被評為好的 9 種高纖穀類的每一份價格（美分）列出於下。就中央位置與變異性，寫下幾個句子敘述這兩個資料集如何不同。使用摘要的統計量來支持你的陳述。

**被評為非常好的穀類**
46　49　62　41　19　77

**被評為好的穀類**
71　30　53　53　67　43　48　28　54

4.19　結合來自前面習題被評為非常好與好的高纖穀類之每份價格資料可得下列資料集：

46　49　62　41　19　77　71　30
53　53　67　43　48　28　54

a. 為這個結合的資料集計算四分位數與內四分位距。
b. 只為被評為好的穀類計算內四分位距。此數值是否大於、小於或大致等於在 (a) 部分計算的內四分位距？

4.20 文章「含咖啡因的能量飲料——一個愈來愈嚴重的問題」(*Drug and Alcohol Dependence* [2009]: 1-10) 提供對於 8 種暢銷能量飲料與 11 種高咖啡因能量飲料的每盎司咖啡因含量的附錄資料：

**暢銷能量飲料**

9.6　10.0　10.0　9.0　10.9　8.9　9.5　9.1

**高咖啡因能量飲料**

21.0　25.0　15.0　21.5　35.7　15.0
33.3　11.9　16.3　31.3　30.0

高咖啡因能量飲料的每盎司平均咖啡因含量明顯較高，但是就每盎司咖啡因含量而言，兩組能量飲料（暢銷或高咖啡因）的哪一個變異最大？合理化你的選擇。

4.21 **道路安全保險機構**（www.iihs.org，2009 年 6 月 11 日）發布涉及不同類型事故之汽車修理費用的資料。在一項研究中，7 種 2009 年不同車款的迷你與小型汽車被以每小時 6 英里的速度直接撞向一個固定的路障。下表提供每一車款修理保險桿損壞的費用：

| 車款 | 修理費用 |
|---|---|
| Smart Fortwo | $1,480 |
| Chevrolet Aveo | $1,071 |
| Mini Cooper | $2,291 |
| Toyota Yaris | $1,688 |
| Honda Fit | $1,124 |
| Hyundai Accent | $3,476 |
| Kia Rio | $3,701 |

a. 計算變異數與標準差的數值。標準差相當大。這告訴你關於修理費用的什麼（資訊）？

b. **道路安全保險機構**（在之前習題所參考的）也提供在 6 個品牌小型休旅車的一項研究中保險桿修理費用的資料（2007 年 12 月 30 日）。就典型的保險桿修理費用與保險桿修理費用變異性而言，寫下一些句子敘述迷你與小型汽車以及小型休旅車如何不同。

| 車款 | 修理費用 |
|---|---|
| Honda Odyssey | $1,538 |
| Dodge Grand Caravan | $1,347 |
| Toyota Sienna | $840 |
| Chevrolet Uplander | $1,631 |
| Kia Sedona | $1,176 |
| Nissan Quest | $1,603 |

4.22 **Consumer Reports Health**（www.consumerreports.org/health）報導所附對於 12 個咖啡品牌的咖啡因濃度（毫克 / 杯）資料：

| 咖啡品牌 | 咖啡因濃度（毫克 / 杯） |
|---|---|
| Eight O'Clock | 140 |
| Caribou | 195 |
| Kickapoo | 155 |
| Starbucks | 115 |
| Bucks Country Coffee Co. | 195 |
| Archer Farms | 180 |
| Gloria Jean's Coffees | 110 |
| Chock Full o'Nuts | 110 |
| Peet's Coffee | 130 |
| Maxwell House | 55 |
| Folgers | 60 |
| Millstone | 60 |

為此資料集計算四分位數與內四分位距的數值。

4.23 隨附對於一個月內手機撥號的分鐘數資料被產生以與一項聖地牙哥居民行銷研究的報導中所發布的摘要統計一致（TeleTruth，2009 年 3 月）：

189　0　189　177　106　201　0　212　0　306
0　0　59　224　0　189　142　83　71　165
236　0　142　236　130

a. 為此資料集計算四分位數與內四分位距的數值。

b. 解釋為何下四分位數等於該資料集最小值。對於每一個資料集這是否都成立？解釋之。

4.24 提出五個數字的兩組具有相同平均數但不同標準差的資料，以及提出五個數字的兩組具有相同標準差但不同平均數的資料。

4.25 回到學校對於父母而言可以是昂貴的時間——就花費而言僅次於聖誕假期季節（*San Luis Obispo Tribune*，2005 年 8 月 18 日）。父母在學期初進行其衣服、筆記本與甚至 iPods 的儲備，在孩童身上花費的平均金額為 $444。當然，並不是每一個父母都花相同的金額而存在某些變異。你是否認為由在一所特別的小學中之每一位學生在開學初所花費金額所組成的一個資料集會有一個大或小的標準差？解釋之。

4.26 文章「重新思考多元化以提高報酬，降低風險」（*San Luis Obispo Tribune*，2006 年 1 月 21 日）包含下列文字段落：

在其研究中，Mulvey 與 Reilly 比較兩個假設的投資組合的成果並使用從 1994 至 2004 年的實際資料以瞭解他們會獲得什麼報酬。第一個投資組合投資的是長期債券、國內股票、國際股票與現金。其 10 年平均每年報酬為 9.85% 且其波動性——以每年報酬的標準差衡量——為 9.26%。當 Mulvey 與 Reilly 轉移投資組合中的部分資產至包含投資於不動產、商品期貨與選擇權的基金時，10 年報酬提高至 10.55% 而標準差降至 7.97%。簡言之，更多元化的投資組合擁有稍微較佳的報酬與較少風險。

解釋標準差為何是波動率的一個合理量測值，以及為何將較小的標準差解讀為較少風險是合理的。

4.27 **美國交通部**報導對於從 1994 年至 2003 年假期間與速度有關的車禍碰撞死亡數的附帶資料（*Traffic Safety Facts*，2005 年 7 月 20 日）。

a. 為新年元旦資料計算標準差。
b. 在不計算陣亡將士紀念日的資料標準差的情況下，解釋陣亡將士紀念日的資料標準差是否會較大於或較小於新年元旦資料的標準差。
c. 陣亡將士紀念日與勞動節為經常發生於週一，以及感恩節經常發生於週四，而新年元旦、國慶日與聖誕節每年並不經常落在一週的同一天。基於既有資料，每年同樣星期幾的假期間與速度有關的碰撞死亡數會比發生在不同星期幾的假期具有較多或較少的變異性？以適當的變異性量測值支持你的答案。

習題 4.27 的資料

**與速度有關的死亡數**

| 假期期間 | 1994 | 1995 | 1996 | 1997 | 1998 | 1999 | 2000 | 2001 | 2002 | 2003 |
|---|---|---|---|---|---|---|---|---|---|---|
| 新年元旦 | 141 | 142 | 178 | 72 | 219 | 138 | 171 | 134 | 210 | 70 |
| 陣亡將士紀念日 | 193 | 178 | 185 | 197 | 138 | 183 | 156 | 190 | 188 | 181 |
| 國慶日 | 178 | 219 | 202 | 179 | 169 | 176 | 219 | 64 | 234 | 184 |
| 勞動節 | 183 | 188 | 166 | 179 | 162 | 171 | 180 | 138 | 202 | 189 |
| 感恩節 | 212 | 198 | 218 | 210 | 205 | 168 | 187 | 217 | 210 | 202 |
| 聖誕節 | 152 | 129 | 66 | 183 | 134 | 193 | 155 | 210 | 60 | 198 |

**4.28** 加拿大安大略省的健康與長期照護部，在其網站上發布病患必須等候各種醫療程序的時間資訊。對於在 2005 年秋天所完成的兩個心臟程序，下列資訊被提供：

| 程序 | 完成的程序數 | 等候時間中位數（天） | 等候時間平均數（天） | 90%在以內完成（天） |
|---|---|---|---|---|
| 血管修復術 | 847 | 14 | 18 | 39 |
| 繞道手術 | 539 | 13 | 19 | 42 |

a. 對於由 847 個血管修復術等候時間所組成的資料集的下四分位數，下列何者必然為真？
  i. 下四分位數少於 14。
  ii. 下四分位數介於 14 與 18 之間。
  iii. 下四分位數介於 14 與 39 之間。
  iv. 下四分位數大於 39。

b. 對於由 539 個繞道手術等候時間所組成的資料集的上四分位數，下列何者必然為真？
  i. 上四分位數少於 13。
  ii. 上四分位數介於 13 與 19 之間。
  iii. 上四分位數介於 13 與 42 之間。
  iv. 上四分位數大於 42。

c. 對於只有 5% 繞道手術等候時間的天數會較長，下列何者必然為真？
  i. 少於 13。
  ii. 介於 13 與 19 之間。
  iii. 介於 13 與 42 之間。
  iv. 大於 42。

**4.29** 附表顯示 2004 年 1 月 1 日與 8 月 1 日之間在 San Luis Obispo 郡的 15 個社區中所售出房屋的低價、高價與平均價（*San Luis Obispo Tribune*，2004 年 9 月 5 日）：

| 社區 | 平均價 | 售出數 | 低 | 高 |
|---|---|---|---|---|
| Cayucos | $937,366 | 31 | $380,000 | $2,450,000 |
| Pismo Beach | $804,212 | 71 | $439,000 | $2,500,000 |
| Cambria | $728,312 | 85 | $340,000 | $2,000,000 |
| Avila Beach | $654,918 | 16 | $475,000 | $1,375,000 |
| Morro Bay | $606,456 | 114 | $257,000 | $2,650,000 |
| Arroyo Grande | $595,577 | 214 | $178,000 | $1,526,000 |
| Templeton | $578,249 | 89 | $265,000 | $2,350,000 |
| San Luis Obispo | $557,628 | 277 | $258,000 | $2,400,000 |
| Nipomo | $528,572 | 138 | $263,000 | $1,295,000 |
| Los Osos | $511,866 | 123 | $140,000 | $3,500,000 |
| Santa Margarita | $430,354 | 22 | $290,000 | $583,000 |
| Atascadero | $420,603 | 270 | $140,000 | $1,600,000 |
| Grover Beach | $416,405 | 97 | $242,000 | $720,000 |
| Paso Robles | $412,584 | 439 | $170,000 | $1,575,000 |
| Oceano | $390,354 | 59 | $177,000 | $1,350,000 |

a. 解釋 Los Osos 與 Morro Bay 合併區域的平均價為何不剛好是 $511,866 與 $606,456 的平均數。

b. 在 Grover Beach 與 Paso Robles 售出的房子有非常相似的平均價格。基於其他資訊，哪一社區的價格可能有較高的標準差？

c. 思考在 Grover Beach 與 Paso Robles 售出的房子。基於其他資訊，哪一社區的價格可能有較高的中位數？

**4.30** 在 1997 年，一位女性控告一家電腦鍵盤製造商，指控她的重複性使力傷害是因鍵盤所造成（*Genessey v. Digital Equipment Corporation*）。陪審團對於疼痛與受苦判給大約 $3.5 百萬元，但是法庭接著認為是不合理的賠償而不理會該判決。在下此決定前，法庭確認一個 27 個類似案例的「標準」團體並且指出合理的賠償為在 27 個案例中賠償金額平均數的 2 個標準差以內的一個金額。這 27 個判決金額為（千元）

| | | | | | | | |
|---|---|---|---|---|---|---|---|
| 37 | 60 | 75 | 115 | 135 | 140 | 149 | 150 |
| 238 | 290 | 340 | 410 | 600 | 750 | 750 | 750 |
| 1050 | 1100 | 1139 | 1150 | 1200 | 1200 | 1250 | 1576 |
| 1700 | 1825 | 2000 | | | | | |

在這「2個標準差規則」下，最大可能的賠償金額為多少？

4.31 單用標準差並不能衡量相對變異。例如，當在敘述不同店家間冰塊盒價格的變異時，$1 的一個標準差會被認為是大的。相反地，當在敘述不同店家間一個特殊品牌冰箱價格的變異時，$1 的一個標準差會被認為是小的。一個被設計給予變異的相對量測值的數量為變異係數 (coefficient of variation)。以 CV 表示，變異係數表示標準差為平均數的一個百分比。其被以公式定義為 $CV = 100\left(\dfrac{s}{\bar{x}}\right)$。考慮兩個樣本。樣本 1 提供標示淨重 8 盎司的寵物食物罐頭的實際內容物重量（盎司）。樣本 2 提供標示淨重 50 磅的袋裝寵物乾食物的實際內容物重量（磅）。這兩個樣本的重量為

| 樣本1 | 8.3 | 7.1 | 7.6 | 8.1 | 7.6 |
|---|---|---|---|---|---|
|      | 8.3 | 8.2 | 7.7 | 7.7 | 7.5 |
| 樣本2 | 52.3 | 50.6 | 52.1 | 48.4 | 48.8 |
|      | 47.0 | 50.4 | 50.3 | 48.7 | 48.2 |

a. 對於每一組樣本，計算平均數與標準差。
b. 為每一組樣本計算變異係數。結果是否讓你覺得意外？為何是或不是？

## 4.3 摘要資料集：盒狀圖

在 4.1 與 4.2 節，我們使用數量的量測值來檢視敘述一個資料集的中央位置與變異性的方式。若有一個摘要資料的方法能提供比中央位置和散布程度量測值更詳細但比莖葉圖或直方圖更簡單，將會是一件美好的事。盒狀圖是這樣的一個方式。盒狀圖是一個精簡，但能提供有關資料的中央位置、散布程度與對稱或偏態的資訊。我們將考慮兩類的盒狀圖：基本的盒狀圖與修正的盒狀圖。

### 基本盒狀圖的構建

1. 畫一個水平（或垂直的）測量刻度。
2. 以左（或低數值）端在下四分位數與右（或高數值）端在上四分位數構建一個長方形盒子。然後盒子寬度等於 iqr。
3. 在盒子內於中位數的位置畫一條垂直（或水平的）線段。
4. 從盒子的每一端至資料集中最小與最大的觀測值延伸水平（或垂直的）線段，稱為鬚。

## 例 4.10　重返學歷資料

讓我們重新考慮美國 50 州與哥倫比亞特區之擁有學士或更高學歷的人口百分比資料（例 4.9）。排序的觀測值為

**排序資料**

| 低數值的一半： | 17 | 19 | 19 | 20 | 20 | 21 | 22 | 22 | 22 | 23 |
|---|---|---|---|---|---|---|---|---|---|---|
| | 23 | 23 | **24** | 24 | 24 | 24 | 25 | 25 | 25 | 25 |
| | 26 | 26 | 26 | 26 | | | | | | |
| 中位數： | | | **26** | | | | | | | |
| 高數值的一半： | 26 | 27 | 27 | 27 | 27 | 27 | 28 | 29 | 29 | 29 |
| | 30 | 30 | **30** | 30 | 31 | 32 | 33 | 34 | 34 | 34 | 35 |
| | 35 | 35 | 38 | 47 | | | | | | |

要構建這些資料的盒狀圖，我們需要下列資訊：最小觀測值、下四分位數、中位數、上四分位數與最大觀測值。此一摘要測量值的收集經常被稱為**五數摘要 (five-number summary)**。對於這個資料集我們得到

　　最小觀測值 = 17
　　下四分位數 = 低數值的一半的中位數 = 24
　　中位數 = 排序清單中的第 26 個觀測值 = 26
　　上四分位數 = 高數值的一半的中位數 = 30
　　最大觀測值 = 47

圖 4.8 顯示對應的盒狀圖。中位數線稍微較接近盒子的低數值端，提示在中間的數值的較低部分有數值的集中。上方（高數值端）鬚比下方（低數值端）鬚來得長。這些觀測值與圖 4.7 的莖葉圖一致。

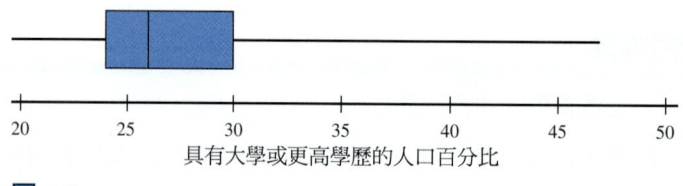

**圖 4.8**
例 4.10 學歷資料的基本盒狀圖

用以構建基本盒狀圖的步驟順序很容易修正以提供關於離群值的資訊。

> **定義**
>
> 一個觀測值如果離最接近的四分位數（盒子的最接近端）超過 1.5(iqr)，則為**離群值** (outlier)。
>
> 一個離群值如果離最接近的四分位數超過 3(iqr)，則為**極端的** (extreme) 而反之則為**輕微的** (mild)。

一個**修正的盒狀圖 (modified boxplot)** 以實心圓表示輕微的離群值以及空心圓表示極端的離群值，並且兩個鬚在每一端延伸至非離群值的最極端觀測值。

> **修正盒狀圖的構建**
>
> 1. 畫一個水平（或垂直的）測量刻度。
> 2. 以左（或低數值）端在下四分位數與右（或高數值）端在上四分位數構建一個長方形盒子。然後盒子寬度等於 iqr。
> 3. 在盒子內於中位數的位置畫一條垂直（或水平的）線段。
> 4. 決定資料集中是否存在任何輕微或極端的離群值。
> 5. 從盒子的每一端畫鬚延伸至非離群值的最極端觀測值。
> 6. 畫一個實心圓來標示資料集中任何輕微離群值的位置。
> 7. 畫一個空心圓來標示資料集中任何極端離群值的位置。

## 例 4.11　黃金矩形

隨附資料來自矩形形狀的一項人類學研究 (*Lowie's Selected Papers in Anthropology*, Cora Dubios, ed. [Berkeley, CA: University of California Press, 1960]: 137-142)。觀測值是對於被使用於 Shoshoni 印地安皮革手工藝品之珠飾矩形的一組 $n = 20$ 的樣本在變項 $x =$ 寬度／長度的結果：

　　.553　　.570　　.576　　.601　　.606　　.606　　.609　　.611　　.615　　.628
　　.654　　.662　　.668　　.670　　.672　　.690　　.693　　.749　　.844　　.933

為了構建修正的盒狀圖所需的數量如下：

　　中位數 = .641　　　　iqr = .681 − .606 = .075
　　下四分位數 = .606　　1.5(iqr) = .1125
　　上四分位數 = .681　　3(iqr) = .225

因此，

（上四分位數）＋ 1.5 (iqr) ＝ .681 ＋ .1125 ＝ .7935
（下四分位數）－ 1.5 (iqr) ＝ .606 － .1125 ＝ .4935

所以 0.844 與 0.933 皆為在高數值端的離群值（因為它們大於 0.7935），而在低數值端沒有離群值（因為沒有觀測值小於 0.4935）。因為

（上四分位數）＋ 3 (iqr) ＝ 0.681 ＋ 0.225 ＝ 0.906

0.933 是一個極端離群值而 0.844 只是一個輕微離群值。上方鬚延伸至非為離群值的最大觀測值，0.749，以及下方鬚延伸至 0.533。盒狀圖呈現於圖 4.9。中位數線不在盒子的中央，所以在資料的中間一半有些微的非對稱。然而，最醒目的特性是出現兩個離群值。這兩個 $x$ 值相當地超越 0.618 的「黃金比率」，是從古代起就被使用作為矩形的一個美學標準。

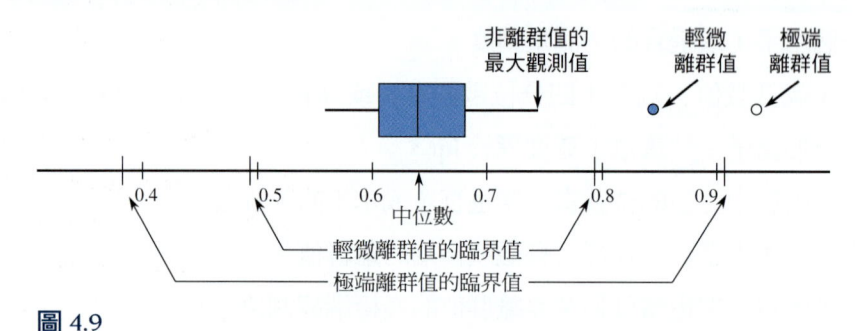

**圖 4.9**
例 4.11 中矩形資料的盒狀圖

## 例 4.12　再看一眼大麥克價格

首先於例 4.7 所介紹的 45 個不同國家以美元計的大麥克價格由文章「惱怒」所提供。這 45 個大麥克的價格為：

| | | | | | | | | | | |
|---|---|---|---|---|---|---|---|---|---|---|
| 3.57 | 3.01 | 3.97 | 4.67 | 3.80 | 3.64 | 3.28 | 1.83 | 3.51 | 3.42 | 3.92 |
| 5.89 | 3.04 | 2.36 | 4.92 | 1.72 | 3.89 | 5.20 | 2.21 | 3.98 | 3.54 | 3.24 |
| 3.06 | 1.99 | 2.48 | 3.54 | 7.03 | 2.28 | 2.76 | 2.09 | 2.66 | 2.31 | 2.93 |
| 3.03 | 2.37 | 2.91 | 1.83 | 5.57 | 6.39 | 2.31 | 1.93 | 3.80 | 2.72 | 1.70 |
| 2.87 | | | | | | | | | | |

圖 4.10 展示大麥克價格資料的一個 Minitab 盒狀圖。注意上方鬚比下方鬚長，並且在高數值端有兩個離群值（挪威的 $7.04 大麥克價格以及瑞士的 $6.29 價格）。

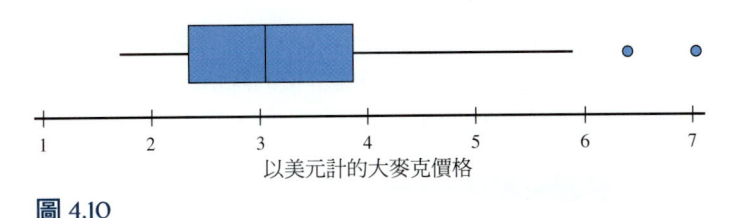

**圖 4.10**
例 4.12 之大麥克資料的 Minitab 盒狀圖

注意 Minitab 並不對於盒狀圖中的輕微離群值與極端離群值進行分辨。對於大麥克價格資料，

下四分位數 = 2.335
上四分位數 = 3.845
iqr = 3.845 − 2.335 = 1.510

接著

1.5(iqr) = 2.265
3(iqr) = 4.530

我們可以計算離群值界線如下：

（上四分位數）+ 1.5(iqr) = 3.845 + 2.265 = 6.110
（上四分位數）+ 3(iqr) = 3.845 + 4.530 = 8.375

因為大於 6.110（上四分位數 + 1.5(iqr)），但是小於 8.375（上四分位數 + 3(iqr)），瑞士的觀測值（6.39）是一個輕微的離群值。挪威的觀測值也是一個輕微的離群值。在此資料集中沒有極端的離群值。

對於由在相同變項（例如，四類汽車的燃油效率或是控制組與處理組的體重增加）上的觀測值所組成的兩個或更多的資料集，**比較的盒狀圖 (comparative boxplot)**（使用相同刻度所畫出之多於一個盒狀圖）可以告訴我們資料集之間的一些異同。

### 例 4.13　重返 NBA 薪資

公布於網站 hoopshype.com 的 2009 至 2010 年 NBA 球員的薪資被用來構建圖 4.11 中所呈現之五支球隊薪資資料的比較的盒狀圖。

比較的盒狀圖展現五支球隊薪資分配之某些有趣的異同處。最低薪資以灰熊隊較低，但是其他四隊大約相同。薪資中位數則以金塊隊較低——事實上金塊隊的中位數大約與尼克隊和湖人隊的下四分位數相同，其指出金塊隊中一半球員的薪資少於大約 $2.5 百萬元，而

只有大約 25% 的尼克隊與湖人隊球員其薪資少於大約 $2.5 百萬元。湖人隊的球員擁有顯然最高的薪資。灰熊隊與湖人隊是唯一存在薪資離群值的隊伍。除了一位被支付高薪的球員外，灰熊隊球員的薪資明顯低於其他四隊。

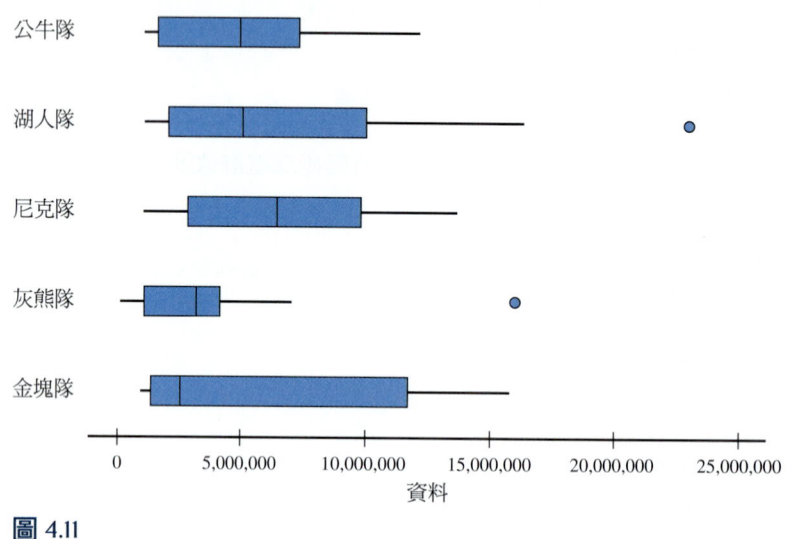

圖 4.11
五支 NBA 球隊薪資的比較的盒狀圖

## 習題 4.32 – 4.37

**4.32** 基於勞動成人的一個大的全國樣本，美國普查局報導對於那些不在家工作者通勤時間的下列資訊：

下四分位數 = 7 分鐘
中位數 = 18 分鐘
上四分位數 = 31 分鐘

同時提供了平均通勤時間，其被報導為 22.4 分鐘。

a. 通勤時間分配較可能是近似對稱、正偏或負偏？基於給定的數量解釋你的推理。

b. 假設最少通勤時間是 1 分鐘與樣本中的最多通勤時間是 205 分鐘。對於通勤時間資料構建一個基本的盒狀圖。

c. 資料集中是否有任何輕微的或極端的離群值？你如何得知？

**4.33** 報導「誰搬家？誰留在原地？家在哪裡？」（*Pew Social and Demographic Trends*，2008 年 12 月 17 日）提供伴隨之美國 50 州在該州出生且仍舊住在當地的人口百分比資料。資料值被從最大到最小依序排列。

75.8　71.4　69.6　69.0　68.6　67.5　66.7　66.3
66.1　66.0　66.0　65.1　64.4　64.3　63.8　63.7
62.8　62.6　61.9　61.9　61.5　61.1　59.2　59.0
58.7　57.3　57.1　55.6　55.6　55.5　55.3　54.9
54.7　54.5　54.0　54.0　53.9　53.5　52.8　52.5

50.2　50.2　48.9　48.7　48.6　47.1　43.4　40.4
35.7　28.2

a. 找出中位數、下四分位數與上四分位數的數值。
b. 資料集中的兩個最小值為 28.2（阿拉斯加）與 35.7（懷俄明）。這兩州是否為離群值？
c. 為此資料集構建一個盒狀圖並評論圖形的有趣特性。

4.34　**國家氣候資料中心**提供 1950 年至 2008 年奧勒岡州 Medford 的年降雨量資料如下（www.ncdc.noaa.gov/oa/climate/research/cag3/city.html）：

28.84　20.15　18.88　25.72　16.42　20.18
28.96　20.72　23.58　10.62　20.85　19.86
23.34　19.08　29.23　18.32　21.27　18.93
15.47　20.68　23.43　19.55　20.82　19.04
18.77　19.63　12.39　22.39　15.95　20.46
16.05　22.08　19.44　30.38　18.79　10.89
17.25　14.95　13.86　15.30　13.71　14.68
15.16　16.77　12.33　21.93　31.57　18.13
28.87　16.69　18.81　15.15　18.16　19.99
19.00　23.97　21.99　17.25　14.07

a. 計算四分位數與內四分位距。
b. 在此資料集中是否存在離群值？如果是，哪一些觀測值是輕微的離群值？哪一些是極端的離群值？
c. 為此資料集畫一個顯示離群值的盒狀圖。

4.35　所附 45 年期間的每一年在香港的年度最大風速（每秒呎）資料由出現在期刊 *Renewable Energy*（2007 年 3 月）中的一篇文章所提供。使用年度最大風速資料構建一個盒狀圖。該圖是否近似對稱？

30.3　39.0　33.9　38.6　44.6　31.4　26.7　51.9
31.9　27.2　52.9　45.8　63.3　36.0　64.0　31.4
42.2　41.1　37.0　34.4　35.5　62.2　30.3　40.0
36.0　39.4　34.4　28.3　39.1　55.0　35.0　28.8
25.7　62.7　32.4　31.9　37.5　31.5　32.0　35.5
37.5　41.0　37.5　48.6　28.1

4.36　18 種高纖穀類的纖維含量（每份公克）與糖含量（每份公克）（www.consumerreports.com）列出於下。

**纖維含量**
7　10　10　7　8　7　12　12　8
13　10　8　12　7　14　7　8　8

**糖含量**
11　6　14　13　0　18　9　10　19
6　10　17　10　10　0　9　5　11

a. 為纖維含量資料集找出中位數、四分位數與內四分位距。
b. 為糖含量資料集找出中位數、四分位數與內四分位距。
c. 在糖含量資料集中是否存在任何離群值？
d. 解釋為何纖維含量資料集的最小值與纖維含量資料集的下四分位數相等。
e. 構建一個比較的盒狀圖並用它評論纖維與糖分配的異同。

4.37　以下所列為 40 種職業中的每一個每 1000 個人每年的汽車事故數（*Knight Ridder Tribune*, 2004 年 6 月 19 日）：

| 職業 | 每1000人事故 | 職業 | 每1000人事故 |
|---|---|---|---|
| 學生 | 152 | 社工 | 98 |
| 內科醫生 | 109 | 體力勞動者 | 96 |
| 律師 | 106 | 分析師 | 95 |
| 建築師 | 105 | 工程師 | 94 |
| 不動產經紀人 | 102 | 顧問 | 94 |
| 應徵軍人 | 99 | 銷售人員 | 93 |
| 軍官 | 91 | 藥劑師 | 85 |

（續）

| 職業 | 每1000人事故 | 職業 | 每1000人事故 |
|---|---|---|---|
| 護士 | 90 | 業主 | 84 |
| 學校行政人員 | 90 | 教師/教授 | 84 |
| 技術工人 | 90 | 會計師 | 84 |
| 圖書館員 | 90 | 執法人員 | 79 |
| 創意藝術家 | 90 | 物理治療師 | 78 |
| 業務主管 | 89 | 獸醫 | 78 |
| 保險代理人 | 89 | 文書/秘書 | 77 |
| 銀行/金融業 | 89 | 神職人員 | 76 |
| 客服人員 | 88 | 家庭主婦 | 76 |
| 經理 | 88 | 政治人物 | 76 |
| 醫療支援 | 87 | 飛行員 | 75 |
| 電腦相關 | 87 | 消防員 | 67 |
| 牙醫 | 86 | 農夫 | 43 |

a. 你會建議使用標準差或內四分位距作為此資料集的變異性量測值？
b. 在此資料集中是否存在離群值？如果是，哪些觀測值是輕微的離群值？哪些是極端的離群值？
c. 為此資料集畫一個修正的盒狀圖。
d. 如果一家保險公司要求你決定哪一些，如果有，職業應該被提供在汽車保險上的專業折扣，你會建議哪些職業？解釋之。

## 4.4 解釋中央位置與變異性：謝比雪夫定理、經驗法則與 z 分數

平均數與標準差可以被結合，以進行有關在資料集中的數值如何分配以及資料集中一個特殊值的相對位置之富有資訊的陳述。為達目的，能夠敘述一個特定觀測值就標準差而言離平均數多遠是有用的。例如，我們可能說一個觀測值高於平均數 2 個標準差，或是一個觀測值低於平均數 1.3 個標準差。

### 例 4.14 標準化的測驗分數

思考一個在具有平均數與標準差分別為 100 與 15 的標準化測驗所得分數的資料集。我們可以做下列陳述：

1. 因為 100 − 15 = 85，我們說一個 85 的分數為「低於平均數 1 個標準差。」同理，100 + 15 = 115 為「高於平均數 1 個標準差」（參考圖 4.12）。

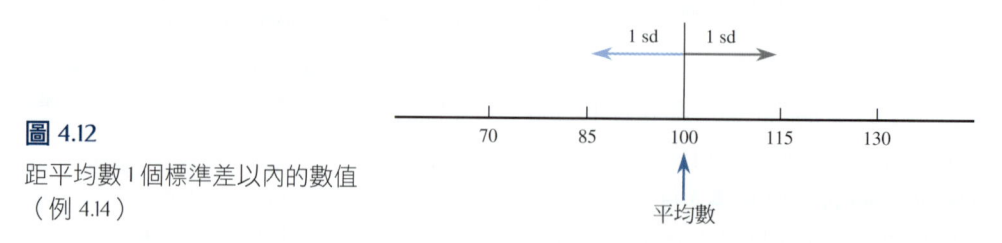

**圖 4.12**
距平均數 1 個標準差以內的數值
（例 4.14）

2. 因為標準差的 2 倍是 2(15) = 30，且 100 + 30 = 130 以及 100 − 30 = 70，介於 70 與 130 的是那些在平均數的 2 個標準差內的分數（見圖 4.13）。

3. 因為 $100 + (3)(15) = 145$，高於 145 的分數是以超過 3 個標準差大於平均數的分數。

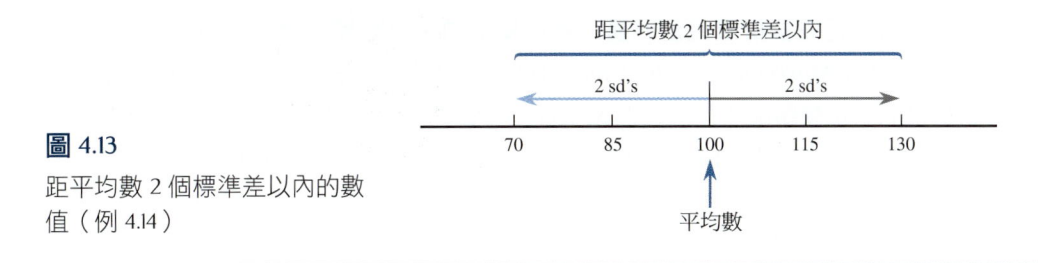

**圖 4.13** 距平均數 2 個標準差以內的數值（例 4.14）

有時候在發表的文章中，平均數與標準差被報導，但是並未提供資料的一個圖形展示。然而，使用一個稱為謝比雪夫定理的結果，基於我們只對於平均數與標準差的瞭解，是可能對資料的分配獲得理解的。

### 謝比雪夫定理 (Chebyshev's Rule)

考慮任意數字 $k$，其中 $k \geq 1$。然後距平均數 $k$ 個標準差以內的觀測值百分比為至少 $100\left(1 - \dfrac{1}{k^2}\right)\%$。代入選擇的 $k$ 值可得下列結果。

| 標準差的數量 $k$ | $1 - \dfrac{1}{k^2}$ | 距平均數 $k$ 個標準差以內的百分比 |
|---|---|---|
| 2 | $1 - \dfrac{1}{4} = .75$ | 至少 75% |
| 3 | $1 - \dfrac{1}{9} = .89$ | 至少 89% |
| 4 | $1 - \dfrac{1}{16} = .94$ | 至少 94% |
| 4.472 | $1 - \dfrac{1}{20} = .95$ | 至少 95% |
| 5 | $1 - \dfrac{1}{25} = .96$ | 至少 96% |
| 10 | $1 - \dfrac{1}{100} = .99$ | 至少 99% |

## 例 4.15　學齡前小孩的兒童照顧

文章「以多元安排拼湊兒童照顧：對於學齡前小孩受雇父母的碎布被褥或偏好的型態？」(*Journal of Marriage and the Family* [1994]: 669-680) 檢視學齡前小孩照顧的各種方式。對於擁有一位學齡前小孩的一個家庭樣本，每週兒童照顧時間的平均數與標準差分別為 36 小時與 12 小時。圖 4.14 展示離平均數 1、2 與 3 個標準差的數值。

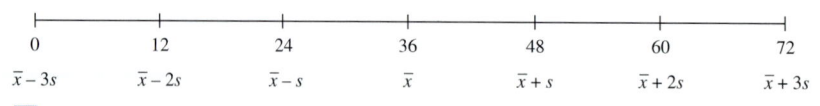

```
    0         12        24        36        48        60        72
  x̄ − 3s    x̄ − 2s     x̄ − s      x̄       x̄ + s     x̄ + 2s    x̄ + 3s
```

**圖 4.14**

兒童照顧時間的測量刻度（例 4.15）

謝比雪夫定理讓我們能夠聲稱下列陳述：

1. 至少 75% 的樣本觀測值一定介於 12 與 60 小時之間（在平均數 2 個標準差以內）。
2. 因為至少 89% 的觀測值一定介於 0 與 72 之間，最多 11% 在此區間以外。時間不可能是負的，所以我們結論最多 11% 的觀測值超過 72。
3. 數值 18 與 54 為 $\bar{x}$ 任一邊的 1.5 個標準差，所以在謝比雪夫定理中使用 $k = 1.5$ 意味著至少 55.6% 的觀測值一定在這兩個數值間。因此，最多 44.4% 的觀測值小於 18——不是最多 22.2%，因為數值的分配可能不為對稱。

---

因為謝比雪夫定理可以應用至任何資料集（分配），無論對稱或偏態，在進行關於高於一個特定值、低於一個特定值或是在一個不是以平均數為中心的區間以內或以外的比例陳述時，我們必須小心。該法則必須被以一種保守的方式使用。該法則陳述至少 75% 的觀測值在平均數的 2 個標準差以內，但是對於許多資料集而言，明顯地多於 75% 的數值滿足此一情況。對於其他的 $k$ 值（標準差的數字），同類的保守陳述也經常遇見。

## 例 4.16　智商分數

圖 4.15 提出在先前研究之一其使用比西智力量表的史丹佛修訂版之 112 位兒童智商分數的一個莖葉圖（*The Intelligence of School Children*, L. M. Terman [Boston: Houghton-Mifflin, 1919]）。

摘要的數量包括

$\bar{x} = 104.5 \quad s = 16.3 \quad 2s = 32.6 \quad 3s = 48.9$

```
 6 | 1
 7 | 25679
 8 | 0000124555668
 9 | 000011233446666778889
10 | 0001122223335666777788899999
11 | 00001122333344444477899
12 | 01111123445669
13 | 006
14 | 26                    莖：十位數
15 | 2                     葉：個位數
```

**圖 4.15** 在例 4.16 中所使用 IQ 分數的莖葉圖

在圖 4.15 中，距平均數 2 個標準差以內的所有觀測值被以淺色顯示。表 4.5 則顯示謝比雪夫定理有時候如何會相當程度地保守陳述實際百分比。

**表 4.5** 摘要 IQ 分數的分配

| $k = $ 標準差的數量 | $\bar{x} \pm ks$ | 謝比雪夫 | 實際 |
|---|---|---|---|
| 2 | 71.9 至 137.1 | 至少 75% | 96% (108) |
| 2.5 | 63.7 至 145.3 | 至少 84% | 97% (109) ← 圖 4.15 中的淺色葉 |
| 3 | 55.6 至 153.4 | 至少 89% | 100% (112) |

## 經驗法則

基於謝比雪夫定理的陳述經常為保守的事實建議我們應該尋找較不保守與更精準的法則。一個有用的法則為**經驗法則 (Empirical Rule)**，它可以被應用於當資料數值的分配可以被相當合理地以一條常態曲線敘述時（分配為「小山」形狀）。

> **經驗法則**
>
> 如果在資料集中數值的直方圖可以相當合理地被以一條常態曲線近似，然後
>
> 大約 68% 的觀測值在平均數的 1 個標準差以內。
>
> 大約 95% 的觀測值在平均數的 2 個標準差以內。
>
> 大約 99.7% 的觀測值在平均數的 3 個標準差以內。

經驗法則把「近似」取代「至少」的陳述，並且對於 $k = 1$、2 與 3 個標準差的百分比要比謝比雪夫定理的高許多。圖 4.16 闡明由經驗法則所給予的百分比。相較於謝比雪夫定理，將百分比一分為二是被允許的，因為常態曲線是對稱的。

**圖 4.16**

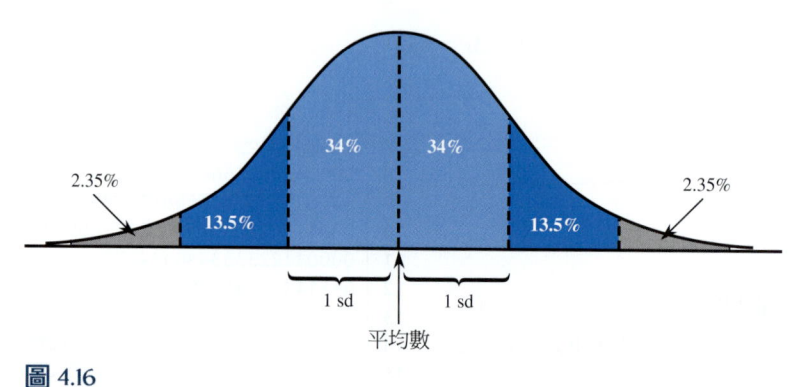

經驗法則所指的近似百分比

---

### 例 4.17　母親們的身高與經驗法則

最早支持常態分配的廣泛應用的文章之一為「站在男性的遺傳定理上。I. 身體特徵的遺傳」(*Biometrika* [1903]: 375-462)。文章中所討論的資料集之一是由 1052 個母親身高的測量值所構成。平均數與標準差為

$\bar{x} = 62.484$ 吋　$s = 2.390$ 吋

資料分配被敘述為近似常態。表 4.6 對照實際百分比與從謝比雪夫定理和經驗法則所獲得的百分比。

**表 4.6　摘要母親身高的分配**

| 標準差數量 | 區間 | 實際 | 經驗法則 | 謝比雪夫定理 |
| --- | --- | --- | --- | --- |
| 1 | 60.094 至 64.874 | 72.1% | 大約 68% | 至少 0% |
| 2 | 57.704 至 67.264 | 96.2% | 大約 95% | 至少 75% |
| 3 | 55.314 至 69.654 | 99.2% | 大約 99.7% | 至少 89% |

很清楚地，在此案例中經驗法則要比謝比雪夫定理來得更成功與富有資訊。

---

我們在第 7 章對於常態分配與常態曲線下面積的深入學習將使我們能夠對於不同於 $k = 1$、2 或 3 個標準差的數值進行與經驗法則下的那些相似的陳述。目前來說，注意如果看到來自一個常態分配母體的觀測值離平均數超過 2 個標準差（只有 5%）是不尋常的，以及如果看到一個距離超過 3 個標準差的觀測值會是非常令人意外的。如果你遇到一位母親其身高為 72 吋，你可能會合理地結論她不是在例 4.17 中由資料集所敘述之母體的一部分。

## 相對位置的測量

當你在考試後取得你的分數，你可能想知道它與其他參加考試的分數比較表現如何。你的分數是高於或低於平均數，而且差多少？你的分數是否將你擺在參加考試者的頂尖 5% 之中，或是只是在前段 25% 之中？這類問題可以被以找出測量資料集中一個特定值的位置相對於所有數值的方式來回答。相對位置的一個測量值為 $z$ 分數。

> **定義**
>
> 對應至一個特定值的 **$z$ 分數** (z score) 為
>
> $$z \text{ 分數} = \frac{\text{數值} - \text{平均數}}{\text{標準差}}$$
>
> $z$ 分數告訴我們一個數值距離平均數多少個標準差。其值為正或負取決於該數值是否高於或低於平均數。

這個減去平均數然後除以標準差的過程有時被稱為標準化 (standardization)，而一個 $z$ 分數是所謂標準化分數的一個例子。

### 例 4.18　相對而言，何者提供較佳的薪資？

假設兩個即將畢業的大四學生，一位主修行銷而另一位主修會計，正在比較工作提供的薪資。會計主修者有一個年薪 \$45,000 的工作，而行銷主修學生有一個年薪 \$43,000 的工作。關於工作薪資分配的摘要訊息如下：

會計：平均數 = 46,000　　標準差 = 1500
行銷：平均數 = 42,500　　標準差 = 1000

接著，

$$\text{會計 } z \text{ 分數} = \frac{45{,}000 - 46{,}000}{1500} = -.67$$

（所以 \$45,000 在平均數以下 .67 個標準差），然而

$$\text{行銷 } z \text{ 分數} = \frac{43{,}000 - 42{,}500}{1000} = .5$$

相對於適當的資料庫，行銷工作薪資實際上比會計薪資更有吸引力（雖然這可能無法提供行銷主修者較多的安慰）。

z 分數在當觀測值的分配近似常態時特別有用。此例中，依經驗法則，在 $-2$ 至 $+2$ 區間以外的一個 z 分數會發生於所有個案的大約 5%，而在 $-3$ 至 $+3$ 區間以外的一個 z 分數只有大約 0.3% 的發生機會。

## 百分位數

一個特殊的觀測值可以用資料落在或低於該觀測值的百分比的方式更精確地被定位。如果，例如，所有測驗分數的 95% 落在或低於 650，而只有 5% 高於 650，那麼 650 被稱為資料集的（或者分數分配的）第 95 百分位數。同理，如果所有分數的 10% 落在或低於 400 且 90% 高於 400，那麼數值 400 就是第 10 百分位數。

### 定義

對於介於 0 與 100 之間的任何特別數值 $r$，**第 $r$ 百分位數** (the $r$th percentile) 是使得資料集中觀測值的 $r$ 百分比落在或低於該數值的一個值。

圖 4.17 說明第 90 百分位數。我們已經在假設中碰到幾個百分位數。中位數是第 50 百分位數，以及下四分位數與上四分位數分別為第 25 與第 75 百分位數。

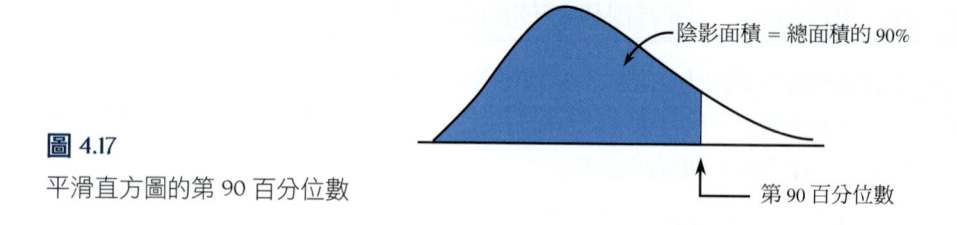

**圖 4.17**
平滑直方圖的第 90 百分位數

### 例 4.19　出生時的頭圍

除了重量與身高外，頭圍是新生嬰兒健康的另一個量測值。**國家健康統計中心**對於男孩出生時的頭圍（公分）報導下列摘要數值（近似數值讀取自該中心的疾病管制網站出現的圖形）：

| 百分位數 | 5 | 10 | 25 | 50 | 75 | 90 | 95 |
|---|---|---|---|---|---|---|---|
| 頭圍（公分） | 32.2 | 33.2 | 34.5 | 35.8 | 37.0 | 38.2 | 38.6 |

解讀這些百分位數，我們得知一半的新生男孩其頭圍小於 35.8 公分，因為 35.8 是第 50 百分位數（中位數）。中間 50% 的新生男孩具有頭圍介於 34.5 公分與 37.0 公分之間，而有大約 25% 的頭圍小於 34.5 公分以及大約 25% 大於 37.0 公分。我們可以看得出來新生男孩的頭圍分配不為對稱，因為第 5 百分位數低於中位數 3.6 公分，而第 95 百分位數只高於中位數 2.8 公分。這說明了此分配的底（下半）部比頂（上半）部延伸得多。這與負偏分配一致，如圖 4.18 所示。

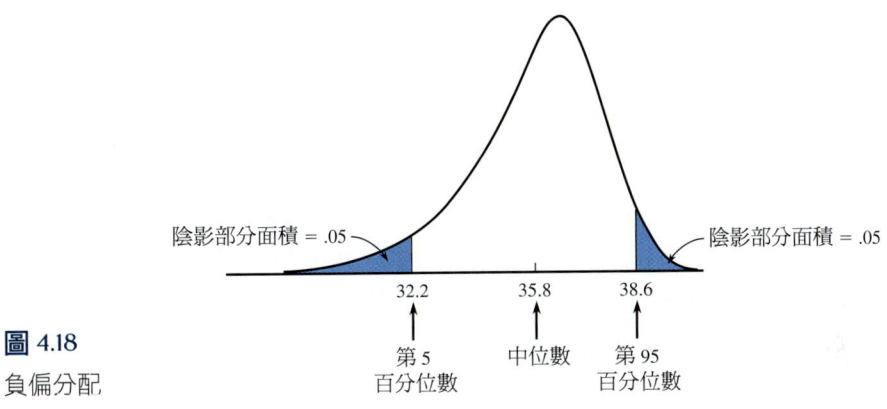

**圖 4.18**
負偏分配

## 習題 4.38 – 4.52

**4.38** 在一個大的收藏中之 CD 的平均播放時間為 35 分鐘，標準差為 5 分鐘。
a. 高於平均數 1 個標準差的數值為何？低於平均數 1 個標準差的數值為何？離平均數 2 個標準差的數值為何？
b. 在對於時間分配沒有任何假設的情況下，介於 25 與 45 分鐘之間的時間百分比至少為何？
c. 在對於時間分配沒有任何假設的情況下，少於 20 分鐘或多於 50 分鐘的時間百分比會是多少？
d. 假設時間的分配近似常態，介於 25 與 45 分鐘之間的時間百分比大約為何？少於 20 分鐘或多於 50 分鐘的時間百分比大約多少？少於 20 分鐘的時間百分比又大約是多少？

**4.39** 在研究汽車速度對於事故嚴重性之影響的一項研究中，5000 件報案的致命汽車事故被檢視，撞擊時每一部車輛的速度被記錄。對於這 5000 件事故，平均速度為每小時 42 英里 (mph) 與標準差為每小時 15 英里。直方圖顯示撞擊時的車輛速度分配近似常態。
a. 車輛速度在 27 與 57mph 之間的比例大約為何？
b. 車輛速度超過 57mph 的比例大約為何？

**4.40 美國普查局（2000 年普查）** 報導下列一個不在家工作成人的大樣本其通勤時間的相對次數分配：

| 通勤時間（分鐘） | 相對次數 |
|---|---|
| 0 至 <5 | .04 |
| 5 至 <10 | .13 |
| 10 至 <15 | .16 |
| 15 至 <20 | .17 |
| 20 至 <25 | .14 |
| 25 至 <30 | .05 |
| 30 至 <35 | .12 |
| 35 至 <40 | .03 |
| 40 至 <45 | .03 |
| 45 至 <60 | .06 |
| 60 至 <90 | .05 |
| 至少 90 | .02 |

a. 為通勤時間分配畫直方圖。在構建直方圖時，假設在相對次數分配中的最後一個區間（90 或更多）於 200 結束；使得最後區間為 90 至 <200。因為不是所有區間具有相同寬度，確定使用密度刻度來決定直方圖中條狀物的高度。

b. 從 (a) 部分的直方圖敘述有趣的特性，包括中央位置、形狀與分散。

c. 基於得自 (a) 部分的直方圖，使用經驗法則對於通勤時間分配進行陳述是否適當？解釋為何是或不是。

d. 通勤時間分配的大概平均數與標準差分別為 27 分鐘與 24 分鐘。基於此平均數與標準差，以及通勤時間不可能為負的事實，解釋為何通勤時間分配無法被以一條常態曲線良好的近似。

e. 使用在 (d) 部分提供的平均數與標準差，以及謝比雪夫定理進行以下的有關陳述
 i. 0 與 75 分鐘之間通勤時間的百分比
 ii. 0 與 47 分鐘之間通勤時間的百分比

f. 在 (e) 部分基於謝比雪夫定理的陳述如何與通勤時間分配的實際百分比一致？（提示：你可以從已知的相對次數分配估計實際百分比。）

**4.41** 可移動式住宅（拖車型活動屋）因為節能被緊密的建築。這可能導致室內汙染物的增加。文章「**可移動式住宅內的二氧化氮程度調查**」(*Journal of the Air Pollution Control Association* [1998]: 647-651) 討論在這些結構體中二氧化氮濃度的各項議題。

a. 在洛杉磯地區可移動式住宅的一組樣本中，夏天在廚房的平均二氧化氮濃度為 36.92 ppb，以及標準差為 11.34。對於二氧化氮濃度分配的形狀不做假設，觀測值介於 14.24 與 59.60 之間的百分比可以是多少？

b. 至少 89% 的濃度觀測值保證將落在什麼區間內？

c. 在非洛杉磯可移動式住宅的一組樣本中，冬季期間平均廚房二氧化氮濃度為 24.76 ppb，以及標準差為 17.20。這些數值是否指出樣本觀測值的直方圖並不很類似一常態曲線？（提示：$\bar{x} - 2s$ 是多少？）

**4.42** 文章「**美國應課稅的財富與酒精飲料的消費**」(*Psychological Reports* [1994]: 813-814) 報導每年成人消費酒的平均數為 3.15 加侖與標準差為 6.09 加侖。你是否會使用經驗法則來近似消費多於 9.24 加侖的成人比例（亦即，消費數值超過平均數多於 1 個標準差的成人比例）？解釋你的推理。

**4.43** 一個學生參加兩個全國性的性向測驗。第一個測驗的全國平均數與標準差分別為 475 與 100，第二個測驗則分別為 30 與 8。這位學生在第一個測驗得分 625 與在第二個測驗得分 45。使用一個 $z$ 分數決定相對於其他受試者，該學生在哪一個測驗表現較佳。

**4.44** 假設你妹妹正申請大學入學並已經完成 SAT 考試。她在測驗的文法部分得分為第 83 百分位數，而在測驗的數學部分得分為第 94 百分位數。因為你正在學習統

計，她詢問你對於這些數值的解讀。你會告訴她什麼？

**4.45** 一種特定類型的混凝土樣品的一組樣本被選出，每一個樣品的抗壓強度被決定。平均數與標準差被計算為 $\bar{x} = 3000$ 與 $s = 500$，並且樣本直方圖被發現由一條常態曲線良好近似。
a. 樣本觀測值介於 2500 與 3500 之間的百分比大約為何？
b. 樣本觀測值在 2000 與 4000 區間以外的百分比大約為何？
c. 觀測值介於 2000 與 2500 之間的大約百分比為何？
d. 你為何不用謝比雪夫定理回答在 (a) 至 (c) 所提出的問題？

**4.46** 文章「巴士服務信度的建模與測量」(*Transportation Research* [1978]: 253-256) 研究來自不同路線有關巴士服務的各種面向並提供運行時間（分鐘）上的資料。隨附的次數分配是在芝加哥一個特定路線早上交通尖峰期間從起站到終點站的巴士運行時間：

| 運行時間 | 次數 | 相對次數 |
|---|---|---|
| 15 至 <16 | 4 | .02 |
| 16 至 <17 | 0 | .00 |
| 17 至 <18 | 26 | .13 |
| 18 至 <19 | 99 | .49 |
| 19 至 <20 | 36 | .18 |
| 20 至 <21 | 8 | .04 |
| 21 至 <22 | 12 | .06 |
| 22 至 <23 | 0 | .00 |
| 23 至 <24 | 0 | .00 |
| 24 至 <25 | 0 | .00 |
| 25 至 <26 | 16 | .08 |

a. 構建對應的直方圖。
b. 計算（大致上）下列百分位數：
　i. 第 86　　ii. 第 15
　iii. 第 90　　iv. 第 95
　v. 第 10

**4.47** 出現在 1983 年 9 月當期的期刊 *Packaging* 之「30 吋的 Wonder 磅秤」的廣告宣稱 30 吋的 Wonder 磅秤可以秤箱子與袋子最高達 110 磅並提供誤差在 0.25 盎司以內的精準度。假設一個 50 盎司的重量重複在這個磅秤上被秤重，並且重量讀數被記錄。平均數為 49.5 盎司以及標準差為 0.1。對於該磅秤所呈現之重量在 50 盎司真實值的誤差在 0.25 盎司以內的次數比例可以是多少？（提示：使用謝比雪夫定理。）

**4.48** 假設你的統計學教授發回你的第一次期中考試而僅在上頭出現一個 z 分數。她也告訴你分數的直方圖近似常態。你會如何解釋下列的每一個 z 分數：
a. 2.2　　　　b. 0.4
c. 1.8　　　　d. 1.0
e. 0

**4.49** 文章「在選擇題上的回答改變」(*Journal of Experimental Education* [1980]: 18-21) 報導針對 162 位大學生的一個團體，在一個包含 80 題選擇題的測驗中從正確答案改變至一個錯誤答案的平均回答數為 1.4。對應的標準差被報導為 1.5。基於此平均數與標準差，你能夠看出關於變項從正確到錯誤答案的改變量之分配形狀為何？對於至少改變 6 個從正確到錯誤答案的學生人數可以做何陳述？

**4.50** 完成一項速讀課程學生的平均閱讀速度為每分鐘 450 個字 (wpm)。如果標準差為 70 wpm，找出與下列每一個閱讀速度有關的 z 分數。
a. 320 wpm　　b. 475 wpm
c. 420 wpm　　d. 610 wpm

4.51　下列資料數值為 2009 年美國各州在公共圖書館的消費人均（來自 www.statemaster.com）：

| 16.84 | 16.17 | 11.74 | 11.11 | 8.65 | 7.69 | 7.48 |
| 7.03 | 6.20 | 6.20 | 5.95 | 5.72 | 5.61 | 5.47 |
| 5.43 | 5.33 | 4.84 | 4.63 | 4.59 | 4.58 | 3.92 |
| 3.81 | 3.75 | 3.74 | 3.67 | 3.40 | 3.35 | 3.29 |
| 3.18 | 3.16 | 2.91 | 2.78 | 2.61 | 2.58 | 2.45 |
| 2.30 | 2.19 | 2.06 | 1.78 | 1.54 | 1.31 | 1.26 |
| 1.20 | 1.19 | 1.09 | 0.70 | 0.66 | 0.54 | 0.49 |
| 0.30 | 0.01 | | | | | |

a. 以一個次數分配摘要此資料集。構建對應的直方圖。

b. 使用在 (a) 部分的直方圖去找出下列百分位數的大致數值：
　i. 第 50　　　ii. 第 70
　iii. 第 10　　 iv. 第 90
　v. 第 40

4.52　附表提供兩個不同刺激之反應時間（秒）的平均數與標準差：

|  | 刺激 1 | 刺激 2 |
|---|---|---|
| 平均數 | 6.0 | 3.6 |
| 標準差 | 1.2 | 0.8 |

如果你對於第一個刺激的反應時間為 4.2 秒而對第二個刺激為 1.8 秒，你對於哪一個刺激相對反應較快？

## 4.5　解釋與表達統計分析的結果

　　如同第 3 章的圖形展示，在本章所介紹之敘述工具的主要功能是協助我們更瞭解研究中的變項。如果我們收集了一所特定大學中學生花在教科書的金額數量資料，這麼做的最可能原因是我們想要瞭解感興趣母體（此例中，大學學生）之此變項（花在教科書的金額）的分配。中央位置與分散的數量量測值以及盒狀圖有助於給我們資訊，並且它們也允許我們將得自資料的訊息與他人溝通。

### 表達統計分析的結果

　　當報導一個資料分析的結果，從對於感興趣變項的敘述性資訊著手是常見的。從資料的圖形展示開始永遠是一個好主意，並且，如同我們在第 3 章所見的，數量型資料的圖形展示經常藉由中央位置、變異性與形狀加以敘述。本章的數量量測值可以協助你更為特定的敘述資料集的中央位置與分散。

　　當敘述中央位置與分散時，你首先必須決定使用哪一個量測值。普遍的選擇是使用樣本平均數與標準差，或是樣本中位數與內四分位距（以及甚至一個盒狀圖）以敘述中央位置與分散情形。因為平均數與標準差對於資料集中的極端值會是敏感的，它們最好在當分配形狀近似對稱以及當有少數離群值時才被使用。如果資

料集很明顯地偏態或如果有離群值，那麼觀測值在分配的一部分會較其他部分為分散。在此情況下，一個五個數字的摘要或是盒狀圖會比平均數與標準差伴隨著更多的資訊。

## 解釋統計分析的結果

相對上較少從發表的來源找出原始資料。典型地，只有少數數字的摘要數量被報導。我們必須能夠去解讀這些數值並且瞭解它們告訴我們有關資料集的訊息。

例如，一所大學進行輸入大學電腦系統包含申請入學涵蓋資訊所需時間的一項調查。完成此工作的個人之一被要求對於 50 份隨機選取之申請函注意開始時間與完成時間。結果的輸入時間（分鐘）被使用平均數、中位數與標準差加以摘要：

$$\bar{x} = 7.854$$
$$中位數 = 7.423$$
$$s = 2.129$$

這些摘要數值告訴我們關於輸入時間的什麼訊息？輸入入學資料的平均需要時間為 7.854 分鐘，但是相對大的標準差指出許多觀測值顯著不同於此平均數。中位數告訴我們一半的申請需要少於 7.423 分鐘來輸入。平均數超過中位數的事實說明資料集中的某些不尋常的大數值影響了平均數的數值。此一最後的猜測被在圖 4.19 中給予資料的莖葉圖加以確認。

```
 4 | 8
 5 | 02345679
 6 | 00001234566779
 7 | 223556688
 8 | 23334
 9 | 002
10 | 011168
11 | 134
12 | 2         莖：個位數
13 |           葉：十分位數
14 | 3
```

圖 4.19
資料輸入時間的莖葉圖

執行該資料輸入研究的學校行政人員看著離群值 14.3 分鐘以及資料集中其他相對大的數值；他們發現五個最大的數值來自在午餐前輸入的申請。在與輸入資料的個人交談後，該行政人員推測早上輸入時間可能不同於下午輸入時間，因為當招生辦公室通常較為忙碌，早上時段傾向於有較多的分心與干擾（打電話等）。當早上與下午的輸入時間被分開，可得下列摘要統計量：

早上（基於 $n = 20$ 個申請）：$\bar{x} = 9.093$　　中位數 $= 8.743$　　$s = 2.329$

下午（基於 $n = 30$ 個申請）：$\bar{x} = 7.027$　　中位數 $= 6.737$　　$s = 1.529$

清楚地，平均輸入時間以在早上輸入的申請較高；而且，個人輸入時間在早上的另一個人比下午差異更大（因為早上輸入時間的標準差，2.329，大約是下午輸入時間標準差 1.529 的 1.5 倍）。

### 在出版資料中要尋找什麼

當你解釋數量型的摘要量測值時，有幾個問題要問自己。

- 選擇的摘要量測值對於收集的資料類型是否適當？特別是，對於已經被以數字編碼的類別資料，注意平均數與標準差的不當使用。
- 如果平均數與標準差都被報導，這兩個數值如何比較？這建議在資料集中的數值分配為何？如果只有平均數或標準差被使用，適當的量測值是否被選擇？
- 標準差是大或小？該數值是否與你所期待的有關變異性一致？標準差的數值告訴你關於被摘要的變項什麼資訊？
- 以應用謝比雪夫定理或經驗法則，關於資料集中的數值能否有任何感興趣的評論？

例如，思考一項調查民眾當他們以信用卡付款是否傾向於比用現金花較多錢的研究。文章「**大富翁的錢：付款結合與類型對消費行為的影響**」(*Journal of Experimental Psychology: Applied* [2008]: 213-225) 的作者隨機分派 114 位志願者的每一位至兩個實驗組之一。參與者被給予一家新餐廳之 9 個菜單項目的菜單。然後被要求估計他們願意對每一項目支付的金額。每一位參與者的一個價格指數被以平均這 9 個價格計算。兩個實驗組之間的差異在於一組在所看的菜單下方顯示一個信用卡圖案，而另一組所看的菜單上則無信用卡圖案。下列段落出現在文章的結論：

> 平均而言，參與者在信用卡圖案出現時願意支付比未出現（M = \$4.11，SD = 1.06）時更多（M = \$4.53，SD = 1.15）。因此，即使消費者未被明確告知他們將用何種付費方式，僅僅是一個信用卡圖案的出現，就能增加他們願意支付的價錢。

每一組價格指數資料也以不具離群值的小山形狀加以描述。因為價格指數（一位參與者分配 9 個菜單項目之價格的平均數）是一個數量變項，平均數與標準差是摘要

資料集之中央位置與分散程度的合理量測值。雖然信用卡圖案組的平均數高於無圖案組的平均數,兩個標準差是相近的,指出這兩組因人而異之價格指數的相近變異性。

因為兩組之每一組的價格指數數值的分配為山形,我們可以使用經驗法則告訴我們更多關於分配的資訊。例如,對於那些在看具有信用卡圖案菜單的組別的參與者,大約有 95% 的價格指數數值會落在

$$4.53 - 2(1.15) = 4.53 - 2.3 = 2.23$$

以及

$$4.53 + 2(1.15) = 4.53 + 2.30 = 6.83 \text{ 之間}$$

## 一點就通:注意與限制

當在計算或解讀數量型的敘述量測值時,你需要牢記於心下列事項:

1. 中央位置的量測值不能告訴全部資訊。雖然中央位置的量測值,諸如平均數與中位數,確實讓我們瞭解一個變項的典型數值可能為何,這只是資料集的一個特徵。缺乏額外有關變異性與分配形狀的資訊,我們並不真正瞭解太多有關變項的行為。

2. 具有不同形狀的資料分配可以有相同的平均數與標準差。例如,思考下列兩個直方圖:

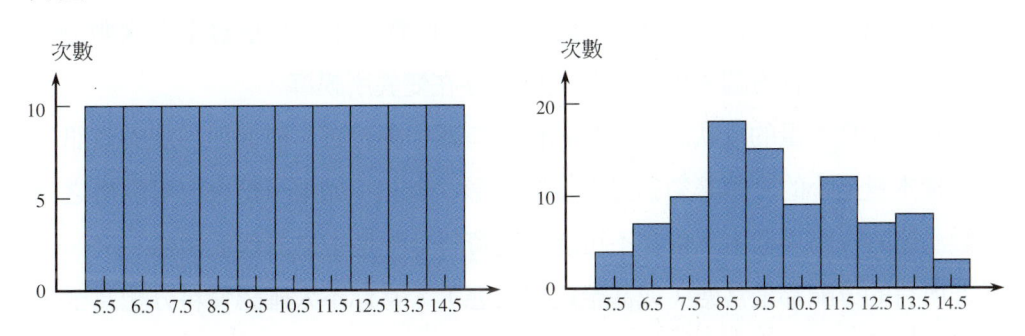

兩個直方圖都摘要具有 10 的平均數與 2 的標準差的資料集,但是它們有不同形狀。

3. 平均數與標準差都對資料集中的極端值敏感,特別是當樣本量小的時候。如果一個資料分配是偏態或該資料集有離群值,中位數與內四分位距可能是敘述中央位置與分散的較佳選擇。

4. 中央位置與變異性的量測值敘述研究變項的數值，不是在一個次數分配中的次數或在直方圖中的條狀物高度。例如，思考下列兩個次數分配與直方圖：

| 次數分配 A ||  | 次數分配 B ||
|---|---|---|---|---|
| 數值 | 次數 |  | 數值 | 次數 |
| 1 | 10 |  | 1 | 5 |
| 2 | 10 |  | 2 | 10 |
| 3 | 10 |  | 3 | 20 |
| 4 | 10 |  | 4 | 10 |
| 5 | 10 |  | 5 | 5 |

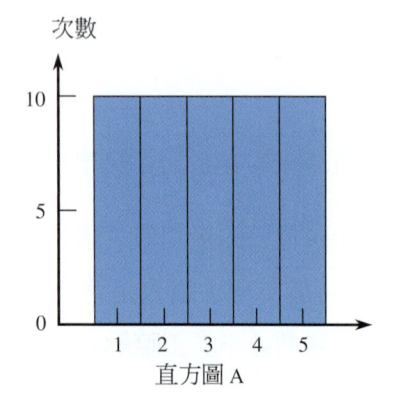

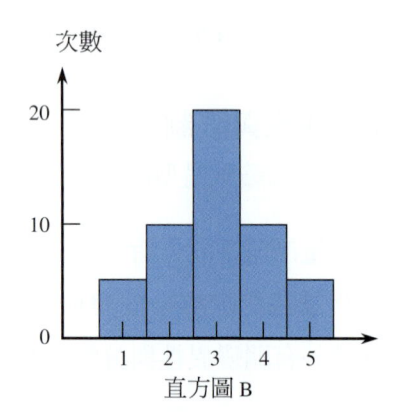

直方圖 A

直方圖 B

　　由次數分配與直方圖 A 所摘要的比由次數分配與直方圖 B 所摘要的資料有較多的變異。這是因為由次數分配與直方圖 B 所敘述的變項數值比由次數分配與直方圖 A 所敘述的變項數值較集中靠近平均數。不要被事實上在次數分配 A 的各次數或是在直方圖 A 的條狀物高度不存在變異所誤導。

5. 小心基於小樣本量的盒狀圖。盒狀圖傳達有關中央位置、變異與形狀的資訊，但是當樣本量是小的，你必須猶豫過度解讀形狀資訊。如果只是來自可取得之分配的觀測值的一組小樣本，實在不可能決定資料分配是否為對稱或偏態。

6. 並非所有的分配都是常態（或甚至近似常態）。當你不太確認資料分配為至少近似常態的情況時，小心應用經驗法則。在這類情況使用經驗法則會導致錯誤的陳述。

7. 注意離群值！資料集中的不尋常觀測值經常提供研究中之變項的重要資訊，所以在敘述典型值為何時另外考量離群值是重要的。離群值也可能是有問題的——因為某些敘述性量測值的數值受離群值影響，也因為如果資料集具有離群值，某些從資料下結論的方法可能不適當。

## 習題 4.53 – 4.54

**4.53** 文章「院內心跳停止後進行去顫電擊的延遲時間」(*New England Journal of Medicine* [2008]: 9-16) 敘述一項存活與從心臟病發時間到去執行去顫電擊治療所花費時間長度如何相關的研究。下列是來自文章的一段陳述：

> 我們確認了來自 369 家醫院因為心室纖維性顫動 (69.7%) 或無脈性心室纖維性顫動 (30.3%) 而發生過院內心跳停止的 6789 位病患。整體而言，進行去顫電擊的時間中位數為 1 分鐘（內四分位距為 3 分鐘）。

來自該文章對於這 6789 位病患進行去顫電擊的時間（分鐘）資料被用來產生下列 Minitab 的輸出結果與盒狀圖。

a. 在該盒狀圖中為何沒有低數值端的鬚？
b. 資料集中的中位數、下四分位數與最小值是否可能全部相等？（注意——這是之所以你在盒狀圖中的盒子內未看見一條中位數線的原因。）
c. 該文章的作者認為大於 2 分鐘的一個去顫電擊時間是無法接受的。基於已知的盒狀圖與摘要統計量，有一個不被接受的去顫電擊時間的病患百分比是否可能大於 50%？大於 25%？小於 25%？解釋之。
d. 在數字 7（分鐘）所顯示的離群值是一個輕微的或極端的離群值？

**4.54** 文章「輕便的社會團體：年輕成人間願意溝通、人際溝通的滿足與手機使用」(*International Journal of Mobile Communication* [2007]: 139-156) 敘述年輕成人手機使用型態的一項研究。

a. 評論下列來自文章的引述。你是否認同作者？

> 在一所大型南方大學之大眾傳播入門課程的 7 個時段在 2003 年春季與秋季學期被調查。樣本被選取因為它提供被研究母體——年輕成人——的極佳代表性。

b. 以下是來自文章的另一段引述。在此，作者報導那些參與調查者每週使用手機分鐘數的平均數。如果作者也報導了標準差，有何有關手機使用行為的額外資訊會被提供？

> 基於回應者的估計，使用者每週平均花 629 分鐘（大約 10.5 小時）因任何理由上線或離線使用其手機。

**敘述性統計量：去顫電擊的時間**

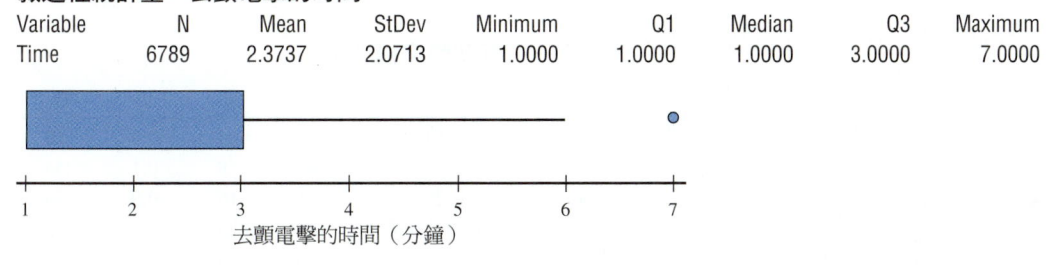

| Variable | N | Mean | StDev | Minimum | Q1 | Median | Q3 | Maximum |
|---|---|---|---|---|---|---|---|---|
| Time | 6789 | 2.3737 | 2.0713 | 1.0000 | 1.0000 | 1.0000 | 3.0000 | 7.0000 |

去顫電擊的時間（分鐘）

## 活動 4.1　收集與摘要數量資料

在此活動中,你將在小組中作業以收集將提供有關在你學校的學生平均每週花幾小時於一項特殊活動之資訊的資料。你將使用在活動 2.1 所設計的抽樣計畫去收集資料。

1. 與你的小組,選出下列活動之一作為你研究的重心:
   i. 瀏覽網路
   ii. 讀書或做作業
   iii. 看電視
   iv. 運動
   v. 睡覺

   或是你可以選擇一項不同的活動,聽從教師的同意。
2. 使用在活動 2.1 所發展的抽樣計畫去收集你所選擇作為研究的變項資料。
3. 同時使用數量型與圖形摘要來摘要所得資料。
4. 為你的學校報紙寫一篇短文摘要你關於學生行為的發現。你的文章必須包含數量型與圖形摘要。

## 活動 4.2　飛機乘客體重

文章「航空公司應該秤重旅客與行李,NTSB 如此說」(*USA Today*,2004 年 2 月 27 日)陳述國家運輸安全局建議航空公司秤重旅客與其行李以避免負載過重的飛機嘗試起飛。此建議是 2003 年小型通勤飛機的墜機調查結果,其判定過重造成了墜機。

取代秤重旅客的是,航空公司目前使用旅客與行李平均重量的估計值。在 2003 年意外之後,此一估計值在旅客增加了 10 磅與行李增加了 5 磅。如果所有系統適當運作,一架飛機雖然有點過重仍然能飛,如果飛機的引擎之一個故障,過重的飛機會讓駕駛難以控制。

假設平均旅客重量的新估計值為正確,與一位夥伴討論下列問題,然後寫出一段文字以回答這些問題。

1. 旅客體重的變異在一架飛機產生潛在危機上扮演什麼角色?
2. 如果旅客體重的變異是大或小,一架飛機是否會有發生潛在危機的較低風險?

## 活動 4.3　盒狀圖的形狀

在此活動中,你將研究盒狀圖的形狀與對應的五個數字摘要值之間的關係。附圖顯示四個盒狀圖標示 A 至 D。同時提供的是四組 5 個數字的摘要值,標示 I 至 IV。配對每一組五個數字摘要值至適當的盒狀圖。注意刻度並不包含在盒狀圖中,所以你必須思考五個數字摘要值對於盒狀圖的特徵有何涵義。

**五個數字摘要值**

|  | I | II | III | IV |
|---|---|---|---|---|
| 最小值 | 40 | 4 | 0.0 | 10 |
| 下四分位數 | 45 | 8 | 0.1 | 34 |
| 中位數 | 71 | 16 | 0.9 | 44 |
| 上四分位數 | 88 | 25 | 2.2 | 82 |
| 最大值 | 106 | 30 | 5.1 | 132 |

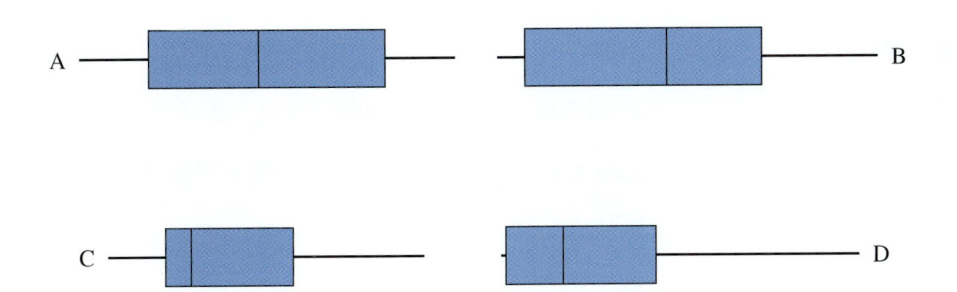

第 4 章　敘述資料的數量方法　219

```
A ─┤▭▭├─        ─┤▭▭├── B

C ─┤▭├────     ──┤▭├─── D
```

## 重要觀念與公式之摘要

| 專有名詞或公式 | 註釋 |
|---|---|
| $x_1, x_2, \ldots, x_n$ | 由在一個變項 $x$ 的觀測值所組成之樣本資料的符號，其中 $n$ 為樣本量。 |
| 樣本平均數，$\bar{x}$ | 樣本最常被使用的中央位置量測值。它對於即使是一個離群值（不尋常大或小的觀測值）的出現也會非常敏感。 |
| 母體平均數，$\mu$ | 整個母體中的 $x$ 值平均數。 |
| 樣本中位數 | 樣本觀測值排序清單上的中間數值。（對於偶數的 $n$，中位數是中間兩個數值的平均數。）它對於離群值非常不敏感。 |
| 截尾平均數 | 中央位置的一個量測值，觀測值首先被從最小到最大排序，一個或更多觀測值在每一端被刪除，然後剩下的數值被平均。以對離群值的敏感度而言，它是平均數與中位數之間的一個折衷。 |
| 距平均數的離差 $x_1 - \bar{x}, x_2 - \bar{x}, \ldots, x_n - \bar{x}$ | 被用來評估樣本中變異的數量。除了四捨五入的效果外，$\sum(x - \bar{x}) = 0$。 |
| 樣本變異數 $s^2 = \dfrac{\sum(x-\bar{x})^2}{n-1}$ 與標準差 $s = \sqrt{s^2}$ | 樣本資料最常被使用的變異性量測值。 |
| 母體變異數 $\sigma^2$ 與標準差 $\sigma$ | 整個母體的變異性量測值。 |
| 四分位數與內四分位距 | 下四分位數區隔資料最小的 25% 與剩餘的 75%，而上四分位數區隔最大的 25% 與最小的 75%。內四分位距 (iqr)，比 $s$ 對離群值較不敏感的一個變異性量測值，是上與下四分位數之間的差異。 |

| 專有名詞或公式 | 註釋 |
|---|---|
| 謝比雪夫定理 | 此定理陳述對於 $k \geq 1$ 的任意值，在任何資料集中至少 $100\left(1 - \dfrac{1}{k^2}\right)\%$ 的觀測值距平均數 $k$ 個標準差以內。這是典型上保守的因為實際百分比經常顯著地超過陳述的下限。 |
| 經驗法則 | 當直方圖被一條常態曲線良好地近似時，此法則提供距平均數 1 個標準差以內 (68%)，2 個標準差以內 (95%)，以及 3 個標準差以內 (99.7%) 的觀測值百分比。 |
| $z$ 分數 | 此數量將一個觀測值與平均數之間的距離以標準差的某個倍數表示。其為正（負）當觀測值落在平均數以上（以下）。 |
| 第 $r$ 百分位數 | 資料集內 $r\%$ 觀測值落在或低於該數值的一個值。 |
| 五數摘要 | 資料集的一種摘要包含最小值、下四分位數、中位數、上四分位數與最大值。 |
| 盒狀圖 | 傳達一個數量資料集最重要特性的資訊圖：中央位置、分散程度、偏態程度與離群值的出現。 |

## 本章複習練習題　4.55 – 4.73

**4.55** 由食品藥品監督管理局 (FDA) 的研究顯示丙烯醯胺（一種可能致癌的物質）在高溫烹煮下會在高醣食物中形成而丙烯醯胺的成分即使在相同品牌的食物中也可能有很大變異（Associated Press，2002年12月6日）。FDA 的科學家分析在 7 個不同地點購買的麥當勞炸薯條並發現下列丙烯醯胺成分：

497　193　328　155　326　245　270

a. 計算平均丙烯醯胺成分以及離平均數的 7 個離差。
b. 除了四捨五入的效果外，對於此資料集證明自平均數的離差總和等於 0。（如果你四捨五入平均數或離差的數值，你的加總可能不會正好是 0，但是如果你正確地計算離差，其值應該接近 0。）
c. 為此資料集計算變異數與標準差。

**4.56** 技術報告「由州所排放的臭氧季節」（U.S. Environmental Protection Agency，2002年）提供下列在美國大陸 48 州所排放的氧化亞氮數據：

| | | | | | | | |
|---|---|---|---|---|---|---|---|
| 76 | 22 | 40 | 7 | 30 | 5 | 6 | 136 | 72 | 33 |
| 0 | 89 | 136 | 39 | 92 | 40 | 13 | 27 | 1 | 63 |
| 33 | 60 | 27 | 16 | 63 | 32 | 20 | 2 | 15 | 36 |
| 19 | 39 | 130 | 40 | 4 | 85 | 38 | 7 | 68 | 151 |
| 32 | 34 | 0 | 6 | 43 | 89 | 34 | 0 | | |

使用這些資料構建顯示離群值的一個盒狀圖。寫出一些句子敘述盒狀圖的重要特徵。

**4.57** *San Luis Obispo Telegram-Tribune*（1994年10月1日）報導下列來自 6 個不同郡之郡長的月薪：$5354 (Kern)、$5166 (Monterey)、$4443 (Santa Cruz)、$4129 (Santa Barbara)、$2500 (Placer)，以及 $2220 (Merced)。San Luis Obispo 郡長應該要支付這 6 個郡中薪資範圍中間兩個郡的平均數。中央位置的哪一個量測值決定此薪資，以及其數值為何？為何本節中特別提及之中央位置的其他量測值對這些郡長並不一樣有利（雖然其可能訴諸納稅人）？

**4.58** 26 位近海石油工人的一組樣本參與一項模擬逃難演習，得到附帶完成逃難時間的資料（「從近海平台逃離時的氧氣消耗與通風」，*Ergonomics* [1997]: 281-292）：

389　356　359　363　375　424　325　394　402
373　373　370　364　366　364　325　339　393
392　369　374　359　356　403　334　397

a. 構建資料的一個莖葉圖。這個資料集的樣本平均數或樣本中位數將會較大。
b. 計算樣本平均數與中位數的數值。
$\bar{x} = 370.692$
c. 在不影響樣本中位數的數值下，最大的時間可以增加多少？在不影響樣本中位數的情況下，這個數值可以減少多少？

**4.59** 由於某些房子具有遠高於大多數的售價，中位數價格通常被用來敘述一個特定區域的「典型」房價。三個附帶的引述都來自 *San Luis Obispo Tribune*，但是每一個都對在 San Luis Obispo 郡一間房子的中位數價格給予一個不同的解讀。評論每一個陳述。（小心看，至少一個陳述是錯誤的。）

a. 「所以負擔得起在 SLO 郡之 $278,380 中位數房價的我們郡居民從 23% 升高至 27%。這意味著此郡中一半的房子價

值低於 $278,380 而另一半價值較高。」（2001 年 10 月 11 日）
b.「該報導說此郡的中位數房價在第四季升高至 $285,170，一個一年前同時期 9.6% 的增加。（中位數代表一個範圍的中點。）」（2002 年 2 月 13 日）
c.「渥克說如果沒有低於 $300,000 的房屋供給，你的中位數將不知不覺的高於 $300,000。」（2002 年 2 月 26 日）

4.60 雖然蝙蝠的視力不為人知，牠們能夠藉由發出高頻率的聲音並聽回音的方式定位被捕食的對象（主要是昆蟲）。出現在 Animal Behavior（「由蝙蝠回音定位的飛行昆蟲」[1960]: 141-154）的一篇文章給予下列一隻蝙蝠第一個偵測到附近昆蟲的距離（公分）：

62  23  27  56  52  34  42  40  68  45  83

a. 計算蝙蝠第一個偵測到昆蟲的樣本平均距離。
b. 為此資料集計算樣本變異數與標準差。解釋這些數值。

4.61 對於在習題 4.60 的資料，從每一個樣本觀測值減去 10。對於新的數值組，計算平均數與自平均數的離差。這些離差與原始樣本自平均數的離差相較如何？新數值的 $s^2$ 與舊數值的 $s^2$ 相較如何？一般而言，自每一個觀測值減去（或加入）相同數字對於 $s^2$ 與 $s$ 的影響為何？解釋之。

4.62 對於在習題 4.60 的資料，將每一個樣本觀測值乘以 10。新數值的 $s$ 與原有數值的 $s$ 相較如何？更一般的來說，如果每一個觀測值被乘以相同的正值常數 $c$，$s$ 會變得如何？

4.63 在解凍 19 種不同草莓後流失果汁的百分比出現在文章「具有不同程度對抗紅色刻度的草莓品種評估」（Fruit Varieties Journal [1991]: 12-17）：

46  51  44  50  33  46  60  41  55  46
53  53  42  44  50  54  46  41  48

a. 是否存在任何觀測值為輕微的離群值？極端離群值？
b. 構建一個盒狀圖，並評論該圖的重要特性。

4.64 成長中缺鐵的風險在懷孕期間特別高。基於決定鐵含量的某些方法會被懷孕本身的情況影響的事實，偵測此種缺乏是複雜的。考慮下列對於具有明顯的缺鐵性貧血之實驗室證據的一組女性樣本在轉鐵蛋白受體濃度的資料（「血清轉鐵蛋白受體對懷孕時缺鐵的偵測」，American Journal of Clinical Nutrition [1991]: 1077-1081）：

15.2  9.3  7.6  11.9  10.4  9.7
20.4  9.4  11.5  16.2  9.4  8.3

計算樣本平均數與中位數的數值。這些數值在此為何不同？你認為哪一個較能代表樣本？為什麼？

4.65 文章「優秀耐久自行車騎士的踏板技巧」（International Journal of Sport Biomechanics [1991]: 29-53）報導下列在高工作量時的單腳力量資料：

244  191  160  187  180  176  174  205  211
183  211  180  194  200

a. 計算並解釋樣本平均數與中位數。
$\bar{x} = 192.571$
b. 假設第一個觀測值為 204，而非 244。平均數與中位數會如何改變？

c. 以刪除最小與最大的樣本觀測值計算截尾平均數。對應的截尾百分比為何？
d. 假設最大的觀測值為 204 而非 244。在 (c) 部分的截尾平均數會如何改變？如果最大數值為 284 又會有何改變？

4.66 在習題 4.65 引用的文章也報導低工作量時的單腳力量數值。對於 $n = 13$ 個觀測值的樣本平均數 $\bar{x} = 119.8$（實際上為 119.7692），以及第 14 個觀測值，有點像離群值，為 159。整個樣本的 $\bar{x}$ 數值為何？

4.67 對於 26 個塑膠樣本之塑膠中鋁汙染量（百萬分比）被決定，得到下列資料（「當平均數接近 0 時，品質資料建模的對數常態分配」, *Journal of Quality Technology* [1990]: 105-110）：

30  30  60  63  70  79  87  90  101
102  115  118  119  119  120  125  140  145
172  182  183  191  222  244  291  511

構建一個顯示離群值的盒狀圖，並評論此圖有趣的特性。

4.68 文章「我們真的能夠走直線嗎？」(*American Journal of Physical Anthropology* [1992]: 19-27) 報導一個實驗，於其中 20 位健康男性被要求以正常速度盡可能走直線至 60 公尺以外的一個目標。思考下列在節奏的資料（每秒步數）：

0.95  0.85  0.92  0.95  0.93  0.86  1.00  0.92
0.85  0.81  0.78  0.93  0.93  1.05  0.93  1.06
1.06  0.96  0.81  0.96

使用本章所發展的方法來摘要資料；包含適當時候的一個解讀與討論。（注意：文章作者使用更複雜的統計分析結論人們無法走直線並建議對此的幾個解釋。）

4.69 文章「比較主要飯店經營的成本」(*Real Estate Review* [1992]: 46-51) 提供下列三種不同類型連鎖之房間總利潤的經營成本百分比資料：

| Budget | 2.7 | 2.8 | 3.8 | 3.8 | 4.0 | 4.1 | 5.5 |
|---|---|---|---|---|---|---|---|
| | 5.9 | 6.7 | 7.0 | 7.2 | 7.2 | 7.5 | 7.5 |
| | 7.7 | 7.9 | 7.9 | 8.1 | 8.2 | 8.5 | |
| Midrange | 1.5 | 4.0 | 6.6 | 6.7 | 7.0 | 7.2 | 7.2 |
| | 7.4 | 7.8 | 8.0 | 8.1 | 8.3 | 8.6 | 9.0 |
| First-class | 1.8 | 5.8 | 6.0 | 6.6 | 6.6 | 6.6 | 7.1 |
| | 7.2 | 7.5 | 7.6 | 7.6 | 7.8 | 7.8 | 8.2 |
| | 9.6 | | | | | | |

為每一種類型的飯店構建一個盒狀圖，並評論有趣特性、相同與相異處。

4.70 附帶在乳汁數量的資料（每天克）為取自文章「懷孕期間與哺乳期抽菸與其對母乳數量的影響」(*American Journal of Clinical Nutrition* [1991]: 1011-1016)：

| 抽菸 | 621 | 793 | 593 | 545 | 753 | 655 |
|---|---|---|---|---|---|---|
| 母親 | 895 | 767 | 714 | 598 | 693 | |
| 不抽菸 | 947 | 945 | 1086 | 1202 | 973 | 981 |
| 母親 | 930 | 745 | 903 | 899 | 961 | |

比較與對比這兩個樣本。

4.71 *Los Angeles Times* (1995 年 7 月 17 日) 報導在 364 件法律訴訟案的一組樣本中懲罰性賠償被判賠，樣本的判賠金額中位數為 $50,000，以及樣本平均數為 $775,000。這建議在樣本中數值分配的什麼資訊？

4.72 20 位接受腦膜炎治療的病患，每人的診斷年齡被提出於文章「治療腦膜炎的盤尼西林」(*Journal of American Medical Association* [1984]: 1870-1874)。年齡（歲）如下：

18 18 25 19 23 20 69 18 21 18 20 18
18 20 18 19 28 17 18 18

a. 計算樣本平均數與標準差的數值。
b. 計算 10% 的截尾平均數。截尾平均數的數值相較於樣本平均數如何？你會推薦哪一個做為中央位置的量測值？解釋之。
c. 計算上四分位數、下四分位數與內四分位距。
d. 在此資料集中是否存在任何輕微的或極端的離群值？
e. 為此資料集構建盒狀圖。

4.73　假設在一項測驗的分數分配被由一條具有平均數為 100 的常態曲線接近地敘述。此分配的第 16 百分位數為 80。

a. 第 84 百分位數為何？
b. 測驗分數之標準差的近似數值為何？
c. 與 90 分的測驗分數有關的 $z$ 分數為何？
d. 對應至 140 分的測驗分數的百分位數為何？
e. 你是否認為有許多分數低於 40 分？解釋之。

# 第 5 章

# 摘要雙變項資料

　　在 2 至 5 歲不尋常大的腦部尺寸大小是兒童有自閉症風險的一個指標。在 *Journal of the American Medical Association*（2003 年 7 月）所出現之一篇文章的作者研究在 6 至 14 個月大時的頭圍是否可作為在 2 至 5 歲的大腦褐灰組織的預測值。18 位自閉症男孩的頭圍（於年齡 6 至 14 個月大時測量）與大腦褐灰組織（於年齡 2 至 5 歲大時測量）的資料被用來探索介於這兩個變項之間的關係。

　　感興趣的問題有：介於 6 至 14 個月大時的頭圍與 2 至 5 歲的大腦褐灰組織之間是否存在關係？如果是，在早期年齡所測得的頭圍測量值是否可以被用來預測大腦褐灰組織的測量值將是多少，可能讓醫生得以在較年輕的年齡測出自閉症？這樣的褐灰組織預測有多準確？

　　本章中，我們介紹敘述介於兩個數量型變項之間的關係與評估關係強度的方法。這些方法讓我們能夠回答誠如剛剛所提介於 6 至 14 個月大的頭圍與 2 至 5 歲的褐灰組織測量之間關係的問題。

　　在第 13 章，從這類型資料取得結論的方法被開發。在本章中所介紹的方法也是有關在第 14 章分析由兩個或更多變項的觀測值所組成資料之主題的重要踏板。

## 5.1 相關

一位研究者經常對於兩個或更多變項如何互相有關感到興趣。例如，一位環境研究者可能想知道土壤的鉛含量如何因與一條主要高速公路的距離而變動。對於早期兒童教育的研究者可能調查字彙數量如何與年齡相關。當大學招生人員要預測一位申請學生是否可以在大學期間取得成就時，他們可能會用一種將大學平均學業成績和高中成績以及 ACT 或 SAT 分數連結的模式來預測。

回憶雙變項數量資料的一個散布圖給予 x 值與 y 值如何強烈相關的視覺表達。然而，要從資料做精確的陳述與下結論，我們必須超越圖形。**相關係數 (correlation coefficient)**〔來自於共同 (co-) 與關係 (relation)〕是在一個由成對 (x, y) 組成之雙變項資料集中的 x 與 y 值之間關係強度的一個數字評估。本節中，我們介紹最常用的相關係數。

圖 5.1 展現介於 x 與 y 值之間不同關係的幾個散布圖。圖 5.1(a) 中的圖說明 x 與 y 之間的一個強烈正相關；對於圖中的每一對點，有較大 x 值也會有較大 y 值。也就是說，在 x 的增加會伴隨著 y 的增加。圖 5.1(b) 中的圖則呈現當 x 增加時 y 也

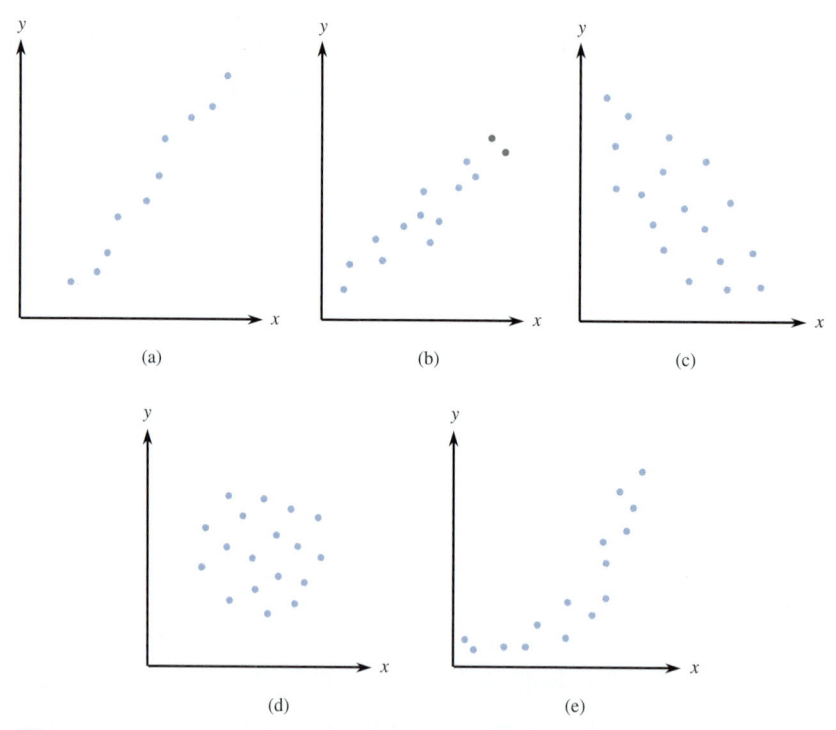

**圖 5.1**

說明各種相關類型的散布圖：(a) 正的線性相關；(b) 另一個正的線性相關；(c) 負的線性相關；(d) 無關；(e) 曲線相關

增加的強烈趨勢，但是有少數例外。例如，具有最大 $x$ 值（以一個不同顏色表示）的兩個點之 $x$ 與 $y$ 值以相反方向變動（對於這一對的點，$x$ 值增加但是 $y$ 值減少）。無論如何，類似這樣的圖仍然指出一個相當強烈正相關。圖 5.1(c) 指出 $x$ 與 $y$ 為負相關 (negatively related)——當 $x$ 增加，$y$ 傾向於減少。此圖中的負相關並不如在圖 5.1(b) 中的正相關強烈，雖然兩個圖都顯示良好定義的一個線性型態。圖 5.1(d) 中的圖指出 $x$ 與 $y$ 之間沒有一個強烈關係；當 $x$ 增加，$y$ 的增加或減少沒有特定趨勢。最後，如同在圖 5.1(e) 中所示，散布圖可以顯示曲線而非線性之一個強烈關係的證據。

### 皮爾森的樣本相關係數

皮爾森的樣本相關係數測量介於兩個數量型變項之間任何線性關係的強度。其以一種聰明的方式使用 $z$ 分數來做到。思考以對應的 $z$ 分數，$z_x$（以減去 $\bar{x}$ 然後除以 $s_x$）取代每一個 $x$ 值，並且相似地以其 $z$ 分數取代每一個 $y$ 值。注意大於 $\bar{x}$ 的 $x$ 值將有正的 $z$ 分數而那些小於 $\bar{x}$ 的 $x$ 值將有負的 $z$ 分數。皮爾森的樣本相關係數是基於在一個雙變項資料集中之每一個觀測值的 $z_x$ 與 $z_y$ 的乘積總和。以數學符號來說，這是 $\sum z_x z_y$。

要瞭解這是如何計算，讓我們來看幾個散布圖。圖 5.2(a) 中的散布圖指出一個強烈的正相關。經過 $\bar{x}$ 的一條垂直線與經過 $\bar{y}$ 的一條水平線將圖分為四個區域。在區域 I，$x$ 與 $y$ 皆超過其平均數值，所以 $x$ 的 $z$ 分數與 $y$ 的 $z$ 分數皆為正的數字。因而 $z_x z_y$ 為正。對於在區域 III 的任意一個點，$z$ 分數的乘積也是正值，因為在區域 III 中的 $z$ 分數皆為負值，而兩個負的數字相乘會得到一個正值。在另兩個區域之其一，一個 $z$ 分數是正而另一個是負，所以 $z_x z_y$ 為負值。但是因為點一般都落在區域 I 與 III，$z$ 分數的乘積傾向於為正。因此，各乘積的總和將會是一個相當大的正值。

對於在圖 5.2(b) 所展示資料的相似推理，其顯示一個強烈負相關，意指 $\sum z_x z_y$ 將會是一個相對大（以數量而言）的負值。當沒有強烈相關，如同圖 5.2(c) 中所示，正值與負值的乘積傾向於互相抵消，而產生接近 0 的一個 $\sum z_x z_y$ 值。總而言之，$\sum z_x z_y$ 似乎是 $x$ 與 $y$ 之間關聯程度的一個合理量測值；其可以是一個大的正值，一個大的負值，或是一個接近 0 的值，取決於是否存在一個強烈正的，強烈負的，或是無強烈線性相關。

皮爾森的樣本相關係數，表示為 $r$，是由將 $\sum z_x z_y$ 除以 $(n-1)$ 而得。

> **定義**
>
> **皮爾森的樣本相關係數** $r$ (Pearson's sample correlation coefficient) 表示為
>
> $$r = \frac{\sum z_x z_y}{n-1}$$
>
> 雖然有幾個不同的相關係數，皮爾森的相關係數是目前為止最常被使用，因此名字「皮爾森」經常被省略而被簡單的稱為**相關係數** (correlation coefficient)。

徒手計算相關係數是相當繁瑣的。幸運地，一旦輸入 $x$ 與 $y$ 的數值，所有統計套裝軟體與科學計算機都能計算 $r$。

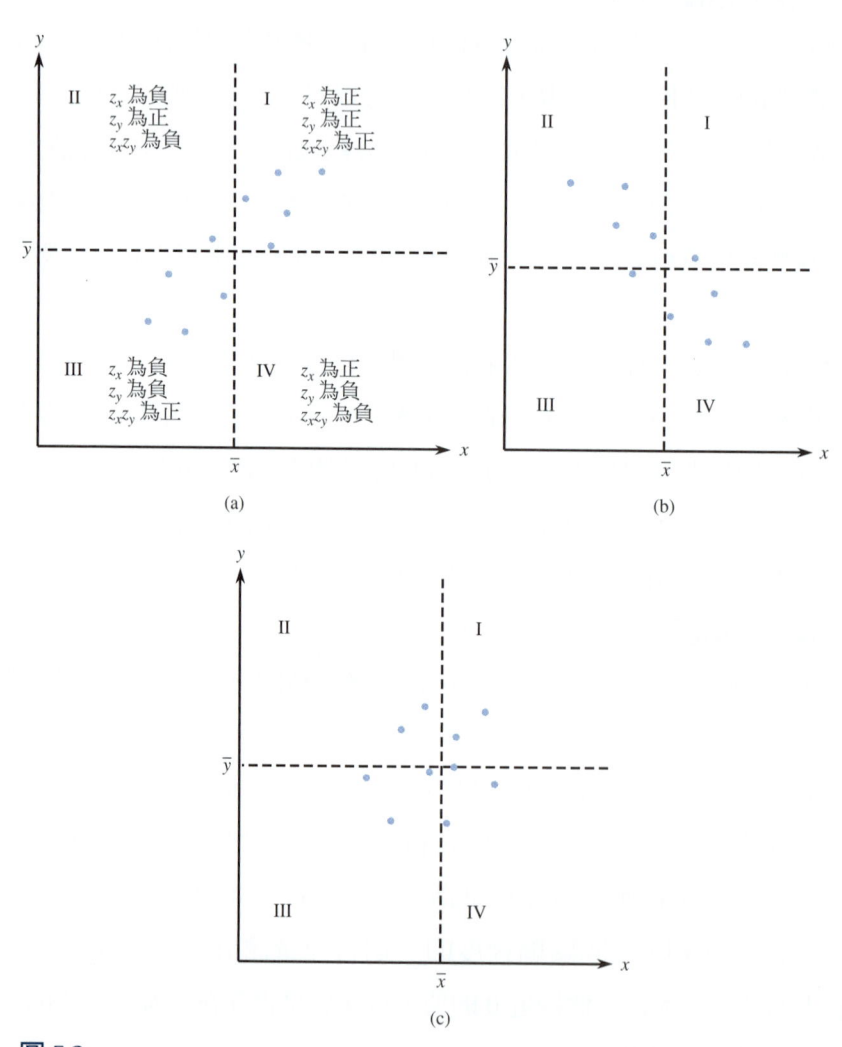

**圖 5.2**

根據 $z_x$ 與 $z_y$ 的符號來看散布圖：(a) 正相關；(b) 負相關；(c) 無強烈相關

## 例 5.1　畢業率與學生有關的開銷

網站 www.collegeresults.org (The Education Trust) 公布美國大學的資料。對於在加州有 10,000 至 20,000 位學生於大學部註冊的七所主要公立大學，2007 年每位全職學生的 6 年畢業率與學生有關的開銷被報導如下：

| 觀測數 | 畢業率（百分比） | 學生有關開銷（美元） |
|---|---|---|
| 1 | 66.1 | 8,810 |
| 2 | 52.4 | 7,780 |
| 3 | 48.9 | 8,112 |
| 4 | 48.1 | 8,149 |
| 5 | 42.0 | 8,477 |
| 6 | 38.3 | 7,342 |
| 7 | 31.3 | 7,984 |

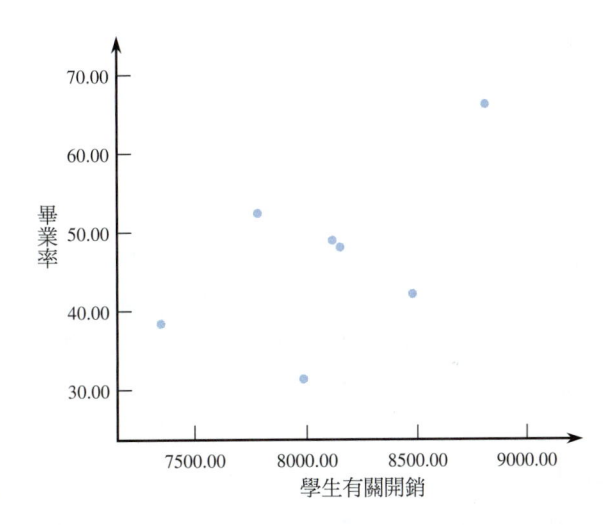

**圖 5.3**
例 5.1 資料的 SPSS 散布圖

圖 5.3 是使用廣泛被應用之統計套裝軟體 SPSS 所產生這些資料的一個散布圖。

令 $x$ 表示每位全職生與學生有關的開銷而 $y$ 表示 6 年的畢業率。很容易可以證實

$$\bar{x} = 8093.43 \quad s_x = 472.39 \quad \bar{y} = 46.73 \quad s_y = 11.15$$

為了示範說明相關係數的計算，我們從對於在資料集中的每一對 $(x, y)$ 計算 $z$ 分數開始。例如，第一個觀測值為 $(8810, 66.1)$。對應的 $z$ 分數為

$$z_x = \frac{8810 - 8093.43}{472.39} = 1.52 \quad z_y = \frac{66.1 - 46.73}{11.15} = 1.74$$

下表顯示對於每一個觀測值的 $z$ 分數與 $z_x z_y$ 的乘積：

| $y$ | $x$ | $z_x$ | $z_y$ | $z_x z_y$ |
|---|---|---|---|---|
| 66.1 | 8810 | 1.52 | 1.74 | 2.65 |
| 52.4 | 7780 | $-0.66$ | 0.51 | $-0.34$ |
| 48.9 | 8112 | 0.04 | 0.19 | 0.01 |
| 48.1 | 8149 | 0.12 | 0.12 | 0.01 |
| 42.0 | 8477 | 0.81 | $-0.42$ | $-0.34$ |
| 38.3 | 7342 | $-1.59$ | $-0.76$ | 1.21 |
| 31.3 | 7984 | $-0.23$ | $-1.38$ | 0.32 |

$$\sum z_x z_y = 3.52$$

接著，以 $n = 7$

$$r = \frac{\sum z_x z_y}{n-1} = \frac{3.52}{6} = .587$$

SPSS 被用來計算相關係數，產生下列電腦輸出結果。

**Correlations**

Gradrate　　Pearson Correlation　　.583

介於由 SPSS 所報導的相關係數以及我們所得之間的差異，是當徒手計算時在 $z$ 分數四捨五入的結果。基於散布圖與緊接於例題之後在討論中出現的相關係數特性，我們結論對於這七所大學，介於學生有關的開銷與畢業率之間存在一個中度的正線性相關。

# $r$ 的特性

1. $r$ 的數值並不取決於變項的測量單位。例如，假設 $x$ 為高度，無論高度是以吋、公尺或英里表示，其對應的 $z$ 分數相同，因此相關係數的數值不受影響。相關係數測量兩個數量型變項之間固有的線性關係強度。

2. $r$ 的數值並不取決於兩個變項之其一被視為 $x$。因此，在例 5.1，假設我們令 $x = $ 畢業率以及 $y = $ 學生有關的開銷，相同的數值，$r = 0.587$，將會得出。

3. $r$ 的數值介於 $-1$ 與 $+1$ 之間。接近上限 $+1$ 的一個數值指出強烈正相關，同時接近下限 $-1$ 的一個 $r$ 值則說明了一個強烈的負相關。圖 5.4 顯示基於 $r$ 值敘述相關強度的一種有用方式。似乎令人意外的是，在 $-.5$ 或 $.5$ 末端的一個 $r$ 值必須是落在微弱（相關）的範圍類別；對此的一個解釋在本章稍後提出。但即使是一個弱相關也能指出一個有意義的關係。

**圖 5.4**
敘述一個線性關係的強度

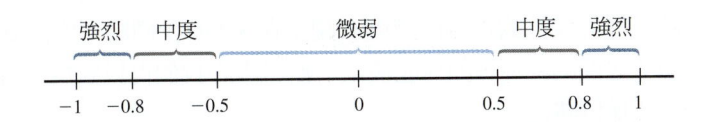

強烈　中度　　　微弱　　　中度　強烈
−1　−0.8　−0.5　　0　　0.5　0.8　1

4. $r = 1$ 的一個相關係數只在當一個資料的散布圖中所有點全都落在一條具有向上斜率的直線上時發生。相似地，$r = -1$ 只有在當所有點全都落在一條向下斜率的直線上時發生。只有當在樣本中的 $x$ 與 $y$ 之間存在一個完美線性相關時，$r$ 才會出現其兩個可能的極端值之一。

5. $r$ 的數值是 $x$ 與 $y$ 線性相關程度的一個量測值——也就是說，散布圖中的所有點落在靠近一條直線的程度。接近 0 的一個 $r$ 值並不排除 $x$ 與 $y$ 之間的任何強烈相關；仍然可能存在一個不是線性的強烈相關。

### 例 5.2　酒內的丹寧酸濃度

酒的特性是澀味，並使得飲用者口內覺得乾燥與噘起嘴巴。文章「紅酒中丹寧酸的多元方法分析：與察覺到的澀味之相關」(*American Journal of Enology and Viticulture* [2006]: 481-485) 敘述決定在酒中澀味與丹寧酸（於樹皮與某些植物的果實發現的一種化學複合物）濃度之間是否存在相關的一項研究。對於由一個鑑賞員小組針對 32 種紅酒所決定在 $x$ = 丹寧酸濃度與 $y$ = 察覺澀味的附表資料由作者提供。

| x | y | x | y | x | y |
|---|---|---|---|---|---|
| 0.72 | 0.43 | 0.76 | 0.19 | 0.52 | −0.65 |
| 0.81 | 0.48 | 0.67 | 0.07 | 0.69 | −0.15 |
| 0.92 | 0.49 | 0.56 | −0.22 | 0.91 | 1.01 |
| 1.00 | 0.99 | 0.38 | −0.90 | 0.64 | −0.09 |
| 0.67 | 0.32 | 0.78 | 0.84 | 0.23 | −1.13 |
| 0.53 | 0.30 | 0.67 | 0.13 | 0.78 | 0.54 |
| 0.51 | −0.22 | 0.85 | 0.30 | 0.33 | −1.10 |
| 0.56 | 0.20 | 0.41 | −0.58 | 0.43 | −0.58 |
| 0.77 | 0.33 | 0.93 | 0.78 | 0.32 | −0.86 |
| 0.47 | −0.34 | 0.31 | −0.71 | 0.24 | −0.55 |
| 0.73 | 0.77 | 0.32 | −0.61 | | |

Minitab 被用於構建資料的一個散布圖（圖 5.5）並且為這些資料計算相關係數的數值而得下列結果：

**Correlations: x, y**

Pearson correlation of x and y = 0.916

$r = .916$ 的相關係數指出丹寧酸濃度與澀味評等之間的一個強烈正相關。這說明較高的

澀味評等與較高的丹寧酸濃度有關。在 5.2 節我們將再度回到此資料集以瞭解丹寧酸濃度與澀味之間的關係，如何能被以一種將容許我們得以對於一特定丹寧酸濃度預測澀味評等的方式加以陳述。

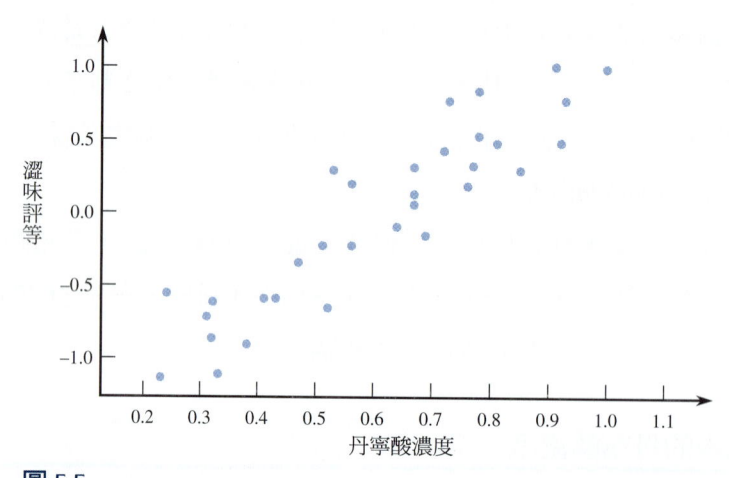

**圖 5.5**
例 5.2 的酒資料之 Minitab 散布圖

## 例 5.3　對於腳踏車安全帽花費更多是否划算？

較貴的腳踏車安全帽是否比較便宜的還安全？對於 12 個腳踏車安全帽的不同品牌在 $x=$ 價格與 $y=$ 品質評等的附表資料出現在 *Consumer Reports* 網站 (www.consumerreports.org/health)。品質評等是從 0（可能的最差評等）至 100 的一個數字，並由基於包含安全帽如何良好的吸收撞擊力量、安全帽的強度、通風性以及使用的方便等因素所決定。圖 5.6 顯示此資料的散布圖。

| 價格 | 品質評等 |
|---|---|
| 35 | 65 |
| 20 | 61 |
| 30 | 60 |
| 40 | 55 |
| 50 | 54 |
| 23 | 47 |
| 30 | 47 |
| 18 | 43 |
| 40 | 42 |
| 28 | 41 |
| 20 | 40 |
| 25 | 32 |

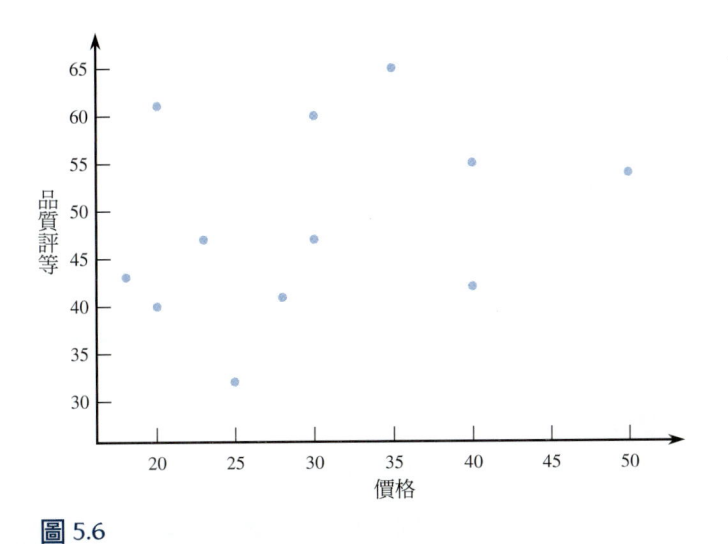

## 圖 5.6
例 5.3 腳踏車安全帽的 Minitab 散布圖

從散布圖，其顯示介於價格與品質評等之間只有微弱的正相關。使用 Minitab 所得的相關係數為

**Correlations: Price, Quality Rating**

Pearson correlation of Price and Quality Rating = 0.303

$r = .303$ 的相關係數確認較高的品質評等會與較高價格的安全帽有關的趨勢，但是此關係不是非常強烈。事實上，最高的品質評等是針對定價接近價格數值中間的一個安全帽。

## 例 5.4　年齡與馬拉松時間

文章「**達人在紐約馬拉松賽的表現**」（*British Journal of Sports Medicine* [2004]: 408-412）提供下列對於紐約馬拉松女性參賽者依年齡組別的平均完成時間資料。

| 年齡組別 | 代表年齡 | 平均完成時間 |
|---|---|---|
| 10 至 19 | 15 | 302.38 |
| 20 至 29 | 25 | 193.63 |
| 30 至 39 | 35 | 185.46 |
| 40 至 49 | 45 | 198.49 |
| 50 至 59 | 55 | 224.30 |
| 60 至 69 | 65 | 288.71 |

平均完成時間與代表年齡的散布圖顯示於圖 5.7。

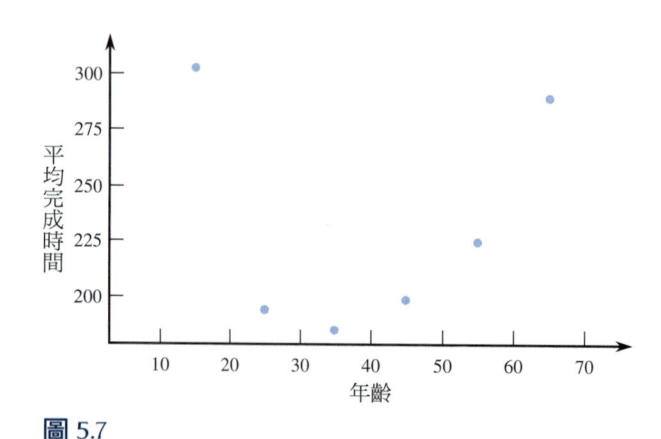

圖 5.7

例 5.4 資料之 y = 平均完成時間與 x = 年齡的散布圖

使用 Minitab 計算年齡與平均完成時間之間的皮爾森相關係數得出下列結果：

**Correlations: Age, Average Finish Time**

Pearson correlation of Age and Average Finish Time = 0.038

此例子顯示解釋 $r$ 為一個線性關係強度的量測值的重要性。在此，$r$ 並不大，但是年齡與平均完成時間之間存在一個強烈的非線性關係。這是一個重點——我們不應該僅僅因為 $r$ 的數值以絕對值而言是小的就結論無關。基於具有接近 0 的一個相關係數值在結論兩個變項間無關之前，確認看過資料的散布圖。

## 母體相關係數

樣本相關係數 $r$ 測量在一個成對的樣本中之 $x$ 與 $y$ 值如何強烈的相互線性相關。在從樣本所來自之成對的整個母體中，有一個 $x$ 與 $y$ 如何強烈有關之相似的量測值。它被稱為**母體相關係數 (population correlation coefficient)** 且標示為 $\rho$。（再一次注意對於一個母體特徵希臘字母以及對於一個樣本特徵羅馬字母的使用。）我們將永遠不需要從成對的一整個母體去計算 $\rho$，但是知道 $\rho$ 滿足平行於 $r$ 的那些性質是重要的：

1. $\rho$ 是介於 $-1$ 與 $+1$ 之間不取決於對 $x$ 或 $y$ 之測量單位，或是哪一個變項被標示為 $x$ 與哪一個被標示為 $y$ 的一個數字。
2. 若且唯若母體中所有成對的 $(x, y)$ 剛好落在一條直線上，$\rho = +1$ 或 $-1$，所以 $\rho$ 測量母體中存在線性相關的程度。

在第 13 章，我們展示樣本相關係數 $r$ 如何能被用來下有關母體相關係數 $\rho$ 之數值的結論。

## 相關與因果

接近 1 的 $r$ 值指出一個變項的較大數值傾向於與另一個變項的較大數值有關。這絕不是說一個變項的大數值導致另一個變項的數值也會是大的。相關測量關聯性的程度，但是關聯性並不意味著因果。經常發生的是，兩個變項為高度相關並不是因為一個因果性的與另一個有關，而是因為它們同時強烈地與第三變項有關。在所有小學兒童中，兒童蛀牙數與其字彙量之間的關係是強烈與正的。但是沒有人支持吃食物導致更多的蛀牙而增加字彙量（或是努力減少字彙量使免於蛀牙）。蛀牙數與字彙量皆強烈地與年齡有關，所以較年長兒童比較年輕者傾向於具有兩個變項的較高數值。在 ABCNews.com 的連續劇「Who's Counting?」（2001 年 2 月 1 日），John Paulos 提醒讀者關聯性不意味著因果而且提出下列例子：熱巧克力的消費與犯罪率為負相關（熱巧克力消費的高數值傾向於與較低的犯罪率配對），但兩者都是對於冷天氣的反應。

科學實驗能夠以仔細控制可能與研究中的一些變項有關的所有變項數值而經常對於因果關係提出強有力的證據。然而，如果 $y$ 被觀察以一種「平穩的」方式隨著實驗者改變 $x$ 的數值而變動，一個可能的解釋會是 $x$ 與 $y$ 之間存在因果關係。缺少如此的控制與操縱一個變項數值的能力，我們必須承認一個未被辨識的基本第三變項正影響研究中的變項。在不同環境下執行的許多未控制研究中的高相關也能提供對於因果關係的支持──如同在吸菸與癌症的個案──但是證明因果關係是一項難以理解的工作。

## 習題 5.1 – 5.13

5.1 對於下列變項的每一個成對，指出你是否會期望一個正相關、負相關，或接近 0 的相關。解釋你的選擇。
a. 每天最高溫度與冷氣成本
b. 利率與貸款申請數
c. 當同時擁有全職工作時，丈夫與妻子的收入
d. 身高與智商
e. 身高與鞋子尺寸
f. 在 SAT 測驗的數學部分分數與同測驗的語文部分分數
g. 小學兒童在同一天內在家庭作業花費的時間與看電視花費的時間
h. 每一英畝土地的肥料數量與作物產量（提示：當肥料數量增加，作物傾向於增加一陣子但是接著開始減少。）

5.2 下列陳述是否正確？解釋是或不是的理由。

一個 0 的相關係數意指研究中的兩個變項之間沒有關係存在。

5.3　畫兩個散布圖，一個針對 $r = 1$ 以及第二個針對 $r = -1$。

5.4　文章「真有趣：你喝得愈多，賺得愈多」（*Calgary Herald*，2002 年 4 月 16 日）報導在酒類消費與收入之間存在正相關。結論增加酒類消費將增加收入是否合理？提出至少兩個理由或例子來支持你的答案。

5.5　附表資料為由 *Consumer Reports* (www.consumerreports.org/health) 所評等之 18 種高纖穀類的 $x =$ 成本（每份美分）與 $y =$ 纖維成分（每份公克）。

| 每份成本 | 每份纖維 |
| --- | --- |
| 33 | 7 |
| 46 | 10 |
| 49 | 10 |
| 62 | 7 |
| 41 | 8 |
| 19 | 7 |
| 77 | 12 |
| 71 | 12 |
| 30 | 8 |
| 53 | 13 |
| 53 | 10 |
| 67 | 8 |
| 43 | 12 |
| 48 | 7 |
| 28 | 14 |
| 54 | 7 |
| 27 | 8 |
| 58 | 8 |

a. 為此資料集計算與解釋相關係數。
b. 不同穀類的每份重量不同，從 ½ 杯至 1¼ 杯不等。將價格與纖維轉換為「每杯」而非「每份」得出附表資料。每杯資料的相關係數大於或小於每份資料的相關係數？

| 每杯成本 | 每杯纖維 |
| --- | --- |
| 9.3 | 44 |
| 10 | 46 |
| 10 | 49 |
| 7 | 62 |
| 6.4 | 32.8 |
| 7 | 19 |
| 12 | 77 |
| 9.6 | 56.8 |
| 8 | 30 |
| 13 | 53 |
| 10 | 53 |
| 8 | 67 |
| 12 | 43 |
| 7 | 48 |
| 28 | 56 |
| 7 | 54 |
| 16 | 54 |
| 10.7 | 77.3 |

5.6　文章「扁平足並不是 11 至 15 歲兒童體育成績的一個不利條件」（*Pediatrics* [2009]: e386-e392）的作者研究 218 位兒童在幾個不同運動能力測驗上之 $y =$ 足弓高度與分數的關係。他們報導下列相關係數：

| 運動能力測驗 | 測驗分數與足弓高度之間的相關 |
| --- | --- |
| 反向動作跳躍 | −0.02 |
| 跳躍：平均高度 | −0.10 |
| 跳躍：平均力量 | −0.09 |
| 閉眼的單腳平衡 | 0.04 |
| 腳趾收縮 | 0.05 |

a. 解釋介於平均跳躍高度與足弓高度之間相關係數的數值。相關係數為負的事實告訴我們其關係為何？較高的足弓高度是否傾向於與較高或較低的平均跳躍高度配對？
b. 該文章的標題說明擁有較小的足弓高度值（扁平足）對於運動技巧並不是一個不利條件。給定的相關係數是否支持此結論？解釋之。

5.7 在一項 200 名第一級運動員的研究中，檢視與學業成績有關的變項。文章「學生運動員學業成績的非認知預測項」(*Journal of College Reading and Learning* [2000]: e167) 報導大學 GPA 與學業自我價值之間的相關係數為 $r = 0.48$。同時被報導的有大學 GPA 與高中 GPA 的相關係數 ($r = 0.46$) 以及大學 GPA 與延遲傾向量測值之相關係數 ($r = -0.36$)。在自我價值的量測值有較高的分數指出較高的自我價值，而在延遲的量測值有較高的分數指出較高的延遲傾向。寫出幾個句子摘要這些相關係數告訴你樣本中 200 名運動員學業成績的什麼訊息。

5.8 下列時間序列圖是基於來自文章「泡沫跡象擴展：企業債務成為引起關注的話題」(*San Luis Obispo Tribune*，2002 年 9 月 13 日) 的資料並顯示自 1991 (圖中的第一年) 至 2002 年期間家庭債與公司債如何改變：

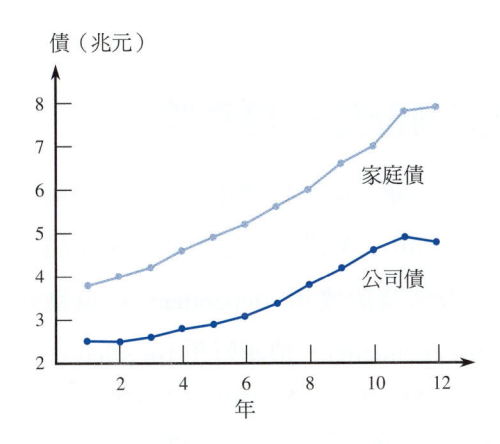

基於該時間序列圖，家庭債與公司債之間的相關係數為正或負？微弱或強烈？時間序列圖的哪些觀點面向支持你的答案？

5.9 來自美國聯邦儲備局 (Household Debt Service Burden, 2002) 就選定年份對於需要用以履行消費貸款還款與抵押貸款還款之可支配個人所得的百分比列示於附表：

| 消費債務 | 家庭債 | 消費債務 | 家庭債 |
|---|---|---|---|
| 7.88 | 6.22 | 6.24 | 5.73 |
| 7.91 | 6.14 | 6.09 | 5.95 |
| 7.65 | 5.95 | 6.32 | 6.09 |
| 7.61 | 5.83 | 6.97 | 6.28 |
| 7.48 | 5.83 | 7.38 | 6.08 |
| 7.49 | 5.85 | 7.52 | 5.79 |
| 7.37 | 5.81 | 7.84 | 5.81 |
| 6.57 | 5.79 | | |

a. 此資料集的相關係數值為何？
b. 結論此例中的變項間沒有強烈相關 (線性或非線性) 存在是否合理？使用一個圖形展示來支持你的答案。

5.10 附表資料為讀自出現在文章「灌木原木提案與紀錄背道而馳」(*San Luis Obispo Tribune*，2002 年 9 月 22 日) 的圖形。顯示的變項為在美西森林火災燒掉的英畝數與原木銷售量。

| 年 | 燒掉英畝數（千元） | 原木銷售量（千萬板呎） |
|---|---|---|
| 1945 | 200 | 2.0 |
| 1950 | 250 | 3.7 |
| 1955 | 260 | 4.4 |
| 1960 | 380 | 6.8 |
| 1965 | 80 | 9.7 |
| 1970 | 450 | 11.0 |
| 1975 | 180 | 11.0 |
| 1980 | 240 | 10.2 |
| 1985 | 440 | 10.0 |
| 1990 | 400 | 11.0 |
| 1995 | 180 | 3.8 |

a. 森林火災中原木銷售量與燒掉英畝數之間是否有關？計算與解釋相關係數的數值。
b. 該文章結論「愈重的伐木量造成大的森林火災。」基於既定資料，你是否認為此結論成立？解釋之。

5.11　聽來似乎奇怪，但是生物學家可以知道一隻龍蝦年齡多大的方式之一，涉及龍蝦眼柄中一種被稱為神經脂褐質之色素濃度的測量。（我們並非編造事實！）文章「神經脂褐質是對於在佛羅里達州一種加勒比海多刺龍蝦，*Panulirus argus* 之年齡的量測值」(*Biological Bulletin* [2007]: 55-66) 的作者好奇只在一隻眼睛的眼柄測量色素是否足夠，當右邊與左邊的眼柄濃度間存在強烈相關則成立。對於 39 隻龍蝦兩個眼柄的色素濃度（以組織樣本的百分比表示）被測量，結果為下列摘要數量（基於讀自出現在該文章的一段文字）：

$n = 39$　　$\Sigma x = 88.8$　　$\Sigma y = 86.1$
$\Sigma xy = 281.1$　$\Sigma x^2 = 288.0$　$\Sigma y^2 = 286.6$

基於原始資料而且就代數上相等於在本文中所提出相關係數的一個替代計算公式為

$$r = \frac{\Sigma xy - \frac{(\Sigma x)(\Sigma y)}{n}}{\sqrt{\Sigma x^2 - \frac{(\Sigma x)^2}{n}}\sqrt{\Sigma y^2 - \frac{(\Sigma y)^2}{n}}}$$

使用這個公式計算相關係數值，並解釋此數值。

5.12　一家拍賣公司釋出最近售出 25 件畫作的清單。8 位藝術家出現在這些銷售中。每一件作品的銷售價格也出現在清單中。相關係數是否為摘要藝術家 (*x*) 與銷售價格 (*y*) 間之關係的一種適當方式？為何是或不是？

5.13　通過高速公路的一個特定路段的汽車樣本被選取。每部車以大約固定的速率駛過，雖然車速在車與車之間確實不同。令 *x* = 速度與 *y* = 所需通過此路段的時間。其樣本相關係數會最接近 .9、.3、−.3 或 −.9 ？解釋之。

## 5.2　線性迴歸：對雙變項資料配適一條直線

　　迴歸分析的目的是使用一個變項 *x* 的資訊去下關於第二個變項 *y* 的某種結論。例如，當花在廣告的金額為 *x* =$10,000 的特定期間，我們可能想預測 *y* = 產品銷售。在迴歸分析的兩個變項扮演不同角色：*y* 被稱為**依變項 (dependent)** 或**反應變項 (response variable)**，而 *x* 被指稱為**自變項 (independent)**、**預測變項 (predictor)** 或**解釋變項 (explanatory variable)**。

　　散布圖經常展現一種線性型態。當這個情況成立，以找出儘可能接近圖中各點之一條直線的方式來摘要變項間的關係是有意義的。在清楚這是如何被完成之前，讓我們回顧有關直線與線性相關的某些基礎事實。

　　一條直線的等式為 *y* = *a* + *bx*。一條特定的直線以選擇 *a* 與 *b* 的數值被確定。例如，一條線為 *y* = 10 + 2*x*；另一條為 *y* = 100 − 5*x*。如果我們選擇某些 *x* 值並為

每一個數值計算 $y = a + bx$，所得之成對 $(x, y)$ 的圖中各點將剛好落在一條直線上。

> **定　義**
>
> 一條直線的等式為
>
> $$y = \overset{\text{截距}}{a} + \overset{\text{斜率}}{b}x$$
>
> $b$ 的值，被稱為直線的**斜率 (slope)**，是當 $x$ 增加 1 單位時，$y$ 的增加數量。$a$ 的值，被稱為直線的**截距 (intercept)**（或有時候 **$y$ 軸截距 ($y$-intercept)** 或**垂直截距 (vertical intercept)**），是在 $x = 0$ 的值以上直線的高度。

直線 $y = 10 + 2x$ 具有 $b = 2$ 的斜率，因而在 $x$ 每 1 單位的增加會與在 $y$ 的增加 2 配對。當 $x = 0$，$y = 10$，所以在該直線跨越垂直軸（在 $x = 0$ 之處）的高度為 10。這被清楚列示於圖 5.8(a)。直線 $y = 100 - 5x$ 的斜率為 $-5$，因而當 $x$ 增加 1，$y$ 增加 $-5$（或相等地，減少 5）。該直線在 $x = 0$ 以上的高度為 $a = 100$。所得直線被畫在圖 5.8(b)。

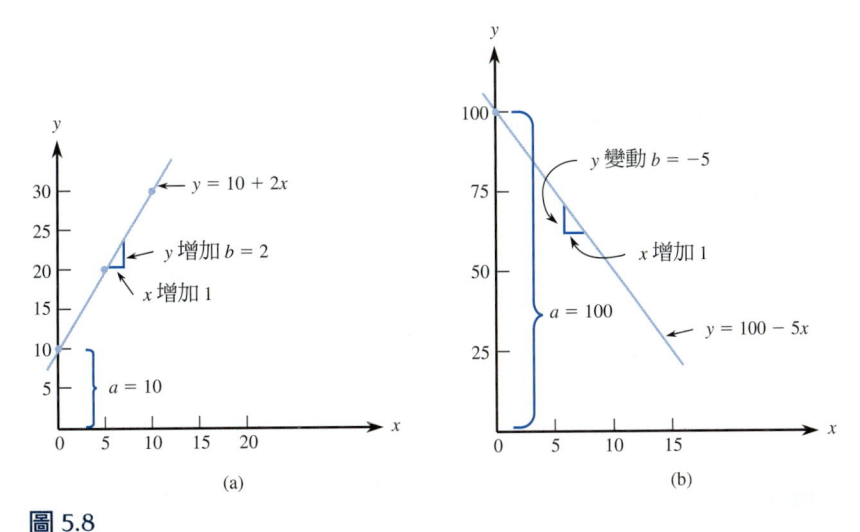

**圖 5.8**

兩條直線的圖：(a) 斜率 $b = 2$，截距 $a = 10$；(b) 斜率 $b = -5$，截距 $a = 100$

畫出對應至任何特定線性方程式的圖是容易的。選出任意的兩個 $x$ 值並將其代入等式以取得對應的 $y$ 值。然後畫出結果的兩個成對 $(x, y)$ 值為兩個點。想要的直線正是穿過這些點的一條。對於等式 $y = 10 + 2x$，代入 $x = 5$ 產生 $y = 20$，同時使用 $x = 10$ 得出 $y = 30$。得到的兩個點則為 $(5, 20)$ 與 $(10, 30)$。在圖 5.8(a) 中的直

線穿越這些點。

## 配適一條直線：最小平方法則

圖 5.9 顯示在圖上有兩條直線交疊在一起的一個散布圖。比起直線 I，直線 II 是對於資料的一個較佳配適。為了要測量一條特定直線所提供對於資料的良好配適程度，我們聚焦於從直線的垂直離差。例如，在圖 5.9 中的直線 II 具有等式 $y = 10 + 2x$，且從散布圖左側數來第三個與第四個點為 (15, 44) 與 (20, 45)。針對這兩個點，從該直線的垂直離差為

第 3 個離差 $= y_3 -$ 在 $x_3$ 以上的直線高度
$$= 44 - [10 + 2(15)]$$
$$= 4$$

以及

第 4 個離差 $= 45 - [10 + 2(20)] = -5$

一個正的垂直離差得自落在選定的直線以上的一個點，而一個負的垂直離差得自落在該直線以下的一個點。如果自該直線的離差數量很小，該特定直線被說是對於資料的一個良好配適。在圖 5.9 中的直線 I 配適不佳，因為從該直線的所有離差在數量上要大於（部分甚至遠大於）從直線 II 的對應離差。

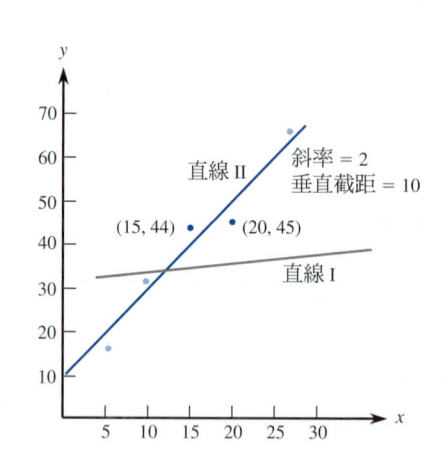

**圖 5.9**
對於資料，直線 I 提供不佳配適而直線 II 提供良好配適

要評估一條直線的整體配適度，我們需要一種結合 $n$ 個離差為單一一個配適量測值的方式。標準的方式是將離差平方（以取得非為負值的數字）然後加總這些平方後的離差。

> **定 義**
>
> 對於雙變項資料 $(x_1, y_1)、\cdots、(x_n, y_n)$ 的一條直線 $y = a + bx$ 之配適度的最被廣泛使用的量測值為對於該直線的**平方離差的總和** (sum of the squared deviations)
>
> $$\sum[y - (a + bx)]^2 = [y_1 - (a + bx_1)]^2 + [y_2 - (a + bx_2)]^2 + \cdots + [y_n - (a + bx_n)]^2$$
>
> **最小平方直線** (least-squares line)，也被稱為**樣本廻歸直線** (sample regression line)，是最小化此一平方離差總和的一條直線。

幸運地，最小平方直線的等式可以在不需要計算離任何特定直線的離差而取得。下列方格提供最小平方直線之斜率與截距的相對簡單公式。

> 最小平方直線的斜率為
>
> $$b = \frac{\sum(x - \bar{x})(y - \bar{y})}{\sum(x - \bar{x})^2}$$
>
> 而 $y$ 軸截距為
>
> $$a = \bar{y} - b\bar{x}$$
>
> 我們寫出該最小平方直線為
>
> $$\hat{y} = a + bx$$
>
> 其中在 $y$ 之上方的 ^ 指出 $\hat{y}$（讀為 $y$-hat）是得自於等式代入特定一個 $x$ 值之 $y$ 的預測值。

統計套裝軟體與許多計算機都能計算最小平方直線的斜率與截距。一旦斜率與截距以徒手計算，下列計算公式可以被用來減少完成計算所需要的時間量。

> **最小平方直線的斜率計算公式**
>
> $$b = \frac{\sum xy - \frac{(\sum x)(\sum y)}{n}}{\sum x^2 - \frac{(\sum x)^2}{n}}$$

### 例 5.5　石榴果汁與腫瘤生成

石榴，原產於波斯的一種水果，被用於許多文化之民俗療法來治療各種疾病。研究者

現在正研究石榴的抗氧化劑特性以瞭解其是否在癌症的治療上具有任何益處。這類研究之一，被敘述於文章「**石榴果汁對於前列腺癌的化學預防與化學治療**」（*Proceedings of the National Academy of Sciences* [2005 年 10 月 11 日 ]: 14813-14818），調查石榴果萃取 (PFE) 在減緩前列腺癌之腫瘤生成上是否有效。在此研究中，24 隻老鼠被注射癌症細胞。這些老鼠接著被隨機分派至三個治療組別之一。8 隻老鼠的一組接受一般的飲用水，第二組的 8 隻老鼠接受輔以 .1% PFE 的飲用水，而第三組接受輔以 .2% PFE 的飲用水。在每一組中老鼠的平均腫瘤量在幾個時間點被記錄。相應的 $y$ 值（平均腫瘤數）和 $x$ 值（飲用礦泉水的老鼠注射癌細胞的天數）是由該篇文章中的一個表格所取的近似值：

| $x$ | 11 | 15 | 19 | 23 | 27 |
|---|---|---|---|---|---|
| $y$ | 150 | 270 | 450 | 580 | 740 |

這些資料的散布圖（圖 5.10）顯示介於注射癌細胞後的天數以及平均腫瘤量可以合理地被以一條直線摘要。

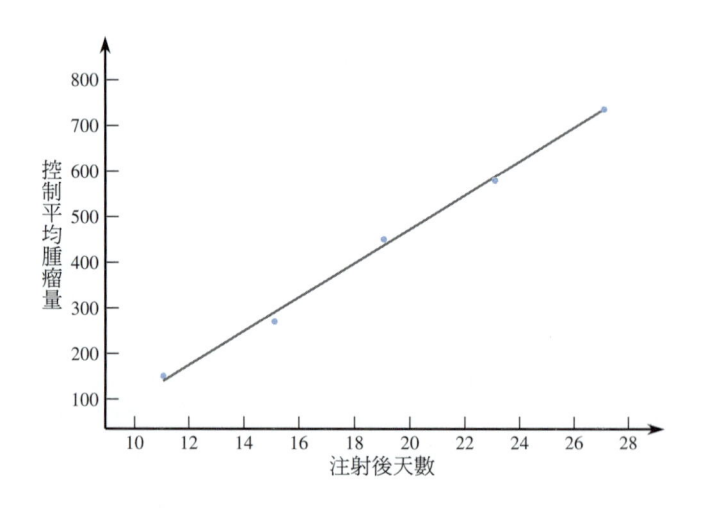

**圖 5.10**
例 5.5 資料的 Minitab 散布圖

需要用以計算最小平方直線之等式的摘要數量為

$\Sigma x = 95 \qquad \Sigma x^2 = 1965 \qquad \Sigma xy = 47{,}570$
$\Sigma y = 2190 \qquad \Sigma y^2 = 1{,}181{,}900$

從這些數量，我們計算

$\bar{x} = 19 \qquad \bar{y} = 438$

$$b = \frac{\Sigma xy - \frac{(\Sigma x)(\Sigma y)}{n}}{\Sigma x^2 - \frac{(\Sigma x)^2}{n}} = \frac{47{,}570 - \frac{(95)(2190)}{5}}{1965 - \frac{(95)^2}{5}} = \frac{5960}{160} = 37.25$$

以及

$$a = \bar{y} - b\bar{x} = 438 - (37.25)(19) = -269.75$$

最小平方直線則為

$$\hat{y} = -269.75 + 37.25x$$

此直線也在圖 5.10 的散布圖中展示。

如果我們想要預測在注射癌細胞 20 天後的平均腫瘤量，我們可以使用在 $x = 20$ 上方之最小平方直線上的點的 $y$ 值：

$$\hat{y} = -269.75 + 37.25(20) = 475.25$$

預測在注射癌細胞其他天數後的平均腫瘤量也可以用相似方式計算。

但是，在做預測時要小心——最小平方直線不應該被用來預測在遠落於 11 至 27 天範圍（在資料集中 $x$ 數值的範圍）外之天數的平均腫瘤量，因為我們無從得知在散布圖中觀察到的線性模型是否在此範圍外繼續存在。有時候這被指稱為**外推法的危險 (danger of extrapolation)**。

在此例中，我們可以發現使用最小平方直線來預測在注射癌細胞後少於 10 天的平均腫瘤量可能導致無意義的預測。例如，假設注射後的天數為 5，預測的平均腫瘤量為負：

$$\hat{y} = -269.75 + 37.25(5) = -83.5$$

因為平均腫瘤量為負是不可能的，這是在 11 至 27 天範圍內觀察到的 $x$ 數值型態並不在此範圍外繼續的清楚表示。無論如何，最小平方直線可以是在 11 至 27 天範圍內，對 $x$ 數值進行預測的一個有用工具。

圖 5.11 顯示對於只喝水與喝輔以 .2% PFE 之飲用水的兩組老鼠就平均腫瘤量與注射癌症細胞後天數的一個散布圖。注意對於喝輔以 PFE 飲用水的老鼠而言，腫瘤生成似乎慢得多。對於 .2% PFE 的組，介於平均腫瘤量與注射癌症細胞後天數之間的關係顯然是曲線的而非線性。我們將在 5.4 節瞭解一個曲線（而非一條直線）如何能被用於摘要此關係。

涉及最小平方直線的計算明顯是冗長乏味的。此時電腦或繪圖計算機將提供援助。所有的標準統計套裝軟體都能對雙變項資料配適一條直線。

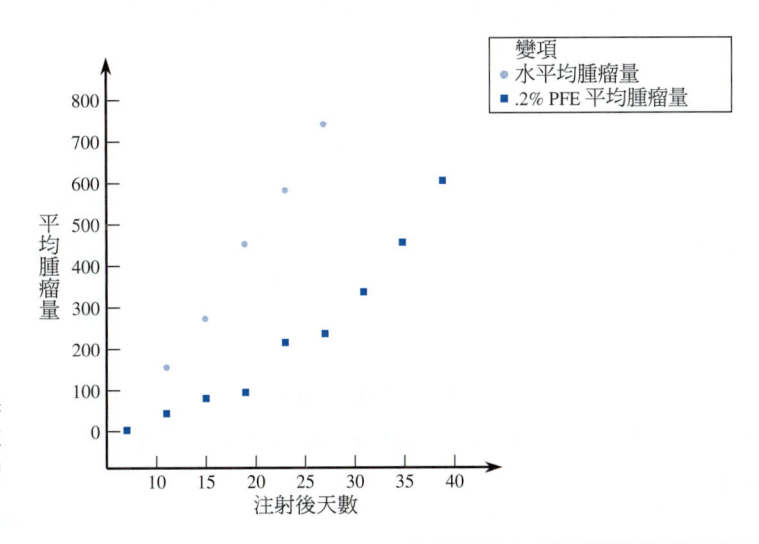

**圖 5.11**
對於一般飲用水組與 .2% PFE 組之平均腫瘤量與注射癌細胞後天數的散布圖

### 使用警示──外推法的危險

最小平方直線不應該被用來對落在資料集中 x 數值範圍以外的預測，因為我們沒有證據指出線性關係在此範圍外繼續存在。

### 例 5.6　再度審視丹寧酸濃度資料

針對 $n = 32$ 種紅酒在 $x =$ 丹寧酸濃度與 $y =$ 察覺澀味的資料被提供於例 5.2。在該例子中，我們看到相關係數為 0.916，指出一個強烈的正線性關係。此線性關係可以被使用最小平方直線摘要，如同圖 5.12 所示。

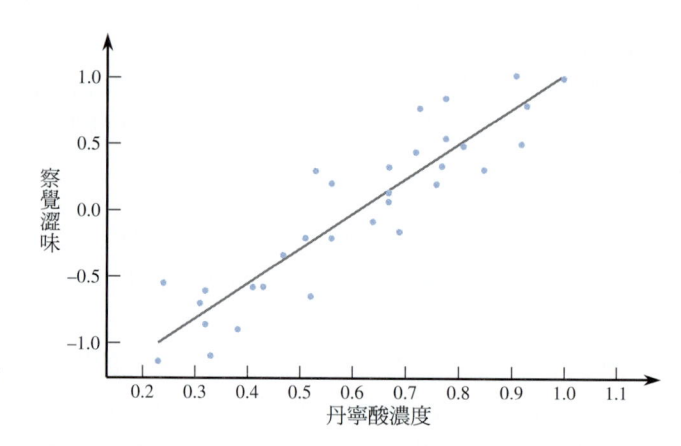

**圖 5.12**

例 5.6 資料的散布圖與最小平方直線

Minitab 被用來配適最小平方直線，而圖 5.13 顯示部分輸出結果。取代 x 與 y，標示為「察覺澀味」與「丹寧酸濃度」的變項被使用。在最上方的等式為最小平方直線。在等式正下方的矩形表格中，第一列提供關於截距 a 的資訊，以及第二列提供關於斜率 b 的資訊。特別是，標示「Coef」的係數欄位包含比出現在等式中的進位數值使用更多位數的 a 與 b 值。

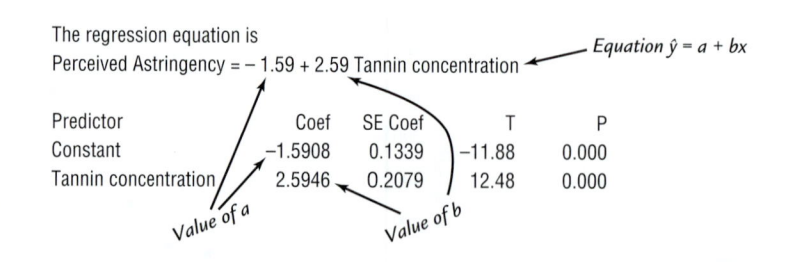

```
The regression equation is
Perceived Astringency = – 1.59 + 2.59 Tannin concentration        Equation ŷ = a + bx

Predictor                    Coef      SE Coef         T         P
Constant                  –1.5908       0.1339    –11.88     0.000
Tannin concentration       2.5946       0.2079     12.48     0.000
                         Value of a              Value of b
```

**圖 5.13**

例 5.6 的部分 Minitab 輸出結果

這個最小平方直線不應該被用於預測具有諸如 $x = 0.10$ 或 $x = 0.15$ 之丹寧酸濃度酒類的察覺澀味。這些 x 值遠落於資料範圍以外，且我們不知道線性關係是否在觀察的範圍外繼續存在。

## 迴歸

最小平方直線經常被稱為**樣本迴歸直線 (sample regression line)**。這個術語來自最小平方直線與皮爾森相關係數之間的關係。要瞭解此關係，我們首先需要斜率 $b$ 與直線等式本身的替代表達式。以 $s_x$ 與 $s_y$ 分別表示 $x$ 與 $y$ 的樣本標準差，少量的代數運算得到

$$b = r\left(\frac{s_y}{s_x}\right)$$

$$\hat{y} = \bar{y} + r\left(\frac{s_y}{s_x}\right)(x - \bar{x})$$

你不需要在任何計算中使用這些公式，但是它們的幾個意涵對於領會最小平方直線為何是重要的。

1. 當 $x = \bar{x}$ 被代入直線的等式中，得到 $\hat{y} = \bar{y}$。也就是，最小平方直線通過平均數 $(\bar{x}, \bar{y})$ 的點。
2. 假設當 $r = 1$ 的時刻，以至於所有的點剛好落在直線其等式為

$$\hat{y} = \bar{y} + \frac{s_y}{s_x}(x - \bar{x})$$

現在代入 $x = \bar{x} + s_x$，其為高於 $\bar{x}$ 1 個標準差：

$$\hat{y} = \bar{y} + \frac{s_y}{s_x}(\bar{x} + s_x - \bar{x}) = \bar{y} + s_y$$

也就是，$r = 1$，當 $x$ 為高於其平均數 1 個標準差，我們預測與其關聯的 $y$ 值將會是高於其平均數 1 個標準差。同理，如果 $x = \bar{x} - 2s_x$（低於其平均數 2 個標準差），則

$$\hat{y} = \bar{y} + \frac{s_y}{s_x}(\bar{x} - 2s_x - \bar{x}) = \bar{y} - 2s_y$$

其也低於平均數 2 個標準差。當 $r = -1$，則 $x = \bar{x} + s_x$ 會導致 $\hat{y} = \bar{y} - s_y$，因而預測的 $y$ 也是離其平均數 1 個標準差，但是在離 $x$ 相對於 $\bar{x}$ 之處 $\bar{y}$ 的相反方向。一般而言，當 $x$ 與 $y$ 為完美相關，與一個給定 $x$ 值有關的預測 $y$ 值將會是與 $x$ 離開其平均數 $\bar{x}$ 一樣，而有離其平均數 $\bar{y}$ 相同的標準差個數。

3. 現在假設 $x$ 與 $y$ 並不完全相關。例如，假設 $r = .5$，因而最小平方直線具有等式

$$\hat{y} = \bar{y} + .5\left(\frac{s_y}{s_x}\right)(x - \bar{x})$$

接著代入 $x = \bar{x} + s_x$ 得

$$\hat{y} = \bar{y} + .5\left(\frac{s_y}{s_x}\right)(\bar{x} + s_x - \bar{x}) = \bar{y} + .5s_y$$

也就是，對於 $r = .5$，當 $x$ 落在高於其平均數 1 個標準差處，我們預測 $y$ 將只高於其平均數 0.5 個標準差。同理，當 $r$ 為負值我們可以預測 $y$。如果 $r = -.5$，則預測的 $y$ 值離 $\bar{y}$ 將只有 $x$ 離 $\bar{x}$ 的一半標準差數，但是 $x$ 與預測的 $y$ 現在將位於其對應之平均數的相反方向。

> 思考使用最小平方直線，以離開 $\bar{x}$ 某一特定標準差個數的 $x$ 值來預測有關的 $y$ 值。那麼預測的 $y$ 值離 $\bar{y}$ 將只是此一標準差個數的 $r$ 倍。就標準差而言，除了當 $r = 1$ 或 $-1$ 時，預測的 $y$ 值將永遠比 $x$ 離 $\bar{x}$ 的距離還要靠近 $\bar{y}$。

使用最小平方直線於預測會產生這樣的結果：相較於 $x$ 和 $x$ 的平均數的關係，$y$ 的預測值會被拉回或朝 $y$ 的平均數迴歸。此迴歸效應首先被 Sir Francis Galton（1822 至 1911 年），一位著名的生物學家，當他研究父親與其兒子身高間的關係時發現。他發現當其父親高於平均身高時，兒子的預測身高也高於平均（因為在此 $r$ 為正）但不像父親那樣高；他發現對於父親身高低於平均的一個相似關係。此迴歸效應產生對於涉及為雙變項或多變項資料配適直線、曲線與更複雜方程式之方法集合的名詞**迴歸分析 (regression analysis)**。

迴歸（最小平方）直線的替代形式強調用已知的 $x$ 來預測 $y$ 與用已知的 $y$ 來預測 $x$ 並非相同的。預測 $x$ 的最小平方直線的斜率為 $r(s_x/s_y)$ 而非 $r(s_y/s_x)$，並且各直線的截距幾乎總是不同。以預測目的而言，是否 $y$ 對 $x$ 迴歸，如同我們已經完成的，或是 $x$ 對 $y$ 迴歸是不同的。$y$ 對 $x$ 的迴歸線不應該被用來預測 $x$，因為它不是一條在 $x$ 方向上最小化平方離差和的直線。

## 習題 5.14 – 5.28

**5.14** 文章「空氣汙染與年長美國人所使用的醫療保健」(*Health Affairs* [2002]: 207-214) 提供美國 6 個地理區域之汙染的量測值（每立方尺空氣的微粒物質微克）與超過 65 歲的每人醫療保健成本資料：

| 區域 | 汙染 | 醫療保健成本 |
| --- | --- | --- |
| 北部 | 30.0 | 915 |
| 上南部 | 31.8 | 891 |
| 南部腹地 | 32.1 | 968 |
| 西南部 | 26.8 | 972 |
| 大天空 | 30.4 | 952 |
| 西部 | 40.0 | 899 |

a. 構建資料的散布圖。敘述該散布圖的任何有趣特性。
b. 找出敘述 $y =$ 醫療成本與 $x =$ 汙染之間關係的最小平方直線等式。
$\hat{y} = 1082.24 - 4.691x$
c. 該最小平方直線的斜率為正或負？這是否與你在 (a) 部分所敘述的關係一致？
d. 散布圖與最小平方直線的等式是否支持研究者對於住在被汙染較嚴重區域的老人有較高醫療成本的結論？解釋之。

**5.15** 文章「使用山溪鯢（又譯「娃娃魚」）幼體評估線性系統的現有動作假設」(*Canadian Journal of Zoology* [2009]: 292-298) 的作者研究水溫是否與山溪鯢能夠游多遠以及是否會逆流而上或順流而下有關。在山溪鯢被野放之具有不同平均水溫的 14 條溪流的資料被提供（從出現在該文章中之圖加以近似取得）。感興趣的兩個變項為 $x =$ 平均水溫 (°C) 與 $y =$ 淨方向性，其定義為被野放之山溪鯢逆流而上與順流而下游動之相對次數的差異。淨方向性的一個負值表示順流而下比逆流而上有較高的比例。

| 平均溫度 ($x$) | 淨方向性 ($y$) |
| --- | --- |
| 6.17 | −0.08 |
| 8.06 | 0.25 |
| 8.62 | −0.14 |
| 10.56 | 0.00 |
| 12.45 | 0.08 |
| 11.99 | 0.03 |
| 12.50 | −0.07 |
| 17.98 | 0.29 |
| 18.29 | 0.23 |
| 19.89 | 0.24 |
| 20.25 | 0.19 |
| 19.07 | 0.14 |
| 17.73 | 0.05 |
| 19.62 | 0.07 |

a. 構建資料的散布圖。你會如何敘述 $x$ 與 $y$ 之間的關係？
b. 找出敘述 $y =$ 淨方向性與 $x =$ 平均水溫間之關係的最小平方直線等式。
c. 對於具有平均水溫為 15 °C 的一條溪流，你預測淨方向性的數值為何？
d. 作者陳述「當溫度較為暖和，較多的山溪鯢在逆流而上移動中被捕獲，但是當溫度較涼，較多的山溪鯢在順流而下的移動中被捕獲。」散布圖與最小平方直線是否支持此一陳述？
e. 大約多少平均溫度會導致相同數量的逆流而上與順流而下之山溪鯢預測值？

**5.16** 文章「即將關閉的加州州立公園清單」(*The Sacramento Bee*，2009 年 8 月 30 日) 提供下列在 $x =$ 2007 至 2008 年會計年度的訪客數與 $y =$ 加州 20 個州立公園區由公園盈餘所負擔的營運成本百分比資料：

| 旅客數 | 由公園盈餘所負擔的營運成本百分比 |
| --- | --- |
| 2,755,849 | 37 |
| 1,124,102 | 19 |
| 1,802,972 | 32 |

| 旅客數 | 由公園盈餘所負擔的營運成本百分比 |
|---|---|
| 1,757,386 | 80 |
| 1,424,375 | 17 |
| 1,524,503 | 34 |
| 1,943,208 | 36 |
| 819,819 | 32 |
| 1,292,942 | 38 |
| 3,170,290 | 40 |
| 3,984,129 | 53 |
| 1,575,668 | 31 |
| 1,383,898 | 35 |
| 14,519,240 | 108 |
| 3,983,963 | 34 |
| 14,598,446 | 97 |
| 4,551,144 | 62 |
| 10,842,868 | 36 |
| 1,351,210 | 36 |
| 603,938 | 34 |

a. 使用統計套裝軟體或製圖計算機以構建資料的散布圖。敘述該散布圖的任何有趣特性。
b. 找出最小平方直線的等式（使用軟體或製圖計算機）。
c. 該最小平方直線的斜率為正或負？這是否與你在 (a) 部分所敘述的一致？
d. 基於該散布圖，你是否認為此資料集的相關係數會小於或大於 0.5？解釋之。

5.17 在觀看電視與飲食習慣間關係的一項研究中，來自麻州 548 位種族多元化學生的一個樣本從 1995 至 1997 年之 19 個月期間被追蹤 (*Pediatrics* [2003]: 1321–1326)。對於每天觀看電視的每一個額外小時，每天食用的蔬果數量被發現平均減少 0.14 份。
a. 對於此研究，依變項為何？預測變項為何？
b. 使用觀看電視時數作為預測變項進行食用蔬果份量預測的最小平方直線會有一個正或負的斜率？解釋之。

5.18 介於醫院病人—護士比率以及工作滿意度與病患照護之各種特性間的關係一直是許多研究的重點。假設 $x$ = 病患對護士比率為預測變項。對於下列每一個潛在的依變項，指出你預期最小平方直線的斜率是否為正或負，並為你的選擇提出簡要的解釋。
a. $y$ = 護士工作滿意度的量測值（較高數值表示較高的滿意）
b. $y$ = 病患對於醫院照護滿意度的量測值（較高數值表示較高的滿意）
c. $y$ = 病患照顧品質的量測值

5.19 附錄對於 $x$ = 在 6 至 14 個月大時的頭圍 $z$ 分數（與同年齡同儕的一個比較分數——正的分數表示比同儕較大的尺寸），以及 $y$ = 在 2 至 5 歲時的大腦灰白質數量（毫克）的資料讀自在本章簡介中所敘述文章的一個圖 (*Journal of the American Medical Association* [2003])。

| 2 至 5 歲大腦灰白質（毫克） | 6 至 14 個月大頭圍 $z$ 分數 |
|---|---|
| 680 | −.75 |
| 690 | 1.2 |
| 700 | −.3 |
| 720 | .25 |
| 740 | .3 |
| 740 | 1.5 |
| 750 | 1.1 |
| 750 | 2.0 |
| 760 | 1.1 |
| 780 | 1.1 |
| 790 | 2.0 |
| 810 | 2.1 |
| 815 | 2.8 |
| 820 | 2.2 |
| 825 | .9 |
| 835 | 2.35 |
| 840 | 2.3 |
| 845 | 2.2 |

a. 為這些資料構建散布圖。
b. 相關係數的數值為何？
c. 找出最小平方直線的等式。

d. 為一位 12 個月大時頭圍 z 分數為 1.8 的兒童預測其在 2 至 5 歲時的大腦灰白質數量。
e. 解釋為何使用最小平方直線去預測一位頭圍 z 分數為 3.0 兒童的灰白質數量不是一個好主意。

5.20 研究顯示如果在心搏停止後立即施以電擊器電擊，對於突然遭逢心搏停止的人們有較佳的存活機會。存活率如何與心搏停止發生以及電擊器電擊被傳送之間的時間有關？此問題在文章「從突發性心搏停止改善存活：家用電擊器的角色」（作者 J. K. Stross，University of Michigan，2002 年 2 月；www.heartstarthome.com）中被強調。附帶資料提供一個心臟病康復中心（於其中當病患被送醫而心搏停止發生，因而充電電擊時間傾向於短）以及四個不同規模的社區之 y = 存活率（百分比）與 x = 平均充電電擊時間（分）：

| 平均充電電擊時間，x | 2 | 6 | 7 | 9 | 12 |
| 存活率，y | 90 | 45 | 30 | 5 | 2 |

a. 為這些資料構建散布圖。你會如何敘述平均充電電擊時間與存活率之間的關係？
b. 找出最小平方直線的等式。
c. 使用最小平方直線為一個具有 10 分鐘的平均充電電擊時間的社區預測存活率。

5.21 在前一個習題所提供在 x = 平均充電電擊時間（分）與 y = 存活率（百分比）的資料被用來計算最小平方直線，其為

$$\hat{y} = 101.33 - 9.30x$$

報紙文章「家用電擊器的 FDA OKs 使用」（San Luis Obispo Tribune，2002 年 11 月 13 日）報導「等待帶來電擊器之醫護人員的每一分鐘降低存活率 10%。」此陳述是否與給定的最小平方直線一致？解釋之。

5.22 出現在 San Luis Obispo Tribune（2001 年 3 月 30 日）關於在加州住房成本的一篇文章包括下列陳述：「在北加州，來自舊金山灣的民眾挺進 Central Valley，享受每往灣區東方移動一英里平均掉 $4000 的房價。」如果此陳述正確，最小平方廻歸直線 $\hat{y} = a + bx$，其中 y = 房價（元）與 x = 灣區向東的距離（英里）的斜率為何？解釋之。

5.23 下列對於 10 個大型工業資產在售價、規模與土地房舍比率的資料出現在文章「使用多元廻歸分析於不動產估價」(Appraisal Journal [2002]: 424–430)：

| 資產 | 售價（百萬美元） | 規模（1000平方呎） | 土地房舍比率 |
|---|---|---|---|
| 1 | 10.6 | 2166 | 2.0 |
| 2 | 2.6 | 751 | 3.5 |
| 3 | 30.5 | 2422 | 3.6 |
| 4 | 1.8 | 224 | 4.7 |
| 5 | 20.0 | 3917 | 1.7 |
| 6 | 8.0 | 2866 | 2.3 |
| 7 | 10.0 | 1698 | 3.1 |
| 8 | 6.7 | 1046 | 4.8 |
| 9 | 5.8 | 1108 | 7.6 |
| 10 | 4.5 | 405 | 17.2 |

a. 計算並解釋介於售價與規模之間的相關係數值。
b. 計算並解釋介於售價與土地房舍比率之間的相關係數值。
c. 如果你想預測售價且你可以使用規模或土地房舍比率為預測基礎，你會使用哪一個？解釋之。
d. 基於你在 (c) 部分的選擇，找出你會用來預測 y = 售價的最小平方廻歸直線的等式。$\hat{y} = 1.333 + 0.00525x$

5.24 讀自出現於文章「牛隻踩踏對丘陵牧場侵蝕的影響：降雨模擬裝置資料的建

模觀念與分析」(*Australian Journal of Soil Research* [2002]: 963-977) 中一個圖對於具有不同牧草損害數量之土地在流量沉澱濃度，由土地中裸地（無草區）百分比衡量的代表性資料，被依緩坡地與陡坡地分別提供。

**緩坡地**

| 裸地 (%) | 5 | 10 | 15 | 25 |
|---|---|---|---|---|
| 濃度 | 50 | 200 | 250 | 500 |

| 裸地 (%) | 30 | 40 | | |
|---|---|---|---|---|
| 濃度 | 600 | 500 | | |

**陡坡地**

| 裸地 (%) | 5 | 5 | 10 | 15 |
|---|---|---|---|---|
| 濃度 | 100 | 250 | 300 | 600 |

| 裸地 (%) | 20 | 25 | 20 | 30 |
|---|---|---|---|---|
| 濃度 | 500 | 500 | 900 | 800 |

| 裸地 (%) | 35 | 40 | 35 | |
|---|---|---|---|---|
| 濃度 | 1100 | 1200 | 1000 | |

a. 使用陡坡地的資料，找出使用 $x =$ 裸地百分比預測 $y =$ 流量沉澱濃度之最小平方直線的等式。$\hat{y} = 59.9 + 27.46x$
b. 對於一個具有 18% 裸地的陡坡地，你預測流量沉澱濃度會是多少？
c. 你是否會建議使用得自 (a) 部分的最小平方等式來對緩坡地預測流量沉澱濃度？如果是，解釋為何這麼做是適當的。如果不是，提供一個替代方法來進行這樣的預測。

5.25 解釋為何對於實質上遠大於或小於那些包含在樣本中之 $x$ 數值，使用最小平方直線去取得預測值可能是危險的。

5.26 一家大公司的銷售經理選出 $n = 10$ 個售貨員的一個隨機樣本並決定每人的 $x =$ 銷售經驗年數與 $y =$ 年度銷售（千元）。所得成對 $(x, y)$ 的散布圖顯示線性型態。

a. 假設樣本相關係數為 $r = .75$ 以及平均年度銷售為 $\bar{y} = 100$。以經驗而言，如果一位特定售貨員在平均數以上 2 個標準差，你會預測那人的年度銷售為何？
b. 如果銷售經驗在平均經驗以下 1.5 個標準差的一位特定售貨員，其被預測年度銷售值為平均年度銷售以下 1 個標準差，$r^2$ 的數值為何？

5.27 解釋為何最小平方直線的斜率 $b$ 總是與樣本相關係數 $r$ 具有相同符號（正或負）。

5.28 隨附資料來自一項實驗，其中在鋼製品上的五個不同焊接點之焊接直徑 $x$ 與剪力強度 $y$（磅）被決定。散布圖顯示強烈的線性型態。以 $\sum(x - \bar{x})^2 = 1000$ 與 $\sum(x - \bar{x})(y - \bar{y}) = 8577$，最小平方直線為 $\hat{y} = -936.22 + 8.577x$。

| $x$ | 200.1 | 210.1 | 220.1 | 230.1 | 240.0 |
|---|---|---|---|---|---|
| $y$ | 813.7 | 785.3 | 960.4 | 1118.0 | 1076.2 |

a. 因為 1 磅 = 0.4536 公斤，強度觀測值可以經由乘上此換算係數而被以公斤重新表示：新 $y = 0.4536$（舊 $y$）。當 $y$ 被以公斤表示時，最小平方直線的等式為何？$\hat{y} = -424.7 + 3.891x$
b. 更一般地來說，假設由 $n$ 個成對 $(x, y)$ 所組成資料集中的每一個 $y$ 值乘以一個換算係數 $c$（其改變 $y$ 的測量單位）。此一動作對於斜率 $b$ 的影響（也就是，$b$ 的新數值比較換算前的數值如何）、對於截距 $a$，以及對於最小平方直線等式的影

響為何?以使用給定的 $b$ 與 $a$ 的公式證明你的猜測。(提示:以 $cy$ 取代 $y$,並看看發生什麼——且記得此一換算將影響 $\bar{y}$)。

## 5.3 評估直線的配適性

一旦最小平方迴歸直線被取得,下一個步驟是要檢視該直線如何有效摘要 $x$ 與 $y$ 之間的關係。應思考的重要問題有:

1. 一條直線是否為摘要介於兩變項間關係的一個適當方式?
2. 在進入使用該迴歸直線進行預測之前,資料集中是否有任何不尋常的部分需要考慮?
3. 如果我們決定使用該迴歸直線作為預測的基礎是合理的,我們能夠期待基於該迴歸直線的預測有多準確?

在本節,我們鎖定於將讓我們能夠回答這些問題的圖形與數字方法。大多數的這些方法都基於資料點離迴歸直線的垂直離差。這些垂直離差被稱為殘差,且每一個代表得自使用該迴歸直線進行預測,介於實際 $y$ 值與對應的預測值 $\hat{y}$ 兩者之間的差異。

### 預測值與殘差

對應至資料集中第一個觀測值的預測值被以代入該數值 $x_1$ 於迴歸等式中而取得 $\hat{y}_1$,其中

$$\hat{y}_1 = a + bx_1$$

介於第一個觀測值的實際 $y$ 值,$y_1$,以及對應之預測值之間的差異為

$$y_1 - \hat{y}_1$$

此差異被稱為殘差,為在散布圖中離該迴歸直線的一個點的垂直離差。

落在該直線上方的一個觀測值得到一個正的殘差,而落在該直線下方的一個點得到一個負的殘差。這顯示於圖 5.14。

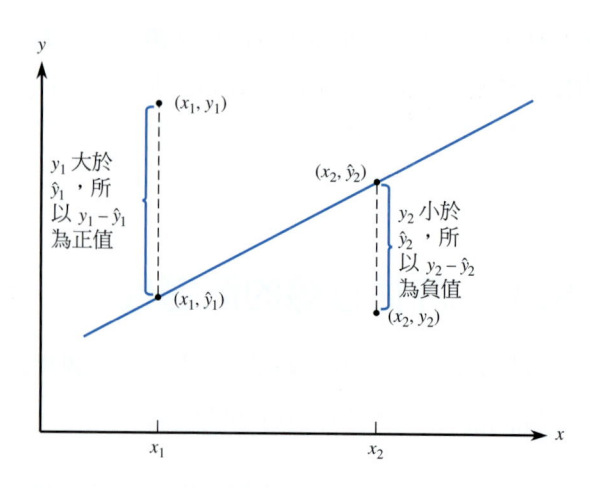

**圖 5.14**
離最小平方直線的正值與負值離差（殘差）

---

### 定 義

**預測** (predicted) 或**配適值** (fitted values) 得自依序代入每一個樣本 $x$ 值於最小平方直線等式。此得出

$\hat{y}_1 = $ 第 1 個預測值 $= a + bx_1$
$\hat{y}_2 = $ 第 2 個預測值 $= a + bx_2$
$\vdots$
$\hat{y}_n = $ 第 $n$ 個預測值 $= a + bx_n$

離最小平方直線的**殘差** (residuals) 為 $n$ 個數量

$y_1 - \hat{y}_1 = $ 第 1 個殘差
$y_2 - \hat{y}_2 = $ 第 2 個殘差
$\vdots$
$y_n - \hat{y}_n = $ 第 $n$ 個殘差

每一個殘差是介於一個觀測的 $y$ 值與對應之預測 $y$ 值之間的差異。

---

## 例 5.7　對你而言可能是一堆碎屑，但對老鼠而言是一個家

隨附資料是讀自出現於文章「小型哺乳動物對於在西南奧勒岡州細小的木質碎屑與森林燃料減少的反應」(*Journal of Wildlife Management* [2005]: 625-632) 中散布圖的一個資料子集。該文章的作者對於麋鼠為了食物的行走距離與食物至最近的細木質碎屑堆的距離如何有關感到興趣。距離被以英尺測量。資料提供於表 5.1。

表 5.1　例 5.7 之資料的預測值與殘差

| 離碎屑的距離 ($x$) | 行走距離 ($y$) | 預測的行走距離 ($\hat{y}$) | 殘差 ($y - \hat{y}$) |
|---|---|---|---|
| 6.94 | 0.00 | 14.76 | $-14.76$ |
| 5.23 | 6.13 | 9.23 | $-3.10$ |
| 5.21 | 11.29 | 9.16 | 2.13 |
| 7.10 | 14.35 | 15.28 | $-0.93$ |
| 8.16 | 12.03 | 18.70 | $-6.67$ |
| 5.50 | 22.72 | 10.10 | 12.62 |
| 9.19 | 20.11 | 22.04 | $-1.93$ |
| 9.05 | 26.16 | 21.58 | 4.58 |
| 9.36 | 30.65 | 22.59 | 8.06 |

Minitab 被用來配適最小平方廻歸直線。部分電腦輸出結果如下：

**Regression Analysis: Distance Traveled versus Distance to Debris**

The regression equation is

Distance Traveled = $-7.7 + 3.23$ Distance to Debris

| Predictor | Coef | SE Coef | T | P |
|---|---|---|---|---|
| Constant | $-7.69$ | 13.33 | $-0.58$ | 0.582 |
| Distance to Debris | 3.234 | 1.782 | 1.82 | 0.112 |

S = 8.67071　　R-Sq = 32.0%　　R-Sq(adj) = 22.3%

所得最小平方直線為 $\hat{y} = -7.69 + 3.234x$。

資料與同時包含廻歸直線的一個圖展示於圖 5.15。對於此資料集的殘差為從點到線的正負符號垂直距離。

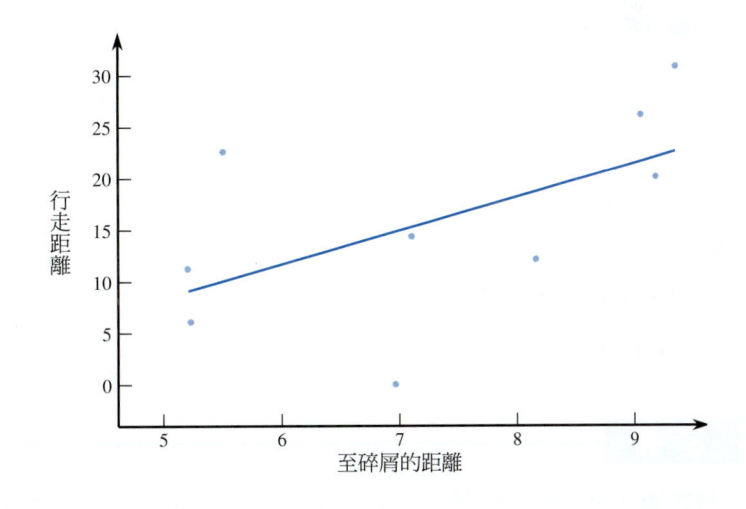

圖 5.15
例 5.7 資料的散布圖

對於具有最小 $x$ 值（$x_3 = 5.21$ 與 $y_3 = 11.29$ 之第三個觀測值）的老鼠，對應的預測值與殘差為

預測值 $= \hat{y}_3 = -7.69 + 3.234(x_3) = -7.69 + 3.234(5.21) = 9.16$

殘差 $= y_3 - \hat{y}_3 = 11.29 - 9.16 = 2.13$

其他預測值與殘差被以相似方式計算並被涵蓋於表 5.1。

徒手計算預測值與殘差可能是瑣碎無趣的，但是 Minitab 與其他統計套裝軟體，以及許多製圖計算機，包含它們為輸出結果的一部分，如圖 5.16 中所示。預測值與殘差可以在 Minitab 輸出結果的表格底部分別標示為「Fit」與「Residual」的欄位中被找到。

```
The regression equation is
Distance Traveled = - 7.7 + 3.23 Distance to Debris

Predictor            Coef      SE Coef       T        P
Constant            -7.69       13.33     -0.58    0.582
Distance to Debris   3.234       1.782     1.82    0.112

S = 8.67071     R-Sq = 32.0%      R-Sq(adj) = 22.3%
```

**Analysis of Variance**

```
Source           DF        SS        MS        F        P
Regression        1     247.68    247.68     3.29    0.112
Residual Error    7     526.27     75.18
Total             8     773.95

Obs   Distance    Distance
      to Debris   Traveled      Fit     SE Fit   Residual   St Resid
 1      6.94        0.00      14.76      2.96     -14.76      -1.81
 2      5.23        6.13       9.23      4.69      -3.10      -0.42
 3      5.21       11.29       9.16      4.72       2.13       0.29
 4      7.10       14.35      15.28      2.91      -0.93      -0.11
 5      8.16       12.03      18.70      3.27      -6.67      -0.83
 6      5.50       22.72      10.10      4.32      12.62       1.68
 7      9.19       20.11      22.04      4.43      -1.93      -0.26
 8      9.05       26.16      21.58      4.25       4.58       0.61
 9      9.36       30.65      22.59      4.67       8.06       1.10
```

**圖 5.16**
例 5.7 資料的 Minitab 輸出結果

## 畫出殘差

仔細檢視殘差可以揭示許多潛在問題。當評估迴歸直線的適當性時，殘差圖是一個好的起始點。

### 定義

**殘差圖** (residual plot) 是成對（$x$，殘差）的一個散布圖。在殘差圖中孤立的點或是點的模型指出潛在的問題。

理想的殘差圖是未呈現特殊模型，諸如彎曲的一個圖。在殘差圖中的彎曲是 $x$ 與 $y$ 之間的關係為非線性，以及一條曲線會是比一條直線作為敘述 $x$ 與 $y$ 之間關係的較佳選擇的指示。這有時候在殘差圖會比在 $y$ 對 $x$ 的散布圖中更容易看得出，如在例 5.8 中所說明。

### 例 5.8　美國女性的身高與體重

思考所附對於 30 至 39 歲美國女性在 $x =$ 身高（吋）與 $y =$ 平均體重（磅）的資料（來自 *The World Almanac and Book of Facts*）。在圖 5.17(a) 所展現的散布圖明顯地相當直。然而，當來自最小平方直線（$\hat{y} = 98.23 + 3.59x$）的殘差被圖繪（圖 5.17(b)），實質的彎曲是明顯的（即使 $r \approx .99$）。要說體重以身高的正比（與身高線性有關）增加是不正確的。反而是，相較於相對小的身高，對於相對大的身高其平均體重增加稍微較快速。

| $x$ | 58 | 59 | 60 | 61 | 62 | 63 | 64 | 65 |
|---|---|---|---|---|---|---|---|---|
| $y$ | 113 | 115 | 118 | 121 | 124 | 128 | 131 | 134 |
| $x$ | 66 | 67 | 68 | 69 | 70 | 71 | 72 | |
| $y$ | 137 | 141 | 145 | 150 | 153 | 159 | 164 | |

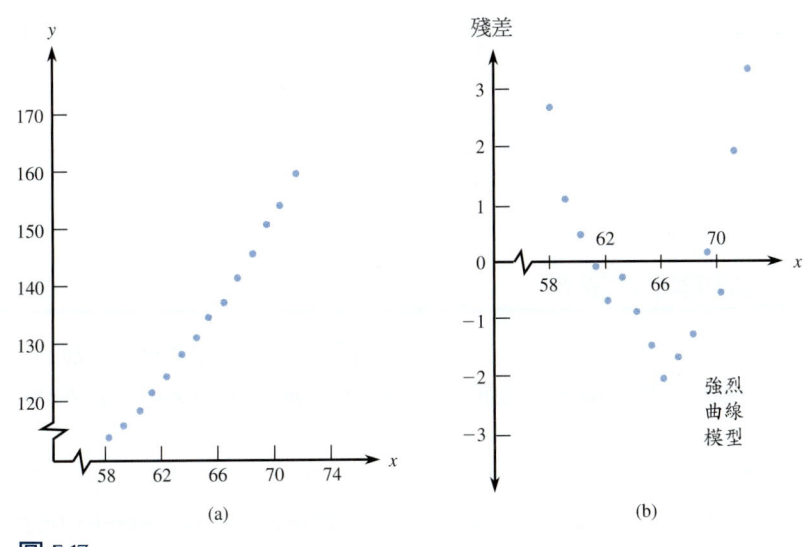

**圖 5.17**
例 5.8 資料的圖：(a) 散布圖；(b) 殘差圖

有另一種常見模型的殘差圖——繪製殘差對對應的 $\hat{y}$ 值而非對 $x$ 值。因為 $\hat{y} = a + bx$ 只是 $x$ 的一個線性函數，兩類殘差圖之間的唯一真實差異在於水平軸的刻

度。殘差圖中各點的模型將會是一樣，而重要的是這些點的模型，並非刻度。因此這兩個圖提供相等資訊，如同在圖 5.18 中可被看見的，其展現例 5.7 資料的兩個圖。

在散布圖或殘差圖中尋找不尋常的數值也是重要的。遠遠落在身高為 0 的水平線以上或以下的一個點對應至一個大的殘差，其可能指出某種類型的不尋常行為，諸如一個紀錄錯誤、一個非標準的實驗情況，或是一個非典型的實驗對象。$x$ 值相當不同於資料集中之其他值的一個點在決定配適線時可能具有外露的極端影響。評估如此一個孤立的點對於配適的影響之一種方法為從該資料集刪除它，重新計算最佳配適線，並評估該直線等式的改變程度。

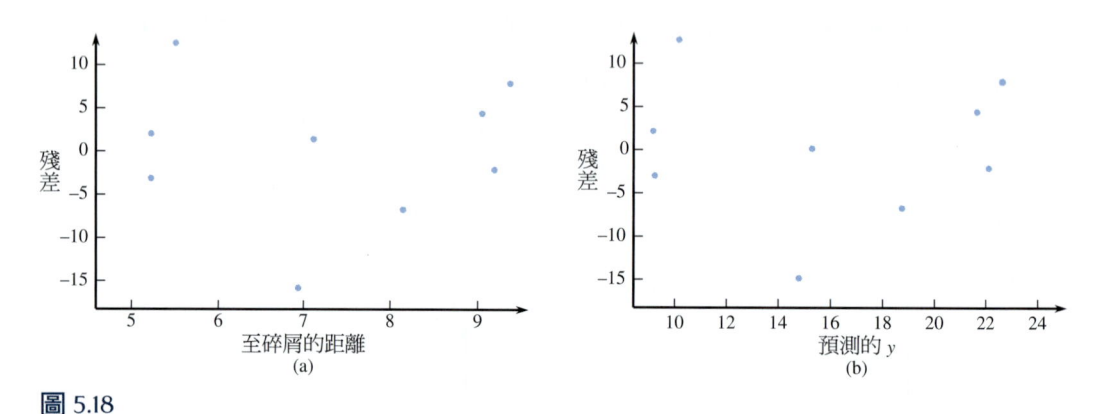

**圖 5.18**

例 5.7 資料的圖：(a) 殘差對 $x$ 的圖；(b) 殘差對 $\hat{y}$ 的圖

## 例 5.9　比你的熊平均還老

所附對於 12 隻黑熊在 $x =$ 年齡（年）與 $y =$ 體重（公斤）的資料出現於文章「**在一集中被砍伐的北方森林裡黑熊棲息地的選擇**」(*Canadian Journal of Zoology* [2008]: 1307–1316) 中。

散布圖與殘差圖分別顯示於圖 5.19(a) 與 5.19(b)。樣本中的一隻熊遠比其他熊要來得老（3 號熊具有 $x = 28.5$ 年的年齡與 $y = 62.00$ 公斤的體重）。這導致散布圖中的一個點遠遠落在圖中其他點的右邊。因為最小平方直線最小化平方殘差的總和，該直線被拉向該觀測值。此單一觀測值在決定最小平方直線的斜率上扮演一個重要的角色，因而被稱為一個有影響力的觀測值。注意此一所謂有影響力的觀測值不必然是有大的殘差的一個，因為最小平方直線實際上會靠近該點來通過。圖 5.20 顯示當該有影響力的觀測值被從資料集中移除時所發生的變化。最小平方直線的斜率與截距皆會相當不同於包含該有影響力的觀測值時之直線的斜率與截距。

| 熊（編號） | 年齡 | 體重 |
|---|---|---|
| 1 | 10.5 | 54 |
| 2 | 6.5 | 40 |
| 3 | 28.5 | 62 |
| 4 | 10.5 | 51 |
| 5 | 6.5 | 55 |
| 6 | 7.5 | 56 |
| 7 | 6.5 | 62 |
| 8 | 5.5 | 42 |
| 9 | 7.5 | 40 |
| 10 | 11.5 | 59 |
| 11 | 9.5 | 51 |
| 12 | 5.5 | 50 |

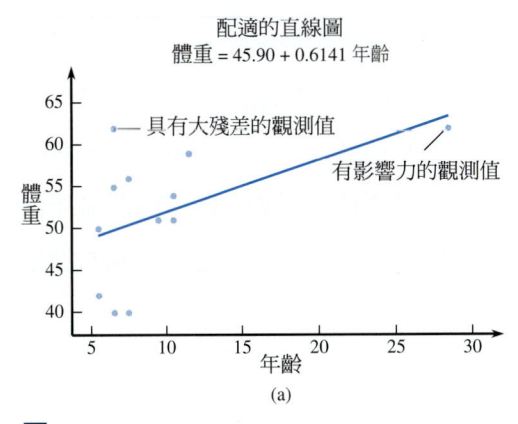

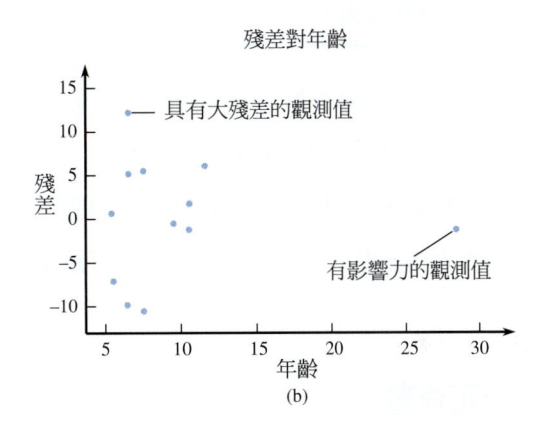

**圖 5.19**
例 5.9 熊資料的年齡 Minitab 圖：(a) 散布圖；(b) 殘差圖

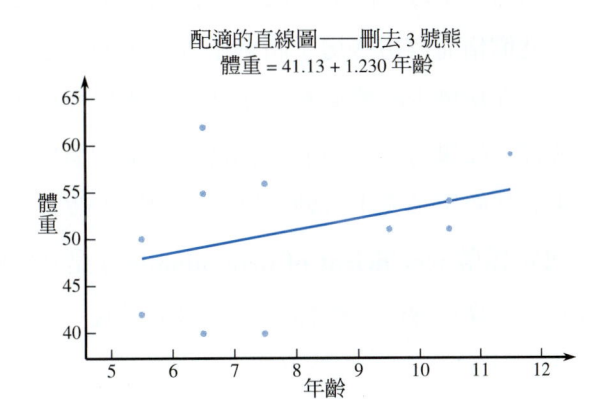

**圖 5.20**
從資料集刪去 3 號熊的散布圖與最小平方直線年齡

散布圖中的某些點可能在 $y$ 的方向落在離最小平方直線很遠之處，導致一個大的殘差。這些點有時候被稱為離群值。在此樣本中，具有最大殘差的觀測值是 7 號熊的 $x = 6.5$ 年的年齡與 $y = 62.00$ 公斤的體重。此觀測值在圖 5.19 中被標示。即使此觀測值有大的殘差，並不具備影響力。包含所有 12 個觀測值之資料集的最小平方直線等式為 $\hat{y} = 45.90 + 0.6141x$，其並不與得自從資料集刪去 7 號熊之等式 ($\hat{y} = 43.81 + 0.7131x$) 有太大差異。

---

在雙變項資料集中的不尋常點是不論就 $x$ 方向或 $y$ 方向而言，落在遠離散布圖中大多數其他點的那些點。

如果 $x$ 值遠離資料中的其他值（在 $x$ 方向與資料中的其他值疏遠），一個觀測值可能是**有影響力的觀測值 (influential observation)**。要決定該觀測值是否實際上有影響，我們評估此觀測值的移除在最小平方直線的斜率與截距數值上是否具有大的影響。

如果具有大的殘差，觀測值為**離群值 (outlier)**。離群值觀測值在 $y$ 的方向落在遠離最小平方直線之處。

---

仔細的檢視散布圖與殘差圖可以協助我們決定摘要一個關係的直線適當性。如果我們決定一條直線為適當的，下一步則是思考基於該最小平方直線所做預測的準確性以及這些預測值（基於 $x$ 的數值）大致而言是否比缺乏對 $x$ 數值的認識所做預測來得較佳。在此評估下兩個有幫助的數量測度值為決定係數與迴歸直線的標準差。

## 決定係數

假設我們想要預測在一個特定城市的房價。20 間待售房子的一個隨機樣本被選取，而樣本中每一間房子的 $y = $ 價格與 $x = $ 大小（平方呎）被記錄。房價上將有變異（就價格而言這些房子將會不等），而正是此變異使得價格的準確預測成為一項挑戰。在房價上的變異有多少能夠被價格與房子大小有關以及房子大小不等的事實所解釋？如果房子大小解釋相當大比重的價格變異，考量房子大小所做的價格預測是未能基於房子大小所做預測的一個很大改善。

**決定係數 (coefficient of determination)** 是在 $y$ 變項的變異比例能夠被 $x$ 與 $y$ 之間關係的一條直線所「解釋」的一個量測值。

### 定 義

**決定係數** (coefficient of determination)，以 $r^2$ 表示，提供在 $y$ 的變異能夠歸因於 $x$ 與 $y$ 之間一個近似線性關係的比例。

$r^2$ 的數值經常被轉換為一個百分比（以乘上 100 的方式）且被解釋為在 $y$ 的變異可以被介於 $x$ 與 $y$ 之間一個近似的線性關係所解釋的百分比。

要瞭解 $r^2$ 如何被計算，我們首先考慮在 $y$ 數值的變異。當散布圖中的各點落在接近於最小平方直線處，在 $y$ 的變異可以被由一條近似的直線關係所解釋——也就是說，當各殘差的數量是小的時候。關於最小平方直線變異的一個自然量測值是平方殘差的總和。（加總之前取平方可避免負值與正值殘差的相互抵消。）第二個平方和以考慮各個 $y$ 值如何自 $y$ 值平均數分散的方式評估在觀測 $y$ 值上的總變異量。

### 定 義

**平方總和** (total sum of squares)，以 **SSTo** 表示，被定義為

$$\text{SSTo} = (y_1 - \bar{y})^2 + (y_2 - \bar{y})^2 + \cdots + (y_n - \bar{y})^2 = \sum (y - \bar{y})^2$$

**殘差平方和** (residual sum of squares)（有時被稱為誤差平方和），以 **SSResid** 表示，被定義為

$$\text{SSResid} = (y_1 - \hat{y}_1)^2 + (y_2 - \hat{y}_2)^2 + \cdots + (y_n - \hat{y}_n)^2 = \sum (y - \hat{y})^2$$

這些平方和可以從大多數標準統計套裝軟體之輸出結果的一部分找到或是可以被使用下列計算公式取得：

$$\text{SSTo} = \sum y^2 - \frac{(\sum y)^2}{n}$$

$$\text{SSResid} = \sum y^2 - a\sum y - b\sum xy$$

### 例 5.10　再度審視麋鼠資料

圖 5.21 展示來自例 5.7 得自對於 $y =$ 為了食物的行走距離與 $x =$ 至最近的木質碎屑堆的距離所配適之最小平方直線的一部分 Minitab 輸出結果。從輸出結果可知，

SSTo = 773.95 以及 SSResid = 526.27

注意 SSResid 相對於 SSTo 是相當大的。

**Regression Analysis: Distance Traveled versus Distance to Debris**

The regression equation is
Distance Traveled = − 7.7 + 3.23 Distance to Debris

| Predictor | Coef | SE Coef | T | P |
|---|---|---|---|---|
| Constant | −7.69 | 13.33 | −0.58 | 0.582 |
| Distance to Debris | 3.234 | 1.782 | 1.82 | 0.112 |

S = 8.67071    R-Sq = 32.0%    R-Sq(adj) = 22.3%

**Analysis of Variance**

| Source | DF | SS | MS | F | P |
|---|---|---|---|---|---|
| Regression | 1 | 247.68 | 247.68 | 3.29 | 0.112 |
| Residual Error | 7 | 526.27 | 75.18 | | |
| Total | 8 | 773.95 | | | |

(SSTo ← 773.95, SSResid ← 526.27)

圖 5.21
例 5.10 資料的 Minitab 輸出結果

殘差平方和是離最小平方直線的垂直離差平方和。如圖 5.22 所闡明的，SSTo 也是離一條直線——在 $\bar{y}$ 高度的水平線之一個垂直離差平方和。依定義，最小平方直線為擁有最小離差平方和的那條線。因而 SSResid ≤ SSTo。只有在當最小平方直線為水平線時，這兩個平方和才會相等。

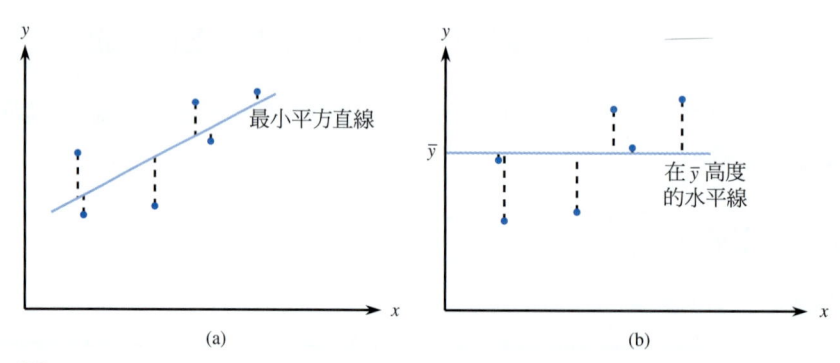

圖 5.22
解釋平方和：(a) SSResid = 離最小平方直線的垂直離差平方和；
(b) SSTo = 在 $\bar{y}$ 高度離水平線的垂直離差平方和

SSResid 經常被稱為未解釋變異——在 $y$ 無法歸因於 $x$ 與 $y$ 之間關係的變異量的一個量測值。散布圖中愈多的點偏離最小平方直線，SSResid 的數值愈大，而且無法被近似的線性關係所解釋之 $y$ 的變異量愈大。同理，SSTo 被解釋為總變異的一

個量測值。SSTo 的數值愈大，在 $y_1 \cdot y_2 \cdot \cdots \cdot y_n$ 的變異量愈大。

比率 SSResid/SSTo 是總變異未被一條直線關係解釋的比例或部分。從 1 減去此比率可以得出可被解釋的總變異比例：

> 決定係數被計算為
> $$r^2 = 1 - \frac{\text{SSResid}}{\text{SSTo}}$$

將 $r^2$ 乘以 100 得到可歸因於近似線性關係之 $y$ 變異的百分比。此百分比愈接近 100%，用來解釋 $y$ 變異的關係愈成功。

## 例 5.11　麋鼠資料的 $r^2$

從例 5.10 對於在為了食物的行走距離與至最近的木質碎屑堆的距離資料，我們得到 SSTo = 773.95 以及 SSResid = 526.27。因此，

$$r^2 = 1 - \frac{\text{SSResid}}{\text{SSTo}} = 1 - \frac{526.27}{773.95} = .32$$

這意指只有 32% 在為了食物的行走距離的觀測變異性，可以被由介於為了食物的行走距離與至最近的木質碎屑堆的距離間之近似線性關係所解釋。注意 $r^2$ 值可以在圖 5.21 的 Minitab 輸出結果中被找到，其被標示為「R–Sq」。

符號 $r$ 在 5.1 節被用以表示皮爾生的樣本相關係數。這與 $r^2$ 被用來表示決定係數並非巧合。這兩個數量如何相關的標記為：

（相關係數）$^2$ ＝ 決定係數

因此，如果 $r = .8$ 或 $r = -.8$，則 $r^2 = .64$，所以在依變項所觀測到變異的 64% 可以被線性關係所解釋。由於 $r$ 的數值並不取決於何者變項被標示為 $x$，$r^2$ 也一樣成立。當依變項與自變項的角色互換，決定係數是在迴歸分析裡所計算的幾個其數值維持相同的數量之一。當 $r = .5$，我們取得 $r^2 = .25$，所以只有 25% 的觀測變異被線性關係解釋。這就是為何介於 $-.5$ 與 $.5$ 之間的一個 $r$ 值不被認為是強烈線性關係的證據。

## 例 5.12　鉛暴露與腦容量

文章「**童年鉛暴露的成人其腦容量減少**」（*Public Library of Science Medicine* [2008 年 5 月 27 日]: e112）的作者研究童年環境的鉛暴露與腦部某一特定區域之腦容量變動的量測值間的關係。讀自出現在該文章一段文字之於 $x$ = 童年血液平均鉛含量（$\mu$g/dL）以及 $y$ = 腦容量變動（百分比）的資料被用以產生圖 5.23 之散布圖。最小平方直線也展示於散布圖中。

圖 5.24 展示得自對資料配適最小平方直線之一部分 Minitab 輸出結果。注意雖然對於較小的 $y$ 值（對應至腦容量減少）有些微的趨勢會與血液平均鉛含量的較高值配對，但關係是微弱的。圖中各點會在最小平方直線四周廣泛的散布。

從電腦輸出結果，我們看到 $100r^2 = 13.6\%$，所以 $r^2 = .136$。這表示童年時期血液平均鉛含量的差異只解釋成人腦容量變動之 13.6% 的變異。因為決定係數是相關係數的平方，我們可以利用取 $r^2$ 的平方根來計算相關係數值。

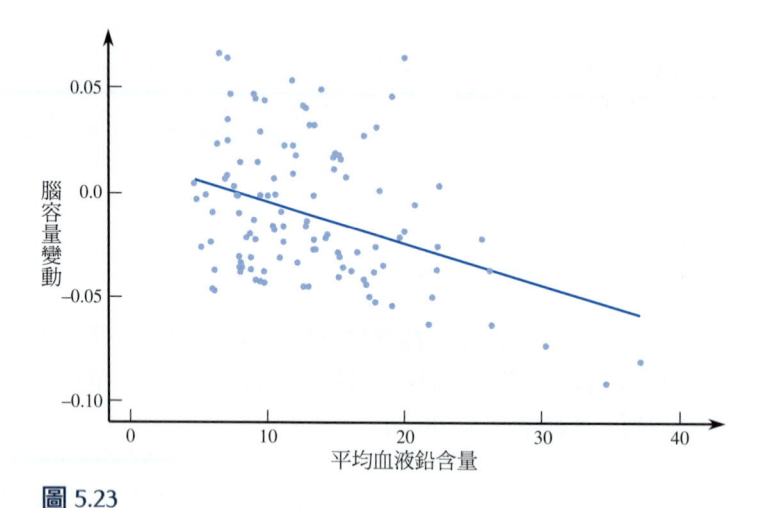

**圖 5.23**

例 5.12 資料的散布圖與最小平方直線

**Regression Analysis: Brain Volume Change versus Mean Blood Lead**

The regression equation is
Brain Volume Change = 0.01559 − 0.001993 Mean Blood Lead

S = 0.0310931　　R-Sq = 13.6%　　R-Sq(adj) = 12.9%

**Analysis of Variance**

| Source | DF | SS | MS | F | P |
|---|---|---|---|---|---|
| Regression | 1 | 0.016941 | 0.0169410 | 17.52 | 0.000 |
| Error | 111 | 0.107313 | 0.0009668 | | |
| Total | 112 | 0.124254 | | | |

**圖 5.24**

例 5.12 資料的 Minitab 輸出結果

在此情況下，我們知道相關係數將是負值（因為 $x$ 與 $y$ 之間存在負相關），所以我們想要負的平方根：

$$r = -\sqrt{.136} = -.369$$

基於相關係數與決定係數的數值，我們會結論存在一個弱的負線性關係且童年時期血液平均鉛含量只解釋成人腦容量變動的 13.6%。

## 最小平方直線的標準差

決定係數測量關於最佳配適線的變異相對於在 $y$ 的整體變異的程度。一個大的 $r^2$ 數值本身並不保證離該線的離差以絕對值而言是小的。一個典型的觀測值可能以相當大的數值偏離該線，然而這些離差相對於整體 $y$ 變異可能仍然是小的。

回憶在第 4 章的樣本標準差

$$s = \sqrt{\frac{\sum(x - \bar{x})^2}{n - 1}}$$

被用作為單一樣本中變異性的一個量測值；大致上，$s$ 是一個樣本觀測值偏離平均數的典型數量。當最小平方直線配適，有一個類似的變異性量測值。

> **定義**
>
> **最小平方直線的標準差** (standard deviation about the least-squares line) 可以定義為
>
> $$s_e = \sqrt{\frac{\text{SSResid}}{n - 2}}$$

大致上，$s_e$ 是一個觀測值偏離最小平方直線的典型數量。有關其除以 $(n - 2)$ 的調整與下標 $e$ 的使用將於第 13 章中說明。

### 例 5.13　預測畢業率

思考下列針對擁有 10,000 至 20,000 名學生註冊的美國 38 所主要公立大學與學院在 2007 年之 6 年畢業率 (%)、每位全職生與學生有關的開銷，以及 SAT 分數中位數資料（**資料來源**：College Results Online，The Education Trust）。

| 畢業率 | 開銷 | SAT 中位數 |
|---|---|---|
| 81.2 | 7462 | 1160 |
| 66.8 | 7310 | 1115 |
| 66.4 | 6959 | 1070 |
| 66.1 | 8810 | 1205 |
| 64.9 | 7657 | 1135 |
| 63.7 | 8063 | 1060 |
| 62.6 | 8352 | 1130 |
| 62.5 | 7789 | 1200 |
| 61.2 | 8106 | 1015 |
| 59.8 | 7776 | 1100 |
| 56.6 | 8515 | 990 |
| 54.8 | 7037 | 1085 |
| 52.7 | 8715 | 1040 |
| 52.4 | 7780 | 1040 |
| 52.4 | 7198 | 1105 |
| 50.5 | 7429 | 975 |
| 49.9 | 7551 | 1030 |
| 48.9 | 8112 | 1030 |
| 48.1 | 8149 | 950 |
| 46.5 | 6744 | 1010 |
| 45.3 | 8842 | 1223 |
| 45.2 | 7743 | 990 |
| 43.7 | 5587 | 1010 |
| 43.5 | 7166 | 1010 |
| 42.9 | 5749 | 950 |
| 42.1 | 6268 | 955 |
| 42.0 | 8477 | 985 |
| 38.9 | 7076 | 990 |
| 38.8 | 8153 | 990 |
| 38.3 | 7342 | 910 |
| 35.9 | 8444 | 1075 |
| 32.8 | 7245 | 885 |
| 32.6 | 6408 | 1060 |
| 32.3 | 4981 | 990 |
| 31.8 | 7333 | 970 |
| 31.3 | 7984 | 905 |
| 31.0 | 5811 | 1010 |
| 26.0 | 7410 | 1005 |

圖 5.25 展示畢業率對學生有關的開銷，以及畢業率對 SAT 分數中位數的散布圖。最小平方直線與 $r^2$ 與 $s_e$ 的數值也同時顯示。

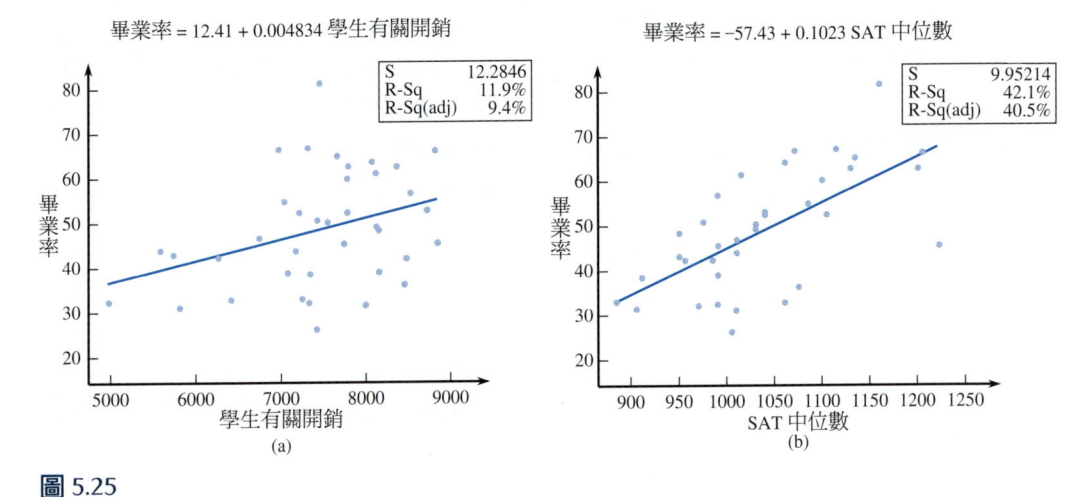

畢業率 = 12.41 + 0.004834 學生有關開銷　　　畢業率 = −57.43 + 0.1023 SAT 中位數

|  | |
| --- | --- |
| S | 12.2846 |
| R-Sq | 11.9% |
| R-Sq(adj) | 9.4% |

|  | |
| --- | --- |
| S | 9.95214 |
| R-Sq | 42.1% |
| R-Sq(adj) | 40.5% |

**圖 5.25**

例 5.13 資料的散布圖：(a) 畢業率對學生有關的開銷；(b) 畢業率對 SAT 中位數

注意雖然學生有關的開銷與畢業率之間存在一個正的線性關係，該關係是微弱的。$r^2$ 的值只有 .119 (11.9%)，意指大學間畢業率的變異性只有 11.9% 能夠被學生有關的開銷所解釋。該迴歸線的標準差為 $s_e$ = 12.2846，其值大於預測項 SAT 分數的 $s_e$，表示相較於敘述畢業率對 SAT 中位數之直線，在畢業率對學生有關開銷的散布圖中之各點傾向於落在離迴歸直線較遠之處。畢業率對 SAT 中位數的 $r^2$ 值為 .421 (42.1%) 以及 $s_e$ = 9.95214，意指預測項 SAT 中位數要比學生有關開銷的預測項在解釋畢業率的變異性上做得更好，並且，對應的最小平方直線可以被期待產生更準確的畢業率估計值。

基於 $r^2$ 與 $s_e$ 的數值，SAT 中位數比起學生有關的開銷會是在預測畢業率時的較佳選擇。也可能發展能夠同時結合兩個潛在預測項的一個預測等式──如此作法的技巧將於第 14 章中介紹。

## 習 題　5.29 – 5.43

5.29　附表中的資料來自文章「**兒童與青少年的 6 分鐘步行測試**」(*The Journal of Pediatrics* [2007]: 395-399)。280 位男童完成測量在 6 分鐘內能夠在一個平坦且硬地表面上的步行距離之一項測試。對於表中的每一個年齡組別，在該組中男孩所行走距離的中位數也被提供。

| 年齡組別 | 代表年齡（年齡組的中點） | 分鐘步行距離的中位數（呎） |
| --- | --- | --- |
| 3 至 5 | 4 | 544.3 |
| 6 至 8 | 7 | 584.0 |
| 9 至 11 | 10 | 667.3 |
| 12 至 15 | 13.5 | 701.1 |
| 16 至 18 | 17 | 727.6 |

a. 以 $x$ = 代表年齡與 $y$ = 6 分鐘內步行距離中位數，構建一個散布圖。散布圖中的模型看來是否為線性？

b. 找出敘述 6 分鐘內步行距離中位數與代表年齡之間關係的最小平方廻歸直線的等式。

c. 計算五個殘差並構建一個殘差圖。圖中是否存在任何不尋常的特性？

**5.30** 前一個習題所參考的文章同時提供 248 位 3 至 18 歲女童的 6 分鐘步行距離。五個年齡組別女孩的 6 分鐘步行距離中位數為

$$492.4 \quad 578.3 \quad 655.8 \quad 657.6 \quad 660.9$$

a. 以 $x = $ 代表年齡與 $y = $ 6 分鐘內步行距離中位數，構建一個散布圖。女童散布圖中的型態如何不同於得自習題 5.29 之男童散布圖的型態？

b. 找出敘述女童 6 分鐘步行距離中位數與代表年齡之間關係的最小平方廻歸直線的等式。$\hat{y} = 479.997 + 12.525x$

c. 計算五個殘差並構建一個殘差圖。該文章的作者決定使用曲線而非直線來敘述女童 6 分鐘內步行距離中位數與代表年齡之間關係。殘差圖的什麼外觀支持此一決定？

**5.31** 對於汙染與年長者醫療保健成本的資料在習題 5.14 中被提供並也在此呈現。附錄資料是美國 6 個地理區域在汙染（每立方公尺空氣的微粒物質微克）的一個量測值與超過 65 歲每人的醫療保健成本。

| 區域 | 汙染 | 醫療保健成本 |
|---|---|---|
| 北部 | 30.0 | 915 |
| 上南部 | 31.8 | 891 |
| 南部腹地 | 32.1 | 968 |
| 西南部 | 26.8 | 972 |
| 大天空 | 30.4 | 952 |
| 西部 | 40.0 | 899 |

對於此資料集的最小平方廻歸直線的等式為 $\hat{y} = 1082.2 - 4.691x$，其中 $y = $ 醫療成本與 $x = $ 汙染。

a. 計算 6 個殘差。

b. 此資料集的相關係數值為何？$r$ 的數值是否指出汙染與醫療成本之間的線性關係為強烈、中度或微弱？解釋之。

c. 構建一個殘差圖。該圖是否存在任何不尋常的特性？

d. 對於西部的觀測值，(40.0, 899)，具有遠離樣本中其他 $x$ 數值的一個 $x$ 值。此觀測值對於決定最小平方直線的斜率以及／或是截距之數值是否有影響力？證明你的答案。

**5.32** 北方的鼯鼠因為吃青苔與菌類，而造成相當低品質的飲食。文章「洛磯山脈小型哺乳動物之樹生青苔與地下菌類的營養價值與飲食偏好」(*Canadian Journal of Zoology* [2008]: 851–862) 的作者測量被餵食菌類 *Rhizopogon* 之 6 隻鼯鼠的氮吸取量與氮儲存量。讀自出現於該文章之一段文字的資料提供於下表。（第一隻鼯鼠氮儲存量的負值表示氮氣的淨流失。）

| 氮吸取量 $x$（克） | 氮儲存量 $y$（克） |
|---|---|
| 0.03 | −0.04 |
| 0.10 | 0.00 |
| 0.07 | 0.01 |
| 0.06 | 0.01 |
| 0.07 | 0.04 |
| 0.25 | 0.11 |

a. 構建這些資料的散布圖。

b. 找出最小平方廻歸直線的等式。基於此直線，對於氮吸取量為 0.06 克的鼯鼠而言，你會預測其氮儲存量為多少？與觀測值 (0.06, 0.01) 有關的殘差為何？

c. 再一次觀看來自 (a) 部分的散布圖。哪一個觀測值具有潛在影響力？為你的選擇解釋理由。

d. 當該具有潛在影響力的觀測值被從資料集中刪除，配適至剩下的五個觀測值的

最小平方廻歸直線的等式為 $\hat{y} = -0.037 + 0.627x$。使用此等式為氮吸取量為 0.06 克的鼴鼠估預測其氮儲存量。此預測是否相當不同於在 (b) 部分所做的預測？

$\hat{y} = 0.00062$，小的差異

5.33　介於 $x =$ 一條溪中的鮭魚總數以及 $y =$ 在熊吃掉鮭魚之前被熊殺死而從小河所搬離的鮭魚百分比之間的關係在文章「**熊從小河搬運太平洋鮭魚屍體至河岸森林**」(*Canadian Journal of Zoology* [2009]: 195–203) 中被檢視。1999 至 2008 年間共 10 年的資料提供於附表。

| 總數 | 搬運百分比 |
|---|---|
| 19,504 | 77.8 |
| 3,460 | 28.7 |
| 1,976 | 28.9 |
| 8,439 | 27.9 |
| 11,142 | 55.3 |
| 3,467 | 20.4 |
| 3,928 | 46.8 |
| 20,440 | 76.3 |
| 7,850 | 40.3 |
| 4,134 | 24.1 |

a. 構建資料的散布圖。小河中的鮭魚總數以及被熊殺死而被搬離小河的鮭魚百分比之間是否呈現關係？
b. 找出最小平方廻歸直線的等式。為來自 (a) 部分的散布圖繪廻歸直線。

$\hat{y} = 18.483 + 0.00287x$

c. 從該最小平方直線的殘差於附表中顯示。觀測值 (3928, 46.8) 具有一個大的殘差。此資料點是否也是一個有影響力的觀測值？

| 總數 | 搬運百分比 | 殘差 |
|---|---|---|
| 19,504 | 77.8 | 3.43 |
| 3,460 | 28.7 | 0.30 |
| 1,976 | 28.9 | 4.76 |
| 8,439 | 27.9 | −14.76 |
| 11,142 | 55.3 | 4.89 |
| 3,467 | 20.4 | −8.02 |
| 3,928 | 46.8 | 17.06 |
| 20,440 | 76.3 | −0.75 |
| 7,850 | 40.3 | −0.68 |
| 4,134 | 24.1 | −6.23 |

d. 具有不尋常大的 $x$ 值（19,504 與 20,440）的兩個點即使它們在散布圖中就 $x$ 的方向遠離其他點，仍不被認為是有影響力的觀測值。解釋為何這兩個點不是有影響力的。
e. 得自配適最小平方直線的部分 Minitab 輸出結果呈現於此。$s_e$ 的值為何？寫下一個句子來解釋這個數值。

**Regression Analysis: Percent Transported versus Total Number**

The regression equation is
Percent Transported = 18.5 + 0.00287 Total Number

| Predictor | Coef | SE Coef | T | P |
|---|---|---|---|---|
| Constant | 18.483 | 4.813 | 3.84 | 0.005 |
| Total Number | 0.0028655 | 0.0004557 | 6.29 | 0.000 |

S = 9.16217　　R-Sq = 83.2%　　R-Sq(adj) = 81.1%

f. 此資料集的 $r^2$ 值為何（見在 (e) 部分的 Minitab 輸出結果）？$r^2$ 值是大是小？寫下一個句子來解釋這個 $r^2$ 值。

5.34　文章「**年齡與性別對體能的影響**」(*Age* [2007]: 77–85) 敘述年齡與 1 小時游泳成績之間關係的一項研究。超過 10,000 名男性參與一項全國長距離 1 小時游泳競賽的年齡與游泳距離資料被摘要於附表。

| 年齡組別 | 代表性年齡（年齡組中點） | 平均游泳距離（呎） |
|---|---|---|
| 20 至 29 | 25 | 3913.5 |
| 30 至 39 | 35 | 3728.8 |
| 40 至 49 | 45 | 3579.4 |
| 50 至 59 | 55 | 3361.9 |
| 60 至 69 | 65 | 3000.1 |
| 70 至 79 | 75 | 2649.0 |
| 80 至 89 | 85 | 2118.4 |

a. 以 $x =$ 代表性年齡以及 $y =$ 平均游泳距離，找出最小平方直線的等式。
b. 計算七個殘差並使用它們來構建一個殘

差圖。殘差圖建議使用一條直線來敘述代表性年齡與游泳距離之間關係的適當性為何？

c. 使用得自 (a) 部分之最小平方直線，以代入 45 歲的代表性年齡來預測 40 至 49 歲女性的平均游泳距離是否合理？解釋之。

**5.35** $x =$ 代表性年齡與 $y =$ 男童 6 分鐘的步行距離資料在習題 5.29 中被提供。為這些資料計算 $s_e$ 與 $r^2$ 的數值。這些數值告訴你有關最小平方直線的配適如何？

**5.36** 在 11 個奧勒岡州醫院之住院病人與門診病人服務的成本費用比（表示真實成本的帳單金額百分比）在下表呈現（Oregon Department of Health Services，2002 年）。資料的散布圖也一併呈現。

| 醫院 | 成本費用比 ||
| --- | 門診照護 | 住院照護 |
| 1 | 62 | 80 |
| 2 | 66 | 76 |
| 3 | 63 | 75 |
| 4 | 51 | 62 |
| 5 | 75 | 100 |
| 6 | 65 | 88 |
| 7 | 56 | 64 |
| 8 | 45 | 50 |
| 9 | 48 | 54 |
| 10 | 71 | 83 |
| 11 | 54 | 100 |

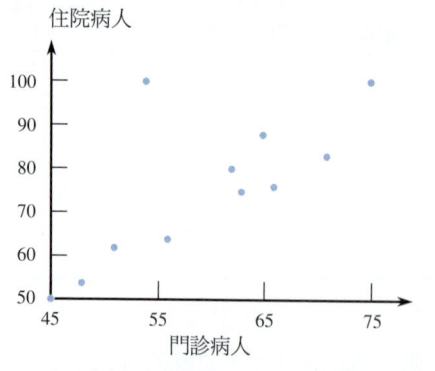

以 $y =$ 住院病人成本費用比以及 $x =$ 門診病人成本費用比的最小平方廻歸直線為 $\hat{y} = -1.1 + 1.29x$。

a. 編號 11 的醫院觀測值是否為有影響力的觀測值？證明你的答案。
b. 編號 11 的醫院觀測值是否為離群值？解釋之。
c. 編號 5 的醫院觀測值是否為有影響力的觀測值？證明你的答案。
d. 編號 5 的醫院觀測值是否為離群值？解釋之。

**5.37** 文章「測驗的生活：Stanley H. Kaplan 教導我們何為 SAT」（*The New Yorker* [2001 年 12 月 17 日]: 86–92）包含關於 SAT I 分數、SAT II 分數，以及高中平均成績 (GPA) 的使用來預測第一年大學平均成績的發現摘要。該文章陳述「其中，SAT II 分數是最佳預測值，解釋第一年大學成績變異數的 16%。GPA 其次為 15.4%，以及 SAT I 最差為 13.3%。」

a. 如果來自此研究的資料被用來配適具有 $y =$ 第一年大學 GPA 與 $x =$ 高中 GPA 的最小平方直線，$r^2$ 的數值會是多少？
b. 該文章陳述 SAT II 分數是第一年大學成績的最佳預測值。你是否認為基於 $y =$ 第一年大學 GPA 與 $x =$ SAT II 分數的最小平方直線之預測將會非常準確？解釋你的答案。

**5.38** 文章「回應生活壓力之終端體長度的加速縮短」（*Proceedings of the National Academy of Sciences* [2004]: 17312–17315）敘述檢視壓力是否加速在一個細胞水準上之老化的一項研究。附表關於感知的壓力 ($x$) 量測值與終端體長度 ($y$) 的資料為讀自出現在文章中的一個散布圖。終端體長度是細胞壽命的量測值。

| 感知壓力 | 終端體長度 | 感知壓力 | 終端體長度 |
|---|---|---|---|
| 5 | 1.25 | 20 | 1.22 |
| 6 | 1.32 | 20 | 1.30 |
| 6 | 1.5 | 20 | 1.32 |
| 7 | 1.35 | 21 | 1.24 |
| 10 | 1.3 | 21 | 1.26 |
| 11 | 1 | 21 | 1.30 |
| 12 | 1.18 | 22 | 1.18 |
| 13 | 1.1 | 22 | 1.22 |
| 14 | 1.08 | 22 | 1.24 |
| 14 | 1.3 | 23 | 1.18 |
| 15 | 0.92 | 24 | 1.12 |
| 15 | 1.22 | 24 | 1.50 |
| 15 | 1.24 | 25 | 0.94 |
| 17 | 1.12 | 26 | 0.84 |
| 17 | 1.32 | 27 | 1.02 |
| 17 | 1.4 | 27 | 1.12 |
| 18 | 1.12 | 28 | 1.22 |
| 18 | 1.46 | 29 | 1.30 |
| 19 | 0.84 | 33 | 0.94 |

a. 計算最小平方直線的等式。
b. $r^2$ 的數值為何？
c. 認知壓力與終端體長度之間的線性關係是否解釋終端體長度變異性的大或小的比例？證明你的答案。

**5.39** 文章「即將關閉之加州州立公園的清單」（*The Sacramento Bee*，2009 年 8 月 30 日）提供加州 20 個州立公園區域之 $y =$ 2007 至 2008 年會計年度的員工人數與 $x =$ 公園總面積（英畝）之下列資料：

| 員工人數，$y$ | 公園總面積，$x$ |
|---|---|
| 95 | 39,334 |
| 95 | 324 |
| 102 | 17,315 |
| 69 | 8,244 |
| 67 | 620,231 |
| 77 | 43,501 |
| 81 | 8,625 |
| 116 | 31,572 |
| 51 | 14,276 |
| 36 | 21,094 |
| 96 | 103,289 |
| 71 | 130,023 |
| 76 | 16,068 |
| 112 | 3,286 |
| 43 | 24,089 |
| 87 | 6,309 |
| 131 | 14,502 |
| 138 | 62,595 |
| 80 | 23,666 |
| 52 | 35,833 |

a. 構建資料的散布圖。
b. 找出最小平方直線的等式。你是否認為此最小平方直線提供準確的預測？解釋之。
c. 從資料集刪去具有最大 $x$ 值的觀測值並重新計算最小平方直線的等式。此觀測值是否對於直線的等式有相當大的影響？

**5.40** 在前一個習題所參閱的文章也提供 2007 至 2008 年會計年度由公園利潤所支應的營運成本百分比資料。

| 員工人數，$x$ | 由公園利潤支應的營運成本百分比，$y$ |
|---|---|
| 95 | 37 |
| 95 | 19 |
| 102 | 32 |
| 69 | 80 |
| 67 | 17 |
| 77 | 34 |
| 81 | 36 |
| 116 | 32 |
| 51 | 38 |
| 36 | 40 |
| 96 | 53 |
| 71 | 31 |
| 76 | 35 |
| 112 | 108 |
| 43 | 34 |
| 87 | 97 |
| 131 | 62 |
| 138 | 36 |
| 80 | 36 |
| 52 | 34 |

a. 找出有關 $y =$ 由公園利潤所支應的營運成本百分比與 $x =$ 員工人數的最小平方直線等式。

b. 基於 $s_e$ 與 $r^2$ 的數值，你是否認為該最小平方廻歸直線在敘述介於 $y =$ 由公園利潤所支應的營運成本百分比以及 $x =$ 員工人數之間關係上表現良好？解釋之。

c. 在圖 EX5.40 中的是 $y =$ 由公園利潤所支應的營運成本百分比與 $x =$ 員工人數的散布圖。最小平方直線也同時顯示。有哪些觀測值是離群值？擁有最大殘差的觀測值是否對應至有最多員工人數的公園區？

5.41 一項研究被執行以調查介於模製塑料的硬度（$y$，布氏單位）與模壓程序結束後的耗盡時間（$x$，小時）之間的關係。摘要的數量包括 $n = 15$，SSResid = 1235.470，以及 SSTo = 25,321.368。計算並解釋決定係數。

5.42 $r^2$ 與 $s_e$ 皆被用來評估直線的配適性。
a. 對於一個雙變項資料集，$r^2$ 與 $s_e$ 是否可能同時相當大？解釋之。（一個圖形可能有所幫助。）
b. 一個雙變項資料集是否可能同時產生小的 $r^2$ 與 $s_e$ 數值？解釋之。（再一次，一個圖形可能有所幫助。）
c. 當介於兩個變項 $x$ 與 $y$ 之間的關係被使用一條直線所敘述時，解釋為何期望會有大的 $r^2$ 與小的 $s_e$ 數值。

5.43 使用一些數學運算，我們可以顯示
$$\text{SSResid} = (1 - r^2)\sum(y - \bar{y})^2$$
接著可得
$$s_e = \sqrt{\frac{n-1}{n-2}}\sqrt{1-r^2}\,s_y$$
除非 $n$ 相當小，$(n-1)/(n-2) \approx 1$，使得
$$s_e \approx \sqrt{1-r^2}\,s_y$$

a. 什麼樣的 $r$ 值可以使得 $s_e$ 與 $s_y$ 一樣大？此情況下的最小平方直線為何？
$r = 0$，$\hat{y} = \bar{y}$

b. 什麼樣的 $r$ 值會使得 $s_e$ 比 $s_y$ 小很多？

c. 柏克萊人類發展機構 (Berkeley Institute of Human Development) 的一項研究（參考在書後所列的參考書籍——*Statistics*，Freedman et al.）報導下列有關 $n = 66$ 位加州男童的一組樣本的摘要資料：

$r \approx .80$

在 6 歲時，平均身高 $\approx 46$ 吋，標準差 $\approx 1.7$ 吋。

在 18 歲時，平均身高 $\approx 70$ 吋，標準差 $\approx 2.5$ 吋。

配適線圖
營運成本百分比 = 27.71 + 0.0211 員工人數

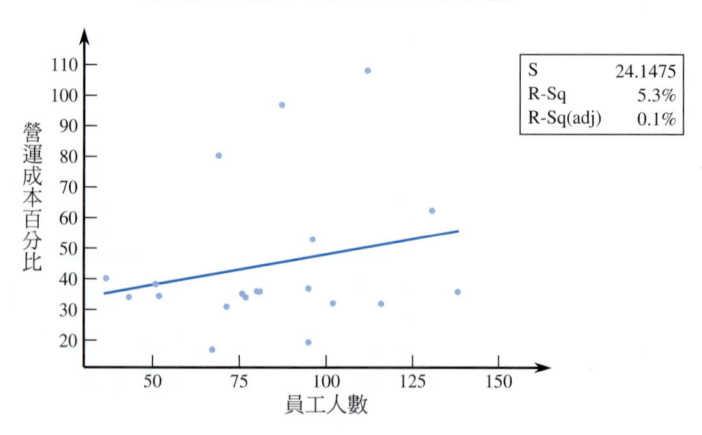

| S | 24.1475 |
| R-Sq | 5.3% |
| R-Sq(adj) | 0.1% |

圖 EX5.40

用來從 6 歲大身高去預測 18 歲大身高的最小平方直線的 $s_e$ 會是多少？

d. 參考 (c) 部分，假設你想從對於 18 歲大身高的瞭解去預測 6 歲大身高的過去值。找出適當的最小平方直線等式。對應的 $s_e$ 數值為何？

$\hat{y} = 7.92 + .544x$，$s_e = 1.02$

## 5.4 非線性關係與變換

　　如同我們在前面小節所見，當散布圖中的各點呈現一個線性模型，並且殘差圖並未揭露線性配適的任何問題時，最小平方直線是摘要 $x$ 與 $y$ 之間關係的一種明智方法。一個線性關係容易解釋，偏離直線也容易被發現，以及從我們對 $x$ 的認識使用該直線來預測 $y$ 是簡單明確的。雖然，散布圖或殘差圖經常展現一個曲線模型而指出 $x$ 與 $y$ 之間更複雜的一個關係。在此情況下，找出良好配適觀測資料的一條曲線是更複雜的工作。在本節，我們考慮配適非線性關係的兩個常用方法：多項式廻歸與變換。

### 多項式廻歸

　　讓我們重新思考在例 5.4 中之 $x =$ 年齡與 $y =$ 馬拉松平均完成時間初次介紹的資料：

| 年齡組別 | $x =$ 代表年齡 | $y =$ 平均完成時間 |
|---|---|---|
| 10 至 19 | 15 | 302.38 |
| 20 至 29 | 25 | 193.63 |
| 30 至 39 | 35 | 185.46 |
| 40 至 49 | 45 | 198.49 |
| 50 至 59 | 55 | 224.30 |
| 60 至 69 | 65 | 288.71 |

這些資料的散布圖在此重新產生為圖 5.26。因為此圖顯示一個顯著的曲線模型，很清楚的沒有直線能夠合理的敘述 $x$ 與 $y$ 之間的關係。然而，該關係可以被使用一條曲線加以敘述，而且在此例中散布圖中的曲線模型看似一條拋物線（二次方程式的圖）。這建議嘗試找出一個二次方程式

$$\hat{y} = a + b_1 x + b_2 x^2$$

將可合理的敘述其關係。也就是說，在此方程式中係數 $a$、$b_1$ 與 $b_2$ 的數值必須被選擇以取得資料的良好配適。

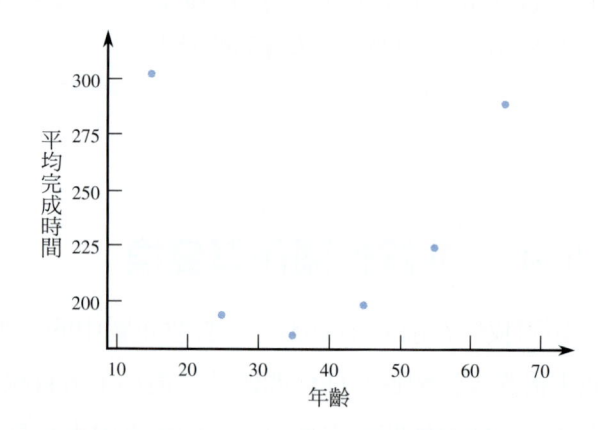

**圖 5.26**
馬拉松資料的散布圖

什麼是 $a$、$b_1$ 與 $b_2$ 數值的最佳選擇？在對資料配適一條直線時，我們曾經使用最小平方原則導引我們對於斜率與截距的選擇。最小平方一樣可以被用來配適一個二次方程式。離差，$y - \hat{y}$，仍然由在散布圖中的垂直距離所表示，但現在它們是從各點到一條拋物線（二次方程式的圖）而非到一條直線的垂直距離，如圖 5.27 所示。接著我們選擇在二次方程式中的各係數使得離差平方和儘可能的小。

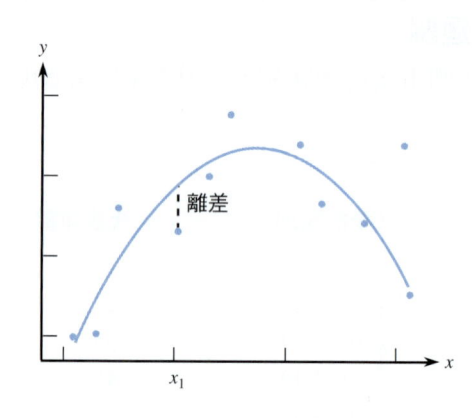

**圖 5.27**
二次方程式的離差

對於一個二次迴歸，$a$、$b_1$ 與 $b_2$ 的最小平方估計值是當 $\hat{y} = a + b_1x + b_2x^2$ 時最小化離差平方和 $\sum(y - \hat{y})^2$ 的那些數值。

對於二次迴歸而言，評估配適性的一個有用量測值為

$$R^2 = 1 - \frac{\text{SSResid}}{\text{SSTo}}$$

其中，SSResid = $\sum(y - \hat{y})^2$。$R^2$ 的量測值被以與簡單線性廻歸之 $r^2$ 的相似方式定義並以相似方式被解釋。記號 $r^2$ 在線性情況下只有在線性廻歸時被使用以強調介於 $r^2$ 與相關係數 $r$ 之間的關係。

計算最小平方估計值的一般算式有些複雜，所以我們依賴統計套裝軟體或製圖計算機為我們進行計算。

### 例 5.14　重訪馬拉松資料：配適一個二次模型

對於馬拉松資料，散布圖（見圖 5.26）顯示一顯著的曲線型態。如果最小平方直線用來配適這些資料，該直線無法好好敘述其關係（$r^2$ = .001 或 .1% 以及 $s_e$ = 56.9439）並不令人意外，而且殘差圖也顯示明確的一個曲線模型（圖 5.28）。

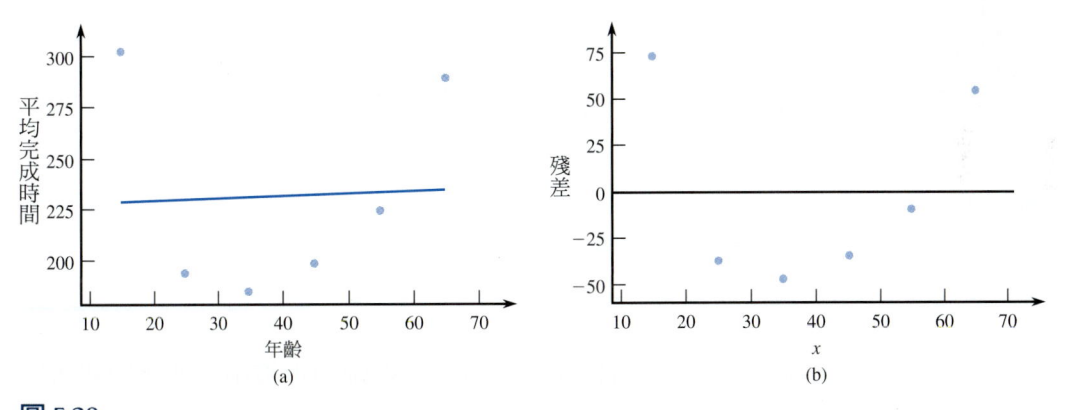

**圖 5.28**
例 5.14 馬拉松資料的圖形：(a) 最小平方廻歸直線；(b) 殘差圖

得自對這些資料配適二次廻歸方程式的部分 Minitab 輸出結果如下：

The regression equation is

$y$ = 462 − 14.2 $x$ + 0.179 $x$-squared

| Predictor | Coef | SE Coef | T | P |
|---|---|---|---|---|
| Constant | 462.00 | 43.99 | 10.50 | 0.002 |
| x | −14.205 | 2.460 | −5.78 | 0.010 |
| x-squared | 0.17888 | 0.03025 | 5.91 | 0.010 |

S = 18.4813　　R-Sq = 92.1%　　R-Sq(adj) = 86.9%

**Analysis of Variance**

| Source | DF | SS | MS | F | P |
|---|---|---|---|---|---|
| Regression | 2 | 11965.0 | 5982.5 | 17.52 | 0.022 |
| Residual Error | 3 | 1024.7 | 341.6 | | |
| Total | 5 | 12989.7 | | | |

最小平方係數為

$a$ = 462.00　　$b_1$ = −14.205　　$b_2$ = 0.17888

以及最小平方二次方程式為

$$\hat{y} = 462.00 - 14.205x + 0.17888x^2$$

對此二次廻歸顯示曲線的一個圖以及對應殘差圖被提供於圖 5.29。注意在對於二次情況的殘差圖中並無強烈模型，如同在線性情況下一般。對於二次廻歸，$R^2 = .921$（對照於最小平方直線的 .001），其表示在馬拉松平均完成時間變異性的 92.1% 可以被由介於平均完成時間與年齡之間的一個近似二次關係所解釋。

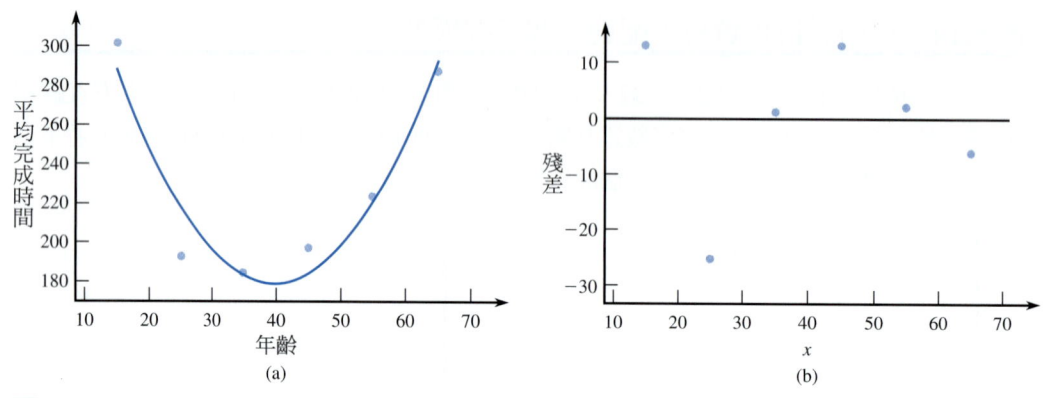

**圖 5.29**

例 5.13 的二次廻歸：(a) 散布圖；(b) 殘差圖

線性與二次廻歸是多項式廻歸的特例。多項式廻歸曲線被由一個函數式所敘述

$$\hat{y} = a + b_1x + b_2x^2 + b_3x^3 + \cdots + b_kx^k$$

其被稱為一個 $k$ 次多項式。$k = 1$ 的案例將產生線性廻歸式（$\hat{y} = a + b_1x$），以及 $k = 2$ 產生二次廻歸式（$\hat{y} = a + b_1x + b_2x^2$）。二次曲線只有一個彎曲（見圖 5.30(a) 與 (b)）。一個較少遭遇的特例為 $k = 3$，其 $\hat{y} = a + b_1x + b_2x^2 + b_3x^3$，被稱為一個三次廻歸曲線。三次曲線有兩個彎曲，如圖 5.30(c) 所示。

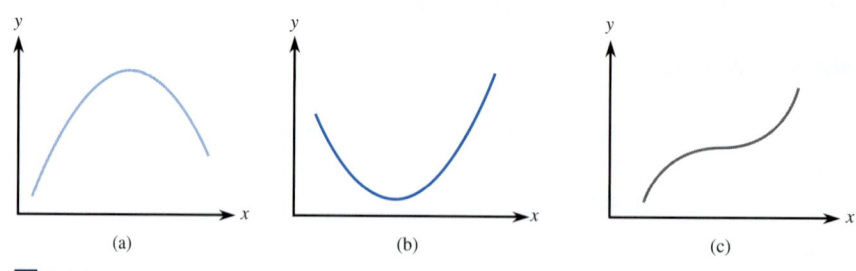

**圖 5.30**

多項式廻歸曲線：(a) $b_2 < 0$ 的二次曲線；(b) $b_2 > 0$ 的二次曲線；(c) 三次曲線

### 例 5.15　魚飼料

海鯛是經常於大型養殖漁業被飼養的一種魚。這些魚經常被餵食主要包含魚食的飲食。文章「**被餵食向日葵餐食之金頭鯛 (Sparus aurata, L.) 的成長與經濟利潤**」（*Aquaculture* [2007]: 528–534）的作者敘述調查在海鯛的飲食中對於部分魚食以向日葵餐食的形式取代植物性蛋白質是否會更有利潤的一項研究。

附錄資料與在文章中所給予在 248 天後魚在 $x =$ 飲食中向日葵餐食的百分比以及 $y =$ 平均重量（課）的摘要數量一致。

| 向日葵餐食 (%) | 魚平均重量 |
|:---:|:---:|
| 0 | 432 |
| 6 | 450 |
| 12 | 455 |
| 18 | 445 |
| 24 | 427 |
| 30 | 422 |
| 36 | 421 |

圖 5.31 顯示這些資料的散布圖。$x$ 與 $y$ 之間的關係並不呈現為線性，所以我們可能嘗試使用二次廻歸來敘述向日葵餐食含量與魚平均重量之間的關係。

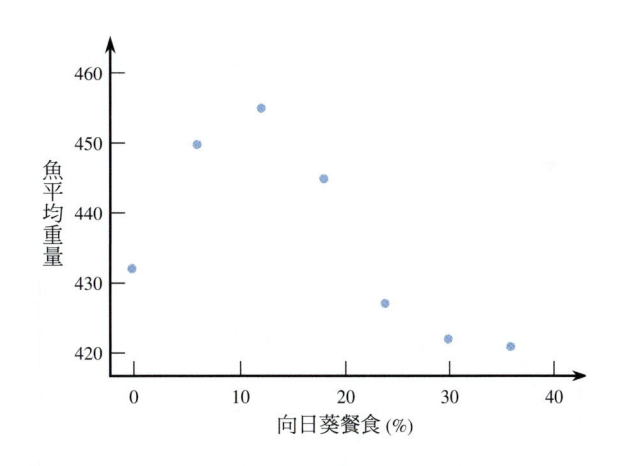

**圖 5.31**
例 5.15 資料之魚平均重量對向日葵餐食含量的散布圖

Minitab 被用來配適一個二次廻歸方程式並計算對應的殘差。最小平方二次廻歸式為

$$\hat{y} = 439 + 1.22x - 0.053x^2$$

二次廻歸曲線圖與對應的殘差圖於圖 5.32 中被展示。

注意圖 5.32(b) 中的殘差圖顯示一個曲線模型（三次）——不是我們在殘差圖中想看到的。這建議我們可能需要考慮使用不同於二次曲線的其他方式來敘述 $x$ 與 $y$ 之間的關係。再一次去看圖 5.31 的散布圖，因為在曲線關係中出現兩個「彎」——一個在 $x = 12$ 附近而

另一個在散布圖遠遠的右手邊處，我們發現三次方程式可能是一個較佳的選擇。

使用這些資料，Minitab 被用來配適一個三次迴歸方程式，得出在圖 5.33(a) 所示的曲線。三次迴歸方程式因此為

$$\hat{y} = 431.5 + 5.39x - 0.37x^2 + 0.006x^3$$

對應的殘差圖，展示於圖 5.33(b)，並未揭露會建議不同於三次迴歸之其他選擇的任何困難模型。

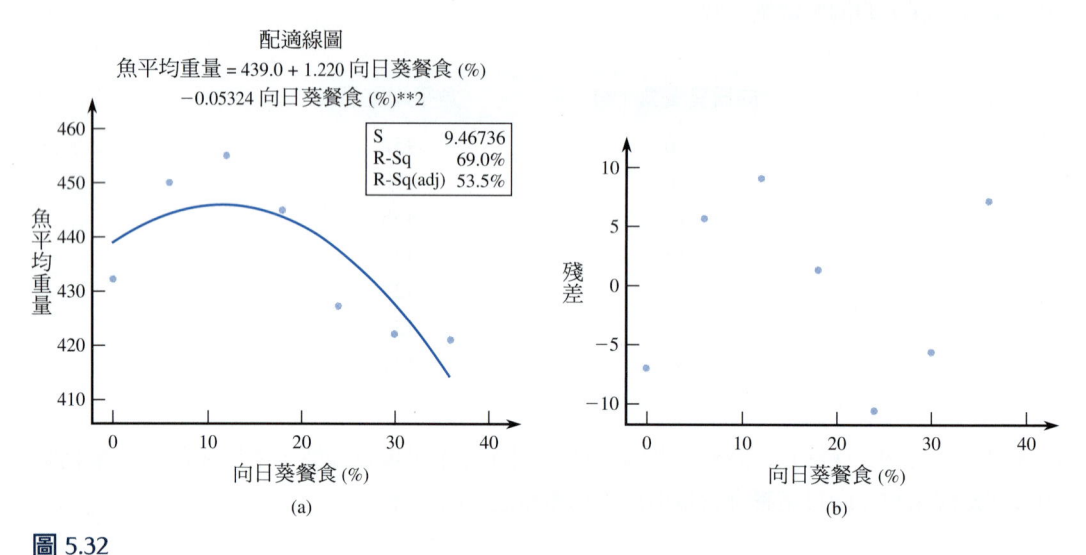

**圖 5.32**

例 5.15 魚飼料資料的二次迴歸圖：(a) 最小平方二次迴歸；(b) 二次迴歸的殘差圖

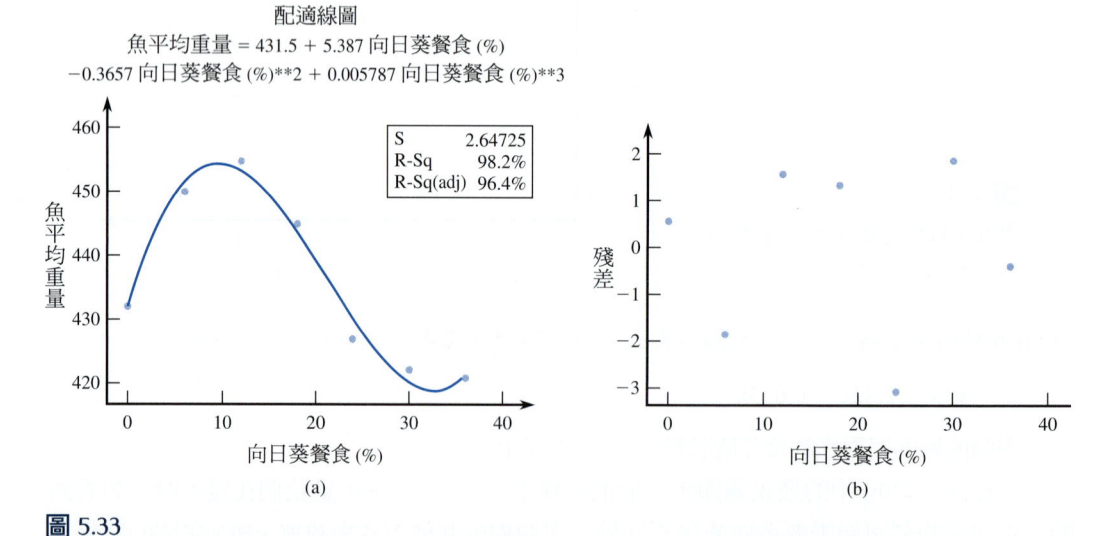

**圖 5.33**

例 5.15 魚飼料資料的三次迴歸圖：(a) 最小平方三次迴歸；(b) 三次迴歸的殘差圖

基於這些資料的分析，我們可能建議對於飲食的 12% 使用向日葵餐食。向日葵餐食比魚飼料還便宜，但是使用多於 12% 的向日葵餐食結合的是魚平均重量的減少。當向日葵餐食被使用多於 36% 的飲食，也就是資料集中最大的 $x$ 值，並不清楚對於魚平均重量會發生什麼變化。

## 變換

找出配適資料之一條曲線的一種替代方式，為找到轉換 $x$ 值與/或 $y$ 值的方式使得變換資料的散布圖具有一個線性的外觀。**變換 (transformation)**（有時被稱為重新表達）包括使用一個變項的一個簡單函數取代變項本身。例如，與其嘗試敘述 $x$ 與 $y$ 之間的關係，敘述 $\sqrt{x}$ 與 $y$ 或是 $x$ 與 $\log(y)$ 之間的關係可能較容易。並且，如果我們能夠敘述，例如，介於 $\sqrt{x}$ 與 $y$ 之間的關係，我們將仍然能夠對於一個既定的 $x$ 值來預測 $y$ 的數值。常見的變換包括取平方根、對數或倒數。

### 例 5.16　河川水流速度與離海岸的距離

如同湍流泛舟的喜好者所熟知，愈靠近其河岸，河川的水流愈緩慢（因為介於河岸與河水之間的磨擦力）。為了研究水流速度與離河岸距離之間關係的本質，一條河流在離河岸不同距離（公尺）的速度（每秒公分）資料被收集。假設結果資料如下：

| 距離 | .5 | 1.5 | 2.5 | 3.5 | 4.5 | 5.5 | 6.5 | 7.5 | 8.5 | 9.5 |
| --- | --- | --- | --- | --- | --- | --- | --- | --- | --- | --- |
| 速度 | 22.00 | 23.18 | 25.48 | 25.25 | 27.15 | 27.83 | 28.49 | 28.18 | 28.50 | 28.63 |

資料的一個圖形展現一個曲線型態，如同來自一個線性配適在散布圖與殘差圖同時所見（見圖 5.34(a) 與 5.34(b)）。

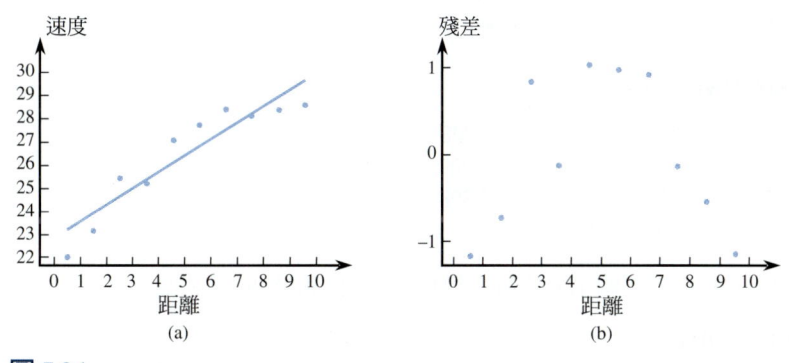

**圖 5.34**

例 5.16 資料的圖形：(a) 河川資料的散布圖；(b) 來自線性配適的殘差圖

讓我們以其平方根取代每一個 x 值的方式嘗試轉換 x 數值。我們定義

$$x' = \sqrt{x}$$

所得轉換資料於表 5.2 中顯示。

**表 5.2** 例 5.16 的原始與轉換資料

| 原始資料 |       | 變換資料 |       |
|---------|-------|---------|-------|
| x       | y     | x'      | y     |
| 0.5     | 22.00 | 0.7071  | 22.00 |
| 1.5     | 23.18 | 1.2247  | 23.18 |
| 2.5     | 25.48 | 1.5811  | 25.48 |
| 3.5     | 25.25 | 1.8708  | 25.25 |
| 4.5     | 27.15 | 2.1213  | 27.15 |
| 5.5     | 27.83 | 2.3452  | 27.83 |
| 6.5     | 28.49 | 2.5495  | 28.49 |
| 7.5     | 28.18 | 2.7386  | 28.18 |
| 8.5     | 28.50 | 2.9155  | 28.50 |
| 9.5     | 28.63 | 3.0822  | 28.63 |

圖 5.35(a) 展示 y 對 x'（或是等同於 y 對 $\sqrt{x}$）的一個散布圖。此圖中各點的型態看似線性，所以我們可以配適一條最小平方直線並使用變換的資料。由此迴歸而得的 Minitab 輸出結果呈現於下。

**Regression Analysis**

The regression equation is
Velocity = 20.1 + 3.01 sqrt distance

| Predictor | Coef    | StDev  | T     | P     |
|-----------|---------|--------|-------|-------|
| Constant  | 20.1102 | 0.6097 | 32.99 | 0.000 |
| Sqrt dis  | 3.0085  | 0.2726 | 11.03 | 0.000 |

S = 0.6292    R-Sq = 93.8%    R-Sq(adj) = 93.1%

**Analysis of Variance**

| Source         | DF | SS     | MS     | F      | P     |
|----------------|----|--------|--------|--------|-------|
| Regression     | 1  | 48.209 | 48.209 | 121.76 | 0.000 |
| Residual Error | 8  | 3.168  | 0.396  |        |       |
| Total          | 9  | 51.376 |        |        |       |

圖 5.35(b) 中的殘差圖顯示並無特定模型。所得出的迴歸等式為

$$\hat{y} = 20.1 + 3.01 x'$$

一個相等的等式為

$$\hat{y} = 20.1 + 3.01 \sqrt{x}$$

$r^2$ 與 $s_e$ 的數值（見 Minitab 輸出結果）指出一條直線是敘述 $y$ 與 $x'$ 之間關係的一個合理方法。要預測離河岸 9 公尺之一個距離的河流速度，我們首先計算 $x' = \sqrt{x} = \sqrt{9} = 3$，然後使用樣本迴歸直線以取得 $y$ 的一個預測值：

$$\hat{y} = 20.1 + 3.01x' = 20.1 + (3.01)(3) = 29.13$$

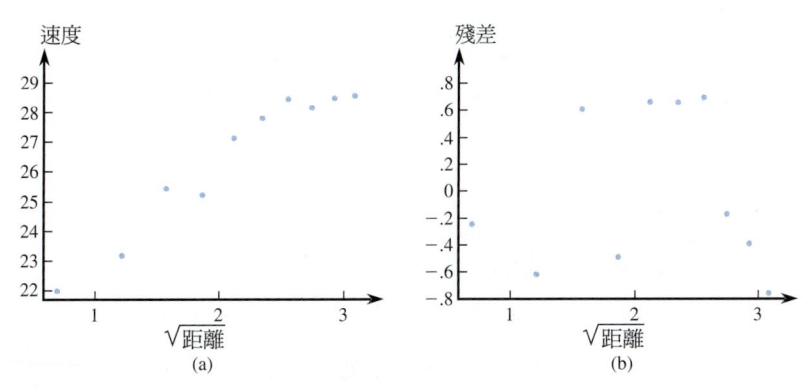

**圖 5.35**

例 5.16 變換資料的圖形：(a) $y$ 對 $x'$ 的散布圖；(b) 得自對於變換資料之線性配適的殘差圖

在例 5.16，使用平方根函數變換 $x$ 值相當有用。通常，我們如何能選擇將導致線性模型的一種變換？表 5.3 提供部分指導方針並摘要最常使用變換的某些特性。

**表 5.3　常用轉換**

| 變換 | 數學敘述 | 何時嘗試此變換（使用時機）|
|---|---|---|
| 不變換 | $\hat{y} = a + bx$ | 當 $x$ 變動，在 $y$ 的變動為常數。$x$ 之 1 單位的增加結合，平均而言，$y$ 數值的一個 $b$ 增加量。|
| $x$ 的平方根 | $\hat{y} = a + b\sqrt{x}$ | 在 $y$ 的變動不為常數。$x$ 之 1 單位的增加，結合愈大的 $x$ 數值而有 $y$ 數值的較小增加或減少量。|
| $x$ 的對數 * | $\hat{y} = a + b\log_{10}(x)$ 或是 $\hat{y} = a + b\ln(x)$ | 在 $y$ 的變動不為常數。$x$ 之 1 單位的增加，結合愈大的 $x$ 數值而有 $y$ 數值的較小增加或減少量。|
| $x$ 的倒數 | $\hat{y} = a + b\left(\dfrac{1}{x}\right)$ | 在 $y$ 的變動不為常數。$x$ 之 1 單位的增加，結合愈大的 $x$ 數值而有 $y$ 數值的較小增加或減少量。此外，當 $x$ 增加，$y$ 會有 $a$ 的一個限制值。|
| $y$ 的對數 *（指數成長或衰敗）| $\log_{10}(\hat{y}) = a + bx$ 或是 $\ln(\hat{y}) = a + bx$ | 在 $y$ 的變動不為常數。$x$ 之 1 單位的增加，結合愈大的 $x$ 數值而有 $y$ 數值的較大增加或減少量。|

* 在迴歸等式中的 $a$ 與 $b$ 的數值將取決於 $\log_{10}$ 或 $\ln$ 是否被使用，但是 $\hat{y}$ 與 $r^2$ 的數值將會一致。

### 例 5.17 酸性湖泊的潛鳥

影響潛鳥生存之因素的一項研究被敘述於文章「獵物的生物量與汞暴露是否影響潛鳥在威斯康辛的生存？」(*The Journal of Wildlife Management* [2005]: 57-67)。在此研究中，湖水的 pH 值與潛鳥的血液汞含量程度之間的關係被觀察。研究者認為這可能是因為湖水的 pH 值可能與潛鳥食用的魚類有關。附錄資料（讀自文章中的一個圖並列出於表 5.4）為來自威斯康辛州不同湖泊之 37 隻潛鳥的 $x =$ 湖泊 pH 值以及 $y =$ 血液汞含量程度 ($\mu g/g$)。散布圖於圖 5.36(a) 中展示。

**表 5.4** 來自例 5.17 的資料與變換資料

| 湖泊 pH 值 (x) | 血液汞含量程度 (y) | Log(y) | 湖泊 pH 值 (x) | 血液汞含量程度 (y) | Log(y) |
|---|---|---|---|---|---|
| 5.28 | 1.10 | 0.0414 | 6.30 | 0.16 | −0.7959 |
| 5.69 | 0.76 | −0.1192 | 6.80 | 0.45 | −0.3468 |
| 5.56 | 0.74 | −0.1308 | 6.58 | 0.30 | −0.5229 |
| 5.51 | 0.60 | −0.2218 | 6.65 | 0.28 | −0.5528 |
| 4.90 | 0.48 | −0.3188 | 7.06 | 0.22 | −0.6576 |
| 5.02 | 0.43 | −0.3665 | 6.99 | 0.21 | −0.6778 |
| 5.02 | 0.29 | −0.5376 | 6.97 | 0.13 | −0.8861 |
| 5.04 | 0.09 | −1.0458 | 7.03 | 0.12 | −0.9208 |
| 5.30 | 0.10 | −1.0000 | 7.20 | 0.15 | −0.8239 |
| 5.33 | 0.20 | −0.6990 | 7.89 | 0.11 | −0.9586 |
| 5.64 | 0.28 | −0.5528 | 7.93 | 0.11 | −0.9586 |
| 5.83 | 0.17 | −0.7696 | 7.99 | 0.09 | −1.0458 |
| 5.83 | 0.18 | −0.7447 | 7.99 | 0.06 | −1.2218 |
| 6.17 | 0.55 | −0.2596 | 8.30 | 0.09 | −1.0458 |
| 6.22 | 0.43 | −0.3665 | 8.42 | 0.09 | −1.0458 |
| 6.15 | 0.40 | −0.3979 | 8.42 | 0.04 | −1.3979 |
| 6.05 | 0.33 | −0.4815 | 8.95 | 0.12 | −0.9208 |
| 6.04 | 0.26 | −0.5850 | 9.49 | 0.14 | −0.8539 |
| 6.24 | 0.18 | −0.7447 | | | |

在此散布圖中的模型是典型的指數衰敗，當 $x$ 增加，在 $y$ 的變動對於大的 $x$ 值要比小的 $x$ 值要來得小。你可以看到在圖中 $x$ 值為小的部分相較於圖中 $x$ 值為大的部分，在 pH 之 1 單位的變動會結合血液汞含量程度的一個較大變動。表 5.3 建議以取其對數的方式來變換 $y$ 值（此例中的血液汞含量程度）。

兩種標準的對數函數常被用於如此的變換——常用對數（以 10 為底，由 log 或 $\log_{10}$ 表示）以及自然對數（以 $e$ 為底，表示為 ln）。常用或自然對數的任何一個皆可使用；所得散布圖的唯一差異在於轉換後 $y$ 變項的刻度。這可以在圖 5.36(b) 與 5.36(c) 中看出。這兩個散布圖顯示相同模型，並且看似一條直線可以適當地敘述此關係。

表 5.4 展示原始資料沿著使用 $y' = \log(y)$ 的轉換 $y$ 值。下列 Minitab 輸出結果顯示對於變換資料配適最小平方直線的結果：

**Regression Analysis: Log(y) versus Lake pH**

The regression equation is
Log(y) = 0.458 − 0.172 Lake pH

| Predictor | Coef | SE Coef | T | P |
|---|---|---|---|---|
| Constant | 0.4582 | 0.2404 | 1.91 | 0.065 |
| Lake Ph | −0.17183 | 0.03589 | −4.79 | 0.000 |

S = 0.263032   R-Sq = 39.6%   R-Sq(adj) = 37.8%

**Analysis of Variance**

| Source | DF | SS | MS | F | P |
|---|---|---|---|---|---|
| Regression | 1 | 1.5856 | 1.5856 | 22.92 | 0.000 |
| Residual Error | 35 | 2.4215 | 0.0692 | | |
| Total | 36 | 4.0071 | | | |

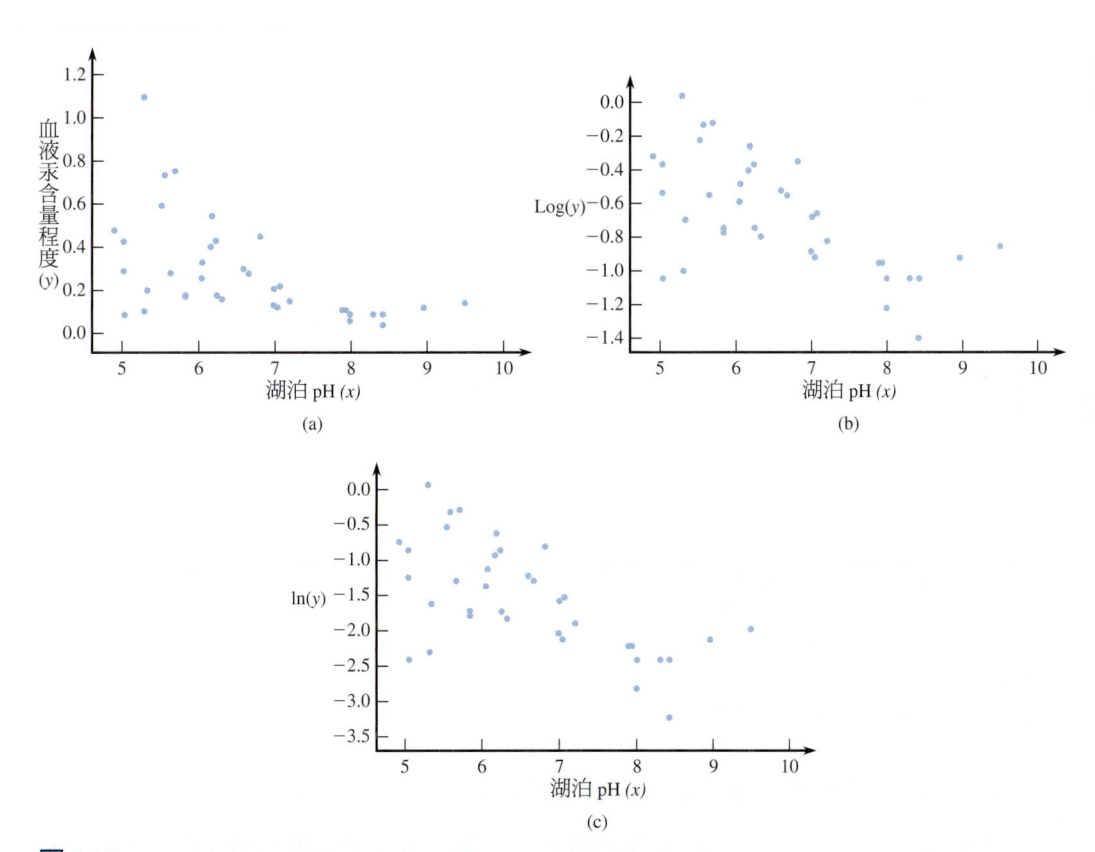

**圖 5.36**

例 5.17 資料的圖形：(a) 潛魚資料的散布圖；(b) 以 $y' = \log(y)$ 變換資料的散布圖；(c) 以 $y' = \ln(y)$ 變換資料的散布圖

所得的迴歸等式為

$$y' = 0.458 - 0.172x$$

或是，等同於

$$\log(y) = 0.458 - 0.172x$$

---

**使用變換配適一條曲線**　迴歸分析的目的通常是以 $y = x$ 的某種函數形式的一個等式來敘述 $x$ 與 $y$ 之間的近似關係。

如果我們只變換 $x$，對於變換資料配適一條最小平方直線會導致期望形式的一個等式，例如，

$$\hat{y} = 5 + 3x' = 5 + 3\sqrt{x} \quad \text{其中} \quad x' = \sqrt{x}$$

或是

$$\hat{y} = 4 + .2x' = 4 + .2\frac{1}{x} \quad \text{其中} \quad x' = \frac{1}{x}$$

這些函數在使用 $y$ 與 $x'$ 繪圖時指明直線，它們也在使用 $y$ 與 $x$ 繪圖時指明曲線，如同在圖 5.37 中的平方根變換所列示。

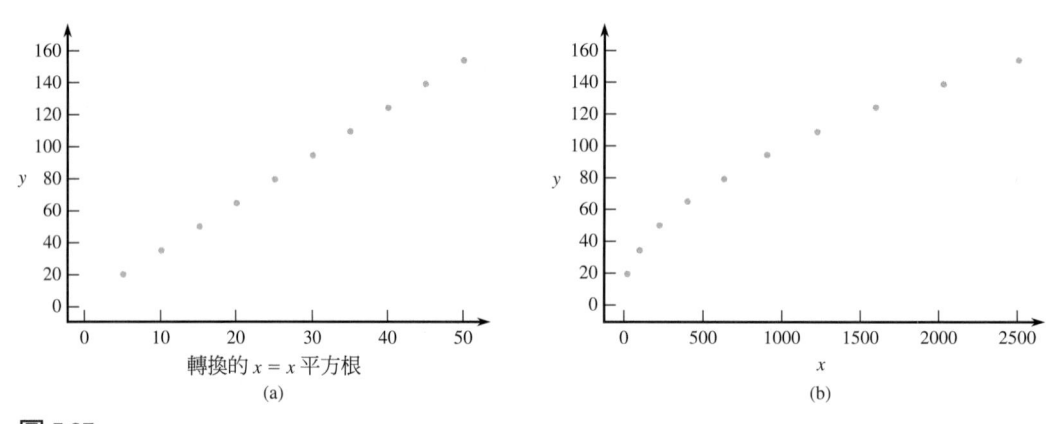

**圖 5.37**
(a) 當 $x' = \sqrt{x}$ 時，$\hat{y} = 5 + 3x'$ 的圖；(b) $\hat{y} = 5 + 3\sqrt{x}$ 的圖

如果 $y$ 值被變換，在取得最小平方直線後該變換可以被解除以產生表達式 $y = x$ 的某種函數（相對於 $y' = x$ 的某種函數）。例如，要反轉對數變換 ($y' = \log(y)$)，我們可以對等式的兩邊取反對數。要反轉一個平方根變換 ($y' = \sqrt{y}$)，我們可以將等式的兩邊取平方，以及要反轉一個倒數變換 ($y' = 1/y$)，我們可以對等式兩邊取倒數。這在例 5.18 中清楚闡釋。

### 例 5.18　重訪潛鳥資料

對於在例 5.17 中的潛鳥資料，$y' = \log(y)$ 以及與 $y'$ 與 $x$ 有關的最小平方直線為

$$y' = 0.458 - 0.172x$$

或是，等同於

$$\log(y) = 0.458 - 0.172x$$

要反轉此一變換，我們對於等式兩邊的對數取反對數：

$$10^{\log(y)} = 10^{0.458 - 0.172x}$$

使用對數與指數的性質，我們知道

$$10^{\log(y)} = y$$

以及

$$10^{0.458 - 0.172x} = (10^{0.458})(10^{-0.172x})$$

最後，我們可得

$$\hat{y} = (10^{0.458})(10^{-0.172x}) = 2.8708(10^{-0.172x})$$

這個等式現在可以被用來針對給定的 $x$（湖泊 pH）預測 $y$ 值（血液汞含量程度）。例如，當湖泊 pH 值為 6 時，預測的血液汞含量程度為

$$\hat{y} = 2.8708(10^{-0.172x}) = 2.8708(10^{-0.172(6)}) = (2.8708)(0.0929) = 0.2667$$

---

值得注意的是，變換資料的過程，對變換資料配適一條直線，以及接著解除變換以取得 $x$ 與 $y$ 之間曲線關係的一個等式，通常導致提供對於樣本資料合理配適的一條曲線，但是並非資料的最小平方曲線。例如，在例 5.18 中，變換被用來配適曲線 $y = (10^{0.458})(10^{-0.172x})$。然而，可能存在另一個形式的等式 $\hat{y} = a(10^{bx})$ 相較於我們使用變換所得的一個對於原始資料具有較小的殘差平方和。在此一形式的等式中配適 $a$ 與 $b$ 的最小平方估計值是複雜的。幸運地，使用變換所發現的曲線經常提供 $y$ 的合理預測。

**次方變換**　經常，一個適當的變換是由資料建議。統計學家發現對於拉直圖形的一種有效變換方式為**次方變換 (power transformation)**。次方（指數）首先被選擇，然後每一個原始數值被增加至該次方以取得對應的變換數值。表 5.5 列出最常被使用的次方變換的「階梯」。次方 1 對應至完全沒有變換。使用次方 0 會變換所有數值為 1，其必然是無法提供任何資訊的，所以統計學家在其變換的階梯位置使用對數

變換。當然其他在那些列出的中間或更極端的次方也可以被使用,但是不如在階梯中那些被頻繁的使用。注意先前提出的所有變換都被含括在階梯中。

　　圖 5.38 被設計為建議我們應從階梯的何處去找到一種適當的變換。四個曲線的區塊,標示為 1、2、3 與 4,表示通常遭遇的曲線散布圖的形狀。假設一個散布圖看似標示 1 的曲線。那麼,要拉直該圖,我們必須使用從階梯不變換列以上之 $x$ 的一個次方($x^2$ 或 $x^3$)以及 / 或是從階梯次方 1 以上的 $y$ 的一個次方。因此,我們可能被引導至對每一個 $x$ 值取平方,每一個 $y$ 值取立方,以及繪圖變換的成對資料。如果曲率看似曲線區塊 2,從階梯不變換列以上之 $x$ 的一個次方以及 / 或是從階梯下方之 $y$ 的一個次方(亦即,$\sqrt{y}$ 或 $\log(y)$)應該被使用。

**表 5.5　次方變換階梯**

| 次方 | 變換的數值 | 名稱 |
|---|---|---|
| 3 | (原始數值)$^3$ | 立方 |
| 2 | (原始數值)$^2$ | 平方 |
| **1** | **(原始數值)** | **不變換** |
| $\frac{1}{2}$ | $\sqrt{原始數值}$ | 平方根 |
| $\frac{1}{3}$ | $\sqrt[3]{原始數值}$ | 立方根 |
| 0 | Log(原始數值) | 對數 |
| $-1$ | $\frac{1}{原始數值}$ | 倒數 |

　　潛魚資料的散布圖(圖 5.36(a))具有圖 5.38 之區塊 3 之型態。這建議對於 $x$ 以及 / 或是 $y$ 到變換階梯下方尋找適當方式。我們發現以取對數的方式變換在此資料集中的 $y$ 值運作良好,並且這與對於 $y$ 往變換階梯下方的建議一致。

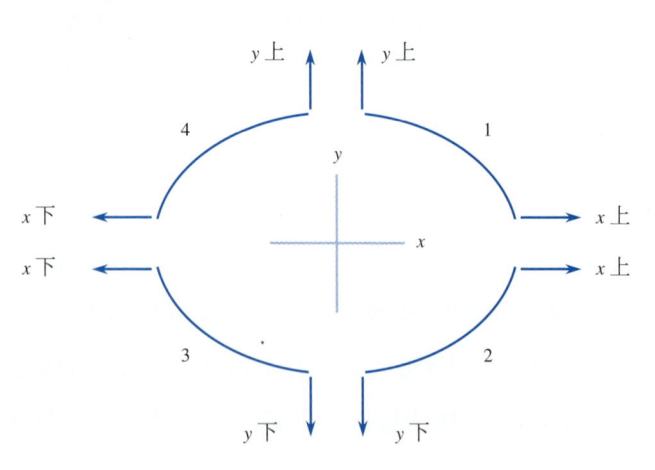

**圖 5.38**
散布圖形狀與到變換階梯的何處找到拉直圖形的方法

### 例 5.19 那龍蝦有多大年齡？

你能否從一隻龍蝦的大小判斷牠的年齡？此問題被由出現在 *Biological Bulletin*（2007 年 8 月）之一篇文章的作者加以調查。研究者測量已知年齡之 27 隻實驗室養殖龍蝦的甲殼（外部殼層）長度（公釐）。表 5.6 中對於 $x =$ 甲殼長度以及 $y =$ 年齡（年）乃讀自出現在文章中的一段文字。

**表 5.6** 例 5.19 的原始與轉換資料

| $y$ | $x$ | $\sqrt{y}$ | $x^2$ | $y$ | $x$ | $\sqrt{y}$ | $x^2$ |
|---|---|---|---|---|---|---|---|
| 1.00 | 63.32 | 1.00 | 4,009.4 | 2.33 | 138.47 | 1.53 | 19,173.9 |
| 1.00 | 67.50 | 1.00 | 4,556.3 | 2.50 | 133.95 | 1.58 | 17,942.6 |
| 1.00 | 69.58 | 1.00 | 4,841.4 | 2.51 | 125.25 | 1.58 | 15,687.6 |
| 1.00 | 73.41 | 1.00 | 5,389.0 | 2.50 | 123.51 | 1.58 | 15,254.7 |
| 1.42 | 79.32 | 1.19 | 6,291.7 | 2.93 | 146.82 | 1.71 | 21,556.1 |
| 1.42 | 82.80 | 1.19 | 6,855.8 | 2.92 | 139.17 | 1.71 | 19,368.3 |
| 1.42 | 85.59 | 1.19 | 7,325.7 | 2.92 | 136.73 | 1.71 | 18,695.1 |
| 1.82 | 105.07 | 1.35 | 11,039.7 | 2.92 | 122.81 | 1.71 | 15,082.3 |
| 1.82 | 107.16 | 1.35 | 11,483.3 | 3.17 | 142.30 | 1.78 | 20,249.3 |
| 1.82 | 117.25 | 1.35 | 13,747.6 | 3.41 | 152.73 | 1.85 | 23,326.5 |
| 2.18 | 109.24 | 1.48 | 11,933.4 | 3.42 | 145.78 | 1.85 | 21,251.8 |
| 2.18 | 110.64 | 1.48 | 12,241.2 | 3.75 | 148.21 | 1.94 | 21,966.2 |
| 2.17 | 118.99 | 1.47 | 14,158.6 | 4.08 | 152.04 | 2.02 | 23,116.2 |
| 2.17 | 122.81 | 1.47 | 15,082.3 | | | | |

圖 5.39 中資料的散布圖顯示一個清楚的曲線模型，其與圖 5.38 中的曲線區塊 2 相似。這建議我們必須使用階梯上方的次方（諸如 $x^2$ 或 $x^3$）變換 $x$ 或是使用階梯下方的次方〔諸如 $\sqrt{y}$ 或 $\log(y)$〕來變換 $y$。

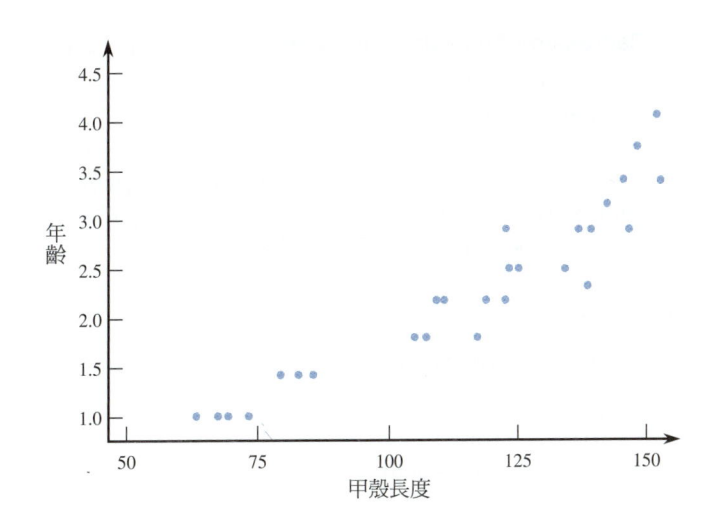

**圖 5.39**
年齡對甲殼長度的散布圖

圖 5.40 顯示 $\sqrt{y}$ 對 $x$（圖 5.40(a)），$y$ 對 $x^2$（圖 5.40(b)），以及 $\sqrt{y}$ 對 $x^2$（圖 5.40(c)）的散布圖。在圖 5.40(c) 中散布圖的關係比起其他兩個圖更接近線性，所以我們可以以 $y' = \sqrt{y}$ 以及 $x' = x^2$ 對於變換資料配適一條直線。

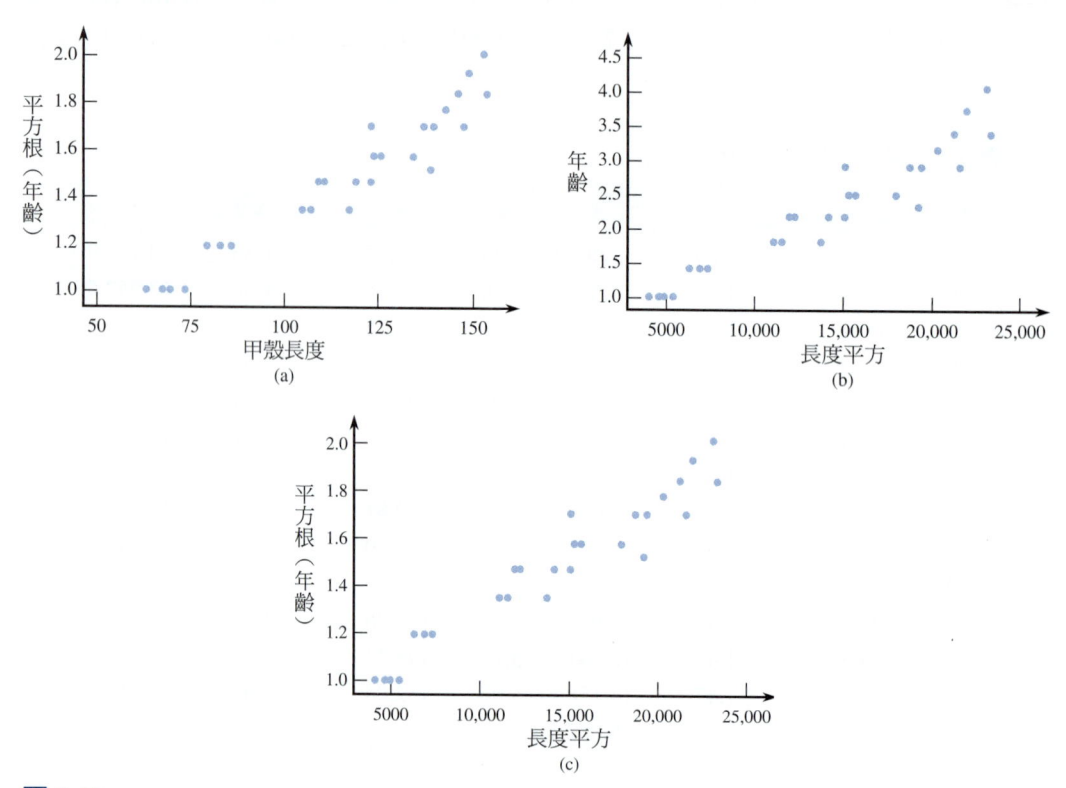

**圖 5.40**

使用來自例 5.19 變換資料的散布圖：(a) $\sqrt{y}$ 對 $x$；(b) $y$ 對 $x^2$；(c) $\sqrt{y}$ 對 $x^2$

使用 Minitab 來對於變換資料配適一條最小平方直線得出下列輸出結果：

**Regression Analysis: Sqrt(Age) versus Length Squared**

The regression equation is
Sqrt(Age) = 0.829 + 0.000046 Length Squared

| Predictor | Coef | SE Coef | T | P |
|---|---|---|---|---|
| Constant | 0.82867 | 0.04022 | 20.60 | 0.000 |
| Length Squared | 0.00004637 | 0.00000261 | 17.75 | 0.000 |

S = 0.0828744    R-Sq = 92.6%    R-Sq(adj) = 92.4%

最小平方直線為

$$y' = 0.829 + 0.000046 x'$$

或是等同於

$$\sqrt{y} = 0.829 + 0.000046 x^2$$

此變換可以用對等號兩邊都取平方的方式被反轉而取得 $y = x$ 的某種函數之形式的一個等式：

$$(y')^2 = (0.829 + 0.000046x')^2$$

因為 $(y')^2 = y$ 以及 $x' = x^2$，我們可得

$$\hat{y} = (0.829 + 0.000046x^2)^2$$

要預測具有 100 公釐之甲殼長度的龍蝦年齡，我們在等式中代入 100 以取得一個預測的 $\hat{y}$ 值：

$$\hat{y} = (0.829 + 0.000046x^2)^2 = (0.829 + 0.000046(100)^2)^2 = (1.289)^2 = 1.66 \text{ 歲}$$

## 習題 5.44 – 5.55

5.44 例 5.5 敘述石榴果汁萃取液 (PFE) 對於減緩前列腺癌腫瘤生長之效果的一項研究（*Proceedings of the National Academy of Sciences* [2005 年 10 月 11 日]: 14813-14818）。從該習題的圖 5.11 被複製於此。基於此圖，我們發現對於 .2% PFE 組別而言，平均腫瘤量與注射癌細胞後的天數間之關係呈現曲線而非線性。

a. 可能導致更為近似線性關係的一種轉換為 $\log(y)$。$x = $ 注射癌細胞後的天數，$y = $ 平均腫瘤量 (mm³)，以及 0.2% PFE 組的 $y' = \log(y)$ 的數值被提供於附表。構建 $y'$ 對 $x$ 的散布圖。此散布圖是否比原始資料的圖更近似線性？

| 注射後天數 | 0.2% PFE 平均腫瘤量 | |
|---|---|---|
| $x$ | $y$ | Log($y$) |
| 11 | 40 | 1.60 |
| 15 | 75 | 1.88 |
| 19 | 90 | 1.95 |
| 23 | 210 | 2.32 |
| 27 | 230 | 2.36 |
| 31 | 330 | 2.52 |
| 35 | 450 | 2.65 |
| 39 | 600 | 2.78 |

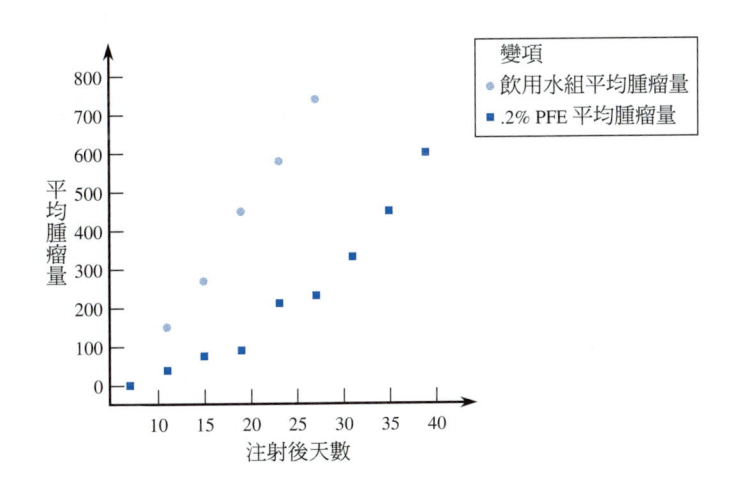

b. 基於所附的 Minitab 輸出結果，最小平方直線是否有效摘要 $y'$ 與 $x$ 之間的關係？

```
The regression equation is
log(average tumor size) = 1.23 + 0.0413 Days After Injection

Predictor              Coef     SE Coef      T       P
Constant            1.22625     0.07989   15.35   0.000
Days After Injection 0.041250   0.003000  13.75   0.000
S = 0.0777817     R-Sq = 96.9%     R-Sq(adj) = 96.4%
```

c. 對於接受輔以 0.2% PFE 飲用水的一隻老鼠，使用 Minitab 輸出結果預測注射癌細胞後 30 天的平均腫瘤量。

d. 使用未轉換資料以及使用 $y'$ 與 $x$ 的最小平方直線之殘差圖顯示於頁底的圖 EX5.44 中。原始資料殘差圖的什麼特性建議最小平方直線不是敘述 $y$ 與 $x$ 之間關係的最佳方式？變換資料的殘差圖如何建議一條直線是變換資料（$y'$ 與 $x$）之關係的合理敘述？

5.45 例 5.15 敘述涉及以向日葵餐食取代養殖海鯛部分普通飲食的一項研究（*Aquaculture* [2007]: 528–534）。此文章也提供 $y$ = 攝取量（每天每 100 克魚的克數）以及 $x$ = 飲食中向日葵餐食的百分比資料（讀自文章中的圖）。

| $x$ | 0 | 6 | 12 | 18 | 24 | 30 | 36 |
|---|---|---|---|---|---|---|---|
| $y$ | 0.86 | 0.84 | 0.82 | 0.86 | 0.87 | 1.00 | 1.09 |

這些資料的散布圖是曲線而且圖中的型態類似一個二次曲線。

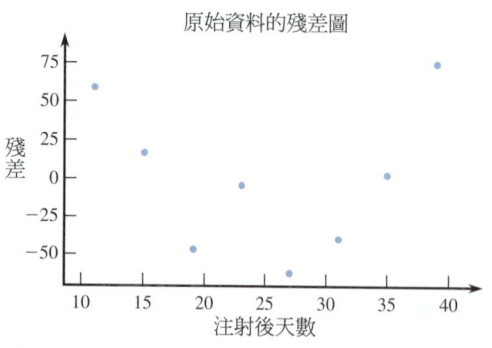

a. 使用統計套裝軟體或製圖計算機，找出可以被用來敘述向日葵餐食百分比與攝取量之間關係的最小平方二次曲線的等式。$\hat{y} = 0.866 - 0.008x + 0.0004x^2$

b. 使用來自 (a) 部分的最小平方等式來預測被餵食包含 20% 向日葵餐食的魚的攝取量。

5.46 文章「植物生長調節器與催化劑改善春麥的大體積纖維質的脫落酸濃度，但是無助於其根的生長與抗旱」（*Applied Biology* [2006]: 291–304）敘述大麥抗旱的一項研究。附錄就 $x$ = 播種後天數與 $y$ = 土壤缺水量（公釐）的資料讀自出現在文章的一個圖。

| 播種後天數 | 土壤缺水量 |
|---|---|
| 37 | 0.00 |
| 63 | 69.36 |
| 68 | 79.15 |
| 75 | 85.11 |
| 82 | 93.19 |
| 98 | 104.26 |
| 104 | 108.94 |
| 111 | 112.34 |
| 132 | 115.74 |

a. 構建 $y$ = 土壤缺水量對 $x$ = 播種後天數的散布圖。這兩個變項之間的關係呈現線性或非線性？

b. 對於給定資料配適一條最小平方直線並構建殘差圖。殘差圖是否支持你在 (a) 部分的結論？解釋之。

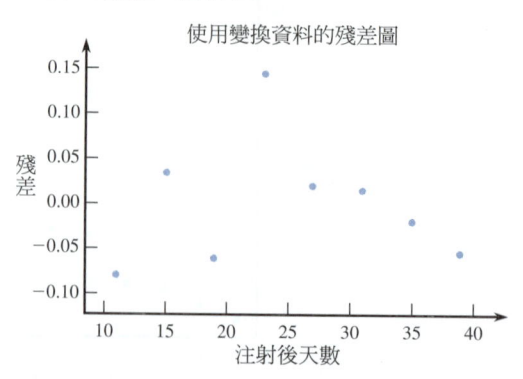

圖 EX5.44

c. 考慮以 $y$ 不變而使用 $x' = \sqrt{x}$ 或是 $x'' = \dfrac{1}{x'}$ 來變換資料。你會建議哪一種變換？使用適當的圖形展示證明你的選擇。

d. 使用你在 (c) 部分建議的變換，找出敘述介於 $y$ 與變換 $x$ 值之間關係的最小平方直線等式。$\hat{y} = 166.490 - 6109.479(\tfrac{1}{x})$

e. 你會如何預測播種後 50 天的土壤缺水量？播種後 100 天的呢？

f. 解釋預測播種後 200 天的土壤缺水量為何是不合理的。

5.47 來自電話天線的電磁輻射是否與鳥類數量的下滑有關？這是文章**「都市中居家麻雀 (Passer domesticus) 的減少：與電磁輻射可能的連結」**(*Electromagnetic Biology and medicine* [2007]: 141-151) 作者所強調的問題之一。附錄對於 $x =$ 電磁場強度 (V/m) 以及 $y =$ 麻雀密度（鳥 / 公頃）的資料為讀自出現於文章中的一個圖。

| 電磁場強度 | 麻雀密度 |
|---|---|
| 0.11 | 41.71 |
| 0.20 | 33.60 |
| 0.29 | 24.74 |
| 0.40 | 19.50 |
| 0.50 | 19.42 |
| 0.61 | 18.74 |
| 1.01 | 24.23 |
| 1.10 | 22.04 |
| 0.70 | 16.29 |
| 0.80 | 14.69 |
| 0.90 | 16.29 |
| 1.20 | 16.97 |
| 1.30 | 12.83 |
| 1.41 | 13.17 |
| 1.50 | 4.64 |
| 1.80 | 2.11 |
| 1.90 | 0.00 |
| 3.01 | 0.00 |
| 3.10 | 14.69 |
| 3.41 | 0.00 |

a. 構建 $y =$ 麻雀密度對 $x =$ 電磁場強度的散布圖。這兩個變項之間的關係呈現線性或非線性？

b. 考慮以 $y$ 不變而使用 $x' = \sqrt{x}$ 或是 $x'' = \log(x)$ 來變換資料。以在上表中與 $x$ 數值相同順序的 $\log(x)$ 數值為

$-0.96$ $-0.70$ $-0.54$ $-0.40$ $-0.30$ $-0.21$
$0.00$ $0.04$ $-0.15$ $-0.10$ $-0.05$ $0.08$
$0.11$ $0.15$ $0.18$ $0.26$ $0.28$ $0.48$
$0.49$ $0.53$

你會建議哪一種變換？使用適當的圖形展示證明你的選擇。

c. 使用你在 (b) 部分建議的變換，找出敘述介於 $y$ 與變換 $x$ 值之間關係的最小平方直線等式。$\hat{y} = 14.805 - 24.280 \cdot \log(x)$

d. 如果電磁場強度為 0.5，你會預測麻雀密度為何？如果電磁場強度為 2.5，你會預測麻雀密度為何？

5.48 文章**「年齡與性別對體能的影響」**(*Age* [2007]: 77-85) 敘述年齡與 1 小時游泳成績之間關係的一項研究。超過 10,000 名男性參與一項全國長距離 1 小時游泳競賽的年齡與游泳距離資料被摘要於附表。在 5.3 節的習題 5.34，得自最小平方直線的殘差圖顯示的曲線型態建議三次曲線可以在摘要介於 $x =$ 代表性年齡與 $y =$ 平均游泳距離之間關係上表現稱職。找出最小平方三次曲線的等式並使用它來預測 40 歲年齡的平均游泳距離。

$\hat{y} = 3843.027 + 10.619x - 0.360x^2$
$\hat{y} = 3691.293$

| 年齡組別 | 代表性年齡（年齡組中點） | 平均游泳距離（呎） |
|---|---|---|
| 20 至 29 | 25 | 3913.5 |
| 30 至 39 | 35 | 3728.8 |
| 40 至 49 | 45 | 3579.4 |
| 50 至 59 | 55 | 3361.9 |
| 60 至 69 | 65 | 3000.1 |
| 70 至 79 | 75 | 2649.0 |
| 80 至 89 | 85 | 2118.4 |

5.49 文章「Great Basin 響尾蛇的獵食生態」(*Canadian Journal of Zoology* [2008]: 723-734) 研究響尾蛇大小與其會捕獵之非預期的齧齒動物大小之間是否存在關係。作者收集 22 隻蛇與其捕獲動物在 $x =$ 蛇體質量（克）與 $y =$ 捕獲動物質量（克）的資料。因為蛇體質量與捕獲動物質量之間的關係並非線性，作者以取自然對數的方式同時變換了 $x$ 與 $y$。轉換資料被用於構建下列散布圖，其顯示線性型態。如果一個散布圖被使用未變換資料來構建，你認為最像在圖 5.38 中四個曲線區塊的哪一個？解釋你的選擇。

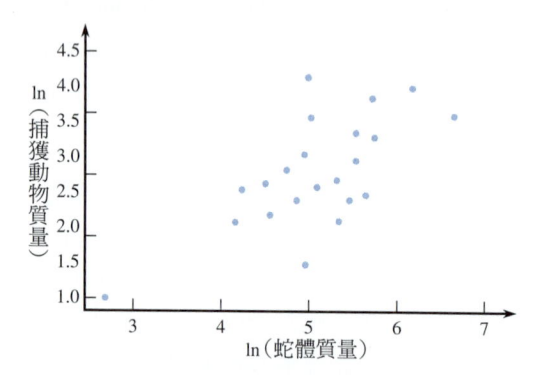

5.50 文章「純粹數量估計上之發展性與個別差異」(*Developmental Psychology* [2006]: 189-201) 敘述年輕兒童如何發展估計長度的能力。兒童被出示具有兩條線的一張紙。一條線是被標示為具有長度 1 *zip* 的短線。第二條線則為被標示為具有長度 1000 *zips* 的較長線。兒童接著被要求畫出具有特定 *zips* 數量長度的一條線，諸如 438 *zips*。附表中的資料提供要求的長度與由 30 位二年級生所畫出直線的真實長度平均數。

| 要求長度 | 二年級生所畫平均長度 |
|---|---|
| 3 | 37.15 |
| 7 | 92.88 |
| 19 | 207.43 |
| 52 | 272.45 |
| 103 | 458.20 |
| 158 | 442.72 |
| 240 | 371.52 |
| 297 | 467.49 |
| 346 | 487.62 |
| 391 | 530.96 |
| 438 | 482.97 |
| 475 | 544.89 |
| 502 | 515.48 |
| 586 | 595.98 |
| 613 | 575.85 |
| 690 | 605.26 |
| 721 | 637.77 |
| 760 | 674.92 |
| 835 | 701.24 |
| 874 | 662.54 |
| 907 | 758.51 |
| 962 | 749.23 |

a. 構建 $y =$ 二年級所畫平均長度對 $x =$ 要求長度的散布圖。

b. 基於在 (a) 部分的散布圖，你會建議使用一條直線、二次曲線、或是三次曲線來敘述 $x$ 與 $y$ 之間的關係？解釋你的選擇。

c. 使用統計套裝軟體或製圖計算機，對此資料配適一條三次曲線並使用它預測要求長度為 500 *zips* 的平均畫線長度。

$\hat{y} = 138.471 + 19276x - 0.0032x^2 + 0.000002x^3$
$\hat{y} = 555.219$

5.51 研究者檢視一些氣候變項以嘗試瞭解管理降雨決定的機制。文章「Morton 與 Penman 的蒸散量估計值在降雨決定模式化的應用性」(*Water Resources Bulletin* [1991]: 611-620) 報導檢視介於 $x =$ 雲層覆蓋指數與 $y =$ 日照指數之間關係的一項研究。雲層覆蓋指數可以是 0 與 1 之間數值。附錄資料與文章中的摘要數量一致。文章作者使用三次迴歸來敘述雲層與日照之間的關係。

| 雲層覆蓋指數 (x) | 日照指數 (y) |
|---|---|
| 0.2 | 10.98 |
| 0.5 | 10.94 |
| 0.3 | 10.91 |
| 0.1 | 10.94 |
| 0.2 | 10.97 |
| 0.4 | 10.89 |
| 0.0 | 10.88 |
| 0.4 | 10.92 |
| 0.3 | 10.86 |

a. 構建資料的散布圖。該圖的什麼特徵建議三次廻歸比起線性或二次廻歸在摘要日照指數與雲層覆蓋指數之間的關係上會更為適當？

b. 找出最小平方三次函數的等式。
$\hat{y} = 10.8768 + 1.4604x - 7.259x^2 + 9.2342x^3$

c. 以劃出得自三次廻歸模式的殘差對 $x$ 的方式構建散布圖。殘差圖中是否存在任何麻煩的型態而建議三次廻歸不是摘要此關係的一種適當方式？

d. 當雲層覆蓋指數為 0.25，使用三次廻歸預測日照指數。

e. 當雲層覆蓋指數為 0.45，使用三次廻歸預測日照指數。

f. 對於 0.75 的一個當雲層覆蓋指數，解釋為何使用三次廻歸等式預測日照指數不會是一個好主意。

5.52 報導「**在德州年齡較長駕駛人涉及受傷車禍**」（Texas Transportation Institute，2004 年）包括 $y =$ 致死率（在受傷車禍中駕駛人死亡的百分比）對 $x =$ 駕駛人年齡的一個散布圖。附錄資料為讀自散布圖的近似數值。

| 年齡 | 致死率 | 年齡 | 致死率 |
|---|---|---|---|
| 40 | 0.75 | 70 | 1.30 |
| 45 | 0.75 | 75 | 1.65 |
| 50 | 0.95 | 80 | 2.20 |
| 55 | 1.05 | 85 | 3.00 |
| 60 | 1.15 | 90 | 3.20 |
| 65 | 1.20 | | |

a. 構建這些資料的散布圖。

b. 使用表 5.5 與圖 5.38 中的變換階梯，建議可能導致散布圖中變項會呈現更接近線性型態的一種變換。

c. 使用你在 (b) 部分建議的變換重新表示 $x$ 與／或 $y$。構建變換資料的散布圖。

d. 在 (c) 部分的散布圖是否建議變換在拉直圖形上是成功的？

e. 使用變換變項，配適最小平方直線並使用其來預測 78 歲駕駛人的致死率。1.893

5.53 文章「**器官移植需求快速成長現有供給的五倍**」（*San Luis Obispo Tribune*，2001 年 2 月 23 日）包括顯示自 1990 至 1999 年每年等候器官移植人數的一個圖。下列資料為近似數值且為讀自文章中的圖：

| 年 | 等候移植人數（千人） |
|---|---|
| 1 (1990) | 22 |
| 2 | 25 |
| 3 | 29 |
| 4 | 33 |
| 5 | 38 |
| 6 | 44 |
| 7 | 50 |
| 8 | 57 |
| 9 | 64 |
| 10 (1999) | 72 |

a. 以 $y =$ 等候移植人數與 $x =$ 年構建資料的散布圖。敘述從 1990 至 1999 年期間等候移植人數如何變動。

b. 在 (a) 部分的散布圖形狀像圖 5.38 中的區塊 2。找出拉直該圖的 $x$ 與／或 $y$ 的一種變換方式。構建你的變換變項之散布圖。

c. 使用得自 (b) 部分的變換變項，配適一條最小平方直線並使用它預測 2000 年（年 11）時等候器官移植的數字。

d. 在 (c) 部分所做的預測涉及落在樣本 $x$ 值

範圍以外的一個 $x$ 值。你必須願意做何假設使得此預測為合理的？你是否認為此假設在此情況下為合理？如果預測是針對 2010 而非 2000 年，你的答案是否相同？解釋之。

5.54　盤尼西林被給予五隻不同的馬以口服用，而在服用後的五個不同時間長度，血液中的盤尼西林濃度被決定。下列在 $x =$ 經過時間（小時）與 $y =$ 盤尼西林濃度（毫克/毫升）的資料出現在文章「在馬身上口服苯氧甲基盤尼西林的吸收與分布型態」(Cornell Veterinarian [1983]: 314–323)：

| $x$ | 1 | 2 | 3 | 6 | 8 |
| --- | --- | --- | --- | --- | --- |
| $y$ | 1.8 | 1.0 | 0.5 | 0.1 | 0.1 |

使用下列變項構建散布圖。如果有，你會建議哪一個變換？

a. $x$ 與 $y$　　　　　　b. $\sqrt{x}$ 與 $y$
c. $x$ 與 $\sqrt{y}$　　　　　d. $\sqrt{x}$ 與 $\sqrt{y}$
e. $x$ 與 $\log(y)$（$\log(y)$ 的數值為 0.26、0、$-0.30$、$-1$ 以及 $-1$）。

5.55　決定動物的年齡有時候會是一個困難的工作。估計豎琴海豹年齡的一種方法是基於在海豹的犬齒上之牙髓管寬度。為了調查介於年齡與牙髓管寬度之間的關係，研究者測量已知年齡之海豹年齡與牙髓管寬度。下列在 $x =$ 年齡（歲）以及 $y =$ 牙髓管寬度（公釐）的資料是出現在文章「使用牙齒中空的環形物在豎琴海豹年齡估計的效度」(Canadian Journal of Fisheries and Aquatic Science [1983]: 1430–1441) 中一個較大資料集的一部分：

| $x$ | 0.25 | 0.25 | 0.50 | 0.50 | 0.50 | 0.75 | 0.75 | 1.00 |
| --- | --- | --- | --- | --- | --- | --- | --- | --- |
| $y$ | 700 | 675 | 525 | 500 | 400 | 350 | 300 | 300 |

| $x$ | 1.00 | 1.00 | 1.00 | 1.00 | 1.25 | 1.25 | 1.50 | 1.50 |
| --- | --- | --- | --- | --- | --- | --- | --- | --- |
| $y$ | 250 | 230 | 150 | 100 | 200 | 100 | 100 | 125 |

| $x$ | 2.00 | 2.00 | 2.50 | 2.75 | 3.00 | 4.00 | 4.00 | 5.00 |
| --- | --- | --- | --- | --- | --- | --- | --- | --- |
| $y$ | 60 | 140 | 60 | 50 | 10 | 10 | 10 | 10 |

| $x$ | 5.00 | 5.00 | 5.00 | 6.00 | 6.00 |
| --- | --- | --- | --- | --- | --- |
| $y$ | 15 | 10 | 10 | 15 | 10 |

構建此資料集的散布圖。你是否會敘述年齡與牙髓管長度之間的關係為線性？如果不，建議一個可能拉直該圖的一種變換。

## 5.5　解釋與表達統計分析的結果

　　無論是使用最小平方直線去摘要線性關係，或是相關係數去敘述線性關係的強度，對於著重於超過一個單一變項的研究都是普遍的方法。事實上，本章所敘述的方法是所有統計工具中最被廣泛使用的。當數量的雙變項資料在期刊文章或是其他發行的來源中被分析，找出資料的散布圖與最小平方直線，或是相關係數是常見的。

### 表達統計分析的結果

　　當報導涉及雙變項數量資料的分析結果，包含圖形展示與數量摘要是重要

的。包含一個散布圖並提供圖形所揭露介於兩個研究變項之間關係形式的敘述，得以建立諸如相關係數或最小平方直線等式等可以被解讀的數量型摘要量測值的本文。

通常，雙變項資料分析的目標是給予，如果有的話，兩變項之間關係的一個量化敘述。如果存在關係，你可以敘述該關係有多強或多弱，或是以一種允許得出各種結論的方式建立關係的模型。如果研究的目標是敘述關係的強度而散布圖顯示一個線性型態，你可以報導相關係數或是決定係數的值作為線性關係強度的一個量測值。

當你解釋相關係數的數值時，連結解釋至於散布圖中所觀察到的模型是一個好主意。這在進行兩變項之間無關的陳述前特別重要，因為一個接近 0 的相關係數並不必然意指沒有任何形式的關係。同理，接近 1 或 −1 的一個相關係數本身，並不保證該關係為線性。一個曲線模型，誠如我們在圖 5.17 中所見，可以產生接近 1 的一個相關係數。

如果一項研究的目標是預測，那麼當你報導研究結果時，你不應只提供一個散布圖與最小平方直線的等式，也應該著重於該線性預測模型配適資料有多好。至少，你應該包含 $s_e$（迴歸直線的標準差）與 $r^2$（決定係數）的數值。包含殘差圖也提供用以敘述兩變項間關係之線性模型適當性的支持。

## 在出版資料中要尋找什麼

當你讀取包含雙變項資料分析的一篇文章時，幾點應該考慮的事情有：

- 被研究的是哪兩個變項？它們是否皆為數量型？依變項與自變項之間是否有所分辨？
- 該文章是否包含資料的散布圖？如果是，兩個變項之間是否呈現一種關係？該關係是否能夠被敘述為線性，或者某種類型的非線性關係是更適當的敘述？
- 兩變項之間的關係是否顯得微弱或強烈？相關係數的數值是否被報導？
- 如果最小平方直線被用來摘要依變項與自變項之間的關係，任何配適度的量測值是否被報導，諸如 $r^2$ 或 $s_e$？這些數值如何被解讀，以及它們所指該最小平方直線的有用性為何？
- 如果一個相關係數被報導，它是否被適當地解讀？小心宣稱一個因果關係的解釋。

文章「回收與猶豫：年輕成人間家庭回收的量化與質性分析」(*Environment and Behavior* [2008]: 777-797) 的作者敘述在瑞典年輕成人間回收的一項研究。他們考慮 y = 基於六類家庭廢棄物（報紙、玻璃、硬塑膠、軟塑膠、金屬與紙類）多麼常被回收之回收行為的一個數字量測值，以及 x = 到最近回收設施的距離。他們報導「介於變項回收行為與到最近回收設施距離之間的圖顯示兩變項間的一個近似線性關聯。」基於此觀察，一條最小平方迴歸直線是摘要介於回收行為與到最近回收設施距離之間關係的一個適當方式。

一篇相關的文章，「拙劣的迴歸與普查低估」(*Chance* [1992]: 33)，敘述由在亞利桑那大學之垃圾專案計畫所完成的工作。專案研究者為許多家庭分析垃圾的不同分類。他們被普查局要求看看是否有任何垃圾資料變項與家庭大小有關。他們報導「不同類別垃圾的重量資料對照於家庭大小被挨家挨戶地繪於圖上，並且所得的散布圖被分析以找出在哪一類別中其重量相對於家庭大小顯示一個穩定單調的成長。」

研究者決定最強烈的線性關係顯然是介於被丟棄的塑膠數量與家庭大小之間的關係。用於摘要此關係的直線被陳述為 $\hat{y} = 0.2815x$，其中 y = 家庭大小以及 x = 5 週期間收集的塑膠重量（磅）。注意此直線具有一個 0 的截距。普查局的科學家相信此關係會延伸至整個社區，而因此被一個社區所丟棄的塑膠數量能夠被測量（而非必須逐戶測量）並接著被用於近似社區大小。

相關係數使用的一個例子在敘述夜鶯（以其歌聲著名的一種鳥）之一項研究的文章中被發現。對於雄性歌唱鳥而言，身體特質與歌聲品質在雌性鳥的擇偶上同時扮演重要角色。文章「對於普通的夜鶯而言，歌聲節目單與身體量測值及抵達日期有關」(*Animal Behaviour* [2005]: 211-217) 的作者使用來自 n = 20 隻夜鶯的資料取得一隻夜鶯節目單中的不同歌曲數量與身體重量 (r = .53) 及翅膀長度 (r = .47) 皆存在一個正相關，以及節目單長短與抵達日期之間存在負相關 (r = − .47)。這意味著愈重的鳥傾向於懂得更多歌曲，正如擁有較長翅膀的鳥一樣。該文章的作者指出所觀察到介於節目表長度與身體特徵之間的相關不可能僅僅依賴鳥的年齡，因為該研究中的所有夜鶯都超過 3 歲且先前研究指出在第三年後，節目表長度不會繼續增加。節目單長短與抵達日期之間的負相關被解釋為知道較多歌曲的雄性夜鶯傾向於比知道較少歌曲者較早抵達其繁殖棲息地。

非線性迴歸被文章「母親血液中錳金屬的含量水準與嬰兒出生體重」

(*Epidemiology* [2009]: 367–373) 的作者用來敘述 470 對母親-嬰兒介於 $y =$ 出生體重與 $x =$ 分娩時母親血液錳水準之間的關係。該文章陳述：

> 在此橫斷面研究中，分娩時母親血液錳水準與足月新生兒出生體重之間存在一個反轉的 U-型關聯。這建議較低與較高的錳暴露皆與較低的出生體重有關，雖然較高的錳與較低體重間的關聯相當微弱與不精確。這是提供母親錳暴露與出生體重之間清楚的非線性關係證據之第一個流行病學研究。

該文章接著建議為何其關係可以被一個二次而非線性等式進行最佳解釋：

> 對於此效果的一個可能解釋為因高的錳水準所導致的氧化壓力，造成細胞功能與成長的損傷。錳，就像鐵，是一種過渡金屬並可以催化氧化細胞的反應。暴露於高單位的鐵，一種具有與錳重疊化學特性的金屬，與低出生體重有關。

## 一點就通：注意與限制

在分析雙變項數量資料時有幾個遭遇麻煩的方式！在此有幾件事是當你在執行自己的分析或是閱讀這類分析時必須牢記在心的：

1. 相關不表示因果關係。新聞媒體的一個常見錯誤是僅僅因為介於兩個變項之間的強烈相關就推論其間的因果關係。別掉入此陷阱！一個強烈相關只表示兩個變項傾向於以一種可預測的方式一起變動，但是除了一個變項導致另一個的變動外，對於其為何發生還有許多可能的解釋。

   例如，文章「禁止手機？你可能也會以禁止講話取代」（*USA Today*，2000 年 4 月 27 日）提供資料顯示介於手機簽約用戶與交通致死率之間的一個強烈負相關。1985 至 1998 年期間，手機簽約用戶數從 200,000 增加至 60,800,000，而同期間內，每 100 百萬英里的行車，交通死亡數從 2.5 減少至 1.6（件）。然而，只基於此相關數據，手機使用改善道路安全的結論是不合理的！

   同理，*Calgary Herald*（2002 年 4 月 16 日）報導重度與中度飲酒者要比輕度飲酒者或不飲酒者賺更多錢。基於酒的飲用數量與收入之間的相關，該研究的作者結論適當飲酒「導致」較高收入。這明顯是一個誤導的結論，但是至少該文章繼續陳述「此相關存在許多可能的原因。有可能因為較富裕的男性就是選擇買較

多酒。或是其可能多少與壓力有關：在控制年齡、職業等因素後，可能那些壓力重的工作者傾向於賺較多，以及可能他們也喝得較多以便處理壓力。」

2. 接近 0 的一個相關係數不必然表示兩變項間無關。在如此一個解釋被提出前，小心檢視資料的散布圖是重要的。雖然變項無關可能為真，事實上可能存在一個強烈但非線性關係。

3. 從 $x$ 預測 $y$ 的最小平方直線與從 $y$ 預測 $x$ 的最小平方直線不同。依定義，最小平方直線為各點在 $y$ 的方向離該直線具有最小可能的離差平方和（其最小化 $\sum(y - \hat{y})^2$）。在 $y$ 的方向最小化離差平方和的直線通常不同於在 $x$ 的方向最小化離差平方和的直線。因此，例如，使用 $y =$ 房價與 $x =$ 房屋大小對資料配適一條直線，然後使用得到的最小平方直線——價格 $= a + b$（大小），以代入一個價格然後解大小的方式來預測一間房子的大小是不適當的。確認依變項與自變項被清楚定義以及適當的直線被配適。

4. 注意外推法。假設對資料的一個線性模式配適對於超過較寬範圍的 $x$ 值有效是危險的。使用最小平方直線對於資料集中 $x$ 值的範圍以外進行預測經常導致不良的預測。

5. 小心解讀最小平方直線中的斜率與截距的數值。特別是，當 $x = 0$，在許多情況下解釋截距為想要預測的 $y$ 值，等同於外推遠超過資料集中 $x$ 數值的範圍，如此行為應該被避免，除非 $x = 0$ 落在資料的範圍內。

6. 記住最小平方直線可能是「最佳」直線（因為它比其他直線具有較小的離差平方和），但是不必然表示該直線將產生好的預測。當缺乏有關線性模型適當性的任何資訊，諸如 $s_e$ 與 $r^2$ 時，小心基於該最小平方直線的預測。

7. 在評估一條線性模型時，光看 $r^2$ 或只看 $s_e$ 是不夠的。這兩個量測值著重於直線配適的不同面向。一般而言，我們希望有一個小的 $s_e$ 值（其指從該直線的離差傾向於是小的）以及一個大的 $r^2$（其指該線性關係解釋在 $y$ 值變異的一個大的比例）。小的 $s_e$ 值結合小的 $r^2$ 或是大的 $r^2$ 結合大的 $s_e$ 值是可能的。記住同時可考慮這兩個數值。

8. 相關係數值與最小平方直線的斜率與截距數值可能對資料集中有影響力的觀測值敏感，特別是當樣本量小的時候。因為潛在有影響力的觀測值是那些其 $x$ 值遠離資料集中其他 $x$ 值者，在檢視散布圖時尋找如此觀測值是重要的（永遠從資料的一個圖開始的另一個好理由！）。

9. 如果兩個變項之間的關係為非線性，通常會偏好用一個非線性模式來對關係建模而非對資料配適一條直線。來自一個線性配適的所有殘差的圖在決定一個非線性模式是否會是較合適的選擇時特別有用。

## 習題 5.56 – 5.59

**5.56** 由 The College Board 為 Cal Poly San Luis Obispo 所準備的「錄取學生重點報告 2009」摘要由在 2008 年秋季於 Cal Poly 註冊的 2001 位新生以及 2008 年秋季被 Cal Poly 錄取但在其他大學註冊的 2000 位學生所完成問卷的回應。問卷中的一個問題提出「大學印象」（諸如生涯導向與友善）的一個清單並要求學生指出對於每一個印象而言，他們是否連結該印象至 Cal Poly。與 Cal Poly 連結的印象百分比被依註冊生與未註冊生分別對每一個印象記錄。例如，61% 的註冊生但只有 46% 的未註冊生連結印象「生涯導向」至 Cal Poly。所得資料被用來構建出現在報導中的一個散布圖。該散布圖被重製為圖 EX5.56。

a. 你認為在散布圖中的兩條虛線表示什麼？

b. 寫一篇適合學生報紙的短文評論從這散布圖能夠瞭解什麼。你可以假設該散布圖將與文章一起出現。

**5.57** 下列是摘錄自由 Roger Cleary 所寫出現在 *San Luis Obispo Tribune*（2008 年 9 月 16 日）給主編的一封信：

> 油耗不佳的原因與較高的公路行駛速度無關，儘管所有媒體大吹大擂，包括 7 月 19 日的 Miami Herald 宣稱「較慢的速度將會省油是毫無疑問的」以及 7 月 3 日由 Drive Smart Challenge 汽車主管 Deron Lovaas 所做的陳述：

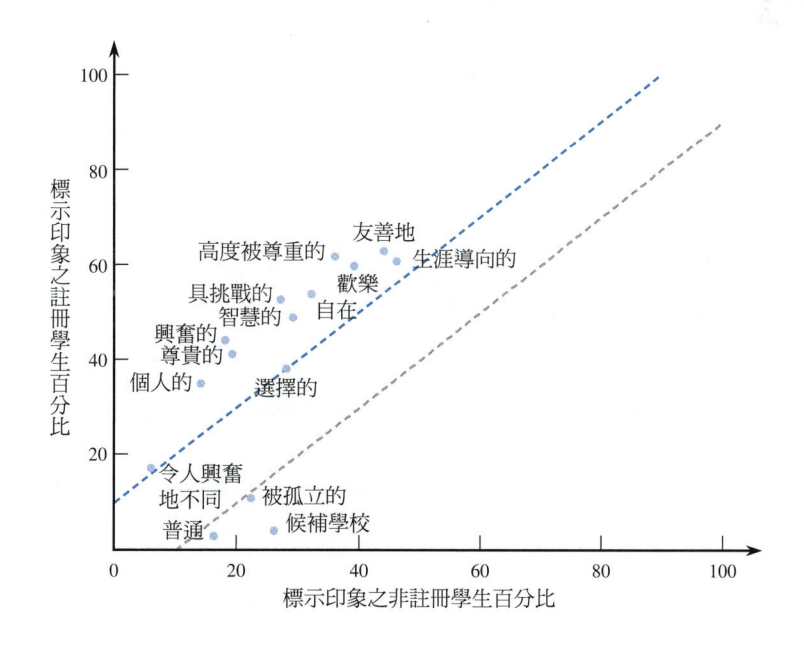

圖 EX5.56

「我不確定大多數人是否對於駕駛多快與其使用多少汽油進行連結。」

我決定使用我的雪佛蘭（Chevy，美國人對汽車品牌 Chevrolet 的簡稱），其配備有可以即時讀取的燃油使用駕駛人資訊中心，為自己收集速度的數據。在每小時 17.5 英里 (mph) 的道路速度，其平均為每加侖 10 里 (mpg)；在每小時 35 英里時，其平均為每加侖 20 英里；以及在每小時 65 英里時，其平均為每加侖 30 英里，所有的測試皆在引擎速度標準化為每分鐘 2000 (rpm) 時完成。

速度愈快，油耗愈佳。你車開得愈快，油耗效率變得愈高而省下更多汽油。

注意該封信的筆者所提供的速度資料只有 17.5、35 及 65 mpg。$y$ = 汽油里程數與 $x$ = 速度之間關係的多項研究建議該關係不為線性，並且某些研究使用二次曲線來敘述汽油里程數與速度之間的關係。

寫出對於 Cleary 先生的回應，解釋他的三個觀測資料點如何仍然可能與較高的公路行駛速度導致降低的燃料效率的陳述一致。包含一個圖形來支持你的解釋。

5.58 文章「**鉛暴露如何與智力的暫時變動、暴力犯罪，以及未婚懷孕有關**」(*Environmental Research* [2000]: 1–22) 研究孩童時期的鉛暴露是否與在青年時期的犯罪行為有關。使用歷史資料，作者配對 $y$ = 1964 至 1997 年期間每年的襲擊率（每 100,000 人的襲擊數）與一個 23 年前之鉛暴露的一個量測值（每 1000 人的汽油鉛噸）。例如，1974 年的鉛暴露被與 1997 年的襲擊率配對。該作者選擇回到 23 年前的鉛暴露是因為最高的襲擊數是在其 20 歲出頭時所犯下，而且 23 年前代表在此年齡組別的那些人當時為嬰兒的一個時間。

一個最小平方廻歸直線被用來敘述介於襲擊率與 23 年前鉛暴露之間的關係。在該文章提出的摘要統計量為

| | |
|---|---|
| 截距： | −24.08 |
| 斜率： | 327.41 |
| $r^2$： | 0.89 |

使用提供的資訊回答下列問題。

a. $x$ = 23 年前的鉛暴露與 $y$ = 襲擊率之間的相關係數值為何？解釋此數值。結論鉛暴露的增加是襲擊率提高的原因是否合理？解釋之。

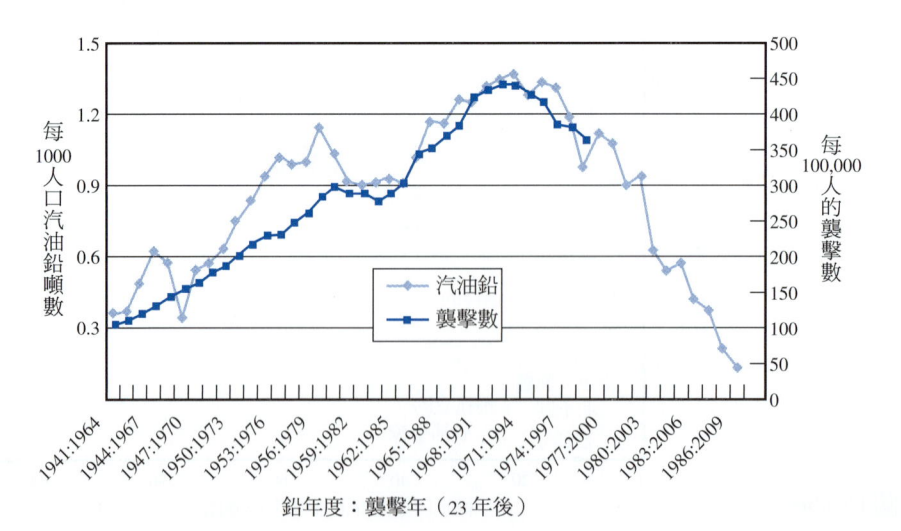

b. 最小平方廻歸直線的等式為何？使用此直線預測 23 年前汽油鉛暴露為每 1000 人 0.5 噸之某一年的襲擊率。

$\hat{y} = 10.8768 + 1.4604x - 7.259x^2 + 9.2342x^3$

c. 年與年之間襲擊率變異的多少比例可以被襲擊率與 23 年前汽油鉛暴露之間的關係所解釋？

d. 以下圖形出現在該文章。注意這不是成對 $(x, y)$ 的散布圖──這是兩個個別的時間系列圖。時間刻度 1941、1942、…、1986 是對於鉛暴露資料所使用的刻度，而時間刻度 1964、1965、…、2009 是對於襲擊率資料所使用的刻度。同時注意在圖形所構建的時間上，襲擊率只提供至 1997 年。花幾分鐘的時間思考隱含於此圖中的資訊，然後簡要解釋此圖的什麼面向說明了所報導介於襲擊率與 23 年前汽油鉛暴露之間的正相關。

5.59 下列節錄來自文章「**用以估計兒童族群體重之各種方法正確性的評估**」(*Pediatrics* [2009]: e1045–e1051)：

> 如預期，該模式說明了體重隨年齡增加，但是用視覺檢視年齡對體重的圖形顯示除非嬰兒與兒童個別被分析，否則呈現的是一個非線性關係。對於年齡是體重的一個預測項的線性係數為嬰兒的 6.93 以及兒童的 3.1 至 3.48。

這段節錄建議當對於在該文章中所敘述之研究的所有 1011 名兒童的體重對年齡之散布圖被構建，$y = $ 體重與 $x = $ 年齡之間的關係不為線性。當這 1011 名兒童被分為兩組──嬰兒（出生滿周歲）與兒童（1 至 10 歲）──且個別的散布圖被構建，在每一個散布圖中的體重與年齡之間的關係呈現線性。在節錄中所報導的斜率（被稱為「線性係數」）被以公斤/歲表示。簡要解釋為何對於聯合組的散布圖中體重與年齡之間的關係會呈現非線性。

## 活動 5.1　年齡與柔軟度

**需要教材**：碼尺

在此活動中，你將調查年齡與一個柔軟度量測值之間的關係。柔軟性將以要求一個人儘可能地彎腰並向地面伸展其手臂被測量。使用一個碼尺，測量從地面至最接近地面之指尖的距離。

1. 剛才敘述的年齡與柔軟度量測值將對於一組人加以測量。我們的目的是決定年齡與此柔軟度量測值之間是否存在關係。只使用你班上學生作為研究對象不會是一個好主意的兩個理由為何？

2. 視為一個班級，決定收集兩個感興趣變項資料的一個合理方式。

3. 在你的班級收集了適當的資料後，使用它們構建一個散布圖。評論圖形的有趣特性。年齡與柔軟度之間是否看似存在關係？

4. 如果年齡與柔軟度之間顯示存在關係，配適能夠適當敘述此關係的一個模型。

5. 在此活動的內容中，寫出一段有關外推法之危險的簡要敘述。

## 重要觀念與公式之摘要

| 專有名詞或公式 | 註釋 |
| --- | --- |
| 散布圖 | 雙變項數量資料的一個圖，於其中每一個觀測值 $(x, y)$ 都被以落在有關的水平 $x$ 軸與垂直 $y$ 軸的一個點表示。 |
| 皮爾森樣本相關係數 $r = \dfrac{\sum z_x z_y}{n-1}$ | 樣本 $x$ 與 $y$ 值線性相關程度的一個量測值；$-1 \leq r \leq 1$，所以接近 1 或 $-1$ 的數值表示強烈的線性關係。 |
| 最小平方法則 | 用以選擇摘要 $x$ 與 $y$ 之間近似線性關係的一條直線的方法。最小平方直線是最小化散布圖中各點的誤差平方和（垂直離差）的一條線。 |
| $b = \dfrac{\sum(x-\bar{x})(y-\bar{y})}{\sum(x-\bar{x})^2} = \dfrac{\sum xy - \dfrac{(\sum x)(\sum y)}{n}}{\sum x^2 - \dfrac{(\sum x)^2}{n}}$ | 最小平方直線的斜率。 |
| $a = \bar{y} - b\bar{x}$ | 最小平方直線的截距。 |
| 預測（配適）值 $\hat{y}_1, \hat{y}_2, \cdots, \hat{y}_n$ | 以對於資料集中的每一個觀測值代入 $x$ 值於最小平方直線而得；$\hat{y}_1 = a + bx_1, \cdots, \hat{y}_n = a + bx_n$ |
| 殘差 | 以從每一個對應的觀測 $y$ 值減去預測值而得：$y_1 - \hat{y}_1, \cdots, y_n - \hat{y}_n$。這些是從最小平方直線的垂直離差。 |
| 殘差圖 | 成對 ($x$，殘差) 的散布圖。該圖中孤立的點或是點的模型都是潛在問題的象徵。 |
| 殘差（誤差）平方和 $SSResid = \sum(y - \hat{y})^2$ | 殘差平方的總和是 $y$ 變異無法歸因於一個近似線性關係的量測值（未解釋變異）。 |
| 平方總和 $SSTo = \sum(y - \bar{y})^2$ | 從樣本平均數離差的平方和為在觀測 $y$ 值的總變異量測值。 |
| 決定係數 $r^2 = 1 - \dfrac{SSResid}{SSTo}$ | 在觀測 $y$ 值的變異可以被近似線性關係解釋的比例。 |
| 最小平方直線的標準差 $s_e = \sqrt{\dfrac{SSResid}{n-2}}$ | 離最小平方直線的「典型」離差大小。 |

| 專有名詞或公式 | 註釋 |
| --- | --- |
| 變換 | $x$ 與／或 $y$ 變項的一個簡單函數，其接著在廻歸中被使用。 |
| 次方變換 | 一個指數或次方，$p$，首先被指明，接著新（變換的）資料數值被計算為變換值＝（原始數值）$^p$。對數變換被以 $p = 0$ 辨識。當原始資料的散布圖展現彎曲，$x$ 與／或 $y$ 的次方變換將經常導致具有線性外觀的一個散布圖。 |

## 本章複習練習題　5.60 – 5.72

5.60　附錄資料表示 x = 為加速化學反應所添加的催化劑數量，以及 y = 結果的反應時間：

| x | 1 | 2 | 3 | 4 | 5 |
|---|---|---|---|---|---|
| y | 49 | 46 | 41 | 34 | 25 |

a. 計算 r。r 的數值是否建議一個強烈的線性關係？
b. 構建一個散布圖。從該圖，文字線性是否提供 x 與 y 之間關係的最有效敘述？解釋之。

5.61　文章「糖消費與重度憂鬱之間的跨國關係？」(Depression and Anxiety [2002]: 118-120) 結論基於來自 6 個國家的資料，精製糖消費（每天每人卡路里）與重度憂鬱的年度率（每 100 人案例）之間存在相關。下列資料為讀自出現在文章中的一個圖：

| 國家 | 糖消費 | 憂鬱率 |
|---|---|---|
| 韓國 | 150 | 2.3 |
| 美國 | 300 | 3.0 |
| 法國 | 350 | 4.4 |
| 德國 | 375 | 5.0 |
| 加拿大 | 390 | 5.2 |
| 紐西蘭 | 480 | 5.7 |

a. 為此資料集計算並解釋相關係數。
b. 結論增加糖消費導致較高的憂鬱率是否合理？解釋之。
c. 對此研究你是否有任何不安而使你猶豫於類推這些結論至其他國家？

5.62　下列對於 n = 9 名學生的一組樣本在 x = 測驗焦慮的量測值分數以及 y = 測驗分數資料與在文章「幽默對測驗焦慮與表現的影響」(Psychological Reports [1999]: 1203-1212) 中所提供的摘要數量一致：

| x | 23 | 14 | 14 | 0 | 17 | 20 | 20 | 15 | 21 |
|---|---|---|---|---|---|---|---|---|---|
| y | 43 | 59 | 48 | 77 | 50 | 52 | 46 | 51 | 51 |

較高的 x 值指出較高的焦慮程度。

a. 構建一個散布圖，並評論該圖的特性。
b. 兩個變項之間是否呈現一個線性關係？你會如何描繪其關係？
c. 計算相關係數的數值。r 的數值是否與你在 (b) 部分的答案一致？
d. 結論測驗焦慮導致較差的考試表現是否合理？解釋之。

5.63　研究者詢問 411 名學齡兒童的一個樣本中的每一名兒童他們是否會因為樂透彩券在櫃台上顯而易見而較可能或較不可能購買購買該張彩券。回答較可能購買彩券的百分比依年級如下（R&J Child Development Consultants，魁北克，2001 年）：

| 年級 | 回答較可能購買的百分比 |
|---|---|
| 6 | 32.7 |
| 8 | 46.1 |
| 10 | 75.0 |
| 12 | 83.6 |

a. 構建 y = 回答較可能購買的百分比與 x = 年級的散布圖。是否呈現 x 與 y 之間的一個線性關係？
b. 找出最小平方直線的等式。
$\hat{y} = -22.37 + 9.08x$

5.64　對於西部 8 個州公立學校 1996 年四年級生與 2000 年八年級生其在數學精熟程度或以上的百分比被提供於文章「數學上的混合進步」(USA Today，2001 年 8 月 3 日)：

| 州 | 四年級 (1996) | 八年級 (2000) |
|---|---|---|
| 亞利桑那 | 15 | 21 |
| 加利福尼亞 | 11 | 18 |
| 夏威夷 | 16 | 16 |
| 蒙大拿 | 22 | 37 |
| 新墨西哥 | 13 | 13 |
| 奧勒岡 | 21 | 32 |
| 猶他 | 23 | 26 |
| 懷俄明 | 19 | 25 |

a. 構建一個散布圖,並評論任何有趣的特性。

b. 找出摘要介於 $x = $ 1996 年四年級數學精熟百分比與 $y = $ 2000 年八年級生數學精熟百分比之間關係的最小平方直線等式。$\hat{y} = -3.14 + 1.52x$

c. 內華達,一個不包含在資料集中的西部州,具有 14% 的一個 1996 年四年級數學精熟百分比數據。你會預測 2000 年八年級數學精熟百分比為何?你的預測值相較於內華達州 20 歲的真實八年級數值如何?

5.65 下表提供 1990 至 1999 年間每年在美國被完成的器官移植數(The Oregon Procurement and Transplantation Network,2003 年):

| 年 | 移植數(1000 計) |
|---|---|
| 1 (1990) | 15.0 |
| 2 | 15.7 |
| 3 | 16.1 |
| 4 | 17.6 |
| 5 | 18.3 |
| 6 | 19.4 |
| 7 | 20.0 |
| 8 | 20.3 |
| 9 | 21.4 |
| 10 (1999) | 21.8 |

a. 構建這些資料的散布圖,然後找出敘述介於 $y = $ 完成移植數與 $x = $ 年之間關係的最小平方廻歸直線等式。敘述 1990 至 1999 年間完成移植數如何隨時間變動。

b. 計算 10 個殘差,並構建一個殘差圖。該殘差圖是否有任何特性指出年與完成移植數之間的關係會由一個曲線而非一條直線所較佳敘述?解釋之。

5.66 文章「犬小病毒(CPV)對明尼蘇達灰狼的影響」(*Journal of Wildlife Management* [1995]: 565-570) 摘要 $y = $ 捕獲幼狼的百分比對 $x = $ 成年狼與幼狼間 CPV 盛行率百分比的一個廻歸。最小平方直線的等式,基於 $n = 10$ 的觀測值,為 $\hat{y} = 62.9476 - 0.54975x$,具有 $r^2 = .57$。

a. 一個觀測值為 (25, 70)。對應的殘差為何?

b. 樣本相關係數的數值為何?

c. 假設 SSTo = 2520.0(此數值不在文章中提供)。$s_e$ 的數值為何?

5.67 文章「越冬白頭鷹的覓食面貌」(*The Auk* [1983]: 477-484) 檢視介於老鷹在空中尋找食物的花費時間(以老鷹高飛的百分比表示)與相對的食物可得性之間的關係。附錄資料得自在此篇文章中出現的一個散布圖。令 $x$ 表示鮭魚可得性與 $y$ 表示老鷹在空中的百分比。

| $x$ | 0 | 0 | 0.2 | 0.5 | 0.5 | 1.0 |
|---|---|---|---|---|---|---|
| $y$ | 28.2 | 69.0 | 27.0 | 38.5 | 48.4 | 31.1 |

| $x$ | 1.2 | 1.9 | 2.6 | 3.3 | 4.7 | 6.5 |
|---|---|---|---|---|---|---|
| $y$ | 26.9 | 8.2 | 4.6 | 7.4 | 7.0 | 6.8 |

a. 為此資料集畫一個散布圖。你是否會敘述在圖中的型態為線性或曲線?

b. 可能得出一個較直的圖的一種可能變換涉及同時對 $x$ 與 $y$ 值取平方根。使用圖 5.38 來解釋為何這可能是一個合理的變換。

c. 使用變項 $\sqrt{x}$ 與 $\sqrt{y}$ 來構建一個散布圖。此散布圖是否較在 (a) 部分的散布圖更接近線性？

d. 使用表 5.5，建議另一種可能被用以拉直原始圖形的變換。

5.68 鮭魚可得性 ($x$) 與老鷹在空中的百分比 ($y$) 的資料在前一個習題被提供。

a. 為這些資料計算相關係數。

b. 因為原始資料的散布圖顯示曲線，以對於 $x$ 與 $y$ 數值皆取平方根的變換被建議。為變項 $\sqrt{x}$ 與 $\sqrt{y}$ 計算相關係數。此數值與在 (a) 部分計算的相較如何？這是否指出在拉直圖形上該變換是成功的？

5.69 沒有墨西哥玉米片的喜愛者喜歡帶有溼氣的洋芋片，所以找出生產具有吸引人之質地洋芋片的製程特徵是重要的。$x =$ 油炸時間（秒）與 $y =$ 含水量 (%) 的資料出現在文章「作為油炸時間函數的墨西哥玉米片的熱度與物質特性」(*Journal of Food Processing and Preservation* [1995]: 175-189) 中：

| 油炸時間 ($x$): | 5 | 10 | 15 | 20 | 25 | 30 | 45 | 60 |
|---|---|---|---|---|---|---|---|---|
| 含水量 ($y$): | 16.3 | 9.7 | 8.1 | 4.2 | 3.4 | 2.9 | 1.9 | 1.3 |

a. 構建這些資料的散布圖。含水量與油炸時間之間的關係是否顯示為線性？

b. 使用 $y' = \log(y)$ 變換 $y$ 值並構建成對 $(x, y')$ 值的散布圖。此散布圖是否比在 (a) 部分的那個看來更接近線性？

c. 找出敘述 $y'$ 與 $x$ 之間關係的最小平方直線等式。

d. 使用得自 (c) 部分的最小平方直線預測 35 分鐘油炸時間的含水量。

5.70 文章「在少數植物之水溶性蛋白質與葉綠素成分的減少是汽車排放汙染的指標」(*International Journal of Environmental Studies* [1983]: 239-244) 報導下列資料 $x =$ 離高速公路的距離（呎）與 $y =$ 在該距離的土壤鉛含量（百萬分之一）：

| $x$ | 0.3 | 1 | 5 | 10 | 15 | 20 |
|---|---|---|---|---|---|---|
| $y$ | 62.75 | 37.51 | 29.70 | 20.71 | 17.65 | 15.41 |

| $x$ | 25 | 30 | 40 | 50 | 75 | 100 |
|---|---|---|---|---|---|---|
| $y$ | 14.15 | 13.50 | 12.11 | 11.40 | 10.85 | 10.85 |

a. 使用一個統計套裝軟體構建 $y$ 對 $x$、$y$ 對 $\log(x)$、$\log(y)$ 對 $\log(x)$，以及 $\frac{1}{y}$ 對 $\frac{1}{x}$ 的散布圖。

b. 在 (a) 部分所考慮的哪一種變換最能產生一個近似線性關係？使用選擇的變換預測當距離為 25 呎時的鉛含量。

5.71 攝氧量的正確評估提供決定繁重工作能量消耗的重要資訊。文章「滅火過程中的攝氧量：心率估計的錯誤」(*Ergonomics* [1991]: 1469-1474) 報導對於 10 位消防隊員的一個樣本在跑步機測試期間的 $x =$ 攝氧量（每分鐘每公斤毫升）被決定。然後當他們完成一項滅火模擬時，每一位個人在 $y =$ 可比較的心率上之攝氧量被測量。這導致下列資料與散布圖：

| 消防隊員 | 1 | 2 | 3 | 4 | 5 |
|---|---|---|---|---|---|
| $x$ | 51.3 | 34.1 | 41.1 | 36.3 | 36.5 |
| $y$ | 49.3 | 29.5 | 30.6 | 28.2 | 28.0 |

| 消防隊員 | 6 | 7 | 8 | 9 | 10 |
|---|---|---|---|---|---|
| $x$ | 35.4 | 35.4 | 38.6 | 40.6 | 39.5 |
| $y$ | 26.3 | 33.9 | 29.4 | 23.5 | 31.6 |

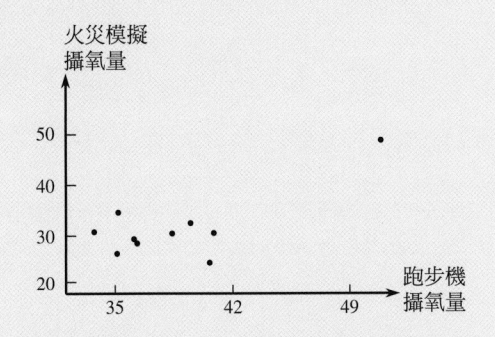

a. 散布圖是否建議一個近似的線性關係？
b. 研究者配適一條最小平方直線。所得 Minitab 輸出結果提供於下：

The regression equation is
firecon = −11.4 + 1.09 treadcon

| Predictor | Coef | Stdev | t-ratio | p |
|---|---|---|---|---|
| Constant | −11.37 | 12.46 | −0.91 | 0.388 |
| treadcon | 1.0906 | 0.3181 | 3.43 | 0.009 |

s = 4.70    R-sq = 59.5%    R-sq(adj) = 54.4%

當跑步機攝氧量為 40，預測火災模擬攝氧量。

c. 一條直線如何有效地摘要該關係？
d. 刪除第一個觀測值，(51.3, 49.3)，並計算最小平方直線的等式與 $r^2$ 值。你結論什麼？（提示：對於原始資料，$\Sigma x = 388.8$、$\Sigma y = 310.3$、$\Sigma x^2 = 15,338.54$、$\Sigma xy = 12,306.58$ 以及 $\Sigma y^2 = 10,072.41$。）

5.72　考慮四個成對資料 (0, 0)、(1, 1)、(1, −1) 與 (2, 0)。
a. 樣本相關係數 $r$ 的數值為何？
b. 如果第五個觀測值在 $x = 6$ 時被取得，找出 $r > 0.5$ 的 $y$ 值。
c. 如果第五個觀測值在 $x = 6$ 時被取得，找出 $r < 0.5$ 的 $y$ 值。

# 第 6 章

# 機率

© Doug Menuez/Getty Images

每天你所做的決定基於不確定性。你應該購買附有延長保修期的新 DVD 播放機嗎？這取決於在保修期間內出現故障的可能。你應該得花 45 分鐘時間到達你早上 8 點鐘的課程，或者花 35 分鐘就足夠。根據經驗你可能知道，多數早晨可以開車去學校並停好車才花 25 分鐘甚至更少的時間。大多數時候，從停車位到你的教室，步行大概 5 分鐘或是更少時間。但經常在開車上學和步行去上課的時間會比預期更長？兩者通常會花多久的時間呢？當開車到學校比平常花更長時間，有可能花較長的時間步行去教室嗎？不太可能？或者開車和步行的時間無關呢？有些問題所包含的不確定性是比較嚴重的？如果人工心臟有四個關鍵部分，可能每個部分都失敗嗎？到底有多少可能性至少有一個部分是失敗？如果有衛星已備有太陽能發電系統，有多少可能是它主要及備有的組件都將失敗？

在不確定的研究中，我們可以使用機率的概念和方法來回答問題。從遊戲的機率分析其根源，機率已演變成一門科學，它使我們有信心去作出重要決定。在本章，我們介紹在統計學裡最常使用的機率基本規則，當無法明確知道時，我們如何去估計機率。

## 6.1 解釋機率與基本的機率法則

在許多情況下，是不確定會發生什麼結果。例如，當一位已購買機票的乘客，她可能因航空公司超售航班的機位，而被拒絕嗎？乘客有兩種可能發生的情況：(1) 她能夠搭乘，或 (2) 她被拒絕搭乘並搭下一班航班。乘客到達機場前，都會有不確定的結果發生。根據以往的特殊經驗，乘客知道一種結果是比其他更有機會，認為搭乘下一班的機率相當小，乘客就不太擔心這種的可能性。雖然這結果是可能發生的，但乘客認為不會發生。根據機率的結果試圖量化「可能」和「不可能」。因此，我們表明發生結果的可能性介於 0 和 1 之間。

不只有一種方式用來說明這些，其中機率用來解釋測量結果發生的強度。機率為 1 表示此想法是肯定會發生的結果，則機率為 0 表示一定不會發生的結果，其他的可能就介於兩者之間。例如，我們說「大約有一半一半的機會」或「我的機會是零」。以航空公司的航班為例，假設乘客評估自己沒有機位的機率是 .01，因為這接近於 0，所以乘客會認為沒機位是極不可能發生。

在主觀的解釋中，還是存在一些問題。問題是不同的人可以分配不同的機率為相同的結果，因為每個人有不同的主觀想法。只要有可能，我們採用客觀相對次數來解釋機率。機率在相同情況下多次重複，是長時間的運行比例所發生的結果。機率為 1 也就是 100% 的結果，機率為 0 就是不可能的結果——0%。

### 以相對次數解釋機率

一個**機率**是介於 0 和 1 之間的一個數，它顯示某種結果發生的可能性。

一個結果發生的**機率**，以 $P(結果)$ 表示，被解釋為該結果最終發生的比例。

為了說明以相對次數解釋機率，考慮以下情況。包裹快遞服務答應兩天內就會送達，但通常在一天之內就能夠送達。假設該公司說明他們有一半的機會，包裹將在一天內到達，另外他們也說明第二天送達的機率是 .5，這意味著最終全部包裹中的 50% 能在一天內到達。

假設我們隨著該公司包裹的投遞，每個新包裹的發送，我們可以計算出包裹發送至目前為止，在一天內送達的相對次數：

$$\frac{一天內送達的包裹件數}{快遞包裹的總件數}$$

10 件包裹送達的可能結果如下：

| 包裹編號 | 1 | 2 | 3 | 4 | 5 | 6 | 7 | 8 | 9 | 10 |
|---|---|---|---|---|---|---|---|---|---|---|
| 第 2 天送達 | N | Y | Y | Y | N | N | Y | Y | N | N |
| 第 2 天送達之相對次數 | 0 | .5 | .667 | .75 | .6 | .5 | .571 | .625 | .556 | .5 |

圖 6.1 所示的 50 件包裹出貨量樣本次序在一天內相對次數如何波動。如果次序增加包裹的數量，相對次數不會繼續波動而是穩定接近固定的數值，稱之為極限值，此極限值才是真的機率。圖 6.2 則是 1000 件包裹出貨樣本次序穩定的過程。

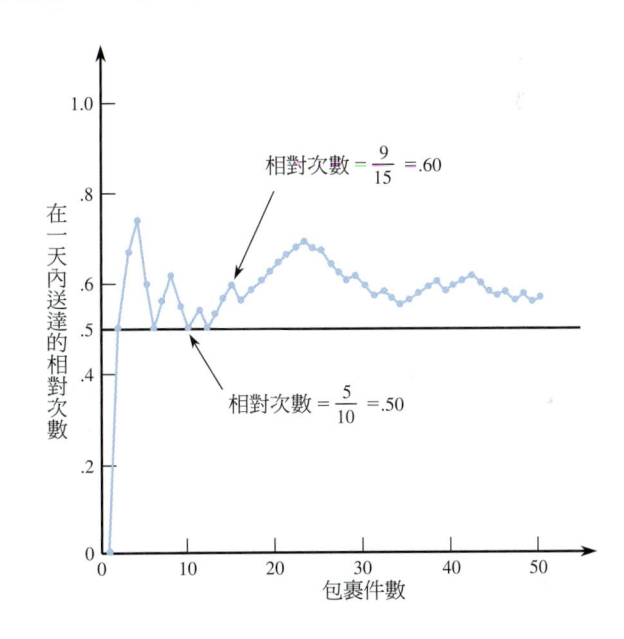

**圖 6.1**
相對次數的波動

　　圖 6.2 所展現的相對次數的穩定不是唯一的特殊例子。正是此穩定性的一般現象使得機率的相對次數解釋變得可行。

## 一些基本性質

　　機率的相對次數解釋使我們易於理解下列機率的基本性質。

1. 任何結果的機率都是介於 0 至 1 之間的一個數。相對次數是該結果發生次數除以總重複次數，結果不能小於 0（不可能有負的出現次數）或大於 1（結果不可能出現比重複總數更多次）。

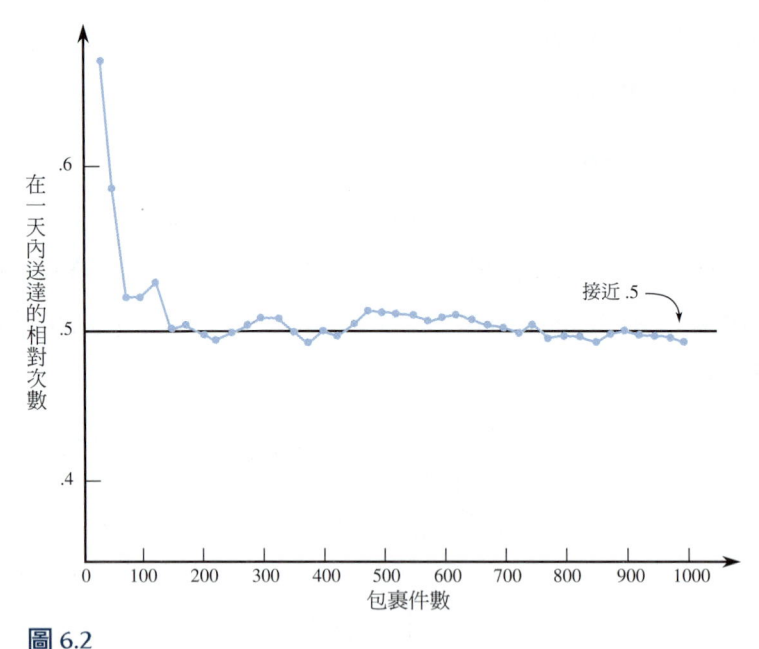

圖 6.2
相對次數的穩定性

2. 如果幾個結果不可能同時出現，則其中任一結果出現的機率等於個別結果出現機率之總和。例如：迪士尼樂園附近的飯店提供三種不同的選擇給房客。方案 A 只有含飯店的住宿；方案 B 包含住宿及飯店套餐；方案 C 除了住宿和套餐還有迪士尼樂園的入場券。從過去的經驗，飯店知道大約有 30% 的房客會選擇方案 A，約有 25% 的房客會選擇方案 B。依長期的相對次數來解釋這些百分比，關於機率我們可以說

   $P$（下一位房客來電預訂選擇方案 A）$= .30$

   和

   $P$（下一位房客來電預訂選擇方案 B）$= .25$

   下一位房客選擇方案 A 或方案 B 的機率是

   $P$（方案 A 或方案 B）$= .30 + .25 = .55$

3. 某個結果不發生的機率等於 1 減去該結果發生的機率。根據此性質，下一位房客不會選擇方案 A 或方案 B 的機率是

   $$P(\text{非}(\text{方案 A 或方案 B})) = 1 - P(\text{方案 A 或方案 B})$$
   $$= 1 - .55$$
   $$= .45$$

因為有三種方案可以選擇，如果下一位不是預訂方案 A 或方案 B 那就是方案 C。所以下一位房客選擇方案 C 的機率是

$P$（方案 C）＝ $P$（非（方案 A 或方案 B））＝ .45

請記住，機率 1 表示結果是必然的，也就是 100% 會發生的結果。在此飯店，可以確定任一件訂房將是這三種方案之一，因為就只有這些方案可供選擇。所以

$P$（方案 A 或方案 B 或方案 C）＝ .30 ＋ .25 ＋ .45 ＝ 1

同樣地，可以確定的是任何結果將會發生或不會發生。因此，

$P$（方案 A 或方案 B）＋ $P$（非（方案 A 或方案 B））＝ .55 ＋ .45 ＝ 1

## 獨立性

假設特定疾病在 1000 人當中可能會有 1 人得病，從這隨機選擇具有疾病的機率為 .001，檢驗結果為陽性表示得此種特殊疾病。而診斷結果並不一定正確，有時候這個人沒有得病但檢驗結果卻是陽性，我們要修訂得病的機率 .001。明知已發生的結果（被選中的測出為陽性）可以變成另一種結果的評估（被選中的人有這疾病）。

再舉個例子，假設有個大學的課程註冊過程，把學生劃分為 12 個優先組。總體而言，只有 10% 的學生收到所有申請的科系，但 75% 的人在第一優先順序中都收到申請的科系。解釋這些數字的機率，在一個大學隨機抽取學生收到所有申請的科系機率是 .10。然而，我們知道挑選的學生是第一優先順序組，我們修改選中的學生收到所有申請的科系機率是 .75。知道被選中的人第一優先順序中發生了變化，我們評估被選中的人收到所有申請科系的機率，這兩種結果都是**相依的 (dependent)**。

其中一個結果的可能性不會受到另一個結果的影響。例如，假設你購買電腦的單獨顯示器和鍵盤，兩種可能的結果是：

結果 1：顯示器需要保修服務。

結果 2：鍵盤需要保修服務。

因為這兩個組件彼此是獨立地進行，得知顯示器所需的保修服務不會影響到鍵盤所需的保修服務。如果有 1% 鍵盤在保固期內需維修，則鍵盤需要保修服務的機率

是 .01。而知道顯示器必須保修服務並不影響此機率，我們說結果 1 和結果 2 是**獨立的 (independent)** 結果。

> **定義**
>
> **獨立的結果 (independent outcomes)**：兩個結果稱為**獨立的 (independent)**，如果一個結果發生的機率不會受到另一個結果發生的機率影響。我們說兩個以上的結果是獨立的，如果得知其中某些結果發生了並不影響其他結果發生的機率。
>
> **相依的結果 (dependent outcomes)**：如果一個結果的發生改變其他結果發生的機率，則這些結果是**相依的 (dependent)**。

在前面的例子中，疾病和檢驗陽性結果是相依的；大學申請的學生收到的所有申請的科系和第一優先級組中的結果也是相依的；但最後顯示器需要保修服務和鍵盤需要保修服務是獨立的。

## 獨立結果之乘積法則

購買了電腦周邊用品的人們可能想知道顯示器和鍵盤都需要保修服務的機率有多大。一個科學系學生必須修習化學或物理課程以達到本科系要求的學分，該生在註冊前也許考慮同時修這兩門課的機會。上述每個案例中，興趣集中在兩個相異的結果一起發生的機率。對於獨立的結果，一個簡單的乘積法則將個別結果的機率連接到這些結果一起發生的機率。

> **獨立結果之乘積法則**
>
> 如果兩種結果都是獨立的，則兩種結果出現的機率是個別結果機率的乘積，表示結果為 $A$ 和 $B$，我們記為
>
> $$P(A \text{ 且 } B) = P(A)P(B)$$
>
> 則如果有 $k$ 個獨立的結果，所有的結果同時發生的機率是所有個別結果機率的乘積。

### 例 6.1　核電廠警報

加利福尼亞州的阿維拉海灘附近有一個警報系統的核電廠，警報器網絡在核電廠附近，並且警報器相互距離約 0.5 英里處。當系統進行測試，個體警報器有時會失效。警笛

會彼此獨立運作；則知道一個特定警報器已失效並不會改變其他警報器失效的機率。

如果你就住在那附近，而且從你家就聽得到兩個警報聲，我們稱這些為警報器 1 和警報器 2。你可能會關心這兩個警報器 1 和警報器 2 失效的機率。假設當警報器系統啟動後，約 5% 的單獨警報器會失效。則

$P($警報器 1 失效$) = .05$
$P($警報器 2 失效$) = .05$

結果警報器 1 失效和警報器 2 失效是獨立的。使用獨立的乘法法則結果，我們得到

$P($警報器 1 失效和警報器 2 失效$) = P($警報器 1 失效$)P($警報器 2 失效$)$
$\phantom{P(警報器 1 失效和警報器 2 失效)} = (.05)(.05)$
$\phantom{P(警報器 1 失效和警報器 2 失效)} = .0025$

儘管任何個別警報器失效的機率是 .05，這兩個警報器失效的機率還是很小的。該系統啟動後在長期內發生 10,000 次當中，可能只有 25 次會失效。

在例 6.1 中，警報器 1 和警報器 2 失效是獨立的結果，因此獨立的結果使用乘法法則，是合理的。這不是那麼容易計算，當這兩個結果是相依的，我們不會深入討論。要注意，只用這個乘法法則時，結果是獨立的！

## 例 6.2　DNA 測試

DNA 測試已經成為突出的刑事偵查技術，它說明了獨立成果的乘法法則應用有些爭論。在一個給定的 DNA 樣本下，讓我們專注於三個不同的特徵（如藍色眼睛或血型 B），每一種可能或不可能發生。定義以下三個結果：

結果 1：第一個特徵發生在樣本中。
結果 2：第二個特徵發生在樣本中。
結果 3：第三個特徵發生在樣本中。

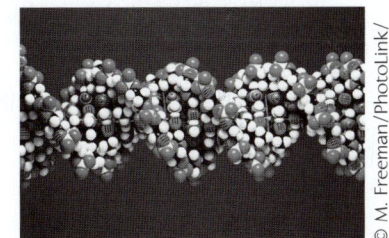

假設發生的長期次數為 10 人中有 1 人為第一個特徵，20 人中有 1 人為第二個特徵，和 5 人中有 1 人為第三個特徵。假定三個特徵的獨立性，我們計算了所有三個特徵出現在樣本中的可能性（所有三個結果一起出現）是

$P($第 1 和第 2 和第 3 個特徵都發生$) = (.10)(.05)(.20) = .001$

從長遠來說也就是，在每 1000 個人中的 DNA 樣本只有 1 人會產生所有三個特徵。針對以上三個特徵，所有都存在的機率會很小。所以如果被告個人已在犯罪現場發現的 DNA 樣本中存在所有的特徵，另一人會有這種基因的可能性就微乎其微。

在這種有爭議的方式，使用獨立假設來計算機率。例如，假設的三個特點如下所示：

結果 1：DNA 樣本有藍眼睛的基因。

結果 2：DNA 樣本有金色頭髮的基因。

結果 3：DNA 樣本有白皙皮膚的基因。

它可合理地相信結果 2（金色頭髮的基因）發生不會影響您的結果 1（藍色眼睛的基因）的機率評估嗎？如果這些結果事實上是相關的，我們沒有理由使用獨立成果的乘法法則來計算所有的三種結果一起出現的機率。

## 使用機率法則

到目前為止介紹的機率法則總結如下。

### 機率法則

**結果不能同時發生的加法法則：**

$$P(結果1\ 或結果2) = P(結果1) + P(結果2)$$

**餘集法則：**

$$P(非結果) = 1 - P(結果)$$

**獨立結果的乘積法則：**

$$P(結果1\ 和結果2) = P(結果1)\ P(結果2)$$

在本章開頭介紹，我們可以使用這些機率規則來解決的幾個問題，這些問題為以下例 6.3 和 6.4。

### 例 6.3　衛星備份系統

衛星同時具有主要及備用的太陽能發電系統，這些系統的功能彼此獨立。（這是常見的設計，例如冗餘性產品，以提高其可靠性。）假設 10 年壽命的衛星在過程中失敗的機率，在主要的電力系統是 .05，而備份系統是 .08。這兩個系統會失敗的可能性是什麼？因為不論是否這台系統正常的運行，對於有沒有影響另一個，這是合理的假設，以下兩個結果是獨立的：

成果 1：主要系統故障。

成果 2：備份系統故障。

這是適合使用獨立結果的乘積法則來計算

$P$(主要系統故障且備份系統故障)

 = $P$(主要系統故障)$P$(備份系統故障)

 = (.05)(.08)

 = .004

這顆衛星具有至少一個可行的電力系統機率是，使用餘集法則

$P$(非(主要系統故障且備份系統故障))

 = 1 − $P$(主要系統故障且備份系統故障)

 = 1 − .004

 = .996

---

## 例 6.4　人工心臟組成

  某種類型的人工心臟有四個獨立的重要組成部分。任何這四種組成的故障都是個嚴重的問題。假設這些組件 5 年故障率（表示為在 5 年內故障的比例）是已知的

組件 1：.01

組件 2：.06

組件 3：.04

組件 4：.02

人工心臟正常作用為 5 年的機率是多少？對於心臟正常作用 5 年，所有四個組成部分不得在這段時間內故障。讓我們定義以下成果：

結果 1：組件 1 在 5 年內不會故障。

結果 2：組件 2 在 5 年內不會故障。

結果 3：組件 3 在 5 年內不會故障。

結果 4：組件 4 在 5 年內不會故障。

這些結果是獨立的（因為這些組件功能彼此是獨立的），所以

$P$(沒有組件故障)

 = $P$(組件 1 沒有故障且組件 2 沒有故障且組件 3 沒有故障且組件 4 沒有故障)

 = $P$(組件 1 沒有故障)$P$(組件 2 沒有故障)$P$(組件 3 沒有故障)

  $P$(組件 4 沒有故障)

計算 $P$(組件 1 沒有故障)，我們使用的餘集法則：

$P$（組件 1 沒有故障） $= 1 - P$（組件 1 故障）
$= 1 - .01$
$= .99$

其他三個組件的相應機率計算以類似的方式。然後期望的機率是

$P$（沒有組件故障） $= (.99)(.94)(.96)(.98) = .8755$

這個機率解釋為一個長期的相對次數，告訴我們從長遠來看，這些人工心臟有 87.55% 將正常持續 5 年且沒有故障的關鍵組件。

## 習題 6.1 – 6.14

6.1 在 *New York Times* 的一篇文章（1994 年 3 月 2 日）報導，在紐約市的人心臟驟停只有百分之一的機會。利用機率符號表示 $P$（倖存）$= .01$ 在紐約市的人心臟驟停（文章將這些存活率歸於在大城市常見因素：交通擁堵，並在大型建築物中難以發現受害者。類似的研究在小城市顯示較高的存活率。）

a. 解釋相對次數給定的機率。

b. 這是依據 *New York Times* 的文章在紐約市對連續 2329 個心臟驟停的研究。為了證明「生存百分之一機會」的說法，你認為在 2329 個心臟驟停患者中，會有多少的人存活下來？解釋之。

6.2 有篇論文「**預測輔助療法使用在氣喘患者：初級保健統計調查結果**」（*Health and Social Care in the Community* [2008]: 155-164）包含在列入附表中。下表總結了 1077 名氣喘患者，給予兩個問題：

問題 1：習慣使用氣喘藥物通常會幫助你的氣喘症狀嗎？

問題 2：你的氣喘治療是使用輔助療法嗎（如中草藥、針灸、芳香療法）？

|  | 不使用輔助療法 | 使用輔助療法 |
|---|---|---|
| 習慣的藥物通常有幫助 | 816 | 131 |
| 習慣的藥物通常沒有幫助 | 103 | 27 |

從這些資料，我們可以估計使用的輔助療法患者的比例是

$$\frac{131 + 27}{1077} = \frac{158}{1077} = .147$$

對於這些資料，習慣的藥物治療通常有幫助及使用輔助療法的比例是

$$\frac{131}{947} = .138$$

對於這些資料，習慣的藥物治療通常沒有幫助及使用輔助療法的比例是

$$\frac{27}{130} = .208$$

如果隨機選擇在 1077 位病患挑選 1 位，習慣的藥物治療通常有幫助和選定的病患使用輔助療法是獨立還是相依？請解釋。

6.3 有份報告「**電視戲劇／喜劇觀眾和健康資訊**」（www.cdc.gov/healthmarketing）描述了疾病控制中心進行了約 3500 人的大型調查的結果。用代表性抽樣的方式，在疾

病控制中心從美國成年人中挑選，在調查中有一個問題問受訪者，如果在過去 6 個月內，他們從一個電視節目學到有關健康問題或疾病的新東西。考慮下面的結果：

$L$ = 隨機選擇的美國成年人反應在過去 6 個月，從一個電視節目學習有關健康問題或疾病的結果

$F$ = 隨機選擇的結果是美國成年女性

從調查數據來估計下面的機率：

$P(L) = .58$    $P(F) = .50$
$P(L 和 F) = .31$

$L$ 和 $F$ 是獨立結果嗎？請用機率來證明你的答案。

6.4 許多消防局辦理醫療救助緊急呼叫以及請求消防設備通話。有一個特定消防局指出，一通來電是醫療救助的機率是 .85。這可以表示為 $P$（呼叫醫療救助）= .85。
a. 解釋相對次數設定的機率。
b. 一次呼叫不是請求醫療援助的機率是多少？
c. 假設連續呼叫都是相互獨立的（即知道一個調用用於醫療援助並不影響我們的下一次醫療援助的可能性的評估），計算連續呼叫是醫療援助的機率。
d. 仍然假設獨立性，計算連續兩次呼叫，第一次是醫療援助，第二次是非醫療援助的機率。
e. 仍然假設獨立性，計算接下來兩次只有一次是醫療救助的可能性。（提示：你應該考慮一個呼叫醫療援助可能是第一個電話，或者它可能是第二個電話的兩個不同可能性。）
f. 你認為連續呼叫是獨立的，這是合理的假設嗎？請說明。

6.5 蓋洛普公司對 2002 名成年人進行的調查發現，46% 的女性和 37% 的男性經常身受痛苦（聖路易斯奧比斯波論壇報，2000 年 4 月 6 日）。假設該資訊代表美國成年人，如果美國成年人進行隨機挑選，被選擇的結果是成年男性和經常深受痛苦的結果是獨立還是相依？請解釋。

6.6 「**在 9 月 11 日紐約彩票開出號碼 9-1-1**」是出現在 *Francisoco Chronicle* 的一篇文章（**2002 年 9 月 13 日**）的標題。在當天日期超過 5600 人選擇了 9–1–1 序號，在布法羅大學的一位教授說：「我有點驚訝，但我不會形容它怪異。它的隨機性，每一個數字都有同樣的機會開出。人們往往讀到這些東西。我敢肯定，無論今晚開出什麼數字，它們對某些人或某些地方就會有一些特殊的含義。」紐約州彩票採用 0-9 編號球在三個不同的箱子循環，選擇獲獎序號，是從每個箱子隨機挑選一球出來。在任何特定的一天，抽出 9–1–1 序號的機率？

6.7 美聯社（*San Luis Obispo Telegram Tribune*，**1995 年 8 月 23 日**）報導了中小學生結核病 (TB) 的普查結果。根據報導，在加利福尼亞州發現結核病測試所有幼稚園的比例為 .0006，對於新移民的相應比例（被認為是高危險群）為 .0075。假設加利福尼亞州幼稚園學生是隨機選擇，挑選的結果是新移民和選定的學生有結核病是獨立或是相依屬的結果？請使用給定的資料證明你的答案。

6.8 在一個小城市，大約 15% 的人有資格被稱為歷年義務陪審員。人們從符合資格的陪審員隨機選擇，陪審員職責是同一個人不能在同一年調用一次以上。在這座城市的符合資格陪審員連續的被選定 2 年的機率是多少？連續 3 年呢？

6.9 珍妮是有點健忘的人，如果她沒有「寫」清單，她就忘了她應該要做事情的機率是 .1。她明天有三個跑腿，她沒有寫在她的名單上。
a. 珍妮忘了所有的三個跑腿的機率是多少？你如何假設計算這個機率？
b. 珍妮記得至少有一個跑腿的機率是多少？
c. 珍妮記得第一件跑腿而非第二件跟第三件的機率是多少？

6.10 約 30% 的來電預訂航空公司的機票。
a. 假設接線員處理 10 通來電。則 10 個電話都沒有要預訂的機率是？
b. 你為了計算 (a) 部分的機率使用何種假設？
c. 至少一個電話是預訂的機率是多少？

6.11 下面的案例研究報告的文章「停車票和失蹤婦女」，這出現在 *Statistics: A Guide to the Unknown* 早期版本的書。在瑞典審訊某超時停車的停車場，一名警察作證說，他已經注意到該車停放時兩個輪胎上氣閥的位置：以最接近的整點來看，一個閥門是在 1 點鐘位置，另一個是在 6 點鐘的位置。停車在該區域允許的時間已過了，員警返回指出閥門處於相同的位置並對於這輛車開罰單，但車主聲稱他已經即時離開停車位而後來回來了。閥門只被碰巧偶然的機會在相同的位置。「專業人士」計算這發生的機率是 (1/12)(1/12) = 1/144。
a. 專業人士怎麼使用推理達到 1/144 的機率？
b. 你可以指出導致 1/144 的陳述推理中的機率錯誤嗎？此錯誤發生的機率有什麼影響？你認為 1/144 是大於或小於發生的正確機率？

6.12 三個朋友（A、B 和 C）將參加循環賽，假設 $P$（A 擊敗 B）= .7，$P$（A 擊敗 C）= .8，和 $P$（B 擊敗 C）= .6，而且三場比賽的結果是相互獨立的。
a. A 贏得比賽及對手 B 擊敗 C 的機率是多少？
b. A 贏其他兩位對手的機率？
c. A 輸其他兩位對手的機率？
d. 每一個人贏得一場比賽的機率是多少？（提示：有兩種不同的方法在這種情況發生。另外計算每個機率。）

6.13 請考慮一個系統包含四個組成部分，如下圖：

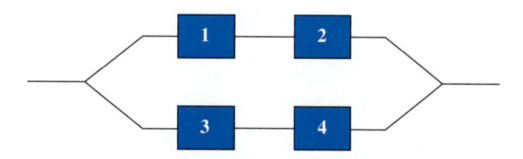

組件 1 和 2 的串聯子系統，因為這樣做組件 3 和 4 兩個子系統被並聯連接。假設 $P$（組件 1）= .9，$P$（組件 2）= .9，$P$（組件 3）= .9，和 $P$（組件 4）= .9，而這四個結果是獨立的（四個組件彼此運作是獨立的）。
a. 系統只有 1、2 兩個組件運作。這情況發生的機率是多少？
b. 1、2 兩個組件不運作的機率？那 3、4 兩個組件不運作的機率？
c. 如果 1、2 組件系統不起作用，系統將無法正常工作，如果 3、4 子系統也不起作用。該系統將不運作的機率是多少？這是否行得通呢？
d. 如果在平行與其他兩個子系統中添加系統的組件 5、6，系統工作變化的機率？
e. 如果有串聯的三個組成部別在兩個子系統的機率是多少？

6.14 *USA Today*（2001 年 3 月 15 日）推出了衡量種族和民族的多樣性稱為多樣性指數。多樣性指數應該接近兩個隨機選擇的個體是種族或民族不同的可能性。該公式用於計算多樣性指數後的 1990 年人口普查是

$$1 - [P(W)^2 + P(B)^2 + P(AI)^2 + P(API)^2] \cdot [P(H)^2 + P(\text{非}H)^2]$$

這些指數的解釋，$W$ 是隨機選取的個體是白人的結果，$B$ 是隨機選取的個體是黑人，$AI$ 是隨機選取的個體是美洲印第安人，$API$ 是隨機選取的個體是亞裔或太平洋島民和 $H$ 是隨機選取的個體是西班牙裔的結果。

1. $[P(W)^2 + P(B)^2 + P(AI)^2 + P(API)^2]$ 是兩個隨機選擇的個體是相同種族的機率
2. $[P(H)^2 + P(\text{非}H)^2]$ 是兩個隨機選擇的個體是西班牙裔或者兩者都不是西班牙裔的機率
3. 多樣性指數的計算論述西班牙裔就好像是獨立的種族。
a. 哪些有關種族其他的假設必須作出證明，使用加法法則計算 $[P(W)^2 + P(B)^2 + P(AI)^2 + P(API)^2]$ 兩個隨機選擇的人是同一種族的機率是？
b. 三種不同的機率法則用在多樣性指數的計算：餘集法則、加法法則和乘積法則。請描述每一個法則的使用方式。

## 6.2 機率作為決策的基礎

機率的概念發展了統計方法，使我們根據現有資料得出了結論，讓我們可以在例 6.5 和 6.6 看到了關鍵作用。

### 例 6.5　大學生的年齡與性別

表 6.1 顯示了在一所大學中的學生在不同年齡性別組合的比例。這些數字可以解釋我們隨機選擇學生的機率。例如，男性在 21 至 24 歲，被選擇的機率（長期的時間比例）為 .16。

**表 6.1** 年齡和性別分布

| 性別 | 17 歲以下 | 17-20 歲 | 21-24 歲 | 25-30 歲 | 31-39 歲 | 40 歲以上 |
|---|---|---|---|---|---|---|
| 男性 | .006 | .15 | .16 | .08 | .04 | .01 |
| 女性 | .004 | .18 | .14 | .10 | .04 | .09 |

假設你被告知有一個來自這所大學的 43 歲學生盼望跟你見面，你被詢問學生是男性還是女性，你會如何回答？如果那學生已經 27 歲？33 歲？你同樣相信你的選擇在這三種嗎？

應對這些問題我們可以合理根據表 6.1 的機率資料。我們將決定 43 歲的學生是女性。我們不能確定這是正確的，但我們可以看到在 40 歲及以上年齡組是不太可能男性多於女性。我們還決定，27 歲是女性。但是跟 43 歲的學生相比我們比較難確定。對於年齡組 31 至 39，男性的比例和女性的比例是相等的，所以我們認為 33 歲的學生同樣可能是男性或女性。我們可以決定贊成男性（或女性），但是對結論不夠有信心；換言之，很有可能是不正確。

## 例 6.6　你可以通過猜測嗎？

有一位教授打算做一個測驗，列了 20 個正確及錯誤的問題想知道人們如何去回答，藉由猜測做這樣一個測試。為了研究，他要求 500 名學生在他的介紹心理學課程編寫從數字 1 到 20 在一張紙上，然後在每個號碼的旁邊隨意寫 T（正確）或 F（錯誤）。學生們不得不猜測每個問題的答案，因為沒有告訴學生問題是什麼。然後收集這些答案卷並分級。結果總結於表 6.2。

**表 6.2　測驗「猜測」的分配**

| 正確答案數 | 學生數 | 學生的比例 | 正確答案數 | 學生數 | 學生的比例 |
|---|---|---|---|---|---|
| 0 | 0 | .000 | 11 | 79 | .158 |
| 1 | 0 | .000 | 12 | 61 | .122 |
| 2 | 1 | .002 | 13 | 39 | .078 |
| 3 | 1 | .002 | 14 | 18 | .036 |
| 4 | 2 | .004 | 15 | 7 | .014 |
| 5 | 8 | .016 | 16 | 1 | .002 |
| 6 | 18 | .036 | 17 | 1 | .002 |
| 7 | 37 | .074 | 18 | 0 | .000 |
| 8 | 58 | .116 | 19 | 0 | .000 |
| 9 | 81 | .162 | 20 | 0 | .000 |
| 10 | 88 | .176 | | | |

因為機率是長期的比例，在表 6.2 的「學生的比例」列可以被認為是正確猜測的機率估計。例如，500 名學生中猜測 20 題中有 12 題正確所占的比例得到 .122（或 12.2%）。然後，我們估計猜測，能夠得到 12 題是正確的長期比例是 .122，我們說，有個學生獲得 12 題正確的機率為（大約）.122。

讓我們用表 6.2 回答下列問題：

1. 你會感到驚訝，如果別人在猜測 20 個問題的正確及錯誤測驗只拿到了 3 個正確？一個猜測者有 3 個正確的結果機率大概為 .002。這意味著從長遠來看，在 1000 名猜測者只有 2 名猜到 3 個正確的。這將是一個不太可能的結果，我們會認為它的發生是令人意外的。

2. 如果猜到 15 個或更多正確的則通過測驗，可能會有多少人能通過？猜測會通過的比例為所有合格分數（15、16、17、18、19 和 20）的總和。則通過機率約為 .014 + .002 + .002 + .000 + .000 + .000 = .018，不可能有學生猜測得到並且通過。
3. 這名教授對某位學生做了測驗，並且學生正確的得分為 16。你認為學生只是猜測嗎？我們首先假設學生是猜測，並確定一個分數值高達 16 是可能或者不大可能發生。表 6.2 告訴我們獲得分數至少與這名學生的分數一樣高的近似機率是

    得分 16 或更高的機率大約 .002 + .002 + .000 + .000 + .000 = .004

    也就是說從長遠來看，1000 名猜測者只有約 4 名得分 16 或更高，這將是罕見的。所觀察到的分數有兩種可能的解釋：(1) 學生在猜，是真的很幸運，或者 (2) 學生不只是猜測。鑑於第一種解釋是極不可能的，更合理的選擇是第二種解釋，我們可以得出結論，學生不只是猜測答案。雖然我們不能肯定這個結論正確，但證據是令人信服的。
4. 一個學生不只是猜測得分測驗將如何說服我們？我們會相信一個學生不只是猜測，如果他或她的得分夠高，猜測者不可能做得一樣好。考慮下面的近似機率（從表 6.2 計算）：

| 分數 | 近似機率 |
|---|---|
| 20 | .000 |
| 19 或更高 | .000 + .000 = .000 |
| 18 或更高 | .000 + .000 + .000 = .000 |
| 17 或更高 | .002 + .000 + .000 + .000 = .002 |
| 16 或更高 | .002 + .002 + .000 + .000 + .000 = .004 |
| 15 或更高 | .014 + .002 + .002 + .000 + .000 + .000 = .018 |
| 14 或更高 | .036 + .014 + .002 + .002 + .000 + .000 + .000 = .054 |
| 13 或更高 | .078 + .036 + .014 + .002 + .002 + .000 + .000 + .000 = .132 |

我們可以說分數 14 或更高的分數即為合理的證據表示沒有人達到，因為這一個猜測者猜到高分的近似概率僅為 .054。當然，如果我們認為一個學生在猜測基礎上得分 14 或更高，我們是有錯誤的風險（約 20 名中有 1 名很有可能的猜測得分如此高）。一名猜測者得分 13 或更多正確的大約有 13.2%，大多數人都不會排除學生是一個猜測者的可能。

例 6.5 和 6.6 顯示了機率資料如何被使用於作出決策，這是統計推論的一個主要目標。後面的章節看起來更正式地以證據為基礎得出結論的過程，然後評估這樣結論的可靠性。

## 習題 6.15 – 6.18

**6.15** 超音波是確定胎兒性別的可靠方法嗎？下列數據是考慮 1000 個的嬰兒，這是出現在 *Journal of Statistics Education*（「在第一次統計課程學習新方法的機率」[2001]）的摘要：

|  | 超音波測出是女性 | 超音波測出是男性 |
|---|---|---|
| 實際的性別是女性 | 432 | 48 |
| 實際的性別是男性 | 130 | 390 |

你認為預測嬰兒是男性和是女性是同樣可靠的嗎？請解釋，且使用資料表來計算任何相關的結論並估計機率。

**6.16** UCLA 的研究人員對在職母親是否比沒有孩子的女性更容易在工作上受傷感興趣。他們研究了 1400 位工作女性，此研究結果摘要在 *San Luis Obispo Telegram-Tribune*（1995 年 2 月 28 日）。下列表中的資訊是符合本文報告的數值：

|  | 沒有小孩 | 6歲以下兒童 | 非6歲以下兒童 | 總數 |
|---|---|---|---|---|
| 1989年在工作上受傷 | 32 | 68 | 56 | 156 |
| 1989年在工作上沒有受傷 | 368 | 232 | 644 | 1244 |
| 總計 | 400 | 300 | 700 | 1400 |

研究人員得出了以下結論：女性且有小於 6 歲兒童可能比沒有小孩的女性或有非 6 歲以下兒童的女性更容易在工作上受傷。請使用表中的資料來計算任何有關的機率。

**6.17** 蓋洛普公司在 2002 年 11 月進行的一項民意調查研究人們如何認知與吸菸有相關的風險。下表總結了吸菸狀況和認為吸菸的風險由蓋洛普公司公布的數據：

| 吸菸狀況 | 十分有害的 | 有些有害的 | 不是太有害的 | 非有害的 |
|---|---|---|---|---|
| 目前吸菸者 | 60 | 30 | 5 | 1 |
| 以前吸菸者 | 78 | 16 | 3 | 2 |
| 從不吸菸者 | 86 | 10 | 2 | 1 |

假設以這些數據代表美國成年人口是合理的考慮。請考慮下面的結論：比任何以前有吸菸者或從不吸菸者，目前的吸菸者不太可能察覺到吸菸是十分有害。說明此一結論，請使用表中的資料來計算任何有關的機率。

**6.18** 某大學學生們使用網上報名系統選擇自己下學期的課程。有四個不同的優先級組，學生在第 1 組註冊，其次是在第 2 組，依此類推。假設大學提供下學期的資料在下表中，代表學生在 20 學分組合的先後次序的比例。

| 優先級組 | 0-3 | 4-6 | 7-9 | 10-12 | 12以上 |
|---|---|---|---|---|---|
| 1 | .01 | .01 | .06 | .10 | .07 |
| 2 | .02 | .03 | .06 | .09 | .05 |
| 3 | .04 | .06 | .06 | .06 | .03 |
| 4 | .04 | .08 | .07 | .05 | .01 |

（首次註冊學分）

a. 首次註冊的學生在這所大學有 10 個或更多的學分有多少比例？
b. 假設有一個學生收到首次註冊 11 學分。則可能的是，他是在第一或第四優先級組？
c. 如果你下學期是第三個優先級組，你會首次註冊獲得超過 9 學分嗎？請解釋。

## 6.3 利用經驗和模擬估計機率

到目前為止這些例子的介紹，得到各種結果的機率知識。在某些情況下這是合理的，而且我們知道在長期比例下發生的每一項結果。在其他情況下，有些機率是未知的並且是需要被判定的。有時機率可以分析數學的規則和概率特性及用法，其中包括在這一章介紹的基本分析。

在本節中，我們改變一點方法，集中在於實證方法的機率。當一個分析方法是不切實際的或者超越了課程機率的限制，我們可以透過經驗觀察或使用模擬來估計機率。

### 憑經驗估計機率

這是很常見的作法，以觀察到的長時間運行比例來估計機率。用來估計機率的過程很簡單：

1. 在可控制條件下觀察大量的可能結果。
2. 透過做長期相對次數來解釋機率，利用觀察到的發生比例估計結果之機率。

這些過程表示於例 6.7 和 6.8 中說明。

### 例 6.7　公平僱用作法

一所大學的生物系打算登廣告招聘新教師，要有生物學的博士學位和至少 10 年的大學教學經驗。該部門的一名成員表示看法，至少需要 10 年的教學經驗，將排除最有潛力的申請人，並排除的女性申請者比男性申請人多很多。生物系想要判斷正在尋找學術職位的生物學博士學位的人由於經驗要求而被排除的概率是多少。

有類似的大學剛剛完成了尋找教師，其中有的不要求原本有教學經驗，但也有的是要有相關的教學經驗的資料紀錄。以下是 410 個人的申請數據：

| 性別 | 少於 10 年的經驗 | 10 年以上的經驗 | 總數 |
|---|---|---|---|
| 男性 | 178 | 112 | **290** |
| 女性 | 99 | 21 | **120** |
| 總數 | **277** | **133** | **410** |

假設兩個職位的申請人可被視為是相同的，我們使用現有資料接近該申請人會落入四個性別經驗組合的機率。所估計的機率（除以每個性別經驗組合由 410 位申請的人數來計算）列於表 6.3。從表 6.3，我們計算

$P$（申請人排除在外）的估計值 = .4341 + .2415 = .6756

我們還可以單獨估算男性申請人和女性申請人經驗要求的影響。從給定的資料，我們計算出男性申請人有不到 10 年的經驗比例為 178/290 = .6138，而女性的相應比例為 99/120 = .8250。因此，男性申請人約 61% 因經驗的要求而被淘汰，女性申請人約 83% 將被淘汰。

**表 6.3** 例 6.7 的估計機率

|  | 少於 10 年的經驗 | 10 年以上的經驗 |
|---|---|---|
| 男性 | .4341 | .2732 |
| 女性 | .2415 | .0512 |

這些分組的比例——.6138 為男性和 .8250 為女性，是條件機率的例子。如在 6.1 節所討論到結果是相依的，是如果一個結果發生改變我們將發生其他結果的機率的估算。條件機率顯示了原始的機率在根據新的資料如何變化。在這個例子中，一個申請人有少於 10 年經驗的機率是 .6756，但是如果我們知道一名候選人是女性，這種可能性則變為 .8250，這些機率可以表示為非條件的機率

$P$（少於 10 年的經驗） = .6756

和條件機率

$P$（少於 10 年的經驗 | 女申請人） = .8250

（讀為「給定」）

---

## 例 6.8　誰佔上風？

男性和女性經常通過接觸表達親密的行為。相互接觸的一個常見實例是手牽著手的簡單動作。一些研究者認為，在一般情況下，觸摸和牽手可能不僅是親密關係的運算式，也可以溝通地位的差異。兩個人牽著手，一個就必須承擔「上手」握，另一個「下手」握。這方面的研究已經表明，男性主要承擔上手握。在一些研究者看來，上手握意味著地位或優勢。該論文「**男女手牽手：是誰的手在上方**」（*Perceptual and Motor Skills* [1999]: 537-549）研究了另一種解釋：手的功能可能被定位是個人的高地位。因為男性，平均而言往往是高於女性。調查兩所大學觀察每對手牽手的男女，得出以下數據：

**情侶手牽手的數據**

| 地位 | 手在上方的人性別 ||  |
|---|---|---|---|
|  | 男性 | 女性 | 總數 |
| 男性地位高 | 2149 | 299 | **2488** |
| 相等地位 | 780 | 246 | **1026** |
| 女性地位高 | 241 | 205 | **446** |
| 總數 | **3170** | **750** | **3920** |

假設這些情侶手牽手的數據代表一般情況下的情侶手牽手，我們可以使用此資訊來估計各種機率。例如，如果隨機挑選一對手牽手的情侶，則估計機率為

$$P(男性的手在上方) = \frac{3170}{3920} = 0.809$$

隨機選擇手牽手的男女，如果是男人地位比較高，那麼男性的手在上面的機率是 2149/2448 = .878。另一方面如果是女性地位高，則女性的手在上面的機率是 205/446 = .460。請注意這最後兩種估計分別是估計條件機率 P(男性的手在上方給定男性地位高) 和 P(女性的手在上方給定女性地位高)。此外，因為 P(男性的手在上方給定男性地位高) 不是等於 P(男性的手在上方)，男性的手在上方和男性地位高不是獨立的結果。但是，即使是女性地位高，男性仍然更有可能佔據上風！

## 利用模擬估計機率

當我們無法（沒有時間或辦法）以解析法求得機率且當它無法實際透過觀察來估計時，模擬提供了一種估計機率的方法。模擬是藉由在與真實的有興趣情況盡可能相似的結構下做觀察以生成「觀察值」的一種方法。

為了說明模擬的概念，考慮前面有提到教授希望估計各種可能的得分機率，讓學生只是猜測 20 個問題的正確和錯誤測驗結果的情況。觀察透過收集 500 名學生猜 20 個問題的實際答案，而評分後所得到的論文。然而，以這種方式獲得的機率估計，需要相當多的時間和精力。模擬提供了一種代替方法。

因為測驗的每一個問題都是正確或錯誤的問題，一個人在猜測任何問題時，同樣可能回答正確或不正確。而不會考慮學生選擇正確或錯誤，然後選擇比較正確的答案，這相當於在箱子裡有一半紅球及一半藍球隨機挑選一顆球的過程，而藍色球代表正確的答案。在箱子選取 20 顆（每顆球取後放回），然後計算出正確選取的

數目（藍色球代表正確），這取代了用觀察一個學生的猜測在 20 題物理測驗正確及錯誤的問題。箱子裡有一半的紅球及一半的藍球應當有相同的機率，作為要當學生在猜測的正確答案的數目。

例如，20 顆球可能產生以下結果（$R$，紅球；$B$，藍色球）：

| 選取 | 1 | 2 | 3 | 4 | 5 | 6 | 7 | 8 | 9 | 10 |
|---|---|---|---|---|---|---|---|---|---|---|
| 結果 | R | R | B | R | B | B | R | R | R | B |
| 選取 | 11 | 12 | 13 | 14 | 15 | 16 | 17 | 18 | 19 | 20 |
| 結果 | R | R | B | R | R | B | B | B | R | B |

這些數據對應於測驗有 8 個正確回答，並且它們為我們提供了一個觀測值用於估計所關注的機率。此過程是大量重複而產生的額外觀察。例如，我們可能會發現以下幾點：

| 重複 | 回答「正確」的數目 |
|---|---|
| 1 | 8 |
| 2 | 11 |
| 3 | 10 |
| 4 | 12 |
| ⋮ | ⋮ |
| 1000 | 11 |

從 1000 個模擬測驗的分數便可以被用於構建估計的機率表。

從一個盒子取這麼多顆球，並把結果寫下來是很麻煩和繁瑣。該過程可以使用隨機數字來代替從箱子取球繪圖會比較簡化。例如，一個數字可以隨機選擇從 10 個 0、1、2、3、4、5、6、7、8、9 選擇，這 10 個數字有相同的發生可能，所以我們可用偶數（包括 0）以表示一個正確的回答和奇數表示不正確的回答。這將表示重要性質是正確的回答和一個不正確的回答是同等可能的，因為正確的和不正確的分別在以下 5 次測驗的 10 位數字中。

為了有助於進行這樣的模擬，可以使用的隨機數字（如附錄表 1）或計算機產生的隨機數字表，附錄表 1 中的數字是隨機產生。你可以把該表作為由含 10 個籌碼編號為 0、1、2、3、4、5、6、7、8、9 反覆的產生後結果被記錄，之後籌碼都再回箱子和其他籌碼混合。因此，任何的數字具有相同的機率被選中。

要瞭解如何以隨機數字表用來進行模擬，讓我們重新考慮測驗的例子。我們使用一個隨機的數字來表示對於單一的問題，猜測與偶數表示一個正確的回答。一系列的 20 位數代表 20 題測驗問題的答案。假設我們開始在 10 行列入 20 位數代表一個測驗。前 5 個「測驗」和相對應的號碼是正確的。

| 測驗 | 隨機數字 | 正確數目 |
|---|---|---|
| 表示正確回答→ | * * * *　　* * *　　*　　* *　　* * * | |
| 1 | 9 4 6 0 6 9 7 8 8 2 5 2 9 6 0 1 4 6 0 5 | 13 |
| 2 | 6 6 9 5 7 4 4 6 3 2 0 6 0 8 9 1 3 6 1 8 | 12 |
| 3 | 0 7 1 7 7 7 2 9 7 8 7 5 8 8 6 9 8 4 1 0 | 9 |
| 4 | 6 1 3 0 9 7 3 3 6 6 0 4 1 8 3 2 6 7 6 8 | 11 |
| 5 | 2 2 3 6 2 1 3 0 2 2 6 6 9 7 0 2 1 2 5 8 | 13 |

這個過程重複的進行並觀察產生大量的數字，然後將其用於構建估計機率的表格。

該方法產生的觀察必須保留實際過程的重要特徵且考慮當模擬是成功時。例如，它會很容易隨著模擬程序的正確或錯誤的測驗成為多項選擇的測試。假設每 20 個問題的測驗有 5 個可能的回答，其中只有 1 個是正確的。對於任何特定的問題，我們希望學生能猜出正確答案，從長遠來看只有五分之一的可能。為了模擬這種情況，我們可以隨意從箱子中選擇 4 個紅色球和 1 個藍色球。如果我們使用隨機數字來模擬，我們可以使用 0 和 1 來表示一個正確的回答而 2、3、……、9 代表一個不正確的回答。

### 利用模擬來近似機率

1. 設計一個隨機機制（如隨機數產生器或表、在一個箱子裡隨機挑選一顆球或是拋擲硬幣）來表示觀察的方法。確保重要的特徵在過程中被保留。
2. 使用該方法從步驟 1 觀察，並確定是否已發生所關注的結果。
3. 多次重複步驟 2。
4. 估計機率的計算是其中感興趣的結果觀測值除以產生觀測值的總數。

例 6.9 至 6.11 說明了模擬的過程。

### 例 6.9　建築許可證

加利福尼亞州的許多城市限制每一年簽發的建設許可證數量。由於水資源有限，這個城市在新的一年計畫發行的許可證只有 10 住戶單位。假設你是 39 住戶裡的其中 1 戶申請許可證，有 30 戶正請求單戶住宅的許可證，8 戶正在請求雙戶住宅的許可證（其計算為兩個居住單位），和 1 戶請求一個小公寓大樓的許可證（其中計算八個居住單位）。每個請求都將進入抽籤，隨機選擇申請，如果有剩餘的足夠許可證，該請求將被授予。這一過程將持續到所有 10 個許可證都發出。如果您的申請是針對單戶住宅，你得到許可證的機率為何？讓我們用模擬來估計這個可能性。（這並不容易去決定分析。）

為了進行模擬，我們編號 1 到 39，如下所示：

01 至 30：申請單戶住宅

31 至 38：申請雙戶住宅

39：申請八個居住單位的小公寓

為了便於討論，我們假設你的要求是 01 的請求。

方法用於模擬許可證抽籤包括以下三個步驟：

1. 隨機選擇 01 到 39 之間哪些許可證是首先選擇，並授予這一請求。
2. 隨機選擇 01 到 39 之間選擇另一個來表示接下來考慮申請許可證，確定住戶單位所選擇申請的數量。
3. 重複步驟 2，直到 10 住戶單位被授予許可證。

我們使用 Minitab 分析產生在 01 和 39 之間的隨機數來模擬。（附錄表 1 中的隨機數表可以使用，透過選擇兩個數字並忽略 00 和超過 39 的任何值。）例如，通過 Minitab 分析中產生的第一序列是：

| 隨機數 | 申請類型 | 累積的單位總數 |
|---|---|---|
| 25 | 申請單戶住宅 | 1 |
| 07 | 申請單戶住宅 | 2 |
| 38 | 申請雙戶住宅 | 4 |
| 31 | 申請雙戶住宅 | 6 |
| 26 | 申請單戶住宅 | 7 |
| 12 | 申請單戶住宅 | 8 |
| 33 | 申請雙戶住宅 | 10 |

我們將停止，因為已發出 10 個單位的許可證，在這個模擬的抽籤。因為 01 申請沒有被選中，所以你就不會獲得許可證。

在下一個模擬抽籤（使用 Minitab 分析產生的這些選擇）如下：

| 隨機數 | 申請類型 | 累積的單位總數 |
|---|---|---|
| 38 | 申請雙戶住宅 | 2 |
| 16 | 申請單戶住宅 | 3 |
| 30 | 申請單戶住宅 | 4 |
| 39 | 公寓，未授予，因為有沒有 8 個剩餘許可證 | 4 |
| 14 | 申請單戶住宅 | 5 |
| 26 | 申請單戶住宅 | 6 |
| 36 | 申請雙戶住宅 | 8 |
| 13 | 申請單戶住宅 | 9 |
| 15 | 申請單戶住宅 | 10 |

再次申請 01 沒有被選中，所以在這個模擬的抽籤，你就不會得到許可證。

現在已經制訂了模擬抽籤計畫，模擬計畫如下。我們現在需要模擬大量的抽籤編號，來確定每個申請 01 是否被許可。我們模擬了 500 個這樣的抽籤，發現有 85 個挑選申請 01，因此，

$$\text{估計接收到建築許可證的機率} = \frac{85}{500} = .17$$

## 例 6.10　計畫生育男孩

假設夫妻希望繼續生兒育女，直到一個男孩出生。假設每個新生嬰兒同樣可能是男孩或女孩，此現象會改變男孩在人口中的比例嗎？這個問題在 *The American Statistician* 的文章 (1994: 290–293) 被提出，許多人錯誤地回答了這個問題。我們用模擬來估計男生在人群中的長期比例，如果家庭繼續要孩子，直到他們有一個男孩。這比例是，從這一人群中隨機抽取的孩子是男孩的機率估計。注意每個兄弟姐妹恰好有一個是男孩。

我們使用隨機數字來代表一個孩子，奇數數字（1，3，5，7，9）代表男性的出生，而偶數數字代表女性出生，透過觀察選擇隨機數字序列構成。如果所獲得的第一隨機數是奇數（男孩），觀察已完成，反而第一隨機數是偶數（女孩），我們用這種方式繼續下去，直到獲得一個奇數，例如，隨機數表（附錄 B 的附表 1）在這第 15 行中的前 10 位數字

0 7 1 7 4 2 0 0 0 1

使用這些數字來模擬同級組，我們得到

| 兄弟姐妹 1 | 0 7 | 女、男 |
| 兄弟姐妹 2 | 1 | 男 |
| 兄弟姐妹 3 | 7 | 男 |
| 兄弟姐妹 4 | 4 2 0 0 0 1 | 女、女、女、女、女、男 |

繼續隨機數表（附錄表 1）第 15 行，我們得到

| 兄弟姐妹 5 | 3 | 男 |
| 兄弟姐妹 6 | 1 | 男 |
| 兄弟姐妹 7 | 2 0 4 7 | 女、女、女、男 |
| 兄弟姐妹 8 | 8 4 1 | 女、女、男 |

模擬 8 組兄弟姐妹之後，我們 19 個孩子中有 8 個男孩。男生的比例是 8/19，接近 .5。繼續模擬，獲得了大量的觀測顯示男孩在人群中的最終比例是 .5。

## 例 6.11　ESP？

一個親密的朋友能讀懂你的心思嗎？請嘗試下面的實驗，用藍色字和紅色字分別寫在紙上，並將兩張紙放在一個盒子裡。從盒子中選擇一張紙條，看看上面所寫的字，然後嘗試透過心電感應猜測是在同一個房間的哪個朋友傳達這些。問你的朋友是選擇紅色還是藍色並且記錄，以便回應是否正確。重複 10 次，計數正確的回應。你的朋友是怎麼做的？是你的朋友感受到你的心電感應或只是猜測嗎？

讓我們研究這個問題，猜測的人應該有正確 (C) 或不正確 (X) 回應的機會相同。我們可以使用一個隨機的數字來表示一種回應，偶數代表一個正確的回應與奇數表示不正確的回應。例如，我們使用隨機數表中（附錄表 1）第 25 行的最後 10 個數字，得到

```
5   2   8   3   4   3   0   7   3   5
X   C   C   X   C   X   C   X   X   X
```

這導致四個正確回應。我們使用 Minitab 分析產生 10 個隨機數字在 150 個序列所獲得的結果如下：

| 序列號 | 數字 | 正確回應數目 |
| --- | --- | --- |
| 1 | 3996285890 | 5 |
| 2 | 1690555784 | 4 |
| 3 | 9133190550 | 2 |
| ⋮ | ⋮ | ⋮ |
| 149 | 3083994450 | 5 |
| 150 | 9202045546 | 7 |

表 6.4 總結我們模擬的結果，估計的機率基於假設正確和不正確的回應都是同樣有可能（猜測）。表 6.4 中的資訊評估你的朋友表現，是否猜測的人可能沒有獲得很多正確回應這樣能夠作為你的朋友嗎？你認為你的朋友接收得到你的心電感應嗎？表 6.4 估計的機率如何被用來支持你的答案？

**表 6.4** 例 6.11 估計的機率

| 正確回應數目 | 序列數目 | 估計的機率 |
|---|---|---|
| 0 | 0 | .0000 |
| 1 | 1 | .0067 |
| 2 | 8 | .0533 |
| 3 | 16 | .1067 |
| 4 | 30 | .2000 |
| 5 | 36 | .2400 |
| 6 | 35 | .2333 |
| 7 | 17 | .1133 |
| 8 | 7 | .0467 |
| 9 | 0 | .0000 |
| 10 | 0 | .0000 |
| **總數** | **150** | **1.0000** |

## 習題 6.19 – 6.27

**6.19** *Los Angeles Times*（1995 年 6 月 14 日）報導，美國郵政服務越來越迅速，具有隔夜準時交貨，跟過去比快速許多。郵政服務標準要求約 60 英里區域內的任何頭等信件貼在郵箱必須隔夜送達，距離 600 英里區域內的必須兩天內送達，距離超過 600 英里的三天內要送達。普華會計師事務所以信件用「播種」方式郵寄及快速準時交貨，這些信件進行獨立審計。假設普華會計師事務研究的結果如下（這些數字都是虛構的，是他們在文章中的摘要值）：

| | 信件郵寄數量 | 信件準時到達數 |
|---|---|---|
| 洛杉磯 | 500 | 425 |
| 紐約 | 500 | 415 |
| 華盛頓特區 | 500 | 405 |
| 全國 | 6000 | 5220 |

使用給定的資料來估計下面的機率：
a. 在洛杉磯按時交貨的機率？
b. 在華盛頓特區逾期送達的機率？
c. 在紐約準時交貨的機率？
d. 全國按時交貨的機率？

**6.20** 在一所州立大學的 500 位一年級學生是根據高中平均成績 (GPA) 以及第一個學期結束他們在學業上的見習，下表是這些數據。

| | 高中平均成績 | | | |
|---|---|---|---|---|
| 見習 | 2.5 < 3.0 | 3.0 < 3.5 | 3.5及以上 | 總數 |
| 有 | 50 | 55 | 30 | 135 |
| 沒有 | 45 | 135 | 185 | 365 |
| 總數 | 95 | 190 | 215 | 500 |

a. 500 位學生在高中平均成績與見習各組合的機率？
b. 隨機選擇一年級學生在這所大學第一個學期結束時，他們在學業上見習的機率？

c. 隨機選擇在這所大學的一年級學生在高中 GPA 有 3.5 或以上的機率？
d. 學生 GPA 有 3.5 或以上的和選定的學生在學業的見習是獨立的結果嗎？你怎麼知道？
e. 估計一年級學生的高中 GPA 在 2.5 至 3.0 之間和選定的學生在學業的見習的機率？
f. 估計一年級學生高中 GPA 為 3.5 及以上及選定的學生在學業的見習的機率？

6.21　下表描述西部中等規模的公共大學（大約）學生按性別分布情況。如果我們要從這所大學隨機抽取一名學生：
a. 選中的學生是男性的機率？
b. 選中的學生在農業學院的機率？
c. 選中的學生是男性且在農業高校的機率？
d. 選中的學生是男性且不是農業學院的機率？

6.22　美國在 2000 年 4 月 1 日進行人口普查，計算每個美國居民。假設下表中為一個區域中的四個城市和人口分布的數據：
a. 如果從該區域隨機選擇一個人，那麼選擇的人是從文圖拉縣的機率？
b. 如果從文圖拉縣隨機選擇一個人，那麼選擇的人是西班牙裔的機率？
c. 如果隨機選擇該區域的一個人是西班牙裔，那麼選擇的人是從文圖拉縣的機率？
d. 如果隨機選擇該區域的一個人，那選擇的人是來自聖路易斯 - 奧比斯波郡的機率？
e. 如果隨機選擇該區域的一個人，那個人是亞洲且來自聖路易斯 - 奧比斯波郡的機率？
f. 如果隨機選擇該區域的一個人，那個人既不是亞洲人且非來自聖路易斯 - 奧比斯波郡的機率？
g. 如果隨機選擇該區域的兩個人，都是白人的機率？
h. 如果隨機選擇該區域的兩個人，都不是白人的機率？
i. 如果隨機選擇該區域的兩個人，只有一個是白人的機率？
j. 如果隨機選擇該區域的兩個人，兩者都來自同一城市的機率？
k. 如果隨機選擇該區域的兩個人，兩者都來自不同種族的機率？

習題 6.21 的資料

| 性別 | 教育 | 工程 | 文科 | 科學與數學 | 農業 | 商科 | 建築 |
|---|---|---|---|---|---|---|---|
| 男性 | 200 | 3200 | 2500 | 1500 | 2100 | 1500 | 200 |
| 女性 | 300 | 800 | 1500 | 1500 | 900 | 1500 | 300 |

（表頭：學院）

習題 6.22 的資料

| 城市 | 白人 | 西班牙裔 | 黑人 | 亞洲人 | 美洲印第安人 |
|---|---|---|---|---|---|
| 蒙特里 | 163,000 | 139,000 | 24,000 | 39,000 | 4,000 |
| 聖路易斯-奧比斯波 | 180,000 | 37,000 | 7,000 | 9,000 | 3,000 |
| 聖巴巴拉 | 230,000 | 121,000 | 12,000 | 24,000 | 5,000 |
| 文圖拉 | 430,000 | 231,000 | 18,000 | 50,000 | 7,000 |

（表頭：種族）

6.23 一個醫學研究團隊希望評估兩種不同方法治療一種疾病。受試者是在一段時間選定兩個,然後都分配到各兩種治療方法。治療方法應用為成功 (S) 或 (F) 失敗。研究人員記錄每個治療成功的總次數。他們計畫繼續實驗,直至成功的一種治療方法的次數超過其他治療成功的次數。例如,他們可能會觀察結果並記錄在下表,實驗停止後第六次對因為治療 1 具有比治療 2 有更大的成果,研究人員將斷定治療 1 優於治療 2。

| 組別 | 治療 1 | 治療 2 | 治療 1 的成功案例累積數 | 治療 2 的成功案例累積數 |
|---|---|---|---|---|
| 1 | S | F | 1 | 0 |
| 2 | S | S | 2 | 1 |
| 3 | F | F | 2 | 1 |
| 4 | S | S | 3 | 2 |
| 5 | F | F | 3 | 2 |
| 6 | S | F | 4 | 2 |

假設治療 1 成功率為 .7〔即 $P$(治療 1 成功)= .7〕,治療 2 成功率為 .4。使用模擬來估計 (a) 和 (b) 部分所要求的機率。〔提示:使用一對隨機數字表示一對受試者,讓第一個數字表示治療 1 和使用 1 至 7 作為徵兆的成功和 8、9 和 0 以表示失敗。讓第二個數字代表治療 2 和使用 1 至 4 代表成功。例如,如果兩個代表數字是 8 和 3,您記錄治療 1 為失敗而治療 2 為成功。繼續選擇配對,追蹤每個成功處理的累積數量,當治療 1 的成功數量超過治療 2 的數量,就會停止該試驗。現在,你的結果至少有 20 次重複這整個過程(越多越好)。最後,使用模擬結果來估計所需的機率。〕

a. 在得到結論之前五個配對以上必須被治療的機率是多少?
〔提示:$P$(超過 5 次)= 1 − $P$(少於或等於 5 次)。〕

b. 研究人員得出錯誤的結論,治療 2 是更好的治療的機率?

6.24 許多城市的出租車規範了許可證的數量,並有大量的新的和現有許可證的競爭。假設一個城市已決定出售 10 張新的許可證,每張 25,000 美元。將抽籤決定誰拿到許可證,沒有人可以請求超過三張牌照。有二十個人和出租車公司都加入抽籤,六種的 20 項是請求許可證 3,九種是請求許可證 2,剩下的都是請求單個許可證。城市將隨機選擇請求,填補儘可能更多的請求。例如,城市可能填補請求 2、3、1 和 3 的許可證,然後選擇請求 3,最後一個請求會選擇領取牌照,但只有一個許可證。

a. 一個單獨的駕駛人已經有單個許可證的請求。使用模擬近似該請求的機率。至少進行 20 個模擬抽籤(能更多更好!)。

b. 你認為許可證分配的方式是公平的嗎?你可以提出一個替代過程嗎?

6.25 四個學生必須共同努力成立一個專案小組。他們決定了每個人要負責專案的部分,如下所示:

| 組員 | Maria | Alex | Juan | Jacob |
|---|---|---|---|---|
| 任務 | 調查設計 | 收集數據 | 分析 | 撰寫報告 |

因為任務已經劃分,每一個學生必須在下一個學生前完成才能開始工作。為了確保項目按時完成,他們建立時間線,團隊每個成員完成的最後期限。如果團隊成員的任何一個延遲,能夠如期完成的項目就會受到威脅。假定以下機率:

1. Maria 在時間內完成她的部分的機率是 .8。

2. 如果 Maria 在時間內完成她的部分,Alex 準時完成的機率是 .9,但如果 Maria 延

遲，Alex 按時完成的機率只有 .6。
3. 如果 Alex 在時間內完成他的部分，Juan 按時完成的機率是 .8，但是如果 Alex 延遲了，Juan 按時完成的機率只有 .5。
4. 如果 Juan 在時間內完成他的部分，Jacob 按時完成的機率是 .9，但如果 Juan 延遲了，Jacob 按時完成的機率是 .7。

使用模擬（至少 20 次）來估算，該項目按時完成的機率。例如，你可以使用一個隨機數字來表示項目（四個全部）的每個部分，對於第一個數字（Maria 的部分），1 至 8 可以代表準時，和 9 和 0 可以代表延遲，根據 Maria 所發生的事情（延遲或準時），你再看看代表 Alex 的部分數字，如果 Maria 是準時完成，1 至 9 將代表 Alex 準時，但如果 Maria 延遲，只有 1 至 6 將代表準時完成。Juan 和 Jacob 的部分同樣可以處理。

6.26  在習題 6.25 中 Maria 在時間內完成她的部分機率為 .8。假設這種機率真的只有 .6。使用模擬（至少 20 次）來估算該項目按時完成的機率。

6.27  請參閱習題 6.25 和習題 6.26。假設在習題 6.25 中 Maria、Alex、Juan 和 Jacob 按時完成的機率是 .7，如果 Juan 及時完成或 Juan 延遲的機率是 .5。

a. 使用模擬（至少 20 次）來估算，該項目按時完成的機率。
b. 在習題 6.26 從 (a) 部分計算的機率，其中在按時完成（Maria 或 Jacob 的部分）導致了機率最大的變化，該項目按時完成的機率？

## 活動 6.1　Kisses（巧克力）

**背景：** 文章「一個吻的機率是多少？（這不是你想的那種意思）」（資料來自網路 *Journal of Statistics Education* [2002]）提出了以下問題：當一個 Hershey's Kiss 巧克力被翻轉到桌上時，它以底部（相對於它的側面）著面的機率是多少？這和投擲硬幣不同，沒有理由相信這機率是 .5。

請在課堂上練習，開發一個計畫（方案）去模擬出可以使你能夠去估計這個機率。當你有了合適的計畫（方案），進行模擬並且使用它去創造一個可估計的期望機率。

你認為 Hershey's Kiss 以底部著面跟以側面著面的可能性會是相同的嗎？請解釋。

## 活動 6.2　對歐洲體育迷的一個危機？

**背景：** *New Scientist*（2002 年 1 月 4 日）報導整個歐洲已經引入了一種共同貨幣的歐元硬幣的爭議。每個國家鑄幣自己的硬幣，但在任何已採用歐元作為他們貨幣的國家接受了這些硬幣。

一個波蘭的團體聲稱在比利時製造的歐元正面落地和反面落地的機率並不均等。這個聲明是基於在 250 次投擲比利時製歐元的次數裡，有 140 次都出現正面朝上。作為重要決策都由拋擲硬幣來定的歐洲體育迷，這是否會是讓他們恐慌的原因呢？

我們就要來調查這種正反面機率差異是否應該造成他們的恐慌，如果硬幣確實是平均的，250 次的投擲出現 140 次正面是否是不尋常的呢？

1. 首先第一步，你可以 (a) 翻轉一個美國的硬幣 250 次，保持一個符合正面或是反面的觀察數（這不用花你太長的時間去思考）或者使用你的計算器或是統計軟體組件來產生隨機數（如果你選擇這選項，請你簡要說明如何進行這個模擬）。
2. 為你的 250 次的投擲排序，計算正面觀察數的比例。
3. 建立一個數據集，內容包含由公平的硬幣投擲 250 次，出現正面的觀察數在所有情況下。總結這些數據建構一個圖形顯示。
4. 和你班上的夥伴一起實做，寫一段解釋為什麼歐洲的體育迷應該或不應該為波蘭的實驗結果感到擔憂。你的解釋應該基於正面觀察數的比例從波蘭的實驗和在第三步驟所建構的圖形顯示。

## 活動 6.3　籃球熱手

**背景：**考慮一名過去好幾個賽季，罰球命中紀錄一直都在 50% 的平庸的籃球運動員。如果我們去檢查他超過 50 次進行罰球的紀錄，可能我們會看到一連串「連勝」，他成功地進 5 球罰球？在此活動中，我們將研究這個問題。我們將假設連續罰球的結果是獨立的，而且該球員成功的特定機率為 .5。

1. 開始透過模擬排序該球員的 50 次罰球。因為這個球員有成功的每次命中的機率 = .5 連續罰球的結果是獨立的，我們可以透過擲硬幣的模式建構罰球命中。用正面表示成功的罰球跟反面來表示失誤的罰球，模擬 50 次罰球機會透過擲硬幣 50 次，記錄每次投擲的結果。
2. 為你的 50 次投擲序列，透過尋找正面在你的序列中是最長的連勝紀錄。確定此是最長連勝的紀錄。
3. 從那些信賴的類型中結合你的最長連勝紀錄的值，並建構一個直方圖和點圖。
4. 基於第 3 步驟，它是近似一個球員的技能等級會有 5 次連勝甚至更多在排序 50 次成功的罰球嗎？請合理化你的答案於第 3 步驟的圖形。
5. 採用組合類數據來估計一個球員的技能等級在排序 50 次罰球機會中至少 5 連勝的機率。
6. 使用基本的機率規則，我們可以計算球員的技能等級在下一次 5 次連續罰球的成功機率是

$$P(\text{SSSSS}) = \left(\frac{1}{2}\right)\left(\frac{1}{2}\right)\left(\frac{1}{2}\right)\left(\frac{1}{2}\right)\left(\frac{1}{2}\right)$$
$$= \left(\frac{1}{2}\right)^5 = .031$$

這是相當小的。首先，這個值可能似乎不符你在第 5 步驟的答案，但從第 5 步驟估計的機率和計算出機率 .031 確實是考慮不同的情況。請解釋為什麼似是而非在這兩個機率是正確的。

7. 你認為 5 次的成功罰球是獨立的，這假設合理嗎？請解釋。（這是一個在體育迷和統計學家之間激烈辯論的議題。）

## 重要觀念與公式之摘要

| 專有名詞或公式 | 註釋 |
| --- | --- |
| 機率 | 用來顯示某個結果出現的機會，介於 0 與 1 之間的一個數。 |
| 獨立的結果 | 兩個結果是獨立的，如果一個結果發生的機率不會受到另一個結果發生的機率影響。 |
| $P(非結果) = 1 - P(結果)$ | 餘集法則。 |
| $P(結果1 或結果2)$ $= P(結果1) + P(結果2)$ | 和法則適用於不可能同時出現的結果。 |
| $P(結果1 且結果2)$ $= P(結果1) \cdot P(結果2)$ | 獨立結果的乘積法則。 |
| 模擬 | 模擬是藉由在與真實的有興趣情儘可能相似的結構下做觀察以生成「觀察值」的一種用於估計機率的方法。 |

## 本章複習練習題　6.28 – 6.35

**6.28** 在某大學的 10,000 名學生，7000 名有 Visa 卡，6000 名有萬事達卡，5000 名兩張卡都有。假設隨機選擇一名學生。

a. 所選擇的學生有 Visa 卡的機率？
b. 所選擇的學生兩張卡都有的機率？
c. 假設您得知所選的個人有 Visa 卡（就是 7000 名中的其中一名）。現在，這個學生兩張卡都有的機率是多少？
d. 有 Visa 卡和有萬事達卡是獨立的結果嗎？請解釋。
e. 回答 (d) 部分提出的問題，如果只有 4200 名學生兩張卡都有。

**6.29** 澳大利亞的報紙 The Mercury（1995 年 5 月 30 日）報導，根據對 600 名的調查以前吸菸和目前吸菸的人，那些曾試圖戒菸 11.3% 的人在前 2 年已經使用了尼古丁援助（如尼古丁貼片）。 報導還說，62% 戒菸沒有尼古丁援助的人在 2 週內開始再次吸菸，60% 用尼古丁援助的人在 2 週內開始再次吸菸。如果隨機選擇的吸菸者試圖戒菸，在事件選定的吸菸者試圖戒菸且使用尼古丁援助和選定的吸菸者曾試圖戒菸又開始在 2 週內吸菸是獨立還是相依的結果？使用給定的信息，證明你的回答。

**6.30** 文章「**棒球：投手非打擊者**」 (Chance [Summer 1994]: 24-30) 提供每隊在每場比賽命中的數量資料於 1989 年至 1993 年所有九局大聯盟比賽。每個比賽結果產生了兩項觀察，一項為每個團隊中。主隊和客隊之間沒有區分，這些數據匯總於下表中。對於此練習的目的，假設是主隊和客隊點命中數的分布沒有差異。

| 每場比賽每隊的安打數 | 觀察數 |
|---|---|
| 0 | 20 |
| 1 | 72 |
| 2 | 209 |
| 3 | 527 |
| 4 | 1048 |
| 5 | 1457 |
| 6 | 1988 |
| 7 | 2256 |
| 8 | 2403 |
| 9 | 2256 |
| 10 | 1967 |
| 11 | 1509 |
| 12 | 1230 |
| 13 | 843 |
| 14 | 569 |
| 15 | 393 |
| >15 | 633 |

a. 如果是隨機選擇這些比賽的其中之一，客隊安打數小於 3 的機率是多少？
b. 主隊安打數大於 13 的機率是多少？
c. 假設下面的結果是獨立的：

結果 1：主隊得到 10 支以上的安打。
結果 2：客隊得到 10 支以上的安打。

兩支球隊得到 10 支以上安打的機率是多少？

d. 在 (c) 部分的機率計算，需要我們假設結果 1 和 2 的獨立性。如果結果是獨立的，知道一隊有 10 支以上安打不會改變其他隊有 10 支以上安打的機率。你認為獨立的假設是合理的嗎？請解釋。

**6.31** 考慮五個結果（下表所示），其中實驗指出在特定商店裡下一位顧客會購買冰淇淋的類型。

a. Dreyer's 冰淇淋被購買的機率是多少？
b. Von's 的品牌不會被購買的機率是多少？

習題 6.31 的資料

| | 品牌 | | | | |
|---|---|---|---|---|---|
| | Steve's | Ben and Jerry's | Dreyer's | Dreyer's | Von's |
| 容器的大小 | 品脫 | 品脫 | 夸脫 | 半加侖 | 半加侖 |
| 機率 | .10 | .15 | .20 | .25 | .30 |

c. 購買的容器大小比一品脫大的機率是多少？

6.32 每個星期六晚上廣播電台有一個「按要求」節目播放古典音樂。在一個特定的夜晚作曲家被要求的百分比如下：

| Bach 巴哈 | 5% |
| Mozart 莫札特 | 21% |
| Beethoven 貝多芬 | 26% |
| Schubert 舒伯特 | 12% |
| Brahms 布拉姆斯 | 9% |
| Schumann 舒曼 | 7% |
| Dvorak 德弗札克 | 2% |
| Tchaikovsky 柴可夫斯基 | 14% |
| Mendelssohn 孟德爾頌 | 3% |
| Wagner 華格納 | 1% |

假定是隨機播放其中一首。

a. 是三個 B 開頭的其中一個的機率是多少？
b. 不是兩個 S 開頭的機率是多少？
c. 無論是巴哈或是華格納寫的任何交響曲。一個作曲家至少有一曲交響樂的機率是多少？

6.33 假設以下是一個特定時間出生在美國的資訊可供您使用：

| 出生類型 | 出生數 |
|---|---|
| 一胎 | 41,500,000 |
| 雙胞胎 | 500,000 |
| 三胞胎 | 5,000 |
| 四胞胎 | 100 |

使用這些資料來近似一個隨機選擇達足月的孕婦之機率

a. 生下雙胞胎。
b. 生下四胞胎。
c. 生下一個以上的孩子。

6.34 有兩個人，A 和 B，都入圍了國際象棋冠軍。他們會依序比賽，可能一場勝利為 A，勝利為 B，或平局。假設每次比賽的結果是獨立的，$P(A 贏得比賽) = .3$，$P(B 贏得比賽) = .2$ 和 $P(平局) = .5$。每當玩家贏得一場比賽，他贏得一分，他的對手沒有得分，最先贏得五分的玩家奪冠。為簡單起見，如果兩個玩家同時獲得五分，冠軍就是平局。

a. A 在只五場比賽中贏的機率是多少？
b. 只需五場比賽產生冠軍的機率是多少？
c. 每個玩家如果贏得平局得半分，描述你將如何進行模擬實驗來估計 $P(A 奪冠)$。
d. 如果平局時不讓玩家贏得任何積分，(c) 部分需要更長的時間來執行嗎？解釋你的理由。

6.35 四位選手將舉行單一淘汰，一共有三場比賽定勝負。在第一場比賽中，種子選手（評估）第一和第四的比賽。在第二場比賽中，種子選手第二和第三個上場。在第三場比賽中，比賽 1 和 2 的優勝者，和比賽 3 宣布獲勝者競爭冠軍得主。假設給出了以下機率：

$P$(種子 1 擊敗種子 4) = .8
$P$(種子 1 擊敗種子 2) = .6
$P$(種子 1 擊敗種子 3) = .7
$P$(種子 2 擊敗種子 3) = .6
$P$(種子 2 擊敗種子 4) = .7
$P$(種子 3 擊敗種子 4) = .6

a. 描述你將如何使用隨機選擇的數字,模擬本次比賽的第一場比賽。
b. 描述你將如何使用隨機選擇的數字,模擬本次比賽的第二場比賽。
c. 你將如何使用隨機選擇的數字,模擬在比賽中的第三場比賽?(這將取決於比賽 1 和 2 的結果。)
d. 模擬一次完整的比賽,請解釋在過程中的每個步驟。
e. 模擬 10 次比賽,並使用所得到的信息來估計所述第一種子贏得比賽的機率。
f. 詢問 4 位班上同學們,他們的模擬結果,和自己的結果,這樣你會有 50 次模擬比賽的信息。使用該信息來估計,第一種子贏得比賽的機率。
g. (e) 和 (f) 部分估計的機率有什麼不同?你認為哪個是真正更準確估計的機率?請解釋。

# 第 7 章

# 母體分配

GoGo Images/Jupiter Images

　　這一章延續了在第 6 章探討機率的基本概念，第 6 章用機率來描述長時間運行相對次數的各種類型的發生結果。在本章，我們介紹的機率模型可用於描述在母體中個體的特徵分布。第 8 章中會介紹，藉由總體的樣本模型可以幫助我們得出結論。

　　在這一章我們首先區分離散型變項值和連續型變項值。我們顯示如何用機率分配曲線來描述一個連續型的變項值。最後一個特定的機率模型──常態分配，我們將會詳細介紹。

## 7.1　描述母體數值的分配

　　在第 1 章中，我們介紹了統計學分支的統計推論，包括從一個母體中被選出的樣本。母體是個體或目標事物所期望資訊的整個集合，重要的是通常集中在一個或多個變項的值。例如，如果你想要得到有關選擇大學課程線上登記系統的性能資訊，母體將包括大學使用線上登記系統的所有學生。一個有興趣的變項（母體中每

一個個體的某種特徵）可能是完成註冊的時間。

變項可以是類別的或數值的，取決於該變項在母體中發生的可能值。變項完成註冊的時間是數值的，因為它關聯母體中每個個體的數值。如果關心的，反而是集中在一個學生在第一次嘗試時是否能夠完成註冊課程，而不是完成註冊的時間，所關注的變項是類別的，我們可能會命名為第一次嘗試，這是明確的。這個變項在母體中與每一個個體明確的回應（成功或不成功）相關聯。

> **定義**
>
> 一個**變項**結合母體中每個個體一個值。變項可以是**類別的** (categorical) 或**數值的** (numerical)，取決於它的可能值。

母體的類別或數值對母體分配提供了重要資訊。舉例來說，如果我們知道關於註冊完成時間的所有母體學生分布，我們能夠給學生多少時間（比如大多數學生需要 8 到 13 分鐘即可完成註冊的處理）或確定在合理的時間之後，學生應自動切斷系統。數值變項的所有值或類別變項的所有類別稱為**母體分配** (population distribution)。

### 類別變項

類別變項往往是二分的（只有兩個可能的類別）。例如，在一所州立大學的群體中的個體（每個學生）能列為這個州的居民或非這個州的居民，或者每個擁有馬自達汽車的人可能根據居住身分或未來會否考慮再購買馬自達。這些變項的每一個（居住身分為大學生的人或未來購買馬自達汽車的主人）是有兩個可能類別的類別變項。

### 例 7.1　居住身分

考慮在一所州立大學中學生母體居住身分的變項。這個變項結合一個類別（居民或非居民）到母體中的每一個人。此變項的母體分配可以歸納為直方圖，以對應每個可能的類別為長方形。每個長方形的高度對應於在母體中的相應值的相對次數（比例）。圖 7.1 顯示了變項為居住身分的母體分配。如果從該母體隨機選取一個人，這兩個類別相對次數可以被解釋為觀察這兩種可能類別的居住身分機率。從長遠來看，被選取是居民的大約是 73%，和被選取非居民的大約是 27%。

**圖 7.1**

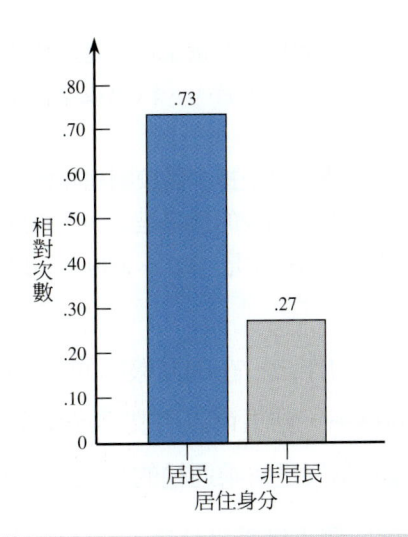

例 7.1 的居住身分變項之母體分配

## 例 7.2 搭乘運輸的方式

加州大學會在特定日期公布有關空氣品質的研究，而在每個入口處都會有監視器。從早上 6 點到晚上 10 點，監測記錄每一個進入校園的人搭乘運輸的方式。根據收集到的資訊，該變項

$x = $ 搭乘運輸的方式

的母體分配建構於圖 7.2。

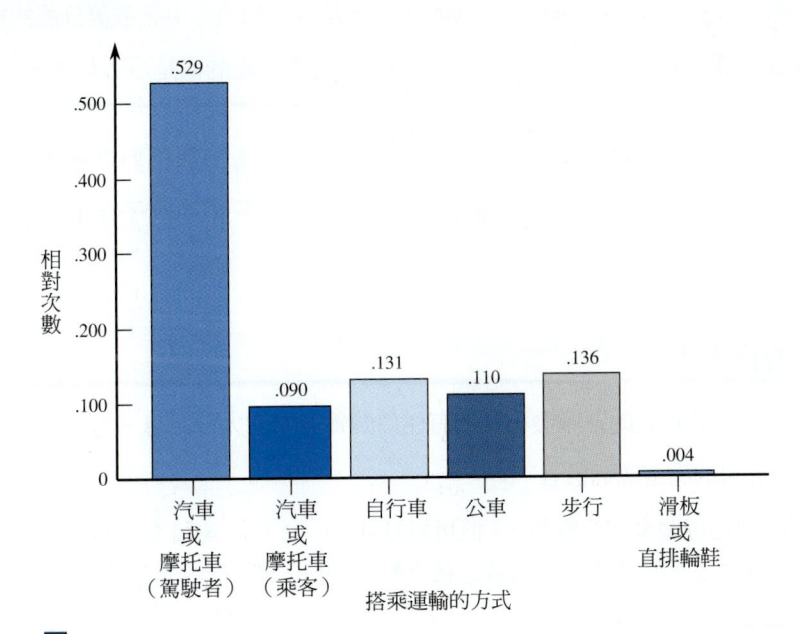

**圖 7.2**

例 7.2 的搭乘運輸方式變項的母體分配

在這個例子中，母體包括在選定日子進入校園的所有個人。類別變項 x 具有以下可能的類別：汽車或摩托車（駕駛者）、汽車或摩托車（乘客）、自行車、公車、步行、滑板或直排輪鞋。

如果在這個特定日子裡，從校園裡隨機選取一個人，被選取的個人是作為汽車駕駛者或摩托車騎士，他們到校的機率是 .529。被選取的個人無論是作為汽車或摩托車的駕駛者或乘客，他們到校的機率是 .529 + .090 = .619，被選取的個人是步行的機率為 .136。

這是常見的作法，在編寫機率的陳述如例 7.2，最後使用特殊符號，$P($結果$)$ 表示結果的機率。結果可以用文字或使用一個變項名稱進行說明。繼續舉例 7.2，如果感興趣的結果是搭乘運輸的方式，我們可以寫成

$P($被選取個人是乘坐公車$) = .110$ 或 $P(x = $公車$) = .110$

$P($被選取個人是騎自行車$) = .131$ 或 $P(x = $自行車$) = .131$

## 數值變項

考慮之前的數值變項的例子，我們必須在兩種類型的數值變項之間區別。

### 定義

數值變項可以是離散的或連續的。

**離散型數值變項** (discrete numerical variable) 是指其可能的值是沿著數線分離的點。

**連續型數值變項** (continuous numerical variable) 是指其可能的值是沿著數線形成區間。

對於一個離散型的數值變項的母體分配可以總結為一個相對次數的直方圖，而密度直方圖可以用來摘要連續型的數值變項的分配，下面的例子示範如何做到這一點[*]。

### 例 7.3　寵物主人

動物監管部門於特定的區域發布了所有住戶飼養寵物的人口訊息，考慮的變項是

$x = $ 得到許可的狗或貓的數量

與此變項相關的是每個家庭的數值，$x$ 值可能為 0、1、2、3、4 和 5（區域法規禁止超過五隻狗或貓）。因為 $x$ 的可能值是沿數線之孤立點，$x$ 是一個離散的數值變項。

---

[*] 經常碰到的離散分配，**二項分配**，在本書附錄 A 中討論。

總結為一個離散數值變項的母體分配，是使用相對次數直方圖。對於變項 $x = $ 得到許可狗或貓的數量之母體分配，如圖 7.3 所示。

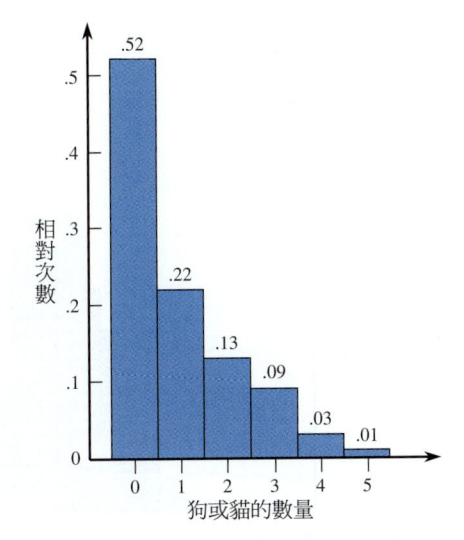

**圖 7.3**
例 7.3 的得到許可的狗或貓的數量的母體分配

群體中最常見的 $x$ 值為（從圖 7.3）$x = 0$，和 $P(x = 0) = .52$，只有 1% 的家庭是許可有五隻狗或貓。如果隨機在這個群體選擇一個家庭，有五隻許可的狗或貓將是特殊的情況。觀察一個家庭具有三隻或更多許可的狗或貓的機率是

$P($三隻或更多許可的狗或貓$) = P(x \geq 3) = .09 + .03 + .01 = .13$

## 例 7.4 出生體重

假設在一個半農村的縣於 2009 年出生的足月嬰兒的出生體重（單位為磅）被記錄。變項是

$x = $ 足月嬰兒的出生體重

在本縣所有足月嬰兒的人口是連續的數值變項的一個例子。描述此母體 $x$ 值的母體分配的一種方法是構造密度直方圖。回想一下從第 3 章，密度直方圖，在測量尺度（在此，包括所有可能的出生體重的範圍）被劃分成組距。數據集中的每個值（這裡，每出生體重）被分類為組區間之一。對於每一個組區間，計算所得的相對次數

$$\text{密度} = \frac{\text{相對次數}}{\text{區間寬度}}$$

密度直方圖對每個區間有一長方形且其高度由對應的密度決定。（回顧第 3 章的 3.3 節有對密度直方圖更詳細的說明。）

圖 7.4 是出生體重值的密度直方圖。這個密度直方圖顯示本縣所有足月嬰兒出生體重的分配，可視為變項 $x = $ 出生體重之母體分配。

從圖 7.4 中我們可以看到，大部分出生體重是 5 到 9 磅，在這個縣一個足月的嬰兒出生時體重超過 10 磅是非常罕見的。在下一節中，我們將看到如何去計算關於隨機選擇孩子的出生體重的各種機率。

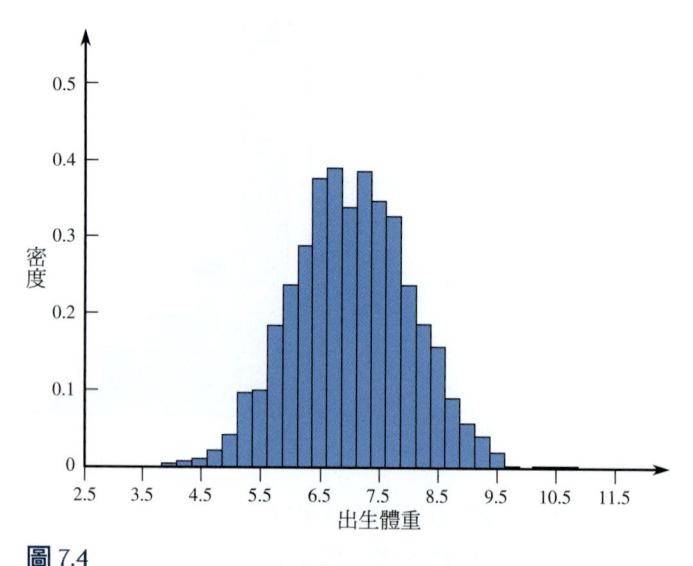

**圖 7.4**
例 7.4 的足月嬰兒出生體重的母體分配

母體分配的數值變項用於描述其值在母體中的分配。這樣的母體分配，摘要了平均數和標準差。平均數描述了數值分配的中心位置，標準差描述這個分配從中心位置分散的程度。

> **定 義**
>
> **數值變項 x 的平均數** (mean value of a numerical variable x)，記為 $\mu$，描述了 x 的母體分配之中央位置。
>
> **數值變項 x 的標準偏差** (standard deviation of a numerical variable x)，表示為 $\sigma$，描述了在母體分配的變異性。當 $\sigma$ 接近 0，母體的 x 值會接近於平均數（變異性小）。當 $\sigma$ 的值愈大時，母體的 x 值會有更大變異性。

圖 7.5(a) 表示兩個離散分配具有相同的標準差（擴散），但不同的平均數（中心），一個分配的平均數為 $\mu = 6$；另一個為 $\mu = 11$，分別是哪個圖呢？圖 7.5(b) 表示兩個連續分配具有相同的平均值，但不同的標準差，平滑曲線的形狀已近似基本的密度直方圖。其中分配在 (i) 或 (ii) 中，哪個有較大的標準差？最後，圖 7.5(c)

表示三個連續分配不同的平均數和標準差,這三個分配哪一個具有最大的平均數?哪一個平均數大約是 5?其中哪個分配有最小的標準差?(檢查你前面問題的答案:圖 7.5(a)(ii) 的平均數為 6,以及圖 7.5(a)(i) 的平均值為 11;圖 7.5(b)(ii) 具有較大的標準偏差;圖 7.5(c)(iii) 具有最大平均數,圖 7.5(c)(ii) 的平均數大約是 5,和圖 7.5(c)(iii) 具有最小的標準差。)

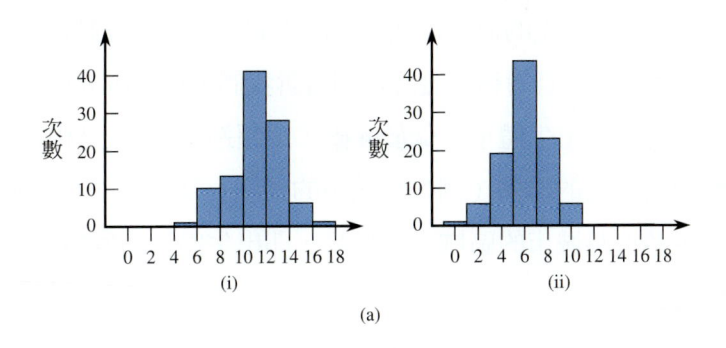

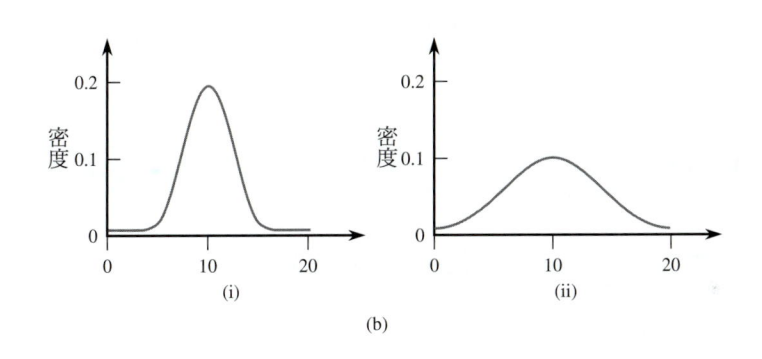

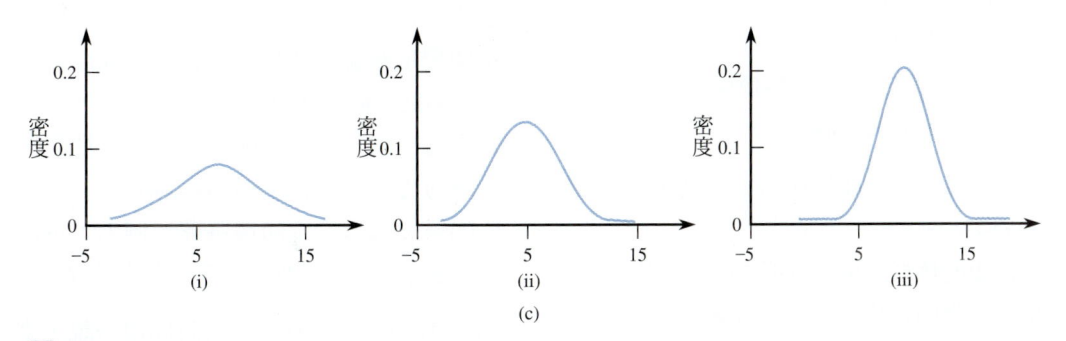

**圖 7.5**
(a) 不同的平均數 $\mu$ 和相同標準差 $\sigma$;(b) 不同的標準差 $\sigma$ 和相同的平均數 $\mu$;(c) 不同的平均數 $\mu$ 和不同的標準差 $\sigma$

我們不會考慮自己如何計算 $\mu$ 和 $\sigma$ 值(離散和連續變項處理方式是不同的),但我們將看看如何解釋這些值。對於例 7.3 的母體分配,$x$ 的平均數結果是

$\mu = .92$，該值被解釋為許可的狗或貓在本縣住戶的平均數量，注意，$\mu$ 不是 $x$ 的可能值。如果有另一個縣（另一個群體）的平均為 $\mu = .5$，我們將知道，每戶許可的寵物平均數目會比剛剛的第一縣還小，所以第二縣的分配中心會是第一縣分配的左側。

例 7.4 中的母體分配 $\mu = 7$ 和 $\sigma = 1$ 的值告訴我們，出生足月嬰兒中的平均數（均值）重量為 7 磅。標準差的值提供個體的出生體重變化在母體程度的資訊。由於母體分布大致呈鐘形的並且對稱，實證規則告訴我們，約 68% 的出生體重落在 6 和 8 磅之間，而足月嬰兒出生體重在低於 4 磅（或超過 10 磅）是相當稀少的。如果出生體重分配對於不同的母體（例如，城市的區域）為 $\mu = 7.4$ 和 $\sigma = 1.3$，我們知道，平均出生體重為城市的區域人口較高，即出生體重的個體變化超過例 7.4 所考慮的半農村地區。

如果母體分配對於一個變項是已知的，它能夠確定 $\mu$ 和 $\sigma$ 的值。大多數情況下，母體分配不是全面已知的，並且該平均數和標準差是使用樣本數據來估計。

## 習題 7.1 – 7.9

**7.1** 說明以下的數值變項是離散的還是連續的：
a. 在一輛車上輪胎瑕疵的數量
b. 醫院病人的體溫
c. 一本書的頁數
d. 在大型的雜貨店內結帳櫃檯數
e. 一個燈泡的使用壽命

**7.2** 分類以下每個數值變項為離散的或連續的：
a. 汽車的燃料效率（以每加侖英里）
b. 明年降雨在特定位置的雨量
c. 一個人拋出一個棒球的距離
d. 在 1 小時的演講過程中問的問題數目
e. 在一個網球拍細繩的拉緊（以磅每平方吋）
f. 在一個月期間使用的家用水量
g. 在某一天一個特定的公路巡邏發出交通罰單的數量

**7.3** 考慮在加利福尼亞州一個地震區域屋主的母體變項，$x =$ 地震保險的狀態。這個變項關聯一個類別（有保險或沒有保險）與此母體中的每一個人。
a. 構造一個表示 $x$ 為 60% 的屋主有地震保險的情況下的相對次數直方圖。
b. 如果從這母體中隨機選擇一個人，選擇的屋主沒有地震保險的機率是多少？

**7.4** 基於過去的歷史，消防局報告說，來電通報的有 25% 是誤報，60% 是由消防局人員並沒有外部援助來處理的小火災，而 15% 是需要支援的重大火災。
a. 請構建一個表示變項 $x =$ 呼叫類型的分布相對次數直方圖，其中呼叫類型有三

種：虛驚一場、小火災、重大火災。此變項為基礎的母體是多少？

b. 根據給定的資訊，我們可以寫 $P(x = 誤報) = .25$。請使用 (a) 部分的直方圖中顯示的另外兩個相對次數機率並說明。

7.5 假設在一所大學請應屆畢業生舉辦募捐活動，請校園推廣捐款。他們報告了以下去年畢業生的資訊：

| 捐款數目 | $0 | $10 | $25 | $50 |
|---|---|---|---|---|
| 比例 | .45 | .30 | .20 | .05 |

三次試圖聯繫每個畢業生，捐贈 0 元的被記錄在聯繫上了且拒絕捐贈，及三次聯繫都無回應的。考慮變項 $x = $ 這所大學去年的畢業生捐贈金額。

a. 請構建一個相對次數直方圖來表示這個變項的母體分配。
b. 在該母體中最常見的 $x$ 值是什麼？
c. $P(x \geq 25)$？
d. $P(x > 0)$？

7.6 一個披薩店出售四種不同尺寸披薩，最近 1000 個訂單為單個披薩於各種尺寸的比例如下：

| 尺寸（單位：吋） | 12 | 14 | 16 | 18 |
|---|---|---|---|---|
| 比例 | .20 | .25 | .50 | .05 |

其中 $x$ 表示單個披薩訂單的尺寸，給定的表是一個近似為 $x$ 的母體分配。

a. 請構建相對次數的直方圖來表示此變項的近似分配。
b. 近似 $P(x < 16)$？
c. 近似 $P(x \leq 16)$？
d. 可以顯示的是 $x$ 的平均數約 14.8 吋。$x$ 值距平均數 2 吋以內之機率為何？

7.7 有時航空公司會超售航班，假設 100 個座位的飛機，航空公司需要 110 個保留。將變項 $x$ 定義為人數實際上超售航班。從過往的經驗，$x$ 的母體分配如下表：

| $x$ | 機率 | $x$ | 機率 |
|---|---|---|---|
| 95 | .05 | 103 | .03 |
| 96 | .10 | 104 | .02 |
| 97 | .12 | 105 | .01 |
| 98 | .14 | 106 | .005 |
| 99 | .24 | 107 | .005 |
| 100 | .17 | 108 | .005 |
| 101 | .06 | 109 | .0037 |
| 102 | .04 | 110 | .0013 |

a. 該航空公司可容納每一個人的航班的機率是多少？
b. 並非所有的乘客可被容納的機率是多少？
c. 如果你想有一個機位在這航班，你是候補名單上的 1 號，你能乘坐航班的機率是多少？如果你是 3 號？

7.8 美國 50 個州凶殺率（根據 10 萬個殺人犯）出現在 *2010 年的統計文摘*（www.census.gov）。從 50 個州的觀察構成的次數分配列於下表中：

| 凶殺率 | 次數 |
|---|---|
| 0 至 3 | 14 |
| 3 至 6 | 18 |
| 6 至 9 | 16 |
| 9 至 12 | 1 |
| 12 至 15 | 1 |

a. 計算每七個間隔中次數分布的相對次數和密度。使用計算密度，構建一個密度直方圖，變項 $x = 50$ 個州的居民母體之凶殺率。
b. 此母體分配是對稱還是偏斜的？
c. 使用母體分配來確定以下的機率。
  i. $P(x \geq 12)$
  ii. $P(x < 9)$
  iii. $P(6 \leq x < 12)$

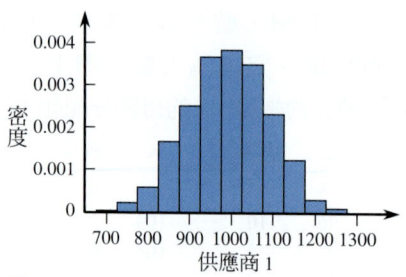

**圖 EX-7.9**

7.9 某公司收到來自兩個不同供應商的燈泡，定義的變項為 $x$ 和 $y$

　　$x$ ＝ 由供應商 1 供應的燈泡壽命
　　$y$ ＝ 由供應商 2 供應的燈泡壽命

由每個供應商供應的 500 個燈泡被測試，並且每個燈泡（以小時計）的壽命被記錄。在圖 EX-7.9 密度直方圖從這兩個觀察構成。雖然這些直方圖使用數據只有 500 個燈泡，它們可以被認為近似相對應的母體分配。

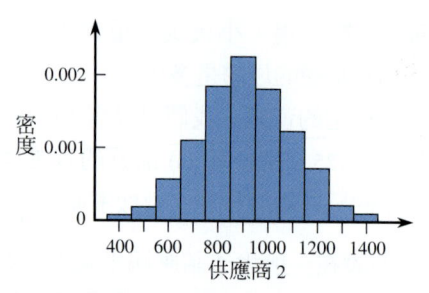

a. 哪個母體分配具有較大的平均數？
b. 哪個母體分配具有較大的標準差？
c. 假定兩個供應商的燈泡的成本是相同的，你推薦哪個供應商？解釋之。
d. 兩個描繪的分配之一的平均數約 1000，而另一個平均數約 900。變項 $x$ 的近似平均數為何？
e. 兩個描繪的分配之一的標準差 100 而另一個標準差 175。變項 $x$ 的近似標準差為何？

## 7.2　連續數值變項的母體模型

　　在 7.1 節的例 7.4 中，我們看到怎樣的密度直方圖可以用來摘要一個母體分配當所關心的變項是數值的和連續的。當這樣做時，直方圖精確的形狀以及基於母體分配所做的任何機率敘述，一定程度上與我們在建構密度直方圖中使用的區間的數目和位置有關。

　　例如，讓我們再來看看在 2009 年全部足月嬰兒中出生體重在一個特定縣的分配（請見例 7.4）。假設有 2000 個足月嬰兒出生，每個個體都有相結合的值，變項 $x$ ＝ 出生體重。圖 7.6(a) 表示 $x$ 的母體分配的密度直方圖基於區間：3.5 至 ＜ 4.5，4.5 至 ＜ 5.5 等等。

　　如果由母體中隨機選取嬰兒，長方形的面積在一個密度直方圖如圖 7.6(a) 中可以解釋為觀察一個變項的值在相對應的區間的機率。即對於任何的區間，遵循這樣的事實。

圖 7.6

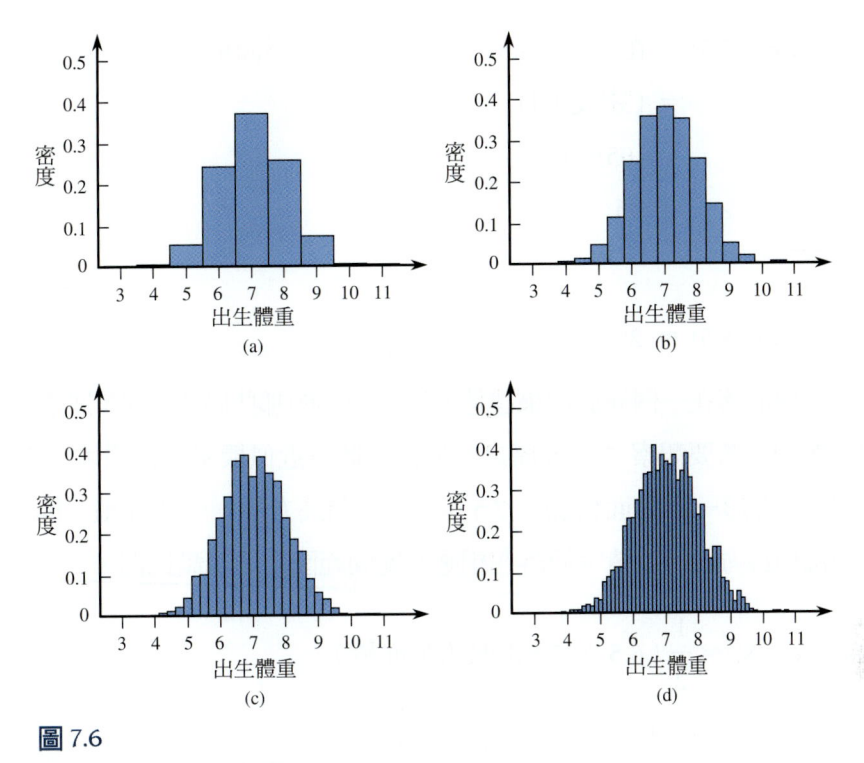

出生體重的密度直方圖

$$密度 = \frac{相對次數}{區間寬度}$$

由於區間相對應的長方形高度等於密度，長方形的面積是

面積 =（高度）（區間寬度）

=（密度）（區間寬度）

$= \left(\dfrac{相對次數}{區間寬度}\right)$（區間寬度）

= 相對次數

這意味著每個區間之上的長方形面積等於落在此區間內變項值的相對次數。由於密度直方圖中長方形的面積就是指落在相應區間母體值的比例，它可以解釋為在長期而言一個嬰兒體重落在此區間的比例，若嬰兒是由母體中隨機選取的。

對於在圖 7.6(a) 中的區間 4.5 至 < 5.5 而言，隨機選取的一個嬰兒之體重落入此區間的機率近似

$$P(4.5 < x < 5.5) \approx 在\ 4.5\ 至\ 5.5\ 的區間上方之矩形面積$$
$$=（密度）(1)$$
$$=(.05)(1)$$
$$=.05$$

同理，

$$P(7.5 < x < 8.5) \approx .25$$

觀察一個值落在一個異於用來建造密度直方圖的那些區間之區間的機率是可以近似的。例如，若要觀察 7 至 8 磅之間的出生體重近似機率，我們可以將介於 6.5 到 7.5 之間長方形一半的面積加上 7.5 至 8.5 之間長方形一半的面積。因為密度直方圖中的每個長方形的面積等於落在相應的區間範圍內的母體比例，

$$P(7 < x < 8) \approx \frac{1}{2}（6.5\ 至\ 7.5\ 的長方形面積）$$
$$+ \frac{1}{2}（7.5\ 至\ 8.5\ 的長方形面積）$$
$$= \frac{1}{2}(.37)(1) + \frac{1}{2}(.25)(1)$$
$$= .31$$

透過增加密度直方圖的區間數目，可以改善機率的近似值。根據圖 7.6(a) 所示，基於少量的區間數目的密度直方圖可能相當不規則。圖 7.6(b) 至 (d) 顯示密度直方圖分別為 14、28 和 56。隨著區間的數目增加，密度直方圖中的長方形變成窄得多和直方圖看起來會更平滑。

還有你應該記住本次討論兩個重要概念。首先，概述了用密度直方圖的母體分配時當個體從母體被隨機選取，直方圖中的任何長方形區域可以解釋為觀察在相應的區間的變項值。第二個重要的概念是，少數區間的密度直方圖是用於匯總連續值變項的母體分配，直方圖可以是相當不規則。然而，當區間的數目增加時，所得到的直方圖在外觀上更平滑（你可以看到圖 7.6 的直方圖）。

利用簡單的平滑曲線近似實際母體分配通常是有用的。例如，圖 7.7 表示出了

一個平滑的曲線疊加在圖 7.6(d) 的密度直方圖。這樣的曲線稱為一個**連續機率分配 (continuous probability distribution)**，因為在一個密度直方圖長方形的總面積等於 1，我們考慮平滑曲線下的總面積等於 1。

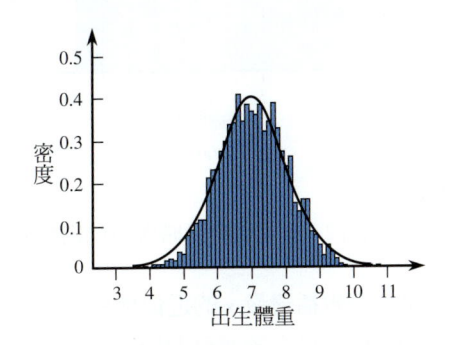

**圖 7.7**
一條平滑曲線指明出生體重的連續分配

連續機率分配是抽象而簡化的保留重要的母體特徵（一般性的形狀、中心、散佈程度等）的母體分配描述，因此它可以作為母體數值分配的一個模型。因為曲線下的面積近似密度直方圖中的長方形面積，曲線下和任何特定的區間之上的區域可以被解釋為從母體中隨機抽取的觀察值落入該區間的近似機率。

> **連續機率分配** (continuous probability distribution) 是一條平滑曲線，稱為**密度曲線** (density curve)，即作為連續變項的母體分配的一個模型。
>
> 連續機率分配的特性是：
> 1. 曲線下的總面積等於 1。
> 2. 在曲線下方和任何特定區間上方的面積被解釋為當由母體隨機選取的一個觀察值會落入該區間的（近似）機率。

例 7.5 至 7.7 顯示如何使用連續機率分配來製作一個變項相關的機率。

### 例 7.5 出發的延遲

早上的通勤火車在預定的出發時間之前是不會離開的。預定的出發時間和實際離開時間之經過時間記錄了 365 次。由此產生的結果歸納在圖 7.8(a) 所示的密度直方圖。這個直方圖可以作為近似對母體分配的變項 $x$ = 經過時間（以分鐘為單位）。

因為在圖 7.8(a) 直方圖是相當平坦的，是母體分配的機率分配「曲線」一個合理的模型（平滑曲線），如圖 7.8(b) 所示。這個模型被稱為一個均勻分配，曲線的高度（密度 = 0.1）被選擇為密度曲線下的總面積等於 1。

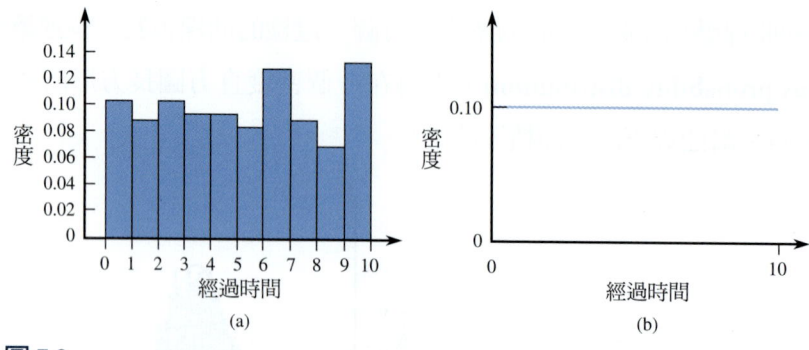

### 圖 7.8

圖表代表例 7.5：(a) 經過時間值的密度直方圖；(b) 經過時間的連續機率分配

該模型可用於包括變量 $x$ 的近似機率。例如，介於表定和實際離開的經過時間是介於 5 到 7 分鐘之間的機率是介於密度曲線之下和 5 到 7 區間之上的面積，如附圖所示：

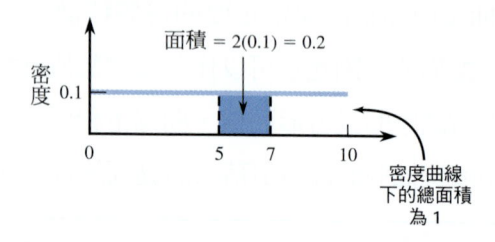

所以

$P($經過時間介於 5 到 7$) = P(5 < x < 7) = (2)(.1) = .2$

其他的機率也都以類似的方式來確定。例如，

$P($經過時間小於 2.5$) = P(x < 2.5)$
$\qquad = $ 曲線下方且從 0 到 2.5 區間上方之面積
$\qquad = (2.5)(.1) = .25$

---

對於連續數值變項，機率由機率分配曲線之下和區間之上的面積來表示。區間上方的面積不會改變所包括的區間端點，因為在單點之上是沒有面積的。在例 7.5，我們發現 $P(x < 2.5) = .25$。而 $P(x \leq 2.5) = .25$ 亦為真。

> 對於連續數值變項與任何特定的數字 $a$ 和 $b$，
> $P(x \leq a) = P(x < a)$
> $P(x \geq b) = P(x > b)$
> $P(a < x < b) = P(a \leq x \leq b)$

## 例 7.6　優先郵件包裹的重量

有兩百件包裹以在 2 磅之內包裹優先郵件等級進行稱重，觀察下列變項的一組 200 個樣本

　　$x =$ 包裹重量（磅）

從所有低於 2 磅重的優先郵件包裹母體中。由這 200 個重量構成密度直方圖如圖 7.9(a) 所示。因為直方圖基於 200 件包裹的樣本，它提供了近似母體的直方圖。樣本的密度直方圖形狀確實表明對母體一個合理的模型可能是在圖 7.9(b) 中所示的三角形分配。

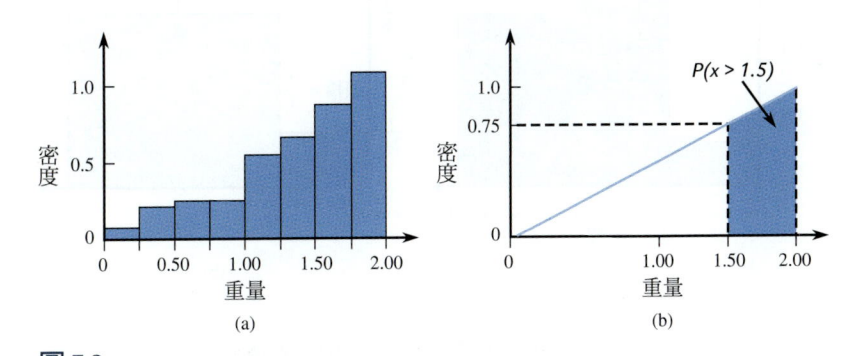

**圖 7.9**

例 7.6 之圖：(a) 包裹重量值的密度直方圖；(b) 對於包裹重量的連續機率分配

注意，該機率分配曲線（密度曲線）下的總面積等於

$$\text{三角形的總面積} = \frac{1}{2}(\text{底})(\text{高度}) = \frac{1}{2}(2)(1) = 1$$

機率的模型可用於計算包裹超過 1.5 磅，$P(x > 1.5)$。這符合在圖 7.9(b) 中陰影處的梯形的面積。在這種情況下，很容易計算無陰影區域內的面積（對應於 $P(x \leq 1.5)$），因為這是三角形的面積：

$$P(x \leq 1.5) = \frac{1}{2}(1.5)(.75) = .5625$$

因為機率的密度曲線下的總面積為 1，

$$P(x > 1.5) = 1 - .5625 = .4375$$

亦即

　　$P(x \geq 1.5) = .4375$

且　$P(x = 1.5) = 0$

最後機率是密度曲線下單一 $x$ 值上方的面積為 0 的一個結果。

### 例 7.7　服務時間

某一家航空公司提供免費電話預訂機位的服務，以下為 500 通來電訂位服務所需的時間長度。這導致了下列連續數值變項的 500 個觀察值

$x = $ 服務時間

一個密度直方圖顯示於圖 7.10(a) 中。

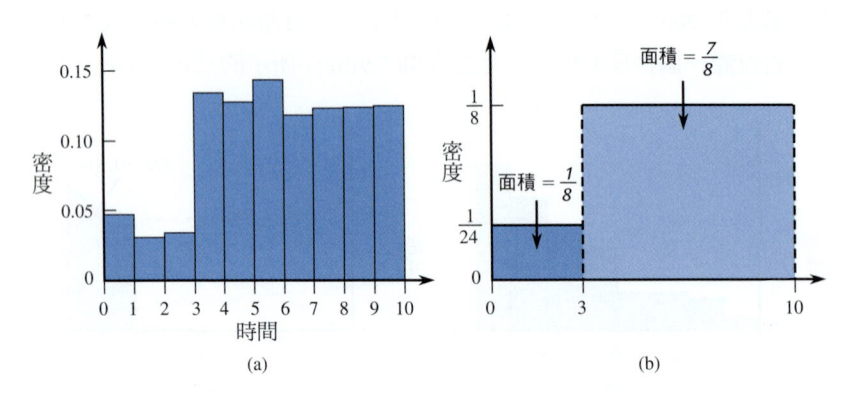

**圖 7.10**

例 7.7 之圖：(a) 服務時間的密度直方圖；(b) 對於服務時間的連續機率分配

關注的母體是所有來電訂位者。研究密度直方圖後，我們可能會認為，一種模型為母體分配在 0 到 3 區間是平坦的或更高，而在 3 到 10 區間上亦為平坦，這種模型被認為是合理的，因為服務通常是兩種類型：(1) 預訂機位和 (2) 取消預訂。取消預訂，約占八分之一的電話通數，通常可能完成的相當快，而訂位（占八分之七的電話通數）需要更多的時間。

圖 7.10(b) 所示的變項 $x = $ 服務時間是一個模型機率分配曲線。這兩段線段的高度得該曲線下的總面積將是 1，所以 $P(x \le 3) = 1/8$（這些被認為是取消預訂）和 $P(x > 3) = 7/8$。

一旦將模型展開，它可用來計算機率。例如，

$P(x > 8) = $ 在曲線下方且在 8 到 10 區間上方之面積

$$= 2\left(\frac{1}{8}\right) = \frac{2}{8} = \frac{1}{4}$$

從長遠來看，所有的服務需求的四分之一將需要超過 8 分鐘。

同樣地，

$P(2 < x < 4) = $ 在曲線下方且在 2 到 4 區間上方之面積

= （在曲線下方且在 2 到 3 區間上方之面積）

　+ （在曲線下方且在 3 到 4 區間上方之面積）

$$= 1\left(\frac{1}{24}\right) + 1\left(\frac{1}{8}\right) = \frac{1}{24} + \frac{3}{24} = \frac{4}{24} = \frac{1}{6}$$

在前面的例子，利用連續機率分配作為一個母體分配的模型是足夠簡單使我們可以使用簡單幾何來計算機率。但例 7.8 表明，情況並非總是如此。

### 例 7.8　線上註冊時間

一所大學的學生使用網路線上報名系統註冊課程。大量使用該系統的學生被記錄變項

$x =$ 學生註冊所需時間長度

的值，並且用所得到的值來構建圖 7.11 的密度直方圖。密度直方圖的一般形式可以描述為鐘形並對稱的，並且和平滑的曲線重疊。這個平滑的曲線作為密度直方圖表現的母體分配之合理的模型。雖然這是一種常見的母體模型（有很多變項，其分配以此曲線描述），但如何使用這樣的模型去計算機率並不明顯，因為在這一點上，要找到曲線下的面積是不明確的。

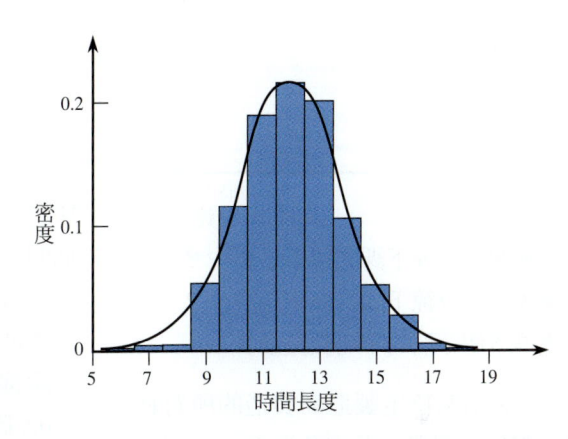

**圖 7.11**
例 7.8 的註冊時間密度直方圖和連續機率分配

例 7.8 的機率模型是被稱為常態機率分配的對稱鐘形分配的一個例子。常態分配有許多不同的應用，在下一節將更詳細研究它們。

### 習題　7.10 – 7.14

7.10　考慮一個母體是特定製造商生產的電池。下面密度曲線表示了變項 $x =$ 壽命（小時）的機率分配：

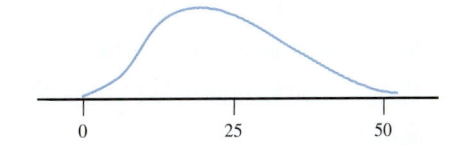

把對應下列每個機率的曲線下區域陰化（繪製新曲線在每個部分）：
a. $P(10 < x < 25)$
b. $P(10 \leq x \leq 25)$
c. $P(x < 30)$
d. 該壽命是至少 25 小時的機率
e. 該壽命超過 30 小時的機率

7.11 一位特定教授從未提早下課。設 $x$ 表示教授延遲下課的時間長度（以分鐘為單位）。假設密度曲線，如下圖所示是 $x$ 的機率分配之一個適當的模型：

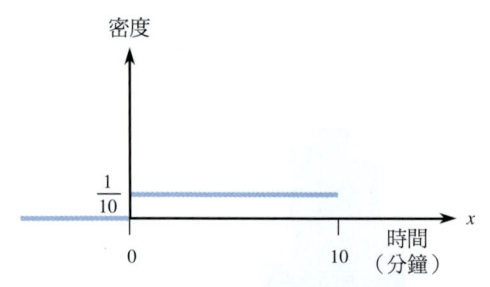

a. 至多延遲 5 分鐘下課的機率是多少？
b. 延遲 3 至 5 分鐘下課的機率是多少？
c. 你覺得這個分配的平均數是多少？

7.12 考慮由某特定製造商製造的所有軟式隱形眼鏡之母體，並定義變量 $x$ = 厚度（以毫米為單位）。假設母體分配合理的模型如下圖所示：

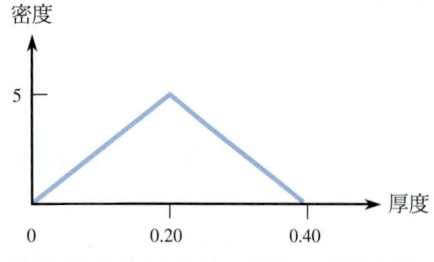

a. 請驗證該密度曲線下的總面積等於 1。〔提示：三角形的面積等於 0.5（底）（高度）。〕
b. $x$ 小於 .20 的機率是多少？小於 .10？大於 .30？
c. $x$ 在 .10 和 .20 之間的機率是多少？（提示：首先找到 $x$ 不在 .10 和 .20 之間的機率。）
d. 由於密度曲線是對稱的，分布的平均數是 .20。厚度距平均厚度 0.05 之內的機率是多少？

7.13 對於重量不到 1 磅的包裹，送貨服務會收取一定的特殊費用。設 $x$ 表示一個隨機選擇特殊費用的包裹的重量。被指定的 $x$ 的機率分配為以下密度曲線：

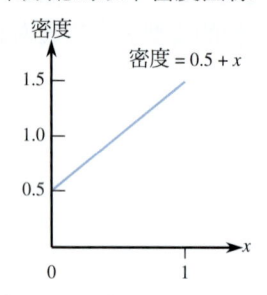

使用一個梯形的面積 =（底）（平均兩個側面的長度）來回答以下每個問題。
a. 隨機選擇一個包裹的重量為 0.5 磅的機率是多少？
b. 隨機選擇一個包裹的重量為 0.25 磅和 0.5 磅之間的機率是多少？
c. 隨機選擇一個包裹的重量至少為 0.75 磅的機率是多少？

7.14 $x$ 表示個體對一定的刺激作用作出反應所需的時間（以秒為單位）。$x$ 的機率分配假定為以下的密度曲線：

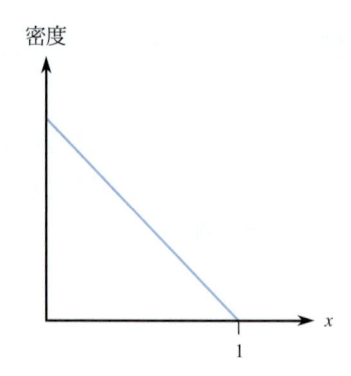

a. 在 $x = 0$ 上方密度曲線高度是多少？（提示：曲線下總面積 = 1。）
b. 反應時間超過 0.5 秒的機率是多少？
c. 反應時間頂多是 0.25 秒的機率是多少？

## 7.3 常態分配

常態分配型式的山形圖在第 4 章有介紹。常態分配廣泛應用有兩個原因，首先它們提供很多不同的變項合理的近似分配。它們也許在第 9 到 11 章的推理過程中扮演一個主角。常態分配是鐘形曲線和對稱的連續機率分配如圖 7.12 所示。常態分配也被稱為常態曲線。

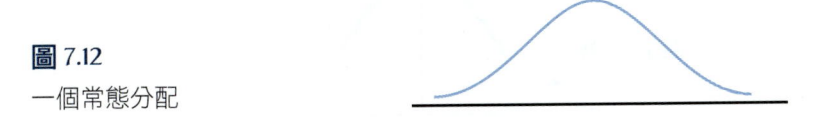

**圖 7.12**
一個常態分配

有許多不同的常態分配，它們彼此的區別在於它們的平均數 $\mu$ 和標準差 $\sigma$。常態分配的平均數 $\mu$ 描述了相對應曲線的中心，標準差 $\sigma$ 描述曲線圍繞該中心散布多開。如同所有的連續機率分配，在任何常態曲線下方的總面積等於 1。

有三個常態分配如圖 7.13 所示。請注意，當標準差小，會有更高且窄的相對應曲線。請記住連續機率分配曲線下的面積代表機率；因此，當標準差小，更大的

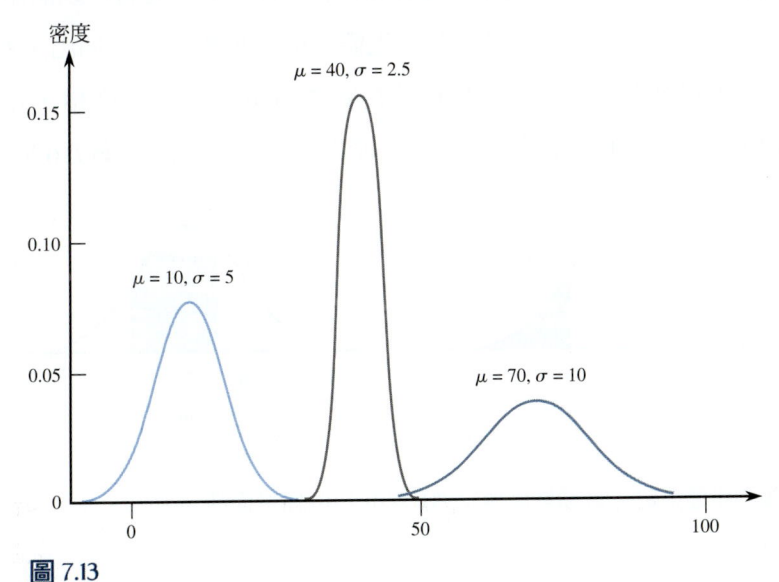

**圖 7.13**
三個常態分配

面積會集中靠近曲線的中心，而且觀察值出現在接近平均數的機會要更大（因為 $\mu$ 是在中心處）。

$\mu$ 值是在測量軸線直接位於鐘的頂部下方的數字。$\sigma$ 值也可以從曲線的圖來確定。考慮圖 7.14 的常態曲線，開始從鐘的頂部（上述 $\mu = 100$）向右移動，曲線向下對應的值為 110。這點之後，它繼續在高度降低，但轉向上而不是向下。同樣，根據 $\mu = 100$ 的左側，該曲線變為向下，直到達到 90，然後開始轉動向上。曲線變化從向下轉向上以 10 的距離在 $\mu = 100$ 任一側。在一般情況下，$\sigma$ 是根據 $\mu$ 兩邊的距離在從向下轉向上正常曲線的變化，使 $\sigma = 10$，於圖 7.14 的常態曲線。

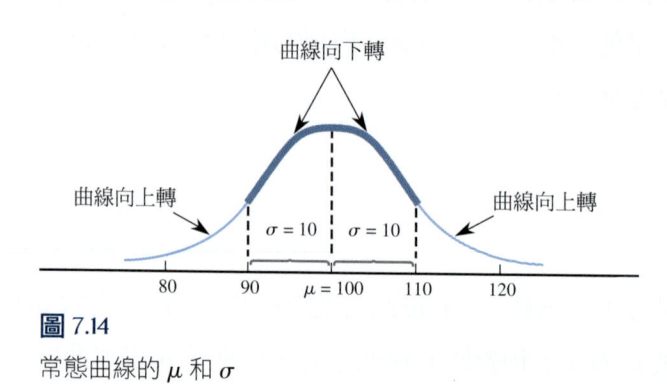

**圖 7.14**
常態曲線的 $\mu$ 和 $\sigma$

如果一個特定的常態分配為母體模型，一個平均數和一個標準差必須被指定。例如，一個具有平均數為 7 和標準差為 1 常態分配可能被用作 $x =$ 出生體重（從 7.2 節）的分配模型。如果該模型是一個合理的機率分配，我們可以使用其中 $\mu = 7$ 和 $\sigma = 1$ 在常態曲線下面積近似有關出生體重的各種機率。一個出生體重超過 8 磅的機率（表示符號為 $P(x > 8)$）對應於在圖 7.15(a) 中的陰影面積。在圖 7.15(b) 中的陰影面積是一個出生體重落入 6.5 和 8 磅之間（近似）的機率 $P(6.5 < x < 8)$。

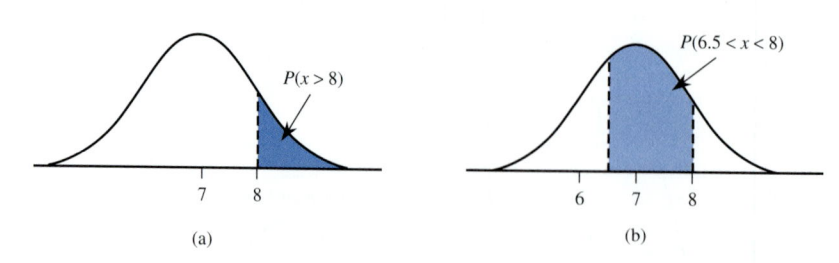

**圖 7.15**
出生體重的常態分配：(a) 陰影面積 $= P(x > 8)$；(b) 陰影面積 $= P(6.5 < x < 8)$

遺憾的是，這樣的機率（常態曲線下的面積）要直接計算並不容易。為了克服這個困難，我們依靠科技或參考稱為標準常態分配的常態分配面積表。

> **定 義**
>
> **標準常態分配** (standard normal distribution) 是具有 $\mu = 0$ 和 $\sigma = 1$ 的常態分配。而對應的密度曲線，稱為標準常態曲線。我們習慣使用字母 $z$ 代表由標準常態曲線所描述的一個變項。術語 $z$-曲線經常用來代替標準常態曲線。

少數理所當然發生的變項充分描述標準常態分配，但這種分配是重要的，因為它也可用於其他常態分配的機率計算。當我們有興趣尋找其他一些常態曲線的機率，我們可依靠科技，或者首先將問題轉化為「全等的」問題，包含求出標準常態曲線下方之面積。標準常態分配表可用於找到所需的面積。為了能夠做到這一點，首先要學會使用標準常態分配。

## 標準常態分配

使用常態分配，我們需要兩個一般的技巧：

1. 我們必須能夠使用常態分配來計算機率，它們是在常態曲線下方且在給定區間上方之面積。
2. 我們必須能夠描述分配的極端值，例如最大的 5%，最小的 1%，和最極端的 5%（其中將包括最大的 2.5% 和最小的 2.5%）。

標準常態分配或 $z$ 曲線顯示於圖 7.16(a) 中。它的中心在 $\mu = 0$，和標準差 $\sigma = 1$，是它以平均數（$\mu = 0$）為中心分散程度的一種測量。注意，這個圖與第 4 章的經驗法則是一致的：約 95% 的面積（機率）結合距平均數 2 個標準差之內（$-2$ 和 2 之間）的值並且幾乎所有的面積結合距平均數在 3 個標準差之內（3 和 $-3$ 之間）的值。

附錄表 2（附錄 B）列出許多不同 $z$ 值的累積 $z$ 曲線面積如圖 7.16(b) 所示。累積的面積針對的最小 $z$ 值是 $-3.89$，一個值遠遠地在 $z$ 曲線的左邊尾部。為其顯示面積的下一個最小 $z$ 值是 $-3.88$，然後是 $-3.87$，再來是 $-3.86$，增量為 0.01 直到 3.89 左側終止累積面積。

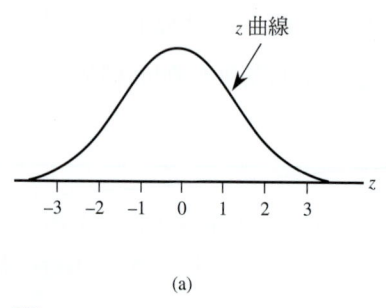

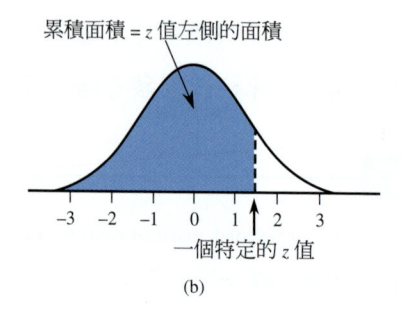

**圖 7.16**

(a) 標準常態 z 曲線；(b) 累積面積

### 使用標準常態曲線面積表

對於任何數 $z^*$ 在 $-3.89$ 和 $3.89$ 之間捨入到兩位小數，附錄表 2（附錄 B）列出了

$$（z \text{ 曲線下方在 } z^* \text{ 左側的面積}） = P(z < z^*) = P(z \leq z^*)$$

其中字母 $z$ 被用於表示一個變項，其分配是標準常態分配。

若要使用該表查找機率，找到以下內容：

1. 在標記 $z^*$ 符號那一行且數字在小數點兩側那一列（例如，$-1.7$ 或 $0.5$）
2. 確定 $z^*$ 中小數點右邊第二位數那一行（例如，當 $z^* = -1.76$ 就是 $.06$）

該列和該行交叉點上的數值即為所求的機率，$P(z < z^*)$。

標準常態曲線面積表中的部分內容出現在圖 7.17。如果要查找的 $z$ 曲線下方 1.42 左側的面積，看標記 1.4 那一列且標記為 .02 那一行（圖 7.17 中標示的列與行）。從該表中，對應的累積面積為 .9222。所以

$z$ 曲線下方 1.42 左側的面積 $= .9222$

我們也可以使用該表查找某特定值的右側之面積。因為 $z$ 曲線下方的總面積為 1，可以得出

$z$ 曲線下方 1.42 的右側之面積 $= 1 - $（曲線下方 1.42 的左側之面積）
$$= 1 - .9222$$
$$= .0778$$

這些機率可以被解釋為在一個長期的觀察序列中，觀察到的 z 值大約 92.22% 會小於 1.42 而 7.78% 會比 1.42 大。

| $z^*$ | .00 | .01 | .02 | .03 | .04 | .05 |
|---|---|---|---|---|---|---|
| 0.0 | .5000 | .5040 | .5080 | .5120 | .5160 | .5199 |
| 0.1 | .5398 | .5438 | .5478 | .5517 | .5557 | .5596 |
| 0.2 | .5793 | .5832 | .5871 | .5910 | .5948 | .5987 |
| 0.3 | .6179 | .6217 | .6255 | .6293 | .6331 | .6368 |
| 0.4 | .6554 | .6591 | .6628 | .6664 | .6700 | .6736 |
| 0.5 | .6915 | .6950 | .6985 | .7019 | .7054 | .7088 |
| 0.6 | .7257 | .7291 | .7324 | .7357 | .7389 | .7422 |
| 0.7 | .7580 | .7611 | .7642 | .7673 | .7704 | .7734 |
| 0.8 | .7881 | .7910 | .7939 | .7967 | .7995 | .8023 |
| 0.9 | .8159 | .8186 | .8212 | .8238 | .8264 | .8289 |
| 1.0 | .8413 | .8438 | .8461 | .8485 | .8508 | .8531 |
| 1.1 | .8643 | .8665 | .8686 | .8708 | .8729 | .8749 |
| 1.2 | .8849 | .8869 | .8888 | .8907 | .8925 | .8944 |
| 1.3 | .9032 | .9049 | .9066 | .9082 | .9099 | .9115 |
| 1.4 | .9192 | .9207 | .9222 | .9236 | .9251 | .9265 |
| 1.5 | .9332 | .9345 | .9357 | .9370 | .9382 | .9394 |
| 1.6 | .9452 | .9463 | .9474 | .9484 | .9495 | .9505 |
| 1.7 | .9554 | .9564 | .9573 | .9582 | .9591 | .9599 |
| 1.8 | .9641 | .9649 | .9656 | .9664 | .9671 | .9678 |

$P(z < 1.42)$

**圖 7.17**

附錄表 2（標準常態曲線的面積）

## 例 7.9　查找標準常態曲線面積

機率 $P(z < -1.76)$ 在 z 表中的 $-1.7$ 之列且在 0.6 之行交叉處找到。其結果是

$P(z < -1.76) = .0392$

如下圖中所示：

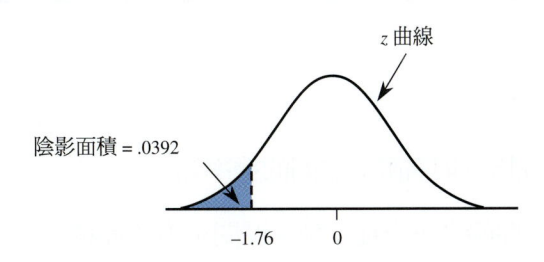

換言之，在一個長期的觀察序列時，觀察到的 z 值大約 3.9% 會比 $-1.76$ 小。同理，

$P(z \leq 0.58) =$ 附錄表 2 中 0.5 那一列和 .08 那一行 $= .7190$

如下圖中所示：

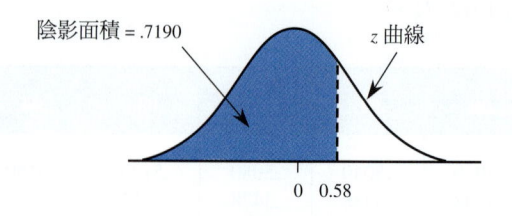

現在考慮 $P(z < -4.12)$，此機率不會出現在附錄表 2；沒有 -4.1 這一列。但是，它必須小於 $P(z < -3.89)$，表中最小的面積，因為 -4.12 在 z 曲線更遠的左邊尾部。因為 $P(z < -3.89) = .0000$（即 4 位小數皆為 0），因此

$$P(z < -4.12) \approx 0$$

同理，

$$P(z < 4.18) > P(z < 3.89) = 1.0000$$

由此我們結論

$$P(z < 4.18) \approx 1$$

---

如例 7.9 中，我們可以使用附錄表 2 的累積面積計算涉及其他 z 值的機率。z 大於 c 值的機率為

$P(z > c) =$ 在 z 曲線下方且在 c 值右側之面積 $= 1 - P(z \leq c)$

換句話說，一個值的右側面積（右尾面積）等於 1 減去相對應的累積面積。如圖 7.18 所示。

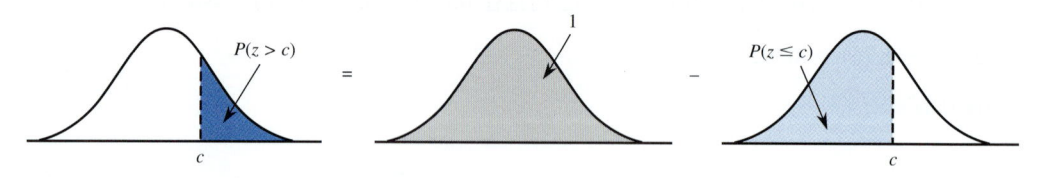

**圖 7.18**
右尾面積與累積面積之關係

同理，z 值落在左限 a 與右限 b 之間的機率為

$P(a < z < b) =$ z 曲線之下方從 a 到 b 區間上方的面積
$\qquad\qquad\quad = P(z < b) - P(z < a)$

亦即，$P(a < z < b)$ 是兩個累積面積之差，如圖 7.19 所示。

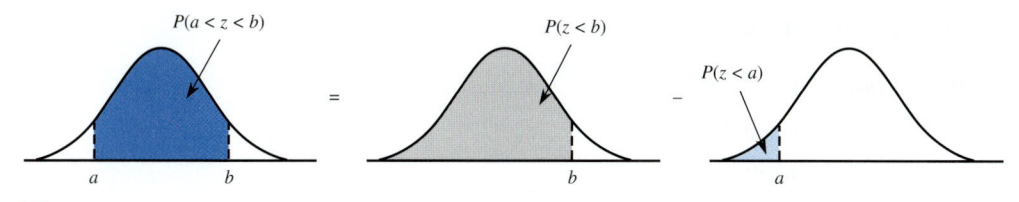

**圖 7.19**

$P(a < z < b)$ 是兩個累積面積之差

## 例 7.10　更多關於標準常態曲線的面積

$z$ 在 $-1.76$ 和 $0.58$ 之間的機率為

$$\begin{aligned}P(-1.76 < z < 0.58) &= P(z < 0.58) - P(z < -1.76)\\ &= .7190 - .0392\\ &= .6798\end{aligned}$$

如下圖所示：

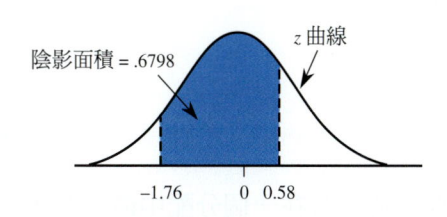

$z$ 介於 $-2$ 和 $+2$ 之間（距平均數 2 個標準差之內，因為 $\mu = 0$ 和 $\sigma = 1$）的機率是

$$\begin{aligned}P(-2.00 < z < 2.00) &= P(z < 2.00) - P(z < -2.00)\\ &= .9772 - .0228\\ &= .9544\\ &\approx .95\end{aligned}$$

如下圖所示：

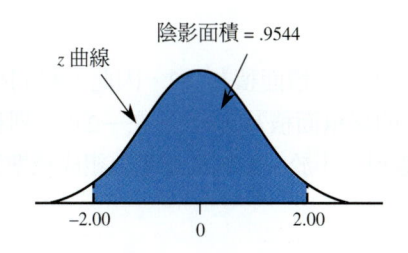

這最後的機率是經驗法則的一部分基礎，其中指出，當一個直方圖被常態分配曲線良好地近似時，它的值大約 95% 距平均數 2 個標準差之內。

$z$ 值大於 1.96 的機率為

$$P(z > 1.96) = 1 - P(z \leq 1.96)$$
$$= 1 - .9750$$
$$= .0250$$

如下圖中所示：

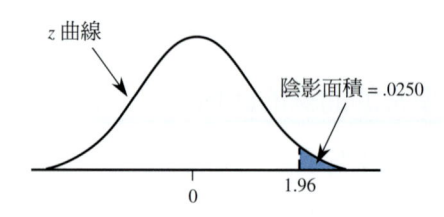

亦即 $z$ 曲線下的面積是 2.5%，在右尾之上的面積。同樣地，

$$P(z > -1.28) = -1.28 \text{ 右側的面積}$$
$$= 1 - P(z \leq -1.28)$$
$$= 1 - .1003$$
$$= .8997$$
$$\approx .90$$

**識別極端值**　假設我們要描述包含在一個分配中最小的 2% 的值或是組成最極端的 5%（包括最大 2.5%，最小 2.5%）的值。讓我們看看如何能夠透過研習例 7.11 和 7.12 來識別分配中的極端值。

### 例 7.11　識別極端值

假設我們要描述構成標準常態分配最小 2% 的數值。象徵性地，我們嘗試尋找一個值（稱之為 $z^*$）使得

$$P(z < z^*) = .02$$

這說明於圖 7.20，顯示針對 $z^*$ 的累積面積為 .02。因此，我們尋求的累積面積 .0200 在附錄表 2 的主體。表中最接近的累積面積為 .0202，在 $-2.0$ 之列和 .05 之行；所以我們採用 $z^* = -2.05$，在表中是最佳近似。小於 $-2.05$ 的變項值組成標準常態分配的最小 2%。

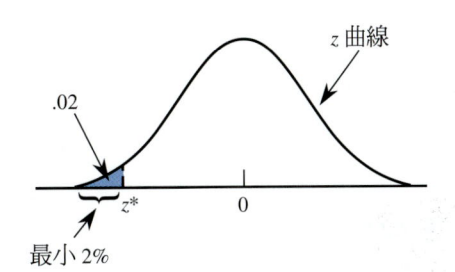

**圖 7.20**
標準常態分配最小 2%

現在假設我們對所有 z 值的最大 5% 感興趣，則我們將嘗試查找 z* 使得

$P(z > z^*) = .05$

如圖 7.21 所示。

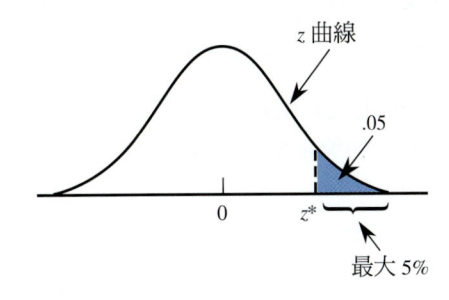

**圖 7.21**
標準常態分配的最大 5%

因為附錄表 2 總是運用累積面積（左側的面積），第一步驟是確定

$z^*$ 左側的面積 $= 1 - .05 = .95$

在附錄表 2 尋找最接近 .95 累積面積，我們發現 .95 落在 .9495（對應 z 值為 1.64）和 .9505（對應 z 值為 1.65）之間。由於 .9500 恰在兩個累積面積中間，我們採用恰在 1.64 和 1.65 中間的一個 z 值。由此可得

$$z^* = \frac{1.64+1.65}{2} = 1.645$$

大於 1.645 的值組成標準常態分配的最大 5%。依對稱性，$-1.645$ 將所有 z 值的最小 5% 與其他 z 值分開。

## 例 7.12 更極端的

有時候，我們感興趣的是識別分配中最極端（非常大或小）的值。考慮描述構成標準常態分配的最極端 5% 的值。也就是說，我們希望將中間 95% 與極端的 5% 分開。說明在圖 7.22。

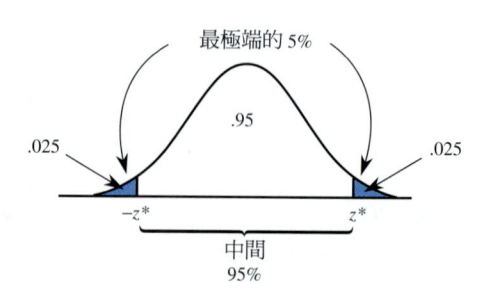

圖 7.22
標準常態分配的最極端 5% 的值

因為標準常態分配是對稱的，最極端的 5% 被分配的左側和右側均等劃分，在 z 曲線的每側尾部產生 .025 的面積。對稱於 0 意味著如果 $z^*$ 表示分隔最大 2.5% 的值，$-z^*$ 就是分隔最小 2.5% 的值。

若要查找 $z^*$，我們首先必須確定 $z^*$ 的累積面積，亦即

$z^*$ 的左側面積 = .95 + .025 = .975

累積面積 .9750 出現在附錄表 2 中的 1.9 之列和 .06 之行，因此 $z^*$ = 1.96。對於標準常態分配而言，95% 的變項值落在 1.96 和 −1.96 之間；最極端的 5% 是那些大於 1.96 或小於 −1.96 的值。

## 其他的常態分配

我們現在說明 z 曲線面積可以被用來計算機率和描述任何常態分配的極端值。請記住，字母 z 保留給那些有標準常態分配的變量；字母 x 代表具有平均數 $\mu$ 和標準差 $\sigma$ 之常態分配的一般常態變項。

假設我們要計算 $P(a < x < b)$，即變項 x 在於特定範圍內的機率。這個機率對應於在常態曲線下方且在從 a 至 b 的區間上方的一個面積，如圖 7.23(a) 所示。

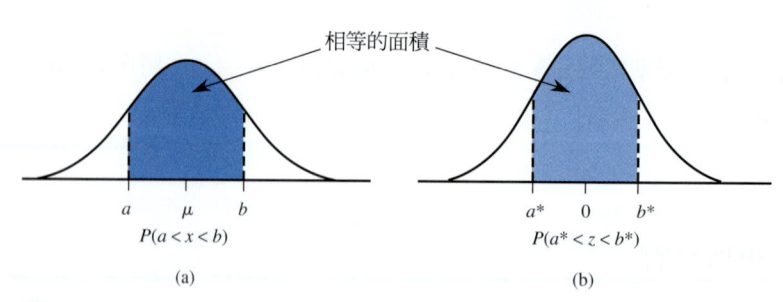

圖 7.23
相等的非標準和標準常態曲線面積

得到這個機率的策略是找到包括標準常態分配「相等的」問題。找到一個相等的問題表示確定一個區間 $(a^*, b^*)$，針對 z 具有相同的機率（在 z 曲線下方相同的面

積）就像區間 (a, b) 在原先的常態分配中一般（見圖 7.23）。用星號表示被用來區分 a 和 b，來自原先的具有平均數 $\mu$ 和標準差 $\sigma$ 之常態分配之值，與在 z 曲線相對應的 a* 和 b* 之值。為了找到 a* 和 b*，我們只要計算所求機率之區間端點的 z 分數。這過程被稱為**標準化 (standardizing)** 端點。例如，假設變項 x 具有平均數 $\mu$ = 100，標準差 $\sigma$ = 5 之常態分配。為了求得

$$P(98 < x < 107)$$

我們首先將這一問題轉化為標準常態分配同等的問題。回想第 4 章 z 分數和標準化分數，可知一個值距離平均數多少標準差。z 值的計算是首先減去平均數，然後除以標準差。轉換左端點 a = 98 得出 z 值

$$a^* = \frac{98 - 100}{5} = \frac{-2}{5} = -0.40$$

轉換右端點產生

$$b^* = \frac{107 - 100}{5} = \frac{7}{5} = 1.40$$

所以

$$P(98 < x < 107) = P(-0.40 < z < 1.40)$$

機率 $P(-0.40 < z < 1.40)$ 現在可以使用附錄表 2 來計算。

### 求得機率

為了計算任何常態分配的機率，標準化相關的值，然後使用 z 曲線面積表。更具體地說，如果 x 由具平均數 $\mu$ 和標準差 $\sigma$ 之常態分配所描述的一個變項，則

$$P(x < b) = P(z < b^*)$$
$$P(a < x) = P(a^* < z) \text{（同理，} P(x > a) = P(z > a^*)\text{）}$$
$$P(a < x < b) = P(a^* < z < b^*)$$

其中 z 是一個具有標準常態分配的變項且

$$a^* = \frac{a - \mu}{\sigma} \qquad b^* = \frac{b - \mu}{\sigma}$$

### 例 7.13　新生兒的出生體重

從「胎兒生長參數和出生體重：其關係到新生兒身體組成」(*Ultrasound in Obsterics and Gynecology* [2009]: 441-446) 文章中的數據表明，平均數 $\mu = 3500$ 克和標準差 $\sigma = 600$ 克的常態分配，為一個隨機選取的足月嬰兒的連續數值變項 $x =$ 出生體重的機率分配的合理模型。出生體重在 2900 和 4700 克之間的比例為何？

要回答這個問題，我們必須求得

$$P(2900 < x < 4700)$$

首先，我們必須把區間的端點轉換成相當於標準常態分配的端點：

$$a^* = \frac{a - \mu}{\sigma} = \frac{2900 - 3500}{600} = -1.00$$

$$b^* = \frac{b - \mu}{\sigma} = \frac{4700 - 3500}{600} = 2.00$$

則

$$\begin{aligned} P(2900 < x < 4700) &= P(-1.00 < z < 2.00) \\ &= （2.00 \text{ 左側之 } z \text{ 曲線面積}）-（-1.00 \text{ 左側之 } z \text{ 曲線面積}）\\ &= .9772 - .1587 \\ &= .8185 \end{aligned}$$

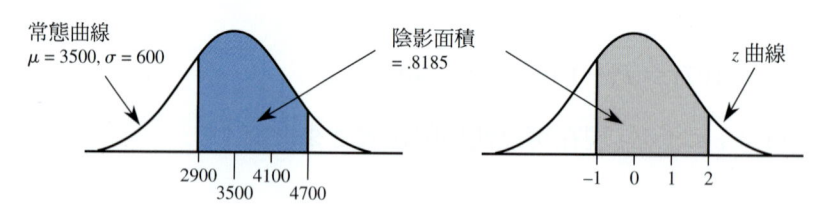

**圖 7.24**

例 7.13 的 $P(2900 < x < 4700)$ 和對應的 $z$ 曲線面積

$x$ 和 $z$ 的機率如圖 7.24 所示。如果由此母體觀察許多嬰兒的出生體重，約有 82% 的出生體重會介於 2900 至 4700 克之間。

隨機選取的一個嬰兒出生體重會大於 4500 克的機率是多少？為了計算 $P(x > 4500)$，我們首先計算

$$a^* = \frac{a - \mu}{\sigma} = \frac{4500 - 3500}{600} = 1.67$$

然後（見圖 7.25）

$$P(x > 4500) = P(z > 1.67)$$
$$= 1.67 \text{ 右側之 } z \text{ 曲線面積}$$
$$= 1 - (1.67 \text{ 左側之曲線面積}) = 1 - .9525 = .0475$$

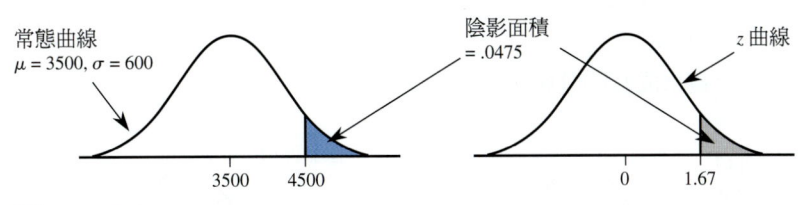

**圖 7.25**

例 7.13 的 $P(x > 4500)$ 和對應的 $z$ 曲線面積

## 例 7.14　智商分數

雖然對於智商分數作為衡量智力的標準適當性有些爭議，智商分數通常用於各種用途。一個常用的智商量表具有平均數為 100 和標準差為 15 並近似服從常態分配。（智商實際上是一個離散的變量，因為它是用於測試正確反應的數量，但其母體分配非常近似常態曲線。）如果我們定義

$x =$ 隨機選取個體的智商

則 $x$ 近似常態分配，其中 $\mu = 100$ 和 $\sigma = 15$。

有一種方法成為加入門薩資格，據稱這些高智能的一個組織，就是具有史丹福—比奈智力量表 130 分以上的。母體中有資格為門薩會員的比例為何？回答這個問題需要計算 $P(x > 130)$。此機率顯示在圖 7.26 中。

**圖 7.26**

例 7.14 的常態分配和所求比例

隨著 $a = 130$，

$$a^* = \frac{a - \mu}{\sigma} = \frac{130 - 100}{15} = 2.00$$

因此（見圖 7.27）

$$P(x > 130) = P(z > 2.00)$$
$$= 2.00 \text{ 右側之 } z \text{ 曲線面積}$$
$$= 1 - (2.00 \text{ 左側之 } z \text{ 曲線面積})$$
$$= 1 - .9772$$
$$= .0228$$

只有 2.28% 的人有資格成為門薩會員。

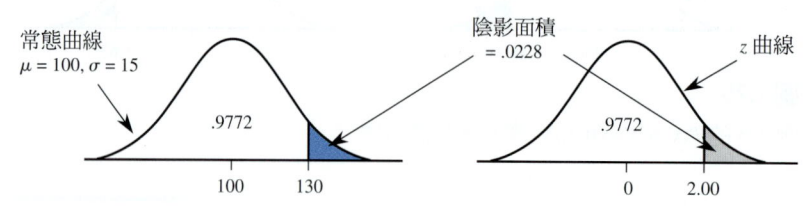

**圖 7.27**

例 7.14 的 $P(x > 130)$ 和對應的 z 曲線面積

假設我們對母體中智商低於 80 的比例,即 $P(x < 80)$,有興趣。隨著 $b = 80$,

$$b^* = \frac{b - \mu}{\sigma} = \frac{80 - 100}{15} = -1.33$$

因此

$$P(x < 80) = P(z < -1.33)$$
$$= -1.33 \text{ 左側之 } z \text{ 曲線面積}$$
$$= .0918$$

如圖 7.28,這個機率 (.0918) 告訴我們,母體中僅有略超過 9% 具有低於 80 的智商。

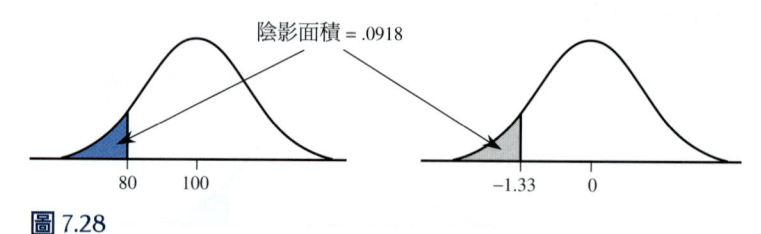

**圖 7.28**

例 7.14 的 $P(x < 80)$ 和對應的 z 曲線面積

現在考慮母體中智商介於 75 和 125 之間的比例。使用 $a = 75$ 和 $b = 125$,我們得到

$$a^* = \frac{75 - 100}{15} = -1.67$$

$$b^* = \frac{125 - 100}{15} = 1.67$$

因此

$$P(75 < x < 125) = P(-1.67 < z < 1.67)$$
$$= 在 -1.67 和 1.67 之間的 z 曲線面積$$
$$= （1.67 左側之 z 曲線面積）-（-1.67 左側之 z 曲線面積）$$
$$= .9525 - .0475$$
$$= .9050$$

此機率顯示在圖 7.29。計算告訴我們母體中 90.5% 的智商分數是介於 75 和 125 之間。有 9.5% 的智商分數並非在 75 和 125 之間，其中一半 (4.75%) 的得分超過 125，而另一半則得分低於 75。

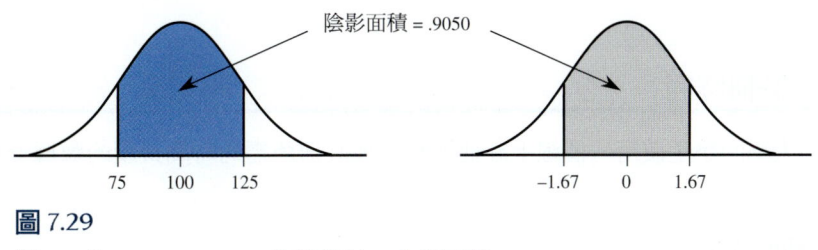

**圖 7.29**
例 7.14 的 $P(75 < x < 125)$ 和對應的 z 曲線面積

---

當我們轉換一個問題中具平均數 $\mu$ 和標準偏差 $\sigma$ 的一個常態分配為標準常態分配時，我們轉換 $x$ 為 $z$ 分數：

$$z = \frac{x - \mu}{\sigma}$$

因為一個 z 分數可以被解釋為一個 x 值距離平均數有幾個標準差，一個 1.4 的 z 分數對應的 x 值是平均數以上 1.4 個標準差，以及一個 -2.1 的 z 分數對應的 x 值是低於平均數 2.1 個標準差。

假設我們正在試圖計算 $P(x < 60)$，其中變項 x 具有平均數 $\mu = 50$ 和標準差 $\sigma = 5$ 之常態分配。將端點 60 轉換為 z 分數得

$$z = \frac{60 - 50}{5} = 2$$

這告訴我們，值 60 比平均數高 2 個標準差。然後，我們有

$$P(x < 60) = P(z < 2)$$

其中 $z$ 是一個標準常態變項。注意，對於標準常態分配，值 2 是高於平均數 2 個標準差，因為平均數為 0，標準差為 1。$z = 2$ 距平均數的距離以標準差量測就如同 $x = 60$ 距平均數 $\mu = 50$ 的距離以標準差 $\sigma = 5$ 量測一樣。這就是為什麼使用 $z$ 值轉化產生一個含有標準常態分配「全等的」問題。

### 描述常態分配中的極端值

要描述具有平均數 $\mu$ 和標準差 $\sigma$ 的常態分配的極端值，我們首先解決標準常態分配的相應問題，然後轉換為一個我們感興趣的常態分配答案。這一過程被說明於例 7.15 中。

#### 例 7.15　註冊時間

在某一大學的學生使用一個線上註冊系統完成註冊所需的時間長度的數據資料提示變項

$x = $ 註冊的時間

服從近似常態分配具有平均數 $\mu = 12$ 分鐘和標準差 $\sigma = 2$ 分鐘。（此常態分配可能不是一個適當的模型，若 $x = $ 在另一所大學的註冊時間。許多因素影響這樣一個分配的形狀、中心和散佈程度。）因為有些學生沒有正確登出，大學想要在經過一定的時間後自動讓學生登出。還是決定選擇時間，只有 1% 的學生都將被登出，雖然他們仍然在嘗試註冊。為了確定允許學生切斷連接之前的時間量，我們需要描述註冊時間分配的最大 1%。這些都是錯誤地切斷連接的學生，如圖 7.30(a) 所示。要確定 $x^*$ 的值我們先解決標準常態分配中類似的問題，如圖 7.30(b) 所示。

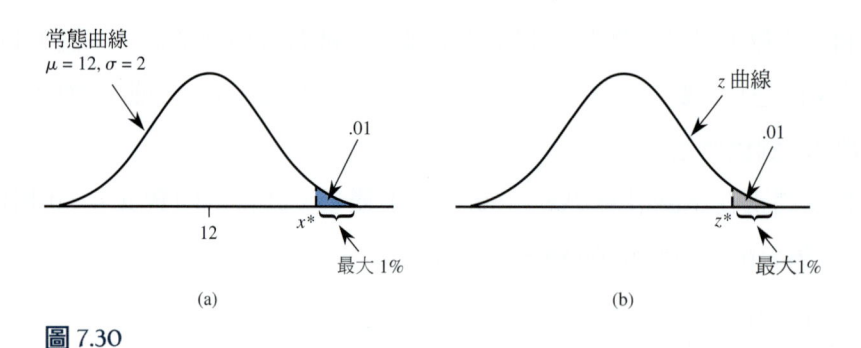

**圖 7.30**

記錄例 7.15 的常態分配中最大 1%

透過查看附錄表 2 中 .99 的累積面積，我們發現最接近的是 (.9901) 在列 2.3 和行 .03，從其中 $z^* = 2.33$。為標準常態分配，分配的最大 1% 是由這些大於 2.33 的值構成的。同理，最大的 1% 就是那些大於 2.33 的 $z$ 分數。這意味著在註冊時間 $x$ 的分配中（或任何其

他常態分配），最大的 1% 就是那些 $z$ 分數大於 2.33 的值，相當於那些高於平均數 2.33 個標準差的 $x$ 值。此處標準差是 2，所以 2.33 標準差是 2.33(2)，因此

$x^* = 12 + 2.33(2) = 12 + 4.66 = 16.66$

最大的 1% 註冊時間是大於 16.66 分鐘的值。如果大學系統被設定為 16.66 分鐘後學生會被登出，那麼只有 1% 的學生在完成註冊之前會被登出。

解決將 $z$ 分數轉換回 $x$ 值的一般公式源於由 $z^* = \dfrac{x^* - \mu}{\sigma}$ 解 $x^*$，顯示在附框中。

---

要將 $z$ 分數 $z^*$ 轉換回 $x$ 值，請使用

$x^* = \mu + z^*\sigma$

---

## 例 7.16　垃圾車處理時間

垃圾車進入某特定廢物管理設施時會稱重，然後它們卸載到垃圾填埋場。從文章「**估計垃圾轉運站延誤應用 GPS 數據**」(*Waste Management* [2008]: 1742–1750) 認為具有平均數 $\mu = 13$ 分鐘和標準差 $\sigma = 3.9$ 分鐘的常態分配是隨機變項 $x =$ 用於垃圾車在此廢物管理設施總處理的時間（總處理時間包括等待時間以及衡量垃圾車卸載垃圾所需的時間）的機率分配一個合理模型。假設我們想要描述垃圾車的總處理時間中組成 10% 具有最長處理時間。在所附插圖內，這些垃圾車將是 10% 具有對應圖中陰影區域的時間。

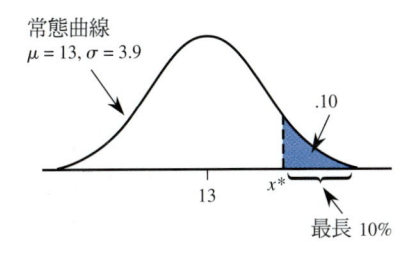

對於標準常態分配，最大 10% 是那些大於 $z^* = 1.28$（從附錄表 2，根據 .90 的累積面積）的 $z$ 值。所以

$x^* = \mu + z^*\sigma$
$\phantom{x^*} = 13 + (1.28)(3.9)$
$\phantom{x^*} = 13 + 4.992$
$\phantom{x^*} = 17.992$

大約 10% 使用這個設施的垃圾車具有大於 17.992 分鐘的總處理時間。

5% 最快的處理時間將是那些與小於 $z^* = -1.645$（從附錄表 2，根據 .05 的累積面積）的 $z$ 值，所以

$$\begin{aligned} x^* &= \mu + z^*\sigma \\ &= 13 + (-1.645)(3.9) \\ &= 13 - 6.416 \\ &= 6.584 \end{aligned}$$

大約有 5%，在該設施處理的垃圾車具有小於 6.584 分鐘的總處理時間。

## 習題 7.15 – 7.34

**7.15** 確定以下標準常態分配 ($z$) 曲線的面積：

a. $z$ 曲線下方 1.75 左側的面積
b. $z$ 曲線下方 −0.68 左側的面積
c. $z$ 曲線下方 1.20 右側的面積
d. $z$ 曲線下方 −2.82 右側的面積
e. $z$ 曲線下方介於 −2.22 和 0.53 之間的面積
f. $z$ 曲線下方介於 −1 和 1 之間的面積
g. $z$ 曲線下方介於 −4 和 4 之間的面積

**7.16** 確定每個標準常態 ($z$) 曲線下方的面積

a. −1.28 的左側面積
b. 1.28 的右側面積
c. −1 至 2 之間的面積
d. 0 的右側面積
e. −5 的右側面積
f. −1.6 至 2.5 之間的面積
g. 0.23 的左側面積

**7.17** 令 $z$ 表示具有標準常態分配的變項。確定以下機率：

a. $P(z < 2.36)$
b. $P(z \leq 2.36)$
c. $P(z < -1.23)$
d. $P(1.14 < z < 3.35)$
e. $P(-0.77 \leq z \leq -0.55)$
f. $P(z > 2)$
g. $P(z \geq -3.38)$
h. $P(z < 4.98)$

**7.18** 令 $z$ 表示具有常態分配的變項，$\mu = 0$ 和 $\sigma = 1$。確定以下機率：

a. $P(z < 0.10)$
b. $P(z < -0.10)$
c. $P(0.40 < z < 0.85)$
d. $P(-0.85 < z < -0.40)$
e. $P(-0.40 < z < 0.85)$
f. $P(z > -1.25)$
g. $P(z < -1.50$ 或 $z > 2.50)$

**7.19** 令 $z$ 表示具有標準常態分配的變項。確定滿足以下條件的 $z^*$ 值：

a. $P(z < z^*) = .025$
b. $P(z < z^*) = .01$
c. $P(z < z^*) = .05$
d. $P(z > z^*) = .02$
e. $P(z > z^*) = .01$
f. $P(z > z^*$ 或 $z < -z^*) = .20$

**7.20** 確定 $z^*$ 值使其分割

a. 最大 3% $z$ 值與其他 $z$ 值
b. 最大 1% $z$ 值與其他 $z$ 值
c. 最小 4% $z$ 值與其他 $z$ 值
d. 最小 10% $z$ 值與其他 $z$ 值

7.21 確定 $z^*$ 值使得
a. $z^*$ 和 $-z^*$ 從最極端的 5% 分割中間的 95% $z$ 值
b. $z^*$ 和 $-z^*$ 從最極端的 10% 分割中間的 90% $z$ 值
c. $z^*$ 和 $-z^*$ 從最極端的 2% 分割中間的 98% $z$ 值
d. $z^*$ 和 $-z^*$ 從最極端的 8% 分割中間的 92% $z$ 值

7.22 因為 $P(z < 0.44) = .67$，所有 $z$ 值的 67% 都小於 0.44，0.44 是標準常態分配的第 67 百分位。確定以下每個標準常態分配的百分位數的值（提示：如果你必須尋找累積面積沒有出現在 $z$ 表，使用最接近項目）：
a. 第 91 百分位數（提示：查找面積 .9100）
b. 第 77 百分位數
c. 第 50 百分位數
d. 第 9 百分位數
e. $z$ 的第 70 百分位數與 $z$ 的第 30 百分位數之間的關係是什麼？

7.23 考慮一間特殊的塗料公司生產的油漆所有 1 加侖的罐裝。假設常態分配具有平均值為 $\mu = 5$ 毫升，標準差 $\sigma = 0.2$ 毫升是 $x$ 合理的分配模型，而 $x$ = 油漆中紅色染料的數量。使用常態分配模型計算以下的機率。

a. $P(x < 5.0)$        b. $P(x < 5.4)$
c. $P(x \leq 5.4)$     d. $P(4.6 < x < 5.2)$
e. $P(x > 4.5)$        f. $P(x > 4.0)$

7.24 考慮嬰兒出生在 37 至 43 孕週的「正常」範圍。舉例 7.13（「胎兒生長參數與出生體重：其新生兒身體成分的關係」，*Ultrasound in Obstetrics and Gynecology* [2009]: 441-446）中引用的文件表明，一個常態分配平均數為 $\mu = 3500$ 克，標準差 $\sigma = 600$ 克，是一個隨機選取的足月嬰兒的連續數值變項 $x$ = 出生體重之機率分配的一個合理模型。
a. 隨機選取的足月嬰兒出生體重超過 4000 克的機率是多少？那麼在 3000 和 4000 克之間的機率是多少？
b. 隨機選取的足月嬰兒出生體重小於 2000 克或大於 5000 克的機率是多少？
c. 隨機選取的足月嬰兒出生體重超過 7 磅的機率是多少？（提示：1 磅 = 453.59 克）
d. 你會如何描述所有的足月嬰兒出生體重最極端的 0.1%？
e. 如果 $x$ 是服從常態分配的變項且是一個常數數值（$a \neq 0$），然後 $y = ax$ 具有常態分配。使用這個公式來確定以磅表示的足月嬰兒出生體重之分配（含形狀、平均數和標準差），然後從 (c) 部分重新計算機率。這與您以前的答案又如何比較？

7.25 排放的氮氧化物，是煙霧的主要成分，可以使用常態分配模型進行建模。令 $x$ 表示隨機選取的車輛排放的汙染物排放量。$x$ 的分配可以用 $\mu = 1.6$ 和 $\sigma = 0.4$ 的常態分布來描述。假設環保局要提供某種刺激方案以懲罰排汙最嚴重的車輛於道路上。什麼排放量構成了車輛最差的 10%？

7.26 例 7.16 中引用的文章（「估計垃圾轉運站延誤基於 GPS」，*Waste Management* [2008]: 1742-1750）描述垃圾車的處理時間也提供第二個設施的處理時間資料。在這第二個設施，總平均處理時間為 9.9 分鐘，處理時間的標準差為 6.2 分鐘。解釋為什麼具有平均值 9.9 和標準差 6.2 的常態分配不會是隨機選取的垃圾車進入該第二設施的變項 $x$ = 總處理時間的機率分配之適當模型。

7.27 心臟左上腔的大小是心血管健康的一個測量指標。當左上腔擴大，心臟問題的風險會增加。論文「左心房大小隨兒童的身體質量指數」(*International Journal of Cardiology* [2009]: 1-7) 描述了大量兒童 5 至 15 歲心房大小測量的研究。根據這些數據，作者結論，對於健康兒童，左心房直徑近似常態分配，其平均數為 26.4 公釐，標準差為 4.2 公釐。
a. 大約有多少比例的健康兒童左心房直徑小於 24 公釐？
b. 大約有多少比例的健康兒童左心房直徑大於 32 公釐？
c. 大約有多少比例的健康兒童左心房直徑在 25 至 30 公釐之間？
d. 對於健康的孩子，只有約 20% 的比例有較大的左心房直徑的值是多少？

7.28 在之前的習題中引用的文章也包括被認為是超重兒童的左心房直徑的數據。對於這些兒童，左心房直徑為常態分配，其平均數為 28 公釐，標準差為 4.7 公釐。
a. 大約有多少比例的超重兒童左心房直徑少於 25 公釐？
b. 大約有多少比例的超重兒童左心房直徑大於 32 公釐？
c. 大約有多少比例的超重兒童左心房直徑在 25 至 30 公釐之間？
d. 超重兒童左心房直徑大於健康兒童的平均數的比例是多少？

7.29 根據文章「通勤者在越南河內接觸微粒物質和一氧化碳」(*Transportation Research* [2008]: 206-211)，在河內公路騎摩托車 5 公里的人接觸到一氧化碳量為常態分配，平均數為 18.6 ppm。假設一氧化碳暴露的標準差是 5.7 ppm。大約多少比例在河內公路騎摩托車 5 公里將超過 20 ppm 的一氧化碳暴露？超過 25 ppm？

7.30 一台切割葡萄酒瓶軟木塞的機器運行方式的分配近似常態分配，平均直徑為 3 公分和標準差 0.1 公分。規格要求瓶塞直徑 2.9 和 3.1 公分之間。不符合規格的軟木被認為是有瑕疵的。（太小的軟木塞洩漏並導致葡萄酒惡化；軟木塞太大不適合在瓶子裡。）這台機器所生產的軟木塞有多少比例是有瑕疵的呢？

7.31 請參閱習題 7.30。假設有兩台機器可用於切割軟木塞。本機採用在前面的問題中所述軟木塞生產直徑的近似常態分配，平均數 3 公分和標準差 0.1 公分。第二台機器生產的軟木塞的直徑近似常態分配，平均數 3.05 公分和標準差 0.01 公分。你會推薦哪台機器？（提示：哪台機器將產生最少量的有瑕疵軟木塞？）

7.32 某種油箱在特定車種被設計成容納汽油 15 加侖。假設隨機選取的油箱的變項 $x$ = 實際容量具有平均數 15.0 加侖和標準差 0.1 加侖的近似常態曲線。
a. 隨機選取的油箱容量最多 14.8 加侖的機率是多少？
b. 隨機選取的油箱容量為 14.7 到 15.1 加侖的機率是多少？
c. 如果有兩個這樣的油箱是獨立選取的，這兩個油箱皆可容納最多 15 加侖的機率是多少？

7.33 一個隨機選取的作業申請人執行特定任務，它需要的時間近似一個常態分配，平均數 120 秒和標準差 20 秒。最快的 10% 都被賦予高級培訓。什麼任務時間的人有這種培訓資格？

7.34 假設打字員採用了新型分離式鍵盤的打字速率每分鐘多少字 (wpm) 近似常態分配，平均數 60 wpm 和標準差 15 wpm（「分離式鍵盤的形狀對身體上部姿勢的影響」，*Ergonomics* [2009]: 104-111）。

a. 隨機選取的打字員之打字速率最多為 60 wpm 的機率是多少？至少 60 wpm？
b. 隨機選取的打字員之打字速率為 45 至 90 之間的機率是多少？
c. 你會驚訝地發現在這群打字員中，其速率超過 105 wpm 的機率是多少？（注意：本文列舉的樣本最大速率是 104 wpm。）
d. 假設有兩個打字員是獨立地選取，他們的打字速率皆超過 75 wpm 的機率是多少？
e. 假設特殊訓練要提供給打字員最慢的 20%。什麼打字速度有資格成為這次培訓的人？

## 7.4 確認常態性與常態化變換

一些最常用的有效統計方法是只有當樣本 $x_1$、$x_2$、……、$x_n$，來自常態母體分配。看看母體常態假設是否可信的一種方法是構建資料的**常態機率圖 (normal probability plot)**。此圖使用稱為常態分數的某種數量。常態分數依賴於樣本量 $n$。例如，$n = 10$ 的常態分數如下：

$$-1.539 \quad -1.001 \quad -0.656 \quad -0.376 \quad -0.123$$
$$0.123 \quad 0.376 \quad 0.656 \quad 1.001 \quad 1.539$$

為了解釋這些數字，考慮從標準常態分配樣本中選取樣本，每一組樣本包含 $n = 10$ 個觀察值。然後 $-1.539$ 是來自各樣本的最小觀察的長期平均，$-1.001$ 是來自各樣本的第二最小觀察長期平均，並依此類推。換言之，$-1.539$ 是取自 $z$ 分配樣本量 10 的樣本中最小觀察的平均數，$-1.001$ 是第二最小觀察的平均數等等。

常態分數的廣泛表格適用於許多不同的樣本量。另外，許多套裝軟體（如 Minitab 和 SAS）和一些圖形計算器可以計算這些值，然後建立一個常態機率圖。並非所有的計算器和軟體使用相同的算法來計算常態分數。然而，這並不改變常態機率圖的總體特徵，所以可以使用任一列的值或那些由電腦或計算器提供的。

樣本觀察從最小到最大排序之後，最小的常態分數是搭配最小的觀察，第二小的常態分數與第二小的觀察，依此類推。在一對數目中，第一個數目是常態分數，且該對第二個數字是所觀察到的數據值。常態機率圖只是（常態分數，觀測值）的一對數目之一個散布圖。

如果一個標準的常態分配樣本已被選定，每對中的第二數目應該合理地接近所述第一數目（有序觀察近似相應的平均數）。然後在 $n$ 個繪點落在斜率等於 1（45°

線）且通過 (0, 0) 那條直線附近。當樣本是由某些常態母體分配所取出，繪點應接近一些直線（但並不一定是與斜率 1 和截距 0）。

> **定義**
>
> **常態機率圖** (normal probability plot) 是（常態分數，觀測值）的散布圖。
>
> 一個常態機率圖強大的線性模式提示母體常態性是可見的。另一方面，系統化偏離一條直線圖型（諸如圖中的彎曲形狀）提示假設母體分配具常態性是不合理的。

### 例 7.17　蛋的重量

下面的資料顯示 10 個雞蛋樣本的雞蛋重量（以克為單位）。這些資料與文章「評價蛋的品質狀態，在印度北方邦西部雞飼養在後院」(*Indian Journal of Poultry Science*, 2009) 中的摘要數量一致。

　　53.04　　53.50　　52.53　　53.00　　53.07　　52.86　　52.66　　53.23　　53.26　　53.16

從最小到最大的排序樣本觀測值產生

　　52.53　　52.66　　52.86　　53.00　　53.04　　53.07　　53.16　　53.23　　53.26　　53.50

將常態分數與這些有序觀測值配對產生以下 10 個有序數對可以用於構建常態機率圖：

　　(−1.539, 52.53)　　(−1.001, 52.66)　　(−0.656, 52.86)　　(−0.376, 53.00)
　　(−0.123, 53.04)　　(0.123, 53.07)　　(0.376, 53.16)　　(0.656, 53.23)
　　(1.001, 53.26)　　(1.539, 53.50)

常態機率圖顯示於圖 7.31 中。圖中的線性支持所選取的雞蛋重量樣本是取自常態母體的假設。

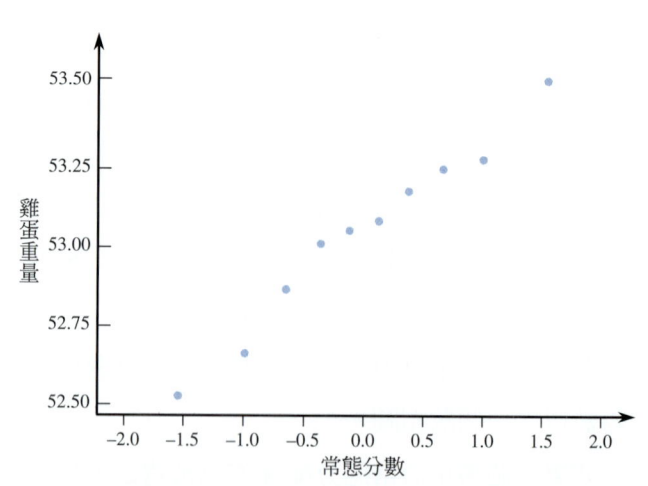

圖 7.31
例 7.17 的常態機率圖

決定一個圖是否表現出強烈的直線圖型是有些主觀的。尤其是當 $n$ 很小時，常態性不應該被排除在外，除非背離線性是明確的。圖 7.32 顯示幾種暗示非常態母體分配之圖型。

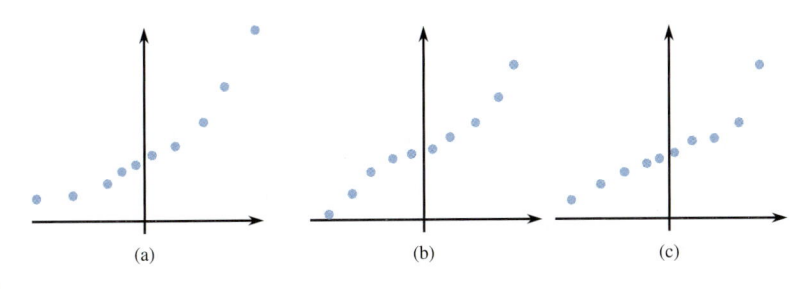

**圖 7.32**

暗示非常態圖：(a) 跡象顯示母體分配歪斜；(b) 跡象顯示母體分配比常態曲線有較重的尾部；(c) 有離群值的存在

## 使用相關係數來確認常態性

相關係數 $r$ 是在第 5 章介紹散布圖中的點落在接近直線程度的定量測量。考慮 $n$ 個（常態分數，觀測值）數對：

（最小的常態分數，最小的觀察）
　　　　　⋮
（最大的常態分數，最大的觀察）

然後相關係數可以像在第 5 章討論般被計算。常態機率圖是向上傾斜（因為它是基於從最小到最大的排序值），所以 $r$ 是正數。相當接近 1 的 $r$ 值指出常態機率圖中有非常強的線性關係。如果 $r$ 遠小於 1，當 $F$ 分配的常態性是有問題的。

在我們開始懷疑常態性的可能為真之前，$r$ 可以低於 1 到什麼地步呢？答案取決於樣本大小。如果 $n$ 是小的，稍低於 1 的 $r$ 值並不奇怪，即使當母體分配是常態，但如果 $n$ 很大，只有一個 $r$ 值非常接近 1 支持常態的假設。對於所選擇的 $n$ 值，表 7.1 給出了和 $r$ 比較就可確認常態性的臨界值。如果你的樣本量介於表中兩個 $n$ 值之間，則使用較大的樣本量當臨界值。（例如，如果 $n = 46$，對於樣本量 50 使用 .966 當臨界值。）

**表 7.1　確認常態性的臨界值 ***

| n | 5 | 10 | 15 | 20 | 25 | 30 | 40 | 50 | 60 | 75 |
|---|---|---|---|---|---|---|---|---|---|---|
| 臨界值 $r$ | .832 | .880 | .911 | .929 | .941 | .949 | .960 | .966 | .971 | .976 |

* 資料來源：Minitab 的使用說明書

> 如果
>
> $r <$ 對應 $n$ 值的臨界 $r$ 值
>
> 假設母體具常態分配是不合理的。

如何在表 7.1 得到臨界值？考慮臨界值 .941 對於 $n = 25$。假設當下分配實際上是常態，考慮獲得大量不同的每一組有 25 個觀察的樣本，以及計算每組樣本 $r$ 值。然後，它可以證明，只有 1% 的樣本導致 $r$ 值小於臨界值 .941。也就是說，.941 被選為保證 1% 的錯誤率：當分配真的是常態，在只有 1% 的情況下判斷常態性是難以置信的。其他的臨界值對相應的樣本量也選擇得到 1% 的誤差率。它可能出現在其他類型的錯誤是可能的：當分配實際上是非常態，得到大的 $r$ 值，因此結論常態性是一個合理的假設。這種類型的錯誤比前面提到的類型更難以控制，但前述方法可以對這兩種類型的錯誤做好控制。

### 例 7.18　蛋重量的延續

在例 7.17 的蛋重量資料，樣本量為 $n = 10$，從表 7.1，臨界 $r$ 是 .880。從 Minitab 分析中，使用計算出的相關係數（常態分數，觀測值）為 $r = .986$。因為 $r$ 大於臨界 $r$ 的樣本大小為 10，所以可見蛋重量的母體分配近似常態。

**相關性：蛋的重量，常態分數**
蛋重量和常態分數的皮爾森相關係數 = 0.986

## 變換數據來取得近似常態性分配

許多最常使用的統計方法是有效的，只有當樣本隨機選取自至少具有近似常態分配之母體。若樣本直方圖出現明顯的非常態形狀，我們通常將資料變換或重新表示。透過變換數據，我們的意思是應用一些特定的數學函數（如平方根、對數或倒數）將每個數據值產生一組變換數據。利用需要常態性的方法，我們可以研究和總結這些變換值的分配。我們在第 5 章看到雙變量的數據，其中一個或兩個變項都可以被試圖變換到有線性關係的兩個變項。用單變項數據，通常選擇轉換以得到變換值的分配比原來的分配更對稱且更近似常態曲線。

## 例 7.19　降雨資料

有幾個調查員使用引入變換概念的資料包含在明尼阿波利斯—聖保羅都會區 3 月降水量，為期 30 年的值。隨著每個值的平方根，這些值列於表 7.2。原始的和變換後的資料的直方圖顯示在圖 7.33。原始資料的分配明顯偏斜地帶著長尾向右。平方根變換導致了基本上更對稱分配，與鄰近第三和第四組區間之間邊界 1.25 的典型值。

表 7.2　明尼阿波利斯—聖保羅都會區 3 月降水量為期 30 年原始值和平方根的變換值

| 年 | 降水量 | $\sqrt{降水量}$ | 年 | 降水量 | $\sqrt{降水量}$ |
|---|---|---|---|---|---|
| 1 | 0.77 | 0.88 | 16 | 1.62 | 1.27 |
| 2 | 1.74 | 1.32 | 17 | 1.31 | 1.14 |
| 3 | 0.81 | 0.90 | 18 | 0.32 | 0.57 |
| 4 | 1.20 | 1.10 | 19 | 0.59 | 0.77 |
| 5 | 1.95 | 1.40 | 20 | 0.81 | 0.90 |
| 6 | 1.20 | 1.10 | 21 | 2.81 | 1.68 |
| 7 | 0.47 | 0.69 | 22 | 1.87 | 1.37 |
| 8 | 1.43 | 1.20 | 23 | 1.18 | 1.09 |
| 9 | 3.37 | 1.84 | 24 | 1.35 | 1.16 |
| 10 | 2.20 | 1.48 | 25 | 4.75 | 2.18 |
| 11 | 3.00 | 1.73 | 26 | 2.48 | 1.57 |
| 12 | 3.09 | 1.76 | 27 | 0.96 | 0.98 |
| 13 | 1.51 | 1.23 | 28 | 1.89 | 1.37 |
| 14 | 2.10 | 1.45 | 29 | 0.90 | 0.95 |
| 15 | 0.52 | 0.72 | 30 | 2.05 | 1.43 |

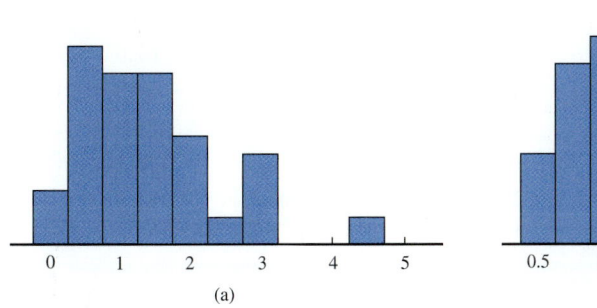

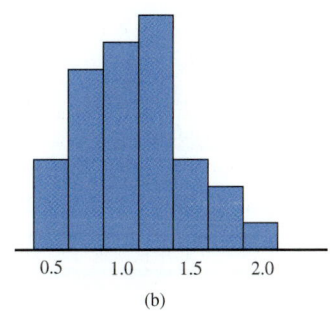

圖 7.33
例 7.19 的降水量直方圖：(a) 未變換的數據；(b) 平方根變換的值

對數變換也很常見，像對雙變項數據，無論是自然對數或以 10 為底對數都可以使用。對數變換通常適用於那些正偏斜的數據（長右尾）。基本上這會影響在右尾部比在左尾部的值多更多，產生一個更對稱和往往比較常態的分配。

### 例 7.20　腎臟疾病的標記

腎功能的兩項測量是一個 AGT 物質在血液和尿液中的含量。論文「**尿血管緊張素原為慢性腎病嚴重的潛在生物標記**」(*Journal of the America Society of Hypertension* [2008]: 349–354) 描述了對血漿 AGT 等級和尿 AGT 等級進行樣本測量成人慢性腎臟疾病的研究。代表性的數據為 40 例患者（文中描述與摘要量一致）列於表 7.3。

**表 7.3**　血漿 AGT 等級和尿 AGT 等級

| 血漿 AGT | 血漿 AGT | 尿 AGT | 尿 AGT |
|---|---|---|---|
| 21.0 | 16.7 | 56.2 | 41.7 |
| 36.0 | 20.2 | 288.4 | 29.5 |
| 22.9 | 24.5 | 45.7 | 208.9 |
| 8.0 | 18.5 | 426.6 | 229.1 |
| 27.3 | 40.2 | 190.6 | 186.2 |
| 32.4 | 18.8 | 616.6 | 29.5 |
| 17.2 | 28.1 | 97.7 | 229.1 |
| 30.9 | 26.8 | 66.1 | 13.5 |
| 27.2 | 24.1 | 2.6 | 407.4 |
| 30.0 | 14.1 | 74.1 | 1122.0 |
| 35.1 | 18.9 | 14.5 | 66.1 |
| 21.6 | 25.6 | 56.2 | 7.4 |
| 22.7 | 10.2 | 812.8 | 177.8 |
| 2.5 | 29.2 | 11.5 | 6.2 |
| 30.2 | 29.5 | 346.7 | 67.6 |
| 27.3 | 24.3 | 9.6 | 20.0 |
| 19.6 | 22.3 | 288.4 | 28.8 |
| 19.0 | 16.5 | 147.9 | 186.2 |
| 13.4 | 25.6 | 17.0 | 141.3 |
| 18.0 | 23.0 | 575.4 | 724.4 |

該論文的作者指出，血漿 AGT 等級的分布大約是常態的。Minitab 分析中用於構建直方圖和常態機率圖於圖 7.34 中有血漿 AGT 等級。直方圖是合理對稱的，並在常態機率圖顯示出強大的線性圖案。這與作者有關血漿 AGT 等級的近似常態的陳述是一致的。

當作者認為尿 AGT 等級在樣本數據的分布是偏斜的，他們使用一個對數變換以得到更近似常態的一個分配。表 7.4 提供尿 AGT 等級隨著對數變換的數據。圖 7.35 顯示原始尿

AGT 數據和變換尿 AGT 數據的直方圖。請注意，該直方圖的變換數據比未變化的數據的直方圖更加對稱且更加鐘形。

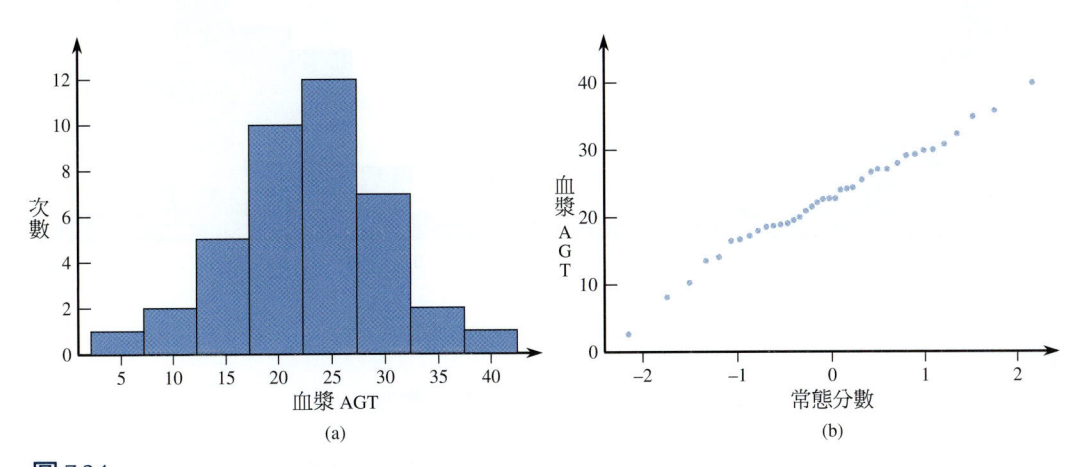

**圖 7.34**

例 7.20 圖形顯示血漿 AGT 等級數據：(a) 直方圖；(b) 常態機率圖

**表 7.4** 尿 AGT 等級和 Log 變換的數據

| 尿 AGT | Log ( 尿 AGT) | 尿 AGT | Log ( 尿 AGT) |
|---|---|---|---|
| 56.2 | 1.75 | 41.7 | 1.62 |
| 288.4 | 2.46 | 29.5 | 1.47 |
| 45.7 | 1.66 | 208.9 | 2.32 |
| 426.6 | 2.63 | 229.1 | 2.36 |
| 190.6 | 2.28 | 186.2 | 2.27 |
| 616.6 | 2.79 | 29.5 | 1.47 |
| 97.7 | 1.99 | 229.1 | 2.36 |
| 66.1 | 1.82 | 13.5 | 1.13 |
| 2.6 | 0.41 | 407.4 | 2.61 |
| 74.1 | 1.87 | 1122.0 | 3.05 |
| 14.5 | 1.16 | 66.1 | 1.82 |
| 56.2 | 1.75 | 7.4 | 0.87 |
| 812.8 | 2.91 | 177.8 | 2.25 |
| 11.5 | 1.06 | 6.2 | 0.79 |
| 346.7 | 2.54 | 67.6 | 1.83 |
| 9.6 | 0.98 | 20.0 | 1.30 |
| 288.4 | 2.46 | 28.8 | 1.46 |
| 147.9 | 2.17 | 186.2 | 2.27 |
| 17.0 | 1.23 | 141.3 | 2.15 |
| 575.4 | 2.76 | 724.4 | 2.86 |

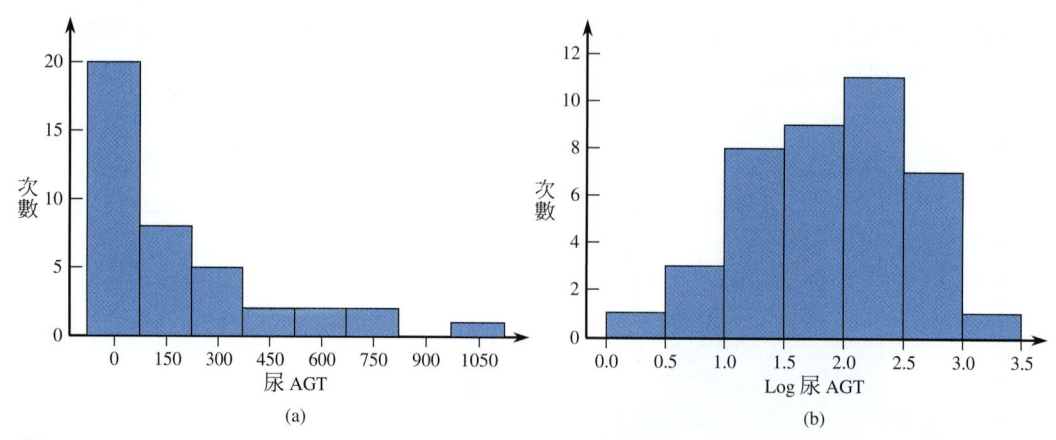

**圖 7.35**
例 7.20 圖形顯示尿 AGT 等級數據：(a) 未變換數據；(b) 變換數據

圖 7.36 顯示原始數據和變換的數據的 Minitab 常態機率圖。變換後的數據之圖，顯然在外觀上比原始數據更線性。

Minitab 分析也用於計算數對（常態分數，數據）之相關係數。

**相關性：尿 AGT，常態分數**
尿AGT 和常態分數的皮爾森相關係數 = 0.866

**相關性：Log（尿 AGT），常態分數**
Log（尿 AGT）和常態分數的皮爾森相關係數 = 0.990

其中 $n = 40$，從表 7.2 的臨界 $r$ 值是 $r = .960$。未變換數據的相關係數是 .866，它小於臨界 $r$ 表示它沒有理由把尿 AGT 值的分配設為常態。然而，經變換的數據 $r$ 之相關係數 = .990，是遠遠大於臨界 $r$ 支持了作者的想法，即對數變換的數據分配是近似常態的。

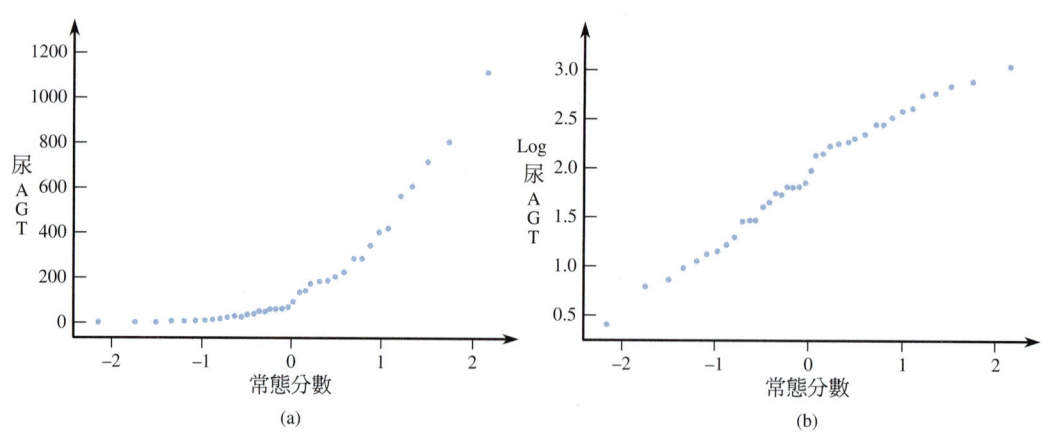

**圖 7.36**
例 7.20 的數據之 Minitab 常態機率圖：(a) 原始數據；(b) 變換數據

**選擇變換**

有時候，一個特定的變換都可以用一些理論上的說法來決定，但往往不是這種案例，你不妨嘗試幾種不同的變換以找到最滿意的。圖 7.37，從文章「**疑似不育男性的精子數量的分配**」(*Journal of Reproduction and Fertility* [1983]: 91-96)，顯示了可能是該項的搜查內容。在這一領域的其他研究者使用了三種前述的變換，而在圖 7.37(b) 中所示的對數變換呈現出最好的選擇。

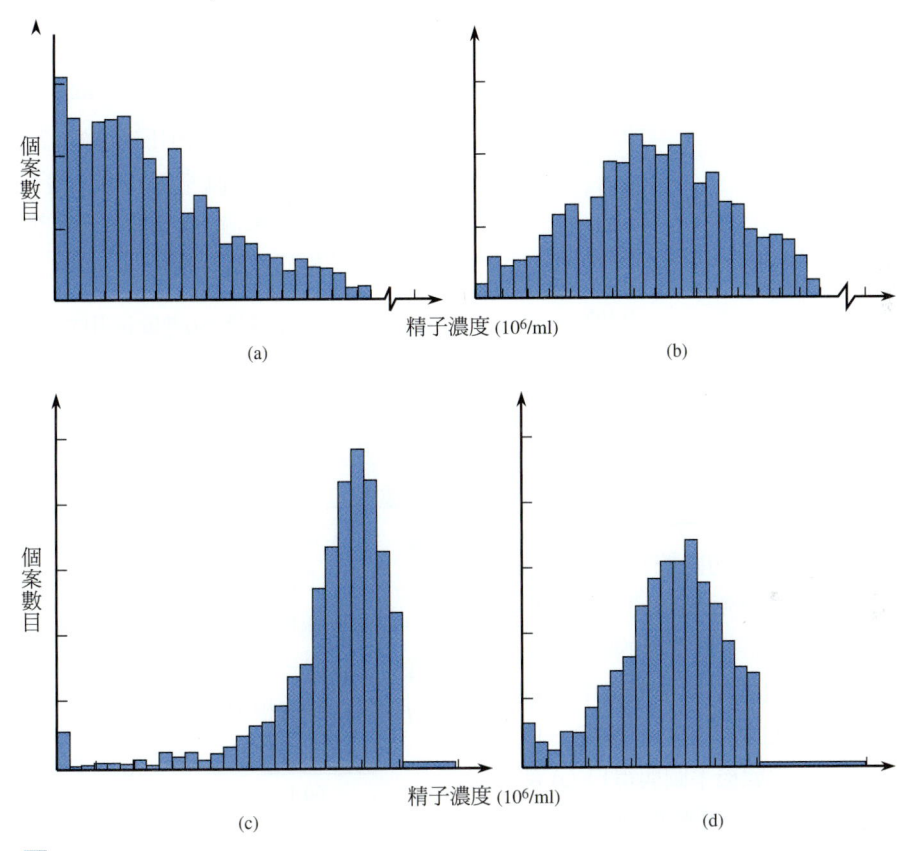

**圖 7.37**

1711 名疑似不育男性的精子濃度直方圖：(a) 未變換數據（高度傾斜）；(b) log 變換數據（相當的對稱）；(c) 平方根變換後的數據；(d) 立方根變換後的數據

---

**習題** 7.35 – 7.45

7.35 論文「**處於營養風險的幼兒發育是由瘧疾、貧血、發育遲緩造成，這是在奔巴島，桑給巴爾的預測**」(*The Journal of Nutrition* [2009]: 763-772) 的作者研究了可

能營養不足的兒童。觀察兒童一段時間，並記錄各種活動所花的時間。感興趣的一個變項是孩子花在焦慮的時間長度（以分鐘為單位）。作者評論花在焦慮的時間分配偏斜，他們用平方根變換來建立更加近似常態分配。在所附的表，給出資料摘要與本文 15 兒童數量相一致。也提供 15 個樣本的常態分數。

| 焦慮時間 | 常態分數 |
|---|---|
| 0.05 | −1.739 |
| 0.10 | −1.245 |
| 0.15 | −0.946 |
| 0.40 | −0.714 |
| 0.70 | −0.515 |
| 1.05 | −0.333 |
| 1.95 | −0.165 |
| 2.15 | 0.000 |
| 3.70 | 0.165 |
| 3.90 | 0.335 |
| 4.50 | 0.515 |
| 6.00 | 0.714 |
| 8.00 | 0.946 |
| 11.00 | 1.245 |
| 14.00 | 1.739 |

a. 構造一個焦慮時間的數據常態機率圖。此圖看起來是線性嗎？你同意論文作者認為焦慮時間分配不是常態的嗎？
b. 透過每個數據值的平方根變換的數據。對於此平方根的變換資料，構建一個常態機率圖。此常態機率圖與得自 (a) 部分針對未變換資料的圖相較如何？

**7.36** 本文「**危險行為、決策和男性青少年音樂類型**」（Marshall University，2009年5月）研究了具有風險的，決策任務音樂演奏和表演類型的影響。

a. 參與研究對象回應危險行為評分的問卷。危險行為評分有 15 名參加者（出現在文章的圖表）。利用這些數據來構造一個常態機率圖（針對出現在前面習題一組樣本量 15 的樣本之常態分數）。

102  105  113  120  125  127  134  135
139  141  144  145  149  150  160

b. 參與者也完成了對音樂的情感反應的正面和負面影響量表 (PANAS) 設計。15 名參與者量表值（從文章上出現的圖形讀取）陳列如下。使用這些資料來構造（15 個樣本的常態分數出現在前面的習題）的常態機率圖。

36  40  45  47  48  49  50  52
53  54  56  59  61  62  70

c. 本文作者指出，他相信危險行為評分和量表分數皆近似常態分配是合理的考慮。常態機率圖 (a) 部分和 (b) 部分支持這一結論嗎？請解釋。

**7.37** 神經傳導性的測量被用在某些醫療條件的診斷。一個研究，描述了健康患者的尺骨神經受到刺激後，測量他們反應的幅度及速度。論文「**年齡、性別、身高和體重對延遲反應和神經傳導研究參數的影響**」(Acta Neurologica Taiwanica [2009]: 242-249) 代表性的數據為 30 名患者的變項 $x =$ 反應速度（每秒公尺）（摘要量和描述文中敘述一致）列於附表中，並且提供 $x$ 的對數和平方根值。

| $x$ | log($x$) | sqrt($x$) |
|---|---|---|
| 60.1 | 1.78 | 7.75 |
| 48.7 | 1.69 | 6.98 |
| 51.7 | 1.71 | 7.19 |
| 52.9 | 1.72 | 7.27 |
| 50.5 | 1.70 | 7.11 |
| 58.5 | 1.77 | 7.65 |
| 53.6 | 1.73 | 7.32 |
| 60.3 | 1.78 | 7.77 |
| 64.5 | 1.81 | 8.03 |
| 50.4 | 1.70 | 7.10 |
| 56.5 | 1.75 | 7.52 |
| 55.5 | 1.74 | 7.45 |
| 53.0 | 1.72 | 7.28 |
| 50.5 | 1.70 | 7.11 |
| 54.0 | 1.73 | 7.35 |

| x | log(x) | sqrt(x) |
|---|---|---|
| 53.6 | 1.73 | 7.32 |
| 55.2 | 1.74 | 7.43 |
| 57.9 | 1.76 | 7.61 |
| 61.5 | 1.79 | 7.84 |
| 58.0 | 1.76 | 7.62 |
| 57.6 | 1.76 | 7.59 |
| 67.1 | 1.83 | 8.19 |
| 56.2 | 1.75 | 7.50 |
| 53.8 | 1.73 | 7.33 |
| 55.7 | 1.75 | 7.46 |
| 52.9 | 1.72 | 7.27 |
| 54.0 | 1.73 | 7.35 |
| 52.6 | 1.72 | 7.25 |
| 61.8 | 1.79 | 7.86 |
| 62.8 | 1.80 | 7.92 |

a. 構造未變換的數據直方圖。請問 $x$ 的分配是近似常態嗎？請說明。
b. 構造對數變換數據的直方圖。該直方圖會比未變換數據的直方圖更對稱？
c. 構造的平方根變換數據的直方圖。無論是否這兩個變換（平方根或對數）導致直方圖比未變換數據更接近常態的形狀的直方圖？

7.38 黃斑退化是造成 60 歲以上的人失明的最常見原因。認為某種炎症與這種疾病關聯的相關變項，是一種可溶性物質 Fas 配體（疾病中）在血液中的等級。所附的表包含代表資料上 $x = 10$ 個年齡相關性黃斑退化患者的疾病中等級。這些資料均符合本文敘述的摘要數量和資料「協會的血漿可溶性 Fas 配體與老化和年齡相關性黃斑變性」(Investigative Ophthalmology & Visual Science [2008]: 1345–1349)。論文的作者指出疾病等級分配偏斜，並建議立方根變換。所附的表中陳列 10 個樣本的立方根值和常態分數。

| x | 立方根 x | 常態分數 |
|---|---|---|
| 0.069 | 0.41 | −1.539 |
| 0.074 | 0.42 | −1.001 |
| 0.176 | 0.56 | −0.656 |
| 0.185 | 0.57 | −0.376 |
| 0.216 | 0.60 | −0.123 |
| 0.287 | 0.66 | 0.123 |
| 0.343 | 0.70 | 0.376 |
| 0.343 | 0.70 | 0.656 |
| 0.512 | 0.80 | 1.001 |
| 0.729 | 0.90 | 1.539 |

a. 使用未變換的數據構建常態機率圖。常態機率圖顯示的是直線或曲線？
b. 計算（常態分數，$x$）的相關係數。比較此值與來自表 7.2 關鍵 $r$ 值，以確定它是否合理考慮疾病中的等級是常態分配。
c. 建構利用變換後數據的常態機率圖。是否常態機率圖顯得比未變換資料的圖更線性呢？
d. 計算（常態分數，轉化 $x$）的相關係數。比較此值與來自表 7.2 關鍵 $r$ 值，以確定它是否合理考慮變換 sFasL 的等級是常態分配。

7.39 使用「海扇貝含微量金屬」文中出現的資料部分 (Environmental Concentration and Toxicology 19: 1326–1334) 建構常態機率圖如下。

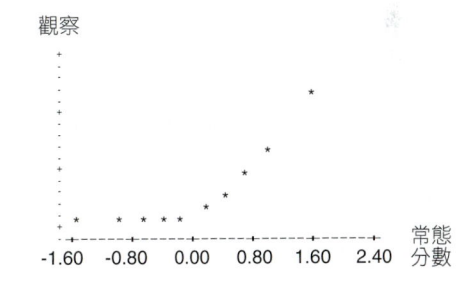

所研究的變項是在北大西洋扇貝含鎘量的研究。樣本數據表明，鎘的濃度分配不是常態？請解釋。

7.40 考慮到下面某種元件 10 個觀察的壽命（以小時計）：

| 152.7 | 172.0 | 172.5 | 173.3 | 193.0 |
| 204.7 | 216.5 | 234.9 | 262.6 | 422.6 |

構造一個常態機率圖，請評論常態分配作為元件壽命的分配模型之可見性。

**7.41** 考慮下列一組針對某系統使用的磁碟直徑 $x$（以公分為單位）做 25 個觀察值樣本。

| 16.01 | 16.08 | 16.13 | 15.94 | 16.05 | 16.27 |
|---|---|---|---|---|---|
| 15.89 | 15.84 | 15.95 | 16.10 | 15.92 | 16.04 |
| 15.82 | 16.15 | 16.06 | 15.66 | 15.78 | 15.99 |
| 16.29 | 16.15 | 16.19 | 16.22 | 16.07 | 16.13 |
| 16.11 | | | | | |

對應樣本數 25 的 13 個最大的常態分數為 1.965、1.524、1.263、1.067、0.905、0.764、0.637、0.519、0.409、0.303、0.200、0.100 和 0。這 12 個最小的分數來自放置一個負號在前面各給定非零值的分數。構造一個常態機率分配圖。唱片直徑具有一個常態分配是可見的嗎？請解釋。

**7.42** 例 7.19 研究明尼阿波利斯-聖保羅都會區的降雨數據。平方根變換獲得一個比原始數據的分配更對稱的值的分配。氣象學已建議的另一個變換是立方根：變換值 =（原始值）$^{1/3}$。原始值和它們的立方根（經變換的值）列於下表中：

| 原始值 | 變換值 | 原始值 | 變換值 |
|---|---|---|---|
| 0.32 | 0.68 | 1.51 | 1.15 |
| 0.47 | 0.78 | 1.62 | 1.17 |
| 0.52 | 0.80 | 1.74 | 1.20 |
| 0.59 | 0.84 | 1.87 | 1.23 |
| 0.77 | 0.92 | 1.89 | 1.24 |
| 0.81 | 0.93 | 1.95 | 1.25 |
| 0.81 | 0.93 | 2.05 | 1.27 |
| 0.90 | 0.97 | 2.10 | 1.28 |
| 0.96 | 0.99 | 2.20 | 1.30 |
| 1.18 | 1.06 | 2.48 | 1.35 |
| 1.20 | 1.06 | 2.81 | 1.41 |
| 1.20 | 1.06 | 3.00 | 1.44 |
| 1.31 | 1.09 | 3.09 | 1.46 |
| 1.35 | 1.11 | 3.37 | 1.50 |
| 1.43 | 1.13 | 4.75 | 1.68 |

以變換的數據構造一個直方圖和圖 7.33 提供的直方圖相比。立方根和平方根變換的那一個看起來產生更對稱的直方圖？

**7.43** 文章「**購買頻率的分配**」(*Journal of Marketing Research* [1980]: 210-216) 報告了 $3\frac{1}{2}$ 年購買牙膏的研究結果。研究人員使用全國 2071 位家庭主婦樣本進行對他們的研究和記錄牙膏採購數量。結果列在下面的次數分配：

| 購買數量 | 住戶數（次數）| 購買數量 | 住戶數（次數）|
|---|---|---|---|
| 10 至 <20 | 904 | 90 至 <100 | 13 |
| 20 至 <30 | 500 | 100 至 <110 | 9 |
| 30 至 <40 | 258 | 110 至 <120 | 7 |
| 40 至 <50 | 167 | 120 至 <130 | 6 |
| 50 至 <60 | 94 | 130 至 <140 | 6 |
| 60 至 <70 | 56 | 140 至 <150 | 3 |
| 70 至 <80 | 26 | 150 至 <160 | 0 |
| 80 至 <90 | 20 | 160 至 <170 | 2 |

a. 請畫一個這個次數分配的直方圖。你會形容這直方圖是正偏斜或負偏斜呢？
b. 平方根轉換會是比原始資料更對稱的直方圖嗎？（要小心！這有點棘手，因為你沒有原始數據；種類的區間和變換的區間結果端點不一定是相等的寬度，所以繪製變換值的直方圖應考慮到這一點。）

**7.44** 生態學家長期以來一直關注在南北特定動物物種被發現的因素。作為這樣研究的一部分，本文「**溫度和越冬鳥類的北方分配**」*Ecology* [1991]: 2274-2285) 得到下列鳥身體質量（以克計），針對以前被認為是具有對應於一個特定的等溫線在北部邊界的 50 種不同鳥類：

| 7.7 | 10.1 | 21.6 | 8.6 | 12.0 | 11.4 | 16.6 | 9.4 |
|---|---|---|---|---|---|---|---|
| 11.5 | 9.0 | 8.2 | 20.2 | 48.5 | 21.6 | 26.1 | 6.2 |
| 19.1 | 21.0 | 28.1 | 10.6 | 31.6 | 6.7 | 5.0 | 68.8 |

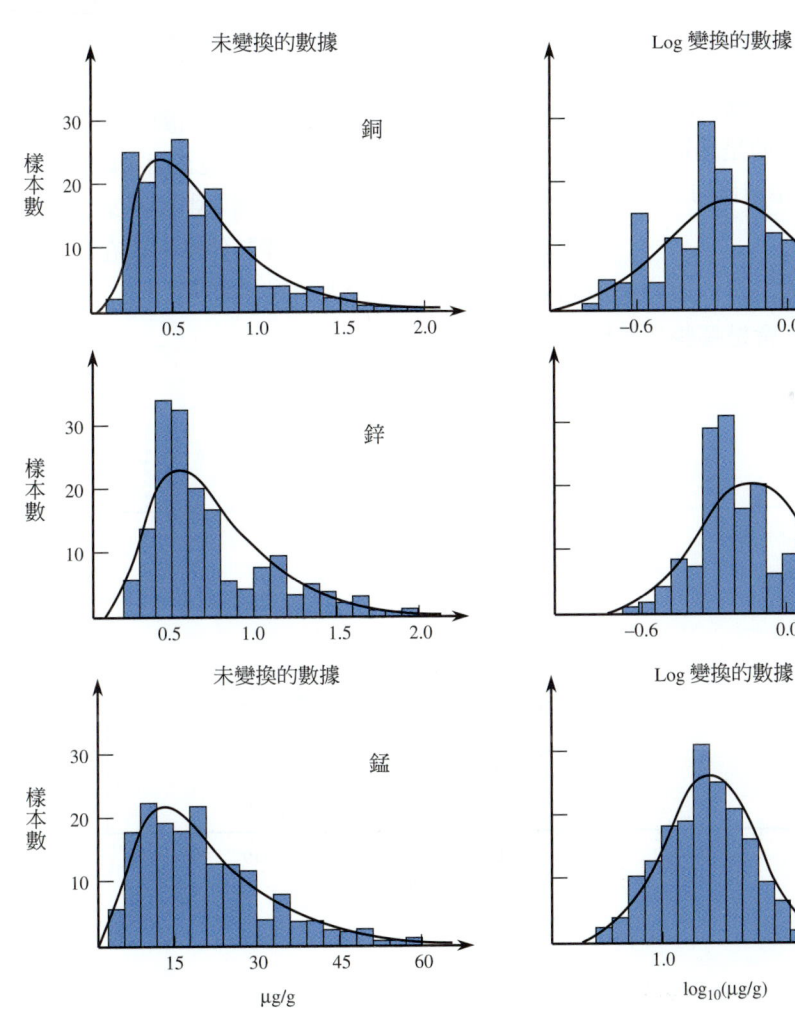

23.9　19.8　20.1　　6.0　99.6　19.8　16.5　　9.0
448.0　21.3　17.4　36.9　34.0　41.0　15.9　12.5
10.2　31.0　21.5　11.9　32.5　　9.8　93.9　10.9
19.6　14.5

a. 構造一個莖葉圖，其中 448.0 顯示在旁邊的圖為異常的值，一個觀測值的莖是十位數，葉是個位數，並且十分位受到抑制（例如，21.5 有莖 2 和葉 1）。你怎麼覺察其中最突出的特點？

b. 基於區間 5 至 < 10、10 至 < 15、15 至 < 20、20 至 < 25、25 至 < 30、30 至 < 40、40 至 < 50、50 至 < 100 和 100 至 < 500 繪製直方圖。變換的數據是期望的嗎？請解釋。

c. 使用計算器或統計電腦套裝軟體來計算這些觀察的對數，並構建一個直方圖。對數變換是令人滿意的嗎？

d. 考慮變換值 $= \dfrac{1}{\sqrt{\text{原值}}}$ 和構造一個變換數據直方圖。它看起來像一個常態分配嗎？

7.45　下面的圖解出現在論文「在坎特伯雷平原土壤 EDTA 可提取的銅、鋅和錳」(*New Zealand Journal of Agricultural Research*

圖 Ex-7.45

[1984]: 207-217)：大量的表層土樣本進行了分析錳 (Mn)、鋅 (Zn) 和銅 (Cu)，將得到的數據用直方圖總結。研究者使用對數變換每一組數據，努力獲得的值更對稱分配。你認為轉變是成功的嗎？請說明。

## 活動 7.1　是真實的嗎？

**背景**：有三名學生被要求完成以下幾個步驟：

(a) 拋擲硬幣 30 次，並記 30 次翻轉中出現正面的次數。
(b) 重複步驟 (a) 100 次，以獲得 100 次觀測的隨機變項 $x = 30$ 次翻轉出現正面的次數。
(c) 建構 100 次 $x$ 值點圖。

因為這是個冗長的任務，所以他們沒有真正去進行拋擲硬幣而是編造 100 次「真實的」$x$ 值。這些學生製作的三個點圖顯示在此。

1. 你認為這是任何三名的學生組成的 $x$ 點圖嗎？如果是，會是哪些？怎樣的點圖會讓你想起學生實際上並沒有做拋擲硬幣？

2. 組成一個群體，每一個學生在你的班級應該拋擲硬幣 30 次，並記下拋擲 30 次的正面數量。如果不到 50 名學生在課堂上，每個學生應該重複此過程，直到共有至少 50 次觀察 $x = 30$ 次翻轉出現正面的次數。從整個班級使用的數據，構造 $x$ 值的點圖。

3. 仔細看步驟 2 中的點圖，從實際拋擲硬幣 30 次及觀察出現正面次數的結果，重新考慮你在步驟 1 中的答案。對於這三個學生，解釋為什麼你現在認為，他或她實際上並沒有拋擲硬幣。

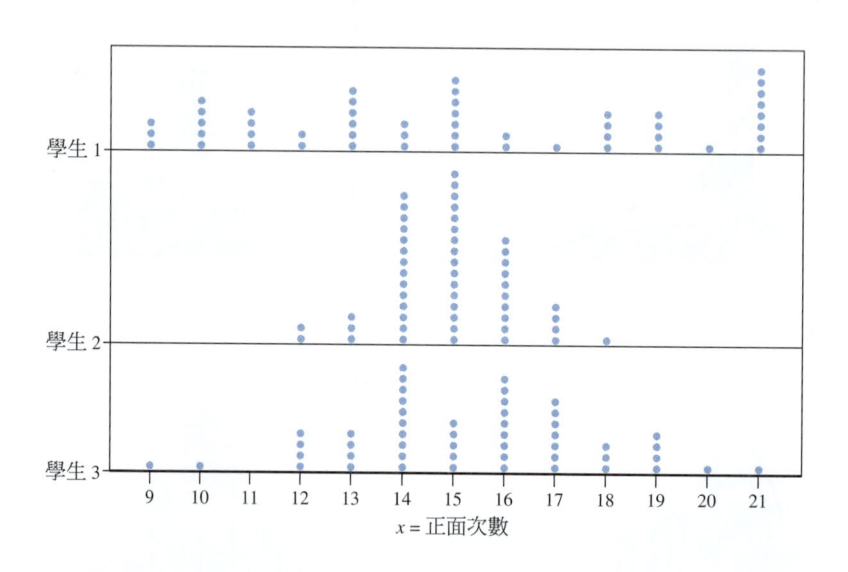

## 活動 7.2　腐爛的雞蛋

**背景：** 該 Salt Lake Tribune（2002 年 10 月 11 日）印了以下客戶的餐廳經理和衛生檢查員之間的交流。

> 該食譜要求每個蛋餅需要四個新鮮的雞蛋。Salt Lake 衛生局檢查員最近拜訪並指出，由美國食品和藥物管理局的研究表明，四個中就有一個的雞蛋攜帶沙門氏菌的細菌 (Salmonella bacterium)，所以準備蛋餅時，餐廳不應該使用三個以上的雞蛋。值班經理大聲質問，如果從每打雞蛋簡單地丟掉三個雞蛋，其餘九個雞蛋作出四個蛋的蛋餅也會達到同樣的目的。

1. 組成一個團體或全班一起討論，討論上述聲明的荒唐事！
2. 假設下面的爭論是用三個蛋做成的蛋餅，而不是四個蛋做成的蛋餅：令 $x = $ 攜帶沙門氏菌的雞蛋數目。則

    $$p(0) = P(x = 0) = (.75)^3 = .422$$

    三個蛋的蛋餅，以及

    $$p(0) = P(x = 0) = (.75)^4 = .316$$

    四個蛋的蛋餅。
    哪些假設必須作出來證明這些機率的計算？你認為這是否合理？請解釋。
3. 假設有一打雞蛋有三個蛋正好有攜帶沙門氏菌，且經理提出：隨機選取三個雞蛋丟掉，然後使用其餘九個雞蛋作出四個蛋的蛋餅。令 $x = $ 在從其餘九個雞蛋隨機選取的四個蛋中有攜帶沙門氏菌的雞蛋數目。

    與夥伴一起合作，進行模擬並且以下列步驟序列來近似 $x$ 的分配：
    a. 拿出 12 張相同的紙片，寫上「好」在九個雞蛋與「壞」在其餘三個。將紙片放在一個紙袋或其他容器中。
    b. 混合紙片，然後從紙袋中隨機選取三張取出它們。
    c. 混合剩餘的紙片，並從紙袋中選取四個「蛋」。
    d. 備註所選的四個當中壞蛋的數目。（這是一個 $x$ 觀測值。）
    e. 更換所有的紙片，使紙袋現在包含所有 12 個「蛋」。
    f. 重複步驟 (b) 至 (d) 至少 10 次，記錄每一次所觀察到的 $x$ 值。
4. 從你的小組意見結合其他組的意見。使用所得到的數據以近似 $x$ 的分配，如果使用了經理的建議程序評論的背景下，沙門氏菌暴露的風險所產生的分配。

## 重要觀念與公式之摘要

| 專有名詞或公式 | 註釋 |
| --- | --- |
| 母體分配 | 所有值的數值變項或所有類別的類別變項的分配。 |
| 離散型數值變項 | 其可能的值是沿著數線分開的點。 |
| 連續型數值變項 | 其可能的值是沿著數線形成區間。 |
| 連續機率分配 | 是平滑的曲線，一個連續型數值變項的母體分配的模型。這個曲線下方的面積被解釋為機率。 |
| $\mu, \sigma$ | 分別是機率分配的平均數和標準差。平均數描述機率分配的中心，標準差描述機率分配的分散程度。 |
| 常態分配 | 是連續機率分配的一個特定鐘形密度曲線。 |
| 標準常態分配（$z$ 曲線） | $\mu = 0$ 和 $\sigma = 1$ 的常態分配。 |
| $z = \dfrac{x - \mu}{\sigma}$ | $z$ 分數的計算公式。當 $x$ 具有常態分配，則 $z$ 具有標準常態分配。 |
| 常態機率圖 | 是（常態分數，觀測值）的散布圖。圖中的線性圖型表明它取自常態的母體分配是合理假設。圖型是彎曲的曲線表明它取自常態的母體是不合理的假設。 |

## 本章複習練習題　7.46 – 7.52

7.46　一種機器生產維生素 E 膠囊，運行的方式為 $x$ = 維生素 E 為膠囊實際的數量的常態曲線的模型，平均 = 5 毫克和標準差等於 0.05 毫克。隨機選取的膠囊含有少於 4.9 毫克的維生素 E 的機率是多少？至少 5.2 毫克呢？

7.47　*The Wall Street Journal*（1972 年 2 月 15 日）報導，在德克薩斯州通用電氣被起訴有性別歧視，在德克薩斯州因為最低身高 5 呎 7 吋的規定。該訴訟聲稱，這種限制在考慮消除成年女性的 94% 以上。設 $x$ 表示隨機選取一個成年女性的身高。假定 $x$ 的機率分配近似平均數為 66 吋和標準差為 2 吋。
a. 所有 94% 的成年女性比 5 呎 7 吋還矮，這宣稱是否正確？
b. 成年女性會被排除就業是因為身高限制的比例是多少？

7.48　假設你的統計學教授告訴你，期中考試成績的分配近似常態，平均數為 78 和標準差為 7。得分最高的 15% 被定為 A，而你的得分在 89。你會收到 A 嗎？請解釋。

7.49　假定 pH 數值用於在某些地理區域中，所採取的土壤樣本的分布近似常態，平均值為 6.00 和標準差為 0.10。從該區域隨機選取的土壤樣本的 pH 值將被測定。
a. 所得到 pH 數值在 5.90 和 6.15 之間的機率是多少？
b. 所得到 pH 數值超過 6.10 的機率是多少？
c. 所得到 pH 數值最多為 5.95 的機率是多少？
d. 請描述 pH 數值分配最大的 5%。

7.50　用來提供大型辦公大樓的外牆照明燈泡之平均壽命為 700 小時。如果變項 $x$ = 燈泡壽命長度的分配近似常態，標準差為 50 小時。應多久所有的燈泡必須更換，當只有 20% 的燈泡已經燒壞？

7.51　設 $x$ 表示一個隨機選取的懷孕期間（懷孕和出生之間的經過時間）。$x$ 的平均數和標準差可接受的值分別是 266 天和 16 天。假設常態分配為 $x$ 合理的機率分配的模型。
a. 懷孕期間為 250 至 300 天的機率？
b. 懷孕期間最多是 240 天的機率？
c. 懷孕期間距平均數在 16 天之內的機率是多少？
d. 在 1973 年 1 月 20 日 Dear Abby 的信中訴說，她懷孕的時間正是 310 天。（她寫道，她的丈夫是在海軍服役，最後一次探望是發生在分娩前的 310 天。）請問懷孕的持續時間至少有 310 天的機率？這是否可能讓你有點懷疑這信中的說明？
e. 一些保險公司將支付女性產後相關的醫療費用，只有當保險已經生效的 9 個多月（275 天）。此限制的目的是確保保險公司已支付的福利只適合保險期間出現的孕婦。假設此概念發生在 2 週報導後開始。因為保險條件 275 天，保險公司將拒絕支付這項福利的機率是多少？

7.52　令 $x$ 表示從某母體中隨機選取的個體之血壓。假設常態分配平均數 $\mu$ = 120 公釐汞柱和標準差 $\sigma$ = 10 公釐汞柱是描述 $x$ 的母體分配之一個合理模型。（文章「口服避孕藥、懷孕和血壓」*Journal of the American Medical Association* [1972]:

1507-1510，報導了一項大型研究的結果，其中年齡相近的女性血壓的樣本直方圖被認為非常近似常態曲線。）
a. 計算 $P(110 < x < 140)$。和 $P(110 \leq x \leq 140)$ 如何相比，為什麼？
b. 計算 $P(x < 75)$。
c. 計算 $P(x < 95$ 或 $x > 145)$，$x$ 距平均數大於 2.5 個標準差的機率。

# 第 8 章

# 抽樣變異性與抽樣分配

Christian Petersen/Getty Images

在第 9 至 15 章中呈現的推論方法使用在一組樣本中所含的資訊，來取得樣本所選自母體的一個或更多特徵之結論。例如，令 $\mu$ 表示由一個全國性的速食連鎖店所販售之 1/4 磅重漢堡的真實平均脂肪含量。為了瞭解關於 $\mu$ 的某些訊息，我們可以取得 $n = 50$ 個漢堡的一組樣本並決定每一個的脂肪含量。此樣本資料可能產生 $\bar{x} = 28.4$ 公克的一個平均數。此樣本平均數有多麼接近母體平均數 $\mu$？假設我們選取 50 個 1/4 磅重漢堡的另一組樣本，然後決定其樣本平均脂肪含量，這第二個平均數值會接近 28.4，或是可能相當不同？這些問題可以藉由研究所謂的 $\bar{x}$ 的抽樣分配所強調。如同一個數量變項的分配敘述其長期行為，當樣本陸續被選取，$\bar{x}$ 的抽樣分配提供關於 $\bar{x}$ 長期行為的資訊。

在本章中，我們也考慮一個樣本比例（一組樣本中具備感興趣的某一特徵之個人或物體的比例）的抽樣分配。一個樣本比例 $\hat{p}$ 的抽樣分配提供進行有關一個母體比例推論之基礎的樣本比例長期行為資訊。

## 8.1 統計量與抽樣變異性

計算來自一組樣本數值的一個數量稱為一個**統計量 (statistic)**。諸如樣本平均數 $\bar{x}$、樣本中位數、樣本標準差 $s$，或是在一組樣本中擁有某一特質的個人比例 $\hat{p}$ 的統計量數值，是我們對於各種母體特徵的主要資訊來源。

要取得關於一個母體特徵數值之資訊的常用方式是藉由從該母體選取一組樣本。例如，要瞭解在某一特定大學學生其信用卡平均賒貸餘額，我們可能在該大學選取含 50 名學生的一組樣本。每位學生會被詢問關於其信用卡賒貸餘額以產生 $x =$ 目前餘額的一個數值。我們可以構建這 50 個樣本 $x$ 數值的一個直方圖，並且可以將此直方圖視為 $x$ 的母體分配的一個粗略近似。同理，我們可以視樣本平均數 $\bar{x}$（$n$ 個數值的一組樣本的平均數）為母體分配平均數 $\mu$ 的一個近似值。假設 $\bar{x}$ 的數值等於母體平均數 $\mu$ 的數值當然很好，但是通常不會如此。不僅僅是來自一個母體的一組特定樣本的 $\bar{x}$ 值經常不同於 $\mu$，來自不同樣本的數個 $\bar{x}$ 值也經常彼此不同。（例如，50 位學生信用卡賒貸餘額的兩組不同樣本將經常導致不同的 $\bar{x}$ 值。）這種樣本間的變異性將使得從一組樣本推論其所選自母體的工作充滿挑戰。為了迎接此一挑戰，我們必須瞭解樣本間的變異性。

> **定義**
>
> 由一組樣本數值所計算而得的任何數量被稱為一個**統計量 (statistic)**。
>
> 觀察到的一個統計量數值取決於選自母體的特定樣本，而該數值將隨樣本而不同。此變異性被稱為**抽樣變異性 (sampling variability)**。

### 例 8.1 探索抽樣變異性

考慮由 20 位在高年級班級註冊學生所組成的一個小母體。這 20 位學生的每一位在目前學期花費於教科書的金額（美元）列示於下表：

| 學生 | 花在書本的金額 | 學生 | 花在書本的金額 | 學生 | 花在書本的金額 | 學生 | 花在書本的金額 |
|---|---|---|---|---|---|---|---|
| 1 | 367 | 6 | 395 | 11 | 419 | 16 | 284 |
| 2 | 358 | 7 | 322 | 12 | 363 | 17 | 331 |
| 3 | 442 | 8 | 370 | 13 | 365 | 18 | 259 |
| 4 | 361 | 9 | 378 | 14 | 362 | 19 | 330 |
| 5 | 375 | 10 | 268 | 15 | 433 | 20 | 423 |

對於此一母體，

$$\mu = \frac{367 + 358 + \cdots + 423}{20} = 360.25$$

假設我們不知道此母體平均數的數值，所以我們決定利用選取 5 位學生的一組隨機樣本並計算其花費在教科書的樣本平均金額 $\bar{x}$ 來估計 $\mu$。這樣做是否合理？結果所得到的估計值是否可能近似母體平均數 $\mu$ 的數值？要回答這些問題，思考當大小為 5 的隨機樣本被重複選取，而容許我們檢視統計量 $\bar{x}$ 之行為的一個簡單實驗。（注意此情景並不符合實際。如果一個母體只由 20 個個體所組成，我們大致會進行一項普查而非選取一個樣本。然而，當我們發展抽樣變異性的概念時，此一小規模的母體較容易處理。）

首先讓我們從此一母體選取大小為 5 的一組隨機樣本。這個抽樣可以藉由在完全相同的紙條上寫下從 1 到 20 的數字，充分混合，然後以取出不放回的方式選取 5 張紙條。在選出紙條上的數字指出這 20 位學生中的哪些將被包含在我們的樣本中。或者是，隨機數字的一個表或是隨機亂數生成器可以被用來決定哪 5 位學生應該被選出。我們使用 Minitab 以取得介於 1 至 20 之間的 5 個數字，得出 17、20、7、11 與 9，且花在書本上金額的樣本如下：

331　　423　　322　　419　　378

對於此樣本，

$$\bar{x} = \frac{1873}{5} = 374.60$$

此樣本平均數比 \$360.25 的母體平均數大了大約 \$15。此差異是否典型，或是此特定的樣本平均數不尋常地遠離 $\mu$？選取更多樣本將提供一些額外的見解。

由此相同母體的另外四組隨機樣本（樣本 2 至 5）列示於此。

| 樣本 2 | | 樣本 3 | | 樣本 4 | | 樣本 5 | |
|---|---|---|---|---|---|---|---|
| 學生 | x | 學生 | x | 學生 | x | 學生 | x |
| 4 | 361 | 15 | 433 | 20 | 423 | 18 | 259 |
| 15 | 433 | 12 | 363 | 16 | 284 | 8 | 370 |
| 12 | 363 | 3 | 442 | 19 | 330 | 9 | 378 |
| 1 | 367 | 7 | 322 | 1 | 367 | 7 | 322 |
| 18 | 259 | 18 | 259 | 8 | 370 | 14 | 362 |
| $\bar{x}$ | **356.60** | $\bar{x}$ | **363.80** | $\bar{x}$ | **354.80** | $\bar{x}$ | **338.20** |

由於 $\mu = 360.25$，我們可以瞭解以下事實：

1. $\bar{x}$ 的數值因隨機樣本而不同（抽樣變異性）。
2. 部分樣本產生比 $\mu$ 還要大的 $\bar{x}$ 值（樣本 1 與 3），而其他則產生比 $\mu$ 來得小的數值（樣

本 2、4 與 5)。

3. 樣本 2、3 與 4 產生相當接近母體平均數的 $\bar{x}$ 值，但是樣本 5 得出低於母體平均數 $22 的一個數值。

繼續此一實驗，我們選取 45 組額外的隨機樣本（每一個皆為 $n = 5$）。得到的樣本平均數如下：

| 樣本 | $\bar{x}$ | 樣本 | $\bar{x}$ | 樣本 | $\bar{x}$ |
|---|---|---|---|---|---|
| 6 | 374.6 | 21 | 355.0 | 36 | 353.4 |
| 7 | 356.6 | 22 | 407.2 | 37 | 379.6 |
| 8 | 363.8 | 23 | 380.0 | 38 | 352.6 |
| 9 | 354.8 | 24 | 377.4 | 39 | 342.2 |
| 10 | 338.2 | 25 | 341.2 | 40 | 362.6 |
| 11 | 375.6 | 26 | 316.0 | 41 | 315.4 |
| 12 | 379.2 | 27 | 370.0 | 42 | 366.2 |
| 13 | 341.6 | 28 | 401.0 | 43 | 361.4 |
| 14 | 355.4 | 29 | 347.0 | 44 | 375 |
| 15 | 363.8 | 30 | 373.8 | 45 | 401.4 |
| 16 | 339.6 | 31 | 382.8 | 46 | 337 |
| 17 | 348.2 | 32 | 320.4 | 47 | 387.4 |
| 18 | 430.8 | 33 | 313.6 | 48 | 349.2 |
| 19 | 388.8 | 34 | 387.6 | 49 | 336.8 |
| 20 | 352.8 | 35 | 314.8 | 50 | 364.6 |

圖 8.1，這 50 組樣本平均數的一個密度直方圖，提供 $\bar{x}$ 行為的細部見解。大多數樣本所得出的 $\bar{x}$ 值相當接近 $\mu = 360.25$，其落在 335 與 395 之間。然而，少部分樣本所產生的數值卻遠離 $\mu$。如果我們從此母體取出大小為 5 的一個樣本並使用 $\bar{x}$ 作為母體平均數 $\mu$ 的一個估計值，我們不必然期待 $\bar{x}$ 會接近 $\mu$。

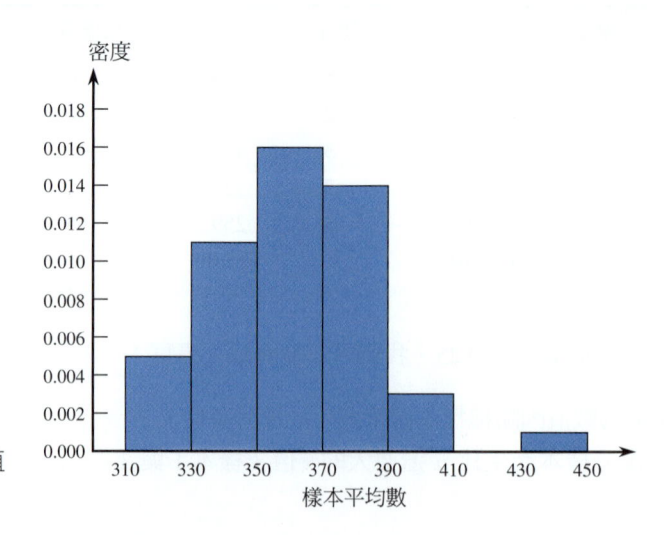

**圖 8.1**

例 8.1 得自 50 組隨機樣本之 $\bar{x}$ 值的密度直方圖

圖 8.1 中的密度直方圖就視覺上與統計量 $\bar{x}$ 中有關抽樣變異性的資訊契合。當我們考慮從該母體之每一組樣本量為 5 的不同可能樣本，該圖提供所觀察到 $\bar{x}$ 數值分配的近似。

在剛剛所考慮的例子中，我們以考慮僅僅 50 組不同樣本取得統計量 $\bar{x}$ 的抽樣近似分配。而真正抽樣分配是得自考慮樣本量 $n$ 的所有可能樣本。

### 定 義

由考慮得自一個母體之固定大小的每一組可能不同樣本之一個樣本統計量的數值所形成的分配稱為**抽樣分配** (sampling distribution)。

一個統計量的抽樣分配，諸如 $\bar{x}$，提供有關該統計量在數值上的變異，以及此變異如何與各種母體特徵有關的重要資訊。圖 8.1 的密度直方圖是在例 8.1 中所敘述來自母體之規模 5 的樣本其統計量 $\bar{x}$ 抽樣分配的一個近似值。我們應該可以藉由考慮來自 20 位學生母體之規模 5 的每一個可能不同樣本，計算每一個樣本的平均數，然後構建 $\bar{x}$ 數值的一個密度直方圖的方式來決定 $\bar{x}$ 的真正抽樣分配，但是這將會有許多的工作——因為總共有 15,504 組規模 5 的不同可能樣本。並且，對於較大母體與樣本量的更實際情境，因為有許多可能的樣本必須被考慮而使得情況甚至更糟。很幸運地，如同我們在後續幾節將看到的更多例子，所產生的模式讓我們不需要實際檢視所有可能樣本，就能夠敘述某些統計量的抽樣分配的某些重要層面。

### 習 題　8.1 - 8.9

8.1　解釋介於一個母體特徵與一個統計量之間的差異。

8.2　$\bar{x}$ 與 $\mu$ 之間的差異為何？$s$ 與 $\sigma$ 之間的差異又為何？

8.3　對於下列的每一項陳述，指明以粗體字呈現的數字為一個母體特徵或是一個統計量的數值：
a. 一家百貨公司報導其所有使用信貸計畫的顧客中有 **84%** 準時支付其帳單。
b. 一家大型大學中 100 位學生的一組樣本具備 **24.1** 歲的平均年齡。
c. 汽車監理處報導在一個特定州所註冊的所有汽車有 **22%** 為進口。
d. 一家醫院報導，基於最近的 10 個案例，手術病患的平均住院時間為 **6.4** 日。
e. 一個消費者團體，在測試某一特定品牌的 100 個電池後，報導一個 **63** 小時的平均使用壽命。

8.4　考慮由下列五個數值所組成的一個母體，它代表在學年期間每一位室友租借的

DVD 數量：

    8    14    16    10    11

a. 計算此母體的平均數。

b. 以在紙條上寫下此母體中的五個數字，混合後選出兩張的方式選取樣本量為 2 的一組隨機樣本。計算你的樣本平均數。

c. 重複選取樣本量為 2 的樣本，並計算每一組樣本的 $\bar{x}$ 值直到你擁有 25 個樣本的 $\bar{x}$ 值。

d. 使用這 25 個 $\bar{x}$ 值構建一個密度直方圖。是否大多數的 $\bar{x}$ 值接近母體平均數？$\bar{x}$ 值是否因樣本而有很大的差異，或是它們傾向於相似？

8.5　從在例 8.1 所給定 20 位學生的母體中選取樣本量為 5 的 10 組額外隨機樣本，並計算這 10 組樣本的每一組在書本的平均花費金額。$\bar{x}$ 值是否與在圖 8.1 中所摘要的抽樣實驗結果一致？

8.6　假設在例 8.1 中所敘述的抽樣實驗使用樣本量 10 而非 5 的樣本。如果樣本量 10 的 50 組樣本被選取，每一組樣本的 $\bar{x}$ 值被計算，並且一個密度直方圖被構建，你想此直方圖會如何不同於使用樣本量 5（例 8.1）的樣本所構建的密度直方圖？或是如何相似？

8.7　考慮下列母體：{1, 2, 3, 4}。注意母體平均數為

$$\mu = \frac{1+2+3+4}{4} = 2.5$$

a. 假設從此母體樣本量為 2 的一組隨機樣本被以取出不放回方式選取。共有 12 組可能樣本（觀測值被選取的順序被考量）：

  1, 2    1, 3    1, 4    2, 1    2, 3    2, 4
  3, 1    3, 2    3, 4    4, 1    4, 2    4, 3

為這 12 組可能樣本的每一組計算樣本平均數。使用此資訊構建 $\bar{x}$ 的抽樣分配。（展現抽樣分配如同一個密度直方圖。）

b. 假設樣本量為 2 的一組隨機樣本被選取，但這次抽樣將被以取出放回方式進行。使用與在 (a) 部分相似的方法，構建 $\bar{x}$ 的抽樣分配。（提示：此刻共有 16 組不同的可能樣本。）

c. 在 (a) 與 (b) 部分的兩個抽樣分配如何相似？它們又如何不同？

8.8　以使用分別標示 1、2、3 與 4 的四張紙條模擬從習題 8.7 的母體抽樣。以取出不放回方式選取樣本量為 2 的一組樣本，並計算 $\bar{x}$。重複這個程序 50 次，並構建這 50 個 $\bar{x}$ 值的一個密度直方圖。此抽樣分配與習題 8.7(a) 部分所得之 $\bar{x}$ 抽樣分配相較為何？

8.9　思考下列母體：{2, 3, 3, 4, 4}。$\mu$ 的數值為 3.2，但假設這並不為一位研究者所知道，因此他想要從樣本資料估計 $\mu$。估計 $\mu$ 的三個可能統計量為

    統計量 1：樣本平均數，$\bar{x}$
    統計量 2：樣本中位數
    統計量 3：樣本中最大與最小數值的平均數

樣本量為 3 的一個隨機樣本將被以取出不放回方式選取。倘若我們忽略觀測值被選取的順序，可能得出 10 組可能的樣本（寫出 3 與 3*，4 與 4* 以區隔母體中的兩個 3 與兩個 4）：

2, 3, 3*　　2, 3, 4　　2, 3, 4*　　2, 3*, 4　　2, 3*, 4*
2, 4, 4*　　3, 3*, 4　　3, 3*, 4*　　3, 4, 4*　　3*, 4, 4*

為這 10 組樣本的每一組，計算統計量 1、2 與 3。構建這些統計量之每一個的抽樣分配。你會建議哪一個統計量來估計 $\mu$ 以及為什麼？

## 8.2　一個樣本平均數的抽樣分配

當統計研究的目的是推論有關母體平均數 $\mu$，很自然的會考慮以樣本平均數 $\bar{x}$ 作為 $\mu$ 的一個估計值。要瞭解基於 $\bar{x}$ 的推論過程如何進行，我們必須先學習抽樣變異性如何造成在樣本間 $\bar{x}$ 數值的變化。$\bar{x}$ 的行為被以其抽樣分配敘述。樣本量 $n$ 與母體特徵——其形狀、平均值 $\mu$，以及標準差 $\sigma$——對於決定 $\bar{x}$ 的抽樣分配特性是重要的。

首先思考某些抽樣實驗的結果是有助益的。在例 8.2 與 8.3 中，我們從某一特定的 $x$ 母體分配著手，固定一個樣本量 $n$，並選取此樣本量的 500 組不同隨機樣本。然後計算每一組樣本的 $\bar{x}$ 並構建這 500 個 $\bar{x}$ 值的樣本直方圖。因為 500 相當大（相當長系列的樣本），這些 $\bar{x}$ 值的直方圖應該相當類似 $\bar{x}$ 的真正抽樣分配（它會被從 $\bar{x}$ 數值的無止境系列中獲得）。我們以幾個不同的 $n$ 值重複該實驗來瞭解樣本量的選擇如何影響抽樣分配。我們將能夠確認有助於瞭解 $\bar{x}$ 抽樣分配重要性質的某些型態。

### 例 8.2　血液血小板容積

文章「**代謝症候群病患的平均血小板容積與它和冠狀動脈疾病的關係**」(*Thrombosis Research* [2007]: 245-250) 包含提出沒有代謝症候群（一些因素總結指出心臟疾病的高風險）的患者，其血小板容積的分配為具有平均數 $\mu = 8.25$ 與標準差 $\sigma = 0.75$ 之近似常態的資料。

圖 8.2 顯示以血小板容積平均值 8.25 為中心的常態曲線。母體標準差的數值，0.75，則決定 $x$ 分配以其平均數為中心分散的程度。

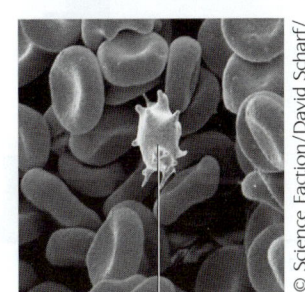

活躍的血小板

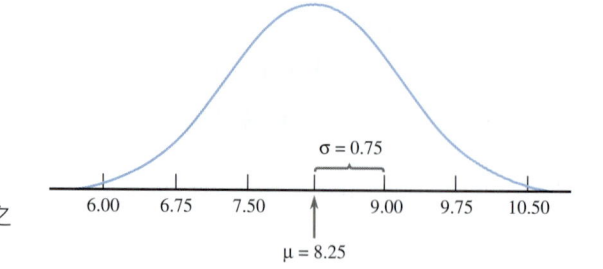

**圖 8.2**
例 8.2 具有 $\mu = 8.25$ 與 $\sigma = 0.75$ 之血小板量 $x$ 的常態分配

我們首先使用 Minitab 自此常態分配選取 500 組隨機樣本，每一組樣本由 $n = 5$ 個觀測值所組成。得到之 500 個 $\bar{x}$ 值的密度直方圖呈現於圖 8.3(a)。此程序被重複實施於樣本量為 $n = 10$，$n = 20$，以及 $n = 30$ 的樣本。這些 $\bar{x}$ 值所得出的密度直方圖被展現於圖 8.3(b) 至 (d)。

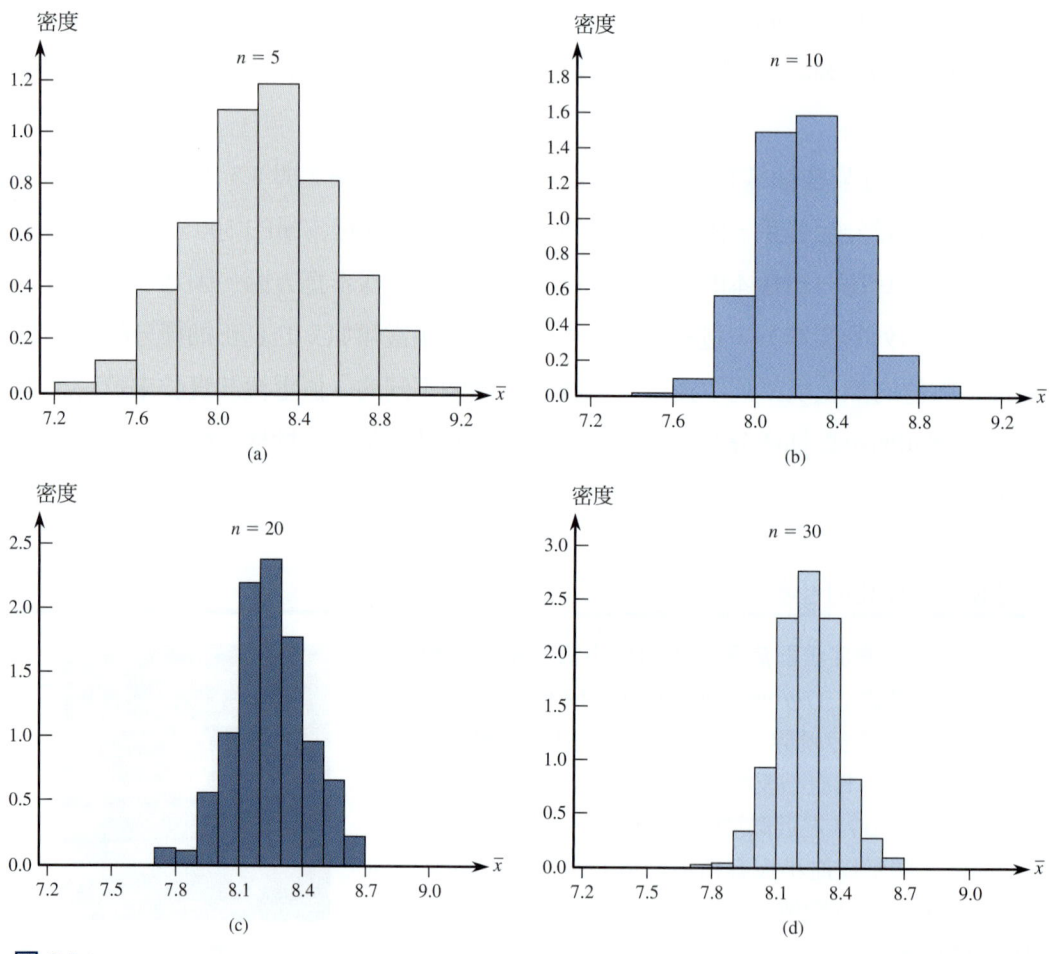

**圖 8.3**
例 8.2，基於 500 組樣本，每一組由 $n$ 個觀測值組成，$\bar{x}$ 的密度直方圖：(a) $n = 5$；(b) $n = 10$；(c) $n = 20$；(d) $n = 30$

首先要注意的是關於這些直方圖的形狀。這四個直方圖的每一個都近似常態的形狀。當每一個直方圖都是基於遠超過 500 個 $\bar{x}$ 值時，其相似程度會更顯著。其次，注意每一個直方圖大約以 8.25 為中心，也就是抽樣母體的平均數。當直方圖是基於無止境系列的數值時，其中心會剛好是母體平均數，8.25。

直方圖值得注意的最後事項為相較於另一個的分散情形。$n$ 的數值愈小，抽樣分配在母體平均數數值散布的程度愈大。這正是為何比起兩個較小樣本量的直方圖，$n = 20$ 與 $n = 30$ 的直方圖基於較窄組距的原因。對於較大的樣本量，大多數的 $\bar{x}$ 值會相當接近 8.25。這是平均的效果。當 $n$ 是小的，一個單一不尋常的 $x$ 值將導致遠離中心的 $\bar{x}$ 值。當使用較大的樣本量，任何不尋常的 $x$ 值，當與其他樣本數值平均，仍然傾向於產生一個接近 $\mu$ 的 $\bar{x}$ 值。總結這些見解產生一個應該對於你的直覺有吸引力的結果：基於一個大樣本量的 $\bar{x}$ 將比基於一個較小樣本量的 $\bar{x}$ 傾向於較接近 $\mu$。

## 例 8.3　曲棍球進第一球的時間

現在考慮當母體相當偏態時（而因此非常不像常態分配），$\bar{x}$ 分配的特性。文章「在一個 NHL 比賽中，延長加賽時段是否夠長？」（*American Statistician* [2008]: 151-154）提供 2005 至 2006 年球季中 281 場進入加時延長之例行季賽從開賽到第一個進球得分的時間（以分鐘計）資料。圖 8.4 展現該資料的密度直方圖（讀自出現在該文章的一段文字）。該直方圖具有一個長的右尾，指出在大多數比賽中的第一個進球得分是在前 20 分鐘，但是對於部分比賽，會直到在較後段的比賽時間才有第一個進球得分。

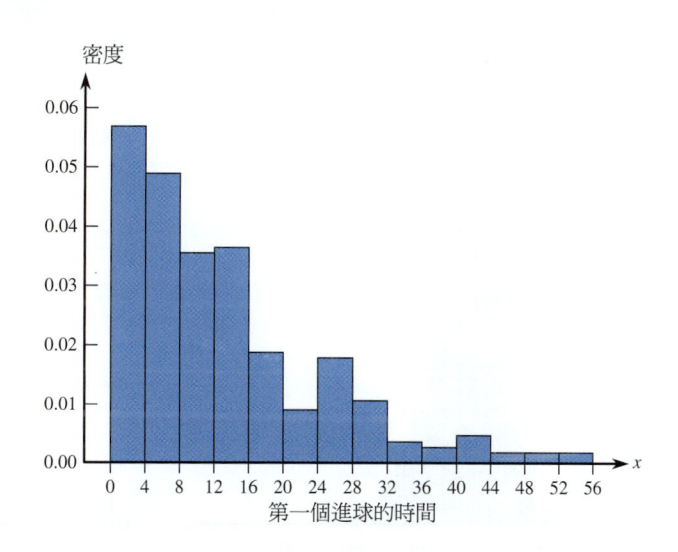

圖 8.4
例 8.3 的母體分配 ($\mu = 13$)

假設我們將這 281 個數值視為一個母體，圖 8.4 中的直方圖顯示在該母體中數值的分配。此偏態的形狀使得要從圖形辨識平均數數值要比從一個常態分配來得更為困難，但是

我們計算 281 個數值的平均數為 $\mu = 13$ 分。此母體的中位數數值（10 分）小於 $\mu$，為該分配是正偏的結果。

針對樣本量 $n = 5$、10、20 與 30 的每一個，我們選取樣本量 $n$ 的 500 組隨機樣本。它被以取出放回的方式進行以更接近一般情境，其中樣本量 $n$ 只是母體規模的一小部分。然後我們對於這四種樣本量的每一個，構建 500 個 $\bar{x}$ 值的直方圖。這些直方圖被顯示於圖 8.5。

如同得自一個常態母體的樣本，四個不同樣本量之 500 個 $\bar{x}$ 值的平均值都接近母體平均數 $\mu = 13$。如果每一個直方圖都是基於一個無止境系列的樣本平均數而非只是這 500 個，每一個都會剛好以 13 為中心。圖 8.5 中四個 $\bar{x}$ 直方圖的比較也顯示，當 $n$ 增加，直方圖依其中心的散布減少。這在從一個常態母體增加樣本量也成立：相較於小樣本量，對於一個較大樣本量而言，$\bar{x}$ 較少變異（樣本間的變異較少）。

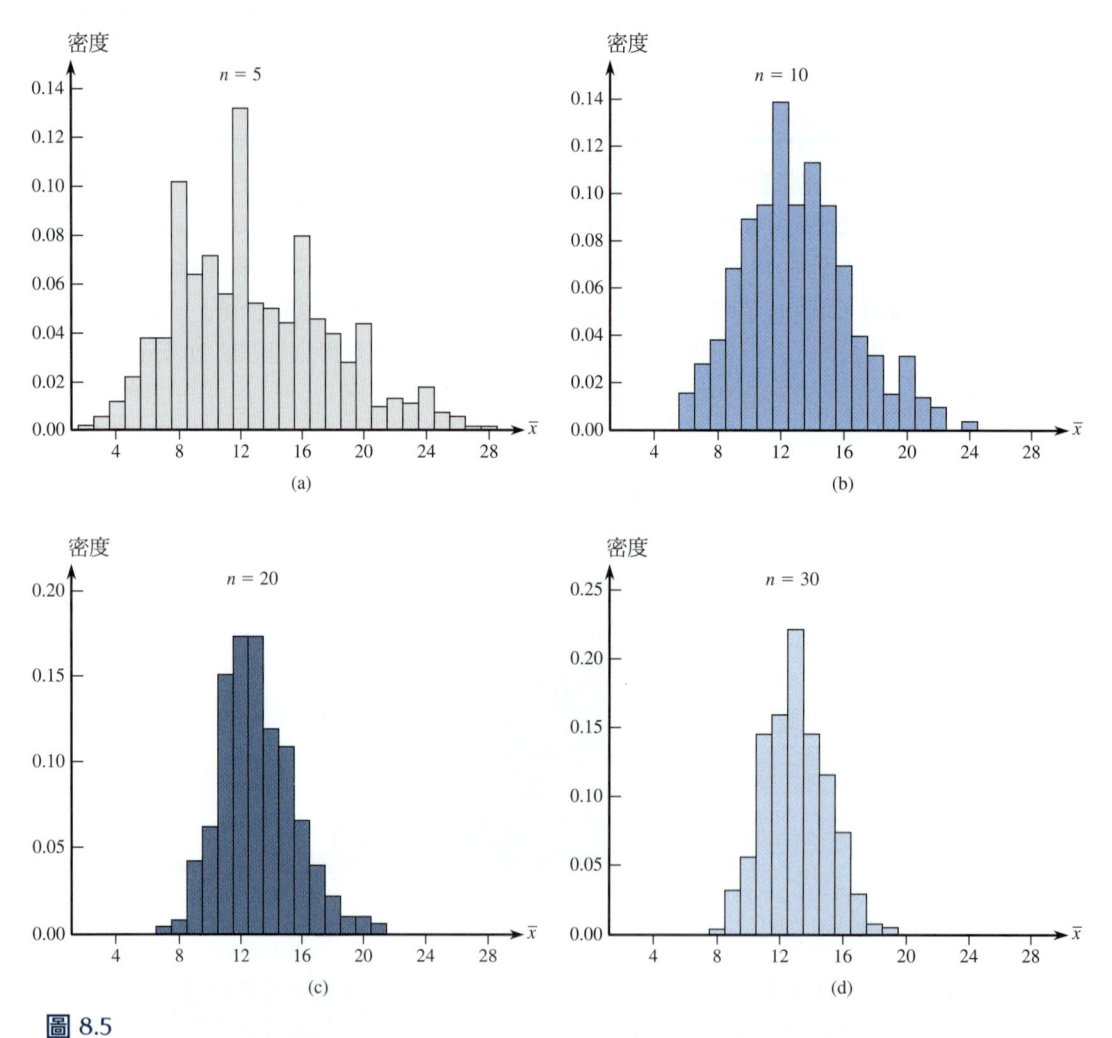

**圖 8.5**

例 8.3 之 500 個 $\bar{x}$ 數值的四個直方圖：(a) $n = 5$；(b) $n = 10$；(c) $n = 20$；(d) $n = 30$

這些直方圖的一個特性將它們與基於得自常態母體的樣本之 $\bar{x}$ 分配區隔。它們為偏態且在形狀差異較大，但是當樣本量增加，它們變得漸漸更為對稱。我們也可以發現對於 $n = 30$，直方圖具有一個較像常態曲線的形狀。再一次地，這是取平均數的效果。即使當 $n$ 是大的，母體中少數大的 $x$ 值並不經常出現在樣本中。當一個這樣的數值確實出現，其對 $\bar{x}$ 的貢獻將被其他更多典型的樣本數值所淹沒。$n = 30$ 的直方圖的常態形狀是由所謂的中央極限定裡所預測，它將在稍後介紹。依據此定理，當樣本量 $n$ 相當大時，$\bar{x}$ 的抽樣分配在形狀上會近似常態。

## $\bar{x}$ 抽樣分配的一般特性

例 8.2 與 8.3 提出對於任何 $n$，$\bar{x}$ 分配的中心（$\bar{x}$ 的平均值）會與被抽樣母體的平均數一致，並且當 $n$ 增加，$\bar{x}$ 分配的分散程度減小，其指出相較於較小的 $n$，大 $n$ 之 $\bar{x}$ 的標準差較小。圖 8.3 與 8.5 的直方圖也提出，在某些情況，$\bar{x}$ 分配在形狀上近似常態。這些觀察在下列之一般法則中更正式被陳述。

### $\bar{x}$ 抽樣分配的一般特性

令 $\bar{x}$ 表示來自具有平均數 $\mu$ 與標準差 $\sigma$ 之一個母體，樣本量 $n$ 的一組隨機樣本中觀測值的平均數。以 $\mu_{\bar{x}}$ 表示 $\bar{x}$ 分配之平均數，$\sigma_{\bar{x}}$ 表示 $\bar{x}$ 分配的標準差。則下列定理成立：

定理 1. $\mu_{\bar{x}} = \mu$。

定理 2. $\sigma_{\bar{x}} = \dfrac{\sigma}{\sqrt{n}}$。當無限母體時，此定理必然成立，而當有限母體且母體未超過 10% 被包含在樣本中則此定理大致正確。

定理 3. 當母體分配為常態，對於任意樣本量，$\bar{x}$ 的抽樣分配也是常態。

定理 4. （中央極限定理）當 $n$ 夠大，$\bar{x}$ 的抽樣分配會被一個常態曲線良好地近似，即使當母體分配本身不為常態。

定理 1，$\mu_{\bar{x}} = \mu$，陳述 $\bar{x}$ 的抽樣分配總是以抽樣之母體平均數為中心。定理 2，$\sigma_{\bar{x}} = \dfrac{\sigma}{\sqrt{n}}$，不僅陳述當 $n$ 增加，$\bar{x}$ 抽樣分配的分散程度減小，並且提供介於 $\bar{x}$ 分配的標準差與母體標準差以及樣本量之間的一個精確關係。例如，當 $n = 4$，

$$\sigma_{\bar{x}} = \frac{\sigma}{\sqrt{n}} = \frac{\sigma}{\sqrt{4}} = \frac{\sigma}{2}$$

因而 $\bar{x}$ 分配具有一個只是母體標準差一半大的標準差。定理 3 與 4 則指明 $\bar{x}$ 分配為常態（當母體為常態）或是近似常態（當樣本量是大的）的情境。圖 8.6 以顯示幾個疊覆在母體分配圖形上的 $\bar{x}$ 分配說明這些定理。

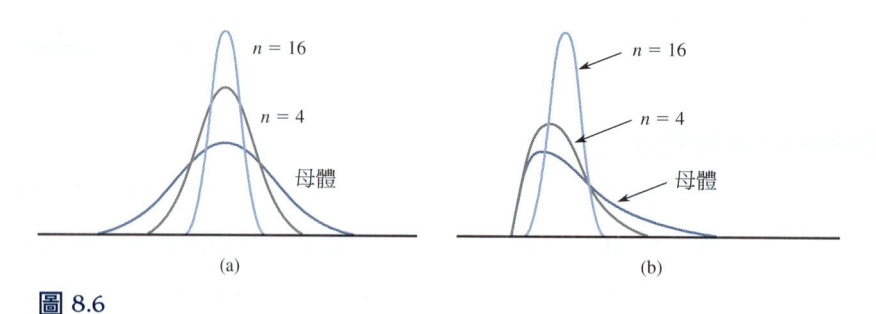

**圖 8.6**
母體分配與 $\bar{x}$ 的抽樣分配：(a) 對稱母體；(b) 偏態母體

定理 4 的中央極限定理陳述當 $n$ 夠大時，無論母體為何，$\bar{x}$ 分配為近似常態。此定理使得統計學家在即使母體分配形狀未知時，也能夠發展進行母體平均數 $\mu$ 推論的程序。

回想以減去平均數然後除以其標準差而標準化的一個變項。使用定理 1 與 2 來標準化 $\bar{x}$ 給予後兩個定理的重要結果。

> 如果 $n$ 是大的或是母體分配為常態，則標準化的變項
>
> $$z = \frac{\bar{x} - \mu_{\bar{x}}}{\sigma_{\bar{x}}} = \frac{\bar{x} - \mu}{\frac{\sigma}{\sqrt{n}}}$$
>
> 具有（至少為近似）一個標準常態 (z) 分配。

中央極限定理在特定情境中的應用需要一個經驗法則來決定何時 $n$ 是夠大的。如此的法則並不像想像中容易取得。回頭看圖 8.5，它顯示當母體分配相當偏態時，針對 $n = 5$、10、20 與 30 之 $\bar{x}$ 的近似抽樣分配。當然，$n = 5$ 的直方圖並不被一條常態曲線所良好敘述，而且這對於 $n = 10$ 的直方圖仍舊成立，特別是在直方圖的雙尾（遠離平均數）。在這四個直方圖中，只有 $n = 30$ 的直方圖具有合理的常態形狀。

另一方面，當母體分配為常態，對於任何 $n$ 而言，$\bar{x}$ 的抽樣分配為常態。假設母體分配有點偏態，但不至於像圖 8.4 的程度，我們可能期待 $n = 5$ 的 $\bar{x}$ 抽樣分配有一點偏態，但是對於小如 10 或 15 的 $n$，則會被一條常態曲線相當良好地配適。需要多大的一個 $n$ 才能使 $\bar{x}$ 的分配近似一條常態曲線取決於母體分配有多麼不同於常態分配。母體分配愈接近常態，中央極限定理的近似要正確所需要的 $n$ 值愈小。

許多統計學家建議下列的保守法則：

當 $n$ 大於等於 30 時，中央極限定理可以被安全地應用。

如果母體分配被相信為合理地接近常態分配，一個 15 或 20 的 $n$ 通常足夠大到讓 $\bar{x}$ 具有近似常態分配。在另一個極端，我們可以想像具有比圖 8.4 還要長的尾巴的一個分配，在這情況下即使 $n = 40$ 或 50 都不足以使得 $\bar{x}$ 近似常態。然而，實務上，30 或更大的一個樣本量通常是足夠的。

## 例 8.4　求愛蠍蛾

文章「**應該留下或離去？Panorpa Cognate 蠍蛾之取決於環境狀況的求愛決策**」(*Animal Behavior* [2009]: 491-497) 的作者研究交配蠍蛾的求愛行為。感興趣的一個變項為 $x$ = 求愛時間，它被定義為從母蛾與公蛾互動開始直至交配的時間。從該文章的資料認為 $x$ 的平均數與標準差可以被合理地認為是 $\mu = 117.1$ 分與 $\sigma = 109.1$ 分。注意，對於以 117.1 為中心以及如此大的一個標準差之常態分配來說，觀察到負值不會是不尋常的，但是求愛時間不能有負的數值，因此求愛時間的分配不可能是常態。

對於一組有 20 隻蠍蛾交配配對的隨機樣本之 $\bar{x}$ = 平均求愛時間的抽樣分配應該有平均數

$$\mu_{\bar{x}} = \mu = 117.1 \text{ 分}$$

因此該抽樣分配以 117.1 為中心。$\bar{x}$ 的標準差為

$$\sigma_{\bar{x}} = \frac{\sigma}{\sqrt{n}} = \frac{109.1}{\sqrt{20}} = 24.40$$

它較母體標準差 $\sigma$ 來得小。因為母體分配不為常態且因為樣本量小於 30，我們不能假設 $\bar{x}$ 的抽樣分配在形狀上近似常態。

## 例 8.5　蘇打數量

一個汽水裝瓶商宣稱，平均而言，罐子裝有 12 盎司的蘇打。令 $x$ 表示在一隨機選出罐子中的實際蘇打量。假設 $x$ 為具有 $\sigma = 0.16$ 盎司的常態分配。16 罐會被選出，並且每一罐的蘇打量將被決定。令 $\bar{x}$ 表示得出的樣本平均蘇打量。因為 $x$ 分配為常態，$\bar{x}$ 的抽樣分配也會是常態。如果該瓶裝商的宣稱為真，$\bar{x}$ 的抽樣分配具有 $\mu_{\bar{x}} = \mu = 12$ 的一個平均數以及標準差

$$\sigma_{\bar{x}} = \frac{\sigma}{\sqrt{n}} = \frac{.16}{\sqrt{16}} = .04$$

為了計算關於 $\bar{x}$ 的機率，我們以減去平均數值，12，並除以標準差（$\bar{x}$ 的），它是 0.04 來標準化。例如，樣本平均蘇打量介於 11.96 與 12.08 盎司之間的機率是在具有平均數為 12 與標準差為 0.04 之常態曲線下方介於 11.96 與 12.08 之間的面積，如下圖所示。

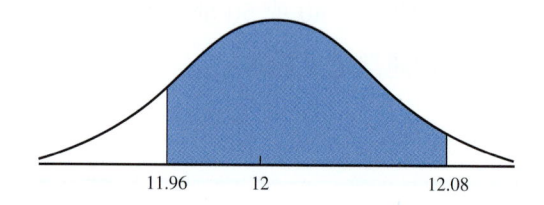

此面積首先以標準化區間端點計算

下限：$a^* = \dfrac{11.96 - 12}{.04} = -1.0$

上限：$b^* = \dfrac{12.08 - 12}{.04} = 2.0$

接著（使用附表 2）

$P(11.96 \leq \bar{x} \leq 12.08)$ ＝在 $z$ 曲線下方介於 $-1.0$ 與 $2.0$ 之間的面積
　　　　　　　　　　＝（2.0 以左的面積）－（$-1.0$ 以左的面積）
　　　　　　　　　　＝ .9772 － .1587
　　　　　　　　　　＝ .8185

樣本平均蘇打量最多 11.9 盎司的機率為

$P(\bar{x} \leq 11.9) = P\left(z \leq \dfrac{11.9 - 12}{.04} = -2.5\right)$
　　　　　　＝（在 $z$ 曲線下方 $-2.5$ 以左的面積）＝ .0062

如果 $x$ 的分配如所敘述而且裝瓶商的聲稱為真，基於 16 個觀測值的一組樣本平均蘇打量為少於 11.9 盎司的情況將少於所有如此樣本的 1%。因此，一組 $\bar{x}$ 數值小於 11.9 盎司的觀測將會令人懷疑該裝瓶商的宣稱平均蘇打量為 12 盎司。

### 例 8.6　熱狗的脂肪含量

一個熱狗製造商堅稱他的一個熱狗品牌的每支熱狗具有 $\mu = 18$ 克的平均脂肪含量。如果平均數小於 18，此品牌的消費者不會被攪亂，但是如果超過 18 則會不高興。令 $x$ 表示一支被隨機選取熱狗的脂肪含量，並假設 $\sigma$，$x$ 分配的標準差，為 1。

一個獨立的實驗組織被要求分析 36 支熱狗的一組隨機樣本。令 $\bar{x}$ 為此樣本的平均脂肪含量。樣本量，$n = 36$，大到足以依賴中央極限定理而視 $\bar{x}$ 分配為近似常態。$\bar{x}$ 分配的標準差為

$$\sigma_{\bar{x}} = \frac{\sigma}{\sqrt{n}} = \frac{1}{\sqrt{36}} = .1667$$

如果該製造商的宣稱為真，我們得知 $\mu_{\bar{x}} = \mu = 18$ 克。假設該樣本導致一個 $\bar{x} = 18.4$ 克的平均數。此結果是否說明該製造商的宣稱不為真？

我們可以藉由觀察 $\bar{x}$ 的抽樣分配來回答此問題。即使 $\mu = 18$，由於抽樣變異性，我們知道 $\bar{x}$ 通常不會剛好等於 18。但是，當母體平均數真為 18 時，我們有可能看到一個至少大如 18.4 的樣本平均數嗎？如果該公司的宣稱為真，

$$\begin{aligned} P(\bar{x} \geq 18.4) &\approx P\left(z \geq \frac{18.4 - 18}{.1667}\right) \\ &= P(z \geq 2.4) \\ &= \text{在 } z \text{ 曲線下方 } 2.4 \text{ 右側的面積} \\ &= 1 - .9918 = .0082 \end{aligned}$$

樣本量 36 的一組隨機樣本被從具有平均數 18 與標準差 1 的母體中取出，至少大如 18.4 的 $\bar{x}$ 數值將被觀察的機率只有大約 0.82%。數值 $\bar{x} = 18.4$ 比 18 大到足以讓我們質疑該製造商的宣稱。

## 其他情況

現在我們相當瞭解兩種情況下有關 $\bar{x}$ 的抽樣分配：一個是常態母體分配以及一個是大樣本量。當母體分配不為常態且 $n$ 小的時候會發生什麼？雖然 $\mu_{\bar{x}} = \mu$ 與 $\sigma_{\bar{x}} = \frac{\sigma}{\sqrt{n}}$ 依然成立，很不幸地，關於分配的形狀沒有一般性的結果。當目的是要推論如此一個母體的中心，可以進行的一種方式是對於分配的形狀進行假設。統計學家已經提出且研究若干這類模型。理論性的方法或模擬可以被用以敘述對應至假設模型的 $\bar{x}$ 分配。一種替代的策略是使用第 7 章中所提出的一種變換來建立一組更近似來自一常態母體的一組樣本，然後基於變換的資料進行推論。然而另一種方式

是使用基於不同於 $\bar{x}$ 的一個統計量的推論程序。諮詢一位統計學家或是閱讀更高階的教科書以取得資訊。

## 習題 8.10 - 8.22

**8.10** 一組隨機樣本為取自具有平均數 $\mu = 100$ 與標準差 $\sigma = 10$ 的一個母體。對於下列的每一個樣本量決定 $\bar{x}$ 抽樣分配的平均數與標準差：

a. $n = 9$
b. $n = 15$
c. $n = 36$
d. $n = 50$
e. $n = 100$
f. $n = 400$

**8.11** 對於在習題 8.10 中的哪一個樣本量會被合理地認為 $\bar{x}$ 的抽樣分配在形狀上為近似常態？

**8.12** 解釋 $\mu$ 與 $\mu_{\bar{x}}$ 以及 $\sigma$ 與 $\sigma_{\bar{x}}$ 之間的差異。

**8.13** 假設樣本量 64 的一組隨機樣本被從具有平均數 40 與標準差 5 的母體中選出。

a. $\bar{x}$ 抽樣分配的平均數與標準差為何？敘述 $\bar{x}$ 抽樣分配的形狀。$\mu_{\bar{x}} = 40$，$\sigma_{\bar{x}} = 0.625$，
b. $\bar{x}$ 將會在母體平均數 $\mu$ 的 0.5 以內的近似機率為何？
c. $\bar{x}$ 將會不等於 $\mu$ 超過 0.7 的近似機率為何？

**8.14** 一位隨機選取之個人在一棟辦公大樓中等候電梯的時間具有在 0 至 1 分鐘之區間的均勻分配。此分配的 $\mu = 0.5$ 與 $\sigma = 0.289$。

a. 令 $\bar{x}$ 為 16 個人的一組隨機樣本的樣本平均等候時間。$\bar{x}$ 抽樣分配的平均數與標準差為何？
b. 對於 50 個人的一組隨機樣本，回答 (a) 部分。當 $n = 50$，繪製 $\bar{x}$ 抽樣分配之良好近似的一個圖。

**8.15** 令 $x$ 表示一位五年級學生閱讀一段文章花費的時間（分）。假設 $x$ 的平均數值與標準差分別為 $\mu = 2$ 分與 $\sigma = 0.8$ 分。

a. 如果 $\bar{x}$ 是 $n = 9$ 位學生的一組隨機樣本的樣本平均時間，$\bar{x}$ 分配以何處為中心，以及其以該中心散布多少（如同以其標準差所敘述）？$\mu_{\bar{x}} = 2$，$\sigma_{\bar{x}} = 0.267$
b. 針對 $n = 20$ 以及 $n = 100$ 的樣本重複 (a) 部分。這三個 $\bar{x}$ 分配的中心與散布比較如何？哪一個樣本量最可能得出接近 $\mu$ 的一個 $\bar{x}$，以及原因為何？

**8.16** 在大學校園中的圖書館，電梯中有一個指明 16 人限制的標示。此外，還有一個 2500 磅的重量限制。假設校園中學生、教師與職員的平均體重為 150 磅，標準差為 27 磅，且校園中個人體重的分配為近似常態。如果 16 個人的一組隨機樣本從校園中被選取：

a. 樣本平均體重分配的期望值為何？
b. 樣本平均體重分配的標準差為何？
c. 16 人的一組樣本將導致總重量超過 2500 磅之重量限制的平均體重為何？
   $\bar{x} > 156.25$
d. 16 人的一組隨機樣本將超過重量限制的機率為何？

**8.17** 假設成年男性瞳孔間距（左右兩眼瞳孔之間的距離）的平均數值為 65 公釐與

該母體標準差為 5 公釐。

a. 如果瞳孔間距的分配為常態，並且 $n = 25$ 成年男性的一組隨機樣本被選取，這 25 人的樣本平均距離將介於 64 與 67 公釐之間的機率為何？至少 68 公釐的機率又是多少？

b. 假設 100 位成年男性的一組隨機樣本被取得。缺乏假設瞳孔間距為常態分配下，此樣本平均距離將介於 64 與 67 公釐之間的近似機率為何？至少 68 公釐的機率又是多少？

8.18 假設樣本量 100 的一組樣本被取自具有標準差 10 的一個母體。

a. 該樣本平均數將落在 $\mu$ 的數值 1 以內的機率為何？

b. 針對此樣本（$n = 100$，$\sigma = 10$），以計算適當數值完成下列的每一個陳述：

i. 大約 95% 的機率，$\bar{x}$ 將落在 $\mu$ 的 _____ 以內。

ii. 大約 0.3% 的機率，$\bar{x}$ 將離開 $\mu$ _____ 以上。

8.19 一個製程被設計以產生具有 0.5 吋直徑的螺釘。每天一次，36 個螺釘的一組隨機樣本被選取而且螺釘直徑被記錄。如果得出的樣本平均數小於 0.49 吋或大於 0.51 吋，該製程會被關閉以便調整。直徑的標準差為 0.02 吋。該生產線將不必關閉的機率為何？（提示：當真正製程平均數真為 0.5 吋時，找出觀察到一個 $\bar{x}$ 在關閉範圍內的機率。）

8.20 擁有支票帳戶的大學生在任何特定月份內開出相對較少的支票，而非學生居民則在一個月內傾向於寫較多的支票。假設一家銀行的 50% 帳戶由學生持有而另外 50% 帳戶則由非學生居民持有。令 $x$ 表示由一隨機選取之銀行顧客在某個月開出的支票數。

a. 提出 $x$ 的機率分配看似什麼的一個草圖。

b. 假設 $x$ 的平均數為 22.0 且標準差為 16.5。如果 $n = 100$ 位顧客的一組隨機樣本被選出，且 $\bar{x}$ 表示在一個特定月份期間開出支票數的樣本平均數，$\bar{x}$ 抽樣分配以何處為中心，以及 $\bar{x}$ 分配的標準差為何？畫出該抽樣分配的一個大致圖形。

c. 根據 (b) 部分，$\bar{x}$ 最多為 20 的近似機率為何？至少為 25 的機率又是多少？

8.21 一架能夠搭載 100 名乘客的飛機具有 6000 磅的一個總行李限重。假設由一位個別乘客託運之行李的總重量是具有 50 磅的平均數與 20 磅的標準差的一個隨機變項 $x$。如果 100 位乘客將登機，其行李總重量將超過限制的近似機率為何？（提示：以 $n = 100$，當平均重量 $\bar{x}$ 超過 6000/100，則總重量超過限制。）

8.22 施加於磁碟驅動器的塗層厚度（公釐）是決定產品效用的一個特性。當沒有不尋常情況出現，該厚度為具有 2 公釐平均數與 0.05 公釐標準差的一個常態分配。假設該過程將以由每一個產線輪班的生產結果選取 16 個驅動器的一組隨機樣本，並決定該樣本的平均塗層厚度 $\bar{x}$ 來進行監控。

a. 敘述 $\bar{x}$ 的抽樣分配（針對樣本量 16 的一組樣本）。

b. 當沒有不尋常情況出現，我們期待 $\bar{x}$ 會在期望數 2 公釐的 $3\sigma_{\bar{x}}$ 以內。一個遠離 2 超過 $3\sigma_{\bar{x}}$ 以上的 $\bar{x}$ 值會被解讀為需要注意之問題的一個跡象。計算 $2 \pm 3\sigma_{\bar{x}}$。（以許多水平線在 $2 \pm 3\sigma_{\bar{x}}$ 限制所繪不同時間的 $\bar{x}$ 數值的一個圖被稱為製程控

c. 根據 (b) 部分，一個樣本平均數將只是因為偶然（也就是說，當沒有不尋常情況時）而落在 $2 \pm 3\sigma_{\bar{x}}$ 以外的機率為何？
d. 假設被用於施作塗層的一部機器失調，導致 2.05 公釐的一個平均塗層厚度。當下一個樣本被取出，一個問題將被偵測到的機率為何？（提示：當 $\mu = 2.05$，如果 $x > 2 + 3\sigma_{\bar{x}}$ 或是 $x < 2 - 3\sigma_{\bar{x}}$，這將會發生。）

## 8.3　一個樣本比例的抽樣分配

　　許多統計研究的目的是對於母體中之個人或對象擁有某個特質——例如，保固期間不要求服務的行動電話，或是習慣喝無咖啡因咖啡的咖啡飲者的比例做結論。傳統上，擁有感興趣之特質的任何個人或對象被標示為成功 (S)，而不擁有該特質者則被稱為失敗 (F)。文字 $p$ 表示母體中成功的比例。$p$ 的數值是介於 0 到 1 的一個數，而 $100p$ 是母體中成功的百分比。如果 $p = .75$，75% 的母體成員為成功，而當 $p = .01$，母體則包含 1% 的成功與 99% 的失敗。

　　對於研究者而言，$p$ 的數值通常未知。當樣本量 $n$ 的一組隨機樣本被選自這類母體，樣本中某些個人為成功，而其餘為失敗。提供對於 $p$ 進行推論之基礎統計量為 $\hat{p}$，也就是**樣本成功比例**：

$$\hat{p} = \frac{\text{樣本中 S 的數量}}{n}$$

例如，當 $n = 5$ 且有三個成功的結果，則 $\hat{p} = 3/5 = .6$。

　　如同進行關於 $\mu$ 的推論需要瞭解統計量 $\bar{x}$ 的抽樣分配，進行關於 $p$ 的推論首先需要瞭解統計量 $\hat{p}$ 的抽樣分配特性。例如，當 $n = 5$，$\hat{p}$ 的 6 個可能數值為 0、.2（得自 1/5）、.4、.6、.8 與 1。$\hat{p}$ 的抽樣分配給與這每一個可能數值一個機率，如果 $n = 5$ 的樣本反覆被取出，長期下來這每一個數值都會發生。

　　如同我們在樣本平均數的分配所做的，我們將考慮某些模擬實驗以便在陳述一般法則之前發展樣本比例分配的直覺性瞭解。在每一例子中，500 組隨機樣本（每一組樣本量為 $n$）被選自具有一特定 $p$-值的母體。我們為每一組樣本計算 $\hat{p}$，然後構建這 500 個數值的一個直方圖。

### 例 8.7　大學生的性別

2008 年秋季，有 18,516 名學生在 San Luis Obispo 的加州理工州立大學註冊。這些學生中有 8091（43.7%）人為女性。為了說明一個樣本比例抽樣分配的特性，我們將從該校學生的母體模擬抽樣。以 S 表示一位女性學生與 F 表示男性學生，母體中 S 的比例為 $p = .437$。一個統計套裝軟體被用來選取樣本量 $n = 10$ 的 500 組樣本，接著樣本量 $n = 25$ 的 500 組樣本，接著樣本量 $n = 50$ 的 500 組樣本，以及最後接著 $n = 100$ 的 500 組樣本。這四個樣本量的每一個的 500 個 $\hat{p}$ 數值之直方圖顯示於圖 8.7。

直方圖最值得注意的特質為當 $n$ 增加，它逐漸接近常態曲線的形狀。$n = 10$ 的直方圖有點偏態。$n = 25$、$n = 50$ 與 $n = 100$ 的直方圖看起來更為對稱且具有一個更像常態曲線的形狀。

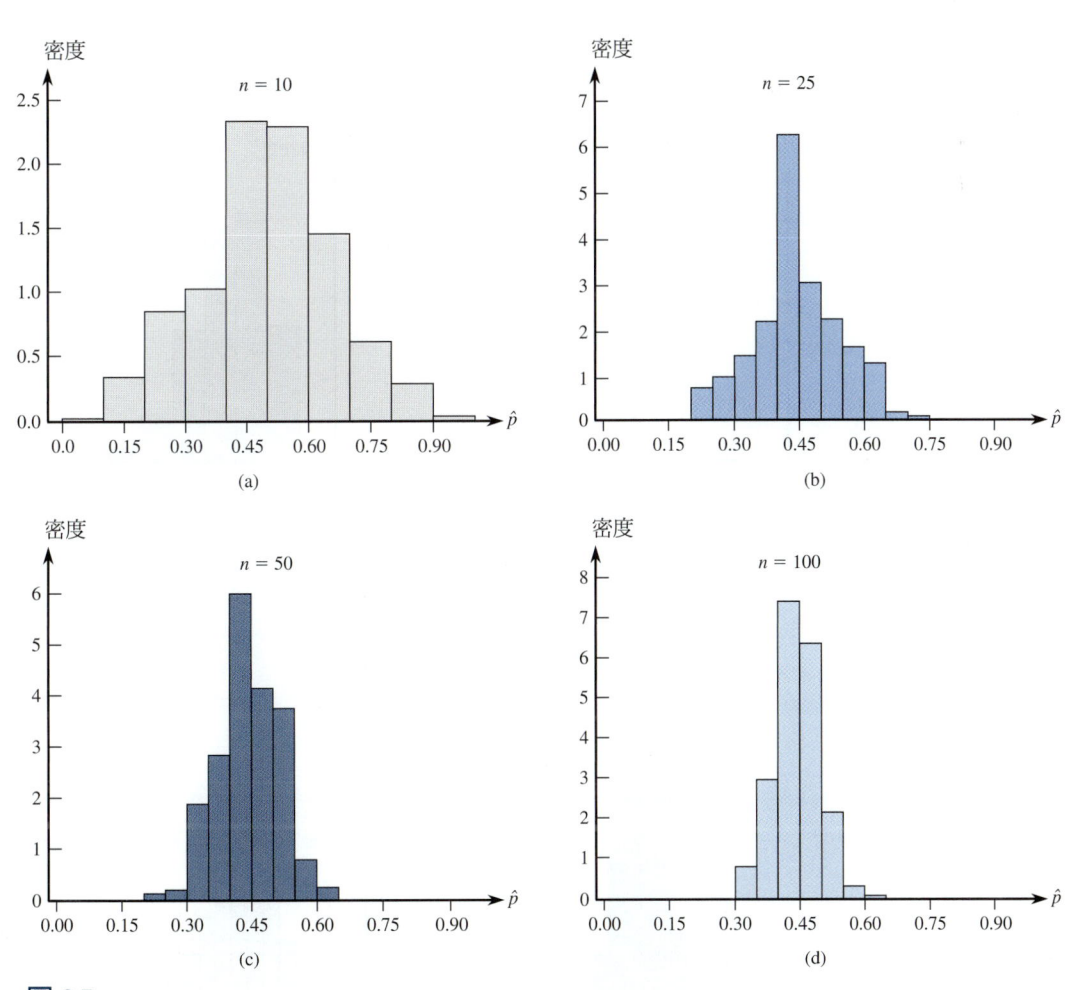

**圖 8.7**

例 8.7 之 500 個 $\hat{p}$- 值（$p = .437$）的直方圖：(a) $n = 10$；(b) $n = 25$；(c) $n = 50$；(d) $n = 100$

所有四個直方圖顯然都大致以 .437 為中心，被抽樣母體的 $p$- 值。一旦直方圖是基於無止境系列的樣本，每一個直方圖會精確地以 .437 為中心。最後，與 $\bar{x}$ 之抽樣分配的情況相同，小樣本量的直方圖會比大樣本量的直方圖散布較大。不足為奇地，基於一個大樣本量的 $\hat{p}$- 值比起得自一小樣本量的 $\hat{p}$ 傾向於較接近 $p$，母體的成功比例。

## 例 8.8　從輸血感染肝炎

在輸血後病毒性肝炎的發展能夠讓一位病患導致嚴重的迸發症。文章「**缺乏警覺心導致不良的自體輸血**」（*Health Care Management*, 2003 年 5 月 15 日）報導肝炎發生在 7% 的心臟手術期間接受輸血病患。在此，我們模擬從血液接受者的母體進行抽樣，以 S 表示感染肝炎的接受者（並非一般被認為是成功的那種特質，但是 S 至 F 的標示是任意的），因此 $p = .07$。圖 8.8 顯示四種樣本量 $n = 10$、25、50 與 100 之 500 個 $\hat{p}$- 值的直方圖。

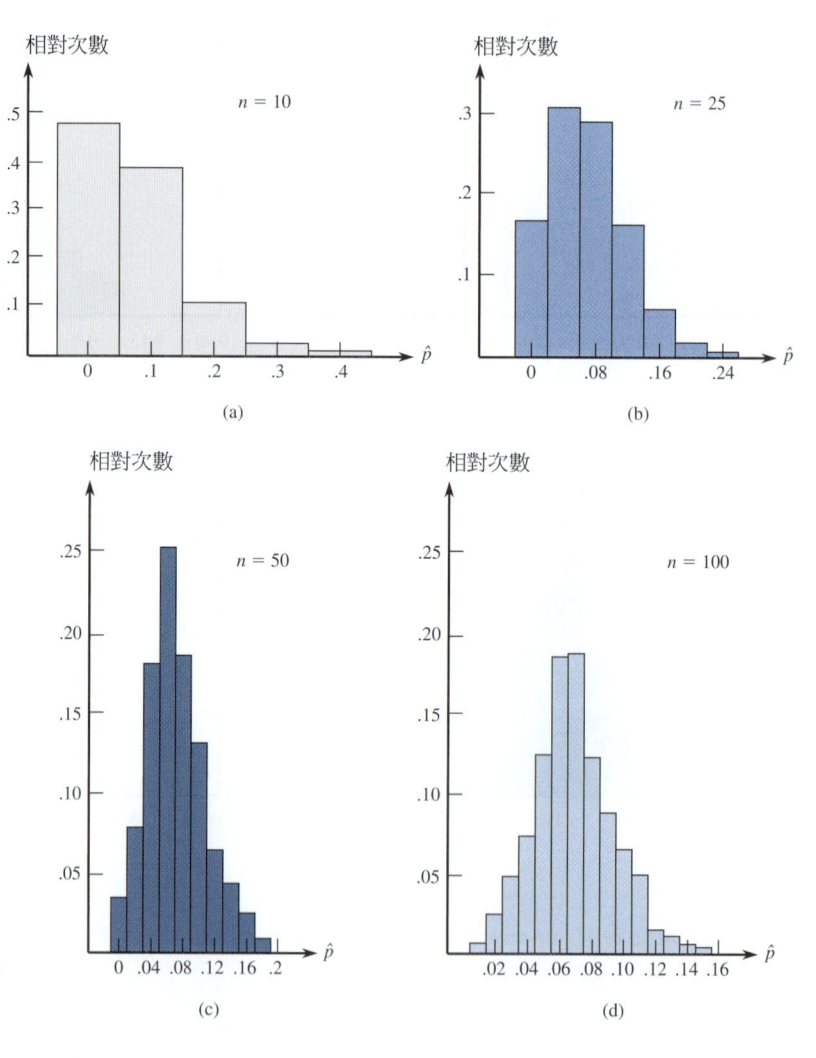

**圖 8.8**
例 8.8 之 500 個 $\hat{p}$ 數值 ($p = .07$) 的直方圖：
(a) $n = 10$；(b) $n = 25$；
(c) $n = 50$；(d) $n = 100$

如同在例 8.7 的情況，所有四個直方圖都大致以被抽樣的母體之 $p$- 值為中心。（這些模擬之 $\hat{p}$ 的平均值為 .0690、.0677、.0707 及 .0694。）如果直方圖為基於無止境系列的樣本，它們全都會精確地以 $p = .07$ 為中心。再一次，基於一個大樣本 $n$ 的直方圖散布小於得自一個小樣本量的直方圖散布。$n$ 的數值愈大，樣本比例 $\hat{p}$ 傾向於更接近母體比例 $p$ 的數值。

甚且，當 $n$ 增加，會有一個逐漸趨近於常態曲線的形狀。然而，在此例的趨近要比前一個例子慢許多，因為 $p$ 的數值非常極端。（對於 $p = .93$ 也會有相同情形，除了直方圖會是負偏而非正偏。）對於 $n = 10$ 與 $n = 25$ 的直方圖展現相當地偏態，且對於 $n = 50$ 的直方圖偏態仍是中等的（比較圖 8.8(c) 與圖 8.8(d)）。只有 $n = 100$ 的直方圖被一條常態曲線相當良好地配適。其顯示一條常態曲線是否提供 $\hat{p}$ 抽樣分配的良好近似取決於 $n$ 與 $p$ 的兩個數值。只知道 $n = 50$ 並不足以保證直方圖的形狀為近似常態。

## $\hat{p}$ 抽樣分配的一般特性

例 8.7 與例 8.8 提到 $\hat{p}$ 的抽樣分配同時取決於樣本量 $n$ 以及母體中的成功比例 $p$。關鍵結果在下列的一般特性中更正式地陳述。

### $\hat{p}$ 抽樣分配的一般特性

令 $\hat{p}$ 為得自一 S 的比例為 $p$ 之母體的樣本量 $n$ 之隨機樣本中的成功比例。以 $\mu_{\hat{p}}$ 表示 $\hat{p}$ 的平均數，以及 $\sigma_{\hat{p}}$ 表示標準差。則下列定理成立：

**定理 1.** $\mu_{\hat{p}} = p$

**定理 2.** $\sigma_{\hat{p}} = \sqrt{\dfrac{p(1-p)}{n}}$。當無限母體時，此定理必然成立，而當有限母體且母體未超過 10% 被包含在樣本中時，則此定理近似正確。

**定理 3.** 當 $n$ 是大的且 $p$ 不是太靠近 0 或 1，$\hat{p}$ 的抽樣分配近似常態。

$\hat{p}$ 的抽樣分配總是以母體成功比例 $p$ 的數值為中心，並且當樣本量 $n$ 增加，其分配依 $p$ 散布的程度降低。

例 8.7 與例 8.8 指出在判斷 $\hat{p}$ 的抽樣分配是否近似常態時，$p$ 與 $n$ 必須同時被考慮。

當 $p$ 值愈遠離 .5，$\hat{p}$ 的抽樣分配是近似常態要正確則需要愈大的 $n$。一個保守的經驗法則是，如果 $np \geq 10$ 且 $n(1-p) \geq 10$ 同時成立，則常態分配提供 $\hat{p}$ 的抽樣分配一個合理近似。

$n = 100$ 的一組樣本本身不足以合理化常態近似的使用。如果 $p = .01$，即使當 $n = 100$，$\hat{p}$ 的分配為正偏，所以一個鐘形曲線並不提供良好的近似。同理，如果 $n = 100$ 且 $p = .99$〔因而 $n(1 - p) = 1 < 10$〕，$\hat{p}$ 的分配具有相當的負偏。$np \geq 10$ 且 $n(1 - p) \geq 10$ 的條件確保 $\hat{p}$ 的抽樣分配不會太偏態。如果 $p = .5$，常態近似可以當 $n$ 小至 20 所使用，而對於 $p = .05$ 或是 $.95$，$n$ 必須至少為 200。

### 例 8.9　輸血待續

在例 8.8 所參考的文章中，所有接受輸血的心臟病患者感染肝炎的比例被給定為 .07。假設一個新的血液篩選過程被認為能夠減少肝炎的發生率。使用這個過程的血液篩選被提供給 $n = 200$ 位血液接受者。200 位病患中只有 6 位感染肝炎。這顯示一個良好的結果，因為 $\hat{p} = 6/200 = .03$。醫學研究者感興趣的問題是，這個結果是否指出當新的篩選過程被使用，病患感染肝炎的真正（長期）比例為少於 .07，或是此結果貌似合理地歸因於抽樣變異（也就是，$\hat{p}$ 典型地不同於母體比例 $p$）？如果篩選程序並非有效而且 $p = .07$，

$$\mu_{\hat{p}} = .07$$

$$\sigma_{\hat{p}} = \sqrt{\frac{p(1-p)}{200}}$$

$$= \sqrt{\frac{(.07)(.93)}{200}} = .018$$

而且，因為

$$np = 200(.07) = 14 \geq 10$$

以及

$$n(1 - p) = 200(.93) = 186 \geq 10$$

$\hat{p}$ 的抽樣分配為近似常態。接著，如果此篩選程序並非有效，

$$P(\hat{p} \leq .03) = P\left(z \leq \frac{.03 - .07}{.018}\right)$$

$$= P(z \leq -2.22)$$

$$= .0132$$

此一小的機率告訴我們如果篩選過程為無效，.03 或更小的一個樣本比例不可能被觀察。這個新的篩選程序顯然產生較小的肝炎併發症。

## 習題 8.23 – 8.31

**8.23** 一組隨機樣本從一具有成功比例 $p = .65$ 的母體中被選取。針對下列每一個樣本量，決定 $\hat{p}$ 抽樣分配的平均數與標準差：

a. $n = 10$  　　　b. $n = 20$
c. $n = 30$  　　　d. $n = 50$
e. $n = 100$  　　f. $n = 200$

**8.24** 如果 $p = .65$，對於在習題 8.23 中給定的哪一個樣本量其 $\hat{p}$ 的抽樣分配會近似常態？又如果 $p = .2$ 呢？

**8.25** 文章「未婚情侶比較可能是不同種族的」（*San Luis Obispo Tribune*，2002 年 3 月 13 日）報導在美國有 7% 的已婚夫妻為人種上或種族上的結合。考慮由在美國所有已婚夫妻所組成的母體。$\mu_{\hat{p}} = 0.07$，$\sigma_{\hat{p}} = 0.026$

a. $n = 100$ 對夫妻的一組隨機樣本將被從這個母體取出並且 $\hat{p}$，不同人種或種族結合的夫妻比例，將被計算。$\hat{p}$ 抽樣分配的平均數與標準差為何？

b. 對於樣本量 $n = 100$ 的隨機樣本，假設 $\hat{p}$ 的抽樣分配為近似常態是否合理？解釋之。$np < 10$

c. 假設樣本量為 $n = 200$ 而非如同在 (b) 部分的 $n = 100$。樣本量的改變是否改變 $\hat{p}$ 抽樣分配的平均數與標準差？如果是，平均數與標準差的新數值為何？如果不是，解釋為何不？

d. 對於樣本量 $n = 200$ 的隨機樣本，假設 $\hat{p}$ 的抽樣分配為近似常態是否合理？解釋之。

e. 當 $n = 200$，樣本中夫妻為人種上或種族上結合的比例將大於 .10 的機率為何？

**8.26** 在習題 8.25 中所參考的文章報導對於住在一起的未婚情侶，為人種上或種族上之結合的比例為 .15。對於住在一起未婚情侶的母體，回答在習題 8.25 的 (a) 至 (e) 部分所提問題的答案。

**8.27** 一種特定的染色體缺陷在 200 位成年白人男性中只有 1 人會發生。$n = 100$ 位成年白人男性的一組隨機樣本被取得。

a. 樣本比例 $\hat{p}$ 的平均數值為何，以及樣本比例的標準差為何？

b. 本例中的 $\hat{p}$ 是否具有近似的一個常態分配？解釋之。

c. $\hat{p}$ 的抽樣分配要能夠近似常態，最小的 $n$ 值為多少？

**8.28** 文章「懷孕婦女應否搬家？連結出生缺陷風險至鄰近有毒廢棄物收集地」（*Chance* [1992]: 40-45）報導一項在紐約州進行的大型研究中，大約有 30% 的研究對象住在危險廢棄物收集地的 1 哩內。令 $p$ 表示紐約全體居民住在這類地點 1 哩內的比例，並假設 $p = .3$。

a. 基於只有 10 位居民的一組隨機樣本，其 $\hat{p}$ 是否會近似一個常態分配？解釋你的答案。$np = 10(0.3) = 3 < 10$

b. 基於樣本量 400 的一組隨機樣本，$\hat{p}$ 的平均數與標準差為何？

c. 當 $n = 400$，$P(.25 \leq \hat{p} \leq .35)$ 為何？

d. 在 (c) 部分計算而得的機率會大於或小於當 $n = 500$ 情況下的機率？在沒有實際計算此機率下回答問題。

**8.29** 文章「恐怖小說」（*Newsweek*, 1985

年 4 月 22 日）陳述，「調查告訴我們超過半數的美國大學畢業生是推理小說的熱愛讀者。」令 $p$ 表示推理小說熱愛讀者的大學畢業生真實比例。考慮基於 225 位大學畢業生的一組隨機樣本之樣本比例 $\hat{p}$。

a. 如果 $p = .5$，$\hat{p}$ 的平均數與標準差為何？對於 $p = .6$ 也回答這個問題。在兩個情況下是否 $\hat{p}$ 具有近似一組常態分配？解釋之。

b. 對於 $p = .5$ 與 $p = .6$ 皆計算 $P(\hat{p} \geq .6)$。

c. 沒有進行任何計算，如果 $n$ 為 400 而非 225，你認為在 (b) 部分的機率會如何改變？

8.30 假設一位特定的公職候選人事實上被該地區所有合格選民的 48% 支持。一個民意測驗組織將選取 500 位選民的一組隨機樣本並將使用樣本比例 $\hat{p}$ 來估計 $p$。$\hat{p}$ 將大於 .5，導致該民意組織錯誤地預測即將到來之選舉結果，的近似機率為何？

8.31 一家電腦印表機的製造商從一個賣主購買塑膠墨水匣。當接收一大批貨物時，200 個墨水匣的一組隨機樣本被選出，且每一個都被檢查。如果瑕疵墨水匣的樣本比例超過 .02，整批貨將退回給賣主。

a. 如果在該批貨中的瑕疵墨水匣真正比例為 .05，這批貨將被退回的近似機率為何？

b. 如果在該批貨中的瑕疵墨水匣真正比例為 .10，這批貨將不會被退回的近似機率為何？

## 活動 8.1　多次報考 SAT 的學生是否在大學入學上具有優勢？

**技術活動**：需要電腦或繪圖（工程）計算機的使用。

**背景**：*The Chronicle of Higher Education*（2003 年 1 月 29 日）摘要一篇出現在 *American Prospect* 網站標題為「**嘗試大學：為何大學應該阻止鼓勵申請者重複報考 SAT。**」這篇文章表示允許申請者多次報考 SAT，然後使用最高分數作為入學考量的現行大學入學政策對於來自具有較高收入家庭的學生（能夠負擔得起許多次考試）有利。作者提出他相信會比使用最高分數還要公平的兩種方式：(1) 使用所有測驗分數的平均數，或是 (2) 只使用最新的分數。

在此項活動中，你將針對一位參加兩次考試的受測者與一位參加五次考試的受測者，觀察三個統計量的抽樣分配來調查三個可能性之間的差異。這三個統計量為

Max ＝ 最高分數
Mean ＝ 平均分數
Recent ＝ 最近分數

一個個人在 SAT 測驗的分數在不同測驗實施之間波動。假設一位特別學生的「真正能力」被以 1200 的一個 SAT 分數所反映，但是由於機會波動，在任何特殊測驗實施上的測驗分數可以被視為一個具有平均數 1200 與標準差 30 的近似常態分配之隨機變項。如果我們從這個常態分配選取一組樣本，得到的一組觀察值可以被視為可能由此位學生獲得的測驗分數的集合。

**第一部分**：從思考如果這位學生參加兩次考試會發生什麼事開始。你將使用模擬以為此學生產生兩個測驗分數的樣本，分數 1 與分數 2。接著你將為每一成對分數計算 Max、Mean 與 Recent 的數值。得出之

Max、Mean 與 Recent 的數值將被用來構建這三個統計量的近似抽樣分配。

以下的指示假設 Minitab 的使用。如果你使用一個不同的套裝軟體或是一個繪圖計算機，你的老師將提供替代的指示。

a. 以從一個具有平均數 1200 與標準差 30 的常態分配產生觀察值的方式取得 500 組的兩個測驗分數。

Minitab: Calc → Random Data → Normal
　　Enter 500 in the Generate box (to get 500 sets of scores)
　　Enter C1-C2 in the Store in Columns box (to get two test scores in each set)
　　Enter 1200 in the Mean box (because we want scores from a normal distribution with mean 1200)
　　Enter 30 in the Standard Deviation box (because we want scores from a normal distribution with standard deviation 30)
　　Click on OK

b. 觀察 Minitab 的工作表，你現在應該會在前兩個欄位的每一個看到 500 列的數值。在任意特定列的兩個數值可以被視為當學生考兩次試可能被觀察到的測驗分數。對於每一對測驗分數，我們現在計算 Max、Mean 與 Recent 的數值。

　i. Recent 只是最後的測驗分數，所以在 C2 的數值為 Recent 的數值。以在 C2 頂端的灰色空格輸入名稱的方式命名此欄位。

　ii. 為每一對分數計算最大的測驗分數 (Max)，並儲存這些數值於 C3，如下：

Minitab: Calc → Row statistics
　　Click the button for maximum
　　Enter C1-C2 in the Input variables box
　　Enter C3 in the Store Result In box.
　　Click on OK

你現在應該可以在 C3 看到每一對分數的最大數值。命名此欄位為 max2。

　iii. 為每一對分數計算平均測驗分數 (Mean)，並儲存數值於 C4，如下：

Minitab: Calc → Row statistics
　　Click the button for mean
　　Enter C1-C2 in the Input Variables box
　　Enter C4 in the Store Result In box.
　　Click on OK

你現在應該能夠在 C4 看到每一對分數的平均數。命名此欄位為 mean2。

c. 為這三個的每一個統計量構建密度直方圖（這些密度直方圖近似三個統計量的抽樣分配），如下：

Minitab: Graph → Histogram
　　Enter max2, mean2, and recent2 into the first three rows of the Graph Variables box
　　Click on the Options button. Select Density. Click on OK. (This will produce histograms that use the density scale rather than the frequency scale.)
　　Click on the Frame drop-down menu, and select Multiple Graphs. Select Same X and Same Y. (This will cause Minitab to use the same scales for all three histograms, so that they can be easily compared.)
　　Click on OK.

**第二部分**：現在你將為相同的這三個統計量產生近似抽樣分配，但是是為一位參加五次考試學生的個案。遵循如同在第一部分的相同步驟，進行下列修改：

a. 取得 500 組的五個測驗分數，並儲存這些數值於欄位 C11–C15。

b. Recent 將正好是在 C15 中的數值；命名此欄位為 recent5。計算 Max 與 Mean 的數值，並將他們儲存於欄位 C16 與 C17。命名這些欄位為 max5 與 mean5。

c. 為 max5、mean5 與 recent5 構建密度直方圖。

**第三部分**：現在使用在第一部分與第二部分所構建的近似抽樣分配回答下列問題。

a. 測驗分數平均值的統計量正好是一個樣

本平均數（針對在第一部分樣本量為 2 的一個樣本以及在第二部分樣本量為 5 的一個樣本）。相較於基於在 8.2 節提出之 $\bar{x}$ 分配的一般特性所預期，mean2 與 mean5 的抽樣分配如何？解釋之。

b. 基於得自第一部分的三個分配，對於一位參加兩次測驗的學生，相較於使用平均分數或是最近分數，敘述使用最高分數的好處。

c. 現在考慮兩次與五次測驗受測者之最高分數的近似抽樣分配。這兩個分配相較如何？

d. 如果最高分數被用來作為大學入學決策，一位參加五次測驗學生是否比一位相同能力但只參加兩次測驗學生擁有較大優勢？解釋之。

e. 如果你正在為一家選擇的大學寫招生（入學）程序，你會建議使用最高測驗分數、平均測驗分數、或是最近測驗分數來進行入學決策？寫出一段文字解釋你的選擇。

## 重要觀念與公式之摘要

| 專有名詞或公式 | 註釋 |
| --- | --- |
| 統計量 | 從樣本資料計算而得之任何數量。 |
| 抽樣分配 | 一個統計量的機率分配；敘述統計量之長期行為的抽樣分配。 |
| $\bar{x}$ 的抽樣分配 | 基於樣本量 $n$ 的一組隨機樣本之樣本平均數 $\bar{x}$ 的機率分配。$\bar{x}$ 抽樣分配的性質為：$\mu_{\bar{x}} = \mu$ 以及 $\sigma_{\bar{x}} = \dfrac{\sigma}{\sqrt{n}}$（其中，$\mu$ 與 $\sigma$ 分別為母體平均數與標準差）。此外，當母體分配為常態或樣本量大，$\bar{x}$ 的抽樣分配為（近似）常態。 |
| 中央極限定理 | 這個重要的定理陳述當 $n$ 夠大，$\bar{x}$ 的分配將會近似常態。標準的經驗法則是當 $n$ 大於 30，此定理可以被安全應用。 |
| $\hat{p}$ 的抽樣分配 | 樣本比例 $\hat{p}$ 的機率分配，基於樣本量 $n$ 的一組隨機樣本。當樣本量夠大，$\hat{p}$ 的抽樣分配為近似常態，具有 $\mu_{\hat{p}} = p$ 以及 $\sigma_{\hat{p}} = \sqrt{\dfrac{p(1-p)}{n}}$，其中 $p$ 為母體比例的數值。 |

Max、Mean 與 Recent 的數值將被用來構建這三個統計量的近似抽樣分配。

以下的指示假設 Minitab 的使用。如果你使用一個不同的套裝軟體或是一個繪圖計算機，你的老師將提供替代的指示。

a. 以從一個具有平均數 1200 與標準差 30 的常態分配產生觀察值的方式取得 500 組的兩個測驗分數。

Minitab: Calc → Random Data → Normal
 Enter 500 in the Generate box (to get 500 sets of scores)
 Enter C1-C2 in the Store in Columns box (to get two test scores in each set)
 Enter 1200 in the Mean box (because we want scores from a normal distribution with mean 1200)
 Enter 30 in the Standard Deviation box (because we want scores from a normal distribution with standard deviation 30)
 Click on OK

b. 觀察 Minitab 的工作表，你現在應該會在前兩個欄位的每一個看到 500 列的數值。在任意特定列的兩個數值可以被視為當學生考兩次試可能被觀察到的測驗分數。對於每一對測驗分數，我們現在計算 Max、Mean 與 Recent 的數值。

 i. Recent 只是最後的測驗分數，所以在 C2 的數值為 Recent 的數值。以在 C2 頂端的灰色空格輸入名稱的方式命名此欄位。

 ii. 為每一對分數計算最大的測驗分數 (Max)，並儲存這些數值於 C3，如下：

Minitab: Calc → Row statistics
 Click the button for maximum
 Enter C1-C2 in the Input variables box
 Enter C3 in the Store Result In box.
 Click on OK

你現在應該可以在 C3 看到每一對分數的最大數值。命名此欄位為 max2。

 iii. 為每一對分數計算平均測驗分數 (Mean)，並儲存數值於 C4，如下：

Minitab: Calc → Row statistics
 Click the button for mean
 Enter C1-C2 in the Input Variables box
 Enter C4 in the Store Result In box.
 Click on OK

你現在應該能夠在 C4 看到每一對分數的平均數。命名此欄位為 mean2。

c. 為這三個的每一個統計量構建密度直方圖（這些密度直方圖近似三個統計量的抽樣分配），如下：

Minitab: Graph → Histogram
 Enter max2, mean2, and recent2 into the first three rows of the Graph Variables box
 Click on the Options button. Select Density. Click on OK. (This will produce histograms that use the density scale rather than the frequency scale.)
 Click on the Frame drop-down menu, and select Multiple Graphs. Select Same X and Same Y. (This will cause Minitab to use the same scales for all three histograms, so that they can be easily compared.)
 Click on OK.

**第二部分：**現在你將為相同的這三個統計量產生近似抽樣分配，但是是為一位參加五次考試學生的個案。遵循如同在第一部分的相同步驟，進行下列修改：

a. 取得 500 組的五個測驗分數，並儲存這些數值於欄位 C11–C15。

b. Recent 將正好是在 C15 中的數值；命名此欄位為 recent5。計算 Max 與 Mean 的數值，並將他們儲存於欄位 C16 與 C17。命名這些欄位為 max5 與 mean5。

c. 為 max5、mean5 與 recent5 構建密度直方圖。

**第三部分：**現在使用在第一部分與第二部分所構建的近似抽樣分配回答下列問題。

a. 測驗分數平均值的統計量正好是一個樣

本平均數（針對在第一部分樣本量為 2 的一個樣本以及在第二部分樣本量為 5 的一個樣本）。相較於基於在 8.2 節提出之 $\bar{x}$ 分配的一般特性所預期，mean2 與 mean5 的抽樣分配如何？解釋之。

b. 基於得自第一部分的三個分配，對於一位參加兩次測驗的學生，相較於使用平均分數或是最近分數，敘述使用最高分數的好處。

c. 現在考慮兩次與五次測驗受測者之最高分數的近似抽樣分配。這兩個分配相較如何？

d. 如果最高分數被用來作為大學入學決策，一位參加五次測驗學生是否比一位相同能力但只參加兩次測驗學生擁有較大優勢？解釋之。

e. 如果你正在為一家選擇的大學寫招生（入學）程序，你會建議使用最高測驗分數、平均測驗分數、或是最近測驗分數來進行入學決策？寫出一段文字解釋你的選擇。

## 重要觀念與公式之摘要

| 專有名詞或公式 | 註釋 |
| --- | --- |
| 統計量 | 從樣本資料計算而得之任何數量。 |
| 抽樣分配 | 一個統計量的機率分配；敘述統計量之長期行為的抽樣分配。 |
| $\bar{x}$ 的抽樣分配 | 基於樣本量 $n$ 的一組隨機樣本之樣本平均數 $\bar{x}$ 的機率分配。$\bar{x}$ 抽樣分配的性質為：$\mu_{\bar{x}} = \mu$ 以及 $\sigma_{\bar{x}} = \dfrac{\sigma}{\sqrt{n}}$（其中，$\mu$ 與 $\sigma$ 分別為母體平均數與標準差）。此外，當母體分配為常態或樣本量大，$\bar{x}$ 的抽樣分配為（近似）常態。 |
| 中央極限定理 | 這個重要的定理陳述當 $n$ 夠大，$\bar{x}$ 的分配將會近似常態。標準的經驗法則是當 $n$ 大於 30，此定理可以被安全應用。 |
| $\hat{p}$ 的抽樣分配 | 樣本比例 $\hat{p}$ 的機率分配，基於樣本量 $n$ 的一組隨機樣本。當樣本量夠大，$\hat{p}$ 的抽樣分配為近似常態，具有 $\mu_{\hat{p}} = p$ 以及 $\sigma_{\hat{p}} = \sqrt{\dfrac{p(1-p)}{n}}$，其中 $p$ 為母體比例的數值。 |

## 本章複習練習題　8.32 – 8.37

8.32　一個特殊品牌一支香菸的尼古丁含量具有平均數 0.8 mg 與標準差 0.1 mg 的分配。如果 100 支的這種香菸被分析，得出樣本平均尼古丁含量將少於 0.79 的機率為何？少於 0.77 的機率又是多少？

8.33　令 $x_1, x_2, \ldots, x_{100}$ 表示 100 袋隨機選取肥料的實際淨重（磅）。假設隨機選取一袋的重量具有平均數 50 磅與變異數 1 磅$^2$ 的分配。令 $\bar{x}$ 為樣本平均重量（$n = 100$）。
a. 敘述 $\bar{x}$ 的抽樣分配。
b. 樣本平均數介於 49.75 磅與 50.25 磅之間的機率為何？
c. 樣本平均數少於 50 磅的機率為何？

8.34　假設一家有線電視公司的 20% 用戶一週至少觀看一次購物頻道。該有線電視公司想決定是否以一家新的區域性電台取代此頻道。對於 100 位用戶的調查將被舉行。如果樣本比例大於 .25，該公司決定保留該購物頻道。該有線電視公司將保留購物頻道的大概機率為何，即使所有用戶觀看的比例只有 .20？

8.35　水泥的透水性可以被以讓水流經表面並決定流失量（每小時吋）加以衡量。假設對於一組隨機選取之特定種類水泥樣本的滲透性指數 $x$ 為具有平均數 1000 與標準差 150 的常態分配。
a. 單一隨機選取樣本將具有介於 850 與 1300 之滲透性指數的可能性為何？
b. 如果在樣本量 10 的一組隨機樣本中之每一個樣本的滲透性指數要被決定，樣本平均滲透性指數將介於 950 與 1100 之間的可能性為何？介於 850 與 1300 之間的可能性又是多少？

8.36　*Newsweek*（1992 年 11 月 23 日）報導 40% 的所有美國雇員參與「自我保險」健康計畫（$p = .40$）。
a. 在 100 位雇員的一組隨機樣本中，在樣本中至少有一半的人參與這樣一個計畫的近似機率為何？
b. 假設你被告知一組得自你州的樣本中的 100 位雇員中至少 60 人參與這樣一個計畫。你的州會是 $p = .40$ 嗎？解釋之。

8.37　一位顧客在一家折扣商店花費金錢的數量具有 $100 的一個平均數與 $30 的標準差。50 位購物者的一個隨機選取團體將花費總金額超過 $5300 的機率為何？（提示：當樣本平均數超過什麼數值，總金額將超過 $5300？）

# 第 9 章

# 使用單一樣本估計

© George Hall/Corbis

　　多數的美國大學生為了學術與社交的目的而使用網際網路。文章「**美國大學生的網際網路使用：種族、性別與數位落差**」（*Journal of Computer-Mediated Communication* [2009]: 244-264）的作者敘述在 40 所大學之 7421 位學生的調查結果。該樣本以一種作者相信能夠得出足以反映美國大學生之一般人口統計資料的方式被選取。作者想要使用此樣本資料來估計一天耗時超過 3 小時於網際網路的大學生比例。本章所介紹的方法將被用來產生想要的估計值。因為估計值將僅僅基於一組樣本而非基於全體美國大學生的普查，此估計值以一種同時傳遞預期正確性的訊息被構建是重要的。

　　推論統計的目的是使用樣本資料來減少我們對於對應母體之某一特性的不確定性，例如一個母體平均數 $\mu$ 或是母體比例 $p$。要完成此一工作的一種方式是使用樣本資料以取得代表感興趣特性之貌似有理數值的單一數字。或是，該特性可能數值的整個範圍可以被報告。這兩種估計方法，點估計 (point estimation) 與區間估計 (interval estimation) 在本章被介紹。

## 9.1 點估計

估計一個母體特徵的最簡單途徑，包含使用樣本資料來計算可被視為該特徵之一個可能值的單一數字。例如，樣本資料可能建議 1000 小時為 $\mu$，某一特定品牌燈泡之真正平均壽命的一個可能值。在一個不同情境下，在一所特定大學學生的一個樣本調查可能導致 .41 是 $p$，所有學生中贊成娛樂設施收費的比例，的一個可能值的陳述。

> **定義**
>
> 母體特徵的一個**點估計值** (point estimate) 是基於樣本資料的單一數值並代表該特徵的一個可能值。

在剛才提出的例子中，1000 是 $\mu$ 的一個點估計值，而 .41 是 $p$ 的一個點估計值。該非獨立的點反映估計值對應至數線上的一個單一點的事實。

一個點估計值得自於首先選取一個適當的統計量。接著，估計值就是該組特定樣本之統計量的數值。例如，計算而得的樣本平均數的數值是母體平均數 $\mu$ 的一個點估計值，而樣本比例是母體比例 $p$ 的一個點估計值。

### 例 9.1 大學生的網際網路使用

在本章一開始的簡介中所敘述調查的目的之一是要估計一天耗時超過 3 小時於網際網路的大學生比例。基於在該文章中給與的資訊，接受調查的 7421 位大學生中有 2998 人回答每天超過 3 小時的網際網路使用。我們可以使用這個資訊來估計 $p$，其中 $p$ 是一天使用網際網路超過 3 小時的全體美國大學生的比例。以成功被視為一天使用網際網路超過 3 小時的一位學生，$p$ 則為母體的成功比例。統計量

$$\hat{p} = \frac{樣本中的成功數}{n}$$

其為成功的樣本比例，是取得 $p$ 的一個點估計值的一個明顯選擇。基於報導的資訊，$p$ 的點估計值為

$$\hat{p} = \frac{2998}{7421} = .404$$

也就是說，基於此一隨機樣本，我們估計在美國有 40.4% 的大學生一天耗時超過 3 小時於網際網路。

針對估計一個母體比例 $p$ 的目的來說，統計量 $\hat{p}$ 並沒有明顯的其他替代選擇。在其他情況下，諸如在例 9.2 中所說明的一個，可能有幾個統計量可以被用來取得估計值。

## 例 9.2　學術閱讀

文章「網際網路與電視使用對於大學生閱讀習慣與行為的影響」(*Journal of Adolescent and Adult Literacy* [2009]: 609-619) 調查大學生的閱讀習慣。作者們區別休閒閱讀與學術閱讀，並要求學生記錄閱讀花費的時間。下列觀測值表示由 20 位大學生 1 週內在學術閱讀的花費時數（這些資料與在該文章所提供的摘要數值一致，並被以從最小到最大的順序排列）：

| 1.7 | 3.8 | 4.7 | 9.6 | 11.7 | 12.3 | 12.3 | 12.4 | 12.6 | 13.4 |
| 14.1 | 14.2 | 15.8 | 15.9 | 18.7 | 19.4 | 21.2 | 21.9 | 23.3 | 28.2 |

資料的點圖顯示於此：

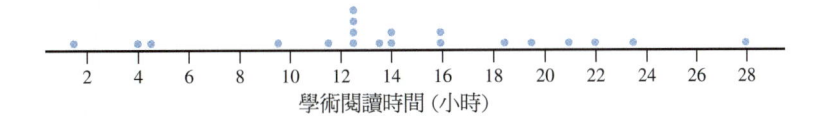

從該點圖，我們可以發現學術閱讀時間的分配為近似對稱。

如果 $\mu$ 的一個點估計值，所有大學生每週平均學術閱讀時間，被期望得知，估計 $\mu$ 的統計量的一個明顯選擇是樣本平均數 $\bar{x}$。然而，還有其他可能（選項）。由於資料集展現某種對稱，我們可能考慮使用一個截尾平均數或甚至是樣本中位數。（如果對應的母體分配為對稱，母體平均數 $\mu$ 與母體中位數為相等。）

從資料計算而得的三個統計量並產生 $\mu$ 的估計值為

$$\text{樣本平均數} = \bar{x} = \frac{\sum x}{n} = \frac{287.2}{20} = 14.36$$

$$\text{樣本中位數} = \frac{13.4 + 14.1}{2} = 13.75$$

$$10\% \text{ 截尾平均數} = (\text{中間 16 個觀測值的平均數}) = \frac{230.2}{16} = 14.39$$

大學生每週平均學術閱讀時間的估計值彼此間有點差異。從其中的選擇應該取決於哪一個統計量，平均而言，傾向於產生最接近 $\mu$ 真實值的一個估計值。下列小節討論在這些競爭的統計量之間如何選擇的準則。

## 選擇一個統計量來計算估計值

如同在例 9.2 中所列示，會有多於一個統計量是合理而可以用來取得某一特定母體特徵之一個點估計值。我們會喜歡使用傾向於產生準確估計值的一個統計量──也就是說，接近母體特徵值的一個估計值。一個特定統計量其估計準確性的資訊由統計量的抽樣分配提供。

圖 9.1 展示三個不同統計量的抽樣分配。母體特徵的數值，在圖中以真實值表示，被標示在數線軸上。在圖 9.1(a) 的分配是不可能產生接近真實值之一個估計值的分配。該分配以真實值的右邊為中心，使得其估計值（一個特定樣本的統計量數值）將很可能大於真實值。如果這個統計量被用來計算基於第一組樣本的一個估計值，接著基於第二組樣本計算的另一個估計值，然後基於第三組樣本計算的另一個估計值，依此類推，這些估計值的長期平均數將大於真實值。

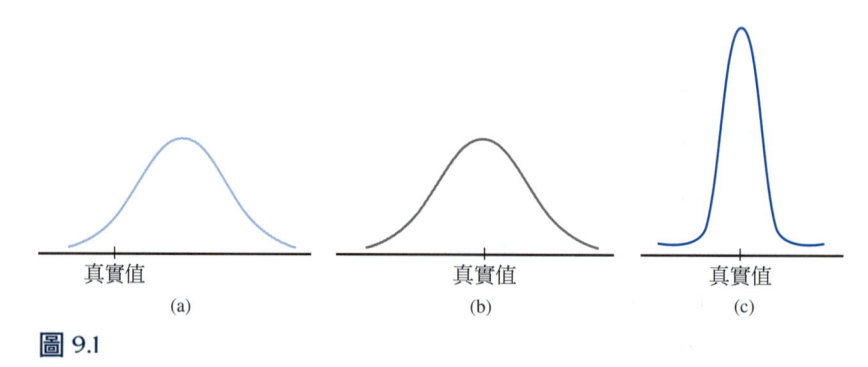

**圖 9.1**

估計一個母體特徵的三個不同統計量的抽樣分配

圖 9.1(b) 的抽樣分配則以真實值為中心。因此，雖然一個估計值可能比真實值小而另一個估計值可能較大，當此一統計量以不同樣本被使用多次，將不會有高估或低估真實值的長期傾向。注意即使抽樣分配正確地位於中心，其仍然以真實值呈現相當的分散。因此，得自此一統計量使用的某些估計值將遠高於或低於真實值，即使沒有系統的傾向去低估或高估真實值。

相對地，在圖 9.1(c) 所展現分配的統計量平均數值則等於母體特徵的真實值（意指估計沒有系統誤差），並且該統計量的標準差相當小。基於此第三個統計量的估計值將幾乎經常相當接近真實值──肯定比得自在圖 9.1(b) 中所顯示抽樣分配的統計量之估計值還要經常接近。

> **定　義**
>
> 一個統計量其平均數等於被估計的母體特徵之數值被稱為一個**不偏的統計量** (unbiased statistic)。一個不是不偏的統計量則被稱為**有偏的** (biased)。

如同一個有偏的統計量的例子，思考使用樣本全距為母體全距的一個估計值。因為一個母體的全距被定義為母體中最大值與最小值之間的差異，一組樣本的全距傾向於低估母體全距。這是因為在一組樣本中的最大值勢必小於或等於母體中的最大值，而最小的樣本數值一定大於等於母體中的最小值。唯有當樣本包含在母體中之最大值與最小值時，樣本全距會等於母體全距；在其他所有情況下，樣本全距小於母體全距。因此，$\mu_{樣本全距}$ 小於母體全距，意指偏誤。

令 $x_1, x_2, \ldots, x_n$ 表示一組隨機樣本中的數值。有關 $\bar{x}$ 抽樣分配的一般結果之一，樣本平均數為 $\mu_{\bar{x}} = \mu$。這個結果說明了得自樣本量 $n$ 的所有可能隨機樣本之 $\bar{x}$ 數值大約以母體平均數 $\mu$ 附近為中心。例如，假設 $\mu$ 為 100，$\bar{x}$ 分配以 100 為中心，而如果 $\mu = 5200$，則 $\bar{x}$ 分配以 5200 為中心。因此，估計 $\mu$ 時，$\bar{x}$ 是一個不偏統計量。同理地，由於 $\hat{p}$ 的抽樣分配以 $p$ 為中心，因而 $\hat{p}$ 是估計一個母體比例時的一個不偏統計量。

使用同時擁有最小標準差的一個不偏統計量可以確保將不會有低估或高估母體特徵數值的系統性傾向以及估計值，將幾乎總是相當地接近母體特徵值。

> 已知可以被使用於估計母體特徵的幾個不偏統計量，最佳的選擇是具有最小標準差的統計量。

考慮估計一個母體平均數 $\mu$ 的問題。針對此目的的一個不偏統計量，取得 $\mu$ 的一個點估計的統計量之明顯選擇為樣本平均數 $\bar{x}$。然而，當母體分配為對稱，$\bar{x}$ 並非唯一的選擇。在此例中估計 $\mu$ 的其他不偏統計量包括樣本中位數與任意截尾平均數（具有從排序樣本之每一個端點被截尾的相同觀測值數量）。哪一個統計量應該被使用？下列的事實有助於選擇。

1. 如果母體分配為常態，則 $\bar{x}$ 具有比估計 $\mu$ 之其他不偏統計量較小的標準差。然而，在此情況下，帶有一個小的截尾百分比（例如 10%）之截尾平均數表現得幾乎與 $\bar{x}$ 一樣好。

2. 相較於常態曲線，當母體分配為具有較重之尾端的對稱，截尾平均數比起 $\bar{x}$ 會是在估計 $\mu$ 時的一個較佳統計量。

當母體分配毫無疑問地為常態，選擇相當清楚：使用 $\bar{x}$ 來估計 $\mu$。然而，當具有一個重尾的分配時，對於在樣本中存在一個或兩個離群值提供保護的截尾平均數反而可能對於估計的數值有大的效果。

現在思考估計一個母體特徵，母體變異數 $\sigma^2$。樣本變異數

$$s^2 = \frac{\sum(x - \bar{x})^2}{n - 1}$$

是取得母體變異數 $\sigma^2$ 之點估計值的一個好選擇。明顯的 $s^2$ 是估計 $\sigma^2$ 的一個不偏統計量；也就是說，無論 $\sigma^2$ 的數值為何，$s^2$ 的抽樣分配以該數值為中心。其原因很精準的是——要取得一個不偏統計量——$(n - 1)$ 的除數被使用。一個替代的統計量為平均平方離差

$$\frac{\sum(x - \bar{x})^2}{n}$$

其被認為可能較 $s^2$ 具有更自然的除數。然而，平均平方離差是有偏的，因其數值平均而言會較 $\sigma^2$ 的數值傾向於要來得小。

### 例 9.3　舊金山到華盛頓特區航班的空運時間

**運輸統計局** (Bureau of Transportation Statistics) 提供美國飛機航班的資料。2009 年 6 月從舊金山到華盛頓特區杜勒斯機場之 10 個隨機選取直飛航班的空運時間（分）為：

270　256　267　285　274　275　266　258　271　281

針對這些資料，$\sum x = 2703$，$\sum x^2 = 731{,}373$，$n = 10$，以及

$$\begin{aligned}\sum(x - \bar{x})^2 &= \sum x^2 - \frac{(\sum x)^2}{n} \\ &= 731{,}373 - \frac{(2703)^2}{10} \\ &= 752.1\end{aligned}$$

令 $\sigma^2$ 代表 2009 年 6 月從舊金山到華盛頓杜勒斯機場直飛航班的空運時間真正變異數。使用樣本變異數 $s^2$ 以提供 $\sigma^2$ 的一個點估計值產生

$$s^2 = \frac{\sum(x - \bar{x})^2}{n - 1} = \frac{752.1}{9} = 83.57$$

使用平均平方離差（具有 $n = 10$ 的除數），所得出的點估計值為

$$\frac{\sum(x - \bar{x})^2}{n} = \frac{752.1}{10} = 75.21$$

因為 $s^2$ 是估計 $\sigma^2$ 的一個不偏統計量，大多數統計學家會建議使用點估計值 83.57。

估計母體標準差 $\sigma$ 之統計量的一個明顯的選擇是樣本標準差 $s$。以在例 9.3 中的資料而言，

$$s = \sqrt{83.57} = 9.14$$

不幸地，$s^2$ 是估計 $\sigma^2$ 的一個不偏統計量並不意味著 $s$ 是估計 $\sigma$ 的一個不偏統計量。樣本標準差傾向於些微地低估 $\sigma$ 的真實值。然而，不偏性並非一個統計量可以被評斷的唯一標準，而且使用 $s$ 估計 $\sigma$ 還有其他的好理由。以下章節，任何我們需要基於一個單一隨機樣本來估計 $\sigma$ 的時候，我們將使用統計量 $s$ 來取得一個點估計值。

## 習題 9.1 – 9.9

**9.1** 三個不同的統計量被考慮用來估計一個母體特徵。這三個統計量的抽樣分配被顯示於下列的圖示：

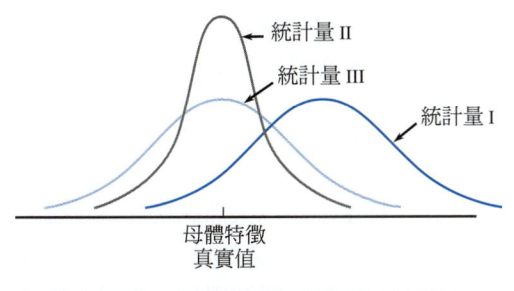

你會建議哪一個統計量？解釋你的選擇。

**9.2** 在估計母體特徵時，為何一個不偏統計量通常較一個有偏統計量受到偏好？單是不偏性是否保證該估計值將接近真實值？解釋之。當有兩個統計量可供估計一個母體特徵時，在什麼情況下你可能會選擇一個有偏統計量以取代不偏統計量？

**9.3** 速食的消費對於營養領域的研究者而言是一個有趣的議題。文章「**速食消費對於兒童間之能量攝取與飲食品質的影響**」 (*Pediatrics* [2004]: 112-118) 報導在 6212 名美國兒童的一組隨機樣本中有 1720 名指出在日常的一天中，他們食用速食。估計美國兒童在日常的一天中食用速食的比例 $p$。

**9.4** 與在習題 9.3 所參考文章之摘要數量相符的某一特定日子總卡路里攝取量資料，提供在當天沒吃速食的一組兒童樣本以及在當天有吃速食的另一組兒童樣本。假設將這些樣本視為美國兒童母體的代表是合理的。

**沒吃速食**

2331 1918 1009 1730 1469 2053 2143 1981
1852 1777 1765 1827 1648 1506 2669

**有吃速食**

2523 1758 934 2328 2434 2267 2526 1195
890 1511 875 2207 1811 1250 2117

a. 使用已知資訊估計美國兒童在沒有進食速食的一天其平均卡路里攝取量。
b. 使用已知資訊估計美國兒童在有進食速食的一天其平均卡路里攝取量。
c. 使用已知資訊產生沒有進食速食與有進食速食日子的卡路里攝取量估計值。

9.5 一所特定大學之 20 位學生的一組隨機樣本中的每一個人被問及是否登記去投票。回答（R＝登記，N＝未登記）列出於此：

R R N R N N R R R N R R R R N R R R N

使用這些資料估計 $p$，該大學所有學生登記投票的比例。

9.6 假設 935 位吸菸者的每一個人接受一個尼古丁貼片，其以較香菸緩慢的速率傳送尼古丁到血液。劑量經過 12 週的期間減少為 0。假設這群實驗研究對象中有 245 人在實驗處理後 6 個月仍不抽菸。假定將此樣本視為所有吸菸者的代表，估計所有吸菸者中，當給予此一實驗處理，會抑制抽菸至少 6 個月的百分比。

9.7 以下列為由 *Consumer Reports* (www.consurmerreports.org) 評定為「非常好」的 7 個熱狗品牌的鈉含量（毫克）：

420 470 350 360 270 550 530

a. 使用以上資料產生 $\mu$，熱狗鈉含量真實平均數，的一個點估計值。
b. 使用以上資料產生 $\sigma^2$，熱狗鈉含量變異數，的一個點估計值。
c. 使用以上資料產生 $\sigma$，熱狗鈉含量標準差，的一個點估計值。你用來產生你的估計值的統計量是否為不偏的？

9.8 四年樹齡的紅松樹之 $n = 12$ 的一組隨機樣本被選出，且每一棵樹主幹的直徑（吋）被測量。得到的觀測值如下：

11.3 10.7 12.4 15.2 10.1 12.1 16.2 10.5
11.4 11.0 10.7 12.0

a. 計算 $\sigma$ 的一個點估計值，主幹直徑的母體標準差。你使用哪一個統計量以取得你的估計值？
b. 在不假設直徑的母體分配型態下，提出母體直徑中位數的一個點估計值。你使用哪一個統計量以取得你的估計值？
c. 假設直徑的母體分配為對稱，但是具有比常態分配較重的尾端。基於提供樣本中出現離群值某種保護的一個統計量，提出母體直徑平均數的一個點估計值。你使用哪一個統計量？
d. 假設直徑分配為常態。而直徑分配的第 90 百分位數為 $\mu + 1.28\sigma$（因而所有樹的 90% 其直徑小於此數值）。計算此一百分位數的一個點估計值。（提示：首先計算此案例中 $\mu$ 的一個點估計值；然後與你從 (a) 部分所得出 $\sigma$ 的點估計值一起使用。）

9.9 在一特定地區以天然瓦斯提供暖氣之 10 個房子的一組隨機樣本被選取，且每個房子在一月份的瓦斯使用量（撒姆，熱量單位）被決定。得出的觀測值如下：

103 156 118 89 125 147 122 109 138 99

a. 令 $\mu_J$ 表示該地區所有房子在一月期間的平均瓦斯使用量。計算 $\mu_J$ 的一個點估計值。

b. 假設在該地區有 10,000 個房子使用天然瓦斯加熱。令 $\tau$ 表示一月份由所有這些房子所使用的瓦斯總量。使用已知資料估計 $\tau$。在計算你的估計值時，你使用哪一個統計量？ $10,000(\bar{x}) = 1,206,000$

c. 使用在 (a) 部分的資料估計 $p$，至少使用 100 撒姆的所有房子的比例。

d. 基於在 (a) 部分的樣本，提出母體使用量中位數的一個點估計值。你使用哪一個統計量？

## 9.2 一個母體比例的大樣本信賴區間

在 9.1 節，我們瞭解如何使用一個統計量來產生母體特徵的一個點估計值。點估計值的數值取決於在所有可能樣本中的哪一組樣本恰好被取出。不同樣本經常產生不同的估計值而為每一組樣本之間機會差異的結果。因為抽樣變異性，得自一組樣本的點估計值很少完全等於母體特徵的真實數值。我們希望選擇的統計量產生的一個估計值平均而言，接近真實數值。

雖然一個點估計值可能代表我們對於母體特徵數值的最佳單一數字猜測，它不是唯一的可能值。身為一個點估計值的替代，我們可以使用樣本資料來報導母體特徵的可能數值的一個區間。例如，我們可能有信心地認為從手機傳送的所有簡訊，多於 50 個字的信息比例 $p$ 是在 .53 至 .57 的區間中。此一區間的狹小意指關於 $p$ 的數值，我們擁有相當精確的資訊。如果，以相同的高度信心程度，我們只能陳述該 $p$ 是介於 .32 至 .74 之間，這很清楚的表示我們對於有關 $p$ 的數值擁有相當不精確的理解。

> **定義**
>
> 母體特徵的一個**信賴區間** (confidence interval, CI) 是該特徵可能數值的一個區間。它被構建在一個選擇的信賴水準下，母體特徵的真實值將會介於該區間較低與較高的端點之間。

與每一個信賴區間有關的是**信賴水準**。信賴水準提供我們對於被用以構建區間估計值的方法（而非我們對於任一特定區間的信心）能有多少「信心」的資訊。雖然其他信賴水準也有可能，常用之信賴水準的選擇為 90%、95% 與 99%。如果我們要使用稍後敘述的技巧來構建一個 95% 的信賴區間，我們會使用有 95% 機率

「成功」的一個方法。也就是說，如果此一方法被用來以不同樣本一再地產生區間估計值，長期而言 95% 的得出區間會包含被估計的母體特徵真實值。同理，一個 99% 的信賴區間是一個被使用一種方法所構建之，長期而言，有 99% 的機率能夠成功獲取母體特徵真實值的區間。

> **定 義**
>
> 與一個信賴區間估計值有關的**信賴水準** (confidence level) 是用以構建該區間之方法的成功率。

許多統計研究的一個目的是估計在一個母體中擁有感興趣之特徵的個體或對象的比例。例如，一所大學行政人員可能對於偏好新的註冊系統的學生比例感興趣。在一個不同情況下，一位品管工程師可能關切使用一個特殊製程所生產的瑕疵零件比例。

回憶 $p$ 表示擁有感興趣特徵之母體比例。之前，我們使用樣本比例

$$\hat{p} = \frac{樣本中擁有感興趣特徵的個數}{n}$$

來計算 $p$ 的一個點估計值。我們也可以使用 $\hat{p}$ 來為 $p$ 構建一個信賴區間。

雖然 $p$ 的一個小樣本信賴區間可以被取得，我們的重點放在大樣本的案例。大樣本區間的構建是基於統計量 $\hat{p}$ 的抽樣分配特性：

1. $\hat{p}$ 的抽樣分配以 $p$ 為中心；也就是，$\mu_{\hat{p}} = p$。因此，$\hat{p}$ 是估計 $p$ 的一個不偏統計量。
2. 只要樣本量小於母體規模的 10%，$\hat{p}$ 的標準差可以被 $\sigma_{\hat{p}} = \sqrt{\dfrac{p(1-p)}{n}}$ 良好的近似。
3. 只要樣本量 $n$ 夠大（$np \geq 10$ 且 $n(1-p) \geq 10$），$\hat{p}$ 的抽樣分配由一個常態曲線良好近似。

以下附隨的視窗摘要這些特性。

> 當 $n$ 是大的而且樣本量小於母體規模的 10%，統計量 $\hat{p}$ 擁有一具有平均數 $p$ 與標準差 $\sqrt{\dfrac{p(1-p)}{n}}$ 的近似常態的一個抽樣分配。

如果我們選擇一個特定的信賴水準，對於 $p$ 的一個信賴區間的發展較容易進行。針對 95% 的信賴水準，附錄表 2，標準常態 ($z$) 曲線面積表，可以被用來決定一個 $z^*$ 值使得 .95 的中間面積落在 $-z^*$ 與 $z^*$ 之間。在此例中，剩餘的 .05 面積被平分於雙尾，如圖 9.2 所示。想要的 $z^*$ 以左的總面積為 .975（.95 的中間面積 + .025 的 $-z^*$ 以下面積）。以在附錄表 2 的本體中定位找到 .9750，我們找到對應的 $z$ 臨界值為 $z^* = 1.96$。

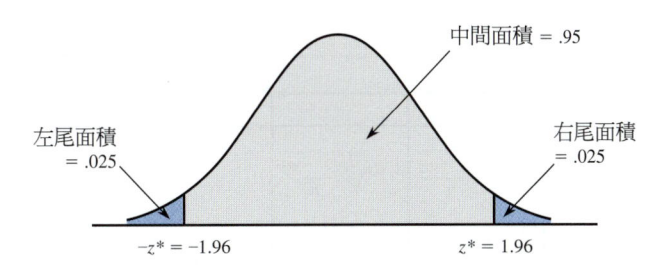

**圖 9.2**
在 $z$ 曲線下取得 .95 的中間面積

推論此一結果為常態分配而非標準常態分配，告訴我們對於任何常態分配而言，大約 95% 的數值落在平均數 1.96 個標準差之內。對於大的隨機樣本來說，$\hat{p}$ 的抽樣分配為具有平均數 $\mu_{\hat{p}} = p$ 與標準差 $\sigma_{\hat{p}} = \sqrt{\dfrac{p(1-p)}{n}}$ 的近似常態，且我們得到下列結果。

> 當 $n$ 是夠大的，樣本量 $n$ 的所有樣本中大約有 95% 將得出落在母體比例 $p$ 之數值的 $1.96\sigma_{\hat{p}} = 1.96\sqrt{\dfrac{p(1-p)}{n}}$ 以內的一個 $\hat{p}$ 值。

如果 $\hat{p}$ 是落在距 $p$ 的 $1.96\sqrt{\dfrac{p(1-p)}{n}}$ 以內，這意謂該區間

$$\hat{p} - 1.96\sqrt{\dfrac{p(1-p)}{n}} \quad \text{至} \quad \hat{p} + 1.96\sqrt{\dfrac{p(1-p)}{n}}$$

將取得 $p$ 值（且這將發生於 95% 的所有可能樣本）。然而，如果 $\hat{p}$ 離開 $p$ 遠較 $1.96\sqrt{\dfrac{p(1-p)}{n}}$ 來得大（其將發生於大約 5% 的所有可能樣本），區間將不包含 $p$ 的真實值。這顯示於圖 9.3。

因為 $\hat{p}$ 有 95% 的機率落在 $p$ 的 $1.96\sigma_{\hat{p}}$ 以內，這意指在重複抽樣中，該區間

$$\hat{p} - 1.96\sqrt{\frac{p(1-p)}{n}} \quad 至 \quad \hat{p} + 1.96\sqrt{\frac{p(1-p)}{n}}$$

有 95% 的機率將包含 $p$。

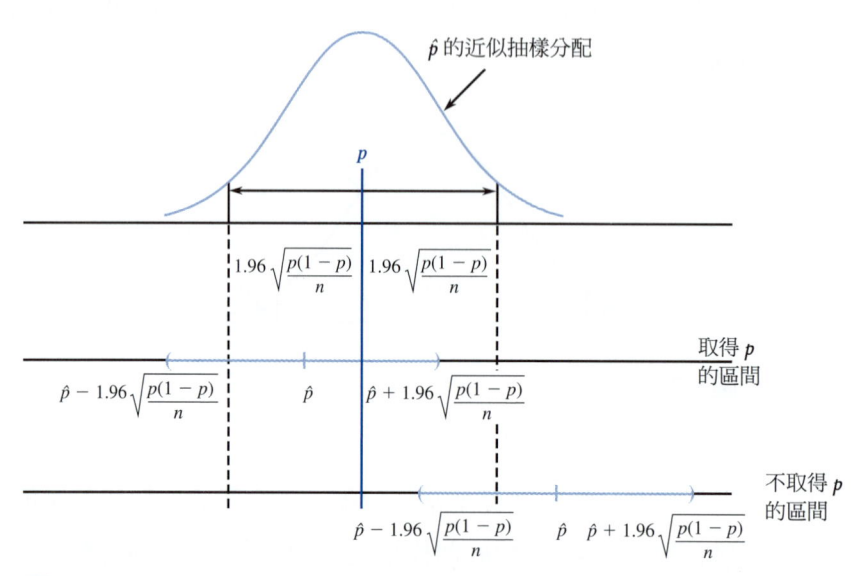

**圖 9.3**

當 $\hat{p}$ 落在距 $p$ 的 $1.96\sqrt{\frac{p(1-p)}{n}}$ 以內，母體比例 $p$ 可以在從 $\hat{p} - 1.96\sqrt{\frac{p(1-p)}{n}}$ 至 $\hat{p} + 1.96\sqrt{\frac{p(1-p)}{n}}$ 的區間中取得

既然 $p$ 為未知，$\sqrt{\frac{p(1-p)}{n}}$ 必須被估計。只要樣本量是夠大的，$\sqrt{\frac{\hat{p}(1-\hat{p})}{n}}$ 的數值就可以被用來取代 $\sqrt{\frac{p(1-p)}{n}}$。

---

當 $n$ 是夠大的，$p$ 的一個 95% 信賴區間為

$$\left( \hat{p} - 1.96\sqrt{\frac{\hat{p}(1-\hat{p})}{n}},\ \hat{p} + 1.96\sqrt{\frac{\hat{p}(1-\hat{p})}{n}} \right)$$

此區間的一個縮寫公式為

$$\hat{p} \pm 1.96\sqrt{\frac{\hat{p}(1-\hat{p})}{n}}$$

其中 $\hat{p} + 1.96\sqrt{\frac{\hat{p}(1-\hat{p})}{n}}$ 提供該區間的右方端點而

$\hat{p} - 1.96\sqrt{\frac{\hat{p}(1-\hat{p})}{n}}$ 提供區間的左方端點。

只要以下條件成立，此區間可被使用

1. $n\hat{p} \geq 10$ 且 $n(1-\hat{p}) \geq 10$
2. 當抽樣為取出不放回，樣本量小於母體規模的 10%，以及
3. 該樣本可以被視為來自感興趣母體的一組隨機樣本。

## 例 9.4　大學教育是否為成功不可或缺的？

文章「美國大學運作的有多好？」（*USA Today*, 2010 年 2 月 17 日）敘述 1031 位成年美國人的調查。該項調查由國家公共政策中心 (National Center for Public Policy) 所執行，而樣本以一種使其合理的被認為是成年美國人的代表之方式被選取。在被調查者中，有 567 人指出他們相信大學教育是成功不可或缺的。以 $p$ 表示所有成年美國人相信大學教育是成功不可或缺的比例，$p$ 的一個點估計值為

$$\hat{p} = \frac{567}{1031} = .55$$

在計算一個信賴區間來估計 $p$ 之前，我們應該檢查以確認三個必要條件是符合的：

1. $n\hat{p} = 1031(.55) = 567$ 且 $n(1-\hat{p}) = 1031(1 - .55) = 1031(.45) = 364$，兩者皆大於等於 10，因而樣本量大到足以繼續進行。
2. $n = 1031$ 的樣本量遠小於母體規模（成年美國人數）的 10%。
3. 樣本以一種被設計以產生代表性樣本的方式被選取。所以，視此樣本為來自母體的一組隨機樣本是合理的。

因為三個條件都成立，使用此樣本資料來構建 $p$ 的一個 95% 信賴區間是適當的。

$p$ 的一個 95% 信賴區間為

$$\begin{aligned}
\hat{p} \pm 1.96\sqrt{\frac{\hat{p}(1-\hat{p})}{n}} &= .55 \pm 1.96\sqrt{\frac{(.55)(1-.55)}{1031}} \\
&= .55 \pm (1.96)(.015) \\
&= .55 \pm .029 \\
&= (.521, .579)
\end{aligned}$$

基於此樣本，我們可以有 95% 的信心認為 $p$，成年美國人相信大學教育是成功不可或缺的比例，是介於 .521 與 .579 之間。我們使用了構建此估計值的一個方法，它使得長期而言有 95% 的機率將成功地掌握 $p$ 的真實值。

在例 9.4 中所計算 $p$ 的 95% 信賴區間為 (.521, .579)。這讓我們忍不住會說 $p$ 有 .95 的「機率」會介於 .521 與 .579 之間。絕不要屈服於這個誘惑！95% 指的是導致一個包含 $p$ 的區間之所有可能樣本的百分比。換句話說，如果我們重複自母體抽樣並分別使用每一組樣本計算一個 95% 的信賴區間，長期而言大約有 95% 的這些區間將掌握 $p$。圖 9.4 說明了產生自 100 組不同隨機樣本的區間的這個概念。在此 100 個區間的特定集合中，有 93 個包含 $p$，而 7 個不包含。任一特定區間，以及我們特殊的區間 (.521, .579)，不是包含 $p$ 就是不包含（切記，$p$ 的數值為固定但是未知）。我們不能針對此特殊區間進行機會（機率）的陳述。95% 的信賴水準涉及用以構建區間而非任何特殊區間的方法，如同我們剛取得的這一個。

對於 95% 信賴水準的公式可以容易的因其他信賴水準而改寫。95% 信賴水準的選擇導致在公式中 1.96（被選擇以取得在標準常態曲線下 .95 的中間區域面積）

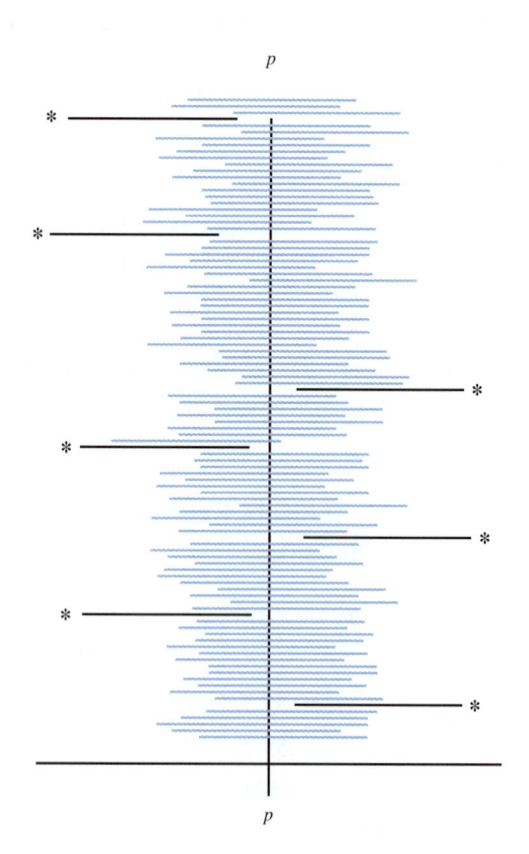

**圖 9.4**
計算得自 100 組不同隨機樣本之 $p$ 的 100 個 95% 信賴區間（星號指出未包含 $p$ 的區間）

z 值的使用。任何其他信賴水準可以被以使用取代 1.96 的一個適當的 z 臨界值來獲得。例如，假設我們想要達成 99% 的信賴水準。要取得 .99 的中央區域，適當的 z 臨界值會有一個 .995 的累積面積（以左區域），如同圖 9.5 中所列示。從附錄表 2，我們找到對應的 z 臨界值為 z = 2.58。對於 p 的一個 99% 信賴區間因而以使用 2.58 取代在 95% 信賴區間公式中的 1.96 而取得。

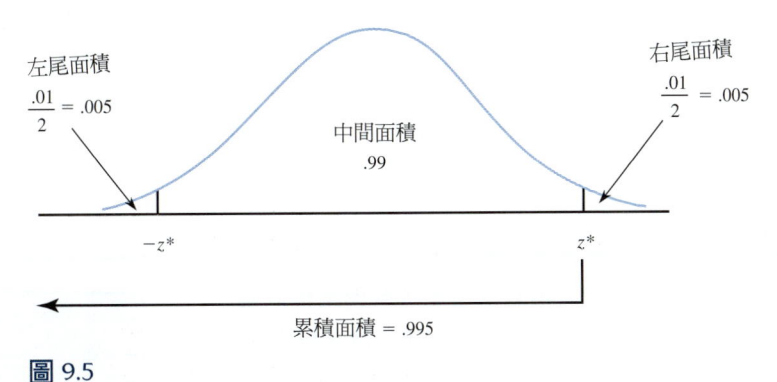

左尾面積 $\frac{.01}{2} = .005$

中間面積 .99

右尾面積 $\frac{.01}{2} = .005$

$-z^*$　　$z^*$

累積面積 = .995

**圖 9.5**
為一個 99% 信賴區間找出 z 臨界值

當 99% 信心是可能的時候，為何滿足於 95% 的信心？因為較高的信賴水準伴隨著價格標籤（代價）。得出的區間比 95% 的區間要來得寬。95% 區間的寬度為 $2\left(1.96\sqrt{\frac{\hat{p}(1-\hat{p})}{n}}\right)$，而 99% 區間具有 $2\left(2.58\sqrt{\frac{\hat{p}(1-\hat{p})}{n}}\right)$ 的寬度。99% 區間的較高信賴度（其中「信賴度」被信賴水準所陳述）造成在精確度上的損失（由較寬的區間所說明）。以許多研究者的觀念而言，一個 95% 的信賴區間產生介於信賴度與精確度之間的一個合理妥協。

### p 的大樣本信賴區間

對於一個母體比例 p 的信賴區間之一般公式，當

1. $\hat{p}$ 為得自一組**簡單隨機樣本**的樣本比例，
2. 樣本量 **n 是大的**（$n\hat{p} \geq 10$ 且 $n(1-\hat{p}) \geq 10$），以及
3. 如果樣本為取出不放回抽樣，**相對於母體規模，樣本量是小的**（n 頂多是母體規模的 10%）*

成立時為

$$\hat{p} \pm (z\text{臨界值})\sqrt{\frac{\hat{p}(1-\hat{p})}{n}}$$

期望的信賴水準決定哪一個 $z$ 臨界值被使用。三個最常被使用的信賴水準為 90%、95% 與 99%，分別使用 1.645、1.96 與 2.58 的臨界值。

注意：此區間對於小樣本是不適當的。構建一個非常小的個案的信賴區間是可能的，但這超過本教科書的範疇。

*在第 7 章，我們看過不同的情況而一相似的條件被介紹，但是當時的條件是母體的最高 5% 被包含在樣本中。小心不要搞混了這兩個規則。

### 例 9.5　危險駕駛

文章「**在調查 10 位駕駛人中有 9 位承認有過某種危險行為**」（*Knight Ridder Newspapers*，2005 年 7 月 8 日）報導 1100 位駕駛人的調查結果。在接受調查者中，990 位承認在前 6 個月內有不小心或侵略性的駕駛行為。假設將此 1100 人的樣本視為駕駛人母體的代表是合理的，我們可以使用此資訊來構建 $p$，所有駕駛人在過去 6 個月內曾經從事不小心或侵略性駕駛行為的比例，的估計值。

以這組樣本而言

$$\hat{p} = \frac{990}{1100} = .900$$

因為樣本量小於母體規模的 10%，而且 $n\hat{p} = 990$ 以及 $n(1-\hat{p}) = 110$，兩者皆大於等於 10，適當使用大樣本信賴區間之公式的條件被滿足。$p$ 的 90% 信賴區間因而為

$$\begin{aligned}
\hat{p} \pm (z\text{臨界值})\sqrt{\frac{\hat{p}(1-\hat{p})}{n}} &= .900 \pm 1.645\sqrt{\frac{(.900)(.100)}{1100}} \\
&= .900 \pm (1.645)(.009) \\
&= .900 \pm .015 \\
&= (.885, .915)
\end{aligned}$$

基於這些樣本資料，我們可以有 90% 的信心說，所有駕駛人在過去 6 個月內曾經從事不小心或侵略性駕駛行為的比例介於 .885 與 .915 之間。我們使用了具有 10% 錯誤率的一個方法來構建此區間估計值。

---

對於一個母體比例的 $z$ 信賴區間之信賴水準只是近似。也就是說，當我們對於母體比例報導一個 95% 的信賴區間，95% 信賴水準意指我們使用了在重複抽樣

中有 95% 機率會產生包含母體比例真實值的區間的一個方法。事實上，因為常態分配只是 $\hat{p}$ 抽樣分配的近似，真正的信賴水準可能與報導的數值有點不同。如果條件 (1) $n\hat{p} \geq 10$ 且 $n(1 - \hat{p}) \geq 10$ 以及 (2) 當取出不放回抽樣時，$n$ 頂多是母體規模的 10%，兩者皆滿足，常態近似是合理的而且，實際的信賴水準通常與所報導的水準不會有太大差異；這就是為何在計算報導母體比例的一個 $z$ 信賴水準之前檢查這些條件是重要的。

當這些條件不被滿足時，你該怎麼辦？如果樣本量太小而無法滿 $n\hat{p}$ 與 $n(1 - \hat{p})$ 皆大於等於 10 的條件，一個替代程序可以被使用。諮詢統計學家或查詢更進階的教科書。如果在取出不放回抽樣時，樣本量小於母體規模 10% 的條件不被滿足，$z$ 信賴區間傾向於保守（也就是說，其傾向於比足以達成期望之信賴水準還要寬）。在此情況下，一個有限母體校正因子可以被用來取得一個較正確的區間。再一次地，諮詢統計學家或查詢更進階的教科書是明智的。

### 大樣本 $z$ 區間的一個替代選項

研究者已經證實在某些情況下，即使一個母體比例的大樣本 $z$ 信賴區間之樣本量條件被滿足，但與該方法有關的實際信賴水準很可能明顯的不同於報導的信賴水準。一個具有較接近報導的信賴水準之實際信賴水準的修正區間是基於一個修正的樣本比例 $\hat{p}_{修正}$，在樣本中加入兩個成功與兩個失敗後的成功比例。則 $\hat{p}_{修正}$ 為

$$\hat{p}_{修正} = \frac{成功數 + 2}{n + 4}$$

$\hat{p}_{修正}$ 在一般信賴間公式中被用來取代 $\hat{p}$。

### 信賴區間的一般形式

許多信賴區間具有與如同剛才提及之 $p$ 的大樣本 $z$ 區間相同的一般形式。我們以統計量 $\hat{p}$ 開始，從中 $p$ 的一個點估計值被取得。此統計量的標準差為 $\sqrt{p(1-p)/n}$。這導致一個信賴區間的形式

（使用特定統計量的點估計值）±（臨界值）（統計量的標準差）

因為 $p$ 為未知，我們以 $\sqrt{\hat{p}(1-\hat{p})/n}$ 估計統計量的標準差，它產生區間

（使用特定統計量的點估計值）±（臨界值）（統計量的估計標準差）

對於不同於 $p$ 的一個母體特徵，用以估計該特徵的一個統計量被選擇。接著（以統計理論描述）該統計量的標準差的公式得以給定。實務上，幾乎總是需要估計此標準差（例如，使用同義於 $\sqrt{\hat{p}(1-\hat{p})/n}$ 而非 $\sqrt{p(1-p)/n}$），因而區間

（使用特定統計量的點估計值）± (臨界值)(統計量的估計標準差)

是信賴區間的原型。將統計量的標準差與統計量的估計標準差視為標準誤是慣例。

> **定義**
>
> 一個統計量的**標準誤** (standard error) 是統計量的估計標準差。

$p$ 的 95% 信賴區間是基於，所有隨機樣本的大約 95%，$\hat{p}$ 落在距 $p$ 之 $1.96\sqrt{\dfrac{p(1-p)}{n}}$ 以內的事實。$1.96\sqrt{\dfrac{p(1-p)}{n}}$ 的數量有時候被稱為與 95% 信賴水準有關之被限制的估計誤差——我們有 95% 的信心說點估計值 $\hat{p}$ 不會遠於離開 $p$ 的這個數量。

> **定義**
>
> 如果一個統計量的抽樣分配為（至少近似）常態，**估計誤差限制** (bound on error of estimation)，$B$，與一個 95% 信賴區間有關則為 (1.96)·（統計量的標準誤）。

## 選擇樣本量

在收集任何資料之前，研究者可能想要決定可達成之誤差限制的一個特定數值的樣本量。例如，以 $p$ 表示一所大學在網路購買教科書的實際學生比例，一項研究的目的可能是以 95% 的信心估計 $p$ 在 .05 之內。要達到此目的所需要的 $n$ 值可以由 .05 等於 $1.96\sqrt{\dfrac{p(1-p)}{n}}$ 的等式來求解 $n$。

一般而言，假設我們想要以 95% 信心估計 $p$ 在一個數量 $B$（特定之估計誤差限制）以內。要找出需要的樣本量必須求解等式

$$B = 1.96\sqrt{\dfrac{p(1-p)}{n}}$$

求解此等式的 $n$ 導致

$$n = p(1-p)\left(\frac{1.96}{B}\right)^2$$

不幸地，此公式的使用需要 $p$ 值，其為未知。繼續進行求解的一個可能方式是執行一個先驗研究並使用得到的資料去取得 $p$ 的粗略估計值。在其他情況，先前的知識可能建議 $p$ 的一個合理估計值。如果缺乏估計 $p$ 的合理基礎而且一項先驗研究不可行，依循得自觀測值的一個保守解決方法是 $p(1-p)$，它從不大於 .25（當 $p = .5$ 時，其值為 .25）。以最大值的 .25 代入 $p(1-p)$，產生

$$n = .25\left(\frac{1.96}{B}\right)^2$$

使用此公式來取得 $n$ 給與我們一個樣本量，其無論 $p$ 值為何，我們可以有 95% 信心說 $\hat{p}$ 將落在距 $p$ 的 $B$ 以內。

---

要以 95% 的信心估計一個母體比例 $p$ 在數量 $B$ 以內所需要的樣本量為

$$n = p(1-p)\left(\frac{1.96}{B}\right)^2$$

$p$ 的數值可以被使用先前資訊估計。當缺乏任何此類資訊時，在此公式中使用 $p = .5$ 提供需要之樣本量的一個保守的大數值（此一 $p$ 的數值會比其他數值提供較大的 $n$）。

---

### 例 9.6　嗅出癌症

研究者在癌症病患的呼氣中發現癌症的生化標誌，但是呼吸採樣的化學分析尚未證實在臨床診斷上的有效性。文章「**犬類嗅覺在肺與乳房癌症的早期與晚期階段察覺的診斷準確性**」（*Integrative Cancer Therapies* [2006]: 1-10）的作者敘述一項研究以調查狗是否可以被訓練來以嗅聞呼吸採樣的方式辨識是否有癌症。假設我們想要收集將允許我們估計完成訓練的一隻特定狗準確辨識的長期比例之資料。這隻狗被訓練成當呈現來自癌症病患的呼氣採樣時會躺下，以及當呈現來自未罹患癌症者的呼氣採樣時保持站立。如果我們想要以 95% 的信心估計這隻狗準確辨識的長期比例在 .05 以內，有多少不同的呼氣樣本需要被使用？

在需要樣本量的公式中使用 $p = .5$ 的一個保守數值得到

$$n = p(1-p)\left(\frac{1.96}{B}\right)^2 = (.5)(.5)\left(\frac{1.96}{.05}\right)^2 = 384.16$$

因此，至少 385 個呼氣採樣的一組樣本必須被使用。注意在樣本量計算中，我們通常取整數。

## 習題 9.10 – 9.33

**9.10** 針對下列每一個選擇，解釋哪一個會得出 $p$ 的一個較寬的大樣本信賴區間：
a. 90% 或是 95% 信賴水準
b. $n = 100$ 或是 $n = 400$

**9.11** 用以計算 $p$ 的一個大樣本信賴區間的公式為

$$\hat{p} \pm (z\text{臨界值})\sqrt{\frac{\hat{p}(1-\hat{p})}{n}}$$

針對下列每一個信賴水準，適當的 $z$ 臨界值為何？
a. 95%　　b. 90%
c. 99%　　d. 80%
e. 85%

**9.12** 區間

$$\hat{p} \pm (z\text{臨界值})\sqrt{\frac{\hat{p}(1-\hat{p})}{n}}$$

的使用要求一個大樣本。針對下列 $n$ 與 $\hat{p}$ 的每一個組合，指出樣本量是否大到足夠此區間的使用而為適當。
a. $n = 50$　與 $\hat{p} = .30$
b. $n = 50$　與 $\hat{p} = .05$
c. $n = 15$　與 $\hat{p} = .45$
d. $n = 100$ 與 $\hat{p} = .01$
e. $n = 100$ 與 $\hat{p} = .70$
f. $n = 40$　與 $\hat{p} = .25$
g. $n = 60$　與 $\hat{p} = .25$
h. $n = 80$　與 $\hat{p} = .10$

**9.13** 討論下列每一個因素如何影響 $p$ 的信賴區間寬度：
a. 信賴水準
b. 樣本量
c. $\hat{p}$ 的數值

**9.14** 文章「職涯專家對於謀職者在社群網絡上該做與不該做的建議」（CareerBuilder.com，2009 年 8 月 19 日）包含來自 2667 位招募經理與人資專家的調查資料。該文章提醒許多雇主使用社群網絡來篩選工作應徵者而且這種實例變得愈來愈普遍。在參與該項調查的 2667 人中，1200 人指出他們使用社群網址（諸如臉書、MySpace，以及 LinkedIn）來研究工作應徵者。以這個習題的目的，假設該樣本是招募經理與人資專家的代表。構建並解釋使用社群網址研究工作應徵者之招募經理與人資專家的一個 95% 信賴區間。

**9.15** 文章「在調查中 10 位駕駛人中有 9 位承認有過某種危險行為」（Knight Ridder Newspapers，2005 年 7 月 8 日）報導 1100 位駕駛人的調查結果。在接受調查者中，990 位承認在前 6 個月內有不小心或侵略性的駕駛行為。假設將此 1100 人的樣本視為駕駛人母體的代表是合理的，使用此資訊來構建 $p$，所有駕駛人在過去 6 個月內曾經從事不小心或侵略性駕駛行為的比例，的一個 99% 信賴區間。

**9.16** 在一項靈異經驗的調查中，接受調查的 4013 名成年美國人中的 722 人回答他們曾經看過或是與鬼在一起（「我們有過的靈異經驗」，USA Today，2010 年 2 月 8 日）。
a. 必須作何假設，使得使用本節的公式去構建一個信賴區間來估計所有成年美國人中曾經看過或是與鬼在一起的比例是適當的？
b. 構建並解釋成年美國人曾經看過或是與鬼在一起的比例的一個 90% 信賴區間。

c. 一個 99% 的信賴區間是否比在 (b) 部分計算而得的區間來得較窄或較寬？解釋你的答案。

9.17 **如果一個颶風正朝你而來，你會不會撤離？**一家報社於 2009 年 1 月 21 日發布的頭條新聞由調查研究公司 International Communications Research (icsurvey.com) 陳述「在高危險海岸的民眾有 31% 將抗拒撤離命令，颶風備戰的調查發現」。這個頭條新聞是基於住在 8 個南部州海岸 20 英里內的高颶風風險郡之 5046 名成年人所做的調查。在選取樣本時，特別用心以確定該樣本會是這些州的沿岸居民母體的代表。使用此資訊並用一個 98% 信賴區間來估計沿岸居民會撤離的比例。寫出幾個句子解釋此區間以及與區間有關的信賴水準。

9.18 **研究「數位足跡」**（Pew Internet & American Life Project, www.pewinternet.org, 2007）報導 47% 的網路使用者曾經在線上搜尋有關他們自己的資訊。這 47% 的數據是基於網路使用者的一組隨機樣本。為了此習題的目的，假設此樣本量為 $n = 300$（實際的樣本量要大得較多）。為曾經在線上搜尋有關他們自己資訊的網路使用者的比例構建並解釋一個 90% 信賴區間。

9.19 文章「**小孩的數位時間：幾乎 8 小時**」（USA Today，2010 年 1 月 20 日）摘要得自 2002 年 8 到 18 歲美國人的一項全國性調查結果。樣本以被期望得出在此年齡族群之美國人的代表性樣本的方式被選取。

a. 受調查者中，1321 人回答擁有手機。使用此資訊來構建並解釋所有 8 到 18 歲美國人擁有手機比例的一個 90% 信賴區間估計值。

b. 受調查者中，1522 人回答擁有 MP3 音樂播放器。使用此資訊來構建並解釋所有 8 到 18 歲美國人擁有 MP3 音樂播放器比例的一個 90% 信賴區間估計值。

c. 解釋為何得自 (b) 部分的信賴區間比得自 (a) 部分的信賴區間要來得較窄，即使用以計算兩個區間的信賴水準與樣本量相同。

9.20 文章「**學生逐漸地轉向信用卡**」（San Luis Obispo Tribune，2006 年 7 月 21 日）報導有 37% 的大一新生與 48% 的大四學生每個月都有信用卡卡債。假設此報導的百分比數據乃基於各 1000 名大一新生與大四學生的隨機樣本。

a. 構建大一新生每個月都有信用卡卡債的一個 90% 信賴區間。

b. 構建大四學生每個月都有信用卡卡債的一個 90% 信賴區間。

c. 解釋為何得自 (a) 與 (b) 部分的兩個 90% 信賴區間有不同的寬度。

9.21 文章「**CSI（美國影集）效應讓陪審團想要更多的證據**」（USA Today，2004 年 8 月 5 日）檢視犯罪現場調查電視節目的普及如何影響陪審員對於在審訊時哪些證據應該被產生的期待。在 500 名潛在陪審員的一項調查中，一項研究發現 350 人為至少一個犯罪現場辯論之電視連續劇的習慣性觀看者。

a. 假設將此 500 名潛在陪審員的樣本視為美國潛在陪審員的代表是合理的，使用已知資訊來構建並解釋所有潛在陪審員習慣性觀看至少一個犯罪現場調查連續劇比例的一個 95% 信賴區間。

b. 一個 99% 信賴區間是否比得自 (a) 部分的 95% 信賴區間要來得較寬或較窄？

9.22 在一項對於 1000 位隨機選取之美國成人的調查中，參與者被問及當他們在校就讀時，最喜歡與最不喜歡的科目為何（Associated Press，2005 年 8 月 17 日）。在看似一種矛盾中，數學在兩類中比任何其他科目更常被選擇。數學被 1000 人中的 230 人選為最喜歡的科目，也被這 1000 人中的 370 人選為最不喜歡的科目。
a. 構建就讀時數學為最喜歡科目的美國成人比例之一個 95% 信賴區間。
b. 構建數學為最不喜歡科目的美國成人比例之一個 95% 信賴區間。

9.23 報導「2005 電子監控與監督調查：許多公司監控、錄音、錄影——並解聘——員工」（American Management Association，2005 年）摘要 526 家美國公司的一項調查結果。該報導陳述 526 家公司中的 137 家因為誤用網路而解僱員工，以及 131 家因為電子郵件的誤用而解僱員工。依本習題的目的，假設將此樣本視為美國公司的代表是合理的。
a. 構建並解釋因為誤用網路而解僱員工的美國公司比例之一個 95% 信賴區間。
b. 因為電子郵件誤用而解僱員工的美國公司比例之一個 90% 信賴區間為何比在 (a) 計算之 95% 信賴區間要來得窄？

9.24 在一項 AP-AOL 體育投票中（Associated Press，2005 年 12 月 18 日），1000 名隨機選取美國成人之 394 位指出他們自認為是棒球迷。而這 394 位棒球迷中，272 人陳述他們認為指定打擊規定應該擴展至兩個聯盟，否則就取消。
a. 構建自認為是棒球迷之美國成人比例的一個 95% 信賴區間。
b. 構建那些自認為是棒球迷而認為指定打擊規定應該不是擴展至兩個聯盟就是取消之比例的一個 95% 信賴區間。
c. 解釋即使皆具有 95% 的一個信賴水準，為何 (a) 與 (b) 部分的信賴區間並非相同寬度。

9.25 文章「觀眾發聲反對真人實境秀」（Associated Press，2005 年 9 月 12 日）包含下列陳述：「很少人相信真人實境秀中有太多事實：總計有 82% 的人說這些節目不是『完全捏造』就是『大多為扭曲事實的』。」此陳述乃基於 1002 名隨機選取成人的一項調查。計算並解釋報導百分比的估計誤差限制。

9.26 1000 名隨機選取的美國成人參與由 Associated Press（2006 年 6 月）進行的一項調查。當被問及「你是否認為有時候被說謊是合情合理的或是說謊從無法正當化？」有 52% 回應說謊從不正當。當被問及說謊是為了避免傷害他人感情，650 位回應這是經常或有時可行的。
a. 構建認為說謊永不正當之美國成人比例的一個 90% 信賴區間。
b. 構建認為說謊經常或有時可行以避免傷害他人感情之美國成人比例的一個 90% 信賴區間。
c. 評論此樣本中個人回應的明顯不一致。

9.27 USA Today（2002 年 10 月 14 日）報導 36% 的成人駕駛承認他們經常或是有時在開車時講手機。此估計值乃基於來自 1004 位成人駕駛的一組樣本資料，並且 3.1% 的估計誤差限制被報導。假設 95% 的信賴水準，你是否同意該報導的估計誤差限制？解釋之。

9.28 蓋洛普組織進行犯罪的一項年度調查。所有家庭主婦中有 25% 在去年經歷某種犯罪的數據被報導。此估計值乃基於

1002 位隨機選取家庭主婦的一組樣本。該報導陳述「我們可以以 95% 的信心說抽樣誤差的限度為正負 3 個百分點。」解釋此陳述如何被正當化。

9.29 文章「醫院質疑 Medtronic（美國醫療科技公司）在電線上的資料」（*The Wall Street Journal*，2010 年 2 月 4 日）敘述用於心臟問題治療之電擊器故障率的幾個研究。在一項由 Mayo Clinic 所執行的研究中，接受某一特定類型電擊器之 89 位 50 歲以下病患中有 18 人，以及 362 位 50 歲以上病患中有 13 人表示在前 2 年遇到故障的數據被報導。假設將這兩組樣本視為接受此類電擊器之兩年群組病患的代表是合理的。

a. 構建與解釋在接受此類電擊器前兩年內經歷故障的 50 歲以下病患比例之 95% 信賴區間。
b. 構建與解釋在接受此類電擊器前兩年內經歷故障的 50 歲（含）以上病患比例之 99% 信賴區間。
c. 假設研究者想要以 95% 的信心估計接受此類電擊器前兩年內經歷故障的 50 歲以下病患比例在 .03 以內。多大的一組樣本應該被使用？使用該研究的結果作為母體比例的一個先驗估計值。

9.30 基於 12 至 17 歲之 511 位美國青少年的一組代表性樣本，International Communications Research 估計支持合法飲酒年齡維持在 21 歲的青少年比例為 $\hat{p} = 0.64$（64%）。發表標題為「大多數青少年（仍然）支持合法飲酒年齡」（www.icrsurvey.com，2009 年 1 月 21 日）也報導此估計值 0.04（4%）的誤差限制。展現報導的誤差限制數值如何被計算。

9.31 數位道德的討論出現在文章「由手機或網路助益的學業作弊日益普遍」（*Los Angeles*，2009 年 6 月 17 日）。在該文章中提到的一個問題為：曾經使用手機在考試作弊的大學生比例為何？假設你被要求估計在一所大型大學註冊學生之此項比例。如果你想要以 95% 信心估計此比例在 .02 之內，多少學生應該被包含在你的樣本中？

9.32 除了潛在的安全性危險，有些人會在他們的汽車進行網際網路連結。美國成人的一項先驗研究估計此比例為 .30 左右（*USA Today*，2009 年 5 月 1 日）。

a. 使用已知的先驗估計值決定，在 95% 的信心下，要估計美國成人會在他們的汽車進行網際網路連結的比例在 .02 以內所需要的樣本量。
b. 在本節提供之決定樣本量的公式對應至 95% 的一個信賴水準。假設 99% 的一個信賴水準被期待，你會如何修正此公式？
c. 以 99% 的信心，使用已知的先驗估計值決定要估計美國成人會在他們的汽車進行網際網路連結的比例在 .02 以內所需要的樣本量。

9.33 一個消費者團體對於估計在某一特定商店售出之牛絞肉其實際脂肪含量超過標籤上陳述的包裝比例感興趣。要以 95% 的信心估計此比例在 .05 以內，有多少牛絞肉的包裝應該被檢測？

## 9.3 一個母體平均數的信賴區間

在本節，我們考慮如何使用得自一組隨機樣本的資訊去構建母體平均數 $\mu$ 的一個信賴區間估計值。我們首先從考慮以下情況開始 (1) $\sigma$，**母體標準差，為已知**（實際上為未知，但是我們稍後將瞭解如何處理當 $\sigma$ 為未知的更真實情況）以及 (2) **樣本量 $n$ 大**到足以應用中央極限定理。在此情況下，下列三個有關 $\bar{x}$ 抽樣分配的特性成立：

1. $\bar{x}$ 抽樣分配以 $\mu$ 為中心，因而 $\bar{x}$ 為估計 $\mu$ 的一個不偏統計量 ($\mu_{\bar{x}} = \mu$)。
2. $\bar{x}$ 的標準差為 $\sigma_{\bar{x}} = \dfrac{\sigma}{\sqrt{n}}$。
3. 只要樣本量是大的（通常 $n \geq 30$），即使當母體分配本身不是常態，$\bar{x}$ 抽樣分配為近似常態。

被用以發展母體比例 $p$ 的大樣本信賴區間的相同推論可以被用來取得 $\mu$ 的一個信賴區間估計值。

### $\mu$ 的單一樣本 $z$ 信賴區間

對於一個母體平均數 $\mu$ 的信賴區間之一般公式，當

1. $\bar{x}$ 為得自一組**簡單隨機樣本**的樣本平均數，
2. **樣本量 $n$ 是大的**（通常 $n \geq 30$），以及
3. **母體標準差 $\sigma$ 為已知**

成立時為

$$\bar{x} \pm (z\text{ 臨界值})\left(\frac{\sigma}{\sqrt{n}}\right)$$

### 例 9.7　宇宙輻射

宇宙輻射程度以漸增的高度升高。促使研究者思考飛行員與空服人員如何可能受到增加暴露於宇宙輻射所影響。文章「**估計的航班機組人員宇宙輻射量**」（*Space Medicine and Medical Engineering* [2002]: 265-269）報導新疆航空公司 (Xinjiang Airlines) 機組人員的一組樣本 219 毫侖目 (mrem) 之平均每年宇宙輻射量。假設此平均數是基於 100 名航班機組人員

的一組隨機樣本。

令 $\mu$ 表示全體新疆航空公司航班機組人員的平均每年宇宙輻射暴露量。雖然 $\sigma$，真正母體標準差，通常為未知，而假設為解說目的，$\sigma = 35$ 毫侖目為已知。因為樣本量是大的且 $\sigma$ 為已知，$\mu$ 的一個 95% 信賴區間為

$$\bar{x} \pm (z\text{臨界值})\left(\frac{\sigma}{\sqrt{n}}\right) = 219 \pm (1.96)\left(\frac{35}{\sqrt{100}}\right)$$
$$= 219 \pm 6.86$$
$$= (212.14, 225.86)$$

基於此樣本 $\mu$，全體新疆航空公司航班機組人員的真正平均每年宇宙輻射暴露量的可能數值，為介於 212.14 與 225.86 毫侖目之間。一個 95% 的信賴區間與用來產生此區間估計值的方法有關。

剛才介紹的信賴區間在當 $\sigma$ 為已知且 $n$ 是大的時候是適當的，並且不論母體分配的形狀它是可以被使用的。這是因為此信賴區間乃基於中央極限定理，其指稱當 $n$ 夠大，對於任意母體分配，$\bar{x}$ 的抽樣分配為近似常態。當 $n$ 是小的，中央極限定理無法被用來提供 $\bar{x}$ 抽樣分配之常態性的正當理由，因而 $z$ 信賴區間無法被使用。在小樣本情況下繼續的一種方式是進行母體分配形狀的一個特定假設，然後使用在此假設下為有效的一個方法。

對於容易做此種處理的一種情況是當相信母體分配為常態形狀是合理的時候。回顧對於一個常態母體分配而言，即使是小樣本量，$\bar{x}$ 的抽樣分配仍為常態。因此，如果 $n$ 是小的，但是母體分配為常態，剛才介紹的相同信賴區間公式仍然可以被使用。

> 如果相信母體中數值的分配為常態是合理的，$\mu$ 的一個信賴區間（當 $\sigma$ 為已知）為
>
> $$\bar{x} \pm (z\text{臨界值})\left(\frac{\sigma}{\sqrt{n}}\right)$$
>
> 此區間即使當 $n$ 為小的時候也是適當的，只要認為母體分配為常態形狀是合理的。

有幾種樣本資料可以被用來評估常態性之可行性的方式。兩種普通方式為檢視樣本資料的常態機率圖（尋找相當平直的一個圖）或是構建資料的一個盒狀圖（尋找大致對稱與沒有離群值）。

## $\mu$ 的信賴區間（當 $\sigma$ 未知）

剛才所發展的信賴區間有一個明顯的缺點：要計算區間的端點，$\sigma$ 必須為已知。不幸地，實務上這很少成立。現在，我們轉而將注意力放在 $\sigma$ 為未知的情況。在此情況下信賴區間的發展取決於母體分配為常態的假設。這個假設當樣本量是大的時候並不關鍵，但是當樣本量是小的時候則是重要的。

為了瞭解此信賴區間的推導，以重新檢視先前之 95% 信賴區間是有啟發性的。我們知道 $\mu_{\bar{x}} = \mu$ 且 $\sigma_{\bar{x}} = \dfrac{\sigma}{\sqrt{n}}$。同時，當母體分配為常態，$\bar{x}$ 的分配也是常態。這些事實意指標準化變項

$$z = \frac{\bar{x} - \mu}{\dfrac{\sigma}{\sqrt{n}}}$$

具有近似的一個標準常態分配。因為從 $-1.96$ 至 $1.96$ 的區間掌握了 $z$ 曲線下 .95 的一個面積，所有樣本的大約 95% 所得出的一個 $\bar{x}$ 值滿足

$$-1.96 < \frac{\bar{x} - \mu}{\dfrac{\sigma}{\sqrt{n}}} < 1.96$$

處理這些不等式以將 $\mu$ 獨立放置於中間可得全等的不等式：

$$\bar{x} - 1.96\left(\frac{\sigma}{\sqrt{n}}\right) < \mu < \bar{x} + 1.96\left(\frac{\sigma}{\sqrt{n}}\right)$$

項目 $\bar{x} - 1.96\left(\dfrac{\sigma}{\sqrt{n}}\right)$ 為 $\mu$ 的 95% 大樣本信賴區間之左方端點，而 $\bar{x} + 1.96\left(\dfrac{\sigma}{\sqrt{n}}\right)$ 為右方端點。

如果 $\sigma$ 為未知，我們必須使用樣本資料來估計 $\sigma$。如果我們使用樣本標準差作為我們的估計值，結果會是一個以 $t$ 表示的不同標準化變項：

$$t = \frac{\bar{x} - \mu}{\dfrac{s}{\sqrt{n}}}$$

$s$ 的數值可能不會都那麼接近 $\sigma$，特別是當 $n$ 為小的時候。因此，$s$ 取代 $\sigma$ 的使用帶來額外的變異性。$z$ 的數值因樣本而異，因為不同樣本通常得出不同的 $\bar{x}$ 值。因為不同樣本可能得出不同的 $\bar{x}$ 與 $s$ 的數值，$t$ 的值甚至會有更多的變異性。也因為如此，$t$ 的分配會比標準常態 ($z$) 分配更分散。

要發展一個適當的信賴區間，我們必須研究來自一個常態母體的一組樣本的標準化變項 $t$ 的機率分配。這需要我們先學習被稱為 $t$ 分配的機率分配。

## $t$ 分配

如同存在許多不同的常態分配，同時也有許多不同的 $t$ 分配。當這些常態分配以其平均數 $\mu$ 與標準差 $\sigma$ 被用來區別彼此，$t$ 分配被以一個稱為自由度 (df) 的正整數加以區別。會有具有 df 為 1 的一個 $t$ 分配，而另一個 df 為 2，依此類推。

> **$t$ 分配的重要特性**
> 1. 對應至任何特殊自由度的 $t$ 分配為鐘形且以 0 為中心（如同標準常態 ($z$) 分配）。
> 2. 每一個 $t$ 分配都比標準常態 ($z$) 分配更分散。
> 3. 隨著自由度數目的增加，對應 $t$ 分配的散布減小。
> 4. 隨著自由度數目的增加，對應一連串的 $t$ 分配近似標準常態 ($z$) 分配。

在前述方框中討論的特性顯示於圖 9.6，它展示沿著 $z$ 曲線的兩條 $t$ 曲線。

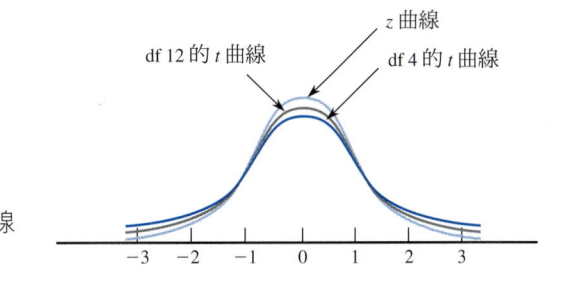

**圖 9.6**
$z$ 曲線與 df 12 及 df 4 的 $t$ 曲線的比較

附錄表 3 提供不同 $t$ 分配的臨界值。製表的中央面積數值為：.80、.90、.95、.98、.99、.998 及 .999。要找到一個特殊的臨界值，在表中的左方欄位以下找到標示想要的自由度數值列。然後從該列移動至標示想要中央面積的欄位。例如，在對應至中央面積為 .95 的欄位下，df 為 12 的列中的數值為 2.18，因此在具有 df 12 之 $t$ 曲線下的 95% 面積介於 $-2.18$ 與 2.18 之間。移動兩個欄位，我們找到中央面積為 .99 的臨界值（仍為 12 的 df）為 3.06（見圖 9.7）。從 .99 欄位往下移動至 20 df 的列，我們看到臨界值為 2.85，所以在具有 20 df 之 $t$ 曲線下介於 $-2.85$ 與 2.85 之間的面積為 .99。

圖 9.7

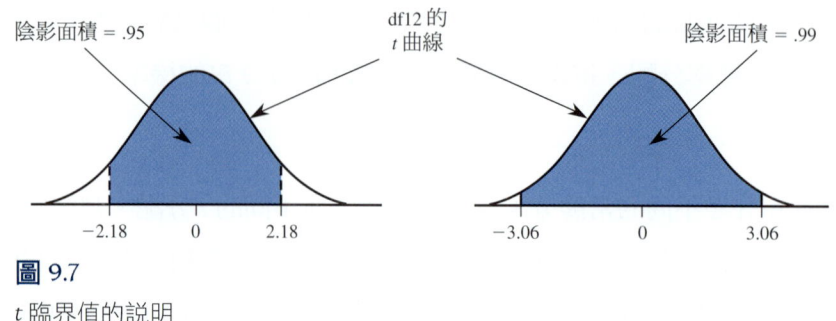

t 臨界值的說明

注意在附錄表 3 的每一列，臨界值從左到右增加。這說法有意義是因為當我們向右移動，我們掌握較大的中央面積。而在每一個欄位，當我們向下移動，臨界值減小，反應具有較大自由度的 t 分配減少分散。

自由度的數字愈大，t 曲線愈接近 z 曲線。為強調此性質，我們將 z 臨界值包含為 t 表的最後一列。甚且，一旦自由度的數目超過 30，當自由度的數目增加，臨界值變化很小。因為這個原因，附錄表 3 從 30 的 df 跳升到 40 的 df，接著到 60 的 df，然後到 120 的 df，以及最終到 z 臨界值的列。如果我們需要表格中介於那些自由度數目之間的臨界值，我們只使用最接近 df 的臨界值。而對於 df > 120，我們使用 z 臨界值。許多繪圖計算機計算任意自由度的 t 臨界值，因此如果你使用這類的一個計算機，不需要像此敘述般地去近似 t 臨界值。

## 單一樣本的 t 信賴區間

當 $n$ 是大的，$\dfrac{\bar{x} - \mu}{(\sigma/\sqrt{n})}$ 的抽樣分配為近似 z（標準常態）分配的事實，在 $\sigma$ 為已知下導致 z 信賴區間。同理，當母體分配為常態但是 $\sigma$ 為未知，下列假定提供獲得一個信賴區間的關鍵。

如果 $\bar{x}$ 與 $s$ 為來自常態母體分配之一組隨機樣本的平均數與標準差，則標準化變項

$$t = \dfrac{\bar{x} - \mu}{\dfrac{s}{\sqrt{n}}}$$

的機率分配為具有 df = $n - 1$ 的 t 分配。

要瞭解這個結果如何得出想要的信賴區間，思考 $n = 25$ 的情況。我們使用具有 df = $n - 1 = 24$ 的 t 分配。從附錄表 3，介於 $-2.06$ 與 $2.06$ 之間的區間掌握自

由度 24 的 $t$ 曲線下 .95 的一個中央面積。這意思是來自一個常態母體的所有樣本（具有 $n = 25$）之 95% 所得出的 $\bar{x}$ 與 $s$ 使得

$$-2.06 < \frac{\bar{x} - \mu}{\frac{s}{\sqrt{n}}} < 2.06$$

代數運算這些不等式以獨立 $\mu$ 產生

$$\bar{x} - 2.06\left(\frac{s}{\sqrt{25}}\right) < \mu < \bar{x} + 2.06\left(\frac{s}{\sqrt{25}}\right)$$

此情況下 $\mu$ 的 95% 信賴區間從左方端點 $\bar{x} - 2.06\left(\frac{s}{\sqrt{25}}\right)$ 到右方端點 $\bar{x} + 2.06\left(\frac{s}{\sqrt{25}}\right)$。此區間也可以被寫成

$$\bar{x} \pm 2.06\left(\frac{s}{\sqrt{25}}\right)$$

此區間與當 $\sigma$ 為已知的區間之間的差異為使用 $t$ 臨界值 2.06 而非 $z$ 臨界值 1.96，以及樣本標準差作為 $\sigma$ 估計值的使用。因估計 $\sigma$ 所導致的額外不確定性使得 $t$ 區間要比 $z$ 區間來得較寬。

如果樣本量不是 25 或是期望的信賴水準不為 95%，一個不同的 $t$ 臨界值（得自附錄表 3）被用來取代 2.06。

### $\mu$ 的單一樣本 $t$ 信賴區間

基於大小為 $n$ 的一組樣本，對於一個母體平均數 $\mu$ 的信賴區間之一般公式，當

1. $\bar{x}$ 為得自一組**簡單隨機樣本**的樣本平均數，
2. **母體分配為常態**，或是**樣本量 $n$ 是大的**（通常 $n \geq 30$），以及
3. **母體標準差 $\sigma$ 為未知**

成立時為

$$\bar{x} \pm (t\text{臨界值})\left(\frac{s}{\sqrt{n}}\right)$$

其中，*t* 臨界值為基於 df = *n* − 1。附錄表 3 提供信賴水準 90%、95% 與 99% 之每一個，以及其他較少被使用之信賴水準的適當臨界值。

如果 *n* 是大的（通常 *n* ≥ 30），母體分配的常態性就不是那麼關鍵。然而，只有在當母體分配為（至少近似）常態時，此信賴區間對於小的 *n* 是適當的。如果這條件不存在，如同可能被一個常態機率圖或盒狀圖所建議的，另一個估計方法應該被使用。

## 例 9.8　得來速醫藥

流感爆發期間，許多人會到急診室報到，在那裡他們經常必須在一個可能接觸其他病患的擁擠等候室中等待看診。文章「**得來速醫藥：流感大流行期間病患快速評估的全新提案**」（*Annals of Emergency Medicine* [2010]: 268-273）敘述得來速模式可行性的一項有趣研究，其中，流感病患留在其車上時就能夠被評估。從該研究的有趣觀察之一為不只病患被相對地隔離並遠離其他病患，而且因為與檢驗室移動間有關的延誤被排除，處理一位病患的時間也會較短。

實驗中，38 位自願者的每一位被給與在急診室可見到之隨機選取流感症狀組中的一個病例。這些病例提供自願者足以讓他回答檢驗醫師問題之一個醫療歷史與症狀的描述。這些自願病患接著被使用在史丹佛大學醫院停車場被執行的一個得來速程序所處理，並且每個案例從進入到離開的處理時間被記錄。

從在該文章出現的一個圖形所讀得的資料被用來計算下列進入—離開處理時間（分）的摘要統計量：

$$n = 38 \quad \bar{x} = 26 \quad s = 1.57$$

這 38 個處理時間的一個盒狀圖確實顯示在高數字端的幾個離群值，其對應至不尋常的長處理時間，說明了得來速處理時間的母體分配為近似常態的想法可能不合理。然而，由於樣本量大於 30 且樣本處理時間的分配並非極端地偏態，考慮使用 *t* 信賴區間來估計使用得來速程序之流感病患的平均進入—離開處理時間是適當的。因此，由於這 38 個流感病例被認為是在急診室中被看見之流感病患母體的代表，並且樣本量是大的，我們可以使用 *t* 信賴區間的公式來計算一個 95% 信賴區間。

因為 *n* = 38、df = 37，適當的 *t* 臨界值為 2.02（得自附錄表 3 的 40-df 列）。信賴區間則為

$$\bar{x} \pm (t\text{臨界值})\left(\frac{s}{\sqrt{n}}\right) = 26 \pm (2.02)\left(\frac{1.57}{\sqrt{38}}\right)$$
$$= 26 \pm .514$$
$$= (25.486, 26.514)$$

基於此樣本資料，我們相信使用得來速程序之流感病患，真正平均進入—離開處理的時間為介於 25.486 分鐘與 26.514 分鐘之間。我們使用具有 5% 誤差率的一個方法來構建此區間。該文章的作者指出，在急診室中被看見之流感病患的平均處理時間為 90 分鐘，因此其顯示得來速程序在隔離流感病患與減少處理時間上皆有保證（能做到）。

### 例 9.9　等候手術

在加拿大安大略的 Cardiac Care Network 收集了在安大略的心臟病患者被建議心臟手術的日期與手術日期之間的時間（「等候時間資料指南」健康與長期照護部，安大略，加拿大，2006 年）。病患樣本兩種心臟病手術程序的平均等候時間提供於附表。（表中的標準差被從包含在該報導的等候時間變異性的資訊所估計。）

| 手術程序 | 樣本量 | 平均等候時間 | 標準差 |
|---|---|---|---|
| 繞道 | 539 | 19 | 10 |
| 血管攝影 | 847 | 18 | 9 |

如果我們接觸原始資料（539 + 847 = 1386 個個別等候觀測值），我們可能從檢視盒狀圖開始。與給定之摘要數量一致的資料被用來產生圖 9.8 的盒狀圖。這兩種手術程序的盒狀圖相似。在兩個資料集中都有離群值，其可能使我們質疑兩個等候時間分配的常態性，但是由於樣本量是大的，使用 $t$ 信賴區間仍然是適當的。

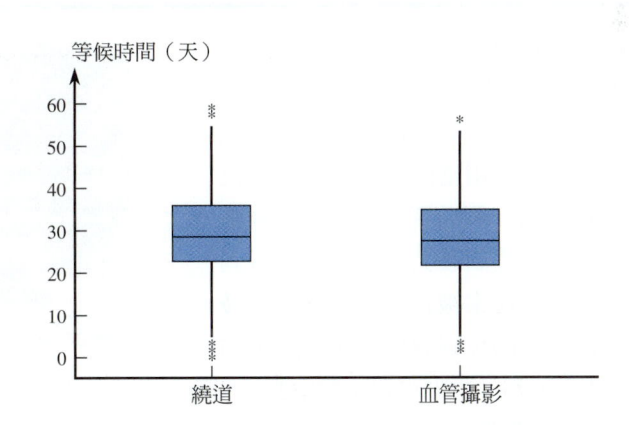

**圖 9.8**
例 9.9 的盒狀圖

下一步，我們可以使用本節的信賴區間來估計每一個程序的真正平均等候時間。讓我們首先聚焦於繞道（手術）病患的樣本。針對此團體，

$$樣本量 = n = 539$$
$$樣本平均等候時間 = \bar{x} = 19$$
$$樣本標準差 = s = 10$$

在此參閱的報導指出將這些資料視為安大略母體的代表是合理的。因此，以 $\mu$ 表示在安大略接受繞道手術的平均等候時間，我們可以使用一個 90% 信賴區間估計 $\mu$。

從附錄表 3，我們使用 $t$ 臨界值 = 1.645（由於 df = $n - 1$ = 538 > 120，表中最大的自由度數字，得自 $z$ 臨界值列）。$\mu$ 的 90% 信賴區間為

$$\bar{x} \pm (t\text{臨界值})\left(\frac{s}{\sqrt{n}}\right) = 19 \pm (1.645)\left(\frac{10}{\sqrt{539}}\right)$$

$$= 19 \pm .709$$

$$= (18.291, 19.709)$$

基於此樣本，我們有 90% 的信心 $\mu$ 會介於 18.291 天與 19.709 天之間。這個區間相當狹窄，指出我們對於 $\mu$ 數值的資訊為相對地精確。

一個繪圖計算機或是任一商用統計套裝軟體可以產生 $t$ 信賴區間。得自 Minitab 的血管攝影資料之信賴區間輸出結果顯示於此。

**One-Sample T**

| N | Mean | StDev | SE Mean | 90% CI |
|---|---|---|---|---|
| 847 | 18.0000 | 9.0000 | 0.3092 | (17.4908, 18.5092) |

血管攝影手術平均等候時間的 90% 信賴區間從 17.4908 天延伸至 18.5092 天之間。此區間較繞道手術等候時間的 90% 區間要來得狹窄有兩個原因：樣本量較大（847 而非 539）以及樣本標準差較小（9 而非 10）。

---

### 例 9.10　自私的黑猩猩？

文章「黑猩猩是不寬容的」（*Newsday*，2005 年 11 月 2 日）摘要發表於 *Nature* 期刊一項研究的結果。在此研究中，黑猩猩學會使用當兩條繩索之一被拉動時發給食物的一個裝置。當其中一條繩索被拉動，只有控制該裝置的黑猩猩得到食物。當另一條繩索被拉動，食物同時被發給控制該裝置的黑猩猩與毗鄰籠子裡的黑猩猩。附帶資料（近似得自文章中的一個圖）表示 7 隻黑猩猩之每一隻在 36 次試行中選擇會提供兩隻黑猩猩食物（「寬容」反應）之次數。

23　22　21　24　19　20　20

圖 9.9 是這些資料的常態機率圖。該圖相當地直，所以寬容反應次數之母體分配為近似常態似乎可能。

**圖 9.9**

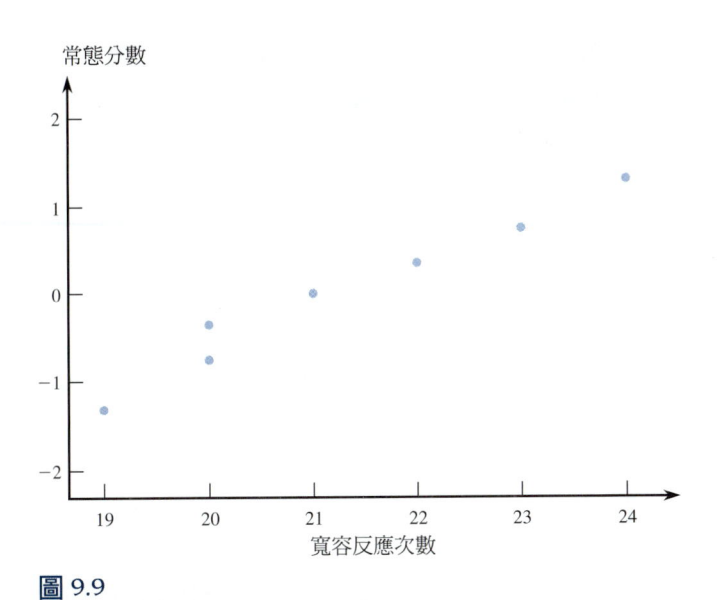

例 9.10 資料的常態機率圖

以此例子的目的，讓我們假設將這 7 隻黑猩猩的樣本視為所有黑猩猩母體的代表是合理的。所有黑猩猩母體的平均寬容反應次數之信賴區間計算需要 $\bar{x}$ 與 $s$。從給定的資料，我們計算得

$$\bar{x} = 21.29 \quad s = 1.80$$

基於 6 的 df 之一個 99% 信賴區間的 $t$ 臨界值為 3.71，該區間為

$$\bar{x} \pm (t\text{臨界值})\left(\frac{s}{\sqrt{n}}\right) = 21.29 \pm (3.71)\left(\frac{1.80}{\sqrt{7}}\right)$$
$$= 21.29 \pm 2.52$$
$$= (18.77, 23.81)$$

一個統計套裝軟體也可以被用來計算 99% 信賴區間。下列是得自 SPSS 的輸出結果。介於徒手計算區間與由 SPSS 所報導的區間之間所產生的些微差異是因為 SPSS 在 $\bar{x}$、$s$ 與 $t$ 臨界值皆使用更多的小數點精確性。

One-Sample Statistics

|  | N | Mean | Std. Deviation | Std. Error Mean |
|---|---|---|---|---|
| CharitableResponses | 7 | 21.2857 | 1.79947 | .68014 |

One-Sample

|  | 99% Confidence Interval |  |
|---|---|---|
|  | Lower | Upper |
| CharitableResponses | 18.7642 | 23.8073 |

以 99% 的信心，我們估計母體平均寬容反應次數（36 次試行中）為介於 18.77 與 23.81 之間。記住 99% 的信賴水準意指如果相同公式被用來計算隨機選自黑猩猩母體的各組樣本的區間，長期而言，這些區間的 99% 將在信賴下限與上限之間掌握 $\mu$。

注意基於此區間，我們會結論，平均而言，黑猩猩超過半數（36 次中超過 18 次試行）選擇寬容選項。*Newsday* 的頭條「黑猩猩是不寬容的」為基於來自該研究的額外資料指出，黑猩猩的寬容行為在毗鄰籠子中有另一隻黑猩猩與毗鄰籠子是空的時候並無不同。我們將在第 11 章重新檢視此研究以進行更進一步的調查。

## 選擇樣本量

當使用一個大樣本或使用來自常態母體的一個小樣本來估計 $\mu$，與 95% 信賴區間有關之 $B$ 估計誤差限制為

$$B = 1.96\left(\frac{\sigma}{\sqrt{n}}\right)$$

在收集任何資料之前，研究者會想決定達成某一特殊限制數值的一組樣本量。例如，以 $\mu$ 表示一特定車款所有車子的平均燃油效率（每加侖哩數，mpg），一項調查的目的可能是要以 95% 信心估計 $\mu$ 在 1mpg 以內。要達成此目的所需要的 $n$ 值可以以設定 $B = 1$ 然後解 $1 = 1.96\left(\frac{\sigma}{\sqrt{n}}\right)$ 的 $n$ 而得。

通常，假設我們想要以 95% 的信心估計 $\mu$ 在一個數量 $B$（特定的估計誤差限制）以內。找出需要的樣本量需要求解等式 $B = 1.96\left(\frac{\sigma}{\sqrt{n}}\right)$ 的 $n$。結果為

$$n = \left(\frac{1.96\sigma}{B}\right)^2$$

注意母體中的變異性愈大（愈大的 $\sigma$），需要的樣本量將愈大。並且，當然，要求的誤差限制愈小，需要的樣本量將愈大。

樣本量公式的使用需要 $\sigma$ 為已知，但是在實務上這很少成立。估計 $\sigma$ 的一個可能策略是執行一項先驗研究並使用得到的樣本標準差（或是一個稍大的數值，以期保守）來決定研究之主要部分的 $n$。另一個可能性是僅僅做 $\sigma$ 數值的一個有意義猜測並使用該數值計算 $n$。對於一個不是太偏態的母體分配而言，將預期的全距（最大與最小數值之間的差異）除以 4 經常提供標準差數值的一個大略概念。

> 以 95% 的信心估計一個母體平均數在一個數量 $B$ 以內所需要的樣本量為
> $$n = \left(\frac{1.96\sigma}{B}\right)^2$$

如果 $\sigma$ 為未知，其可能被以基於先前的資訊，或是對於一個不是太偏態的母體而言，被以使用（全距）/4 加以估計。

如果期望的信賴水準不同於 95%，1.96 被以適當的 z 臨界值（例如，99% 信心的 2.58）取代。

### 例 9.11　教科書的花費

貸款辦公室想估計某一所特定大學學生每季教科書的平均花費。估計值要能有用，必須在真正母體平均數的 20 元以內。多大的一個樣本應該被使用使得有 95% 的信心可以達成這個精確性的水準？

要決定需要的樣本量，我們必須有 $\sigma$ 的數值。該貸款辦公室相當確定花費在書上的金額變化相當大，大多數介於 150 至 550 元之間。$\sigma$ 的一個合理估計值則為

$$\frac{\text{全距}}{4} = \frac{550 - 150}{4} = \frac{400}{4} = 100$$

需要的樣本量為

$$n = \left(\frac{1.96\sigma}{B}\right)^2 = \left(\frac{(1.96)(100)}{20}\right)^2 = (9.8)^2 = 96.04$$

取整數，97 或更大的一個樣本量被建議。

### 習題　9.34 - 9.52

**9.34** 已知一個變數為具有特定自由度的 $t$ 分配，其值落在指定區域之內的時間百分比為何？
a. df 為 10，介於 $-1.81$ 與 $1.81$ 之間
b. df 為 10，介於 $-2.23$ 與 $2.23$ 之間
c. df 為 24，介於 $-2.06$ 與 $2.06$ 之間
d. df 為 24，介於 $-2.80$ 與 $2.80$ 之間
e. df 為 24，在 $-2.80$ 與 $2.80$ 的區間以外
f. df 為 24，在 $2.80$ 以右
g. df 為 10，在 $-1.81$ 以左

**9.35** 當 $n$ 是小的，用以計算一個常態母體平均數的信賴區間公式為

$$\bar{x} \pm (t\text{臨界值})\left(\frac{s}{\sqrt{n}}\right)$$

下列信賴水準與樣本量之每一個組合的適當 $t$ 臨界值為何？
a. 95% 信心，$n = 17$
b. 90% 信心，$n = 12$
c. 99% 信心，$n = 24$
d. 90% 信心，$n = 25$

e. 90% 信心，$n = 13$
f. 95% 信心，$n = 10$

9.36 兩個區間 (114.4, 115.6) 與 (114.1, 115.9) 為某一特定類型之所有網球拍的 $\mu$ = 真正平均共振頻率（赫茲）之信賴區間（使用相同樣本資料計算）。
a. 樣本平均共振頻率的數值為何？
b. 這些區間其一的信賴水準為 90%，另一個為 99%。哪一個水準對應哪一個區間，以及你如何判斷？

9.37 兩種不同車款的樣本被選出，且當速度表顯示 50 mph 時，每一部車的真正速度被決定。得到之平均真正速度的 95% 信賴區間為 (51.3, 52.7) 以及 (49.4, 50.6)。假設兩個樣本標準差相等，哪一個信賴區間為基於較大的大樣本？解釋你的推論。

9.38 文章「欺騙與設計：通訊科技對說謊行為的影響」(Proceedings of Computer Human Interaction [2004]) 的作者要求一所大學高階溝通課程的 30 名學生保留一個日誌 7 天，記錄每一次的社交互動以及在該次互動期間他們是否有說謊。說謊被定義為「任何時候當你蓄意嘗試誤導某人」。該文章報導這 30 名學生每天平均說謊數為 1.58 以及每天說謊數的標準差為 1.02。
a. 必須做何假設以便本節的 $t$ 信賴區間估計 $\mu$，在此大學所有學生的每天平均說謊數，的一個適當方法？
b. 你是否建議使用 $t$ 信賴區間來構建如同在 (a) 部分定義之 $\mu$ 的估計值？解釋你的理由。

9.39 在學習延遲的一項研究中，文章「行為延遲的相關與後果」(Procrastination, Current Issues and New Directions [2000]) 的作者報導針對在一所中型公立大學正準備初級心理學課程期末考的 411 名大學部學生的一組樣本，為考試讀書的平均花費時間為 7.74 小時，以及讀書時間的標準差為 3.40 小時。依此習題的目的，假設將此樣本視為在該所大學選修初級心理學學生的代表是合理的。
a. 構建一個 95% 的信賴區間以估計 $\mu$，在該所大學選修初級心理學學生準備期末考試的平均讀書花費時間。
b. 文章同時提供下列在考試前 24 小時發生之讀書時間百分比的樣本統計量：

$n = 411$  $\bar{x} = 43.18$  $s = 21.46$

構建並解釋在考試前 24 小時發生之平均讀書時間百分比的一個 90% 信賴區間。

9.40 人們在畢業禮物上花費多少錢？在 2007 年，National Retail Federation (www.nrf.com) 調查了在該年報導其買了一個或更多畢業禮物的 2815 位消費者。樣本被以一種設計以產生在 2007 年購買畢業禮物之成年美國人的代表性樣本的方式選取。針對此樣本，每件禮物的平均花費金額為 55.05 美元。假設樣本標準差為 20 美元。構建與解釋 2007 年每件畢業禮物平均花費金額的一個 98% 信賴區間。

9.41 2009 年 6 月，Harris Interactive 執行了其 Great Schools Survey。在此調查中，樣本由學齡兒童之父母的 1086 位成人所組成。該樣本以使其被視為學齡兒童之父母的母體代表為合理的一種方式被選取。該調查的一個問題詢問回應者在前一學年期間他們每個月自願花多少時間（小時）在他們小孩的學校。下列有關每月自願時間的摘要統計量被提出：

$n = 1086$  $\bar{x} = 5.6$  中位數 = 1

a. 平均數遠大於中位數的事實告訴你關於每月自願花費時間分配的什麼資訊？
b. 基於你在 (a) 部分的回答，解釋假設自願花費時間的母體分配為近似常態為何不合理。
c. 即使母體分配不近似常態，解釋為何使用 $t$ 信賴區間去估計學齡兒童之父母母體的平均自願花費時間是適當的。
d. 假設樣本標準差 $s = 5.2$。計算並解釋 $\mu$，學齡兒童之父母母體的平均自願花費時間的一個 98% 信賴區間。

**9.42** 文章「**駕駛到分心**」(*Psychological Science* [2001]: 462-466) 的作者敘述評估使用行動電話對於反應時間之影響的一項實驗。實驗對象被要求完成在講行動電話時的一個模擬的駕駛任務。當完成此項任務，偶爾的紅燈與綠燈在電腦螢幕上閃爍。如果綠燈閃，實驗對象會繼續駕駛，但是如果紅燈閃，實驗對象會盡快煞車並且反應時間（毫秒）被記錄。下列摘要統計量為基於文章中出現的一個圖：

$$n = 48 \quad \bar{x} = 530 \quad s = 70$$

a. 計算並解釋 $\mu$，講行動電話時對於紅燈的平均反應時間，的一個 95% 信賴區間。需要做哪些假設，以便將此信賴區間推論至所有駕駛者的母體？
b. 假設研究者想要以 95% 的信心估計平均反應時間在 5 毫秒以內。使用得自該研究被敘述為反應時間標準差之先驗估計值的樣本標準差，計算需要的樣本量。

**9.43** 假設 50 瓶一種特定咳嗽藥品牌的一組隨機樣本被選取，並且每一瓶的酒精成分被決定。令 $\mu$ 表示被研究之該品牌所有藥瓶母體的平均酒精成分（百分比）。假設該 50 瓶的樣本得出 $\mu$ 的一個 95% 信賴區間 (7.8, 9.4)。

a. 一個 90% 的信賴區間會比已知的區間較窄或較寬？解釋你的答案。
b. 思考下列陳述：有 95% 的機率 $\mu$ 是介於 7.8 與 9.4 之間。此陳述是否正確？原因為何？
c. 思考下列陳述：如果選取大小為 50 的一組樣本的過程以及接著計算對應的 95% 信賴區間重複 100 次，所得出區間的 95 個將包含 $\mu$。此陳述是否正確？原因為何？

**9.44** 壓克力的骨水泥有時候被用於髖關節與膝蓋的更換以固定人工關節。折斷壓克力骨水泥黏著所需的力量在特定狀況下針對 6 組樣本被衡量，並且結果的平均數與標準差分別為 306.09 牛頓與 41.97 牛頓。假設相信在這些情況下的折斷拉力具有近似常態的分配是合理的，使用一個 95% 信賴區間估計在特定狀況下壓克力骨水泥的平均折斷拉力。

**9.45** 文章「**少於 3 歲的兒童間觀看電視與不規則睡覺時間表之間的關聯性**」 (*Pediatrics* [2005]: 851-856) 報導附帶的三組不同年齡族群平均觀看電視時間（每天時數）的 95% 信賴區間。

| 年齡族群 | 95% 信賴區間 |
| --- | --- |
| 少於 12 個月 | (0.8, 1.0) |
| 12 至 23 個月 | (1.4, 1.8) |
| 24 至 35 個月 | (2.1, 2.5) |

a. 假設這三組年齡族群樣本的每一組樣本量都相等。基於已知的信賴區間，哪一組年齡族群樣本在觀看電視時間（每天時數）上具有最大的變異性？解釋你的選擇。
b. 現在假設這三組年齡族群樣本的樣本標準差都相等，但是三組樣本量可能不

同。這三組年齡族群樣本的哪一組具有最大的樣本量？解釋你的選擇。

c. 區間 (.768, 1.032) 是使用少於 12 個月兒童的樣本資料所計算平均觀看電視時間（每天時數）的一個 90% 信賴區間或一個 99% 信賴區間。此區間的信賴水準是 90% 或 99%？解釋你的選擇。

**9.46** 文章「大多數加拿大人計畫購買聖誕樹，有些將購買南瓜、裝飾品以及／或裝扮服裝」（Ipsos-Reid，2005 年 10 月 24 日）摘要得自 1000 名隨機選取加拿大居民的調查結果。樣本中的每一個個人被問及 2005 年間的萬聖節預計會花費多少錢。得到的樣本平均數與標準差分別為 46.65 美元與 83.70 美元。

a. 解釋預期萬聖節花費的標準差如何可能大於平均預期花費的原因。
b. 認為變數預期的萬聖節花費之分配為近似常態是否合理？解釋你的原因。
c. 使用 $t$ 信賴區間來估計加拿大居民的平均預計萬聖節花費是否適當？解釋你的理由。
d. 如果適當，構建並解釋加拿大居民的平均預期萬聖節花費之一個 99% 信賴區間。

**9.47** 由於安全性考量，美國聯邦航空管理局 (FAA) 於 2003 年 5 月改變其對於小型通勤航空必須如何估計旅客重量的規定。在舊的規定下，航空公司在溫暖月份使用 180 磅以及在寒冷月份使用 185 磅作為一位典型旅客的重量（包含隨身行李）。*Alaska Journal of Commerce*（2003 年 5 月 25 日）報導 Frontier Airlines 進行一項研究以估計平均旅客加隨身行李重量。他們發現 183 磅的平均夏季重量以及 190 磅的冬季平均數。假設這些估計值的每一個都是基於 100 名旅客的一組隨機樣本並且夏季重量的樣本標準差為 20 磅以及冬季重量的標準差為 23 磅。

a. 構建並解釋 Frontier Airlines 旅客平均夏季重量（包含隨身行李）的一個 95% 信賴區間。
b. 構建並解釋 Frontier Airlines 旅客平均冬季重量（包含隨身行李）的一個 95% 信賴區間。
c. 新的 FAA 建議為夏季 190 磅與冬季 195 磅。根據得自 (a) 與 (b) 部分的信賴區間估計值，對這些建議進行評論。

**9.48** 例 9.3 提供下列從舊金山到華盛頓杜勒斯機場之 10 個隨機選取直飛航班的空運時間（分）：

270 256 267 285 274 275 266 258 271 281

a. 構建並解釋從舊金山到華盛頓杜勒斯機場之航班平均空運時間的一個 90% 信賴區間。
b. 提出與 (a) 部分之區間估計值有關的 90% 信賴水準的解釋。
c. 如果從舊金山到華盛頓杜勒斯機場之一個航班表訂於早上 10 點起飛，你會建議公布之抵達時間為何？解釋之。

**9.49** 由 Consumer Reports (www.consumerreports.com) 評定為非常好的 7 個隨機選取熱狗的脂肪含量（克）列示於下。使用此資料與本節的 $t$ 信賴區間去構建由 Consumer Reports 評定為非常好的熱狗的平均脂肪含量的信賴區間是否合理？解釋你的理由。

14 15 11 10 6 15 16

**9.50** 在國家牙齒衛生月期間前去學生健康中心進行免費牙齒檢查的 5 名學生被問及離他們上次看牙醫經過幾個月。他們的

回答如下：

6  17  11  22  29

假設這五名學生可以被視為參與免費檢查計畫之所有學生的一組隨機樣本，構建參與該計畫之學生母體從最後一次看牙醫後的平均經過月數的一個 95% 信賴區間。

9.51 美國菸酒槍炮及爆裂物管理局 (BATF) 關心加州酒類的鉛成分。在酒樣本的一項先前檢測中，從 50 至 700 十億分之一 (ppb) 的鉛成分被記錄。如果 BATF 想要以 95% 的信心估計加州酒類的真正平均鉛成分在 10 ppb 以內，多少酒樣本必須被檢測？

9.52 在本節被敘述用來決定樣本量的公式的對應至 95% 信賴水準。當期待的信賴水準為 90%，決定樣本量的適當公式會是什麼？98% 的信賴水準呢？

## 9.4 解釋與表達統計分析的結果

大多數調查與許多研究的目的是要產生母體特徵的估計值。提供這樣一個估計值的一種方式是構建與報導感興趣之母體特徵的信賴區間。

### 表達統計分析的結果

當使用樣本資料去估計一個母體特徵，點估計值或是信賴區間估計值可能被使用。因為點估計值本身並不伴隨有關估計值正確性的任何資訊，信賴區間通常被偏好。因此，報導一個點估計值的任何時候，同時包含估計誤差限制的估計值是個好主意。

報導與解釋信賴區間估計值需要花一點心思。首先，永遠報導信賴區間以及與被用來產生該區間之方法有關的信賴水準。接著，記得信賴區間與信賴水準應該被解釋。一個好的策略是從在問題背景中信賴區間的解釋開始，接著進行信賴水準的解釋。例如，如果是 $p$ 的一個 90% 信賴區間，我們可能說在一所特定大學擁有筆記型電腦的學生比例為 (.56, .78)。

區間的解釋 → { 我們可以有 90% 的信心在此大學介於 56% 與 78% 的學生擁有筆記型電腦。

「90% 信心」的解釋
信賴水準的說明 → { 我們使用了一個產生此估計值的方法，它有 90% 的機率成功的掌握了真實的母體比例。

當提供一個信賴區間的說明，切記該區間為母體特徵的一個估計值，且應謹

慎不要說該區間適用於母體中的個別數值或是樣本統計量的數值。例如，如果是 $\mu$ 的一個 99% 信賴區間，在標示為 12 盎司的瓶中番茄醬之平均內容量為 (11.94, 11.98)，這並不告訴我們 99% 的 12 盎司番茄醬瓶裝有介於 11.94 至 11.98 盎司的番茄醬。這也不告訴我們 99% 的相同大小的樣本會有在此特殊範圍內的樣本平均數。信賴區間是感興趣母體中每瓶內容物的平均數的一個估計值。

## 解釋統計分析的結果

不幸地，在已經出版的來源中並沒有報導母體特徵估計值的一種習慣性方式。可能性包括

信賴區間

估計值 ± 誤差限制

估計值 ± 標準誤

如果被估計的母體特徵是母體平均數，你也可能看到

樣本平均數 ± 樣本標準差

如果報導的區間被敘述為一個信賴區間，應該同時附有一個信賴水準。這些區間可以如同我們在本章中解釋的信賴區間般被解釋，並且信賴水準明確指出與被用以構建區間之方法有關的長期錯誤率（例如，95% 的信賴水準指明 5% 的長期誤差率）。

在新聞報導中一個特別常用的形式是估計值 ± 誤差限制，其中的誤差限制有時也被稱為**誤差額度**。報導的誤差限制通常是 2 倍的估計值標準差。這個報導的方法比起信賴區間要稍微不那麼正式，而且如果樣本量相當大，會大概相等於報導一個 95% 信賴區間。你可以解釋這些區間如同解釋具有大約 95% 信賴水準的一個信賴區間。

你必須小心使用在解釋以估計值 ± 標準誤的形式被報導的區間。回顧 9.2 節之一個信賴區間的一般形式為

估計值 ±（臨界值）（估計值的標準差）

在期刊文章中，估計的估計值標準差經常被稱為標準誤。在信賴區間公式中的臨界值取決於估計值的抽樣分配型態以及信賴水準。注意這報導的形式，估計值 ± 標準誤，相當於具有設定 1 為臨界值的一個信賴區間。對於抽樣分配為（大致）常態

（諸如一個大樣本的平均數或是大樣本比例）的一個統計量，1 的臨界值對應到大約 68% 的一個近似信賴水準。因為 68% 的信賴水準相當低，你可能會想用已知資訊與信賴區間公式以轉換至具有較高信賴水準的一個區間。

當研究者嘗試估計一個母體平均數，他們有時候報導樣本平均數 ± 樣本標準差。在此必須特別小心！要將此資訊轉換成母體平均數的一個有用區間估計值，首先你必須將樣本標準差轉換成樣本平均數的標準誤（以除以 $\sqrt{n}$ 的方式），然後使用此標準誤與適當的臨界值去構建信賴區間。

例如，假設大小為 100 的一組隨機樣本被用來估計母體平均數。如果樣本得出 500 的一個樣本平均數以及 20 的樣本標準差，你可能找到以下列任一方式摘要的發表結果：

母體平均數的 95% 信賴區間：(496.08, 503.92)

平均數 ± 誤差限制：500 ± 4

平均數 ± 標準誤：500 ± 2

平均數 ± 標準差：500 ± 20

## 在出版資料中尋找什麼

當你在研究報告中遭遇區間估計值，這裡是幾個需要提問的問題。

- 報導的區間是信賴區間、平均數 ± 誤差限制、平均數 ± 標準誤，或是平均數 ± 標準差？如果報導的區間不是一個信賴區間，你可能想從已知資訊去構建一個信賴區間。
- 與已知區間有關的信賴水準為何？信賴水準的選擇是否合理？信賴水準告訴我們關於用來構建區間之方法的長期錯誤率為何？
- 報導的區間相對較窄或較寬？母體特徵是否被準確的估計？

例如，文章「**踝部骨折的手術治療後，使用石膏鑄模與功能性的踝部護具之比較**」（*Journal of Bone and Joint Surgery* [2003]: 205-211）比較在修護骨折傷害的手術後兩種固定腳踝的不同方法。該文章包含下列陳述：

> 介於手術與返回工作崗位的平均期間（以及標準差）為石膏鑄模組的 63 ± 13 天（中位數，63 天；範圍，33 至 98 天），以及護具組的 65 ± 19 天（中位數，62 天；範圍，8 至 131 天）；差異並不明顯。

這是我們必須謹慎之案例──報導的區間是以估計值 ± 標準差的形式。我們可以使用此資訊去對每一種固定方法構建介於手術與返回工作崗位的平均時間的信賴區間。100 位病患參與此研究，其中 50 名手術後帶上鑄模而另 50 名則戴上護具（隨機指派被用來指派病患至處理組別）。因為樣本量都是大的，我們可以使用 $t$ 信賴區間公式

$$\text{平均數} \pm (t\text{臨界值})\left(\frac{s}{\sqrt{n}}\right)$$

每一組樣本具有 df = 50 − 1 = 49。在附錄表 3 中最接近的 df 值為 df = 40，且對應的 95% 信賴水準的 $t$ 臨界值為 2.02。對應的區間則為

$$\text{鑄模：} 63 \pm 2.02\left(\frac{13}{\sqrt{50}}\right) = 63 \pm 3.71 = (59.29, 66.71)$$

$$\text{護具：} 65 \pm 2.02\left(\frac{19}{\sqrt{50}}\right) = 65 \pm 5.43 = (59.57, 70.43)$$

選擇的 95% 信賴水準意指用以構建每一個區間的方法具有一個 5% 的長期錯誤率。假設視這些樣本為病患母體的代表是合理的，我們可以解釋這些區間如下：我們有 95% 的信心說那些以鑄模處理的病患其平均返回工作時間介於 59.29 與 66.71 天之間，以及我們有 95% 的信心說那些以踝部護具處理的病患其平均返回工作時間介於 59.57 與 70.43 天之間。這些區間相當寬，指出處理平均數的數值並未如我們想要的被精準地估計。在既定的樣本量與每組樣本中的變異性下，這並不令人意外。注意這兩個區間有重疊。這支持兩種固定方法之間差異不明顯的陳述。直接比較兩組的正式方法，在第 11 章中介紹，可以被用來進一步探討此議題。

### 一點就通：注意與限制

當處理點與信賴區間估計值時，在此是你應該牢記在心的幾件事情：

1. 一個估計值要能夠有用，我們必須知道準確性的細節。你必須注意沒有伴隨誤差限制或某一準確性之其他量測值的點估計值。
2. 寬的一個信賴區間估計值指出我們對於要估計的母體特徵並沒有非常準確的資訊。如果得到的區間是寬的，不要被高的信賴水準所愚弄。期望的高信心與所謂我們對於母體特徵值有準確的資訊並不相同。

信賴區間的寬度受到信賴水準、樣本量，以及使用統計量（例如，$\hat{p}$ 或 $\bar{x}$

的標準差等這些構建區間之基礎因素影響。減少信賴區間寬度的最佳策略是抽取一組較大的樣本。在收集資料之前考慮到這點遠遠較佳，並使用需求的樣本量公式決定將導致狹窄到足以提供有用資訊之一個信賴區間估計值的樣本量。

3. 估計值的準確性取決於樣本量，而非母體規模。這可能與直覺相反，但是只要樣本量相對於母體規模是小的（$n$ 小於母體規模的 10%），以 95% 信心估計一個母體比例的誤差限制近似 $2\sqrt{\dfrac{\hat{p}(1-\hat{p})}{n}}$，並且以 95% 信心估計一個母體平均數的誤差限制近似 $2\dfrac{s}{\sqrt{n}}$。

注意這每一個都涉及樣本量 $n$，並且當樣本量變大，兩個誤差限制都跟著減小。兩個近似的誤差限制皆不取決於母體規模。

如果採取不放回抽樣且樣本量超過母體規模的 10%，母體規模確實需要被考慮。在此情況下，**有限母體校正因子 (finite population correction factor)** $\sqrt{\dfrac{N-n}{N-1}}$ 被用來調整誤差限制（給定的限制被乘以此校正因子）。由於此校正因子永遠小於 1，調整後的誤差限制較小。

4. 假設與「可行性」條件都是重要的。本章的信賴區間程序需要特定的假設。如果這些假設成立，信賴區間提供我們有信心使用樣本資料來估計母體特徵的一種方法。當與一個信賴區間程序有關的假設實際上為真，信賴水準指明該方法的正確成功率。然而，實務上這些假設（諸如常態母體分配的假設）鮮少完全成立。幸運地，大多數情況下，只要這些假設近似成立，信賴區間程序仍舊運作良好。

一般而言，我們只能決定假設是否「可能」或近似成立，以及我們處於期望該推論程序運作相當良好的一個處境。而這經常藉由資料收集過程的知識與使用樣本資料去檢視特定「可行性條件」加以確認。

對於一個母體比例的 $z$ 信賴區間之正式假設為：

1. 樣本為取自感興趣母體的一組隨機樣本。
2. 樣本量為大到足以視 $\hat{p}$ 之抽樣分配為近似常態。
3. 採用取出不放回抽樣。

該隨機樣本的假設是否可行將取決於樣本如何被抽樣以及目標母體。其他兩個假設的可行性條件如下：

$n\hat{p} \geq 10$ 且 $n(1-\hat{p}) \geq 10$（因而 $\hat{p}$ 的抽樣分配為近似常態），而且 $n$ 小於母體規模的 10%（因而 $\hat{p}$ 的標準差公式提供真正標準差一個良好的近似）。

一個母體平均數之 $t$ 信賴區間的正式假設為

1. 樣本為取自感興趣母體的一組隨機樣本。
2. 母體分配為常態，因而 $t = \dfrac{\bar{x} - \mu}{s/\sqrt{n}}$ 的分配具有 $t$ 分配。

隨機樣本假設的可行性，與比例的情況一樣，將取決於樣本如何被選取以及感興趣的母體。常態母體分配假設之可行性條件如下：

資料的一個常態機率圖相當直（指出母體分配為近似常態），或是資料分配為近似對稱並且沒有離群值。
這可以被經由查看資料的點圖、盒狀圖、莖葉圖，或是直方圖加以確認。

或是，如果 $n$ 是大的 ($n \geq 30$)，即使是非常態的母體分配，$\bar{x}$ 的抽樣分配將近似常態。這意指即使母體常態性不可能，$t$ 區間的使用是適當的。

最後，你必須決定假設成立或它們是「可能的」，以及使用的推論方法將提供合理的結果。這對於在後續章節中所介紹的推論方法也是為真。

5. 在閱讀出版的報告時，小心「±」符號。每當你在一個展開式中看到 ±，不要掉入想到信賴區間的陷阱。正如在本節稍早所討論的，出版的報導不是一致的，而除了信賴區間外，也常見估計值 ± 標準誤以及估計值 ± 樣本標準差被報導。

## 習題　9.53 – 9.55

**9.53** 下列引述來自文章「年長者的信用卡債上升較快」（*USA Today*，2009 年 7 月 28 日）：

今天將由 Demos，一個自由主義公共政策團體，所發布的研究顯示 65 歲以上低中收入的消費者去年平均有 10,235 元的信用卡債。

你會需要什麼額外訊息以評估這個估計值的正確性？解釋之。

**9.54** 以標題「研究發現，主要落差仍然存在於美國人的網際網路安全保護在認知

與實際之間」(The National Cyber Security Alliance) 發布新聞的作者基於由 Zogby 市場研究公司所進行的調查，估計宣稱在他們電腦裝有防火牆以保護免於電腦駭客的美國人比例為 .80。基於由 Norton's PC Help software 所進行的檢查，他們也估計那些真正安裝防火牆的比例為 .42。下列引述為來自發布的新聞：

> 對此研究，NCSA 委託超過 3000 位美國人的一項 Zogby 調查，以及 Symantec 執行由 Norton 的 PC Help 所完成的 400 位美國人個人電腦的檢查 (www.norton.com/tuneup)。Zogby 民調具有 +/− 1.6% 的誤差幅度，而檢查具有 +/− 5% 的誤差幅度。

解釋這兩個估計比例的誤差幅度為何不同。

9.55 文章「女王蜂（西洋蜂）奇怪的亂交：進化與行為的機制」(Annals of Zoology Fennici [2001: 255-265) 敘述女王蜂之交配行為的一項研究。下列引述為來自該文章：

> 女王蜂在其交配飛行中平均飛行 24.2 ± 9.21 分鐘，其與先前研究發現一致。在這些飛行中，女王蜂有效的與 4.6 ± 3.47（平均數 ± 標準差）隻雄蜂交配。

a. 從該文章之引述中所報導的區間為基於得自 $n = 30$ 隻女王蜂之交配飛行的資料。報導的兩個區間之一被陳述為母體平均數的一個信賴區間。此一區間為何？說明你的選擇。

b. 使用已知資訊去構建女王蜂交配飛行中之平均伴侶數的一個 95% 信賴區間。依此習題的目的，假設將此 30 隻女王蜂視為女王蜂母體的代表是合理的。

## 活動 9.1　證實在撤銷請願書上的簽名

**背景**：在 2003 年，請願書被提交至加州政府內政部要求撤銷州長 Gray Davis。加州 58 個郡的每一個必須報告來自該郡之請願書的有效簽名數，使得該州能夠決定是否有足夠的有效簽名數來證實該撤銷，並為撤銷選舉設定一個日期。下列段落出現於 *San Luis Obispo Tribune*（2003 年 7 月 23 日）：

> 在撤銷州長 Gray Davis 的活動中，內政部報告來自 San Luis Obispo 郡有 16,000 個有效的簽名數。總和來說，該郡的書記辦公室收到在撤銷請願書上的 18,866 個簽名數並依州的指示檢查 567 個的一組隨機樣本。其中，84.48% 為有效的。該證明程序包括檢查該簽名者是否為合格選民以及在撤銷請願書上的地址與簽名符合選民的登記。

1. 使用來自 San Luis Obispo 郡 567 個簽名數的一組隨機樣本資料構建請願簽名為有效之比例的 95% 信賴區間。

2. 你認為 San Luis Obispo 郡 16,000 個有效簽名的報導數字是如何取得的？

3. 基於你從步驟 1 的信賴區間，解釋你為何認為 16,000 個有效簽名的報導數字是否為合理。

### 活動 9.2　　有意義的一段文字

寫出包含下列 6 個名詞的一段有意義文字：**樣本、母體、信賴水準、估計值、平均數、誤差額度。**

一段「有意義的文字」是在使用所有列出文字的一個適當上下文中之有條理寫作。此段落應該顯示你瞭解這些名詞的意義以及它們彼此的關係。僅是定義這些名詞的一系列句子並不是有意義的一段文字。當選擇一篇內文，謹慎思考你必須使用的名詞。選擇一篇好的內文將使撰寫一段有意義的文字較為容易。

## 重要觀念與公式之摘要

| 專有名詞或公式 | 註釋 |
| --- | --- |
| 點估計值 | 基於樣本資料，代表一個母體特徵之可能數值的一個數。 |
| 不偏統計量 | 具有抽樣分配的一個統計量，其平均數相等於要估計之母體特徵。 |
| 信賴區間 | 從樣本資料計算而得並提供母體特徵可能值之範圍的一個區間。 |
| 信賴水準 | 提供我們對於用來構建信賴區間估計值之方法有多大「信心」的一個數字。信賴水準指明所有可能樣本將產生包含母體特徵真實值之區間的百分比。 |
| $\hat{p} \pm (z\text{臨界值})\sqrt{\dfrac{\hat{p}(1-\hat{p})}{n}}$ | 當樣本量大時，用來構建 $p$ 信賴區間的公式。 |
| $n = p(1-p)\left(\dfrac{1.96}{B}\right)^2$ | 以 95% 信心用來計算當估計 $p$ 在一個數量 $B$ 以內所需樣本量的公式。（對於其他信賴水準，以一個適當的 $z$ 臨界值取代 1.96。） |
| $\bar{x} \pm (z\text{臨界值})\dfrac{\sigma}{\sqrt{n}}$ | 當 $\sigma$ 為已知且樣本量為大的或是母體分配為常態之一成立，用來構建 $\mu$ 的信賴區間公式。 |
| $\bar{x} \pm (t\text{臨界值})\dfrac{s}{\sqrt{n}}$ | 當 $\sigma$ 為未知且樣本量為大的或是母體分配為常態之一成立，用來構建 $\mu$ 的信賴區間公式。 |
| $n = \left(\dfrac{1.96\sigma}{B}\right)^2$ | 以 95% 信心用來計算當估計 $\mu$ 在一個數量 $B$ 以內所需樣本量的公式。（對於其他信賴水準，以一個適當的 $z$ 臨界值取代 1.96。） |

# 第 10 章

# 使用單一樣本假設檢定

PictureNet/Corbis Yellow/Corbis

在第 9 章，我們思考了主要目標為估計未知的某一母體特徵值的情況。樣本資料也可以被用來決定關於一個母體特徵之某一宣稱或假設是否可行。

例如，共用處方藥是具有許多連帶風險的實例。這在青少年之間是否為常見案例？是否存在證據有超過 10% 的青少年與朋友共用處方藥？文章**「許多青少年共用處方藥」**（*Calgary Herald*，2009 年 8 月 3 日）摘要 12 至 17 歲之 592 名美國青少年的一個代表性樣本的調查結果，並報導接受調查者中有 118 位承認與朋友共用處方藥。以 $p$ 代表 12 至 17 歲之所有美國青少年的比例，我們可以使用本章的假設檢定方法決定樣本資料是否提供 $p$ 大於 .10 的有力證據。

另一個例子，由 National Association of College and Employers 發布的一項報告陳述，在 2010 年擁有學士文憑畢業生之平均起薪為 48,351 美元（**「2010 冬季薪資調查」** www.naceweb.org）。假設你對於調查今年從你大學畢業學生的平均起薪是否高於 2010 年的平均數 48,351 美元有興趣。你從你大學的現在畢業班學生選取 $n = 40$ 的一組隨機樣本，並確定每一人的起薪。如果這組樣本產生了 49,958 美元的一個平均起薪與 1,214 美元的標準差，結論為 $\mu$，你學校現在畢業班之全體畢業生的平均起薪，高於 48,351 元是否合理？在本章我們將瞭解樣本資料如何能被分析以決定 $\mu > 48,351$ 是否為合理結論。

## 10.1 假設與檢定程序

假設是關於一個單一母體特徵或幾個母體特徵之數值的一個宣稱或陳述。下列為正統假設的幾個例子：

$\mu = 1000$，其中 $\mu$ 為一則電子郵件訊息中的平均字數

$p < .01$，其中 $p$ 為無法傳遞之電子郵件訊息的比例

相對地，$\bar{x} = 1000$ 與 $\hat{p} = .01$ 的陳述不是假設，因為 $\bar{x}$ 與 $\hat{p}$ 都是樣本特徵。

**假設檢定**或**檢定程序**是使用樣本資料在有關母體特徵的兩個競爭宣稱（假設）之間做決定的一種方法。一個假設可能是 $\mu = 1000$ 與另一個是 $\mu \neq 1000$，或是一個假設可能是 $p = .01$ 以及另一個 $p < .01$。如果執行整個母體的普查是可能的，我們會知道哪一個假設為正確，但是我們通常必須從使用得自一組樣本的資訊決定其中一個。

犯罪審判是一個熟悉的情境，其中介於兩個矛盾對立宣稱之間的選擇必須被決定。被控訴犯罪的當事人必須被判決有罪或無罪。在美國司法體制下，審判中的個人在一開始是被假設為無罪的。只有相反的強烈證據會導致無罪的宣稱被否決而支持一個有罪的判決。因而責任就加諸於起訴檢察官以證明有罪的宣稱。法國的刑事訴訟則相反。一旦足夠證據被提交以證明將個人提請審判，初始的假設為被告有罪。證明的重責則落在被告能否建立相反證據。

如同在一個審判程序中，我們最初假定一個特殊假設，被稱為*虛無假設*，為正確的。然後我們考慮證據（樣本資料）並棄却虛無假設以支持競爭的假設，被稱為*對立假設*，只要是有違反虛無假設的充分證據。

### 定 義

**虛無假設** (null hypothesis)，以 $H_0$ 表示，是最初被假設為真之有關母體特徵的一個宣稱。

**對立假設** (alternative hypothesis)，以 $H_a$ 表示，則是相反的宣稱。

在進行 $H_0$ 對 $H_a$ 的檢定時，只要樣本證據強烈建議 $H_0$ 為偽，虛無假設 $H_0$ 將被棄却而支持 $H_a$。如果樣本不提供如此棄却，$H_0$ 將不被拒絕。兩個可能結論為*棄却 $H_0$* 或是*不能棄却 $H_0$*。

## 例 10.1　網球直徑

因為製程中的變異，由一個特別機器所生產的網球並不具有一致的直徑。令 $\mu$ 表示目前被生產之網球的平均直徑。假設機器最初被校準以達 $\mu = 3$ 吋的設計規格。然而，製造商現在關心直徑不再符合此規格。也就是，$\mu \neq 3$ 吋現在必須被認為有可能。如果樣本證據建議 $\mu \neq 3$ 吋，製程在機器被重新校準時必須暫停。由於停止生產成本很高，製造商在進行重新校準前想要相當確認 $\mu \neq 3$ 吋。在這些情況下，假設的合理選擇為

$H_0$: $\mu = 3$（符合規格，因而重新校準不需要）

$H_a$: $\mu \neq 3$（不符合規格，因而重新校準為需要）

只有當樣本提供反對虛無假設之令人信服的證據，$H_0$ 將會被棄却而支持 $H_a$。

## 例 10.2　小型螢光燈泡壽命

小型螢光（cfl）燈泡比起標準白熱燈泡更具有能源效率。Ecobulb 品牌的 60 瓦 cfl 燈泡在包裝上陳述「平均壽命 8,000 小時」。令 $\mu$ 表示 Ecobulb 60 瓦 cfl 燈泡的真正平均壽命。那麼廣告的宣稱為 $\mu = 8000$ 小時。如果 $\mu$ 實際上少於廣告的數值，購買此品牌的民眾會不高興。假設 Ecobulb cfl 燈泡的一組樣本被選取與測試。樣本中每一個燈泡的壽命被記錄。得到的樣本接著可以被用來檢定假設 $\mu = 8000$ 小時對上假設 $\mu < 8000$ 小時。指控該公司誇大平均壽命是嚴肅的，而在結論 $\mu < 8000$ 之前要求令人信服的證據是合理的。這建議宣稱 $\mu = 8000$ 應該被選為虛無假設，而 $\mu < 8000$ 應該被選為對立假設。然後

$H_0$: $\mu = 8000$

會被棄却以支持

$H_a$: $\mu < 8000$

只要樣本證據強烈建議最初的假設，$\mu = 8000$ 小時，為不可能。

由於在例 10.2 中的對立假設聲稱 $\mu < 8000$（真正平均壽命少於廣告數值），陳述 $H_0$ 為不等式 $\mu \geq 8000$ 可能看似合理。$\mu \geq 8000$ 的主張實際上是毫無疑問的虛無假設，但是我們將明確地陳述 $H_0$ 為等式的一個宣稱。這樣做有幾個原因。首先，如果只有 $\mu$（或 $p$ 或是其他考慮中的母體特徵）的一個單一假設數值，決策法則的發展是最容易被理解的。其次，假設樣本資料提供 $H_0$: $\mu = 8000$ 應該被棄却以支持 $H_a$: $\mu < 8000$ 的令人信服的證據。這表示我們被樣本資料說服真實平均數小於 8000。接著我們也會被說服真正平均數不可能是 8001 或 8010 或是大於 8000 的其他任意數值。因此，檢定 $H_0$: $\mu = 8000$ 對 $H_a$: $\mu < 8000$ 的結論永遠與當虛無

假設為 $H_0$: $\mu \geq 8000$ 的檢定結論相同。因為這些原因，習慣陳述虛無假設 $H_0$ 為等式的一個宣稱。

> 一個虛無假設的形式為
>
>     $H_0$: 母體特徵 = 假設的數值
>
> 其中，假設的數值為由問題背景所決定的一個特定數。
>
> 而對立假設將具有下列三種型式之一：
>
>     $H_a$: 母體特徵 > 假設的數值
>     $H_a$: 母體特徵 < 假設的數值
>     $H_a$: 母體特徵 ≠ 假設的數值

因此，我們可能檢定 $H_0$: $p = .1$ 對 $H_a$: $p < .1$；但是我們不會檢定 $H_0$: $\mu = 50$ 對 $H_a$: $\mu > 100$。在對立假設中出現的數字必須與在 $H_0$ 中的假設數值一致。

例 10.3 說明 $H_0$（最初假設為真的宣稱）與 $H_a$ 的選擇如何取決於一個研究的目的。

### 例 10.3　評估一項新的醫療方法

一個醫學研究團隊被託付評估一項針對特定類型腫瘤的雷射治療方法的任務。考慮下列兩個情節：

情節 1：現行標準治療方法被醫界認為是合理且安全，沒有重大的副作用，並具有一已知的 0.85 成功率（85%）。

情節 2：現行標準治療方法有時候具有嚴重的副作用，是較昂貴的，並具有一已知的 0.30 成功率（30%）。

在第一個情節中，研究努力可能會被導向決定新的治療方法是否比標準治療方法具有較高的成功率。除非這樣的令人信服的證據被呈現，現行醫療方式不可能被改變。以 $p$ 表示雷射治療成功的真實比例，下列假設會被檢定：

    $H_0$: $p = .85$ 對 $H_a$: $p > .85$

在此情況，虛無假設的棄却指出新治療方式較高成功率的令人信服證據。

在第二個情節中，現行標準治療方法不太被推薦。新的雷射治療方式因為成本或因為其具有較少或較不嚴重的副作用而可能被認為是較好的，只要新的程序之成功率不比標準治療方法來得差。在此，研究者可能決定檢定假設：

    $H_0$: $p = .30$ 對 $H_a$: $p < .30$

如果虛無假設被棄卻，新治療方法將不會被推薦作為標準治療方法的替代選擇，因為有強烈證據指出雷射方法有較低的成功率。

如果虛無假設不被拒絕，我們只能結論說沒有足夠說服力的證據指出雷射方法的成功率低於標準方法的成功率。這與我們說有證據雷射治療與標準治療一樣好並不相同。如果醫療實例要包含新的程序，不會是因為其具有較高的成功率而會是其花費較少或是具有較少的副作用，且沒有強烈證據指出其比標準治療具有較低的成功率。

你必須小心設定檢定的假設。統計的假設檢定只能夠展現對於對立假設的強烈支持（以虛無假設的棄卻）。當虛無假設不被棄卻，並不意味對於 $H_0$ 的強烈支持──只是缺乏反對它的強烈證據。在例 10.2 的燈泡情境中，如果 $H_0$: $\mu = 8000$ 被棄卻以支持 $H_a$: $\mu < 8000$，那是因為我們有強烈證據相信真正平均壽命少於廣告的數值。然而，$H_0$ 的不棄卻不必然提供廣告的宣稱強烈證據。如果目的是展現平均壽命大於 8000 小時，會被檢定的假設為 $H_0$: $\mu = 8000$ 對 $H_a$: $\mu > 8000$。現在 $H_0$ 的棄卻指出 $\mu > 8000$ 的強烈證據。當決定要使用哪一個對立假設，記住研究目的。

## 習題 10.1 – 10.11

**10.1** 解釋陳述 $\bar{x} = 50$ 為何不是一個正統的假設。

**10.2** 針對下列成對假設，指出哪一個並不遵守設立假設的原則，並解釋原因：
a. $H_0$: $\mu = 15$，$H_a$: $\mu = 15$
b. $H_0$: $p = .4$，$H_a$: $p > .6$
c. $H_0$: $\mu = 123$，$H_a$: $\mu < 123$
d. $H_0$: $\mu = 123$，$H_a$: $\mu = 125$
e. $H_0$: $\hat{p} = .1$，$H_a$: $\hat{p} \neq .1$

**10.3** 要決定在一個核電廠的管線焊接是否合乎規格，焊接的一組隨機樣本被選取並且對樣本中的每一個焊接都進行測試。焊接強度被以破壞焊接所需要的力量加以測量。假設規格中陳述焊接的平均強度應該超過 100 磅 / 平方吋。檢測小組決定檢定 $H_0$: $\mu = 100$ 對 $H_a$: $\mu > 100$。解釋為何此對立假設被選擇而非 $\mu < 100$。

**10.4** 允許私人公民攜帶暗藏武器之州法律是否導致犯罪率降低？由 Brookings Institution 所執行之一項研究的作者報導說「我能夠說的最強烈觀點是我無法看出它們減少犯罪的任何強烈證據」（*San Luis Obispo Tribune*，2003 年 1 月 23 日）。
a. 此結論是否與檢定一致？

　　$H_0$: 暗藏武器的法律減少犯罪

對

　　$H_a$: 暗藏武器的法律並不減少犯罪

或是與檢定

$H_0$: 暗藏武器的法律並不減少犯罪

對

$H_a$: 暗藏武器的法律減少犯罪

解釋之。

b. 陳述的結論是否指出虛無假設被棄却或不被棄却？解釋之。

**10.5** 思考來自文章「重新探討發現疫苗與自閉症之間沒有關聯」（*San Luis Obispo Tribune*，2005年10月19日）的下列引述：「『對於接受麻疹腮腺炎德國麻疹混合疫苗（MMR）的兒童，我們發現並無證據顯示施打MMR導致孔羅氏病（Crohn's disease）以及/或是自閉症』，*The Cochrane Review* 的作者之一，Tom Jefferson，這麼說。『那並不意味著其不導致病狀。只表示我們未能找到證據。』」（MMR是一種麻疹、腮腺炎、德國麻疹的混合疫苗。）在以設定MMR並不導致自閉症為虛無假設之假設檢定的背景下，解釋為何該作者無法結論MMR疫苗並不導致自閉症。

**10.6** 一所特定大學決定引進字母評等與加減符號的使用，只要證據顯示超過60%的教職員支持該項改變。教職員的一組隨機樣本將被選出，且得出的資料將被用來檢定有關的假設。如果 $p$ 代表所有教職員支持改變為加一減評分的比例，下列成對假設的哪一個應該由行政部門加以檢定：

$H_0$: $p = .6$ 對 $H_a$: $p < .6$

或是

$H_0$: $p = .6$ 對 $H_a$: $p > .6$

解釋你的選擇。

**10.7** 一家特定電視台提供一項特別轟動社會的犯罪審判實況轉播。該電視台的節目導播想瞭解是否超過一半的潛在觀眾偏好轉回例行的白天節目。隨機選取觀眾的一項調查被執行。令 $p$ 代表偏好例行性日間節目的所有觀眾比例。該節目導播應該檢定的假設為何以便回答感興趣的問題？

**10.8** 一位研究者推斷由於飲食差異，日本兒童可能比美國兒童有較低的平均血液膽固醇。假設美國兒童的平均水準已知為170。令 $\mu$ 表示所有日本兒童的平均血液膽固醇水準。該研究者應該檢定的假設為何？

**10.9** 一位郡長必須在一項將在偏遠住宅區提撥重大資源於下水道建設的決議中投票。在過去她的財政決策是被批評的，所以她決定進行選民的調查以找出他們是否支持在一個下水道系統上花錢。唯有當她能夠相當確認在其選區的大多數選民支持該項議案，她才會投票給適當的基金。她應該檢定的假設為何？

**10.10** 一家特定電話公司的長途電話平均長度在舊的費率結構下已知為7.3分鐘。為了嘗試比其他長途電信業者更有競爭力，該電話公司降低長途費率，認為其顧客會被鼓勵打較久的電話並因而在利潤上不會有大的損失。令 $\mu$ 表示費率降低後長途電話的平均長度。該電話公司應該檢定的假設為何，以便決定長途電話的平均長度是否因為較低費率而增加？

**10.11** 許多較老舊的房屋備有使用保險絲而非斷路開關的電氣系統。40安培保險絲的一家製造商想要確認其保險絲燒斷時的平均安培數（電流強度）實際上為40。如果平均安培數低於40，顧客將因為保險絲需要太頻繁的更換而抱怨。如果平均安培

數高於 40，製造商可能需要對因為保險絲故障所導致的電氣系統損壞負起法律責任。為了證明保險絲的平均安培，保險絲的一組樣本被選出並檢測。如果使用得出資料的一個假設檢定被執行，對於該製造商會感興趣的虛無與對立假設為何？

## 10.2 假設檢定的錯誤

一旦假設被設定，**檢定程序**使用樣本資料以決定 $H_0$ 是否應該被棄却。正如一個陪審團在一次審判中可能作出錯誤判決，以樣本資料使用一個檢定程序有某種可能會引導我們得出關於一個母體特徵的錯誤結論。在本節，我們討論可能發生的錯誤類型並考慮一個檢定程序的選擇如何影響這些錯誤的機率。

在犯罪審判中的一個錯誤結論是陪審團判處一位無辜者有罪，而另一個錯誤是有罪者被釋放。同理地，當針對一個假設檢定問題進行決策時可能會犯兩種不同類型的錯誤。一種類型的錯誤包含即使虛無假設為真，棄却 $H_0$。第二類型的錯誤得自於不能棄却 $H_0$ 當其為偽。這些錯誤分別被稱為型 I 與型 II 錯誤。

> **定 義**
>
> **型 I 錯誤** (Type I error)：當 $H_0$ 為真，棄却 $H_0$ 的錯誤。
>
> **型 II 錯誤** (Type II error)：當 $H_0$ 為偽，不能棄却 $H_0$ 的錯誤。

保證兩種類型錯誤都不發生的唯一方式是將結論基於對整個母體的一項普查。錯誤的風險是研究者基於樣本資料作出決定必須付出的代價。

### 例 10.4 準時抵達

**美國交通統計局** (U.S. Bureau of Transportation Statistics) 報導在 2009 年，所有民航班機的 72% 準時抵達（意指在預定抵達的 15 分鐘內）。假設具有不良準時紀錄的一家航空公司決定提供其員工獎金，如果在即將到來的月份該公司準時航班的比例超過 2009 年整體產業 .72 的準時率。令 $p$ 為在感興趣月份期間該公司航班準時的真正比例。航班的一組隨機樣本可能被選取並被用來作為從以下兩者之間選擇的基礎

$H_0: p = .72$ 與 $H_a: p > .72$

在此背景下，一個型 I 錯誤（棄却一個正確的 $H_0$）導致當實際上準時航班的真正比例並未

超過 .72 而該航空公司卻獎勵其員工。一個型 II 錯誤（不棄却一個錯誤的 $H_0$）則導致該航空公司員工未能獲得他們應得的獎勵。

## 例 10.5　減緩腫瘤的成長

在 2004 年，Vertex 製藥公司，一家生物科技公司，發表一新聞稿宣布它向食品與藥物管理局提出申請要開始進行藥品 VX-680 的臨床試驗，該藥品被發現在動物研究中可以降低胰臟與大腸癌腫瘤的成長率（*New York Times*，2004 年 2 月 24 日）。

令 $\mu$ 表示接受實驗藥品病患的真正平均腫瘤成長率。得自該計畫性的臨床試驗之資料可以被用來檢定

　$H_0$: $\mu$ = 未接受實驗藥品病患的平均腫瘤成長率

對

　$H_a$: $\mu$ < 未接受實驗藥品病患的平均腫瘤成長率

虛無假設陳述該實驗藥品為無效——即接受實驗藥品病患的平均腫瘤成長率與未接受實驗藥品病患的平均腫瘤成長率一樣。對立假設陳述實驗藥品在降低平均腫瘤成長率是有效的。在此情境下，一個型 I 錯誤由錯誤地結論實驗藥品在減緩腫瘤成長率是有效的所構成。犯下型 I 錯誤的一個潛在後果是當其不是真的有效，該公司會繼續投注資源於該藥品的開發。一個型 II 錯誤則由當實際上腫瘤的平均成長率被降低，卻結論該實驗藥品為無效所構成。犯下型 II 錯誤的一個潛在後果是該公司可能放棄有效的該藥品開發。

例 10.4 與 10.5 說明假設檢定時可能發生的兩種不同類型的錯誤。型 I 錯誤與型 II 錯誤——以及與犯下如此錯誤有關的後果——相當不同。隨附方格介紹被用以敘述錯誤機率的術語與表示符號。

### 定　義

**型 I 錯誤的機率**被以 $\alpha$ 表示，並被稱為檢定的**顯著水準** (significance level)。例如，具有 $\alpha$ = .01 的檢定被說是具有 .01 的顯著水準之檢定。

**型 II 錯誤的機率**被以 $\beta$ 表示。

## 例 10.6　卵巢癌的血液檢測

患有卵巢癌的女性經常在進一步階段，也就是在極困難治療時才被診斷出病情。文章「卵巢癌早期診斷的診斷標記」（*Clinical Cancer Research* [2008]: 1065-1072）敘述基於使

用 6 種不同的血液生物標記（生物標記是在實驗室測試中被衡量的一種生化特徵）以診斷卵巢癌的一個新方法。作者報告使用 6 種生物標記所得到的下列結果：

- 對於已知罹患卵巢癌的 156 名女性，這些生物標記正確地辨識 151 人患有卵巢癌。
- 對於已知未罹患卵巢癌的 362 名女性，這些生物標記正確地辨識其中 360 人未患有卵巢癌。

我們可以考慮使用此血液檢測從兩個假設中選擇：

$H_0$: 女性患有卵巢癌
$H_a$: 女性未患有卵巢癌

注意雖然這些並不是「統計假設」（關於一個母體特徵的陳述），可能的決策錯誤類似於型 I 與型 II 錯誤。

在此情境下，相信患有卵巢癌的女性為無罹患癌症會是一個型 I 錯誤——棄却卵巢癌的假設當其實際上為真。相信事實上無罹患癌症的一位婦女確實患有卵巢癌則為一個型 II 錯誤——不棄却虛無假設當其實際上為偽。基於該研究的結果，我們可以估計錯誤機率。型 I 錯誤的機率，$\alpha$，大約為 5/156 = .032。型 II 錯誤的機率，$\beta$，大約為 2/362 = .006。

---

理想的檢定程序會導致 $\alpha = 0$ 與 $\beta = 0$。然而，如果我們必須將我們的決策基於不完整的資訊——一組樣本而非普查——是不可能達到這個理想的。標準的檢定程序允許我們控制 $\alpha$，但是不提供 $\beta$ 的直接控制。因為 $\alpha$ 代表棄却一個真的虛無假設的機率，選擇顯著水準 $\alpha = .05$ 導致一個檢定程序，其一而再的使用不同樣本，100 次中大約有 5 次棄却一個真確的 $H_0$。選擇 $\alpha = .01$ 則導致在長期重複使用下一個檢定程序具有 1% 的型 I 錯誤率。選擇小數值的一個 $\alpha$ 表示使用者想要一個程序其型 I 錯誤的風險相當小。

在此處一個問題自然而生：如果我們可以選擇 $\alpha$，犯型 I 錯誤的機率，我們為何總是選擇 $\alpha = .05$ 而非 $\alpha = .01$？為何不總是為 $\alpha$ 選擇一個非常小的數值？為了達成犯型 I 錯誤的一個小機率，我們會需要對應的檢定程序以取得在虛無假設可以被棄却前之反對 $H_0$ 的強烈證據。雖然這麼做使得型 I 錯誤不太可能，它增加型 II 錯誤（不棄却 $H_0$ 當其應該被棄却）的風險。研究者經常需要權衡型 I 與型 II 錯誤的後果。如果型 II 錯誤具有嚴重的後果，選擇一個稍微較大數值的 $\alpha$ 可能是個好主意。

通常，在小的 $\alpha$ 與小的 $\beta$ 之間會有一個妥協，導致下列具體說明檢定程序時被廣為接受之法則。

> 在評估型 I 與型 II 錯誤的後果之後，確認被問題所容忍的最大 $\alpha$。然後採用一個使用此可被接受之最大數值——而非任意較小值——作為顯著水準（因為使用一個較小的 $\alpha$ 可以增加 $\beta$）的檢定程序。換句話說，不要選擇比需要還要小的 $\alpha$。

### 例 10.7　自來水中的鉛

美國環保署 (EPA) 採行熟知的鉛銅法則 (Lead and Copper Rule)，它定義當鉛濃度大於等於 15 ppb 或是當銅濃度大於等於 1.3 ppm 時，飲用水不安全。以 $\mu$ 表示鉛的平均濃度，一個社區自來水系統的經理可能使用得自水標本的一組樣本之鉛水準測量值來檢定

$H_0$: $\mu = 15$ 對 $H_a$: $\mu < 15$

虛無假設（其也意指包括 $H_a$: $\mu > 15$ 的情形）陳述平均鉛濃度超過 EPA 標準。對立假設陳述平均鉛濃度是在可被接受的水準而該自來水系統符合 EPA 對鉛的標準。

在此背景下，型 I 錯誤導致一個水源符合 EPA 對鉛所設標準的結論當事實上它並不。這類錯誤的可能後果包括與過多鉛攝取有關的健康風險（例如，增高的血壓、聽力喪失，以及在嚴重案例中的貧血症與腎臟傷害）。而一個型 II 錯誤是結論水並不符合 EPA 對鉛的標準當其事實上是符合的。型 II 錯誤的可能後果包括社區水源的淘汰。因為型 I 錯誤可能導致潛在地重大公共健康風險，一個小的 $\alpha$ 值（型 I 錯誤機率），諸如 $\alpha = .01$，可能被選擇。當然，選擇一個小的 $\alpha$ 值會增加型 II 錯誤的風險。如果該社區只有一個水源，型 II 錯誤對於該社區也會有非常嚴重的後果，而我們可能想要重新考慮 $\alpha$ 的選擇。

### 習題 10.12 - 10.22

**10.12** 華盛頓大學與哈佛大學的研究者分析乳癌篩檢與診斷評估的紀錄（「乳房 X 光攝影癌症比想像中更為嚇人，」USA Today，1998 年 4 月 16 日）。討論篩選過程的優點與缺點，該文章陳述說，雖然偽陽性率高於先前認知，如果醫事放射師在可疑檢測上的追蹤較不積極，偽陽性率會下滑但是遺漏癌症率會上升。假設如此的篩檢測試被用來決定 $H_0$: 未發現癌症的一個虛無假設與 $H_a$: 發現癌症的一個對立假設之一。（雖然這些並不是關於一個母體特徵的假設，此習題說明了型 I 與型 II 錯誤的定義。）

a. 一個偽陽性（認為發現癌症然而實際上不）會是型 I 或是型 II 錯誤？

b. 在此問題的情境下敘述型 I 錯誤，並討論犯型 I 錯誤的後果。

c. 在此問題的情境下敘述型 II 錯誤，並討論犯型 II 錯誤的後果。

d. 如果醫事放射師在可疑檢測上的追蹤較不積極，偽陽性率會下滑但是遺漏癌症率會上升，型 I 與型 II 錯誤機率之間關

係的什麼面向被文章中的陳述所敘述？

**10.13** 文章「**最近被診斷出乳癌女性之對側乳房核磁共振攝影（MRI）的評估**」（*New England Journal of Medicine* [2007]: 1295-1303） 敘述 MRI 檢測之使用於乳癌診斷的一項研究。該項研究的目的是判斷最近被診斷出一個乳房罹患癌症的女性是否另一個乳房也罹患癌症上，MRI 檢測是否比乳房 X 光攝影要來得有效。該研究的參與者為最近被診斷出一個乳房罹患癌症而乳房 X 光攝影並未在另一個乳房偵測出癌症的 969 位女性。這些女性在另一個乳房進行了 MRI 檢測，其中 121 個檢測指出可能癌症。切片檢查之後，診斷出 121 個中的 30 個事實上在另一個乳房患有癌症，而 91 個沒有。這些女性全部被追蹤一年，且其中三位 MRI 檢測並未指出另一個乳房罹癌者後來被診斷出癌症。附表摘要此資訊。

|  | 出現癌症 | 未出現癌症 | 總計 |
|---|---|---|---|
| MRI 癌症陽性 | 30 | 91 | 121 |
| MRI 癌症陰性 | 3 | 845 | 848 |
| 總計 | 33 | 936 | 969 |

假設最近被診斷出只有一個乳房罹患癌症的女性，MRI 被用來決定兩個「假設」之一

$H_0$: 女性在另一個乳房罹癌
$H_a$: 女性在另一個乳房未罹癌

（雖然這些並不是關於一個母體特徵的假設，此習題說明了型 I 與型 II 錯誤的定義。）
a. 一個可能的錯誤會是決定另一個乳房確實罹癌的女性沒有罹癌。這是一個型 I 或型 II 錯誤？使用表中的資訊來近似此類錯誤的機率。
b. 在此情境下有第二類錯誤的可能。敘述此錯誤並用所給表中的資訊來近似此類錯誤的機率。

**10.14** 醫療人員被要求通報虐待兒童的可疑案例。由於某些疾病具有與虐待兒童極為相似的症狀，看到兒童具有這些症狀的醫師必須決定兩個對立假設之一：

$H_0$: 來自虐待兒童的症狀
$H_a$: 來自疾病的症狀

（雖然這些並不是關於一個母體特徵的假設，此習題說明了型 I 與型 II 錯誤的定義。）文章「**疾病之間的模糊界線，虐待為權威製造問題**」（*Macon Telegraph*，2000 年 2 月 28 日） 包含下列來自亞特蘭大一位醫師關於錯誤決定的後果之引述：「如果是疾病，你碰到最糟糕的情況是一個憤怒的家庭。如果是虐待，其他小孩（在這家庭中）則處於極度危險中。」
a. 對於已知假設，敘述型 I 與型 II 錯誤。
b. 基於有關兩種錯誤後果的引述，醫師引述的哪一類型錯誤較為嚴重？解釋之。

**10.15** Ann Landers，在她 1994 年 10 月 24 日 (*San Luis Obispo Telegram-Tribune*) 的讀者問答專欄，敘述 DNA 親子鑑定的信度如下：「要取得完全準確結果，你將必須被檢測，同樣的（男性）與你的母親也要。該檢測為 100% 準確如果男性不是父親，而為 99.9% 準確如果他是父親。」
a. 考慮使用 DNA 親子鑑定的結果來決定下列兩個假設之一：

$H_0$: 一位特定男性為父親
$H_a$: 一位特定男性不為父親

在此問題的情境下，敘述型 I 與型 II 錯誤。（雖然這些並不是關於一個母體特徵的假設，此習題說明了型 I 與型 II 錯誤的定義。）

b. 基於已知資訊，型 I 錯誤的機率 $\alpha$，以及型 II 錯誤的機率 $\beta$，的數值為何？

c. Ann Landers 也陳述，「如果母親不被檢測，會有一個 0.8% 的偽陽性機率。」對於在 (a) 部分給定的假設，當決定是基於母親不被檢測時的 DNA 檢測，$\beta$ 的數值為何？

10.16 一家電視製造商宣稱（至少）其 90% 的電視機在前三年的使用中將不需要保養。一個消費者機構想要查證此宣稱，因而取得 $n = 100$ 位購買者的一組隨機樣本並詢問每人在購買後的前三年期間其購買的電視機是否需要維修。令 $\hat{p}$ 為回答指出不須維修（因而不需維修被辨識為成功）的樣本比例。令 $p$ 表示所有由該製造商生產之電視機的真正成功比例。該機構不想要宣稱虛假廣告除非樣本證據強烈地建議 $p < .9$。適當的假設則為 $H_0: p = .9$ 對 $H_a: p < .9$。

a. 在此問題的情境下，敘述型 I 與型 II 錯誤，並討論每一種錯誤的可能後果。

b. 你是否建議使用 $\alpha = .10$ 或是使用 $\alpha = .01$ 的一個檢定程序？解釋之。

10.17 手提計算機的一家製造商從供應商處接收印刷電路的大批送貨。要檢查所有接踵而來的電路是非常昂貴且費時，所以當每一批貨送達時，一組樣本會被選取來檢驗。得自樣本的資訊接著被用來檢定 $H_0: p = .01$ 對 $H_a: p > .01$，其中 $p$ 為貨運中瑕疵電路的真實比例。如果虛無假設不被棄却，貨運被接受，且這些電路被用於計算機的生產。如果虛無假設被棄却，整批貨運將因低劣品質而被退回給供應商。（一批貨運如果包含超過 1% 的瑕疵電路則被定義為低劣品質。）

a. 在此情境下，定義型 I 與型 II 錯誤。

b. 從該計算機製造商的觀點，哪一類型錯誤被認為較嚴重？

c. 從該印刷電路供應商的觀點，哪一類型錯誤被認為較嚴重？

10.18 從電力廠排放至河流並作為冷却用途的水樣本被取得。只要排水的平均溫度不超過華氏 150 度，它被決定對於河川生態系統將沒有負面影響。為了調查該電廠是否依照禁止高於華氏 150 度平均排水溫的規定，研究者將在隨機選取的時間取得 50 個水樣本並記錄每一個樣本的溫度。得出資料將被用於檢定假設 $H_0: \mu = 150°F$ 對 $H_a: \mu > 150°F$。在此習題的情境下，敘述型 I 與型 II 錯誤。你認為哪一類型的錯誤較嚴重？解釋之。

10.19 有時候，包含於大多數汽車急救工具中的一類警告信號無法燃燒。一個消保團體想要調查不利於一家信號製造商有關被一個人購買之信號其宣稱瑕疵比例為遠高於由該製造商所宣稱之 .1 數值的指控。大量的信號將被檢測，並且結果將被用來決定 $H_0: p = .1$ 與 $H_a: p > .1$ 之一，其中，$p$ 表示由該製造商生產的信號瑕疵比例。如果 $H_0$ 被棄却，假廣告的罰款將加諸於該製造商。

a. 解釋為何對立假設被選擇為 $H_a: p > .1$？

b. 在此問題的情境下，敘述型 I 與型 II 錯誤，並討論每一種錯誤的後果。

10.20 假設你是魚釣暨狩獵局的督察且被託付決定是否禁止部分奧勒岡州沿岸的釣魚活動之任務。如果被認為在該地區的魚類含有無法接受的超高汞含量，你將關閉該釣魚區域。

a. 假設 5 ppm 的一個汞濃度被認為是最高安全濃度，你會檢定下列哪對假設：

$H_0: \mu = 5$ 對 $H_a: \mu > 5$

或是

$H_0: \mu = 5$ 對 $H_a: \mu < 5$

提出你選擇的理由。
b. 對於你的檢定你會偏好 .1 或是 .01 的顯著水準？

10.21　美國國家癌症中心進行一項 2 年期的研究以決定靠近核電廠區域的癌症死亡率是否高於沒有核能設施區域（*San Luis Obispo Telegram-Tribune*，1990 年 9 月 17 日）。癌症中心的一位發言人說「從掌握的資料，沒有明確證據顯示被調查的癌症病患會因為住在靠近核能設施而有任何提高的死亡風險。然而，沒有研究能夠證明沒有影響。」
a. 令 $p$ 表示靠近核電廠區域在某一特定年度死於癌症的人口比例。癌症中心的研究者可能考慮兩個彼此競爭的假設：

$H_0: p = $ 沒有核能設施區域的數值
$H_a: p > $ 沒有核能設施區域的數值

這群研究者會棄却 $H_0$ 或不能棄却 $H_0$？
b. 如果癌症中心的研究者對於其結論說沒有提高的癌症風險與住在靠近核能設施有關聯是錯誤的，他們是犯了型 I 或型 II 錯誤？解釋之。
c. 對於該發言人有關沒有研究能夠證明不存在影響的最後陳述進行評論。你是否同意這個陳述？

10.22　一家汽車製造商正考慮在其部分組裝過程使用機器人。轉換至機器人是一個昂貴的過程，因而其唯有當存在強烈證據指出機器人的瑕疵安裝比例低於人力組裝者才將被進行。令 $p$ 表示機器人的瑕疵安裝比例。已知人力組裝者具有 .02 的瑕疵比例。
a. 該製造商應該檢定下列哪一對假設：

$H_0: p = .02$ 與 $H_a: p < .02$

或是

$H_0: p = .02$ 與 $H_a: p > .02$

解釋你的答案。
b. 在此問題的情境下，敘述型 I 與型 II 錯誤。
c. 你會偏好使用 $\alpha = .01$ 或是 $\alpha = .1$ 的檢定？解釋你的理由。

## 10.3　一個母體比例的大樣本假設檢定

　　既然已經介紹假設檢定的基本概念，我們準備好將焦點轉向發展使用樣本資訊以決定虛無或對立假設的程序。有兩個可能結論：我們不是棄却 $H_0$ 就是不能棄却 $H_0$。假設檢定程序背後的基本觀念為：當 $H_0$ 為真，如果觀察的樣本非常不可能發生，我們棄却虛無假設。

　　在本節，我們考慮當樣本量 $n$ 是大的，關於一個母體比例的假設檢定。令 $p$ 表示在一個特殊母體中具有某個特質之個人或個體的比例。$n$ 個人或個體的一組隨機樣本被選自母體。樣本比例

$$\hat{p} = \frac{樣本中具有該特質的人（個）數}{n}$$

為進行關於 $p$ 推論之自然統計量。

大樣本檢定程序是基於之前被用於取得 $p$ 的信賴區間之 $\hat{p}$ 抽樣分配的相同特性，也就是

1. $\mu_{\hat{p}} = p$
2. $\sigma_{\hat{p}} = \sqrt{\dfrac{p(1-p)}{n}}$
3. 當 $n$ 是大的，$\hat{p}$ 的抽樣分配為近似常態。

這三個結果蘊含標準化變項

$$z = \frac{\hat{p} - p}{\sqrt{\dfrac{p(1-p)}{n}}}$$

當 $n$ 是大的時候近似一個標準常態分配。例 10.8 展現此資訊如何能使我們做出決策。

### 例 10.8　食品標示的影響

在 2006 年 6 月，一項 Associated Press 民調被執行以調查民眾如何使用在食品包裝標示上所提供的營養資訊。訪問針對 1003 位被隨機選出的美國成人進行，每一位參與者被問及一系列問題，包括下列兩個：

問題 1：當購買包裝食品，你有多常檢查包裝上的營養標示？

問題 2：你有多常購買對你有害的食品，即使在已經檢查營養標示之後？

582 人對於有關檢查標示的問題回答「經常」，以及 441 人對於有關即使在檢查標示後仍購買有害食品的問題回答時常或偶爾的數據被報導。

讓我們從第一個問題的回答開始看起。基於這些資料，結論大多數美國成人在購買包裝食品時經常檢查包裝上的營養標示是否合理？我們可以利用檢定假設來回答這個問題，

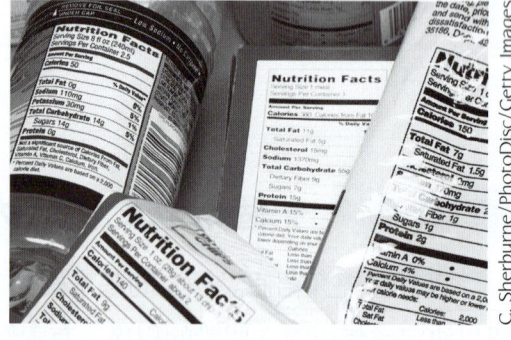

其中

> $p =$ 經常檢查營養標示的美國成人之真正比例
>
> $H_0$: $p = .5$
>
> $H_a$: $p > .5$〔經常檢查營養標示的美國成人比例大於 .5。也就是，超過半數（多數）經常檢查營養標示。〕

回顧在一個假設檢定中，虛無假設唯有當存在不利於它的說服力證據時才被棄卻——此例中，說服力證據為 $p > .5$ 的強烈證據。如果 $H_0$ 被棄卻，則大多數美國成人在購買包裝食品時經常檢查營養標示的宣稱具有強烈支持。

對於此樣本，

$$\hat{p} = \frac{582}{1003} = .58$$

觀測的樣本比例當然大於 .5，但是這可能僅是歸因於抽樣變異性。也就是說，當 $p = .5$（意思是 $H_0$ 為真），僅僅是因為樣本間不同的機會變異而樣本比例 $\hat{p}$ 經常有點異於 .5。產生 $\hat{p} = .58$ 的一個樣本比例是否可能為此機會變異的結果，或是當 $p = .5$ 時觀察到這麼大的一個樣本比例是不尋常的？

要回答這個問題，我們形成一個檢定統計量，用以進行介於 $H_0$ 與 $H_a$ 之間決策的一個數量基礎。建立一個檢定統計量包含在 $z$ 變數 $z = \dfrac{\hat{p} - p}{\sqrt{p(1-p)/n}}$ 中以假設的數值取代 $p$ 以取得

$$z = \frac{\hat{p} - .5}{\sqrt{\dfrac{(.5)(.5)}{n}}}$$

如果虛無假設為真，此統計量應該具有近似一個標準常態分配，因為當樣本量是大的並且 $H_0$ 為真，

1. $\mu_{\hat{p}} = 5$
2. $\sigma_{\hat{p}} = \sqrt{\dfrac{(.5)(.5)}{n}}$
3. $\hat{p}$ 具有近似一個常態分配。

計算的 $z$ 值將 $\hat{p}$ 與假設之間的距離以標準差的倍數來表示。如果，例如，$z = 3$，則來自樣本的 $\hat{p}$ 值為大於當虛無假設為真時，我們所期待之 3 個標準差（$\hat{p}$ 的）。假設 $H_0$ 事實上為真，一個 $z$ 值至少如此與 $H_0$ 不一致會被觀察而得的可能性為何？檢定統計量 $z$ 被使用得自虛無假設的假設值而構建；如果 $H_0$ 為真，該檢定統計量具有（近似地）一個標準常態分配。因此，

$$P(z \geq 3 \text{ 當 } H_0 \text{ 為真}) = \text{在 } z \text{ 曲線下方 } 3.00 \text{ 右側的面積} = .0013$$

也就是，如果 $H_0$ 為真，很少樣本（遠少於所有樣本的 1%）會產生至少與 $z = 3$ 之 $H_0$ 不一致的一個 $z$ 值。因為此 $z$ 值是位於 $z$ 分配之最極端的 1%，棄却 $H_0$ 是合理的。

以我們的資料，

$$z = \frac{\hat{p} - .5}{\sqrt{\frac{(.5)(.5)}{n}}} = \frac{.58 - .5}{\sqrt{\frac{(.5)(.5)}{1003}}} = \frac{.08}{.016} = 5.00$$

也就是，$\hat{p} = .58$ 為當虛無假設 $H_0$: $p = .5$ 為真，大於我們所期望之數值的 5 個標準差。樣本資料顯然與對立假設，$H_a$: $p > .5$，更為一致。特別是，

$P$（當 $H_0$ 為真，$z$ 值至少與 $H_0$ 相反為 5.00 之值）
 $= P$（當 $H_0$ 為真，$z \geq 5.00$）
 $=$ 在 $z$ 曲線下方 5.00 右側的面積
 $\approx 0$

當 $H_0$ 為真，僅僅是機會變異的結果絕對不會有見到一個樣本比例與對應 $z$ 值如此極端的可能。如果 $\hat{p}$ 大於 .5 為 5 個標準差或是更遠，我們如何能相信 $p = .5$？棄却 $H_0$ 以支持 $H_a$ 的證據非常強烈。

有趣地，除了有強烈證據指出大多數美國成人經常檢查營養標示的事實，對於第二個問題之回應的資料指出其後忽略標示上資訊且無論如何購買「有害」食物的民眾百分比並不小——回答時常或偶爾的樣本比例為 .44。

---

前述例子解說在大樣本程序下檢定有關 $p$ 之假設（以及其他檢定程序）的推理。我們從以假定虛無假設為真開始。樣本接著被檢視以證明此假定。當 $H_0$ 為真時如果觀察的樣本比例不會是不尋常，則樣本間的機會變異是所被觀察到的一個可能解釋，且 $H_0$ 不應該被棄却。反之，當 $H_0$ 為真時如果觀察的樣本比例會是相當不可能，則我們將視此樣本為反對虛無假設的一個強而有力證據且我們應該棄却 $H_0$。我們將棄却或不棄却虛無假設的決定基於如果 $H_0$ 為真，觀察的樣本多麼極端或多麼不可能的評估。

觀察的資料與 $H_0$ 有多麼不一致的評估是基於首先計算檢定統計量的數值

$$z = \frac{\hat{p} - 假設的數值}{\sqrt{\frac{(假設的數值)(1 - 假設的數值)}{n}}}$$

然後我們計算 P-值，假設 $H_0$ 為真，取得至少與實際上被觀察到之與 $H_0$ 不一致的一個 $z$ 值的機率。

### 定 義

一個**檢定統計量** (test statistic) 被使用樣本資料計算並且是被用以達成棄却或不能棄却 $H_0$ 之結論的一個可能值。

**P 值**（有時也被稱為**觀察的顯著水準**）是介於一個母體特徵假設的數值與觀察的樣本間不一致的一個量測值。其為假設 $H_0$ 為真，取得至少與實際上被觀察到之與 $H_0$ 不一致的一個檢定統計量數值的機率。

## 例 10.9　偵測抄襲

抄襲在大學校院教職員間是一個愈來愈關心的議題，且許多大學現在正使用軟體工具來偵測不是原著的學生作業。

在許多課程引進抄襲偵測軟體之使用的一所澳洲大學研究者調查了在那些課程選課註冊的 171 名學生（「學生與職員對於抄襲察覺軟體有效性的認知」，*Australian Journal of Educational Technology* [2008]: 222–240）。調查中，171 名學生中的 58 位指出他們相信抄襲偵測軟體之使用不公平地鎖定學生。

假設將此樣本視為在該所大學學生之代表是合理的，此樣本是否提供該校超過三分之一學生相信抄襲偵測軟體之使用不公平地鎖定學生的有力證據？

以

$p = $ 在該所大學相信抄襲偵測軟體之使用不公平地鎖定學生的所有學生比例

有關的假設為

$$H_0: p = \frac{1}{3} = .33$$

$$H_a: p > .33$$

樣本比例為 $\hat{p} = \frac{58}{171} = .34$。

$\hat{p}$ 的數值是否超過三分之一而足以對 $H_0$ 報以相當具體的懷疑？

因為樣本量是大的，統計量

$$z = \frac{\hat{p} - .33}{\sqrt{\frac{(.33)(1 - .33)}{n}}}$$

當 $H_0$ 為真時具有近似的一個標準常態分配。檢定統計量的計算值為

$$z = \frac{.34 - .33}{\sqrt{\frac{(.33)(1-.33)}{171}}} = \frac{.01}{.036} = 0.28$$

如果事實上 $H_0$ 為真，至少如此與 $H_0$ 不一致的一個 $z$ 值會被觀察到的機率為

$P$ 值 $= P($當 $H_0$ 為真，$z \geq 0.28)$
　　　$= z$ 曲線以下 0.28 右側的面積
　　　$= 1 - .6103$
　　　$= .3897$

此機率指出當 $p = .33$，觀察到一個樣本比例大如 .34 是常見的。當 $H_0$ 為真，大約所有樣本的 40% 會具有樣本比例大於等於 .34，所以 .34 的一個樣本比例合理地與虛無假設一致。雖然 .34 大於 $p = .33$ 的假設值，樣本間的機會變異是對於所觀察到結果的一個可能解釋。沒有強烈證據顯示相信抄襲偵測軟體之使用不公平地鎖定學生的學生比例大於三分之一。

---

如同在例 10.8 與 10.9 中所解說的，小的 $P$ 值指出樣本結果與 $H_0$ 不一致，而大的 $P$ 值被解釋為資料與 $H_0$ 一致且抽樣變異性本身是對於樣本中被觀察到結果的一個可能解釋。如你可能注意到的，兩個被檢視的個案（$P$ 值 $\approx 0$ 與 $P$ 值 $=$ .3897）使得介於棄却或不棄却 $H_0$ 之間的決策為明確。在其他案例的決策可能就不是這麼明顯。例如，要是樣本導致 .04 的一個 $P$ 值又如何？這是否不尋常到足以保證 $H_0$ 的棄却？在 $H_0$ 必須被棄却之前，$P$ 值必須要多小？

答案取決於被選為用於檢定的顯著水準，$\alpha$（型 I 錯誤的機率）。例如，假設我們設定 $\alpha = .05$。這意指棄却一個真確的虛無假設的機率為 .05。要取得具有此型 I 錯誤機率的檢定程序，當 $H_0$ 為真，如果樣本結果是在所有樣本中最不尋常的 5%，我們會棄却虛無假設。也就是，如果計算的 $P$ 值 $\leq .05$，$H_0$ 被棄却。如果我們選擇 $\alpha = .01$，如果 $H_0$ 為真，唯有當我們觀察到一個樣本結果極端到其會是在最不尋常的 1%，$H_0$ 被棄却（其發生於當 $P$ 值 $\leq .01$）。

> 關於是否棄却 $H_0$ 的決定得自於比較 $P$ 值與選擇的 $\alpha$：
> 　　如果 $P$ 值 $\leq \alpha$，$H_0$ 應該被棄却。
> 　　如果 $P$ 值 $> \alpha$，$H_0$ 應該不被棄却。

假設，例如，P 值 = .0352 並且 .05 的一個顯著水準被選擇。那麼，因為

P 值 = .0352 ≤ .05 = α

$H_0$ 會被棄却。對於 α = .01，就不是這樣的結果，因為 P 值 > α。

### 為關於 p 的一個大樣本檢定計算 P 值

P 值的計算取決於在對立假設，$H_a$，中不等式的形式。例如，假定我們想要檢定

$H_0$: p = .6 對 $H_a$: p > .6

基於一個大樣本。適當的檢定統計量為

$$z = \frac{\hat{p} - .6}{\sqrt{\frac{(.6)(1 - .6)}{n}}}$$

與 $H_0$ 不一致而與 $H_a$ 較為一致的 $\hat{p}$ 值為那些遠大於 .6 的數值（因為當 $H_0$ 為真，p = .6；而當 $H_0$ 為偽且 $H_a$ 為真時，p > .6）。$\hat{p}$ 的如此數值對應至明顯大於 0 的 z 值。如果 n = 400 且 $\hat{p}$ = .679，則

$$z = \frac{.679 - .6}{\sqrt{\frac{(.6)(1 - .6)}{400}}} = \frac{.079}{.025} = 3.16$$

當 $H_0$ 為真，$\hat{p}$ = .679 的數值為大於我們所預期的超過 3 個標準差。因而，

P 值 = P(當 $H_0$ 為真，z 至少與 $H_0$ 為 3.16 的不一致)
　　　= P(z ≥ 3.16，當 $H_0$ 為真)
　　　= z 曲線以下 3.16 右側的面積
　　　= 1 − .9992
　　　= .0008

此一 P 值顯示於圖 10.1。如果 $H_0$ 為真，長期而言，10,000 個樣本中只有 8 個會得出與實際上得出一樣或更極端的 z 值結果。多數人會認為如此一個 z 值相當不尋常。使用 .01 的一個顯著水準，因為 P 值 = .0008 ≤ .01 = α，我們棄却虛無假設。

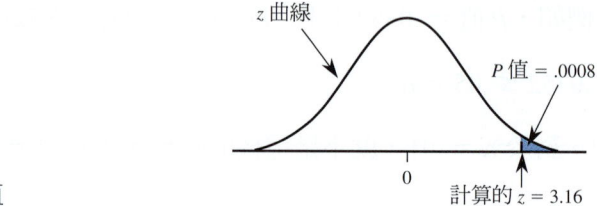

図 10.1 計算一個 P 值

現在考慮檢定 $H_0: p = .3$ 對 $H_a: p \neq .3$。遠大於 .3 或遠小於 .3 的一個 $\hat{p}$ 值與 $H_0$ 不一致而提供 $H_a$ 的支持。如此一個 $\hat{p}$ 值對應至遠遠落在 z 曲線雙尾以外的一個 z 值。如果

$$z = \frac{\hat{p} - .3}{\sqrt{\frac{(.3)(1 - .3)}{n}}} = 1.75$$

則（如圖 10.2 所示）

$P$ 值 $= P($當 $H_0$ 為真，z 值為 1.75 至少與 $H_0$ 的不一致$)$
$= P(z \geq 1.75$ 或 $z \leq -1.75$，當 $H_0$ 為真$)$
$=$（z 曲線 1.75 右側的面積）$+$（z 曲線 $-1.75$ 左側的面積）
$= (1 - .9599) + .0401$
$= .0802$

如果 $z = -1.75$，因為 1.75 與 $-1.75$ 為同樣與 $H_0$ 不一致，此情況下的 P 值也是 .0802。

z 曲線的對稱隱含著當檢定為雙尾（「不等於」，換言之），不需要加總兩個曲線面積。取而代之，

如果 z 為正（值），P 值 $= 2$（z 右尾的面積）。

如果 z 為負（值），P 值 $= 2$（z 左尾的面積）。

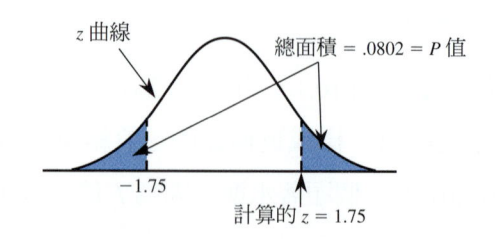

圖 10.2 P 值為兩尾端面積的總和

## 當檢定統計量為 $z$，$P$ 值的決定

### 1. 上（右）尾檢定：

$H_a$: $p >$ 假設值

$P$ 值被計算如圖示：

*z 曲線*
*P 值 = 在右尾的面積*
*計算的 z*

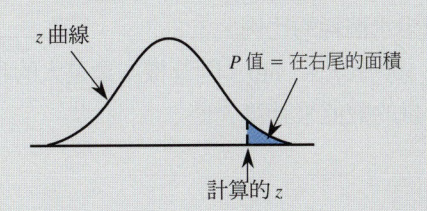

### 2. 下（左）尾檢定：

$H_a$: $p <$ 假設值

$P$ 值被計算如圖示：

*P 值 = 在左尾的面積*
*z 曲線*
*計算的 z*

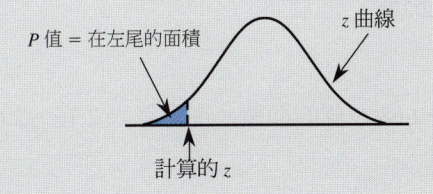

### 3. 雙尾檢定：

$H_a$: $p \neq$ 假設值

$P$ 值被計算如圖示：

*P 值 = 雙尾面積的總和*
*z 曲線*
*計算的 z, −z*

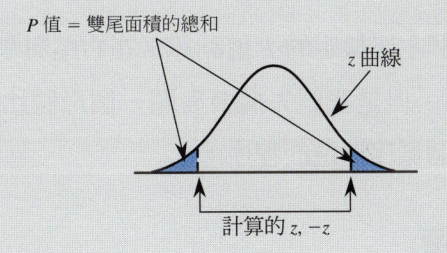

### 例 10.10　水資源保護

在 2009 年 12 月，一項跨郡的水資源保護活動在一特定的郡被執行。2010 年 1 月，500 個住家的一組隨機樣本被選出，且樣本中每一個住家的水使用被記錄。該郡的督察想知道他們的資料是否支持該郡少於一半的住戶減少水消耗的宣稱。有關的假設為

$$H_0: p = .5 \text{ 對 } H_a: p < .5$$

其中 $p$ 為該郡中所有住戶減少水消耗的比例。

假設該樣本結果為 $n = 500$ 且 $\hat{p} = .440$。因為樣本量是大的且這是一個左尾檢定，我們可以以首先計算 $z$ 檢定統計量的數值來計算 $P$ 值

$$z = \frac{\hat{p} - .5}{\sqrt{\frac{(.5)(1 - .5)}{n}}}$$

然後找出在 $z$ 曲線以下此 $z$ 值左側的面積。

基於觀察的樣本資料，

$$z = \frac{.440 - .5}{\sqrt{\frac{(.5)(1 - .5)}{500}}} = \frac{-.060}{.0224} = -2.68$$

$P$ 值接著等於 $z$ 曲線以下 $-2.68$ 左側的面積。從附錄表 2 在 $-2.6$ 列與 $.08$ 欄的查表值，我們發現

$$P \text{ 值} = .0037$$

使用一個 .01 的顯著水準，我們棄卻 $H_0$（因為 $.0037 \leq .01$），引領我們結論有強力證據顯示減少水消耗的比例為小於 .5。注意如果一個非常小的顯著水準，諸如 .001，被選擇，$H_0$ 的棄卻不會被證明。

---

例 10.10 說明了一個左尾檢定的 $P$ 值計算。在右尾與雙尾檢定中 $P$ 值的使用被說明於例 10.11 與 10.12。但是我們先摘要有關一個母體比例假設之大樣本檢定並介紹執行假設檢定的一個循序漸進的程序。

#### $p$ 的大樣本 $z$ 檢定摘要

**虛無假設：** $H_0: p = $ 假設值

**檢定統計量：** $z = \dfrac{\hat{p} - \text{假設值}}{\sqrt{\dfrac{(\text{假設值})(1 - \text{假設值})}{n}}}$

| 對立假設： | P 值： |
|---|---|
| $H_a: p >$ 假設值 | z 曲線以下計算的 z 值右側的面積 |
| $H_a: p <$ 假設值 | z 曲線以下計算的 z 值左側的面積 |
| $H_a: p \neq$ 假設值 | (1) 2（z 值右側的面積），如果 z 值為正，或 |
|  | (2) 2（z 值左側的面積），如果 z 值為負 |

**假定（條件）：**
1. $\hat{p}$ 為得自一隨機樣本之樣本比例。
2. 樣本量是大的。如果 n 同時滿足
    n（假設值）≥ 10 以及
    n（1 − 假設值）≥ 10
   此檢定可以被使用。
3. 如果採不放回抽樣，樣本量不大於母體規模的 10%。

當進行一個假設檢定時，我們推薦使用下列步驟的順序。

### 假設檢定的步驟

1. 敘述關於哪些假設要被檢定的母體特徵。
2. 陳述虛無假設 $H_0$。
3. 陳述對立假設 $H_a$。
4. 為檢定選擇顯著水準 $\alpha$。
5. 列出被使用的檢定統計量，代入在步驟 2 所辨識的假設值，但是在此時不做任何計算。
6. 檢查以確認檢定所需的假定條件為合理。
7. 計算在檢定統計量中出現的所有數量以及檢定統計量本身的數值。
8. 決定與檢定統計量的觀測值有關的 P 值。
9. 陳述結論（其為棄却 $H_0$ 如果 P 值 ≤ $\alpha$，以及反之不棄却 $H_0$）。接著結論應該依問題的情境來陳述，並且顯著水準應被包含其中。

步驟 1 至 4 構成問題的陳述，步驟 5 至 8 提出對於導出決策的分析，以及步驟 9 提供結論。

### 例 10.11　不強健的青少年

文章「7 百萬美國青少年將無法通過跑步機測試」（Associated Press，2005 年 12 月 11 日）摘要一項有 2205 名 12 至 19 歲青少年接受心肺跑步機測試的研究結果。執行該研究的研究者們指出該樣本以其被認為是全國青少年的代表的方式被選出。在被測試的 2205 人中，750 人顯示低水準的心肺功能。此樣本是否提供超過 30% 的青少年具有低水準心肺功能之宣稱的支持？我們以遵循執行一項假設檢定的 9 個步驟的方式回答此問題。對此例子我們將使用 .05 的顯著水準。

1. 感興趣的母體特徵：

   $p =$ 所有青少年具有低水準心肺功能的比例

2. 虛無假設：$H_0: p = .3$
3. 對立假設：$H_a: p > .3$（具有低水準心肺功能的青少年百分比大於 30%）
4. 顯著水準：$\alpha = .05$
5. 檢定統計量：

$$z = \frac{\hat{p} - \text{假設值}}{\sqrt{\frac{(\text{假設值})(1 - \text{假設值})}{n}}} = \frac{\hat{p} - .3}{\sqrt{\frac{(.3)(1 - .3)}{n}}}$$

6. 假定條件：此檢定需要一組隨機樣本與大樣本量。已知樣本被認為是全國青少年的代表，而且如果成立，將此樣本視為一組隨機樣本是合理的。此樣本量為 $n = 2205$。既然 $2205(.3) \geq 10$ 且 $2205(1 - .3) \geq 10$，大樣本檢定為適當。母體為全體 12 至 19 歲的青少年，所以比較母體規模，此樣本量是小的。

7. 計算：$n = 2205$ 且 $\hat{p} = 750/2205 = .34$，因此

$$z = \frac{.34 - .3}{\sqrt{\frac{(.3)(1 - .3)}{2205}}} = \frac{.04}{.010} = 4.00$$

8. $P$ 值：這是一個右尾檢定（在 $H_a$ 的不等式為 >），所以 $P$ 值是在計算的 $z$ 值右側的面積。因為 $z = 4.00$ 位於標準常態分配的右尾非常遠以外，在其右邊的面積是可以被忽略的，以及

$$P \text{ 值} \approx 0$$

9. 結論：因為 $P$ 值 $\leq \alpha$ $(0 \leq .05)$，在 .05 的顯著水準下 $H_0$ 被棄却。我們結論具有低水準心肺功能的青少年比例大於 .3。也就是，此樣本提供充分證據支持超過 30% 的青少年具有低水準心肺功能之宣稱。

## 例 10.12　大學入學

報導「加州的教育技術間斷：適度的改善可能產生大收穫」（Public Policy Institute of California，2008 年 4 月 16 日。www.ppic.org） 陳述全國有 61% 高中畢業生在畢業後當年繼續上兩年或四年制的大學。加州高中畢業生的大學升學率被估計為 55%。假設 55% 的估計值乃基於 2009 年畢業之 1500 位加州高中畢業生的一組隨機樣本。我們能否合理地結論 2009 年加州高中畢業生在畢業後當年上大學的比例不同於全國數據？我們將使用 9 個步驟的假設檢定程序以及 $\alpha = .01$ 的顯著水準來回答此問題。

1. $p$ = 2009 年全體高中畢業生在畢業後當年上大學的比例
2. $H_0$: $p = .61$
3. $H_a$: $p \neq .61$（不同於全國比例）
4. 顯著水準：$\alpha = .01$
5. 檢定統計量：

$$z = \frac{\hat{p} - \text{假設值}}{\sqrt{\frac{(\text{假設值})(1 - \text{假設值})}{n}}} = \frac{\hat{p} - .61}{\sqrt{\frac{(.61)(.39)}{n}}}$$

6. 假定條件：此檢定需要一組隨機樣本與大樣本量。已知樣本是一組隨機樣本，母體規模遠大於樣本量，以及樣本量為 $n = 1500$。因為 $1500(.61) \geq 10$ 且 $1500(.39) \geq 10$，大樣本檢定為適當。

7. 計算：$\hat{p} = .55$，因此

$$z = \frac{.55 - .61}{\sqrt{\frac{(.61)(.39)}{1500}}} = \frac{-.06}{.013} = -4.62$$

8. $P$ 值：$z$ 曲線以下 $-4.62$ 左側的面積為近似 0，所以

　$P$ 值 $\approx 2(0) = 0$。

9. 結論：在 .01 的顯著水準下，因為 $P$ 值 $\approx 0 < .01 = \alpha$，我們棄却 $H_0$。資料提供 2009 年加州高中畢業生在畢業後當年上大學的比例不同於全國比例的充分證據。

---

大多數統計電腦軟體與圖形計算機可以計算並報導各種假設檢定情況的 $P$-值，包括一個比例的大樣本檢定。Minitab 被用來執行例 10.10 的檢定，且電腦輸出結果如下：

**Test and Confidence Interval for One Proportion**

Test of p = 0.5 vs p < 0.5

| Sample | X | N | Sample p | 95.0 % CI | Z-Value | P-Value |
|---|---|---|---|---|---|---|
| 1 | 220 | 500 | 0.440000 | (0.396491, 0.483509) | −2.68 | 0.004 |

從 Minitab 輸出結果，$z = -2.68$，以及其 $P$ 值為 .004。介於此 $P$ 值與在例 10.10 計算的一個 (.0037) 之間的小差異是四捨五入的結果。

也可能計算 $z$ 檢定統計量的數值，然後使用一種統計電腦軟體或圖形計算機以決定在標準常態曲線下一個面積的對應 $P$ 值。例如，使用者可以指明一個數值而 Minitab 將決定任何特定常態分配下此數值左側的面積。因為如此，電腦可以被用以取代附錄表 2。在例 10.10，計算的 $z$ 為 -2.68。使用 Minitab 給與下列輸出結果：

```
Normal with mean = 0 and standard deviation = 1.00000
     x       P(X ≤ x)
 −2.6800     0.0037
```

從輸出結果，我們知道 $-2.68$ 左側的面積 $= .0037$，它與從使用查表所得到的數值一致。

## 習題 10.23 – 10.41

**10.23** 使用 $P$ 值的定義來解釋下列：
a. 如果 $P$ 值 $= .0003$，為何 $H_0$ 會被棄却？
b. 如果 $P$ 值 $= .350$，為何 $H_0$ 不會被棄却？

**10.24** 當以 .05 的顯著水準進行檢定時，下列哪一個 $P$ 值將使虛無假設被棄却：
a. .001　　　b. .021
c. .078　　　d. .047
e. .148

**10.25** 已知成對的 $P$ 值與顯著水準 $\alpha$。針對每一個成對，陳述在既定顯著水準下是否觀測的 $P$ 值導致 $H_0$ 的棄却。
a. $P$ 值 $= .084$，$\alpha = .05$
b. $P$ 值 $= .003$，$\alpha = .001$
c. $P$ 值 $= .498$，$\alpha = .05$
d. $P$ 值 $= .084$，$\alpha = .10$
e. $P$ 值 $= .039$，$\alpha = .01$
f. $P$ 值 $= .218$，$\alpha = .10$

**10.26** 令 $p$ 表示雜貨店顧客使用會員卡的比例。對於 $H_0$: $p = .5$ 對 $H_a$: $p > .5$ 的大樣本 $z$ 檢定，找出與檢定統計量之每一個已知數值有關的 $P$ 值：
a. 1.40　　　b. 0.93
c. 1.96　　　d. 2.45
e. $-0.17$

**10.27** 假設得自一個大母體的一組隨機樣本，下列哪一個虛無假設與樣本量 $n$ 是大樣本 $z$ 檢定所適合的：
a. $H_0$: $p = .2$，$n = 25$
b. $H_0$: $p = .6$，$n = 210$
c. $H_0$: $p = .9$，$n = 100$
d. $H_0$: $p = .05$，$n = 75$

**10.28** 在由 CareerBuilder.com 所執行的一項調查中，雇主被問及他們是否曾經因為員工穿著不當而要員工返家（2008 年 6 月 17 日，www.careerbuilder.com）。總數

有 2765 位雇主回應該項調查，其中有 968 人說他們曾經因為不適當衣著而要員工返家。在一項新聞稿中，CareerBuilder 宣稱超過三分之一的雇主曾經要員工回家換衣服。樣本資料是否提供充分證據支持此一宣稱？使用 α= .05 檢定有關的假設。依此習題的目的，假設將此樣本視為美國雇主的代表是合理的。

10.29 在 1000 名 22 至 35 歲的全職工作女性的一項調查中，540 人指出她們寧願放棄部分個人時間以便賺取更多金錢（*USA Today*，2010 年 3 月 4 日）。該樣本被以設計產生在目標年齡族群中女性代表的一組樣本的方式選取。

a. 該樣本資料是否提供充分證據說大多數 22 至 35 歲全職工作女性會願意放棄部分個人時間以便賺取更多金錢？使用 α = .01 檢定有關的假設。

b. 類推得自 (a) 部分之結論至所有職業女性是否合理？解釋是或不是的理由。

10.30 文章「**借款知識、財務經驗與過度負債**」（*Social Science Research Network*，**未正式發表論文 W14808，2008 年**）包含來自 1000 名美國人的一個全國樣本資料的分析。調查中的一個問題為：

「你在信用卡欠 3000 元。你支付每個月 30 元的最低金額。以 12% 的年度百分率（或每個月 1%），如果你不做額外的賒帳，其需要多少年來消除你的信用卡債務？」

此問題的回答選項為：(a) 少於 5 年；(b) 5 到 10 年之間；(c) 10 到 15 年之間；(d) 從不——你將繼續負債；(e) 不知道；以及 (f) 偏好不回答。

a. 1000 位回應者中只有 354 人選擇「從不」的正確答案。依此習題的目的，你可以假設該樣本為成年美國人的代表。是否有充分證據能夠正確回答此問題的成年美國人比例少於 .40 (40%)？使用 α = .05 來檢定適當的假設。

b. 該文章同時報導樣本中的 37.8% 選擇錯誤答案（a、b 與 c）之一作為他們對此問題的答案。結論超過三分之一的成年美國人會對此問題選擇錯誤答案是否合理？使用 α = .05。

10.31 「**大多數人喜歡熱天氣**」是由 Pew Research Center（2009 年 3 月 18 日，www.pewsocialtrends.org）所發布一個新聞稿的標題。該新聞稿陳述「以壓倒性的差距，美國人想住在一個陽光充足的地方。」此陳述乃基於來自 2260 位成年美國人的一個全國性代表樣本資料。在被調查者中，1288 人指出他們偏好住在炎熱氣候而非寒冷氣候中。此樣本資料是否提供充分證據說絕大多數的成年美國人偏好住在炎熱氣候而非寒冷氣候？以 α = .01 使用 9 個步驟的假設檢定程序回答此問題。

10.32 在對 1005 名成年美國人的一項調查中，46% 指出他們對於在其車子中可以自由使用網路有點或非常感興趣（*USA Today*，2009 年 5 月 1 日）。假設一家汽車製造商的行銷經理宣稱此 46% 乃僅基於一組樣本而且此 46% 接近半數，因此沒有理由相信想要汽車網路使用的所有成年美國人比例為少於 .50。該行銷經理就其宣稱是否正確？提供統計證據以支持你的答案。依此習題的目的，假設該樣本可以被視為成年美國人的代表。

10.33 文章「**投票發現大多數反對重回徵兵，無法鼓勵兒童從軍**」（Associated Press，2005 年 12 月 18 日）報導在 1000 名成年美國人的一組隨機樣本中，700 人指

出他們反對恢復軍隊徵兵。是否有充分證據顯示反對恢復徵兵的成年美國人比例大於三分之二？使用 .05 的一個顯著水準。

10.34 在前題作業參考的投票（「軍隊徵兵研究，」AP-Ipsos，2005 年 6 月）也包含下列問題：「如果軍隊徵兵被恢復，你會贊成或反對同時徵兵女性與男性？」1000 人中的 43% 回答說如果徵兵被恢復，他們會贊成徵兵女性。使用 .05 的一個顯著水準，進行檢定以決定是否存在充分證據說少於半數的成年美國人會贊成女性的徵兵。

10.35 文章「被垃圾郵件惱怒？準備好接受口水戰」（USA Today，2004 年 11 月 10 日）預測「口水戰」，因為垃圾郵件透過網路電話與行動電話傳送，當更多民眾轉向網路基礎的電話服務，將會是日益嚴重的問題。由 Yankee Group 所進行之 5500 名行動電話使用者的一項 2004 年投票指出，他們曾經在其手機接到商業訊息或廣告。是否有充分證據結論 2004 年行動電話使用者曾經接到商業訊息或廣告的比例大於前一年報導的 .13 的比例？

10.36 依據 Washington Post-ABC News 的一項投票，被訪談之 502 位隨機選取的美國成人中有 331 人說，他們不會因為如果國家安全局收集撥打個人電話的紀錄而覺得困擾。是否有充分證據結論絕大多數的美國成年人也有同感？使用 .01 的顯著水準檢定適當的假設。

10.37 依據由 Opinion Research Corporation 所進行之 1000 名美國成年人的一項調查，被訪談者中的 210 人說在其人生中玩樂透彩會是他們累積 200,000 美元財富的最務實方式（「五人中有一人相信財富的途徑是樂透彩，」San Luis Obispo Tribune，2006 年 1 月 11 日）。雖然該文章並未敘述樣本如何被選取，依此習題的目的，假設該樣本可以被視為成年美國人的一組隨機樣本。是否有充分證據結論超過 20% 的成年美國人相信玩樂透彩會是累積 200,000 美元財富的最佳策略？

10.38 文章「電影院被客廳所取代」（San Luis Obispo Tribune，2005 年 6 月 17 日）陳述電影觀眾在 2005 年下滑。Associated Press 發現 1000 名隨機選取的美國成年人中有 730 人偏好在家觀看電影而非電影院。是否有充分證據結論絕大多數的美國成年人偏好在家觀看電影？使用 .05 的顯著水準檢定有關的假設。

10.39 在前題作業參考的文章也報導 1000 名隨機選取的美國成年人中有 470 人認為製作的電影品質每況愈下。

a. 是否有充分證據顯示少於一半的美國成年人認為電影品質每況愈下？使用 .05 的顯著水準。

b. 假設樣本量以 100 取代 1000，且 47 人認為電影品質每況愈下（因而樣本比例仍為 .47）。基於 100 的這個樣本，是否有充分證據顯示少於一半的美國成年人認為電影品質每況愈下？使用 .05 的顯著水準。

c. 寫出幾個句子解釋為何 (a) 與 (b) 部分的假設檢定得到不同結論。

10.40 報導「2007 電子監視與監督調查：許多公司監視、記錄、錄影——以及解聘——員工」（American Management Association，2007 年）摘要 304 家美國企業的一項調查結果。在這些公司中，201 家指出他們監視員工造訪的網址。依此習

題的目的，假設將此樣本視為美國企業的代表是合理的。

a. 是否有充分證據結論超過 60% 的美國企業監視員工造訪的網址？使用 .01 的顯著水準檢定適當的假設。

b. 是否有充分證據結論絕大多數的美國企業監視員工造訪的網址？使用 .01 的顯著水準檢定適當的假設。

10.41 文章「**較少被假釋者重回監獄**」（*Associated Press*，2006 年 4 月 11 日）包含下列陳述：「剛好超過 38% 於 2003 年從監獄被釋放的重罪犯在次年底前重回監獄，是 1979 年以來的最低比率。」解釋為何不一定需要執行假設檢定以決定 2003 年被釋放的重罪犯比例是否少於 .40。

## 10.4 一個母體平均數的假設檢定

我們現在將注意力轉至發展檢定關於一個母體平均數之假設的方法。此情況下的檢定程序為基於在第 9 章導致 $z$ 與 $t$ 信賴區間的兩個相同結果：

1. 當 $n$ 是大的或是母體分配為近似常態，則

$$z = \frac{\bar{x} - \mu}{\frac{\sigma}{\sqrt{n}}}$$

近似一個標準常態分配。

2. 當 $n$ 是大的或是母體分配為近似常態，則

$$t = \frac{\bar{x} - \mu}{\frac{s}{\sqrt{n}}}$$

近似具有 df $= n - 1$ 的 $t$ 分配。

這兩個結果的後果是如果我們對於檢定一個形如下列的虛無假設感興趣

$H_0$: $\mu =$ 假設值

則，取決於 $\sigma$ 為已知或未知，我們可以使用（只要 $n$ 是大的或是母體分配為近似常態）下列的 $z$ 或 $t$ 檢定統計量：

**情況 1：$\sigma$ 為已知**

檢定統計量：$z = \dfrac{\bar{x} - 假設值}{\dfrac{\sigma}{\sqrt{n}}}$

$P$ 值：被計算如 $z$ 曲線以下的一個面積

**情況 2：$\sigma$ 為未知**

檢定統計量：$t = \dfrac{\bar{x} - 假設值}{\dfrac{s}{\sqrt{n}}}$

$P$ 值：被計算如具有 $df = n - 1$ 之 $t$ 曲線以下的一個面積

因為 $\sigma$，母體標準差，很少為已知，我們聚焦於 $\sigma$ 為未知的情況下之檢定程序。

當檢定關於一個母體平均數的假設時，虛無假設指明 $\mu$ 的一個特定假設值，特別是，$H_0: \mu = 假設值$。對立假設則有下列三種型式之一，取決於強調的研究問題：

$H_a: \mu > 假設值 \qquad H_a: \mu < 假設值 \qquad H_a: \mu \neq 假設值$

如果 $n$ 是大的或是如果母體分配為近似常態，檢定統計量

$$t = \dfrac{\bar{x} - 假設值}{\dfrac{s}{\sqrt{n}}}$$

可以被使用。例如，如果要檢定的虛無假設為 $H_0: \mu = 100$，檢定統計量成為

$$t = \dfrac{\bar{x} - 100}{\dfrac{s}{\sqrt{n}}}$$

考慮對立假設 $H_a: \mu > 100$，並假設樣本量 $n = 24$ 的一組樣本其 $\bar{x} = 104.20$ 以及 $s = 8.23$。得到的檢定統計量數值為

$$t = \dfrac{104.20 - 100}{\dfrac{8.23}{\sqrt{24}}} = \dfrac{4.20}{1.6799} = 2.50$$

因為這是一個右尾檢定，如果檢定統計量為 $z$ 而非 $t$，$P$ 值會是 $z$ 曲線以下 2.50 右側的一個面積。以一個 $t$ 統計量，$P$ 值會是在一個適當的 $t$ 曲線以下（在此具有 df

= 24 − 1 = 23）2.50 右側的一個面積。附錄表 4 是 t 曲線尾端面積的表格。該表格的每一個欄位是針對一個不同的自由度數值：1、2、3、⋯、30、35、40、60、120，以及 df = ∞ 的一個最後欄位，它與 z 曲線相同的數值。該表格提供在每一個 t 曲線以下範圍從 0.0 至 4.0 以 0.1 漸增之數值右側的面積。此表的部分出現於表 10.3。例如，

在 df 為 23 之 t 曲線以下 2.5 右側的面積 = .010 = 右尾 t 檢定的 P 值

假設對於基於 df 為 23 的一個左尾檢定之 t = −2.7。則，由於每一個 t 曲線為以 0 對稱，

P 值 = −2.7 左側面積 = 2.7 右側面積 = .006

如同 z 檢定的情況，我們對於雙尾 t 檢定以兩倍的尾部面積取得 P 值。因此，對於具有 df 為 23 的一個雙尾 t 檢定如果 t = 2.6 或如果 t = −2.6，則

P 值 = 2(.008) = .016

一旦 df 超過 30，變動很少，因而在附錄表 4 的最後欄位 (∞) 提供一個很好的近似值。

下列兩個方格展示以一個 t 曲線面積之 P 值如何被取得以及給與檢定程序的一般性陳述。

| df<br>t | 1 | 2 | ... | 22 | 23 | 24 | ... | 60 | 120 |
|---|---|---|---|---|---|---|---|---|---|
| 0.0 | | | | | | | | | |
| 0.1 | | | | | | | | | |
| ⋮ | | | | ⋮ | ⋮ | ⋮ | | | |
| 2.5 | | | ... | .010 | .010 | .010 | ... | | |
| 2.6 | | | ... | .008 | .008 | .008 | ... | | |
| 2.7 | | | ... | .007 | .006 | .006 | ... | | |
| 2.8 | | | ... | .005 | .005 | .005 | ... | | |
| ⋮ | | | | ⋮ | ⋮ | ⋮ | | | |
| 4.0 | | | | | | | | | |

*df 23 之 t 曲線以下 2.7 右側面積*

**圖 10.3**
**附錄表 4 的部分：t 曲線尾部面積**

### 找出 $t$ 檢定的 $P$ 值

1. **上（右）尾檢定：**
   $H_a: \mu >$ 假設值

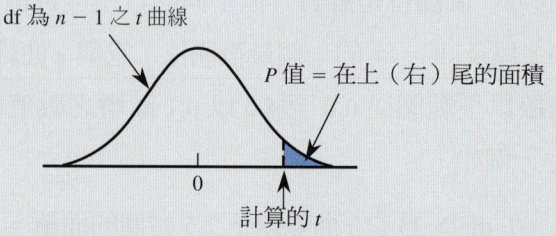

2. **下（左）尾檢定：**
   $H_a: \mu <$ 假設值

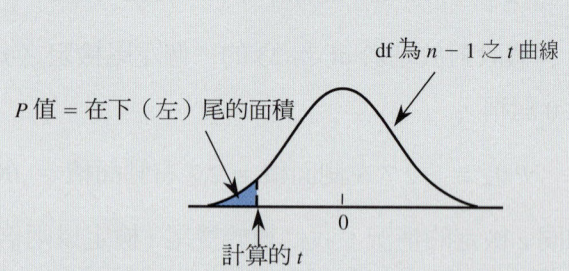

3. **雙尾檢定：**
   $H_a: \mu \neq$ 假設值

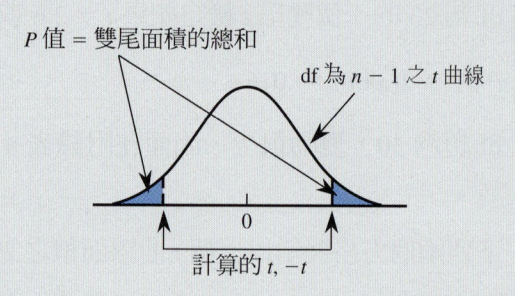

附錄表 4 提供右尾 $t$ 曲線數值 0.0、0.1、…、4.0 右側的面積。這些面積為右尾檢定而且，因為對稱，也是左尾檢定的 $P$ 值。取兩倍的面積提供一個雙尾檢定的 $P$ 值。

### 母體平均數的單一樣本 $t$ 檢定

**虛無假設：** $H_0: \mu =$ 假設值

**檢定統計量：** $t = \dfrac{\bar{x} - 假設值}{\dfrac{s}{\sqrt{n}}}$

**對立假設：**     **$P$ 值：**

$H_a: \mu >$ 假設值     具有 df $= n-1$ 之 $t$ 曲線以下計算的 $t$ 值右側的面積

$H_a: \mu <$ 假設值     具有 df $= n-1$ 之 $t$ 曲線以下計算的 $t$ 值左側的面積

$H_a: \mu \neq$ 假設值　　(1) 2（$t$ 值右側面積），如果 $t$ 值為正，或
　　　　　　　　　(2) 2（$t$ 值左側面積），如果 $t$ 值為負

**假定（條件）**：1. $\bar{x}$ 與 $s$ 為得自一隨機樣本之樣本平均數與樣本標準差。
　　　　　　　　2. 樣本量是大的（通常 $n \geq 30$）或母體分配為至少近似對稱。

## 例 10.13　時光停駐（或似乎是）

由賓州州立大學之研究者進行的一項研究調查時間知覺，一個人全神貫注能力的一個徵兆，在尼古丁戒斷期間是否削弱。該研究結果在文章「**戒菸削弱吸菸者的時間估計準確性**」（*Psychopharmacology Bulletin* [2003]: 90-95）中呈現。在 24 小時的戒菸後，20 個吸菸者被要求估計在一個 45 秒期間內經過多久。假設知覺的經過時間（秒）之結果資料如下（這些資料為人工捏造但是與文章中的摘要數量一致）：

| 69 | 65 | 72 | 73 | 59 | 55 | 39 | 52 | 67 | 57 |
| 56 | 50 | 70 | 47 | 56 | 45 | 70 | 64 | 67 | 53 |

從這些資料，我們取得

　　$n = 20$　　$\bar{x} = 59.30$　　$s = 9.84$

研究者們想決定戒菸對於時間知覺是否具有負面影響，而導致經過時間被高估。以 $\mu$ 表示被禁菸 24 小時的吸菸者其平均知覺經過時間，我們可以回答此問題藉由檢定

　　$H_0: \mu = 45$（沒有高估時間經過的一致傾向）

對

　　$H_a: \mu > 45$（經過時間被高估的傾向）

唯有存在 $\mu > 45$ 的充分證據，虛無假設被棄却。觀測的數值，59.30，肯定大於 45，但是當 $\mu = 45$，大如此數值的一個樣本平均數可能被樣本之間的機會變異所解釋嗎？要回答此問題，我們使用在 10.3 節中所敘述的 9 個步驟程序，以 .05 的顯著水準進行假設檢定。

1. 感興趣的母體特徵：
　　$\mu =$ 被禁菸 24 小時的吸菸者其平均知覺經過時間
2. 虛無假設：$H_0: \mu = 45$
3. 對立假設：$H_a: \mu > 45$
4. 顯著水準：$\alpha = .05$
5. 檢定統計量：$t = \dfrac{\bar{x} - \text{假設值}}{\dfrac{s}{\sqrt{n}}} = \dfrac{\bar{x} - 45}{\dfrac{s}{\sqrt{n}}}$

6. 假定條件：此檢定需要一組隨機樣本以及大的樣本量或是常態母體分配之一。該文章的作者相信將此樣本視為一般吸菸者的代表是合理的，並且如果成立，將其視為一組隨機樣本是合理的。因為樣本量只有 20，如果 $t$ 檢定的使用要適當，我們必須願意假設知覺的經過時間之母體分配至少為近似常態。這是否合理？下列圖形提供資料的盒狀圖：

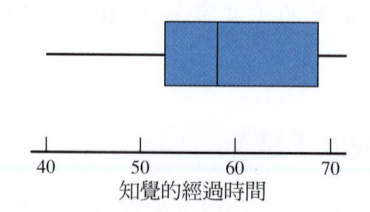

雖然盒狀圖不是完美對稱，它並不呈現太過偏態而且沒有離群值，所以我們判斷 $t$ 檢定的使用為合理。

7. 計算：$n = 20$，$\bar{x} = 59.30$，以及 $s = 9.84$，因此

$$t = \frac{59.30 - 45}{\frac{9.84}{\sqrt{20}}} = \frac{14.30}{2.20} = 6.50$$

8. $P$ 值：這是一個右尾檢定（在 $H_a$ 的不等式為「大於」），所以 $P$ 值是在計算的 $t$ 值右側面積。因為 df = 20 − 1 = 19，我們可以使用附錄表 4 的 df = 19 欄位去找到 $P$ 值。以 $t = 6.50$，我們取得 $P$ 值 = 6.50 右側面積 ≈ 0（因為 6.50 大於 4.0，最大的表格數值）。

9. 結論：因為 $P$ 值 ≤ $\alpha$，在 .05 的顯著水準下我們棄卻 $H_0$。當 $H_0$ 為真，絕對不可能只因為機會變異的結果而看到一個如此極端的樣本平均數（以及因此一個 $t$ 值）。有充分證據結論平均知覺的經過時間大於 45 秒的實際經過時間。

此文章也檢視非吸菸者的一組樣本與未被禁菸吸菸者的一組樣本之知覺經過時間。研究者發現對於這些團體的任何一個而言，$\mu = 45$ 的虛無假設不能被棄卻。

## 例 10.14　在工作中打混摸魚

雇主逐漸關心在上班時間在網路上搜索資料與發電子郵件給朋友的花費時間。*San Luis Obispo Tribune* 摘要於標題為「誰一天打混 2 小時？大多數上班族，調查發現」（2006 年 8 月 3 日）之一篇文章中得自一個大樣本上班族的調查發現。假設一家大公司的 CEO 想決定她公司員工在 8 小時的一個工作天中平均浪費時間是否少於報導的 120 分鐘。在 10 名員工的一組隨機樣本中的每一人被聯繫並問及每天工作中的浪費時間。（參與者可能會被保證匿名以取得誠實的回答！）所得資料如下：

　　　108　　112　　117　　130　　111　　131　　113　　113　　105　　128

摘要數量為 $n = 10$，$\bar{x} = 116.80$，以及 $s = 9.45$。

這些資料是否提供此公司平均浪費時間為少於 120 分鐘的證據？要回答此問題，讓我們以 $\alpha = .05$ 進行假設檢定。

1. $\mu =$ 此公司員工的每天平均浪費時間
2. $H_0$: $\mu = 120$
3. $H_a$: $\mu < 120$
4. $\alpha = .05$
5. $t = \dfrac{\bar{x} - 假設值}{\dfrac{s}{\sqrt{n}}} = \dfrac{\bar{x} - 120}{\dfrac{s}{\sqrt{n}}}$
6. 此檢定需要一組隨機樣本以及大的樣本量或是常態母體分配之一。已知樣本為員工的一組隨機樣本。因為樣本量是小的，我們必須願意假設時間的母體分配至少為近似常態。隨附的常態機率圖顯得合理，且雖然常態機率圖與盒狀圖揭露樣本中的某種偏態，並沒有離群值。

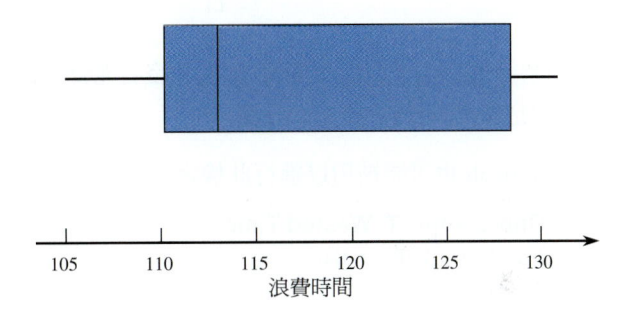

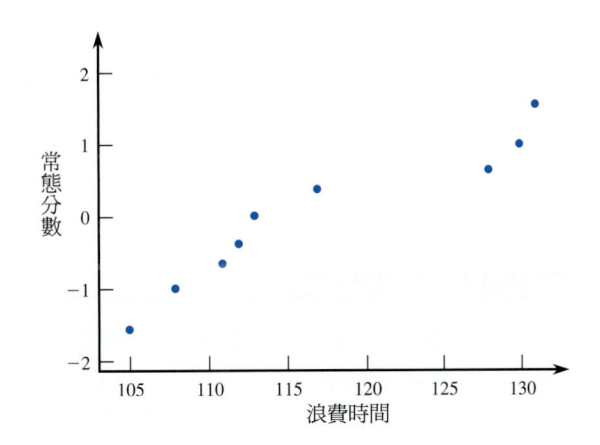

**相關（皮爾森）**
**時間與常能分數的相關係數**
= 0.943

同時，介於期望的常態分數與此樣本中觀測資料之間的相關係數為 .943，其為遠高於 $n = 10$ 之 .880 的臨界 $r$ 值（見第 5 章的臨界 $r$ 值）。基於這些觀測值，母體分配為近似常態是可能的，所以我們繼續 $t$ 檢定。

7. 檢定統計量：$t = \dfrac{116.80 - 120}{\dfrac{9.45}{\sqrt{10}}} = -1.07$

8. 從附錄表 4 的 df = 9 欄位以及將檢定統計量的數值四捨五入為 $-1.1$，我們可得

    $P$ 值 $= -1.1$ 左側面積 $= 1.1$ 右側面積 $= .150$

如下所示：

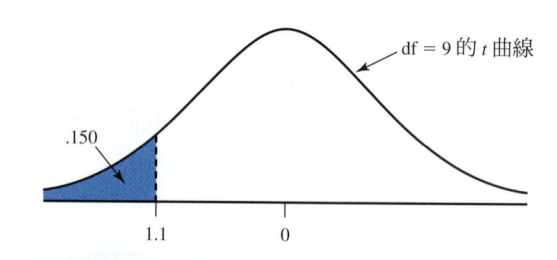

9. 因為 $P$ 值 $> \alpha$，我們不能棄卻 $H_0$。沒有充分證據足以結論此公司員工每 8 小時工作天的平均浪費時間為少於 120 分鐘。

Minitab 也可能被用以進行此檢定，如同以下輸出結果所示。

**One-Sample T: Wasted Time**
Test of mu = 120 vs < 120

|  |  |  |  |  | 95%<br>Upper |  |  |
|---|---|---|---|---|---|---|---|
| Variable | N | Mean | StDev | SE Mean | Bound | T | P |
| Wasted Time | 10 | 116.800 | 9.449 | 2.988 | 122.278 | −1.07 | 0.156 |

雖然我們必須四捨五入計算的 $t$ 值為 $-1.1$ 以便使用附錄表 4，Minitab 能夠計算對應至檢定統計量之真實數值的 $P$ 值，其為 $P$ 值 $= 0.156$。

## 例 10.15　蟋蟀的愛

文章「**營養充足的蟋蟀讓少女驚奇**」（*Nature Science Update*，1999 年 2 月 11 日）報導母黃斑黑蟋蟀被擁有高鳴叫率的公蟋蟀所吸引並且被假設鳴叫率與營養情況有關。公黃斑黑蟋蟀的一般鳴叫率被報導在以每秒 60 次鳴叫的一個平均數左右變動。為了調查鳴叫率是否與營養情況有關，研究者餵養公蟋蟀高蛋白食物 8 天，

其後鳴叫率被測量。以高蛋白食物餵養之蟋蟀的平均鳴叫率被報導為每秒 109 次。這是否為以高蛋白食物餵養之蟋蟀的平均鳴叫率大於 60（其接著意指吸引女性的一項優勢）的充分證據？假設樣本量與樣本標準差為 $n = 32$ 以及 $s = 40$。讓我們以 $\alpha = .01$ 檢定相關的假設。

1. $\mu$ = 以高蛋白食物餵養之蟋蟀的平均鳴叫率
2. $H_0: \mu = 60$
3. $H_a: \mu > 60$
4. $\alpha = .01$
5. $t = \dfrac{\bar{x} - \text{假設值}}{\dfrac{s}{\sqrt{n}}} = \dfrac{\bar{x} - 60}{\dfrac{s}{\sqrt{n}}}$
6. 此檢定需要一組隨機樣本以及大的樣本量或是常態母體分配之一。因為樣本量是大的（$n = 32$），只要我們願意將此研究中的 32 隻公黃斑黑蟋蟀視為如同得自公黃斑黑蟋蟀母體的一組隨機樣本，繼續進行 $t$ 檢定是合理的。
7. 檢定統計量：$t = \dfrac{109 - 60}{\dfrac{40}{\sqrt{32}}} = \dfrac{49}{7.07} = 6.93$
8. 此為一個右尾檢定，所以 $P$ 值為具有 df = 31 之 $t$ 曲線以下且 6.93 右側的面積。從附錄表 4，$P$ 值 $\approx 0$。
9. 因為 $P$ 值 $\approx 0$，其小於顯著水準，$\alpha$，我們棄却 $H_0$。有充分證據顯示吃高蛋白食物的公黃斑黑蟋蟀其平均鳴叫率較高。

## 統計的相對實際的顯著性

執行一項假設檢定等同於決定當 $H_0$ 為真，是否可能導致在檢定統計量取得的數值。當檢定統計量的數值導致 $H_0$ 的棄却，習慣上會說在選定的顯著水準 $\alpha$ 下為**統計上顯著的 (statistically significant)**。統計顯著性的發現意思是，以研究者的看法，在 $H_0$ 下觀察到之與所期望的離差無法合理地只是歸因於機會變異。然而，統計顯著性與結論真實情況不同於在任何實務下之虛無假設所陳述的不同。也就是，即使在 $H_0$ 被棄却後，資料可能建議在母體特徵的真實值與虛無假設所陳述該值應是多少之間並無實務的差異。這在例 10.16 中被解說。

### 例 10.16　「顯著的」但是給人印象不深的測驗分數進步

令 $\mu$ 表示美國某一特定地區所有兒童在一標準化測驗的平均分數。美國所有兒童的平均分數為 100。地區的教育權威對於使用 .001 的顯著水準檢定 $H_0: \mu = 100$ 對 $H_a: \mu > 100$

感興趣。2500 名兒童的一組樣本得到數值 $n = 2500$，$\bar{x} = 101.0$，以及 $s = 15.0$。則

$$t = \frac{101.0 - 100}{\frac{15}{\sqrt{2500}}} = 3.3$$

這是一個右尾檢定，因此（使用附錄表 4 的 $z$ 欄位，因為 df = 2499）$P$ 值 = 3.33 右側面積 $\approx .000$。由於 $P$ 值 $< .001$，我們棄却 $H_0$。有證據顯示此區域的平均分數為大於 100。

然而，以 $n = 2500$，點估計值 $\bar{x} = 101.0$ 為幾乎確認非常接近 $\mu$ 的真實值。因此，因為 $\mu \approx 101$ 而非 100，看似 $H_0$ 被棄却。並且，從實務的觀點，一個 1 分的差異很可能沒有實務上的重要性。

## 習題 10.42 – 10.58

**10.42** 在下列每一個情況，儘可能提供有關 $t$ 檢定 $P$ 值的最多資訊：
a. 右尾檢定，df = 8，$t = 2.0$
b. 右尾檢定，$n = 14$，$t = 3.2$
c. 左尾檢定，df = 10，$t = -2.4$
d. 左尾檢定，$n = 22$，$t = -4.2$
e. 雙尾檢定，df = 15，$t = -1.6$
f. 雙尾檢定，$n = 16$，$t = 1.6$
g. 雙尾檢定，$n = 16$，$t = 6.3$

**10.43** 在下列每一個情況，儘可能提供有關 $t$ 檢定 $P$ 值的最多資訊：
a. 雙尾檢定，df = 9，$t = 0.73$
b. 右尾檢定，df = 10，$t = -0.5$
c. 左尾檢定，$n = 20$，$t = -2.1$
d. 左尾檢定，$n = 20$，$t = -5.1$
e. 雙尾檢定，$n = 40$，$t = 1.7$

**10.44** 被用於畫馬路線條的漆必須在夜間反射足夠的光使其清楚可見。令 $\mu$ 表示考慮中之一種新型漆的平均反射里程讀數。基於 15 個觀測值的一組樣本之 $H_0: \mu = 20$ 對 $H_a: \mu > 20$ 的檢定提供 $t = 3.2$。在下列每一個顯著水準下什麼結論是適當的？
a. $\alpha = .05$    b. $\alpha = .01$
c. $\alpha = .001$

**10.45** 一支特定的筆被設計成使得在控制的情況下（涉及一個寫字機器的使用）真實平均書寫壽命為至少 10 小時。18 支筆的一組隨機樣本被選出，每一支筆的書寫壽命被決定，並且得到資料的一個常態機率圖支持單一樣本 $t$ 檢定的使用。相關的假設為 $H_0: \mu = 10$ 對 $H_a: \mu < 10$。
a. 如果 $t = -2.3$ 且 $\alpha = .05$ 被選用，什麼結論是適當的？
b. 如果 $t = -1.83$ 且 $\alpha = .01$ 被選用，什麼結論是適當的？
c. 如果 $t = 0.47$，什麼結論是適當的？

**10.46** 某一特定款式的滾珠承軸之真實平均值應該是 0.5 吋。當檢定 $H_0: \mu = 0.5$ 對 $H_a: \mu \neq 0.5$，下列每一個情況的什麼結論為適當？

a. $n = 13$，$t = 1.6$，$\alpha = .05$
b. $n = 13$，$t = -1.6$，$\alpha = .05$
c. $n = 25$，$t = -2.6$，$\alpha = .01$
d. $n = 25$，$t = -3.6$

**10.47** 文章「玩生動的電玩遊戲增加兒童的精力消耗」（*Pediatrics* [2009]: 534-539）敘述生動之電玩遊戲的可能心血管好處的一項有趣研究。10 至 13 歲健康男童在跑步機上以 2.6 公里 / 小時的速度走 6 分鐘之後的平均心跳速率為每分鐘 98 次 (bpm)。對於 14 位男童的每一人，在玩 Wii Bowling 15 分鐘後的心跳速率被測量。所得樣本平均數與標準差分別為 101 bpm 與 15 bpm。依本習題的目的，假設將兒童樣本視為 10 至 13 歲男童的代表是合理的，並且在玩 Wii Bowling 15 分鐘後的心跳速率的分配為近似常態。

a. 該樣本是否提供充分證據顯示，在玩 Wii Bowling 15 分鐘後的平均心跳速率，不同於已知在跑步機上走 6 分鐘之後的平均心跳速率？使用 $\alpha = .01$ 進行假設檢定。
b. 在此年齡族群男童的已知靜止平均心跳速率為 66 bpm。是否存在充分證據顯示，在玩 Wii Bowling 15 分鐘後的平均心跳速率，高於在此年齡族群男童的已知平均靜止心跳速率？使用 $\alpha = .01$。
c. 基於在 (a) 與 (b) 部分的檢定結果，就提高心跳速率超越靜止心跳速率而言，寫出一段文字比較跑步機走路與 Wii Bowling 的好處。

**10.48** 速食進食的一項研究被敘述於文章「什麼人從速食餐廳購買食物」（*Obesity* [2009]: 1369-1374）中。在紐約市三個漢堡連鎖店（麥當勞、漢堡王與溫蒂）午餐時間的成人顧客在他們進入餐廳時就被接觸並要求離開時提供收據。這些收據接著被用來決定什麼被購買以及消費的卡路里數被決定。總計有 3857 人參與該研究。樣本平均卡路里消費數為 857 與樣本標準差為 677。

a. 樣本標準差相當大。這告訴你關於在紐約市漢堡連鎖店午餐速食購買的卡路里消費數的什麼訊息？
b. 已知樣本平均數與標準差的數值以及卡路里消費數不可能為負的事實，解釋為何假設消費的卡路里分配為常態是不合理的。
c. 基於 2000 卡路里的一個每日消費建議，線上 Health Dining Finder (www.healthydiningfinder.com) 建議午餐 750 卡路里的目標。假設將此 3857 個速食購買的樣本視為在紐約市所有漢堡連鎖午餐購買的代表是合理的，進行假設檢定以決定該樣本是否提供在紐約市漢堡連鎖午餐購買的平均卡路里消費數大於 750 卡路里的午餐建議之充分證據。使用 $\alpha = .01$。
d. 將在 (c) 部分的檢定結論類推至所有成年美國人的午餐速食購買是否合理？解釋你的理由。
e. 解釋為何使用顧客收據來決定點餐內容較佳，而非只是詢問正要離開餐廳的顧客購買什麼。
f. 你是否認為在點餐前要求一位顧客提供其單據會引進潛在偏誤？解釋之。

**10.49** 報導「2009-10 大學文憑畢業生的最高薪工作」（National Association of Colleges and Employers，2010 年 2 月）陳述 2010 年對於具有會計學位畢業生的平均年度薪水開價為 48,722 美元。假設接受工

作開價之一所大型大學的 50 個會計畢業生的一組隨機樣本，導致 49,850 美元的平均開價與 3300 美元的標準差。該樣本資料是否提供此大學會計學位畢業生的平均薪水開價，高於 48,722 美元的 2010 全國平均之宣稱的強烈支持？使用 $\alpha = .05$ 檢定有關的假設。

**10.50** *The Economist* 每年收集全世界各國家大麥克 (Big Mac) 的價格資料。2009 年 5 月歐洲麥當勞餐廳的一組樣本的大麥克價格得出下列大麥克價格（轉換為美元後）：

3.80　5.89　4.92　3.88　2.65　5.57
6.39　3.24

2009 年 5 月在美國一個大麥克的平均價格為 3.57 美元。依此習題的目的，假設將此樣本是為歐洲麥當勞餐廳的代表是合理的。該樣本是否提供在歐洲一個大麥克的 2009 年 5 月平均價格高於報導的美國價格之充分證據？使用 $\alpha = .05$ 檢定有關的假設。

**10.51** 大學部學生信用紀錄的一個信用局分析發現在一位大學部學生皮夾中的平均信用卡張數為 4.09（「2004 年大學學生與信用卡」Nellie Mae，2005 年 5 月）。也被報導在 132 位大學生的一組隨機樣本中，學生說他們攜帶的信用卡樣本平均張數為 2.6。樣本標準差並未被報導，但是依此習題的目的，假設其為 1.2。是否存在由大學生報告攜帶中的平均信用卡張數為少於 4.09 的信用局數據之充分證據？

**10.52** 醫學研究顯示超過 20 度的重複腕關節伸直增加腕部與手受傷的風險。24 位康乃爾大學學生的每一人使用被提出的新電腦滑鼠設計，且當使用滑鼠時，每位學生的腕部伸直被記錄。與在文章「兩種電腦滑鼠設計的比較研究」(Cornell Human Factors Laboratory Technical Report RP7992) 中所提出摘要數值一致的資料被提供。使用這些資料去檢定使用此新型滑鼠設計者的平均腕部伸直為大於 20 度的假設。為了要使類推你的檢定結果至康乃爾大學學生的母體為適當，是否需要任何假定條件？至所有大學學生的母體又需要什麼假定條件？

| 27 | 28 | 24 | 26 | 27 | 25 | 25 | 24 |
|----|----|----|----|----|----|----|----|
| 24 | 24 | 25 | 28 | 22 | 25 | 24 | 28 |
| 27 | 26 | 31 | 25 | 28 | 27 | 27 | 25 |

**10.53** 國際調查組織 Ipsos 報導得自持有借貸卡之 2000 名被隨機選取加拿大人的調查資料（Canadian Account Habits Survey，2006 年 7 月 24 日）。此項調查的參與者被問及使用借貸卡時，他們認為可被接受的最低購買金額是多少。假設樣本平均數與標準差分別為 9.15 美元與 7.60 美元。（這些數值與在報導中出現的樣本資料的直方圖一致。）這些資料是否提供加拿大人認為借貸卡的使用為適當的平均最低購買金額為少於 10 美元的充分證據？以 .01 的顯著水準進行假設檢定。

**10.54** 由國家兒童健康與人類發展機構所執行的一項複雜研究追蹤超過 1000 名兒童從稚齡到小學（*New York Times*，2005 年 11 月 1 日）。該研究結論在進入小學之前一週花超過 30 小時於安親班的兒童傾向於在三年級的數學與閱讀有較高分數。研究者警告由於安親班的效果被發現是小的，該發現不應該是警示的一個成因。解釋介於在安親班花較長時間的三年級生之樣本平均數學分數，以及已知三年級生之整體平均數之間的差異如何可能是小的，但研究者仍然可能結論，安親班組兒童平均成績顯著高於三年級生的整體平均數。

10.55 在一項電腦使用的研究中，1000位隨機選取的加拿大網路使用者被問及在一典型的星期中，他們在使用網路上花多少時間（Ipsos Reid，2005年8月9日）。樣本觀測值的平均數為12.7小時。

a. 樣本標準差未被報導，但是假設為5小時。以.05的顯著水準進行假設檢定，以決定是否存在充分證據說加拿大人花在網路使用的平均時間多於12.5小時。

b. 現在假設樣本標準差為2小時。以.05的顯著水準進行假設檢定，決定是否存在充分證據說加拿大人花在網路使用的平均時間多於12.5小時。

c. 解釋為何在(b)部分的檢定虛無假設被拒絕，但是在(a)部分檢定則不。

10.56 標題為「減輕疼痛的音樂」（*The Cochrane Database of Systematic Reviews*，2006年4月19日）的文章結論，基於對音樂在疼痛強度效果的51篇研究的回顧，「聽音樂減少疼痛強度水準……然而，這些正效果的強度是小的，臨床實務上音樂對於疼痛減輕的臨床關聯並不清楚。」此文章的作者是否宣稱疼痛減少歸因於聽音樂並不統計上顯著，不實務上顯著，或是既不統計上也不實務上顯著？解釋之。

10.57 許多消費者當進行購買時會仔細注意包裝食物上的營養成分。因此包裝上的資訊為正確是重要的。$n = 12$ 的某一特定類型冷凍晚餐的一組隨機樣本在一特殊生產期間中被選出，並且每一個的卡路里成分被決定。（此決定必須破壞產品，因此普查當然不可能！）在此是得到的觀測值，以及一個盒狀圖與常態機率圖：

| 255 | 244 | 239 | 242 | 265 | 245 |
| 259 | 248 | 225 | 226 | 251 | 233 |

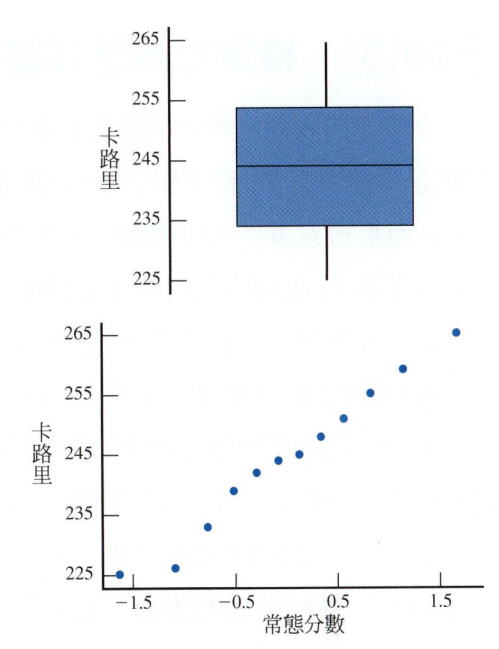

a. 使用一個 $t$ 檢定來檢定關於平均卡路里成分 $\alpha$ 的假設是否合理？解釋你的理由。

b. 陳述的卡路里成分為240。盒狀圖是否建議真實平均成分不同於陳述數值？解釋你的推理。

c. 進行在(b)部分建議之假設的正式檢定。

10.58 許多關切在關於使用硝酸鹽作為肉品防腐劑上被表達。在涉及這些化學成分可能影響的一項研究中，細菌培養被放在含有硝酸鹽的一個培養基（媒介）中長成。每一個培養之原子能標示的胺基酸(dpm)攝取率接著被決定，產生下列觀測值：

| 7251 | 6871 | 9632 | 6866 | 9094 |
| 5849 | 8957 | 7978 | 7064 | 7494 |
| 7883 | 8178 | 7523 | 8724 | 7468 |

假設已知沒有硝酸鹽之培養基的平均攝取率為8000。資料建議硝酸鹽的添加是否導致平均攝取率的減少？使用.10的一個顯著水準檢定適當的假設。

## 10.5 檢定力與型 II 錯誤的機率

在本章，我們已經介紹檢定有關母體特徵，諸如 $\mu$ 與 $p$ 之假設的檢定程序。什麼是一個「好的」檢定程序應具備的特徵？認為一個好的檢定程序是具備當 $H_0$ 為真，而棄却 $H_0$ 的一個小機率（型 I 錯誤）以及當其為偽，而棄却 $H_0$ 的一個高機率是有意義（行得通）的。在本章呈現的檢定程序使我們能夠以我們選擇的顯著水準 $\alpha$ 直接控制棄却一個真實 $H_0$ 的機率。但是當其為偽，棄却絕 $H_0$ 的機率為何？如同我們將看到的，幾個因素影響這個機率。讓我們以思考一個例子開始。

假設一所大學的學生會主席對於研究每學期學生花在教科書的金額感興趣。財務補助辦公室主管相信每學期花在書籍的平均金額為 500 美元，並用此數據決定一位學生法定上的財務補助金額。該學生會主席計畫詢問一組學生隨機樣本中的每一人本學期花費多少錢買書籍，並決定使用得到的資料去檢定

$H_0$: $\mu = 500$ 對 $H_a$: $\mu > 500$

以 .05 的一個顯著水準。如果真正平均數為 500（或小於 500），正確的決策為不能棄却虛無假設。不正確地棄却虛無假設為一個型 I 錯誤。反之，如果真正平均數為 525 或 505 或甚至 501，正確的決策為棄却虛無假設，不棄却虛無假設為一個型 II 錯誤。虛無假設實際上將被拒絕的可能為何？

如果真正平均數為 501，我們棄却 $H_0$: $\mu = 500$ 的機率不會很高。這是因為當我們進行檢定，基本上我們看的是樣本平均數並且問，如果母體平均數為 500，這是否看起來像是我們會期待看見的？如同在圖 10.4 所列示，如果真正平均數大於但非常接近 500，如果母體平均數為 500，樣本平均數將看起來非常像是我們會期待看見的，且我們將不被說服虛無假設應該被棄却。如果真正平均數為 525，該樣本較不可能將被誤以為是得自平均數 500 之母體的一組樣本；樣本平均數將傾向於在 525 附近聚集，且我們將較容易正確地棄却 $H_0$。如果真正平均數為 550，$H_0$ 的棄却甚至更有可能。

當我們考慮棄却虛無假設的機率，我們看的是被統計學家指稱為檢定的**檢定力 (power)**。

圖 10.4
當 $\mu = 500, 505, 525$
$\bar{x}$ 的抽樣分配

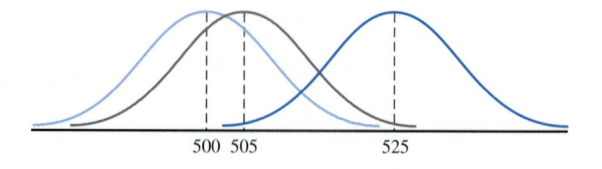

> 一個檢定的檢定力是棄却虛無假設的機率。

從前面的討論，應該明顯的是當關於一個母體平均數的假設被檢定，檢定的檢定力取決於母體平均數的真實值 $\mu$。因為 $\mu$ 的真實值為未知（如果我們已經知道 $\mu$ 的數值，我們就不會進行假設檢定！），我們無法知道對於 $\mu$ 的真實值一個檢定的檢定力為何。然而，利用檢視一些「要是……如何」的組合情境是可能更深入瞭解一個檢定的檢定力。例如，我們可能問，如果真正平均數為 525，檢定力為何？或是如果真正平均數為 505，檢定力為何？等等。也就是，我們可以在 $\mu = 525$ 決定檢定力，$\mu = 505$ 的檢定力，以及在其他任意感興趣數值時的檢定力。雖然當虛無假設為真去思考檢定力為技術上可行，研究者經常關心的只是數值讓虛無假設為偽時的檢定力。

一般而言，當檢定關於一個母體特徵的假設，有三個影響檢定力的因素：

1. 介於母體特徵的真實值與假設值（出現於虛無假設的數值）之間的差異大小；
2. 為檢定選擇的顯著水準，$\alpha$；以及
3. 樣本量。

### 各種因素對檢定力的影響

1. 假設值與母體特徵真實值之間的差異愈大，檢定力愈高。
2. 顯著水準 $\alpha$ 愈大，檢定力愈高。
3. 樣本量愈大，檢定力愈高。

讓我們考慮在上述方框中的每一個陳述。第一個陳述已經在課本例子的內文中被討論。因為檢定力是棄却虛無假設的機率，當一個母體特徵的真實值相當不同於假設值時，檢定力將比當其接近該假設值時要來得較高是可以理解的。

顯著水準對檢定力的影響則不是那麼明顯。要瞭解檢定力與顯著水準之間的關係，看檢定力與 $\beta$，型 II 錯誤的機率，之間的關係是有幫助的。

> 當 $H_0$ 為偽，檢定力 $= 1 - \beta$。

此關係從檢定力與型 II 錯誤的定義而來。型 II 錯誤得自不棄却一個錯誤的 $H_0$。因為檢定力是棄却 $H_0$ 的機率，因而當 $H_0$ 為偽

檢定力 = 棄却一個錯誤 $H_0$ 的機率

= 1 − 不棄却一個錯誤 $H_0$ 的機率

= 1 − $\beta$

從 10.2 節回憶型 I 錯誤機率，$\alpha$ 的選擇影響型 II 錯誤機率，$\beta$ 的數值。選擇一個較大數值的 $\alpha$ 導致較小數值的 $\beta$（且因此較大數值的 1 − $\beta$）。就檢定力而言，此意味著選擇一個較大數值的 $\alpha$ 導致較大數值的檢定力。也就是，我們願意容忍的型 I 錯誤機率愈大，檢定將能夠偵測任何特殊偏離 $H_0$ 的可能性愈高。

影響檢定力的第三個因素是樣本量。當 $H_0$ 為偽，檢定力是我們將實際上「偵測」到 $H_0$ 為偽，以及基於觀測的樣本，棄却絕 $H_0$ 的機率。直覺告訴我們以一個大樣本將比小樣本更容易偵測到 $H_0$ 的偏離。這個事實上是成立的──樣本量愈大，檢定力愈高。

考慮檢定之前所呈現的假設：

$H_0$: $\mu$ = 500 對 $H_a$: $\mu$ > 500

關於檢定力的觀察意涵如下，例如：

1. 對於超過 500 的任意 $\mu$ 值，基於樣本量 100 的檢定力高於基於樣本量 75 的檢定力（假設相同的顯著水準）。
2. 對於超過 500 的任意 $\mu$ 值，使用 .05 的一個顯著水準的檢定力高於使用 .01 的一個顯著水準的檢定力（假設相同的樣本量）。
3. 對於超過 500 的任意 $\mu$ 值，在真實值為 550 時的檢定力較當真實值為 525 時來得較高（假設相同的樣本量與顯著水準）。

如同本節中先前提及的，因為實務上我們不知道母體特徵的數值，不可能計算一個檢定的確切檢定力。然而，我們可以在一個選擇的替代數值上評估檢定力，如果此替代數值是真實值時，它會告訴我們考驗力是高或低。

下列選讀的子節展現對於選擇的檢定，型 II 錯誤機率與檢定力如何能被評估。

## 為選擇的檢定計算檢定力與型 II 錯誤機率（選讀）

在本章所呈現的檢定程序被設計以控制型 I 錯誤（當 $H_0$ 為真棄却 $H_0$）的機率在想要的顯著水準 $\alpha$。然而，目前為止很少提到關於 $\beta$ 數值，型 II 錯誤（當 $H_0$ 為偽而不棄却 $H_0$）機率的計算。在此，我們考慮如何決定之前介紹過的假設檢定的 $\beta$ 與檢定力。

當我們進行假設檢定，我們指定想要的型 I 錯誤機率 $\alpha$ 值。型 II 錯誤的機率，$\beta$，為不棄却 $H_0$ 當其為偽的機率。假設我們正在檢定

$H_0$: $\mu = 1.5$ 對 $H_a$: $\mu > 1.5$

因為我們不知道 $\mu$ 的真實值，我們不能計算 $\beta$ 的數值。然而，檢定易被責難的型 II 錯誤可以被以對 $\mu$ 的幾個不同潛在數值，諸如 $\mu = 1.55$，$\mu = 1.6$，以及 $\mu = 1.7$，計算 $\beta$ 來加以檢視。一旦 $\beta$ 的數值被決定，在對應的替代數值之檢定力剛好是 $1 - \beta$。

### 例 10.17　計算檢定力

一家航空公司宣稱打電話至其顧客服務專線的線上平均等候時間為 1.5 分鐘。我們可能研究此宣稱以檢定

$H_0$: $\mu = 1.5$ 對 $H_a$: $\mu > 1.5$

其中 $\mu$ 為真實平均顧客等候時間。$n = 36$ 通電話的一組隨機樣本被選出，且得出資料將被用來取得結論。假設等候時間的標準差（$\sigma$）已知為 0.20 分鐘以及 .01 的顯著水準被使用。我們的檢定統計量（因為 $\sigma = 0.20$）為

$$z = \frac{\bar{x} - 1.5}{\frac{.20}{\sqrt{n}}} = \frac{\bar{x} - 1.5}{\frac{.20}{\sqrt{36}}} = \frac{\bar{x} - 1.5}{.0333}$$

在 $H_a$ 的不等式意指

$P$ 值 $= z$ 曲線以下計算的 $z$ 值右側面積

從附錄表 2，很容易查出 2.33 的 $z$ 臨界值包含（占據）了 .01 的 $z$ 曲線右尾面積。因此，唯有當 $z \geq 2.33$，$P$ 值 $\leq .01$。這等於以下決策法則

如果計算的 $z$ 值 $\geq 2.33$，則棄却 $H_0$

它成為

如果 $\dfrac{\bar{x} - 1.5}{.0333} \geq 2.33$，則棄却 $H_0$

解此不等式的 $\bar{x}$，我們得到

$$\bar{x} \geq 1.5 + 2.33(.0333)$$

或

$$\bar{x} \geq 1.578$$

所以如果 $\bar{x} \geq 1.578$，我們將棄卻 $H_0$，而如果 $\bar{x} < 1.578$，我們將不能棄卻 $H_0$。此決策法則對應至 $\alpha = .01$。

現在假設 $\mu = 1.6$（因而 $H_0$ 為偽）。如果 $\bar{x} < 1.578$，一個型 II 錯誤則將發生。這個結果發生的機率為何？如果 $\mu = 1.6$，$\bar{x}$ 的抽樣分配為近似常態，以 1.6 為中心，且具有 .0333 的標準差。觀察到小於 1.578 的一個 $\bar{x}$ 的機率可以接著被以在具有平均數 1.6 與標準差 .0333 的常態曲線下找到一個面積的方式決定，如同在圖 10.5 中所列示。

因為在圖 10.5 中的曲線不是標準常態 ($z$) 曲線，在使用附錄表 2 找到面積之前我們必須先變換成一個 $z$ 值。在此，

$$1.578 \text{ 的 } z \text{ 分數} = \frac{1.578 - \mu_{\bar{x}}}{\sigma_{\bar{x}}} = \frac{1.578 - 1.6}{.0333} = -.66$$

以及

$$z \text{ 曲線以下 } -0.66 \text{ 左側面積} = .2546$$

所以，如果 $\mu = 1.6$，$\beta = .2546$。這意思是如果 $\mu = 1.6$，所有樣本的大約 25% 仍會導致 $\bar{x}$ 數值小於 1.578 而不能棄卻 $H_0$。

在 $\mu = 1.6$ 的檢定力則為

$$(\mu = 1.6 \text{ 的檢定力}) = 1 - (\text{當 } \mu = 1.6 \text{ 的 } \beta)$$
$$= 1 - .2546$$
$$= .7454$$

意思是如果真實平均數為 1.6，棄卻 $H_0: \mu = 1.5$ 而支持 $H_a: \mu > 1.5$ 的機率是 .7454。也就是，如果 $\mu = 1.6$ 而且檢定被以選自母體的隨機樣本重複使用，長期而言大約 75% 的樣本將導致棄卻 $H_0$ 的正確決策。

現在思考當 $\mu = 1.65$ 時的 $\beta$ 與檢定力。在圖 10.5 中的常態曲線將會以 1.65 為中心。因為 $\beta$ 是 1.578 左側面積且該曲線移至右邊，$\beta$ 減少。變換 1.578 至一個 $z$ 分數並使用附錄表 2 得到 $\beta = .0154$。而且，

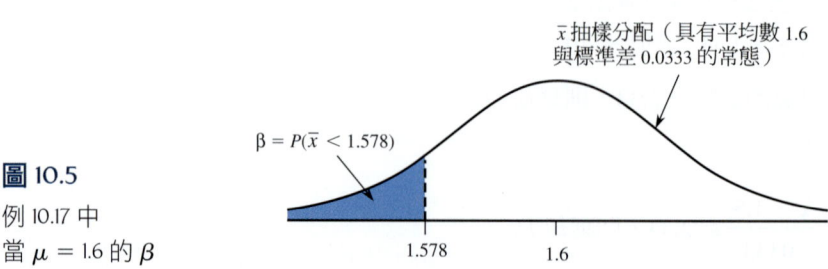

**圖 10.5**
例 10.17 中
當 $\mu = 1.6$ 的 $\beta$

（$\mu = 1.65$ 的檢定力）$= 1 - .0154 = .9846$

如所期待的，在 $\mu = 1.65$ 的檢定力高於在 $\mu = 1.6$ 的檢定力因為 1.65 更遠離 1.5 的假設值。

---

統計軟體與圖形計算機可以計算 $\sigma$、$\alpha$、$n$ 及 $\mu$ 的真實值與假設值之間差異等特定數值下的檢定力。下列 Minitab 輸出結果展示對應至在例 10.17 中那些數值的檢定力計算：

```
1-Sample Z Test
Testing mean = null (versus > null)
Alpha = 0.01    Sigma = 0.2    Sample Size = 36
Difference    Power
0.10          0.7497
0.15          0.9851
```

以 Minitab 計算的考驗力數值與先前取得那些數值之間的些微差異歸因於在例 10.17 中的四捨五入。

有關一個母體比例之 $z$ 檢定的型 II 錯誤機率與檢定力被以相同方式計算。

## 例 10.18　檢定比例之假設的檢定力

一個包裹運送服務廣告表示，在 9 點以前被帶到其在同一城市辦公室並要運送的所有包裹，當中 90% 在同日中午以前可被送達。令 $p$ 表示所有這類包裹在中午以前實際被送達的比例。感興趣的假設為

$H_0: p = .9$ 對 $H_a: p < .9$

其中對立假設陳述該公司的宣稱為不真實。$p = .8$ 的數值代表實質的偏離該公司的宣稱。如果假設被使用 $n = 225$ 個包裹的一組樣本在 .01 的顯著水準下檢定，由此替代數值所代表偏離 $H_0$ 將無法被偵測的機率為何？

在 .01 的顯著水準，如果 $P$ 值 $\leq .01$，$H_0$ 被棄卻。對於左尾檢定的情況，這與棄卻 $H_0$ 相同，如果

$$z = \frac{\hat{p} - \mu_{\hat{p}}}{\sigma_{\hat{p}}} = \frac{\hat{p} - .9}{\sqrt{\frac{(.9)(.1)}{225}}} = \frac{\hat{p} - .9}{.02} \leq -2.33$$

（因為 $-2.33$ 占據 .01 的左尾 $z$ 曲線面積，滿足 $z \leq -2.33$ 之所有 $z$ 值的最小 1%。）此不等式相當於 $\hat{p} \leq .853$，所以如果 $\hat{p} > .853$，$H_0$ 不被棄卻。當 $p = .8$，$\hat{p}$ 近似常態分配且具有

$\mu_{\hat{p}} = .8$

$\sigma_{\hat{p}} = \sqrt{\dfrac{(.8)(.2)}{225}} = .0267$

$\hat{p}$ 的抽樣分配（具有平均數 0.8 與標準差 0.0267 的常態）

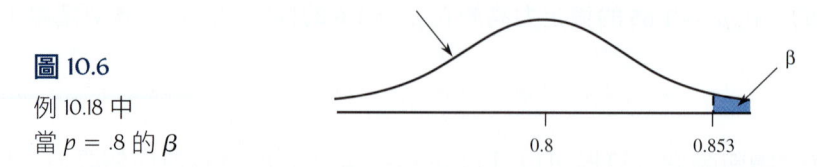

**圖 10.6**
例 10.18 中
當 $p = .8$ 的 $\beta$

則 $\beta$ 為取得大於 .853 之一個樣本比例的機率，如在圖 10.6 中所列示。

變換至一個 $z$ 分數得出

$$z = \frac{.853 - .8}{.0267} = 1.99$$

以及附錄表 2 提供

$$\beta = 1 - .9767 = .0233$$

當 $p = .8$ 以及 .01 的顯著水準被檢定使用，少於 3% 之所有大小為 $n = 225$ 的樣本將導致型 II 錯誤。在 $p = .8$ 時，檢定力為 $1 - .0233 = .9767$。這意思是當 $p$ 真正為 .8 時，棄卻 $H_0$: $p = .9$ 而支持 $H_a$: $p < .9$ 的機率為 .9767，其為相當高。

## $t$ 檢定的 $\beta$ 與檢定力（選讀）

　　$t$ 檢定的檢定力與 $\beta$ 值可以使用為此目的特別構建的一組曲線或是使用適當的軟體來決定。與 $z$ 檢定一樣，$\beta$ 的數值不僅取決於 $\mu$ 的真實值而且取決於選擇的顯著水準 $\alpha$；當 $\alpha$ 設定的較小，$\beta$ 提高。此外，$\beta$ 取決於自由度 $n - 1$ 的數量。對於任何固定的顯著水準 $\alpha$，當 $n$ 是大的會比 $n$ 是小的應該更容易以檢定偵測一個對 $H_0$ 的特定偏離。這是確實成立的：對於一個固定的替代數值，當 $n - 1$ 增加，$\beta$ 降低。

　　不幸地，還有另一個 $\beta$ 賴以決定的數量：母體標準差 $\sigma$。當 $\sigma$ 增加，$\sigma_{\bar{x}}$ 也增加。這從而使得遠離 $\mu$ 的一個 $\bar{x}$ 值將更可能只因機會而被觀察，導致錯誤的一個結論。一旦 $\alpha$ 被指定且 $n$ 為固定，在 $\mu$ 的一個特殊替代數值其 $\beta$ 的決定需要一個 $\sigma$ 的數值被選定，因為 $\sigma$ 的每一個不同數值產生 $\beta$ 的一個不同數值。（這在 $z$ 檢定並不出現的問題因為當使用一個 $z$ 檢定，$\sigma$ 的數值為已知。）如果研究者能夠為指明可能數值的範圍，則使用最大的這樣數值將提供一個悲觀的 $\beta$（在大數值端的一個）以及一個悲觀的檢定力數值（在小數值端的一個）。

　　圖 10.7 顯示單尾 $t$ 檢定的三個不同 $\beta$ 曲線（合適於 $H_0$: $\mu >$ 假設值或 $H_a$: $\mu$

< 假設值）。當 $\alpha = .05$ 與當 $\alpha = .01$ 的單尾與雙尾檢定更完整組的曲線出現於附錄表 5。要決定 $\beta$，首先計算數量

$$d = \frac{|\text{替代數值} - \text{假設值}|}{\sigma}$$

接著將 $d$ 放置於水平軸，向上直接移至 $n - 1$ 之 df 的曲線，並移至垂直軸上找到 $\beta$。

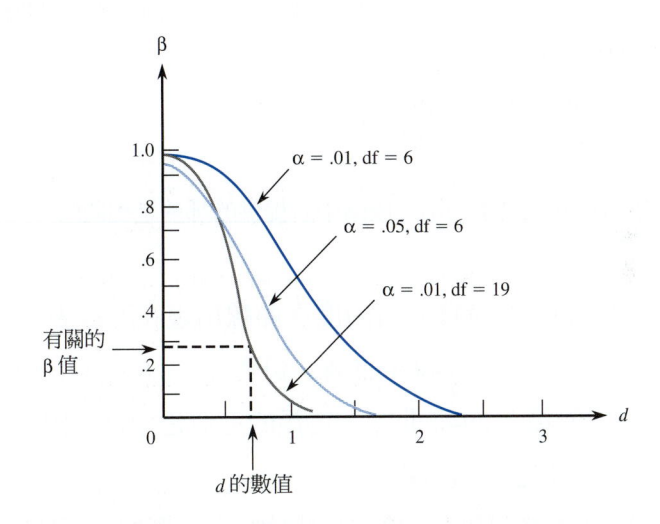

**圖 10.7**
單尾 $t$ 檢定的 $\beta$ 曲線

## 例 10.19　$t$ 檢定的 $\beta$ 與檢定力

考慮檢定

$H_0$: $\mu = 100$ 對 $H_a$: $\mu > 100$

並鎖定替代數值 $\mu = 110$。假設 $\sigma = 10$，樣本量為 $n = 7$，以及 .01 的一個顯著水準被選擇。對於 $\sigma = 10$，

$$d = \frac{|110 - 100|}{10} = \frac{10}{10} = 1$$

圖 10.7（使用 df = 7 − 1 = 6）提供 $\beta \approx .6$。解釋為當 $\mu = 110$（因此 $H_0$ 為偽），如果 $\sigma = 10$ 與基於 $n = 7$ 的一個 .01 顯著水準的檢定被使用，大約 60% 的所有樣本導致不棄卻 $H_0$ 的一個錯誤決策！相等地，在 $\mu = 110$ 時檢定的檢定力為 $1 - .6 = .4$。當 $\mu = 110$，棄卻 $H_0$ 的機率不是很大。如果 .05 的一個顯著水準被替代使用，則 $\beta \approx .3$，它仍為有點大。使用一個 .01 的顯著水準與 $n = 20$ (df = 19) 產生，從圖 10.7，$\beta \approx .05$。在替代數值 $\mu = 110$，當 $\sigma = 10$，基於 $n = 20$ 之 .01 顯著水準的檢定具有比 $n = 7$ 之 .05 顯著水準的檢定有較小的 $\beta$。實質地增加 $n$ 抵消了使用較小的 $\alpha$。

現在考慮替代值 $\mu = 105$，再次以 $\sigma = 10$，因而

$$d = \frac{|105-100|}{10} = \frac{5}{10} = .5$$

然後，從圖 10.7，當 $\alpha = .01$，$n = 7$，$\beta = .95$；當 $\alpha = .05$，$n = 7$，$\beta = .7$；以及當 $\alpha = .01$，$n = 20$，$\beta = .65$。這些 $\beta$ 的數值都相當大；以 $\sigma = 10$，$\mu = 105$ 太接近 100 的假設值而使得這三個檢定的任一有偵測如此一個偏離 $H_0$ 的很好機會。在 $\beta$ 的明顯降低會需要使用一個大得多的樣本量。例如，從附錄表 5，當 $\alpha = .05$，$n = 40$，$\beta = .08$。

當檢定 $H_0: \mu = 100$ 對 $H_a: \mu < 100$ 時，在圖 10.7 的曲線也提供 $\beta$。如果替代值 $\mu = 90$ 為感興趣以及 $\sigma = 10$，

$$d = \frac{|90-100|}{10} = \frac{10}{10} = 1$$

$\beta$ 的數值與在此例子的第一段落中所提供的那些是相同的。

---

由於只有被選擇的自由度之曲線出現在附錄表 5，其他自由度需要的是視覺上的近似。例如，27-df 的曲線（針對 $n = 28$）落在 19-df 與 29-df 之間，其確實出現，且它較接近 29-df 曲線。這類的近似是適當的因為 $\beta$ 的一般強度——大、小、或適中——才是主要的關切。

Minitab 也可以為 $t$ 檢定評估檢定力。例如，下列輸出結果顯示當 $\alpha = .01$，在 $\mu = 110$，Minitab 針對樣本量為 7 與 20 的檢定力計算。在例 10.19 從附錄表 5 被找到的對應近似數值為相當接近 Minitab 數值。

```
1-Sample t Test
Testing mean = null (versus > null)
Calculating power for mean = null + 10
Alpha = 0.01    Sigma = 10
 Sample Size    Power
       7        0.3968
      20        0.9653
```

在附錄表 5 的 $\beta$ 曲線為那些 $t$ 檢定的。當在 $H_a$ 的替代值對應至相對接近 0 的一個 $d$ 值，一個 $t$ 檢定的 $\beta$ 可以是相當大的。我們可能好奇是否存在具有與 $t$ 檢定相同的顯著水準 $\alpha$ 之另一類的檢定以及較小的 $\beta$ 值。下列結果提供此問題的答案。

> 當母體分配為常態，檢定關於 $\mu$ 之假設的 $t$ 檢定比具有相同顯著水準 $\alpha$ 的任何其他檢定程序擁有較小的 $\beta$。

以另一種方式陳述，在以顯著水準 $\alpha$ 的所有檢定中，當母體分配為常態時，$t$ 檢定會儘可能地使 $\beta$ 小。從這個意思來說，$t$ 檢定是最好的檢定。統計學家也證明了當母體分配不是太遠離常態分配，沒有檢定程序能夠在 $t$ 檢定上做非常大的改善（也就是說，沒有檢定程序能夠有相同的 $\alpha$ 與明顯較小的 $\beta$）。然而，當母體分配被相信是強烈地非常態（重尾分配、高度偏態，或多峰的），$t$ 檢定不應該被使用。然後諮詢你身旁友善的統計學家，他能提供你替代的分析方法。

## 習題 10.59 – 10.65

**10.59** 一個檢定的檢定力被樣本量與顯著水準的選擇所影響。
a. 解釋增加樣本量如何影響檢定力（當顯著水準為固定）。
b. 解釋提高顯著水準如何影響檢定力（當樣本量為固定）。

**10.60** 水樣本被從用於冷卻而被一電廠排放至河川的水中取出。其被決定說只要排放水的平均溫度最高華氏 150 度，將不會對河川的生態系統有負面影響。要調查該電廠是否符合禁止平均排放水溫度高於 150 度的規範，一位科學家將於隨機選擇的時間取得 50 個水樣本並將記錄每一個樣本的水溫度。然後她將使用一個 $z$ 統計量

$$z = \frac{\bar{x} - 150}{\frac{\sigma}{\sqrt{n}}}$$

來決定兩個假設 $H_0$: $\mu = 150$ 與 $H_a$: $\mu > 150$ 之一，其中 $\mu$ 為排放水的平均溫度。假設 $\sigma$ 已知為 10。
a. 解釋在此情境下為何 $z$ 統計量的使用是適當的。
b. 敘述在此情境下的型 I 與型 II 錯誤。

c. 當 $z \geq 1.8$，$H_0$ 的棄却對應至什麼 $\alpha$ 的數值？（也就是，$z$ 曲線以下 1.8 右側面積為何？）
d. 假設 $\mu$ 的真實值為 153 且如果 $z \geq 1.8$，$H_0$ 將被棄却。繪出 $\bar{x}$ 抽樣分配的一個草圖（類似圖 10.5 的那個），並將表示犯型 II 錯誤機率 $\beta$ 的面積畫陰影。
e. 對於所敘述的假設與檢定程序，如果 $\mu = 153$，計算 $\beta$ 的數值。
f. 對於所敘述的假設與檢定程序，如果 $\mu = 160$，$\beta$ 的數值為何？
g. 當 $z \geq 1.8$ 且 $\bar{x} = 152.4$，如果 $H_0$ 被棄却，檢定的結論為何？在達成此結論時可能犯何種類型的錯誤？

**10.61** 令 $\mu$ 表示在受控制的實驗室條件下某一特定類型電池的真正平均壽命（小時）。$H_0$: $\mu = 10$ 對 $H_a$: $\mu < 10$ 的一個檢定將被基於大小為 36 的一組樣本。假設 $\sigma$ 已知為 0.6，因而 $\sigma_{\bar{x}} = .1$。適當的檢定統計量則為

$$z = \frac{\bar{x} - 10}{0.1}$$

a. 如果 $z \leq -1.28$，棄却 $H_0$ 的檢定程序之 $\alpha$ 為何？
b. 如果 (a) 部分的檢定程序被使用，當 $\mu = 9.8$，計算 $\beta$，並解釋此誤差的機率。
c. 不做任何計算，與當 $\mu = 9.8$ 的 $\beta$ 相較，解釋當 $\mu = 9.5$ 的 $\beta$ 如何。然後以計算 $\beta$ 當 $\mu = 9.5$ 來檢視你的斷言。
d. 當 $\mu = 9.8$，檢定的檢定力為何？當 $\mu = 9.5$，檢定力又為何？

**10.62** 一個大城市的市議會變得關心在城市中的公寓排斥帶有兒童租戶之趨勢。住宿協調員決定選擇 125 個公寓的一組隨機樣本並決定每一個兒童是否被允許。令 $p$ 為禁止兒童之所有公寓的比例。如果市議會被說服 $p$ 大於 0.75，其將考慮適當的立法。
a. 如果這 125 個被抽樣公寓中的 102 個排斥帶有兒童的租戶，.05 的顯著水準檢定是否將使你得出超過 75% 的所有公寓排斥兒童的結論？
b. 當 $p = .8$ 且 $\alpha = .05$，檢定的檢定力為何？

**10.63** 7 個隨機選取的內燃機在一固定里程數後的機軸磨損量被逐一決定，得出 0.0372 吋的一個平均數與 0.0125 吋的標準差。
a. 假設機軸磨損的分配為常態，在 .05 的顯著水準檢定假設 $H_0: \mu = .035$ 對 $H_a: \mu > .035$。
b. 使用 $\sigma = 0.0125$，$\alpha = .05$，以及附錄表 5，當 $\mu = .04$，何為型 II 錯誤機率 $\beta$ 的適當數值？
c. 當 $\mu = .04$ 且 $\alpha = .05$，檢定的適當檢定力為何？

**10.64** 光學纖維被用於電信以轉換光線。假設現有科技能使傳輸光線約 50 公里的光纖生產。研究者嘗試發展一種將能增加此距離的新型玻璃纖維。在評估一種新纖維時，有興趣檢定 $H_0: \mu = 50$ 對 $H_a: \mu > 50$，以 $\mu$ 表示新光學纖維的平均傳輸距離。
a. 假設 $\sigma = 10$ 與 $n = 10$，使用附錄表 5，當 .05 的顯著水準被使用的一個檢定，對於每一個 $\mu$ 的已知替代數值，找出型 II 錯誤機率 $\beta$ 的適當值：
   i. 52   ii. 55   iii. 60   iv. 70
b. 如果 $\sigma$ 實際上大於 10，在 (a) 部分的每一個情況中 $\beta$ 會發生什麼？解釋你的理由。

**10.65** 令 $\mu$ 表示一特定類型軸承的平均直徑。$H_0: \mu = 0.5$ 對 $H_a: \mu \neq 0.5$ 的檢定將基於 $n$ 個軸承的一組樣本。直徑分配據信為常態。決定在下列每一個案例中的 $\beta$ 值：
a. $n = 15$，$\alpha = .05$，$\sigma = 0.02$，$\mu = 0.52$
b. $n = 15$，$\alpha = .05$，$\sigma = 0.02$，$\mu = 0.48$
c. $n = 15$，$\alpha = .01$，$\sigma = 0.02$，$\mu = 0.52$
d. $n = 15$，$\alpha = .05$，$\sigma = 0.02$，$\mu = 0.54$
e. $n = 15$，$\alpha = .05$，$\sigma = 0.04$，$\mu = 0.54$
f. $n = 20$，$\alpha = .05$，$\sigma = 0.04$，$\mu = 0.54$
g. 當 $n$, $\alpha$, $\sigma$ 與 $\mu$ 變動，$\beta$ 值的改變情形與你的推論是否一致？

## 10.6 解釋與表達統計分析的結果

我們所提出檢定假設的 9 個步驟程序提供系統性的方式來執行一個完整檢定。然而，你很少看見一個假設檢定的結果在出版品中以如此完整方式被報導。

**表達統計分析的結果**

當摘要一個假設檢定的結果，你能夠在摘要中包含幾件事以便提供所有相關資訊是重要的。這些是：

1. 假設。不論是以符號或用文字敘述，虛無與對立假設被清楚地陳述是重要的。如果你是使用符號來定義假設，確信在手上問題的情境內來敘述它們（例如，$\mu$ = 母體平均卡路里攝取量）。

2. 檢定程序。你必須清楚什麼檢定程序被使用（例如，比例的大樣本 $z$ 檢定）以及為何你認為使用此程序是合理的。任何必要條件的可能性應該被令人滿意地強調。

3. 檢定統計量。確認包含檢定統計量的數值與 $P$ 值。包含 $P$ 值允許可能選擇不同顯著水準的讀者可以瞭解他是否會得到相同或不同結論。

4. 背景中的結論。絕不在假設檢定的結果以陳述「我棄却（或不棄却）$H_0$」作結束。永遠提供在問題背景中以及回答假設檢定被設計要回答的原始研究問題的一個結論。確認也指出作為決策基礎的顯著水準。

**解釋統計分析的結果**

當一個假設檢定的結果被報導在期刊文章或其他出版資源，只找到檢定統計量的數值與有關的 $P$ 值伴隨著從資料所得結論的討論是常見的。經常，特別是在報紙的文章，只有樣本摘要統計量被提供，與緊接著的結論。你可能必須為自己填入某些中間的程序以瞭解結論是否為正當。

例如，文章「內科醫師對於草本毒性與反向的藥草藥品之交互作用的知識」（*European Journal of Emergency Medicine*，2004 年 8 月）摘要一項研究的結果以評估醫師對草本藥物之反效果的熟悉度如下：「142 個調查與測驗的總數由 59 位主治醫師、57 位住院實習醫師與 26 位醫學院學生所完成。在測驗的平均主觀分數只稍微高於隨機猜答產生的結果。」該測驗由 16 個選擇題組成。每個問題中有 4 個可能選項，平均測驗分數只稍微高於隨機猜答產生之結果的陳述建議該研究者考

慮假設 $H_0$: $\mu = 4$ 與 $H_a$: $\mu > 4$，其中 $\mu$ 表示所有醫師與醫學院學生的母體平均分數，以及虛無假設對應至猜測的某人所期望的正確選擇數。假設將此樣本視為感興趣母體的代表是合理的，來自樣本的資料可能被用來執行這些假設的檢定。

## 在出版資料中尋找什麼

在此是當你閱讀包含一個假設檢定結果的報告時要考慮的某些問題：

- 什麼假設正被檢定？假設是關於母體平均數、母體比例或某些其他母體特徵？
- 是否使用適當的檢定？檢定的效度是否取決於樣本或是樣本所選出之母體的任何假定條件？如果是，這些假定條件是否合理？
- 與檢定有關的 $P$ 值為何？顯著水準是否被報導（相對於僅僅報導 $P$ 值）？選擇的顯著水準是否合理？
- 取得的結論是否與假設檢定的結果一致？

例如，考慮來自文章「迪吉里杜管被演奏作為阻塞性睡眠呼吸暫停症的替代療法」（*British Medical Journal* [2006]: 266-270）的下列陳述：「我們發現，以迪吉里杜管演奏減少患有打呼與阻塞性睡眠呼吸暫停症病患之日間睡眠的四個月上呼吸道訓練方法。」此陳述由被稱為愛普渥斯量表 (Epworth scale) 之日間睡眠的測量資料所支持。對於此研究的 14 名參與者，在愛普渥斯量表的平均改善分數為 4.4 與標準差為 3.7。該文章並未指出何種檢定被執行或是檢定統計量的數值為何。明顯的感興趣假設為 $H_0$: $\mu = 0$（沒有改善）對 $H_a$: $\mu > 0$，其中 $\mu$ 表示為所有患有打呼與阻塞性睡眠呼吸暫停症的人演奏四個月的迪吉里杜管之後，在愛普渥斯量表的平均改善分數。因為樣本量不大，如果該樣本可以被視為一組隨機樣本且愛普渥斯量表改善分數的分配為近似常態，單一樣本 $t$ 檢定會是適當的。如果這些假定條件為合理（那些在此文章中未被強調的），$t$ 檢定得出 $t = 4.45$ 與 .000 有關的 $P$ 值。由於報導的 $P$ 值非常小，$H_0$ 會被棄却，支持文章中迪吉里杜管演奏是一種有效療法的結論。（假如你好奇，迪吉里杜管是一種澳洲土著木管樂器。）

## 一點就通：注意與限制

當進行假設檢定或評估一個假設檢定的摘要時，你必須注意幾件事情。

1. 假設檢定的結果從不能展現對虛無假設的強烈支持。確認你不搞混「沒有理由相信虛無假設不為真」與陳述「存在充分證據虛無假設為真」。它們是非常不一樣

的陳述。

2. 如果你有母體的完整資訊，不要執行假設檢定！如果你有完整資訊，不需要檢定來回答關於一個母體的問題且不需要從一個樣本推論應該是明顯的，但是人們有時會忘記這個事實。例如，在關於以州為單位之囚犯人數成長的一篇文章中，*San Luis Obispo Tribune*（2001 年 8 月 13 日）報導「加州的數字顯示統計上顯著的成長，在 2000 年底少了 66 名囚犯。」名詞「統計上顯著」的使用隱喻某種的統計推論，當整個囚犯母體的完整計數為已知其為不適當的。或許該作者搞混了統計的與實務的顯著性。他將我們帶至……

3. 不要混淆統計顯著性與實務顯著性。當統計顯著性被宣稱，務必後退並根據其實務的重要性評估結果。例如，我們可能被說服說對於一項被提議的醫學療法正面回應的比例大於對於現在被建議療法正面回應的已知比例 .4。但是如果我們對於提議療法的此比例估計值為 .405，這是否有任何實務上的興趣？如果提議療法成本較低或有較少副作用的話則可能有興趣，但是其他情況下可能不感到有任何真正興趣。結果必須永遠在前後文情境下被解釋。

## 習題 10.66 – 10.67

**10.66** 在 2006 年，Boston Scientific 尋求名為 Liberte 的新型心臟血管支撐簧（用來開啟阻塞動脈的醫學裝置）。此裝置被提出作為目前市售稱為 Express 之支撐簧的替代品。下列摘錄是來自出現於 *The Wall Street Journal*（2008 年 8 月 14 日）的一篇文章：

> Boston Scientific 並未被要求證明 Liberte 比之前的療法「較優」，主管機關決定——只要它不較 Express 差。Boston Scientific 提議——以及美國食藥管理局 (FDA) 同意——Liberte 可能最多比 Express 差上 3 個百分點的基準——意思是如果 6% 的 Express 病患的動脈重新阻塞，Boston Scientific 會必須證明 Liberte 的重新阻塞率為小於 9%。任何更多的數據將被認為「較差」……。最後，在 9 個月後，Atlas study 發現 85 位病患遭遇重新阻塞。相較之下，植入 Express 支撐簧的 991 位病患的歷史資料顯示 7% 的比率數據。Boston Scientific 接著必須回答此問題：「該研究是否能夠得到 Liberte 真的較 Express 來得差的結果？」

假設對於 Express 支撐簧 7% 的一個比率。解釋為何 Boston Scientific 使用下列假設執行一項檢定會是適當的：

$H_0$: $p = .10$
$H_a$: $p < .10$

其中 $p$ 為接受 Liberte 支撐簧遭遇重新阻塞的病患比例。確認在你的解釋中著重於假

設值與對立假設形式的選擇。

**10.67** 文章「**男孩或女孩：你會選哪一種性別的嬰兒？**」（*LiveScience*，2005 年 3 月 23 日）摘要刊登於 *Fertility and Sterility* 之一項研究的發現。*LiveScience* 的文章做了下列陳述：「當給與選擇其嬰兒性別的機會，一項新研究顯示女性選擇粉紅色襪子的可能性剛好等於藍色」以及「參與該研究的 561 名女性中，229 人說她們會選擇未來小孩的性別。而在這 229 人中，並沒有對於男孩或女孩的較大需求。」這些陳述相當於願意選擇嬰兒性別的女性中，會選擇女孩的比例為 0.50 或 50% 的宣稱。

a. *LiveScience* 摘要所依據的期刊文章（「**在一個貧瘠母體中胚胎著床前的性別選擇需求與偏好**」，*Fertility and Sterility* [2005]: 649-658）陳述在 229 位想要選擇嬰兒性別的女性中，89 人想要男孩而 140 人想要女孩。這是否提供相反於在 *LiveScience* 摘要中沒有偏好之陳述的充分證據？使用 $\alpha = .05$ 檢定有關的假設。確定陳述你必須做的能使得你的檢定為適當之關於樣本被選取方式的任何假定條件。

b. 該期刊文章也提供關於該研究的下列資訊：
- 有 19 個問題的調查被郵寄給已經拜訪位於 Brigham and Woman 醫院之生殖醫學中心的 1385 位婦女。
- 561 位婦女將問卷寄回。

你是否認為推論得自此調查的結果至一個較大母體是合理的？你是否對於樣本被選取的方式或對於偏誤的潛在來源有任何顧慮？解釋之。

## 活動 10.1　比較 $t$ 與 $z$ 分配

**技術活動**：需要電腦或繪圖計算機的使用。

接下來的指示假設 Minitab 的使用。如果你正使用一個不同的套裝軟體或繪圖計算機，你的教師將提供替代的指示。

**背景**：假設一組隨機樣本將被取自已知具有常態分配的一個母體。則統計量

$$z = \frac{\bar{x} - \mu}{\frac{\sigma}{\sqrt{n}}}$$

具有一標準常態 ($z$) 分配。因為很少情況是 $\sigma$ 為已知，母體平均數的推論經常基於統計量 $t = \dfrac{\bar{x} - \mu}{(s/\sqrt{n})}$，它具有 $t$ 分配而非 $z$ 分配。對此的非正式判定為 $s$ 的使用以估計 $\sigma$ 帶來額外的變異性，導致比 $z$ 分配還要分散的一個統計量。

在此活動中，你將使用模擬從一已知為常態母體中抽樣並接著研究相較於 $t = \dfrac{\bar{x} - \mu}{s/\sqrt{n}}$，$z = \dfrac{\bar{x} - \mu}{\sigma/(\sqrt{n})}$ 的行為如何。

1. 從具有平均數為 100 與標準差為 10 的一個常態母體產生樣本量為 5 的 200 組隨機樣本。

   使用 Minitab，進入 Calc Menu。然後

   Calc → Random Data → Normal
   In the "Generate" box, enter 200
   In the "Store in columns" box, enter c1-c5
   In the mean box, enter 100
   In the standard deviation box, enter 10
   Click on OK

現在你應該在 Minitab 工作表的前 5 個欄位的每一個看到 200 列的資料。

2. 每一列包含從一具有平均數 100 與標準差 10 的一個常態母體被隨機選取的 5 個數值。將每一列視為來自此母體規模 5 的一組樣本，以使用 Minitab 的列統計功能計算這 200 組樣本（200 列）之每一組的平均數與標準差，其也可以在 Calc 目錄下被找到：

Calc → Row statistics
Choose the "Mean" button
In the "Input Variables" box, enter c1-c5
In the "Store result in" box, enter c7
Click on OK

現在你應該在 Minitab 工作表的欄位 7 看見這 200 個樣本平均數。在 c7 頂端的灰色方格中以輸入「x-bar」名稱方式命名此欄位。

現在遵循一個相似的程序來計算 200 個樣本標準差，並將它們儲存於 c8。命名 c8 為「s」。

3. 接下來，為這 200 組樣本的每一個計算 $z$ 統計量的數值。在此例中我們可以計算 $z$ 是因為我們知道樣本為選自 $\sigma = 10$ 的一個母體。使用 Minitab 的計算機功能以計算 $z = \dfrac{\bar{x} - \mu}{(\sigma/\sqrt{n})} = \dfrac{\bar{x} - 100}{(10/\sqrt{5})}$ 如下：

Calc → Calculator
In the "Store results in" box, enter c10
In the "Expression box" type in the following:
(c7-100)/(10/sqrt(5))
Click on OK

現在你應該在 c11 看見這 200 組樣本的 $z$ 值。命名 c11 為「z」。

4. 現在為這 200 個樣本的每一個計算 $t$ 統計量的數值。使用 Minitab 的計算機功能以計算 $t = \dfrac{\bar{x} - \mu}{(s/\sqrt{n})} = \dfrac{\bar{x} - 100}{(s/\sqrt{5})}$ 如下：

Calc → Calculator
In the "Store results in" box, enter c11
In the "Expression box" type in the following:
(c7-100)/(c8/sqrt(5))
Click on OK

現在你應該在 c10 看見這 200 組樣本的 $t$ 值。命名 c10 為「t」。

5. 繪圖，至少！現在構建這 200 個 $z$ 值與 200 個 $t$ 值的直方圖。這兩個圖形展示將提供這兩個統計量的每一個在重複抽樣上如何行為的洞察。為這兩個直方圖使用相同刻度使其將更容易比較兩個分配。

Graph → Histogram
In the "Graph variables" box, enter c10 for graph 1 and c11 for graph 2
Click the Frame dropdown menu and select multiple graphs.
Then under the scale choices, select "Same X and same Y."

6. 現在使用得自步驟 5 的直方圖來回答下列問題：

a. 寫出 $z$ 值之直方圖的形狀、中心與分散的一段簡短敘述。你在直方圖中所看見的是否與你所期待看見的一致？解釋之。（提示：理論上，$z$ 統計量的分配為何？）

b. $t$ 值的直方圖與 $z$ 直方圖相較如何？確認在中心、形狀與分散進行評論。

c. 你在 (b) 部分的答案是否與具有 $t$ 分配之一個統計量會被期待的一致？解釋之。

d. 此 $z$ 與 $t$ 直方圖乃只基於 200 組樣本，且它們只近似對應的稱樣分配。標準常態分配的第 5 百分位數是 $-1.645$ 且第 95 百分位數是 $+1.645$。對於具有 df $= 5 - 1 = 4$ 的一個 $t$ 分配，第 5 與第 95 百分位數分別是

−2.13 與 +2.13。這些百分位數與在直方圖中呈現的分配的百分位數相較如何？〔提示：整理這 200 個 $z$ 值——在 Minitab，從 Manip 目錄選擇「Sort」。一旦這些數值被整理，得自直方圖的百分位數可以被以從整理清單的兩端計數 10（其為 200 的 5%）找到。然後以 $t$ 值重複此程序。〕

e. 你的模擬與分析結果是否與統計量 $z = \dfrac{\bar{x} - \mu}{(\sigma/\sqrt{n})}$ 具有標準常態 ($z$) 分配與統計量 $t = \dfrac{\bar{x} - \mu}{(s/\sqrt{n})}$ 具有 $t$ 分配的陳述一致？解釋之。

### 活動 10.2　一段有意義的文字

寫出包含下列 6 個名詞的一段有意義文字：**假設、$P$ 值、棄却 $H_0$、型 I 錯誤、統計顯著性、實務顯著性。**

一段「有意義文字」是使用所有列出文字在一個適當的前後文背景下的一個協調性撰寫。此段文字應該展現出你瞭解名詞的意義以及它們彼此之間的關係。只是定義這些名詞的接續句子不是一段有意義文字。當選擇前後文背景時，仔細考慮你必須使用的名詞。選擇一個好的背景將使得撰寫一段有意義文字較為容易。

### 重要觀念與公式之摘要

| 專有名詞或公式 | 註釋 |
| --- | --- |
| 假設 | 有關一個母體特徵數值的宣稱。 |
| 虛無假設，$H_0$ | 一開始假定為真的假設。它具有形式 $H_0$: 母體特徵 = 假設值。 |
| 對立假設，$H_a$ | 指明相對於 $H_0$ 之宣稱的一個假設，並且當 $H_0$ 被棄却時被判斷為更可能的宣稱。 |
| 型 I 錯誤 | 當 $H_0$ 為真棄却 $H_0$；型 I 錯誤的機率被以 $\alpha$ 表示且被稱為檢定的顯著水準。 |
| 型 II 錯誤 | 當 $H_0$ 為偽不棄却 $H_0$；型 II 錯誤的機率被以 $\beta$ 表示。 |
| 檢定統計量 | 從樣本資料被計算的一個數值且接著被用作 $H_0$ 與 $H_a$ 中進行決策的依據。 |
| $P$ 值 | 假定 $H_0$ 為真，取得與實際結果一樣至少與 $H_0$ 相反之一個檢定統計量的數值的計算機率。如果 $P$ 值 $\leq \alpha$，$H_0$ 被棄却且如果 $P$ 值 $> \alpha$，$H_0$ 不被棄却，其中 $\alpha$ 是被選擇的顯著水準。 |

| 專有名詞或公式 | 註釋 |
|---|---|
| $z = \dfrac{\hat{p} - 假設值}{\sqrt{\dfrac{(假設值)(1-假設值)}{n}}}$ | 當樣本量是大的，用以檢定 $H_0: p =$ 假設值的檢定統計量。$P$ 值被決定如 $z$ 曲線以下的一個面積。 |
| $z = \dfrac{\bar{x} - 假設值}{\dfrac{\sigma}{\sqrt{n}}}$ | 當 $\sigma$ 為已知且母體分配為常態或樣本量是大的之一成立，用以檢定 $H_0: \mu =$ 假設值的檢定統計量。$P$ 值被決定如 $z$ 曲線以下的一個面積。 |
| $t = \dfrac{\bar{x} - 假設值}{\dfrac{s}{\sqrt{n}}}$ | 當 $\sigma$ 為未知且母體分配為常態或樣本量是大的之一成立，用以檢定 $H_0: \mu =$ 假設值的檢定統計量。$P$ 值被從具有 $\mathrm{df} = n - 1$ 的 $t$ 曲線決定。 |
| 檢定力 | 一個檢定的檢定力是棄却虛無假設的機率。檢定力被假設值與真實值之間的差異大小、樣本量，以及顯著水準所影響。 |

第 11 章

# 比較兩個母體或處理

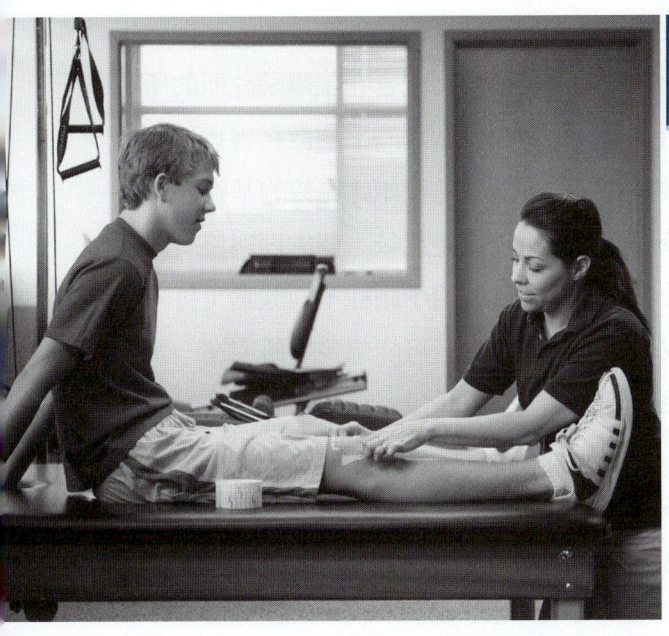

Andersen Ross/Digital Vision/Jupiter Images

　　許多研究是以比較兩個母體或處理為目的而進行。例如，文章「**快樂的人都做些什麼事？**」(*Social Indicators Research* [2008]: 565-571) 研究快樂與不快樂的人利用時間方式的差異。利用比較分別來自自認為是非常快樂與不快樂人們的一個大型全國性樣本資料，作者們能夠調查花費於各種活動的平均時間數量是否對於一個族群而言要較高於另一個族群。使用在本章將介紹的假設檢定，對於快樂與不快樂的人而言，作者們能夠結論每天於網際網路花費的平均時數並無顯著差異；但是，不快樂的人每天於看電視花費的平均時數則顯著較高。在本章，我們將瞭解可以被使用於比較兩個母體或處理的假設檢定與信賴區間。

## 11.1 使用獨立樣本對兩個母體或處理之平均數間的差異做推論

　　在本節，我們思考使用樣本資料來比較兩個母體平均數或兩個處理平均數。一位研究者也許想要估計兩個母體平均數之間的差異或檢定關於此差異的假設。例

如，一所大學的財務補助主管可能想要決定在工學院註冊學生與在文學院註冊學生的教科書平均花費是否存在差異。在此，兩個母體（一個包含在工學院註冊的所有學生以及另一個包含在文學院註冊的所有學生）基於其個別的平均教科書費用而被比較。來自每一個別母體的兩個隨機樣本的資訊可能是進行如此比較的基礎。

在其他情況，一項實驗可能以比較兩個不同處理或是比較一個處理與沒有處理的效果而被進行。例如，一位農業實驗者可能想要比較給予兩種不同飲食（每一種飲食是一個處理）的動物體重增量，或是一位教育研究者可能想要以研究在一普通期末考的平均分數差異來比較線上教學與傳統課堂教學（每一種教學型態是一個處理）。

在前面章節，符號 $\mu$ 被用來表示研究中的單一母體平均數。當比較兩個母體或處理，我們必須使用區分第一個與第二個之特徵的符號。這可以使用下標符號來完成，如同隨附方框中所示。

### 符號

|  | 平均數 | 變異數 | 標準差 |
| --- | --- | --- | --- |
| 母體或處理 1 | $\mu_1$ | $\sigma_1^2$ | $\sigma_1$ |
| 母體或處理 2 | $\mu_2$ | $\sigma_2^2$ | $\sigma_2$ |

|  | 樣本量 | 平均數 | 變異數 | 標準差 |
| --- | --- | --- | --- | --- |
| 來自母體或處理 1 的樣本 | $n_1$ | $\bar{x}_1$ | $s_1^2$ | $s_1$ |
| 來自母體或處理 2 的樣本 | $n_2$ | $\bar{x}_2$ | $s_2^2$ | $s_2$ |

平均數的比較著重於差異，$\mu_1 - \mu_2$。當 $\mu_1 - \mu_2 = 0$，兩個母體或處理平均數為相等。也就是，

$\mu_1 - \mu_2 = 0$ 相當於 $\mu_1 = \mu_2$

同理，

$\mu_1 - \mu_2 > 0$ 相當於 $\mu_1 > \mu_2$

以及

$\mu_1 - \mu_2 < 0$ 相當於 $\mu_1 < \mu_2$

在發展關於 $\mu_1 - \mu_2$ 的推論程序之前，我們必須考慮如何從每一個母體抽取一

組樣本，共兩組樣本。如果組成一組樣本的個人或個體的選擇不影響在另一組樣本中之個人或個體的選擇，兩組樣本被稱為**獨立的 (independent)** 樣本。然而，當從第一組樣本的觀測值以某種有意義的方式與第二組樣本中的觀測值配對，這些樣本被稱為**成對的 (paired)**。例如，要研究一個速讀課程的效果，對象的閱讀速度可以在他們參加課程前被測量並在完成課程後再一次被測量。這導致兩組相關的樣本——一個來自尚未修讀此特殊課程的個人母體（「事前」測量）以及一個來自已經修讀如此課程的個人母體（「事後」測量）。這些樣本為成對。這兩組樣本不是獨立地被選取，因為從第一個（事前）母體之個人選擇完全地決定組成來自第二個（事後）母體之樣本的個人。在本節，我們思考基於獨立樣本的程序。分析得自成對樣本之資料的方法則於 11.2 節中提出。

由於 $\bar{x}_1$ 提供 $\mu_1$ 的一個估計值與 $\bar{x}_2$ 提供 $\mu_2$ 的一個估計值，使用 $\bar{x}_1 - \bar{x}_2$ 作為 $\mu_1 - \mu_2$ 的一個點估計值是自然的。$\bar{x}_1$ 的數值因樣本而不同（其為一個統計量），如同 $\bar{x}_2$ 的數值也是。因為差異 $\bar{x}_1 - \bar{x}_2$ 是從樣本數值計算而得，它也是一個統計量且，因此，具有一抽樣分配。

### $\bar{x}_1 - \bar{x}_2$ 的抽樣分配特性

如果 $\bar{x}_1$ 與 $\bar{x}_2$ 所基於之隨機樣本為彼此獨立地被選取，則

1. $\mu_{\bar{x}_1 - \bar{x}_2} = (\bar{x}_1 - \bar{x}_2\text{ 的平均數}) = \mu_{\bar{x}_1} - \mu_{\bar{x}_2} = \mu_1 - \mu_2$
   $\bar{x}_1 - \bar{x}_2$ 的抽樣分配永遠以 $\mu_1 - \mu_2$ 為中心，因此 $\bar{x}_1 - \bar{x}_2$ 為估計 $\mu_1 - \mu_2$ 的一個不偏統計量。

2. $\sigma^2_{\bar{x}_1 - \bar{x}_2} = (\bar{x}_1 - \bar{x}_2\text{ 的變異數}) = \sigma^2_{\bar{x}_1} + \sigma^2_{\bar{x}_2} = \dfrac{\sigma^2_1}{n_1} + \dfrac{\sigma^2_2}{n_2}$

   以及

   $\sigma_{\bar{x}_1 - \bar{x}_2} = (\bar{x}_1 - \bar{x}_2\text{ 的標準差}) = \sqrt{\dfrac{\sigma^2_1}{n_1} + \dfrac{\sigma^2_2}{n_2}}$

3. 如果 $n_1$ 與 $n_2$ 都是大的或是母體分配為（至少近似）常態，$\bar{x}_1$ 與 $\bar{x}_2$ 分別（至少近似）具有常態分配。這表示 $\bar{x}_1 - \bar{x}_2$ 的抽樣分配也是常態或近似常態。

特性 1 與 2 依循自下列之一般性結果：

1. 平均數差異的平均數是兩個獨立平均數數值的差異。

2. 兩個獨立數量的差異之變異數是兩個個別變異數的和。

當樣本量都是大的或是當母體分配為近似常態，$\bar{x}_1 - \bar{x}_2$ 的抽樣分配特性意味著 $\bar{x}_1 - \bar{x}_2$ 可以被標準化以取得具有為近似標準常態 (z) 分配之一個抽樣分配的一個變項。這導致下列結果。

> 當兩組隨機樣本為獨立地被選取且當 $n_1$ 與 $n_2$ 都是大的或是母體分配為（至少近似）常態，
>
> $$z = \frac{\bar{x}_1 - \bar{x}_2 - (\mu_1 - \mu_2)}{\sqrt{\dfrac{\sigma_1^2}{n_1} + \dfrac{\sigma_2^2}{n_2}}}$$
>
> 的分配被以標準常態 (z) 分配（至少近似）所描述。

雖然將一個檢定程序與信賴區間建立在此一結果是可能的，$\sigma_1^2$ 與 $\sigma_2^2$ 的數值很少為已知。因此，z 統計量很少被使用。當 $\sigma_1^2$ 與 $\sigma_2^2$ 為未知，我們必須使用對應的樣本變異數 $s_1^2$ 與 $s_2^2$ 估計它們。檢定程序與信賴區間所植基於此的結果被提供於附隨的方塊。

> 當兩組隨機樣本為獨立地被選取且當 $n_1$ 與 $n_2$ 都是大的或是當母體分配為常態，標準化的變數
>
> $$t = \frac{\bar{x}_1 - \bar{x}_2 - (\mu_1 - \mu_2)}{\sqrt{\dfrac{s_1^2}{n_1} + \dfrac{s_2^2}{n_2}}}$$
>
> 為近似具有
>
> $$\mathrm{df} = \frac{(V_1 + V_2)^2}{\dfrac{V_1^2}{n_1 - 1} + \dfrac{V_2^2}{n_2 - 1}}$$
>
> 之一個 t 分配，其中 $V_1 = \dfrac{s_1^2}{n_1}$ 以及 $V_2 = \dfrac{s_2^2}{n_2}$
>
> 計算的 df 數值應該被截短以取得 df 的一個整數值。

如果一個或兩個樣本量是小的，我們必須考慮母體分配的形狀。我們可以使用常態機率圖或盒狀圖來評估母體分配為近似常態是否合理。

## 檢定程序

在被設計為比較兩個母體平均數的一個檢定中，虛無假設的形式為

$H_0$: $\mu_1 - \mu_2 =$ 假設值

假設值經常為 0，指出母體平均數間不存在差異。對立假設包含相同的假設值，但使用三個不等式（小於、大於或不等於）之一，取決於感興趣的研究問題。例如，令 $\mu_1$ 與 $\mu_2$ 分別表示配備 4 汽缸與 6 汽缸引擎之兩款特定類型汽車的平均油耗（每加侖英里數，mpg）。考慮中的假設可能是

$H_0$: $\mu_1 - \mu_2 = 5$ 對 $H_a$: $\mu_1 - \mu_2 > 5$

虛無假設等同於宣稱 4 汽缸引擎的平均油耗超過 6 汽缸引擎的平均油耗 5 mpg。對立假設則陳述平均油耗之間的差異超過 5 mpg。

檢定統計量被利用以出現於 $H_0$ 的假設值取代在標準化 $t$ 變數（提供於之前的方框）中的 $\mu_1 - \mu_2$ 而得。因此，檢定 $H_0$: $\mu_1 - \mu_2 = 5$ 的 $t$ 統計量為

$$t = \frac{\bar{x}_1 - \bar{x}_2 - 5}{\sqrt{\dfrac{s_1^2}{n_1} + \dfrac{s_2^2}{n_2}}}$$

當樣本量都是大的或是當母體分配為常態，檢定統計量的抽樣分配會在 $H_0$ 為真時為近似一個 $t$ 分配。檢定的 $P$ 值被以先計算自由度的適當數字，然後使用附錄表 4、繪圖計算機，或是統計套裝軟體而得。下列方框提供檢定程序的一般性敘述。

### 比較兩個母體之雙樣本 $t$ 檢定的摘要

**虛無假設**：$H_0$: $\mu_1 - \mu_2 =$ 假設值

**檢定統計量**：$t = \dfrac{\bar{x}_1 - \bar{x}_2 - \text{假設值}}{\sqrt{\dfrac{s_1^2}{n_1} + \dfrac{s_2^2}{n_2}}}$

雙樣本 $t$ 檢定的適當 df 為

$$\text{df} = \frac{(V_1 + V_2)^2}{\dfrac{V_1^2}{n_1 - 1} + \dfrac{V_2^2}{n_2 - 1}}\text{，其中} V_1 = \frac{s_1^2}{n_1} \text{ 以及 } V_2 = \frac{s_2^2}{n_2}$$

計算的 df 數值應該被截短為一個整數。

| 對立假設： | P 值： |
|---|---|
| $H_a: \mu_1 - \mu_2 >$ 假設值 | 在適當的 t 曲線以下計算之 t 值右側面積 |
| $H_a: \mu_1 - \mu_2 <$ 假設值 | 在適當的 t 曲線以下計算之 t 值左側面積 |
| $H_a: \mu_1 - \mu_2 \neq$ 假設值 | (1) 2（計算之 t 值右側面積）如果 t 為正值 或是 (2) 2（計算之 t 值左側面積）如果 t 為負值 |

**前提假定：** 1. 兩組樣本為來自感興趣母體之被獨立選取的隨機樣本。
2. 樣本量都是大的（通常大於等於 30）或是母體分配為（至少近似）常態。

### 例 11.1　腦的大小

被診斷為注意力缺陷／過動症 (ADHD) 的兒童是否比沒有此情況的兒童具有較小的腦？這個問題是在文章**「注意力缺陷／過動症的兒童與青少年之腦量異常的發展軌跡」**（*Journal of the American Medical Association* [2002]: 1740-1747）中所敘述之一項研究的主題。針對 152 名 ADHD 兒童以及 139 名沒有 ADHD 之相似年齡兒童的腦部掃描被完成。總大腦量（毫升）的摘要數值被提供於下表：

|  | $n$ | $\bar{x}$ | $s$ |
|---|---|---|---|
| ADHD 兒童 | 152 | 1059.4 | 117.5 |
| 沒有 ADHD 兒童 | 139 | 1104.5 | 111.3 |

這些資料是否提供 ADHD 兒童的平均腦量小於沒有 ADHD 兒童平均腦量的證據？讓我們使用 .05 的一個顯著水準檢定相關假設。

1. $\mu_1$ = ADHD 兒童的真正平均腦量
   $\mu_2$ = 沒有 ADHD 兒童的真正平均腦量
   $\mu_1 - \mu_2$ = 平均腦量的差異
2. $H_0: \mu_1 - \mu_2 = 0$（平均腦量沒有差異）
3. $H_a: \mu_1 - \mu_2 < 0$（ADHD 兒童的平均腦量較小）
4. 顯著水準：$\alpha = .05$
5. 檢定統計量：$t = \dfrac{\bar{x}_1 - \bar{x}_2 - 假設值}{\sqrt{\dfrac{s_1^2}{n_1} + \dfrac{s_2^2}{n_2}}} = \dfrac{\bar{x}_1 - \bar{x}_2 - 0}{\sqrt{\dfrac{s_1^2}{n_1} + \dfrac{s_2^2}{n_2}}}$

6. 前提假定：該文章陳述該研究控制年齡且參與者為「從地方社區募集」。這不等於隨機抽樣，但是文章的作者們（其中五人為知名醫療機構的醫師）相信將這些樣本視為研究中之兩個團體的代表是合理的。兩個樣本量都是大的，因此繼續進行雙樣本 $t$ 檢定是合理的。

7. 計算：

$$t = \frac{(1059.4 - 1104.5) - 0}{\sqrt{\frac{(117.5)^2}{152} + \frac{(111.3)^2}{139}}} = \frac{-45.10}{\sqrt{90.831 + 89.120}} = \frac{-45.10}{13.415} = -3.36$$

8. $P$ 值：我們首先計算雙樣本 $t$ 檢定的 df：

$$V_1 = \frac{s_1^2}{n_1} = 90.831 \quad V_2 = \frac{s_2^2}{n_2} = 89.120$$

$$\mathrm{df} = \frac{(V_1 + V_2)^2}{\frac{V_1^2}{n_1 - 1} + \frac{V_2^2}{n_2 - 1}} = \frac{(90.831 + 89.120)^2}{\frac{(90.831)^2}{151} + \frac{(89.120)^2}{138}} = \frac{32{,}382.362}{112.191} = 288.636$$

我們截短自由度的數字至 288。附錄表 4 顯示在具有 288 df 之 $t$ 曲線以下（因為 288 大於 120 df，使用 $z$ 臨界值欄位）$-3.36$ 左側面積為近似 0。因此，

$P$ 值 $\approx 0$

9. 結論：由於 $P$ 值 $\approx 0 \leq .05$，我們棄却 $H_0$。有充分證據顯示 ADHD 兒童的平均腦量小於沒有 ADHD 兒童平均腦量。

## 例 11.2 性別與薪水

在同性質工作上的女性是否仍舊比男性的薪水來得較少？文章「**性別與薪水：採購與供應專業的一項調查**」(*Journal of Purchasing and Supply Management* [2008]: 112-124) 的作者進行一項研究，其中得自身為採購經理與 *Purchasing* 雜誌訂閱者的一組男性與一組女性隨機樣本的薪水資料被收集。與在文章中所提供摘要數量一致的薪水資料呈現於下（該研究的實際樣本量要大得多）：

| 年薪（千元） | | | | | | | | | | |
|---|---|---|---|---|---|---|---|---|---|---|
| 男性 | 81 | 69 | 81 | 76 | 76 | 74 | 69 | 76 | 79 | 65 |
| 女性 | 78 | 60 | 67 | 61 | 62 | 73 | 71 | 58 | 68 | 48 |

雖然樣本為選自一特定雜誌的訂閱者，該文章的作者們相信將研究中的這些樣本視為兩個感興趣母體——男性採購經理與女性採購經理的代表是合理的。依此例題的目的，我們將假設提供於此的兩組樣本認為是母體的代表也是合理的。我們將使用給定資料與 .05 的一

個顯著水準來決定男性採購經理的平均年薪大於女性採購經理的平均年薪是否存在充分證據。

1. $\mu_1$ = 男性採購經理的平均年薪
   $\mu_2$ = 女性採購經理的平均年薪
   $\mu_1 - \mu_2$ = 平均年薪的差異
2. $H_0$: $\mu_1 - \mu_2 = 0$
3. $H_a$: $\mu_1 - \mu_2 > 0$
4. 顯著水準：$\alpha = .05$
5. 檢定統計量：$t = \dfrac{\bar{x}_1 - \bar{x}_2 - 假設值}{\sqrt{\dfrac{s_1^2}{n_1} + \dfrac{s_2^2}{n_2}}} = \dfrac{\bar{x}_1 - \bar{x}_2 - 0}{\sqrt{\dfrac{s_1^2}{n_1} + \dfrac{s_2^2}{n_2}}}$
6. 前提假定：如果雙樣本 $t$ 檢定是適當的，我們必須願意假設兩組樣本可以被視為從感興趣的兩個母體被獨立選取的隨機樣本。如同之前所提醒的，我們假設這是合理的。由於兩個樣本量都是小的，也需要假設這兩個母體的每一個之薪水分配為近似常態。使用樣本資料構建的盒狀圖顯示於此：

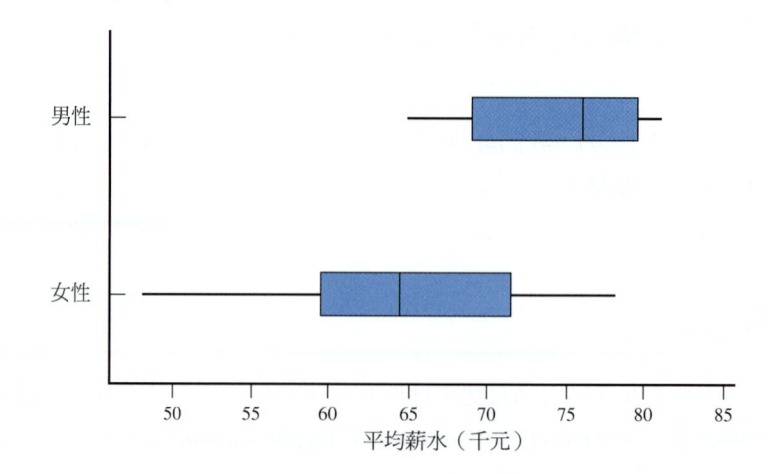

因為盒狀圖為相當地對稱且因為沒有離群值，繼續進行雙樣本 $t$ 檢定是合理的。

7. 計算：對於給定資料：
   $\bar{x}_1 = 74.6$　　$s_1 = 5.4$　　$\bar{x}_2 = 64.6$　　$s_2 = 8.6$，以及
   $$t = \dfrac{(74.6 - 64.6) - 0}{\sqrt{\dfrac{(5.4)^2}{10} + \dfrac{(8.6)^2}{10}}} = \dfrac{10}{\sqrt{2.916 + 7.396}} = \dfrac{10}{3.211} = 3.11$$
8. $P$ 值：我們首先計算雙樣本 $t$ 檢定的 df：
   $$V_1 = \dfrac{s_1^2}{n_1} = 2.916 \quad V_2 = \dfrac{s_2^2}{n_2} = 7.396$$

$$\text{df} = \frac{(V_1 + V_2)^2}{\frac{V_1^2}{n_1 - 1} + \frac{V_2^2}{n_2 - 1}} = \frac{(2.916 + 7.396)^2}{\frac{(2.916)^2}{9} + \frac{(7.396)^2}{9}} = \frac{106.337}{7.023} = 15.14$$

我們截短自由度為 15。附錄表 4 顯示在具有 15 df 之 $t$ 曲線以下 3.1 右側面積為近似 .004，因此 $P$ 值 = .004。

9. 結論：由於 .004 的 $P$ 值小於 .05，我們棄却 $H_0$。有充分證據支持男性採購經理的平均年薪大於女性採購經理平均年薪的宣稱。

假設在步驟 7 計算的檢定統計量數值為 1.13 而非 3.11，則 $P$ 值會是 .143（在具有 15 df 之 $t$ 曲線以下 1.1 右側面積）且決定會是不棄却虛無假設。我們接著會結論沒有充分證據顯示男性的平均年薪會大於女性的。注意當我們不能棄却母體平均數之間沒有差異的虛無假設，我們並不是說有充分證據顯示平均數為相等──我們只能說我們不被說服他們為不等。

---

許多統計套裝軟體可以完成雙樣本 $t$ 檢定的計算。隨附的部分 SPSS 輸出結果顯示例 11.2 的兩個團體的摘要統計量。輸出結果的第二部分提供自由度的數字、檢定統計量數值，以及一個雙尾 $P$ 值。因為在例 11.2 的檢定為一單尾檢定，我們需要將雙尾 $P$ 值分成一半以取得我們檢定的正確數值，其為 $\frac{.0072}{2} = .0036$。因為附錄表 4 只提供 $t$ 數值至小數點以下一個位數的尾部面積，且因而我們四捨五入檢定統計量為 3.1，此 $P$ 值不同於在例 11.2 中的數值。因此，在此例子中提供的 $P$ 值只是近似值；得自 SPSS 的 $P$ 值為更精確。

**團體統計量**

|  | 性別 | N | 平均數 | 標準差 | 標準誤 |
|---|---|---|---|---|---|
| 薪水 | 男性 | 10 | 74.60 | 5.40 | 1.71 |
|  | 女性 | 10 | 64.60 | 8.62 | 2.73 |

|  | $t$ | df | 顯著性（雙尾） | 平均數差異 | 標準誤差異 | 差異的 95% 信賴區間 下限 | 差異的 95% 信賴區間 上限 |
|---|---|---|---|---|---|---|---|
| 相等變異數不被假設 | 3.11 | 15.14 | .0072 | 10.000 | 3.211 | 3.1454 | 16.8546 |

## 比較各處理

當一項實驗被執行來比較兩個處理（或是比較一個單一處理與一個控制），研究者感興趣於某一反應變數上的處理效果。這些處理被「施加」於個人（正如在一項實驗中比較較低血壓的兩種不同藥物治療）或是對象（正如在一項實驗中比較麵包密度的兩種不同烘焙溫度），以及某一反應變項的數值（例如，血壓、密度）被記錄。基於得出的資料，研究者可能想要決定兩個處理是否存在平均反應上的差異。

在許多實際的實驗情況下，施加於個人或對象的處理並不是從某一較大母體中隨機選取。這個後果是不可能將實驗的結果類推至某一較大母體。然而，如果實驗設計提供隨機分派實驗中被使用的個人或對象給處理（或是處理的隨機分派給個人或對象），是有可能檢定關於處理差異的假設。

如果實驗引用隨機分派，且如果樣本量是大的或是認為處理反應分配（如果處理被施加於一個非常大量的個人或對象，反應數值會導致的分配）為近似常態是合理的，使用之前所敘述的雙樣本 $t$ 檢定統計量是常規。

### 比較兩個處理的雙樣本 $t$ 檢定

當

1. 個人或對象為隨機分派至處理（或反之；也就是說，處理被隨機分派給個人或對象），且
2. 樣本量是大的（通常大於等於 30）或是處理反應分配為近似常態，

雙樣本 $t$ 檢定可以被用來檢定 $H_0: \mu_1 - \mu_2 =$ 假設值，其中，$\mu_1$ 與 $\mu_2$ 分別表示處理 1 與 2 的平均反應。

在此情況下，這兩個條件取代先前比較兩個母體平均數所陳述的假設。處理反應分配的常態性假設是否合理，可以利用構建在每一組樣本中的反應數值之常態機率圖或盒狀圖加以評估。

當雙樣本 $t$ 檢定被用來比較當在實驗中被使用的個人或對象不是被隨機選自某一母體時，它只是一個近似檢定（報導的 $P$ 值只是近似值）。然而，這仍是分析這樣資料的最普遍方式。

## 例 11.3 解讀情緒

文章「**無論如何，我有多快樂？一個回顧的影響偏誤**」(*Social Cognition* [2003]: 421-446) 對於被設計以評估人們合理化不良表現之程度的一項實驗進行報導。在此研究中，246 位大學部學生被隨機分派到兩個組別之一——一個負面回饋組或一個正面回饋組。每一位參與者接受被要求猜測臉部照片中所展現情緒之一項測驗。在測驗結束時，那些在負面回饋組中的人被告知他們正確回答了 40 個問題中的 21 個並被給與 D 的「評等」。那些在正面回饋組中的人被告知他們正確回答了 40 個問題中的 35 個並被給與 A 的評等。在不久後，參與者被要求回答兩組問題。一組問題問及測驗的效度以及另一組問題問及能夠解讀臉部的重要性。研究者假設那些在負面回饋組中的人比起那些在正面回饋組中的人會傾向於藉由同時在測驗的效度以及成為一位好的臉部解讀者的重要性給予較低的評等來合理化其不良表現。來自此實驗的資料是否支持這些研究者的假設？

| 組別 | 樣本量 | 測驗效度評等 平均數 | 標準差 | 臉部解讀重要性評等 平均數 | 標準差 |
|---|---|---|---|---|---|
| 負面回饋 | 123 | 5.51 | .79 | 5.36 | 1.00 |
| 正面回饋 | 123 | 6.95 | 1.09 | 6.62 | 1.19 |

我們將使用 .01 的一個顯著水準檢定有關的假設，從關於測驗效度評等的假設開始。

1. 令 $\mu_1$ 表示負面回饋組的平均測驗效度分數並定義 $\mu_2$ 為正面回饋組的同義值。
2. $H_0: \mu_1 - \mu_2 = 0$
3. $H_a: \mu_1 - \mu_2 < 0$
4. 顯著水準：$\alpha = .01$
5. 檢定統計量：$t = \dfrac{\bar{x}_1 - \bar{x}_2 - 假設值}{\sqrt{\dfrac{s_1^2}{n_1} + \dfrac{s_2^2}{n_2}}} = \dfrac{\bar{x}_1 - \bar{x}_2 - 0}{\sqrt{\dfrac{s_1^2}{n_1} + \dfrac{s_2^2}{n_2}}}$

6. 前提假定：個體被隨機分派到處理組別，且兩個樣本量都是大的，所以雙樣本 $t$ 檢定的使用是適當的。

7. 計算：$t = \dfrac{(5.51 - 6.95) - 0}{\sqrt{\dfrac{(.79)^2}{123} + \dfrac{(1.09)^2}{123}}} = \dfrac{-1.44}{0.1214} = -11.86$

8. $P$ 值：我們首先計算雙樣本 $t$ 檢定的 df：

$V_1 = \dfrac{s_1^2}{n_1} = .0051 \quad V_2 = \dfrac{s_2^2}{n_2} = .0097$

$$\mathrm{df} = \frac{(V_1 + V_2)^2}{\dfrac{V_1^2}{n_1 - 1} + \dfrac{V_2^2}{n_2 - 1}} = \frac{(.0051 + .0097)^2}{\dfrac{(.0051)^2}{122} + \dfrac{(.0097)^2}{122}} = \frac{.000219}{.000001} = 219$$

這是一個左尾檢定，所以 $P$ 值為具有 $\mathrm{df} = 219$ 的 $t$ 曲線以下 $-11.86$ 左側面積。因為 $-11.86$ 遠遠落在此 $t$ 曲線的左尾以外，$P$ 值 $\approx 0$。

9. 結論：由於 $P$ 值 $\leq \alpha$，$H_0$ 被棄却。有證據顯示正面回饋組的平均效度評等分數較高。資料支持，平均而言，那些得到負面評價的人並不如那些認為在測驗表現良好者評等測驗的效度那麼高的結論。

我們將使用 Minitab 來檢定研究者關於那些在負面評價組的人評等能夠解讀臉部的重要性，也不像那些在正面回饋組中的人一樣高的假設。

1. 令 $\mu_1$ 表示負面回饋組的平均臉部解讀重要性評等並定義 $\mu_2$ 為正面回饋組的同義值。則 $\mu_1 - \mu_2$ 為兩個處理組的平均臉部解讀重要性評等間之差異。
2. $H_0$: $\mu_1 - \mu_2 = 0$
3. $H_a$: $\mu_1 - \mu_2 < 0$
4. 顯著水準：$\alpha = .01$
5. 檢定統計量：$t = \dfrac{\bar{x}_1 - \bar{x}_2 - 假設值}{\sqrt{\dfrac{s_1^2}{n_1} + \dfrac{s_2^2}{n_2}}} = \dfrac{\bar{x}_1 - \bar{x}_2 - 0}{\sqrt{\dfrac{s_1^2}{n_1} + \dfrac{s_2^2}{n_2}}}$
6. 前提假定：個體被隨機分派到處理組別，且兩個樣本量都是大的，所以雙樣本 $t$ 檢定的使用是適當的。
7. 計算：Minitab 輸出結果列示於此。從輸出結果，$t = -8.99$。

**Two-Sample T-Test and CI**

| Sample | N | Mean | StDev | SE Mean |
|---|---|---|---|---|
| 1 | 123 | 5.36 | 1.00 | 0.090 |
| 2 | 123 | 6.62 | 1.19 | 0.11 |

Difference = mu (1) − mu (2)
Estimate for difference: −1.26000
95% upper bound for difference: −1.02856
T-Test of difference = 0 (vs <): T-Value = −8.99    P-Value = 0.000    DF = 236

8. $P$ 值：從 Minitab 輸出結果，$P$ 值 $= 0.000$。
9. 結論：由於 $P$ 值 $\leq \alpha$，$H_0$ 被棄却。有證據顯示正面回饋組的平均臉部解讀重要性評等較高。

---

你可能已經注意到對於雙樣本 $t$ 檢定之自由度數字的公式評估包含相當多的數學。一個替代方式是計算 $P$ 值的保守估計值——一個接近但是比真正 $P$ 值較大的數值。若使用此一保守估計值 $H_0$ 被棄却，則如果真正 $P$ 值被使用，它也將被棄却。雙樣

本 $t$ 檢定 $P$ 值的保守估計值可以使用具有等於 $(n_1 - 1)$ 與 $(n_2 - 1)$ 之較小者為自由度的 $t$ 曲線被找出。

## 合併的 $t$ 檢定

當假設母體分配為近似常態是合理的，剛才所敘述的雙樣本 $t$ 檢定程序是適當的。如果也已知兩個母體的變異數為相等 $(\sigma_1^2 = \sigma_2^2)$，被稱為合併的 $t$ 檢定的一個替代程序可以被使用。此檢定程序結合得自兩個樣本的資訊以取得共同變異數的一個「合併的」估計值，然後在 $t$ 檢定統計量中使用此變異數的合併估計值取代 $s_1^2$ 與 $s_2^2$。此一檢定程序在過去被廣泛使用，但是因為它對於相等母體變異數的假設之偏離相當敏感，反而陷入某種不利。如果母體變異數為相等，合併的 $t$ 程序具有比本節的雙樣本 $t$ 檢定稍微較佳的機會偵測偏離 $H_0$。然而，如果母體變異數不相等，基於此合併的 $t$ 程序之 $P$ 值可能有較嚴重的誤差，因此，一般而言，比起合併的 $t$ 檢定，雙樣本 $t$ 檢定程序是一個較佳選擇。

## 比較與因果關係

在一項處理比較中如果處理的分派至個人或對象不是由研究者所做，該研究為觀察的。舉例言之，文章「**在一間不含鐵的金屬工廠附近兒童之鉛與鎘的吸收**」(*Environmental Research* [1978]: 290-308) 報導兩組不同的兒童樣本之血液鉛濃度。第一組樣本取自居住在熔鉛廠 1 公里以內的一個母體，而第二組樣本則選自遠離該工廠的一個鄉村。決定兒童是否會在靠近熔鉛廠組或是遠離熔鉛廠組是兒童的父母，而非研究者。而第二個例子，在 *Journal of the American Medical Association* (**1978 年 5 月 19 日**) 的一封信報導比較在醫學院畢業後那些具有學術結盟的醫生與那些私人開業之醫生的壽命。（該信作者陳述目的是想瞭解「出版或死亡」是否真的意謂「出版且死亡」。）這裡再一次的，研究者不是從一群醫師開始，而是分派一些到學術組與其他到非學術的職涯組。醫師本身自己選擇他們的組別。

基於觀察研究下結論的困難是統計上的顯著差異可能歸因於某些未被控制的根本因素而非定義組別的條件。**醫療實務的類型**本身是否對於壽命具有影響，或是在壽命觀察的差異是否由其他因素造成，其自我引導畢業生選擇學術或非學術職涯？同樣地，觀察血液鉛濃度中的差異是否要歸因於接近該工廠？或許其他身體的與社經因素皆與居住地區的選擇與濃度有關。

一般而言，棄却 $H_0$: $\mu_1 - \mu_2 = 0$ 以支持 $H_a$: $\mu_1 - \mu_2 > 0$ 是提示，平均而言，

變項的較大數值與在第一個母體或接受第一種處理中的個人會比在第二個母體或接受第二種處理中的那些人較有關。但是相關不表示因果關係。一個因果關係的強烈統計證據可以隨著時間經由指向相同結論的許多不同的比較性研究（如同在連結抽菸與肺癌的許多研究）被建立。一個**隨機化控制的實驗 (randomized controlled experiment)**，於其中研究者隨機分派個體至被比較的處理或情況，在提示因果關係上特別有用。以如此的隨機分派，研究者與其他感興趣的各方人士可以對於觀察的差異由在處理間或情況上的差異所致的結論更具信心。

## 一個信賴區間

$\mu_1 - \mu_2$ 的一個信賴區間從本節的基本 $t$ 變項很容易地取得。此區間的推導與公式皆與在第 9 章討論的單一樣本 $t$ 區間之推導與公式相似。

### 兩母體或處理平均數間差異之雙樣本 $t$ 信賴區間

$\mu_1 - \mu_2$ 的信賴區間的一般公式，當

1. 兩組樣本為獨立選出的隨機樣本，且
2. 樣本量都是大的（通常為 $n_1 \geq 30$ 且 $n_2 \geq 30$）

   或是

   母體分配為近似常態

為

$$(\bar{x}_1 - \bar{x}_2) \pm (t\text{ 臨界值}) \sqrt{\frac{s_1^2}{n_1} + \frac{s_2^2}{n_2}}$$

$t$ 臨界值為基於

$$\text{df} = \frac{(V_1 + V_2)^2}{\frac{V_1^2}{n_1 - 1} + \frac{V_2^2}{n_2 - 1}}, \text{ 其中 } V_1 = \frac{s_1^2}{n_1} \text{ 以及 } V_2 = \frac{s_2^2}{n_2}$$

df 應該被截短（化簡）為一個整數值。常用信賴水準的 $t$ 臨界值在附錄表 3 被提供。

**對於兩個處理的比較，當**

1. 個人或對象被隨機分派至處理（或相反），且
2. 樣本量是大的（通常大於等於 30）

   或是

   處理反應分配為近似常態，

雙樣本 $t$ 信賴區間公式可以被用來估計 $\mu_1 - \mu_2$。

### 例 11.4　談話對血壓的影響

　　談話是否使血壓升高，導致當在醫師辦公室量測的血壓會比在一個較小壓力的環境中量的血壓為較高的趨勢？（此一有大量文件證明的效果被稱為「白袍效果」。）文章**「對於高血壓病患的談話效果與『白袍』效果：身體的努力或情緒的內涵」**(*Behavioral Medicine* [2001]: 149-157) 敘述患有高血壓病患被隨機分派至兩個組別之一的一項研究。在第一組（談話組）的那些人在血壓被測量前幾分鐘被問及關於其醫療史與他們生命中之壓力來源的問題。在第二組（計數組）的那些人在血壓被測量前則被要求大聲地從 1 到 100 數四次。下列心臟舒張壓（公釐汞柱）的資料數值與在文章中出現的摘要數量一致：

| 談話 | 104 | 110 | 107 | 112 | 108 | 103 | 108 | 118 |
|---|---|---|---|---|---|---|---|---|
|  | $n_1 = 8$ | | $\bar{x}_1 = 108.75$ | | $s_1 = 4.74$ | | | |
| 計數 | 110 | 96 | 103 | 98 | 100 | 109 | 97 | 105 |
|  | $n_2 = 8$ | | $\bar{x}_2 = 102.25$ | | $s_2 = 5.39$ | | | |

實驗對象被隨機分派至這兩種處理。因為兩個樣本量皆是小的，我們首先必須研究假設這兩種處理的心臟舒張壓分配為近似常態是否合理。由於在每組樣本中都沒有離群值，且盒狀圖都相當對稱，建議近似常態的假設為合理。

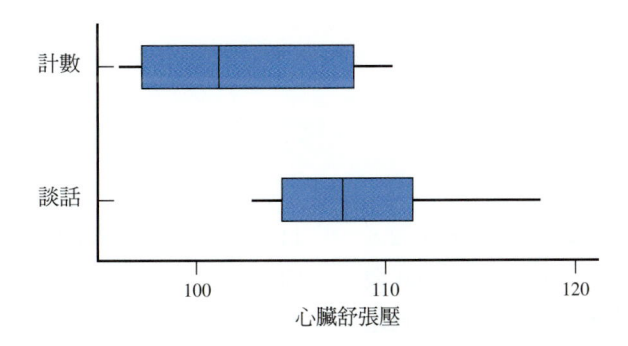

要估計 $\mu_1 - \mu_2$，兩種處理的平均心臟舒張壓差異，我們將計算一個 95% 信賴區間。

$$V_1 = \frac{s_1^2}{n_1} = \frac{(4.74)^2}{8} = 2.81 \quad V_2 = \frac{s_2^2}{n_2} = \frac{(5.39)^2}{8} = 3.63$$

$$\text{df} = \frac{(V_1 + V_2)^2}{\frac{V_1^2}{n_1 - 1} + \frac{V_2^2}{n_2 - 1}} = \frac{(2.81 + 3.63)^2}{\frac{(2.81)^2}{7} + \frac{(3.63)^2}{7}} = \frac{41.47}{3.01} = 13.78$$

截短至一個整數得到 df = 13。在附錄表 3 的 13-df 列，95% 的信賴水準之 $t$ 臨界值為 2.16。區間因而為

$$(\bar{x}_1 - \bar{x}_2) \pm (t\text{臨界值})\sqrt{\frac{s_1^2}{n_1} + \frac{s_2^2}{n_2}}$$

$$= (108.75 - 102.25) \pm (2.16)\sqrt{\frac{(4.74)^2}{8} + \frac{(5.39)^2}{8}}$$

$$= 6.5 \pm (2.16)(2.54)$$
$$= 6.5 \pm 5.49$$
$$= (1.01, 11.99)$$

因為兩個樣本變異數是大的而樣本量是小的，此區間相當寬。注意此區間並不包括 0，所以 0 不是 $\mu_1 - \mu_2$ 的可能數值之一。基於此計算的區間，我們估計當談話時的平均心臟舒張壓高於當計數時的平均數為介於 1.01 與 11.99 公釐汞柱之間的某處。此結果支持一個談話效果高於「白袍」效果的存在。95% 的信賴水準意思是我們使用了產生此估計值的一個在重複抽樣中有 95% 機率能夠正確掌握 $\mu_1 - \mu_2$ 的真實值的方法。

大多數的統計套裝軟體能夠計算雙樣本 $t$ 信賴區間。Minitab 被用來使用例子中的資料以構建一個 95% 信賴區間；所得輸出結果顯示於此：

**Two-Sample T-Test and CI: Talking, Counting**

Two-sample T for Talking vs Counting

|  | N | Mean | StDev | SE Mean |
|---|---|---|---|---|
| Talking | 8 | 108.75 | 4.74 | 1.7 |
| Counting | 8 | 102.25 | 5.39 | 1.9 |

95% CI for difference: (1.01, 11.99)

## 習題 11.1 – 11.21

**11.1** 考慮兩個母體其 $\mu_1 = 30$，$\sigma_1 = 2$，$\mu_2 = 25$，以及 $\sigma_2 = 3$。假設 $n_1 = 40$ 與 $n_2 = 50$ 的兩組獨立隨機樣本被選取。敘述 $\bar{x}_1 - \bar{x}_2$ 的近似抽樣分配（中央、分散與形狀）。

**11.2** 一個人可以走風景路線或非風景路線去工作。她決定只要減少超過 10 分鐘的平均交通時間，非風景路線的使用就可以獲得證實。

a. 如果 $\mu_1$ 為風景路線的平均數且非風路

線為 $\mu_2$，什麼假設應該被檢定？
b. 如果 $\mu_1$ 為非風景路線的平均數而風景路線為 $\mu_2$，什麼假設應該被檢定？

11.3 降低的心律變異 (HRV) 被認為是在心臟病發作後死亡率的預測變項。HRV 的一個測量值是 24 小時期間內正常心跳間距（毫秒）的平均數。22 位狗主人的心臟病患與 80 位未擁有狗的心臟病患參與寵物所有權對 HRV 影響的一項研究，得出顯示於附表的摘要統計量（「**在治癒的心肌梗塞病患其寵物所有權與心律變異之間的關係**」*American Journal of Cardiology* [2003]: 718-721）。

| | HRV 的測量值（平均正常心跳間距） | |
|---|---|---|
| | 平均數 | 標準差 |
| 擁有狗 | 873 | 136 |
| 未擁有狗 | 800 | 134 |

a. 此文章的作者使用雙樣本 $t$ 檢定去檢定 $H_0: \mu_1 - \mu_2 = 0$ 對 $H_a: \mu_1 - \mu_2 \neq 0$。什麼假設必須是合理的以便使得此為分析的一個適當方法？
b. 該文章指出從 (a) 部分的虛無假設被棄却並報導 $P$ 值為小於 .05。執行一個雙樣本 $t$ 檢定。你的結論是否與文章的一致？

11.4 在文章「**銷售的快樂：體驗購買是否較物質購買使得消費者較快樂？**」(*Journal of Consumer Research* [2009]: 188-197) 中，作者們區分把錢花費於體驗（例如旅行）以及把錢花費於物質的擁有（例如一部汽車）。在決定購買型態是否影響民眾在購買後有多快樂的一項研究中，185 位大學生被隨機分派至兩個組別之一。在「體驗」組的學生被要求回顧當他們在一項體驗上花費約 300 美元的一個時間，接著他們在最後合併成為快樂的一個整體測量的三個不同快樂量表上評等該次購買。而被分派到「物質」組的學生則被要求回顧他們在一件物品上花費約 300 美元的一個時間。平均快樂分數對於體驗組是 5.75 以及對於物質組是 5.27。文章中並未提供標準差與樣本量，但是依此習題的目的，假設它們的數值如下：

| 體驗組 | 物質組 |
|---|---|
| $n_1 = 92$ | $n_2 = 93$ |
| $s_1 = 1.2$ | $s_2 = 1.5$ |

使用下列 Minitab 輸出結果來進行一個假設檢定以決定資料是否支持作者「體驗購買引起更多報導的快樂」之結論。使用 $\alpha = .05$。

```
Two-Sample T-Test and CI
Sample    N      Mean    StDev    SE Mean
1         92     5.75    1.20     0.13
2         93     5.27    1.50     0.16
Difference = mu (1) - mu (2)
Estimate for difference: 0.480000
95% lower bound for difference: 0.149917
T-Test of difference = 0 (vs >): T-Value = 2.40
P-Value = 0.009  DF = 175
```

11.5 文章「**接通電源上線，但是關機**」(*USA Today*，2010 年 1 月 20 日) 摘要得自 8 至 18 歲小孩的兩項調查資料。一項調查在 1999 年被執行以及另一項在 2009 年被執行。每天花在使用電子媒體的時數資料與文章中所提供之摘要數量一致，茲列於下（兩項調查的實際樣本量要大上許多）。依此習題的目的，假設將在調查進行的這兩年之兩組樣本視為 8 至 18 歲小孩的代表是合理的。

| 2009 | 5 9 5 8 7 6 7 9 7 9 6 9 10 9 8 |
|---|---|
| 1999 | 4 5 7 7 5 7 5 6 5 6 7 8 5 6 6 |

a. 因為給定的樣本量是小的，為了使雙樣本 $t$ 檢定為適當，關於電子媒體使用時間分配的什麼假設必須被提出？使用已

知資料構建在決定此假設是否合理上會是有用的圖形。你是否認為使用這些資料來進行雙樣本 $t$ 檢定是合理的？

b. 給定資料是否提供充分證據顯示每天花在使用電子媒體的平均時數在 2009 年要大於在 1999 年？使用 .01 的顯著水準檢定相關的假設。

c. 構建並解釋 2009 年與 1999 年每天花在使用電子媒體的平均時數之間差異的一個 98% 信賴區間。

**11.6** 移動他們的手是否有助於孩童學習數學？此問題在文章「**手勢（動作）給與孩童有關數學的新觀念**」(*Psychological Science* [2009]: 267-272) 中被研究。無法在具有 3 + 2 + 8 = __ + 8 形式的 6 個題目的一項測驗中正確回答任何一題的 85 位三年級與四年級孩童參與一項實驗。這些孩童被隨機分派至無手勢組與手勢組中之一。所有孩童被給與教導如何使用嘗試使等式兩邊相等的策略來解答此形式題目的一個課程。在手勢組的孩童也被教導以一隻手的食指與中指指著等式左邊的前兩個數字，然後指著等式右邊的空白處。此手勢應該強調的是群組被用於解答問題。這些孩童接著練習此類型的額外題目。所有孩童接著被給與有 6 個待解題目的測驗，且每一位小孩正確答案的題數被記錄。從文章中一段文字所讀到的摘要統計量提供如下。

|  | $n$ | $\bar{x}$ | $s$ |
|---|---|---|---|
| 無手勢 | 42 | 1.3 | 0.3 |
| 手勢 | 43 | 2.2 | 0.4 |

是否有證據支持學習手勢方式來解答此類題目導致較高的平均正確回答題數的理論？使用 $\alpha = .01$ 檢定相關的假設。

**11.7** 隨附之 15 位男性在每一晚只有 4 小時睡眠的連續兩晚以及 15 位男性在每一晚只有 8 小時睡眠的連續兩晚後的一天食物攝取（千卡）資料，與在文章「**健康男性在自主生活情況下之短期睡眠缺乏減少身體活動，但是在被剝奪時間的實驗室情況下並不增加食物攝取**」(*American Journal of Clinical Nutrition* [2009]: 1476-1482) 中的摘要數量一致。參與此項實驗的男性被隨機分派至兩種睡眠情況之一。

| 4小時睡眠組 | 3585 | 4470 | 3068 | 5338 | 2221 |
|---|---|---|---|---|---|
|  | 4791 | 4435 | 3099 | 3187 | 3901 |
|  | 3868 | 3869 | 4878 | 3632 | 4518 |
| 8小時睡眠組 | 4965 | 3918 | 1987 | 4993 | 5220 |
|  | 3653 | 3510 | 3338 | 4100 | 5792 |
|  | 4547 | 3319 | 3336 | 4304 | 4057 |

如果適當，以 $\alpha = .05$ 進行一個雙樣本 $t$ 檢定以決定這兩個不同睡眠情況的平均食物攝取是否存在顯著差異。

**11.8** 文章「**如果是很難讀得懂，就很難去做**」(*Psychological Science* [2008]: 986-988) 敘述人們如何領悟完成某些特定工作所需要的努力之一項有趣研究。20 位學生的每一人被隨機分派至兩個組別之一。一組被給與以一個容易閱讀字體 (Arial) 印出的例行習題指導說明。另一組接收相同的指導說明，但被以一個被認為困難閱讀的字體 (Brush) 印製。在閱讀指導說明後，（實驗）對象估計他們認為完成例行習題會花費的時間（分鐘）。摘要統計量提供如下。

|  | 簡單字體 | 困難字體 |
|---|---|---|
| $n$ | 10 | 10 |
| $\bar{x}$ | 8.23 | 15.10 |
| $s$ | 5.61 | 9.28 |

該文章的作者使用這些資料進行一個雙樣本 $t$ 檢定，並在 .10 的顯著水準下結論，有

充分證據顯示，當指導說明被以一個容易閱讀字體印出會比被以一個困難閱讀字體印出具有較少的完成例行習題平均估計時間。討論在此情況下使用雙樣本 $t$ 檢定的適當性。

11.9　注射醫療水泥對於減少遭受脊椎骨折之病患的疼痛是否有效？文章「骨質疏鬆型的脊椎骨折之椎體成型術的隨機化試驗」(*New England Journal of Medicine* [2009]: 569-578) 敘述比較正進行椎體成型術（水泥的注射）的病患與在進行沒有水泥被真正注射的假手術之安慰組中的病患。由於除了水泥的真正注射外，安慰手術類似椎體成型術手術，參與該實驗的病患並不知道他們接受的是什麼處理。全體病患被要求在三個不同時間評等他們的疼痛——手術後的 3 天、14 天與 1 個月。摘要統計量被提供於附表。

**疼痛強度**

|  | 椎體成型術組 $n = 68$ |  | 安慰組 $n = 63$ |  |
| --- | --- | --- | --- | --- |
|  | 平均數 | 標準差 | 平均數 | 標準差 |
| 3 天 | 4.2 | 2.8 | 3.9 | 2.9 |
| 14 天 | 4.3 | 2.9 | 4.5 | 2.8 |
| 1 個月 | 3.9 | 2.9 | 4.6 | 3.0 |

a. 簡要解釋為何研究者會選擇包含一個進行假手術的安慰組，而非只是比較椎體成型術組與不接受任何治療的病患組。
b. 構建與解釋椎體成型術治療與假治療在處理後 3 天的平均疼痛強度差異之一個 95% 信賴區間。
c. 構建與解釋處理後 14 天的平均疼痛強度差異與處理後 1 個月的平均疼痛強度差異之 95% 信賴區間。
d. 基於得自 (b) 與 (c) 部分的信賴區間，對於那些脊椎骨折病患而言，評論注射水泥作為減少疼痛方式之效果。

11.10　在 228 位青少年的一組隨機樣本與 306 位青少女的一組隨機樣本中的每一人被問及在一個典型星期裡花幾小時上網 (Ipsos，2006 年 1 月 25 日)。樣本平均數與標準差為男生的 15.1 小時與 11.4 小時以及女生的 14.1 小時與 11.8 小時。
a. 每一組樣本的標準差是大的，指出對於問題的反應有很多的變異。解釋為何認為青少年或青少女母體的反應分配為近似常態是不合理的。提示：在一個典型星期裡花在上網的時數不可能是負值。
b. 在你對 (a) 部分的回答下，使用雙樣本 $t$ 檢定去檢定青少年與青少女在一個典型星期裡花在上網的平均時數並不存在差異的虛無假設是否適當？解釋你的答案。
c. 如果適當，進行檢定以決定是否存在充分證據顯示青少年在一個典型星期裡花在上網的平均時數要高於青少女。使用 .05 的一個顯著水準。

11.11　住在加拿大卡加利 (Calgary) 的 247 位男性與 253 位女性成人工作者的隨機樣本中，每一位被問及他或她的典型每天通勤時間有多久（分鐘）(「卡加利通報交通研究」，Ipsos，2005 年 9 月 17 日)。使用隨附的摘要統計量與一個適當的假設檢定去決定是否有充分證據指出男性與女性的卡加利上班居民的平均通勤時間存在差異。使用 .05 的一個顯著水準。

| 男性 |  |  | 女性 |  |  |
| --- | --- | --- | --- | --- | --- |
| 樣本量 | $\bar{x}$ | $s$ | 樣本量 | $\bar{x}$ | $s$ |
| 247 | 29.6 | 24.3 | 253 | 27.3 | 24.0 |

11.12　文章「一項全國家庭普查中孩童間速食消費對於能量攝取與飲食品質的影

響」(*Pediatrics* [2004]: 112-118) 研究速食消費對於其他飲食變數的影響。對於報告其在一典型日子並未吃速食的 663 位青少年的一組樣本，每天卡路里攝取平均數為 2258 與樣本標準差為 1519。對於報告其在一典型日子確實吃速食的 413 位青少年的一組樣本，平均卡路里攝取為 2637 與標準差為 1138。

a. 關於這兩組樣本的那些假設必須要合理，以便雙樣本 $t$ 信賴區間的使用為適當？

b. 使用給定資訊去估計在一典型日子確實吃速食的青少年與那些沒吃速食的青少年平均每天卡路里攝取的差異。

11.13 在已經獲得解決之執業不當聲稱的一項研究中，兩組隨機樣本被選取：被發覺未涉及醫療疏失之 515 個結案的執業不當聲稱的一組隨機樣本，以及 889 個涉及疏失之聲稱的一組隨機樣本 (*New England Journal of Medicine* [2006]: 2024-2033)。在參考文章中出現的下列陳述：「當未涉及疏失的聲稱被補償，付款平均而言顯著低於涉及疏失之聲稱的付款（313,205 美元對 521,560 美元，$P = 0.004$）。」

a. 研究者必須檢定什麼假設以便取得陳述的結論？

b. 下列何者可能是假設檢定的檢定統計量數值？解釋你的推理。

　　i. $t = 5.00$　　ii. $t = 2.65$　　iii. $t = 2.33$
　　iv. $t = 1.47$

11.14 在大學生僱用對學業成績之影響之一項研究中，下列 GPA 的摘要統計量針對有工作學生的一組樣本與未工作學生的一組樣本加以報導 (*University of Central Florida Undergraduate Research Journal*, 2005 年春季)：

|  | 樣本量 | 平均 GPA | 標準差 |
|---|---|---|---|
| 被僱用的學生 | 184 | 3.12 | .485 |
| 未被僱用的學生 | 114 | 3.23 | .524 |

樣本從在中佛羅里達大學的有工作與未工作學生中隨機選取。此資訊是否支持在該大學學生未被僱用學生比被僱用學生具有較高平均 GPA 的假設？

11.15 丙烯酸骨水泥常被用於人工關節置換以固定人工關節。就在兩個不同溫度條件下以及在兩個不同媒介中所需要破壞水泥固著的力量（以牛頓力測量，$N$）資料呈現於附表。〔這些資料與出現在文章「丙烯酸骨水泥之機械特性描繪的一種方法之小力敲擊測試的確認」(*Journal of Engineering in Medicine* [2006]: 11-21) 中的摘要數量一致。〕

| 溫度 | 媒介 | 破壞力的資料 |
|---|---|---|
| 22度 | 乾燥 | 100.8, 141.9, 194.8, 118.4, 176.1, 213.1 |
| 37度 | 乾燥 | 302.1, 339.2, 288.8, 306.8, 305.2, 327.5 |
| 22度 | 潮溼 | 385.3, 368.3, 322.6, 307.4, 357.9, 321.4 |
| 37度 | 潮溼 | 363.5, 377.7, 327.7, 331.9, 338.1, 394.6 |

a. 使用一個 90% 信賴區間估計在乾燥媒介下 37 度時的平均破壞力，與在潮溼媒介下相同溫度時的平均破壞力間之差異。

b. 是否有充分證據足以結論在較高溫度的乾燥媒介下其平均破壞力要比在較低溫度時的平均破壞力大於超過 100 $N$？使用 .10 的顯著水準檢定相關假設。

11.16 文章「基因變異使得雜交的動物變成忠誠伴侶」(*Los Angeles Times*，2004 年 6 月 17 日) 摘要出現在 *Nature* 2004 年 6 月版中的一項研究結果。在此研究中，以單一基因置入腦中特定部位的 11 隻雄性草地鼠

被與未進行此項基因手術的 20 隻雄性草地鼠比較。所有的老鼠被與能互相接受的雌性伴侶配對 24 小時。在 24 小時期間結束時，公鼠被放在牠可以選擇來自之前 24 小時的伴侶或是一隻不同母鼠的一個情境。在 3 小時試行期間公鼠與其之前的伴侶相處時間的百分比被記錄。隨附資料為讀自出現於 Nature 文章之一個段落的近似數值。這些資料是否支持研究者對於被基因改變的公鼠其與之前伴侶相處的平均時間百分比顯著高於未進行基因置入手術公鼠的假設？使用 $\alpha = .05$ 檢定相關假設。

**與之前伴侶相處的時間百分比**

| | | | | | | | | |
|---|---|---|---|---|---|---|---|---|
| 基因改變 | 59 | 62 | 73 | 80 | 84 | 85 | 89 | 92 |
| | 92 | 93 | 100 | | | | | |
| 非基因改變 | 2 | 5 | 13 | 28 | 34 | 40 | 48 | 50 |
| | 51 | 54 | 60 | 67 | 70 | 76 | 81 | 84 |
| | 85 | 92 | 97 | 99 | | | | |

**11.17** 一份報紙的故事標題為「性別在猴子的玩具選擇上扮演角色，研究發現——跟人類相似，公猴選擇球與車子，而母猴偏好娃娃與壺鍋」(*Knight Ridder Newspaper*，2005 年 12 月 8 日)。該文章接著摘要發表於文章「性別差異反映在非人類靈長類動物的孩童玩具」(*Evolution and Human Behavior* [2002]: 467-479) 的發現。44 隻公猴與 44 隻母猴每一隻被給與各種玩具，且記錄花在玩每一種玩具的時間。在此頁右上方的表格提供一隻猴子玩一個特殊玩具的花費時間百分比之平均數與標準差（讀自文章中段落的近似數值）。假設將這兩組 44 隻猴子的樣本視為母猴與公猴的代表是合理的。當回答此習題的各個部分的子題時，對於你所進行的任何假設檢定使用一個 .05 的顯著水準。

**時間百分比**

| | | 母猴 | | | 公猴 | |
|---|---|---|---|---|---|---|
| 玩具 | n | 樣本平均數 | 樣本標準差 | n | 樣本平均數 | 樣本標準差 |
| 警車 | 44 | 8 | 4 | 44 | 18 | 5 |
| 娃娃 | 44 | 20 | 4 | 44 | 9 | 2 |
| 毛毛狗 | 44 | 20 | 5 | 44 | 25 | 5 |

a. 警車被認為是一個「男性的玩具」。這些資料是否提供公猴花在玩警車的平均時間百分比大於母猴的充分證據？

b. 娃娃被認為是一個「女性的玩具」。這些資料是否提供母猴花在玩娃娃的平均時間百分比大於公猴的充分證據？

c. 毛毛狗被認為是一個「中性的玩具」。這些資料是否提供公猴與母猴花在玩毛毛狗的平均時間百分比不相等的充分證據？

d. 基於得自 (a) 至 (c) 部分的假設檢定結論，該引用的報紙故事頭條是否為研究發現的合理摘要？解釋之。

e. 對於母猴而言，解釋為何使用雙樣本 $t$ 檢定來決定是否存在證據說花在玩警車的平均時間百分比與花在玩娃娃的平均時間百分比為不同是不適當的。

**11.18** 文章「青少年乘客對於青少年駕駛的危險開車行為之觀察到的效應」(*Accident Analysis and Prevention* [2005]: 973-982) 以觀察當青少年的汽車離開高中停車場以及接著再一次的離學校大約 1/2 英里的一個地點來研究青少年的駕駛行為。假設將此研究中的青少年駕駛視為青少年駕駛母體的代表是合理的。對於任何假設檢定使用一個 .01 的顯著水準。

a. 與出現於文章之摘要數量一致的資料被提供於附表。這些測量代表青少年駕駛的一組樣本與青少女駕駛的一組樣本其

被觀察到的汽車速度與標示的速限（每小時英里）之間的差異。這些資料是否提供，平均而言，青少年駕駛會比青少女駕駛超速來得多之宣稱的充分支持？

| 超過速限的量 | |
|---|---|
| 男性駕駛 | 女性駕駛 |
| 1.3 | −0.2 |
| 1.3 | 0.5 |
| 0.9 | 1.1 |
| 2.1 | 0.7 |
| 0.7 | 1.1 |
| 1.3 | 1.2 |
| 3 | 0.1 |
| 1.3 | 0.9 |
| 0.6 | 0.5 |
| 2.1 | 0.5 |

b. 考慮在下表中所示載乘客的青少年駕駛的平均每小時超速英里。依此習題的目的，假設每一個駕駛—乘客組合的平均數是基於樣本量 $n = 40$ 的一組樣本且所有樣本標準差都等於 .8。

| | 男性乘客 | 女性乘客 |
|---|---|---|
| 男性駕駛 | 5.2 | .3 |
| 女性駕駛 | 2.3 | .6 |

i. 是否有充分證據結論男性駕駛載男性乘客的平均每小時超速英里大於女性駕駛載女性乘客的平均英里數？
ii. 是否有充分證據結論女性駕駛載男性乘客的平均每小時超速英里大於女性駕駛載女性乘客的平均英里數？
iii. 是否有充分證據結論男性駕駛載女性乘客的平均每小時超速英里小於女性駕駛載男性乘客的平均英里數？

c. 寫出幾個句子評論性別對於載青少年乘客的青少年駕駛的效應。

**11.19** 伏馬毒素是由一種黴菌所產生的環境毒素，且被發現於玉米和由生玉米製成的產品。Center for Food Safety and Applied Nutrition 基於玉米粉的一項研究提供在人類食物以及在動物飼料中被允許的伏馬毒素水準之建議。該研究比較由部分被消毒的玉米（具有細菌的玉米，位於核仁中心底部的一部分被用來生產玉米油，部分被移除）所製成的玉米粉與由未被消毒之玉米所生產的玉米粉。玉米粉的標本被分析且每一組標本的總伏馬毒素水準 (ppm) 被決定。來自美國食藥署網頁的總伏馬毒素水準的摘要統計量被提供於此。

| | $\bar{x}$ | $s$ |
|---|---|---|
| 部分消毒 | .59 | 1.01 |
| 未消毒 | 1.21 | 1.71 |

a. 如果提供的平均數與標準差是基於 10 個被部分消毒標本的一組隨機樣本以及 10 個由未被消毒之玉米製成的標本的一組隨機樣本，解釋進行一個雙樣本 $t$ 檢定來決定兩類玉米粉的平均伏馬毒素水準是否存在顯著差異為何不是適當的。
b. 假設每一組隨機樣本以包含 50 個玉米粉標本取代。解釋現在進行一個雙樣本 $t$ 檢定為何是合理的。
c. 假設每一組隨機樣本量為 50，進行一個檢定以決定這兩類玉米粉的平均伏馬毒素水準是否存在顯著差異。使用 .01 的顯著水準。

**11.20** 在維吉尼亞醫學院的一位研究者進行了 60 位隨機選取之男性足球員的一項研究，並結論在足球賽中經常「頭頂」球降低球員的智商（*USA Today*，1995 年 8 月 14 日）。足球員基於他們在每一場比賽中是否平均大於等於 10 次的頂球而被分為兩組。平均智商在該文章中被報導，但是未提供樣本量與標準差。假設這些數值如同在附表中所提供的。

|  | $n$ | 樣本平均數 | 樣本標準差 |
|---|---|---|---|
| 少於10次頂球 | 35 | 112 | 10 |
| 大於等於10次頂球 | 25 | 103 | 8 |

這些資料是否支持該研究者的結論？使用 $\alpha = .05$ 檢定相關假設。你能否結論頂球導致較低的智商？

**11.21** 因為相較於能量攝取之大量能量的消耗，特定的行為是否導致能量來源的嚴重流失？文章「紅背蠑螈之求偶與侵略（行為）的能量喪失」*Ecology* [1983]: 979-983) 報導關心行為與能量消耗之幾個研究之一。附表提供雄性與雌性蠑螈配偶的耗氧量（毫升 / 克 / 小時）。（消耗數值的決定相當複雜。這也是很少這類研究被進行的部分原因。）

| 行為 | 樣本量 | 樣本平均數 | 樣本標準差 |
|---|---|---|---|
| 未求愛 | 11 | .072 | .0066 |
| 求愛 | 15 | .099 | .0071 |

a. 當假設兩個母體分配為具有相等標準差 $(\sigma_1 = \sigma_2)$ 的常態為合理時，合併的 $t$ 檢定是檢定 $H_0: \mu_1 - \mu_2 =$ 假設值的一個檢定程序。此合併的 $t$ 檢定的檢定統計量是以將在雙樣本 $t$ 檢定統計量中的 $s_1$ 與 $s_2$ 用 $s_p$ 取代的方式被取得，其中

$$s_p = \sqrt{\frac{(n_1 - 1)s_1^2 + (n_2 - 1)s_2^2}{n_1 + n_2 - 2}}$$

當母體分配為具有相等標準差的常態以及 $H_0$ 為真，得到的合併的 $t$ 統計量為具有 df = $n_1 + n_2 - 2$ 的一個 $t$ 分配。對於報導的資料，這兩個樣本標準差為相似。以 $\alpha = .05$ 使用合併的 $t$ 檢定決定求愛配偶的平均耗氧量要高於未求愛配偶的平均耗氧量。

b. 如果雙樣本 $t$ 檢定被使用而非合併的 $t$ 檢定，在 (a) 部分的結論是否會不同？

## 11.2 使用成對樣本對兩個母體或處理之平均數間的差異做推論

　　如果組成許多樣本之一的個人或目標的選擇與在另一個樣本中的個人或目標的選擇無關，兩個樣本被說是*獨立的*。在某些情況，具有獨立樣本的一項研究並不是取得有關兩個母體間之可能差異資訊的最佳方式。例如，假設一位研究者想決定規律的有氧運動是否影響血壓。規律性慢跑民眾的一組隨機樣本以及沒有規律運動民眾的第二組隨機樣本彼此被獨立選出。研究者接著使用雙樣本 $t$ 檢定結論慢跑者與非慢跑者的平均血壓之間存在顯著差異。但是認為平均血壓的差異是歸因於慢跑是否合理？大家都知道血壓與飲食及體重有關。有可能是樣本中的慢跑者傾向於比起非慢跑者較瘦並堅持較健康的飲食，因而這可能說明觀察到的差異？以本研究為基礎，該研究者無法排除觀察到的血壓差異是由兩個樣本中民眾的體重差異所解釋的可能性，因而有氧運動本身沒有影響。

避免此困難的一種方式是以體重配對實驗對象。研究者會找到對象的成對，以使得在每一配對中的慢跑者與非慢跑者在體重上相似（雖然不同配對的體重可能變化很大）。體重的因素接著可能被排除作為兩個組別間觀察到的平均血壓差異之一個可能解釋。以體重配對這些對象導致兩組樣本使得在第一組樣本中的每一個觀測值被用一種有意義的方式與在第二組樣本中的一個特殊觀測值配對。這類樣本被稱為**配對 (paired)**。

研究可以各種不同方式被設計以產生配對資料。有些研究包含使用在某一干擾的處理前後測量皆被記錄的同一組個人。其他則可能使用自然發生的配對，諸如雙胞胎或是丈夫與妻子，而某些研究以可能遮掩感興趣之兩個母體間差異（或是缺乏差異）具有影響的因素進行配對的方式（如同在慢跑例子中的體重）來構建配對。配對樣本經常比獨立樣本提供更多資訊。

### 例 11.5　超音波的好處

超音波經常被用於軟組織受傷的治療。在調查超音波與伸展治療對膝蓋伸展的效果之一項研究中，物理治療病患的一組樣本在治療前後的全關節運動皆被測量。在文章「**超音波的位置並不提高超音波與伸展治療的全關節運動好處**」(University of Virginia Thesis, Trae Tashiro, 2003) 出現的資料子集合被提供於附表。

| 對象 | 全關節運動 |  |  |  |  |  |  |
|---|---|---|---|---|---|---|---|
|  | 1 | 2 | 3 | 4 | 5 | 6 | 7 |
| 治療前 | 31 | 53 | 45 | 57 | 50 | 43 | 32 |
| 治療後 | 32 | 59 | 46 | 64 | 49 | 45 | 40 |

我們可以將此資料視為由兩組樣本組成——治療前膝蓋全關節運動測量之物理治療病患的一組樣本，以及在超音波與伸展治療後之物理治療病患的一組樣本。這些樣本是配對而非獨立的，因為皆由對相同的 7 位病患之觀測值所構成。

是否有證據顯示超音波與伸展治療增加全關節運動？令 $\mu_1$ 表示治療前所有物理治療病患之母體的平均全關節運動。同理地，令 $\mu_2$ 表示超音波與伸展治療後物理治療病患之平均全關節運動。感興趣的假設可能是

$H_0$: $\mu_1 - \mu_2 = 0$ 對 $H_a$: $\mu_1 - \mu_2 < 0$

以虛無假設指出治療前的平均全關節運動與治療後的平均數為相等，以及對立假設陳述治療後的平均全關節運動大於治療前的平均數。注意在 7 個配對資料中有 6 個，治療後的全關節運動測量大於治療前。直覺地，這說明了母體平均數可能不相等。

忽視樣本的配對本質導致資訊的喪失。每個病患治療前與治療後的全關節運動測量皆不同。在雙樣本 $t$ 檢定被使用時，正是這個變異性可能遮掩了差異。如果我們（非正確地）對於已知資料下的獨立樣本使用雙樣本 $t$ 檢定，得到的 $t$ 檢定統計量數值會是 $-0.61$。此數值即使在 .10 的顯著水準也不會導致虛無假設的棄却。此結果可能先讓你覺得意外，但記得這個檢定程序忽略樣本如何被配對的資訊。資料的兩個圖示被提供於圖 11.1。第一個圖（圖 11.1(a)）忽略配對，而兩個樣本看起來相當類似。配對被指明的圖（圖 11.1(b)）確實說明一個差異，因為 7 個配對中有 6 個的真實治療後觀測值大於治療前觀測值。

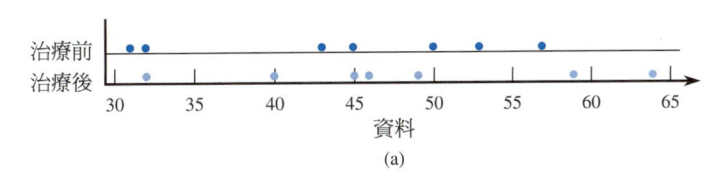

**圖 11.1**
來自例 11.5 之配對資料的兩個圖：(a) 配對被忽略；(b) 配對被指明

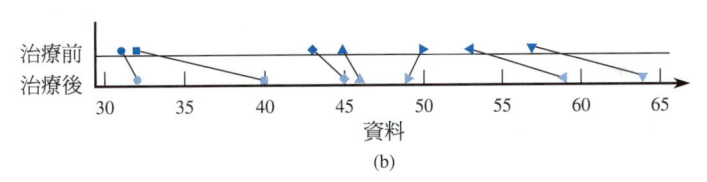

例 11.5 說明了為獨立樣本所發展的推論方法在處理配對樣本時是不適當的。當來自第一個母體的樣本觀測值被以某一有意義方式與來自第二個母體的樣本觀測值配對，推論可以被基於在每一個樣本配對中兩個觀測值之間的差異。$n$ 個樣本差異接著可被視為被選自差異的一整個母體。譬如在例 11.5 中，我們可以了解 7 個（治療前觀測值－治療後觀測值）差異可被視為選自差異的一整個母體。

令

$\mu_d$ = 差異母體的平均數

以及

$\sigma_d$ = 差異母體的標準差

兩個個別母體平均數與差異平均數之間的關係為

$\mu_d = \mu_1 - \mu_2$

因此，當樣本為配對的，關於 $\mu_1 - \mu_2$ 的推論等於對 $\mu_d$ 的推論。因為對 $\mu_d$ 的推論可以被基於 $n$ 個觀測的樣本差異，原來的雙樣本問題成為一個熟悉的單一樣本問題。

## 成對 $t$ 檢定

要比較兩個母體或處理平均數當樣本為配對，我們首先轉換感興趣的假設從有關 $\mu_1 - \mu_2$ 數值的數個到包含 $\mu_d$ 的相等假設：

| 假設 | 當樣本為配對的相等假設 |
|---|---|
| $H_0$: $\mu_1 - \mu_2 =$ 假設值 | $H_0$: $\mu_d =$ 假設值 |
| $H_a$: $\mu_1 - \mu_2 >$ 假設值 | $H_a$: $\mu_d >$ 假設值 |
| $H_a$: $\mu_1 - \mu_2 <$ 假設值 | $H_a$: $\mu_d <$ 假設值 |
| $H_a$: $\mu_1 - \mu_2 \neq$ 假設值 | $H_a$: $\mu_d \neq$ 假設值 |

樣本差異（樣本 1 數值 - 樣本 2 數值）接著被計算且被作為檢定關於 $\mu_d$ 的假設依據。當差異個數是大的或是當假設差異的母體為近似常態是合理的，基於差異的單一樣本 $t$ 檢定是被建議的檢定程序。一般而言，如果兩個個別母體的每一個都是常態，差異的母體也是常態。差異的一個常態機率圖或盒狀圖可以被用來決定常態性的假設是否合理。

### 比較兩個母體或處理平均數之成對 $t$ 檢定的摘要

**虛無假設**：$H_0$: $\mu_d =$ 假設值

**檢定統計量**：$t = \dfrac{\bar{x}_d - \text{假設值}}{\dfrac{s_d}{\sqrt{n}}}$

其中 $n$ 是樣本差異的個數以及 $\bar{x}_d$ 與 $s_d$ 是樣本差異的平均數與標準差。此檢定是基於 df $= n - 1$。

| 對立假設： | $P$ 值： |
|---|---|
| $H_a$: $\mu_d >$ 假設值 | 適當的 $t$ 曲線以下計算的 $t$ 值右側面積 |
| $H_a$: $\mu_d <$ 假設值 | 適當的 $t$ 曲線以下計算的 $t$ 值左側面積 |
| $H_a$: $\mu_d \neq$ 假設值 | (1) 2（$t$ 右側面積）如果 $t$ 為正值，或是 (2) 2（$t$ 左側面積）如果 $t$ 為負值 |

**前提假定**：1. 樣本為配對。
2. $n$ 個樣本差異可以被視為被來自差異母體的一組隨機樣本。
3. 樣本差異的個數是大的（通常至少 30）或是差異的母體分配為近似常態。

## 例 11.6　以下棋改善記憶

上西洋棋課程與每天下棋能否改善記憶？線上文章「美國少年西洋棋奧林匹克研究：發展記憶與語文推理」(*New Horizons for Learning*，2001 年 4 月；於 www.newhorizons.org 取得) 敘述先前未曾下過西洋棋的六年級學生參與接受西洋棋課程且每天下棋長達 9 個月的一個計畫之一項研究。每個學生在開始西洋棋計畫之前接受一個記憶測驗（認知能力測驗）且在 9 個月期間結束時再一次受測。資料（從一篇文章中的段落所讀到的）與計算的差異被提供於附表。

該文章的作者提議使用這些資料來檢定參與此西洋棋計畫的學生在計畫完成後傾向於達成較高的記憶分數之理論。我們可以將前測分數視為來自未參與該項西洋棋計畫之六年級學生母體分數的一組樣本，以及後測分數為自完成該項西洋棋訓練計畫之六年級學生母體的分數的一組樣本。這些樣本不是被獨立選取，因為每一組樣本由相同的 12 名學生組成。

令

$\mu_1$ = 沒有西洋棋訓練之六年級學生的平均記憶分數
$\mu_2$ = 在西洋棋訓練後之六年級學生的平均記憶分數

以及

$\mu_d = \mu_1 - \mu_2$ = 沒有西洋棋訓練之六年級學生與完成西洋棋訓練之六年級學生間的平均記憶分數差異

感興趣的問題可以被以檢定假設加以回答

$H_0$: $\mu_d = 0$ 對 $H_a$: $\mu_d < 0$

使用這 12 個差異，我們計算

|  | 記憶測驗分數 |  |  |
|---|---|---|---|
| 學生 | 前測 | 後測 | 差異 |
| 1 | 510 | 850 | −340 |
| 2 | 610 | 790 | −180 |
| 3 | 640 | 850 | −210 |
| 4 | 675 | 775 | −100 |
| 5 | 600 | 700 | −100 |
| 6 | 550 | 775 | −225 |
| 7 | 610 | 700 | −90 |
| 8 | 625 | 850 | −225 |
| 9 | 450 | 690 | −240 |
| 10 | 720 | 775 | −55 |
| 11 | 575 | 540 | 35 |
| 12 | 675 | 680 | −5 |

$$\sum diff = -1735 \quad \sum (diff)^2 = 383{,}325$$

$$\bar{x}_d = \frac{\sum diff}{n} = \frac{-1735}{12} = -144.58$$

$$s_d^2 = \frac{\sum (diff)^2 - \frac{(\sum diff)^2}{n}}{n-1} = \frac{383{,}325 - \frac{(-1735)^2}{12}}{11} = 12{,}042.99$$

$$s_d = \sqrt{s_d^2} = 109.74$$

現在我們以 .05 的一個顯著水準的成對 *t* 檢定來進行假設檢定。

1. $\mu_d$ = 沒有與有西洋棋訓練之學生間的平均記憶分數差異
2. $H_0$: $\mu_d = 0$
3. $H_a$: $\mu_d < 0$
4. 顯著水準：$\alpha = .05$
5. 檢定統計量：$t = \dfrac{\bar{x}_d - 假設值}{\dfrac{s_d}{\sqrt{n}}}$
6. 前提假定：雖然 12 位六年級學生的這個樣本不是一組隨機樣本，作者相信將此 12 個樣本差異視為所有這類差異的一組隨機樣本是合理的。差異的盒狀圖為近似對稱且並未顯示任何離群值，所以常態性的假設不是不合理的而我們將繼續成對 $t$ 檢定。
7. 計算：$t = \dfrac{-144.6 - 0}{\dfrac{109.74}{\sqrt{12}}} = -4.56$
8. $P$ 值：這是一個左尾檢定，所以 $P$ 值是計算的 $t$ 值左側面積。此檢定適當的 df 為 df = 12 − 1 = 11。從附錄表 4 的 df 11 欄位，因為 −4.0 左側面積為 .001 且檢定統計量 (−4.56) 在左尾的甚至更遠處，我們找到 $P$ 值 < .001。
9. 結論：由於 $P$ 值 $\leq \alpha$，我們棄却 $H_0$。資料支持完成西洋棋訓練之六年級學生的平均記憶分數高於訓練前的平均分數。

---

對於在例 11.6 中的資料使用雙樣本 $t$ 檢定（針對獨立樣本）會是不正確的，因為這些樣本不是獨立的。雙樣本 $t$ 檢定的不適當使用會導致 −4.25 的一個計算之檢定統計量。結論仍然會是棄却在此特殊例題中的相等平均記憶分數的假設，但這不是永遠成立的情況。

### 例 11.7　寬容的黑猩猩

文章「黑猩猩不關心不相干的團體成員的福利」(*Nature* [2005]: 1357-1359) 的作者結論「黑猩猩並不利用機會在對自己沒有成本下傳送利益給個人。」此結論乃基於來自一項實驗的資料，於其中，黑猩猩的一組樣本被訓練使用當一個控制桿被推動只能夠傳送食物給對象黑猩猩，以及當另一個控制桿被推動可以傳送食物給兩隻對象黑猩猩與在一個連接籠子裡的另一隻黑猩猩的一個裝置。在訓練後，當在一個連接的籠子裡沒有黑猩猩以及當在一個連接的籠子裡有另一隻黑猩猩時，這些黑猩猩被觀察。

這些研究者們假設黑猩猩若被其他黑猩猩的福利所激勵，當在一個連接的籠子裡有另一隻黑猩猩時，牠們會更常選擇提供食物給兩隻黑猩猩的選項。在 36 次機會中「餵食兩者」選項被選擇的次數資料（讀自文章中一個段落的大概數值）被提供於附表。

| 黑猩猩 | 「餵食兩者」選項被選擇的次數 | |
|---|---|---|
| | 連接籠子裡沒有黑猩猩 | 連接籠子裡有黑猩猩 |
| 1 | 21 | 23 |
| 2 | 22 | 22 |
| 3 | 23 | 21 |
| 4 | 21 | 23 |
| 5 | 18 | 19 |
| 6 | 16 | 19 |
| 7 | 19 | 19 |

大多數統計套裝軟體將執行一個成對 $t$ 檢定，而我們將使用 Minitab 進行檢定以決定是否存在充分證據顯示「餵食兩者」選項被選擇的平均次數在連接籠子裡有另一隻黑猩猩時要高於當對象黑猩猩為獨自一隻時。

1. $\mu_d$ = 獨處與在連接籠子裡有同伴之黑猩猩就「餵食兩者」選項之平均數間差異
2. $H_0$: $\mu_d = 0$
3. $H_a$: $\mu_d < 0$
4. 顯著水準：$\alpha = .05$
5. 檢定統計量：$t = \dfrac{\bar{x}_d - \text{假設值}}{\dfrac{s_d}{\sqrt{n}}}$
6. 前提假定：雖然在此研究中的黑猩猩不是被隨機選取，作者們認為牠們是黑猩猩母體的代表。差異的盒狀圖為近似對稱且並未顯示任何離群值，所以常態性的假設不是不合理的，而我們將繼續成對 $t$ 檢定。
7. 計算：從給定的 Minitab 輸出結果，$t = -1.35$。

   **Paired T-Test and CI: Alone, Companion**
   Paired T for Alone - Companion
   ```
                N       Mean      StDev    SE Mean
   Alone        7    20.0000     2.4495     0.9258
   Companion    7    20.8571     1.8645     0.7047
   Difference   7    −0.857143   1.676163   0.633530
   ```
   95% CI for mean difference: (−2.407335, 0.693050)
   T-Test of mean difference = 0 (vs not = 0): T-Value = −1.35    P-Value = 0.225

8. $P$ 值：從 Minitab 的輸出結果，$P$ 值 $= .225$。
9. 結論：由於 $P$ 值 $> \alpha$，$H_0$ 不被棄却。資料並不提供證據說當連接籠子裡有另一隻黑猩猩時，「餵食兩者」選項被選擇的平均次數為較大。這是在此例題一開始處所引用陳述的基礎。

注意 $\bar{x}_d$ 與成對 $t$ 的 $\bar{x}_1 - \bar{x}_2$ 以及雙樣本 $t$ 檢定統計量的這些分子總是相等。差異取決於分母。差異的變異性通常小於在每一個個別樣本中的變異性（因為在一個配對中的測量傾向於相似）。因此，成對 $t$ 統計量的數值在數量上經常大於雙樣本 $t$ 統計量的數值。配對典型上降低可能遮掩小的但卻仍為顯著差異之變異性。

### 信賴區間

在第 9 章提出對於 $\mu$ 之單一樣本 $t$ 信賴區間是很容易被改寫以取得 $\mu_d$ 的一個信賴區間。

#### $\mu_d$ 的成對 $t$ 信賴區間

當

1. 樣本為成對的，
2. $n$ 個樣本差異可以被視為來自一個差異母體的一組隨機樣本，以及
3. 樣本差異數是大的（通常至少 30）或是差異的母體分配為近似常態，

$\mu_d$ 的成對 $t$ 信賴區間為

$$\bar{x}_d \pm (t\text{臨界值}) \cdot \frac{s_d}{\sqrt{n}}$$

對於一個特定的信賴區間，附錄表 3 的 $(n-1)$ df 列提供適當的 $t$ 臨界值。

### 例 11.8　重新回到超音波的好處

讓我們使用得自例 11.5 的資料來為物理治療病患估計治療前平均全關節運動以及超音波與伸展治療後的平均全關節運動的差異。資料與被計算的差異被列出於左下方附表。

我們將使用這些資料以一個 95% 信賴區間來估計全關節運動的平均變動，假設參與此項研究的 7 名病患可視為是物理治療病患的代表。隨附之 7 個樣本差異的盒狀圖（下方右

| 全關節運動 |
|---|
| 對象 | 1 | 2 | 3 | 4 | 5 | 6 | 7 |
| 治療前 | 31 | 53 | 45 | 57 | 50 | 43 | 32 |
| 治療後 | 32 | 59 | 46 | 64 | 49 | 45 | 40 |
| 差異 | −1 | −6 | −1 | −7 | 1 | −2 | −8 |

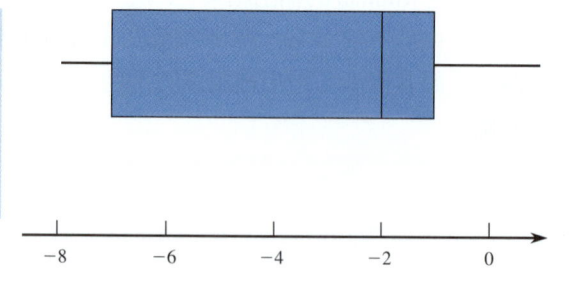

圖）與近似常態的一個差異母體並非不一致，所以成對的 $t$ 信賴區間為適當。使用這 7 個樣本差異所計算的平均數與標準差分別為 $-3.43$ 與 $3.51$。對於 df $= 6$ 與 95% 信賴水準的 $t$ 臨界值為 2.45，因而信賴區間為

$$\bar{x}_d \pm (t\text{ 臨界值}) \cdot \frac{s_d}{\sqrt{n}} = -3.43 \pm (2.45) \cdot \frac{3.51}{\sqrt{7}}$$
$$= -3.43 \pm 3.25$$
$$= (-6.68, -0.18)$$

基於此樣本資料，我們可以有 95% 的信心說平均全關節運動的差異為介於 $-6.68$ 與 $-0.18$ 之間。也就是，我們有 95% 的信心說在超音波與伸展治療後的全關節運動平均增加是在 0.18 與 6.68 之間的某處。

Minitab 輸出結果也被列示。Minitab 帶有稍微較多的小數點準確性，並報導 $(-6.67025, -0.18690)$ 的一個 95% 信賴區間。

**Paired T-Test and CI: Pre, Post**

Paired T for Pre − Post

|  | N | Mean | StDev | SE Mean |
|---|---|---|---|---|
| Pre | 7 | 44.4286 | 9.9976 | 3.7787 |
| Post | 7 | 47.8571 | 10.8847 | 4.1140 |
| Difference | 7 | −3.42857 | 3.50510 | 1.32480 |

95% CI for mean difference: (−6.67025, −0.18690)
T-Test of mean difference = 0 (vs not = 0): T-Value = −2.59    P-Value = 0.041

當兩個母體必須被比較以基於樣本資料下一個結論，研究者可能選擇使用獨立樣本或成對樣本。在許多情況中，成對資料以過濾可能遮掩兩個母體間差異或當不存在卻可能建議差異之一個外生變數的效果提供一個更有效的比較。

## 習題 11.22 − 11.36

**11.22** 假設你對於研究被使用於兩眼皆罹患青光眼之病患治療的一種藥的效果感到有趣。介於此藥之眼壓平均減少與一種標準治療之眼壓平均減少間的比較被期許。兩種治療被直接施用於眼睛。
a. 對於你的研究敘述你會如何進行資料收集。
b. 你的方法是否導致成對資料？
c. 你能否想到不會導致成對樣本之資料收集的一種合理方法？如此一個實驗是否與一配對實驗一樣資訊豐富？評論之。

**11.23** 防止地下輸送管腐蝕的兩種塗裝要被比較。一種塗裝的效果（被以在一段輸送管上的最大腐蝕滲透深度衡量）可能因深度、方向、土壤類型、輸送管的成分等而變化。敘述過濾這些外生變數之效果的一個實驗如何被執行。

11.24 要決定巧克力牛奶是否與其他碳水化合物的替代飲料一樣有效，9 位男性自行車騎士在飲料與一段休息期間之後完成了密集的運動。在休息期間結束時，每一位騎士完成一項運動直到力竭的一個耐久實驗且到力竭的花費時間被衡量。每一位騎士在兩個不同日子完成這整個療法。一天被提供的飲料是巧克力牛奶而另一天被提供的飲料是碳水化合物的替代飲料。出現在文章「巧克力牛奶作為復原輔助的功效」(*Medicine and Science in Sports and Exercise* [2004]: S126) 中的摘要數量一致之資料呈現於本頁下方的表格中。是否有證據顯示在飲用巧克力牛奶後至力竭的平均時間大於在碳水化合物替代飲料飲用後的平均時間？使用 .05 的一個顯著水準。

11.25 幽默的文章「人類在糖漿中將會游得較快或較慢？」(*American Institute of Chemical Engineers Journal* [2004]: 2646-2647) 研究游泳的流體力學。20 位泳者的每一人在填滿水的泳池中以及在用食品級的關華豆膠 (guar gum) 變濃的水以創造糖漿似的濃度的泳池中各游一特定的距離。以每秒公尺計的速度被記錄。從出現在該文章的一個圖所估計的數值被提供。該文章的作者們結論在關華糖漿中游泳並不改變游泳速度。給定的資料是否與此結論一致？使用 .01 的顯著水準進行一項假設檢定。

| | 速度（公尺/秒） | |
|---|---|---|
| 泳者 | 水 | 關華糖漿 |
| 1 | 0.90 | 0.92 |
| 2 | 0.92 | 0.96 |
| 3 | 1.00 | 0.95 |
| 4 | 1.10 | 1.13 |
| 5 | 1.20 | 1.22 |
| 6 | 1.25 | 1.20 |
| 7 | 1.25 | 1.26 |
| 8 | 1.30 | 1.30 |
| 9 | 1.35 | 1.34 |
| 10 | 1.40 | 1.41 |
| 11 | 1.40 | 1.44 |
| 12 | 1.50 | 1.52 |
| 13 | 1.65 | 1.58 |
| 14 | 1.70 | 1.70 |
| 15 | 1.75 | 1.80 |
| 16 | 1.80 | 1.76 |
| 17 | 1.80 | 1.84 |
| 18 | 1.85 | 1.89 |
| 19 | 1.90 | 1.88 |
| 20 | 1.95 | 1.95 |

11.26 在文章「行銷行動可以控制經歷快樂的神經表徵」(*Proceedings of the National Academy of Science* [2008]: 1050-1054) 中所敘述的研究調查價格是否影響人們的判斷。20 人中的每一位品嚐 6 種卡本內蘇維濃紅酒並在一個 1 至 6 的量尺上評等他們有多喜歡這些酒。在品嚐每一種紅酒前，參與者被告知其價格。在 6 種被品嚐的紅酒中，兩種實際上是相同的酒，但是參與者被告知其中一種每瓶 10 元而另一種則被告知每瓶 90 元。參與者被隨機分派至先品嚐 90 元的酒然後 10 元的酒，或是先品

習題 11.24 的表

| | 直到力竭的時間（分鐘） | | | | | | | | |
|---|---|---|---|---|---|---|---|---|---|
| 騎士 | 1 | 2 | 3 | 4 | 5 | 6 | 7 | 8 | 9 |
| 巧克力牛奶 | 24.85 | 50.09 | 38.30 | 26.11 | 36.54 | 26.14 | 36.13 | 47.35 | 35.08 |
| 碳水化合物替代品 | 10.02 | 29.96 | 37.40 | 15.52 | 9.11 | 21.58 | 31.23 | 22.04 | 17.02 |

嚐 10 元的酒然後 90 元的酒。差異（以從參與者認為該酒價值 90 元的品嚐評等減去參與者認為該酒價值 10 元的品嚐評等被計算）被計算。下列的差異與在該文章中提供的摘要數量一致。

差異（90 美元 − 10 美元）
2 4 1 2 1 0 0 3 0 2 1 3 3 1 4 1 2 2 1 −1

進行一個假設檢定以決定被給與當價值被敘述為 90 元的紅酒之平均評等是否高於被給與當價值被敘述為 10 元的紅酒之平均評等。使用 $\alpha = .01$。

**11.27** 在文章「**暴露於柴油排氣管引發人類志願者之 EEG 的改變**」(*Particle and Fibre Toxicology* [2007]) 中敘述的實驗，10 個健康的人暴露在柴油排氣管下 1 小時。在柴油排氣管暴露之前與之後，在腦中的兩個不同位置的腦部活動的測量（被稱為中位功率頻率，或 MPF）被記錄。得到的資料被提供於附表。依此習題的目的，假設將此 10 個人的樣本視為健康成人男性的代表是合理的。

| | MPF（赫茲） | | | |
|---|---|---|---|---|
| 對象 | 位置 1 之前 | 位置 1 之後 | 位置 2 之前 | 位置 2 之後 |
| 1 | 6.4 | 8.0 | 6.9 | 9.4 |
| 2 | 8.7 | 12.6 | 9.5 | 11.2 |
| 3 | 7.4 | 8.4 | 6.7 | 10.2 |
| 4 | 8.7 | 9.0 | 9.0 | 9.6 |
| 5 | 9.8 | 8.4 | 9.7 | 9.2 |
| 6 | 8.9 | 11.0 | 9.0 | 11.9 |
| 7 | 9.3 | 14.4 | 7.9 | 9.1 |
| 8 | 7.4 | 11.3 | 8.3 | 9.3 |
| 9 | 6.6 | 7.1 | 7.2 | 8.0 |
| 10 | 8.9 | 11.2 | 7.4 | 9.1 |

a. 資料是否提供在柴油暴露後腦部位置 1 的平均 MPF 較高之充分證據？使用 .05 的顯著水準檢定相關假設。
b. 對於暴露於柴油排氣管前後在腦部位置 2 之平均 MPF 的差異構建與解釋一個 90% 的信賴區間估計值。

**11.28** 文章「**較少的空氣汙染導致氣喘兒童呼吸道發炎的快速減少與呼吸道功能的改善**」(*Pediatrics* [2009]: 1051-1058) 敘述住在被汙染的城市環境中患有輕微氣喘病的兒童被重新安置於較少汙染的鄉村環境中 7 天的一項研究。在城市環境有關呼吸功能的各種測量先被記錄並且 7 天後在鄉村環境的這些測量接著再次被記錄。附圖顯示三個這些測量的城市與鄉村數值：鼻子

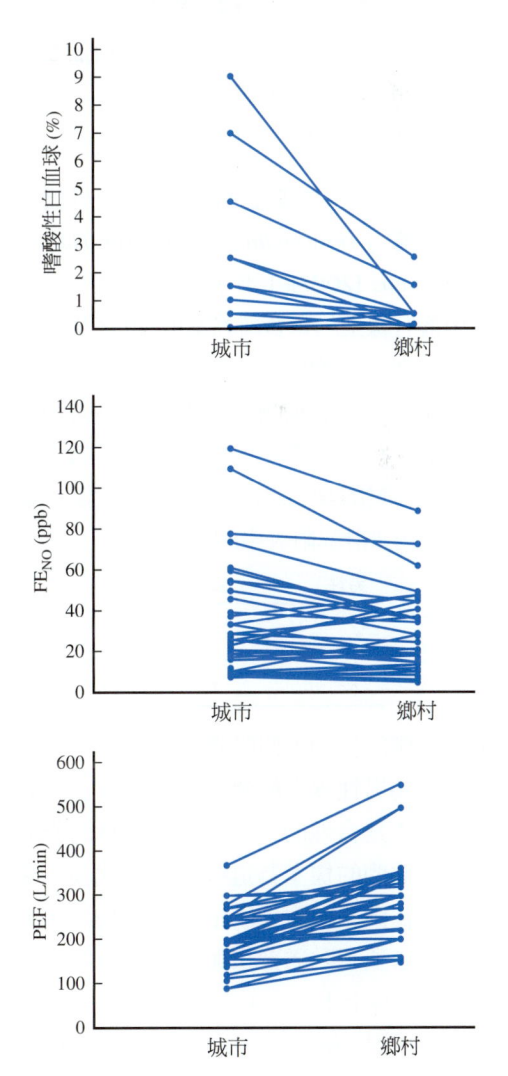

的嗜酸性白血球、呼氣的一氧化氮濃度 (FE$_{NO}$)，以及尖峰呼氣流量 (PEF)。同一位兒童的城市與鄉村數值被用一條直線連接。該文章的作者們使用成對 $t$ 檢定來決定這三個測量值的每一個城市與鄉村平均數存在顯著差異。這些檢定中的一個得到小於 .001 的 $P$ 值，一個得到介於 .001 與 .01 之間的 $P$ 值，以及一個得到介於 .01 與 .05 之間的 $P$ 值。

a. 你認為哪一個測量值（嗜酸性白血球、FE$_{NO}$，或是 PEF）導致具有小於 .001 之 $P$ 值的一個檢定？解釋你的推理。

b. 你認為哪一個測量值（嗜酸性白血球、FE$_{NO}$，或是 PEF）導致具有最大 $P$ 值的一個檢定？解釋你的推理。

**11.29** 文章「**在線上約會檔案資料說謊的真相**」(*Proceedings, Computer-Human Interactions* [2007]: 1-4) 敘述一項調查，於其中擁有線上約會資料檔案的 40 名男性與 40 名女性同意參與一項研究。每一位參與者的身高（吋）被測量且實際身高被與提供於個人線上檔案中的身高比較。線上檔案身高與實際身高之間的差異（檔案 − 實際）被用來計算附表中的數值。

| 男性 | 女性 |
|---|---|
| $\bar{x}_d = 0.57$ | $\bar{x}_d = 0.03$ |
| $s_d = 0.81$ | $s_d = 0.75$ |
| $n = 40$ | $n = 40$ |

依此習題的目的，假設將此研究中的兩組樣本視為男性線上約會者與女性線上約會者的代表是合理的。（雖然該文章的作者們相信他們的樣本為這些母體的代表，參與者為經由報紙廣告所招募的志願者，不過我們必須有點猶豫來類推結果到所有線上約會者身上！）

a. 使用成對 $t$ 檢定決定是否有充分證據顯示，平均而言，男性線上約會者在線上約會資料檔案中誇大其身高。使用 $\alpha = .05$。

b. 為女性線上約會者構建與解釋平均線上約會檔案身高與平均實際身高之間差異的一個 95% 信賴區間。

c. 使用 11.1 節的雙樣本 $t$ 檢定來檢定 $H_0: \mu_m - \mu_f = 0$ 對 $H_a: \mu_m - \mu_f > 0$，其中 $\mu_m$ 是男性線上約會者的平均身高差異（檔案 − 實際）以及 $\mu_f$ 是女性線上約會者的平均身高差異（檔案 − 實際）。

d. 解釋為何成對 $t$ 檢定被使用於 (a) 部分，但是雙樣本 $t$ 檢定被使用於 (c) 部分。

**11.30** 新聞發布的標題「**當計算時保持分數：畢業率與學業進步率**」(The Institute for Diversity and Ethics in Sport，2009 年 3 月 16 日) 提供 2009 年在有籃球課程的每一所 NCAA 第一級大學之非裔美籍籃球員與白人籃球員的畢業率。解釋為何不需要使用成對 $t$ 檢定以決定對於第一級學校而言，是否非裔美籍籃球員的平均畢業率不同於白人籃球員的平均畢業率。

**11.31** 當鈣質在母體中為了提供乳量的產生而損耗，哺乳餵奶有時候導致骨骼質量的暫時減少。文章「**低鈣質攝取之青少年母親其骨骼質量從哺乳期到斷奶後的恢復**」(*American Journal of Clinical Nutrition* [2004]: 1322-1326) 提供母親的一個樣本在哺乳餵奶 (B) 與斷奶期間 (P) 的總身體骨骼礦物質成分（克）的隨附資料。此資料是否提示斷奶期間的真正平均總身體骨骼礦物質成分大於哺乳餵奶期間的平均成分多於 25 克？使用 .05 的顯著水準陳述與檢定適當的假設。

| 對象 | 1 | 2 | 3 | 4 | 5 |
|---|---|---|---|---|---|
| B | 1928 | 2549 | 2825 | 1924 | 1628 |
| P | 2126 | 2885 | 2895 | 1942 | 1750 |

| 對象 | 6 | 7 | 8 | 9 | 10 |
|---|---|---|---|---|---|
| B | 2175 | 2114 | 2621 | 1843 | 2541 |
| P | 2184 | 2164 | 2626 | 2006 | 2627 |

**11.32** 文章「**棒球員肩關節移位的量化評估**」(*The American Journal of Sports Medicine* [2004]: 1711-1715) 考慮投手的一組樣本與守備球員的另一組樣本之肩膀動作的各方面。作者們體貼的在下面提供慣用手臂與非慣用手臂之前後移位，向前與向後動作範圍的一種測量的資料。

| 球員 | 守備球員慣用手臂 | 守備球員非慣用手臂 | 投手 | 投手慣用手臂 | 投手非慣用手臂 |
|---|---|---|---|---|---|
| 1 | 30.31 | 32.54 | 1 | 27.63 | 24.33 |
| 2 | 44.86 | 40.95 | 2 | 30.57 | 26.36 |
| 3 | 22.09 | 23.48 | 3 | 32.62 | 30.62 |
| 4 | 31.26 | 31.11 | 4 | 39.79 | 33.74 |
| 5 | 28.07 | 28.75 | 5 | 28.50 | 29.84 |
| 6 | 31.93 | 29.32 | 6 | 26.70 | 26.71 |
| 7 | 34.68 | 34.79 | 7 | 30.34 | 26.45 |
| 8 | 29.10 | 28.87 | 8 | 28.69 | 21.49 |
| 9 | 25.51 | 27.59 | 9 | 31.19 | 20.82 |
| 10 | 22.49 | 21.01 | 10 | 36.00 | 21.75 |
| 11 | 28.74 | 30.31 | 11 | 31.58 | 28.32 |
| 12 | 27.89 | 27.92 | 12 | 32.55 | 27.22 |
| 13 | 28.48 | 27.85 | 13 | 29.56 | 28.86 |
| 14 | 25.60 | 24.95 | 14 | 28.64 | 28.58 |
| 15 | 20.21 | 21.59 | 15 | 28.58 | 27.15 |
| 16 | 33.77 | 32.48 | 16 | 31.99 | 29.46 |
| 17 | 32.59 | 32.48 | 17 | 27.16 | 21.26 |
| 18 | 32.60 | 31.61 | | | |
| 19 | 29.30 | 27.46 | | | |

a. 使用一個 95% 的信賴區間估計投手之慣用手臂與非慣用手臂之間的真正平均移位差異。

b. 使用一個 95% 的信賴區間估計守備球員之慣用手臂與非慣用手臂之間的真正平均移位差異。

c. 作者們堅稱投手比守備球員在他們的肩膀平均前後移位上有較大的差異。

**11.33** 兩種被提出的電腦滑鼠設計被每人皆使用兩類型滑鼠的 24 個人以記錄腕部伸展度數加以比較（「**兩種電腦滑鼠設計的比較研究**」，Cornell Human Factors Laboratory Technical Report RP7992）。腕部伸展的差異以為每一位學生從 A 型滑鼠的腕部伸展減去 B 型滑鼠的伸展被計算。平均差異被報導為 8.82 度。假設將此 24 個人的樣本視為電腦使用者母體的代表是合理的。

a. 假設差異的標準差為 10 度。A 型滑鼠的平均腕部伸展大於 B 型的平均是否存在充分證據？使用 .05 的顯著水準。

b. 假設差異的標準差為 26 度。A 型滑鼠的平均腕部伸展大於 B 型的平均是否存在充分證據？使用 .05 的顯著水準。

c. 簡要解釋為何在 (a) 與 (b) 部分的假設檢定得到不同的結論。

**11.34** 文章「**更多學生參加 AP 測驗**」(*San Luis Obispo Tribune*，2003 年 1 月 10 日) 提供參加一個或更多測驗的 11 與 12 年級學生百分比以及在 1997 年與 2002 年加州中部海岸的 7 所高中取得學分的測驗百分比之下列資訊。

| | 參加一個或更多 AP測驗的學生百分比 | | 取得大學學分的測驗百分比 | |
|---|---|---|---|---|
| 學校 | 1997 | 2002 | 1997 | 2002 |
| 1 | 13.6 | 18.4 | 61.4 | 52.8 |
| 2 | 20.7 | 25.9 | 65.3 | 74.5 |
| 3 | 8.9 | 13.7 | 65.1 | 72.4 |
| 4 | 17.2 | 22.4 | 65.9 | 61.9 |
| 5 | 18.3 | 43.5 | 42.3 | 62.7 |
| 6 | 9.8 | 11.4 | 60.4 | 53.5 |
| 7 | 15.7 | 17.2 | 42.9 | 62.2 |

a. 假設將這 7 所學校視為位於加州中部海岸之高中的一組隨機樣本是合理的，進行一個適當的檢定以決定是否存在充分證據顯示 1997 年與 2002 年在中部海岸高中取得大學學分的平均測驗百分比為相異的。

b. 你是否認為類推在 (a) 部分的檢定結論至所有加州高中是合理的？解釋之。

c. 使用成對 $t$ 檢定於學生參加一個或更多 AP 課程的百分比資料是合理的嗎？解釋之。

**11.35** 極端早產的嬰兒比起非早產嬰兒冒著各種神經病學的問題並傾向於有較低的智商與語言能力分數。文章「早產兒可能恢復智能，研究說」（*San Luis Obispo Tribune*，2003 年 2 月 12 日）摘要提示在較小年紀觀察到的缺陷可能到了兒童年齡會減少之醫學研究的結果。早產兒童在 3 歲與再一次的在 8 歲接受一項語言能力測驗。將該測驗結果作成量尺，並將出生體重正常的兒童其平均值設為 100。與在文章中提供之摘要數量一致的 50 位早產兒童資料被用於產生隨附的 Minitab 輸出結果，其中 Age 3 代表 3 歲時的語言測驗分數而 Age 8 代表 8 歲時的語言測驗分數。使用 Minitab 輸出結果進行檢定以決定是否有證據顯示早產兒童的平均語言測驗分數在 3 歲與 8 歲之間增加。你可能假設將這 50 名兒童的樣本視為來自所有早產兒童之母體的一組隨機樣本是合理的。

**Paired T-Test and CI: Age8, Age3**
Paired T for Age8 – Age3

|  | N | Mean | StDev | SE Mean |
|---|---|---|---|---|
| Age8 | 50 | 97.21 | 16.97 | 2.40 |
| Age3 | 50 | 87.30 | 13.84 | 1.96 |
| Difference | 50 | 9.91 | 22.11 | 3.13 |

T-Test of mean difference = 0 (vs > 0): T-Value = 3.17
P-Value = 0.001

**11.36** 女孩是否認為她們不需像男孩一樣修那麼多的理化課程？文章「未來年輕學生選修理化課程的意圖：性別差異的檢視」（*Science Education*, [1999]: 55-76）提供得自 4、5 與 6 年級兒童之一項調查的資訊。224 位參與該調查的每一位女孩指出她們未來傾向於選讀的理化課程數，且她們也指出她們認為與其同齡之男孩未來應該會選讀的理化課程數。針對每一位女孩，作者計算她傾向於選讀的理化課程數與她認為男孩應該會選讀的理化課程數之間的差異。

a. 解釋這些資料為何是成對的。

b. 差異的平均數為 −.83（意指平均而言，比起她們認為男孩應該會選讀的，女孩傾向於選讀較少課程），以及標準差為 1.51。為此平均差異構建並解釋一個 95% 的信賴區間。

## 11.3 兩個母體或處理比例間差異的大樣本推論

估計與檢定關於一個單一母體比例之假設的大樣本方法被呈現於第 9 章與第 10 章。符號 $p$ 被用來代表在母體中擁有某一特徵（成功）之個體的比例。關於 $p$ 數值的推論乃基於 $\hat{p}$，對應之成功的樣本比例。

許多研究被執行以比較一個母體（或得自一個處理）中的成功比例與在第二個母體（或來自第二個處理）的成功比例。如同在平均數的情況，我們使用下標 1 與 2 來分辨兩個母體比例、樣本量與樣本比例。

**符號**

**母體或處理 1**：「成功」的比例 $= p_1$

**母體或處理 2**：「成功」的比例 $= p_2$

|  | 樣本量 | 成功的比例 |
|---|---|---|
| 來自母體或處理 1 的樣本 | $n_1$ | $\hat{p}_1$ |
| 來自母體或處理 2 的樣本 | $n_2$ | $\hat{p}_2$ |

當基於「成功」比例來比較兩個母體或處理，通常聚焦於數量 $p_1 - p_2$，兩個比例之間的差異。因為 $\hat{p}_1$ 提供 $p_1$ 的估計值且 $\hat{p}_2$ 提供 $p_2$ 的估計值，$p_1 - p_2$ 之一個估計值的明顯選擇為 $\hat{p}_1 - \hat{p}_2$。

因為 $\hat{p}_1$ 與 $\hat{p}_2$ 個別皆因樣本而不同，$\hat{p}_1 - \hat{p}_2$ 的差異也將因樣本而不同。例如，來自兩個母體的每一個第一組樣本可能產生

$$\hat{p}_1 = .69 \quad \hat{p}_2 = .70 \quad \hat{p}_1 - \hat{p}_2 = .01$$

得自每一個母體的第二組樣本可能導致

$$\hat{p}_1 = .79 \quad \hat{p}_2 = .67 \quad \hat{p}_1 - \hat{p}_2 = .12$$

依此類推。由於統計量 $\hat{p}_1 - \hat{p}_2$ 是推論關於 $p_1 - p_2$ 的基礎，我們需要瞭解其行為的某些內容。

### $\hat{p}_1 - \hat{p}_2$ 之抽樣分配的特性

如果兩個隨機樣本彼此被獨立選取，下列特性成立：

1. $\mu_{\hat{p}_1 - \hat{p}_2} = p_1 - p_2$

   此特性意指 $\hat{p}_1 - \hat{p}_2$ 的抽樣分配以 $p_1 - p_2$ 為中心，因此 $\hat{p}_1 - \hat{p}_2$ 是估計 $p_1 - p_2$ 的一個不偏統計量。

2. $\sigma^2_{\hat{p}_1 - \hat{p}_2} = \sigma^2_{\hat{p}_1} + \sigma^2_{\hat{p}_2} = \dfrac{p_1(1 - p_1)}{n_1} + \dfrac{p_2(1 - p_2)}{n_2}$

   以及

   $\sigma_{\hat{p}_1 - \hat{p}_2} = \sqrt{\dfrac{p_1(1 - p_1)}{n_1} + \dfrac{p_2(1 - p_2)}{n_2}}$

> 3. 如果 $n_1$ 與 $n_2$ 都是大的（也就是，如果 $n_1p_1 \geq 10$，$n_1(1-p_1) \geq 10$，$n_2p_2 \geq 10$，$n_2(1-p_2) \geq 10$），則 $\hat{p}_1$ 與 $\hat{p}_2$ 個別都有近似常態的一個抽樣分配，而且其差異 $\hat{p}_1 - \hat{p}_2$ 也有近似常態的一個抽樣分配。

在方框中的特性提示當樣本被獨立選取且當兩個樣本量都是大的，標準化變項

$$z = \frac{\hat{p}_1 - \hat{p}_2 - (p_1 - p_2)}{\sqrt{\frac{p_1(1-p_1)}{n_1} + \frac{p_2(1-p_2)}{n_2}}}$$

的分配被敘述為以標準常態 ($z$) 曲線近似。

## 大樣本的檢定程序

$p_1$ 與 $p_2$ 的比較通常基於大的、被獨立選取的樣本，且我們限制自己於此情況。最一般的感興趣虛無假設具有形式

$H_0$: $p_1 - p_2 =$ 假設值

然而，當假設值為不等於 0 的某個數值，適當的檢定統計量有點不同於被 $H_0$: $p_1 - p_2 = 0$ 使用的檢定統計量。因為這個 $H_0$ 在應用的問題中幾乎經常是有關的一個，我們特別著重於它。

我們的基本檢定原理是使用在渴望的顯著水準 $\alpha$ 下控制型 I 錯誤機率的一個程序。這需要當 $H_0$ 為真時，使用已知具有抽樣分配的一個檢定統計量。也就是，該檢定統計量應該在 $p_1 = p_2$（如同被虛無假設所指稱的 $p_1 - p_2 = 0$）的假設下被發展。在此情況下，$p$ 被用來表示兩個母體比例的共同數值。以標準化 $\hat{p}_1 - \hat{p}_2$ 來取得的 $z$ 變項則簡化為

$$z = \frac{\hat{p}_1 - \hat{p}_2}{\sqrt{\frac{p(1-p)}{n_1} + \frac{p(1-p)}{n_2}}}$$

不幸地，這不能作為一個檢定統計量，因為分母無法被計算。$H_0$ 陳述有一個共同數值 $p$，但是並未指明該數值為何。然而，檢定統計量可以被首先從樣本資料估計 $p$ 且接著使用此估計值於 $z$ 的分母加以取得。

當 $p_1 = p_2$，$\hat{p}_1$ 與 $\hat{p}_2$ 都是共同比例 $p$ 的估計值。然而，比起 $\hat{p}_1$ 或 $\hat{p}_2$ 的一個較佳

估計值為兩個數值的一個加權平均，於其中較多的權重被給與基於較大樣本的樣本比例。

> **定義**
>
> 共同的母體比例之組合估計值為
> $$\hat{p}_c = \frac{n_1\hat{p}_1 + n_2\hat{p}_2}{n_1 + n_2} = \frac{\text{在兩組樣本中的總成功數}}{\text{兩個樣本量的總和}}$$

檢定 $H_0: p_1 - p_2 = 0$ 的檢定統計量得自使用 $\hat{p}_c$，組合的估計值，取代在之前所提供的標準化變數 $z$ 中的 $p$。當 $H_0$ 為真時，此一 $z$ 統計量具有近似的一個標準常態分配，所以具有期望的顯著水準 $\alpha$ 之一個檢定可以被以使用 $z$ 表計算一個 $P$ 值而得。

### $p_1 - p_2 = 0$ 之大樣本 $z$ 檢定的摘要

**虛無假設**：$H_0: p_1 - p_2 = 0$

**檢定統計量**：
$$z = \frac{\hat{p}_1 - \hat{p}_2}{\sqrt{\dfrac{\hat{p}_c(1-\hat{p}_c)}{n_1} + \dfrac{\hat{p}_c(1-\hat{p}_c)}{n_2}}}$$

**對立假設**：     **P 值**：

$H_a: p_1 - p_2 > 0$     $z$ 曲線以下計算的 $z$ 右側面積

$H_a: p_1 - p_2 < 0$     $z$ 曲線以下計算的 $z$ 左側面積

$H_a: p_1 - p_2 \neq 0$     (1) 2 ($z$ 右側面積) 如果 $z$ 為正值

                               或是

                                 (2) 2 ($z$ 左側面積) 如果 $z$ 為負值

**前提假設**：1. 樣本為被獨立選取的隨機樣本，或是處理被隨機分派至個人或個體（或是對象被隨機分派至處理）。

             2. 樣本量都是大的：

                $n_1\hat{p}_1 \geq 10$，$n_1(1-\hat{p}_1) \geq 10$，$n_2\hat{p}_2 \geq 10$，$n_2(1-\hat{p}_2) \geq 10$

### 例 11.9 強力膠帶去除皮瘤（疣）？

有些人似乎相信你可以用強力膠帶固定任何東西。即便如此，許多人懷疑當研究者宣布強力膠帶可能是一個比液態氮，其為醫生例行性用來凍結皮瘤，更有效且較不痛的替代

品。文章「何謂 Fix-It：強力膠帶可以去除皮瘤」（*San Luis Obispo Tribune*，2002 年 10 月 15 日）敘述在 Madigan 陸軍醫學中心所進行的一項研究。患有皮瘤的病患被隨機分派至強力膠帶處理或更傳統的凍結處理之一。在強力膠帶組中的那些人在皮瘤上戴著強力膠帶 6 天，然後移除膠帶，在水中浸泡該部位，並使用金鋼砂板刮除該部位。這個程序被重複進行最多 2 個月或直到皮瘤消失。與在文章中數值一致的資料被摘要於下表：

| 處理 | $n$ | 成功移除皮瘤的人數 |
|---|---|---|
| 液態氮凍結 | 100 | 60 |
| 強力膠帶 | 104 | 88 |

這些資料是否提示在移除皮瘤上相較於強力膠帶，凍結是較不成功的？令 $p_1$ 表示會成功以凍結移除之皮瘤的真正比例，以及令 $p_2$ 表示會成功以強力膠帶處理移除之皮瘤的真正比例。使用 $\alpha = .01$，我們檢定相關假設

$H_0: p_1 - p_2 = 0$ 對 $H_a: p_1 - p_2 < 0$

對於這些資料，

$$\hat{p}_1 = \frac{60}{100} = .60$$

$$\hat{p}_2 = \frac{88}{104} = .85$$

假設 $p_1 = p_2$ 且令 $p$ 表示共同數值。則 $\hat{p}_c$，$p$ 的組合估計值為

$$\hat{p}_c = \frac{n_1\hat{p}_1 + n_2\hat{p}_2}{n_1 + n_2} = \frac{100(.60) + 104(.85)}{100 + 104} = .73$$

9 個步驟的程序現在可以被用來進行假設檢定：

1. $p_1 - p_2$ 為被凍結與被強力膠帶處理移除之皮瘤的真正比例間的差異。
2. $H_0: p_1 - p_2 = 0$　　$(p_1 = p_2)$
3. $H_a: p_1 - p_2 < 0$　　$(p_1 < p_2$，在此情況下被凍結移除的皮瘤比例低於被強力膠帶移除的比例。)
4. 顯著水準：$\alpha = .01$
5. 檢定統計量：$z = \dfrac{\hat{p}_1 - \hat{p}_2}{\sqrt{\dfrac{\hat{p}_c(1 - \hat{p}_c)}{n_1} + \dfrac{\hat{p}_c(1 - \hat{p}_c)}{n_2}}}$
6. 假設：對象被隨機分派至兩種處理。檢查以確定樣本量夠大，我們計算

$n_1\hat{p}_1 = 100(.60) = 60 \geq 10$
$n_1(1 - \hat{p}_1) = 100(.40) = 40 \geq 10$
$n_2\hat{p}_2 = 104(.85) = 88.4 \geq 10$
$n_2(1 - \hat{p}_2) = 104(.15) = 15.6 \geq 10$

7. 計算：

$n_1 = 100 \quad n_2 = 104 \quad \hat{p}_1 = .60 \quad \hat{p}_2 = .85 \quad \hat{p}_c = .73$

而因此

$$z = \frac{.60 - .85}{\sqrt{\frac{(.73)(.27)}{100} + \frac{(.73)(.27)}{104}}} = \frac{-.25}{.062} = -4.03$$

8. $P$ 值：這是一個左尾檢定，所以 $P$ 值是 $z$ 曲線以下與計算的 $z = -4.03$ 左側面積。從附錄表 2，$P$ 值 $\approx 0$。

9. 結論：因為 $P$ 值 $\leq \alpha$，在顯著水準 .01 時虛無假設被棄却。有充分證據顯示凍結所成功移除的皮瘤比例低於強力膠帶處理的比例。

Minitab 也可以被用來進行一個雙樣本 $z$ 檢定以比較兩個母體比例，如同在下列例子中所說明。

## 例 11.10　睡眠不足？

長時間工作的人是否有較多的睡眠問題？此問題在文章「長的工作時間與睡眠障礙：白廳 II 前瞻性世代研究」(*Sleep* [2009]: 737-745) 中被檢視。附表中的資料為來自英國文官工作者之兩組獨立選取的樣本，他們全部是正職且每週至少工作 35 小時。該文章的作者相信這些樣本是每週工作 35 至 40 小時以及每週工作超過 40 小時之全職英國文官工作者的代表。

|  | $n$ | 一晚經常少於 7 小時睡眠的人數 |
|---|---|---|
| 每週工作超過 40 小時 | 1501 | 750 |
| 每週工作 35 至 40 小時 | 958 | 407 |

這些資料是否支持對於那些每週工作超過 40 小時的文官其一晚經常少於 7 小時睡眠的比例高於每週工作介於 35 與 40 小時之間的文官比例的理論？讓我們以 $\alpha = .01$ 進行假設檢定。對於這些樣本

| 每週超過 40 小時 | $n_1 = 1501$ | $\hat{p}_1 = \dfrac{750}{1501} = .500$ |
|---|---|---|
| 每週介於 35 與 40 小時間 | $n_2 = 958$ | $\hat{p}_2 = \dfrac{407}{958} = .425$ |

1. $p_1 =$ 每週工作超過 40 小時而少於 7 小時睡眠的文官比例

   $p_2 =$ 每週工作介於 35 與 40 小時之間而少於 7 小時睡眠的文官比例

2. $H_0: p_1 - p_2 = 0$
3. $H_a: p_1 - p_2 > 0$
4. 顯著水準：$\alpha = .01$
5. 檢定統計量：$z = \dfrac{\hat{p}_1 - \hat{p}_2}{\sqrt{\dfrac{\hat{p}_c(1-\hat{p}_c)}{n_1} + \dfrac{\hat{p}_c(1-\hat{p}_c)}{n_2}}}$
6. 前提假設：這兩組樣本為獨立被選取。將此樣本視為兩個感興趣母體的代表是合理的。以使用 $n_1 = 1501$，$\hat{p}_1 = .500$，$n_2 = 958$，以及 $\hat{p}_2 = .425$ 檢查以確定樣本量夠大，我們可得

$$n_1\hat{p}_1 = 750.50 \geq 10$$
$$n_1(1-\hat{p}_1) = 750.50 \geq 10$$
$$n_2\hat{p}_2 = 407.15 \geq 10$$
$$n_2(1-\hat{p}_2) = 550.85 \geq 10$$

7. 計算：Minitab 輸出結果呈現於下。從輸出結果，$z = 3.64$。

**Test for Two Proportions**

```
Sample     X      N     Sample p
1         750   1501    0.499667
2         407    958    0.424843
```
Difference = p (1) − p (2)
Estimate for difference: 0.0748235
Test for difference = 0 (vs > 0): Z = 3.64 P-Value = 0.000

8. $P$ 值：從電腦輸出結果，$P$ 值 = 0.000
9. 結論：因為 $P$ 值 $\leq \alpha$，在顯著水準 .01 時虛無假設被棄却。

有強烈證據顯示每週工作超過 40 小時的英國文官其一晚少於 7 小時睡眠的比例高於每週工作介於 35 與 40 小時之間的文官比例。注意因為資料為來自一個觀察研究，我們無法結論在工作時數與睡眠之間具有因果關係。雖然我們可以結論長時數工作者一晚少於 7 小時睡眠的較高比例，我們無法結論長時數工作是較短睡眠的原因。我們也應該注意樣本為選自英國文官工作者，所以將此結論類推至所有工作者不會是一個好主意。

## 信賴區間

$p_1 - p_2$ 的大樣本信賴區間是一般的 $z$ 區間公式的特例

點估計值 ± ($z$ 臨界值)(估計的標準差)

統計量 $\hat{p}_1 - \hat{p}_2$ 提供 $p_1 - p_2$ 的一個點估計值，且此統計量的標準差為

$$\sigma_{\hat{p}_1 - \hat{p}_2} = \sqrt{\dfrac{p_1(1-p_1)}{n_1} + \dfrac{p_2(1-p_2)}{n_2}}$$

估計的標準差是以利用樣本比例 $\hat{p}_1$ 與 $\hat{p}_2$ 分別取代在平方根符號以下的 $p_1$ 與 $p_2$ 被取得。注意此估計的標準差不同於之前被使用於檢定統計量的那一個。當構建一個信賴區間，沒有一個宣稱 $p_1 = p_2$ 的虛無假設，所以沒有假設之 $p$ 的共同數值需要估計。

### $p_1 - p_2$ 的大樣本信賴區間

當
1. 樣本為被獨立選取的隨機樣本或處理被隨機分派至個人或個體（反之亦然），以及
2. 樣本都是大的：
$n_1\hat{p}_1 \geq 10$，$n_1(1 - \hat{p}_1) \geq 10$，$n_2\hat{p}_2 \geq 10$，$n_2(1 - \hat{p}_2) \geq 10$

$p_1 - p_2$ 的一個大樣本信賴區間為

$$(\hat{p}_1 - \hat{p}_2) \pm (z\text{ 臨界值})\sqrt{\frac{\hat{p}_1(1 - \hat{p}_1)}{n_1} + \frac{\hat{p}_2(1 - \hat{p}_2)}{n_2}}$$

### 例 11.11 言論自由的選擇

文章「什麼的自由？」（*Associated Press*，2005 年 2 月 1 日）敘述一項研究中的高中學生與高中教師被問及他們是否同意下列陳述：「學生應該被允許在不需要學校當局的核准下能在他們的學生報紙中報導爭議性議題。」據報導有 58% 的被調查學生與 39% 的被調查教師同意該陳述。這兩組樣本——10,000 名高中學生與 8000 名高中教師——被選自全國 544 所不同學校。

我們將使用給定資訊來估計同意學生應該被允許在不需要學校當局的核准下在他們的學生報紙中報導爭議性議題的高中學生比例，$p_1$，以及同意該陳述的高中教師比例，$p_2$。

樣本量大到足以使得大樣本區間為有效（$n_1\hat{p}_1 = 10,000(.58) \geq 10$，$n_1(1 - \hat{p}_1) = 10,000(.42) \geq 10$ 等等）。$p_1 - p_2$ 的一個 90% 信賴區間為

$$(\hat{p}_1 - \hat{p}_2) \pm (z\text{ 臨界值})\sqrt{\frac{\hat{p}_1(1 - \hat{p}_1)}{n_1} + \frac{\hat{p}_2(1 - \hat{p}_2)}{n_2}}$$

$$= (.58 - .39) \pm (1.645)\sqrt{\frac{(.58)(.42)}{10,000} + \frac{(.39)(.61)}{8000}}$$

$$= .19 \pm (1.645)(.0074)$$

$$= .19 \pm .012$$

$$(.178, .202)$$

統計軟體或圖形計算機也能夠被用來計算信賴區間的端點。Minitab 輸出結果列出於此。

```
Test and CI for Two Proportions

Sample       X          N       Sample p
1          5800       10000     0.580000
2          3120        8000     0.390000

Difference = p (1) − p (2)
Estimate for difference: 0.19
90% CI for difference: (0.177902, 0.202098)
Test for difference = 0 (vs not = 0): Z = 25.33  P-Value = 0.000
```

假設將這兩組樣本視為被獨立選取且它們也是有趣的兩個母體的代表是合理的，我們可以說我們相信同意學生應該被允許在不需要學校當局的核准下在他們的學生報紙中報導爭議性議題的高中學生比例超過教師的該比例於 .178 與 .202 之間的某處。我們使用一個方法構建此估計值以在重複抽樣中的 90% 機會掌握比例的真正差異。

## 習題 11.37 – 11.57

**11.37** 一間連鎖飯店對於評價訂房程序感興趣。客人可以使用電話系統或可以經由飯店網址進入的線上系統預訂房間。以電話訂房的 80 位客人與線上訂房的 60 位客人的獨立隨機樣本被選取。在利用電話訂房的那些客人中，57 人報導他們滿意訂房程序。而在線上訂房者中，50 人報導他們是滿意的。基於這些資料，結論線上訂房者滿意比例較高是否合理？使用 $\alpha = .05$ 檢定適當的假設。

**11.38** 文章「青少年與 MP3 播放器：太多風險，太少警惕」(Pediatrics [2009]: e953-e958) 的作者結論男孩比起女孩有較多人以高音量聽音樂。此結論乃基於來自 12 至 19 歲之 764 位荷蘭男孩與 748 位荷蘭女孩的獨立隨機樣本。在男孩中，397 人報導他們幾乎總是在高音量的環境下聽音樂。在女孩中，331 人報導在高音量的環境下聽音樂。這些資料是否支持作者之在高音量環境下聽音樂的荷蘭男孩比例大於荷蘭女孩的這個比例？使用 .01 的顯著水準檢定相關的假設。

**11.39** 在海地的 2010 年地震後，許多慈善組織進行募款活動為緊急救援籌錢。部分這些活動讓民眾能夠以使用手機傳送簡訊將捐款金額加到其手機帳單的方式捐款。報導「手機慈善行為的早期信號：海地是否為臨界點？」(Edge Research, 2010) 敘述研究民眾捐款給海地救援工作的方式之 1526 人的一項全國調查結果。該報導陳述 17% 的 Y 世代回應者（出生於 1980 至 1988 年間）與 14% 的 X 世代回應者（出生於 1968 與 1979 年間）說他們藉由簡訊捐款給海地救援工作。年紀較大回應者以簡訊捐款的百分比較低許多。該報導並未說明在 Y 世代與 X 世代樣本中有多少回應者，但是依此習題的目的，假設兩個樣本量皆為 400 且將此樣本視為 Y 世代與 X 世

代母體之代表為合理的。

a. 是否有充分證據顯示透過簡訊捐款給海地的 Y 世代比例大於 X 世代比例？使用 $\alpha = .01$。

b. 使用一個 99% 信賴區間估計 Y 世代與 X 世代透過簡訊進行捐款的比例之間的差異。提供區間與有關的信賴水準之解釋。

11.40　Common Sense Media 調查了 1000 名青少年與 1000 名青少年的父母，以瞭解青少年如何使用諸如 Facebook 與 MySpace 的社群網址（「青少年顯示，在線上談論太多」，*San Francisco Chronicle*，2009 年 8 月 10 日）。兩組樣本被隨機選取且以使得將他們視為美國青少年與美國青少年的父母之代表為合理的方式被選出。

a. 當被問及他們是否檢視其線上社群網址一天超過 10 次，被調查的青少年中有 220 人回答是。當青少年的父母被問及他們的小孩是否檢視其網址一天超過 10 次，有 40 人回答是。使用 .01 的顯著水準進行假設檢定以決定是否有充分證據顯示，認為其青少年小孩檢視其社群網址一天超過 10 次的所有父母的比例小於報導其檢視一天超過 10 次的所有青少年比例。

b. 該文章也報導被調查的青少年中有 390 人說他們在其社群網址公布某些稍後後悔的訊息。你是否會用本節的雙樣本 $z$ 檢定去檢定超過三分之一的所有青少年在一社群網址公布某些事後後悔的訊息之假設？解釋你的理由。

11.41　報導「聽眾洞悉：與青少年溝通（12 至 17 歲）」(www.cdc.gov, 2009) 敘述青少年對於傳統媒體，諸如電視、電影與報紙的態度。在美國青少女的一組代表性樣本中，41% 說報紙是無趣的。在美國青少年的一組代表性樣本中，44% 說報紙是無趣的。樣本量並未在該報導中被提供。

a. 假設被報導的百分比為基於 58 位女孩與 41 位男孩的一組樣本。是否有充分證據說青少女與青少年認為報紙是無趣的比例為不等？使用 $\alpha = .05$ 進行假設檢定。

b. 假設被報導的百分比為基於 2000 位女孩與 2500 位男孩的一組樣本。是否有充分證據說青少女與青少年認為報紙是無趣的比例為不等？使用 $\alpha = .05$ 進行假設檢定。

c. 解釋為何在 (a) 與 (b) 部分的假設檢定導致不同結論。

11.42　凱撒家庭基金會之娛樂媒體與健康研究的計畫主導者說：「不只是青少年開機與收看，其穿著尿布的嬰兒也是如此。」凱撒基金會的一項研究提供在非常年輕兒童——從 6 個月到 6 歲年紀的那群之間媒體使用的一個最早觀點 (Kaiser Family Foundation, 2003, www.kff.org)。由於先前的研究指出在臥室有電視的兒童比其他兒童花較少時間閱讀，基金會研究的作者對於瞭解在臥室有電視的小孩比例感興趣。他們從父母的兩組獨立隨機樣本收集資料。一組樣本由 6 個月至 3 歲兒童的父母組成。第二組樣本由 3 歲至 6 歲兒童的父母組成。他們發現在其臥室有電視的兒童比例對於 6 個月至 3 歲的兒童樣本為 .30 以及對於 3 歲至 6 歲的兒童樣本為 .43。假設兩個樣本量每個都是 100。

a. 為在其臥室有電視之 6 個月至 3 歲兒童的比例構建與解釋一個 95% 信賴區間。
提示：這是一個單一樣本信賴區間。

b. 為在其臥室有電視之 3 歲至 6 歲兒童的比例構建與解釋一個 95% 信賴區間。

c. 得自 (a) 與 (b) 部分的信賴區間是否重

疊？這提示關於兩個母體比例的什麼？

d. 為在臥室有電視之 6 個月至 3 歲兒童的比例與 3 歲至 6 歲兒童的比例差異構建與解釋一個 95% 信賴區間。

e. 在 (d) 部分的區間是否與你在 (c) 部分的答案一致？解釋之。

**11.43** 高速公路安全的保險機構發布了標題為「青少年駕駛經常忽略使用手機的禁令」（2008 年 6 月 9 日）的新聞稿。下列引述是來自該新聞稿：

> 在 2006 年 12 月 1 日禁令開始前只有 1 至 2 個月，在下午離開學校時有 11% 的青少年駕駛被觀察使用手機。在該禁令生效後大約 5 個月，有 12% 的青少年駕駛被觀察使用手機。

假設青少年的這兩組樣本（禁令前、禁令後）可以被視為這些青少年母體的代表。也假設 200 名青少年駕駛在禁令前被觀察（所以 $n_1 = 200$ 與 $\hat{p}_1 = .11$）以及 150 名青少年駕駛在禁令後被觀察。

a. 為禁令前開車時使用手機的比例與禁令後比例之差異構建與解釋一個 95% 信賴區間。

b. 0 是否被包含於 (a) 部分的信賴區間中？這意指關於母體比例的差異為何？

**11.44** 在之前習題所參考的新聞稿也包括來自青少年駕駛與青少年駕駛父母的獨立調查資料。在回應問及他們是否支持禁止開車時手機的使用與傳簡訊的法律問題上，被調查青少年的 74% 與被調查父母的 95% 說他們支持。樣本量在該新聞稿中未被提供，但是依此習題的目的，假設 600 名青少年與 400 名青少年的父母回應這些調查且將這些樣本視為兩個母體的代表是合理的。資料是否提供充分證據說支持開車時手機與傳簡訊的禁令之青少年比例小於青少年父母支持的比例？使用 .05 的顯著水準檢定相關假設。

**11.45** 文章「魚油趕走精神分裂症」（*USA Today*，2010 年 2 月 2 日）敘述被認為有精神疾病風險之 13 至 25 歲的 81 位病患被隨機分派至兩組織之一的一項研究。在一組中的人每天服用 4 顆魚油藥丸。另一組則服用安慰劑。一年後，魚油組中的 5% 與安慰劑組中的 28% 的那些人成為精神病患者。使用本節的雙樣本 $z$ 檢定來檢定關於接受魚油與安慰劑處理而成為精神病患者的病患比例差異之假設是適當的嗎？解釋你的理由。

**11.46** 報導「年輕人在邊緣生活」(Greenberg Quinlan Rosner Research, 2008) 摘要在兩組獨立隨機樣本中的人的調查。一組樣本由 600 位年輕成人（19 至 35 歲）組成以及另一組樣本由 300 位 19 至 35 歲小孩的父母組成。年輕成人被提示各種情況（諸如結婚或購屋）並被問到他們是否認為父母會在那個情況下可能提供財務協助。年輕成人的父母被提示相同情況並被問及在那個情況下他們是否可能對他們的小孩提供財務協助。

a. 當被問及關於結婚，41% 的年輕成人說他們認為父母會提供財務協助以及 43% 的父母說他們會提供協助。進行假設檢定以決定是否存在充分證據認為父母會提供財務協助的年輕成人比例與說他們會提供協助的父母比例為不等。

b. 該報導陳述認為父母會協助買房或公寓的年輕成人比例為 .37。對於父母的樣本，說他們會協助買房或公寓的比例為 .27。基於這些資料，你能否結論說他們會協助買房或公寓的父母比例顯著小於認為他們父母會協助的年輕成人比例？

11.47　某些商業飛機再循環大約 50% 的座艙空氣以增加燃油效率。文章「飛機座艙空氣再循環與感冒症狀」(Journal of the American Medical Association [2002]: 483-486) 的作者研究 1999 年 1 月至 4 月之間從舊金山飛到丹佛的 1100 名飛機乘客。部分乘客搭乘再循環空氣的飛機旅行而其他則搭乘未再循環空氣的飛機旅行。在 517 名搭乘未再循環空氣飛機的乘客中，108 人回報有飛行後呼吸症狀，而 583 名搭乘再循環空氣飛機的乘客中，111 人回報有如此症狀。是否有充分證據結論對於再循環與未再循環空氣的飛機而言，具有飛行後呼吸症狀的乘客比例不等？使用 $\alpha = .05$ 檢定適當的假設。你可以假設將這兩組樣本視為被獨立選取與為兩個感興趣母體的代表是合理的。

11.48　「醫師讚揚救助生病的裝置」(Associated Press，2004 年 11 月 9 日) 是一篇敘述像是扮演虛弱或受傷心臟之彈性襪的一種織品裝置之有效性的研究結果的文章標題。在該研究中，同意接受治療的 107 人被隨機分派至包含藥物的傳統治療或是由藥物與安裝襪子的手術組成的實驗治療之一。兩年後，接受襪子的 57 名病患之 38% 有改善以及接受傳統治療病患的 27% 有改善。這些資料是否提供充分證據顯示，實驗治療改善的病患比例高於傳統治療改善的病患比例？使用 .05 的顯著水準檢定相關假設。

11.49　文章「可攜式 MP3 播放器的擁有者達到新高」(Ipsos Insight，2006 年 6 月 29 日) 報導在 2006 年，在 1112 名 12 歲以上美國人的一組隨機樣本中之 20% 指出他們擁有 MP3 播放器。在 2005 年進行的一項類似調查中，只有 15% 報導擁有 MP3 播放器。假設 2005 年的數據也是基於大小為 1112 的一組隨機樣本。使用一個 95% 信賴區間估計 12 歲以上美國人在 2006 年擁有 MP3 播放器的比例與 2005 年對應比例之間的差異。0 是否包含在區間中？這告訴你 2005 年至 2006 年此比例變化的什麼訊息？

11.50　在前一個習題參考的文章也報導在 2006 年樣本中有 24% 的男性與 16% 的女性報導擁有 MP3 播放器。假設在 1112 人的樣本中有相同人數的男性與女性。這些資料是否提供充分證據顯示在 2006 年女性擁有 MP3 播放器的比例小於男性的對應比例？使用 .01 的顯著水準進行一項檢定。

11.51　Public Agenda 進行關於科學與數學在學校課程中的重要性之 1379 位父母與 1342 位 6 至 12 年級學生的一項調查 (Associated Press，2006 年 2 月 15 日)。據報導有 50% 的學生認為瞭解科學與具備很強的數學能力是他們在畢業後的生活中成功的必要條件，而 62% 的父母認為對於學習科學與較高階數學對於今日的學生而言是重要的。這兩組樣本──彼此被獨立選取。是否有充分證據結論認為科學與數學都是重要的父母比例不同於 6 至 12 年級學生的對應比例？使用 .05 的顯著水準檢定相關假設。

11.52　文章「噴液流感疫苗可能比為小孩注射有效」(San Luis Obispo Tribune，2006 年 5 月 2 日) 敘述比較被以注射施打的流感疫苗與以鼻部噴液施加的流感疫苗之一項研究。參與該研究之 8000 名 5 歲以下兒童的每一人都接受鼻部噴液與注射，但是只有一個是真的疫苗而另一個是鹽水。在流感季節結束時，以鼻部噴液方式接受真正疫苗的 4000 名兒童之 3.9% 罹患

流感而以注射方式接受真正疫苗的 4000 名兒童之 8.6% 罹患流感。

a. 研究者為何給每一位小孩鼻部噴液與注射？
b. 使用已知資料以 99% 信賴區間估計在被以注射施打疫苗後罹患流感的兒童比例與在被以鼻部噴液給予疫苗後罹患流感的兒童比例差異。基於此信賴區間，你會結論兩種疫苗方法之罹患流感的兒童比例為不同嗎？

**11.53**　「最聰明的人經常最容易曬傷」是出現在 San Luis Obispo Tribune（2006 年 7 月 19 日）之一篇文章的標題。該文章陳述「具有大學學歷者報導比沒有高中學歷者較高的曬傷意外——43% 對 25%。」依本習題的目的，假設這些百分比為基於來自兩個感興趣團體（大學畢業生與不具有高中學歷者）之每一組的規模 200 的隨機樣本。是否有充分證據說大學畢業生經歷曬傷的比例比不具有高中學歷者的比例還要高？基於使用 .05 顯著水準的一個檢定回答之。

**11.54**　下列引用是來自文章「加拿大人比我們健康」（Associated Press，2006 年 5 月 31 日）：「美國人也報導較多的心臟病與憂鬱症，但是那些差異太小而未達統計顯著性。」此陳述乃基於 5183 位美國人的一組樣本與 3505 位加拿大人的一組樣本。報導憂鬱症的加拿大人比例被給定為 .082。

a. 假設該研究者以 .05 的顯著水準使用一個單尾檢定，報導憂鬱症的美國人樣本比例可能大如 .09 嗎？解釋你的理由。
b. 假設該研究者使用 .05 的一個顯著水準，報導憂鬱症的美國人樣本比例可能大如 .10 嗎？解釋你的理由。

**11.55**　「研究指出，山區越野騎車可能減低男性的生育力」是出現在 San Luis Obispo Tribune（2002 年 12 月 3 日）之一篇文章的標題。此結論為基於比較熱血的越野騎士（那群每週至少騎 12 小時的人）與非自行車騎士之精蟲數量的一項奧地利研究。被研究的 90% 之熱血越野騎士具有較低的精蟲數量，相較於非自行車騎士的 26%。假設這些百分比為基於 100 位熱血越野騎士與 100 位非自行車騎士的獨立樣本，而且將這些樣本視為奧地利熱血越野騎士與非自行車騎士的代表是合理的。

a. 這些資料是否提供充分證據顯示具有較低精蟲數量的奧地利熱血越野騎士比例高於奧地利非自行車騎士的比例？
b. 基於在 (a) 部分的檢定結果，結論每週山區越野騎車 12 小時或更多導致低精蟲數量是否合理？解釋之。

**11.56**　被診斷出乳癌但腫瘤尚未擴散的婦女可能面臨兩種手術治療——乳房切除（乳房的移除）與乳房腫瘤切除（只有腫瘤被移除）之間的抉擇。在這兩種治療之有效性的一項長期研究中，患有乳癌的 701 位婦女被隨機分派至兩個治療組別之一。一組接受乳房切除術而另一組接受乳房腫瘤切除術與放射線。兩組在手術後皆被追蹤 20 年。被報導兩種治療手術 20 年下來的存活比例並無統計上的顯著差異（Associated Press，2002 年 10 月 17 日）。你認為研究者為取得已知結論所檢定的假設為何？該研究者拒絕或無法拒絕虛無假設？

**11.57**　2001 年 12 月，退伍軍人事務部宣布對於曾在波斯灣戰爭服役而患有賈里格病的軍人給付福利（The New York Times，2001 年 12 月 11 日）。此一決定為基於一項分析，於其中對於在 1990 年 8 月與 1991

年 7 月間被送至波斯灣之大約 700,000 名軍人的賈里格病發生率（引發疾病的比例）被拿來與在同一期間未被送至波斯灣的大約 180 萬名其他軍人的發生率做比較。基於這些資料，解釋為何進行正式的推論程序（諸如雙樣本 z 檢定）是不適當的，但是結論波斯灣退伍軍人的發生率比未在波斯灣服役的退伍軍人較高仍為合理的。

## 11.4 解釋與表達統計分析的結果

許多不同類型的研究包含兩個母體或處理的比較。很容易在多種學科的出版資源中找到本章所介紹之雙樣本假設檢定的例子。

### 表達統計分析的結果

如同單一樣本假設檢定的情況，包含假設的敘述、被使用的檢定程序、檢定統計量與 $P$ 值的數值，以及在摘要雙樣本檢定結果的脈絡背景下的結論是重要的。

在雙樣本情況下要正確地解釋信賴區間比在單一樣本情況下較為困難，所以當提供雙樣本信賴區間的一個解釋時要特別小心。因為本章的雙樣本信賴區間估計一個差異（$\mu_1 - \mu_2$ 或 $p_1 - p_2$），須注意的最重要事情是區間是否包含 0。如果區間的兩個端點皆為正值，則可以正確地說，基於該區間，你相信 $\mu_1$ 大於 $\mu_2$（或如果你分析的是比例，$p_1$ 大於 $p_2$）且接著該區間提供大於多少的一個估計值。同理地，如果區間的兩個端點皆為負值，你會說 $\mu_1$ 小於 $\mu_2$（或是 $p_1$ 小於 $p_2$），伴隨著該區間提供差異大小的估計值。如果 0 包含於該區間，則可能 $\mu_1$ 與 $\mu_2$（或是 $p_1$ 與 $p_2$）為相等。

### 解釋統計分析的結果

如同單一樣本檢定，在出版的報導中通常只能找到檢定統計量與相關之 $P$ 值（或有時候只有 $P$ 值）的數值。你可能必須仔細考慮決定這些結論是否為正當的遺漏步驟。

### 在出版資料中尋找什麼

在此是當你閱讀包含一個雙樣本假設檢定或信賴區間結果的報告時要考慮的某些問題：

- 是否只有兩組被比較？如果同時間有超過兩組被比較，則不同類型的分析更勝一籌（請見第 15 章）。
- 樣本是否被獨立選取，或樣本是否成對？如果這些樣本為成對的，進行的分析對於成對樣本是否適當？
- 如果一個信賴區間被報導，其是否被正確的解釋為就平均數或比例之母體或處理差異的一個估計值？
- 什麼假設被檢定？該檢定是單尾或雙尾？
- 進行檢定的效度是否取決於關於被抽樣之母體的任何假設（諸如常態性）？如果是，這些假設是否顯示為合理？
- 與檢定有關的 $P$ 值為何？該 $P$ 值是否導致虛無假設的棄卻？
- 結論是否與假設檢定的結果一致？特別是，如果 $H_0$ 被棄却，這是否指出實務的顯著性或只是統計上顯著？

例如，文章「銀杏對於記憶的增強」(Journal of the *American Medical Association* [2003]: 835-840) 包含來自參與者被隨機分派去接受銀杏或是安慰劑之一項實驗之結論的摘要中的下列陳述：

> 圖 2 顯示在修改的立意治療分析中之每一種測試表現差異（實驗組減去控制組）的 95% 信賴區間 (CIs)。每一個區間包含一個 0，指出沒有一個差異為統計上顯著。

由於參與者被隨機分派至兩種處理且樣本量是大的（每組樣本中 115 人），雙樣本 $t$ 信賴區間的使用是適當的。包含於該文章中的 95% 信賴區間〔例如，邏輯記憶力之兩種不同測量的 (−1.71, 0.65) 以及 (−2.25, 0.20)〕確實都包含 0 且被正確的在引用結論中解釋。

而另一個例子，我們考慮在文章「男性與女性對於驚悚電影反應的憂傷與愉快之間的關係」(*Human Communication Research* [1991]: 625-637) 中所報導的一項研究。研究者測量在 50 名男性與 60 名女性對象觀賞來自恐怖電影的一段影片後之情緒反應。該文章包含下列陳述：「女性相較於男性更可能表現憂傷。然而男性確實比女性表現較高程度的愉快，差異是未達統計上顯著的。」下列摘要資訊也被包含於該文章中：

| 性別 | 憂傷指數平均數 | 愉快指數平均數 |
|---|---|---|
| 男性 | 31.2 | 12.02 |
| 女性 | 40.4 | 9.09 |
|  | $P$ 值 $<$ .001 | 不顯著（$P$ 值 $>$ .05） |

$P$ 值為假設檢定支持已知結論之唯一證據。憂傷指數的 $P$ 值 $<$ .001 意指假設 $H_0: \mu_F - \mu_M = 0$ 被棄却而支持 $H_a: \mu_F - \mu_M > 0$，其中 $\mu_F$ 與 $\mu_M$ 分別為女性與男性的憂傷指數平均數。

對於愉快指數被報導的不顯著之 $P$ 值（$P$ 值 $>$ .05）意指假設 $H_0: \mu_F - \mu_M = 0$（其中 $\mu_F$ 與 $\mu_M$ 現在分別指的是女性與男性的愉快指數平均數）無法被棄却。樣本之間的機會變異是觀察到之樣本平均數間差異的可能解釋。我們會希望小心於作者關於男性展現比女性較高程度的愉快之陳述，因為其為僅基於 12.02 $>$ 9.09 的事實，其可能全歸因於抽樣變異。

該文章敘述樣本為由選自一所大型中西部大學之學生主體的大學部學生所組成。作者們推斷他們的結果至一般的美國男性與女性。如果這類的類推性被認為是不合理的，我們可能會更加保守且視被抽樣的母體為男性與女性大學生或是男性與女性中西部大學學生，或甚至是在此所特殊大學之男性與女性學生。

男性與女性的比較是基於兩個被獨立選取的團體（非成對）。因為樣本量是大的，平均數的雙樣本 $t$ 檢定可能合理地被使用，且這不需要關於兩個基本母體的特定假設。

在一篇報紙的文章中，你可以發現比在一篇期刊文章中的較少資訊。例如，文章**「研究顯示，祈禱對於某些心臟病患者來說助益不大」**（*Chicago Tribune*, 2006 年 3 月 31 日）包含下列段落：

> 同意參與實驗的繞道手術病患被隨機分成三組。部分病患接受祈禱但並未被知會。在第二組中的病患沒有受到祈禱，且也未被知會是否有祈禱。而第三組則接受祈禱且被告知。
>
> 在前兩組中的病患間之併發率並無實質上的差異。但是第三組，病患得知他們接受祈禱，具有 59% 的併發率——顯著的高於在無祈禱組之 52% 的比率。

在該文章稍早，實驗中參與者的總人數被給定為 1800 人。此文章的作者在

敘述實驗的重要面向上表現很好。在引用段落中的最後比較可能是基於對比例的一個雙樣本 $z$ 檢定，比較在無祈禱組中之 600 名病患的併發樣本比例與知道某人為他們祈禱之 600 名參與者的併發樣本比例。針對報導的樣本量與樣本比例，檢定 $H_0: p_1 - p_2 = 0$ 對 $H_a: p_1 - p_2 < 0$（其中 $p_1$ 表示未收到祈禱之病患的併發比例而 $p_2$ 表示知道收到祈禱之病患的併發比例）的檢定統計量為 $z = -2.10$。關聯的 $P$ 值為 .036，支持文章中陳述的結論。

## 一點就通：注意與限制

在第 10 章結束時出現的三個注意事項在此也適用。它們是（見第 10 章更詳細的內容）：

1. 切記假設檢定的結果不能展現對虛無假設的強烈支持。在雙樣本的情況下，這意思是我們不應該基於一個假設檢定的結果就被說服母體平均數或比例之間沒有差異。
2. 如果你有兩個母體的完整資訊（普查），不需要進行假設檢定或構建一個信賴區間——事實上，這麼做會是不適當的。
3. 不要混淆統計顯著性與實務顯著性。在雙樣本的情境下，即使在它們之間的真正差異夠小而沒有實務上的興趣的情境下，有可能被說服兩母體平均數或比例為不等。在棄却沒有差異的虛無假設後（統計顯著性），觀看差異之信賴區間估計值以取得實務顯著性是有用的。

而在此針對雙樣本檢定必須牢記的一個新的注意事項為：

4. 確認仔細思考關於資料如何被收集，以及確認一個適當的檢定程序或信賴區間被使用。一個常見的錯誤是忽略配對與分析成對樣本如同其為獨立的。問題，樣本是否為成對？經常容易回答——你必須記得問自己。

### 習題 11.58 – 11.60

**11.58** 文章「金錢的心理結果」(*Science* [2006]: 1154-1156) 敘述被設計以調查金錢能夠改變行為的方式之幾項實驗。在一項實驗中，參與者完成兩個版本的任務之一，於其中他們被給予 5 個字的列表並被要求重新安排其中的 4 個以創造一個有意義的

句子。其中一組，30 個被解讀的句子中有一半與金錢有關，然而另一半則是與金錢無關的句子。至於第二組（控制組），30 個被解讀的句子中沒有任何一個與金錢有關。參與者為佛羅里達州立大學的 44 名學生。參與者因其參與接受課程學分與 2 美元。下列實驗的敘述為來自該文章：

> 參與者被隨機分派至兩個情況之一，於其中他們解讀集中於金錢或模糊概念之句子。然後參與者完成某些填充問卷，之後實驗者告訴他們實驗結束並給他們一個假的任務報告。此一步驟使得參與者不會連結捐款機會至實驗。當實驗者離開該房間，她提及實驗室正在接受對於大學學生基金的捐款且如果參與者想要捐款，門邊有一個箱子。被捐款的金額為幫助的測量。我們發現聚焦於金錢的參與者比起不聚焦於金錢的參與者顯著捐款較少給學生基金〔$t(38) = 2.13$，$P < 0.05$〕。

該文章也提供下列兩個實驗組的捐款金額資訊。

| 組別 | 平均數 | 標準差 |
| --- | --- | --- |
| 金錢為主 | $0.77 | $0.74 |
| 控制 | $1.34 | $1.02 |

a. 解釋在此實驗中為何隨機分派參與者至實驗組別是重要的。
b. 使用已知資訊來證實檢定統計量與自由度（38，來自該文章之引述中就在 $t$ 後方括號中）的數值，以及關於 $P$ 值的陳述。假設兩個樣本量均為 22。
c. 你是否認為兩組樣本 $t$ 檢定之使用在此情況下為適當？提示：對於兩組樣本 $t$ 檢定所要求的假定條件是否合理？

**11.59** 決定一個線上斡旋（介入）是否能夠在青少年的社群網路網址減少提及性與藥物濫用的一項實驗於文章「**減少有風險的青少年在社群網路上危險行為的誇耀**」(Archives of Pediatrics and Adolescent Medicine [2009]: 35-41) 中被敘述。研究者選擇敘述自己為 18 至 20 歲間且在其檔案中提及性或藥物濫用（酒或毒品）之公開的 MySpace 檔案。被選出的對象被隨機分派至介入組或是控制組。在介入組中的人被寄予來自醫師有關與擁有一個公開檔案，且在其檔案中提及性或藥物濫用關聯之風險的一封電子郵件。三個月後，網路網址被重新檢視以查明是否有任何改變。下列摘錄來自該文章：

> 在基準線上，在其社群網站的檔案中有 54.2% 的對象提及性與 85.3% 的對象提及藥物濫用。介入組中提及性減少為 0 的檔案比例為 13.7% 對上在控制組中的 5.3% ($P = .05$)，以及藥物濫用的 26% 對 22% ($P = .61$)。而在後續追蹤設定為「不公開」的檔案比例為介入組的 10.5% 與控制組的 7.4% ($P = .45$)。出現這三種保護的任何改變之一的檔案比例為介入組的 42.1% 與控制組的 29.5% ($P = .07$)。

a. 來自該文章的摘錄涉及四個假設檢定。對於每一個檢定，指出你認為檢定的假設為何以及虛無假設是否被拒絕。
b. 基於由假設檢定所提供的資訊，對於電子郵件介入的效果可以做何結論？

**11.60** 文章「**準備好了嗎？新興成年人間婚姻準備就緒的標準**」(Journal of Adolescent Research [2009]: 349-375) 調查來自美國五所不同大學之新興成年人（定義為 18 至 25 歲）。問卷中的幾個問題被用來構建設計以測量支持同居的一個量表。

該文章陳述「平均而言，新興成年男性（M = 3.75，SD = 1.21）報導比新興成年女性（M = 3.39，SD = 1.17）較高程度的同居支持。」樣本量為女性 481 人與男性 307 人。

a. 進行假設檢定以決定報導的樣本平均數差異是否提供充分證據顯示在這五所大學的學生中，新興成年女性的平均同居支持度顯著小於新興成年男性的平均數。

b. 你會想要什麼額外資訊以便決定將得自 (a) 部分之假設檢定結論類推至全體大學學生是否合理？

## 活動 11.1　氦氣填充的足球

**技術活動：**需要網際網路的連線上網。

**背景：**你是否認為以氦氣填充的足球將比以空氣填充的足球滾動的較遠？在俄亥俄州立大學的兩位研究者利用完成一項實驗來調查此問題，於其中 39 人的每一位都踢一顆氦氣填充足球與一顆空氣填充足球。一半的人被指定先踢空氣填充足球，接著踢氦氣填充足球，而另一半的人則先踢氦氣填充足球，然後踢空氣填充足球。每一次踢球的距離（碼）被記錄。

在此活動中，你將使用網際網路以取得來自實驗的資料，然後進行假設檢定以決定氦氣填充足球的平均距離是否大於空氣填充足球。

1. 你是否認為當球被踢動時，氦氣填充足球將會比空氣填充足球滾動得較遠？查看資料之前，寫下幾個句子指出你認為此項實驗的結果為何並敘述推理以支持你的預測。

2. 得自此實驗的資料可以在下列網址之 Data and Story Library 中被找到：
http://lib.stat.cmu.edu/DASL/Datafiles/heliumfootball.html
進入此網址並列印 39 個試行的資料。

3. 此資料集中有兩組樣本。一組由空氣填充足球的 39 次踢球的滾動距離所組成，而另一組由氦氣填充足球的 39 個距離所組成。這些樣本是獨立的或是成對的？解釋之。

4. 進行適當的假設檢定以決定是否有充分證據說氦氣填充足球的平均距離大於空氣填充足球的平均距離。

5. 在步驟 4 的檢定結論是否與你最初對於此實驗的結果預測一致？解釋之。

6. 為你學校報紙的運動版面寫一段文字敘述此項實驗以及可以從中可得的結論。

## 活動 11.2　想一想資料收集

**背景：**在此活動中你將設計能讓你研究當人們以其慣用手反應是否會比以非慣用手反應有較快的反射動作之兩個實驗。

1. 在一個團體中進行，設計一項會得出獨立樣本之實驗以調查給定的研究問題。確認敘述你計畫如何測量反射動作的快速，什麼外生變項將被直接控制，以及隨機化在你的設計中扮演的角色。

2. 你會如何修正得自步驟 1 的設計使得得

出的資料為成對？隨機化被結合於新設計的方式是否不同於其被結合於步驟 1 的設計方式？解釋之。

3. 兩個被提出的設計中你會建議哪一個，以及為什麼？

4. 如果被你的老師指定這麼做，進行你的實驗之一並分析結果資料。寫出敘述實驗設計的一個簡要報告，包括結果資料的圖形與數量摘要，並傳達得自你的資料分析之結論。

## 活動 11.3　一段有意義的短文

寫出包含下列 6 個名詞之一個有意義的段落：**成對樣本 (paired samples)**、**顯著不等 (significantly different)**、**P-值 (P-value)**、**樣本 (sample)**、**母體 (population)**、**對立假設 (alternative hypothesis)**。

一段「有意義的短文」是在使用所有列出文字的一個適當情境下之一個條理清楚的作品。該段落應該展示你瞭解這些名詞的意義以及它們之間的關係。只是定義名詞的句子序列不是一段有意義的短文。當選擇一個背景情境，仔細思考你需要使用的名詞。選擇一個好的情境將使得撰寫一段有意義短文較為容易。

## 重要觀念與公式之摘要

| 專有名詞或公式 | 註釋 |
| --- | --- |
| 獨立樣本 | 在第一組樣本中的個人或個體被以獨立於第二組樣本選取的兩組樣本。 |
| 成對樣本 | 在一組樣本中的每一個觀測值被以一種有意義的方式與第二組樣本中的一個特別觀測值配對的兩組樣本。 |
| $t = \dfrac{(\bar{x}_1 - \bar{x}_2) - 假設值}{\sqrt{\dfrac{s_1^2}{n_1} + \dfrac{s_2^2}{n_2}}}$ | 當樣本被獨立選取且樣本量是大的，或是假設兩個母體分配都是常態是合理的時候，檢定 $H_0: \mu_1 - \mu_2 =$ 假設值的檢定統計量。 |
| $(\bar{x}_1 - \bar{x}_2) \pm (t\text{ 臨界值})\sqrt{\dfrac{s_1^2}{n_1} + \dfrac{s_2^2}{n_2}}$ | 當樣本被獨立選取且樣本量是大的，或是假設兩個母體分配都是常態是合理的時候，構建 $\mu_1 - \mu_2$ 之一個信賴區間的公式。 |

| 專有名詞或公式 | 註釋 |
|---|---|
| $\mathrm{df} = \dfrac{(V_1+V_2)^2}{\dfrac{V_1^2}{n_1-1}+\dfrac{V_2^2}{n_2-1}}$，其中 $V_1=\dfrac{s_1^2}{n_1}$ 以及 $V_2=\dfrac{s_2^2}{n_2}$ | 雙尾 $t$ 檢定與信賴區間之決定 df 的公式。 |
| $\bar{x}_d$ | 樣本平均數差異。 |
| $s_d$ | 樣本差異的標準差。 |
| $\mu_d$ | 差異的母體平均數。 |
| $\sigma_d$ | 差異的母體標準差。 |
| $t = \dfrac{\bar{x}_d - 假設值}{\dfrac{s_d}{\sqrt{n}}}$ | 檢定 $H_0: \mu_d =$ 假設值之成對 $t$ 檢定統計量。 |
| $\bar{x}_d \pm (t\text{臨界值})\dfrac{s_d}{\sqrt{n}}$ | 成對 $t$ 信賴區間公式。 |
| $\hat{p}_c = \dfrac{n_1\hat{p}_1 + n_2\hat{p}_2}{n_1+n_2}$ | $\hat{p}_c$ 為當 $p_1 = p_2$ 時，估計共同母體比例的統計量。 |
| $z = \dfrac{\hat{p}_1-\hat{p}_2}{\sqrt{\dfrac{\hat{p}_c(1-\hat{p}_c)}{n_1}+\dfrac{\hat{p}_c(1-\hat{p}_c)}{n_2}}}$ | 當樣本被獨立選取且樣本量都是大的，檢定 $H_0: p_1-p_2=0$ 的檢定統計量。 |
| $(\hat{p}_1-\hat{p}_2) \pm (z\text{臨界值})\sqrt{\dfrac{\hat{p}_1(1-\hat{p}_1)}{n_1}+\dfrac{\hat{p}_2(1-\hat{p}_2)}{n_2}}$ | 當樣本量都是大的，構建 $p_1-p_2$ 之信賴區間的公式。 |

# 第 12 章

# 卡方檢定

類別變項通常是收集信息,如政治傾向、性別或大學專業的情況。如同數值資料、類別資料集可以是單變項(包括觀察單個類別變項)、雙變項(觀察兩個類別變項),或者更多元。在本章中,我們將首先考慮分析單變項類別資料集的推理方法,然後轉向適合於雙變項類別數據的使用技巧。

## 12.1 單變項資料的卡方檢定

單變項類別資料集出現在多種設置。如果 100 個學生樣本中,根據他或她是否已加入全職或兼職而被分類,有兩個類別的類別變項資料產生。在 50 個航空公司旅客樣本中,基於機票可能會被分為經濟艙、商務艙或頭等艙三類。某特定城市的 100 個選擇登記的選民可能會被問,在這五個城市議員中,比較看好哪個城市議員當選市長。這將產生具有 5 個類別的一個類別變項之觀測。

單變項類別資料最適合摘要在**單向次數表 (one-way frequency table)**。例如,文章「美國納稅人不會使用信用卡進行納稅付款」(*IPSOS Insight*,2006 年 3 月 24

日）調查了美國納稅人用信用卡納稅的意圖。假設隨機抽取 100 位納稅人參加了這項調查，有可能的回答是肯定會用信用卡繳明年的稅，或許會使用信用卡，也可能不會使用信用卡和絕對不會使用信用卡。最初的幾個觀察可能是

| 可能會 | 一定不會 | 可能不會 |
| 可能不會 | 一定會 | 一定不會 |

計算每種回答的觀察次數，然後可能會導致以下的單向表：

|  | 結果 ||||
| --- | --- | --- | --- | --- |
|  | 一定會 | 可能會 | 可能不會 | 一定不會 |
| 次數 | 14 | 12 | 24 | 50 |

對於具 $k$ 個可能的值（$k$ 個不同級別或類別）的一個類別變項，樣本資料進行彙總而組成 $k$ 類，可能會以水平或垂直的單向次數表顯示。

在本節中，我們考慮關於落在每一個可能類別的母體比例假設檢驗。例如，稅務籌劃公司的經理可能有興趣在確定稅收信用卡問題的四種可能的反應是否同樣經常出現。如果事實確實如此，四種反應的長期比例為四分之一，或 .25。即將呈現的檢定程序允許經理決定，所有四個類別的比例皆等於 .25 之假設是否合理。

> **符號**
>
> $k$ = 某一類別變項的類別數目
>
> $p_1$ = 第 1 類的真實比例
>
> $p_2$ = 第 2 類的真實比例
>
> $\vdots$
>
> $p_k$ = 第 $k$ 類的真實比例
>
> （注意：$p_1 + p_2 + \cdots + p_k = 1$）
>
> 接受檢定的假設形如
>
> $H_0$: $p_1$ = 第 1 類的假設比例
>
> $\phantom{H_0:\ }p_2$ = 第 2 類的假設比例
>
> $\phantom{H_0:\ }\vdots$
>
> $\phantom{H_0:\ }p_k$ = 第 $k$ 類的假設比例

$H_a$: $H_0$ 不為真，所以至少有一個真實的類別比例不等於對應的假設值。

像是關於稅務調查的回應例子中，令

$p_1$ = 所有納稅者中一定會用信用卡支付的比例

$p_2$ = 所有納稅者中可能會用信用卡支付的比例

$p_3$ = 所有納稅者中可能不會用信用卡支付的比例

$p_4$ = 所有納稅者中一定不會用信用卡支付的比例

感興趣的虛無假設是

$H_0$: $p_1$ = .25，$p_2$ = .25，$p_3$ = .25，$p_4$ = .25

剛才所描述這類型的虛無假設可以透過首先選擇隨機樣本大小為 $n$，然後進行分類各樣本回應變換 $k$ 個可能的類別之一進行檢定。要決定樣本資料是否與虛無假設相容，我們比較觀察到的格計數（次數）和假設虛無假設為真時期望的格計數。期望的格計數是

類別 1 的期望格次數 = $np_1$

類別 2 的期望格次數 = $np_2$

等等。當 $H_0$ 為真時，將每個 $p_i$ 對應的假設比例值代入即得期望格計數（次數）。

## 例 12.1 出生和月球週期

一個常見的都市傳說是，比預期多的嬰兒出生在月球週期的某些階段，特別是接近滿月。論文「**月球週期對出生和分娩併發症次數的影響**」(*American Journal of Obstetrics and Gynecology* [2005]: 1462-1464)，根據月球週期來分類出生。在所附的表，給出隨機選擇出生的嬰兒在 24 個月亮週期符合論文摘要數量出現在本文顯示的資料。

讓我們來定義月球週期的類別比例如下：

$p_1$ = 新月期間發生的生育比例
$p_2$ = 娥眉月期間發生的生育比例
$p_3$ = 上弦月期間發生的生育比例
$p_4$ = 盈凸月期間發生的生育比例
$p_5$ = 滿月期間發生的生育比例
$p_6$ = 虧凸月期間發生的生育比例
$p_7$ = 下弦月期間發生的生育比例
$p_8$ = 殘月期間發生的生育比例

| 月球階段 | 天數 | 出生人數 |
|---|---|---|
| 新月 | 24 | 7,680 |
| 娥眉月 | 152 | 48,442 |
| 上弦月 | 24 | 7,579 |
| 盈凸月 | 149 | 47,814 |
| 滿月 | 24 | 7,711 |
| 虧凸月 | 150 | 47,595 |
| 下弦月 | 24 | 7,733 |
| 殘月 | 152 | 48,230 |

如果出生人數和月球週期之間沒有關係，則出生在每個月球週期類別的數量應與該類別天數成比例。由於總共有 699 天的 24 月球週期被考慮，且其中的 24 天是在新月的類別中，如果出生人數和月球週期之間沒有任何關係，

$$p_1 = \frac{24}{699} = .0343$$

同理，若沒有任何關係，

$$p_2 = \frac{152}{699} = .2175 \quad p_3 = \frac{24}{699} = .0343$$

$$p_4 = \frac{149}{699} = .2132 \quad p_5 = \frac{24}{699} = .0343$$

$$p_6 = \frac{150}{699} = .2146 \quad p_7 = \frac{24}{699} = .0343$$

$$p_8 = \frac{152}{699} = .2175$$

感興趣的假設是

$H_0$: $p_1 = .0343$，$p_2 = .2175$，$p_3 = .0343$，$p_4 = .2132$，$p_5 = .0343$，$p_6 = .2146$，$p_7 = .0343$，$p_8 = .2175$
$H_a$: $H_0$ 不為真。

在樣本中共有 222,784 出生人數，所以如果 $H_0$ 為真，最初兩個類別的期望次數為

（新月的期望次數） = $n$（新月的假設比例）
　　　　　　　　　= 222,784(.0343) = 7641.49
（娥眉月的期望次數） = $n$（娥眉月的假設比例）
　　　　　　　　　= 222,784(.2175) = 48,455.52

對於其他六個類別的期望次數被以類似的方式計算,以及觀察出生人數與期望出生人數在下表中給出。

| 月球階段 | 觀察出生人數 | 期望出生人數 |
|---|---|---|
| 新月 | 7,680 | 7,641.49 |
| 娥眉月 | 48,442 | 48,455.52 |
| 上弦月 | 7,579 | 7,641.49 |
| 盈凸月 | 47,814 | 47,497.55 |
| 滿月 | 7,711 | 7,641.49 |
| 虧凸月 | 47,595 | 47,809.45 |
| 下弦月 | 7,733 | 7,641.49 |
| 殘月 | 48,230 | 48,455.52 |

因為所觀察到的計數是基於出生的樣本,這將是有些令人驚訝地,看到樣本恰好有 3.43% 落入第一類別,剛好 21.75% 在第二類等等,即使當 $H_0$ 為真。如果所觀察到的和期望次數之間的差異能合理地歸因於樣本變動,資料被認為是與 $H_0$ 相容。另一方面,如果所觀察到的和期望次數之間的差異太大,應棄卻 $H_0$ 而來支持 $H_a$。因此,我們需要評估觀察次數與期望次數是如何相異。

適合度統計量,表為 $X^2$,是當 $H_0$ 為真時,觀察次數與期望次數差異程度的一個數量測度。(希臘字母 $\chi$ 常常用來代替 $X$。符號 $X^2$ 被稱為卡方 $[\chi^2]$ 的統計量。在使用 $X^2$ 而非 $\chi^2$,我們秉承以羅馬字母表示樣本數量的慣例。)

---

**適合度統計量** (goodness-of-fit statistic),$X^2$,基於首先計算如下:

$$\frac{(觀察格次數 - 期望格次數)^2}{期望格次數}$$

(期望格次數) $= n \times$(相應的母體比例假設值)

對每個格子,$n$ 為樣本量。

$X^2$ 統計量是對所有 $k$ 個格子以上這些數量的總和:

$$X^2 = \sum_{所有格子} \frac{(觀察格次數 - 期望格次數)^2}{期望格次數}$$

---

$X^2$ 統計量的值反映觀察格次數和期望格次數之間的差異大小。當差異是相當大的,$X^2$ 的值容易變大。因此,夠大的 $X^2$ 值提示棄卻 $H_0$。當 $H_0$ 為真時,若所觀察到的格次數是相當近似的期望格次數,$X^2$ 的值會夠小(它不會是負的),所以 $H_0$ 為真。

就像之前的檢定程序，藉由比較一個 $P$ 值與檢定的顯著水準來達成一個結論。$P$ 值計算為當 $H_0$ 為真時 $X^2$ 觀測值至少與觀察值一樣大的機率。當 $H_0$ 為真時，這需要有關 $X^2$ 的抽樣分布資訊。

當虛無假設為真，樣本量夠大時，$X^2$ 的特性是由**卡方分配 (chi-square distribution)** 近似描述。卡方曲線以下沒有面積結合負值，且是不對稱的，具有一個長右尾。實際上有許多卡方分配，每一個標識具有不同數目的自由度。數個卡方分配對應的曲線顯示於圖 12.1。

**圖 12.1**
卡方分配曲線

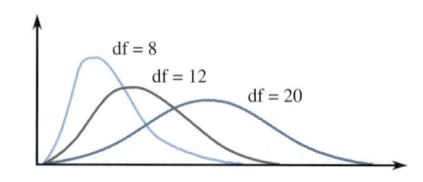

對基於 $X^2$ 統計量的檢定程序中，相關的 $P$ 值是適當的卡方曲線下在計算的 $X^2$ 值右側的面積。附錄表 8 給出具有高達 20 df 卡方分配的右尾面積。我們的卡方表與在前面的章節中使用的 $t$ 表具有不同的外觀。在 $t$ 表中，自由度在最左邊單一的「值」列，然後為每個不同自由度數目出現 $P$ 值（尾部面積）欄。因為 $t$ 的所有曲線都集中在 0，和 $t$ 曲線逼近 $z$ 曲線作為數目的自由度增加，$t$ 值的單行適合 $t$ 表。不過，由於卡方曲線向右側移動愈來愈遠，且隨自由度增加散得更開，在這種情況下，單一的「值」行是不實際的。

要查找某一特定的 $X^2$ 值右側面積，在附錄表 8 中找到適當的 df 行。確定哪些列值最接近於感興趣的 $X^2$ 值，並從表中左邊行讀取對應於該值的右尾面積。例如，卡方分配的 df = 4，$X^2$ = 8.18 的右側面積是 .085，如圖 12.2。出於同樣的卡方分配（df = 4）中，9.70 的右側面積大約 .045（9.74 的右側面積，在表中 df = 4 的最接近數值）。

**圖 12.2**
卡方分配的右尾面積

另外，也是可以使用電腦軟體或一個圖形計算器來計算卡方曲線下的面積。這樣提供更準確的面積值。

## 適合度檢定

當 $H_0$ 為真，適合度檢定的 $X^2$ 統計量近似 $df = (k-1)$ 的卡方分配，只要沒有太小的期望格次數。當期望次數是小的，尤其是當期望次數小於 1 時，$\frac{(觀察次數 - 期望次數)^2}{期望次數}$ 的值可能會很大，因為它包含除以一個小的數目。人們普遍同意使用卡方分配是適當的，當樣本大小足夠大到使得每格期望次數至少為 5。如果任何期望格次數小於 5，類別可以合併以創造可接受的期望格次數。只需記得計算自由度數目是基於減少的類別數。

### 適合度檢定程序

**假設**：$H_0$: $p_1$ = 第 1 類的假設比例

$\vdots$

$p_k$ = 第 $k$ 類的假設比例

$H_a$: $H_0$ 不為真

**檢定統計量**：$X^2 = \sum_{所有格子} \frac{(觀察格次數 - 期望格次數)^2}{期望格次數}$

**P 值**：當 $H_0$ 為真，所有期望次數至少 5，$X^2$ 具有近似 $df = k-1$ 的卡方分配。因此，P 值是 $df = k-1$ 卡方曲線下方計算的 $X^2$ 值右側面積。卡方分配的右尾面積見附錄表 8。

**前提假設**：1. 觀察格次數是根據一組隨機的樣本。

　　　　　2. 樣本數是大的。樣本數大到使得每個期望格次數至少 5，使用卡方檢定是適合的。

### 例 12.2　再度審視出生和月球週期

我們用例 12.1 的出生數據來檢驗出生人數與月球週期無關的這一假設。讓我們使用顯著性水準 .05，以及在前面的章節中所示的假設檢定的九步過程。

1. 令 $p_1$、$p_2$、$p_3$、$p_4$、$p_5$、$p_6$、$p_7$ 和 $p_8$ 表示所有落在八個月球週期類別的出生人數比例，如例 12.1 中所定義。

2. $H_0$: $p_1 = .0343$，$p_2 = .2175$，$p_3 = .0343$，$p_4 = .2132$，$p_5 = .0343$，$p_6 = .2146$，$p_7 = .0343$，$p_8 = .2175$
3. $H_a$: $H_0$ 不為真。
4. 顯著水準：$\alpha = .05$
5. 檢定統計量：$X^2 = \sum_{\text{所有格子}} \dfrac{(\text{觀察格次數} - \text{期望格次數})^2}{\text{期望格次數}}$
6. 前提假設：期望格次數（來自例 12.1）均大於 5。出生人數代表在考慮的月球週期間發生出生人數的隨機樣本。
7. 計算方法：

$$X^2 = \frac{(7680 - 7641.49)^2}{7641.49} + \frac{(48442 - 48455.52)^2}{48455.52} + \cdots + \frac{(48230 - 48455.52)^2}{48455.52}$$

$$= .194 + .004 + .511 + 2.108 + .632 + .962 + 1.096 + 1.050$$

$$= 6.557$$

8. $P$ 值：$P$ 值基於 df $= 8 - 1 = 7$ 的卡方分配。$X^2$ 計算的值小於 12.01（在附表 8 df $= 7$ 行的最小項目），所以 $P$ 值 $> .10$。
9. 結論：因為 $P$ 值 $> \alpha$，$H_0$ 不能被棄却。尚無足夠的證據可以結論出生人數和月球週期無關。這與本文的研究結論相一致：「我們沒有發現分娩以隨著月亮週期經過各階段具可預測模型發生的統計證據。」

統計軟體可以用來執行卡方適合度檢定。對於這個例子的資料和假設比例所做的 Minitab 分析結果顯示於下列報表中。

**Chi-Square Goodness-of-Fit Test for Observed Counts in Variable: Number of Births**

Using category names in Lunar Phase

| Category | Observed | Test Proportion | Expected | Contribution to Chi-Sq |
|---|---|---|---|---|
| First Quarter | 7579 | 0.0343 | 7641.5 | 0.51105 |
| Full Moon | 7711 | 0.0343 | 7641.5 | 0.63227 |
| Last Quarter | 7733 | 0.0343 | 7641.5 | 1.09584 |
| New Moon | 7680 | 0.0343 | 7641.5 | 0.19406 |
| Waning Crescent | 48230 | 0.2175 | 48455.5 | 1.04961 |
| Waning Gibbous | 47595 | 0.2146 | 47809.4 | 0.96189 |
| Waxing Crescent | 48442 | 0.2175 | 48455.5 | 0.00377 |
| Waxing Gibbous | 47814 | 0.2132 | 47497.5 | 2.10835 |

| N | DF | Chi-Sq | P-Value |
|---|---|---|---|
| 222784 | 7 | 6.55683 | 0.476 |

請注意，Minitab 分析中根據觀察到的次數已重新對類別由小到大排序。Minitab 分析中也對卡方統計量計算到更多位準確的小數值，報告 $X^2 = 6.55683$ 和相關的 $P$ 值為 .476。計算的 $P$ 值 $= .476$ 與假設檢定的步驟 8 陳述 $P$ 值 $> .10$ 是一致的。

## 例 12.3　混合動力汽車的購買

*USA Today*（「混合動力汽車銷量在去年增長 81%」，2005 年 4 月 25 日）公布混合動力汽車銷售量的前 5 個州，2004 年為加利福尼亞州、維吉尼亞州、華盛頓州、佛羅里達州和馬里蘭州。假設 2004 年銷售的混合動力汽車的一組樣本中的每輛依在那州銷售分類。排除其他州的銷售，這是前五名的樣本，產生了以下附表。

| 州別 | 觀察的次數 |
|---|---|
| 加利福尼亞 | 250 |
| 維吉尼亞 | 56 |
| 華盛頓 | 34 |
| 佛羅里達 | 33 |
| 馬里蘭 | 33 |
| **總數** | **406** |

（給出的觀測計數是人造的，但他們與文章中的混合動力車銷售數據是一致的。）

我們將使用在 $X^2$ 適合度檢定且 $\alpha = .01$ 的顯著水準來檢定上述五個州的混合動力汽車銷量與這些州 2004 年人口成比例之假設。2004 年人口估計從人口普查局網站給出如下表所示。人口比例的計算是由每個州的人口除以所有五個州人口總數。

| 州別 | 2004 年人口 | 人口比例 |
|---|---|---|
| 加利福尼亞 | 35,842,038 | 0.495 |
| 維吉尼亞 | 7,481,332 | 0.103 |
| 華盛頓 | 6,207,046 | 0.085 |
| 佛羅里達 | 17,385,430 | 0.240 |
| 馬里蘭 | 5,561,332 | 0.077 |
| **總數** | **72,477,178** | |

如果這些相同的人口比例適用混合動力汽車銷售量，則期望次數為

加利福尼亞州期望次數 $= 406(.495) = 200.970$

維吉尼亞州期望次數 $= 406(.103) = 41.818$

華盛頓州期望次數 $= 406(.085) = 34.510$

佛羅里達州期望次數 $= 406(.240) = 97.440$

馬里蘭州期望次數 $= 406(.077) = 31.362$

這些期望次數已經輸入表 12.1。

**表 12.1** 例 12.3 的觀察和期望次數

| 州別 | 觀察次數 | 期望次數 |
|---|---|---|
| 加利福尼亞 | 250 | 200.970 |
| 維吉尼亞 | 56 | 41.818 |
| 華盛頓 | 34 | 34.510 |
| 佛羅里達 | 33 | 97.440 |
| 馬里蘭 | 33 | 31.262 |

1. 令 $p_1$、$p_2$、$\cdots$、$p_5$ 表示按以下順序排列的五個州的混合動力汽車銷售量之實際比例：加利福尼亞州、維吉尼亞州、華盛頓州、佛羅里達州和馬里蘭州。
2. $H_0$: $p_1 = .495$，$p_2 = .103$，$p_3 = .085$，$p_4 = .240$，$p_5 = .077$
3. $H_a$: $H_0$ 不為真。
4. 顯著水準：$\alpha = .01$
5. 檢驗定計量：$X^2 = \sum\limits_{\text{所有格子}} \dfrac{(\text{觀察格次數} - \text{期望格次數})^2}{\text{期望格次數}}$
6. 前提假設：樣本是混合動力汽車銷量的一組隨機樣本。所有期望次數大於 5，因此樣本量大到可以使用卡方檢定。
7. 計算方法：使用 Minitab 分析

**Chi-Square Goodness-of-Fit Test for Observed Counts in Variable: Hybrid Sales**
Using category names in State

| Category | Observed | Test Proportion | Expected | Contribution to Chi-Sq |
|---|---|---|---|---|
| California | 250 | 0.495 | 200.970 | 11.9617 |
| Florida | 33 | 0.240 | 97.440 | 42.6161 |
| Maryland | 33 | 0.077 | 31.262 | 0.0966 |
| Virginia | 56 | 0.103 | 41.818 | 4.8096 |
| Washington | 34 | 0.085 | 34.510 | 0.0075 |

| N | DF | Chi-Sq | P-Value |
|---|---|---|---|
| 406 | 4 | 59.4916 | 0.000 |

8. $P$ 值：所有期望次數大於 5，所以 $P$ 值可以基於一個 df = 5 − 1 = 4 的卡方分配。由 Minitab 分析結果，$P$ 值是 0.000。
9. 結論：因為 $P$ 值 $\leq \alpha$，$H_0$ 被棄却。存在令人信服的證據顯示五個州至少有一個州的混合動力汽車銷量並不與人口數成比例。

基於混合動力汽車的銷售數據，我們已經確定，有令人信服的證據表明至少這五個州中的一個州的混合動力汽車的銷售不與人口數成比例。回顧 Minitab 分析報表，注意到有一個標記「Contribution to Chi-Sq」欄，此欄顯示 $\dfrac{(\text{觀察格次數} - \text{期望格次數})^2}{\text{期望格次數}}$ 的各個值，這些相加產生卡方統計量的值。請注意，兩個對卡方統計量有最大貢獻的州是佛羅里達州和加利福尼亞州。佛羅里達州，觀察到混合動力汽車的銷量均小於期望（觀察 = 33、期望 = 97.44），而加利福尼亞州觀察的銷售量高於期望的（觀察 = 250、期望 = 200.970）。

## 習題 12.1 – 12.13

**12.1** 從下列每一種情況所提供的資訊，你知道卡方檢定的 $P$ 值是什麼嗎？並給出顯著水準為 $\alpha = .01$ 的結論。
a. $X^2 = 7.5$, df = 2    b. $X^2 = 13.0$, df = 6
c. $X^2 = 18.0$, df = 9    d. $X^2 = 21.3$, df = 4
e. $X^2 = 5.0$, df = 3

**12.2** 一本特別平裝書的出版選擇四個不同的封面。某書店的架子上各保留了每個封面的幾本書。為了檢定這四個選擇的銷售量是相等的假設，被購買的 100 本書的一組隨機樣本被確認。
a. 如果產生的 $X^2$ 值為 6.4，使用具有顯著水準 $\alpha = .05$ 檢定時，你會得到什麼樣的結論？
b. 當 $X^2 = 15.3$，當顯著水準為 .01 時什麼結論會是適當的？
c. 如果有六個不同的封面，而不是只有四個，且如果 $X^2 = 13.7$，並採用 $\alpha = .05$ 檢定，你會得到什麼結論？

**12.3** 某一公司的什錦果仁包，包含四種類型的堅果。堅果的類型 1、2、3 和 4 的百分比分別為 40%、30%、20% 和 10%。堅果隨機抽選，而且每一個按類型分類。
a. 如果樣本大小是 200，所得檢定統計量值為 $X^2 = 19.0$，什麼結論會是適當的在顯著水準為 .001？
b. 如果隨機樣本只有 40 個堅果，你會在這裡用卡方檢定嗎？解釋你的理由。

**12.4** 文章「在布朗克斯，擊中全壘打是輕而易舉的事情」(*USA Today*，2009 年 6 月 2 日)，列入在新洋基球場 87 個全壘打被擊中，且按照被擊中方向分類的數據產生如下表。

| 方向 | 左外野 | 左中央 | 中央 | 右中央 | 右外野 |
|---|---|---|---|---|---|
| 全壘打數 | 18 | 10 | 7 | 18 | 34 |

a. 假設把此示例 87 個全壘打代表在洋基球場擊中的全壘打是合理的，進行假設檢定，以確定是否有令人信服的證據表明，五個不相同的方向全壘打擊中比例不全等。
b. 用簡單的句子描述全壘打在五個方向的觀察數與期望數是如何相異的，若這五個方向的全壘打數具有相同的比例。

**12.5** 論文「兒童電視廣告的種族偏見」(*Journal of Advertising Research* [2008]: 80-93) 的作者統計，不同種族的人物出現在費城電視台廣告的次數，其數據如附表。

| 族群 | 非裔 | 亞裔 | 高加索 | 西班牙裔 |
|---|---|---|---|---|
| 觀察次數 | 57 | 11 | 330 | 6 |

根據 2000 年的人口普查，美國人口落入這四個族群的比例是非裔為 .177、亞裔為 .032、高加索為 .734 和西班牙裔 .057。這提供足夠的證據證明出現在廣告中的比例與普查比例是不一樣的？使用顯著水準為 .01，以檢定有關的假設。

**12.6** 報告「社會化感受和情感功能」(*Psychological Science* [2009]: 1118-1124) 描述了一個有趣的實驗，以確定是否大學生可以透過氣味來識別他們的室友。44 個女大學生參加了作為實驗對象。每個主題提出了一套三件 t 恤，它們外觀一模一樣。這三件 t 恤至少被人睡過 7 小時且至少 48 小時沒有使用任何香味的產品（如芳香的除臭、肥皂或洗髮精）。三件 t 恤的其中一件已被受試者的室友所穿。受試者被要求

識別他室友所穿過的 t 恤。這個過程的另外三件 t 恤也重複進行，並且記錄從兩個試行的受試者正確地識別室友所穿的 t 恤的次數。所得數據列於所附的表中。

| 正確的辨別數 | 0 | 1 | 2 |
|---|---|---|---|
| 觀察的計數 | 21 | 10 | 13 |

a. 一個人能藉由氣味辨別她的室友嗎？如果不能，實驗中的數據應該與我們本來期望受試者從每次試行只是猜測的結果一致。也就是說，我們會期望在所述兩個的試行的每一個選擇正確的 t 恤機率是三分之一。然後，將合理的正確辨認數視為一個二項變項具 $n = 2$，$p = 1/3$。如果受試者只是猜測，使用此二項分配來計算我們希望看到 0、1 和 2 的正確辨別數。

b. 使用 (a) 部分的三個比例來進行檢定，以確定由學生在本研究中所作的正確辨別數是比本來猜測的期望數顯著不同。使用 $\alpha = .05$。（注意：一個期望數小於 5，為此練習的目的，假定它是好著手的適合度檢定。）

12.7 論文「在癌症預防研究 II 前瞻性世代肺癌死亡率與菸焦油產量」(British Medical Journal [2004]: 72-79) 包括隨附的資料為男性吸菸者後來死於肺癌及吸食香菸的焦油等級之一組樣本。

| 焦油等級 | 次數 |
|---|---|
| 0 至 7 mg | 103 |
| 8 至 14 mg | 378 |
| 15 至 21 mg | 563 |
| ≥22 mg | 150 |

假設把樣本作為代表男性吸菸者死於肺癌是合理的。是否有令人信服的證據證明四個焦油等級的男性吸菸者肺癌死亡的比例並不相同？

12.8 在之前的練習題中引用的論文，以 1031 位男性抽低焦油香菸為樣本，提出了關於哪個年齡開始吸菸的隨附數據。

| 年齡 | 次數 |
|---|---|
| <16 | 237 |
| 16 至 17 | 258 |
| 18 至 20 | 320 |
| ≥21 | 216 |

a. 使用卡方適合度檢定以檢定虛無假設 $H_0$: $p_1 = .25$，$p_2 = .2$，$p_3 = .3$，$p_4 = .25$，$p_1 =$ 抽低焦油香菸的男性開始吸菸年齡為 16 歲的比例，$p_2$、$p_3$ 和 $p_4$ 以類似的方式定義為其他三個年齡段。

b. 從 (a) 部分的虛無假設指定有一半的低焦油香菸的男性吸菸者開始吸菸年齡在 16 到 20 歲之間。解釋為什麼 $p_2 = .2$ 和 $p_3 = .3$ 與年齡介乎 16 至 20 歲同樣可能是吸菸的開始一致。

12.9 「2004 年死亡事實：自行車」(Insurance Institute，2004 年) 報告包括下表分類 715 件致命的自行車事故，按事故發生在一天的時間分類。

| 一天的時間 | 事故數量 |
|---|---|
| 午夜 至 3 A.M. | 38 |
| 3 A.M. 至 6 A.M. | 29 |
| 6 A.M. 至 9 A.M. | 66 |
| 9 A.M. 至中午 | 77 |
| 中午 至 3 P.M. | 99 |
| 3 P.M. 至 6 P.M. | 127 |
| 6 P.M. 至 9 P.M. | 166 |
| 9 P.M. 至午夜 | 113 |

a. 假設 2004 年這 715 件自行車事故總結表作為致命自行車事故隨機樣本是合理的。這些資料支持致命自行車事故並非同樣可能發生在用於構造時間週期 3 小時的表中每個 3 小時時段之假設嗎？使用 .05 顯著水準檢定相關假設。

b. 假設一個安全辦公室提出，自行車死亡

的人數是在兩個時段，可能發生在中午至午夜之間和在午夜到中午的過程中，並提出以下假設：$H_0$: $p_1 = 1/3$，$p_2 = 2/3$，其中 $p_1$ 是午夜到中午之間發生的事故所占比例，$p_2$ 是中午至午夜之間發生的比例。給定的資料並提供證據反對這一假說，或者資料符合它？用適當的檢定證明你的答案。（提示：使用數據構建一個只有兩個時間類別的單向表。）

**12.10** 在前面的習題中（「2004 年死亡事實：自行車」）中引用的報告也分為 719 件致命自行車事故，按月分類，形成所附的表。

| 月份 | 意外次數 |
|---|---|
| 1 月 | 38 |
| 2 月 | 32 |
| 3 月 | 43 |
| 4 月 | 59 |
| 5 月 | 78 |
| 6 月 | 74 |
| 7 月 | 98 |
| 8 月 | 85 |
| 9 月 | 64 |
| 10 月 | 66 |
| 11 月 | 42 |
| 12 月 | 40 |

a. 使用給定的數據去檢定虛無假設 $H_0$: $p_1 = 1/12$，$p_2 = 1/12$，……，$p_{12} = 1/12$，其中 $p_1$ 為在 1 月發生致命自行車事故的比例，$p_2$ 為 2 月的比例，依此類推。使用 .01 的顯著水準。

b. 在 (a) 部分中的虛無假設指定致命事故發生在 12 個月的機率相同。但並不是每個月的日數相同。你會檢定什麼樣的虛無假設與對立假設以確定是否有幾個月相對風險會比較大，當你想要考慮不同的月份長度？（提示：2004 年是一個閏年有 366 天。）

c. 採用 .05 顯著水準檢定在 (b) 部分中提出的假設。

**12.11** 在 *San Luis Obispo Tribune*（1999 年 12 月 15 日）關於加州彩票的一篇文章中，提供成人在加利福尼亞州的年齡分布資料如下：35% 的年齡在 18 至 34 歲之間，51% 在 35 至 64 歲之間，14% 是 65 歲以上。這篇文章還提供了購買彩票者的年齡分布資料。下表是文章中提供的資料：

| 購買者年齡 | 次數 |
|---|---|
| 18 至 34 | 36 |
| 35 至 64 | 130 |
| 65以上 | 34 |

假設數據從彩票購買者中隨機抽取 200 位產生。根據這些樣本數據，三個年齡族群至少有一個購買不成比例的彩票是否為合理的結論呢？使用 .05 適合度檢定。

**12.12** 某一特定植物的遺傳特徵可以出現在三種形式（表型）之一。一位研究員開發了一種理論，假設的比例為 $p_1 = .25$，$p_2 = .50$ 和 $p_3 = .25$。隨機抽樣 200 個植物得出 $X^2 = 4.63$。

a. 使用顯著水準 .05 檢定虛無假設，檢定這個理論是正確的。

b. 假設 300 個植物的隨機樣本導致 $X^2$ 的值相同。從這些你如何分析和總結不同於 (a) 的部分？

**12.13** 文章「番茄的連鎖研究」(*Transactions of the Royal Canadian Institute* [1931]: 1-19) 隨附資料報告了高切葉番茄、高的馬鈴薯葉、矮切葉番茄和矮的馬鈴薯葉番茄雜支所引起的表型。有四種可能的表現型：(1) 高切葉、(2) 高的馬鈴薯葉、(3) 矮切葉、(4) 矮的馬鈴薯葉。

|  | 表現型 |  |  |  |
|---|---|---|---|---|
|  | 1 | 2 | 3 | 4 |
| 次數 | 926 | 288 | 293 | 104 |

孟德爾遺傳定律意味著 $p_1 = 9/16$，$p_2 = 3/16$，$p_3 = 3/16$ 和 $p_4 = 1/16$。該實驗數據與孟德爾定律相一致嗎？使用顯著水準 .01。

## 12.2 在一個雙向表的齊一性和獨立性檢定

從兩個不同的分類變項所觀測得到的數據，也可使用一個表格方式總結。舉個例子，假設一個特定城市的居民可以收看 ABC、CBS、NBC、PBS 或關聯機構電台全國新聞。一位研究人員想知道那些經常看國內新聞之居民的政治哲學（自由主義、中等或保守）和首選的新聞節目之間是否有任何關係。設 $x$ 變量表示政治哲學和 $y$ 變量表示首選網路。隨機抽樣 300 位經常觀察者，並且每個人皆被問到他或她的 $x$ 和 $y$ 的值。該數據集是二元的，可能最初顯示如下：

| 觀察者 | $x$ 值 | $y$ 值 |
|---|---|---|
| 1 | 自由主義 | CBS |
| 2 | 保守 | ABC |
| 3 | 保守 | PBS |
| ⋮ | ⋮ | ⋮ |
| 299 | 溫和 | NBC |
| 300 | 自由主義 | PBS |

這種二元類別資料最容易可以透過構建**雙向次數表 (two-way frequency table)** 或**列聯表 (contingency table)** 總結。這是一個長方形的表，該表由一行 $x$（由該變量指定的每個類別）的每個可能值和列 $y$ 的每個可能值所組建。然後還有一個儲存格在表中為每個可能的 $(x, y)$ 的組合。一旦建立了這樣一個表格，出現在資料集中每個特定 $(x, y)$ 的組合的次數被確定，並在相應的儲存格的表中輸入這些數字（次數）。由此產生的數字被稱為**觀察格次數 (observed cell counts)**。例如有關政治哲學的首選網路表包含 3 列 4 行（因為 $x$ 和 $y$ 分別有 3 和 4 個可能值）。表 12.2 是一個可能的表。

表 12.2　3×4 次數表的例子

|  | ABC | CBS | NBC | PBS | 行邊際總和 |
|---|---|---|---|---|---|
| 自由主義 | 20 | 20 | 25 | 15 | **80** |
| 溫和 | 45 | 35 | 50 | 20 | **150** |
| 保守 | 15 | 40 | 10 | 5 | **70** |
| 列邊際總和 | **80** | **95** | **85** | **40** | **300** |

**邊際的總和 (marginal totals)** 由在每一行和也在表中的每一列增加所觀察到的格數得到的。行和列邊際的總和，連同所有的觀察總格數在**表中的總和 (grand total)**，已列入表 12.2。邊際總和提供對每個變項觀測值的分類分配的信息。在本例中，列邊際總和表明，樣本包括 80 個自由派、150 個溫和派和 70 個保守派。同樣，行邊際總和表明每個首選方案類別：80 個首選 ABC 新聞、95 個首選 CBS 等等。全部總和 300 個是二元數據的數量。

雙向次數表通常特點在於在表中列和行的數目（在該順序中指定：首先列數，再來行數）。表 12.2 被稱為 3×4 表。最小的雙向次數表是一個 2×2 表，該表僅具有兩列和兩行，從而產生四個方格。

雙向表是由兩種不同類型的調查產生。一位研究員可能有興趣以一個單一的類別變項為基礎比較兩個或多個群體或處理，因此可能取得獨立樣本於每個群體或處理。例如，數據可以在一所大學被收集來比較學生、教職員和助理人員到校園時，主要的交通方式（汽車、自行車、摩托車、公車或步行）。200 名學生、100 名教職員，以及 150 名助理人員的三個樣本被隨機選取，所選個人可以接受採訪，以獲得必要的交通資訊。從這樣的數據研究可以總結在 3×5 雙向次數表，其中列變項具有學生、教職員和助理人員 3 種類別，而行變項則分為 5 種交通方式。觀察次數可以被用來觀察相對於交通方式於三組之間的差異和相似之處。這種類型的二元分類數據組的特徵在於，具有一組預定的邊際總和（不同群組的樣本量）。在剛剛討論的 3×5 的情況，列總和將被固定為 200、100 和 150。

雙向表也會觀察到在單一樣本的所有個體或項目有兩個不同類別變項的值。例如，可能會隨機選擇 500 位已登記的選民為樣本，然後每個選民被詢問他或她贊成哪個財產稅的提議，當他或她可能是一個民主黨人、共和黨人或無黨派。這將導致一個雙變項的數據組，其中 $x$ 變量代表政治派別（民主黨、共和黨和無黨派）和 $y$ 代表不同反應（支持提議或反對提議）。相應的 3×2 次數表則被用來調查稅提議

的立場和政治派別之間的任何關聯。這種類型的二元分類數據組的特徵在於只有總和預先確定（由樣本大小）。

## 比較兩個或更多個母體或處理：齊一性檢定

當一個類別變項的值被用來記錄取自所研究的每個母體或處理的獨立隨機樣本之個體，感興趣的問題是所有群體或處理的類別比例是否皆相同。如 12.1 節，檢定過程使用卡方統計量來比較觀察次數與哪些是期望次數，如果差異無顯著性。

### 例 12.4　高風險的足球？

論文「高校足球運動員受損的神經認知表現沒有任何證據」(*American Journal of Sports Medicine* [2002]: 157-162) 比較大學生足球運動員、體育運動選手，以及一群沒有參與體育運動的大學生相對於頭部受傷史。表 12.3，一個 3 × 4 雙向次數表，是獨立隨機選擇 91 個足球運動員、96 個非足球運動員和 53 個非運動員再依照學生過去腦振盪次數報告病史調查問卷分類的結果。

**表 12.3**　例 12.4 觀察次數

|  | 0 腦震盪 | 1 腦震盪 | 2 腦震盪 | 3 或更多 腦震盪 | 列邊際 總和 |
|---|---|---|---|---|---|
| 足球運動員 | 45 | 25 | 11 | 10 | 91 |
| 非足球運動員 | 68 | 15 | 8 | 5 | 96 |
| 非運動員 | 45 | 5 | 3 | 0 | 53 |
| 行邊際總和 | 158 | 45 | 22 | 15 | 240 |

（欄標題：腦震盪次數）

可以下列方式估計期望格次數：有 240 份腦震盪調查，其中 158 人「0 腦震盪」。回應「0 腦震盪」的總比例是

$$\frac{158}{240} = .658$$

如果不同組別的回應沒有差異，我們會期望約有 65.8% 的足球運動員要回應「0 腦震盪」，有 65.8% 的非足球運動員回應「0 腦震盪」等等。因此「0 腦震盪」行中的三個方格的估計期望格次數為

於足球運動員且 0 腦震盪次數之期望格次數 = .658(91) = 59.9
於非足球運動員且 0 腦震盪次數之期望格次數 = .658(96) = 63.2
於非運動員且 0 腦震盪次數之期望格次數 = .658(53) = 34.9

注意，期望格次數不一定是整數。對其餘方格的期望次數可以類似的方式計算。例如，所有的反應的

$$\frac{45}{240} = .188$$

是在「1 腦震盪」的類別，因此

於足球運動員且 1 腦震盪次數之期望次數 = .188(91) = 17.1
於非足球運動員且 1 腦震盪次數之期望次數 = .188(96) = 18.0
於非運動員且 1 腦震盪次數之期望次數 = .188(53) = 10.0

通常的作法是，所觀察到的次數和相應的期望次數顯示在同一表中，括號內的是期望次數。其餘方格的期望次數已被計算，並輸入到表 12.4 中。產生小的差異來自四捨五入，期望次數的邊際總和等於對應的觀察次數的邊際總和。

**表 12.4** 例 12.4 觀察與期望次數

|  | 腦震盪次數 |  |  |  |  |
|---|---|---|---|---|---|
|  | 0 腦震盪 | 1 腦震盪 | 2 腦震盪 | 3 或更多 腦震盪 | 行邊際 總和 |
| 足球運動員 | 45 (59.9) | 25 (17.1) | 11 (8.3) | 10 (5.7) | **91** |
| 非足球運動員 | 68 (63.2) | 15 (18.0) | 8 (8.8) | 5 (6.0) | **96** |
| 非運動員 | 45 (34.9) | 5 (10.0) | 3 (4.9) | 0 (3.3) | **53** |
| 列邊際總和 | **158** | **45** | **22** | **15** | **240** |

在快速比較表 12.4 中觀察次數和期望次數揭示了一些大的差異，這表明落入震盪類別的比例未必是所有三組皆相同。這將在例 12.5 進一步探討。

在例 12.4 分兩個步驟計算對應於某一特別的組別一回應組合方格的期望次數。首先，計算回應邊際比例（例如，「0 腦震盪」回應的 158/240）。然後這一比例被乘以邊際組總和（例如，足球運動員組的 91(158/240)）。在代數上，這是相當於首先將列與行的邊際總和相乘，然後除以全體總和：

$$\frac{(91)(158)}{240}$$

在某一分類變項的基礎上，若要比較兩個或更多母體或處理，透過選擇相應的列與行邊際總和，然後計算出每個方格的**期望格次數** (expected cell count)

$$期望格次數 = \frac{（列的邊際總和）（行的邊際總和）}{全體總和}$$

當研究中的組別之間並無差異時，這些數量代表了所期望的次數。

在 12.1 節介紹的 $X^2$ 統計量，現在可以用來比較觀察格次數與期望格次數。當觀察次數與期望次數之間存在大的差異就會產生一個大的 $X^2$ 值，並提示母體之間沒有差異的假設應該被棄却。正式的檢定程序如下列方框中所描述。

## 齊一性的 $X^2$ 檢定

**虛無假設：** $H_0$: 所有母體或處理的真正類別比例都相同（母體或處理的齊一性）。

**對立假設：** $H_a$: 並不是所有母體或處理的真正類別比例都相同。

**檢定統計量：** $X^2 = \sum_{\text{所有格子}} \frac{（觀察格次數 - 期望格次數）^2}{期望格次數}$

期望格次數由樣本數據估計（假設 $H_0$ 為真），使用公式

$$期望格次數 = \frac{（列邊際總和）（行邊際總和）}{全體總和}$$

**P 值：** 當 $H_0$ 為真且 $X^2$ 檢定的前提滿足，$X^2$ 具有近似卡方分配其自由度 =（列數 - 1）（行數 - 1）。計算的檢定統計量的值相關聯的 P 值是具適當自由度的卡方曲線下 $X^2$ 值右側面積。卡方曲線之右尾面積見於附錄表 8。

**前提假設：** 1. 數據來自獨立選取的隨機樣本或被隨機分配到處理組的受試者。
2. 樣本是大的：所有期望次數至少 5。如果某些期望次數小於 5，表中的列或行可以被合併以達到一個令人滿意的次數表。

## 例 12.5　高風險的足球（續）

例 12.4 中觀察次數和期望次數顯示於下表：

|  | \multicolumn{4}{c}{腦震盪次數} |  |
|---|---|---|---|---|---|
|  | 0 腦震盪 | 1 腦震盪 | 2 腦震盪 | 3 或更多 腦震盪 | 行邊際總和 |
| 足球運動員 | 45 (59.9) | 25 (17.1) | 11 (8.3) | 10 (5.7) | 91 |
| 非足球運動員 | 68 (63.2) | 15 (18.0) | 8 (8.8) | 5 (6.0) | 96 |
| 非運動員 | 45 (34.9) | 5 (10.0) | 3 (4.9) | 0 (3.3) | 53 |
| 列邊際總和 | 158 | 45 | 22 | 15 | 240 |

假設：$H_0$：每個回應（腦震盪次數）類別比例於所有三組是相同的。
　　　$H_a$：並非所有三組的類別比例都一樣。

顯著水準：將用 .05 顯著水準。

檢定統計量：$X^2 = \sum_{\text{所有格子}} \dfrac{(\text{觀察格次數} - \text{期望格次數})^2}{\text{期望格次數}}$

前提假設：隨機樣本被獨立選取，當樣本量足夠大，使用的檢定是合適的。期望次數（在 3 個或更多的腦震盪列中）小於 5，因此，在進行卡方檢定之前，我們將表的最後兩行合併。於是我們整理出下表

|  | \multicolumn{3}{c}{腦震盪次數} |  |
|---|---|---|---|---|
|  | 0 腦震盪 | 1 腦震盪 | 2 或更多 腦震盪 | 行邊際總和 |
| 足球運動員 | 45 (59.9) | 25 (17.1) | 21 (14.0) | 91 |
| 非足球運動員 | 68 (63.2) | 15 (18.0) | 13 (14.8) | 96 |
| 非運動員 | 45 (34.9) | 5 (10.0) | 3 (8.2) | 53 |
| 列邊際總和 | 158 | 45 | 22 | 240 |

計算：

$$X^2 = \dfrac{(45 - 59.9)^2}{59.9} + \cdots + \dfrac{(3 - 8.2)^2}{8.2} = 20.6$$

$P$ 值：此例雙向表有 3 列 3 行，因此，適當的 df 是 $(3-1)(3-1) = 4$。因為 20.6 比 18.46 大，在附錄表 8 中的 4-df 行中最大的數值，所以

　　　$P$ 值 < .001

結論：$P$ 值 ≤ $\alpha$，所以 $H_0$ 被棄却。有確鑿的證據來支持這種說法，對於三組進行比較，在腦震盪的類別數量的比例不一樣。最大的差異是足球運動員和非運動員的觀察次數與期望次數。足球運動員在 1 和 2 或更多腦震盪的觀察次數會高於期望次數，非運動員在 0 腦震盪的觀察次數高於期望次數。

---

大多數的統計電腦套裝軟體可以計算期望格次數、$X^2$ 統計量的值和相關聯的 $P$ 值。下面的例子說明了這一切。

### 例 12.6　減重

文章「專家說每日量體重可以讓你明白減了多少磅」（*Associated Press*，2005 年 10 月 17 日）描述了一個實驗，其中 291 人至少減去了 10% 的重量，在醫療減肥計畫被隨機分配到三組相異的追蹤調查。有一組人是按月親自見面、一組人是每月在線上的聊天室「會見」，還有一組人是每月透過通訊收到郵件。18 個月後，每組中的參加者，根據他們是否已經恢復 5 磅多，在表 12.5 中給出進行了分類的數據。

表 12.5　例 12.6 的觀察次數與期望次數

|  | 體重增加量 |  | |
| --- | --- | --- | --- |
|  | 恢復 5 磅或以下 | 恢復超過 5 磅 | 行邊際總和 |
| 親自 | 52 (41.0) | 45 (56.0) | 97 |
| 線上 | 44 (41.0) | 53 (56.0) | 97 |
| 通訊 | 27 (41.0) | 70 (56.0) | 97 |

對這三組追蹤調查方法是否呈現體重恢復比例的差異？相關的假設是

$H_0$: 三種追蹤調查方法的兩個體重恢復類別的比例都是相同的。

$H_a$: 並非所有三種追蹤調查方法的體重恢復類別比例都相同。

顯著性水準：$\alpha = .01$

檢定統計量：$X^2 = \sum_{\text{所有格子}} \dfrac{(\text{觀察格次數} - \text{期望格次數})^2}{\text{期望格次數}}$

前提假設：表 12.5 包含所計算的期望次數，所有這些都大於 5。該實驗中的受試者被隨機分配到處理組。

計算：Minitab 分析的結果如下。對於每個方格，所述的 Minitab 分析結果包括觀察格次數和期望格次數，和 $\dfrac{(\text{觀察格次數} - \text{期望格次數})^2}{\text{期望格次數}}$ 之值（這些是該方格貢獻給 $X^2$ 統計量的值）。根據報表，$X^2 = 13.773$。

**Chi-Square Test**
Expected counts are printed below observed counts
Chi-Square contributions are printed below expected counts

|      | <=5   | >5    | Total |
|------|-------|-------|-------|
| 親自 | 52    | 45    | 97    |
|      | 41.00 | 56.00 |       |
|      | 2.951 | 2.161 |       |
| 線上 | 44    | 53    | 97    |
|      | 41.00 | 56.00 |       |
|      | 0.220 | 0.161 |       |
| 通訊 | 27    | 70    | 97    |
|      | 41.00 | 56.00 |       |
|      | 4.780 | 3.500 |       |
| 總計 | 123   | 168   | 291   |

Chi-Sq = 13.773,  DF = 2,  P-Value = 0.001

$P$ 值：從 Minitab 分析結果，$P$ 值 = .001。

結論：由於 $P$ 值 $\leq \alpha$，$H_0$ 被棄却。數據表明，已經恢復超過 5 磅的比例在三種追蹤調查方法不相同。比較觀察和期望格次數，我們可以看到，在通訊組中所觀察到恢復了 5 磅多的次數高於期望次數，和在親自見面組曾恢復 5 磅或更多磅數的觀察次數低於期望次數，若所有三種追蹤調查的方法是一樣的比例。

## 兩個類別變項的獨立性檢定

$X^2$ 檢定統計量和檢定程式也可以用於調查在一個單一母體內兩個分類變項之間的關聯。舉例來說，特定城市的電視觀眾可能依首選的電視網（ABC、CBS、NBC 或 PBS）和喜愛的節目（喜劇、戲劇，或資訊和新聞）類型被分類。感興趣的問題是一個變項的值會與另一個變項的值有關聯──也就是說，兩個變項是否獨立？

繼續該例，假設那些首選 ABC 者喜愛三種節目類型的比例為 .4、.5 和 .1，這些比例也是首選其他三個網路者喜愛三種類型節目的比例。然後，得知個體的首選網路沒有提供關於個體最喜歡的節目類型之訊息。首選網路和最喜歡的節目類型分類變項是獨立的。

來看看如何在這種情況得到期望次數，記得從第 6 章學到的，如果 $A$ 和 $B$ 的兩個結果是獨立的，然後

$P(A \text{ 且 } B) = P(A)P(B)$

所以兩個結果一起發生在長期的次數比例是兩個個體長期次數比例的乘積。同理，

在一個母體中兩個分類變項是獨立的，對於第一變項的每個特定類別，與第二變項的每個特定類別，

$$\begin{pmatrix} 在一個特定類別的 \\ 組合之個體比例 \end{pmatrix} = \begin{pmatrix} 第一個變項的指 \\ 定類別之比例 \end{pmatrix} \cdot \begin{pmatrix} 第二個變項的指 \\ 定類別之比例 \end{pmatrix}$$

因此，如果所有觀眾的 30% 首選 ABC，節目類型偏好的比例又如前所述，然後，又假設這兩個變項是獨立的，則既首選 ABC 又同時偏好喜劇的觀眾比例是 (.3)(.4) = .12（或 12%）。

當兩個變項是獨立的，將上式右側乘以樣本大小給我們樣本中同時在兩個指定類別中的個體期望數目。然而，無法計算這些期望的次數，因為個體母體比例不詳。解決的辦法是使用相應的樣本比例估算每個母體比例：

$$\begin{pmatrix} 在兩個變項的 \\ 指定類別之估 \\ 計的期望次數 \end{pmatrix} = (樣本大小) \cdot \frac{\begin{pmatrix} 在第一個變項的 \\ 類別之觀察次數 \end{pmatrix}}{樣本大小} \cdot \frac{\begin{pmatrix} 在第二個變項的 \\ 類別之觀察次數 \end{pmatrix}}{樣本大小}$$

$$= \frac{\begin{pmatrix} 在第一個變項的 \\ 類別之觀察次數 \end{pmatrix} \cdot \begin{pmatrix} 在第二個變項的 \\ 類別之觀察次數 \end{pmatrix}}{樣本大小}$$

假設觀察次數顯示在矩形表中，其中列對應到第一變項的類別，而行對應到第二變項的類別。然後，在前面期望次數的運算式分子是列與行邊際總和之積。這正是如何計算期望次數於某些母體齊一性的檢定程序中，即使用來得出公式的理由不同。

### 獨立性的 $X^2$ 檢定

**虛無假設：** $H_0$：這兩個變項是獨立的。

**對立假設：** $H_a$：這兩個變項不是獨立的。

**檢定統計量：** $X^2 = \sum_{所有格子} \frac{(觀察格次數 - 期望格次數)^2}{期望格次數}$

期望格次數的估計（假設 $H_0$ 為真）由下列公式

$$期望格次數 = \frac{(列邊際總和)(行邊際總和)}{全體總和}$$

**P值**：當 $H_0$ 為真且 $X^2$ 檢定的前提成立時，$X^2$ 近似卡方分配具有

$$df = (列數 - 1)(行數 - 1)$$

計算的檢定統計量的值相關聯的 P 值為具適當自由度的卡方曲線下 $X^2$ 值右側面積。卡方分配的右尾面積見於附錄表 8。

**前提假設**：1. 觀察次數基於隨機抽樣數據。
2. 樣本是大的：所有期望次數至少 5。如果一些期望次數是少於 5，我們應該合併表中的列或行以達到具有令人滿意的期望次數表。

## 例 12.7　一個痛苦的表情

論文「**老年失智患者疼痛的面部表情**」(*Journal of Undergraduate Research* [2006]) 研究了護士評估的患者面部表情和患者的自我報告的疼痛程度之間的關係。89 例患者的數據摘要在表 12.6。

表 12.6　例 12.7 的觀測次數

| 面部表情 | 自我報告 不會疼痛 | 疼痛 |
|---|---|---|
| 不會疼痛 | 17 | 40 |
| 疼痛 | 3 | 29 |

作者感興趣的是確定是否能證明面部表情反映的痛苦和自述的痛苦有關聯，因為老年失智症患者並不總是提供口頭表明他們在痛苦中。

使用 .05 的顯著水準，我們將檢定

$H_0$：面部表情和自述的疼痛是獨立的。
$H_a$：面部表情和自述的疼痛不是獨立的。

顯著水準：$\alpha = .05$

檢定統計量：$X^2 = \sum_{\text{所有格子}} \dfrac{(觀察格次數 - 期望格次數)^2}{期望格次數}$

前提假設：在我們可以檢查前提之前，我們必須先計算期望格次數。

| 方格 | | |
|---|---|---|
| 列 | 行 | 期望格次數 |
| 1 | 1 | $\frac{(57)(20)}{89} = 12.81$ |
| 1 | 2 | $\frac{(57)(69)}{89} = 44.19$ |
| 2 | 1 | $\frac{(32)(20)}{89} = 7.19$ |
| 2 | 2 | $\frac{(32)(69)}{89} = 24.81$ |

所有期望格次數皆大於 5。儘管研究中的參與者沒有被隨機選取，他們被認為是代表療養院失智患者的母體。觀察次數和期望次數提供於表 12.7 中。

**表 12.7** 例 12.7 的觀察次數與期望次數

| | 自我報告 | |
|---|---|---|
| 面部表情 | 不會疼痛 | 疼痛 |
| 不會疼痛 | 17 (12.81) | 40 (44.19) |
| 疼痛 | 3 (7.19) | 29 (24.81) |

計算：

$$X^2 = \frac{(17-12.81)^2}{12.81} + \cdots + \frac{(29-24.81)^2}{24.81} = 4.92$$

$P$ 值：該表具有 2 列 2 行，所以自由度 $= (2-1)(2-1) = 1$。列於附錄表 8 中的 1-df 行最接近 4.92 的數值是 5.02，所以此檢定的近似 $P$ 值為

$P$ 值 $\approx .025$

結論：因 $P$ 值 $\leq \alpha$，我們棄却 $H_0$ 並結論，令人信服的證據表明護士評估面部表情和自述疼痛之間有關聯。

## 例 12.8 中風死亡率和教育

表 12.8 使用文章「**社會經濟地位對中風後死亡率的影響**」(*Stroke* [2005]: 310-314) 的資料。作者感興趣的問題之一是，是否中風後的生存率和教育水準之間有相關聯。在奧地利維也納的醫療紀錄中的 2333 位居民患了中風的一組樣本，根據兩個變項──存活（倖

存，死亡）和受教育程度（沒有基本教育、初中畢業、技術培訓/學徒、高中畢業、大學畢業）來分類樣本中的每個人。期望格次數（在生存和教育水準之間沒有關聯的假設下計算）顯示在下表的括弧中。

**表 12.8** 例 12.8 的觀察次數與期望次數

|  | 沒有基本教育 | 初中畢業 | 技術培訓/學徒 | 高中畢業 | 大學畢業 |
|---|---|---|---|---|---|
| 死亡 | 13 (17.40) | 91 (77.18) | 196 (182.68) | 33 (41.91) | 36 (49.82) |
| 倖存 | 97 (92.60) | 397 (410.82) | 959 (972.32) | 232 (223.09) | 279 (265.18) |

具有 .01 的顯著水準的 $X^2$ 檢定將被用來檢定相關的假設：

$H_0$: 存活和受教育程度是獨立的。
$H_a$: 存活和受教育程度不是獨立的。

顯著水準：$\alpha = .01$

檢定統計量：$X^2 = \sum_{\text{所有格子}} \frac{(\text{觀察格次數} - \text{期望格次數})^2}{\text{期望格次數}}$

前提假設：所有期望格次數至少為 5。假設數據可以被看作是代表中風的成年人，$X^2$ 檢定可以使用。

計算：Minitab 分析結果被呈現。由 Minitab 報表，$X^2 = 12.219$

**Chi-Square Test**
Expected counts are printed below observed counts
Chi-Square contributions are printed below expected counts

```
              1       2       3       4       5    Total
   1         13      91     196      33      36      369
            17.40   77.18  182.68   41.91   49.82
            1.112   2.473   0.971   1.896   3.835
   2         97     397     959     232     279     1964
            92.60  410.82  972.32  223.09  265.18
            0.209   0.465   0.182   0.356   0.720
Total       110     488    1155     265     315     2333

Chi-Sq = 12.219,   DF = 4,   P-Value = 0.016
```

$P$ 值：由 Minitab 分析報表，$P$ 值 $= .016$。

結論：由於 $P$ 值 $> \alpha$，$H_0$ 不被棄却。沒有充分的證據可以結論受教育水準和存活之間存在關聯。

在一些調查，超過兩個分類變項值被記錄為在每個樣本中的個體。例如，除了存活和教育程度變項，研究人員在實施例 12.8 中所引用的研究還收集了關於職業的訊息。一些有趣的問題可以再探討：是否所有的三個變項相互獨立的？有沒有可

能是職業和存活相關，但它們之間的關係並不取決於教育程度？對於特定的教育程度組，有存活和職業之間的關聯嗎？本章所介紹適於分析二元類別變項資料的 $X^2$ 檢定程序可以推廣使用於多元類別資料。然後可以使用適當的假設檢定提供觀察變項之間的關係。然而，計算期望格次數和計算 $X^2$ 的值的計算過程是相當繁瑣的，所以他們在不使用計算機的輔助下很少這樣做。大多數統計電腦套裝軟體可以執行這種類型的分析。透過參考 Agresti 和 Findlay、Everitt、Mosteller 和 Rourke 對類別數據分析的著作文獻，作更深入的瞭解。

## 習題 12.14 – 12.31

**12.14** 一個特別的州立大學系統有六個校區。在每個校區的學生被隨機挑選，並且每個學生對於政治哲學為自由派、溫和派，還是保守派進行分類。感興趣的虛無假設是，學生落在這三類的比例在所有六個校區是相同的。

a. 產生的 $X^2$ 檢定基於多少的自由度？

b. 如果有七個校區而不是六個，在 (a) 部分的答案將如何改變？

c. 如果有四個，而不是三個類別的政治哲學，(a) 部分的答案如何改變？

**12.15** 隨機抽選某縣 1000 個已登記的選民，每個選民被分類教育水準（四類）、首選的即將成為該縣縣長的候選人（五種可能性）兩方面。感興趣的假設是，教育水準和首選的候選人是獨立的。

a. 如果 $X^2 = 7.2$，你會得出結論的顯著水準為 .10？

b. 如果參加縣長競選只有四個候選人，且 $X^2 = 14.5$ 和 $\alpha = .05$，你的結論為何？

**12.16** 民調機構 Ipsos 在 2004 年、2005 年和 2006 年的 3 月進行了電話調查。每年，1001 名人口中年齡 18 歲或以上被問及他們今年是否打算用信用卡來支付聯邦所得稅。所附的表是從「**納稅人使用信用卡繳稅**」（*IPSOS Insight*，2006 年 3 月 24 日）報告中給出的資料。是否有證據顯示這三年落在三個信用卡回應類別所占比例並不相同？使用 $\alpha = .05$ 顯著水準檢定相關假設。

|   | 2004 | 2005 | 2006 |
|---|---|---|---|
| 一定會/可能會 | 40 | 50 | 40 |
| 也許不會/可能不會 | 180 | 190 | 160 |
| 絕對不會 | 781 | 761 | 801 |

**12.17** 文章「**當代高校學生和身體藝術**」（*Journal of Adolescent Health* [2004]: 58-61）描述在西南地區的美國州立大學對 450 名本科學生的一項調查。每個樣本中的學生是根據年級（大一、大二、大三及大四）和身體藝術類別（只有身體穿洞、僅紋身、紋身和身體穿洞、和無人體藝術）分類。使用附表中的資料以確定是否有證據表明年級和身體藝術之間有關聯。假設合理把這些學生的樣本視為這所大學的學生代表。使用 $\alpha = .01$ 顯著水準的相關假設檢定。

|  | 只有身體穿洞 | 僅紋身 | 紋身和身體穿洞 | 無人體藝術 |
|---|---|---|---|---|
| 大一 | 61 | 7 | 14 | 86 |
| 大二 | 43 | 11 | 10 | 64 |
| 大三 | 20 | 9 | 7 | 43 |
| 大四 | 21 | 17 | 23 | 54 |

12.18 自然科學家和社會科學家在研究型大學工作，他們靈性程度的樣本資料出現在「**學術科學家在宗教和科學之間的衝突**」(*Journal for the Scientific Study of Religion* [2009]: 276-292) 論文中。假設它是合理的，將自然和社會科學家視為研究型大學的兩個樣本。是否有證據表明自然和社會科學家的靈性類別比例是不一樣的嗎？使用 $\alpha = .01$ 的顯著水準檢定有關假設。

|  | 靈性程度 |  |  |  |
|---|---|---|---|---|
|  | 非常 | 中等 | 稍微 | 一點也不 |
| 自然科學家 | 56 | 162 | 198 | 211 |
| 社會科學家 | 56 | 223 | 243 | 239 |

12.19 論文「**當前大學生目前吸菸狀況的研究領域的關係**」(*College Student Journal* [2009]: 744-754) 的作者進行了一項研究調查，如果吸菸率為大學生因不同的專業而有不同。在美國明尼蘇達大學一個大的學生隨機樣本，每個學生根據研究領域和他們過去 30 天是否抽菸分類。該數據列於所附的表中。

| 研究領域 | 最近 30 天有抽菸 | 最近 30 天沒有抽菸 |
|---|---|---|
| 1. 未申報的 | 176 | 489 |
| 2. 藝術、設計、表演藝術 | 149 | 336 |
| 3. 人文學科 | 197 | 454 |
| 4. 傳播、語言、文化研究 | 233 | 389 |
| 5. 教育 | 56 | 170 |
| 6. 保健科學 | 227 | 717 |
| 7. 數學、工程、科學 | 245 | 924 |
| 8. 社會科學、人文服務 | 306 | 593 |
| 9. 研究的個人化課程 | 134 | 260 |

a. 是否有證據表明學習領域和吸菸狀況不是獨立的？由 Minitab 分析報表，使用 $\alpha = .01$ 檢定相關假設。

**Chi-Square Test: Smoked, Did Not Smoke**

Expected counts are printed below observed counts
Chi-Square contributions are printed below expected counts

|  | Smoked | Did Not Smoke | Total |
|---|---|---|---|
| 1 | 176 | 489 | 665 |
|  | 189.23 | 425.77 |  |
|  | 0.925 | 0.368 |  |
| 2 | 149 | 336 | 485 |
|  | 138.01 | 346.99 |  |
|  | 0.875 | 0.348 |  |
| 3 | 197 | 454 | 651 |
|  | 185.25 | 465.75 |  |
|  | 0.746 | 0.297 |  |
| 4 | 233 | 389 | 622 |
|  | 177.00 | 445.00 |  |
|  | 17.721 | 7.048 |  |
| 5 | 56 | 170 | 226 |
|  | 64.31 | 161.69 |  |
|  | 1.074 | 0.427 |  |
| 6 | 227 | 717 | 944 |
|  | 268.62 | 675.38 |  |
|  | 6.449 | 2.565 |  |
| 7 | 245 | 924 | 1169 |
|  | 332.65 | 836.35 |  |
|  | 23.094 | 9.185 |  |
| 8 | 306 | 593 | 899 |
|  | 255.82 | 643.18 |  |
|  | 9.844 | 3.915 |  |
| 9 | 134 | 260 | 394 |
|  | 112.12 | 281.88 |  |
|  | 4.272 | 1.699 |  |
| Total | 1723 | 4332 | 6055 |

Chi-Sq = 90.853, DF = 8, P-Value = 0.000

b. 寫出幾個句子描述吸菸狀況的類別涉及的研究領域。〔提示：關注具有 $\dfrac{(\text{觀察格次數} - \text{期望格次數})^2}{\text{期望格次數}}$ 的較大值的方格。〕

12.20 論文「**電影中的人物吸菸和青少年吸菸：誰的關係影響大，是好人還是壞人**」(*Pediatrics* [2009]: 135-141) 的作者描

述了介於 2000 年和 2005 年間電影中的人物吸菸，角色的分類是根據性別和角色的類型是否符合正面的、負面的或中立的。所得數據列於所附的表中。假定它是合理的，考慮電影的人物吸菸為樣本。數據證明電影中的角色抽菸性別和人物類型之間有關聯？使用 $\alpha = .05$。

| 性別 | 人物類型 | | |
|---|---|---|---|
| | 正面的 | 負面的 | 中立的 |
| 男性 | 255 | 106 | 130 |
| 女性 | 85 | 12 | 49 |

**12.21** 在附表中的數據是從論文「**在傳統黑人大學的大學生選擇食品的差異**」（*College Student Journal* [2009]: 800-806）。假設根據該數據回答一個問題，在一個特定的大學中進行隨機抽樣，抽出 48 位男大學生及 91 位女大學生，依照是否他們平時吃三餐或很少每天吃三餐。

| | 平時一日吃三餐 | 很少一日吃三餐 |
|---|---|---|
| 男性 | 26 | 22 |
| 女性 | 37 | 54 |

a. 是否有證據表明落在男性和女性對應的類別比例是不一樣的？使用 $X^2$ 統計量且用 $\alpha = .05$ 顯著水準檢定假設。

b. 是否你的計算和 (a) 部分附上的 Minitab 分析的結論一致？

Expected counts are printed below observed counts
Chi-Square contributions are printed below expected counts

```
              Usually    Rarely    Total
Male            26         22        48
                21.76      26.24
                0.828      0.686
Female          37         54        91
                41.24      49.76
                0.437      0.362
Total           63         76       139
```
Chi-Sq = 2.314, DF = 1, P-Value = 0.128

c. 因為在本練習中回應變項只有兩個類別（通常和很少），我們也能回答 (a) 部分透過執行雙樣本 $z$ 檢定 $H_0: p_1 - p_2 = 0$ 對 $H_a: p_1 - p_2 \neq 0$，其中 $p_1$ 是通常一日吃三餐的男性的比例，$p_2$ 是通常一日吃三餐的女性的比例。以下顯示了雙樣本 $z$ 檢定 Minitab 分析產出。在 (a) 部分使用 $\alpha = .05$ 的顯著水準，並在兩個樣本 $z$ 檢定導致相同的結論嗎？

**Test for Two Proportions**
```
Sample      X    N    Sample p
Male        26   48   0.541667
Female      37   91   0.406593
Difference = p (1) - p (2)
Test for difference = 0 (vs not = 0): Z = 1.53
P-Value = 0.127
```

d. $P$ 值在 (a) 和 (c) 部分如何比較？你為此感到驚訝嗎？解釋之。

**12.22** 「**成績優異的高年級生和學院的決定**」（Lipman Hearne，2009 年 10 月）為研究成績優異的高中畢業生報告，該報告的作者調查了 828 位被認為是「學術明星」的高中畢業生和大學畢業生 433 人被認為是「純粹表演者」。調查中有一個問題是他們家到他們大學的距離。假設是合理的，認為這兩組學術明星和純粹表演者的隨機抽樣是全國性的，使用附帶的數據，以確定它是否為合理的結論，當學術明星和純粹表演者回應家裡到學校距離的不同比例。使用 $\alpha = .05$。

| 學生類別 | 學校到家裡距離（英里） | | | | |
|---|---|---|---|---|---|
| | 低於 40 | 40 至 99 | 100 至 199 | 200 至 399 | 400 或更多 |
| 學術明星 | 157 | 157 | 141 | 149 | 224 |
| 純粹表演者 | 104 | 95 | 82 | 65 | 87 |

**12.23** 請問是否有要求捐贈影響誰會作出捐贈禮物的比例？這個問題是在調查報告「**禮物交換的領域**」（Institute for the Study of Labor, 2007）中描述的研究。在這項研究

中，信被送到了大批德國潛在的捐助者。信中要求捐款用於資助孟加拉的學校。這些收信者被隨機分配為三組，在第一組收到信沒有禮物、在第二組收到了一封信，其中包括一個小禮物（明信片），和在第三組收到信和更大的禮物（4張明信片）。感興趣的反應是一封信是否影響捐贈。

|  | 捐贈 | 不捐贈 |
|---|---|---|
| 沒有禮物 | 397 | 2865 |
| 小禮物 | 465 | 2772 |
| 大禮物 | 691 | 2656 |

a. 進行假設檢定以確定是否有令人信服的證據表明，三種類型的請求在這兩個捐贈分類的比例是不一樣的。使用 $\alpha = .01$ 的顯著水準。

b. 根據你在 (a) 部分的分析與觀察次數和期望次數進行比較，請簡要說明捐贈的比例各不相同的三種類型。

12.24 論文「**信用卡濫用、金錢觀以及強迫性購買行為的內部和外部的心理控制源消費者的比較研究**」(*College Student Journal* [2009]: 268-275) 描述了一項研究，調查了在兩個中西部公立大學的大學生樣本。根據理論，學生們會由於是否相信他們能控制即將發生在他們身上的事情，分為（內控與外控）兩種「控制」族群。內控族群的人相信他們總是能夠控制即將發生在他們身上的事情。外控族群的人總是相信會有外在因素讓他們失去控制即將發生的事情。每名學生按照是否強迫性購買進行分類。所得到的數據彙總於附表中。研究人員可以得出結論，控制點和強迫性購買行為基因之間的關聯？進行利用 $\alpha = .01$ 於 $X^2$ 檢定。假設代表在中西部公立大學的大學生的樣本被當作是合理的。

|  |  | 控制點 | |
|---|---|---|---|
|  |  | 內部 | 外部 |
| 強迫性購買者 | 是 | 3 | 14 |
|  | 否 | 52 | 57 |

12.25 德國青少年的大樣本，每個人被要求表明，在過去的一年中他們曾看過的 50 部熱門電影。根據回應，估計人看到電影中使用酒精的時間（以分鐘為單位）。根據電影中酒精曝光量（1、2、3 和 4 組，1 組為最低曝光和曝光最高的 4）分為四組。每個人也按照學校的表現被分類，由此產生的數據在附表中提供（從「**縱向研究德國青少年的置身於娛樂媒體和飲酒**」，*Pediatrics* [2009]: 989-995）。假設把樣本與德國青少年進行隨機抽樣是合理的。是否有證據表明在校表現和電影接觸酒精之間有關聯？使用 $\alpha = .05$ 假設檢定。

|  |  | 酒精曝光組 | | | |
|---|---|---|---|---|---|
|  |  | 1 | 2 | 3 | 4 |
| 學校表現 | 優秀 | 110 | 93 | 49 | 65 |
|  | 好 | 328 | 325 | 316 | 295 |
|  | 平均／差 | 239 | 259 | 312 | 317 |

12.26 在一項研究，以確定是否激素治療增加了更年期婦女靜脈血栓的風險，被診斷出患有靜脈血栓形成的 579 位女性樣本中，根據使用激素進行分類。沒有被診斷出患有靜脈血栓形成的 2243 位婦女樣本中，也根據激素的使用進行分類。從研究數據中，在所附的表格（*Journal of the American Medical Association* [2004]: 1581-1587）。這兩組樣本從華盛頓州的大型健康維護組織 HMO 中的隨機選擇患者。

a. 是否有令人信服的證據表明，顯示被診斷為形成靜脈血栓的婦女與沒被診斷的婦女在使用激素的比例是不一樣的？

b. 哪些母體可以合理的適用 (a) 部分的結論？解釋之。

|  | 目前使用激素 | | |
| --- | --- | --- | --- |
|  | 無 | 酯化雌激素 | 共軛亞油酸 |
| 靜脈血栓形成 | 372 | 86 | 121 |
| 沒有靜脈血栓形成 | 1439 | 515 | 289 |

12.27 論文「**體重超重在低收入的學齡前兒童伴有甜飲料的消費**」(*Pediatrics* [2005]: 223-229) 描述了 2 歲兒童體重不足或正常體重的研究。試驗中的孩子根據每天飲用甜飲料的數量來做區分，並且是否孩子在試驗一年後，體重都為過重的狀態。是否有證據顯示，孩子過重與每天飲用甜飲料的數量有關聯？假設試驗中的孩子代表 2 至 3 歲的孩子為合理的樣本，接著使用 $\alpha = .05$ 顯著水準檢定假設。

|  | 體重超重 | |
| --- | --- | --- |
| 每天消耗甜飲料的數量 | 是 | 否 |
| 0 | 22 | 930 |
| 1 | 73 | 2074 |
| 2 | 56 | 1681 |
| 3 或更多 | 102 | 3390 |

12.28 2006 公司假期剝奪調查 (*Ipsos Insight*，2006 年 5 月 18 日) 描述在加拿大工作的成年人調查結果。樣本中每個人按照性別和通常每年休假天數的數量分類。所得到的數據列於下表。性別和休假天數之間有關聯是合理的結論嗎？什麼樣的母體會是合理的適用於這個結論？

|  | 性別 | |
| --- | --- | --- |
| 休假天數 | 男性 | 女性 |
| 無 | 51 | 42 |
| 1 至 5 | 21 | 25 |
| 6 至 10 | 67 | 79 |
| 11 至 15 | 111 | 94 |
| 16 至 20 | 71 | 70 |
| 21 至 25 | 82 | 58 |
| 超過 25 | 118 | 79 |

12.29 調查舊金山海灣地區，每個參與個體根據最常用的車輛類型和本市戶籍進行分類。由此產生的數據的子集呈現在附表 (《車輛類型選擇關係到個性、生活方式，態度和人口統計學變數》，技術報告 UCD-ITS-RR02-06，DaimlerCrysler Corp.，2002 年)。

|  | 城市 | | |
| --- | --- | --- | --- |
| 車輛類型 | 康科特 | 宜人的小山 | 北舊金山 |
| 小 | 68 | 83 | 221 |
| 小巧 | 63 | 68 | 106 |
| 中 | 88 | 123 | 142 |
| 大 | 24 | 18 | 11 |

請由數據提出令人信服的本市戶籍和車輛類型的之間有關聯證據？使用 $\alpha = .05$ 的顯著水準。你可假設把對海灣地區的居民進行隨機抽樣是合理的一組樣本。

12.30 有一個描述在約會時強姦的故事讓 352 名高中學生閱讀。調查受害人的衣服對所描述的情況受到影響，故事伴隨著穿著挑釁的受害者照片、穿著保守的受害者照片以及無圖像的照片。每個學生都被要求判定在故事中描述的情況是否為一強姦事件。文章「**受害者的衣著與青少年判決的影響**」(*Adolescence* [1995]: 319-323) 中的數據列於附表內。是否有證據表明相信這個故事描述強姦的比例不同？使用 $\alpha = .01$ 檢定相關假設。

|  | 照片 | | |
| --- | --- | --- | --- |
| 反應 | 挑釁 | 保守 | 無圖 |
| 強姦 | 80 | 104 | 92 |
| 不是強姦 | 47 | 12 | 17 |

12.31 人們可以指出一個女性的鼻子和男性的鼻子之間的區別？這個重要的研究問題在文章「**你可以從鼻子來說：從分離的面部特徵來判斷性別**」(*Perception* [1995]: 969-973) 中被檢查。八個白人男性和八個白人女性鼻子合影照片。該文章指出，沒

有一個志願者頂著鼻釘或有突出鼻毛。每個試驗者在臉面前放置黑色萊卡相機，並且把鼻子顯露出來，只照鼻子的部分。然後照片取自三個不同的角度：正視圖，四分之三視圖和側面。這些照片顯示大學生的樣本，樣本中每一個學生顯示出一張鼻子的照片，並詢問照片是男性還是女性；則回應被分類為正確或不正確。所附的表是用在報導文章的摘要值構成。是否有證據表明，性別 ID 中正確類別比例在三種不同的鼻子視圖中是不同的？

| 性別 ID | 前面的 | 側面的 | 四分之三 |
|---|---|---|---|
| 正確 | 23 | 26 | 29 |
| 不正確 | 17 | 14 | 11 |

視圖

## 12.3 解釋和表達統計分析的結果

許多研究，特別是在社會科學，會導致類別資料。研究中所感興趣的問題，往往會導致包含使用卡方檢定進行分析。

### 表達統計分析的結果

有三種不同的卡方檢定，本章介紹了適合度檢定、齊一性檢定和獨立性檢定。它們被用在不同的類別資料中，並回答不同的問題。當總結卡方檢定的結果，請務必註明使用何種卡方檢定。要做到這一點的一種方法是要清楚如何收集資料和被檢定的假設之性質。

這也是一個好的概念，包括觀察次數和期望次數表並且報告檢定統計量和 $P$ 值的計算值。最後，確定上下文中得到的結論，並確認該結論的措辭適用於執行的檢定類型。例如，當執行的檢定是齊一性檢定，不要使用諸如獨立性和關聯描述的結論。

### 解釋統計分析的結果

考慮其他假設的檢定方式最常見的方法是透過卡方檢定的統計量值和一個相關的 $P$ 值的結果。因為類別資料可以在次數分配表簡潔地總結，資料經常在文章中給出（不像數值變項資料，它們很少給出）。

### 在已公布的資料中尋找什麼

這裡有一些問題，當你正在閱讀含有卡方檢定結果的文章時要考慮：

- 感興趣的變項是類別的，而不是數值的嗎？
- 資料是否在文章中以次數表形式被給出？
- 如果包含雙向次數表，感興趣的問題是齊一或獨立嗎？
- 正在檢定什麼虛無假設？在分析結果中報告了正確的前後關係嗎（齊一性等）？
- 足夠大的樣本量的卡方檢定是合理嗎？（所有期望次數至少為 5？）
- 檢定統計量的值是什麼？關聯的 $P$ 值給出了嗎？應棄却虛無假設？
- 由作者做出的結論與檢定結果一致嗎？
- 觀察次數和期望次數有何不同？結果是否有現實意義以及統計意義？

　　文章「**從中級遊戲得分結果，預測職業體育比賽**」(*Chance* [1992]: 18-22) 的作者採用了卡方檢定，以確定對於籃球比賽在最後第四局都未分出勝負，而棒球比賽到第七局已經結束比賽，他們還考慮了美式足球和曲棍球的情況是否作出判斷的想法。共收集 189 場籃球比賽、92 場棒球比賽、80 場曲棍球比賽，以及 93 場美式足球比賽的數據。該分析從 1990 年賽季的棒球和美式足球，並在 1990 至 1991 賽季的籃球和曲棍球全部比賽隨機抽樣。對於每場比賽，比賽後期領先者確定，然後有人指出了比賽後期領先者是否真正最終贏得了比賽。所得到的數據列於下表中：

| 運動 | 比賽後期領先者贏 | 比賽後期領先者輸 |
|---|---|---|
| 籃球 | 150 | 39 |
| 棒球 | 86 | 6 |
| 曲棍球 | 65 | 15 |
| 美式足球 | 72 | 21 |

　　作者指出：「比賽後期領先者定義為籃球和美式足球領先三節，曲棍球兩節，而棒球七局之後。卡方值（三自由度）為 10.52 ($P <.015$)。」他們還得出結論：「籃球、曲棍球和美式足球的運動有後期比賽驚人逆轉的相似比例，從 18.8% 至 22.6%。一個異常的運動是棒球。只有 6.5% 的棒球比賽造成了後期的逆轉……（卡方檢定）是統計顯著的完全歸因於棒球。」

　　在這個特定的分析，作者與兩種類別變項（比賽後期領先者勝利和比賽後期的領先者輸了）的基礎上，比較四個母體（四項運動比賽）。相應的虛無假設則是

　　$H_0$: 每個類別中的母體比例（領先者贏了，領先者輸了）在所有四項運動中是相同的。

根據卡方統計量和相關的 $P$ 值的報告值，該虛無假設被棄却，從而導致結論在所有四項運動的該類別比例是不一樣的。

卡方檢定的正確性要求樣本量足夠大，因此沒有期望次數小於 5，在這裡是合理的嗎？下面的 Minitab 分析報表顯示期望次數和統計量 $X^2$ 的計算：

**Chi-Square Test**

Expected counts are printed below observed counts

```
          Leader W    Leader L    Total
   1          150          39       189
            155.28       33.72
   2           86           6        92
             75.59       16.41
   3           65          15        80
             65.73       14.27
   4           72          21        93
             76.41       16.59
Total        373          81       454

Chi-Sq =   0.180 +   0.827 +
           1.435 +   6.607 +
           0.008 +   0.037 +
           0.254 +   1.171 = 10.518
DF = 3,   P-Value = 0.015
```

最小的期望次數為 14.27，因此樣本量足夠大可以保證使用 $X^2$ 的檢定。還需要注意的是，表中對應於棒球的兩個方格中總共 1.435 + 6.607 = 8.042，有助於提高 $X^2$ 統計量所述的值 10.518。這是由於這兩個格數在觀察次數和期望次數之間有較大的差異。而其他方格中的觀察次數與期望次數之間存在合理的一致。這大概是依據作者的結論所述，棒球是異常的，而其他體育項目是相同的。

## 一句忠告：注意事項和限制

使用本章介紹的卡方檢定對類別數據分析時，請務必要記住以下幾點：

1. 不要混淆齊一性檢定與獨立性檢定的進行。對於兩種檢定類型的假設和結論是不同的。用於齊一性檢定，是在每兩個或更多個獨立樣本的個人根據單個類別變項進行了分類。獨立性檢定使用時在單個樣本的個體根據兩個類別變項進行了分類。

2. 如同對前面章節的假設檢定情況下，請記住，我們永遠不能說大力支持虛無假設。例如，如果我們不反對在卡方獨立性檢定的虛無假設，我們不能斷定有令人信服的證據表明該變量是獨立的。我們只能說，我們不相信變項之間有關聯。

3. 可以肯定的是，假設卡方檢定是合理的。基於卡方分配 $P$ 值只是近似的，如果大樣本條件不具備時，真正的 $P$ 值可能相當不同於根據近似的卡方分配。這有時會導致錯誤的結論。另外，為了齊一性的卡方檢定，獨立樣本的假設特別重要。
4. 不要妄下結論為因果關係。只是作為兩個數值變項之間強烈的相關性，並不意味著它們之間有一個原因和結果的關係，兩個分類變項之間存在關聯，並不意味著有因果關係。

## 習 題 12.32 – 12.34

**12.32** 下面這段話是從論文「**在傳統黑大學的大學生選擇食品的差異**」(*College Student Journal* [2009]: 800-806)：

　　　同時顯著的比例是男性，他的飲水量（8 盎司的份量）和女性相比（$X^2 = 8.166$，$P = .086$）。男性最接近每日建議飲水量（64 盎司以上）高於女性（男性的 29.8% 對女性的 20.9%）。

　　　這種說法是基於進行獨立的使用數據的 $X^2$ 檢定雙向表，其中的列對應的性別（男，女）和行相當於水每天飲用份量的數量，為無、一、二至三、四至五和六個或更多。

a. 研究人員檢定了什麼假設？相關聯自由度與 $X^2$ 統計量的報告值是多少？
b. 研究人員根據他們的說法，在 .01 顯著水準的檢定男性和女性飲水量的類別比例並不相同。若改使用 .05 顯著水準，會不會也得出同樣的結論？解釋之。
c. 本文並把附帶的數據，是學生常提到他們在過去一週食用油炸的馬鈴薯（炸薯條或薯片）。

**在過去一週消耗炸馬鈴薯的次數**

|  |  | 0 | 1 至 3 | 4 至 6 | 7 至 13 | 14 至 20 | 21 或更多 |
|---|---|---|---|---|---|---|---|
| 性別 | 男性 | 2 | 10 | 15 | 12 | 6 | 3 |
|  | 女性 | 15 | 15 | 10 | 20 | 19 | 12 |

使用以下的 Minitab 分析報表進行獨立性的 $X^2$ 檢定。你與作者的結論，一致認為性別和炸馬鈴薯消費之間的關聯顯著嗎？

```
Expected counts are printed below observed counts
Chi-Square contributions are printed below expected
counts
         0    1-3   4-6   7-13  14-20 21 or more Total
M        2    10    15    12    6          3       48
      5.87  8.63  8.63 11.05 8.63       5.18
     2.552 0.216 4.696 0.082 0.803     0.917
F       15    15    10    20   19         12       91
     11.13 16.37 16.37 20.95 16.37      9.82
     1.346 0.114 2.477 0.043 0.424     0.484
Total   17    25    25    32   25         15      139
Chi-Sq = 14.153, DF = 5, P-Value = 0.015
```

**12.33** 該新聞稿標題為「**午睡時間**」(pewresearch.org，2009 年 7 月) 從 1488 名成年美國人全國代表性的調查結果描述。該調查問了幾個人口統計的問題（如性別、年齡和收入），還包括一個問題訪問受訪者他們在過去 24 小時是否有午睡。該新聞稿宣稱，調查報告顯示有 38% 的男

性和 31% 女性受訪者，他們在過去 24 小時內曾午睡過。在這習題中，假設男女為同一樣本中的代表。

a. 使用給定的訊息填寫觀察格計數在下表：

|  | 午睡 | 沒有午睡 | 行總計 |
|---|---|---|---|
| 男性 |  |  | 744 |
| 女性 |  |  | 744 |

b. 從 (a) 部分表中使用的數據來進行假設檢定以確定是否有性別和午睡之間的關聯。

c. 該新聞稿指出，雖然這是真正人民的樣本，根據 (b) 部分中檢定的結果，它是合理的結論，這對一般美國成年人有什麼看法？解釋之。

12.34　從全國調查數據的使用，該論文「快樂的人在做什麼？」（*Social Indicators Research* [2008]：565-571）有令人信服的證據顯示不管接受檢定的人是否表示快樂，但幾乎可以確認，檢定人的快樂與否和看電視的時間長短有關聯。

作者這樣寫可能會導致我們兩種可能的解釋：

1. 觀看電視是一個足夠愉快的活動，卻沒有持久的效益，並且它排除其他活動的時間，那可能不太會立刻感到愉快，但會是提供一個人長期好處的狀態。換句話說，電視將導致人們較不快樂。

2. 電視是不快樂的人的慰藉。電視不是評判也不困難，所以人們只要有一些社會技能或資源就能使用。此外，長期的不快樂具有社會和個人衰弱，可能干涉到工作和大部分社會和個人的活動，但即使是最不快樂的人可以點擊一個遙控器且被電視娛樂。換句話說，看電視的人因果順序相反；不愉快導致觀看電視。

只使用這項研究數據，你認為它有可能確定這兩個結論那一個是正確的嗎？如果是這樣，為什麼你認為它的結論是正確的？如果不是，解釋為什麼它不能判定基於研究數據的結論是正確的。

## 活動 12.1　選擇一個數字，任何數字⋯

**背景：**有證據表明，人類不是很好的隨機數創始者。在此活動中，請你透過收集和分析一組人類產生的「隨機」數字研究這一現象。

對於此活動，四或五個同學為一組一起討論。

1. 該組的每個成員應當分別完成此步驟。向 25 個不同的人隨機選擇從 0 到 9 的數字並記錄他們的回應。

2. 整合你收集與你小組的其他成員的回應，形成一組樣本。總結在單向次數表所得到的數據。

3. 如果人們善於隨機挑選數字，你期望什麼比例的回應在樣本中，是 0？還是 1？

4. 設立虛無假設和對立假設並檢定假設以判定是否有證據表明，0 到 9 的 10 個數字被選中的時間比例不相等，當人們被要求隨機選出一個數字時。

5. 完成合適的假設檢定，並寫出表示是否數據支持這一理論的人並不是很好的隨機數創始者。

## 活動 12.2　顏色和感知的味道

**背景：**是否食品或飲料的顏色會影響人們看待它的味道？在此活動中，請進行實驗，研究這問題，並用卡方檢定分析產生的數據。

這個實驗你需要募集至少 30 個科目，所以最好是在一個團體（甚至整個班級），來完成本次活動。

受測者在實驗科目將隨機分配到兩個團體之一。每個主題要品嚐明膠樣品（例如，果凍）和認為味道不是很好、味道可以接受，或味道很好。第一組的受測者被要求品嚐檸檬味的明膠。第二組受試者被要求品嚐檸檬味的明膠且有食用色素加入明膠有很吸引的顏色。

注意：你可以選擇使用明膠以外的東西，如檸檬水。任何食品或飲料，其顏色可以用食用色素改變的都可以使用。你可以用食用色素實驗來得到你覺得特別吸引人顏色！

1. 如同這一種類，收集數據來擬定一個計畫。如何招募受測者？他們如何被分配到兩個處理組中的其中一個（未改變的顏色及改變顏色）？什麼外來的變項會直接控制，你將如何控制呢？
2. 當班級滿意於資料收集計畫後，指定班級成員準備明膠用於實驗。
3. 進行實驗，並在雙向表同時顯示總結所得到的數據：

| 處理 | 味道等級 味道不是很好 | 味道等級 味道可以接受 | 味道等級 味道很好 |
|---|---|---|---|
| 未改變顏色 |  |  |  |
| 改變顏色 |  |  |  |

4. 雙向表總結來自兩組獨立的樣本數據（只要受測者隨機分配到兩個處理，所述樣本是獨立的）。進行一個合適的檢定以確定三個味道等級類別比例在顏色改變與顏色不改變中是否相同。

### 重要觀念與公式之摘要

| 專有名詞或公式 | 註釋 |
|---|---|
| 單向次數表 | 簡潔的方式總結關於一個類別變項的數據；它給出了每個數據集中在類別出現的次數。 |
| $X^2 = \sum_{\text{所有格子}} \dfrac{(\text{觀察格次數} - \text{期望格次數})^2}{\text{期望格次數}}$ | 當觀察次數近似期望次數時，$X^2$ 的值會很小，此時 $H_0$ 為真。$X^2$ 近似一個卡方分配。 |
| $X^2$ 適合度檢定 | 用以確定由虛無假設指定的那些母體類別比例是否相異的一種檢定方法。 |
| 雙向次數表（列聯表） | 用來總結一個類別的數據集的一個長方形的表；雙向表用於比較基於類別變項的多個母體或確定兩個類別變項之間存在的關聯。 |

| 專有名詞或公式 | 註釋 |
|---|---|
| 齊一性 $X^2$ 檢定 | 用來確定類別的比例在兩個或兩個以上的母體或處理是否相同的一種檢定方法。 |
| 獨立性 $X^2$ 檢定 | 用來確定兩個分類變項之間是否存在關聯的一種檢定方法。 |

## 本章複習練習題　12.35 – 12.45

**12.35** 隨機抽樣在 100 件自行車意外造成死亡事故中根據一週來分類事故的發生。與網站上 www.highwaysafety.com 給出資料的數據如下表所示。

| 星期 | 次數 |
|---|---|
| 星期日 | 14 |
| 星期一 | 13 |
| 星期二 | 12 |
| 星期三 | 15 |
| 星期四 | 14 |
| 星期五 | 17 |
| 星期六 | 15 |

基於這些數據，是否事故發生在一週中的不同比例是合理的結論？使用 $\alpha = .05$。

**12.36** 鳥類的顏色視覺在其覓食行為中的作用：鳥用顏色來選擇，避免某些類型的食物。「在北部的山齒鶉的顏色規避措施：年齡、性別和以往的經驗影響」(Animal Behaviour [1995]: 519-526) 這篇文章的作者研究了一歲大山齒鶉的啄食行為。在漆成白色的區域，它們插入四個不同顏色的頭針。記錄每個山齒鶉選擇第一個啄頭針的顏色，結果在附表。

| 顏色 | 第一個啄的次數 |
|---|---|
| 藍 | 16 |
| 綠 | 8 |
| 黃 | 6 |
| 紅 | 3 |

請將數據提供一個色彩偏好的證據？使用 $\alpha = .01$ 檢定。

**12.37** 在 2005 年 11 月，一個國際研究以評估公眾輿論對恐怖分子嫌疑人進行論述（「大多數在美國、英國、南韓和法國都說酷刑確定是在極少數情況下發生」，Associated Press，2005 年 12 月 7 日）。於九個不同國家隨機抽樣 1000 位成年人的每個人被問以下問題：「你覺得對恐怖分子嫌疑人使用酷刑以獲得恐怖活動資訊是合理的嗎？」在這篇文章針對給定的一致的反應來自義大利、西班牙、法國、美國和南韓，接下來的數據總結在表中。基於這些數據，是否這五個國家回應的不同比例是合理的結論？使用 $\alpha = .01$ 顯著水平檢定適當的假設。

| | 回應 | | | | |
|---|---|---|---|---|---|
| 國家 | 永遠不會 | 少 | 有時候 | 經常 | 不確定 |
| 義大利 | 600 | 140 | 140 | 90 | 30 |
| 西班牙 | 540 | 160 | 140 | 70 | 90 |
| 法國 | 400 | 250 | 200 | 120 | 30 |
| 美國 | 360 | 230 | 270 | 110 | 30 |
| 南韓 | 100 | 330 | 470 | 60 | 40 |

**12.38** 根據美國人口普查局的資料，1998 年加州人口包含了 50.7% 的白人、6.6% 的黑人、30.6% 的拉美裔人、10.8% 的亞洲人和 1.3% 的其他族群。假設在 1998 年隨機抽樣美國加州學院和大學畢業的 1000 名學生，族群結果附帶資料中。這些資料均符合統計摘要於這篇標題為「公立學校系統對美國加州未來的威脅」(Investor's Business Daily，1999 年 11 月 12 日）。

| 族群 | 樣本數 |
|---|---|
| 白人 | 679 |
| 黑人 | 51 |
| 拉美裔人 | 77 |
| 亞洲人 | 190 |
| 其他族群 | 3 |

該資料提供證據表明，加州大學的畢業生族群類別的比例不同於加州人口所各占的比例？使用 $\alpha = .01$ 檢定適當假設。

12.39 犯罪學家長期以來一直爭論是否有天氣和暴力犯罪之間的關係。該文章「有沒有季節殺人？」(Criminology [1988]: 287-296) 的作者根據季節分類 1361 件殺人案，導致附帶的數據。難道這些數據支持的殺人犯罪率在四季是不一樣的？使用 $\alpha = .05$ 顯著水準檢定相關假設。

| 季節 | | | |
|---|---|---|---|
| 冬 | 春 | 夏 | 秋 |
| 328 | 334 | 372 | 327 |

12.40 在墨西哥的一組美國男性的樣本，10 到 18 歲被根據吸菸狀況分類，並回答記者提問，他是否喜歡做冒險的事。下表基於「吸菸和不健康行為之間在墨西哥裔美國青少年的全國樣本」文章中提供的資料 (Journal of School Health [1998]: 376-379)：

| | 吸菸狀況 | |
|---|---|---|
| | 吸菸 | 不吸菸 |
| 喜歡做冒險的事情 | 45 | 46 |
| 不喜歡做冒險的事情 | 36 | 153 |

假設把墨西哥裔美國男性青少年視為隨機抽取是合理的。

a. 是否有足夠的證據證明吸菸狀況和渴望做冒險的事情之間有關聯？使用 $\alpha = .05$ 檢定相關假設。

b. 根據你在 (a) 部分得出的結論，吸菸導致增加做冒險的事情的渴望是合理的嗎？解釋之。

12.41 文章「獅子合作狩獵：個體的角色」(Behavioral Ecology and Sociobiology [1992]: 445-454) 討論採取不同角色作用的母獅，因為牠們的攻擊和捕捉獵物。作者感興趣的是母獅在隊伍中的位置對於圍捕的影響；母獅個體可能是在隊伍的中心或翼側（行尾）當牠們向前對牠們的獵物。除了位置，母獅的作用也被認為是母獅會主動發起追捕（成為第一個向獵物進攻），或參與加入追逐。文章中的數據摘要在所附的表中。

| | 角色 | |
|---|---|---|
| 位置 | 主動追逐 | 加入追逐 |
| 中心 | 28 | 48 |
| 翼側 | 66 | 41 |

有沒有位置和角色之間關聯的證據？使用 $\alpha = .01$ 檢定相關假設。如何假設這些收集到的資訊，利用適合的卡方檢定去分析這些資訊？

12.42 文章「父母的態度和作法對於未成年人飲酒的調查報告」(Journal of Youth and Adolescence [1995]: 315-334) 作者對青春期和青少年的父母進行電話調查。其中一個問題是「你認為怎樣對你的孩子們談論飲酒是有效的？」回應總結在下列的 3 × 2 表。使用 $\alpha = .05$ 顯著水準進行檢定，確定不同年齡兒童和父母之間回應的關聯。

| | 兒童的年齡 | |
|---|---|---|
| 回應 | 青春期 | 青少年 |
| 非常有效的 | 126 | 149 |
| 有些效果 | 44 | 41 |
| 一點也不有效或不知道 | 51 | 26 |

12.43 文章「地區差異的態度問題體罰」(Journal of Marriage and Family [1994]: 314-324) 提供的數據來自進行隨機抽樣產生的 978 名成人。樣本中的每個個體被詢問是否對下面的語句表示同意：「有時候，為了管教好孩子，必須懲罰打屁股。」受訪者在他們居住的地區被分類。所得到的數據總結於附表中。回覆（同意，不同意）和區域之間有關聯嗎？使用 $\alpha = .01$。

|  | 回應 | |
| --- | --- | --- |
| 地區 | 同意 | 不同意 |
| 東北地區 | 130 | 59 |
| 西區 | 146 | 42 |
| 中西部地區 | 211 | 52 |
| 南區 | 291 | 47 |

12.44 監獄囚犯可以分為以下四種犯罪類型：暴力犯罪、財產、販賣毒品罪和公共秩序罪。假設隨機抽樣 500 位男囚犯和 500 位女囚犯，每個犯人分類犯罪的類型。所附的表中資料基於「監獄服刑人員的個人資料」（USA Today，1991 年 4 月 25 日）的文章中提供的摘要值。我們想知道是否男性和女性囚犯有不同類型的犯罪。

|  | 性別 | |
| --- | --- | --- |
| 犯罪類型 | 男性 | 女性 |
| 暴力犯罪 | 117 | 66 |
| 財產 | 150 | 160 |
| 販賣毒品 | 109 | 168 |
| 公共秩序 | 124 | 106 |

a. 這是齊一性檢定還是獨立性檢定？
b. 使用 $\alpha = .05$ 顯著水準檢定相關假設。

12.45 根據在澳大利亞報紙 Mercury 的一篇文章（1998 年 10 月 26 日）指出，摩羯座司機在澳大利亞是最糟糕的司機。這種說法是基於保險索賠，根據來自研究一家大型保險公司的男性投保人的數據。

| 星座 | 投保人數 |
| --- | --- |
| 水瓶座 | 35,666 |
| 牡羊座 | 37,926 |
| 巨蟹座 | 38,126 |
| 摩羯座 | 54,906 |
| 雙子座 | 37,179 |
| 獅子座 | 37,354 |
| 天秤座 | 37,910 |
| 雙魚座 | 36,677 |
| 射手座 | 34,175 |
| 天蠍座 | 35,352 |
| 金牛座 | 37,179 |
| 處女座 | 37,718 |

a. 假設把這個保險公司的男性投保人視為在澳大利亞隨機抽樣的男性投保的司機是合理的。男性司機投保的比例在 12 個星座是一致的嗎？
b. 你認為為什麼摩羯座投保人的比例是如此之遠高於所預期的，如果所有 12 星座比例是相同的？
c. 假設提交給該保險公司隨機選擇 1000 個事故索賠，並根據駕駛員的星座進行分類。（下表與文章中提供的事故率是一致的。）

| 星座 | 樣本的觀察數 |
| --- | --- |
| 水瓶座 | 85 |
| 牡羊座 | 83 |
| 巨蟹座 | 82 |
| 摩羯座 | 88 |
| 雙子座 | 83 |
| 獅子座 | 83 |
| 天秤座 | 83 |
| 雙魚座 | 82 |
| 射手座 | 81 |
| 天蠍座 | 85 |
| 金牛座 | 84 |
| 處女座 | 81 |

檢定所提交的每一個星座的司機事故索賠的比例與每個星座的投保人的比例一致的虛無假設。使用給定的資料，投保人的分配來計算期望次數，然後再進行合適的檢定。

# 第 13 章

# 簡單線性廻歸與相關：推論方法

Arne Hodalic/Encyclopedia/Corbis

　　廻歸與相關在第 5 章被介紹為敘述與摘要由數對 $(x, y)$ 所組成之雙變項數量資料的方法。例如，思考 $y =$ 由擁有不適當或無執照之教師授課課程百分比對 $x =$ 密蘇里州公立學區之一個樣本每學生的開銷之資料的一個散布圖（「**教師是否被適當的給薪？**」*Research Working Papers Series*, Kennedy School of Government, Harvard University，2005 年 10 月）。資料的散布圖顯示令人驚訝的線性模型。樣本相關係數為 $r = .27$，且最小平方直線的等式具有正的斜率，指出每位學生有較高開銷之學區也傾向於具有較高之由擁有不適當或無執照之教師授課課程百分比。在此散布圖中觀察到的模式是否可能被機會所解釋，或是該樣本是否提供在密蘇里州學區之這兩個變項間的線性關係的充分證據？如果這兩個變項間存在一有意義關係之證據，廻歸直線可以被用來作為對於具有某一特定之每位學生開銷的學區預測其擁有不適當或無執照之教師百分比，或是對於具有某一特定之每位學生開銷的所有學區預測其擁有不適當或無執照之教師平均百分比的基礎。在本章，我們發展對於雙變項數量資料的推論方法，包括 $y$ 值平均數的信賴區間（區間估計值），單一 $y$ 值的預測區間，以及關於在數對 $(x, y)$ 之整個母體中相關程度的假設檢定。

## 13.1 簡單線性廻歸模型

決定性的關係是 $y$ 的數值完全由一個自變項 $x$ 的數值所決定的關係。這樣的一個關係可以使用傳統的數學符號加以敘述，諸如 $y = f(x)$，其中 $f(x)$ 為 $x$ 的一個特定函數。例如，我們可能有

$$y = f(x) = 10 + 2x$$

或是

$$y = f(x) = 4 - (10)^{2x}$$

然而，在許多情況下，感興趣的變項並不是決定性的相關。例如，$y = $ 大一平均成績的數值肯定不是僅由 $x = $ 高中平均成績所決定，以及 $y = $ 作物收成由 $x = $ 肥料使用量以外的因素所部分地決定。

$x$ 與 $y$ 兩個變項間不是決定性相關之關係的一個敘述可以藉由指明一個**機率模型 (probabilistic model)** 來進行。**加法機率模型 (additive probabilistic model)** 的一般形式允許 $y$ 以一個隨機數量 $e$ 大於或小於 $f(x)$。模型等式可以表示為

$$y = x\text{的決定性函數} + \text{隨機離差} = f(x) + e$$

按照幾何學原理來思考，如果 $e > 0$，對應的點將位於 $y = f(x)$ 圖形上方。如果 $e < 0$，對應的點將位於圖形下方。如果 $f(x)$ 是被用於關聯 $y$ 至 $x$ 之機率模型中的一個函數，且如果在 $y$ 的觀察值是因 $x$ 的各種數值而得，得到的 $(x, y)$ 點將依 $f(x)$ 的圖形分配，部分在其上方而部分在其下方。

例如，考慮機率模式

$$y = \underbrace{50 - 10x + x^2}_{f(x)} + e$$

函數 $y = 50 - 10x + x^2$ 的圖形如同圖 13.1 中曲線所示。觀察的點 $(4, 30)$ 也在圖中顯示。因為

$$f(4) = 50 - 10(4) + 4^2 = 50 - 40 + 16 = 26$$

針對點 $(4, 30)$，我們可以寫出 $y = f(x) + e$，其中 $e = 4$。點 $(4, 30)$ 落在函數 $y = 50 - 10x + x^2$ 圖形的上方 $4$。

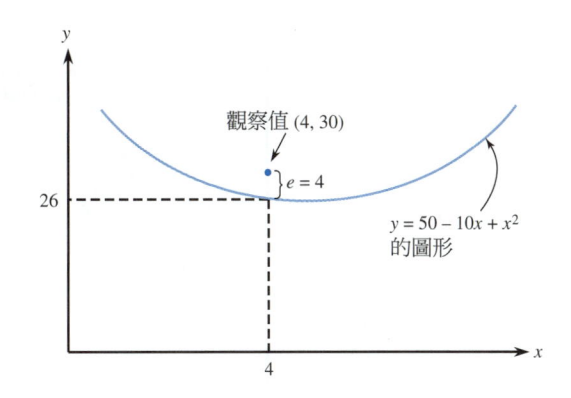

**圖 13.1**
從機率模型之決定性部分的離差

觀察值 (4, 30)
$e = 4$
$y = 50 - 10x + x^2$ 的圖形

## 簡單線性迴歸

簡單線性迴歸模型是一般機率模型的一個特例，其中決定性函數 $f(x)$ 為線性（所以其圖形為一條直線）。

> **定 義**
>
> **簡單線性迴歸模型** (simple linear regression model) 假設存在具有垂直的或 $y$ 截距 $\alpha$ 以及斜率 $\beta$ 之一條直線，稱為**母體迴歸線** (population regression line)。當獨立變項 $x$ 的一個數值為固定則相關變項 $y$ 的一個觀察值被取得。
>
> $$y = \alpha + \beta x + e$$
>
> 沒有隨機離差 $e$，所有觀察的 $(x, y)$ 點會恰好地落在母體迴歸線上。在模式等式上包含 $e$ 確認了這些點將以一個隨機數量偏離該直線。

圖 13.2 顯示與母體迴歸線有關的兩個觀察。

在我們對於 $x$ 的任意特殊值進行 $y$ 的觀察之前，我們不確定 $e$ 的數值。它可能是負的、正的，或甚至為 0。而且，在數值上它可能相當大（遠離母體迴歸線的一個點）或相當小（非常接近該線的一個點）。在本章，我們針對在任一特殊 $x$ 值時於重複抽樣中之 $e$ 的分配進行某些假設。

> **簡單線性迴歸模型的基本假設**
>
> 1. 在任一特殊 $x$ 值下之 $e$ 的分配具有平均數 0。也就是，$\mu_e = 0$。
> 2. $e$ 的標準差（敘述其分配的分散程度）對 $x$ 的任一特殊值皆相同。此標準差以 $\sigma$ 表示。
> 3. 在任一特殊 $x$ 值下之 $e$ 的分配為常態分配。
> 4. 結合不同觀測值的隨機離差 $e_1, e_2, \cdots, e_n$ 是互相獨立的。

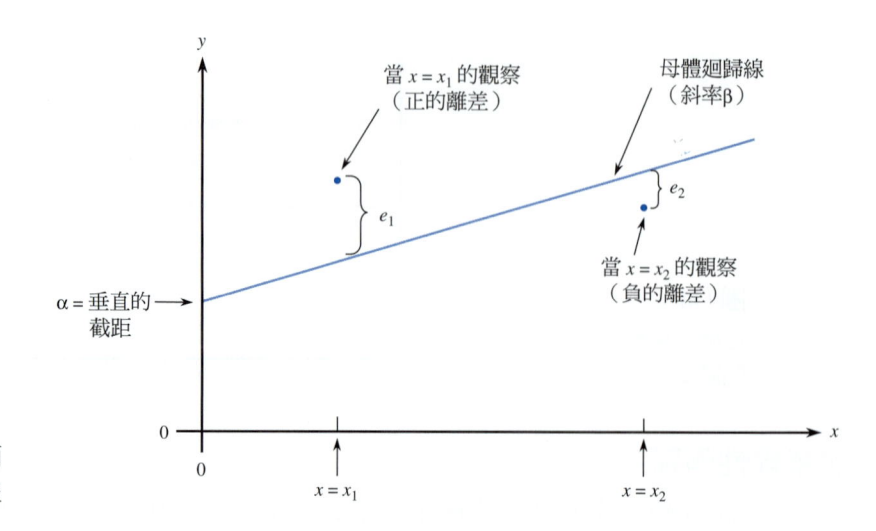

**圖 13.2**
母體廻歸線的兩個觀察值與離差

在簡單線性廻歸模型中關於 $e$ 項的這些假設也意味著在 $x$ 的任一特殊值上，觀察的 $y$ 值存在變異。當 $x$ 具有某一固定數值 $x^*$ 時思考 $y$，因而

$$y = \alpha + \beta x^* + e$$

由於 $\alpha$ 與 $\beta$ 為固定數值，$\alpha + \beta x^*$ 也是一個固定數值。一個固定數值與一個常態分配的變項 ($e$) 的總和也是一個常態分配變項（鐘形曲線只是被重新安置），所以 $y$ 本身具有一常態分配。而且，$\mu_e = 0$ 意指 $y$ 的平均值為 $\alpha + \beta x^*$，母體廻歸線在 $x^*$ 值上方的高度。最後，由於固定數值 $\alpha + \beta x^*$ 沒有變異，$y$ 的標準差與 $e$ 的標準差相等。這些特性被彙整於下列方塊中。

> 在任一固定的 $x$ 值，$y$ 具有常態分配，以
> 
> （固定 $x$ 值的平均 $y$ 值）=（母體廻歸線在 $x$ 值上方的高度）= $\alpha + \beta x$
> 
> 而且
> 
> （對於一個固定 $x$ 值之 $y$ 的標準差）= $\sigma$
> 
> 母體廻歸線的斜率 $\beta$ 是與在 $x$ 一個單位的增加有關的 $y$ 值平均變動。$y$ 的截距 $\alpha$ 是當 $x = 0$ 時，母體線的高度。$\sigma$ 的數值決定 $(x, y)$ 觀察點偏離母體線的程度。當 $\sigma$ 是小的，大多數的觀察點將相當靠近該線，但是當 $\sigma$ 是大的，可能有一些大的離差。

此模式的關鍵特徵顯示於圖 13.3 與 13.4。注意在圖 13.3 中的三個常態曲線具有相同的分配。這是 $\sigma_e = \sigma$ 的結果，其意指在一特殊 $x$ 之 $y$ 值的變異並不取決於 $x$ 的數值。

**圖 13.3**

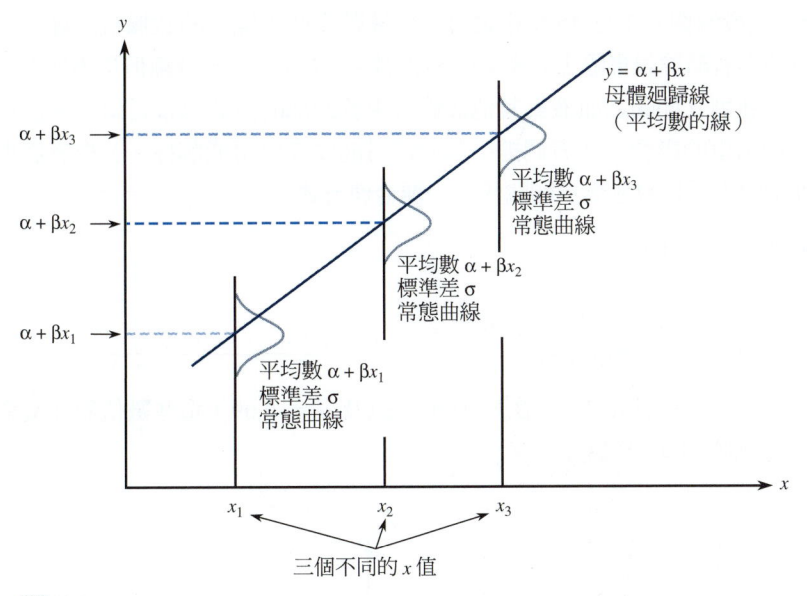

簡單線性廻規模型的圖解

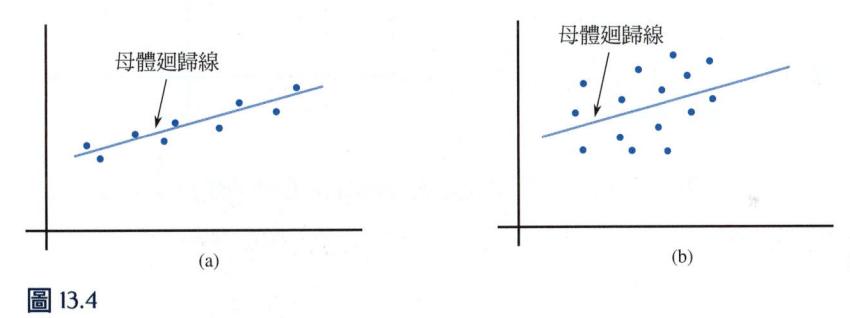

**圖 13.4**

來自簡單線性廻歸模型的資料：(a) 小的 $\sigma$；(b) 大的 $\sigma$

## 例 13.1　倒立以減肥

　　文章「**倒立的摔跤手之減肥**」（在 Sixth International Conference on Statistics, Combinatorics, and Related Areas, Forum for Interdisciplinary Mathematics, 1999 **年發表的文章**，資料也出現於 *A Quick Course in Statistical Process Control*, Mick Norton, Pearson Prentice Hall, 2005）的作者陳述：「接近體重證明期間截止時的過重業餘摔跤手，但僅僅勉強可以做的是，被知道倒立 1 或 2 分鐘，然後重新站起，站回體重計，並確立他在想要的體重量級。使用倒立作為最後手段的方法成為業餘摔跤一個相當常見的慣例。」

　　這樣是否真的有效？資料在一項實驗中被收集，實驗中在

運動 15 分鐘然後做倒立 1 分 45 秒後之每一位摔跤手體重減少的數據被記錄。基於這些資料，該文章的作者結論說實際上其顯著的體重減少大於運動 15 分鐘但是不做倒立的一個控制組。（基於在倒立期間之血液與其他液體集中於頭部的方式以及當這些液體在站立後立即被排出對於稱重的影響，作者們提出為何這可能成立之可能解釋。）作者們也結論說一個簡單線性廻歸模式是敘述變項間關係的一種合理方式

$y$ = 減少之體重（磅）

且

$x$ = 運動與倒立前的體重（磅）

假設實際的模型等式具有 $\alpha = 0$，$\beta = 0.001$，以及 $\sigma = 0.09$（這些數值與在文章中的發現一致）。母體廻歸線顯示於圖 13.5。

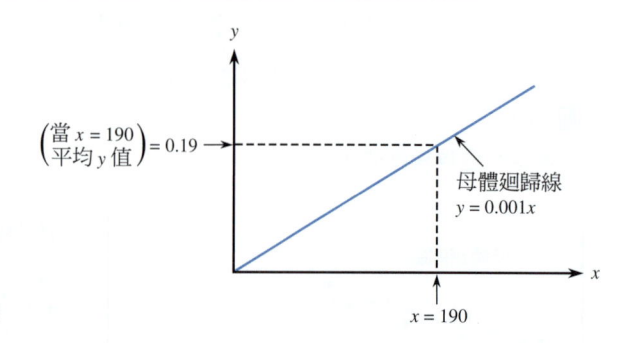

**圖 13.5**
例 13.1 的母體廻歸線

如果在任一固定體重（$x$ 值）之隨機誤差的分配為常態，則變數 $y$ = 減少之體重為常態分配，具有

$\mu_y = \alpha + \beta x = 0 + 0.001x$

$\sigma_y = \sigma = .09$

例如，當 $x = 190$（對應至一位 190 磅的摔跤手），減少之體重具有平均數

$\mu_y = 0 + 0.001(190) = .19$

因為 $y$ 的標準差為 $\sigma = 0.09$，區間 $0.19 \pm 2(0.09) = (0.01, 0.37)$ 包含當 $x = 190$ 時在 $y$ 平均數的 2 個標準差內的 $y$ 值。對於 190 磅之摔跤手所作體重減少的觀察有大約 95% 將會在此範圍內。

斜率 $\beta = 0.001$ 是與每增加一磅體重結合之平均減少體重的變動。

---

對於更深入的模型特性，可以藉由思考所有的數對 $(x, y)$ 之母體為由許多較小的母體所組成來獲得。這些較小母體的每一個包含 $x$ 具有一固定數值的數對資料。例如，假設在大學生的一個大母體中，變項

$x$ = 主要課程平均成績

與

$y = $ 畢業後起薪

為相關的,依據簡單線性廻歸模型。則具有 $x = 3.20$ 之所有數對(對應至在主要課程具有 3.20 平均成績之所有學生)的母體,具有 $x = 2.75$ 之所有數對的母體,依此類推。該模式假設對於每一個母體,$y$ 為具有相同標準差的常態分配,以及 $y$ 值平均數(而非 $y$ 本身)與 $x$ 線性相關。

實務上,簡單線性廻歸模式是否適當的判斷,必須基於資料如何被收集以及資料的一個散布圖。樣本觀察值必須互相獨立。此外,散布圖應該顯示一個線性而非曲線型態,以及各點的垂直分布應該在 $x$ 值的範圍內相當地同質。圖 13.6 顯示三種不同型態的圖;只有第一個與模型假設一致。

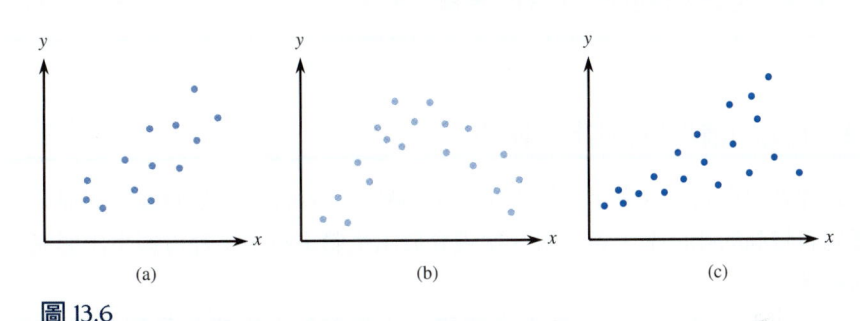

**圖 13.6**
在散布圖某些普遍遇到的型態:(a) 與簡單線性廻歸模型一致;(b) 建議一個非線性的機率模型;(c) 建議依 $x$ 變動之 $y$ 的變異

## 估計母體廻歸線

在本章的後續篇幅,我們將繼續簡單線性廻歸模型的基本假設是合理的觀點。對於研究者而言,$\alpha$ 與 $\beta$ 的數值(母體廻歸直線的 $y$ 截距與斜率)將幾乎永遠為未知。取而代之的是,這些數值必須先以樣本資料 $(x_1, y_1), \cdots, (x_n, y_n)$ 來估計。

令 $a$ 與 $b$ 分別表示 $\alpha$ 與 $\beta$ 的點估計值。這些估計值為基於在第 5 章曾介紹的最小平方法。散布圖中所有點離最小平方直線的垂直離差平方和小於其他任一直線。

> 母體廻歸線的 $\boldsymbol{\beta}$,**斜率**,與 $\boldsymbol{\alpha}$,$y$ 截距的點估計值,分別為最小平方直線的斜率與 $y$ 截距。也就是,

$b = \beta$ 的點估計值 $= \dfrac{S_{xy}}{S_{xx}}$

$a = \alpha$ 的點估計值 $= \bar{y} - b\bar{x}$

其中

$S_{xy} = \sum xy - \dfrac{(\sum x)(\sum y)}{n}$ 以及 $S_{xx} = \sum x^2 - \dfrac{(\sum x)^2}{n}$

估計的迴歸直線為熟悉的最小平方直線

$\hat{y} = a + bx$

令 $x^*$ 表示預測變數 $x$ 的一個特定值。則 $a + bx^*$ 有兩種不同解釋：

1. 當 $x = x^*$ 時，它為平均 $y$ 值的點估計值。
2. 當 $x = x^*$ 時，它為一個個別 $y$ 值的點預測值。

### 例 13.2　母親年齡與嬰兒出生體重

醫學研究者注意到，青少年女性更可能生出較成人女性低出生體重的嬰兒。由於低出生體重嬰兒有較高的死亡率，若干研究檢視介於出生體重與由年輕母親生出嬰兒之母親年齡之間的關係。

一個這樣的研究在文章「6 歲大之體格大小與智商：未成年母親的後代是否有風險？」(Maternal and Child Health Journal [2009]: 847-856) 中被敘述。下列資料

$x =$ 母親年齡（歲）

與

$y =$ 嬰兒出生體重（公克）

與在參考文章中所提供的摘要數值一致且與由國家健康統計中心所出版的資料一致。

| | \multicolumn{10}{c|}{觀察值} |
|---|---|---|---|---|---|---|---|---|---|---|
| | 1 | 2 | 3 | 4 | 5 | 6 | 7 | 8 | 9 | 10 |
| $x$ | 15 | 17 | 18 | 15 | 16 | 19 | 17 | 16 | 18 | 19 |
| $y$ | 2289 | 3393 | 3271 | 2648 | 2897 | 3327 | 2970 | 2535 | 3138 | 3573 |

資料的一個散布圖於圖 13.7 中被提供。該散布圖顯示一個線性模型且 $y$ 值的散布顯然與跨 $x$ 值的範圍相似。這支持簡單線性迴歸模型的適當性。

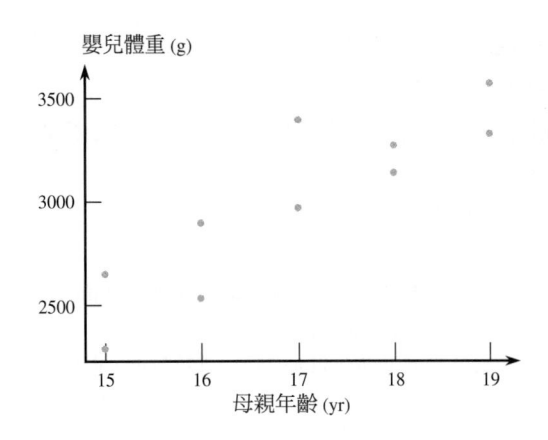

**圖 13.7**
例 13.2 的資料之散布圖

摘要統計量（從已知樣本資料計算）為

$n = 10$  $\sum x = 170$  $\sum y = 30{,}041$

$\sum x^2 = 2910$  $\sum xy = 515{,}600$  $\sum y^2 = 91{,}785{,}351$

從中得到

$$S_{xy} = \sum xy - \frac{(\sum x)(\sum y)}{n} = 515{,}600 - \frac{(170)(30{,}041)}{10} = 4903.0$$

$$S_{xx} = \sum x^2 - \frac{(\sum x)^2}{n} = 2910 - \frac{(170)^2}{10} = 20.0$$

$$\bar{x} = \frac{170}{10} = 17.0 \quad \bar{y} = \frac{30041}{10} = 3004.1$$

這使得

$$b = \frac{S_{xy}}{S_{xx}} = \frac{4903.0}{20.0} = 245.15$$

$$a = \bar{y} - b\bar{x} = 3004.1 - (245.1)(17.0) = -1163.45$$

估計的廻歸直線等式則為

$$\hat{y} = a + bx = -1163.45 + 245.15x$$

得自代入 $x = 18$ 於估計之等式的 18 歲母親所生嬰兒平均出生體重之一個點估計值為：

（當 $x = 18$，估計的 $y$ 平均數）$= a + bx$
$= -1163.45 + 245.15(18)$
$= 3249.25$ 公克

同理地，我們會預測由一位特別的 18 歲母親所生出之嬰兒的出生體重為

（當 $x = 18$，預測的 $y$ 值）$= a + b(18) = 3249.25$ 公克

點估計值與點預測為一致，因為相同的 $x$ 數值被使用於每一個計算中。然而，每一個的解釋則不同。一個表示我們對於其母親為 18 歲之單一嬰兒的體重預測，而另一個代表由

18 歲母親所出生之所有嬰兒的平均體重估計值。此一區別在 13.4 節將變得重要，當我們考慮區間估計值與預測。

最小平方直線也可以使用一繪圖計算機或是統計套裝軟體加以配適。此例子資料之 Minitab 輸出結果在此顯示。注意 Minitab 將廻歸線之等式中估計的係數值取近似值，它會導致基於此直線之預測的小差異。

**Regression Analysis: Birth Weight versus Maternal Age**

The regression equation is
Birth Weight = −1163 + 245 Maternal Age

| Predictor | Coef | SE Coef | T | P |
|---|---|---|---|---|
| Constant | −1163.4 | 783.1 | −1.49 | 0.176 |
| Maternal Age | 245.15 | 45.91 | 5.34 | 0.001 |

S = 205.308    R-Sq = 78.1%    R-Sq(adj) = 75.4%

在例 13.2，樣本中的 $x$ 值範圍從 15 至 19。對於遠落在此範圍外之任何 $x$ 值，不應該嘗試一個估計值或預測。沒有這種數值的樣本資料，缺乏證據說估計的線性關係可以被推論得非常遠。統計學家稱此潛在的陷阱為**外推法的危險 (danger of extrapolation)**。

## 估計 $\sigma^2$ 與 $\sigma$

$\sigma$ 的數值決定觀察的點 $(x, y)$ 傾向於落在接近或是遠離母體廻歸線的程度。$\sigma$ 的一個點估計值為基於

$$\text{SSResid} = \sum (y - \hat{y})^2$$

其中 $\hat{y}_1 = a + bx_1, \cdots, \hat{y}_n = a + bx_n$ 為配適的或預測的 $y$ 值，以及殘差為 $y_1 - \hat{y}_1, \cdots, y_n - \hat{y}_n$。SSResid 是樣本資料於估計的廻歸線分散之程度的一個量測值。

---

**定 義**

估計變異數 $\sigma^2$ 的統計量為

$$s_e^2 = \frac{\text{SSResid}}{n - 2}$$

其中

$$\text{SSResid} = \sum (y - \hat{y})^2 = \sum y^2 - a \sum y - b \sum xy$$

在 $s_e^2$ 中的下標 $e$ 提醒我們正在估計「誤差」或殘差的變異數。

> $\sigma$ 的估計值為**估計的標準差** (estimated standard deviation)
>
> $$s_e = \sqrt{s_e^2}$$
>
> 在樣本迴歸線中估計 $\sigma^2$ 或 $\sigma$ 有關的自由度數目為 $n - 2$。

在此的估計值與自由度數目於我們先前涉及單一樣本 $x_1, x_2, \cdots, x_n$ 的探討上具有類比。樣本變異數 $s^2$ 具有 $\sum(x - \bar{x})^2$ 的分子，離差（殘差）平方的總和，以及分母 $n - 1$，與 $s^2$ 及 $s$ 有關之自由度數目。在 $s^2$ 公式中 $\bar{x}$ 的使用以作為 $\mu$ 的估計值減少 1 個自由度數目，從 $n$ 至 $n - 1$。在簡單線性迴歸，$\alpha$ 與 $\beta$ 的估計會導致失去 2 個自由度，留下 $n - 2$ 為 SSResid、$s_e^2$ 與 $s_e$ 的自由度數目。

決定係數先前（見第 5 章）被定義為

$$r^2 = 1 - \frac{\text{SSResid}}{\text{SSTo}}$$

其中

$$\text{SSTo} = \sum(y - \bar{y})^2 = \sum y^2 - \frac{(\sum y)^2}{n} = S_{yy}$$

$r^2$ 的數值現在被詮釋為可以由模型關係解釋（或歸因於）觀察的 $y$ 變異之比例。估計值 $s_e$ 也提供模型表現的另一個評估。大致上，$\sigma$ 的數值代表母體中一個點 $(x, y)$ 偏離母體迴歸線的典型離差之大小。同理地，大致而言，$s_e$ 是偏離最小平方直線之一典型樣本離差（殘差）的大小。$s_e$ 的數值愈小，樣本中的各點會愈靠近該直線且使用該直線由 $x$ 預測 $y$ 有較佳表現。

## 例 13.3　預測選舉結果

文章「**從臉部勝任的推論預測選舉結果**」(*Science* [2005]: 1623-1626) 的作者發現他們實質上超過半數機會能夠基於候選人的臉部表情成功地預測一次美國國會選舉的結果。在該文章敘述的研究中，參與者被提示美國參議院或眾議院選舉的兩位候選人之照片。每一位參與者被要求觀看照片後指出他認為哪一位候選人較勝任。兩位候選人被標示為 A 與 B。假使一次選 2 個人，該參與者的選擇不予分析。計算選擇候選人 A 為較勝任的參與者的比例。選舉後，票數差異（候選人 A − 候選人 B）表示為選舉中總投票數之比例也被計算。此差異落於 +1 與 −1 之間。其為 0 當兩位候選人在選舉中獲得相同票數，為正值當在選舉中候選人 A 獲得比候選人 B 更多票數（+1 表示候選人 A 獲得所有選票），以及為負值當

在選舉中候選人 A 比候選人 B 獲得較少票數。

針對許多國會選舉此一程序被進行。結果資料（大概數值讀自出現於該文章的一段文字）的一個子集合提供於附表，它也包含這些資料所配適之最小平方直線的預測值與殘差。

| 勝任比例 | 票數比例差異 | 預測的 $y$ 值 | 殘差 |
|---|---|---|---|
| 0.20 | −0.70 | −0.389 | −0.311 |
| 0.23 | −0.40 | −0.347 | −0.053 |
| 0.40 | −0.35 | −0.109 | −0.241 |
| 0.35 | 0.18 | −0.179 | 0.359 |
| 0.40 | 0.38 | −0.109 | 0.489 |
| 0.45 | −0.10 | −0.040 | −0.060 |
| 0.50 | 0.20 | 0.030 | 0.170 |
| 0.55 | −0.30 | 0.100 | −0.400 |
| 0.60 | 0.30 | 0.170 | 0.130 |
| 0.68 | 0.18 | 0.281 | −0.101 |
| 0.70 | 0.50 | 0.309 | 0.191 |
| 0.76 | 0.22 | 0.393 | −0.173 |

散布圖（圖 13.8）指出介於

$x =$ 判斷候選人 A 為較勝任的參與者比例

與

$y =$ 票數比例差異

之間的一個正的線性關係。

摘要統計量為

$$n = 12 \qquad \sum x = 5.82 \qquad \sum y = 0.11$$
$$\sum x^2 = 3.1804 \qquad \sum xy = 0.5526 \qquad \sum y^2 = 1.5101$$

從其中數據我們計算

$$b = 1.3957 \qquad a = -0.6678$$
$$\text{SSResid} = .81228 \qquad \text{SSTo} = 1.50909$$

因此，

$$r^2 = 1 - \frac{\text{SSResid}}{\text{SSTo}} = 1 - \frac{0.81228}{1.50909} = 1 - .538 = .462$$

$$s_e^2 = \frac{\text{SSResid}}{n-2} = \frac{0.81228}{10} = .081$$

以及

$s_e = \sqrt{.081} = .285$

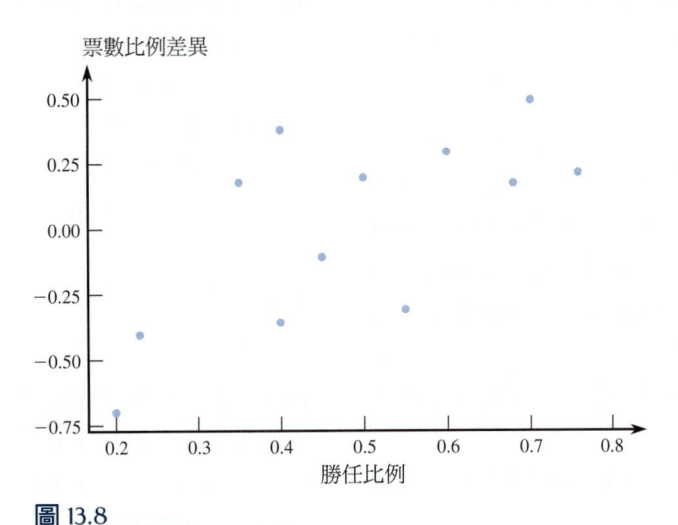

圖 13.8
例 13.3 的 Minitab 散布圖

大約 46.2% 之票數比例差異 $y$，其觀察變異可以被歸因於機率的線性關係中，比例差異 $y$ 與僅基於臉部表情判斷候選人較能勝任的參與者比例。典型樣本偏離最小平方直線之數量大約為 .285，其相較於 $y$ 值本身為相當小。該模式顯然對於估計與預測是有用的；在 13.2 節，我們展示模式效用檢定如何能被用於判斷這是否確實成立。

簡單線性迴歸模型的一個關鍵假設是在模型等式中的隨機離差 $e$ 為常態分配。在 13.3 節，我們將指出殘差如何能被用於確定這是否為可能的。

## 習題 13.1 – 13.11

13.1 令 $x$ 為房子的大小（平方呎）與 $y$ 為特殊時段期間使用的天然瓦斯量（撒姆）。假設對於一特定社區，根據簡單線性迴歸模型，$x$ 與 $y$ 為有關，其

$\beta =$ 母體迴歸線的斜率 $= .017$
$\alpha =$ 母體迴歸線的 $y$ 軸截距 $= -5.0$

在此社區中的房子大小落在 1000 至 3000 平方呎的範圍。

a. 母體迴歸線的等式為何？
b. 圖繪母體迴歸線，首先在線上找到對應至 $x = 1000$ 的點，以及接著找到對應至 $x = 2000$ 的點，並繪出經過這些點的一條線。
c. 對於具有 2100 平方呎之空間的房子，瓦斯使用之平均值為何？
d. 與 1 平方呎空間大小增加有關的平均用量變動為何？

e. 與 100 平方呎空間大小增加有關的平均用量變動為何？

f. 你會用該模式來預測一間 500 平方呎房子的平均用量嗎？是或不是的理由為何？

13.2 在一個被使用於空氣品質測量的裝置中之流量取決於穿越該裝置的濾嘴減壓量 $x$（吋，壓力水柱）。假設針對介於 5 與 20 之間的 $x$ 值，根據具有母體迴歸線 $y = -0.12 + 0.095x$ 之簡單線性迴歸模型，這兩個變數為相關。

a. 對於 10 吋的減壓量，平均流量為何？15 吋的減壓量？

b. 與在減壓量 1 吋時的增量有關之平均流量變動為何？

13.3 文章「**使用各種蛋的特徵作為迴歸自變數預測日本鵪鶉之蛋黃高度、蛋黃長度、蛋白長度、蛋殼重量、蛋型指數、蛋殼厚度、蛋表面區域**」(*International Journal of Poultry Science* [2008]: 85-88) 提出簡單線性迴歸模型用來敘述鵪鶉蛋之介於 $y$ = 蛋殼厚度（公釐）與 $x$ = 蛋長度（公釐）之間的關係是合理的。假設母體迴歸線為 $y = 0.135 + 0.003x$ 以及 $\sigma = 0.005$。則，對於一固定的 $x$ 值，$y$ 具有平均數 $0.135 + 0.003x$ 與標準差 0.005 之常態分配。

a. 對於長度 15 公釐之鵪鶉蛋的平均蛋殼厚度為何？長度 17 公釐之鵪鶉蛋的平均蛋殼厚度又是為何？

b. 具有 15 公釐長度之一個鵪鶉蛋將有大於 0.18 公釐的蛋殼厚度之機率為何？

c. 14 公釐長度之鵪鶉蛋具有蛋殼厚度大於 .175 的比例大致為何？小於 .178 的比例大致為何？

13.4 小車的一組樣本被選出，且每一部車 $x$ = 馬力與 $y$ = 燃油效率（每加侖英里數）的數值被決定。配適簡單線性迴歸模型得到估計的迴歸等式為 $\hat{y} = 44.0 - .150x$。

a. 你會如何解釋 $b = -.150$？

b. 代入 $x = 100$ 得到 $\hat{y} = 29.0$。提出此數字的兩個不同解釋。

c. 如果你預測一部具有 300 匹馬力車子的效率會發生什麼事？你為何認為這會發生？

d. 在此問題的背景下解釋 $r^2 = 0.680$。

e. 在此問題的背景下解釋 $s_e = 3.0$。

13.5 假設簡單線性迴歸模型對於敘述在一個大城市中之房子介於 $y$ = 房價（元）與 $x$ = 房屋大小（平方呎）之間的關係是適當的。母體迴歸線為 $y = 23,000 + 47x$ 以及 $\sigma = 5000$。

a. 與額外 1 平方呎空間有關之平均價格變動為何？與額外 100 平方呎空間有關之平均價格變動又為何？

b. 會超過 $110,000 價格之 1800 平方呎房子的比例為何？

13.6 a. 解釋介於直線 $y = \alpha + \beta x$ 以及 $\hat{y} = a + bx$ 之間的差異。

b. 解釋 $\beta$ 與 $b$ 之間的差異。

c. 令 $x^*$ 表示獨立變項的一個特殊值。解釋 $\alpha + \beta x^*$ 與 $a + bx^*$ 之間的差異。

d. 解釋 $\sigma$ 與 $s_e$ 之間的差異。

13.7 文章「**對於巔峰骨量而言青少年時期重量承受活動是比起鈣質攝取更重要的因素**」(*Journal of Bone and Mineral Research* [1994]: 1089-1096) 的作者研究他們認為可能與骨密度 (BMD) 有關之各種變項。隨附就 $x$ = 13 歲時的體重與 $y$ = 27 歲的骨密度之資料與在該文章中所提供婦女的摘要數量一致。

第 13 章　簡單線性迴歸與相關：推論方法　　641

| 體重（公斤） | BMD（公克 / 平方公分） |
|---|---|
| 54.4 | 1.15 |
| 59.3 | 1.26 |
| 74.6 | 1.42 |
| 62.0 | 1.06 |
| 73.7 | 1.44 |
| 70.8 | 1.02 |
| 66.8 | 1.26 |
| 66.7 | 1.35 |
| 64.7 | 1.02 |
| 71.8 | 0.91 |
| 69.7 | 1.28 |
| 64.7 | 1.17 |
| 62.1 | 1.12 |
| 68.5 | 1.24 |
| 58.3 | 1.00 |

一個簡單線性迴歸模型被用來敘述介於 13 歲時體重與 27 歲時 BMD 之間的關係。對於此資料：

$a = 0.558$　　$b = 0.009$　　$n = 15$
SSTo = 0.356　　SSResid = 0.313

a. 有多少百分比之 27 歲時 BMD 的觀察變異可以使用簡單線性迴歸模型解釋？
b. 提出 $\sigma$ 的一個點估計值並解釋此估計值。
c. 提出與在 13 歲時 1 公斤體重增量有關之平均 BMD 變動量的估計值。
d. 計算針對 13 歲體重 60 公斤之婦女，其 27 歲時平均 BMD 的一個點估計值。

13.8　賀爾蒙替代療法 (HRT) 被認為會增加乳癌的風險。對於 5 年間在德國一個地區之 $x =$ 使用 HRT 的婦女百分比與 $y =$ 乳癌發生率（每 10 萬名婦女的案例）之隨附資料出現在文章「**在減少賀爾蒙替代療法的使用後乳癌發生率的下降**」(*Epidemiology* [2008]: 427-430) 中。該文章的作者使用簡單線性迴歸模型來敘述介於 HRT 使用與乳癌發生率之間的關係。

| HRT使用 | 乳癌發生率 |
|---|---|
| 46.30 | 103.30 |
| 40.60 | 105.00 |
| 39.50 | 100.00 |
| 36.60 | 93.80 |
| 30.00 | 83.50 |

a. 估計的迴歸線之等式為何？

$\hat{y} = -45.572 + 1.335x$

b. 與 1 百分點之 HRT 使用增加有關之乳癌發生率的估計平均變動為何？
c. 當 HRT 使用為 40% 的一年你會預測乳癌發生率為何？
d. 你是否應該使用此迴歸模型去預測當 HRT 使用為 20% 的一年其乳癌發生率？
e. 計算並解釋 $r^2$ 的數值。
f. 計算並解釋 $s_e$ 的數值。

13.9　隨附摘要數量得自一項研究，其中 $x$ 為一例行之服務來電期間影印機的服務次數，以及 $y$ 為總服務時間（分鐘）：

$n = 16$　　$\sum (y - \bar{y})^2 = 22{,}398.05$
　　　　　$\sum (y - \hat{y})^2 = 2620.57$

a. 在總服務時間的觀察變異有多少比例可以使用介於總服務時間與機器服務次數之間的線性關係來解釋？
b. 計算估計標準誤 $s_e$ 的數值。與此估計值有關的自由度數目為何？

13.10　一個簡單線性迴歸模型被用來敘述介於 $y =$ 模塑塑膠的硬度與 $x =$ 自模塑過程結束後的消逝時間之間的關係。摘要數量包括 $n = 15$，SSResid $= 1235.470$，以及 SSTo $= 25{,}321.368$。

a. 計算 $\sigma$ 的一個點估計值。此估計值所基於的自由度為多少？
b. 在硬度觀察變異的多少百分比可以使用介於硬度與消逝時間之間的簡單線性迴歸模型關係來解釋？

13.11 考慮對於一特殊品牌軟性飲料隨機選取 10 年期間 $x =$ 廣告占有率與 $y =$ 市場佔有率的隨附資料。

| $x$ | .103 | .072 | .071 | .077 | .086 |
|     | .047 | .060 | .050 | .070 | .052 |
| $y$ | .135 | .125 | .120 | .086 | .079 |
|     | .076 | .065 | .059 | .051 | .039 |

a. 為這些資料構建散布圖。你是否認為簡單線性迴歸模型在敘述 $x$ 與 $y$ 之間的關係會是適當的？

b. 計算估計的迴歸線之等式並當廣告佔有率為 .09 時，用它來取得預測的市場佔有率。

c. 計算 $r^2$。你會如何解釋此數值？

d. 計算 $\sigma$ 的一個點估計值。你的估計值基於多少的自由度？

## 13.2 關於母體迴歸直線斜率的推論

在簡單線性迴歸模型中的斜率係數 $\beta$，代表與在獨立變項 $x$ 數值的 1 單位增加有關之在相關變項 $y$ 的平均或期望變動。例如，思考 $x =$ 房子大小（平方呎）與 $y =$ 房子售價。如果我們假設簡單線性迴歸模型對於在一特殊城市中的房子母體是適當的，$\beta$ 為在與 1 平方呎大小中增加有關的平均售價增量。如同另一個例子，如果 $x =$ 一個電腦系統每週被使用時數與 $y =$ 年度維護支出，則 $\beta$ 會是在每週中額外使用該電腦系統 1 小時有關的期望支出變動。

由於 $\beta$ 的數值幾乎總是未知的，它必須從 $n$ 個獨立選取的觀測值 $(x_1, y_1)$, ⋯, $(x_n, y_n)$ 被估計。最小平方直線的斜率 $b$ 提供一個點估計值。仍然如同與任何一個點估計值一樣，會被期望提供 $b$ 估計 $\beta$ 有多準確的某一指標。在某些情況，統計量 $b$ 的數值可能因樣本不同而變動很大，所以從單一樣本計算的 $b$ 可能相當不同於真正的斜率 $\beta$。在其他情況，幾乎所有可能的樣本產生接近 $\beta$ 的 $b$ 值，所以估計的誤差幾乎會是小的。要更進一步的話，我們需要瞭解 $b$ 的抽樣分配：關於抽樣分配曲線的形狀、曲線在何處以 $\beta$ 為中心，以及該曲線依其中心散布多少的資訊。

### $b$ 的抽樣分配特性

當簡單線性迴歸模型的四個基本假設成立時，下列陳述為真：

1. $b$ 的平均數為 $\beta$。也就是，$\mu_b = \beta$，因此 $b$ 的抽樣分配永遠以 $\beta$ 的數值為中心。這表示 $b$ 是估計 $\beta$ 的一個不偏統計量。

2. 統計量 $b$ 的標準差為 $\sigma_b = \dfrac{\sigma}{\sqrt{S_{xx}}}$。

3. 統計量 $b$ 具有常態分配（假設隨機離差 $e$ 為常態分配模式的結果）。

$b$ 為不偏的事實只是表示抽樣分配以對的地方為中心；它並未提供關於變異性的資訊。如果 $\sigma_b$ 是大的，則 $b$ 的抽樣分配將會在 $\beta$ 附近相當分散且可能導致一個遠離 $\beta$ 的估計值。對於小的 $s_b$，分子 $\sigma$ 應該是小的（母體線的較少變異性）且（或）分母 $\sqrt{S_{xx}}$，或是相當於 $S_{xx} = \sum(x - \bar{x})^2$ 本身應該是大的。因為 $\sum(x - \bar{x})^2$ 是觀測的 $x$ 值有多分散的一個量測值，當在樣本中的 $x$ 值為分散而非當它們是靠在一起時，$\beta$ 會被較準確地估計。

$b$ 的抽樣分配的常態性意指標準化的變項

$$z = \dfrac{b - \beta}{\sigma_b}$$

具有標準常態分配。然而，推論方法不能基於此變項，因為 $\sigma_b$ 的數值為未知（因為未知的 $\sigma$ 出現在 $\sigma_b$ 的分子）。繼續進行的一種方式是以 $s_e$ 估計 $\sigma$，產生一個估計的標準差。

**統計量 $b$ 的估計的標準差**為

$$s_b = \dfrac{s_e}{\sqrt{S_{xx}}}$$

當簡單線性迴歸模型的四個基本假設成立時，標準化變項的機率分配為

$$t = \dfrac{b - \beta}{s_b}$$

為具有 df = $(n - 2)$ 的 $t$ 分配。

與 $t = \dfrac{\bar{x} - \mu}{\dfrac{s}{\sqrt{n}}}$ 在第 9 章被用於發展一個 $\mu$ 的信賴區間之相同方式，在前面方框中的 $t$ 變項可以被用於取得 $\beta$ 的一個信賴區間（區間估計值）。

### β 的信賴區間

當簡單線性廻歸模型的四個基本假設成立時，**β 的信賴區間**，母體廻歸線的斜率，具有形式

$$b \pm (t\text{臨界值}) \cdot s_b$$

其中 $t$ 臨界值為基於 $df = n - 2$。附錄表 3 提供對應至最常被使用信賴水準的臨界值。

β 的區間估計值以 $b$ 為中心，以取決於 $b$ 的抽樣變異之一個數量從中心向外延伸。當 $s_b$ 是小的，該區間是窄的，蘊含研究者擁有對 β 的相對準確的認識。

### 例 13.4　運動表現與心肺適能

心肺適能（以從在跑步機上跑步體力耗盡的時間被測量）是否與一位運動員在一 20 公里的滑雪競速表現有關？下列呈現

$x = $ 體力耗盡之跑步機時間（分鐘）

與

$y = $ 20 公里滑雪時間（分鐘）

的資料取自文章「**頂尖美國兩項運動選手之生理特徵與表現**」(*Medicine and Science in Sports and Exercise* [1995]: 1302-1310)：

| x | 7.7 | 8.4 | 8.7 | 9.0 | 9.6 | 9.6 | 10.0 | 10.2 | 10.4 | 11.0 | 11.7 |
|---|---|---|---|---|---|---|---|---|---|---|---|
| y | 71.0 | 71.4 | 65.0 | 68.7 | 64.4 | 69.4 | 63.0 | 64.6 | 66.9 | 62.6 | 61.7 |

資料的一個散布圖出現在右圖：此圖顯示一線性型態，且點的垂直散布並未呈現因在樣本中的 $x$ 值範圍而變動。如果我們假設在任一已知 $x$ 值的誤差分配為近似常態，則簡單線性廻歸模式似乎是適當的。

在此背景下的斜率 β 為在跑步機時間 1 分鐘增加有關之滑雪時間的平均變動。該散布圖顯示一個負的線性關係，因此 β 的點估計值將是負的。

直截了當的計算提供

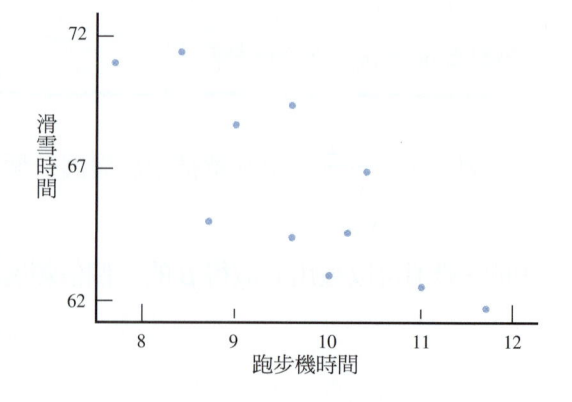

$$n = 11 \quad \sum x = 106.3 \quad \sum y = 728.70$$
$$\sum x^2 = 1040.95 \quad \sum xy = 7009.91 \quad \sum y^2 = 48{,}390.79$$

因而

$$b = -2.3335 \quad a = 88.796$$
$$SSResid = 43.097 \quad SSTo = 117.727$$

$r^2 = .634$（滑雪時間觀察變異的 63.4% 可以被簡單線性廻歸模型所解釋）

$$s_e^2 = 4.789 \quad s_e = 2.188$$
$$s_b = \frac{s_e}{\sqrt{S_{xx}}} = \frac{2.188}{3.702} = .591$$

計算 $\beta$ 的 95% 信賴區間需要基於 df = $n - 2 = 11 - 2 = 9$ 的一個 $t$ 臨界值，其為（得自附錄表 3）2.26。得到的區間則為

$$b \pm (t\text{臨界值}) \cdot s_b = -2.3335 \pm (2.26)(.591)$$
$$= -2.3335 \pm 1.336$$
$$= (-3.671, -.999)$$

我們解釋此區間如下：基於樣本資料，我們有 95% 的信心說與在跑步機時間 1 分鐘增加有關之滑雪時間的真正平均減量為介於 1 與 3.7 分鐘之間。

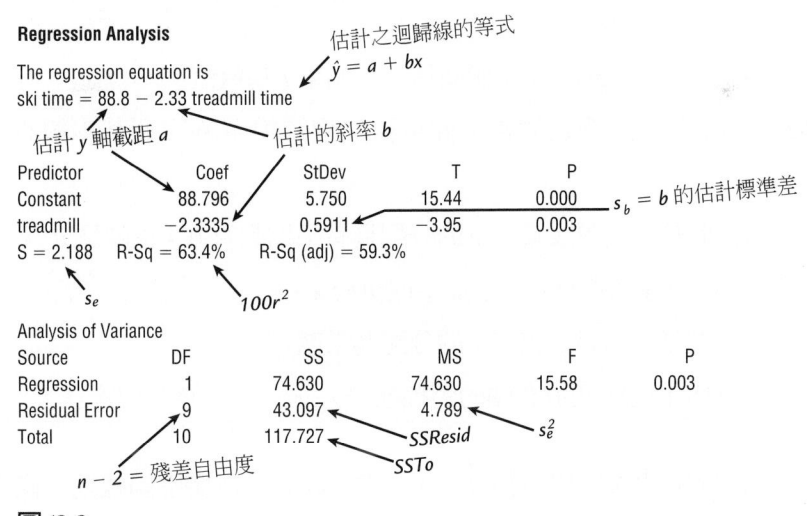

**Regression Analysis**

The regression equation is
ski time = 88.8 − 2.33 treadmill time

估計之迴歸線的等式 $\hat{y} = a + bx$

估計 $y$ 軸截距 $a$　　估計的斜率 $b$

| Predictor | Coef | StDev | T | P |
|---|---|---|---|---|
| Constant | 88.796 | 5.750 | 15.44 | 0.000 |
| treadmill | −2.3335 | 0.5911 | −3.95 | 0.003 |

$s_b = b$ 的估計標準差

S = 2.188　R-Sq = 63.4%　R-Sq (adj) = 59.3%

$s_e$　　$100r^2$

Analysis of Variance

| Source | DF | SS | MS | F | P |
|---|---|---|---|---|---|
| Regression | 1 | 74.630 | 74.630 | 15.58 | 0.003 |
| Residual Error | 9 | 43.097 | 4.789 | | |
| Total | 10 | 117.727 | | | |

$n - 2 =$ 殘差自由度　　SSResid　$s_e^2$　　SSTo

**圖 13.9**

例 13.4 資料的部分 Minitab 輸出結果

得自任一標準的統計電腦套裝軟體的輸出結果在慣例上包括 $a$、$b$、SSResid、SSTo 與 $s_b$ 的計算數值。圖 13.9 顯示例 13.4 之資料的部分 Minitab 輸出結果。得自其他軟體的格式為相似。四捨五入有時導致介於徒手計算與電腦計算數值之間的小差異，但是在此例題中沒有如此差異。

### 關於 β 的假設檢定

關於 β 的假設可以使用類似於第 10 與 11 章中討論之 t 檢定的一個 t 檢定進行檢定。虛無假設陳述 β 具有一特定的假設值。在 $H_0$ 為真的假設下，t 統計量得自標準化 b，以及 β 的點估計值。當 $H_0$ 為真，此統計量的抽樣分配為具有 df = n − 2 的 t 分配。

> **關於 β 的假設檢定之摘要**
>
> **虛無假設：** $H_0$: β = 假設值
>
> **檢定統計量：** $t = \dfrac{b - 假設值}{s_b}$
>
> 檢定為基於 df = n − 2。
>
> **對立假設：**　　　　**P 值**
>
> $H_a$: β > 假設值　　在適當 t 曲線下，計算的 t 值右側面積
>
> $H_a$: β < 假設值　　在適當 t 曲線下，計算的 t 值左側面積
>
> $H_a$: β ≠ 假設值　　(1) 2（t 右側面積），如果 t 為正值
>
> 　　　　　　　　　　或
>
> 　　　　　　　　　　(2) 2（t 左側面積），如果 t 為負值
>
> **前提假設：** 此檢定要能夠是適當，簡單線性迴歸模型的四個基本假設必須成立：
> 1. 在任一特殊 x 值之 e 的分配具有平均數為 0（也就是 $\mu_e = 0$）。
> 2. e 的標準差為 σ，它並不取決於 x。
> 3. 在任一特殊 x 值之 e 的分配為常態。
> 4. 與不同觀測值有關的隨機離差 $e_1, e_2, \cdots, e_n$ 為互相獨立。

經常地，感興趣的虛無假設為 β = 0。當這成立，母體迴歸線是一條水平線，且在簡單線性迴歸模型中的 y 值並不取決於 x。也就是，

$$y = \alpha + 0 \cdot x + e$$

或等同於

$$y = \alpha + e$$

在此情況下，對 x 的認知在預測 y 時無用。相反地，如果 β ≠ 0，存在介於 x 與

$y$ 之間一個有用的線性關係,且對於 $x$ 的認知在預測 $y$ 時是有用的。這個可由圖 13.10 中的散布圖所說明。

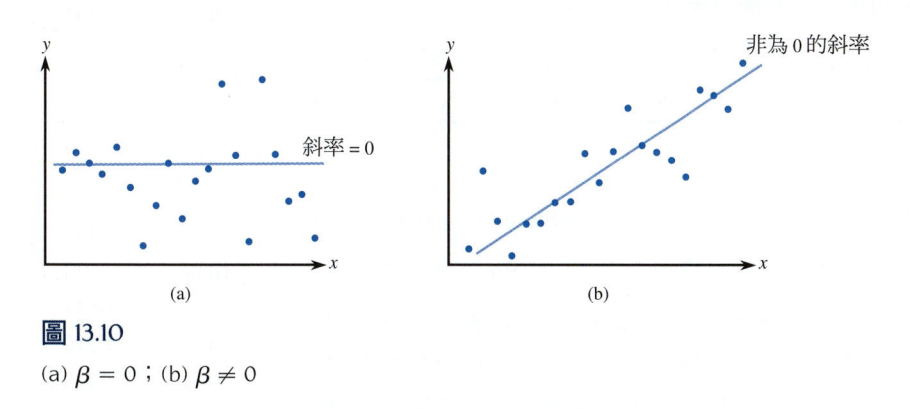

**圖 13.10**
(a) $\beta = 0$；(b) $\beta \neq 0$

$H_0$: $\beta = 0$ 對 $H_a$: $\beta \neq 0$ 的檢定被稱為簡單線性廻歸的模型效能檢定。

### 簡單線性廻歸的模型效能檢定

**簡單線性廻歸的模型效能檢定**是

$H_0$: $\beta = 0$

對

$H_a$: $\beta \neq 0$

的檢定。

虛無假設指明 $x$ 與 $y$ 之間不是有用的線性關係,而對立假設指明 $x$ 與 $y$ 之間存在一有用的線性關係。如果 $H_0$ 被棄却,我們結論簡單線性廻歸模型在預測 $y$ 是有用的。在之前方框中(以假設值 = 0)的檢定程序被用來執行模式效能檢定;特別的是,檢定統計量為 $t = b/s_b$。

如果一個散布圖與 $r^2$ 值未能提供一有用的線性關係之充分證據,我們建議在使用廻歸線做推論之前要進行模型效能檢定。

### 例 13.5　大學畢業率

針對擁有註冊人數介於 10,000 與 20,000 人之間的美國主要公立大學與學院之大學部學生的一組隨機樣本,就 6 年畢業率 (%)、每位全職生的學生相關的開銷,以及 SAT 中位數分數的隨附資料為取自 College Results Online, The Education Trust。

讓我們首先檢查畢業率與 SAT 分數中位數之間的關係。以 $y =$ 畢業率與 $x =$ SAT 分數中位數，一個簡單線性迴歸分析所需要的摘要統計量如下：

| SAT 中位數 | 開銷 | 畢業率 |
|---|---|---|
| 1065 | 7970 | 49 |
| 950 | 6401 | 33 |
| 1045 | 6285 | 37 |
| 990 | 6792 | 49 |
| 950 | 4541 | 22 |
| 970 | 7186 | 38 |
| 980 | 7736 | 39 |
| 1080 | 6382 | 52 |
| 1035 | 7323 | 53 |
| 1010 | 6531 | 41 |
| 1010 | 6216 | 38 |
| 930 | 7375 | 37 |
| 1005 | 7874 | 45 |
| 1090 | 6355 | 57 |
| 1085 | 6261 | 48 |

$$n = 15 \qquad \sum x = 15{,}195 \qquad \sum y = 638$$
$$\sum x^2 = 15{,}430{,}725 \qquad \sum xy = 651{,}340 \qquad \sum y^2 = 28{,}294$$

由上可得

$$b = 0.132 \qquad a = -91.31 \qquad \text{SSResid} = 491.01$$
$$s_e = 6.146 \qquad r^2 = .576 \qquad S_{xx} = 38190$$

因為 $r^2 = .576$，在畢業率有大約 57.6% 的觀察變異可以被簡單線性迴歸模型所解釋。因此顯示介於兩個變數之間存在一個有用線性關係，但是需要一正式的模型效能檢定來確認。我們將使用 .05 的一個顯著水準來進行此檢定。

1. $\beta =$ 與 SAT 分數中位數 1 分的增加有關之平均畢業率的變動
2. $H_0: \beta = 0$
3. $H_a: \beta \neq 0$
4. $\alpha = .05$
5. 檢定統計量：$t = \dfrac{b - \text{假設值}}{s_b} = \dfrac{b - 0}{s_b} = \dfrac{b}{s_b}$
6. 前提假定：資料為來自一組隨機樣本，所以觀測值為獨立。隨附資料的散布圖顯示一個線性模型且各點的變異並不顯示依 $x$ 而改變。

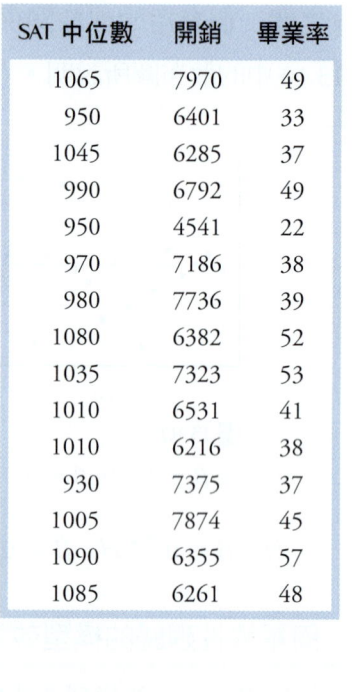

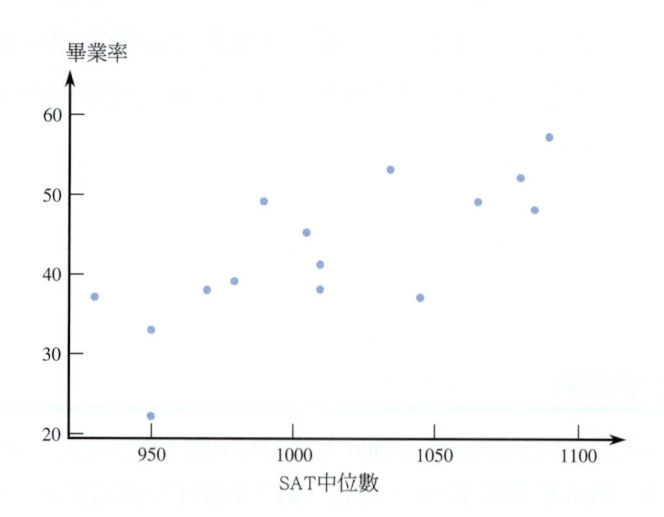

假設在任一給定 $x$ 值之誤差分配為近似常態，簡單線性迴歸模型的前提是適當的。

7. 計算：$t$ 的計算需要

$$s_b = \frac{s_e}{\sqrt{S_{xx}}} = \frac{6.146}{195.423} = .031$$

產生

$$t = \frac{0.132 - 0}{.031} = 4.26$$

8. $P$ 值：附錄表 4 顯示對於基於自由度 13 之一個 $t$ 檢定，$P(t > 4.26) < .001$。在 $H_a$ 中的不等式需要一個雙尾檢定，因此

$P$ 值 $< 2(.001) = .002$

9. 結論：因為 $P$ 值 $< .002$ 為小於顯著水準 .05，$H_0$ 被棄却。我們結論在畢業率與 SAT 分數中位數之間存在一有用的線性關係。

圖 13.11 顯示得自簡單線性廻歸分析之部分 Minitab 輸出結果。係數 (Coef) 欄位提供 $b = 0.13213$；$s_b = 0.03145$ 則位於標準誤係數 (SE Coef) 欄位；T 欄位（針對 $t$ 比率）包含檢定 $H_0$: $\beta = 0$ 之檢定統計量的數值；以及針對模式效能檢定的 $P$ 值在最後欄位被提供為 0.001（因為四捨五入且因為表格的使用只產生近似的 $P$ 值，所以與在步驟 8 所提供的數值有些微不同）。其他常用的統計套裝軟體也在其輸出結果包含此資訊。

**Regression Analysis: Graduation Rate versus Median SAT**

The regression equation is
Graduation Rate = -91.3 + 0.132 Median SAT

| Predictor | Coef | SE Coef | T | P |
|---|---|---|---|---|
| Constant | -91.31 | 31.90 | -2.86 | 0.013 |
| Median SAT | 0.13213 | 0.03145 | 4.20 | 0.001 |

S = 6.14574    R-Sq = 57.6%    R-Sq(adj) = 54.3%

Analysis of Variance

| Source | DF | SS | MS | F | P |
|---|---|---|---|---|---|
| Regression | 1 | 666.72 | 666.72 | 17.65 | 0.001 |
| Residual Error | 13 | 491.01 | 37.77 | | |
| Total | 14 | 1157.73 | | | |

**圖 13.11**
例 13.5 之資料的 Minitab 輸出結果

其次讓我們思考介於畢業率與每位全職學生開銷之間的關係。圖 13.12 顯示得自以開銷為預測變數之一個簡單線性廻歸的部分 Minitab 輸出結果。

The regression equation is
Graduation Rate = 10.9 + 0.00468 Expenditure

| Predictor | Coef | SE Coef | T | P |
|---|---|---|---|---|
| Constant | 10.95 | 17.51 | 0.63 | 0.543 |
| Expenditure | 0.004680 | 0.002574 | 1.82 | 0.092 |

S = 8.42608    R-Sq = 20.3%    R-Sq(adj) = 14.1%

**圖 13.12** 使用開銷作為預測變數之 Minitab 輸出結果

在此例中模式效能檢定的檢定統計量之數值為 $t = 1.82$ 以及有關的 $P$ 值為 .092。對於一個 .05 的顯著水準，我們不棄却 $H_0: \beta = 0$ 之虛無假設。畢業率與每位全職學生開銷之間並不存在線性關係的充分證據。

當 $H_0: \beta = 0$ 無法在一相當小的顯著水準下被模型效能檢定所棄却，一個有用模型的尋找必須被繼續進行。一個可能性是使用一非線性模型來連結 $y$ 至 $x$ ——當散布圖顯示彎曲時的一個適當策略。或是，當使用超過一個預測變數的多元迴歸模型時，就可以被使用。我們將於第 14 章介紹這類模式。

## 習題 13.12 – 13.26

**13.12** $\sigma$ 與 $\sigma_b$ 之間的差異為何？$\sigma_b$ 與 $s_b$ 之間的差異又為何？

**13.13** 假設一個單一的 $y$ 觀測值在當 $x$ 值為 5、10、15、20 與 25 的每一個時被取得。
a. 如果 $\sigma = 4$，統計量 $b$ 的標準差為何？
b. 現在假設第二個觀測值在當列出於 (a) 部分的每一個 $x$ 值時被取得（總共 10 個觀測值）。得出的 $\sigma_b$ 值是否為在 (a) 部分中的一半？
c. 對於在 (a) 部分中的每一個 $x$ 值，需要多少觀測值以產生一個為在 (a) 部分中所計算之數值的一半的 $\sigma_b$？證明你的猜測。

**13.14** 回頭參考例 13.3 之簡單線性迴歸模型，被對於 $x =$ 判斷候選人 A 為較勝任的比例與 $y =$ 投票比例差異的資料進行配適。針對盡可能準確估計 $\beta$ 的目的，其是否以 $x$ 值為 .05、.1、.2、.3、.4、.5、.6、.7、.8、.9、.95 與 .98 對應之觀測值為較佳？解釋你的理由。

**13.15** 習題 13.10 提示 $y =$ 模塑塑膠的硬度與 $x =$ 自模塑完成後的消逝時間。摘要數量包括

$n = 15$    $b = 2.50$    SSResid = 1235.470
$\sum(x - \bar{x})^2 = 4024.20$

a. 計算統計量 $b$ 的估計之標準差。
b. 為母體迴歸線的斜率，$\beta$，取得一個 95% 信賴區間。
c. 在 (b) 部分的區間是否建議 $\beta$ 被準確估計？解釋之。

13.16 在簡單線性迴歸模型下，敘述 3 個月期間速食銷售據點之銷售利潤 $y$（千元）與廣告支出 $x$（也是千元計）之間的關係。15 個銷售點的一組樣本產生隨附摘要數量。

$\sum x = 14.10$  $\sum y = 1438.50$  $\sum x^2 = 13.92$

$\sum y^2 = 140{,}354$  $\sum xy = 1387.20$

$\sum (y - \bar{y})^2 = 2401.85$  $\sum (y - \hat{y})^2 = 561.46$

a. 銷售利潤的觀察變異有多少比例可以被歸因於介於利潤與廣告支出之間的線性關係？
b. 計算 $s_e$ 與 $s_b$。
c. 對於 $\beta$，與在廣告支出 1000 美元（也就是，1 個單位）之增加有關的平均利潤變動，取得一個 90% 信賴區間。

13.17 研究介於 $x =$ 花在運動時間（分鐘）與 $y =$ 運動期間的耗氧量之間關係的一項實驗導致下列摘要統計量。

$n = 20$  $\sum x = 50$
$\sum y = 16{,}705$  $\sum x^2 = 150$
$\sum y^2 = 14{,}194{,}231$  $\sum xy = 44{,}194$

a. 估計母體迴歸線的斜率與 $y$ 軸截距。
b. 對於 2 分鐘運動期間，在氧氣使用的一個樣本觀測值為 757。對此運動期間你會預測多少耗氧量，以及對應的殘差為何？
c. 計算與運動時間 1 分鐘的增加有關之平均耗氧量變動的一個 99% 信賴區間。

13.18 文章「分離的鍵盤幾何對於上半身姿勢的影響」(*Ergonomics* [2009]: 104-111) 敘述決定幾種鍵盤特徵對於打字速度的影響之一項研究。被考慮的變數之一為鍵盤前後的表面角度。得自以 $x =$ 表面角度（度）與 $y =$ 打字速度（每分鐘字數）配適之簡單線性迴歸模型的 Minitab 輸出結果被提供於下。

**Regression Analysis: Typing Speed versus Surface Angle**

The regression equation is
Typing Speed = 60.0 + 0.0036 Surface Angle

| Predictor | Coef | SE Coef | T | P |
|---|---|---|---|---|
| Constant | 60.0286 | 0.2466 | 243.45 | 0.000 |
| Surface Angle | 0.00357 | 0.03823 | 0.09 | 0.931 |

S = 0.511766   R-Sq = 0.3%   R-Sq(adj) = 0.0%

Analysis of Variance

| Source | DF | SS | MS | F | P |
|---|---|---|---|---|---|
| Regression | 1 | 0.0023 | 0.0023 | 0.01 | 0.931 |
| Residual Error | 3 | 0.7857 | 0.2619 | | |
| Total | 4 | 0.7880 | | | |

a. 假設簡單線性迴歸模型的基本假設被合理地滿足，進行假設檢定以決定 $x$ 與 $y$ 之間是否存在一有用的線性關係。
b. $s_e$ 與 $r^2$ 的數值是否與得自 (a) 部分的結論一致？解釋之。

13.19 文章「與孩童時期鉛接觸有關之成人時期減少的腦量」(*Public Library of Science Medicine* [May 27, 2008]: e112) 的作者研究孩童時期環境的鉛接觸與腦部特殊區域之腦量變動的測量之間的關係。資料被提供為 $x =$ 平均孩童時期血液鉛水準（$\mu$g/dL）與 $y =$ 腦量變動（BVC，百分比）。讀自出現在文章中之一段落的資料子集合被用來產生隨附的 Minitab 輸出結果。假設簡單線性迴歸模型的基本假設被合理地滿足。

**Regression Analysis: BVC versus Mean Blood Lead Level**

The regression equation is
BVC = −0.00179 − 0.00210 Mean Blood Lead Level

| Predictor | Coef | SE Coef | T | P |
|---|---|---|---|---|
| Constant | −0.001790 | 0.008303 | −0.22 | 0.830 |
| Mean Blood Lead Level | −0.0021007 | 0.0005743 | −3.66 | 0.000 |

進行假設檢定以決定 $x$ 與 $y$ 之間是否存在一有用的線性關係之充分證據。

**13.20** 身高較高成人是否賺較多錢？文章「身高與地位：身高、能力與勞動市場成就」(*Journal of Political Economics* [2008]: 499-532) 的作者研究身高與收入之間的關係。他們使用簡單線性迴歸模型來敘述在一個非常龐大的男性樣本中，介於 $x=$ 身高（吋）與 $y=\log$（每週總收入）之間的關係。每週總收入的對數被使用，因為此一轉換導致一個近似線性的關係。該文章報導估計的迴歸線之斜率為 $b=0.023$ 與 $b$ 的標準差為 $s_b=0.004$。進行一個假設檢定以決定身高與每週收入之間是否存在一有用的線性關係之充分證據。假設簡單線性迴歸模型的基本假設被合理地滿足。

**13.21** 研究令人愉快的碰觸知覺之研究者測量被由一前臂之輕微的擦過敲擊所刺激之神經的發射頻率（每秒脈搏數），並同時記錄對象的知覺有多愉快的數字讀數。隨附資料為讀自文章「以在人類身上無髓鞘傳入的感覺來編碼令人愉快的碰觸」（*Nature Neuroscience*，2009 年 4 月 12 日）中之一個段落。

| 發射頻率 | 愉快讀數 |
|---|---|
| 23 | 0.2 |
| 24 | 1.0 |
| 22 | 1.2 |
| 25 | 1.2 |
| 27 | 1.0 |
| 28 | 2.0 |
| 34 | 2.3 |
| 33 | 2.2 |
| 36 | 2.4 |
| 34 | 2.8 |

a. 使用一個 95% 信賴區間估計與在發射頻率每秒 1 個脈搏之增加有關的平均愉快讀數變動。

b. 進行一個假設檢定以決定發射頻率與愉快讀數之間，是否有充分證據顯示存在一有用的線性關係。

**13.22** 隨附資料為讀自於文章「顱內受傷的認知減緩」(*Brain and Cognition* [1996]: 429-440) 中所提供之一個圖（以及為一完整資料集的子集合）。資料代表顱內受傷 (CHI) 之個人團體與頭部沒有受傷之配對的控制組在 10 個不同工作上的平均反應時間。每一個觀測值為基於一個不同的研究，且使用不同的對象，所以假設觀測值為獨立是合理的。

| | 平均反應時間 | |
|---|---|---|
| 研究 | 控制組 | CHI |
| 1 | 250 | 303 |
| 2 | 360 | 491 |
| 3 | 475 | 659 |
| 4 | 525 | 683 |
| 5 | 610 | 922 |
| 6 | 740 | 1044 |
| 7 | 880 | 1421 |
| 8 | 920 | 1329 |
| 9 | 1010 | 1481 |
| 10 | 1200 | 1815 |

a. 配適一個線性迴歸模型可以讓你從沒有頭部受傷之個人在同一項工作的平均反應時間，對於那些遭受顱內受傷者預測其平均反應時間。

b. 此樣本資料是否支持沒有頭部受傷之個人的平均反應時間與患有 CHI 之個人的平均反應時間之間存在一有用的線性關係之假設？使用 $\alpha=.05$ 檢定適當的假設。

c. 也可能檢定關於在一線性迴歸模型中之 $y$ 軸截距的假設。針對這些資料，虛無假設 $H_0: \alpha=0$ 無法在 .05 的顯著水準下被棄却，建議具有一為 0 的 $y$ 軸截距之模型可能是一個適當的模型。配適如此的一個模型導致估計的迴歸等式

CHI = 1.48（控制組）

解釋 1.48 的估計的斜率。

**13.23** 習題 13.16 敘述了一個廻歸分析，其中 y = 銷售利潤與 x = 廣告支出。在那裡提供的摘要數量產生

$$n = 15 \quad b = 52.27 \quad s_b = 8.05$$

a. 使用 .05 的顯著水準檢定假設 $H_0: \beta = 0$ 對 $H_a: \beta \neq 0$。你的結論對於介於 x 與 y 之間關係的本質有何評論？

b. 考慮假設 $H_0: \beta = 40$ 對 $H_a: \beta > 0$。虛無假設陳述與在廣告支出 1 單位的增加有關的平均銷售利潤變動為（至多）40,000 美元。使用 .01 的顯著水準進行一個檢定。

**13.24** 考慮針對 8 個不同產業就 x = 研發支出（千元）與 y = 成長率（每年 %）的隨附資料。

x 2024 5038 905 3572 1157 327 378 191
y 1.90 3.96 2.44 0.88 0.37 −0.90 0.49 1.01

a. 一個簡單線性廻歸模式是否提供從研發支出預測成長率之有用資訊？使用 .05 的顯著水準。

b. 使用 90% 的信賴水準估計與在支出 1000 美元的增加有關的平均成長率變動。

**13.25** 文章「氣溫對於脫脂牛奶的 pH 值影響」(*Journal of Dairy Research* [1988]: 277-280) 報導包括在特定環境條件下的 x = 氣溫 (°C) 與 y = 牛奶 pH 值的一項研究。隨附資料（讀自一段文字）為出現在文章中之一具代表性的子集合：

x   4    4    24   24   25   38   38   40
y  6.85 6.79 6.63 6.65 6.72 6.62 6.57 6.52
x  45   50   55   56   60   67   70   78
y  6.50 6.48 6.42 6.41 6.38 6.34 6.32 6.34

$\sum x = 678 \quad \sum y = 104.54 \quad \sum x^2 = 36{,}056$
$\sum y^2 = 683.4470 \quad \sum xy = 4376.36$

這些資料是否強烈建議在氣溫與 pH 值之間存在一個負的線性關係？使用 .01 的顯著水準陳述並檢定相關的假設。

**13.26** 在人類學研究上，化石的一個重要特徵為顱容量。但通常頭蓋骨會至少被部分分解，所以有必要使用其他特徵以取得關於容量的資訊。一個這樣的測量被用於解剖枕骨條狀組織的長度。文章「維特斯佐洛（匈牙利首都布達佩斯以西地名）與前智人理論」(*American Journal of Physical Anthropology* [1971]) 報導針對 n = 7 直立人化石的隨附資料。

x（條狀組織長度，mm） 78 75 78 81 84 86 87
y（容量，$cm^3$）     850 775 750 975 915 1015 1030

假設從先前的證據，人類學家相信對於條狀組織長度每 1 mm 的增加，腦容量可被期望增加 20 $cm^3$。這些新的實驗資料是否與先前的認知產生強烈的矛盾？

## 13.3　檢核模型的適足性

簡單線性廻歸模型的等式為

$$y = \alpha + \beta x + e$$

其中 $e$ 表示從母體迴歸線 $\alpha + \beta x$ 之一個觀測 $y$ 值的隨機離差。在 13.2 節提到的推論方法需要關於 $e$ 的某些假設。這些假設包括：

1. 在任一特殊的 $x$ 值，$e$ 的分配為一常態分配。
2. 在任一特殊的 $x$ 值，$e$ 的標準差為 $\sigma$，對於所有的 $x$ 值它皆相同（也就是 $\sigma$ 並不取決於 $x$）。

當模式假設稍微被違反（例如，隨機離差分配的輕微非常態），基於簡單線性迴歸模型的推論，其仍然是可信的。然而，面對被嚴重違反的假設使用一估計的模型會產生誤導的結論。在本節，我們考慮辨識此種嚴重違反並建議一個滿意的模型如何能被取得的方法。

### 殘差分析

如果得自母體的離差 $e_1, e_2, \cdots, e_n$ 可以被取得，它們可以被用來檢視與模型假設的任何不一致性。例如，一個常態機率圖會建議常態性是否為合理。但是，因為

$$e_1 = y_1 - (\alpha + \beta x_1)$$
$$\vdots$$
$$e_n = y_n - (\alpha + \beta x_n)$$

只有當母體線的等式為已知時，這些離差才能被計算。實務上，這是絕不可能的情形。取而代之的，診斷檢核必須要基於以下殘差

$$y_1 - \hat{y}_1 = y_1 - (a + bx_1)$$
$$\vdots$$
$$y_n - \hat{y}_n = y_n - (a + bx_n)$$

它們是距估計線的離差。

當所有的假設成立，在任一特殊 $x$ 值的平均殘差值為 0。提供一個大的正值或負值殘差之任一觀測值，對於任何異常的情況皆必須被小心檢視，諸如記錄錯誤或例外的實驗條件。辨識具有異常大的殘差數值可以較容易地以檢查**標準化殘差 (standardized residuals)** 來進行。

回顧一個數量藉由減去其平均數（在此為 0）並除以其估計的標準差來被標準化。所以，要取得標準化殘差，我們計算

$$標準化殘差 = \frac{殘差}{殘差的估計標準差}$$

一個標準化殘差的數值告訴我們對應的殘差距離它的期望值 0 有多少個標準差。

由於在不同 $x$ 值的殘差上具有不同的標準差*（取決於該觀測值的 $x$ 值），計算標準化殘差會是件冗長乏味的工作。但很幸運地，許多電腦迴歸程式會提供標準化殘差作為輸出結果的一部分。

在第 7 章，常態機率圖被介紹作為決定在一組隨機樣本中的 $n$ 個觀測值是否可能來自一常態母體分配的工具。要評估 $e_1, e_2, \cdots, e_n$ 全部來自同一常態分配的假設是否為合理，我們構建標準化殘差的一個常態機率圖。這在下列例子中會仔細說明。

## 例 13.6　政治臉孔

例 13.3 介紹了 12 個國會選舉的一組樣本中

$x =$ 基於臉部表情判斷候選人 A 為兩位候選人中較能勝任的比例

與

$y =$ 票數差異（候選人 A － 候選人 B）被表示為總投票數的比例

的資料。（見例 13.3 對於該研究較詳細的敘述。）

在圖 13.13 的散布圖與簡單線性迴歸模型的假設一致。

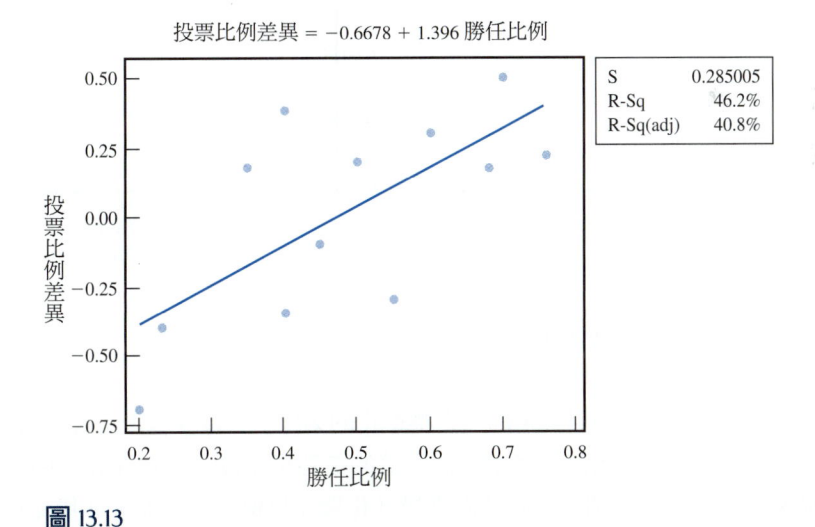

投票比例差異 = －0.6678 + 1.396 勝任比例

S　　　　0.285005
R-Sq　　　46.2%
R-Sq(adj)　40.8%

**圖 13.13**

例 13.6 之資料的 Minitab 輸出結果

殘差，其標準差，以及標準化殘差（使用 Minitab 計算）被提供於表 13.1。對於最大數值的殘差，0.49，標準化殘差為 1.81。也就是，此殘差為大約高於其 0 的期望值 1.8 個標準

---

\* 第 $i$ 個殘差的估計標準差，$y_i - \hat{y}_i$，為 $s_e \sqrt{1 - \dfrac{1}{n} - \dfrac{(x_i - \bar{x})^2}{S_{xx}}}$。

表 13.1　例 13.6 的資料、殘差與標準化殘差

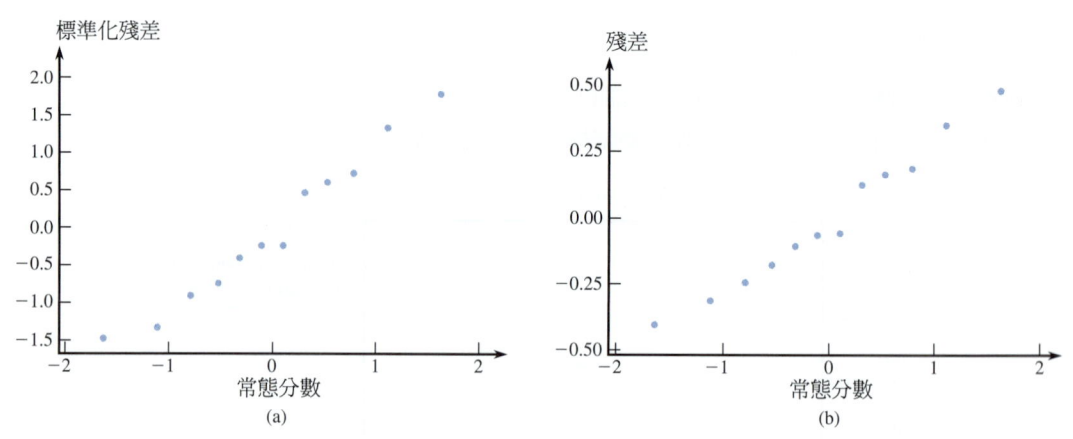

| 觀測值 | 勝任比例 $x$ | 投票比例差異 $y$ | $\hat{y}$ | 殘差 | 殘差的估計標準差 | 標準化殘差 |
| --- | --- | --- | --- | --- | --- | --- |
| 1 | 0.20 | −0.70 | −0.39 | −0.31 | 0.24 | −1.32 |
| 2 | 0.23 | −0.40 | −0.35 | −0.05 | 0.24 | −0.22 |
| 3 | 0.40 | −0.35 | −0.11 | −0.24 | 0.27 | −0.89 |
| 4 | 0.35 | 0.18 | −0.18 | 0.36 | 0.27 | 1.35 |
| 5 | 0.40 | 0.38 | −0.11 | 0.49 | 0.27 | 1.81 |
| 6 | 0.45 | −0.10 | −0.04 | −0.06 | 0.27 | −0.22 |
| 7 | 0.50 | 0.20 | 0.03 | 0.17 | 0.27 | 0.62 |
| 8 | 0.55 | −0.30 | 0.10 | −0.40 | 0.27 | −1.48 |
| 9 | 0.60 | 0.30 | 0.17 | 0.13 | 0.27 | 0.49 |
| 10 | 0.68 | 0.18 | 0.28 | −0.10 | 0.26 | −0.39 |
| 11 | 0.70 | 0.50 | 0.31 | 0.19 | 0.25 | 0.75 |
| 12 | 0.76 | 0.22 | 0.39 | −0.17 | 0.24 | −0.72 |

#### 圖 13.14
例 13.6 的常態機率圖（得自 Minitab）：(a) 標準化殘差；(b) 殘差

差，在如此大小的樣本中這不是異常的。在標準化的刻度上，這些殘差沒有一個異常大。

圖 13.14 顯示了標準化殘差與其中一個殘差的常態機率圖。注意在此例中兩個圖幾乎一致；兩個圖相似是常見的情形。雖然處理標準化殘差是優先的，如果你無從接觸將產生標準化殘差的一個電腦套裝軟體或是計算機，非標準化殘差的一個圖將是足夠的。在圖 13.14 中的兩個常態機率圖皆為近似線性。這些圖讓我們不會質疑常態性的假設。

## 圖繪殘差

數對（$x$, 殘差）的一個圖被稱為**殘差圖 (residual plot)**，以及數對（$x$, 標準化殘差）的一個圖被稱為**標準化殘差圖 (standardized residual plot)**。殘差與標準化殘差圖典型地展現相同的一般形狀。如果你正使用計算標準化殘差的一個電腦套裝軟體或是繪圖計算機，我們建議使用標準化殘差圖。如果不是，使用作為替代的殘差圖是可被接受的。

一個標準化殘差圖或是一個殘差圖對於辨識不尋常或高度影響力的觀測值以及在檢視模型假設的違反經常是有用的。一個想要的圖是顯示沒有特殊型態（諸如彎曲或是在圖中的一部分較另一部分有大得多的散布）或沒有任何點是與所有其他值遠離的一個。落在遠高於或遠低於高度為 0 之水平線的一個點對應至一較大的標準化殘差，它能夠指出某種不尋常的行為，諸如記錄錯誤、一個非標準化的實驗條件，或是一個非典型的實驗對象。在資料集中具有大大不同於其他 $x$ 值的一個點可能在決定配適線時發揮極度的影響。

一個標準化殘差圖，正如在圖 13.15(a) 中所繪出的一個是被想要的，因為沒有一個點落在介於 $-2$ 與 2 之水平帶以外的遠處（所以沒有對應至一個離群觀測值的不尋常大的殘差）；沒有一個點遠遠的在其他值的左方或右方（它可指出可能大大地影響配適的一個觀測值），以及沒有型態指出該模型應該多少被修正。當圖具有圖 13.15(b) 的樣子，配適的模式應該被改變以組成彎曲（一個非線性模式）。

在圖 13.15(c) 中由左到右漸增的散布建議 $y$ 的變異數在每一個 $x$ 值並不相同，而是依 $x$ 在增加。一個直線模型可能仍然為適當的，但是最佳配適線必須以使用加權最小平方而非一般最小平方法被取得。這涉及給與在區域內顯示較低變異性的觀測值較多的權重，與在區域內顯示較高變異性的觀測值較少的權重。在使用加權最小平方法時，一本專業的迴歸分析教科書或是統計學家必須被參考諮詢以取得更多資訊。

圖 13.15(d) 與 13.15(e) 的標準化殘差圖分別顯示一個離群值（具有大的標準化殘差的一個點）與一個具有潛在影響的觀測值。考慮從資料集刪除對應至如此一個點的觀測值並重新配適相同模型。在估計值與各種其他數量的巨大改變警告資料中的不穩定性。研究者肯定地必須進行更謹慎的分析且在取得任何肯定結論前或許收集更多資料。

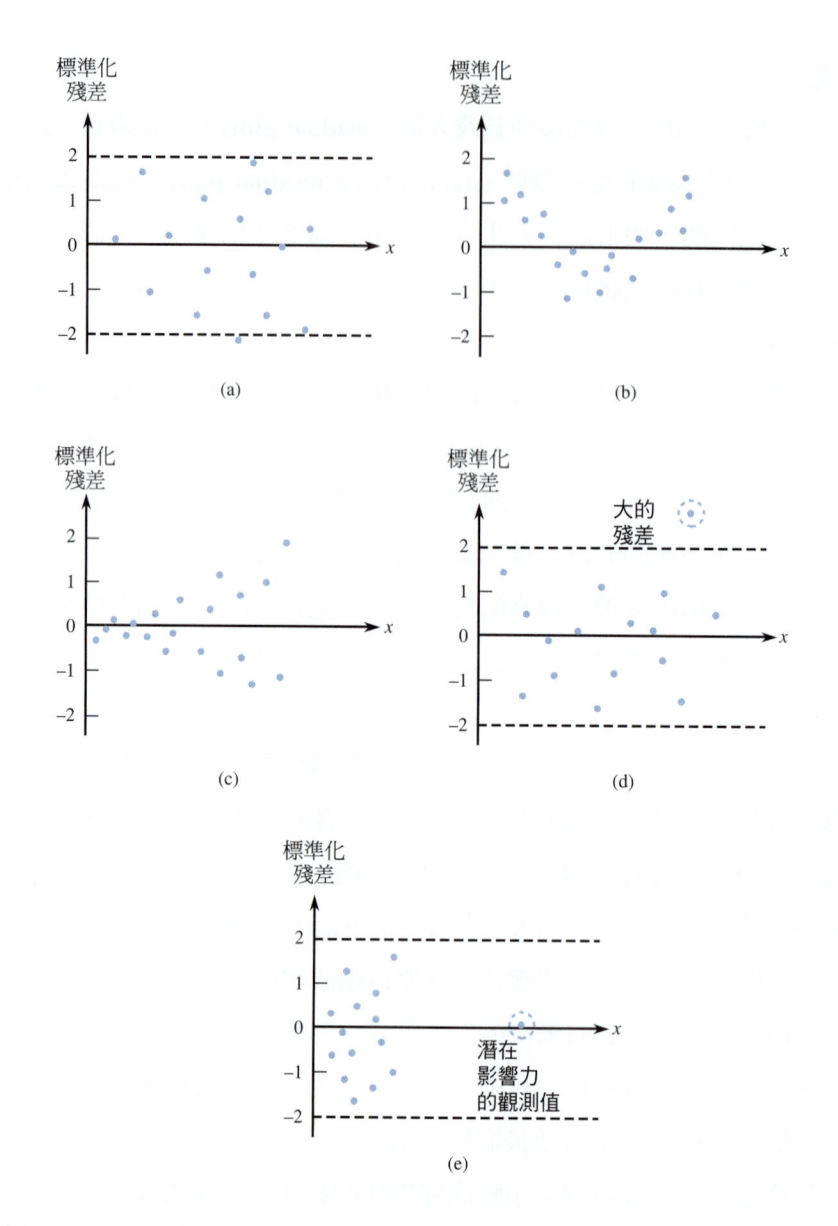

**圖 13.15**

殘差圖的例子：(a) 令人滿意的圖；(b) 建議曲線廻歸模型是被需要的圖；(c) 指出非固定變異數的圖；(d) 顯示一個大的殘差圖；(e) 顯示一個有潛在影響力觀測值的圖

## 例 13.7　重回政治臉孔

圖 13.16 呈現一個標準化的殘差圖與一個例 13.6 基於臉部表情認知的勝任與選舉結果之資料的殘差圖。第一個觀測值為在 $x_1 = 0.20$，以及對應的標準化殘差為 $-1.32$，所以在標準化殘差圖中被繪出的第一個點為 $(0.20, -1.32)$。其他各點相似地被取得與繪出。標準化殘差圖顯示沒有可能需要模型修正或進一步分析的不尋常行為。注意在殘差圖中的一般型態相似於在標準化殘差圖中的型態。

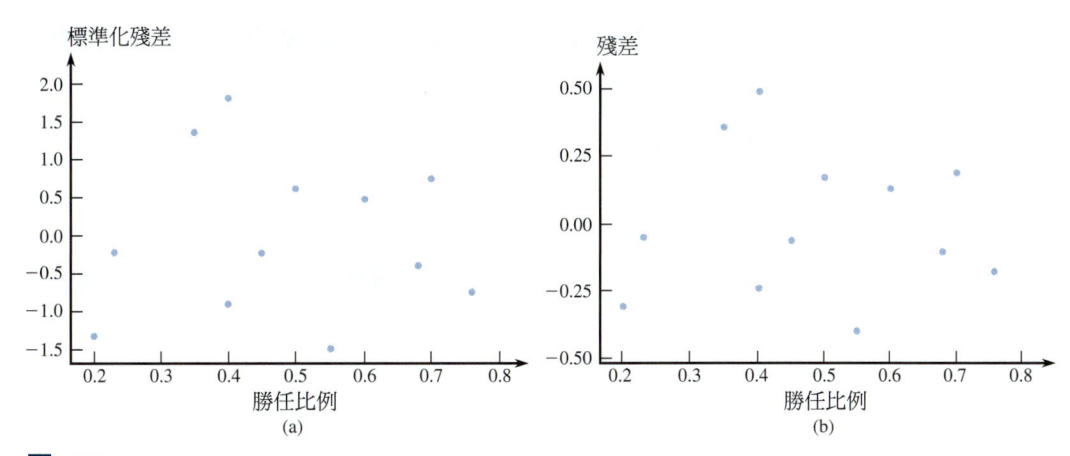

**圖 13.16**

例 13.6 資料的圖（得自 Minitab）：(a) 標準化殘差圖；(b) 殘差圖

## 例 13.8　覆雪與溫度

文章「**在北美與歐亞大陸之覆雪與溫度的關係**」(*Journal of Climate and Applied Meteorology* [1983]: 460–469) 探索 10 至 11 月大陸的覆雪（$x$, 百萬平方公里）與 12 至 2 月溫度 ($y$, °C) 之間的關係。下列為歐亞大陸 $n = 13$ 個時間期間 (1969–1970, 1970–1971, ⋯, 1981–1982) 之資料：

| $x$ | $y$ | 標準化殘差 | $x$ | $y$ | 標準化殘差 |
|---|---|---|---|---|---|
| 13.00 | −13.5 | −0.11 | 22.40 | −18.9 | −1.54 |
| 12.75 | −15.7 | −2.19 | 16.20 | −14.8 | 0.04 |
| 16.70 | −15.5 | −0.36 | 16.70 | −13.6 | 1.25 |
| 18.85 | −14.7 | 1.23 | 13.65 | −14.0 | −0.28 |
| 16.60 | −16.1 | −0.91 | 13.90 | −12.0 | −1.54 |
| 15.35 | −14.6 | −0.12 | 14.75 | −13.5 | 0.58 |
| 13.90 | −13.4 | 0.34 | | | |

由作者所完成的一個簡單線性廻歸分析產生了 $r^2 = .52$ 與 $r = .72$，提示一個顯著的線性關係。這被模式效能檢定所確認。散布圖與標準化殘差圖被顯示於圖 13.17。並沒有不尋常的型態，雖然一個標準化殘差，−2.19，稍微落在大數值端。最讓人感興趣的特性是觀測值 (22.40, −18.9)，對應至在其他這些點以右很遠的一個點。此觀測值或許對於配適的所有方面都具有重要的影響。當所有的 13 個觀測值都被包括，估計的斜率為 $b = −0.459$，以及

$s_b = 0.133$。當具有潛在影響力的觀測值被刪除，基於剩下的 12 個觀測值之 $\beta$ 的估計值為 $b = -0.228$。則

$$\begin{aligned}\text{斜率的變動} &= \text{原始的 } b - \text{新的 } b \\ &= -.459 - (-.288) \\ &= -.231\end{aligned}$$

該變動表示於標準差為 $-.231/.133 = -1.74$。因為 $b$ 已經變動超過 1.5 個標準差，考量中的觀測值顯示有巨大的影響力。

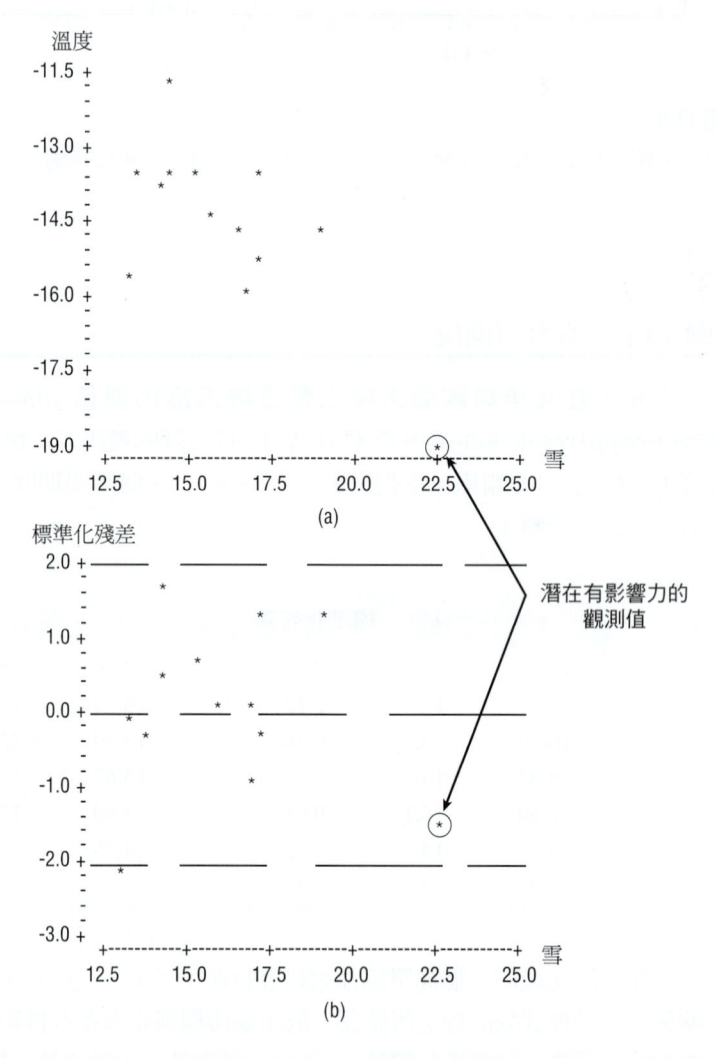

**圖 13.17**
例 13.8 資料的圖（來自 Minitab）：(a) 散布圖；(b) 標準化殘差圖

此外，只基於 12 個觀測值的 $r^2$ 只有 .13，且檢定 $\beta = 0$ 的 $t$ 比率並不顯著。按照此分析，線性關係的證據較不具決定性。

## 例 13.9　重回跑步機時間與滑雪時間

例 13.4 呈現 $x =$ 跑步機時間與 $y =$ 滑雪時間的資料。對這些資料配適一個簡單線性廻歸模型，以及 $\beta_1$ 與跑步機時間 1 分鐘增加有關的平均滑雪時間變動，的一個信賴區間被構建。該信賴區間的效度取決於在任一固定的 $x$ 值下來自母體廻歸線的殘差分配為近似常態，以及此分配的變異數不取決於 $x$ 的假設。構建標準化殘差的一個常態機率圖與一個標準化殘差圖將提供這些假設是否事實上為合理的深入理解。

Minitab 被用於配適簡單線性廻歸模型與計算標準化殘差，得出顯示於表 13.2 的數值。

表 13.2　例 13.9 的資料、殘差與標準化殘差

| 觀測值 | 跑步機 | 滑雪時間 | 殘差 | 標準化殘差 |
|---|---|---|---|---|
| 1 | 7.7 | 71.0 | 0.172 | 0.10 |
| 2 | 8.4 | 71.4 | 2.206 | 1.13 |
| 3 | 8.7 | 65.0 | 3.494 | 1.74 |
| 4 | 9.0 | 68.7 | 0.906 | 0.44 |
| 5 | 9.6 | 64.4 | 1.994 | 0.96 |
| 6 | 9.6 | 69.4 | 3.006 | 1.44 |
| 7 | 10.0 | 63.0 | 2.461 | 1.18 |
| 8 | 10.2 | 64.6 | 0.394 | 0.19 |
| 9 | 10.4 | 66.9 | 2.373 | 1.16 |
| 10 | 11.0 | 62.6 | 0.527 | 0.27 |
| 11 | 11.7 | 61.7 | 0.206 | 0.12 |

圖 13.18 顯示標準化殘差的常態機率圖與標準化殘差圖。常態機率圖相當直，且標準化殘差圖並未顯示任何型態或是增加之散布的證據。這些觀測值支持在例 13.4 中信賴區間的使用。

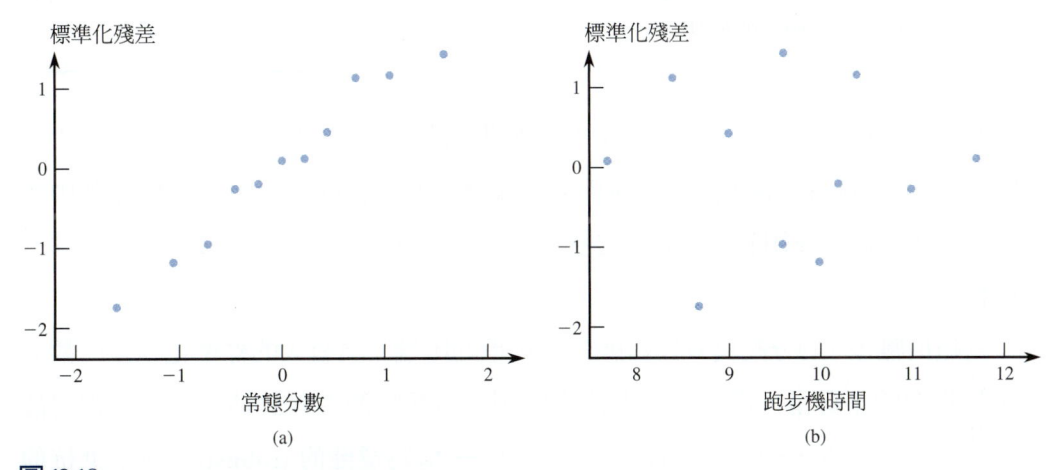

圖 13.18
例 13.9 的圖：(a) 標準化殘差的常態機率圖；(b) 標準化殘差圖

### 例 13.10　進一步探討大學畢業率

使用在例 13.5 中的模型效能檢定，導致結論說對於公立大學的大學部存在介於 $y$ = 畢業率與 $x$ = SAT 中位數分數之間的一個有用線性關係。此檢定的效度需要隨機誤差的分配為常態以及誤差分配的變異性不因 $x$ 而改變（的假設）。讓我們構建標準化殘差的一個常態機率圖與一個標準化殘差圖以檢視這些假設是否為合理。表 13.3 提供需要用來構建在圖 13.19（見下一頁）中所示的圖的殘差與標準化殘差。

表 13.3　例 13.10 的資料、殘差與標準化殘差

| 觀測值 | 中位數 SAT | 開銷 | 殘差 | 標準化殘差 |
|---|---|---|---|---|
| 1 | 1065 | 49 | −0.404 | −0.071 |
| 2 | 950 | 33 | −1.209 | −0.216 |
| 3 | 1045 | 37 | −9.762 | −1.668 |
| 4 | 990 | 49 | 9.506 | 1.613 |
| 5 | 950 | 22 | −12.209 | −2.181 |
| 6 | 970 | 38 | 1.148 | 0.199 |
| 7 | 980 | 39 | 0.827 | 0.141 |
| 8 | 1080 | 52 | 0.614 | 0.111 |
| 9 | 1035 | 53 | 7.560 | 1.282 |
| 10 | 1010 | 41 | −1.137 | −0.192 |
| 11 | 1010 | 38 | −4.137 | −0.697 |
| 12 | 930 | 37 | 5.433 | 1.019 |
| 13 | 1005 | 45 | 3.524 | 0.594 |
| 14 | 1090 | 57 | 4.293 | 0.792 |
| 15 | 1085 | 48 | −4.047 | −0.737 |

常態機率圖相當直，且標準化殘差圖並不顯示任何型態或增加散布的證據。此支持在例 13.5 中的模型效能檢定的使用。

---

有時候，你將會檢視以 $\hat{y}$ 畫在水平軸而非 $x$ 的殘差圖或是標準化殘差圖。因為 $\hat{y}$ 正好是 $x$ 的一個線性函數，使用 $\hat{y}$ 而非 $x$ 改變了水平軸的刻度但不改變在圖中各點的型態。因此，使用 $\hat{y}$ 在水平軸的殘差圖可以被以如同使用 $x$ 的殘差圖之相同方式解釋。

當隨機離差 $e$ 的分配具有比常態分配較重的尾端，具有大的標準化殘差的觀測值不是那麼的不尋常。當最小平方法被使用，這類觀測值對於估計的廻歸線可能有大的影響。最近，統計學家提出許多方法——稱為**穩健的 (robust)**，或是**抵抗的 (resistant)** 方法——以配適一條直線。這類方法比起最小平方法給予極端觀測值較少

權重而不從資料集刪除極端值。最常被使用的穩健程序需要大量的計算，因而好的電腦程式是有需要的。

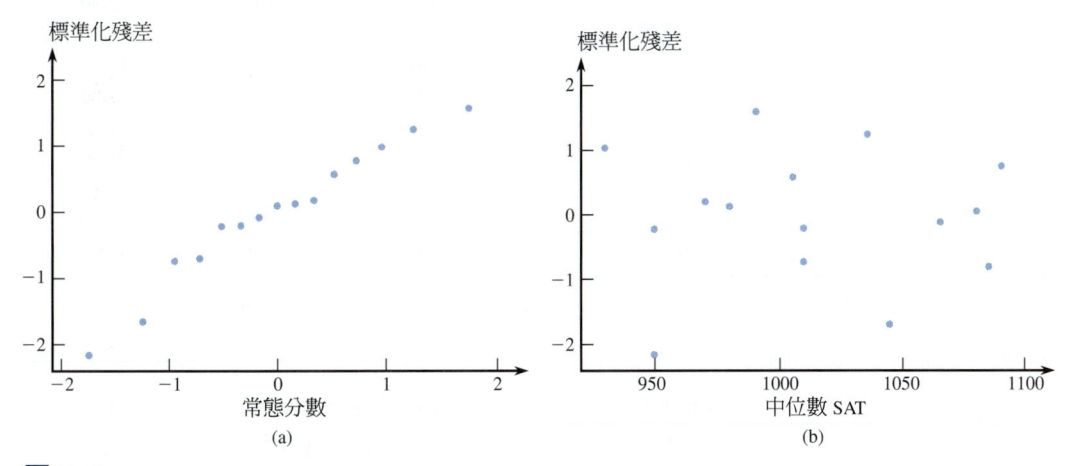

**圖 13.19**
例 13.10 的圖：(a) 標準化殘差的常態機率圖；(b) 標準化殘差圖

## 習題 13.27 – 13.32

**13.27** 習題 13.21 提供當神經被由一前臂之輕微擦過敲擊所刺激之 $x = $ 神經發射頻率與 $y = $ 愉快讀數的資料。得自一簡單線性廻歸的 $x$ 值與對應的殘差如下：

| 發射頻率，$x$ | 標準化殘差 |
|---|---|
| 23 | −1.83 |
| 24 | 0.04 |
| 22 | 1.45 |
| 25 | 0.20 |
| 27 | −1.07 |
| 28 | 1.19 |
| 34 | −0.24 |
| 33 | −0.13 |
| 36 | −0.81 |
| 34 | 1.17 |

a. 構建一標準化殘差圖。該圖是否展現任何不尋常的特性？
b. 接著是標準化殘差的常態機率圖。基於此圖，你是否認為假設誤差分配為近似常態是合理的？解釋之。

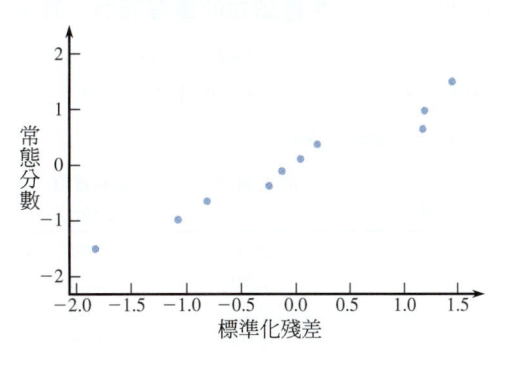

**13.28** 海鯛 (sea bream) 是常被養殖於大型魚類養殖場的一種魚。這些魚通常被餵食主要由魚飼料組成的食物。文章「**餵食向日葵飲食之金頭海鯛的成長與經濟利潤**」(*Aquaculture* [2007]: 528-534) 的作者敘述調查在海鯛飲食中的某些魚飼料以向日葵飲食的方式取代植物蛋白，是否有較高利

潤的一項研究。$x=$ 飲食中向日葵餐的百分比與 $y=248$ 天後魚的平均重量之隨附資料與在文章中的摘要數量一致。

| 向日葵餐 (%) | 魚平均重量 |
|---|---|
| 0 | 432 |
| 6 | 450 |
| 12 | 455 |
| 18 | 445 |
| 24 | 427 |
| 30 | 422 |
| 36 | 421 |

這些資料的估計廻歸線為 $\hat{y}=448.536-0.696x$，且標準化殘差如同以下給定數值。

| 向日葵餐(%)，x | 標準化殘差 |
|---|---|
| 0 | −1.96 |
| 6 | 0.58 |
| 12 | 1.42 |
| 18 | 0.84 |
| 24 | −0.46 |
| 30 | −0.58 |
| 36 | −0.29 |

構建一個標準化殘差圖。該圖建議關於簡單線性廻歸模型之適切性為何？

**13.29** 文章「音量認知的重要面向：耳朵能否欺騙胃？」(*Journal of Marketing Research* [1999]: 313-326) 提供 27 種代表性食物產品的面向之隨附資料。

| 產品 | 最大寬度（公分） | 最小寬度（公分） |
|---|---|---|
| 1 | 2.50 | 1.80 |
| 2 | 2.90 | 2.70 |
| 3 | 2.15 | 2.00 |
| 4 | 2.90 | 2.60 |
| 5 | 3.20 | 3.15 |
| 6 | 2.00 | 1.80 |
| 7 | 1.60 | 1.50 |
| 8 | 4.80 | 3.80 |
| 9 | 5.90 | 5.00 |
| 10 | 5.80 | 4.75 |
| 11 | 2.90 | 2.80 |
| 12 | 2.45 | 2.10 |
| 13 | 2.60 | 2.20 |
| 14 | 2.60 | 2.60 |
| 15 | 2.70 | 2.60 |
| 16 | 3.10 | 2.90 |
| 17 | 5.10 | 5.10 |
| 18 | 10.20 | 10.20 |
| 19 | 3.50 | 3.50 |
| 20 | 2.70 | 1.20 |
| 21 | 3.00 | 1.70 |
| 22 | 2.70 | 1.75 |
| 23 | 2.50 | 1.70 |
| 24 | 2.40 | 1.20 |
| 25 | 4.40 | 1.20 |
| 26 | 7.50 | 7.50 |
| 27 | 4.25 | 4.25 |

a. 配適簡單線性廻歸模型使得能夠基於食物容器之最小寬度預測其最大寬度。
b. 計算標準化殘差（或只是殘差，如果你無法使用提供標準化殘差的電腦程式）並製作一個殘差圖以決定是否存在任何離群值。
c. 具有最大殘差的資料點為一公升的可口可樂瓶。刪除此資料點並重新配適廻歸線。此點的刪除是否導致估計廻歸線之等式的大改變？
d. 針對 (c) 部分的廻歸線，解釋估計的斜率與，如果適當的話，截距。
e. 對於將可口可樂瓶刪除的資料集，你是否認為簡單線性廻歸模型的假設為合理？為你的答案提供統計證據。

**13.30** 文章「檉柳之年齡、間隔與成長率作為在 Sebkhet Kelbia，突尼西亞之湖泊邊緣變動的指標」(*Journal of Arid Environments* [1982]: 43-51) 的作者使用一個簡單線性廻歸模型來敘述介於 $y=$ 茁壯（最後兩個年度年輪的平均寬度，公分）與 $x=$ 莖密度（莖/平方公尺）之間的關係。估計的模式為基於下列資料。同時提供的是標準化殘差。

| $x$ | 4 | 5 | 6 | 9 | 14 |
|---|---|---|---|---|---|
| $y$ | 0.75 | 1.20 | 0.55 | 0.60 | 0.65 |
| 標準化殘差 | −0.28 | 1.92 | −0.90 | −0.28 | 0.54 |

| $x$ | 15 | 15 | 19 | 21 | 22 |
|---|---|---|---|---|---|
| $y$ | 0.55 | 0.00 | 0.35 | 0.45 | 0.40 |
| 標準化殘差 | 0.24 | −2.05 | −0.12 | 0.60 | 0.52 |

a. 對於簡單線性廻歸模型為適當所需要的假設為何？
b. 構建標準化殘差的常態機率圖。隨機離差分配為常態的假設是否顯示為合理？解釋之。
c. 構建一標準化殘差圖。是否存在任何特別大的殘差？
d. 是否有任何關於標準化殘差圖的訊息會讓你質疑簡單線性廻歸模型的使用來敘述介於 $x$ 與 $y$ 之間的關係？

13.31 碳的煙霧質被認定為是許多空氣品質問題的一個主因。在柴油引擎排放的一項化學分析中，$x =$ 大氣 ($\mu g/cm^2$) 與 $y =$ 碳元素 ($\mu g/cm^2$) 被記錄（「溶劑抽取與熱光學碳分析法的比較：應用在柴油汽車排放煙霧質」，*Environmental Science Technology* [1984]: 231-234）。針對此資料集估計的廻歸線為 $\hat{y} = 31 + .737x$。附表提供觀測的 $x$ 與 $y$ 值以及對應的標準化殘差。

| $x$ | 164.2 | 156.9 | 109.8 | 111.4 | 87.0 |
|---|---|---|---|---|---|
| $y$ | 181 | 156 | 115 | 132 | 96 |
| 標準化殘差 | 2.52 | 0.82 | 0.27 | 1.64 | 0.08 |

| $x$ | 161.8 | 230.9 | 106.5 | 97.6 | 79.7 |
|---|---|---|---|---|---|
| $y$ | 170 | 193 | 110 | 94 | 77 |
| 標準化殘差 | 1.72 | −0.73 | 0.05 | −0.77 | −1.11 |

| $x$ | 118.7 | 248.8 | 102.4 | 64.2 | 89.4 |
|---|---|---|---|---|---|
| $y$ | 106 | 204 | 98 | 76 | 89 |
| 標準化殘差 | −1.07 | −0.95 | −0.73 | −0.20 | −0.68 |

| $x$ | 108.1 | 89.4 | 76.4 | 131.7 | 100.8 |
|---|---|---|---|---|---|
| $y$ | 102 | 91 | 97 | 128 | 88 |
| 標準化殘差 | −0.75 | −0.51 | 0.85 | 0.00 | −1.49 |

| $x$ | 78.9 | 387.8 | 135.0 | 82.9 | 117.9 |
|---|---|---|---|---|---|
| $y$ | 86 | 310 | 141 | 90 | 130 |
| 標準化殘差 | −0.27 | −0.89 | 0.91 | −0.18 | 1.05 |

a. 構建一標準化殘差圖。是否存在任何特別大的殘差？你是否認為有任何具影響力的觀測值？
b. 在標準化殘差圖中是否存在任何型態足以指出簡單線性廻歸模型為不適當？
c. 基於你在 (a) 部分的圖，你是否認為假設 $y$ 的變異數在每一個 $x$ 值都一樣為合理？解釋之。

13.32 關於 $x =$ 交通流量（每 24 小時千部汽車）與 $y =$ 接近高速公路之樹皮上的鉛含量（mg/g 乾重）之間關係的一項研究產生隨附資料。一個簡單線性廻歸模型被配適，且得出之估計的廻歸線為 $\hat{y} = 28.7 + 33.3x$。殘差與標準化殘差也同時被提供。

| $x$ | 8.3 | 8.3 | 12.1 | 12.1 | 17.0 |
|---|---|---|---|---|---|
| $y$ | 227 | 312 | 362 | 521 | 640 |
| 殘差 | −78.1 | 6.9 | −69.6 | 89.4 | 45.3 |
| 標準化殘差 | −0.99 | 0.09 | −0.81 | 1.04 | 0.51 |

| $x$ | 17.0 | 17.0 | 24.3 | 24.3 | 24.3 |
|---|---|---|---|---|---|
| $y$ | 539 | 728 | 945 | 738 | 759 |
| 殘差 | −55.7 | 133.3 | 107.2 | −99.8 | −78.8 |
| 標準化殘差 | −0.63 | 1.51 | 1.35 | −1.25 | −0.99 |

a. 繪圖數對（$x$, 殘差）。得出的圖是否建議一個簡單線性廻歸模型是適當的選擇？解釋你的推理。
b. 構建標準化殘差圖。此圖是否顯著不同於得自在 (a) 部分的圖之一般外觀？

## 13.4 解釋與表達統計分析的結果

雖然廻歸分析可以作為摘要雙變項資料的一個工具，它也被廣泛地用來使得研究者能夠進行關於兩個變項如何有關的推論。

### 在出版資料中尋找什麼

以下為當你評估及配適一個簡單線性廻歸模型時要考慮的幾件事：

- 哪一個變項是相關變項？它是否為數量（而非屬性）變項？
- 如果樣本資料被使用來估計在一簡單線性廻歸模型中的係數，是否合理的認為推論所需要的基本假設被滿足？
- 模型是否顯得有用？模型效能檢定的結果是否被報導？與檢定有關的 $P$ 值為何？
- 模型是否以適當的方式被使用？廻歸等式是否被用來預測落在資料範圍以外之自變項數值的 $y$ 值？
- 如果相關係數被報導，是否伴隨著一個顯著性檢定？該檢定的結果是否被適當的解釋？

相關與線性廻歸方法皆被文章「**女性之肥胖、吸菸與端粒長度**」(Lancet [2005]: 662-664) 的作者使用於與老化有關的因素分析。端粒是存在於染色體末端的一個區域，且因為染色體每次複製時，端粒都會磨損，端粒長度被認為依年齡而減短。該文章陳述：

> 端粒長度穩定地以每年 27 bp 的平均速率依年齡而減短，且一個高度顯著的負相關被檢定。被年齡所解釋之端粒長度變異數的比例為 20.6%。平方與三次方項也被加入該模型且對於端粒長度沒有顯著影響（分別為 $p = 0.92$ 與 $p = 0.98$）提示介於（端粒長度）與年齡之間的一個線性關係。

$-0.455$ 的相關係數與 .0001 的 $P$ 值被報導以支持存在顯著負相關的陳述。這也意指了模式效能檢定也會指出介於 $y =$ 端粒長度與 $x =$ 年齡之間一個有用的線性關係。端粒長度對年齡的一個散布圖在文章中被提供，且它與模型效能檢定之效度所需要的基本假設一致。從引用的段落，$r^2 = .206$（端粒長度的變異性有 20.6% 被

年齡解釋）。雖然作者並未報導最小平方廻歸線的等式，我們可以從引用的段落知道該線的斜率為 −27（對於 1 歲的年齡變動，端粒長度的平均變動）。

在另一項研究中，咖啡因的影響在文章「**咖啡因攝取中斷的雙盲（實驗）後的戒斷症後群**」(*New England Journal of Medicine* [1992]: 1109-1113) 中被檢視。作者發現咖啡因的劑量顯著地與不眠症且與在反應時間之檢定的潛在因素有關。他們報導了對於不眠症的 $r = .26$（$P$ 值 $= .042$）以及對於潛在因素的 $r = .31$（$P$ 值 $= .014$）。因為兩個 $P$ 值都是小的，作者們結論母體相關係數不為 0。然而，我們也必須注意，報導的相關係數並不特別大因而不指出一個強烈的線性關係。

## 一點就通：注意與限制

除了在第 5 章（它也應用在此）所敘述的注意事項與限制外，在此為必須切記的幾件額外事項：

1. 如果不存在研究的兩個變項間一個有用線性關係的充分證據，使用廻歸線作為關於母體推論之基礎是無意義的。當你處理的是小樣本，記住這點是特別重要的。如果樣本量是小的，在散布圖中的一個微弱線性型態歸因於機會而非感興趣的母體中之有意義的關係是常見的。
2. 與所有推論程序一樣，唯有當線性廻歸為基於來自某一較大母體的一組隨機樣本時，進行模式效能檢定或構建信賴或預測區間才是有意義的。在被用來構建直線的資料無法合理地被視為一組樣本的情況下，看到一條最小平方線被作為敘述的工具是常見的。在此情況下，此章的推論方法是不適當的。
3. 別忘了檢核假設。如果你已經習慣在進行更多計算之前去檢視假設，有時候在此情境下容易忘記去檢核它們因為最小平方線的等式與接著的殘差必須在一個殘差圖或是標準化殘差的一個常態機率圖可以被構建之前被計算。在使用模型進行有關一個母體的推論之前必須思考線性廻歸模型是否為適當與合理的。

**習題** 13.33

13.33 文章「**身高與地位：身高、能力與勞動市場成就**」(*Journal of Political Economics* [2008]: 499-532) 敘述介於身高與認知能力之關係的一項研究。該文章陳述：「我們首先廻歸個人測驗分數於 11 至 16 歲之間的生長，然後廻歸個人測驗分數於 16 至

33歲之間的生長。我們針對男孩與女孩估計個別的模型。」11歲時的認知能力被以三個不同的測驗——口語語言，非口語語言、與數學加以測量。六個不同的簡單線性迴歸模型被用來敘述介於從 11 至 16 歲的身高長成與三個測驗的每一個之間的關係，以及介於從 16 至 33 歲的身高長成與三個測驗的每一個之間的關係。下表提供男孩之六個迴歸模型的每一個的斜率。

| x | y | 估計迴歸線的斜率 |
|---|---|---|
| 從11至16歲的身高長成 | 口語語言分數 | 2.0 |
| 從11至16歲的身高長成 | 非口語語言分數 | 2.3 |
| 從11至16歲的身高長成 | 數學分數 | 3.0 |
| 從16至33歲的身高長成 | 口語語言分數 | −3.1 |
| 從16至33歲的身高長成 | 非口語語言分數 | −3.8 |
| 從16至33歲的身高長成 | 數學分數 | −3.8 |

a. 在此研究中，身高長成（$x$ 變數）以吋測量而測驗分數則以正確百分比來報導。該文章陳述從 11 至 16 歲長高較多的男孩，平均而言，在 11 歲有較高的認知測驗分數，以額外每 1 吋之身高長成會與 2 至 3 百分比之間的測驗分數增加有關。解釋報導的斜率與此陳述如何一致。

b. 該文章也陳述具有較遲成長併發（16 歲以後）的男孩，在 11 歲具有較低的測驗分數，以額外每 1 吋之身高長成會與 3.1 至 3.8 百分比之間的測驗分數減少有關。解釋報導的斜率與此陳述如何一致。

c. 該文章的作者結論成長較早（11 至 16 歲）男孩比起成長較遲（16 至 33 歲）男孩在 11 歲時有較高的認知分數。思考在 11 歲時相同身高且皆有 5 吋的總身高長成的兩個男孩。如果一位男孩的 5 吋身高長成在 16 歲以前而另一位男孩的 5 吋身高長成在 16 歲以後，你會估計他們 11 歲時的數學分數差異為多少？這是否與作者的結論一致？

## 活動 13.1　長身高的婦女是否來自「大」家庭？

在此活動中，你必須與一位夥伴（或在一個小組中）一起進行。

思考下列在一所大型大學中 10 位女性的一組隨機樣本之身高（吋）與兄弟姊妹人數的資料。

| 身高($y$) | 兄弟姊妹人數($x$) | 身高($y$) | 兄弟姊妹人數($x$) |
|---|---|---|---|
| 64.2 | 2 | 65.5 | 1 |
| 65.4 | 0 | 67.2 | 2 |
| 64.6 | 2 | 66.4 | 2 |
| 66.1 | 6 | 63.3 | 0 |
| 65.1 | 3 | 61.7 | 1 |

1. 構建已知資料的散布圖。是否呈現介於 $y$ = 身高與 $x$ = 兄弟姐妹人數之間的一個線性關係？

2. 計算相關係數的數值。此相關係數值是否與你得自步驟 1 的答案一致？解釋之。

3. 這些資料的最小平方線的等式為何？
4. 得自步驟 3 的最小平方廻歸線之斜率是否等於 0？這是否必定意指在此大學女性學生的母體之身高與兄弟姐妹人數間存在一有意義的關係？與你的夥伴討論，然後寫出解釋的一些句子。
5. 對於在該大學所有女性學生的母體而言，你是否認為假設在每一個特殊 $x$ 值的身高分配為近似常態，以及在每一個特殊 $x$ 值的身高分配的標準差為相同是合理的？也就是，你是否認為假設擁有 0 個兄弟姐妹的女性學生身高之分配為近似常態，以及擁有 1 個兄弟姐妹的女性學生身高之分配為具有與擁有 0 個兄弟姐妹之女性學生相同標準差的近似常態，依此類推為合理的？與你的夥伴討論，然後寫出解釋的一些句子。
6. 進行模型效能檢定 ($H_0$: $\beta = 0$)。解釋得自此檢定的結論為何與你在步驟 4 的解釋一致。
7. 你是否建議使用最小平方廻歸線作為在此大學之女性預測身高的一種方式？解釋之。
8. 在與你的夥伴諮詢後，寫出一段文字解釋為何包含模式效能檢定 ($H_0$: $\beta = 0$) 作為廻歸分析的一部分是個好主意。

## 重要觀念與公式之摘要

| 專有名詞或公式 | 註釋 |
| --- | --- |
| 簡單線性廻歸模型 $y = \alpha + \beta x + e$ | 此模型假設具有斜率 $\beta$ 與 $y$ 軸截距 $\alpha$ 的一條直線，稱為母體廻歸線，使得一個觀測值以一個隨機數量 $e$ 偏離該線。隨機離差被假設為具有平均數 0 與標準差 $\sigma$ 的常態分配，且不同觀測值的隨機離差被假設為互相獨立。 |
| 估計的廻歸線 $\hat{y} = a + bx$ | 最小平方線曾在第 5 章被介紹。 |
| $s_e = \sqrt{\dfrac{SSResid}{n-2}}$ | 標準差 $\sigma$ 的點估計值，具相關的自由度 $n - 2$。 |
| $s_b = \dfrac{s_e}{\sqrt{S_{xx}}}$ | 統計量 $b$ 的估計標準差。 |
| $b \pm$（臨界值）$s_b$ | 母體廻歸線的斜率 $\beta$ 之信賴區間，其中 $t$ 臨界值為基於 $n - 2$ 的自由度。 |
| $t = \dfrac{b - 假設值}{s_b}$ | 檢定關於 $\beta$ 之假設的檢定統計量。該檢定為基於 $n - 2$ 的自由度。 |
| 模型效能檢定，檢定統計量 $t = \dfrac{b}{s_b}$ | $H_0$: $\beta = 0$ 的一個檢定，其聲稱 $x$ 與 $y$ 之間不存在有用的線性關係，對 $H_a$: $\beta \neq 0$，存在一有用線性關係的宣稱。 |
| 殘差分析 | 基於使用殘差或標準化殘差檢定廻歸模型之假設的方法。 |

| 專有名詞或公式 | 註釋 |
| --- | --- |
| 標準化殘差 | 被其標準差除的殘差。 |
| 標準化殘差圖 | 數對（$x$, 標準化殘差）的圖。此圖中的一個型態建議簡單線性廻歸模型可能不適當。 |

# 第 14 章

# 多元迴歸分析

© David Zimmerman/Getty Images

　　一般而言，迴歸分析的目的是要找出相關變項 $y$ 與一個或是多個獨立（即，預測或解釋）變項間的關係。目前，第 13 章已經探討過許多的調查研究例子，有關簡單線性迴歸 $y = \alpha + \beta x + e$，利用單一獨立變項 $x$ 來解釋相關變項 $y$。但是，許多情況下，一個獨立變項 $x$ 並不足以解釋 $y$，因此需要考慮數個獨立變項，以降低預測上的不確定性。例如：都會區的房價最直接的影響因素是房子面積大小，但是銀行對於房子本身的鑑價卻需要更多的資訊，包括：屋齡、土地面積大小、臥室及浴室的數量，以及學校的距離。

　　幸運的是，許多簡單線性迴歸的概念僅需要些許的修正或是不需要修正，就可以延伸至多元迴歸分析。多元迴歸計算過程需要適切地符合多元迴歸的需求條件，才能夠進一步推論，有些運算過程是比簡單線性迴歸更加繁瑣，因此需要電腦協助運算。也由於電腦的快速發展，導致了許多新的統計運算方式的開發，並能用於大型數據的分析，且能運用更多的變項。這些技術包括：提供多種模式的選擇，影響因素的判斷，以及變項性質跟圖表之間的診斷運用，以方便可以找出不適當的變項或者是辨別是否違反多元迴歸模型假設。

## 14.1 多元迴歸模型

相關變項或反應變項與兩個或更多個獨立或預測變項之間的關係是確定的，如果 $y$ 值是完全確定的，沒有不確定性存在，一旦獨立變項的值已被指定。舉例來說，一位沒有教學經驗和大學以上學歷的老師平均是 38,000 美元年薪。假設老師的教學經驗長達 20 年，一位老師每年收入增加 800 美元，老師的進修課程累積達到 75 個學分，將會每年產生額外的 60 美元。考慮以下三個變項：

$y$ = 擁有至多 20 年的教學經驗，且進修課程學分至多 75 學分的老師。
$x_1$ = 老師教學年資
$x_2$ = 進修課程學分數

之前，$x_1$ 與 $x_2$ 表示在單一變項 $x$ 的前兩個觀測值。然而，對於多元迴歸的常用變項符號上，$x_1$ 與 $x_2$ 表示兩個不同的變項。對於這些變項，$y$ 值完全依 $x_1$ 與 $x_2$ 的數值經由方程式

$$y = 38{,}000 + 800x_1 + 60x_2$$

決定。若 $x_1 = 10$，$x_2 = 30$

則 $y = 38{,}000 + 800(10) + 60(30)$
$= 38{,}000 + 8000 + 1800$
$= 47{,}800$

如果兩個不同的教師都具有相同的 $x_1$ 值和 $x_2$ 值，它們也將具有相同的 $y$ 值。只有少部分的 $y$ 值是由預測變項 $x_1, \ldots, x_k$ 來決定；大部分情況下，一個機率模型是更實際的。一個機率模式是將一個隨機離差 $e$ 加上 $x_1, \ldots, x_k$ 的一個確定函數來形成。

### 定義

**一般的加法多元迴歸分析模型** (general additive multiple regression model)，其中將相關變項 $y$ 關聯到 $k$ 個預測變項 $x_1, x_2, \ldots, x_k$，並以模式等式呈現

$$y = \alpha + \beta_1 x_1 + \beta_2 x_2 + \cdots + \beta_k x_k + e$$

假設隨機離差 $e$ 為常態分布，平均數為 0，標準差 $\sigma$ 對 $x_1, \ldots, x_k$ 的任意值。這意味著對固定的 $x_1, x_2, \ldots, x_k$ 值，$y$ 有一個常態分配具備標準差 $\sigma$ 和

平均數 $= \alpha + \beta_1 x_1 + \beta_2 x_2 + \cdots + \beta_k x_k$

其中 $\beta_i$ 被稱為**母體迴歸係數** (population regression coefficients)。每個 $\beta_i$ 可解釋為在 $y$

中的平均變動，是由預測變項 $x_1$ 增加 1 個單位所引起，而其他所有預測變項的值保持不變時。

$\alpha + \beta_1 x_1 + \beta_2 x_2 + \cdots + \beta_k x_k$ 稱為**母體迴歸函數** (population regression function)。

例如在簡單線性迴歸中，如果 $\sigma$（隨機誤差分配的標準差）相當接近於 0 時，則任何觀察的 $y$ 將會非常接近其平均數。當 $\sigma$ 較大時，觀察的 $y$ 會顯著偏離其平均數。

### 例 14.1　大二學業成功

對於大二學生而言，有哪些因素有助於學業的成功？有 1000 名大二學生接受調查形成研究樣本，資料顯示，針對教職員工與學生的互動，及對學生主修學科的承諾 ("An Exploration of the Factors that Affect the Academic Success of College Sophomores." *College Student Journal* [2005] 367-376) 考慮變項

$y$ = 大二結束時的平均成績
$x_1$ = 教職員工與學生的互動程度（量尺為 1～5）
$x_2$ = 學生對主修學科的努力程度（量尺為 1～5）

一個可能的母體模型為

$y = 1.4 + .33x_1 + .16x_2 + e$

具有

$\sigma = 0.15$

母體迴歸函數為

（對固定的 $x_1$、$x_2$ 之平均 $y$ 值）= $1.4 + .33x_1 + .16x_2$

對於大二學生與教職員工的互動程度為 4.2，且學生對主修學科的努力程度為 2.1

平均成績 = $1.4 + .33(4.2) + .16(2.1) = 3.12$

具 $2\sigma = 2(.15) = .30$，有可能實際的 $y$ 值平均，將落在 .30（即 2.82 至 3.42 之間，當 $x_1 = 4.2$，$x_2 = 2.1$）。

## 特殊情況：多項式迴歸

在考慮一個獨立變項 $x$ 的情況下並假設以 $n$ 個樣本 $(x, y)$ 畫出散布圖，如圖 14.1。簡單線性迴歸模型顯然是不合適的。它看起來像是拋物線（二次函數）可以方程 $y = \alpha + \beta_1 x + \beta_2 x^2$ 提供資料一個良好的配適對適當選取的 $\alpha$、$\beta_1$ 和 $\beta_2$ 之值。

就像在簡單線性迴歸裡包含一個隨機離差 $e$ 將允許一個觀察以一個數量偏離母體迴歸線，將 $e$ 加入至二次函數產生一個機率模型，其中允許一個觀察落在拋物線的上方或下方。二次迴歸模型方程式為

$$y = \alpha + \beta_1 x + \beta_2 x^2 + e$$

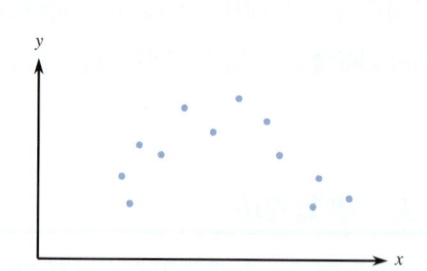

**圖 14.1**
提示二次機率模型的散布圖

如果我們使用 $x_1$ 表示 $x$ 且 $x_2$ 表示 $x^2$ 來重寫模型方程式，則模型方程式變為

$$y = \alpha + \beta_1 x_1 + \beta_2 x_2 + e$$

這是一般多元迴歸模型的一個特例，具有 $k = 2$。你可能想知道如何讓一個預測變項成為另一個預測變項的數學函數，此處，$x_2 = (x_1)^2$ 的正當性。

在模式 $y = \alpha + \beta_1 x_1 + \beta_2 x_2 + \cdots + \beta_k x_k + e$ 中，允許具有以其他預測變項的數學函數為預測變項。例如，首先是兩個獨立變項 $x_1$ 和 $x_2$，我們可以假設 $k = 4$ 個預測變項，其中 $x_1$ 和 $x_2$ 本身是前兩個預測變項和 $x_3 = (x_1)^2$，$x_4 = x_1 x_2$ 的模型。我們後續會再討論預測變項 $x_4$ 造成的影響。特別地，一般的多項式迴歸模型以一個單一的獨立變項 $x$ 開始，然後產生預測變項 $x_1 = x$、$x_2 = x^2$、$x_3 = x^3$、$\cdots$、$x_k = x^k$ 對某個特定 $k$ 值。

---

**定 義**

**$k$ 次多項式迴歸模型**（$k$th-degree polynomial regression model）

$$y = \alpha + \beta_1 x + \beta_2 x^2 + \cdots + \beta_k x^k + e$$

是一個特殊的多元迴歸模型具有

$$x_1 = x \quad x_2 = x^2 \quad x_3 = x^3 \quad \cdots \quad x_k = x^k$$

**母體迴歸函數**（population regression function）（對預測變項的固定值之 $y$ 的平均數）為

$$\alpha + \beta_1 x + \beta_2 x^2 + \cdots + \beta_k x^k$$

除了簡單線性迴歸（$k = 1$）之外，最重要的迴歸模型就是二次迴歸模型

$$y = \alpha + \beta_1 x + \beta_2 x^2 + e$$

該模型以平均數的一條拋物線 $\alpha + \beta_1 x + \beta_2 x^2$ 取代簡單線性迴歸中平均數 $\alpha + \beta x$ 之直線。若是 $\beta_2 > 0$，表示曲線開口向上，相反的，若是 $\beta_2 < 0$，表示曲線開口向下。僅有少部分的狀況是立方迴歸模型，其中 $k = 3$（如圖 14.2）。

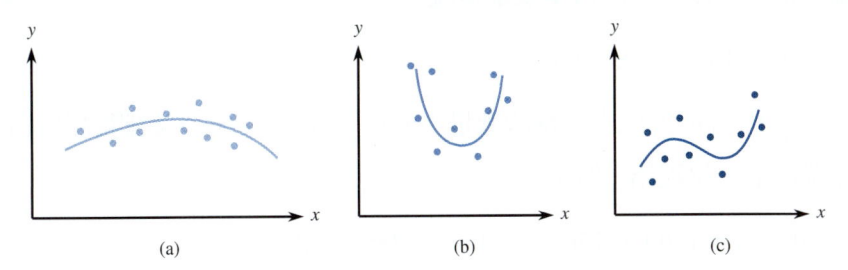

**圖 14.2**

多項式迴歸：(a) 具 $\beta_2 < 0$ 之二次迴歸模型；(b) 具 $\beta_2 > 0$ 之二次迴歸模型；(c) 具 $\beta_3 > 0$ 之立方迴歸模型。

## 例 14.2　心臟病發作的風險增加

許多研究人員會針對提升對心臟病發作的風險因素進行研究。此文獻對來自 53 個國家 27,000 位患有肥胖與心肌梗塞的病患進行研究，發現臀部到腰部的比例會比身體質量指數能更有效地預測心臟病發作的風險指數。(*The Lancet* [2005]: 1640–1649) 曲線圖中出現的心臟病發作的風險 ($y$) 與臀腰比值 ($x$) 衡量的數據顯示一個曲線的關係。$y$ 值愈大，表示心臟病發作的風險愈高。與論文中摘要值一致的一個模型如下：

$$y = 1.023 + 0.024x + 0.060x^2 + e$$

則母體迴歸函數為

　　心臟病發作風險指數之平均數 $= 1.023 + 0.024x + 0.060\ x^2$

例如，令 $x = 1.3$

　　心臟病發作風險指數之平均數 $= 1.023 + 0.024(1.3) + 0.060(1.3)^2 = 1.16$

如果 $\sigma = .25$，則對於臀部到腰的比例為 1.3 的某人之心臟病發作風險指數很有可能在 .66 和 1.66 之間。

先前針對一般的多元迴歸模型給與 $\beta_i$ 的解釋不適用在多項式迴歸。因為所有的預測都是單一變項 $x$ 的函數，對於 $x_i = x^i$ 的解釋方式並不同於單一變項的解釋方式。一般情況下，迴歸係數的解讀必須特別小心，尤其一些預測變項跟其他變項間的關係呈現是數學函數關係的時候，不容易用實務邏輯解釋。

## 變項之間的交互作用

假設從某一個化學反應產物產量 ($y$) 與兩個獨立的變項，$x_1$ = 反應溫度和 $x_2$ = 進行反應作用之壓力。化學家最初表明，對於在 50 到 70 壓力值範圍及 80 和 110 之間的溫度值，該關係可由機率模型呈現

$$y = 1200 + 15x_1 - 35x_2 + e$$

其中 $y$ 值跟 $x_1$ 和 $x_2$ 的關係之迴歸函數是 $1200 + 15x_1 - 35x_2$。我們觀察以下三種不同的特定溫度值，呈現出 $y$ 值：

$x_1 = 90$； $y = 1200 + 15(90) - 35x_2 = 2550 - 35x_2$

$x_1 = 95$； $y = 2625 - 35x_2$

$x_1 = 100$；$y = 2700 - 35x_2$

這三個平均值的函數（由於已指定溫度值，只有壓力 $x_2$ 之函數）所構出的圖形呈現於圖 14.3(a)。此圖的三條線皆直線，且三線平行，每一條的斜率為 $-35$。因此，在固定溫度值的條件下，當壓力 $x_2$ 增加 1 單位時，產量 $y$ 的平均變動為 $-35$。

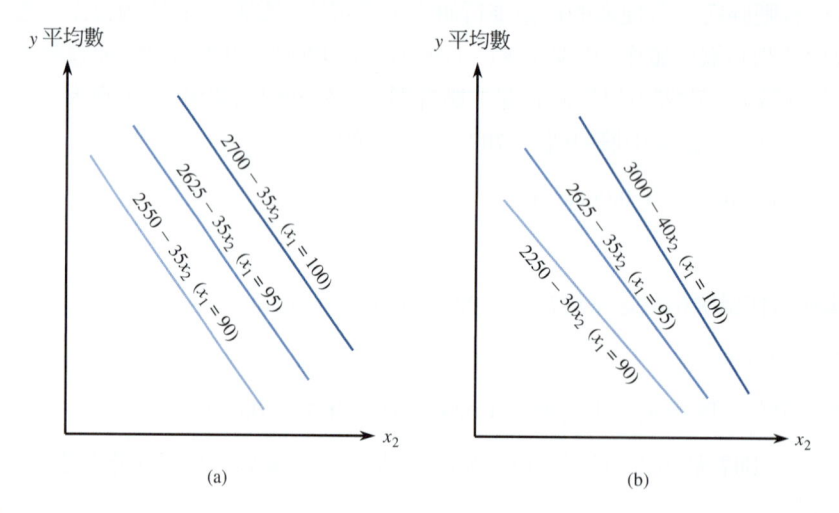

**圖 14.3**

兩個不同模型的平均 $y$ 值的線型呈現圖：(a) $1200 + 15x_1 - 35x_2$；(b) $-4500 + 75x_1 + 60x_2 - x_1x_2$

經由化學理論顯示當壓力 $x_2$ 增大時，在高溫下比在低溫下，會加速造成平均產量的下降，因此，化學家有理由懷疑此模型的適當性。不同於三條平行線圖的狀況，100 度的線應當比 95 度的線更陡，相對的 95 度的線也應該比 $x_1 = 90$ 陡。具有這種性質的模型包括，除了預測變量 $x_1$ 和 $x_2$ 之外，還有預測變量 $x_3 = x_1x_2$。一個這樣的模型為

$$y = -4500 + 75x_1 + 60x_2 - x_1x_2 + e$$

其中具有迴歸函數 $-4500 + 75x_1 + 60x_2 - x_1x_2$。則

（當 $x_1 = 100$ 時之平均 $y$ 值）$= -4500 + 75(100) + 60x_2 - 100x_2$
$\qquad\qquad\qquad\qquad\qquad\quad = 3000 - 40x_2$
（當 $x_1 = 95$ 時之平均 $y$ 值）$= 2625 - 35x_2$
（當 $x_1 = 90$ 時之平均 $y$ 值）$= 2250 - 30x_2$

這些函數繪製在圖 14.3(b)，其中，很顯然，這三個斜率不同，事實上，每個不同的 $x_1$ 值會產生不同的斜率，因此，取決於 $x_1$ 的值。在這種情況下，這兩個變量稱為交互作用。

### 定 義

若增加一個獨立變項 1 單所引起的平均 $y$ 值的變動與第二個獨立變項的值有關，這兩個變項之間存在交互作用。當變項被表為 $x_1$ 和 $x_2$，藉由包含交互作用的變項之乘積 $x_1x_2$，此交互作用可被模型化為一個預測變項。

根據兩個獨立變項 $x_1$ 和 $x_2$ 且其中還包括一個交互作用的預測變項的多元迴歸模型的一般等式為

$$y = \alpha + \beta_1 x_1 + \beta_2 x_2 + \beta_3 x_1 x_2 + e$$

當 $x_1$ 和 $x_2$ 有交互作用，這種交互作用模型通常會對產生的資料提供一個較佳配適，因此比無交互作用迴歸模型更好。如果不考慮交互作用的模型往往會導致研究者得出的結論不正確，會使 $y$ 和獨立變項之間的誤差值加大。

當兩個以上的獨立變項也是可用的時候，多個交互作用預測變項可被納入模型。例如，有三個獨立的變項 $x_1$、$x_2$ 和 $x_3$，一個可能的模型是

$$y = \alpha + \beta_1 x_1 + \beta_2 x_2 + \beta_3 x_3 + \beta_4 x_4 + \beta_5 x_5 + \beta_6 x_6 + e$$

其中

$$x_4 = x_1 x_2 \qquad x_5 = x_1 x_3 \qquad x_6 = x_2 x_3$$

甚至可以包含三項交互作用的預測變項 $x_7 = x_1 x_2 x_3$（三個獨立變項的相乘），但在實務中很少這樣的狀況。

在實務運用過程中，二次項如 $x_1^2$ 和 $x_2^2$ 存在公式裡，是因為 $y$ 和幾個獨立變項

之間具有曲線的關係。例如，我們常使用的包含兩個獨立變項 $x_1$ 和 $x_2$，且 $k = 5$ 的**完全二次模式 (full quadratic 或是 complete second-order model)** 為

$$y = \alpha + \beta_1 x_1 + \beta_2 x_2 + \beta_3 x_1 x_2 + \beta_4 x_1^2 + \beta_5 x_2^2 + e$$

該模式是替換直線圖 14.3 與拋物線（在每一個迴歸曲線圖中，在固定 $x_1$ 情況下，針對 $x_2$ 與 $y$ 關係的散布圖）。同樣狀況考量，若是有四個獨立的變項，我們可以檢視一個包含四個二次和六個雙變項的交互作用變項的模型。很顯然的，只需幾個獨立變項，我們就可以檢視許多不同的多元迴歸模型。在 14.5 節（online），我們會簡要的討論如何從不同的模型選擇一個適合的模型。

要推論出一個多元迴歸模型，必須了解 $y$ 跟每個潛在的預測變項的散布圖皆可以提供有用的信息。例 14.3 就是敘述一個包含預測變項跟交互作用的迴歸模型。

### 例 14.3　寒風因素

寒風指數，通常包括在冬季天氣報告中，結合對空氣的溫度和風速的信息以說明寒冷確實感覺。2001 年，美國國家氣象局宣布，從當年秋天開始使用新的寒風公式（USA Today，2001 年 8 月 13 日）。下表給出了空氣的溫度和風速的各種寒風指數的組合。

| 風速<br>(MPH) | 溫度 (°F) | | | | | | | | | | | | | |
|---|---|---|---|---|---|---|---|---|---|---|---|---|---|---|
| | 35 | 30 | 25 | 20 | 15 | 10 | 5 | 0 | −5 | −10 | −15 | −20 | −25 | −30 | −35 |
| 5 | 31 | 25 | 19 | 13 | 7 | 1 | −5 | −11 | −16 | −22 | −28 | −34 | −40 | −46 | −52 |
| 10 | 27 | 21 | 15 | 9 | 3 | −4 | −10 | −16 | −22 | −28 | −35 | −41 | −47 | −53 | −59 |
| 15 | 25 | 19 | 13 | 6 | 0 | −7 | −13 | −19 | −26 | −32 | −39 | −45 | −51 | −58 | −64 |
| 20 | 24 | 17 | 11 | 4 | −2 | −9 | −15 | −22 | −29 | −35 | −42 | −48 | −55 | −61 | −68 |
| 25 | 23 | 16 | 9 | 3 | −4 | −11 | −17 | −24 | −31 | −37 | −44 | −51 | −58 | −64 | −71 |
| 30 | 22 | 15 | 8 | 1 | −5 | −12 | −19 | −26 | −33 | −39 | −46 | −53 | −60 | −67 | −73 |
| 35 | 21 | 14 | 7 | 0 | −7 | −14 | −21 | −27 | −34 | −41 | −48 | −55 | −62 | −69 | −76 |
| 40 | 20 | 13 | 6 | −1 | −8 | −15 | −22 | −29 | −36 | −43 | −50 | −57 | −64 | −71 | −78 |
| 45 | 19 | 12 | 5 | −2 | −9 | −16 | −23 | −30 | −37 | −44 | −51 | −58 | −65 | −72 | −79 |

圖 14.4(a) 顯示出寒風指數相對於空氣溫度散布圖，並將不同的風速顯示為不同顏色的散布點。散布圖資料顯示，當寒風指數會隨著空氣溫度上升時，會依線性關係的提升，但是在不同的溫度下，這兩個變項的線性關係，並不是平行的。這說明 $y =$ 寒風指數和兩個變項 $x_1 =$ 空氣溫度和 $x_2 =$ 風速之間的關係，應包含 $x_1$ 和 $x_2$ 的交互作用項。圖 14.4(b) 顯示寒風指數相對於風速散布圖，並將不同的溫度顯示為不同顏色的散布點。散布圖資料顯示寒風指數和風速之間是屬於非線性的關係，在每個不同的溫度下，該模式散布點有顯著的彎曲，所以建議在某些溫度能與其他因素做交互作用的觀察。這些觀測與相關寒風指數、空氣溫度和風速採用美國國家氣象局的新模式是一致的。採用模型為

第 14 章　多元迴歸分析　679

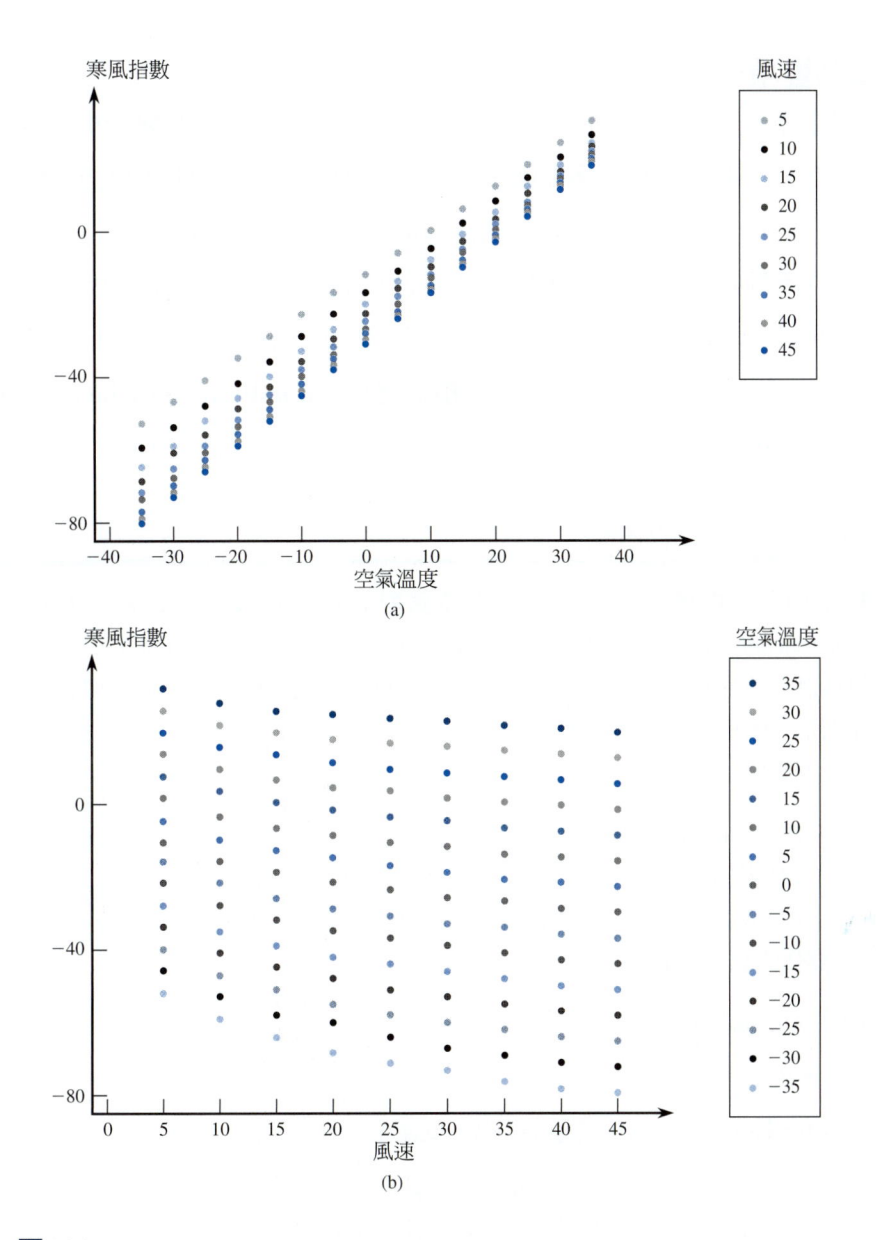

**圖 14.4**

例 14.3 寒風指數散布圖：(a) 寒風指數對空氣溫度；(b) 寒風指數對風速

$$\text{平均 } y = 35.74 + 0.621x_1 - 35.75(x_2') + 0.4275x_1x_2'$$

其中

$$x_2' = x_2^{0.16}$$

合併轉化 $x_2$ 和交互作用項（以寒風指數和風速之間的非線性關係進行建模）。

## 屬性預測變項

到目前為止，我們已經明確地僅考慮數量（數值）預測變項的多元迴歸模型的包容性。使用簡單的數字編碼，屬性（類別）變項也可以加入到模型中。我們首先聚焦在一個二分變項，只有兩個可能的類別：男性或女性、美國或外國製造，房子具不具有視野，依此類推。任何這樣的變項，我們結合數值變項 $x$ 的可能值會由 0 和 1 來表示，0 代表一個種類（例如：已婚），1 代表另一個種類（例如：未婚）。這個 0-1 變項通常被稱為**指標變項 (an indicator variable)** 或**虛擬變項 (dummy variable)**。

### 例 14.4　寫作能力的預測

資料來源為「**中學生的年級和性別差異對寫作的自我信念比較**」(*Contemporary Educational Psychology* [1999]: 390–405) 這篇文章中，討論了關於寫作能力得分的一些預測變項，包括評估寫作和性別的價值。寫作能力和寫作評估價值是由一個比例數值變項所表示，而性別是一個屬性預測變項。

考慮以下變項：

$y = $ 寫作能力的得分

$x_1 = \begin{cases} 0 \text{ 代表男生} \\ 1 \text{ 代表女生} \end{cases}$

$x_2 = $ 寫作的感知價值

一種可能的多元迴歸模型為

$y = \alpha + \beta_1 x_1 + \beta_2 x_2 + e$

首先當 $x_1 = 0$，接著當 $x_1 = 1$，考慮平均數 $y$ 值產生

當 $x_1 = 0$（男性）　　平均得分 $= \alpha + \beta_2 x_2$
當 $x_1 = 1$（女性）　　平均得分 $= \alpha + \beta_1 + \beta x_2$

係數 $\beta$ 為男性和女性之間的平均寫作能力得分之差異，當寫作感知值保持固定。

第二種可能為具有交互作用項之迴歸模型：

$y = \alpha + \beta_1 x_1 + \beta_2 x_2 + \beta_3 x_1 x_2 + e$

這個模型的迴歸函數為 $\alpha + \beta_1 x_1 + \beta_2 x_2 + \beta_3 x_3$，其中 $x_3 = x_1 x_2$。

而在 $x_1 = 0$ 和 $x_1 = 1$ 這兩種情況下，得出

當 $x_1 = 0$（男性）　　平均得分 $= \alpha + \beta_2 x_2$
當 $x_1 = 1$（女性）　　平均得分 $= \alpha + \beta_1 + (\beta_2 + \beta_3)$

在每一模型中,平均寫作能力得分之圖形,視寫作感知價值為函數時,對任一性別是一條線(圖 14.5)。

(a) 左圖:$\alpha + \beta_1 + \beta_2 x_2$ $(x_1 = 1)$,$\alpha + \beta_2 x_2$ $(x_1 = 0)$

(b) 右圖:$\alpha + \beta_1 + (\beta_2 + \beta_3)x_2$ $(x_1 = 1)$,$\alpha + \beta_2 x_2$ $(x_1 = 0)$

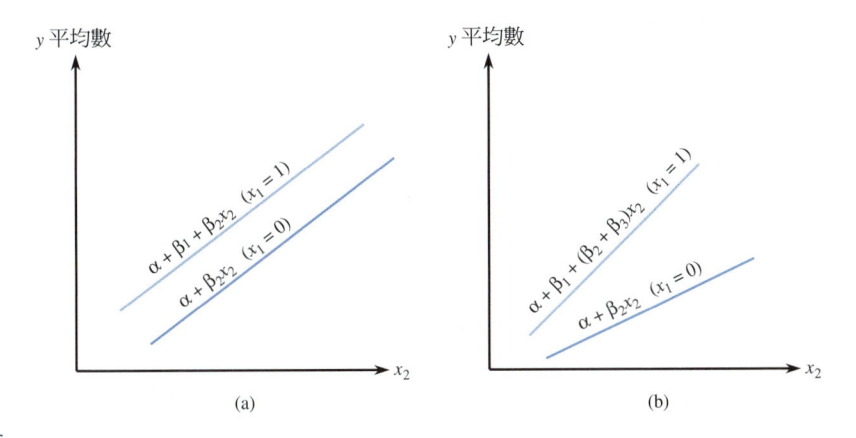

**圖 14.5**

具一個屬性變項 $(x_1)$ 和一個數量變項 $(x_2)$ 的模型之迴歸函數:(a) 無交互作用;(b) 交互作用

在無交互作用的模型中,當 $x_1 = 0$,且 $x_1 = 1$,$x_2$ 的係數是 $\beta_2$,因此兩條線是平行的,儘管它們的截距是不同的(除非 $\beta_1 = 0$)。當交互作用產生時,線條不僅具有不同的截距,而且具有不同的斜率(除非 $\beta_3 = 0$)。寫作感知價值增加 1 單位所引起的平均寫作能力得分變動與感知價值和性別這兩個變項的交互作用有關。

---

你可能會認為以編碼值的方式來處理三個類別,如利用 0、1、2 對應到三種類別來定義一個單獨的數值變項,這是不正確的,因為你所定義的類別排序並不一定是這個問題所隱含的。要模式化具三個種類的一個類別變項之正確做法是定義兩個不同的指標變項,如例 14.5。

## 例 14.5 地點、地點、地點

地點,是影響房價的主要因素之一。我們希望除了透過地點因素之外,可以再加上坪數和屋齡等數值預測變項,建立多元迴歸模型,能更準確的預測房子的價格。舉個例子,假設在加州海灘社區的房屋可按照地點分為三類,第一類可看到海景和海灘;第二類可看到海景,但不靠近海灘;第三類不靠近海灘,也沒有海景。

設 $x_1 = \begin{cases} 1 \text{ 房子可看到海景和靠近海灘} \\ 0 \text{ 其他情況} \end{cases}$

$x_2 = \begin{cases} 1 \text{ 可看到海景,但不靠近海灘} \\ 0 \text{ 其他情況} \end{cases}$

$x_3 = $ 坪數

$x_4 = $ 屋齡

因此,$x_1 = 1$,$x_2 = 0$ 表示一個靠近沙灘有海景別墅;$x_1 = 0$,$x_2 = 1$ 表示房子可以看到海景,但並不靠近海邊;而 $x_1 = x_2 = 0$ 表示看不到海的房子(不可能 $x_1 = x_2 = 1$)。然而,我們可以考慮使用以下形式的多元迴歸模型

$$y = \alpha + \beta_1 x_1 + \beta_2 x_2 + \beta_3 x_3 + \beta_4 x_4 + e$$

這種模型允許個別調整,沒有海景的房子,可以用其他兩個類別來預測房子的價格。例如,$\beta_1$ 是將所預測沒有海景的價格,添加調整為一個海濱位置的金額(假設屋齡和坪數都相同)。

---

一般情況下,結合使用 $c$ 個可能的類別的一個類別變項進入迴歸模型,需要使用 $c - 1$ 個指標變項。即使是這樣一個類別變項,也可以增加許多預測變項到一個模式中。

## 習題 14.1 - 14.15

14.1 解釋一個確定性和機率模式之間的差異。得到一個相關變項 $y$ 和兩個或更多的獨立變項,相關的 $y$ 會更具有確定性的一個例子。得到一個相關變項 $y$ 和兩個或兩個以上獨立變項有可能在一個機率性的方式進行相關的一個例子。

14.2 資料來源為「青年在負重的活動階段,峰值骨量比鈣的攝取量還要重要的因素」(*Journal of Bone and Mineral Density* [1994]: 1089-1096),用多元迴歸模型來描述下列變項之間的關係

$y = $ 骨質密度 (g/cm³)

$x_1 = $ 體重 (kg)

$x_2 = $ 衡量承載重量的活動,數值越高,表示活動量越大

a. 作者結論包含骨質密度的重要預測,且認為體重和負重活動沒有顯著交互作用。哪種多元迴歸函數具有與此互相一致的說明?

b. 體重係數在文中解釋該值,給出了多元迴歸函數的值是 0.587。

14.3 許多研究都把重點放在評估能以安全的方式進行人工搬運負載的問題。此資料來源為「人體、肌肉、力量、和脊椎活動特性在可承受的負荷下,做預測分級」

(*Ergonomics* [1992]: 1033-1044)，利用迴歸模型的相關變項提出建議

$y$ = 可負荷的重量 (kg)

於 $k = 3$ 獨立變項（預測）

$x_1$ = 左側側彎的程度 (cm)
$x_2$ = 動態手握的耐力（秒）
$x_3$ = 軀幹延展性 (N/kg)

假設公式為

$y = 30 + .90x_1 + .08x_2 - 4.50x_3 + e$

且 $\sigma = 5$

a. 什麼是母體迴歸函數？
b. 什麼是母體迴歸係數的值？
c. $\beta_1$ 的意涵。
d. $\beta_3$ 的意涵。
e. 當左外側彎曲程度為 25cm，動態握耐力為 200 秒，什麼是可以接受的負荷平均等級，和軀幹伸長率（N／公斤）？
f. 如果在不同的個體做出重複的觀察，$x_1$、$x_2$、$x_3$ 這些值和指定的 (e) 部分，從長遠來看，在 13.5 公斤和 33.5 公斤之間，大約會是多少百分比？

14.4 以下內容出現在文章「AMOG 女子學院學習評估」(*Journal of College Student Development* [1998]: 364) 中：迴歸分析表明學術評估與種族作出學習成績獨立的貢獻，測量出平均分數。設

$y$ = 目前平均成績
$x_1$ = 學術評估
$x_2$ = 種族（白人 =0，非白人 =1）

此文章提到了哪些多元迴歸模型？是否包含交互作用的模型？為什麼？

14.5 此資料來源為「**預測蛋黃高度，蛋黃寬度，蛋白長度，蛋殼重量，蛋型指數，日本鵪鶉使用各種蛋性狀的迴歸測量蛋表面積**」(*International Journal of Poultry Science* [2008]: 85-88)，使用多元迴歸模型，其中包含兩個獨立變項

$y$ = 鵪鶉蛋重 (g)
$x_1$ = 蛋寬度 (mm)
$x_2$ = 蛋長度 (mm)

本文所提到的迴歸函數 $-21.658 + 0.828\,x_1 + 0.373\,x_2$。

a. 什麼是鵪鶉蛋的平均蛋重，為具有寬度 20 mm，長度 50 mm 的蛋？
b. 解釋 $\beta_1$ 和 $\beta_2$ 的值。

14.6 此資料來源為「**評估後唯物主義的有效性**」(*American Political Science Review* [1999]: 649-664)，可根據人口統計及思想特點，去預測支持個人的水平生態。作者所提出的多元迴歸模型

$y = 3.60 - .01x_1 + .01x_2 - .07x_3 + .12x_4 + .02x_5 - .04x_6 - .01x_7 - .04x_8 - .02x_9 + e$

其中變數的定義如下：

$y$ = 生態的得分（分數越高，代表須對此生態有更高的關注）
$x_1$ = 年齡 10 倍
$x_2$ = 收入（單位：千美元）
$x_3$ = 性別（1 = 男性，0 = 女性）
$x_4$ = 種族（1 = 白人，0 = 非白人）
$x_5$ = 教育（單位：年）
$x_6$ = 思想意識（4 = 保守，3 = 右派思想，2 = 中立，1 = 左派思想，0 = 自由）
$x_7$ = 社會階層（4 = 上層，3 = 中上層，2 = 中產階級，1 = 中下層，0 = 下層）
$x_8$ = 後物質主義（1 = 後物質主義，0 = 非後物質主義）

$x_9$ = 唯物主義（1 = 唯物主義，0 = 非唯物主義）

a. 假如有個人具有以下特徵：25 歲，白人女性，大專以上學歷（16 年教育），擁有每年 32,000 美元的工作，是中上層階級，且為左派思想，但她既不是唯物主義，也不是後物質主義。預測她生態環境的得分。
b. 如果在第一部分中所描述的女人 (a) 是西班牙裔美國人，而不是白人，預測會有什麼變化？
c. 考慮到其他變項是相同的，何者問題會造成男女在生態環預估平均得分有所差異？
d. 你會如何解釋 $x_2$？
e. 評論意識形態與社會變項的數值編碼。你是否有更好的方式合併 2 個變項放入模式中？

**14.7** 此資料來源為「陽光和溫度對啤酒花中 α 酸含量的影響」(*Agricultural Meteorology* [1974]: 375–382)，使用多元迴歸模型敘述 $y$ = 啤酒花產量；$x_1$ = 種植期間平均溫度 (°C)；$x_2$ = 種植期間的平均日照百分比。以下為所提出的等式

$$y = 415.11 - 6.60 x_1 - 4.50 x_2 + e$$

a. 假設這個公式是正確的。如何表示平均溫度 20 °C 且平均日照 40% 的啤酒花產量？
b. 平均氣溫和平均日照百分比為 18.9 和 43，則平均產量為何？
c. 解釋母體迴歸係數的值。

**14.8** 此資料來源為「可讀性的液晶顯示器：觸控面板」(*Human Factors* [1983]: 185–190)，使用的多元迴歸模型有四個獨立變項，其中

$y$ = 受試者讀取液晶顯示器四組數字的誤差率
$x_1$ = 背光程度（0 到 122 燭光 / 公尺）
$x_2$ = 環境光線的級別（從 0.025° ~ 1.34°）
$x_3$ = 可視角（從 0° ~ 60°）
$x_4$ = 環境光線的級別 (20 ~ 1500 lx)

論文中所提到的模型等式為

$$y = 1.52 + .02x_1 - 1.40x_2 + .02x_3 - .0006x_4 + e$$

a. 假設這是正確的公式，當 $x_1 = 10$，$x_2 = .5$，$x_3 = 50$，和 $x_4 = 100$，$y$ 平均數為多少？
b. 以下哪些與誤差率具有相關性，背光程度為 20，角色輔助系統為 0.5，可視角為 10，和環境光線水準為 30？
c. 解釋 $\beta_2$ 和 $\beta_3$ 的值。

**14.9** 此資料來源為「殘餘木質素的紙漿白度迴歸的影響，在漂白亞硫酸鹽和硫酸鹽漿的亮度迴歸」(*TAPPI* [1964]: 653–662)，提出了一個二次迴歸模型來描述 $x$ = 木漿紙的製作過程中，脫木素加工的程度，$y$ = 氯總含量之間的關係。假設母體迴歸模型為

$$y = 220 + 75x - 4x^2 + e$$

a. 圖中的迴歸函數 $220 + 75x - 4x^2$，$x$ 值在 2 與 12 之間。（代入 $x = 2$、4、6、8、10、12，當畫在圖上，將這些點連起來時，會形成一個圓弧線。）
b. 脫木質使用程度到了 8 ~ 10，代表內含較高的氯？
c. 什麼情況下，平均氯含量變化時，脫木質會從 8 增加到 9？而從 9 增加到 10 呢？

14.10 玉米產量、播種日期、種植密度之間的關係，在此文章中進行了分析。「用於玉米再植的決策模式開發」(Agronomy Journal [1980]: 459-464)。設

$y$ = 玉米產量百分比
$x_1$ = 播種日期（4月20日以後）
$x_2$ = 種植密度（10,000 株/公頃）

這兩個二次項的迴歸模型（$y = \alpha + \beta_1 x_1 + \beta_2 x_2 + \beta_3 x_3 + \beta_4 x_4 + e$。其中，$x_3 = x_1^2$ 和 $x_4 = x_2^2$）為 $y$ 和獨立變項之間的關係做一個說明。

a. 當 $\alpha = 21.09$，$\beta_1 = .653$，$\beta_2 = .0022$，$\beta_3 = 2.0206$，$\beta_4 = 0.4$，人口迴歸函數為何？
b. 使用 (a) 部分迴歸函數所判斷的平均產量為 5 月 6 日所種植的每公頃 41,180 株。
c. 種植日期 5 月 6 日或 5 月 22 日其中哪一天的平均生產量是較高的（密度相同）？
d. 當種植日期增加一天，且其他三項預測值不變時，其平均變化的收益率為 $\beta_1 = .653$。此解釋是否合理？為什麼？

14.11 假設變項 $y$、$x_1$ 和 $x_2$ 皆與迴歸模型相關

$$y = 1.8 + .1x_1 + .8x_2 + e$$

a. 建構一張關係曲線圖以呈現出 $y$ 和 $x_2$ 之間的關係，當 $x_1 = 10$、20 和 30 的時候（類似圖 14.5）。
b. 建構一張關係曲線圖以呈現出 $y$ 和 $x_1$ 之間的關係，當 $x_2 = 50$、55 和 60 的時候。
c. 在 (a) 和 (b) 部分中，可以把圖表的哪一面歸因於 $x_1$ 和 $x_2$ 缺乏交互作用？
d. 假設交互項為 $.03 x_3$，其中將 $x_3 = x_1 x_2$ 加入迴歸模型中。利用新模型，建構 (a) 和 (b) 部分所述的圖表，這兩張圖表與 (a) 和 (b) 部分的有何差異？

14.12 生產柴灶廠商收集了以下數據：$y$ = 懸浮微粒濃度，$x_1$ = 排氣的溫度分為三種不同的進氣口設置（低、中、高）。
a. 列出模型方程式，其中包含合併進氣口設置的指標變項，並解釋每個 $\beta$ 係數。
b. 溫度和進氣口設置的合併交互作用，另外需要什麼預測？

14.13 考慮一個迴歸分析具有三個獨立變項 $x_1$、$x_2$、$x_3$。給出的公式如以下的迴歸模型：
a. 此模型包含做為預測的所有獨立變項，但不包含二次項及交互項；
b. 此模型包含做為預測的所有獨立變項和二次項；
c. 此模型包含做為預測的全部獨立變項，但沒有二次項，且只有一個交互項；
d. 此模型包含做為預測的所有獨立變項、二次項，及所有的交互項（完整二次模型）。

14.14 此資料來源為「高速渦輪抽風機局限的值，或焦油霧從化油器水煤氣中去除」(Society of Chemical Industry Journal [1946]: 166-168) 提供的數據將 $y$ = 焦油含量 (grains/100ft³) 氣體流視為 $x_1$ = 轉子的轉速 (rev/minute) 和 $x_2$ = 進氣口溫度 (°F) 的函數。利用 $x_1$、$x_2$、$x_3 = x_2^2$ 和 $x_4 = x_1 x_2$ 建構迴歸模型：

$$\text{平均 } y \text{ 值} = 86.8 - .123x_1 + 5.09x_2 \\ - .0709x_3 + .001x_4$$

a. 根據這個模型，當 $x_1 = 3200$ 且 $x_2 = 57$，平均 $y$ 值等於多少？
b. 對於這種特殊模型，當轉子的速度保持恆定是否可以來解釋 $\beta_2$ 值做為 $y$ 的平均變化與進氣口溫度增加 1 度有關？說明之。

**14.15** 考慮相關變項 $y =$ 一部汽車燃油效率 (mpg)。

a. 假設將汽車尺寸分為四類（微型、小型、中型、大型），加入一個迴歸模式，其中還包括 $x_1 =$ 車齡，$x_2 =$ 引擎尺寸。定義出必要的指標變項，並寫出完整的模型等式。

b. 假如你希望將車齡和尺寸的交互作用加入模式中，什麼額外的預測變項將做到這一點？

## 14.2　配適一個模型並評估其效用

在 14.1 節裡，我們介紹了不同類型可用來預測的多元迴歸模型。現在，我們假設有 $k$ 個預測變項 $x_1, x_2, \cdots, x_k$ 被列入以下模型中

$$y = \alpha + \beta_1 x_1 + \beta_2 x_2 + \cdots + \beta_k x_k + e$$

接下來的步驟為估計模型係數 $\alpha, \beta_1, \cdots, \beta_k$ 與迴歸函數 $\alpha + \beta_1 x_1 + \cdots + \beta_k x_k$（對於規定預測值的平均 $y$ 值），評估模型的效用，並在適當的時候，利用估計的模型做進一步的推論。這一切，當然需要樣本數據。和之前一樣，$n$ 表示為樣本中的樣本量。若只有一個預測變項，樣本包括 $n$ 個 $(x, y)$ 數對。現在，每個觀察包括 $k + 1$ 個數量：$x_1, x_2, \cdots, x_k$，和 $y$ 相關聯的值。$n$ 個觀測，已假設相互獨立被選取。

### 例 14.6　小型學院的畢業率

畢業率，是衡量學院成功的方法之一。教育信託在其網站中 (www.collegeresults.org) 發表 6 年的畢業率及其學院的特色。

我們會考慮以下變項：

$y = 6$ 年畢業率
$x_1 =$ 被學院錄取的學生之 SAT 成績中位數
$x_2 =$ 每位全職學生的相關費用（美元）
$x_3 = \begin{cases} 1 & \text{學院只招收男生或只招收女生} \\ 0 & \text{學院有男有女} \end{cases}$

從美國 1037 所學院中選擇 22 所學院隨機抽樣 5000 名已註冊學生，而得到了下面的資料。此資料包含對這 22 所學院經由四個變項的觀察數據。

| 學院 | y | $x_1$ | $x_2$ | $x_3$ |
|---|---|---|---|---|
| Cornerstone University | 0.391 | 1,065 | 9,482 | 0 |
| Barry University | 0.389 | 950 | 13,149 | 0 |
| Wilkes University | 0.532 | 1,090 | 9,418 | 0 |
| Colgate University | 0.893 | 1,350 | 26,969 | 0 |
| Lourdes College | 0.313 | 930 | 8,489 | 0 |
| Concordia University at Austin | 0.315 | 985 | 8,329 | 0 |
| Carleton College | 0.896 | 1,390 | 29,605 | 0 |
| Letourneau University | 0.545 | 1,170 | 13,154 | 0 |
| Ohio Valley College | 0.288 | 950 | 10,887 | 0 |
| Chadron State College | 0.469 | 990 | 6,046 | 0 |
| Meredith College | 0.679 | 1,035 | 14,889 | 1 |
| Tougaloo College | 0.495 | 845 | 11,694 | 0 |
| Hawaii Pacific University | 0.410 | 1,000 | 9,911 | 0 |
| University Of Michigan-Dearborn | 0.497 | 1,065 | 9,371 | 0 |
| Whittier College | 0.553 | 1,065 | 14,051 | 0 |
| Wheaton College | 0.845 | 1,325 | 18,420 | 0 |
| Southampton College Of Long Island | 0.465 | 1,035 | 13,302 | 0 |
| Keene State College | 0.541 | 1,005 | 8,098 | 0 |
| Mount St Mary's College | 0.579 | 918 | 12,999 | 1 |
| Wellesley College | 0.912 | 1,370 | 35,393 | 1 |
| Fort Lewis College | 0.298 | 970 | 5,518 | 0 |
| Bowdoin College | 0.891 | 1,375 | 35,669 | 0 |

可考慮描述這三個預測變項和 $y$ 之間的關係，一種可能的模型是

$$y = \alpha + \beta_1 x_1 + \beta_2 x_2 + \beta_3 x_3 + e$$

我們將回到這個例子中，看看如何透過樣本數據來預估模型係數。

就像在簡單的線性迴歸中，使用最小平方的原理來估計 $\alpha, \beta_1, \cdots, \beta_k$。用於特定估計值 $a, b_1, \cdots, b_k$

$$y - (a + b_1 x_1 + b_2 x_2 + \cdots + b_k x_k)$$

是 $y$ 的觀察值和使用特定的觀察估計迴歸函數所得到 $y$ 的預測值 $a + b_1 x_1 + \cdots + b_k x_k$ 之間的離差。例如在例 14.6 的數據中，第一個所要觀察的是

$$(x_1, x_2, x_3, y) = (1065, 9482, 0, 0.391)$$

$y$ 值在觀察與預測之間所產生的離差

$$0.391 - [a + b_1(1065) + b_2(9482) + b_3(0)]$$

與其他觀察的離差值相對應，來表示類似的方式。使用最小平方原理來估計 $\alpha$、

$\beta_1$、$\beta_2$ 和 $\beta_3$，就是以使得平方離差總和達到最小值的 $a$、$b_1$、$b_2$ 和 $b_3$ 之值為估計值。

> **定義**
>
> 根據最小平方的原理，配合特定的估計迴歸函數 $a + b_1x_1 + \cdots + b_kx_k$ 所觀察到的數據，是由 $y$ 的觀測值和所述的估計迴歸函數預測的 $y$ 值之間，進行最小化離差平方的加總所得到的：
>
> $$\sum [y - (a + b_1x_1 + \cdots + b_kx_k)]^2$$
>
> **$\alpha, \beta_1, \ldots, \beta_k$ 的最小平方估計值**就是使得上述離差平方總和達到最小值的哪些 $a, b_1, \ldots, b_k$ 的值。

對於一組給定的資料集之最小平方估計是由解以 $a, b_1, \ldots, b_k$ 為 $k + 1$ 個未知數的 $k + 1$ 個聯立方程式（正規方程式）而得到。在 $k = 1$（簡單線性迴歸）之情況，只有兩個方程式，我們在第 5 章給出了 $b$ 和 $a$ 的一般解公式。$k \geq 2$，不使用高等數學符號要寫出估計值的一般解是不容易。幸運的是，電腦幫助我們節省了時間！估計值的公式已經被編入了所有常用的統計軟體裡。

### 例 14.7　更多關於小型學院的畢業率

圖 14.6 從 s 迴歸分析的指令，顯示輸出 Minitab 的要求，該模型為 $y = \alpha + \beta_1x_1 + \beta_2x_2 + \beta_3x_3 + e$ 是適合例 14.6 小型學院的數據。重點放在靠近圖表上端表格中所標記欄的係數。在此列中的四個數字是估計出的模型係數：

$a = -0.3906$（常數 $\alpha$ 的估計值）
$b_1 = 0.0007602$（係數 $\beta_1$ 的估計值）
$b_2 = 0.00000697$（係數 $\beta_2$ 的估計值）
$b_3 = 0.12495$（係數 $\beta_3$ 的估計值）

因此我們估計在六年畢業率的平均變化為 0.00000697，若增加 1 元全日制學生的相關支出，同時制度分類（同性或男女同校）和平均 SAT 成績保持固定的，類似的解釋適用於 $b_1$。變數 $x_3$，是一個指標變數為 1，表示全校都是女學生或全校都是男學生。我們會解釋估計值 $b_3 = 0.125$ 為「更正」我們會做出預測一所男女同校的大學 6 年畢業率，有相同的平均 SAT 成績和每個全日制學生的開支納入只有男生或只有女生的相關差異。估計迴歸函數為

（對指定的 $x_1$、$x_2$、$x_3$ 值估計的平均 $y$ 值）
$= -0.3906 + 0.0007602x_1 + 0.00000697x_2 + 0.12495x_3$

**Regression Analysis: y versus x₁, x₂, x₃**

The regression equation is
y = -0.391 + 0.000760 x1 + 0.000007 x2 + 0.125 x3
　　　　　　　　$a$　　　　　　$b_1$　　　　　$b_2$
　　　　　　　　　　　　　　　　　　$b_3$

| Predictor | Coef | SE Coef | T | P |
|---|---|---|---|---|
| Constant | -0.3906 | 0.1976 | -1.98 | 0.064 |
| x1 | 0.0007602 | 0.0002300 | 3.30 | 0.004 |
| x2 | 0.00000697 | 0.00000451 | 1.55 | 0.139 |
| x3 | 0.12495 | 0.05943 | 2.10 | 0.050 |

S = 0.0844346　R-Sq = 86.1%　R-Sq(adj) = 83.8%　　相關係數 = .861

**Analysis of Variance**

| Source | DF | SS | MS | F | P |
|---|---|---|---|---|---|
| Regression | 3 | 0.79486 | 0.26495 | 37.16 | 0.000 |
| Residual Error | 18 | 0.12833 | 0.00713 | | |
| Total | 21 | 0.92318 | | | |

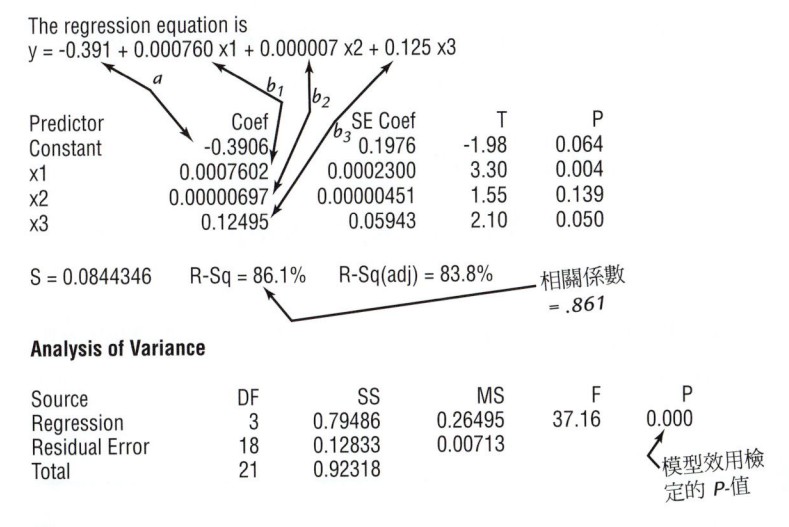

模型效用檢定的 P-值

**圖 14.6**

例 14.7 Minitab 迴歸分析結果輸出

代入 $x_1 = 1000$，$x_2 = 11,000$，$x_3 = 0$ 可得

$-0.3906 + 0.0007602(1000) + 0.00000697(11,000) + 0.12495(0) = .4462$

這可以解釋，無論是做為一個點估計男女同校平均六年畢業率為 1000 的 SAT 中位數，和每一個全日制學生支出 $11,000 或做為一個預測與這些相同特點單一的大學之點預測。

## 模型是有用的嗎？

透過基於所估計迴歸函數 $y$ 值，針對它接近實際觀察到的 $y$ 值程度檢查預測值來估計模型的效用。

> **定義**
>
> 第一個預測值 $\hat{y}_1$ 乃得自將預測變項值 $x_1, x_2, \ldots, x_k$ 以及第一個觀察樣本值代入估計迴歸函數而得，持續地這樣做得到其餘的**預測值 (predicted values)** $\hat{y}_2, \ldots, \hat{y}_n$。然後**殘差 (residuals)** $y_1 - \hat{y}_1, y_2 - \hat{y}_2, \ldots, y_n - \hat{y}_n$ 即為觀察的和預測的 $y$ 值之間的差。

此處定義的預測值和殘差就像它們在簡單線性迴歸一般，但因為有多個預測，該值的計算比較繁瑣。幸好，$\hat{y}$ 和 $(y - \hat{y})$ 是自動計算的，並顯示在所有好的統計軟體輸出。再考慮所討論的大學數據例 14.6 和 14.7。因為第一個 $y$ 觀察值，$y_1 =$

0.391，是用 $x_1 = 1065$，$x_2 = 9482$，$x_3 = 0$，所述第一個預測值是

$$\hat{y} = -0.3906 + 0.0007602(1065) + 0.00000697(9482) + 0.12495(0) = 0.485$$

第一個殘差則為

$$y_1 - \hat{y}_1 = 0.391 - 0.485 = -0.094$$

其他預測值和殘差計算也以類似的方式。來自一個最小平方配適的殘差總和，除了四捨五入影響，是 0。

正如在簡單線性迴歸，殘差平方總和是告訴我們關於模型的效用性的幾個重要的摘要數量之基石。

---

### 定 義

SSResid 為**平方的殘值（誤差）之和** (residual (or error) sum of squares)，SSTo 為**平方總和** (total sum of squares)，由下式給出

$$\text{SSResid} = \sum (y - \hat{y})^2 \quad \text{SSTo} = \sum (y - \bar{y})^2$$

其中 $\bar{y}$ 是樣本中觀察值 $y$ 的平均數。

與 SSResid 相關的自由度數目為 $n - (k + 1)$，因為在估計 $k + 1$ 係數 $\alpha, \beta_1, \ldots, \beta_k$ 中會失去 $k + 1$ 個自由度。

隨機離差變異數 $\sigma^2$ 的估計值由下式給出

$$s_e^2 = \frac{\text{SSResid}}{n - (k + 1)}$$

其中，$s_e = \sqrt{s_e^2}$ 是 $\sigma$ 的估計值。

**多元決定係數** (coefficient of multiple determination) $R^2$，解釋為在觀察的 $y$ 值中的變異可以由配適模型詮釋的比例，為

$$R^2 = 1 - \frac{\text{SSResid}}{\text{SSTo}}$$

---

### 例 14.8　再度審視小的學院

再看一次圖 14.6，其中包含三個預測模型 Minitab 輸出為該學院數據配適，在題為變異數分析的表中之殘差列及 SS 行發現殘差平方和：SSResid = 0.12833。自由度相關的數為 $n - (k + 1) = 22 - (3 + 1) = 18$，它出現在 DF 欄 SSResid 之左側。樣本平均 $y$ 值 $\bar{y} = .5544$

和 SSTo $= \Sigma(y - .5544)^2 = 0.92318$ 出現在總計列和 SS 行低於 SSResid 值。

$s_e$、$s_e^2$ 和 $R^2$ 的值則為

$$s_e^2 = \frac{\text{SSResid}}{n - (k + 1)} = \frac{0.12833}{18} = 0.007$$

（還發現在 Minitab 輸出的 MS 行）

$$s_e = \sqrt{s_e^2} = \sqrt{.007} = 0.084$$

（它出現在 Minitab 輸出，恰在變異數分析表上方）

$$R^2 = 1 - \frac{\text{SSResid}}{\text{SSTo}} = 1 - \frac{0.12833}{0.92318} = 1 - .139 = .861$$

因此，變異數的可被解釋的百分比是 $100R^2 = 86.1$，出現在 Minitab 輸出，如 R-Sq = 86.1%。由於 $R^2$ 值很大且 $s_e$ 值不是很大，故可從 $R^2$ 值和 $s_e$ 值得知連結 $y$ 與預測變項時所選擇的模型是成功的。

---

一般而言，有用的模型會同時產生一個大的 $R^2$ 和一個小的 $s_e$ 值。然而，有一個陷阱。這兩個條件，透過對包含多個預測變項的數據配適一個模型可以實現。這樣的模型可能會成功的解釋在我們樣本數據中 $y$ 的變化，但它幾乎都是指定的關係，對母體不能推廣且可能不實際並且難以解釋。我們真正需要的是一個簡單的模型，即一個模型具有相對較少的預測變項，其角色是很容易理解，而且也解釋了 $y$ 中大部分的變異。

所有的統計軟體包括 $R^2$ 和 $s_e$ 皆在軟體輸出，大多數也給出 SSResid。此外，依軟體計算出為**調整的 $R^2$ (adjusted $R^2$)**：

$$\text{調整的 } R^2 = 1 - \left[\frac{n - 1}{n - (k + 1)}\right]\left(\frac{\text{SSResid}}{\text{SSTo}}\right)$$

因為在方括號內的數量超過 1，從 1 扣除大於 SSResid/SSTo 之數目，因此調整的 $R^2$ 會小於 $R^2$。$R^2$ 值必須介於 0 和 1 之間，而修正的 $R^2$ 可以在極少數情況下為負。如果一個大的 $R^2$ 已透過使用少數幾個模型預測來實現，調整的 $R^2$ 和 $R^2$ 的值不會有太大不同。然而，修正已經使用含有大量預測變項（相對於觀測值的數目）或當 $R^2$ 本身是小到中等的範圍（這可能發生，即使當 $y$ 與預測變項之間沒有關係）可能是重要的。在例 14.7，調整的 $R^2 = .838$，沒有比 $R^2$ 小很多，因為該模型僅包含兩個預測變項及樣本數為 22。

## F 分配

在簡單線性迴歸中的模型效用檢定乃是基於一個檢定統計量,當 $H_0: \beta = 0$ 為真時,具有一個 $t$ 分配。而對多元迴歸的模型效用檢定則是基於一個檢定統計量具有稱為 $F$ 分配之機率分配。我們簡短描述 $F$ 分配的一些特性。一個 $F$ 分配總是源於一個比率,其中分子包含一個平方和且分母包含另一個平方和。每個平方和結合一個自由度數目,所以一個特別的 $F$ 分配由 $df_1 =$ 分子自由度與 $df_2 =$ 分母自由度的明定值所決定。對應每個不同的 $df_1$ 和 $df_2$ 組合,存在不同的 $F$ 分配。例如,具 4 個分子自由度且 12 個分母自由度的一個 $F$ 分配,又有基於分子自由度 3 和分母自由度 20 的另一個 $F$ 分配,等等。對明定分子和分母自由度的一個典型 $F$ 曲線顯示於圖 14.7。所有出現在本書中的 $F$ 檢定皆是右尾的。一個右尾的 $F$ 檢定的 $P$ 值等於相關的 $F$ 曲線下方在計算的 $F$ 值右側尾巴面積。針對基於 $df_1 = 4$ 且 $df_2 = 6$ 的一個檢定圖 14.7 說明了此點。

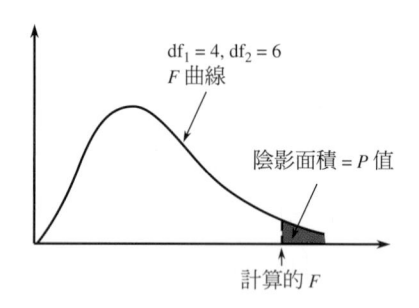

**圖 14.7**
一個右尾 $F$ 檢定的 $P$ 值

不幸地,這些右尾面積的製表比在 $t$ 分配更加繁瑣,因為在這裡涉及 2 個 df。對於每個不同的 $F$ 分配,我們的 $F$ 表格(附錄表 6)只有四個數字製成表格:採取右尾面積值 .10、.05、.01、.001。不同行對應於 $df_1$ 的不同值,且每個不同列組對應 $df_2$ 的不同值。圖 14.8 顯示了如何用此表獲得 $P$ 值的訊息。

例如,對於 $df_1 = 4$ 和 $df_2 = 6$ 的一個檢定而言

計算的 $F = 5.70 \to .01 < P$ 值 $< .05$

計算的 $F = 2.16 \to P$ 值 $> .10$

計算的 $F = 25.03 \to P$ 值 $< .001$

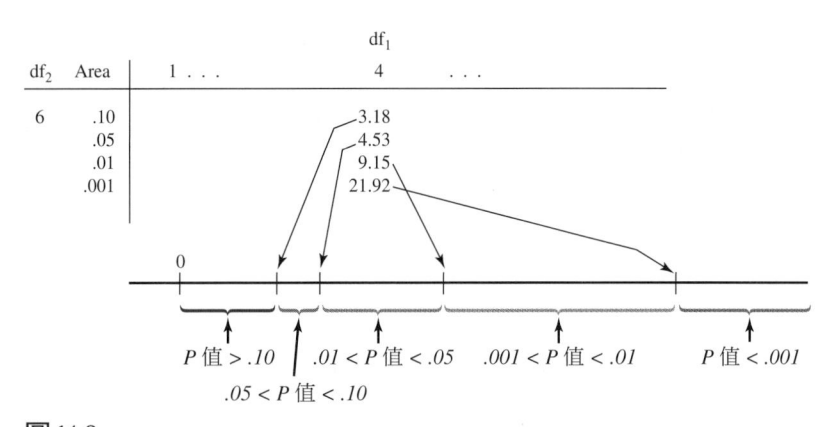

```
                                df₁
     df₂   Area     1 . . .      4      . . .
      6     .10              3.18
            .05              4.53
            .01              9.15
            .001            21.92
```

**圖 14.8**
如何從 F 分配表查出 P 值

只有當計算 F 等於表格值，我們就會得到一個確切 P 值（例如，如果計算出 F = 4.53，則 P 值 = .05）。如果 .01 < P 值 < .05，我們應該棄卻虛無假設在 .05 的顯著水準，但不是在 .01 的水準。當 P 值 < .001，$H_0$ 將在任何合理的顯著水準被棄卻。統計電腦軟體，如 Minitab，和一些圖形計算器，也可以用來尋找適合於 F 分配的 P 值。

### 模型效用之 F 檢定

在簡單線性模型中迴歸函數為 $\alpha + \beta x$，若 $\beta = 0$，在 y 和單一預測變項 x 之間，不存在有用的線性關係。同樣地，如果在一般具 k 個預測變項的多元迴歸模型中 k 個係數 $\beta_1, \beta_2, \cdots, \beta_k$ 都等於 0，y 和預測變項 $x_1, x_2, \cdots, x_k$ 中的任一個之間不具有線性關係。使用估計的多元迴歸模型做進一步的推論之前（例如，預估平均數），你應該透過正規的檢定程序，證實此模型的效用。

回想一下，SSTo 是觀察的 y 值總變異的測量值，而且 SSResid 測量了不被配適模型解釋總變異量。總數與誤差平方和之間的差異值本身就是一個平方和，稱為**迴歸平方和 (regression sum of squares)**，它被表示為 SSRegr：

$$\text{SSRegr} = \text{SSTo} - \text{SSResid}$$

將 SSRegr 解釋為由模式所詮釋的總變異量。直接來說，當 SSRegr 相對 SSResid 來說是大的且採用少數的預測變項，相對於樣本量，則模型應當被判為有用的。SSRegr 相關的自由度為 k，模型預測變項的數目，而 SSResid 的自由度為 $n - (k + 1)$。模型效用之 F 檢定是根據以下結果。

> 當所有 $k$ 個 $\beta_i$ 在模型 $y = \alpha + \beta_1 x_1 + \beta_2 x_2 + \cdots + \beta_k x_k + e$ 中為 0，而且對於 $x_1, x_2, \ldots, x_k$ 的任意特別值 $e$ 的分配是具平均數 0 且變異數 $\sigma^2$ 的常態分配，統計量
>
> $$F = \frac{\text{SSRegr}/k}{\text{SSResid}/(n - (k + 1))}$$
>
> 具有 $F$ 機率分配，具有分子 df $= k$ 和分母 df $= n - (k + 1)$。

至少有一個 $\beta_i$ 不為 0，比當所有 $\beta_i$ 都是 0 時，$F$ 值會較大，因為更多的變異是由模型典型詮釋，是在前面情況下比在後面情況下。統計量 $F$ 值若落在相關的 $F$ 分配右尾很遠地方，可以更振振有詞的歸因於至少一個非零 $\beta_i$，而不是一些極為罕見的某事已經發生，當所有的 $\beta_i$ 為 0。這就是為什麼模型效用之 $F$ 檢定是右尾檢定 (upper-tailed)。

### 多元迴歸之模型效用 $F$ 檢定

**虛無假設**：$H_0: \beta_1 = \beta_2 = \cdots = \beta_k = 0$
　　　　　（$y$ 和任何預測變項之間不具有用的線性關係。）

**對立假設**：$H_a: \beta_1, \ldots, \beta_k$ 其中至少有一個不等於 0
　　　　　（在預測變項之中，至少一個是與 $y$ 之間存在一個有用的線性關係。）

**檢定統計量**：$F = \dfrac{\text{SSRegr}/k}{\text{SSResid}/(n - (k + 1))}$

　　　　　其中 SSRegr = SSTo − SSResid。

　　　　　一個全等的公式如下

$$F = \frac{R^2/k}{(1 - R^2)/(n - (k + 1))}$$

該檢定是右尾的，並且提供訊息在附表 6，可獲得關於使用分子 $\text{df}_1 = k$ 和分母 $\text{df}_2 = n - (k + 1)$ 的 $P$ 值界限或範圍。

**前提假設**：對於預測變項的任意特別組合值，隨機離差 $e$ 的分配是常態的，具有平均數 0 與常數變異數 $\sigma^2$。

對於模型效用檢定，虛無假設是模型不是有用之主張。除非 $H_0$ 可以在一個小

的顯著水準被棄卻，否則該模式尚未證明其效用，在這種情況下，研究者必須進一步搜索有哪些可以被判斷有用的模型。在經常發表文章的情況下，當適用於 $F$ 的替代公式允許進行檢定時，只有 $R^2$、$k$ 和 $n$ 是可用的。

### 例 14.9　小學院的最後審視

此模型配適了例 14.6 所介紹包含 $k = 3$ 個預測變項之學院資料。在圖 14.6 Minitab 的輸出中，包含用於模型效用檢定的相關訊息。

1. 此模型為 $y = \alpha + \beta_1 x_1 + \beta_2 x_2 + \beta_3 x_3 + e$，其中 $y =$ 六年畢業率，$x_1 =$ SAT 成績中位數，$x_2 =$ 每位全職學生支出的費用，$x_3$ 是指示變項，當一所學院只招收男生或只招收女生，此變項為 1；如果是男女同校，此變項為 0。
2. $H_0$: $\beta_1 = \beta_2 = \beta_3 = 0$
3. $H_a$: 三個 $\beta_i$ 中至少有一個不等於 0
4. 顯著水準：$\alpha = .05$
5. 檢定統計量：$F = \dfrac{\text{SSRegr}/k}{\text{SSResid}/[n - (k + 1)]}$
6. 假設：對於考慮的模型（從 Minitab 中）附帶的表格給出了殘差和標準化殘差。

| Obs. | y | x1 | x2 | x3 | Residual | Standardized Residual |
|---|---|---|---|---|---|---|
| 1 | 0.391 | 1065 | 9482 | 0 | −0.094 | −1.166 |
| 2 | 0.389 | 950 | 13149 | 0 | −0.034 | −0.442 |
| 3 | 0.532 | 1090 | 9418 | 0 | 0.028 | 0.358 |
| 4 | 0.893 | 1350 | 26969 | 0 | 0.069 | 0.908 |
| 5 | 0.313 | 930 | 8489 | 0 | −0.062 | −0.779 |
| 6 | 0.315 | 985 | 8329 | 0 | −0.101 | −1.244 |
| 7 | 0.896 | 1390 | 29605 | 0 | 0.024 | 0.319 |
| 8 | 0.545 | 1170 | 13154 | 0 | −0.045 | −0.575 |
| 9 | 0.288 | 950 | 10887 | 0 | −0.119 | −1.497 |
| 10 | 0.469 | 990 | 6046 | 0 | 0.065 | 0.812 |
| 11 | 0.679 | 1035 | 14889 | 1 | 0.054 | 0.806 |
| 12 | 0.495 | 845 | 11694 | 0 | 0.162 | 2.388 |
| 13 | 0.410 | 1000 | 9911 | 0 | −0.029 | −0.350 |
| 14 | 0.497 | 1065 | 9371 | 0 | 0.013 | 0.158 |
| 15 | 0.553 | 1065 | 14051 | 0 | 0.036 | 0.441 |
| 16 | 0.845 | 1325 | 18420 | 0 | 0.100 | 1.381 |
| 17 | 0.465 | 1035 | 13302 | 0 | −0.024 | −0.292 |
| 18 | 0.541 | 1005 | 8098 | 0 | 0.111 | 1.371 |
| 19 | 0.579 | 918 | 12999 | 1 | 0.056 | 0.857 |
| 20 | 0.912 | 1370 | 35393 | 1 | −0.110 | −1.793 |
| 21 | 0.298 | 970 | 5518 | 0 | −0.087 | −1.091 |
| 22 | 0.891 | 1375 | 35669 | 0 | −0.012 | −0.189 |

標準化殘差的常態機率圖如下所示；該圖很直，指出隨機離差具有常態分配的假設是合理的：

標準化殘差 vs 常態分數 圖

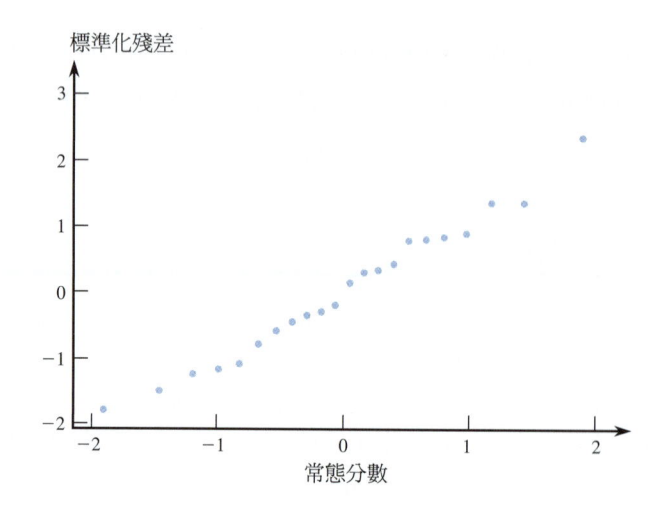

7. 直接從圖 14.6 中的變異數分析表，在 SS 行給出 SSRegr = 0.79486 和 SSResid = 0.12833。因此，

$$F = \frac{0.79486/3}{0.12833/18} = \frac{0.26495}{0.00713} = 37.16 \text{（亦可見於圖 14.6 中的 } F \text{ 欄）。}$$

8. 附錄表 6 顯示一個檢定基於 $df_1 = k = 3$ 和 $df_2 = n - (k + 1) = 22 - (3 + 1) = 18$，值 8.49 捕取到 $F$ 曲線下右尾面積 .001。由於計算 $F = 37.16 > 8.49$，所以 $P$ 值 $< .001$。實際上，圖 14.6 顯示了到小數點後三位數，$P$ 值 $= 0$。

9. 因為 $P$ 值為 .001，小於 .05 的顯著水準，$H_0$ 應予以棄卻。結論是相同，採用 $\alpha = .01$ 或 $\alpha = .001$。多元迴歸模型的有效性是確立的。模式效用檢定的 $P$ 值也可以在 Minitab 輸出被找到位於 $P$ 值欄 $F$ 檢定統計量值的右邊。

## 例 14.10　學校委員會的政治

在文章中對多元迴歸分析的介紹「**官僚制自由裁量權的政治**」(*American Journal of Political Science* [1991]: 155-177) 考慮的模型中，其中的相關變項是

　　$y = $ 在學區中校委會成員是黑人的比例

其他預測變項為

　　$x_1 = $ 黑人和白人的收入比
　　$x_2 = $ 生活品質在貧窮線下地區的白人比例
　　$x_3 = $ 指示變項是否在南方小區
　　$x_4 = $ 在具有高中教育地區中黑人的比例
　　$x_5 = $ 該區黑人人口的比例

總結數據包含 $n = 140$ 和 $R^2 = .749$。此模型是否明定 $y$ 和五個預測變項之間一個有用

的關係？為了要回答這個問題，我們執行一個模型效用檢定。

1. 配適的模型為 $y = \alpha + \beta_1 x_1 + \beta_2 x_2 + \cdots + \beta_5 x_5 + e$
2. $H_0: \beta_1 = \beta_2 = \beta_3 = \beta_4 = \beta_5 = 0$
3. $H_a$: 其中至少一個 $\beta_i's$ 不等於 0
4. 顯著水準：$\alpha = .01$
5. 檢定統計量：$F = \dfrac{R^2/k}{(1 - R^2)/(n - (k + 1))}$
6. 前提假設：這篇文章並沒有給出原始數據，所以我們無法計算標準化殘差，或者建構一個常態機率圖。假設本次檢定是有效的，我們必須同意這個隨機離差具有常態分配。
7. $F = \dfrac{.749/5}{.251/(140 - (5 + 1))} = \dfrac{.1498}{.001873} = 80.0$
8. 此檢定是基於 $df_1 = k = 5$ 及 $df_2 = n - (k + 1) = 134$，後一個 df 不包含在 F 的表格中。然而，對於 $df_2 = 120$ 為 4.42，臨界值為 .01，而 $df_2 = 240$ 則是 4.25；所以對於 $df_2 = 134$，臨界值大約是 4.4。很顯然地，80.0 大大超過這個值，這意味著 P 值 < .001。
9. 當 P 值 < .001，小於 .01 的顯著水準，$H_0$ 在 .01 的顯著水準被棄卻。y 和五個預測變項中的至少一個，似乎存在一個有用的線性關係。

在 14.3 節 (online)，我們假設一個模型被評為執行 F 檢定後非常有用，然後展示如何估計係數與迴歸函數可用於得出進一步的結論。然而，你應該明白在這許多應用中，許多個模型的效用可以由 F 檢定來確認。還有，只是因為模型效用的檢定顯示該多元迴歸模型是有用的，並不意味著所有的模型中的預測變項皆有助於模型的有效性。例 14.11 對此進行說明，且選擇一個模型的策略在 14.4 節 (online) 來考慮。

### 例 14.11　能量棒的成本

是什麼因素導致能量棒能夠增加肌耐力，進而提升了價格？此資料來源為「解開能量棒之謎」(*Consumer Reports* [June 2003]: 19–21)，以下數據包含價格、熱量、蛋白質含量 (g)、脂肪含量 (g)，並以 19 個能量棒為樣本。

| 價格 | 熱量 | 蛋白質含量 | 脂肪含量 |
|------|------|------------|----------|
| 1.40 | 180  | 12         | 3.0      |
| 1.28 | 200  | 14         | 6.0      |
| 1.31 | 210  | 16         | 7.0      |
| 1.10 | 220  | 13         | 6.0      |
| 2.29 | 220  | 17         | 11.0     |

| 價格 | 熱量 | 蛋白質含量 | 脂肪含量 |
|---|---|---|---|
| 1.15 | 230 | 14 | 4.5 |
| 2.24 | 240 | 24 | 10.0 |
| 1.99 | 270 | 24 | 5.0 |
| 2.57 | 320 | 31 | 9.0 |
| 0.94 | 110 | 5 | 30.0 |
| 1.40 | 180 | 10 | 4.5 |
| 0.53 | 200 | 7 | 6.0 |
| 1.02 | 220 | 8 | 5.0 |
| 1.13 | 230 | 9 | 6.0 |
| 1.29 | 230 | 10 | 2.0 |
| 1.28 | 240 | 10 | 4.0 |
| 1.44 | 260 | 6 | 5.0 |
| 1.27 | 260 | 7 | 5.0 |
| 1.47 | 290 | 13 | 6.0 |

圖 14.9 顯示了 Minitab 所輸出的迴歸模型

$$y = \alpha + \beta_1 x_1 + \beta_2 x_2 + \beta_3 x_3 + e$$

其中

$y = $ 價格　　$x_1 = $ 熱量　　$x_2 = $ 蛋白質含量　　$x_3 = $ 脂肪含量

```
The regression equation is
Price = 0.252 + 0.00125 Calories + 0.0485 Protein + 0.0444 Fat

Predictor        Coef        SE Coef         T        P
Constant        0.2511        0.3524       0.71     0.487
Calories       0.001254      0.001724      0.73     0.478
Protein        0.04849       0.01353       3.58     0.003
Fat            0.04445       0.03648       1.22     0.242
S = 0.2789     R-Sq = 74.7%     R-Sq(adj) = 69.6%

Analysis of Variance
Source           DF        SS         MS         F        P
Regression        3      3.4453     1.1484     14.76    0.000
Residual Error   15      1.1670     0.0778
Total            18      4.6122
```

**圖 14.9**

例 14.11 能量棒資料 Minitab 分析輸出

　　根據 Minitab 的輸出 $F = 14.76$，具有 0.000 的相關 $P$ 值，表示應棄卻模型效用檢定之虛無假設 $H_0: \beta_1 = \beta_2 = \beta_3 = 0$。我們可以得出結論 $y$ 和 $x_1$、$x_2$、$x_3$ 之間至少有一個有用的線性關係。然而，考慮 Minitab 輸出如圖 14.10 所示，因其配適模型僅使用 $x_2 = $ 蛋白質含量做為預測變項。注意，$F$ 檢定也證實這模型的有效性，另外，包括 $R^2$ 和修正 $R^2$ 的值 71.1% 和 69.4% 非常近似那些包含全部三個預測變項模型（從圖 14.9 的 Minitab 輸出 74.7% 和 69.6%）。這提示蛋白質含量單一變項與全部三個變項對於價格變異的解釋具有相同的數量，所以只是一個預測變項的較簡單模型也許勝過具有三個預測變項的更複雜模型。

```
The regression equation is
Price = 0.607 + 0.0623 Protein

Predictor         Coef        SE Coef        T         P
Constant        0.6072        0.1419        4.28      0.001
Protein        0.062256      0.009618      6.47      0.000
S = 0.279843    R-Sq = 71.1%    R-Sq(adj) = 69.4%

Analysis of Variance
Source           DF        SS         MS        F        P
Regression        1      3.2809     3.2809    41.90    0.000
Residual Error   17      1.3313     0.0763
Total            18      4.6122
```

**圖 14.10**
例 14.11 能量棒資料 Minitab 分析輸出，僅考慮 $x_2 =$ 蛋白質含量作為預測變項

## 習題 14.16 – 14.35

**14.16** 當沿海電廠需要抽取大量海水當冷卻水時，不可避免會吸引到一些海中的魚群。為了篩選出這些魚，已設計了多種方式。資料來源為「**在發電廠的進水口針對預測重點的魚群，進行多元迴歸分析**」(*Journal of Applied Ecology* [1983]: 33–42)，在英國的一座發電廠實施研究，檢查進水口的捕魚量，並思考幾個會影響進水口捕獲魚群數量的變項：

$y =$ 魚群捕獲量（魚的數量）
$x_1 =$ 水溫 (°C)
$x_2 =$ 泵流量
$x_3 =$ 海況（數值 0、1、2、3）
$x_4 =$ 速度（節）

透過文章中一部分的數據，得出下列估計的迴歸等式

$$\hat{y} = 92 - 2.18x_1 - 19.20x_2 - 9.38x_3 + 2.32x_4$$

（根據 $n = 26$）。SSRegr = 1486.9 且 SSResid = 2230.2 被計算出。

a. 對於 $b_1 \sim b_4$ 的值提出解釋。

b. 可透過此模型來解釋所觀察到的魚群捕獲量變化的比例是多少？
c. 估計 $\sigma$ 的值。
d. 透過計算修正 $R^2$。思考如何使 $R^2$ 的值更接近其本身？

**14.17** 符合下列 $F$ 檢定條件的 $P$ 值為何？
a. $df_1 = 3$，$df_2 = 15$，計算的 $F = 4.23$
b. $df_1 = 4$，$df_2 = 18$，計算的 $F = 1.95$
c. $df_1 = 5$，$df_2 = 20$，計算的 $F = 4.10$
d. $df_1 = 4$，$df_2 = 35$，計算的 $F = 4.58$

**14.18** 針對下列每一個情況，對於一個右尾 $F$ 檢定的 $P$ 值盡量得到更多相關訊息：
a. $k = 2$，$n = 21$，計算的 $F = 2.47$
b. $k = 8$，$n = 25$，計算的 $F = 5.98$
c. $k = 5$，$n = 26$，計算的 $F = 3.00$
d. 基於 $x_1$ 和 $x_2$ 完整的二次模型是配適的，且 $n = 20$，計算的 $F = 8.25$
e. $k = 5$，$n = 100$，計算的 $F = 2.33$

**14.19** 透過 $n = 150$ 個鵪鶉蛋的樣本數據來配適一個多元迴歸模型包含

$y$ = 蛋殼表面積 (mm²)
$x_1$ = 蛋重 (g)
$x_2$ = 蛋寬度 (mm)
$x_3$ = 蛋長度 (mm)

資料來源為「日本的鵪鶉蛋使用預測蛋黃高度、蛋黃寬度、蛋白長度、蛋殼重量、蛋型指數、蛋殼厚度等各種具備迴歸模式特點的方法,來測量蛋的表面積」 (*International Journal of Poultry Science* [2008]: 85-88)

由此產生估計的迴歸函數為

$$10.561 + 1.535x_1 - 0.178x_2 - 0.045x_3$$

及 $R^2 = .996$。

a. 執行一個模型效用檢定以確定此多元迴歸模型是否有用。

b. 一個簡單線性迴歸模型也被用來描述 $y$ 和 $x_1$ 之間的關係,引導出估計迴歸函數 $6.254 + 1.387x_1$。此模型的 $P$ 值小於 .01,且 $r^2 = .994$。試問此線性模型有效嗎?說明之。

c. 根據你 (a) 和 (b) 部分的回答,其中兩種模式你會選擇哪個來預測蛋殼表面積?說明你的理由。

**14.20** 此題需要使用電腦軟體。此文章「收集已記錄黑熊在北方森林棲息地的選擇」(*Canadian Journal of Zoology* [2008]: 1307-1316) 的數據為 11 隻母黑熊。

| 年齡 (years) | 體重 (kg) | 生活範圍 (km²) |
|---|---|---|
| 10.5 | 54 | 43.1 |
| 6.5 | 40 | 46.6 |
| 28.5 | 62 | 57.4 |
| 6.5 | 55 | 35.6 |
| 7.5 | 56 | 62.1 |
| 6.5 | 62 | 33.9 |
| 5.5 | 42 | 39.6 |
| 7.5 | 40 | 32.2 |
| 11.5 | 59 | 57.2 |
| 9.5 | 51 | 24.4 |
| 5.5 | 50 | 68.7 |

a. 配合多元迴歸模型來描述:$y$ = 生活範圍大小與預測變項 $x_1$ = 年齡和 $x_2$ = 體重之間的關係。

b. 構建 11 個標準化殘差的一個常態機率圖。基於此機率圖,它是否可以解釋隨機離差的分配是常態的嗎?說明之。

c. 如果適當的話,以 .05 的顯著水準進行一個模型來確定該預測變項年齡和體重對於預測家庭範圍的大小是有用的。

**14.21** 世界自然保護策略為一個重要目標,而生態學者在某地區發現大量物種,對於遺傳的多樣性維護會產生影響。此文章「從 Habitat.Variables 稀有的預測:新斯科舍湖岸的海岸植物」(*Ecology* [1992]: 1852-1859) 使用 $n = 37$ 湖泊樣本數,所得到的估計迴歸模型如下

$$\hat{y} = 3.89 + .033x_1 + .024x_2 + .23x_3 + .008x_4 - .13x_5 - .72x_6$$

其中 $y$ = 物種多樣性,$x_1$ = 流域面積,$x_2$ = 離岸寬度,$x_3$ = 排水 (%),$x_4$ = 水的顏色(總共的顏色單位),$x_5$ = 沙 (%),$x_6$ = 鹼度。多元決定係數為 $R^2 = .83$。使用 .01 的顯性水準來檢定以決定所選擇的模型是否有用。

**14.22** 此文章「對校內影響和校外工作在第一年的認知結果」(*Journal of College Student Development* [1994]: 364-370) 報導的一項研究,其中 $y$ = 在春天的數學理解成績迴歸到 $x_1$ = 去年秋天的測驗成績,$x_2$ = 去年秋天學習動機,$x_3$ = 年齡,$x_4$ = 信貸時間數,$x_5$ = 住宅(1 大學校區,0 不在大學校區),$x_6$ = 在學的工作時間,和 $x_7$ =

離開學校的工作時間。樣本數為 $n = 210$，$R^2 = .543$。檢定以明白在 $y$ 和至少一個預測變項之間是否存在一個有用的線性關係。

14.23　在習題 14.16 中配適的模型有用嗎？執行採用顯著水準 .10 的檢定。

14.24　隨附 Minitab 輸出結果從配適的模式來描述習題 14.14 的數據。

| Predictor | Coef | Stdev | t-ratio |
|---|---|---|---|
| Constant | 86.85 | 85.39 | 1.02 |
| X1 | -0.12297 | 0.03276 | -3.75 |
| X2 | 5.090 | 1.969 | 2.58 |
| X3 | -0.07092 | 0.01799 | -3.94 |
| X4 | 0.0015380 | 0.0005560 | 2.77 |

S = 4.784　R-sq = 90.8%　R-sq(adj) = 89.4%

Analysis of Variance

| | DF | SS | MS |
|---|---|---|---|
| Regression | 4 | 5896.6 | 1474.2 |
| Error | 26 | 595.1 | 22.9 |
| Total | 30 | 6491.7 | |

a. 估計迴歸式為何？
b. 利用 .01 的顯著水準執行模型的效用檢定。
c. 解釋所輸出的 $R^2$ 和 $s_e$ 值。

14.25　對於練習 14.6 的多元迴歸模型，基於 1136 的觀測數據，$R^2$ 的值為 .06 和修正的 $R^2$ 為 .06。對這個迴歸模型執行一個模型效用檢定。

14.26　此試題需要使用電腦軟體。此文章「**移動與棲息地利用湖裡的白魚在北方湖的產卵期間：結合聲學遙測和地理資訊系統**」(*Transactions of the American Fisheries Society* [1999]: 939-952) 中的數據為在兩年內補獲 17 條魚。

| 年 | 魚的編號 | 重量(g) | 長度(mm) | 年齡(年) |
|---|---|---|---|---|
| 第 1 年 | 1 | 776 | 410 | 9 |
| | 2 | 580 | 368 | 11 |
| | 3 | 539 | 357 | 15 |
| 第 2 年 | 4 | 648 | 373 | 12 |
| | 5 | 538 | 361 | 9 |
| | 6 | 891 | 385 | 9 |
| | 7 | 673 | 380 | 10 |
| | 8 | 783 | 400 | 12 |
| | 9 | 571 | 407 | 12 |
| | 10 | 627 | 410 | 13 |
| | 11 | 727 | 421 | 12 |
| | 12 | 867 | 446 | 19 |
| | 13 | 1042 | 478 | 19 |
| | 14 | 804 | 441 | 18 |
| | 15 | 832 | 454 | 12 |
| | 16 | 764 | 440 | 12 |
| | 17 | 727 | 427 | 12 |

a. 配適一個多元迴歸模型來描述重量和預測變項長度和年齡之間的關係。$\hat{y} = -511 + 3.06$ 長度 $- 1.11$ 年齡
b. 進行一個模型效用檢定判斷是否至少長度和年齡其中一個變項預測體重是有用的。

14.27　此試題需要使用電腦軟體。此文章「**每獨立單位動物體長與速度對捕食獵物的時間估計**」(*Animal Behaviour* [1999]: 347-352) 作者提出獵物的速度 (twips/s) 和長度 (twips × 100)，可以很好的用來預測捕捉獵物所需要的時間（twip 是程式員在衡量距離時所使用的。）資料是從一個實驗所收集的，受試者被要求用滑鼠點擊從他們電腦螢幕上移動過去的獵物，研究不同的獵物長度及速度。從此論文所撰取與彙總值一致，並呈現在文章中的圖。以下所收集的資料包含論文中的所有資料，其中長度和速度的組合為電腦隨機抽樣，同時記錄下平均抓取時間。

| 獵物長度 | 獵物速度 | 追捕時間 |
|---|---|---|
| 7 | 20 | 1.10 |
| 6 | 20 | 1.20 |
| 5 | 20 | 1.23 |
| 4 | 20 | 1.40 |
| 3 | 20 | 1.50 |

| 獵物長度 | 獵物速度 | 追捕時間 |
|---|---|---|
| 3 | 40 | 1.40 |
| 4 | 40 | 1.36 |
| 6 | 40 | 1.30 |
| 7 | 40 | 1.28 |
| 7 | 80 | 1.40 |
| 6 | 60 | 1.38 |
| 5 | 80 | 1.40 |
| 7 | 100 | 1.43 |
| 6 | 100 | 1.43 |
| 7 | 120 | 1.70 |
| 5 | 80 | 1.50 |
| 3 | 80 | 1.40 |
| 6 | 100 | 1.50 |
| 3 | 120 | 1.90 |

a. 配適一個多元迴歸模型，使用長度及速度預測捕捉獵物的時間。

b. 預測動物捕捉獵物的時間，當其長度為 6 且速度為 50。

c. 多元迴歸模型是否會有效地預測出捕捉的時間？使用 $\alpha = .05$ 檢定相關假設。

d. 文章作者提出，具單一預測變項

$$x = \frac{長度}{速度}$$

的一個簡單線性迴歸模型可能是預測捕捉時間的一個更好的模型。計算出 $x$ 值，並使用它們來配適此線性迴歸模型。

e. 從這兩個模型考慮〔從 (a) 部分的多元迴歸模型或從 (d) 部分的簡單線性迴歸〕，你會建議如何預測追捕時間？證明之。

**14.28** 此試題需要使用電腦軟體。此文章「關鍵尺寸的容量感知，眼睛可以欺騙胃嗎？」(*Journal of Marketing Research* [1999]: 313-326) 中得到右頁的數據，27 個代表性食品的大小。

a. 配適一個多元迴歸模型來預測一盒之容積，基於它的最小寬度、最大寬度和延展性。

b. 當嘗試著確定我們的模型配適資料的品質時，我們為什麼要考慮修正 $R^2$ 而不是 $R^2$ ？

c. 執行一個模型效用檢定。

**14.29** 此文章「某些解凍的永凍土層的排水強度」(*Canadian Geotechnical Journal* [1979]: 420-427) 包含附帶數據 $y$ = 砂質土的剪切強度（千帕 KPa），$x_1$ = 深度 (m) 和 $x_2$ = 水分含量 (%)。使用下列估計迴歸模型計算預測值和殘差

$$\hat{y} = -151.36 - 16.22x_1 + 13.48x_2 + 0.94x_3 - .253x_4 + .492x_5$$

其中 $x_3 = x_1^2$，$x_4 = x_2^2$，和 $x_5 = x_1 x_2$。

| y | $x_1$ | $x_2$ | 預測的 y | 殘差 |
|---|---|---|---|---|
| 14.7 | 8.9 | 31.5 | 23.35 | −8.65 |
| 48.0 | 36.6 | 27.0 | 46.38 | 1.62 |
| 25.6 | 36.8 | 25.9 | 27.13 | −1.53 |
| 10.0 | 6.1 | 39.1 | 10.99 | −0.99 |
| 16.0 | 6.9 | 39.2 | 14.10 | 1.90 |
| 16.8 | 6.9 | 38.3 | 16.54 | 0.26 |
| 20.7 | 7.3 | 33.9 | 23.34 | −2.64 |
| 38.8 | 8.4 | 33.8 | 25.43 | 13.37 |
| 16.9 | 6.5 | 27.9 | 15.63 | 1.27 |
| 27.0 | 8.0 | 33.1 | 24.29 | 2.71 |
| 16.0 | 4.5 | 26.3 | 15.36 | 0.64 |
| 24.9 | 9.9 | 37.8 | 29.61 | −4.71 |
| 7.3 | 2.9 | 34.6 | 15.38 | −8.08 |
| 12.8 | 2.0 | 36.4 | 7.96 | 4.84 |

a. 使用所給的數據來計算 SSResid、SSTo 和 SSRegr。

b. 計算這個迴歸模型的 $R^2$。你會如何解釋這個值？

c. 使用得自 (b) 部分的 $R^2$ 和 .05 的顯著水準進行適當的模型效用檢定。

**14.30** 此文章「可辨識型液晶顯示器：響應面」(*Human Factors* [1983]: 185-190) 使用估計迴歸模型來描述變數間的關係，$y$ = 受試者閱讀一個四位數的液晶顯示誤差百

習題 14.28 的數據

| 產品 | 材料 | 高度 | 最大寬度 | 最小寬度 | 延展性 | 容量 |
|---|---|---|---|---|---|---|
| 1 | glass | 7.7 | 2.50 | 1.80 | 1.50 | 125 |
| 2 | glass | 6.2 | 2.90 | 2.70 | 1.07 | 135 |
| 3 | glass | 8.5 | 2.15 | 2.00 | 1.98 | 175 |
| 4 | glass | 10.4 | 2.90 | 2.60 | 1.79 | 285 |
| 5 | plastic | 8.0 | 3.20 | 3.15 | 1.25 | 330 |
| 6 | glass | 8.7 | 2.00 | 1.80 | 2.17 | 90 |
| 7 | glass | 10.2 | 1.60 | 1.50 | 3.19 | 120 |
| 8 | plastic | 10.5 | 4.80 | 3.80 | 1.09 | 520 |
| 9 | plastic | 3.4 | 5.90 | 5.00 | 0.29 | 330 |
| 10 | plastic | 6.9 | 5.80 | 4.75 | 0.59 | 570 |
| 11 | tin | 10.9 | 2.90 | 2.80 | 1.88 | 340 |
| 12 | plastic | 9.7 | 2.45 | 2.10 | 1.98 | 175 |
| 13 | glass | 10.1 | 2.60 | 2.20 | 1.94 | 240 |
| 14 | glass | 13.0 | 2.60 | 2.60 | 2.50 | 240 |
| 15 | glass | 13.0 | 2.70 | 2.60 | 2.41 | 360 |
| 16 | glass | 11.0 | 3.10 | 2.90 | 1.77 | 310 |
| 17 | cardboard | 8.7 | 5.10 | 5.10 | 0.85 | 635 |
| 18 | cardboard | 17.1 | 10.20 | 10.20 | 0.84 | 1250 |
| 19 | glass | 16.5 | 3.50 | 3.50 | 2.36 | 650 |
| 20 | glass | 16.5 | 2.70 | 1.20 | 3.06 | 305 |
| 21 | glass | 9.7 | 3.00 | 1.70 | 1.62 | 315 |
| 22 | glass | 17.8 | 2.70 | 1.75 | 3.30 | 305 |
| 23 | glass | 14.0 | 2.50 | 1.70 | 2.80 | 245 |
| 24 | glass | 13.6 | 2.40 | 1.20 | 2.83 | 200 |
| 25 | plastic | 27.9 | 4.40 | 1.20 | 3.17 | 1205 |
| 26 | tin | 19.5 | 7.50 | 7.50 | 1.30 | 2330 |
| 27 | tin | 13.8 | 4.25 | 4.25 | 1.62 | 730 |

分比，$x_1$ = 背光水平，$x_2$ = 角色輔助，$x_3$ = 視角，和 $x_4$ = 環境光級別。由文章所給的表格和 SSRegr = 19.2，SSResid = 20.0，和 $n = 30$。

a. 估計迴歸模型指定 $y$ 和獨立變項之間的關係是否有用？使用顯著水準 .05 進行模型效用的檢定。

b. 計算 $R^2$ 和 $S_e$，進而解釋這些值。

c. 你認為估計迴歸模型是否能夠提供誤差率合理準確的預測？請說明。

14.31 此文章「**說明除葉對豌豆產量的影響**」(*Journal of Economic Entomology* [1984]: 1019–1023) 使用二次迴歸模型來描述 $y$ = 產量 (kg/plot) 和 $x$ = 落葉等級（比率為 0～1 之間）之間的關係。根據迴歸模型，$n = 24$，$\hat{y} = 12.39 + 6.67x_1 - 15.25x_2$，其中 $x_1 = x$ 和 $x_2 = x^2$。文中還指出此模型的 $R^2$ 為 .902。二次模型明定 $y$ 和 $x$ 之間具有一個有用的關係嗎？使用顯著水準 .01 進行適當的檢定。

14.32 假設一個多元迴歸數據包括 $n = 15$ 個觀察。對於哪些 $k$ 值，模型預測變項的數量，對應具 $R^2$ = .9 的模型在 .05 的顯著水準下被判斷是有用的？如此龐大的 $R^2$ 是否一定保證一個有用的模型？請說明。

14.33 此試題需要使用電腦軟體。使用練習 14.29 所給的數據來驗證真正的迴歸函數

平均 $y$ 值 $= \alpha + \beta_1 x_1 + \beta_2 x_2 + \beta_3 x_3 + \beta_4 x_4 + \beta_5 x_5$

以下式估計

$$\hat{y} = -151.36 - 16.22 x_1 + 13.48 x_2 + .094 x_3 - .253 x_4 + .492 x_5$$

14.34 此試題需要使用電腦軟體。伴隨的資料由研究下列變項之間的關係所產生，相關變項 $y = $ 成品紙的亮度，與獨立變項 $x_1 = $ 過氧化氫（重量百分比），$x_2 = $ 氫氧化鈉（重量百分比），$x_3 = $ 矽酸鹽（重量百分比），和 $x_4 = $ 過程溫度（資料來源為「CE-HDP 對於漂白高亮度牛皮紙漿的生產優勢」，*TAPPI* [1964]: 107A–173A）。

| $x_1$ | $x_2$ | $x_3$ | $x_4$ | $y$ |
|---|---|---|---|---|
| .2 | .2 | 1.5 | 145 | 83.9 |
| .4 | .2 | 1.5 | 145 | 84.9 |
| .2 | .4 | 1.5 | 145 | 83.4 |
| .4 | .4 | 1.5 | 145 | 84.2 |
| .2 | .2 | 3.5 | 145 | 83.8 |
| .4 | .2 | 3.5 | 145 | 84.7 |
| .2 | .4 | 3.5 | 145 | 84.0 |
| .4 | .4 | 3.5 | 145 | 84.8 |
| .2 | .2 | 1.5 | 175 | 84.5 |
| .4 | .2 | 1.5 | 175 | 86.0 |
| .2 | .4 | 1.5 | 175 | 82.6 |
| .4 | .4 | 1.5 | 175 | 85.1 |
| .2 | .2 | 3.5 | 175 | 84.5 |
| .4 | .2 | 3.5 | 175 | 86.0 |
| .2 | .4 | 3.5 | 175 | 84.0 |
| .4 | .4 | 3.5 | 175 | 85.4 |
| .1 | .3 | 2.5 | 160 | 82.9 |
| .5 | .3 | 2.5 | 160 | 85.5 |
| .3 | .1 | 2.5 | 160 | 85.2 |
| .3 | .5 | 2.5 | 160 | 84.5 |
| .3 | .3 | 0.5 | 160 | 84.7 |
| .3 | .3 | 4.5 | 160 | 85.0 |
| .3 | .3 | 2.5 | 130 | 84.9 |
| .3 | .3 | 2.5 | 190 | 84.0 |
| .3 | .3 | 2.5 | 160 | 84.5 |
| .3 | .3 | 2.5 | 160 | 84.7 |
| .3 | .3 | 2.5 | 160 | 84.6 |
| .3 | .3 | 2.5 | 160 | 84.9 |
| .3 | .3 | 2.5 | 160 | 84.9 |
| .3 | .3 | 2.5 | 160 | 84.5 |
| .3 | .3 | 2.5 | 160 | 84.6 |

a. 查找包含所有獨立變項，所有二次項及所有交互項等模型的估計迴歸模型。
b. 在 .05 的顯著水準執行模型效用檢定。
c. 解釋下列數值：SSResid、$R^2$ 和 $s_e$。

14.35 此試題需要使用電腦軟體。在伊拉克境內，棉蚜蟲不會對棉花作物產生威脅。下列變項

$y = $ 侵害率（蚜蟲/100 葉）
$x_1 = $ 平均氣溫 (°C)
$x_2 = $ 平均溼度

的隨附資料出現在「**侵擾棉花的棉蚜所影響的經濟產值**」(*Mesopotamia Journal of Agriculture* [1982]: 71–75) 此文章中。利用這些數據來求得估計迴歸模型及評估多元迴歸模型。

$$y = \alpha + \beta_1 x_1 + \beta_2 x_2 + e$$

| $y$ | $x_1$ | $x_2$ | $y$ | $x_1$ | $x_2$ |
|---|---|---|---|---|---|
| 61 | 21.0 | 57.0 | 77 | 24.8 | 48.0 |
| 87 | 28.3 | 41.5 | 93 | 26.0 | 56.0 |
| 98 | 27.5 | 58.0 | 100 | 27.1 | 31.0 |
| 104 | 26.8 | 36.5 | 118 | 29.0 | 41.0 |
| 102 | 28.3 | 40.0 | 74 | 34.0 | 25.0 |
| 63 | 30.5 | 34.0 | 43 | 28.3 | 13.0 |
| 27 | 30.8 | 37.0 | 19 | 31.0 | 19.0 |
| 14 | 33.6 | 20.0 | 23 | 31.8 | 17.0 |
| 30 | 31.3 | 21.0 | 25 | 33.5 | 18.5 |
| 67 | 33.0 | 24.5 | 40 | 34.5 | 16.0 |
| 6 | 34.3 | 6.0 | 21 | 34.3 | 26.0 |
| 18 | 33.0 | 21.0 | 23 | 26.5 | 26.0 |
| 42 | 32.0 | 28.0 | 56 | 27.3 | 24.5 |
| 60 | 27.8 | 39.0 | 59 | 25.8 | 29.0 |
| 82 | 25.0 | 41.0 | 89 | 18.5 | 53.5 |
| 77 | 26.0 | 51.0 | 102 | 19.0 | 48.0 |
| 108 | 18.0 | 70.0 | 97 | 16.3 | 79.5 |

## 活動 14.1　探索預測變項數目和樣本量之間的關係

這項試題需要使用能夠配適多元迴歸模型的統計電腦軟體。

**背景**：所採用的計算機軟體，能夠產生隨機觀測到任何指定的常態分配，產生關於 $y$、$x_1$、$x_2$、$x_3$ 和 $x_4$ 的已知數據。因為該數據是隨機產生的，所以也沒有理由相信 $y$ 與任何所提出的預測變項 $x_1$、$x_2$、$x_3$ 和 $x_4$ 有關係。

| y | $x_1$ | $x_2$ | $x_3$ | $x_4$ |
|---|---|---|---|---|
| 20.5 | 18.6 | 22.0 | 17.1 | 18.5 |
| 20.1 | 23.9 | 19.1 | 21.1 | 21.3 |
| 20.0 | 20.9 | 20.7 | 19.4 | 20.6 |
| 21.7 | 18.7 | 18.1 | 20.9 | 18.1 |
| 20.7 | 21.1 | 21.7 | 23.7 | 17.0 |

1. 建構散布圖——$y$ 與 $x_1$、$x_2$、$x_3$ 和 $x_4$。是否希望能夠在散布圖上，找到可以生成數據的方式？請說明。
2. 配適以下迴歸模型：
    i. $y$ 與 $x_1$
    ii. $y$ 與 $x_1$ 和 $x_2$
    iii. $y$ 與 $x_1$、$x_2$ 和 $x_3$
    iv. $y$ 與 $x_1$、$x_2$、$x_3$ 和 $x_4$
3. 在步驟二中整合出一個表，其中包含了 $R^2$、修正的 $R^2$，及 $s_e$ 的值。
4. 考慮到這些數據所產生的方式，是否為你在步驟三所觀察到的方式？關於預測變項數目與樣本量之間的關係，這提示了什麼？

### 重要觀念與公式之摘要

| 專有名詞或公式 | 註釋 |
|---|---|
| 加法多元迴歸模型， $y = \alpha + \beta_1 x_1 + \beta_2 x_2 + \cdots + \beta_k x_k + e$ | 這個等式呈現出 $y$ 跟 $k$ 個預測變項 $x_1, x_2, \ldots, x_k$ 之間的機率關係，其中 $\alpha, \beta_1, \ldots, \beta_k$ 是母體迴歸係數，且 $\alpha + \beta_1 x_1 + \beta_2 x_2 + \cdots + \beta_k x_k$ 稱為母體迴歸函數（$y$ 平均數對於 $x_1, x_2, \ldots, x_k$ 固定數值）。 |
| 估計迴歸函數， $\hat{y} = a + b_1 x_1 + b_2 x_2 + \cdots + b_k x_k$ | $\alpha, \beta_1, \ldots, \beta_k$ 的估計值 $a, b_1, \ldots, b_k$ 是依據最小平方法得到。 |
| 多元決定係數， $R^2 = 1 - \dfrac{\text{SSResid}}{\text{SSTo}}$ | 可以藉由模型解釋的觀察的 $y$ 變異之比例，其中 SSResid 如同在簡單線性迴歸中所定義的，但自由度是 $n - (k + 1)$。 |
| 修正的 $R^2$ | 修正的 $R^2$ 會受預測變項的個數 $k$ 跟樣本量 $n$ 的影響。 |

| 專有名詞或公式 | 註釋 |
|---|---|
| $F$ 分配 | $F$ 分配是在多元迴歸效用檢定時的一個工具。$F$ 分配由其分子跟分母的自由度所明定。 |
| $$F = \frac{\text{SSRegr}/k}{\text{SSResid}/(n-(k+1))}$$ 或 $$F = \frac{R^2/k}{(1-R^2)/(n-(k+1))}$$ | 檢定 $H_0: \beta_1 = \beta_2 = \cdots = \beta_k = 0$ 的檢定統計量，$H_0$ 宣告 $y$ 跟模型中的預測變項之間不存在有用的線性關係。$F$ 檢定是右尾的，且基於分子自由度 $k$ 跟分母自由度 $n-(k+1)$。 |

# 第 15 章

# 變異數分析

在第 11 章中，我們討論了檢定 $H_0: \mu_1 - \mu_2 = 0$（即 $\mu_1 = \mu_2$）的方法，而在算式中，$\mu_1$、$\mu_2$ 各是兩個不同母體或不同組別的處理的平均數。許多研究都包含著兩個以上母體平均數的比較。例如，執行一項調查以研究一位足球運動員顱骨受傷的高發生率之可能結果（**「沒有證據驗證大學足球運動員的受損神經認知表現」**，*The American Journal of Sports Medicine* [2002]: 157–162），參加研究的大學生被分為三組：（第一組由參與足球運動的大學生組成，第二組由參與其他運動的大學生組成，第三組由無參與體育運動的大學生組成即為對照組）。在下圖中，從該數據結果所獲得的訊息（立即式記憶測驗）。

| 測試組別 | （足球）運動員 | （非足球）運動員 | 對照組 |
|---|---|---|---|
| 樣本大小 | 86 | 95 | 53 |
| 樣本平均分數 | 29.90 | 30.94 | 29.32 |
| 樣本標準差 | 3.73 | 5.14 | 3.78 |

我們將霍普金斯檢定中，足球運動員、非足球運動員、不運動大學生三者的母體平均分數分別設為 $\mu_1$、$\mu_2$ 和 $\mu_3$。則數據支持主張 $\mu_1 = \mu_2 = \mu_3$，還是呈現至

少有兩個 $\mu$ 不相同？

這就是一個單因子變異數分析 (ANOVA) 問題的例子，而該分析的目的是要決定兩個（或以上）的母體或處理平均數是否相等。在本章的前兩節中，我們將討論單因子變異數分析的各種樣貌，之後的 15.3 與 15.4 節中，我們將思考一些更加複雜的變異數分析實例以及方法。

## 15.1 單因子變異數分析與 F 檢定

當兩個或兩個以上的母體或處理被比較時，用來區別它們的特徵被稱為**因子 (factor)**。例如，為了進行比較閱讀教學三種不同方法（三個不同的處理），其中感興趣的因子將是教學法，一個屬性因子。若養魚的水有不同的鹽濃度——0%、10%、20% 和 30%，則鹽濃度就是一個屬性因子。

一個**單因子變異數分析 (single-factor analysis of variance, ANOVA)** 問題包含比較 $k$ 個母體或處理的平均數 $\mu_1, \mu_2, \cdots, \mu_k$。而目的是要檢定

$H_0: \mu_1 = \mu_2 = \cdots = \mu_k$

對

$H_a:$ 至少有兩個 $\mu$ 是相異的

當比較母體時，分析是基於獨立選出的隨機樣本，從每個母體選一組。比較處理平均數時，數據通常由一個實驗得出並且分析，其中假設各樣（主觀或是客觀的）被隨機分配到個別處理。另外，如果樣本是選自有興趣的母體，那麼分析結果有可能被推廣到該母體。

某單因子變異數分析的虛無假設是否該被棄却，取決於來自不同母體與處理的樣本之間的差異有多大。圖 15.1 顯示了從三個母體中各自選出的隨機樣本可能產生的觀察值。每個標點各表示了第一個母體的五個觀察值，第二個母體的四個觀察值，第三個母體的六個觀察值。在表中，箭頭表示了每組樣本的平均數位置。第一個母體的兩組樣本平均數相等，相似的情況在取自第二個母體的兩組樣本亦成立，第三個母體的樣本也是如此。

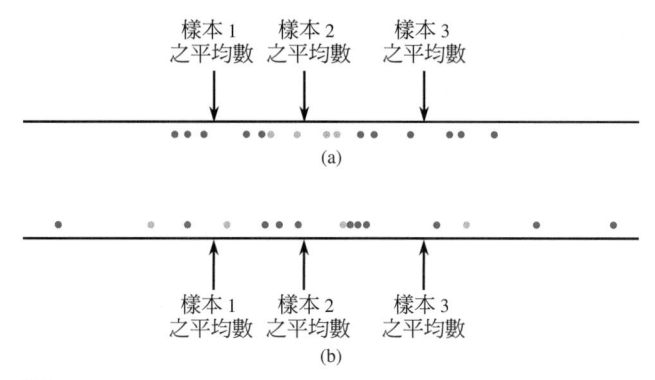

圖 15.1
當下研究三個母體時兩個可能的變異數分析 (ANOVA) 資料集：灰色圈圈 = 由母體 1 觀察得到；淺色圈圈 = 由母體 2 觀察得到；深色圈圈 = 由母體 3 觀察得到

檢視圖 15.1(a) 的資料後，幾乎所有人會同意 $\mu_1 = \mu_2 = \mu_3$ 之主張似乎是假的。三組樣本的平均數不僅不同，而且有著明顯的分別。換句話說，三組樣本平均數之間的差距非常的大，相對的，三組樣本本身的差異性也是如此。（當然，如果所有的數據都能呈現出如此明顯的訊息，那也不需要統計學家了。）

在圖 15.1(b) 中描述的情況並沒有那麼清楚。樣本所呈現的平均數和之前的數據並不同，但三組樣本中卻有著相同的重疊部分。樣本平均數間出現差異性，顯然是因母體本身的變化性較大（所以樣本也是），勝過 $\mu_1$、$\mu_2$ 和 $\mu_3$ 之間的不同。單因子變異數分析的意義，是在於透過分析數據的變動來研究其中的差異，有多少是來自 $\mu$ 的差異性，以及每個母體各自的變異性。在圖 15.1(a) 中，組內的變異小於組間的變異，而在圖 15.1(b)，更將整體上的變異歸因於組內的變異。如果樣本平均數之間差異可被組內變異解釋，就不存在令人信服的理由棄却 $H_0$。

## 符號與假定

單因子變異數分析的符號是我們在第 11 章中所用以比較兩個母體或處理之平均數的符號之自然延伸。

為了在 $H_0$ 與 $H_a$ 間作出決策，通常檢查 $\bar{x}$ 的值來看看觀察的差異是否小到可以歸因於抽樣變異，還是有其他的合理理由來解釋其中的差異性。

### 變異數分析符號

$k =$ 被比較的母體或處理之個數

| 母體或處理 | 1 | 2 | $\cdots$ | $k$ |
|---|---|---|---|---|
| 母體或處理的平均數 | $\mu_1$ | $\mu_2$ | $\cdots$ | $\mu_k$ |
| 母體或處理的變異數 | $\sigma_1^2$ | $\sigma_2^2$ | $\cdots$ | $\sigma_k^2$ |
| 樣本大小 | $n_1$ | $n_2$ | $\cdots$ | $n_k$ |
| 樣本平均數 | $\bar{x}_1$ | $\bar{x}_2$ | $\cdots$ | $\bar{x}_k$ |
| 樣本變異數 | $s_1^2$ | $s_2^2$ | $\cdots$ | $s_k^2$ |

$N = n_1 + n_2 + \cdots + n_k$（所有觀察值的總個數）

$T =$ 總和 $=$ 所有 $N$ 個觀察值的總和 $= n_1\bar{x}_1 + n_2\bar{x}_2 + \cdots + n_k\bar{x}_k$

$\bar{\bar{x}} =$ 總平均 $= \dfrac{T}{N}$

## 例 15.1　心肌梗塞風險的一個指標

「血小板平均體積是否能成為急性心肌梗塞的前兆標誌」(*Medical Science Monitor* [2005]: 387-392) 一文中描述了一個實驗，其中因為胸痛尋求治療的四組病人被以平均血小板體積 (MPV) 作比較。基於臨床的診斷將病人們分成 (1) 非心源性胸痛、(2) 穩定型心絞痛、(3) 不穩定型心絞痛、(4) 心肌梗塞（心臟病）。該研究目的是在確定四個組別的 MPV 平均數是否不同，尤其是否和第四組不同，如果不同，則 MPV 確實可做為心肌梗塞風險的一個指標，並且對血小板的治療可以以一個及時的方法處理，從而降低心肌梗塞的風險。

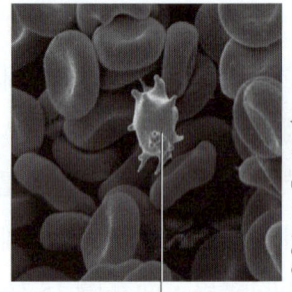

活化血小板

為了進行研究，將患有胸痛的病人分組。研究人員隨後從四個組別中 ($k = 4$) 分別隨機選取一組樣本大小為 35 的樣本。研究人員相信這樣的取樣過程所得的樣本可代表四個母體。表 15.1 顯示文中所給的摘要值。

**表 15.1**　彙整例 15.1 的 MPV 資料

| 組別 | 組別描述 | 樣本大小 | 樣本平均數 | 樣本標準差 |
|---|---|---|---|---|
| 1 | 非心源性胸痛 | 35 | 10.89 | 0.69 |
| 2 | 穩定型心絞痛 | 35 | 11.25 | 0.74 |
| 3 | 不穩定型心絞痛 | 35 | 11.37 | 0.91 |
| 4 | 心肌梗塞 | 35 | 11.75 | 1.07 |

以 $\mu_i$ 表示第 $i$ 組 ($i = 1, 2, 3, 4$) 的 MPV 平均數,讓我們來考慮虛無假設 $H_0: \mu_1 = \mu_2 = \mu_3 = \mu_4$。圖 15.2 顯示了可比較的四組樣本之盒鬚圖(基於與文中所給的摘要值一致的資料)。心肌梗塞樣本的 MPV 平均數比其他三組樣本大,而心肌梗塞樣本的盒鬚圖較其他三組呈現更右邊的位置。然而,因四組樣本盒鬚圖出現大量的重疊,所以並不能確定 $H_0$ 是否為真。在這樣的情況下,我們需要一個正規的檢定程序。

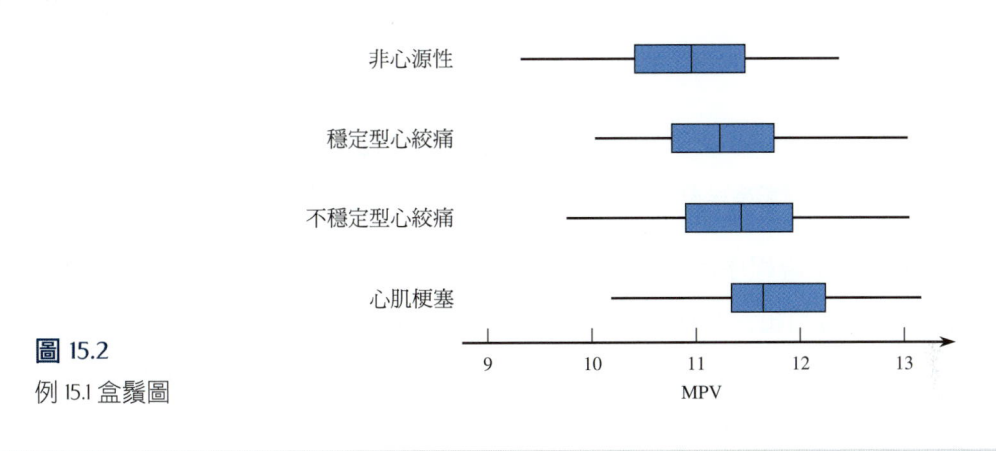

**圖 15.2**
例 15.1 盒鬚圖

就像前面章節的推論方法,要對 $H_0: \mu_1 = \mu_2 = \cdots = \mu_k$ 做 ANOVA 檢定,需要一些假設來保證其正當性。

> **ANOVA 假設**
> 1. $k$ 個母體或處理的每一個反應分配皆為常態的。
> 2. $\sigma_1 = \sigma_2 = \cdots = \sigma_k$($k$ 個常態分配有相同的標準差)
> 3. 對於來自任何一個 $k$ 個母體或處理之樣本中的觀察值彼此獨立。
> 4. 在比較母體平均數時,$k$ 組隨機樣本被彼此獨立選取。比較處理平均數時,處理被隨機指派到事物或個體。

在實務中,如果假設沒有過多的違背,那麼基於假設的檢定通常會進行得很順利。如果樣本大小較大(在合理的範圍內),每一組樣本的數據需製作一個常態機率圖或盒鬚圖來檢視常態性之假設。然而,通常在一般情況下,樣本量如果太小,一個分開的常態機率圖形將會毫無價值。在這種情況下,可將以下數據製作成一個組合圖,第一組樣本的觀測值減去 $\bar{x}_1$,第二組樣本中的值減去 $\bar{x}_2$……以此類推,然後利用所有的 $N$ 個離差建立一個常態機率圖或盒鬚圖。圖應會呈現合理的直線狀態。圖 15.3 顯示例 15.1 的資料對應這樣一個常態機率圖。

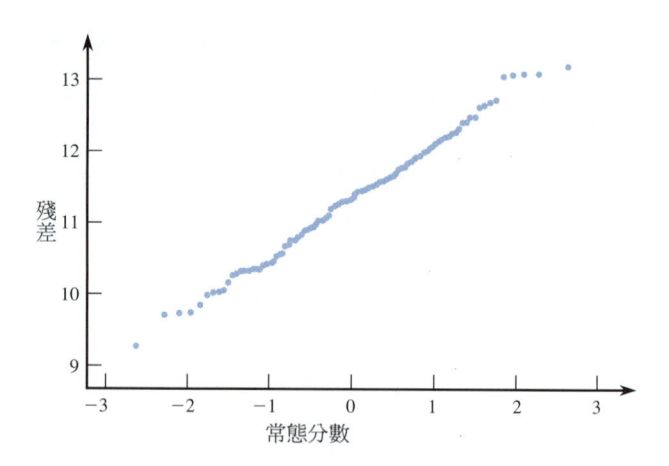

**圖 15.3**
例 15.1 合併資料的常態機率圖

存在一個正規程序用來檢定母體標準差是否相等。不幸地，即使微小地偏離常態性假設也會引起它非常敏感，所以我們不建議使用。反而，我們建議安全地使用 ANOVA F 檢定（在隨後的章節我們會加以解釋），即使最大的樣本標準差是最小的標準差的兩倍。在例 15.1 中最大的標準差是 $s_4 = 1.07$，它是最小標準差（$s_1 = 0.69$）的 1.5 倍左右。Rupert 所著 *Beyond ANOVA: The basics of Applied Statistics*（列於書後參考文獻中）是一個好的資訊來源，當我們需要選擇另類的分析方法來應付出現違反的假設情況。

變異數分析檢定程序乃是基於下列資料中的變異量測量值。

### 定 義

**處理平方和** (treatment sum of squares)，用以測量樣本平均數間的差異，以 SSTr 表示

$$SSTr = n_1(\bar{x}_1 - \bar{\bar{x}})^2 + n_2(\bar{x}_2 - \bar{\bar{x}})^2 + \cdots + n_k(\bar{x}_k - \bar{\bar{x}})^2$$

**誤差平方和** (error sum of squares)，用以測量 $k$ 個樣本內部變異，以 SSE 表示

$$SSE = (n_1 - 1)s_1^2 + (n_2 - 1)s_2^2 + \cdots + (n_k - 1)s_k^2$$

每一個平方和有一個結合 df（自由度）：

處理 df $= k - 1$    誤差 df $= N - k$

**均方** (mean square) 是一個平方和除以其自由度。特別的

**均方處理** (mean square for treatments) $= MSTr = \dfrac{SSTr}{k - 1}$

**均方誤差** (mean square for error) $= MSE = \dfrac{SSE}{N - k}$

將每個樣本變異數的自由度數目相加即為誤差的自由度數目

$$(n_1 - 1) + (n_2 - 1) + \cdots + (n_k - 1) = n_1 + n_2 + \cdots + n_k - 1 - 1 - \cdots - 1$$
$$= N - k$$

### 例 15.2　心肌梗塞計算

讓我們回到例 15.1 的 MPV 的數據中。計算出總平均 $\bar{\bar{x}}$ 是 11.315。這些樣本大小都是相等的，總平均就是四個樣本平均數的平均值（通常樣本大小並不會不相等）。$\bar{x}_1 = 10.89$、$\bar{x}_2 = 11.25$、$\bar{x}_3 = 11.37$、$\bar{x}_4 = 11.75$ 和 $n_1 = n_2 = n_3 = n_4 = 35$，

$$\begin{aligned}
\text{SSTr} &= n_1(\bar{x}_1 - \bar{\bar{x}})^2 + n_2(\bar{x}_2 - \bar{\bar{x}})^2 + \cdots + n_k(\bar{x}_k - \bar{\bar{x}})^2 \\
&= 35(10.89 - 11.315)^2 + 35(11.25 - 11.315)^2 + 35(11.37 - 11.315)^2 \\
&\quad + 35(11.75 - 11.315)^2 \\
&= 6.322 + 0.148 + 0.106 + 6.623 \\
&= 13.199
\end{aligned}$$

因為 $s_1 = 0.69$、$s_2 = 0.74$、$s_3 = 0.91$ 和 $s_4 = 1.07$

$$\begin{aligned}
\text{SSE} &= (n_1 - 1)s_1^2 + (n_2 - 1)s_2^2 + \cdots + (n_k - 1)s_k^2 \\
&= (35 - 1)(0.69)^2 + (35 - 1)(0.74)^2 + (35 - 1)(0.91)^2 + (35 - 1)(1.07)^2 \\
&= 101.888
\end{aligned}$$

自由度為

處理自由度 (treatment df) $= k - 1 = 3$
誤差自由度 (error df) $= N - k = 35 + 35 + 35 + 35 - 4 = 136$
因此，

$$\text{MSTr} = \frac{\text{SSTr}}{k - 1} = \frac{13.199}{3} = 4.400$$

$$\text{MSE} = \frac{\text{SSE}}{N - k} = \frac{101.888}{136} = 0.749$$

MSTr 和 MSE 都是數量，一旦樣本數據是可用的，它們的值可被計算出來；亦即它們是統計量。這些統計量會隨不同的資料集而有變化。MSTr 和 MSE 這兩個統計量有抽樣分配，而這些分配都有平均數。以下介紹 MSTr 和 MSE 的平均數之間的重要關係。

當 $H_0$ 為真 ($\mu_1 = \mu_2 = \cdots = \mu_k$)

$\mu_{MSTr} = \mu_{MSE}$

然而，當 $H_0$ 為假，

$\mu_{MSTr} > \mu_{MSE}$

並且這些 $\mu$ 值之間的差異愈大，相對於 $\mu_{MSE}$ 而言 $\mu_{MSTr}$ 會愈大。

　　根據以下結果，當 $H_0$ 為真，我們期待這兩個均方是接近的，而我們也期待 MSTr 大幅超過 MSE 當一些 $\mu$ 與其他的有很大的不同時。因此，一個計算的 MSTr 比 MSE 大很多會引起我們對 $H_0$ 產生懷疑。在例 15.2 中，MSTr = 4.400 和 MSE = 0.749，所以 MSTr 的值比 MSE 有 6 倍大。這個差異可以被歸因於抽樣變異，或者是 MSTr/MSE 大到足以提示 $H_0$ 為假？我們在描述一個正規的檢定程序前，有必要回顧 $F$ 分配，在多元迴歸分析（第 14 章）初次介紹。

　　許多 ANOVA 檢定程序基於所謂 $F$ 分配的機率分配一族。一個 $F$ 分配總是起於一個比值。一個特別 $F$ 分配會由指定的分子自由度 ($df_1$) 和分母自由度 ($df_2$) 來獲得。圖 15.4 顯示了特定選擇的 $df_1$ 和 $df_2$ 之 $F$ 曲線。在這本書中所有的 $F$ 檢定都是右尾的，所以 $P$ 值是 $F$ 曲線下計算的 $F$ 值右側面積。

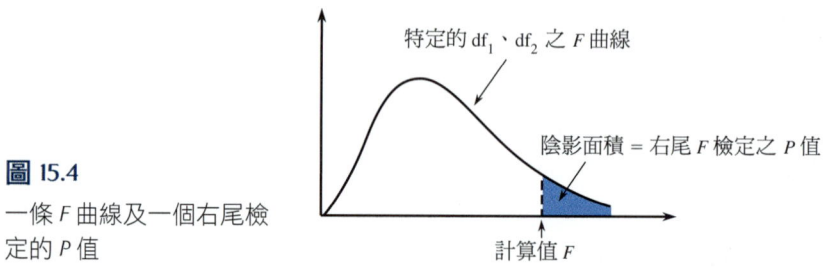

**圖 15.4**
一條 $F$ 曲線及一個右尾檢定的 $P$ 值

　　這些上尾區的製表很麻煩，因為有兩個自由度，而不是只有一個（如在 $t$ 分配的情況下）。對於選定的 $df_1$、$df_2$，$F$ 表（附錄表 6）只給出了截取右尾面積的四個數 .10、.05、.01 和 .001。此處為對於 $df_1 = 4$，$df_2 = 10$ 這四個數連同關於 $P$ 值的敘述：

| 右尾面積 | .10 | .05 | .01 | .001 |
|---|---|---|---|---|
| $F$ 值 | 2.61 | 3.48 | 5.99 | 11.28 |
| | ↑ a | ↑ b | ↑ c | ↑ d | ↑ e |

a. $F < 2.61 \rightarrow$ 右尾面積 $= P$ 值 $> .10$
b. $2.61 < F < 3.48 \rightarrow .05 < P$ 值 $< .10$
c. $3.48 < F < 5.99 \rightarrow .01 < P$ 值 $< .05$
d. $5.99 < F < 11.28 \rightarrow .001 < P$ 值 $< .01$
e. $F > 11.28 \rightarrow P$ 值 $< .001$

若 $F = 7.12$，則 $.001 < P$ 值 $< .01$。以 $\alpha \geq .05$ 來做檢定時，$H_0$ 應被棄却，因為 $P$ 值 $\leq \alpha$。最常使用的統計電腦套裝軟體可以提供 $F$ 檢定準確的 $P$ 值。

### 單因子變異數分析 $F$ 檢定

**虛無假設：** $H_0: \mu_1 = \mu_2 = \cdots = \mu_k$

**檢定統計量：** $F = \dfrac{\text{MSTr}}{\text{MSE}}$

當 $H_0$ 為真且變異數分析的假設是合理的，$F$ 具有一個 $\mathrm{df}_1 = k - 1$ 且 $\mathrm{df}_2 = N - k$ 的 $F$ 分配。與 $H_0$ 一致性勝過資料中觀察的那些 $F$ 值是遠在右尾者，所以 $P$ 值就是從對應的 $F$ 曲線下截取右尾之面積。附表 6，一套統計軟體或一部圖形計算器可被用來求得 $F$ 檢定的 $P$ 值。

### 例 15.3 心肌梗塞回顧

例 15.1 中給出的 MPV 數據的兩個均方計算在例 15.2 為

$\quad$ MSTr $= 4.400 \qquad$ MSE $= 0.749$

則統計量 $F$ 的值為

$$F = \frac{\text{MSTr}}{\text{MSE}} = \frac{4.400}{0.749} = 5.87$$

具 $\mathrm{df}_1 = k - 1 = 3$ 和 $\mathrm{df}_2 = N - k = 140 - 4 = 136$。使用 $\mathrm{df}_1 = 3$ 和 $\mathrm{df}_2 = 120$（在表中最接近的值為 136），附錄表 6 顯示，5.78 右側面積 .001。因為 $5.87 > 5.78$，所以 $P$ 值 $<.001$。$P$ 值比任何合理的 $\alpha$ 較小，所以棄卻 $H_0: \mu_1 = \mu_2 = \cdots = \mu_4$ 存在令人信服的證據。可以斷定的是，在四種患者母體中，平均的 MPV 是不同的。決定那些平均數是相異的方法會在 15.2 節再介紹。

## 例 15.4　激素與體脂肪

文章「**健康的年老男性與女性對於生長激素和性激素的管理**」(*Journal of the American Medical Association* [2002]: 2282-2292) 描述一個實驗來研究對於各種的身體特徵的四種治療效應。在這個雙盲的實驗中，每 57 名女性受試者年齡是 65 歲或 65 歲以上並隨機分配在以下四種處理方式：(1) 安慰劑生長激素和安慰劑類固醇（記作 P + P）；(2) 安慰劑生長激素和類固醇雌二醇（記作 P + S）；(3) 生長激素和安慰劑類固醇（記為 G + P）；(4) 生長激素和類固醇雌二醇（記為 G + S）。

以下是文章中呈現的摘要數量，由下表得知在為期 26 週的治療週期中體脂肪變化量的資料。

| 處理方式 | 體脂肪的變化 (kg) | | | |
|---|---|---|---|---|
| | P + P | P + S | G + P | G + S |
| | 0.1 | −0.1 | −1.6 | −3.1 |
| | 0.6 | 0.2 | −0.4 | −3.2 |
| | 2.2 | 0.0 | 0.4 | −2.0 |
| | 0.7 | −0.4 | −2.0 | −2.0 |
| | −2.0 | −0.9 | −3.4 | −3.3 |
| | 0.7 | −1.1 | −2.8 | −0.5 |
| | 0.0 | 1.2 | −2.2 | −4.5 |
| | −2.6 | 0.1 | −1.8 | −0.7 |
| | −1.4 | 0.7 | −3.3 | −1.8 |
| | 1.5 | −2.0 | −2.1 | −2.3 |
| | 2.8 | −0.9 | −3.6 | −1.3 |
| | 0.3 | −3.0 | −0.4 | −1.0 |
| | −1.0 | 1.0 | −3.1 | −5.6 |
| | −1.0 | 1.2 | | −2.9 |
| | | | | −1.6 |
| | | | | −0.2 |
| $n$ | 14 | 14 | 13 | 16 |
| $\bar{x}$ | 0.064 | −0.286 | −2.023 | −2.250 |
| $s$ | 1.545 | 1.218 | 1.264 | 1.468 |
| $s^2$ | 2.387 | 1.484 | 1.598 | 2.155 |

而且，$N = 57$，總和 $= -65.4$ 及 $\bar{\bar{x}} = \dfrac{-65.4}{57} = -1.15$。

讓我們進行 $F$ 檢定看體內脂肪量真正的平均變化量依四種處理方式是否為不同的。

1. 讓 $\mu_1$、$\mu_2$、$\mu_3$ 及 $\mu_4$ 分別表示四個處理 P + P、P + S、G + P 跟 G + S 的體脂肪真正的平均變化量。
2. $H_0$: $\mu_1 = \mu_2 = \mu_3 = \mu_4$

3. $H_a$：$\mu_1$、$\mu_2$、$\mu_3$ 及 $\mu_4$ 中至少兩個有顯著差異。
4. 顯著水準 (Significance level)：$\alpha = .01$
5. 檢定統計量 (Test statistic)：$F = \dfrac{\text{MSTr}}{\text{MSE}}$
6. 假設：圖 15.5 顯示四組不同處理的盒鬚圖。盒鬚圖顯示近似對稱的，而且沒有離群值 (outliers)。四組中，最大的標準差 ($s_1 = 1.545$) 跟最小標準差 ($s_2 = 1.264$) 比較，並未超過兩倍。這可說明病人被隨機分派到不同的處理組，因此變異數分析的假設是合理的。

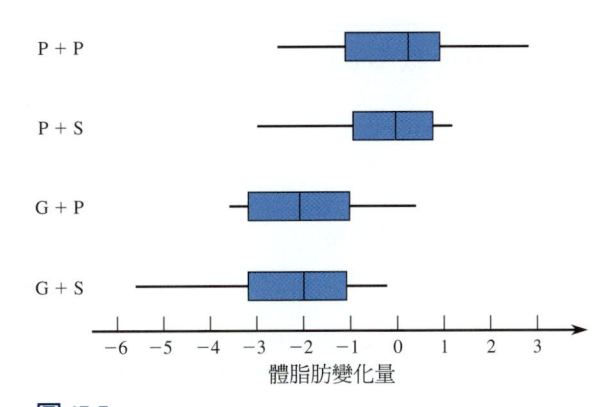

**圖 15.5**

資料 15.4 的盒鬚圖

7. 計算

$$\text{SSTr} = n_1(\bar{x}_1 - \bar{\bar{x}})^2 + n_2(\bar{x}_2 - \bar{\bar{x}})^2 + \cdots + n_k(\bar{x}_k - \bar{\bar{x}})^2$$
$$= 14(0.064 - (-1.15))^2 + 14(-0.286 - (-1.15))^2$$
$$+ 13(-2.023 - (-1.15))^2 + 16(-2.250 - (-1.15))^2$$
$$= 60.37$$

處理 df $= k - 1 = 3$

$$\text{SSE} = (n_1 - 1)s_1^2 + (n_2 - 1)s_2^2 + \cdots + (n_k - 1)s_k^2$$
$$= 13(2.387) + 13(1.484) + 12(1.598) + 15(2.155)$$
$$= 101.81$$

誤差 df $= N - k = 57 - 4 = 53$

則，

$$F = \dfrac{\text{MSTr}}{\text{MSE}} = \dfrac{\text{SSTr/treatment df}}{\text{SSE/error df}} = \dfrac{60.37/3}{101.81/53} = \dfrac{20.12}{1.92} = 10.48$$

8. $P$ 值：附錄表 6 顯示，當 $df_1 = 3$ 且 $df_2 = 60$ 時（附錄表中最接近 df $= 53$ 的 df 值），當右尾面積為 .001 時，$F$ 值為 6.17。也因為本題計算出的檢定統計量 $F$ 值為 10.48 $>$ 6.17，因此 $P$ 值 $< .001$。

9. 結論：因為 $P$ 值 $\leq \alpha$，我們棄却 $H_0$。對於所有四組處理而言，體脂肪平均變化量不盡相同。

### 摘要一個變異數分析

變異數分析計算通常被摘要在一個所謂的變異數分析表中。想要瞭解這樣的一個表格，我們必須定義更多平方和。

> **平方總和** (Total sum of squares)，以 SSTo 表示，給定如下
>
> $$\text{SSTo} = \sum_{\text{all } N \text{ obs.}} (x - \bar{\bar{x}})^2$$
>
> 具相關的自由度 $df = N - 1$
>
> SSTo、SSTr 跟 SSE 三個平方和之間的關係為
>
> $$\text{SSTo} = \text{SSTr} + \text{SSE}$$
>
> 它稱為單因子變異數分析的基本恆等式 (fundamental identity for single-factor ANOVA)。

數量 SSTo 是依總平均的平方離差之和，是包含所有 $k$ 組樣本的資料集內的總變異量的一個測度。數量 SSE 產自測量各組樣本內之變異然後以 SSE 公式加總。不管 $H_0$ 是否為真，這種組內變異都會出現。反之，SSTr 的大小與 $H_0$ 是否為真有較大關係。這些 $\mu$ 彼此差異愈大，SSTr 會愈大。所以，SSTr 代表可以由平均數之間的任何差異所解釋的變異量。

單因子變異數分析的基本恆等式之一個非正式解釋為

總變異量 = 被解釋的變異量 + 未被解釋的變異量

一旦任何兩個平方和已計算出，剩下的另一個就可由基本恆等式算出。首先計算 SSTo 和 SSTr（使用本章給的線上附錄公式來計算），而 SSE 是透過減法得到：SSE = SSTo – SSTr。而自由度、平方和以及均方皆輸入變異數分析表，顯示在表 15.2 中。$P$ 值通常出在由一個統計套裝軟體所完成的分析表中 $F$ 值的右側。

**表 15.2** 一個單因子變異數分析表之一般格式

| 變異來源 | df | 平方和 | 平均平方 | F |
|---|---|---|---|---|
| 處理 | $k - 1$ | SSTr | $\text{MSTr} = \dfrac{\text{SSTr}}{k - 1}$ | $F = \dfrac{\text{MSTr}}{\text{MSE}}$ |
| 誤差 | $N - k$ | SSE | $\text{MSE} = \dfrac{\text{SSE}}{N - k}$ | |
| 總和 | $N - 1$ | SSTo | | |

以 Minitab 用於例 15.4 身體脂肪變化量資料之變異數分析表見表 15.3。報告的 $P$ 值是 .000，與我們之前的結論 $P$ 值 < .001 一致。

**表 15.3** 以 Minitab 分析例 15.4 資料的一個變異數分析表

**單因子變異數分析**

| 來源 | DF | SS | MS | F | P |
|---|---|---|---|---|---|
| 因子 | 3 | 60.37 | 20.12 | 10.48 | 0.000 |
| 誤差 | 53 | 101.81 | 1.92 | | |
| 總和 | 56 | 162.18 | | | |

## 習題 15.1 – 15.13

**15.1** 寫出以下情況中，關於一個右尾 $F$ 檢定的 $P$ 值。
a. $df_1 = 4$, $df_2 = 15$, $F = 5.37$
b. $df_1 = 4$, $df_2 = 15$, $F = 1.90$
c. $df_1 = 4$, $df_2 = 15$, $F = 4.89$
d. $df_1 = 3$, $df_2 = 20$, $F = 14.48$
e. $df_1 = 3$, $df_2 = 20$, $F = 2.69$
f. $df_1 = 4$, $df_2 = 50$, $F = 3.24$

**15.2** 寫出以下情況中，關於單因子變異數分析 $F$ 檢定的 $P$ 值。
a. $k = 5$, $n_1 = n_2 = n_3 = n_4 = n_5 = 4$, $F = 5.37$
b. $k = 5$, $n_1 = n_2 = n_3 = 5$, $n_4 = n_5 = 4$, $F = 2.83$
c. $k = 3$, $n_1 = 4$, $n_2 = 5$, $n_3 = 6$, $F = 5.02$
d. $k = 3$, $n_1 = n_2 = 4$, $n_3 = 6$, $F = 15.90$
e. $k = 4$, $n_1 = n_2 = 15$, $n_3 = 12$, $n_4 = 10$, $F = 1.75$

**15.3** 某所大學的員工可以從四個不同的健康計畫中選擇一個。在入院治療範圍的計畫中的限制有別於其他計畫。從近期入院治療的病患中選擇四組樣本，每組樣本都來自不同的健康計畫。每個入院病患的入院時間都是確定的。

a. 你將檢定什麼假設以決定入院期平均時間和健康計畫種類是否有相關？
（注意：仔細定義母體特徵。）
b. 如果每一組樣本包含 8 個個體，並且 ANOVA $F$ 統計量為 $F = 4.37$，那麼適合 $\alpha = .1$ 的檢定的結論為何？
c. 如果在 $n_1 = 9$、$n_2 = 8$、$n_3 = 7$ 和 $n_4 = 8$ 的情況下產生 $F$ 值，那麼 (b) 中的答案應該是什麼？

**15.4** 對於「成年人感覺孤獨的原因探討」(*Journal of Social Behavior and Personality* [2000]: 67-84) 中出現的兒童、年輕人、成年人和老年人的社會邊緣化的摘要統計值。在社會邊緣化與人際互動中所受到排擠的程度，分數高的表示較被排擠。為了達到實驗目的，設將實驗中的四組樣本認定為美國對應年齡人群的代表，並且四組樣本社會邊緣化程度近似常態具有相同的標準差。請問是否有證據證明四個年齡人群的平均社會邊緣化程度是不盡相同的？使用 $\alpha = .01$ 來檢定相關假設。

| 年齡組 | 兒童 | 年輕人 | 成年人 | 老年人 |
|---|---|---|---|---|
| 樣本大小 | 106 | 255 | 314 | 36 |
| $\bar{x}$ | 2.00 | 3.40 | 3.07 | 2.84 |
| $s$ | 1.56 | 1.68 | 1.66 | 1.89 |

15.5 「年齡跟暴力級別標籤禁止青年購買之研究」(*Pediatrics* [2009]: 870-876) 一文的作者為了證明電視遊戲上的級別標籤是否增加對於年輕玩家的吸引力，進行了一個實驗。參與者在閱讀了遊戲描述後，被詢問對於該遊戲的興趣有多少。對於遊戲的描述同時也包含了該遊戲年齡的限制。某些參與者閱讀帶有 7+ 級別標籤的遊戲描述，標籤表示該遊戲不適合 7 歲以下的小孩玩。其他參與者閱讀相同的遊戲描述，但是其級別標籤分別為 12+、16+ 或者 18+。12 歲到 13 歲的男孩的數據是虛構的，但和摘要統計結果是一致的。（在實際試驗中樣本更大）為了達到實驗的目的，假設男孩被隨機指派到四個組別，即使用不同的限制標籤（7+、12+、16+ 和 18+）。我們用 1 到 10 來衡量男孩對於遊戲的興趣程度。請問是否有足夠的證據證明，這些男孩對於四個不同的限制標籤有著不同的平均興趣程度？用 .05 的顯著水準來檢定合適的假設。

| 7+ 級別 | 12+ 級別 | 16+ 級別 | 18+ 級別 |
|---|---|---|---|
| 6 | 8 | 7 | 10 |
| 6 | 7 | 9 | 9 |
| 6 | 8 | 8 | 6 |
| 5 | 5 | 6 | 8 |
| 4 | 7 | 7 | 7 |
| 8 | 9 | 4 | 6 |
| 6 | 5 | 8 | 8 |
| 1 | 8 | 9 | 9 |
| 2 | 4 | 6 | 10 |
| 4 | 7 | 7 | 8 |

15.6 從上一題的參考文獻中也給出了 12 到 13 歲的女孩的實驗資料。包含與文中摘要值一樣的資料顯示如下。請問對於女孩子，對於不同的級別標籤是否會有不同的平均吸引力呢？利用 $\alpha = .05$ 來檢定合適的假設。

| 7+ 級別 | 12+ 級別 | 16+ 級別 | 18+ 級別 |
|---|---|---|---|
| 4 | 4 | 6 | 8 |
| 7 | 5 | 4 | 6 |
| 6 | 4 | 8 | 6 |
| 5 | 6 | 6 | 5 |
| 3 | 3 | 10 | 7 |
| 6 | 5 | 8 | 4 |
| 4 | 3 | 6 | 10 |
| 5 | 8 | 6 | 6 |
| 10 | 5 | 8 | 8 |
| 5 | 9 | 5 | 7 |

15.7 「暴露於養生影片及圖片下，女人跟男人的飲食行為研究」(*Communication Research* [2006]: 507-529) 一文中描述了這樣一個實驗，74 位男人被隨機分派成四個處理：

1. 看與健康有關的幻燈片，健康強壯的男人
2. 看與健康有關的幻燈片，和做健康飲食有關的測試的強壯男人
3. 看與健康有關的幻燈片，和做健康飲食無關的測試的強壯男人
4. 什麼都不看的男人

參加者需要一個房間來完成調查。房間裡放著一碗椒鹽捲餅。調查人員記錄在調查期間內有多少椒鹽捲餅被食用了。所有的調查數據在以下的表格中呈現。資料提供對於這四種處理椒鹽捲餅平均消耗量不盡相同之令人信服的證據嗎？使用 .05 的顯著水準來檢定相關的假設。

| 處理 1 | 處理 2 | 處理 3 | 處理 4 |
|---|---|---|---|
| 8 | 6 | 1 | 5 |
| 7 | 8 | 5 | 2 |
| 4 | 0 | 2 | 5 |
| 13 | 4 | 0 | 7 |
| 2 | 9 | 3 | 5 |
| 1 | 8 | 0 | 2 |
| 5 | 6 | 3 | 0 |
| 8 | 2 | 4 | 0 |
| 11 | 7 | 4 | 3 |
| 5 | 8 | 5 | 4 |

| 處理1 | 處理2 | 處理3 | 處理4 |
|---|---|---|---|
| 1 | 8 | 5 | 2 |
| 0 | 5 | 7 | 4 |
| 6 | 14 | 8 | 1 |
| 4 | 9 | 4 | 1 |
| 10 | 0 | 0 | |
| 7 | 6 | 6 | |
| 0 | 3 | 3 | |
| 12 | 12 | | |
| | 5 | | |
| | 6 | | |
| | 10 | | |
| | 8 | | |
| | 6 | | |
| | 2 | | |
| | 10 | | |

15.8 使用線上偵測抄襲系統能夠減少學生學術論文間的抄襲嗎？"Plagiarism and Technology: A Tool for Coping with Plagiarism" (*Journal of Education for Business* [2005]: 149–152) 一文中描述了這樣一個實驗，從五個年級的學生遞交的學術論文隨機選擇，並對他們的抄襲情況進行分析。每一篇論文的抄襲程度由線上分析決定。每個年級的學生都會在他們的前兩節班會課上被要求遞交電子檔的學術論文，並且他們的論文會被檢查是否有抄襲。做為樣本的學生提交的學術論文數量，有抄襲現象的平均數和標準差的數據呈現在以下的表格中。為了達到實驗目的，假定 ANOVA 檢定所必須的條件成立。請問從這些數據中可以得出五個年級的平均抄襲率是不盡相同的嗎？用 $\alpha = .05$ 來檢定適當的假設。

| 學期 | 個數 | 平均數 | 標準差 |
|---|---|---|---|
| 1 | 39 | 6.31 | 3.75 |
| 2 | 42 | 3.31 | 3.06 |
| 3 | 32 | 1.79 | 3.25 |
| 4 | 32 | 1.83 | 3.13 |
| 5 | 34 | 1.50 | 2.37 |

15.9 在例 15.4 中討論到的實驗同時呈現出了身體脂肪量的改變。「健康的年老男性與女性對於生長激素和性激素的管理」(*Journal of the American Medical Association* [2002]: 2282–2292)。74 位年齡大於 65 歲的男性研究對象被隨機分配到四組處理中的一組：(1) 安慰劑類固醇和生長荷爾蒙（記為 P + P）；(2) 安慰劑生長荷爾蒙和類固醇睪丸素（記為 P + S）；(3) 生長荷爾蒙和安慰劑類固醇 (G + P)；(4) 生長荷爾蒙和類固醇睪丸素 (G + S)。

以下的表格提供在 26 週內每位對象的身體脂肪含量變化資料與文中所給的摘要數量一致。

體脂肪的變化

| 處理 | P + P | P + S | G + P | G + S |
|---|---|---|---|---|
| | 0.3 | −3.7 | −3.8 | −5.0 |
| | 0.4 | −1.0 | −3.2 | −5.0 |
| | −1.7 | 0.2 | −4.9 | −3.0 |
| | −0.5 | −2.3 | −5.2 | −2.6 |
| | −2.1 | 1.5 | −2.2 | −6.2 |
| | 1.3 | −1.4 | −3.5 | −7.0 |
| | 0.8 | 1.2 | −4.4 | −4.5 |
| | 1.5 | −2.5 | −0.8 | −4.2 |
| | −1.2 | −3.3 | −1.8 | −5.2 |
| | −0.2 | 0.2 | −4.0 | −6.2 |
| | 1.7 | 0.6 | −1.9 | −4.0 |
| | 1.2 | −0.7 | −3.0 | −3.9 |
| | 0.6 | −0.1 | −1.8 | −3.3 |
| | 0.4 | −3.1 | −2.9 | −5.7 |
| | −1.3 | 0.3 | −2.9 | −4.5 |
| | −0.2 | −0.5 | −2.9 | −4.3 |
| | 0.7 | −0.8 | −3.7 | −4.0 |
| | | −0.7 | | −4.2 |
| | | −0.9 | | −4.7 |
| | | −2.0 | | |
| | | −0.6 | | |
| $n$ | 17 | 21 | 17 | 19 |
| $\bar{x}$ | 0.100 | −0.933 | −3.112 | −4.605 |
| $s$ | 1.139 | 1.443 | 1.178 | 1.122 |
| $s^2$ | 1.297 | 2.082 | 1.388 | 1.259 |

同時，$N = 74$，總變異 = −158.3 以及 $\bar{\bar{x}} = \dfrac{-158.3}{74} = -2.139$。執行一個 $F$ 檢定以判斷四組不同處理的平均體脂肪變化量是否有差異。

15.10 「運用單壁波紋裝運集裝箱壓縮技術於固定和浮動文字壓板」(*Journal of Testing and Evaluation* [1992]: 318-320) 描述了這樣一個實驗，測試比較不同種類箱子的抗壓能力。文章呈現出的數據是由四種箱子參與的單因子實驗的結果（樣本平均數和標準差和文章中給出的一致）。請問這些數據是否能證明四種箱子的平均抗壓能力相異？使用 .01 的顯著水準檢定相關的假設。

15.11 在本章的引言中，我們討論了三組不同參與運動的大學生研究（踢足球、參加其他運動的、不參與運動的大學生）。以下是來自 Hopkins Verbal Learning Test 的數據根據即刻記憶做的記錄。

| 族群 | 足球員 | 非足球運動員 | 對照組 |
|---|---|---|---|
| 樣本數 | 86 | 95 | 53 |
| 樣本平均分數 | 29.90 | 30.94 | 29.32 |
| 樣本變異數 | 3.73 | 5.14 | 3.78 |

而且 $\bar{x} = 30.19$。我們將這三組樣本認為是三個母體合理的隨機樣本。是否有充分證據結論這三個學生母體的平均 Hopkins 分數不盡相同？$\alpha = .05$。

15.12 以下數據是「受儲存和昆蟲侵襲影響的穀物顆粒的礦物含量」(*Journal of Stored Products Research* [1992]: 147-151) 一文中提到了小麥中的鈣含量。我們將討論四個不同的貯藏時間。同時也展示了來自 SAS 電腦程式的部分產量數據。

| 貯藏時間 | 觀察值 | | | | | |
|---|---|---|---|---|---|---|
| 0 個月 | 58.75 | 57.94 | 58.91 | 56.85 | 55.21 | 57.30 |
| 1 個月 | 58.87 | 56.43 | 56.51 | 57.67 | 59.75 | 58.48 |
| 2 個月 | 59.13 | 60.38 | 58.01 | 59.95 | 59.51 | 60.34 |
| 4 個月 | 62.32 | 58.76 | 60.03 | 59.36 | 59.61 | 61.95 |

Dependent Variable: CALCIUM

| Source | DF | Sum of Squares | Mean Square | F Value | Pr>F |
|---|---|---|---|---|---|
| Model | 3 | 32.13815000 | 10.71271667 | 6.51 | 0.0030 |
| Error | 20 | 32.90103333 | 1.64505167 | | |
| Corrected Total | 23 | 65.03918333 | | | |

| R-Square | C.V. | Root MSE | CALCIUM Mean |
|---|---|---|---|
| 0.494135 | 2.180018 | 1.282596 | 58.8341667 |

a. 證明平方和以及自由度和 ANOVA 表格中所呈現是一致的。

b. 是否有足夠的證據證明四組不同的小麥之平均鈣含量不盡相同？利用 ANOVA 表格中的 F 值來檢定適當的假設，顯著水準為 .05。

15.13 有研究調查四個不同品牌的 125-cc 機車火星塞的表現，每個牌子有 5 個火星塞被測試，記錄火星塞失效前的機車行駛公里數。以下是一個未完成的 ANOVA 表格。將表格完成，並用 .05 的顯著水準來檢定相關的假設。

| 變異來源 | df | 平方和 | 平均平方 | F |
|---|---|---|---|---|
| 處理 | | | | |
| 誤差 | | 235,419.04 | | |
| 總和 | | 310,500.76 | | |

習題 15.10 表格

| 箱子類型 | 抗壓能力 (lb) | | | | | | 樣本平均數 | 標準差 |
|---|---|---|---|---|---|---|---|---|
| 1 | 655.5 | 788.3 | 734.3 | 721.4 | 679.1 | 699.4 | 713.00 | 46.55 |
| 2 | 789.2 | 772.5 | 786.9 | 686.1 | 732.1 | 774.8 | 756.93 | 40.34 |
| 3 | 737.1 | 639.0 | 696.3 | 671.7 | 717.2 | 727.1 | 698.07 | 37.20 |
| 4 | 535.1 | 628.7 | 542.4 | 559.0 | 586.9 | 520.0 | 562.02 | 39.87 |

$\bar{\bar{x}} = 682.50$

## 15.2 多重比較

當虛無假設 $H_0$: $\mu_1 = \mu_2 = \cdots = \mu_k$ 被 $F$ 檢定棄卻時，我們相信 $k$ 個母體或處理平均數是不同的。但自然而然的，我們會問一個問題，哪一個樣本是與眾不同的？比如，當 $k = 4$，可能情況是 $\mu_1 = \mu_2 = \mu_4$，而 $\mu_3$ 與其他三個平均數相異。另外可能情況是 $\mu_1 = \mu_4$ 且 $\mu_2 = \mu_3$。仍有另一可能情況是所有四個平均數彼此相異。一個**多重比較程序 (multiple comparisons procedure)** 是一旦全部相等之假設被棄却，被用來確認各個 $\mu$ 之間的差異性之一種方法。我們介紹一個這樣的方法，**Tukey-Kramer** (T-K) 多重比較程序。

這 T-K 方法是基於計算每對可能的 $\mu$ 之間相差的信賴區間。比如，$k = 3$ 時，有以下三個差需考慮：

$\mu_1 - \mu_2 \quad \mu_1 - \mu_3 \quad \mu_2 - \mu_3$

（$\mu_2 - \mu_1$ 將不被考慮，因為和 $\mu_1 - \mu_2$ 的信賴區間提供相同結論。$\mu_3 - \mu_1$、$\mu_3 - \mu_2$ 也是如此。）一旦所有的信賴區間被計算，每一個被檢視並確定該區間是否包含 0。如果某一特別的信賴區間不包含 0，這兩個平均數被聲稱為彼此有顯著差異。反之，兩個平均數並無顯著差異。

在以下例子中，假設 $k = 3$，而其三個信賴區間如下：

| 差異 | T-K 信賴區間 |
|---|---|
| $\mu_1 - \mu_2$ | $(-.9, 3.5)$ |
| $\mu_1 - \mu_3$ | $(2.6, 7.0)$ |
| $\mu_2 - \mu_3$ | $(1.2, 5.7)$ |

因為 $\mu_1 - \mu_2$ 的區間包含 0，我們判定 $\mu_1$ 和 $\mu_2$ 並無顯著差異。另外兩個區間並不包含 0，所以我們判定 $\mu_1 \neq \mu_3$ 且 $\mu_2 \neq \mu_3$。

T-K 區間乃是基於所謂的 T 值全距分配之臨界值。附錄表 7 中有這些臨界值。想找一個臨界值，進入表中在對應於被比較的母體或處理之個數的欄位，然後往下移動到對應誤差自由度數目之列，並對 95% 顯著水準或 99% 顯著水準選擇一個值。

### T-K 多重比較程序

當有 $k$ 個母體或處理被比較時，就有 $\dfrac{k(k-1)}{2}$ 個信賴區間要被計算。用 $q$ 代表相對的 $T$ 值臨界值，區間如下：

$$\mu_i - \mu_j: \quad (\bar{x}_i - \bar{x}_j) \pm q\sqrt{\dfrac{\text{MSE}}{2}\left(\dfrac{1}{n_i} + \dfrac{1}{n_j}\right)}$$

如果區間不包含 0，兩個平均數會被判定為有顯著差異。

如果樣本大小都是一樣的，我們可以用 $n$ 來代表 $n_1, \cdots, n_k$ 之共同值。如此，每個區間的 ± 因數都有相同的數量

$$q\sqrt{\dfrac{\text{MSE}}{n}}$$

### 例 15.5　再度審視激素與體脂肪

例 15.4 介紹了從一個雙盲實驗得出的體脂肪含量改變的相關數據。該雙盲實驗旨在驗證四種對於體脂肪的影響：(1) 安慰劑生長激素和安慰劑類固醇（以 P + P 標記）；(2) 安慰劑生長激素和激素雌二醇（以 P + S 標記）；(3) 生長激素和安慰劑類固醇（以 G + P 標記）；(4) 生長激素和激素雌二醇（以 G + S 標記）。

| 處理 | 體脂肪的變化 (kg) |  |  |  |
|---|---|---|---|---|
|  | P + P | P + S | G + P | G + S |
|  | 0.1 | −0.1 | −1.6 | −3.1 |
|  | 0.6 | 0.2 | −0.4 | −3.2 |
|  | 2.2 | 0.0 | 0.4 | −2.0 |
|  | 0.7 | −0.4 | −2.0 | −2.0 |
|  | −2.0 | −0.9 | −3.4 | −3.3 |
|  | 0.7 | −1.1 | −2.8 | −0.5 |
|  | 0.0 | 1.2 | −2.2 | −4.5 |
|  | −2.6 | 0.1 | −1.8 | −0.7 |
|  | −1.4 | 0.7 | −3.3 | −1.8 |
|  | 1.5 | −2.0 | −2.1 | −2.3 |
|  | 2.8 | −0.9 | −3.6 | −1.3 |
|  | 0.3 | −3.0 | −0.4 | −1.0 |
|  | −1.0 | 1.0 | −3.1 | −5.6 |

|  | 體脂肪的變化 (kg) | | | |
|---|---|---|---|---|
| 處理 | P + P | P + S | G + P | G + S |
|  | −1.0 | 1.2 |  | −2.9 |
|  |  |  |  | −1.6 |
|  |  |  |  | −0.2 |
| $n$ | 14 | 14 | 13 | 16 |
| $\bar{x}$ | 0.064 | −0.286 | −2.023 | −2.250 |
| $s$ | 1.545 | 1.218 | 1.264 | 1.468 |
| $s^2$ | 2.387 | 1.484 | 1.598 | 2.155 |

附錄表 7 給予 95% T 全距臨界值 $q = 3.74$（$k = 4$，誤差 df = 60，附錄表中最接近於 df = 53 的值）。前兩個 T-K 區間是

$$\mu_1 - \mu_2: (0.064 - (-0.286)) \pm 3.74 \sqrt{\left(\frac{1.92}{2}\right)\left(\frac{1}{14} + \frac{1}{14}\right)}$$
$$= 0.35 \pm 1.39$$
$$= (-1.04, 1.74) \leftarrow \text{包括 0}$$

$$\mu_1 - \mu_3: (0.064 - (-2.023)) \pm 3.74 \sqrt{\left(\frac{1.92}{2}\right)\left(\frac{1}{14} + \frac{1}{13}\right)}$$
$$= 2.09 \pm 1.41$$
$$= (0.68, 3.50) \leftarrow \text{不包括 0}$$

剩餘的區間是

| $\mu_1 - \mu_4$ | $(0.97, 3.66)$ | ← 不包括 0 |
| $\mu_2 - \mu_3$ | $(0.32, 3.15)$ | ← 不包括 0 |
| $\mu_2 - \mu_4$ | $(0.62, 3.31)$ | ← 不包括 0 |
| $\mu_3 - \mu_4$ | $(-1.145, 1.60)$ | ← 包括 0 |

我們可以得出結論，$\mu_1$ 為不顯著不同於 $\mu_2$ 且 $\mu_3$ 為不顯著不同於 $\mu_4$。並且 $\mu_1$ 和 $\mu_2$ 是顯著不同於 $\mu_3$ 和 $\mu_4$。注意處理 1 和 2 是以給與安慰劑來代替生長激素，而治療 3 和 4 的各處理方式中，包括了生長激素。此分析令研究人員結論生長激素，無論有或沒有性類固醇，都可降低身體的脂肪量。

從原始數據可以獲得，Minitab 適用來建構 T-K 區間。圖 15.6 中呈現了一些典型的例子（根據例 15.5）。從中可得出，$\mu_1$ (P + P) − $\mu_2$ (P + S) 的信賴區間是 $(-1.039, 1.739)$，$\mu_2$ (P + S) − $\mu_4$ (G + S) 的信賴區間是 $(0.619, 3.309)$，以此類推。

```
Tukey 95% Simultaneous Confidence Intervals
All Pairwise Comparisons

Individual confidence level = 98.95%

G + S subtracted from:

        Lower   Center   Upper    --------+---------+---------+---------+-
G + P   -1.145   0.227   1.599                    (------*------)
P + S    0.619   1.964   3.309                                  (------*------)
P + P    0.969   2.314   3.659                                    (------*------)
                                  --------+---------+---------+---------+-
                                       -2.0       0.0        2.0        4.0

G + P subtracted from:

        Lower   Center   Upper    --------+---------+---------+---------+-
P + S    0.322   1.737   3.153                                  (------*------)
P + P    0.672   2.087   3.503                                    (------*------)
                                  --------+---------+---------+---------+-
                                       -2.0       0.0        2.0        4.0

P + S subtracted from:

        Lower   Center   Upper    --------+---------+---------+---------+-
P + P   -1.039   0.350   1.739                       (------*------)
                                  --------+---------+---------+---------+-
                                       -2.0       0.0        2.0        4.0
```

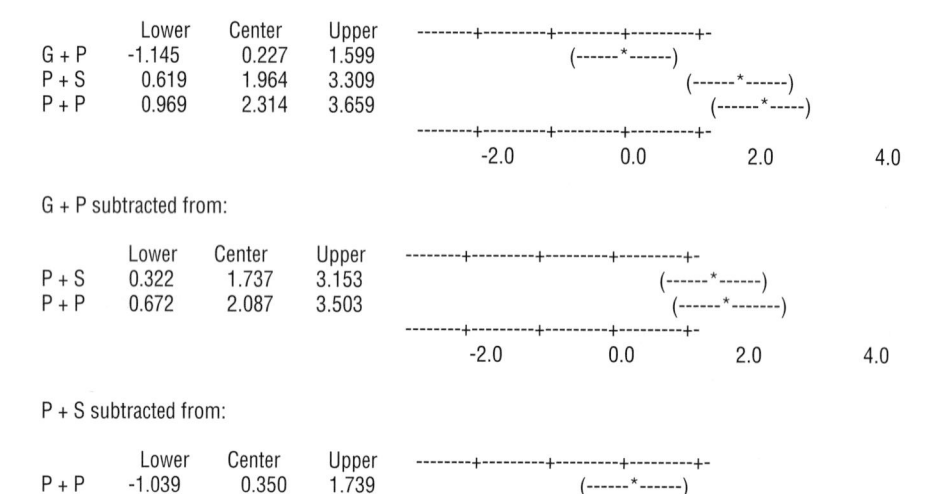

**圖 15.6**

例 15.5 的 T-K 區間（根據 Minitab）

為何計算 T-K 區間勝過在第 11 章中對於各個 $\mu$ 之間的差使用 $t$ 信賴區間？答案是，T-K 區間將**聯立信賴水準 (simultaneous confidence level)** 控制在大約 95%（或者 99%）。也就是說，如果該程序被反覆使用在不同的資料集上時，從長遠來看，約 5%（或 1%）的時間裡，至少一個區間會不包含該區間欲包含的值。考慮使用分開的 95% $t$ 區間，每一個都有 5% 的誤差率。如此一來，隨著越多的區間被計算，關於母體平均數 $\mu$ 之間的差，至少會做出一個錯誤的敘述之機會增加。所述的 Minitab 在圖 15.6 的輸出表明了，當 $k = 4$ 和誤差 df = 76，達到聯立信賴水準大約 95%（一般實驗誤差水準為 5%），個別信賴水準必須是 98.95%（個別誤差率 1.05%）。

要有效總結出多重比較程序的結果，包含列出 $\bar{x}$ 及劃出判定無顯著差異的配對。第 727 頁的方框內描述了這樣陳列的製作過程。

為了說明這個簡易程序，假定四個樣本平均數為 $\bar{x}_1 = 19$、$\bar{x}_2 = 27$、$\bar{x}_3 = 24$ 和 $\bar{x}_4 = 10$，以此來檢定 $H_0: \mu_1 = \mu_2 = \mu_3 = \mu_4$ 並且該虛無假設被棄却。假設 T-K 信

賴區間表示 $\mu_2$ 是顯著不同於 $\mu_1$ 和 $\mu_4$，並且不存在其他的顯著差異。產生的摘要陳列則為

| 母體 | 4 | 1 | 3 | 2 |
|---|---|---|---|---|
| 樣本平均數 | 10 | 19 | 24 | 27 |

### 摘要 T-K 程序的結果

1. 從小到大列出樣本的平均數，確認以上每個 $\bar{x}$ 相對應的母體。
2. 利用 T-K 區間，來確定和每一列第一個沒有明顯差異的平均數，描繪一條水平線，確定從最小的延伸到最大的平均數。例如，如果有五個平均數，應以下列順序排列

| 母體族群 | 3 | 2 | 1 | 4 | 5 |
|---|---|---|---|---|---|
| 樣本平均數 | $\bar{x}_3$ | $\bar{x}_2$ | $\bar{x}_1$ | $\bar{x}_4$ | $\bar{x}_5$ |

$\mu_3$ 被判定與 $\mu_2$ 和 $\mu_1$ 沒有顯著差異，但與 $\mu_4$ 和 $\mu_5$ 存在顯著差異，畫出下列的線：

| 母體族群 | 3 | 2 | 1 | 4 | 5 |
|---|---|---|---|---|---|
| 樣本平均數 | $\bar{x}_3$ | $\bar{x}_2$ | $\bar{x}_1$ | $\bar{x}_4$ | $\bar{x}_5$ |

3. 利用 T-K 區間，來確定和第二個沒有明顯差異的平均數。（你可以認為只有出現在第二個平均數右邊的值才被列入考慮範圍。）如果確認組別中所有的平均數和第二個的平均數之間已經有線了，就不需要畫新的線了。如果整組平均數都沒畫線，就從第二個平均數開始，畫線畫到最大的平均數。再拿之前的例子來說，如果 $\mu_2$ 與 $\mu_1$ 無顯著差異，但和 $\mu_4$ 及 $\mu_5$ 顯著不同，就需要畫一條新的線。然而，如果 $\mu_2$ 與 $\mu_1$ 或 $\mu_4$ 無顯著差異，但與 $\mu_5$ 有顯著差異，就需要如下圖畫第二條線。

| 母體族群 | 3 | 2 | 1 | 4 | 5 |
|---|---|---|---|---|---|
| 樣本平均數 | $\bar{x}_3$ | $\bar{x}_2$ | $\bar{x}_1$ | | |

4. 繼續考慮如上述順序的平均數組，畫出需要被增加的線。

## 例 15.6　睡眠時間

生物學家希望研究乙醇對睡眠時間的影響，依據年齡及其他特質選擇了 20 隻樣本老鼠，根據體重給予每隻老鼠特定乙醇濃度。記錄 24 小時內老鼠的淺睡眠時間，下表是實驗結果：

| 處理 | 觀察值 | | | | | $\bar{x}$ |
|---|---|---|---|---|---|---|
| 1. 0（控制） | 88.6 | 73.2 | 91.4 | 68.0 | 75.2 | 79.28 |
| 2. 1 g/kg | 63.0 | 53.9 | 69.2 | 50.1 | 71.5 | 61.54 |
| 3. 2 g/kg | 44.9 | 59.5 | 40.2 | 56.3 | 38.7 | 47.92 |
| 4. 4 g/kg | 31.0 | 39.6 | 45.3 | 25.2 | 22.7 | 32.76 |

表 15.4（來自 SAS 來的 ANOVA 表格）可得到四組處理的 REM 睡眠時間平均數是不盡相同的。$F$ 檢定的 $P$ 值是 .0001。

**表 15.4**　例 15.6 SAS 的 ANOVA 表格

Analysis of Variance Procedure
Dependent Variable: TIME

| Source | DF | Sum of Squares | Mean Square | F Value | Pr > F |
|---|---|---|---|---|---|
| Model | 3 | 5882.35750 | 1960.78583 | 21.09 | 0.0001 |
| Error | 16 | 1487.40000 | 92.96250 | | |
| **Total** | **19** | **7369.75750** | | | |

T-K 區間為

| 差異 | 區間 | 包括 0 ？ |
|---|---|---|
| $\mu_1 - \mu_2$ | 17.74 ± 17.446 | 否 |
| $\mu_1 - \mu_3$ | 31.36 ± 17.446 | 否 |
| $\mu_1 - \mu_4$ | 46.24 ± 17.446 | 否 |
| $\mu_2 - \mu_3$ | 13.08 ± 17.446 | 是 |
| $\mu_2 - \mu_4$ | 28.78 ± 17.446 | 否 |
| $\mu_3 - \mu_4$ | 15.16 ± 17.446 | 是 |

包括 0 的 T-K 區間有兩個，$\mu_2 - \mu_3$ 跟 $\mu_3 - \mu_4$，相應的底線圖如下

| $\bar{x}_4$ | $\bar{x}_3$ | $\bar{x}_2$ | $\bar{x}_1$ |
|---|---|---|---|
| 32.76 | 47.92 | 61.54 | 79.28 |

圖 15.7 利用底線呈現 SAS 的分析結果，英文字母標示跟底線一樣指出同一群組的平均數。

```
Alpha = 0.05  df = 16  MSE = 92.9625
Critical Value of Studentized Range = 4.046
Minimum Significant Difference = 17.446
Means with the same letter are not significantly different.

Tukey Grouping        Mean      N      Treatment
      A              79.280     5      0 (control)
      B              61.540     5      1 g/kg
  C   B              47.920     5      2 g/kg
  C                  32.760     5      4 g/kg
```

圖 15.7
例 15.6 的 SAS 分析結果

## 例 15.7　室友滿意度

如何讓大學生對室友達到滿意？文章中「混血室友與白人室友對民族認同的滿意度」(*Journal of College Student Development* [1998]: 194-199) 調查中隨機分配的非裔美國人／白人，亞洲人／白人，西班牙裔／白人和白人／白人室友配對。研究人員使用單因子變異數分析，從清單看一個平均滿意度的顯著差異是否存在於四種類型室友配對。報告顯示〔均值間顯著差異 ($P < .01$)。由 T-K 區間指出顯著差異存在於白人／白人 ($M = 77.49$) 和非裔美國人／白人二人組合 ($M = 71.27$)……沒有發現其他顯著差異〕。

雖然亞洲人／白人和西班牙裔／白人平均滿意度得分並沒有給出，但它們必定介於 77.49（白人／白人之平均數）與 71.29（非裔美國人／白人之平均數）之間。（如果它們的值比 77.49 更大，它們會呈現顯著不同於非洲裔美國／白人平均數，如果它們比 71.27 小，它們會呈現顯著不同於白人／白人平均數。）與報告資訊一致的一個底線因子。

白人／白人　　西班牙裔／　　非裔美國人／
　　　　　　　白人與　　　　白人
　　　　　　　亞洲／白人
―――――――――――――――――――――

## 習題　15.14 – 15.22

**15.14** 葉的表面面積是植物做氣體交換率的重要變量。每單位表面積的乾物質（毫克／毫升），在三種不同的生長條件的樹木上測量。令 $\mu_1$、$\mu_2$ 和 $\mu_3$ 表示每單位表面積的平均乾物質在生長條件 1、2 和 3 下。已知 95% 聯立信賴區間為

| 差異 | $\mu_1 - \mu_2$ | $\mu_1 - \mu_3$ | $\mu_2 - \mu_3$ |
|---|---|---|---|
| 區間 | (−3.11, −1.11) | (−4.06, −2.06) | (−1.95, .05) |

你覺得以下四個陳述的那一個描述 $\mu_1$、$\mu_2$ 和 $\mu_3$ 之間的關係？解釋你的選擇。

a. $\mu_1 = \mu_2$，且 $\mu_3$ 不同於 $\mu_1$ 及 $\mu_2$。
b. $\mu_1 = \mu_3$，且 $\mu_2$ 不同於 $\mu_1$ 及 $\mu_3$。
c. $\mu_2 = \mu_3$，且 $\mu_1$ 不同於 $\mu_2$ 及 $\mu_3$。
d. 三個 $\mu$ 彼此相異。

**15.15** 本文為美國兒童 1 至 5 歲對於血液中鉛含量的測驗（毫克 / 分升）的兒童在家生活的數據歸類低、中或高，與鉛接觸屬於風險。使用多重比較程序後，作者報導了以下內容：

1. 低風險的住房和中風險的住房之間的平均血鉛水準差異很明顯。
2. 低風險的住房和高風險的住房之間的平均血鉛水準差異很明顯。
3. 中風險等的住房和高風險住房之間的平均血鉛水準差異很明顯。

其中那一個 T-K 區間（設 1、2 和 3）與作者的結論一致？說明你的選擇。

$\mu_L$ = 指兒童居住在低風險房屋的平均血鉛水準
$\mu_M$ = 指兒童居住在中風險房屋的平均血鉛水準
$\mu_H$ = 指兒童居住在高風險房屋的平均血鉛水準

| 差異 | 集合1 | 集合2 | 集合3 |
|---|---|---|---|
| $\mu_L - \mu_M$ | (−0.6, 0.1) | (−0.6, −0.1) | (−0.6, −0.1) |
| $\mu_L - \mu_H$ | (−1.5, −0.6) | (−1.5, −0.6) | (−1.5, −0.6) |
| $\mu_M - \mu_H$ | (−0.9, −0.3) | (−0.9, 0.3) | (−0.9, −0.3) |

**15.16** 強調圖案出現在文章「**男性和女性的飲食行為對於圖像與文字**」(*Communications Research* [2006]: 507-529)，女性觀看幻燈片，描繪了沒有文字的女模特兒圖片（治療 1）；看同一個幻燈片伴隨著飲食和運動相關的文字（治療 2）；或觀看相同的幻燈片配上無關的飲食和文字（治療 3）。第四組女性並不觀看任何幻燈片（治療 4）。參與者被隨機分配到四個處理方式。參與者被要求填寫一份調查問卷並在房間裡吃餅乾。觀察者記錄了受測者在完成問卷過程中，吃了多少椒鹽脆餅。寫一些句子來解釋下表底線模型的結果。

| 處理： | 2 | 1 | 4 | 3 |
|---|---|---|---|---|
| 所消耗的餅乾平均數 | 0.97 | 1.03 | 2.20 | 2.65 |

**15.17** 在之前的練習中引用本文也給出以下男性的底線模型。

| 處理： | 2 | 1 | 4 | 3 |
|---|---|---|---|---|
| 所消耗的餅乾平均數 | 6.61 | 5.96 | 3.38 | 2.70 |

a. 寫幾句話解釋這個底線模型。
b. 用你來自 (a) 部分的答案，並從前面的練習，寫幾個句子描述男人和女人在治療反應上有何不同。

**15.18** 在習題 15.5 引用的文章描述了一個實驗，12 歲的男孩是否對電動遊戲的年齡限制標籤增加吸引力。虛無假設 $H_0: \mu_1 = \mu_2 = \mu_3 = \mu_4$，其中 $\mu_1$ 為母體平均數是 7+ 的年齡標籤之吸引力，$\mu_2$、$\mu_3$ 和 $\mu_4$ 是母體平均吸引力分數分別為 12+、16+ 和 18+ 年齡標籤。樣本資料如下表。

| 7+ 級別 | 12+ 級別 | 16+ 級別 | 18+ 級別 |
|---|---|---|---|
| 6 | 8 | 7 | 10 |
| 6 | 7 | 9 | 9 |
| 6 | 8 | 8 | 6 |
| 5 | 5 | 6 | 8 |
| 4 | 7 | 7 | 7 |
| 8 | 9 | 4 | 6 |
| 6 | 5 | 8 | 8 |
| 1 | 8 | 9 | 9 |
| 2 | 4 | 6 | 10 |
| 4 | 7 | 7 | 8 |

a. 計算 95% 的 T-K 區間，然後使用本節中描述的底線程序確認在年齡標籤之間顯著差異。
b. 根據 (a) 部分的答案，寫幾個句子來評

論在電動遊戲中更嚴格的年齡標籤，更吸引人的比賽是 12 至 13 歲的男孩之理論。

**15.19** 論文「**射擊遊戲使用者：男性遊戲玩家的存在和敵對認知評量**」(*Communication Research* [2006]: 448-466) 的作者研究了電動遊戲的內容可能會影響態度和行為。男學生在一家大型中西部大學被隨機分配發揮三個面向行動的電動遊戲之一。兩個遊戲涉及暴力其中一個是射擊遊戲，一個是格鬥遊戲。第三種遊戲是一個非暴力的駕駛遊戲。玩遊戲 20 分鐘後，參與者回答了一系列問題。這些回答被用於測定三種攻擊性方式的數值：(1) 攻擊行為。(2) 攻擊思維。(3) 攻擊意識。筆者推測，用於侵略三大措施平均值將是格鬥遊戲最大和駕駛遊戲最小。

a. 對攻擊行為的措施，本文報導的平均得分為格鬥遊戲比射擊和駕駛遊戲顯著性較高，但射擊和駕駛遊戲的平均分數沒有顯著相異，三個樣本平均數分別為：

|  | 駕駛遊戲 | 射擊遊戲 | 格鬥遊戲 |
|---|---|---|---|
| 樣本平均數 | 3.42 | 4.00 | 5.30 |

使用底線程序製作一個圖形顯示在三種遊戲間平均攻擊行為得分之顯著差異。

b. 對於攻擊思維的措施，這三個樣本平均數分別為：

|  | 駕駛遊戲 | 射擊遊戲 | 格鬥遊戲 |
|---|---|---|---|
| 樣本平均數 | 2.81 | 3.44 | 4.01 |

該篇報告指出格鬥遊戲的平均得分明顯不用於駕駛遊戲，並且射擊遊戲的平均得分，無論與格鬥遊戲或駕駛遊戲皆無顯著差異。使用本節的程序製作一個圖形，顯示三種遊戲攻擊思維平均得分之間的顯著差異。

**15.20** 伴隨數據的結果來自於對五種不同的織布樣本進行測試以確定燃燒時間。

|  |  | | | | |
|---|---|---|---|---|---|
|  | 1 | 17.8 | 16.2 | 15.9 | 15.5 |
|  | 2 | 13.2 | 10.4 | 11.3 |  |
| 織布 | 3 | 11.8 | 11.0 | 9.2 | 10.0 |
|  | 4 | 16.5 | 15.3 | 14.1 | 15.0 | 13.9 |
|  | 5 | 13.9 | 10.8 | 12.8 | 11.7 |

$MSTr = 23.67$

$MSE = 1.39$

$F = 17.08$

$P$ 值 $= .000$

所附輸出提供 Minitab（軟體）所計算的 T-K 區間。給出底線模型並確認顯著的差異。

Individual error rate = 0.00750
Critical value = 4.37
Intervals for (column level mean) - (row level mean)

|  | 1 | 2 | 3 | 4 |
|---|---|---|---|---|
| 2 | 1.938 |  |  |  |
|  | 7.495 |  |  |  |
| 3 | 3.278 | -1.645 |  |  |
|  | 8.422 | 3.912 |  |  |
| 4 | -1.050 | -5.983 | -6.900 |  |
|  | 3.830 | -0.670 | -2.020 |  |
| 5 | 1.478 | -3.445 | -4.372 | 0.220 |
|  | 6.622 | 2.112 | 0.772 | 5.100 |

**15.21** 蜥蜴扮演了傳播植物種子的角色嗎？在南非執行的某項研究提出這種看法。「**澳大利亞平蜥蜴傳播了非洲榕屬無花果的種子**」(*Journal of Herpetology* [1999]: 328-330) 研究人員收集了 400 個特定品種的無花果種子，其中每個處理各有 100 個種子：蜥蜴糞、鳥糞、蹄兔糞和吃剩的無花果。每 5 個種子一組，記錄多少種子發芽產生 20 個觀察。處理平均數與標準差如附表。

| 處理 | n | $\bar{x}$ | s |
|---|---|---|---|
| 吃剩的無花果 | 20 | 2.40 | .30 |
| 蜥蜴糞 | 20 | 2.35 | .33 |
| 馬糞 | 20 | 1.70 | .34 |
| 蹄兔糞 | 20 | 1.45 | .28 |

a. 建構對應的變異數分析表，並檢定這四

種處理的平均發芽種子數目相等之假設。

b. 證據表明，蜥蜴食用種子，排泄之後種子發芽速率較鳥類快。給予統計證據來支持你的答案。

15.22 六個不同品牌的飲食或人造奶油樣本被進行分析，以確定生理活性的多元不飽和脂肪酸的水準（PAPUFA，百分比），而產生數據呈現附表中（該數據是虛構的，但樣本同意被報導在消費者報導）。

| Imperial | 14.1 | 13.6 | 14.4 | 14.3 | |
| Parkay | 12.8 | 12.5 | 13.4 | 13.0 | 12.3 |
| Blue Bonnet | 13.5 | 13.4 | 14.1 | 14.3 | |
| Chiffon | 13.2 | 12.7 | 12.6 | 13.9 | |
| Mazola | 16.8 | 17.2 | 16.4 | 17.3 | 18.0 |
| Fleischmann's | 18.1 | 17.2 | 18.7 | 18.4 | |

a. 檢定不同品牌真正的平均 PAPUFA 百分比之間的差異。使用 $\alpha = .05$。

b. 使用 T-K 程序來計算對於所有的平均數之間差異之 95% 聯立信賴區間並給出對應的底線圖形。

## 活動 15.1　探索單因子變異數分析

跟一個夥伴合作，考慮以下：

1. 每四個所附圖形的顯示來自三組獨立的隨機樣本之數據。對於四個圖形，指出你是否認為對於單因子變異數分析的基本假設是合理的。寫一兩句話來證明你的答案。

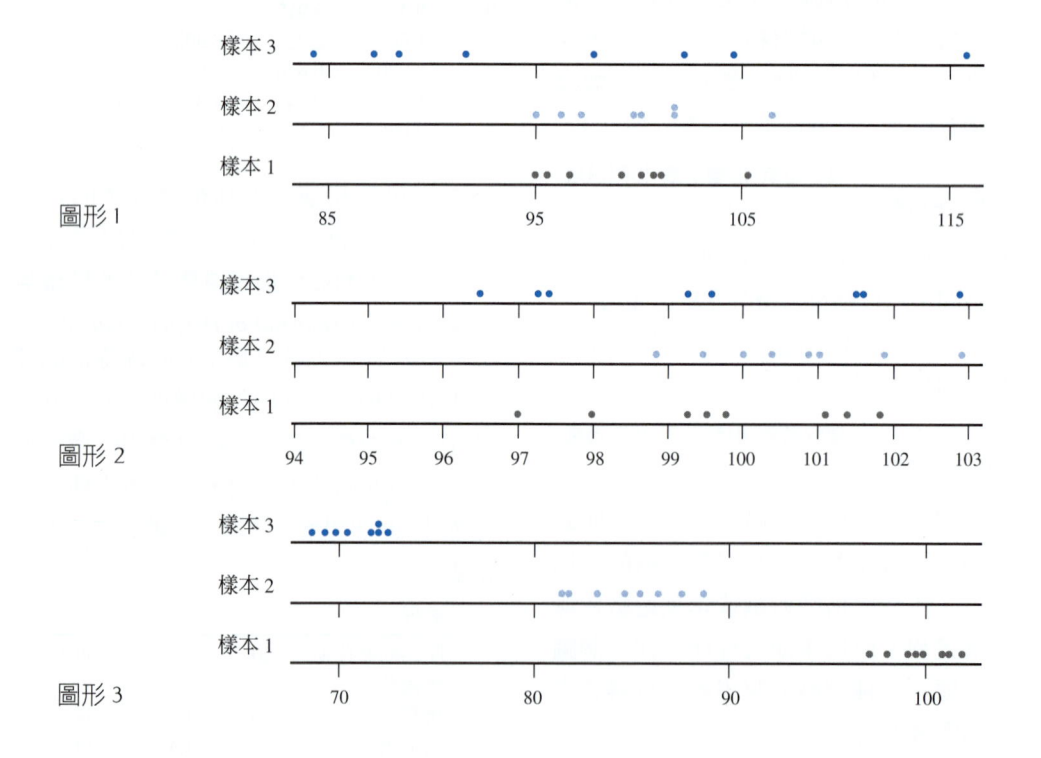

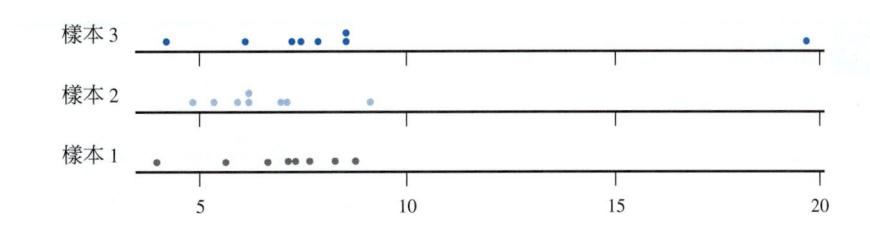

圖形 4

2. 三個伴隨的圖形中的每個顯示來自三個獨立的隨機樣本。對於每個圖形，指出你是否認為這三個母體的平均數可能不盡相同，你認為這三個母體的平均數可能是相同的，或者你不確定母體的平均數是否可能是相同的。寫一兩句話解釋你的推理。

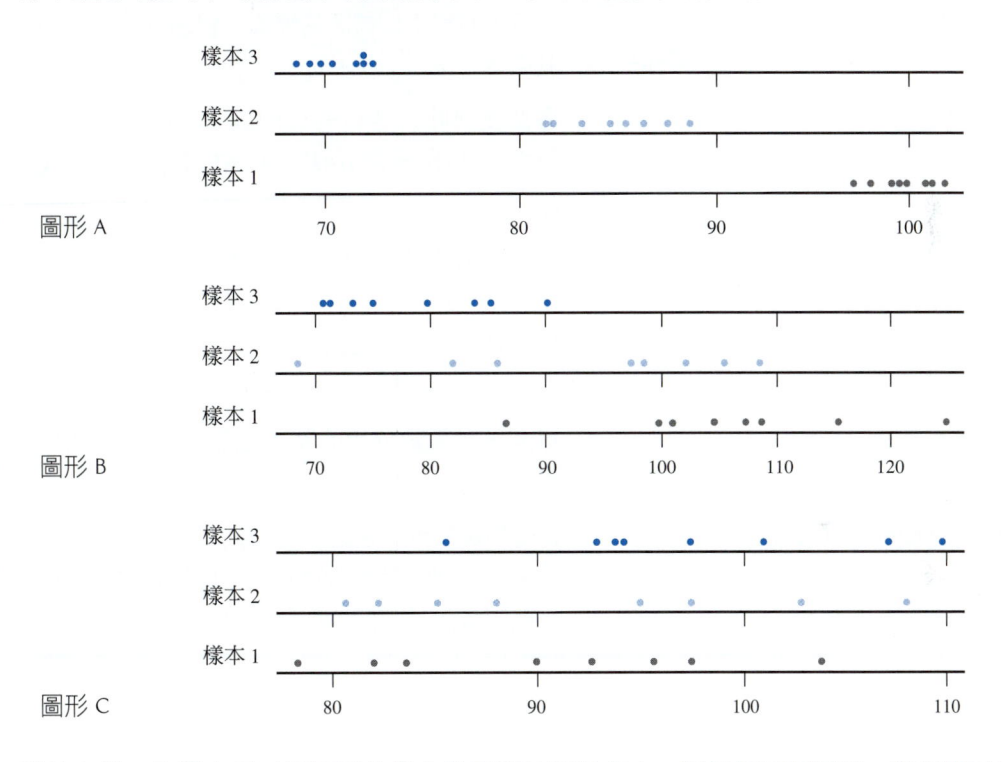

圖形 A

圖形 B

圖形 C

3. 對於在第 2 步驟中每三個圖形的樣本數據列於所附表中。對於每三個圖形，進行單因子變異數分析。$F$ 檢定的結果與你在步驟 2 的答案是否一致？請說明。

| 圖形 A ||| 圖形 B ||| 圖形 C |||
| --- | --- | --- | --- | --- | --- | --- | --- | --- |
| 樣本 1 | 樣本 2 | 樣本 3 | 樣本 1 | 樣本 2 | 樣本 3 | 樣本 1 | 樣本 2 | 樣本 3 |
| 99.7 | 91.3 | 69.3 | 104.2 | 81.9 | 71.7 | 82.3 | 82.4 | 94.2 |
| 98.0 | 82.0 | 72.1 | 107.0 | 105.4 | 79.7 | 97.4 | 87.5 | 109.8 |
| 101.4 | 83.6 | 71.7 | 88.6 | 98.4 | 70.9 | 83.7 | 97.3 | 94.9 |
| 99.2 | 84.8 | 69.9 | 99.6 | 108.4 | 76.6 | 103.6 | 102.6 | 85.8 |
| 101.0 | 86.5 | 68.8 | 124.3 | 102.1 | 85.3 | 78.6 | 94.8 | 97.4 |
| 101.8 | 91.5 | 70.7 | 100.7 | 68.9 | 90.3 | 90.1 | 81.3 | 101.0 |
| 99.5 | 81.8 | 72.7 | 108.3 | 85.8 | 84.2 | 92.8 | 85.2 | 93.0 |
| 97.0 | 85.5 | 72.2 | 116.5 | 97.5 | 74.6 | 95.5 | 107.8 | 107.1 |

## 重要觀念與公式之摘要

| 專有名詞或公式 | 註釋 |
| --- | --- |
| 單因子變異數分析 (ANOVA) | 決定 $k$ 個母體或處理之平均數是否有顯著差異的一個檢定程序。被檢定的假設為 $H_0: \mu_1 = \mu_2 = \cdots = \mu_k$ 對 $H_a$: 至少兩個 $\mu$ 是不同的。 |
| 處理間變異：<br>$SSTr = n_1(\bar{x}_1 - \bar{\bar{x}})^2 + \cdots + n_k(\bar{x}_k - \bar{\bar{x}})^2$ | 計算 $k$ 個處理間平均數 $\bar{x}_1, \bar{x}_2, \cdots, \bar{x}_k$ 彼此差異的程度，自由度 $= k - 1$。 |
| 誤差變異：<br>$SSE = (n_1 - 1)s_1^2 + \cdots + (n_k - 1)s_k^2$ | 計算所有樣本個體間的變異，自由度 $= N - k$，其中 $N = n_1 + \cdots + n_k$。 |
| 平均變異 | 各個變異除以各自的自由度。單因子變異數分析中，$MSTr = SSTr/(k - 1)$ 和 $MSE = SSE/(N - k)$。 |
| $F = \dfrac{MSTr}{MSE}$ | 單因子變異數分析的檢定統計量，檢定假設為 $H_0: \mu_1 = \mu_2 = \cdots = \mu_k$。當 $H_0$ 為真，$F$ 具有 $F$ 分配，且分子自由度為 $k - 1$，分母自由度為 $N - k$。 |
| $SSTo = SSTr + SSE$ | 單因子變異數分析的基本恆等式，其中 $SSTo =$ 總平方和。 |
| Tukey-Kramer 多重比較程序 | 當變異數分析 $F$ 檢定棄却 $H_0: \mu_1 = \mu_2 = \cdots = \mu_k$ 之後，分別針對個別的 $\mu$ 做兩兩比較之檢定程序以確認各個 $\mu$ 之間的顯著差異。 |

# 附錄 A

# 二項分配

假設我們決定記錄一家特定醫院中 25 位新生兒的每一位性別。至少 15 位為女生的機率為何？10 至 15 位為女生的機率為何？在這 25 位新生兒中我們能夠期望為女生的人數是多少？這些與其他相似的問題可以藉由學習二項機率分配加以回答。此一分配在當感興趣的實驗是一個二項實驗——也就是，具有下列特性的實驗時產生。

### 二項實驗的特性

1. 包含固定數量的觀測值，稱為試行。
2. 每一次試行可以得出只有兩個互斥結果之一，被標示為成功 (S) 與失敗 (F)。
3. 不同試行的結果互相獨立。
4. 一次試行的結果為成功的機率對於每一次試行是相同的。

**二項隨機變項 (binomial random variable)** $x$ 被定義為

$x =$ 進行實驗觀察的成功數

$x$ 的機率分配被稱為二項機率分配。

在此的名詞成功並不一定具有其任何常見的涵義。兩個可能結果的哪一個被標示為「成功」取決於感興趣的隨機變項。例如，如果變項計數在一特定醫院中出生的 25 位新生兒中的女生數，一個女生新生兒會被標示為成功（因為這是變項所計數的對象）。此一標示是隨意的：如果男生新生兒被取代計數，男生新生兒會被標示為成功，而女生新生兒為失敗。

例如，假設在一特定店家購買熱水澡盆的 5 個隨機選取顧客之每一人會選擇電力或瓦斯款式。假定這些顧客的選擇彼此獨立，且 40% 的所有顧客選擇電力款

式。讓我們定義變項

$x = 5$ 位顧客中選擇電力熱水澡盆的人數

這個實驗是一個二項實驗，具有

試行數 = 5     $P(S) = P(E) = .4$

其中，成功 (S) 被定義為購買電力款式的一位顧客。

二項分配告訴我們與可能 $x$ 數值 0、1、2、3、4 與 5 之每一個有關的機率。計有 32 個可能結果，而其中 5 個產生 $x = 1$：

SFFFF     FSFFF     FFSFF     FFFSF     FFFFS

基於獨立，這些可能結果的第一個具有機率

$$P(\text{SFFFF}) = P(S)P(F)P(F)P(F)P(F)$$
$$= (.4)(.6)(.6)(.6)(.6)$$
$$= (.4)(.6)^4$$
$$= .05184$$

對於具有只有一個成功 ($x = 1$) 之任何結果的機率計算是相同的。其與該單一的成功在序列中的發生位置無關。因此

$$p(1) = P(x = 1)$$
$$= P(\text{SFFFF 或 FSFFF 或 FFSFF 或 FFFSF 或 FFFFS})$$
$$= .05184 + .05184 + .05184 + .05184 + .05184$$
$$= (5)(.05184)$$
$$= .25920$$

同理，對於 $x = 2$ 有 10 個結果，因為從 5 次試行中選出 2 個為成功有 10 個方式：SSFFF、SFSFF、⋯，以及 FFFSS。每一個的機率得自於兩次 (.4) 與三次 (.6) 的相乘在一起。例如，

$$P(\text{SSFFF}) = (.4)(.4)(.6)(.6)(.6)$$
$$= (.4)^2(.6)^3$$
$$= .03456$$

且因此

$$p(2) = P(x = 2)$$
$$= P(SSFFF) + \cdots + P(FFFSS)$$
$$= (10)(.4)^2(.6)^3$$
$$= .34560$$

分配的一般形式在此為

$$p(x) = P(5\text{ 次試行中 }x\text{ 次成功})$$
$$= (\text{具有 }x\text{ 次成功的結果數})(\text{具有 }x\text{ 次成功之任何結果的機率})$$
$$= (\text{具有 }x\text{ 次成功的結果數})(.4)^x(.6)^{5-x}$$

此一形式之前見過，其中 $p(2) = 10(.4)^2(.6)^3$。

令 $n$ 表示實驗中的試行數。則具有 $x$ 次成功的結果數為從 $n$ 次試行中選出 $x$ 為成功試行的方式數。此數量的一個簡單數學式為

$$\text{具有 }x\text{ 次成功的結果數} = \frac{n!}{x!(n-x)!}$$

其中，對於任一正整數 $m$，符號 $m!$（讀為「$m$ 階層」）被以

$$m! = m(m-1)(m-2)\cdots(2)(1)$$

定義

且 $0! = 1$。

### 二項分配

令

$n = $ 二項實驗中獨立的試行數

$p = $ 任一特殊試行得出成功的固定機率

則

$$p(x) = P(n\text{ 次試行中的成功數})$$
$$= \frac{n}{x(n-x)}p^x(1-p)^{n-x} \quad x = 0, 1, 2, \cdots, n$$

符號式 $\binom{n}{x}$ 或是 $_nC_x$ 有時候被用來取代 $\frac{n!}{x!(n-x)!}$。兩者皆讀為「$n$ 選取 $x$」且

它們代表從一組的 $n$ 選出 $x$ 項目的方法數。二項機率函數則可以被寫為

$$p(x) = \binom{n}{x} p^x (1-p)^{n-x} \quad x = 0, 1, 2, \cdots, n$$

或是

$$p(x) = {}_nC_x p^x (1-p)^{n-x} \quad x = 0, 1, 2, \cdots, n$$

注意機率分配以一個容許各種機率的計算之公式，而非以提供一個表或是一個機率直方圖被說明。

### 例 A.1　電腦銷售

一家大型電腦零售商所售出的所有電腦中有 60% 是筆記型電腦與 40% 是桌上型款式。接下來 12 位顧客所購買的電腦類型將被記錄。定義一個隨機變項 $x$ 為

$x =$ 這 12 部電腦中為筆記型電腦的數量

因為 $x$ 計數筆記型電腦數，我們使用 S 表示筆記型電腦的銷售。則 $x$ 為具有 $n = 12$ 與 $p = P(S) = .60$ 的一個二項隨機變項。$X$ 的機率分配被表示為

$$p(x) = \frac{12!}{x!(12-x)!}(.6)^x(.4)^{12-x} \quad x = 0, 1, 2, \ldots, 12$$

剛好 4 部為筆記型電腦的機率為

$$\begin{aligned} p(4) &= P(x = 4) \\ &= \frac{12!}{4!8!}(.6)^4(.4)^8 \\ &= (495)(.6)^4(.4)^8 \\ &= .042 \end{aligned}$$

如果 12 個購買的組別接續被檢視，那些具有剛好 4 部筆記型電腦的長期百分比將是 4.2%。依照此計算，495 個的可能結果 ( 共有 $2^{12} = 4096$ 個可能結果 ) 具有 $x = 4$。

介於 4 部與 7 部 ( 含 ) 電腦為筆記型的機率為

$$P(4 \leq x \leq 7) = P(x = 4 \text{ 或 } x = 5 \text{ 或 } x = 6 \text{ 或 } x = 7)$$

因為這些結果是不連續的，這等於

$$\begin{aligned} P(4 \leq x \leq 7) &= p(4) + p(5) + p(6) + p(7) \\ &= \frac{12!}{4!8!}(.6)^4(.4)^8 + \cdots + \frac{12!}{7!5!}(.6)^7(.4)^5 \\ &= .042 + .101 + .177 + .227 \\ &= .547 \end{aligned}$$

注意

$$P(4 < x < 7) = P(x = 5 \text{ 或 } x = 6)$$
$$= p(5) + p(6)$$
$$= .278$$

因而機率取決於 < 或 ≤ 的出現。（這是典型的離散隨機變項。）

二項分配公式會是冗長乏味的，除非 $n$ 非常小。附錄表 9 提供針對選擇的 $n$ 結合 $p$ 的各種數值之二項機率。這應該有助於你練習使用二項分配而不陷入算術的困境。

### 使用附錄表 9

要找出針對任一特殊 $x$ 值的 $p(x)$：

1. 在表中定位對應於你的 $n$ 值 (5、10、15、20 或 25) 的部分。
2. 往下移動至標示你的 $x$ 值的列。
3. 移往標示特定 $p$ 值的欄。

想要找的機率位於指定的 $x$ 列與 $p$ 欄的交叉點。例如，當 $n = 20$ 且 $p = .8$，

$$p(15) = P(x = 15) = （在 x = 15 \text{ 列與 } p = .8 \text{ 欄交叉點的數值}）= .175$$

雖然對於每一個可能 $x$ 值而言，$p(x)$ 是正值，許多機率為至小數點以下三位為 0，所以在表中它們出現為 .000。另外還有更多延伸的二項表。或者是，大多數統計電腦套裝軟體與繪圖計算機被程式化而得以計算這些機率。

### 不放回抽樣

假設一個母體由 $N$ 個個人或對象所組成，每一個人被歸類為成功或失敗。通常，抽樣被以不放回方式進行；也就是說，一旦一個要素被選入樣本，它就不會是未來選取的候選。如果抽樣以從母體選出一個樣本，觀察其是否為成功或失敗，然後在下一次選擇前放回該母體的方式被完成，變項 $x =$ 在樣本中觀察到的成功數會符合一個二項隨機變項的所有條件。當抽樣以不放回的方式被完成，試行 (個別的選擇) 不是獨立的。在此情況下，在樣本中觀察的成功數並不具有二項分配，而是被稱為超幾何分配的一個不同型態的分配。不只是此分配的名稱聽起來令人生畏，

此分配的機率計算也甚至比二項分配要來得繁雜。幸好，當樣本量 $n$ 遠遠小於 $N$，母體規模，使用二項分配計算的機率與超幾何分配在數值上非常接近。事實上，它們是如此的接近到統計學家經常忽略其差異並使用二項機率取代超幾何機率。當採用不放回抽樣時，大多數統計學家建議決定二項機率分配是否為適當的下列指導方針。

> 令 $x$ 表示以不放回方式從 $N$ 個個人或對象所組成之母體所選出的大小為 $n$ 的樣本中之成功數。如果 $\frac{n}{N} \le 0.05$（也就是說，如果至多 5% 的母體被抽樣），則二項分配提供 $x$ 的機率分配之良好近似。

## 例 A.2　保全系統

近年來，住家擁有者成為有愈來愈高的安全意識。《洛杉磯時報》的一項調查報告幾乎 20% 的受訪南加州屋主安裝了居家保全系統。假設剛好有 20% 的這類屋主擁有保全系統。思考 $n = 20$ 位屋主的一個隨機樣本（遠遠少於母體的 5%）。則 $x$，樣本中擁有保全系統的屋主數，具有（近似）$n = 20$ 與 $p = .20$ 的二項分配。被抽樣者中有 5 位擁有保全系統的機率為

$$\begin{aligned} p(5) &= P(x = 5) \\ &= (\text{附錄表 9 中在 } x = 5 \text{ 列與 } p = .20 \text{ 欄的數值}) \\ &= .175 \end{aligned}$$

在樣本中至少 40%——也就是 8 或更多——擁有保全系統的機率為

$$\begin{aligned} P(x \ge 8) &= P(x = 8, 9, 10, \cdots, 19, \text{ 或 } 20) \\ &= p(8) + p(9) + \cdots + p(20) \\ &= .022 + .007 + .002 + .000 + .000 \\ &= .031 \end{aligned}$$

如果，事實上，$p = .20$，大小為 20 的所有樣本中只有大約 3% 會得出至少 8 位屋主擁有保全系統。因為當 $p = .20$ 時，$P(x \ge 8)$ 是非常小的，如果 $x \ge 8$ 實際被觀察，我們將必須懷疑 $p = .20$ 的報告數值是否為正確。雖然當 $p = .20$ 時，我們會觀察到 $x \ge 8$ 是可能的（長期而言這將有大約 3% 的機會發生），也可能是 $p$ 事實上大於 .20 的情況。在第 10 章，我們說明了假設檢定方法如何能被用於決定關於一個母體之兩個對立宣稱（比如，$p = .20$ 或是 $p < .20$）的哪一個為較有可能。

二項公式或表格可以被用來計算 21 個機率 $p(0), p(1), \cdots, p(20)$ 的每一個。圖 A.1 顯示具有 $n = 20$ 與 $p = .20$ 之二項分配的機率直方圖。注意此分配為正偏的。（只有在 $p = .5$ 時，二項分配為對稱。）

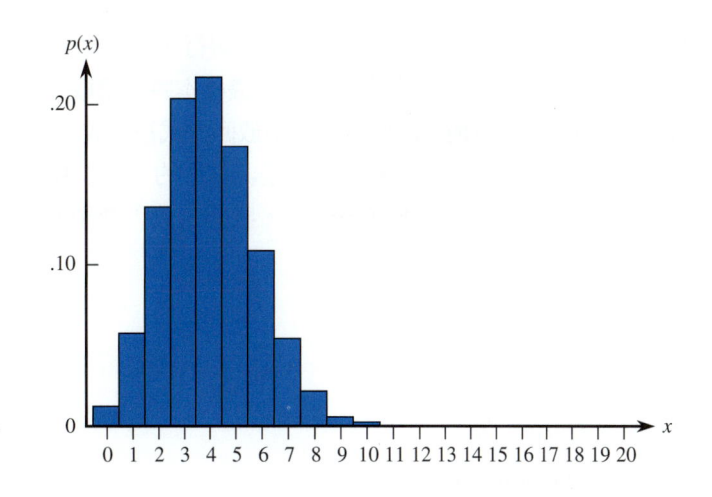

**圖 A.1**
當 $n = 20$ 與 $p = .20$ 之二項機率直方圖

## 二項隨機變項的平均數與標準差

基於 $n$ 次試行的一個二項隨機變項具有可能數值 $0, 1, 2, \cdots, n$，所以平均數值為

$$\mu_x = \sum (x)p(x)$$
$$= (0)p(0) + (1)p(1) + \cdots + (n)p(n)$$

且 $x$ 的變異數為

$$\sigma_x^2 = \sum (x - \mu_x)^2 p(x)$$
$$= (0 - \mu_x)^2 p(0) + (1 - \mu_x)^2 p(1) + \cdots + (n - \mu_x)^2 p(n)$$

對於任一特定的 $n$ 與 $p$ 數值而言，這些算式顯然是相當冗長乏味的。幸好，代數的操作導致相當的簡化而使得加總變得不需要。

一個二項隨機變項的平均數值與標準差分別為

$$\mu_x = np$$

與

$$\sigma_x = \sqrt{np(1-p)}$$

### 例 A.3　信用卡全額付清

根據報導所有信用卡使用者的 1/3 每個月會將帳單全額付清。此數據當然是涵蓋不同

卡別與發卡機構的平均值。假設由一家特定銀行所發行之 Visa 卡的全體持有者的 30% 每個月會全額付清。$n = 25$ 位持卡人的一組隨機樣本將被選取。該銀行對於變項 $x = $ 樣本中每月付清餘額的人數感興趣。即使抽樣以不放回方式被完成，該樣本量 $n = 25$。

相較於信用卡持有者的總數極可能是非常小的，所以我們可以使用具有 $n = 25$ 與 $p = .3$ 的一個二項分配來近似 $x$ 的機率分配。我們定義「全額付清」為成功，因為這是被隨機變項 $x$ 所計數的結果。$x$ 的平均數則為

$$\mu_x = np = 25(.30) = 7.5$$

以及標準差為

$$\begin{aligned}\sigma_x &= \sqrt{np(1-p)} \\ &= \sqrt{25(.30)(.70)} \\ &= \sqrt{5.25} \\ &= 2.29\end{aligned}$$

$x$ 距其平均數大於一個標準差的機率為

$$\begin{aligned}P(x < \mu_x - \sigma_x \text{ 或 } x > \mu_x + \sigma_x) &= P(x < 5.21 \text{ 或 } x > 9.79) \\ &= P(x \leq 5) + P(x \geq 10) \\ &= p(0) + \cdots + p(5) + p(10) + \cdots + p(25) \\ &= .382 \text{（使用附錄表 9）}\end{aligned}$$

---

當 $p = 0$ 或 $p = 1$，$\sigma_x$ 的數值為 0。在這兩個情況下，就 $x$ 沒有不確定性：我們肯定當 $p = 0$ 時觀察 $x = 0$，以及當 $p = 1$ 時觀察 $x = n$。也很容易地可以證明當 $p = .5$ 時，$p(1 - p)$ 為最大。因而當從一個 50–50 的母體抽樣時，二項分配分散程度最大。$p$ 離 .5 愈遠，其分配分散程度愈小且更為偏態。

## 習題 A.1 – A.16

A.1 思考下列兩個二項實驗。
a. 在包含 6 個試行的一個二項實驗中，具有剛好 1 次成功的結果有多少，以及這些結果為何？
b. 在包含 20 個試行的一個二項實驗中，具有剛好 10 次成功、剛好 15 次成功、剛好 5 次成功的結果各有多少？

A.2 假設在一特定的都會區，10 戶中有 9 戶裝有有線電視。令 $x$ 表示在 4 個隨機選取的家戶中裝有有線電視的戶數，因此 $x$ 是具有 $n = 4$ 與 $p = .9$ 的一個二項隨機變項。
a. 計算 $p(2) = P(x = 2)$，並解釋此機率。
b. 計算 $p(4)$，所有 4 個隨機選取的家戶都

裝有有線電視的機率。
c. 決定 $P(x \leq 3)$。

A.3 《洛杉磯時報》（1992 年 12 月 13 日）報導在長途飛行中飛機乘客最喜歡做的事情是休息或睡覺；在 3697 位乘客的一項調查中，幾乎 80% 回答休息或睡覺。假設針對一個特定航線，實際的百分比為剛好 80%，並思考隨機選取 6 位乘客。則在被選出的 6 位乘客中休息或睡覺的人數中，$x$ 為具有 $n = 6$ 與 $p = .8$ 的一個二項隨機變項。
a. 計算 $p(4)$，並解釋此機率。
b. 計算 $p(6)$，所有 6 位被選出的乘客休息或睡覺的機率。
c. 決定 $P(x \geq 4)$。

A.4 參考習題 A.3，並假設 10 位而非 6 位乘客被選取（$n = 10$，$p = .8$），因而附錄表 9 可以被使用。
a. $p(8)$ 為何？
b. 計算 $P(x \leq 7)$。
c. 計算超過半數之選取乘客休息或睡覺的機率。

A.5 下午 5 點至 7 點進入一家雜貨店的顧客有 25% 使用快速結帳櫃台。
思考 5 位隨機選取的顧客，且令 $x$ 表示這 5 人中使用快速結帳櫃台的人數。
a. $p(2)$ 為何？也就是，$P(x = 2)$？
b. $P(x \leq 1)$ 為何？
c. $P(2 \leq x)$ 為何？（暗示：利用你在 (b) 部分的計算。）
d. $P(x \neq 2)$ 為何？

A.6 表演狗的飼養者對於在一次拋棄中的母幼犬數量感興趣。如果一次出生得出公或母幼犬的機率大致相等，提供變項 $x =$ 在大小為 5 的一次拋棄中之母幼犬數量的機率分配。

A.7 文章「FBI 聲稱少於 25 人在測謊測驗中失敗」（*San Luis Obispo Tribune*，2001 年 7 月 29 日）敘述要求高階 FBI 官員通過測謊測驗的一項新計畫的影響。該文章陳述偽陽性（即是他或她說實話，個人在測驗中無法通過）為相當地普遍且發生機率大約 15%。假設如此的測驗被給予 10 位可信賴的個人。
a. 所有 10 人都通過的機率為何？
b. 即使全部都值得信賴，多於 2 人失敗的機率為何？
c. 該文章指出 500 位 FBI 探員被測驗。思考隨機變項 $x = 500$ 位受測者中的失敗數。如果被測驗的 500 位探員全都值得信賴，$x$ 的平均數與標準差為何？
d. 此頭條指出 500 位受測探員中少於 25 人未能通過測驗。如果所有的 500 人都值得信賴，這是一個意外的結果嗎？基於得自 (c) 部分的平均數與標準差之數值加以回答。

A.8 工業的品質控制計畫通常包含對於來自供應商的來料的檢測。如果零件被以大的批量購買，典型的計畫可能從一個批量隨機選出 20 個零件加以檢測。如果在被檢測的零件中一個或更少的瑕疵零件被發現，該批量可以被評定為被接受。否則，該批量被拒絕而送回供應商。使用附錄表 9 找出具有下列之每一個的接受批量的機率（提示：以發現一個瑕疵零件為成功）：
a. 5% 瑕疵零件
b. 10% 瑕疵零件
c. 20% 瑕疵零件

A.9 一項實驗備進行以調查一位筆跡學家（筆跡分析者）能否分辨正常人與精神病患者的筆跡。一位著名的專家被給予 10 個檔案，每一個包含來自一位正常人與一位被診斷為精神病患的筆跡樣本。該筆跡

學家接著被要求辨識精神病患的筆跡。他在 10 次試行中正確辨識了 6 個（資料取自 Statistics in the Real World, R. J. Larsen and D. F. Stroup [New York: Macmillan，1976 年]）。此證據是否指出該筆跡學家具有辨識精神病患者筆跡的能力？（提示：在 10 次中正確猜對 6 或更多次的機率為何？你的答案應該取決於此機率是相對地小或相對地大。）

A.10 如果一年中的特定期間在佛羅里達的氣溫降至低於華氏 32 度，則存在柑橘作物將受害的機會。假設當氣溫降至華氏 30 度，任何一棵樹將發生重大損傷的機率為 .1。如果氣溫確實降至華氏 30 度，2000 棵樹的果樹園中樹木受損的平均數為何？樹木受損數量的標準差為何？

A.11 在一特定檢查站進行排放檢驗之所有汽車的 30% 未能通過。
a. 在 15 部隨機選取的汽車中，最多 5 部無法通過檢驗的機率為何？
b. 在 15 部隨機選取的汽車中，介於 5 部與 10 部（含）無法通過檢驗的機率為何？
c. 在 25 部隨機選取的汽車中，通過檢驗汽車數的平均數為何，以及通過檢驗汽車數的標準差為何？
d. 在 25 部隨機選取的汽車中，通過檢驗汽車數為在平均數 1 個標準差以內得機率為何？

A.12 你將要參加由 100 個題目所組成，每個題目有 5 個可能回答的一項選擇題考試。假設你沒有讀書而必須在每個題目猜答（以完全隨機的方式選擇 5 個答案之一）。令 $x$ 表示在考試中的正確答案數。
a. $x$ 具有何種機率分配？
b. 你期待的測驗分數為何？（提示：你的期望分數是 $x$ 分配的平均數。）

c. 計算 $x$ 的變異數與標準差。
d. 基於你對 (b) 與 (c) 部分的答案，有可能在此測驗你會得分超過 50 嗎？解釋你答案背後的推理。

A.13 假設在一份特定撤銷請願書上的 10,000 個簽名之 20% 為無效。這些簽名之大小為 1000 個的一個樣本中之無效簽名數是否具有（近似）二項分配？解釋之。

A.14 一枚銅板被旋轉 25 次。令 $x$ = 旋轉得出正面 (H) 的次數。思考決定該銅板是否為公平的下列法則：

如果 $8 \leq x \leq 17$，判斷該銅板為公平的
如果 $x \leq 7$ 或 $x \geq 18$，判斷該銅板不為公平的

a. 當其實際上為公平的，判斷該銅板不為公平的機率為何？
b. 當 $P(H) = .9$，判斷該銅板為公平的機率為何？
c. 當 $P(H) = .6$，判斷該銅板為公平的機率為何？當 $P(H) = .4$，機率為何？相較於在 (b) 部分的機率，為何這些機率如此大？
d. 如果決策法則改變，因而如果 $7 \leq x \leq 18$，該銅板被判斷為公平的，否則被判斷為不公平的，(a) 與 (b) 部分的「錯誤機率」會如何？比起首先被提出的法則，這是否為較佳的法則？

A.15 一個城市的法令要求所有居家房屋中安裝偵煙器。受到關注的是太多住宅仍然沒有偵測器，因此一項昂貴的檢測計畫被仔細考慮。令 $p$ = 所有住宅裝有偵測器的比例。25 個住宅的一組隨機樣本將被選取。如果該樣本強烈地建議 $p < .80$（少於 80% 有偵測器），如同相對於 $p \geq .80$，該計畫將被執行。令 $x$ = 在 25 個住宅中裝有

偵測器的住宅數,並考慮下列決策法則:

如果 $x \leq 15$,拒絕 $p = .8$ 的宣稱並執行該計畫

a. 當 $p = .80$,該計畫被執行的機率為何?
b. 如果 $p = .70$,該計畫不被執行的機率為何?如果 $p = .60$ 呢?
c. 如果在決策法則中的數值 15 被改變為 14,(a) 與 (b) 部分的「錯誤機率」會如何改變?

A.16 出口民調在最近的選舉中是一種具爭議的實務方法,因為所得資訊的提早發布顯然影響那些尚未投票者將有的投票行為。假設所有註冊的加州選民之 90% 贊成直到在加州的投票結束前,禁止得自總統大選之出口民調的資訊發布。25 位註冊加州選民的一個隨機樣本將被選取。

a. 超過 20 人將贊成該項禁止的機率為何?
b. 至少 20 人將贊成該項禁止的機率為何?
c. 在該樣本中贊成該項禁止之選民數的平均數與標準差為何?
d. 如果樣本中少於 20 人贊成該項禁止,這是否與(至少)90% 的加州註冊選民贊成該項禁止的主張不一致?〔提示:當 $p = .9$,思考 $P(x < 20)$。〕

# 附錄 B

# 統計表

### 表1　亂數（表）

| Row | | | | | | | | | | | | | | | | | |
|---|---|---|---|---|---|---|---|---|---|---|---|---|---|---|---|---|---|
| 1  | 4 | 5 | 1 | 8 | 5 | 0 | 3 | 3 | 7 | 1 | 2 | 8 | 4 | 5 | 1 | 1 | 0 | 9 | 5 | 7 |
| 2  | 4 | 2 | 5 | 5 | 8 | 0 | 4 | 5 | 7 | 0 | 7 | 0 | 3 | 6 | 6 | 1 | 3 | 1 | 3 | 1 |
| 3  | 8 | 9 | 9 | 3 | 4 | 3 | 5 | 0 | 6 | 3 | 9 | 1 | 1 | 8 | 2 | 6 | 9 | 2 | 0 | 9 |
| 4  | 8 | 9 | 0 | 7 | 2 | 9 | 9 | 0 | 4 | 7 | 6 | 7 | 4 | 7 | 1 | 3 | 4 | 3 | 5 | 3 |
| 5  | 5 | 7 | 3 | 1 | 0 | 3 | 7 | 4 | 7 | 8 | 5 | 2 | 0 | 1 | 3 | 7 | 7 | 6 | 3 | 6 |
| 6  | 0 | 9 | 3 | 8 | 7 | 6 | 7 | 9 | 9 | 5 | 6 | 2 | 5 | 6 | 5 | 8 | 4 | 2 | 6 | 4 |
| 7  | 4 | 1 | 0 | 1 | 0 | 2 | 2 | 0 | 4 | 7 | 5 | 1 | 1 | 9 | 4 | 7 | 9 | 7 | 5 | 1 |
| 8  | 6 | 4 | 7 | 3 | 6 | 3 | 4 | 5 | 1 | 2 | 3 | 1 | 1 | 8 | 0 | 0 | 4 | 8 | 2 | 0 |
| 9  | 8 | 0 | 2 | 8 | 7 | 9 | 3 | 8 | 4 | 0 | 4 | 2 | 0 | 8 | 9 | 1 | 2 | 3 | 3 | 2 |
| 10 | 9 | 4 | 6 | 0 | 6 | 9 | 7 | 8 | 8 | 2 | 5 | 2 | 9 | 6 | 0 | 1 | 4 | 6 | 0 | 5 |
| 11 | 6 | 6 | 9 | 5 | 7 | 4 | 4 | 6 | 3 | 2 | 0 | 6 | 0 | 8 | 9 | 1 | 3 | 6 | 1 | 8 |
| 12 | 0 | 7 | 1 | 7 | 7 | 7 | 2 | 9 | 7 | 8 | 7 | 5 | 8 | 8 | 6 | 9 | 8 | 4 | 1 | 0 |
| 13 | 6 | 1 | 3 | 0 | 9 | 7 | 3 | 3 | 6 | 6 | 0 | 4 | 1 | 8 | 3 | 2 | 6 | 7 | 6 | 8 |
| 14 | 2 | 2 | 3 | 6 | 2 | 1 | 3 | 0 | 2 | 2 | 6 | 6 | 9 | 7 | 0 | 2 | 1 | 2 | 5 | 8 |
| 15 | 0 | 7 | 1 | 7 | 4 | 2 | 0 | 0 | 0 | 1 | 3 | 1 | 2 | 0 | 4 | 7 | 8 | 4 | 1 | 0 |
| 16 | 6 | 6 | 5 | 1 | 6 | 1 | 8 | 1 | 5 | 5 | 2 | 6 | 2 | 0 | 1 | 1 | 5 | 2 | 3 | 6 |
| 17 | 9 | 9 | 6 | 2 | 5 | 3 | 5 | 9 | 8 | 3 | 7 | 5 | 0 | 1 | 3 | 9 | 3 | 8 | 0 | 8 |
| 18 | 9 | 9 | 9 | 6 | 1 | 2 | 9 | 3 | 4 | 6 | 5 | 6 | 4 | 6 | 5 | 8 | 2 | 7 | 4 | 0 |
| 19 | 2 | 5 | 6 | 3 | 1 | 9 | 8 | 1 | 1 | 0 | 3 | 5 | 6 | 7 | 9 | 1 | 4 | 5 | 2 | 0 |
| 20 | 5 | 1 | 1 | 9 | 8 | 1 | 2 | 1 | 1 | 6 | 9 | 8 | 1 | 8 | 1 | 9 | 9 | 1 | 2 | 0 |
| 21 | 1 | 9 | 8 | 0 | 7 | 4 | 6 | 8 | 4 | 0 | 3 | 0 | 8 | 1 | 1 | 0 | 6 | 2 | 3 | 2 |
| 22 | 9 | 7 | 0 | 9 | 6 | 3 | 8 | 9 | 9 | 7 | 0 | 6 | 5 | 4 | 3 | 6 | 5 | 0 | 3 | 2 |
| 23 | 1 | 7 | 6 | 4 | 8 | 2 | 0 | 3 | 9 | 6 | 3 | 6 | 2 | 1 | 0 | 7 | 7 | 3 | 1 | 7 |
| 24 | 6 | 2 | 5 | 8 | 2 | 0 | 7 | 8 | 6 | 4 | 6 | 6 | 8 | 9 | 2 | 0 | 6 | 9 | 0 | 4 |
| 25 | 1 | 5 | 7 | 1 | 1 | 1 | 9 | 5 | 1 | 4 | 5 | 2 | 8 | 3 | 4 | 3 | 0 | 7 | 3 | 5 |
| 26 | 1 | 4 | 6 | 6 | 5 | 6 | 0 | 1 | 9 | 4 | 0 | 5 | 2 | 7 | 6 | 4 | 3 | 6 | 8 | 8 |
| 27 | 1 | 8 | 5 | 0 | 2 | 1 | 6 | 8 | 0 | 7 | 7 | 2 | 6 | 2 | 6 | 7 | 5 | 4 | 8 | 7 |
| 28 | 7 | 8 | 7 | 4 | 6 | 5 | 4 | 3 | 7 | 9 | 3 | 9 | 2 | 7 | 9 | 5 | 4 | 2 | 3 | 1 |
| 29 | 1 | 6 | 3 | 2 | 8 | 3 | 7 | 3 | 0 | 7 | 2 | 4 | 8 | 0 | 9 | 9 | 9 | 4 | 7 | 0 |
| 30 | 2 | 8 | 9 | 0 | 8 | 1 | 6 | 8 | 1 | 7 | 3 | 1 | 3 | 0 | 9 | 7 | 2 | 5 | 7 | 9 |
| 31 | 0 | 7 | 8 | 8 | 6 | 5 | 7 | 5 | 5 | 4 | 0 | 0 | 3 | 4 | 1 | 2 | 7 | 3 | 7 | 9 |
| 32 | 8 | 4 | 0 | 1 | 4 | 5 | 1 | 9 | 1 | 1 | 2 | 1 | 5 | 3 | 2 | 8 | 5 | 5 | 7 | 5 |
| 33 | 7 | 3 | 5 | 9 | 7 | 0 | 4 | 9 | 1 | 2 | 1 | 3 | 2 | 5 | 1 | 9 | 3 | 3 | 8 | 3 |
| 34 | 4 | 7 | 2 | 6 | 7 | 6 | 9 | 9 | 2 | 7 | 8 | 7 | 5 | 5 | 2 | 4 | 4 | 3 | 4 | 4 |
| 35 | 9 | 3 | 3 | 7 | 0 | 7 | 0 | 5 | 7 | 5 | 6 | 9 | 5 | 4 | 3 | 1 | 4 | 6 | 6 | 8 |
| 36 | 0 | 2 | 4 | 9 | 7 | 8 | 1 | 6 | 3 | 8 | 7 | 8 | 0 | 5 | 6 | 7 | 2 | 7 | 5 | 0 |
| 37 | 7 | 1 | 0 | 1 | 8 | 4 | 7 | 1 | 2 | 9 | 3 | 8 | 0 | 0 | 8 | 7 | 9 | 2 | 8 | 6 |
| 38 | 9 | 7 | 9 | 4 | 4 | 5 | 3 | 1 | 9 | 3 | 4 | 5 | 0 | 6 | 3 | 5 | 9 | 6 | 9 | 8 |
| 39 | 0 | 4 | 2 | 5 | 0 | 0 | 9 | 9 | 6 | 4 | 0 | 6 | 9 | 0 | 3 | 8 | 3 | 5 | 7 | 2 |
| 40 | 0 | 7 | 1 | 2 | 3 | 6 | 1 | 7 | 9 | 3 | 9 | 5 | 4 | 6 | 8 | 4 | 8 | 8 | 0 | 6 |
| 41 | 3 | 5 | 6 | 6 | 2 | 4 | 4 | 5 | 1 | 6 | 3 | 7 | 8 | 7 | 6 | 5 | 2 | 0 | 4 | 3 | 2 |
| 42 | 6 | 6 | 8 | 5 | 5 | 2 | 9 | 7 | 9 | 3 | 3 | 1 | 6 | 9 | 5 | 9 | 7 | 1 | 1 | 2 |
| 43 | 9 | 5 | 0 | 4 | 3 | 1 | 1 | 7 | 3 | 9 | 2 | 7 | 7 | 4 | 7 | 0 | 3 | 1 | 2 | 8 |

## 表1 亂數（表）（續）

| | Row |||||||||||||||||
|---|---|---|---|---|---|---|---|---|---|---|---|---|---|---|---|---|---|
| 44 | 5 | 1 | 7 | 8 | 9 | 4 | 7 | 2 | 9 | 2 | 8 | 9 | 9 | 8 | 0 | 6 | 3 | 7 | 2 | 1 |
| 45 | 1 | 6 | 3 | 9 | 4 | 1 | 3 | 2 | 1 | 1 | 8 | 5 | 6 | 3 | 4 | 1 | 9 | 3 | 1 | 7 |
| 46 | 4 | 4 | 8 | 6 | 4 | 0 | 3 | 8 | 3 | 8 | 3 | 5 | 9 | 5 | 9 | 4 | 8 | 3 | 9 | 4 |
| 47 | 7 | 7 | 6 | 6 | 4 | 5 | 4 | 4 | 8 | 4 | 4 | 0 | 3 | 9 | 8 | 5 | 2 | 0 | 2 | 3 |
| 48 | 2 | 5 | 6 | 6 | 3 | 7 | 0 | 6 | 5 | 6 | 9 | 0 | 1 | 9 | 5 | 2 | 6 | 9 | 1 | 2 |
| 49 | 9 | 4 | 0 | 4 | 7 | 5 | 3 | 2 | 8 | 7 | 2 | 7 | 4 | 9 | 3 | 9 | 6 | 5 | 5 | 6 |
| 50 | 7 | 3 | 1 | 5 | 6 | 6 | 5 | 0 | 3 | 5 | 3 | 7 | 2 | 8 | 6 | 2 | 4 | 1 | 8 | 7 |
| 51 | 7 | 5 | 8 | 2 | 8 | 8 | 8 | 7 | 6 | 4 | 1 | 1 | 0 | 2 | 3 | 1 | 9 | 3 | 6 | 0 |
| 52 | 3 | 3 | 6 | 0 | 9 | 1 | 1 | 0 | 3 | 2 | 7 | 8 | 2 | 0 | 5 | 3 | 4 | 8 | 9 | 8 |
| 53 | 0 | 2 | 9 | 6 | 9 | 8 | 9 | 3 | 8 | 1 | 5 | 3 | 9 | 9 | 7 | 0 | 7 | 7 | 1 | 6 |
| 54 | 8 | 5 | 9 | 6 | 2 | 9 | 6 | 8 | 2 | 1 | 2 | 4 | 7 | 0 | 6 | 8 | 3 | 4 | 6 | 1 |
| 55 | 5 | 4 | 7 | 6 | 1 | 0 | 0 | 1 | 0 | 4 | 6 | 1 | 4 | 1 | 5 | 0 | 9 | 6 | 5 | 5 |
| 56 | 5 | 0 | 3 | 6 | 4 | 1 | 9 | 8 | 4 | 4 | 1 | 2 | 0 | 2 | 5 | 1 | 8 | 1 | 2 | 1 |
| 57 | 0 | 2 | 6 | 3 | 7 | 5 | 1 | 1 | 6 | 6 | 0 | 5 | 8 | 1 | 2 | 3 | 3 | 6 | 1 | 3 |
| 58 | 3 | 8 | 1 | 6 | 3 | 8 | 1 | 4 | 5 | 2 | 9 | 4 | 2 | 5 | 7 | 3 | 2 | 3 | 1 | 8 |
| 59 | 9 | 1 | 5 | 6 | 0 | 6 | 5 | 6 | 3 | 6 | 2 | 3 | 0 | 0 | 0 | 1 | 8 | 5 | 9 |
| 60 | 5 | 3 | 5 | 6 | 3 | 9 | 5 | 4 | 7 | 3 | 6 | 6 | 7 | 5 | 0 | 1 | 5 | 6 | 7 | 3 |
| 61 | 9 | 6 | 6 | 4 | 5 | 7 | 7 | 6 | 1 | 5 | 4 | 4 | 8 | 0 | 6 | 5 | 7 | 6 | 3 | 0 |
| 62 | 6 | 3 | 0 | 6 | 7 | 9 | 5 | 5 | 4 | 6 | 2 | 2 | 8 | 4 | 4 | 0 | 0 | 9 | 9 | 8 |
| 63 | 8 | 5 | 8 | 3 | 5 | 2 | 0 | 6 | 6 | 0 | 0 | 6 | 0 | 6 | 3 | 0 | 1 | 7 | 0 | 5 |
| 64 | 3 | 8 | 2 | 4 | 9 | 0 | 9 | 2 | 6 | 2 | 9 | 5 | 1 | 9 | 1 | 9 | 0 | 8 | 3 | 3 |
| 65 | 1 | 4 | 4 | 1 | 1 | 7 | 4 | 6 | 3 | 6 | 5 | 6 | 5 | 5 | 7 | 7 | 0 | 3 | 5 | 8 |
| 66 | 5 | 9 | 9 | 5 | 3 | 7 | 2 | 5 | 1 | 7 | 1 | 1 | 0 | 7 | 1 | 0 | 9 | 2 | 8 | 8 |
| 67 | 8 | 7 | 1 | 7 | 5 | 2 | 5 | 6 | 8 | 7 | 7 | 9 | 9 | 1 | 3 | 9 | 6 | 4 | 9 | 3 | 0 |
| 68 | 6 | 7 | 2 | 3 | 1 | 4 | 9 | 2 | 1 | 7 | 0 | 8 | 6 | 7 | 8 | 9 | 9 | 4 | 7 | 4 |
| 69 | 2 | 3 | 2 | 8 | 7 | 0 | 9 | 7 | 1 | 1 | 2 | 8 | 2 | 9 | 1 | 0 | 6 | 7 | 7 |
| 70 | 2 | 9 | 5 | 7 | 8 | 4 | 7 | 9 | 0 | 3 | 6 | 9 | 2 | 0 | 6 | 0 | 6 | 2 | 6 | 8 |
| 71 | 4 | 8 | 9 | 8 | 3 | 2 | 7 | 6 | 9 | 1 | 9 | 8 | 6 | 9 | 5 | 2 | 4 | 9 | 9 | 9 |
| 72 | 1 | 5 | 6 | 5 | 7 | 7 | 5 | 4 | 3 | 4 | 3 | 8 | 1 | 8 | 9 | 9 | 4 | 4 | 1 | 1 |
| 73 | 1 | 8 | 1 | 1 | 7 | 2 | 8 | 5 | 5 | 8 | 9 | 9 | 9 | 6 | 2 | 0 | 1 | 6 | 6 | 7 |
| 74 | 5 | 7 | 7 | 0 | 9 | 5 | 5 | 6 | 8 | 6 | 8 | 2 | 2 | 6 | 0 | 5 | 5 | 1 | 8 | 7 |
| 75 | 1 | 8 | 6 | 0 | 5 | 4 | 8 | 3 | 4 | 5 | 3 | 5 | 8 | 7 | 7 | 7 | 8 | 5 | 7 | 0 |
| 76 | 2 | 6 | 6 | 7 | 9 | 4 | 2 | 2 | 8 | 7 | 4 | 3 | 4 | 9 | 6 | 1 | 9 | 4 | 3 | 9 |
| 77 | 3 | 6 | 6 | 4 | 5 | 7 | 8 | 3 | 0 | 2 | 8 | 4 | 6 | 7 | 2 | 1 | 4 | 5 | 2 | 3 |
| 78 | 0 | 7 | 8 | 0 | 1 | 2 | 1 | 1 | 3 | 4 | 2 | 1 | 6 | 9 | 3 | 3 | 5 | 4 | 0 | 4 |
| 79 | 8 | 3 | 6 | 0 | 5 | 7 | 7 | 9 | 1 | 5 | 8 | 8 | 4 | 9 | 5 | 7 | 2 | 2 | 7 | 6 |
| 80 | 5 | 3 | 6 | 9 | 0 | 6 | 3 | 8 | 7 | 5 | 9 | 5 | 9 | 7 | 4 | 2 | 5 | 6 | 2 | 9 |
| 81 | 0 | 9 | 3 | 7 | 7 | 2 | 8 | 6 | 4 | 3 | 2 | 9 | 4 | 8 | 2 | 9 | 9 | 6 | 9 | 9 |
| 82 | 9 | 4 | 7 | 4 | 0 | 0 | 0 | 3 | 5 | 4 | 6 | 6 | 2 | 6 | 2 | 3 | 6 | 1 | 1 | 4 |
| 83 | 5 | 5 | 4 | 1 | 7 | 8 | 6 | 4 | 2 | 3 | 2 | 9 | 8 | 4 | 6 | 3 | 8 | 3 | 0 | 5 |
| 84 | 5 | 3 | 0 | 0 | 5 | 4 | 8 | 0 | 7 | 4 | 7 | 6 | 2 | 1 | 1 | 2 | 1 | 2 | 6 | 9 |
| 85 | 3 | 3 | 0 | 9 | 3 | 2 | 9 | 4 | 0 | 5 | 4 | 8 | 7 | 5 | 7 | 5 | 3 | 8 | 8 |
| 86 | 3 | 0 | 5 | 7 | 1 | 9 | 5 | 8 | 0 | 0 | 4 | 5 | 3 | 0 | 3 | 0 | 2 | 7 | 6 | 7 |
| 87 | 5 | 0 | 8 | 6 | 0 | 8 | 1 | 6 | 2 | 0 | 8 | 6 | 5 | 4 | 0 | 7 | 2 | 9 | 1 | 0 |
| 88 | 3 | 6 | 4 | 7 | 8 | 2 | 3 | 5 | 7 | 9 | 8 | 5 | 2 | 7 | 6 | 9 | 0 | 2 | 4 | 9 |
| 89 | 9 | 0 | 4 | 4 | 9 | 1 | 6 | 8 | 5 | 2 | 8 | 9 | 0 | 7 | 5 | 7 | 2 | 5 | 1 | 8 |
| 90 | 9 | 5 | 2 | 6 | 9 | 3 | 9 | 6 | 5 | 1 | 8 | 8 | 7 | 8 | 2 | 0 | 4 | 4 | 7 | 9 |
| 91 | 9 | 4 | 5 | 7 | 0 | 3 | 4 | 6 | 2 | 5 | 4 | 8 | 6 | 1 | 1 | 9 | 1 | 8 | 8 |
| 92 | 8 | 1 | 1 | 8 | 0 | 5 | 4 | 2 | 8 | 5 | 3 | 3 | 3 | 0 | 1 | 1 | 4 | 4 | 8 | 3 |
| 93 | 6 | 9 | 4 | 7 | 8 | 3 | 3 | 9 | 1 | 2 | 5 | 0 | 1 | 2 | 3 | 0 | 1 | 1 | 2 | 5 |
| 94 | 0 | 0 | 6 | 8 | 8 | 7 | 2 | 4 | 4 | 7 | 6 | 6 | 0 | 3 | 4 | 7 | 5 | 6 | 8 | 2 |
| 95 | 5 | 3 | 3 | 9 | 3 | 8 | 4 | 9 | 1 | 9 | 1 | 7 | 8 | 4 | 5 | 2 | 2 | 5 | 4 | 4 |
| 96 | 2 | 5 | 6 | 2 | 7 | 6 | 0 | 3 | 8 | 1 | 4 | 4 | 2 | 6 | 8 | 3 | 6 | 3 | 2 | 8 |
| 97 | 7 | 4 | 3 | 7 | 9 | 6 | 8 | 6 | 2 | 8 | 3 | 8 | 4 | 2 | 2 | 0 | 7 | 0 | 5 | 3 |
| 98 | 1 | 9 | 0 | 8 | 8 | 0 | 1 | 2 | 2 | 2 | 7 | 5 | 6 | 5 | 5 | 7 | 8 | 7 | 2 | 6 |
| 99 | 2 | 4 | 8 | 0 | 2 | 5 | 2 | 7 | 0 | 5 | 9 | 6 | 6 | 1 | 5 | 8 | 7 | 9 | 7 | 5 |
| 100 | 4 | 1 | 7 | 8 | 6 | 7 | 1 | 1 | 5 | 8 | 9 | 9 | 4 | 8 | 9 | 8 | 3 | 0 | 9 | 0 | 7 |

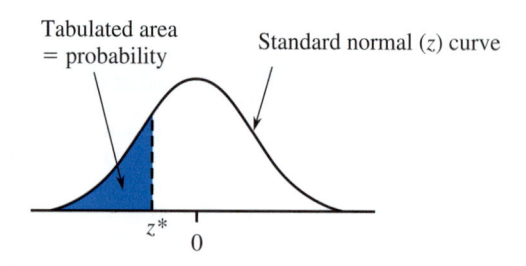

**表 2** 標準常態機率〔累計的 z 曲線面積〕

| z* | .00 | .01 | .02 | .03 | .04 | .05 | .06 | .07 | .08 | .09 |
|---|---|---|---|---|---|---|---|---|---|---|
| −3.8 | .0001 | .0001 | .0001 | .0001 | .0001 | .0001 | .0001 | .0001 | .0001 | .0000 |
| −3.7 | .0001 | .0001 | .0001 | .0001 | .0001 | .0001 | .0001 | .0001 | .0001 | .0001 |
| −3.6 | .0002 | .0002 | .0001 | .0001 | .0001 | .0001 | .0001 | .0001 | .0001 | .0001 |
| −3.5 | .0002 | .0002 | .0002 | .0002 | .0002 | .0002 | .0002 | .0002 | .0002 | .0002 |
| −3.4 | .0003 | .0003 | .0003 | .0003 | .0003 | .0003 | .0003 | .0003 | .0003 | .0002 |
| −3.3 | .0005 | .0005 | .0005 | .0004 | .0004 | .0004 | .0004 | .0004 | .0004 | .0003 |
| −3.2 | .0007 | .0007 | .0006 | .0006 | .0006 | .0006 | .0006 | .0005 | .0005 | .0005 |
| −3.1 | .0010 | .0009 | .0009 | .0009 | .0008 | .0008 | .0008 | .0008 | .0007 | .0007 |
| −3.0 | .0013 | .0013 | .0013 | .0012 | .0012 | .0011 | .0011 | .0011 | .0010 | .0010 |
| −2.9 | .0019 | .0018 | .0018 | .0017 | .0016 | .0016 | .0015 | .0015 | .0014 | .0014 |
| −2.8 | .0026 | .0025 | .0024 | .0023 | .0023 | .0022 | .0021 | .0021 | .0020 | .0019 |
| −2.7 | .0035 | .0034 | .0033 | .0032 | .0031 | .0030 | .0029 | .0028 | .0027 | .0026 |
| −2.6 | .0047 | .0045 | .0044 | .0043 | .0041 | .0040 | .0039 | .0038 | .0037 | .0036 |
| −2.5 | .0062 | .0060 | .0059 | .0057 | .0055 | .0054 | .0052 | .0051 | .0049 | .0048 |
| −2.4 | .0082 | .0080 | .0078 | .0075 | .0073 | .0071 | .0069 | .0068 | .0066 | .0064 |
| −2.3 | .0107 | .0104 | .0102 | .0099 | .0096 | .0094 | .0091 | .0089 | .0087 | .0084 |
| −2.2 | .0139 | .0136 | .0132 | .0129 | .0125 | .0122 | .0119 | .0116 | .0113 | .0110 |
| −2.1 | .0179 | .0174 | .0170 | .0166 | .0162 | .0158 | .0154 | .0150 | .0146 | .0143 |
| −2.0 | .0228 | .0222 | .0217 | .0212 | .0207 | .0202 | .0197 | .0192 | .0188 | .0183 |
| −1.9 | .0287 | .0281 | .0274 | .0268 | .0262 | .0256 | .0250 | .0244 | .0239 | .0233 |
| −1.8 | .0359 | .0351 | .0344 | .0336 | .0329 | .0322 | .0314 | .0307 | .0301 | .0294 |
| −1.7 | .0446 | .0436 | .0427 | .0418 | .0409 | .0401 | .0392 | .0384 | .0375 | .0367 |
| −1.6 | .0548 | .0537 | .0526 | .0516 | .0505 | .0495 | .0485 | .0475 | .0465 | .0455 |
| −1.5 | .0668 | .0655 | .0643 | .0630 | .0618 | .0606 | .0594 | .0582 | .0571 | .0559 |
| −1.4 | .0808 | .0793 | .0778 | .0764 | .0749 | .0735 | .0721 | .0708 | .0694 | .0681 |
| −1.3 | .0968 | .0951 | .0934 | .0918 | .0901 | .0885 | .0869 | .0853 | .0838 | .0823 |
| −1.2 | .1151 | .1131 | .1112 | .1093 | .1075 | .1056 | .1038 | .1020 | .1003 | .0985 |
| −1.1 | .1357 | .1335 | .1314 | .1292 | .1271 | .1251 | .1230 | .1210 | .1190 | .1170 |
| −1.0 | .1587 | .1562 | .1539 | .1515 | .1492 | .1469 | .1446 | .1423 | .1401 | .1379 |
| −0.9 | .1841 | .1814 | .1788 | .1762 | .1736 | .1711 | .1685 | .1660 | .1635 | .1611 |
| −0.8 | .2119 | .2090 | .2061 | .2033 | .2005 | .1977 | .1949 | .1922 | .1894 | .1867 |
| −0.7 | .2420 | .2389 | .2358 | .2327 | .2296 | .2266 | .2236 | .2206 | .2177 | .2148 |
| −0.6 | .2743 | .2709 | .2676 | .2643 | .2611 | .2578 | .2546 | .2514 | .2483 | .2451 |
| −0.5 | .3085 | .3050 | .3015 | .2981 | .2946 | .2912 | .2877 | .2843 | .2810 | .2776 |
| −0.4 | .3446 | .3409 | .3372 | .3336 | .3300 | .3264 | .3228 | .3192 | .3156 | .3121 |
| −0.3 | .3821 | .3783 | .3745 | .3707 | .3669 | .3632 | .3594 | .3557 | .3520 | .3483 |
| −0.2 | .4207 | .4168 | .4129 | .4090 | .4052 | .4013 | .3974 | .3936 | .3897 | .3859 |
| −0.1 | .4602 | .4562 | .4522 | .4483 | .4443 | .4404 | .4364 | .4325 | .4286 | .4247 |
| −0.0 | .5000 | .4960 | .4920 | .4880 | .4840 | .4801 | .4761 | .4721 | .4681 | .4641 |

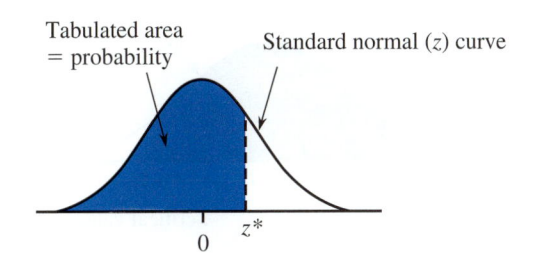

**表 2** 標準常態機率〔累計的 z 曲線面積〕（續）

| $z^*$ | .00 | .01 | .02 | .03 | .04 | .05 | .06 | .07 | .08 | .09 |
|---|---|---|---|---|---|---|---|---|---|---|
| **0.0** | .5000 | .5040 | .5080 | .5120 | .5160 | .5199 | .5239 | .5279 | .5319 | .5359 |
| **0.1** | .5398 | .5438 | .5478 | .5517 | .5557 | .5596 | .5636 | .5675 | .5714 | .5753 |
| **0.2** | .5793 | .5832 | .5871 | .5910 | .5948 | .5987 | .6026 | .6064 | .6103 | .6141 |
| **0.3** | .6179 | .6217 | .6255 | .6293 | .6331 | .6368 | .6406 | .6443 | .6480 | .6517 |
| **0.4** | .6554 | .6591 | .6628 | .6664 | .6700 | .6736 | .6772 | .6808 | .6844 | .6879 |
| **0.5** | .6915 | .6950 | .6985 | .7019 | .7054 | .7088 | .7123 | .7157 | .7190 | .7224 |
| **0.6** | .7257 | .7291 | .7324 | .7357 | .7389 | .7422 | .7454 | .7486 | .7517 | .7549 |
| **0.7** | .7580 | .7611 | .7642 | .7673 | .7704 | .7734 | .7764 | .7794 | .7823 | .7852 |
| **0.8** | .7881 | .7910 | .7939 | .7967 | .7995 | .8023 | .8051 | .8078 | .8106 | .8133 |
| **0.9** | .8159 | .8186 | .8212 | .8238 | .8264 | .8289 | .8315 | .8340 | .8365 | .8389 |
| **1.0** | .8413 | .8438 | .8461 | .8485 | .8508 | .8531 | .8554 | .8577 | .8599 | .8621 |
| **1.1** | .8643 | .8665 | .8686 | .8708 | .8729 | .8749 | .8770 | .8790 | .8810 | .8830 |
| **1.2** | .8849 | .8869 | .8888 | .8907 | .8925 | .8944 | .8962 | .8980 | .8997 | .9015 |
| **1.3** | .9032 | .9049 | .9066 | .9082 | .9099 | .9115 | .9131 | .9147 | .9162 | .9177 |
| **1.4** | .9192 | .9207 | .9222 | .9236 | .9251 | .9265 | .9279 | .9292 | .9306 | .9319 |
| **1.5** | .9332 | .9345 | .9357 | .9370 | .9382 | .9394 | .9406 | .9418 | .9429 | .9441 |
| **1.6** | .9452 | .9463 | .9474 | .9484 | .9495 | .9505 | .9515 | .9525 | .9535 | .9545 |
| **1.7** | .9554 | .9564 | .9573 | .9582 | .9591 | .9599 | .9608 | .9616 | .9625 | .9633 |
| **1.8** | .9641 | .9649 | .9656 | .9664 | .9671 | .9678 | .9686 | .9693 | .9699 | .9706 |
| **1.9** | .9713 | .9719 | .9726 | .9732 | .9738 | .9744 | .9750 | .9756 | .9761 | .9767 |
| **2.0** | .9772 | .9778 | .9783 | .9788 | .9793 | .9798 | .9803 | .9808 | .9812 | .9817 |
| **2.1** | .9821 | .9826 | .9830 | .9834 | .9838 | .9842 | .9846 | .9850 | .9854 | .9857 |
| **2.2** | .9861 | .9864 | .9868 | .9871 | .9875 | .9878 | .9881 | .9884 | .9887 | .9890 |
| **2.3** | .9893 | .9896 | .9898 | .9901 | .9904 | .9906 | .9909 | .9911 | .9913 | .9916 |
| **2.4** | .9918 | .9920 | .9922 | .9925 | .9927 | .9929 | .9931 | .9932 | .9934 | .9936 |
| **2.5** | .9938 | .9940 | .9941 | .9943 | .9945 | .9946 | .9948 | .9949 | .9951 | .9952 |
| **2.6** | .9953 | .9955 | .9956 | .9957 | .9959 | .9960 | .9961 | .9962 | .9963 | .9964 |
| **2.7** | .9965 | .9966 | .9967 | .9968 | .9969 | .9970 | .9971 | .9972 | .9973 | .9974 |
| **2.8** | .9974 | .9975 | .9976 | .9977 | .9977 | .9978 | .9979 | .9979 | .9980 | .9981 |
| **2.9** | .9981 | .9982 | .9982 | .9983 | .9984 | .9984 | .9985 | .9985 | .9986 | .9986 |
| **3.0** | .9987 | .9987 | .9987 | .9988 | .9988 | .9989 | .9989 | .9989 | .9990 | .9990 |
| **3.1** | .9990 | .9991 | .9991 | .9991 | .9992 | .9992 | .9992 | .9992 | .9993 | .9993 |
| **3.2** | .9993 | .9993 | .9994 | .9994 | .9994 | .9994 | .9994 | .9995 | .9995 | .9995 |
| **3.3** | .9995 | .9995 | .9995 | .9996 | .9996 | .9996 | .9996 | .9996 | .9996 | .9997 |
| **3.4** | .9997 | .9997 | .9997 | .9997 | .9997 | .9997 | .9997 | .9997 | .9997 | .9998 |
| **3.5** | .9998 | .9998 | .9998 | .9998 | .9998 | .9998 | .9998 | .9998 | .9998 | .9998 |
| **3.6** | .9998 | .9998 | .9999 | .9999 | .9999 | .9999 | .9999 | .9999 | .9999 | .9999 |
| **3.7** | .9999 | .9999 | .9999 | .9999 | .9999 | .9999 | .9999 | .9999 | .9999 | .9999 |
| **3.8** | .9999 | .9999 | .9999 | .9999 | .9999 | .9999 | .9999 | .9999 | .9999 | 1.0000 |

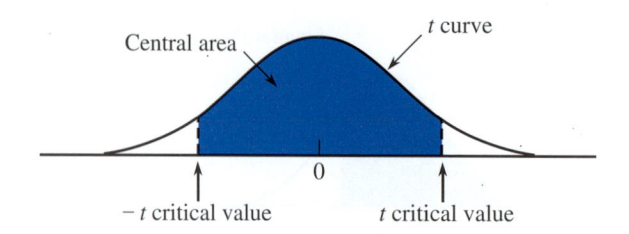

表 3　$t$ 臨界值

| 截取之中央面積： | | .80 | .90 | .95 | .98 | .99 | .998 | .999 |
|---|---|---|---|---|---|---|---|---|
| 信賴水準： | | 80% | 90% | 95% | 98% | 99% | 99.8% | 99.9% |
| | 1 | 3.08 | 6.31 | 12.71 | 31.82 | 63.66 | 318.31 | 636.62 |
| | 2 | 1.89 | 2.92 | 4.30 | 6.97 | 9.93 | 23.33 | 31.60 |
| | 3 | 1.64 | 2.35 | 3.18 | 4.54 | 5.84 | 10.21 | 12.92 |
| | 4 | 1.53 | 2.13 | 2.78 | 3.75 | 4.60 | 7.17 | 8.61 |
| | 5 | 1.48 | 2.02 | 2.57 | 3.37 | 4.03 | 5.89 | 6.86 |
| | 6 | 1.44 | 1.94 | 2.45 | 3.14 | 3.71 | 5.21 | 5.96 |
| | 7 | 1.42 | 1.90 | 2.37 | 3.00 | 3.50 | 4.79 | 5.41 |
| | 8 | 1.40 | 1.86 | 2.31 | 2.90 | 3.36 | 4.50 | 5.04 |
| | 9 | 1.38 | 1.83 | 2.26 | 2.82 | 3.25 | 4.30 | 4.78 |
| | 10 | 1.37 | 1.81 | 2.23 | 2.76 | 3.17 | 4.14 | 4.59 |
| | 11 | 1.36 | 1.80 | 2.20 | 2.72 | 3.11 | 4.03 | 4.44 |
| | 12 | 1.36 | 1.78 | 2.18 | 2.68 | 3.06 | 3.93 | 4.32 |
| | 13 | 1.35 | 1.77 | 2.16 | 2.65 | 3.01 | 3.85 | 4.22 |
| | 14 | 1.35 | 1.76 | 2.15 | 2.62 | 2.98 | 3.79 | 4.14 |
| | 15 | 1.34 | 1.75 | 2.13 | 2.60 | 2.95 | 3.73 | 4.07 |
| | 16 | 1.34 | 1.75 | 2.12 | 2.58 | 2.92 | 3.69 | 4.02 |
| 自由度 | 17 | 1.33 | 1.74 | 2.11 | 2.57 | 2.90 | 3.65 | 3.97 |
| | 18 | 1.33 | 1.73 | 2.10 | 2.55 | 2.88 | 3.61 | 3.92 |
| | 19 | 1.33 | 1.73 | 2.09 | 2.54 | 2.86 | 3.58 | 3.88 |
| | 20 | 1.33 | 1.73 | 2.09 | 2.53 | 2.85 | 3.55 | 3.85 |
| | 21 | 1.32 | 1.72 | 2.08 | 2.52 | 2.83 | 3.53 | 3.82 |
| | 22 | 1.32 | 1.72 | 2.07 | 2.51 | 2.82 | 3.51 | 3.79 |
| | 23 | 1.32 | 1.71 | 2.07 | 2.50 | 2.81 | 3.49 | 3.77 |
| | 24 | 1.32 | 1.71 | 2.06 | 2.49 | 2.80 | 3.47 | 3.75 |
| | 25 | 1.32 | 1.71 | 2.06 | 2.49 | 2.79 | 3.45 | 3.73 |
| | 26 | 1.32 | 1.71 | 2.06 | 2.48 | 2.78 | 3.44 | 3.71 |
| | 27 | 1.31 | 1.70 | 2.05 | 2.47 | 2.77 | 3.42 | 3.69 |
| | 28 | 1.31 | 1.70 | 2.05 | 2.47 | 2.76 | 3.41 | 3.67 |
| | 29 | 1.31 | 1.70 | 2.05 | 2.46 | 2.76 | 3.40 | 3.66 |
| | 30 | 1.31 | 1.70 | 2.04 | 2.46 | 2.75 | 3.39 | 3.65 |
| | 40 | 1.30 | 1.68 | 2.02 | 2.42 | 2.70 | 3.31 | 3.55 |
| | 60 | 1.30 | 1.67 | 2.00 | 2.39 | 2.66 | 3.23 | 3.46 |
| | 120 | 1.29 | 1.66 | 1.98 | 2.36 | 2.62 | 3.16 | 3.37 |
| $z$ 臨界值 | ∞ | 1.28 | 1.645 | 1.96 | 2.33 | 2.58 | 3.09 | 3.29 |

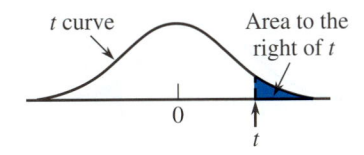

**表 4** $t$ 曲線的尾端面積

| t \ dF | 1 | 2 | 3 | 4 | 5 | 6 | 7 | 8 | 9 | 10 | 11 | 12 |
|---|---|---|---|---|---|---|---|---|---|---|---|---|
| 0.0 | .500 | .500 | .500 | .500 | .500 | .500 | .500 | .500 | .500 | .500 | .500 | .500 |
| 0.1 | .468 | .465 | .463 | .463 | .462 | .462 | .462 | .461 | .461 | .461 | .461 | .461 |
| 0.2 | .437 | .430 | .427 | .426 | .425 | .424 | .424 | .423 | .423 | .423 | .423 | .422 |
| 0.3 | .407 | .396 | .392 | .390 | .388 | .387 | .386 | .386 | .386 | .385 | .385 | .385 |
| 0.4 | .379 | .364 | .358 | .355 | .353 | .352 | .351 | .350 | .349 | .349 | .348 | .348 |
| 0.5 | .352 | .333 | .326 | .322 | .319 | .317 | .316 | .315 | .315 | .314 | .313 | .313 |
| 0.6 | .328 | .305 | .295 | .290 | .287 | .285 | .284 | .283 | .282 | .281 | .280 | .280 |
| 0.7 | .306 | .278 | .267 | .261 | .258 | .255 | .253 | .252 | .251 | .250 | .249 | .249 |
| 0.8 | .285 | .254 | .241 | .234 | .230 | .227 | .225 | .223 | .222 | .221 | .220 | .220 |
| 0.9 | .267 | .232 | .217 | .210 | .205 | .201 | .199 | .197 | .196 | .195 | .194 | .193 |
| 1.0 | .250 | .211 | .196 | .187 | .182 | .178 | .175 | .173 | .172 | .170 | .169 | .169 |
| 1.1 | .235 | .193 | .176 | .167 | .162 | .157 | .154 | .152 | .150 | .149 | .147 | .146 |
| 1.2 | .221 | .177 | .158 | .148 | .142 | .138 | .135 | .132 | .130 | .129 | .128 | .127 |
| 1.3 | .209 | .162 | .142 | .132 | .125 | .121 | .117 | .115 | .113 | .111 | .110 | .109 |
| 1.4 | .197 | .148 | .128 | .117 | .110 | .106 | .102 | .100 | .098 | .096 | .095 | .093 |
| 1.5 | .187 | .136 | .115 | .104 | .097 | .092 | .089 | .086 | .084 | .082 | .081 | .080 |
| 1.6 | .178 | .125 | .104 | .092 | .085 | .080 | .077 | .074 | .072 | .070 | .069 | .068 |
| 1.7 | .169 | .116 | .094 | .082 | .075 | .070 | .066 | .064 | .062 | .060 | .059 | .057 |
| 1.8 | .161 | .107 | .085 | .073 | .066 | .061 | .057 | .055 | .053 | .051 | .050 | .049 |
| 1.9 | .154 | .099 | .077 | .065 | .058 | .053 | .050 | .047 | .045 | .043 | .042 | .041 |
| 2.0 | .148 | .092 | .070 | .058 | .051 | .046 | .043 | .040 | .038 | .037 | .035 | .034 |
| 2.1 | .141 | .085 | .063 | .052 | .045 | .040 | .037 | .034 | .033 | .031 | .030 | .029 |
| 2.2 | .136 | .079 | .058 | .046 | .040 | .035 | .032 | .029 | .028 | .026 | .025 | .024 |
| 2.3 | .131 | .074 | .052 | .041 | .035 | .031 | .027 | .025 | .023 | .022 | .021 | .020 |
| 2.4 | .126 | .069 | .048 | .037 | .031 | .027 | .024 | .022 | .020 | .019 | .018 | .017 |
| 2.5 | .121 | .065 | .044 | .033 | .027 | .023 | .020 | .018 | .017 | .016 | .015 | .014 |
| 2.6 | .117 | .061 | .040 | .030 | .024 | .020 | .018 | .016 | .014 | .013 | .012 | .012 |
| 2.7 | .113 | .057 | .037 | .027 | .021 | .018 | .015 | .014 | .012 | .011 | .010 | .010 |
| 2.8 | .109 | .054 | .034 | .024 | .019 | .016 | .013 | .012 | .010 | .009 | .009 | .008 |
| 2.9 | .106 | .051 | .031 | .022 | .017 | .014 | .011 | .010 | .009 | .008 | .007 | .007 |
| 3.0 | .102 | .048 | .029 | .020 | .015 | .012 | .010 | .009 | .007 | .007 | .006 | .006 |
| 3.1 | .099 | .045 | .027 | .018 | .013 | .011 | .009 | .007 | .006 | .006 | .005 | .005 |
| 3.2 | .096 | .043 | .025 | .016 | .012 | .009 | .008 | .006 | .005 | .005 | .004 | .004 |
| 3.3 | .094 | .040 | .023 | .015 | .011 | .008 | .007 | .005 | .005 | .004 | .004 | .003 |
| 3.4 | .091 | .038 | .021 | .014 | .010 | .007 | .006 | .005 | .004 | .003 | .003 | .003 |
| 3.5 | .089 | .036 | .020 | .012 | .009 | .006 | .005 | .004 | .003 | .003 | .002 | .002 |
| 3.6 | .086 | .035 | .018 | .011 | .008 | .006 | .004 | .004 | .003 | .002 | .002 | .002 |
| 3.7 | .084 | .033 | .017 | .010 | .007 | .005 | .004 | .003 | .002 | .002 | .002 | .002 |
| 3.8 | .082 | .031 | .016 | .010 | .006 | .004 | .003 | .003 | .002 | .002 | .001 | .001 |
| 3.9 | .080 | .030 | .015 | .009 | .006 | .004 | .003 | .002 | .002 | .001 | .001 | .001 |
| 4.0 | .078 | .029 | .014 | .008 | .005 | .004 | .003 | .002 | .002 | .001 | .001 | .001 |

（續）

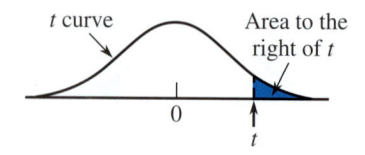

### 表 4　t 曲線的尾端面積（續）

| t \ dF | 13 | 14 | 15 | 16 | 17 | 18 | 19 | 20 | 21 | 22 | 23 | 24 |
|---|---|---|---|---|---|---|---|---|---|---|---|---|
| 0.0 | .500 | .500 | .500 | .500 | .500 | .500 | .500 | .500 | .500 | .500 | .500 | .500 |
| 0.1 | .461 | .461 | .461 | .461 | .461 | .461 | .461 | .461 | .461 | .461 | .461 | .461 |
| 0.2 | .422 | .422 | .422 | .422 | .422 | .422 | .422 | .422 | .422 | .422 | .422 | .422 |
| 0.3 | .384 | .384 | .384 | .384 | .384 | .384 | .384 | .384 | .384 | .383 | .383 | .383 |
| 0.4 | .348 | .347 | .347 | .347 | .347 | .347 | .347 | .347 | .347 | .347 | .346 | .346 |
| 0.5 | .313 | .312 | .312 | .312 | .312 | .312 | .311 | .311 | .311 | .311 | .311 | .311 |
| 0.6 | .279 | .279 | .279 | .278 | .278 | .278 | .278 | .278 | .278 | .277 | .277 | .277 |
| 0.7 | .248 | .247 | .247 | .247 | .247 | .246 | .246 | .246 | .246 | .246 | .245 | .245 |
| 0.8 | .219 | .218 | .218 | .218 | .217 | .217 | .217 | .217 | .216 | .216 | .216 | .216 |
| 0.9 | .192 | .191 | .191 | .191 | .190 | .190 | .190 | .189 | .189 | .189 | .189 | .189 |
| 1.0 | .168 | .167 | .167 | .166 | .166 | .165 | .165 | .165 | .164 | .164 | .164 | .164 |
| 1.1 | .146 | .144 | .144 | .144 | .143 | .143 | .143 | .142 | .142 | .142 | .141 | .141 |
| 1.2 | .126 | .124 | .124 | .124 | .123 | .123 | .122 | .122 | .122 | .121 | .121 | .121 |
| 1.3 | .108 | .107 | .107 | .106 | .105 | .105 | .105 | .104 | .104 | .104 | .103 | .103 |
| 1.4 | .092 | .091 | .091 | .090 | .090 | .089 | .089 | .089 | .088 | .088 | .087 | .087 |
| 1.5 | .079 | .077 | .077 | .077 | .076 | .075 | .075 | .075 | .074 | .074 | .074 | .073 |
| 1.6 | .067 | .065 | .065 | .065 | .064 | .064 | .063 | .063 | .062 | .062 | .062 | .061 |
| 1.7 | .056 | .055 | .055 | .054 | .054 | .053 | .053 | .052 | .052 | .052 | .051 | .051 |
| 1.8 | .048 | .046 | .046 | .045 | .045 | .044 | .044 | .043 | .043 | .043 | .042 | .042 |
| 1.9 | .040 | .038 | .038 | .038 | .037 | .037 | .036 | .036 | .036 | .035 | .035 | .035 |
| 2.0 | .033 | .032 | .032 | .031 | .031 | .030 | .030 | .030 | .029 | .029 | .029 | .028 |
| 2.1 | .028 | .027 | .027 | .026 | .025 | .025 | .025 | .024 | .024 | .024 | .023 | .023 |
| 2.2 | .023 | .022 | .022 | .021 | .021 | .021 | .020 | .020 | .020 | .019 | .019 | .019 |
| 2.3 | .019 | .018 | .018 | .018 | .017 | .017 | .016 | .016 | .016 | .016 | .015 | .015 |
| 2.4 | .016 | .015 | .015 | .014 | .014 | .014 | .013 | .013 | .013 | .013 | .012 | .012 |
| 2.5 | .013 | .012 | .012 | .012 | .011 | .011 | .011 | .011 | .010 | .010 | .010 | .010 |
| 2.6 | .011 | .010 | .010 | .010 | .009 | .009 | .009 | .009 | .008 | .008 | .008 | .008 |
| 2.7 | .009 | .008 | .008 | .008 | .008 | .007 | .007 | .007 | .007 | .007 | .006 | .006 |
| 2.8 | .008 | .007 | .007 | .006 | .006 | .006 | .006 | .006 | .005 | .005 | .005 | .005 |
| 2.9 | .006 | .005 | .005 | .005 | .005 | .005 | .005 | .004 | .004 | .004 | .004 | .004 |
| 3.0 | .005 | .004 | .004 | .004 | .004 | .004 | .004 | .004 | .003 | .003 | .003 | .003 |
| 3.1 | .004 | .004 | .004 | .003 | .003 | .003 | .003 | .003 | .003 | .003 | .003 | .002 |
| 3.2 | .003 | .003 | .003 | .003 | .003 | .003 | .002 | .002 | .002 | .002 | .002 | .002 |
| 3.3 | .003 | .002 | .002 | .002 | .002 | .002 | .002 | .002 | .002 | .002 | .002 | .001 |
| 3.4 | .002 | .002 | .002 | .002 | .002 | .002 | .002 | .001 | .001 | .001 | .001 | .001 |
| 3.5 | .002 | .002 | .002 | .001 | .001 | .001 | .001 | .001 | .001 | .001 | .001 | .001 |
| 3.6 | .002 | .001 | .001 | .001 | .001 | .001 | .001 | .001 | .001 | .001 | .001 | .001 |
| 3.7 | .001 | .001 | .001 | .001 | .001 | .001 | .001 | .001 | .001 | .001 | .001 | .001 |
| 3.8 | .001 | .001 | .001 | .001 | .001 | .001 | .001 | .001 | .001 | .001 | .000 | .000 |
| 3.9 | .001 | .001 | .001 | .001 | .001 | .001 | .000 | .000 | .000 | .000 | .000 | .000 |
| 4.0 | .001 | .001 | .001 | .001 | .000 | .000 | .000 | .000 | .000 | .000 | .000 | .000 |

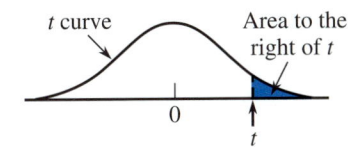

表 4　t 曲線的尾端面積（續）

| t \ dF | 25 | 26 | 27 | 28 | 29 | 30 | 35 | 40 | 60 | 120 | ∞(=z) |
|---|---|---|---|---|---|---|---|---|---|---|---|
| 0.0 | .500 | .500 | .500 | .500 | .500 | .500 | .500 | .500 | .500 | .500 | .500 |
| 0.1 | .461 | .461 | .461 | .461 | .461 | .461 | .460 | .460 | .460 | .460 | .460 |
| 0.2 | .422 | .422 | .421 | .421 | .421 | .421 | .421 | .421 | .421 | .421 | .421 |
| 0.3 | .383 | .383 | .383 | .383 | .383 | .383 | .383 | .383 | .383 | .382 | .382 |
| 0.4 | .346 | .346 | .346 | .346 | .346 | .346 | .346 | .346 | .345 | .345 | .345 |
| 0.5 | .311 | .311 | .311 | .310 | .310 | .310 | .310 | .310 | .309 | .309 | .309 |
| 0.6 | .277 | .277 | .277 | .277 | .277 | .277 | .276 | .276 | .275 | .275 | .274 |
| 0.7 | .245 | .245 | .245 | .245 | .245 | .245 | .244 | .244 | .243 | .243 | .242 |
| 0.8 | .216 | .215 | .215 | .215 | .215 | .215 | .215 | .214 | .213 | .213 | .212 |
| 0.9 | .188 | .188 | .188 | .188 | .188 | .188 | .187 | .187 | .186 | .185 | .184 |
| 1.0 | .163 | .163 | .163 | .163 | .163 | .163 | .162 | .162 | .161 | .160 | .159 |
| 1.1 | .141 | .141 | .141 | .140 | .140 | .140 | .139 | .139 | .138 | .137 | .136 |
| 1.2 | .121 | .120 | .120 | .120 | .120 | .120 | .119 | .119 | .117 | .116 | .115 |
| 1.3 | .103 | .103 | .102 | .102 | .102 | .102 | .101 | .101 | .099 | .098 | .097 |
| 1.4 | .087 | .087 | .086 | .086 | .086 | .086 | .085 | .085 | .083 | .082 | .081 |
| 1.5 | .073 | .073 | .073 | .072 | .072 | .072 | .071 | .071 | .069 | .068 | .067 |
| 1.6 | .061 | .061 | .061 | .060 | .060 | .060 | .059 | .059 | .057 | .056 | .055 |
| 1.7 | .051 | .051 | .050 | .050 | .050 | .050 | .049 | .048 | .047 | .046 | .045 |
| 1.8 | .042 | .042 | .042 | .041 | .041 | .041 | .040 | .040 | .038 | .037 | .036 |
| 1.9 | .035 | .034 | .034 | .034 | .034 | .034 | .033 | .032 | .031 | .030 | .029 |
| 2.0 | .028 | .028 | .028 | .028 | .027 | .027 | .027 | .026 | .025 | .024 | .023 |
| 2.1 | .023 | .023 | .023 | .022 | .022 | .022 | .022 | .021 | .020 | .019 | .018 |
| 2.2 | .019 | .018 | .018 | .018 | .018 | .018 | .017 | .017 | .016 | .015 | .014 |
| 2.3 | .015 | .015 | .015 | .015 | .014 | .014 | .014 | .013 | .012 | .012 | .011 |
| 2.4 | .012 | .012 | .012 | .012 | .012 | .011 | .011 | .011 | .010 | .009 | .008 |
| 2.5 | .010 | .010 | .009 | .009 | .009 | .009 | .009 | .008 | .008 | .007 | .006 |
| 2.6 | .008 | .008 | .007 | .007 | .007 | .007 | .007 | .007 | .006 | .005 | .005 |
| 2.7 | .006 | .006 | .006 | .006 | .006 | .006 | .005 | .005 | .004 | .004 | .003 |
| 2.8 | .005 | .005 | .005 | .005 | .005 | .004 | .004 | .004 | .003 | .003 | .003 |
| 2.9 | .004 | .004 | .004 | .004 | .004 | .003 | .003 | .003 | .003 | .002 | .002 |
| 3.0 | .003 | .003 | .003 | .003 | .003 | .003 | .002 | .002 | .002 | .002 | .001 |
| 3.1 | .002 | .002 | .002 | .002 | .002 | .002 | .002 | .002 | .001 | .001 | .001 |
| 3.2 | .002 | .002 | .002 | .002 | .002 | .002 | .001 | .001 | .001 | .001 | .001 |
| 3.3 | .001 | .001 | .001 | .001 | .001 | .001 | .001 | .001 | .001 | .001 | .000 |
| 3.4 | .001 | .001 | .001 | .001 | .001 | .001 | .001 | .001 | .001 | .000 | .000 |
| 3.5 | .001 | .001 | .001 | .001 | .001 | .001 | .001 | .001 | .000 | .000 | .000 |
| 3.6 | .001 | .001 | .001 | .001 | .001 | .001 | .000 | .000 | .000 | .000 | .000 |
| 3.7 | .001 | .001 | .000 | .000 | .000 | .000 | .000 | .000 | .000 | .000 | .000 |
| 3.8 | .000 | .000 | .000 | .000 | .000 | .000 | .000 | .000 | .000 | .000 | .000 |
| 3.9 | .000 | .000 | .000 | .000 | .000 | .000 | .000 | .000 | .000 | .000 | .000 |
| 4.0 | .000 | .000 | .000 | .000 | .000 | .000 | .000 | .000 | .000 | .000 | .000 |

**表 5**　β 之曲線 = t 檢定的型 II 錯誤機率

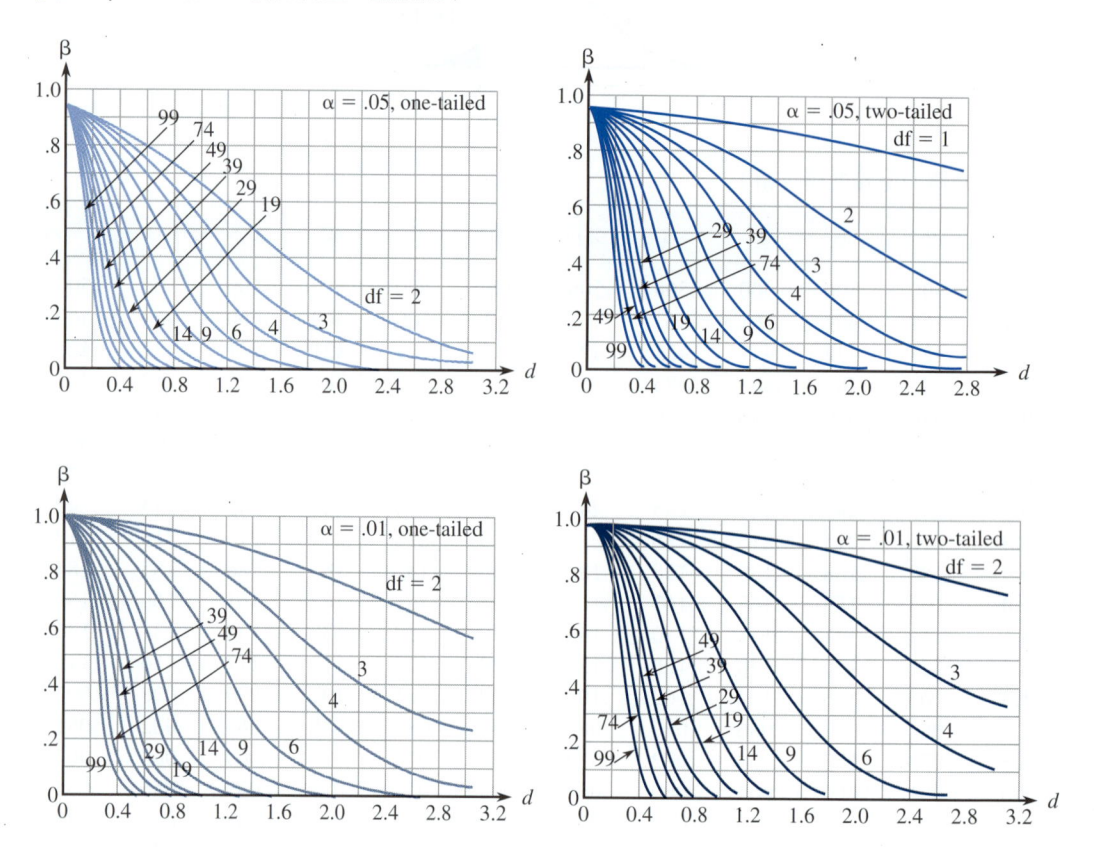

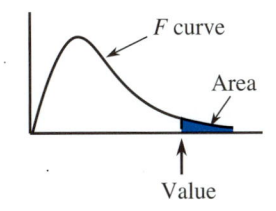

**表 6** 涵蓋特定 $F$ 曲線上尾面積的數值

| $df_2$ | 面積 | 1 | 2 | 3 | 4 | 5 | 6 | 7 | 8 | 9 | 10 |
|---|---|---|---|---|---|---|---|---|---|---|---|
| | | | | | | $df_1$ | | | | | |
| 1 | .10 | 39.86 | 49.50 | 53.59 | 55.83 | 57.24 | 58.20 | 58.91 | 59.44 | 59.86 | 60.19 |
| | .05 | 161.40 | 199.50 | 215.70 | 224.60 | 230.20 | 234.00 | 236.80 | 238.90 | 240.50 | 241.90 |
| | .01 | 4052.00 | 5000.00 | 5403.00 | 5625.00 | 5764.00 | 5859.00 | 5928.00 | 5981.00 | 6022.00 | 6056.00 |
| 2 | .10 | 8.53 | 9.00 | 9.16 | 9.24 | 9.29 | 9.33 | 9.35 | 9.37 | 9.38 | 9.39 |
| | .05 | 18.51 | 19.00 | 19.16 | 19.25 | 19.30 | 19.33 | 19.35 | 19.37 | 19.38 | 19.40 |
| | .01 | 98.50 | 99.00 | 99.17 | 99.25 | 99.30 | 99.33 | 99.36 | 99.37 | 99.39 | 99.40 |
| | .001 | 998.50 | 999.00 | 999.20 | 999.20 | 999.30 | 999.30 | 999.40 | 999.40 | 999.40 | 999.40 |
| 3 | .10 | 5.54 | 5.46 | 5.39 | 5.34 | 5.31 | 5.28 | 5.27 | 5.25 | 5.24 | 5.23 |
| | .05 | 10.13 | 9.55 | 9.28 | 9.12 | 9.01 | 8.94 | 8.89 | 8.85 | 8.81 | 8.79 |
| | .01 | 34.12 | 30.82 | 29.46 | 28.71 | 28.24 | 27.91 | 27.67 | 27.49 | 27.35 | 27.23 |
| | .001 | 167.00 | 148.50 | 141.10 | 137.10 | 134.60 | 132.80 | 131.60 | 130.60 | 129.90 | 129.20 |
| 4 | .10 | 4.54 | 4.32 | 4.19 | 4.11 | 4.05 | 4.01 | 3.98 | 3.95 | 3.94 | 3.92 |
| | .05 | 7.71 | 6.94 | 6.59 | 6.39 | 6.26 | 6.16 | 6.09 | 6.04 | 6.00 | 5.96 |
| | .01 | 21.20 | 18.00 | 16.69 | 15.98 | 15.52 | 15.21 | 14.98 | 14.80 | 14.66 | 14.55 |
| | .001 | 74.14 | 61.25 | 56.18 | 53.44 | 51.71 | 50.53 | 49.66 | 49.00 | 48.47 | 48.05 |
| 5 | .10 | 4.06 | 3.78 | 3.62 | 3.52 | 3.45 | 3.40 | 3.37 | 3.34 | 3.32 | 3.30 |
| | .05 | 6.61 | 5.79 | 5.41 | 5.19 | 5.05 | 4.95 | 4.88 | 4.82 | 4.77 | 4.74 |
| | .01 | 16.26 | 13.27 | 12.06 | 11.39 | 10.97 | 10.67 | 10.46 | 10.29 | 10.16 | 10.05 |
| | .001 | 47.18 | 37.12 | 33.20 | 31.09 | 29.75 | 28.83 | 28.16 | 27.65 | 27.24 | 26.92 |
| 6 | .10 | 3.78 | 3.46 | 3.29 | 3.18 | 3.11 | 3.05 | 3.01 | 2.98 | 2.96 | 2.94 |
| | .05 | 5.99 | 5.14 | 4.76 | 4.53 | 4.39 | 4.28 | 4.21 | 4.15 | 4.10 | 4.06 |
| | .01 | 13.75 | 10.92 | 9.78 | 9.15 | 8.75 | 8.47 | 8.26 | 8.10 | 7.98 | 7.87 |
| | .001 | 35.51 | 27.00 | 23.70 | 21.92 | 20.80 | 20.03 | 19.46 | 19.03 | 18.69 | 18.41 |
| 7 | .10 | 3.59 | 3.26 | 3.07 | 2.96 | 2.88 | 2.83 | 2.78 | 2.75 | 2.72 | 2.70 |
| | .05 | 5.59 | 4.74 | 4.35 | 4.12 | 3.97 | 3.87 | 3.79 | 3.73 | 3.68 | 3.64 |
| | .01 | 12.25 | 9.55 | 8.45 | 7.85 | 7.46 | 7.19 | 6.99 | 6.84 | 6.72 | 6.62 |
| | .001 | 29.25 | 21.69 | 18.77 | 17.20 | 16.21 | 15.52 | 15.02 | 14.63 | 14.33 | 14.08 |
| 8 | .10 | 3.46 | 3.11 | 2.92 | 2.81 | 2.73 | 2.67 | 2.62 | 2.59 | 2.56 | 2.54 |
| | .05 | 5.32 | 4.46 | 4.07 | 3.84 | 3.69 | 3.58 | 3.50 | 3.44 | 3.39 | 3.35 |
| | .01 | 11.26 | 8.65 | 7.59 | 7.01 | 6.63 | 6.37 | 6.18 | 6.03 | 5.91 | 5.81 |
| | .001 | 25.41 | 18.49 | 15.83 | 14.39 | 13.48 | 12.86 | 12.40 | 12.05 | 11.77 | 11.54 |
| 9 | .10 | 3.36 | 3.01 | 2.81 | 2.69 | 2.61 | 2.55 | 2.51 | 2.47 | 2.44 | 2.42 |
| | .05 | 5.12 | 4.26 | 3.86 | 3.63 | 3.48 | 3.37 | 3.29 | 3.23 | 3.18 | 3.14 |
| | .01 | 10.56 | 8.02 | 6.99 | 6.42 | 6.06 | 5.80 | 5.61 | 5.47 | 5.35 | 5.26 |
| | .001 | 22.86 | 16.39 | 13.90 | 12.56 | 11.71 | 11.13 | 10.70 | 10.37 | 10.11 | 9.89 |

（續）

**表 6** 涵蓋特定 F 曲線上尾面積的數值（續）

| df$_2$ | 面積 | \multicolumn{10}{c}{df$_1$} |
|---|---|---|---|---|---|---|---|---|---|---|---|
| | | 1 | 2 | 3 | 4 | 5 | 6 | 7 | 8 | 9 | 10 |
| 10 | .10 | 3.29 | 2.92 | 2.73 | 2.61 | 2.52 | 2.46 | 2.41 | 2.38 | 2.35 | 2.32 |
| | .05 | 4.96 | 4.10 | 3.71 | 3.48 | 3.33 | 3.22 | 3.14 | 3.07 | 3.02 | 2.98 |
| | .01 | 10.04 | 7.56 | 6.55 | 5.99 | 5.64 | 5.39 | 5.20 | 5.06 | 4.94 | 4.85 |
| | .001 | 21.04 | 14.91 | 12.55 | 11.28 | 10.48 | 9.93 | 9.52 | 9.20 | 8.96 | 8.75 |
| 11 | .10 | 3.23 | 2.86 | 2.66 | 2.54 | 2.45 | 2.39 | 2.34 | 2.30 | 2.27 | 2.25 |
| | .05 | 4.84 | 3.98 | 3.59 | 3.36 | 3.20 | 3.09 | 3.01 | 2.95 | 2.90 | 2.85 |
| | .01 | 9.65 | 7.21 | 6.22 | 5.67 | 5.32 | 5.07 | 4.89 | 4.74 | 4.63 | 4.54 |
| | .001 | 19.69 | 13.81 | 11.56 | 10.35 | 9.58 | 9.05 | 8.66 | 8.35 | 8.12 | 7.92 |
| 12 | .10 | 3.18 | 2.81 | 2.61 | 2.48 | 2.39 | 2.33 | 2.28 | 2.24 | 2.21 | 2.19 |
| | .05 | 4.75 | 3.89 | 3.49 | 3.26 | 3.11 | 3.00 | 2.91 | 2.85 | 2.80 | 2.75 |
| | .01 | 9.33 | 6.93 | 5.95 | 5.41 | 5.06 | 4.82 | 4.64 | 4.50 | 4.39 | 4.30 |
| | .001 | 18.64 | 12.97 | 10.80 | 9.63 | 8.89 | 8.38 | 8.00 | 7.71 | 7.48 | 7.29 |
| 13 | .10 | 3.14 | 2.76 | 2.56 | 2.43 | 2.35 | 2.28 | 2.23 | 2.20 | 2.16 | 2.14 |
| | .05 | 4.67 | 3.81 | 3.41 | 3.18 | 3.03 | 2.92 | 2.83 | 2.77 | 2.71 | 2.67 |
| | .01 | 9.07 | 6.70 | 5.74 | 5.21 | 4.86 | 4.62 | 4.44 | 4.30 | 4.19 | 4.10 |
| | .001 | 17.82 | 12.31 | 10.21 | 9.07 | 8.35 | 7.86 | 7.49 | 7.21 | 6.98 | 6.80 |
| 14 | .10 | 3.10 | 2.73 | 2.52 | 2.39 | 2.31 | 2.24 | 2.19 | 2.15 | 2.12 | 2.10 |
| | .05 | 4.60 | 3.74 | 3.34 | 3.11 | 2.96 | 2.85 | 2.76 | 2.70 | 2.65 | 2.60 |
| | .01 | 8.86 | 6.51 | 5.56 | 5.04 | 4.69 | 4.46 | 4.28 | 4.14 | 4.03 | 3.94 |
| | .001 | 17.14 | 11.78 | 9.73 | 8.62 | 7.92 | 7.44 | 7.08 | 6.80 | 6.58 | 6.40 |
| 15 | .10 | 3.07 | 2.70 | 2.49 | 2.36 | 2.27 | 2.21 | 2.16 | 2.12 | 2.09 | 2.06 |
| | .05 | 4.54 | 3.68 | 3.29 | 3.06 | 2.90 | 2.79 | 2.71 | 2.64 | 2.59 | 2.54 |
| | .01 | 8.68 | 6.36 | 5.42 | 4.89 | 4.56 | 4.32 | 4.14 | 4.00 | 3.89 | 3.80 |
| | .001 | 16.59 | 11.34 | 9.34 | 8.25 | 7.57 | 7.09 | 6.74 | 6.47 | 6.26 | 6.08 |
| 16 | .10 | 3.05 | 2.67 | 2.46 | 2.33 | 2.24 | 2.18 | 2.13 | 2.09 | 2.06 | 2.03 |
| | .05 | 4.49 | 3.63 | 3.24 | 3.01 | 2.85 | 2.74 | 2.66 | 2.59 | 2.54 | 2.49 |
| | .01 | 8.53 | 6.23 | 5.29 | 4.77 | 4.44 | 4.20 | 4.03 | 3.89 | 3.78 | 3.69 |
| | .001 | 16.12 | 10.97 | 9.01 | 7.94 | 7.27 | 6.80 | 6.46 | 6.19 | 5.98 | 5.81 |
| 17 | .10 | 3.03 | 2.64 | 2.44 | 2.31 | 2.22 | 2.15 | 2.10 | 2.06 | 2.03 | 2.00 |
| | .05 | 4.45 | 3.59 | 3.20 | 2.96 | 2.81 | 2.70 | 2.61 | 2.55 | 2.49 | 2.45 |
| | .01 | 8.40 | 6.11 | 5.18 | 4.67 | 4.34 | 4.10 | 3.93 | 3.79 | 3.68 | 3.59 |
| | .001 | 15.72 | 10.66 | 8.73 | 7.68 | 7.02 | 6.56 | 6.22 | 5.96 | 5.75 | 5.58 |
| 18 | .10 | 3.01 | 2.62 | 2.42 | 2.29 | 2.20 | 2.13 | 2.08 | 2.04 | 2.00 | 1.98 |
| | .05 | 4.41 | 3.55 | 3.16 | 2.93 | 2.77 | 2.66 | 2.58 | 2.51 | 2.46 | 2.41 |
| | .01 | 8.29 | 6.01 | 5.09 | 4.58 | 4.25 | 4.01 | 3.84 | 3.71 | 3.60 | 3.51 |
| | .001 | 15.38 | 10.39 | 8.49 | 7.46 | 6.81 | 6.35 | 6.02 | 5.76 | 5.56 | 5.39 |
| 19 | .10 | 2.99 | 2.61 | 2.40 | 2.27 | 2.18 | 2.11 | 2.06 | 2.02 | 1.98 | 1.96 |
| | .05 | 4.38 | 3.52 | 3.13 | 2.90 | 2.74 | 2.63 | 2.54 | 2.48 | 2.42 | 2.38 |
| | .01 | 8.18 | 5.93 | 5.01 | 4.50 | 4.17 | 3.94 | 3.77 | 3.63 | 3.52 | 3.43 |
| | .001 | 15.08 | 10.16 | 8.28 | 7.27 | 6.62 | 6.18 | 5.85 | 5.59 | 5.39 | 5.22 |

表6　涵蓋特定 F 曲線上尾面積的數值（續）

| df$_2$ | 面積 | df$_1$ 1 | 2 | 3 | 4 | 5 | 6 | 7 | 8 | 9 | 10 |
|---|---|---|---|---|---|---|---|---|---|---|---|
| 20 | .10 | 2.97 | 2.59 | 2.38 | 2.25 | 2.16 | 2.09 | 2.04 | 2.00 | 1.96 | 1.94 |
|    | .05 | 4.35 | 3.49 | 3.10 | 2.87 | 2.71 | 2.60 | 2.51 | 2.45 | 2.39 | 2.35 |
|    | .01 | 8.10 | 5.85 | 4.94 | 4.43 | 4.10 | 3.87 | 3.70 | 3.56 | 3.46 | 3.37 |
|    | .001 | 14.82 | 9.95 | 8.10 | 7.10 | 6.46 | 6.02 | 5.69 | 5.44 | 5.24 | 5.08 |
| 21 | .10 | 2.96 | 2.57 | 2.36 | 2.23 | 2.14 | 2.08 | 2.02 | 1.98 | 1.95 | 1.92 |
|    | .05 | 4.32 | 3.47 | 3.07 | 2.84 | 2.68 | 2.57 | 2.49 | 2.42 | 2.37 | 2.32 |
|    | .01 | 8.02 | 5.78 | 4.87 | 4.37 | 4.04 | 3.81 | 3.64 | 3.51 | 3.40 | 3.31 |
|    | .001 | 14.59 | 9.77 | 7.94 | 6.95 | 6.32 | 5.88 | 5.56 | 5.31 | 5.11 | 4.95 |
| 22 | .10 | 2.95 | 2.56 | 2.35 | 2.22 | 2.13 | 2.06 | 2.01 | 1.97 | 1.93 | 1.90 |
|    | .05 | 4.30 | 3.44 | 3.05 | 2.82 | 2.66 | 2.55 | 2.46 | 2.40 | 2.34 | 2.30 |
|    | .01 | 7.95 | 5.72 | 4.82 | 4.31 | 3.99 | 3.76 | 3.59 | 3.45 | 3.35 | 3.26 |
|    | .001 | 14.38 | 9.61 | 7.80 | 6.81 | 6.19 | 5.76 | 5.44 | 5.19 | 4.99 | 4.83 |
| 23 | .10 | 2.94 | 2.55 | 2.34 | 2.21 | 2.11 | 2.05 | 1.99 | 1.95 | 1.92 | 1.89 |
|    | .05 | 4.28 | 3.42 | 3.03 | 2.80 | 2.64 | 2.53 | 2.44 | 2.37 | 2.32 | 2.27 |
|    | .01 | 7.88 | 5.66 | 4.76 | 4.26 | 3.94 | 3.71 | 3.54 | 3.41 | 3.30 | 3.21 |
|    | .001 | 14.20 | 9.47 | 7.67 | 6.70 | 6.08 | 5.65 | 5.33 | 5.09 | 4.89 | 4.73 |
| 24 | .10 | 2.93 | 2.54 | 2.33 | 2.19 | 2.10 | 2.04 | 1.98 | 1.94 | 1.91 | 1.88 |
|    | .05 | 4.26 | 3.40 | 3.01 | 2.78 | 2.62 | 2.51 | 2.42 | 2.36 | 2.30 | 2.25 |
|    | .01 | 7.82 | 5.61 | 4.72 | 4.22 | 3.90 | 3.67 | 3.50 | 3.36 | 3.26 | 3.17 |
|    | .001 | 14.03 | 9.34 | 7.55 | 6.59 | 5.98 | 5.55 | 5.23 | 4.99 | 4.80 | 4.64 |
| 25 | .10 | 2.92 | 2.53 | 2.32 | 2.18 | 2.09 | 2.02 | 1.97 | 1.93 | 1.89 | 1.87 |
|    | .05 | 4.24 | 3.39 | 2.99 | 2.76 | 2.60 | 2.49 | 2.40 | 2.34 | 2.28 | 2.24 |
|    | .01 | 7.77 | 5.57 | 4.68 | 4.18 | 3.85 | 3.63 | 3.46 | 3.32 | 3.22 | 3.13 |
|    | .001 | 13.88 | 9.22 | 7.45 | 6.49 | 5.89 | 5.46 | 5.15 | 4.91 | 4.71 | 4.56 |
| 26 | .10 | 2.91 | 2.52 | 2.31 | 2.17 | 2.08 | 2.01 | 1.96 | 1.92 | 1.88 | 1.86 |
|    | .05 | 4.23 | 3.37 | 2.98 | 2.74 | 2.59 | 2.47 | 2.39 | 2.32 | 2.27 | 2.22 |
|    | .01 | 7.72 | 5.53 | 4.64 | 4.14 | 3.82 | 3.59 | 3.42 | 3.29 | 3.18 | 3.09 |
|    | .001 | 13.74 | 9.12 | 7.36 | 6.41 | 5.80 | 5.38 | 5.07 | 4.83 | 4.64 | 4.48 |
| 27 | .10 | 2.90 | 2.51 | 2.30 | 2.17 | 2.07 | 2.00 | 1.95 | 1.91 | 1.87 | 1.85 |
|    | .05 | 4.21 | 3.35 | 2.96 | 2.73 | 2.57 | 2.46 | 2.37 | 2.31 | 2.25 | 2.20 |
|    | .01 | 7.68 | 5.49 | 4.60 | 4.11 | 3.78 | 3.56 | 3.39 | 3.26 | 3.15 | 3.06 |
|    | .001 | 13.61 | 9.02 | 7.27 | 6.33 | 5.73 | 5.31 | 5.00 | 4.76 | 4.57 | 4.41 |
| 28 | .10 | 2.89 | 2.50 | 2.29 | 2.16 | 2.06 | 2.00 | 1.94 | 1.90 | 1.87 | 1.84 |
|    | .05 | 4.20 | 3.34 | 2.95 | 2.71 | 2.56 | 2.45 | 2.36 | 2.29 | 2.24 | 2.19 |
|    | .01 | 7.64 | 5.45 | 4.57 | 4.07 | 3.75 | 3.53 | 3.36 | 3.23 | 3.12 | 3.03 |
|    | .001 | 13.50 | 8.93 | 7.19 | 6.25 | 5.66 | 5.24 | 4.93 | 4.69 | 4.50 | 4.35 |
| 29 | .10 | 2.89 | 2.50 | 2.28 | 2.15 | 2.06 | 1.99 | 1.93 | 1.89 | 1.86 | 1.83 |
|    | .05 | 4.18 | 3.33 | 2.93 | 2.70 | 2.55 | 2.43 | 2.35 | 2.28 | 2.22 | 2.18 |
|    | .01 | 7.60 | 5.42 | 4.54 | 4.04 | 3.73 | 3.50 | 3.33 | 3.20 | 3.09 | 3.00 |
|    | .001 | 13.39 | 8.85 | 7.12 | 6.19 | 5.59 | 5.18 | 4.87 | 4.64 | 4.45 | 4.29 |

（續）

**表 6** 涵蓋特定 F 曲線上尾面積的數值（續）

| $df_2$ | 面積 | 1 | 2 | 3 | 4 | 5 | 6 | 7 | 8 | 9 | 10 |
|---|---|---|---|---|---|---|---|---|---|---|---|
| 30 | .10 | 2.88 | 2.49 | 2.28 | 2.14 | 2.05 | 1.98 | 1.93 | 1.88 | 1.85 | 1.82 |
|  | .05 | 4.17 | 3.32 | 2.92 | 2.69 | 2.53 | 2.42 | 2.33 | 2.27 | 2.21 | 2.16 |
|  | .01 | 7.56 | 5.39 | 4.51 | 4.02 | 3.70 | 3.47 | 3.30 | 3.17 | 3.07 | 2.98 |
|  | .001 | 13.29 | 8.77 | 7.05 | 6.12 | 5.53 | 5.12 | 4.82 | 4.58 | 4.39 | 4.24 |
| 40 | .10 | 2.84 | 2.44 | 2.23 | 2.09 | 2.00 | 1.93 | 1.87 | 1.83 | 1.79 | 1.76 |
|  | .05 | 4.08 | 3.23 | 2.84 | 2.61 | 2.45 | 2.34 | 2.25 | 2.18 | 2.12 | 2.08 |
|  | .01 | 7.31 | 5.18 | 4.31 | 3.83 | 3.51 | 3.29 | 3.12 | 2.99 | 2.89 | 2.80 |
|  | .001 | 12.61 | 8.25 | 6.59 | 5.70 | 5.13 | 4.73 | 4.44 | 4.21 | 4.02 | 3.87 |
| 60 | .10 | 2.79 | 2.39 | 2.18 | 2.04 | 1.95 | 1.87 | 1.82 | 1.77 | 1.74 | 1.71 |
|  | .05 | 4.00 | 3.15 | 2.76 | 2.53 | 2.37 | 2.25 | 2.17 | 2.10 | 2.04 | 1.99 |
|  | .01 | 7.08 | 4.98 | 4.13 | 3.65 | 3.34 | 3.12 | 2.95 | 2.82 | 2.72 | 2.63 |
|  | .001 | 11.97 | 7.77 | 6.17 | 5.31 | 4.76 | 4.37 | 4.09 | 3.86 | 3.69 | 3.54 |
| 90 | .10 | 2.76 | 2.36 | 2.15 | 2.01 | 1.91 | 1.84 | 1.78 | 1.74 | 1.70 | 1.67 |
|  | .05 | 3.95 | 3.10 | 2.71 | 2.47 | 2.32 | 2.20 | 2.11 | 2.04 | 1.99 | 1.94 |
|  | .01 | 6.93 | 4.85 | 4.01 | 3.53 | 3.23 | 3.01 | 2.84 | 2.72 | 2.61 | 2.52 |
|  | .001 | 11.57 | 7.47 | 5.91 | 5.06 | 4.53 | 4.15 | 3.87 | 3.65 | 3.48 | 3.34 |
| 120 | .10 | 2.75 | 2.35 | 2.13 | 1.99 | 1.90 | 1.82 | 1.77 | 1.72 | 1.68 | 1.65 |
|  | .05 | 3.92 | 3.07 | 2.68 | 2.45 | 2.29 | 2.18 | 2.09 | 2.02 | 1.96 | 1.91 |
|  | .01 | 6.85 | 4.79 | 3.95 | 3.48 | 3.17 | 2.96 | 2.79 | 2.66 | 2.56 | 2.47 |
|  | .001 | 11.38 | 7.32 | 5.78 | 4.95 | 4.42 | 4.04 | 3.77 | 3.55 | 3.38 | 3.24 |
| 240 | .10 | 2.73 | 2.32 | 2.10 | 1.97 | 1.87 | 1.80 | 1.74 | 1.70 | 1.65 | 1.63 |
|  | .05 | 3.88 | 3.03 | 2.64 | 2.41 | 2.25 | 2.14 | 2.04 | 1.98 | 1.92 | 1.87 |
|  | .01 | 6.74 | 4.69 | 3.86 | 3.40 | 3.09 | 2.88 | 2.71 | 2.59 | 2.48 | 2.40 |
|  | .001 | 11.10 | 7.11 | 5.60 | 4.78 | 4.25 | 3.89 | 3.62 | 3.41 | 3.24 | 3.09 |
| ∞ | .10 | 2.71 | 2.30 | 2.08 | 1.94 | 1.85 | 1.77 | 1.72 | 1.67 | 1.63 | 1.60 |
|  | .05 | 3.84 | 3.00 | 2.60 | 2.37 | 2.21 | 2.10 | 2.01 | 1.94 | 1.88 | 1.83 |
|  | .01 | 6.63 | 4.61 | 3.78 | 3.32 | 3.02 | 2.80 | 2.64 | 2.51 | 2.41 | 2.32 |
|  | .001 | 10.83 | 6.91 | 5.42 | 4.62 | 4.10 | 3.74 | 3.47 | 3.27 | 3.10 | 2.96 |

表7  學生化範圍分配之 $q$ 的臨界值

| 誤差自由度 | 信賴水準 | \multicolumn{8}{c}{被比較的母體數、處理數、或水準數} |
| | | 3 | 4 | 5 | 6 | 7 | 8 | 9 | 10 |
|---|---|---|---|---|---|---|---|---|---|
| 5 | 95% | 4.60 | 5.22 | 5.67 | 6.03 | 6.33 | 6.58 | 6.80 | 6.99 |
|   | 99% | 6.98 | 7.80 | 8.42 | 8.91 | 9.32 | 9.67 | 9.97 | 10.24 |
| 6 | 95% | 4.34 | 4.90 | 5.30 | 5.63 | 5.90 | 6.12 | 6.32 | 6.49 |
|   | 99% | 6.33 | 7.03 | 7.56 | 7.97 | 8.32 | 8.61 | 8.87 | 9.10 |
| 7 | 95% | 4.16 | 4.68 | 5.06 | 5.36 | 5.61 | 5.82 | 6.00 | 6.16 |
|   | 99% | 5.92 | 6.54 | 7.01 | 7.37 | 7.68 | 7.94 | 8.17 | 8.37 |
| 8 | 95% | 4.04 | 4.53 | 4.89 | 5.17 | 5.40 | 5.60 | 5.77 | 5.92 |
|   | 99% | 5.64 | 6.20 | 6.62 | 6.96 | 7.24 | 7.47 | 7.68 | 7.86 |
| 9 | 95% | 3.95 | 4.41 | 4.76 | 5.02 | 5.24 | 5.43 | 5.59 | 5.74 |
|   | 99% | 5.43 | 5.96 | 6.35 | 6.66 | 6.91 | 7.13 | 7.33 | 7.49 |
| 10 | 95% | 3.88 | 4.33 | 4.65 | 4.91 | 5.12 | 5.30 | 5.46 | 5.60 |
|    | 99% | 5.27 | 5.77 | 6.14 | 6.43 | 6.67 | 6.87 | 7.05 | 7.21 |
| 11 | 95% | 3.82 | 4.26 | 4.57 | 4.82 | 5.03 | 5.20 | 5.35 | 5.49 |
|    | 99% | 5.15 | 5.62 | 5.97 | 6.25 | 6.48 | 6.67 | 6.84 | 6.99 |
| 12 | 95% | 3.77 | 4.20 | 4.51 | 4.75 | 4.95 | 5.12 | 5.27 | 5.39 |
|    | 99% | 5.05 | 5.50 | 5.84 | 6.10 | 6.32 | 6.51 | 6.67 | 6.81 |
| 13 | 95% | 3.73 | 4.15 | 4.45 | 4.69 | 4.88 | 5.05 | 5.19 | 5.32 |
|    | 99% | 4.96 | 5.40 | 5.73 | 5.98 | 6.19 | 6.37 | 6.53 | 6.67 |
| 14 | 95% | 3.70 | 4.11 | 4.41 | 4.64 | 4.83 | 4.99 | 5.13 | 5.25 |
|    | 99% | 4.89 | 5.32 | 5.63 | 5.88 | 6.08 | 6.26 | 6.41 | 6.54 |
| 15 | 95% | 3.67 | 4.08 | 4.37 | 4.59 | 4.78 | 4.94 | 5.08 | 5.20 |
|    | 99% | 4.84 | 5.25 | 5.56 | 5.80 | 5.99 | 6.16 | 6.31 | 6.44 |
| 16 | 95% | 3.65 | 4.05 | 4.33 | 4.56 | 4.74 | 4.90 | 5.03 | 5.15 |
|    | 99% | 4.79 | 5.19 | 5.49 | 5.72 | 5.92 | 6.08 | 6.22 | 6.35 |
| 17 | 95% | 3.63 | 4.02 | 4.30 | 4.52 | 4.70 | 4.86 | 4.99 | 5.11 |
|    | 99% | 4.74 | 5.14 | 5.43 | 5.66 | 5.85 | 6.01 | 6.15 | 6.27 |
| 18 | 95% | 3.61 | 4.00 | 4.28 | 4.49 | 4.67 | 4.82 | 4.96 | 5.07 |
|    | 99% | 4.70 | 5.09 | 5.38 | 5.60 | 5.79 | 5.94 | 6.08 | 6.20 |
| 19 | 95% | 3.59 | 3.98 | 4.25 | 4.47 | 4.65 | 4.79 | 4.92 | 5.04 |
|    | 99% | 4.67 | 5.05 | 5.33 | 5.55 | 5.73 | 5.89 | 6.02 | 6.14 |
| 20 | 95% | 3.58 | 3.96 | 4.23 | 4.45 | 4.62 | 4.77 | 4.90 | 5.01 |
|    | 99% | 4.64 | 5.02 | 5.29 | 5.51 | 5.69 | 5.84 | 5.97 | 6.09 |
| 24 | 95% | 3.53 | 3.90 | 4.17 | 4.37 | 4.54 | 4.68 | 4.81 | 4.92 |
|    | 99% | 4.55 | 4.91 | 5.17 | 5.37 | 5.54 | 5.69 | 5.81 | 5.92 |
| 30 | 95% | 3.49 | 3.85 | 4.10 | 4.30 | 4.46 | 4.60 | 4.72 | 4.82 |
|    | 99% | 4.45 | 4.80 | 5.05 | 5.24 | 5.40 | 5.54 | 5.65 | 5.76 |
| 40 | 95% | 3.44 | 3.79 | 4.04 | 4.23 | 4.39 | 4.52 | 4.63 | 4.73 |
|    | 99% | 4.37 | 4.70 | 4.93 | 5.11 | 5.26 | 5.39 | 5.50 | 5.60 |
| 60 | 95% | 3.40 | 3.74 | 3.98 | 4.16 | 4.31 | 4.44 | 4.55 | 4.65 |
|    | 99% | 4.28 | 4.59 | 4.82 | 4.99 | 5.13 | 5.25 | 5.36 | 5.45 |
| 120 | 95% | 3.36 | 3.68 | 3.92 | 4.10 | 4.24 | 4.36 | 4.47 | 4.56 |
|     | 99% | 4.20 | 4.50 | 4.71 | 4.87 | 5.01 | 5.12 | 5.21 | 5.30 |
| ∞ | 95% | 3.31 | 3.63 | 3.86 | 4.03 | 4.17 | 4.29 | 4.39 | 4.47 |
|   | 99% | 4.12 | 4.40 | 4.60 | 4.76 | 4.88 | 4.99 | 5.08 | 5.16 |

表 8　卡方分配的上尾面積

| Right-tail area | df = 1 | df = 2 | df = 3 | df = 4 | df = 5 |
|---|---|---|---|---|---|
| >0.100 | < 2.70 | < 4.60 | < 6.25 | < 7.77 | < 9.23 |
| 0.100 | 2.70 | 4.60 | 6.25 | 7.77 | 9.23 |
| 0.095 | 2.78 | 4.70 | 6.36 | 7.90 | 9.37 |
| 0.090 | 2.87 | 4.81 | 6.49 | 8.04 | 9.52 |
| 0.085 | 2.96 | 4.93 | 6.62 | 8.18 | 9.67 |
| 0.080 | 3.06 | 5.05 | 6.75 | 8.33 | 9.83 |
| 0.075 | 3.17 | 5.18 | 6.90 | 8.49 | 10.00 |
| 0.070 | 3.28 | 5.31 | 7.06 | 8.66 | 10.19 |
| 0.065 | 3.40 | 5.46 | 7.22 | 8.84 | 10.38 |
| 0.060 | 3.53 | 5.62 | 7.40 | 9.04 | 10.59 |
| 0.055 | 3.68 | 5.80 | 7.60 | 9.25 | 10.82 |
| 0.050 | 3.84 | 5.99 | 7.81 | 9.48 | 11.07 |
| 0.045 | 4.01 | 6.20 | 8.04 | 9.74 | 11.34 |
| 0.040 | 4.21 | 6.43 | 8.31 | 10.02 | 11.64 |
| 0.035 | 4.44 | 6.70 | 8.60 | 10.34 | 11.98 |
| 0.030 | 4.70 | 7.01 | 8.94 | 10.71 | 12.37 |
| 0.025 | 5.02 | 7.37 | 9.34 | 11.14 | 12.83 |
| 0.020 | 5.41 | 7.82 | 9.83 | 11.66 | 13.38 |
| 0.015 | 5.91 | 8.39 | 10.46 | 12.33 | 14.09 |
| 0.010 | 6.63 | 9.21 | 11.34 | 13.27 | 15.08 |
| 0.005 | 7.87 | 10.59 | 12.83 | 14.86 | 16.74 |
| 0.001 | 10.82 | 13.81 | 16.26 | 18.46 | 20.51 |
| <0.001 | >10.82 | >13.81 | >16.26 | >18.46 | >20.51 |

| Right-tail area | df = 6 | df = 7 | df = 8 | df = 9 | df = 10 |
|---|---|---|---|---|---|
| >0.100 | <10.64 | <12.01 | <13.36 | <14.68 | <15.98 |
| 0.100 | 10.64 | 12.01 | 13.36 | 14.68 | 15.98 |
| 0.095 | 10.79 | 12.17 | 13.52 | 14.85 | 16.16 |
| 0.090 | 10.94 | 12.33 | 13.69 | 15.03 | 16.35 |
| 0.085 | 11.11 | 12.50 | 13.87 | 15.22 | 16.54 |
| 0.080 | 11.28 | 12.69 | 14.06 | 15.42 | 16.75 |
| 0.075 | 11.46 | 12.88 | 14.26 | 15.63 | 16.97 |
| 0.070 | 11.65 | 13.08 | 14.48 | 15.85 | 17.20 |
| 0.065 | 11.86 | 13.30 | 14.71 | 16.09 | 17.44 |
| 0.060 | 12.08 | 13.53 | 14.95 | 16.34 | 17.71 |
| 0.055 | 12.33 | 13.79 | 15.22 | 16.62 | 17.99 |
| 0.050 | 12.59 | 14.06 | 15.50 | 16.91 | 18.30 |
| 0.045 | 12.87 | 14.36 | 15.82 | 17.24 | 18.64 |
| 0.040 | 13.19 | 14.70 | 16.17 | 17.60 | 19.02 |
| 0.035 | 13.55 | 15.07 | 16.56 | 18.01 | 19.44 |
| 0.030 | 13.96 | 15.50 | 17.01 | 18.47 | 19.92 |
| 0.025 | 14.44 | 16.01 | 17.53 | 19.02 | 20.48 |
| 0.020 | 15.03 | 16.62 | 18.16 | 19.67 | 21.16 |
| 0.015 | 15.77 | 17.39 | 18.97 | 20.51 | 22.02 |
| 0.010 | 16.81 | 18.47 | 20.09 | 21.66 | 23.20 |
| 0.005 | 18.54 | 20.27 | 21.95 | 23.58 | 25.18 |
| 0.001 | 22.45 | 24.32 | 26.12 | 27.87 | 29.58 |
| <0.001 | >22.45 | >24.32 | >26.12 | >27.87 | >29.58 |

表 8　卡方分配的上尾面積（續）

| Right-tail area | df = 11 | df = 12 | df = 13 | df = 14 | df = 15 |
|---|---|---|---|---|---|
| >0.100 | <17.27 | <18.54 | <19.81 | <21.06 | <22.30 |
| 0.100 | 17.27 | 18.54 | 19.81 | 21.06 | 22.30 |
| 0.095 | 17.45 | 18.74 | 20.00 | 21.26 | 22.51 |
| 0.090 | 17.65 | 18.93 | 20.21 | 21.47 | 22.73 |
| 0.085 | 17.85 | 19.14 | 20.42 | 21.69 | 22.95 |
| 0.080 | 18.06 | 19.36 | 20.65 | 21.93 | 23.19 |
| 0.075 | 18.29 | 19.60 | 20.89 | 22.17 | 23.45 |
| 0.070 | 18.53 | 19.84 | 21.15 | 22.44 | 23.72 |
| 0.065 | 18.78 | 20.11 | 21.42 | 22.71 | 24.00 |
| 0.060 | 19.06 | 20.39 | 21.71 | 23.01 | 24.31 |
| 0.055 | 19.35 | 20.69 | 22.02 | 23.33 | 24.63 |
| 0.050 | 19.67 | 21.02 | 22.36 | 23.68 | 24.99 |
| 0.045 | 20.02 | 21.38 | 22.73 | 24.06 | 25.38 |
| 0.040 | 20.41 | 21.78 | 23.14 | 24.48 | 25.81 |
| 0.035 | 20.84 | 22.23 | 23.60 | 24.95 | 26.29 |
| 0.030 | 21.34 | 22.74 | 24.12 | 25.49 | 26.84 |
| 0.025 | 21.92 | 23.33 | 24.73 | 26.11 | 27.48 |
| 0.020 | 22.61 | 24.05 | 25.47 | 26.87 | 28.25 |
| 0.015 | 23.50 | 24.96 | 26.40 | 27.82 | 29.23 |
| 0.010 | 24.72 | 26.21 | 27.68 | 29.14 | 30.57 |
| 0.005 | 26.75 | 28.29 | 29.81 | 31.31 | 32.80 |
| 0.001 | 31.26 | 32.90 | 34.52 | 36.12 | 37.69 |
| <0.001 | >31.26 | >32.90 | >34.52 | >36.12 | >37.69 |

| Right-tail area | df = 16 | df = 17 | df = 18 | df = 19 | df = 20 |
|---|---|---|---|---|---|
| >0.100 | <23.54 | <24.77 | <25.98 | <27.20 | <28.41 |
| 0.100 | 23.54 | 24.76 | 25.98 | 27.20 | 28.41 |
| 0.095 | 23.75 | 24.98 | 26.21 | 27.43 | 28.64 |
| 0.090 | 23.97 | 25.21 | 26.44 | 27.66 | 28.88 |
| 0.085 | 24.21 | 25.45 | 26.68 | 27.91 | 29.14 |
| 0.080 | 24.45 | 25.70 | 26.94 | 28.18 | 29.40 |
| 0.075 | 24.71 | 25.97 | 27.21 | 28.45 | 29.69 |
| 0.070 | 24.99 | 26.25 | 27.50 | 28.75 | 29.99 |
| 0.065 | 25.28 | 26.55 | 27.81 | 29.06 | 30.30 |
| 0.060 | 25.59 | 26.87 | 28.13 | 29.39 | 30.64 |
| 0.055 | 25.93 | 27.21 | 28.48 | 29.75 | 31.01 |
| 0.050 | 26.29 | 27.58 | 28.86 | 30.14 | 31.41 |
| 0.045 | 26.69 | 27.99 | 29.28 | 30.56 | 31.84 |
| 0.040 | 27.13 | 28.44 | 29.74 | 31.03 | 32.32 |
| 0.035 | 27.62 | 28.94 | 30.25 | 31.56 | 32.85 |
| 0.030 | 28.19 | 29.52 | 30.84 | 32.15 | 33.46 |
| 0.025 | 28.84 | 30.19 | 31.52 | 32.85 | 34.16 |
| 0.020 | 29.63 | 30.99 | 32.34 | 33.68 | 35.01 |
| 0.015 | 30.62 | 32.01 | 33.38 | 34.74 | 36.09 |
| 0.010 | 32.00 | 33.40 | 34.80 | 36.19 | 37.56 |
| 0.005 | 34.26 | 35.71 | 37.15 | 38.58 | 39.99 |
| 0.001 | 39.25 | 40.78 | 42.31 | 43.81 | 45.31 |
| <0.001 | >39.25 | >40.78 | >42.31 | >43.81 | >45.31 |

**表 9　二項機率**

**n = 5**

| x | 0.05 | 0.1 | 0.2 | 0.25 | 0.3 | 0.4 | 0.5 | 0.6 | 0.7 | 0.75 | 0.8 | 0.9 | 0.95 |
|---|---|---|---|---|---|---|---|---|---|---|---|---|---|
| 0 | .774 | .590 | .328 | .237 | .168 | .078 | .031 | .010 | .002 | .001 | .000 | .000 | .000 |
| 1 | .204 | .328 | .410 | .396 | .360 | .259 | .156 | .077 | .028 | .015 | .006 | .000 | .000 |
| 2 | .021 | .073 | .205 | .264 | .309 | .346 | .313 | .230 | .132 | .088 | .051 | .008 | .001 |
| 3 | .001 | .008 | .051 | .088 | .132 | .230 | .313 | .346 | .309 | .264 | .205 | .073 | .021 |
| 4 | .000 | .000 | .006 | .015 | .028 | .077 | .156 | .259 | .360 | .396 | .410 | .328 | .204 |
| 5 | .000 | .000 | .000 | .001 | .002 | .010 | .031 | .078 | .168 | .237 | .328 | .590 | .774 |

**n = 10**

| x | 0.05 | 0.1 | 0.2 | 0.25 | 0.3 | 0.4 | 0.5 | 0.6 | 0.7 | 0.75 | 0.8 | 0.9 | 0.95 |
|---|---|---|---|---|---|---|---|---|---|---|---|---|---|
| 0 | .599 | .349 | .107 | .056 | .028 | .006 | .001 | .000 | .000 | .000 | .000 | .000 | .000 |
| 1 | .315 | .387 | .268 | .188 | .121 | .040 | .010 | .002 | .000 | .000 | .000 | .000 | .000 |
| 2 | .075 | .194 | .302 | .282 | .233 | .121 | .044 | .011 | .001 | .000 | .000 | .000 | .000 |
| 3 | .010 | .057 | .201 | .250 | .267 | .215 | .117 | .042 | .009 | .003 | .001 | .000 | .000 |
| 4 | .001 | .011 | .088 | .146 | .200 | .251 | .205 | .111 | .037 | .016 | .006 | .000 | .000 |
| 5 | .000 | .001 | .026 | .058 | .103 | .201 | .246 | .201 | .103 | .058 | .026 | .001 | .000 |
| 6 | .000 | .000 | .006 | .016 | .037 | .111 | .205 | .251 | .200 | .146 | .088 | .011 | .001 |
| 7 | .000 | .000 | .001 | .003 | .009 | .042 | .117 | .215 | .267 | .250 | .201 | .057 | .010 |
| 8 | .000 | .000 | .000 | .000 | .001 | .011 | .044 | .121 | .233 | .282 | .302 | .194 | .075 |
| 9 | .000 | .000 | .000 | .000 | .000 | .002 | .010 | .040 | .121 | .188 | .268 | .387 | .315 |
| 10 | .000 | .000 | .000 | .000 | .000 | .000 | .001 | .006 | .028 | .056 | .107 | .349 | .599 |

**表 9　二項機率（續）**

**n = 15**

| x | 0.05 | 0.1 | 0.2 | 0.25 | 0.3 | 0.4 | 0.5 | 0.6 | 0.7 | 0.75 | 0.8 | 0.9 | 0.95 |
|---|---|---|---|---|---|---|---|---|---|---|---|---|---|
| 0 | .463 | .206 | .035 | .013 | .005 | .000 | .000 | .000 | .000 | .000 | .000 | .000 | .000 |
| 1 | .366 | .343 | .132 | .067 | .031 | .005 | .000 | .000 | .000 | .000 | .000 | .000 | .000 |
| 2 | .135 | .267 | .231 | .156 | .092 | .022 | .003 | .000 | .000 | .000 | .000 | .000 | .000 |
| 3 | .031 | .129 | .250 | .225 | .170 | .063 | .014 | .002 | .000 | .000 | .000 | .000 | .000 |
| 4 | .005 | .043 | .188 | .225 | .219 | .127 | .042 | .007 | .001 | .000 | .000 | .000 | .000 |
| 5 | .001 | .010 | .103 | .165 | .206 | .186 | .092 | .024 | .003 | .001 | .000 | .000 | .000 |
| 6 | .000 | .002 | .043 | .092 | .147 | .207 | .153 | .061 | .012 | .003 | .001 | .000 | .000 |
| 7 | .000 | .000 | .014 | .039 | .081 | .177 | .196 | .118 | .035 | .013 | .003 | .000 | .000 |
| 8 | .000 | .000 | .003 | .013 | .035 | .118 | .196 | .177 | .081 | .039 | .014 | .000 | .000 |
| 9 | .000 | .000 | .001 | .003 | .012 | .061 | .153 | .207 | .147 | .092 | .043 | .002 | .000 |
| 10 | .000 | .000 | .000 | .001 | .003 | .024 | .092 | .186 | .206 | .165 | .103 | .010 | .001 |
| 11 | .000 | .000 | .000 | .000 | .001 | .007 | .042 | .127 | .219 | .225 | .188 | .043 | .005 |
| 12 | .000 | .000 | .000 | .000 | .000 | .002 | .014 | .063 | .170 | .225 | .250 | .129 | .031 |
| 13 | .000 | .000 | .000 | .000 | .000 | .000 | .003 | .022 | .092 | .156 | .231 | .267 | .135 |
| 14 | .000 | .000 | .000 | .000 | .000 | .000 | .000 | .005 | .031 | .067 | .132 | .343 | .366 |
| 15 | .000 | .000 | .000 | .000 | .000 | .000 | .000 | .000 | .005 | .013 | .035 | .206 | .463 |

**n = 20**

| x | 0.05 | 0.1 | 0.2 | 0.25 | 0.3 | 0.4 | 0.5 | 0.6 | 0.7 | 0.75 | 0.8 | 0.9 | 0.95 |
|---|---|---|---|---|---|---|---|---|---|---|---|---|---|
| 0 | .358 | .122 | .012 | .003 | .001 | .000 | .000 | .000 | .000 | .000 | .000 | .000 | .000 |
| 1 | .377 | .270 | .058 | .021 | .007 | .000 | .000 | .000 | .000 | .000 | .000 | .000 | .000 |
| 2 | .189 | .285 | .137 | .067 | .028 | .003 | .000 | .000 | .000 | .000 | .000 | .000 | .000 |
| 3 | .060 | .190 | .205 | .134 | .072 | .012 | .001 | .000 | .000 | .000 | .000 | .000 | .000 |
| 4 | .013 | .090 | .218 | .190 | .130 | .035 | .005 | .000 | .000 | .000 | .000 | .000 | .000 |
| 5 | .002 | .032 | .175 | .202 | .179 | .075 | .015 | .001 | .000 | .000 | .000 | .000 | .000 |
| 6 | .000 | .009 | .109 | .169 | .192 | .124 | .037 | .005 | .000 | .000 | .000 | .000 | .000 |
| 7 | .000 | .002 | .055 | .112 | .164 | .166 | .074 | .015 | .001 | .000 | .000 | .000 | .000 |
| 8 | .000 | .000 | .022 | .061 | .114 | .180 | .120 | .035 | .004 | .001 | .000 | .000 | .000 |
| 9 | .000 | .000 | .007 | .027 | .065 | .160 | .160 | .071 | .012 | .003 | .000 | .000 | .000 |
| 10 | .000 | .000 | .002 | .010 | .031 | .117 | .176 | .117 | .031 | .010 | .002 | .000 | .000 |
| 11 | .000 | .000 | .000 | .003 | .012 | .071 | .160 | .160 | .065 | .027 | .007 | .000 | .000 |
| 12 | .000 | .000 | .000 | .001 | .004 | .035 | .120 | .180 | .114 | .061 | .022 | .000 | .000 |
| 13 | .000 | .000 | .000 | .000 | .001 | .015 | .074 | .166 | .164 | .112 | .055 | .002 | .000 |
| 14 | .000 | .000 | .000 | .000 | .000 | .005 | .037 | .124 | .192 | .169 | .109 | .009 | .000 |
| 15 | .000 | .000 | .000 | .000 | .000 | .001 | .015 | .075 | .179 | .202 | .175 | .032 | .002 |
| 16 | .000 | .000 | .000 | .000 | .000 | .000 | .005 | .035 | .130 | .190 | .218 | .090 | .013 |
| 17 | .000 | .000 | .000 | .000 | .000 | .000 | .001 | .012 | .072 | .134 | .205 | .190 | .060 |
| 18 | .000 | .000 | .000 | .000 | .000 | .000 | .000 | .003 | .028 | .067 | .137 | .285 | .189 |
| 19 | .000 | .000 | .000 | .000 | .000 | .000 | .000 | .000 | .007 | .021 | .058 | .270 | .377 |
| 20 | .000 | .000 | .000 | .000 | .000 | .000 | .000 | .000 | .001 | .003 | .012 | .122 | .358 |

### 表 9　二項機率（續）

**n = 25**

| x | 0.05 | 0.1 | 0.2 | 0.25 | 0.3 | 0.4 | 0.5 | 0.6 | 0.7 | 0.75 | 0.8 | 0.9 | 0.95 |
|---|------|-----|-----|------|-----|-----|-----|-----|-----|------|-----|-----|------|
| 0 | .277 | .072 | .004 | .001 | .000 | .000 | .000 | .000 | .000 | .000 | .000 | .000 | .000 |
| 1 | .365 | .199 | .024 | .006 | .001 | .000 | .000 | .000 | .000 | .000 | .000 | .000 | .000 |
| 2 | .231 | .266 | .071 | .025 | .007 | .000 | .000 | .000 | .000 | .000 | .000 | .000 | .000 |
| 3 | .093 | .226 | .136 | .064 | .024 | .002 | .000 | .000 | .000 | .000 | .000 | .000 | .000 |
| 4 | .027 | .138 | .187 | .118 | .057 | .007 | .000 | .000 | .000 | .000 | .000 | .000 | .000 |
| 5 | .006 | .065 | .196 | .165 | .103 | .020 | .002 | .000 | .000 | .000 | .000 | .000 | .000 |
| 6 | .001 | .024 | .163 | .183 | .147 | .044 | .005 | .000 | .000 | .000 | .000 | .000 | .000 |
| 7 | .000 | .007 | .111 | .165 | .171 | .080 | .014 | .001 | .000 | .000 | .000 | .000 | .000 |
| 8 | .000 | .002 | .062 | .124 | .165 | .120 | .032 | .003 | .000 | .000 | .000 | .000 | .000 |
| 9 | .000 | .000 | .029 | .078 | .134 | .151 | .061 | .009 | .000 | .000 | .000 | .000 | .000 |
| 10 | .000 | .000 | .012 | .042 | .092 | .161 | .097 | .021 | .001 | .000 | .000 | .000 | .000 |
| 11 | .000 | .000 | .004 | .019 | .054 | .147 | .133 | .043 | .004 | .001 | .000 | .000 | .000 |
| 12 | .000 | .000 | .001 | .007 | .027 | .114 | .155 | .076 | .011 | .002 | .000 | .000 | .000 |
| 13 | .000 | .000 | .000 | .002 | .011 | .076 | .155 | .114 | .027 | .007 | .001 | .000 | .000 |
| 14 | .000 | .000 | .000 | .001 | .004 | .043 | .133 | .147 | .054 | .019 | .004 | .000 | .000 |
| 15 | .000 | .000 | .000 | .000 | .001 | .021 | .097 | .161 | .092 | .042 | .012 | .000 | .000 |
| 16 | .000 | .000 | .000 | .000 | .000 | .009 | .061 | .151 | .134 | .078 | .029 | .000 | .000 |
| 17 | .000 | .000 | .000 | .000 | .000 | .003 | .032 | .120 | .165 | .124 | .062 | .002 | .000 |
| 18 | .000 | .000 | .000 | .000 | .000 | .001 | .014 | .080 | .171 | .165 | .111 | .007 | .000 |
| 19 | .000 | .000 | .000 | .000 | .000 | .000 | .005 | .044 | .147 | .183 | .163 | .024 | .001 |
| 20 | .000 | .000 | .000 | .000 | .000 | .000 | .002 | .020 | .103 | .165 | .196 | .065 | .006 |
| 21 | .000 | .000 | .000 | .000 | .000 | .000 | .000 | .007 | .057 | .118 | .187 | .138 | .027 |
| 22 | .000 | .000 | .000 | .000 | .000 | .000 | .000 | .002 | .024 | .064 | .136 | .226 | .093 |
| 23 | .000 | .000 | .000 | .000 | .000 | .000 | .000 | .000 | .007 | .025 | .071 | .266 | .231 |
| 24 | .000 | .000 | .000 | .000 | .000 | .000 | .000 | .000 | .002 | .006 | .024 | .199 | .365 |
| 25 | .000 | .000 | .000 | .000 | .000 | .000 | .000 | .000 | .000 | .001 | .004 | .072 | .277 |

# 精選習題簡答

## 第 1 章

**1.1** 敘述統計學包含樣本資料的收集、呈現與描述。推論統計學意指解釋關於母體之描述技巧。決策與結論所引起之價值的技巧方法。

**1.3** 百分比由樣本計算而得。

**1.5** 母體為大學內所有 15,000 名學生所成之集合。而樣本是面試過的 200 名學生之集合。

**1.7** 母體為 7,000 名財產所有者之集合。樣本是包含在調查中的 500 名所有者之集合。

**1.9** 母體為 5,000 個使用過的磚塊所成之集合。樣本為她所檢查的 100 個磚塊之集合。

**1.13** **a.** 類別的 **b.** 類別的 **c.** 數值的（離散的） **d.** 數值的（連續的） **e.** 類別的 **f.** 數值的（連續的）

**1.15** **a.** 連續的 **b.** 連續的 **c.** 連續的 **d.** 離散的

**1.17** **a.** 購買者性別、摩托車廠牌、電話區域碼 **b.** 以前的機車數量 **c.** 長條圖 **d.** 點圖

**1.19** **b.** 肉與家禽項目呈現低成本蛋白質來源。

**1.21** 離開學校最常見理由依序為 30.2% 財金、19.0% 健康、15.9% 個人。

**1.25** 東部州比其他兩個地區州平均有較低的無線百分比。而西部和中部州平均有大約相等的無線百分比。

**1.27** **a.** 每 10,000 航班之比率

**1.29** **b.**「容易取得之垃圾食物」、「食用不健康食物」和「吃得過飽」這三類可以合併。

**1.31**

| 家庭型態 | 相對次數 |
|---|---|
| 未成家 | 0.29 |
| 已婚有小孩 | 0.27 |
| 已婚無小孩 | 0.29 |
| 單親 | 0.15 |

**1.33** **a.** 類別的 **b.** 不適合

## 第 2 章

**2.1** **a.** 這是一個觀察的研究 **b.** 不合理，不能依據一個觀察研究來作出因果結論。

**2.3** **a.** 這是一個觀察的研究 **b.** 是 **c.** 不合理 **d.** 不合理

**2.9** 不合理，不能只憑一個觀察研究來作出因果結論。

**2.11** **a.** 資料必須取自富裕的美國人之一組隨機樣本 **b.** 不合理

**2.13** 方法 1：使用一個亂數產生器從一列編號的畢業生中選取 20 個。方法 2：在一張張小紙條上寫下號碼 1 到 140。充分混合於某個盒內並從其中隨機抽出 20 張號碼且決定從一列編號的畢業生中那些學生被選取。可能有其他的方法。

**2.17** 研究者 B 使用的方法較佳。

**2.23** 研究者應該擔心無回應偏差。

**2.29** 方案 2

**2.31** 母體的相異子集合可能以不同的方法回應。例如，年輕人可能選擇藉由網路回應，然而年長者可能選擇以電話回應。

**2.33** **a.** 裝訂力 **b.** 黏膠種類 **c.** 不重要的變項有書本總頁數，使用平裝或精裝當封裝及其紙張材質。

**2.35** 在每次休息時段，應該使用隨機指派以決定每個腳踏車選手要喝哪種飲料。

**2.41** 我們利用隨機指派以產生可比較的實驗群組。

**2.47　a.** 紅酒、黃洋蔥、紅茶 **b.** 吸收到血液中的黃鹼醇 **c.** 性別，分別從實驗處理喝掉的黃鹼醇數量，酒精包容力

**2.49** 「盲目」是確保實驗個體不知道他們被給予那種處理且／或確保觀測反應變數者不知道誰被給予那種處理。

**2.71** 第一則評論描述測量偏誤。第二則評論描述選取偏誤。

**2.75　a.** 觀察的研究 **b.** 非常有可能是那些早年觀看大量電視的小孩由於感受父母較少的關心而導致專心延遲之問題，並非看太多電視引起的。

**2.77** 例如，未婚者更常單獨外出是有可能的。而單獨外出引起成為恐怖犯罪活動的受害者之風險是有可能的，並非婚姻狀態。

**2.79** 所有的參加者皆是女人，來自德州，且是自願者。所有這三項事實告訴我們將研究結果推廣到所有大學生是不合理的。

# 第 3 章

**3.3　a.** 第二和第三類別 **c.** 圓餅圖、正規長條圖（棒狀圖）

**3.5** 因為類別數目相對多，一個長條圖是合適的。

**3.13　a.** 不是有效的。當存在這樣大量的種類數目時，不適合使用圓餅圖。**b.** 是的，它更容易看清不同的死亡類別之相對次數之間差異，特別是那些較小的相對次數。

**3.15**

| 10 | 578 |
| 11 | 79 |
| 12 | 1114 |
| 13 | 001122478899 |
| 14 | 0011112235669 |
| 15 | 11122445599 |
| 16 | 1227 |
| 17 | 1 |
| 18 | |
| 19 | | 莖：整數
| 20 | 8 | 葉：小數

一個典型的每千人出生數目大約 14，出現最多次的出生率集中在 1.30 到 15.9 範圍。分配恰為單峰的（在 14-15 組）。存在一個極端值 20.8，位於資料集高端，且是唯一高於 17.1 的出生率。分配不是對稱的，因為它在中心的右邊比在左邊分散更開。

**3.17　a.**

| 0H | 55567889999 |
| 1L | 0000111113334 |
| 1H | 556666666667789 |
| 2L | 00001122233 | 莖：十位數
| 2H | 5 | 葉：個位數

**b.**

| 西部 | | 東部 |
| 998 | 0H | 555789 |
| 110 | 1L | 00011134 |
| 8766 | 1H | 666 |
| 21 | 2L | 00 | 莖：十位數
| 5 | 2H | | 葉：個位數

**3.19　a.**

| -1 | 100 |
| -0 | 9999888877655555544443322221110 |
| 0 | 000011244577 |
| 1 | 179 | 莖：十位數
| 2 | 2 | 葉：個位數

**3.21**

| 0t | 333 |
| 0f | 44444455555 |
| 0s | 6666666666777777777777 |
| 0* | 88888888999 | 莖：十位數
| 1. | 0000 | 葉：個位數

莖葉展示顯示高中輟學率之分配近似對稱的。一個典型的輟學率為 7%。大多數的輟學率是介於 4% 到 9% 之間。

**3.23** 最大風速之分配是正偏的且是雙峰的，山峰位於區間 35-40 和 60-65。

**3.35 a.**

| 餘命 | 相對次數 |
|---|---|
| 0 至 < 2 | .10 |
| 2 至 < 4 | .42 |
| 4 至 < 6 | .02 |
| 6 至 < 8 | .10 |
| 8 至 < 10 | .04 |
| 10 至 < 12 | .02 |
| 12 至 < 14 | .02 |
| 14 至 < 16 | .28 |

**c.** 直方圖呈現一個雙峰的分配，山峰位於區間 2-4 年和 14-16 年。所有其他餘命相對次數皆相當小於此兩者。

**3.37 a.**

| 組區間 | 100 至 <120 | 120 至 <140 | 140 至 <160 | 160 至 <180 | 180 至 <200 |
|---|---|---|---|---|---|
| 次數 | 5 | 10 | 40 | 10 | 5 |

**b.**

| 組區間 | 100 至 <120 | 120 至 <140 | 140 至 <160 | 160 至 <180 | 180 至 <200 |
|---|---|---|---|---|---|
| 次數 | 20 | 10 | 4 | 25 | 11 |

**c.**

| 組區間 | 100 至 <120 | 120 至 <140 | 140 至 <160 | 160 至 <180 | 180 至 <200 |
|---|---|---|---|---|---|
| 次數 | 33 | 15 | 10 | 7 | 5 |

**d.**

| 組區間 | 100 至 <120 | 120 至 <140 | 140 至 <160 | 160 至 <180 | 180 至 <200 |
|---|---|---|---|---|---|
| 次數 | 5 | 7 | 10 | 15 | 33 |

**3.39** 圖顯示從 2005 年 6 月到 2008 年 12 月在只有無線電話服務之家庭百分比有上揚趨勢。而以一個大約平穩的速率遞增，只有在 2005 年 6 月至 12 月以及 2006 年 12 月到 2007 年 6 月顯示一個稍低的成長率。

**3.45** 依據 2001 年和 2002 年資料，在第 4、9 和 14 週存在季節性山峰，而在第 2、6、10-12 和 18 週產生季節性山谷。

**3.55**

```
1 | 9
2 | 23788999
3 | 0011112233459    莖：十位數
4 | 0123             葉：個位數
```

這些輕啤酒的一個典型的卡路里含量為每 100 毫升 31 卡，且大多數在 22-39 範圍內。分配是負偏的，具有單峰在 30-39 範圍內。資料中不存在缺口。

**3.57 a.**

```
0 | 0033344555568888888999999
1 | 0001223344567
2 | 001123689
3 | 0
4 | 0
5 |                  莖：十位數
6 | 6                葉：個位數
```

**b.** 一個典型的人口增加百分比大約 10，而大多數的州落在 0-29 範圍內。分配是正偏的，具有單峰在 0-9 範圍內。另有 2 個州比其他 48 個州呈現顯著較大的百分比：一個在 40 (Arizona) 而另一個在 66 (Nevada)。

**c.**

```
   西部    |   | 東部
9988880    | 0 | 033344555568889999
   432     | 1 | 0001234567
  982100   | 2 | 136
       0   | 3 |
       0   | 4 |
           | 5 |              莖：十位數
           | 6 | 6            葉：個位數
```

**3.61 b.** 繼續成長趨勢，在 2010 年平均房屋大小近似 2500 平方英尺。

**3.63**

| 迪士尼 |   | 其他 |
|---|---|---|
| 975332100 | 0 | 0001259 |
| 765 | 1 | 156 |
| 920 | 2 | 0 |
|  | 3 |  |
|  | 4 |  |
| 4 | 5 |  |

莖：百位數
葉：十位數

**3.67** 山峰可能是在那些年由巨大的颶風之發生頻率所引起的。

**3.71** a.

| Skeletal Retention | 次數 |
|---|---|
| 0.15 至 <0.20 | 4 |
| 0.20 至 <0.25 | 2 |
| 0.25 至 <0.30 | 5 |
| 0.30 至 <0.35 | 21 |
| 0.35 至 <0.40 | 9 |
| 0.40 至 <0.45 | 9 |
| 0.45 至 <0.50 | 4 |
| 0.50 至 <0.55 | 0 |
| 0.55 至 <0.60 | 1 |

b. 直方圖大約以 0.34 為中心，具有 0.15 到 0.5 的資料值，以及在 0.55-0.6 範圍內有一個極端值。分配是單峰的且是輕度正偏的。

# 第 4 章

**4.1** $\bar{x}$ = $2118.71，中位數 = $1688。中位數較佳，因其不受兩個極端值影響。

**4.3** 平均咖啡因濃度 = 125.417 毫克 / 杯 = 15.677 毫克 / 盎司。這顯著大於前一題中的能量飲料之平均咖啡因濃度 = 9.625 毫克 / 盎司。

**4.5** 它告訴我們少數捐贈大筆金額的人大大地增加平均數。

**4.7** a. 平均數大於中位數。b. 平均數為 683315.2。中位數為 433246.5。c. 中位數 d. 因為樣本只包含全國排行前 20 家報紙，要推廣此日報樣本到全美國人是不合理的。

**4.9** a. 平均數為 448.3。b. 中位數為 446。c. 此樣本呈現 20 天具有最高的與速率相關的意外身亡數目，所以由此樣本推廣到其他 345 天是不合理的。

**4.13** 兩個可能的解為 $x_5$ = 32 和 $x_5$ = 39.5。

**4.15** 中位數為 680 小時。20% 截尾平均數為 661.667 小時。

**4.17** a. $\bar{x}$ = 52.111，$s^2$ = 279.111，$s$ = 16.707。b. 增加非常昂貴的起司將會增大平均數與標準差。

**4.19** a. 下四分位數 = 第 4 個值 = 41。上四分位數 = 第 12 個值 = 62。Iqr = 21 b. 穀物商品額定之 iqr = 24，這大於 (a) 部分所計算的值。

**4.21** a. $\bar{x}$ = 2118.71429，$s^2$ = 1176027.905。b. $\bar{x}$ = 1355.833，$s^2$ = 93698.967，$s$ = 306.103。

**4.23** a. 下四分位數 = 0，上四分位數 = 195，Iqr = 195。b. 下四位數等於資料集中的最小值因為有許多相同值（在此個案中為 0）在分配的下端。

**4.25** 此資料集有一個大的標準差因為父母親們所花的金額差異相當大。

**4.31** a.

|  | 平均數 | 標準差 | 變異係數 |
|---|---|---|---|
| 樣本 1 | 7.81 | 0.398 | 5.102 |
| 樣本 2 | 49.68 | 1.739 | 3.500 |

b. (a) 部分的表中提供變異係數的值。樣本 2 的變異係數小於樣本 1 的變異係數並不令人驚訝，因為相對於置於容器中的真正數量，當較大數量置入容器中更易於準確。

**4.33** a. 中位數 = 58，下四分位數 = 第 13 個值 = 53.5，上四分位數 = 第 38 個值 = 64.4。b. 下四分位數 − 1.5(iqr) = 53.5 − 1.5(10.9) = 37.15。因為 28.2 和 35.7 皆小於 37.15，它們都是離群值。c. 在該州出生並定居之百分比中位數 = 58。在分配的下端

有兩個離群值。若它們被忽略該分配大約是對稱的,資料值從 40.4 到 75.8 分配。

**4.35** 不,盒鬚圖不是對稱的,而是正偏的。

**4.39 a.** 大約 68% 的速率介於那兩個值之間。**b.** 大約 16% 的速率大於 57 mph。

**4.41 a.** 至少 75% 的觀察值介於那兩個值之間。**b.** 所求區間為 (2.90, 70.94)。**c.** 此分配不可能近似常態。

**4.43** 對於第一個測驗,$z = 1.5$;對於第二個測驗,$z = 1.875$。因為該名學生在第二個測驗的 $z$ 分數較高,所以表現優於其他參與第二個測驗的學生。

**4.45 a.** 68% **b.** 5% **c.** 近似 13.5% 的觀察值介於 2000 和 2500 之間。**d.** 柴比雪夫法則只能告訴我們所求比例「至少」是多少或「最多了是多少」。經驗法則估計真實的所求比例數。

**4.47** 我們可以達成的最佳結論為最多 16% 的體重讀數將介於 49.75 和 50.25 之間。

**4.49** 分配是正偏的。利用柴比雪夫法則,我們結論,最多有 18 名學生將至少 6 個答案從正確改為不正確。

**4.51 a.**

| 每州主要支出 | 次數 |
|---|---|
| 0 至 <2 | 13 |
| 2 至 <4 | 18 |
| 4 至 <6 | 10 |
| 6 至 <8 | 5 |
| 8 至 <10 | 1 |
| 10 至 <12 | 2 |
| 12 至 <14 | 0 |
| 14 至 <16 | 0 |
| 16 至 <18 | 2 |

**b. i.** 3.4 **ii.** 5.0 **iii.** 0.8 **iv.** 8.0 **v.** 2.8

**4.53 a.** 最小值與下四分位數皆為 1。**b.** 超過一半的資料值等於最小值。**c.** 介於 25% 到 50% 之間的病人無法接受去纖顫時間。

**d.**(上四分位數)+ 3(iqr) = 9。因為 7 小於 9,7 必是一個中度離群值。

**4.55 a.** $\bar{x} = 287.714$。這七個離差為 209.286、−94.714、40.286、−132.714、38.286、−42.714、−17.714。**b.** 四捨五入離差之和為 0.002。**c.** $s^2 = 12601.905$,$s = 112.258$。

**4.57** 此為中位數,其值為 $4286。另一中心測度為平均數,其值為 $3968.67。這小於中位數,因此較不利於顧問。

**4.61** 新的平均數 $\bar{x} = 38.364$。新的資料值及其距此平均數之離差如下表。

| 值 | 離差 |
|---|---|
| 52 | 13.636 |
| 13 | −25.364 |
| 17 | −21.364 |
| 46 | 7.636 |
| 42 | 3.636 |
| 24 | −14.364 |
| 32 | −6.364 |
| 30 | −8.364 |
| 58 | 19.636 |
| 35 | −3.364 |

新資料值與舊資料值的 $s^2$ 相等。

**4.63 a.** 下四分位數 = 44,上四分位數 = 53,iqr = 9。(下四分位數)− 1.5(iqr) = 44 − 1.5(9) = 30.5,(上四分數)+ 1.5(iqr) = 44 + 1.5(9) = 66.5。因為沒有資料值小於 30.5 或大於 66.5,不存在離群值。**b.** 此分配的中位數為 46。中間 50% 資料介於 44 到 53 且全部資料位於 33 到 60。資料的下 50% 比上 50% 有較小的分散程度。最下端的 25% 資料比最上端的 25% 資料分散程度稍大。

**4.71** 分配的正偏的。

**4.73 a.** 第 84 個百分位為 120。**b.** 標準差近似 20。**c.** $z = -0.5$。**d.** 140 位於近似第 97.5 個百分位數。**e.** 分數 40 位於平均數以下 3 標準差,所以 40 以下分數之比例約為 (100

− 97.5)/2 = 0.15%。因此，低於 40 的分數非常少。

# 第 5 章

**5.1** **a.** 正的 **b.** 負的 **c.** 正的 **d.** 接近 0 **e.** 正的 **f.** 正的 **g.** 負的 **h.** 接近 0

**5.5** **a.** $r = 0.204$，低度正線性關係。**b.** $r = 0.241$，比每客之資料的相關係數稍大。

**5.7** 大學 GPA 和學術自尊之相關係數為 0.48，指出一個弱度到中度的正線性關係。大學 GPA 和高中 GPA 之相關係數為 0.46 亦指出一個弱度到中度的正線性關係。大學 GPA 和拖延傾向測度之相關係數為 −0.36 指出一個弱度的負線性關係。

**5.9** **a.** $r = 0.118$ **b.** 是。散布圖並不提示變項之間一個強的關係。

**5.11** $r = 0.935$。存在一個強度正線性關係。

**5.13** 相關係數最可能是接近 −0.9。

**5.15** **a.** 存在一個中度的正線性關係。**b.** $\hat{y} = -0.14282 + 0.014641x$ **c.** $\hat{y} = 0.0993$ **d.** 溫度越高，幼蟲往上游移動被捕捉到的比例越高。**e.** 近似 8.8°C。

**5.17** **a.** 相關變項為每日蔬果份數；預測變項為每日收看電視時數。**b.** 負的。當每日收看電視時數增加，每日蔬果份數（平均）減少。

**5.19** **b.** $r = 0.786$ **c.** $\hat{y} = 714.1470 + 42.5196x$ **d.** $\hat{y} = 790.682$ml **e.** $x$ 值 = 3.0 顯然不在資料集中 $x$ 值的範圍內，而且我們不知觀察的線性模型延續的此範圍外部。

**5.21** 因為最小平方直線之斜率為 −9.30，等待護理人員抵達多 1 分鐘將導致存活機會減少 9.3 個百分點。

**5.23** **a.** 0.700，中度線性關係 **b.** −0.332，弱度負線性關係 **c.** 大小是售價的一個較佳之預測變項，因為售價與大小之相關係數絕對值大於售價與建蔽率之相關係數絕對值。
**d.** $\hat{y} = 1.3281 + 0.0053x$

**5.25** 我們不知道一樣的線性關係適用於資料範圍外的 $x$ 值。

**5.27** $b = r(s_y / s_x)$，其中 $s_y$ 和 $s_x$ 分別為 $y$ 值和 $x$ 值的標準差。因標準差總為正數，$b$ 和 $r$ 必具同樣正負號。

**5.29** **a.** 散布圖顯示代表年紀為 10 和 17 之間存在一個線性模型，但在代表年紀為 7 和 10 之間比其他任意兩個連續年齡組之間在散步距離中位數有較大的增加。**b.** $\hat{y} = 492.79773 + 14.76333x$ **c.** 殘差：−7.551、−12.141、26.869、8.997、−16.174。殘差圖呈現代表年紀為 7 和 10 之間在散步距離中位數有陡然的增加，在 $x = 7$ 有一個清楚的負殘差而在 $x = 10$ 有一個大的正殘差。

**5.31** **a.** 殘差：−26.47、−42.0262、36.3811、15.5188、12.04064、4.11。**b.** $r = -0.581$，中度的。**c.** 存在一個點所具的 $x$ 值遠大於其他點的 $x$ 值，暗示此點可能有影響力。**d.** 包含西部之點，最小平方直線的斜率為 −4.691 且截距為 1082.244。若排除此點，則產生的斜率為 −7.107 且截距為 1154.371。對於斜率存在一個顯著的改變，所以此點是有影響力的。

**5.33** **a.** 是的，高度線性相關。**b.** $\hat{y} = 18.483 + 0.00287x$ **c.** 點 (3928, 46.8) 不像是有影響力的，因其 $x$ 值與資料中其他的 $x$ 值沒有很大差異。**d.** 這兩點不是有影響力的。**e.** $s_e = 9.16217$。這是一個算自迴歸線預測值被輸送百分比值的農型離差。**f.** $r^2 = 0.832$。在被輸送的百分比值中的變異之 83.2% 可歸因於總數與被輸送的百分比之間近似的線性關係。

**5.35** $r^2 = 0.948$，$s_e = 20.566$

**5.37** **a.** 0.154 **b.** 不，因為 $y = $ 大一 GPA 和 $x = $ SAT II 分數之 $r^2 = 0.16$ 並不大。

**5.39 b.** $\hat{y} = 85.334 - 0.0000259x$，$r^2 = 0.016$。該線將不提供準確的預測。**c.** 除去點 (620231, 67)，則最小平方直線式為 $\hat{y} = 83.402 + 0.0000387x$。移除此點對此直式有一個大的效應。

**5.41** $r^2 = 0.951$；95.1% 的硬度變異可歸因於經過時間與硬度之間的近似線性關係。

**5.43 a.** $r = 0$，$\hat{y} = \bar{y}$。**b.** 對於接近 1 或 −1 的 $r$ 值。$s_e$ 比 $s_y$ 小很多。**c.** $s_e \approx 1.5$ **d.** $\hat{y} = 7.92 + 0.544x$，$s_e \approx 1.02$

**5.45 a.** $\hat{y} = 0.8660 - 0.008452x + 0.000410x^2$ **b.** $\hat{y} = 0.861$

**5.47 a.** 麻雀密度與場域強度之間的關係非線性的。**b.** 當 $x' = \sqrt{x}$ 在殘差圖中存在一條曲線的證據。但當 $x' = \log(x)$，在殘差圖中不存在一條曲線之證據。所以 $x' = \log(x)$，是較佳的變換。**c.** $\hat{y} = 14.80508 - 24.28005 \cdot \log(x)$ **d.** 當 $x = 0.5$，$\hat{y} = 22.114$。當 $x = 2.5$，$\hat{y} = 5.143$。

**5.49** 一個未變換的資料之散布圖像圖 5.38 中的第 3 段。

**5.53 a.** 從 1990 到 1999，等待器官移植的人數遞增，每年以較大數量增加人數。**b.** 一個可能的變換為 $y' = y^{0.15}$（以 $x' = x$）。這產一個線性模型於散布圖中與一個隨機模型於殘差圖中。**c.** $\hat{y} = 1.552753 + 0.034856x$。當 $x = 11$，$\hat{y}^{0.15} = 1.936164$ 且 $\hat{y} = 81.837$。在 2000 年待器官移植人數之最小平方直線預測為大約 81800。**d.** 我們相信從 1990 到 1999 觀察到的模型得持續到 2000。只要情況基本上維持一樣這是合理的。然而，預期一樣的模型連續到 2000 將是不合理的。

**5.55** 年齡與管道長度之間的關係不是線性的。使得圖型近似線性的一個變換為 $x' = 1/\sqrt{x}$（以 $y' = y$）。

**5.57** 0.702

**5.59 a.** 是，此圖具有你將期望由「邏輯斯」圖看到的大概圖型。

**b.**

| 暴露天數 (x) | 孵化比例 (p) | $y' = \ln(p/(1-p))$ |
|---|---|---|
| 1 | 0.75 | 1.09861 |
| 2 | 0.67 | 0.70819 |
| 3 | 0.36 | −0.57536 |
| 4 | 0.31 | −0.80012 |
| 5 | 0.14 | −1.81529 |
| 6 | 0.09 | −2.31363 |
| 7 | 0.06 | −2.75154 |
| 8 | 0.07 | −2.58669 |

$y'$ 和 $x$ 相關的最小平方直線為 $\hat{y}' = 1.51297 - 0.58721x$。頁的斜率反應當暴露天數增加，孵化率遞減之事實。

**c.** 0.2438；0.194 **d.** 2.577 天

**5.61 b.** $\hat{y}' = -1.55892 + 5.76671x$。正的斜率指出當濃度遞增，蚊子死亡比例遞增。

**c.** 0.270 g/cc

**5.65 a.** $r = 0.943$，高度正線性相關，不，我們不能結論鉛暴露引起遞增的攻擊率。一個靠近 1 的 $r$ 值告訴我們存在一個高度的線性相關，但不告訴我們任何的因果關係。**b.** $\hat{y} = -24.08 + 327.41x$。當 $x = 0.5$，$\hat{y} = 139.625$ 攻擊每 100000 人。**c.** 0.89 **d.** 一般而言，這兩個時間數列圖一起移動。所以，23 歲前，高攻擊率與高鉛暴露相關，而低攻擊率與低鉛暴露相關。

**5.67 a.** $r = -0.981$，高度的線性相關。**b.** 線性一詞並非是相關性的最有效描述。一條曲線將提供一個較佳的配適。

**5.69 a.** 一點，(0, 77)，遠離圖中的其他點。存在一個負相關。**b.** 焦慮與考試分數之間存在一個負的線性關係。**c.** $r = -0.912$。這與 (b) 中的觀察是一致的。**d.** 不，我們不能結論焦慮會引起不好的考試表現。

**5.71 a.** 在兩個時期精熟數學的學生百分比之間存在一個明確的正相關。圖中暗示一條曲線存在。**b.** $\hat{y} = -3.13603 + 1.52206x$

## 第 6 章

**6.1** **a.** 在紐約市所有心跳停止者的百分之一被救活。**b.** 大約 23。

**6.3** 事件 $L$ 和 $F$ 並非互相獨立的。

**6.5** 不。事件並非獨立的因為已知此人是男性患有每日疼痛的機率不等於已知此人不是男性患有每日疼痛的機率。

**6.7** 它們是相關的事件。

**6.9** **a.** 0.001。我們必須假設她獨立地處理 3 件事。**b.** 0.999 **c.** 0.009

**6.11** **a.** 專家假設一個閥位於 12 個鐘點位置中任何一個的機率為 1/12 並且 2 個氣閥的位置是互相獨立的。**b.** 這 2 個氣閥並非互相獨立,且 1/144 小於正確的機率。

**6.13** **a.** 0.81 **b.** 0.19,0.19 **c.** 0.0361,0.9639 **d.** 0.006859,0.993141 **e.** 0.926559

**6.15** $P$(女性 | 預測的女性)= 0.769;$P$(男性 | 預測的男性)= 0.890。因為這些條件機率不相等,我們明白一名嬰兒是男性之預測與一名嬰兒是女性之預測並非同樣地可靠。

**6.17** $P$(很有害的 | 正在吸煙者)= 0.625;$P$(很有害的 | 以前吸煙者)= 0.788;$P$(很有害的 | 從不吸煙者)= 0.869。因為第一個計算的機率小於其他兩個任何一個,結論得證。

**6.19** **a.** 0.85 **b.** 0.19 **c.** 0.6889 **d.** 0.87

**6.21** **a.** 0.622 **b.** 0.167 **c.** 0.117 **d.** 0.506

**6.25** 模擬之結果將多樣化。計畫被按時完成的正確機率為 0.8504。

**6.27** **a.** 模擬之結果將多樣化。計畫被按時完成的正確機率為 0.6504。**b.** Jacob 的改變引起該計畫將被按時完成的機率更大的改變。

**6.29** 它們是相關的事件。

**6.31** **a.** 0.45 **b.** 0.7 **c.** 0.75

**6.33** **a.** 0.0119 **b.** 0.00000238 **c.** 0.0120

## 第 7 章

**7.1** **a.** 離散的 **b.** 連續的 **c.** 離散的 **d.** 離散的 **e.** 連續的

**7.3** **b.** 0.4

**7.5** **b.** $0 **c.** 0.25 **d.** 0.55

**7.7** **a.** 0.82 **b.** 0.18 **c.** 0.65 **d.** 0.27

**7.9** **a.** 供應商 1 **b.** 供應商 2 **c.** 供應商 1 會被推薦,因為它所供應的燈泡有較大的平均壽命。**d.** 大約 1000 小時 **e.** 大約 100 小時

**7.11** **a.** 0.5 **b.** 0.2 **c.** 5 分鐘

**7.13** **a.** 0.375 **b.** 0.21875 **c.** 0.34375

**7.15** **a.** 0.9599 **b.** 0.2483 **c.** 0.1151 **d.** 0.9976 **e.** 0.6887 **f.** 0.6826 **g.** 1.0000

**7.17** **a.** 0.9909 **b.** 0.9909 **c.** 0.1093 **d.** 0.1267 **e.** 0.0706 **f.** 0.0228 **g.** 0.9996 **h.** 1.0000

**7.19** **a.** $-1.96$ **b.** $-2.33$ **c.** $-1.645$ **d.** 2.05 **e.** 2.33 **f.** 1.28

**7.21** **a.** $z^* = -1.96$ **b.** $z^* = 1.645$ **c.** $z^* = 2.33$ **d.** $z^* = 1.75$

**7.23** **a.** 0.5 **b.** 0.9772 **c.** 0.9772 **d.** 0.8185 **e.** 0.9938 **f.** 1.0000

**7.25** 最差的 10% 為那些排放水準大於 10 億分之 2.113 的汽車。

**7.27** **a.** 0.2843 **b.** 0.0918 **c.** 0.4344 **d.** 29.928 mm

**7.29** 0.4013,0.1314

**7.31** $P(2.9 < x < 3.1) = 1.0000$。由本習題中的機器所製造的軟木塞幾乎必定符合規格。該機器因此優於在習題 7.30 中者。

**7.33** 最快速的 10% 應徵者就是那些具有最低的 10% 時間者。那些具有對於高級訓練具有時間少於 94.4 秒品質者。

**7.35** **a.** 在常態機率圖中的清楚曲線告訴我

們吵鬧時間不是常態的。**b.** 該變換產生一個模型比 (a) 部分內者更接近成為線性的。

**7.39** 是的。在常態機率圖中的曲線暗示該分配不是常態的。

**7.41** 因為常態機率圖中的圖型非常接近成為線型，認為圓盤直徑具有常態分配的合理的。

**7.43 a.** 直方圖是正偏的。**b.** 不。該變換產生一個直方圖仍然明顯正偏的。

**7.45** 是的。在每個情況下這變換產生一個直方圖比原來直方圖更接近是對稱的。

**7.47 a.** 不，因為 $P(x < 67) = 0.6915$，它並不大於 94%。**b.** 大約 69%。

**7.49 a.** 0.7745 **b.** 0.1587 **c.** 0.3085 **d.** 最大的 5% pH 讀數是那些 6.1645 者。

**7.51 a.** 0.8245 **b.** 0.0521 **c.** 0.6826 **d.** $P(x \geq 310) = 0.0030$。這應當使我們懷疑該主張，因為一個懷孕持續 310 天以上是非常罕見的。**e.** 保險公司將拒絕支付若生育發生在保險範圍開始的 275 天之內。若受孕是發生在保險範圍開始之後，則保險公司將拒絕支付若懷孕期少於或等於 $275 - 14 = 261$ 天。$P(x \geq 261) = 0.3783$

# 第 8 章

**8.1** 一個母體特徵是摘要整個母體的一個數量。一個統計量是計算自一組樣本值的一個數量。

**8.3 a.** 母體特徵 **b.** 統計量 **c.** 母體特徵 **d.** 統計量 **e.** 統計量

**8.7 a.**

| $\bar{x}$ | 1.5 | 2 | 2.5 | 3 | 3.5 |
|---|---|---|---|---|---|
| $p(\bar{x})$ | 1/6 | 1/6 | 1/3 | 1/6 | 1/6 |

**b.**

| $\bar{x}$ | 1 | 1.5 | 2 | 2.5 | 3 | 3.5 | 4 |
|---|---|---|---|---|---|---|---|
| $p(\bar{x})$ | 1/16 | 1/8 | 3/16 | 1/4 | 3/16 | 1/8 | 1/16 |

**c.** 2 個分配皆是對稱的且它們的平均值皆等於 2.5。歸還抽樣之分配更近似一個常態分配。

**8.11** 對於 (c)-(f) 部分中的樣本大小，$\bar{x}$ 的抽樣分配將近似常態，因為那些樣本大小皆大於或等於 30。

**8.13 a.** $\mu_{\bar{x}} = 40$，$\sigma_{\bar{x}} = 0.625$，近似常態。**b.** 0.5762 **c.** 0.2628

**8.15 a.** $\mu_{\bar{x}} = 2$，$\sigma_{\bar{x}} = 0.267$ **b.** 在每個情景，$\mu_{\bar{x}} = 2$。當 $n = 20$，$\sigma_{\bar{x}} = 0.179$，且當 $n = 100$，$\sigma_{\bar{x}} = 0.08$。所有 3 個中心皆相同，樣本量越大，$\bar{x}$ 的標準差越小。因為當 $n = 100$ 時 $\bar{x}$ 的分配是 3 者中具有最小的標準差的一個，此樣本量具有最大的機率產生一個近似 $\mu$ 的 $\bar{x}$ 值。

**8.17 a.** 0.8185，0.0013 **b.** 0.9772，0.0000

**8.19** $P(0.49 < \bar{x} \leq 0.51) = 0.9974$；該生產線將無理地關掉之機率為 $1 - 0.9974 = 0.0026$。

**8.21** 近似 0。

**8.23 a.** $\mu_{\hat{p}} = 0.65$，$\sigma_{\hat{p}} = 0.151$。
**b.** $\mu_{\hat{p}} = 0.65$，$\sigma_{\hat{p}} = 0.107$。
**c.** $\mu_{\hat{p}} = 0.65$，$\sigma_{\hat{p}} = 0.087$。
**d.** $\mu_{\hat{p}} = 0.65$，$\sigma_{\hat{p}} = 0.067$。
**e.** $\mu_{\hat{p}} = 0.65$，$\sigma_{\hat{p}} = 0.048$。
**f.** $\mu_{\hat{p}} = 0.65$，$\sigma_{\hat{p}} = 0.034$。

**8.25 a.** $\mu_{\hat{p}} = 0.65$，$\sigma_{\hat{p}} = 0.026$ **b.** 不，因為 $np = 100(0.07) = 7$，它並非大於或等於 10。**c.** 平均數不變，但標準差變為 $\sigma_{\hat{p}} = 0.018$ **d.** 是，因為 $np = 14$ 且 $n(1 - p) = 186$，它們皆大於或等於 10。**e.** 0.0485

**8.27 a.** $\mu_{\hat{p}} = 0.005$，$\sigma_{\hat{p}} = 0.007$ **b.** 不，因為 $np = 0.5 < 10$。**c.** 我們需要 $np$ 及 $n(1 - p)$ 皆大於或等於 10；必需 $n \geq 2000$。

**8.29 a.** 若 $p = 0.5$，$\mu_{\hat{p}} = 0.5$，$\sigma_{\hat{p}} = 0.0333$，近似常態。若 $p = 0.6$，$\mu_{\hat{p}} = 0.6$，$\sigma_{\hat{p}} = 0.0327$，近似常態。若 $p = 0.6$，$P(\hat{p} \geq 0.6) = 0.5$。**c.** 對於較大的樣本量，$\hat{p}$ 的值接近

$p$ 的機率較大。所以,對於 $n = 400$,當 $p = 0.5$,$P(\hat{p} \geq 0.6)$ 將會更小。當 $p = 0.6$,$P(\hat{p} \geq 0.6)$ 仍為 0.5,且它將維持相同。

**8.31** **a.** 0.9744 **b.** 近似 0

**8.33** **a.** $\bar{x}$ 近似具有平均數 50 且標準差 0.1 之常態分配。**b.** 0.9876 **c.** 0.5

**8.35** **a.** 0.8185 **b.** 0.8357 **c.** 0.9992

**8.37** 0.0793

## 第 9 章

**9.1** 統計量 II 和 III 優於統計量 I 因為它們是不偏的。然而,統計 II 勝過統計量 III 因為它的標準差較小。所以統計量 II 應被採用。

**9.3** $\hat{p} = 0.277$

**9.5** $\hat{p} = 0.7$

**9.7** **a.** $\bar{x} = 421.429$ **b.** $s^2 = 10414.286$ **c.** $s = 102.050$。不,$s$ 不是估計 $\sigma$ 的一個不偏統計量。

**9.9** **a.** $\bar{x} = 120.6$ 撒姆
**b.** $\tau$ 的估計值為 $10000(120.6) = 1206000$ 撒姆。**c.** $\hat{p} = 0.8$ **d.** 樣本中位數 = 120 撒姆

**9.11** **a.** 1.96 **b.** 1.645 **c.** 2.58 **d.** 1.28 **e.** 1.44

**9.13** **a.** 信賴水準越大,區間越寬。**b.** 越本量越大,區間越窄。**c.** 遠離 0.5 的 $\hat{p}$ 值產生越小的 $\hat{p}(1 - \hat{p})$ 值。因此,離 0.5 越遠的 $\hat{p}$ 值,區間越窄。

**9.15** (0.877, 0.923)。我們 99% 相信在過去 6 個月內所有駕駛者開始有不小心或好鬥性的駕駛之比例介於 0.877 和 0.923 之間。

**9.17** (0.675, 0.705)。我們 98% 相信所有沿海居民將會撤離的比例介於 0.675 和 0.705 之間。若我們被抽取樣本量為 5046 之一群大樣本,則 98% 所產生的信賴區間會包含所有沿海居民將會撤離之真正的比例數。

**9.19** **a.** (0.642, 0.677)。我們 90% 相信所有 8 歲到 18 歲的美國人擁有一支行動電話的比例介於 0.642 和 0.677 之間。**b.** (0.745, 0.776)。我們 90% 相信所有 8 歲到 18 歲的美國人擁有一台 MP3 的比例介於 0.745 和 0.776 之間。**c.** (b) 部分中的區間比 (a) 部分中的區間更窄,因為 (b) 部分中的樣本比例數離 0.5 較遠。

**9.21** **a.** (0.660, 0.740)。我們 95% 相信可能的陪審員會定期觀看至少一部犯罪場景研究系列的比例介於 0.660 和 0.740 之間。**b.** 更寬。

**9.23** **a.** (0.223, 0.298)。我們 95% 相信所有美國企業因為不當使用網際網路而解僱員工的比例在 0.223 和 0.298 之間。**b.** 估計的標準誤差較小且信賴水準較低。

**9.25** 0.024。我們 95% 相信所有成人相信電視秀不是「完全虛構的」就是「多半失真的」之比例距離樣本比例 0.82 在 0.024 之內。

**9.27** 我們 95% 相信所有成人駕駛會在駕駛中使用手機談話之比例距離樣本比例 0.36 在 $1.96\sqrt{\hat{p}(1-\hat{p})/n} = 0.030$ 之內。

**9.29** **a.** (0.119 0.286)。我們 95% 相信所有 50 歲以下病人在安置這種心臟除顫器後頭兩年經驗失效之比例介於 0.119 和 0.286 之間。**b.** (0.011, 0.061)。我們 99% 相信所有 50 歲或以上病人在安置這種心臟除顫器後頭兩年經驗失效之比例介於 0.011 和 0.061 之間。**c.** 使用得自此研究之 $p$ 估計 18/89,所需樣本量為 $n = 688.685$。所需樣本至少 689。

**9.31** 一個所需樣本量為 2401。

**9.33** 一個所需樣本量為 385。

**9.35** **a.** 2.12 **b.** 1.80 **c.** 2.81 **d.** 1.71 **e.** 178 **f.** 2.26

**9.37** 第二個區間是基於較大的樣本量;此區間較窄。

**9.39** **a.** (7.411, 8.069)。**b.** (41.439, 44.921)。

**9.43** **a.** 較窄的。**b.** 該敘述不正確。母體平均數 $\mu$ 是一個常數，因此我們不能談它落在某一固定區間內之機率。**c.** 該敘述不正確。我們可以說平均每 100 組樣本中的 95 組將產生包含 $\mu$ 的信賴區間，但不可以說在 100 組這種樣本中，恰有 95 組將產生包含 $\mu$ 的信賴區間。

**9.45** **a.** 從 12 到 23 月之樣本以及從 24 到 35 月之樣本是具有較大變異之樣本。**b.** 少於 12 月之樣本具有較大的樣本量。**c.** 新區間具有信賴水準 99%。

**9.51** $\sigma$ 的一個合理估計值為（樣本全距）/ 4 = 162.5。需要 1015 之樣本量。

**9.53** 首先，我們必須知道這資訊乃是基於 65 歲或更年長具中等收入消費者之一組隨機樣本。其次，針對估計的平均數 $10235 提供某種誤差額度將是有用的。

**9.55** **a.** 該文章敘述蜂后在牠們交配飛行中平均飛行 24.2 ± 9.21 分鐘，所以這區間是母體平均數的一個信賴區間。

# 第 10 章

**10.1** $\bar{x}$ 是一個樣本統計量。

**10.3** $H_a$: $\mu > 100$ 將被採用。

**10.7** $H_0$: $p = 0.5$ $H_a$: $p > 0.5$

**10.9** $H_0$: $p = 0.5$ $H_a$: $p > 0.5$

**10.11** $H_0$: $\mu = 40$ $H_a$: $\mu \neq 40$

**10.13** **a.** 型 I 錯誤，0.091 **b.** 0.097

**10.15** **a.** 一個型 I 錯誤將被結論該男人不是這位父親當事實上他是。一個型 II 錯誤將被結論該男人是這位父親當事實上他不是。**b.** $\alpha = 0.001$，$\beta = 0$ **c.** $\beta = 0.008$

**10.17** **a.** 型 I 錯誤斷定有證據顯示大於 1% 的貨物有瑕疵當事實上最多 1% 的貨物有瑕疵。型 II 錯誤為不確信大於 1% 的貨物有瑕疵當事實上大於 1% 的貨物有瑕疵。**b.** 型 II **c.** 型 I

**10.19** **a.** 在向公司提出假廣告指控之前，消費者擁護團體要求確認超過 10% 的信號燈有瑕疵之證據。

**10.21** **a.** 研究者不棄却 $H_0$。**b.** 型 II 錯誤 **c.** 是

**10.23** **a.** 一個 0.0003 的 P 值意指，假設 $H_0$ 為真，你會得到一個樣本結果至少與 $H_0$ 不一致如同在研究中得到的一般之機率非常低。所以，$H_0$ 被棄却。**b.** 一個 0.350 的 P 值意指，假設 $H_0$ 為真，你會得到一個樣本結果至少與 $H_0$ 不一致如同在研究中得到的一般並非特別的不可能。所以，沒有理由棄却 $H_0$。

**10.25** **a.** 不棄却 $H_0$。**b.** 不棄却 $H_0$。**c.** 不棄却 $H_0$。**d.** 棄却 $H_0$。**e.** 不棄却 $H_0$。**f.** 不棄却 $H_0$。

**10.27** **a.** 不合適的 **b.** 合適的 **c.** 合適的 **d.** 不合適的

**10.29** **a.** $z = 2.530$，$P$ 值 = 0.0057，棄却 $H_0$ **b.** 不。該調查只包含 22 到 35 歲的女人。

**10.31** $z = 6.647$，$P$ 值 $\approx 0$，棄却 $H_0$。

**10.33** $z = 2.236$，$P$ 值 = 0.0127，棄却 $H_0$。

**10.35** $z = 15.436$，$P$ 值 $\approx 0$，棄却 $H_0$。

**10.37** $z = 0.791$，$P$ 值 = 0.2146，不棄却 $H_0$。

**10.39** **a.** $z = -1.897$，$P$ 值 = 0.0289，棄却 $H_0$。**b.** $z = -0.6$，$P$ 值 = 0.274，不棄却 $H_0$。**c.** 兩個結果都提示少於一半的美國成年人相信電影品質變差。然而，1000 人當中有 470 人回答這樣提供了此事實更強有力的證據。

**10.41** 文章中所給的值 38% 是所有重罪犯的一個比例；換言之，它是一個母體比例。因此，我們知道母體比例小於 0.4，且不需要一個假設檢定。

**10.43** **a.** 0.484 **b.** 0.686 **c.** 0.025 **d.** 0.000 **e.** 0.097

**10.45** a. 棄却 $H_0$。b. 不棄却 $H_0$。c. 不棄却 $H_0$。

**10.47** a. $t = 0.748$，$P$ 值 $= 0.468$，不棄却 $H_0$。b. $t = 8.731$，$P$ 值 $\approx 0$，棄却 $H_0$。

**10.49** $t = 2.417$，$P$ 值 $= 0.010$，棄却 $H_0$。

**10.51** $t = 14.266$，$P$ 值 $\approx 0$，棄却 $H_0$。

**10.53** $t = -5.001$，$P$ 值 $\approx 0$，棄却 $H_0$。

**10.55** a. $t = 1.265$，$P$ 值 $= 0.103$，不棄却 $H_0$。b. $t = 3.162$，$P$ 值 $= 0.001$，棄却 $H_0$。

**10.59** a. 增加樣本量會增加檢定力。b. 增加顯著水準會增加檢定力。

**5.61** a. 0.1003 b. 0.2358 c. 0.0001 d. 當 $\mu = 9.8$，檢定力為 $1 - 0.2358 = 0.7642$；當 $\mu = 9.5$，檢定力為 $1 - 0.0001 = 0.9999$。

**10.63** a. $t = 0.466$，$P$ 值 $= 0.329$，不棄却 $H_0$。b. $\beta \approx 0.75$ c. 檢定力 $\approx 1 - 0.75 = 0.25$

**10.65** a. $\beta \approx 0.04$ b. $\beta \approx 0.04$ c. $\beta \approx 0.24$ d. $\beta \approx 0$ e. $\beta \approx 0.04$ f. $\beta \approx 0.01$

**10.67** a. $z = 3.370$，$P$ 值 $= 0.0004$，棄却 $H_0$

## 第 11 章

**11.1** $\bar{x}_1 - \bar{x}_2$ 的分配近似常態具有平均數 5 及標準差 0.529。

**11.5** a. 因為盒型圖是大致對稱的且在任一樣皆無離群值，常態性之假設被證明是合理的，所以執行一個雙樣本 $t$ 檢定是合理的。b. $t = 3.332$，$P$ 值 $= 0.001$，棄却 $H_0$ c. (0.423, 2.910)。我們 98% 確信在 2009 年和 1999 年每日花在電子某體的平均時間差介於 0.423 和 2.910 小時之間。

**11.7** $t = -0.445$，$P$ 值 $= 0.660$，不棄却 $H_0$。

**11.11** $t = 1.065$，$P$ 值 $\approx 0.288$，不棄却 $H_0$。

**11.13** a. $\mu_1 = $ 包含失當的索賠之平均支付；$\mu_2 = $ 不包含失當的索賠之平均支付；$H_0: \mu_1 - \mu_2 = 0$；$H_a: \mu_1 - \mu_2 < 0$ b. 回答：(ii) 2.65。因為樣本量很大，我們使用具有大量自由度的一個 $t$ 分配，它可以近似標準常態分配。$P(z > 2.65) = 0.004$，它就是所給的 $P$ 值。沒有其他的 $t$ 之可能值給出正確的 $P$ 值。

**11.15** a. $(-68.668, -19.299)$ b. $t = 2.762$，$P$ 值 $= 0.015$，棄却 $H_0$。

**11.19** a. 因為是小樣本我們必須知道或假設隨機樣本取自常態。然而，在此個案中，因為與平均數相比這 2 個標準差是大的，看起來這些分配會是常態的機會不大。b. 因為樣本量是大的，適合執行雙樣本 $t$ 檢定。c. $t = -2.207$，$P$ 值 $= 0.030$，不棄却 $H_0$。

**11.21** a. $t = -9.863$，$P$ 值 $\approx 0$，棄却 $H_0$ b. 對此雙樣本 $t$ 檢定，$t = -9.979$，df $= 22.566$，且 $P$ 值 $\approx 0$。所以，結論一樣。

**11.23** 對於每根地下管道，左右兩側以隨機方式各塗上不同的塗層。然後，在幾乎相等的依據提過的外部變數之條件下，這兩種塗層被檢定。

**11.25** $t = -0.515$，$P$ 值 $= 0.612$，不棄却 $H_0$。

**11.27** a. $t = -3.106$，$P$ 值 $= 0.006$，棄却 $H_0$ b. $(-2.228, -0.852)$

**11.29** a. $t = 4.451$，$P$ 值 $\approx 0$，棄却 $H_0$ b. $(-0.210, 0.270)$ c. $t = 3.094$，$P$ 值 $= 0.001$，棄却 $H_0$。

**11.31** $t = -2.457$，$P$ 值 $= 0.018$，棄却 $H_0$。

**11.35** $P$ 值 $= 0.001$，棄却 $H_0$。

**11.37** $z = -1.667$，$P$ 值 $= 0.048$，棄却 $H_0$。

**11.39** a. $z = 1.172$，$P$ 值 $= 0.121$，不棄却 $H_0$ b. $(-0.036, 0.096)$。我們 99% 確信藉由文字信息 Gen Y 和 Gen X 捐款的比例之差介於 $-0.036$ 和 $0.096$ 之間。

**11.41** a. $z = -0.298$，$P$ 值 $= 0.766$，不棄却 $H_0$ b. $z = -2.022$，$P$ 值 $= 0.043$，棄却 $H_0$ c. 假設母體比例相等，你將少有機會得到當樣本很小時樣本比例之差像當樣本很大時樣本比例之差一樣大。

**11.43** **a.** $(-0.078, 0.058)$ **b.** 信賴區間包含 0。這告訴我們不存在母體比例差之令人信服的證據。

**11.45** 不。使用雙樣本 $z$ 檢定是不合適的，因為樣本量不夠大。我們沒被告訴樣本大小，但我們知道每組樣本量最多 81。魚油組的樣本比例為 0.05，且 $81(0.05) = 4.05$，它小於 10。所以適用雙樣本 $z$ 檢定的條件沒有滿足。

**11.47** $z = 0.767$，$P$ 值 $= 0.443$，不棄却 $H_0$。

**11.49** $(0.018, 0.082)$。0 沒有被包含在信賴區內。這意指在 0.05 顯著水準我們有令人信服的證據說在 2006 年和 2005 年擁有 MP3 遊戲機者之比例存在差異。

**11.51** $z = 6.306$，$P$ 值 $\approx 0$，棄却 $H_0$。

**11.53** $z = 3.800$，$P$ 值 $\approx 0$，棄却 $H_0$。

**11.55** **a.** $z = 9.169$，$P$ 值 $\approx 0$，棄却 $H_0$。 **b.** 不。因為這是一個觀察的研究，因果關係不能由結果推得。

**11.57** 因為所給的資料為母體特徵，不能應用一個推論程序。已知戰場上士兵患漸凍人症的比例高於未上戰場的士兵患此症之比例。

## 第 12 章

**12.1** **a.** $P$ 值 $= 0.024$；不棄却 $H_0$。 **b.** $P$ 值 $= 0.043$；不棄却 $H_0$。 **c.** $P$ 值 $= 0.035$；不棄却 $H_0$。 **d.** $P$ 值 $= 0.002$；棄却 $H_0$。 **e.** $P$ 值 $= 0.172$；不棄却 $H_0$。

**12.3** **a.** $P$ 值 $= 0.0002 < 0.001$，所以棄却 $H_0$。 **b.** 最小的期望數目為 $40(0.1) = 4$，它小於 5。卡方檢定並不合適。

**12.5** $X^2 = 19.599$，$P$ 值 $\approx 0$，棄却 $H_0$

**12.7** $X^2 = 457.464$，$P$ 值 $\approx 0$，棄却 $H_0$

**12.9** **a.** $X^2 = 166.958$，$P$ 值 $\approx 0$，棄却 $H_0$ **b.** $X^2 = 5.052$，$P$ 值 $= 0.025$，棄却 $H_0$

**12.11** $X^2 = 25.486$，$P$ 值 $\approx 0$，棄却 $H_0$

**12.13** $X^2 = 1.469$，$P$ 值 $= 0.690$，不棄却 $H_0$

**12.15** **a.** $P$ 值 $= 0.844$，不棄却 $H_0$。 **b.** $P$ 值 $= 0.106$，不棄却 $H_0$

**12.17** $X^2 = 29.507$，$P$ 值 $= 0.001$，棄却 $H_0$

**12.21** **a.** $X^2 = 2.314$，$P$ 值 $= 0.128$，不棄却 $H_0$ **b.** 是 **c.** 是。因為 $P$ 值 $= 0.127 > 0.05$，我們不棄却 $H_0$。 **d.** 這兩個 $P$ 值幾乎相等；事實上，它們之間的差異只因在 Minitab 程式中的四捨五入誤差。

**12.25** $X^2 = 46.515$，$P$ 值 $\approx 0$，棄却 $H_0$

**12.27** $X^2 = 3.030$，$P$ 值 $= 0.387$，不棄却 $H_0$

**12.29** $X^2 = 49.813$，$P$ 值 $\approx 0$，棄却 $H_0$

**12.31** $X^2 = 1.978$，$P$ 值 $= 0.372$，不棄却 $H_0$

**12.33** **b.** $X^2 = 8.034$，$P$ 值 $= 0.005$，棄却 $H_0$

**12.35** $X^2 = 1.08$，$P$ 值 $= 0.982$，不棄却 $H_0$

**12.37** $X^2 = 881.360$，$P$ 值 $\approx 0$，棄却 $H_0$

**12.39** $X^2 = 4.035$，$P$ 值 $= 0.258$，不棄却 $H_0$

**12.41** $X^2 = 10.976$，$P$ 值 $< 0.001$，棄却 $H_0$

**12.43** $X^2 = 22.855$，$P$ 值 $\approx 0$，棄却 $H_0$

## 第 13 章

**13.1** **a.** $y = -5.0 + 0.017x$ **c.** 30.7 **d.** 0.017 **e.** 17 **f.** 不，此模型不應被用來預測資料以外的範圍。

**13.3** **a.** 當 $x = 15$，$\mu_y = 0.18$。當 $x = 17$，$\mu_y = 0.186$。 **b.** 當 $x = 15$，$P(y > 0.18) = 0.5$。 **c.** 當 $x = 14$，$P(y > 0.175) = 0.655$，$P(y < 0.178) = 0.579$。

**13.5** **a.** 47，4700 **b.** 0.3156，0.0643

**13.7** **a.** 0.121 **b.** $s_e = 0.155$；這是一個典型

的樣本中一個骨質密度距離最小平方直線預測值的垂直離差。**c.** 0.009 g/cm² **d.** 1.098 g/cm²

**13.9** **a.** $r^2 = 0.883$ **b.** $s_e = 13.682$，df = 14

**13.11** **a.** 此圖顯示一個線性模型，且資料點的垂直散布並無呈現依樣本中 $x$ 值的範圍而變化。若我們假設在任意給定的 $x$ 值之誤差之分配近似常態，則簡單線性迴歸似乎是恰當的。**b.** $\hat{y} = -0.00227 + 1.247x$；當 $x = 0.09$，$\hat{y} = 0.110$。**c.** $r^2 = 0.436$，43.6% 市場佔有率的變異可由市場佔有率和廣告佔有率相關的線性迴歸模型所解釋。**d.** $s_e = 0.0263$，df = 8

**13.13** **a.** 0.253 **b.** 0.179；不 **c.** 4

**13.15** **a.** 0.1537 **b.** (2.17, 2.83) **c.** 是，這區間相對地窄。

**13.17** **a.** $a = 592.1$，$b = 97.26$ **b.** 當 $x = 2$，$\hat{y} = 786.62$，$y - \hat{y} = -29.62$。**c.** (87.76, 106.76)

**13.19** $t = -3.66$，$P$ 值 $\approx 0$，棄却 $H_0$

**13.21** **a.** (0.081, 0.199)。我們 95% 確信在火災中結合每秒增加 1 脈膊之頻率所引起的興奮之平均變化比例介於 0.081 和 0.199 之間。**b.** $t = 5.451$，$P$ 值 $= 0.001$，棄却 $H_0$

**13.23** **a.** $t = 6.493$，$P$ 值 $\approx 0$，棄却 $H_0$ **b.** $t = 1.56$，$P$ 值 $= 0.079$，不棄却 $H_0$

**13.25** $t = -17.57$，$P$ 值 $\approx 0$，棄却 $H_0$

**13.27** **a.** 圖形支持簡單線性模型採用之設。**b.** 是。因為常態機率圖顯示一個大致的線性模型，假設誤差分配近似常態是合理的。

**13.29** **a.** $\hat{y} = 0.939 + 0.873x$ **b.** 標準化殘差圖顯示有一個明顯是離群值的點（其標準化殘差為 3.721 之點）。這是對於乘積 25 之點。**c.** $\hat{y} = 0.703 + 0.918x$，移除此點對估計的迴歸線方程式產生合理可觀的變化。**d.** 對於最小寬度每增加 1 公分，平均最大寬度估計可增加 0.918 公分。當最小寬度為 0 時，截距是平均最大寬度的估計值。**e.** 這圖中的模型指出 $y$ 分配的變異數隨著 $x$ 的增加而減少，因此，常數變異數之假設是不正確的。

**13.33** 一個信賴區間是當 $x = x^*$ 時 $y$ 的平均數的一個估計。一個預測區間是當 $x = x^*$ 時一個個別 $y$ 值的一個預測。一個 95% 的預測水準意指該預測區間是由使用一個具有 5% 誤差率的方法計算而得。

# 第 14 章

**14.1** 一個確定的模型不具有隨機離差項 $e$，而一個機率模型卻包含這樣的一項。

**14.3** **a.**（對於 $x_1, x_2, x_3$ 的固定值 $y$ 平均數）$= 30 + 0.90x_1 + 0.08x_2 - 4.5x_3$
**b.** $\beta_0 = 30$，$\beta_1 = 0.9$，$\beta_2 = 0.08$，$\beta_3 = -4.50$
**e.** 23.5 **f.** 95%

**14.5** **a.** 13.552 克 **b.** 當長度固定，寬度每增加 1 毫米產生重量平均增加 0.828 克。當寬度固定，長度每增加 1 毫米重量平均增加 0.373 克。

**14.7** **a.** 103.11 **b.** 96.87 **c.** $\beta_1 = -6.6$；6.6 為當平均日照百分比維持固定時結合平均溫度增加 1 單位預期產量之減少單位量。$\beta_2 = -4.5$；4.5 為當平均溫度維持固定時結合平均日照百分比增加 1 單位預期產量之減少單位量。

**14.9** **b.** 對 $x = 10$ 較高 **c.** 當脫木質度從 8 增加到 9，平均氯含量增加 7。當脫木質度從 9 增加到 10，平均氯含量減少 1。

**14.11** **c.** 每個圖中的平行線可歸因於兩個獨立變項之間缺少交互作用。

**14.13** **a.** $y = \alpha + \beta_1 x_1 + \beta_2 x_2 + \beta_3 x_3 + e$
**b.** $y = \alpha + \beta_1 x_1 + \beta_2 x_2 + \beta_3 x_3 + \beta_4 x_1^2 + \beta_5 x_2^2 + \beta_6 x_3^2 + e$
**c.** $y = \alpha + \beta_1 x_1 + \beta_2 x_2 + \beta_3 x_3 + \beta_4 x_1 x_2 + e$；
$y = \alpha + \beta_1 x_1 + \beta_2 x_2 + \beta_3 x_3 + \beta_4 x_1 x_3 + e$；

$y = \alpha + \beta_1 x_1 + \beta_2 x_2 + \beta_3 x_3 + \beta_4 x_2 x_3 + e$
**d.** $y = \alpha + \beta_1 x_1 + \beta_2 x_2 + \beta_3 x_3 + \beta_4 x_1^2 + \beta_5 x_2^2 + \beta_6 x_3^2 + \beta_7 x_1 x_2 + \beta_8 x_1 x_3 + \beta_9 x_2 x_3 + e$

**14.17 a.** $0.01 < P$ 值 $< 0.05$ **b.** $P$ 值 $> 0.10$ **c.** $P$ 值 $= 0.01$ **d.** $0.001 < P$ 值 $< 0.01$

**14.19 a.** $F = 12118$，$P$ 值 $\approx 0$，棄却 $H_0$ **b.** 因為 $P$ 值是最小的且 $r^2$ 接近 1，存在強烈的證據說該模型是有用的。**c.** 在 (b) 部分中的模型應被採用，因為增加變項 $x_1$ 和 $x_2$ 到模型中只提升 $R^2$ 的值一個小數量（從 0.994 到 0.996）。

**14.21** $F = 24.41$，$P$ 值 $< 0.001$，棄却 $H_0$ 並結論此模型是有用的。

**14.23** $F = 3.5$，$0.01 < P$ 值 $< 0.05$，棄却 $H_0$ 並結論此模型是有用的。

**14.25** $F = 7.986$，$P$ 值 $< 0.001$，棄却 $H_0$ 並結論此模型是有用的。

**14.27 a.** $\hat{y} = 1.44 - 0.0523$ 長度 $+ 0.00397$ 速度 **b.** $\hat{y} = 1.59 - 1.40 \left( \dfrac{長度}{速度} \right)$ **e.** 在 (a) 部分中的模型有 $R^2 = 0.75$ 及調整 $R^2 = 0.719$，然而在 (d) 部分中的模型有 $R^2 = 0.543$ 及調整 $R^2 = 0.516$。

**14.29 a.** SSResid $= 390.4347$，SSTo $= 1618.2093$，SSRegr $= 1227.7746$ **b.** $R^2 = 0.759$；這意謂 75.9% 觀察的剪切強度中之變異可由配適模型來解釋。**c.** $F = 5.039$，$0.01 < P$ 值 $< 0.05$，棄却 $H_0$ 並結論此模型是有用的。

**14.31** $F = 96.64$，$P$ 值 $< 0.001$，棄却 $H_0$ 並結論此模型是有用的。

**14.35** $\hat{y} = 35.8 - 0.68 x_1 + 1.28 x_2$，$F = 18.95$，$P$ 值 $< 0.001$，棄却 $H_0$ 並結論此模型是有用的。

# 第 15 章

**15.1 a.** $0.001 < P$ 值 $< 0.01$ **b.** $P$ 值 $> 0.10$ **c.** $P$ 值 $= 0.01$ **d.** $P$ 值 $< 0.001$ **e.** $0.05 < P$ 值 $< 0.10$ **f.** $0.01 < P$ 值 $< 0.05$（使用 $df_1 = 4$ 且 $df_2 = 60$）

**15.3 a.** $H_0: \mu_1 = \mu_2 = \mu_3 = \mu_4$，$H_a$：4 個 $\mu_i's$ 中至少 2 個相異。**b.** $P$ 值 $= 0.012$，不棄却 $H_0$ **c.** $P$ 值 $= 0.012$，不棄却 $H_0$

**15.5** $F = 6.687$，$P$ 值 $= 0.001$，棄却 $H_0$

**15.7** $F = 5.273$，$P$ 值 $= 0.002$，棄却 $H_0$

**15.9** $F = 53.8$，$P$ 值 $< 0.001$，棄却 $H_0$

**15.11** $F = 2.62$，$0.05 < P$ 值 $< 0.10$，不棄却 $H_0$

**15.13**

| 變異來源 | df | 平方和 | 平均平方 | F |
|---|---|---|---|---|
| 處理 | 3 | 75,081.72 | 25,027.24 | 1.70 |
| 誤差 | 16 | 235,419.04 | 14,713.69 | |
| 總和 | 19 | 310,500.76 | | |

$F = 1.70$，$P$ 值 $> 0.10$，不棄却 $H_0$

**15.15** 因為在所有的 3 對中存在顯著差異，我們需要一組區間其中沒有一個區間包含 0。第 3 組即為所求。

**15.19 a.**

| | 駕駛遊戲 | 射擊遊戲 | 格鬥遊戲 |
|---|---|---|---|
| 樣本平均數 | .42 | 4.00 | 5.30 |

**b.**

| | 駕駛遊戲 | 射擊遊戲 | 格鬥遊戲 |
|---|---|---|---|
| 樣本平均數 | 2.81 | 3.44 | 4.01 |

**15.21 a.** $F = 45.64$，$P$ 值 $\approx 0$，棄却 $H_0$ **b.** 是；T-K 區間為 $(0.388, 0.912)$

# 索引

$k$ 次方多項式迴歸模式　$k$th-degree polynomial regression model　674
$n$ 個自平均數的離差　$n$ deviations from the sample mean　184
$y$ 軸截距　$y$-intercept　239
$z$ 分數　$z$ score　207

## 1 劃

一般的加法多元迴歸分析模式　general additive multiple regression model　672

## 2 劃

二分　dichotomy　179

## 3 劃

下四分位數　lower quartile　189
上四分位數　upper quartile　189
下尾　lower tail　131
上尾　upper tail　131

## 4 劃

內四分位距　interquartile range, iqr　189
中位數　median　176
不偏的統計量　unbiased statistic　429
比較的盒狀圖　comparative boxplot　199
分割的長條圖　segmented bar graph　102
分層抽樣　stratified sampling　47
分層隨機抽樣　stratified random sampling　47
五數摘要　five-number summary　196
反應變項　response variable　54, 59, 238
不歸還抽樣　sampling without replacement　45

## 5 劃

卡方分配　chi-square distribution　592
平方的殘值（誤差）之和　residual (or error) sum of squares　690
平方總和　total sum of squares　690
平方離差的總和　sum of the squared deviations　241
加法機率模式　additive probabilistic model　628
外生變項　extraneous variable　55
外推法的危險　danger of extrapolation　243
外插法的危險　danger of extrapolation　636
左偏　left skewed　132
正偏　positively skewed　132
右偏　right skewed　132
皮爾森樣本相關係數 r　Pearson's sample correlation coefficient r　228
母體　population　7
母體內四分位距　population interquartile range　191
母體分配　population distribution　342
母體平均數　population mean　173
母體成功比例　population proportion of successes　180
母體相關係數　population correlation coefficient　234
母體迴歸線　population regression line　629
母體迴歸函數　population regression function　673, 674
母體迴歸係數　population regression coefficients　672
母體標準差　population standard deviation　188
母體變異數　population variance　188

## 6 劃

因子　factors　34, 54, 708
多元決定的係數　coefficient of multiple determination　690
多重比較程序　multiple comparisons procedure　723
多峰　multimodal　131
有限母體校正因子　finite population correction factor　467
有偏的　biased　429
自發性回應抽樣　voluntary response sampling　50
全距　range　184
安慰劑　placebo　73
有影響力的觀測值　influential observation　258
次數　frequency　15
次方轉換　power transformation　283
次數分配　frequency distribution　15
列聯表　contingency table　600
多變量資料　multivariate data　13
自變項　independent　238

## 7 劃

均方　mean square　712
均方處理　mean square for treatments　712
均方誤差　mean square for error　712
完全二次模式　full quadratic 或是 complete second-order model　678
完全隨機化設計　completely randomized designs　66
決定係數　coefficient of determination　258, 259
估計的標準差　estimated standard deviation　637
估計誤差限制　bound on error of estimation　442
系統抽樣　systematic sampling　49
成對的　paired　533

## 8 劃

抵抗的　resistant　662
垂直截距　vertical intercept　239
直接控制與隨機分派　Direct Control and Random Assignment　59
直接控制　directly control　55
長條圖　bar chart　16
抽樣分配　sampling distribution　401
抽樣底冊　sampling frame　44
抽樣變異（性）　sampling variability　133, 398
依變項　dependent variable　238

## 9 劃

表中的全體總和　grand total　601
便利抽樣　convenience sampling　49
重尾　heavy-tailed　132
相依的結果　dependent outcomes　312
相依的　dependent　311, 312
負偏　negatively skewed　132
相對次數　relative frequency　15
相對次數分配　relative frequency distribution　15
相關係數　correlation coefficient　226, 228
指標變項　an indicator variable　680
廻歸分析　regression analysis　246
型 I 錯誤　Type I error　477
型 II 錯誤　Type II error　477

## 10 劃

修正的盒狀圖　modified boxplot　197
修正的 $R^2$　adjusted $R^2$　691

時間系列圖 time-series plot 148
配適值 fitted values 252
迴歸平方和 regression sum of squares 693

## 11 劃

控制組 control group 63, 72
密度 density 129
密度曲線 density curve 353
密度刻度 density scale 129
敘述統計 descriptive statistics 7
處理平方和 treatment sum of squares 712
混淆的 confounded 55
斜率 slope 239
處理 treatments 54, 59
區間估計 interval estimation 425
組距 class intervals 125
常態曲線 normal curve 132
常態機率圖 normal probability plot 379, 380
偏態的 skewed 132
推論統計 inferential statistics 8
眾數 modes 130
涵蓋不全 undercoverage 84
累積相對次數 cumulative relative frequency 135
連續的 continuous 14
連續型數值變項 continuous numerical variable 344
連續機率分配 continuous probability distribution 353
第 r 百分位數 the rth percentile 208

## 12 劃

最小平方直線 least-squares line 241
最小平方直線的標準差 standard deviation about the least-squares line 263

量化的 quantitative 12
散布圖 scatterplot 143
單向次數表 one-way frequency table 587
單因數變異數分析 single-factor analysis of variance, ANOVA 708
單盲 single-blind 74
單峰 unimodal 131
無回應偏誤 nonresponse bias 41
統計上顯著的 statistically significant 507
統計量 statistic 398
統計學 statistics 1
普查 census 40
殘差 residuals 252, 689
殘差平方和 residual sum of squares 259
殘差圖 residual plot 254, 657
集區化 blocking 55, 59
期望格次數 expected cell count 604
測量或回應偏誤 measurement or response bias 41
虛無假設 null hypothesis 472
虛擬變項 dummy variable 680
間斷 discrete 14
單變量資料集 univariate data set 12

## 13 劃

過度涵蓋 overcoverage 84
資料 data 12
群集 clusters 48
群集抽樣 cluster sampling 48
預測值 predicted values 689
預測變項 predictor 238
預測 predicted 252
極端的 extreme 197
解釋變項 explanatory variable 54, 59, 238
經驗法則 Empirical Rule 205
莖 stem 109, 110

## 14 劃

對立假設　alternative hypothesis　472
對稱的　symmetric　131
截尾平均數　trimmed mean　178
截尾的百分比　trimming percentage　178
截距　intercept　239
誤差平方和　error sum of squares　712
輕尾　light-tailed　132
輕微的　mild　197
實驗　experiment　35, 53
實驗條件　experimental condition　54
實驗單位　experimental unit　74

## 15 劃

樣本　sample　7
樣本中位數　sample median　176
樣本平均數　sample mean　173
樣本成功比例　sample proportion of successes　179
樣本迴歸直線　sample regression line　241
樣本迴歸線　sample regression line　245
樣本量 $n$ 的一組簡單隨機樣本　simple random sample of size $n$　43
樣本標準差　sample standard deviation　186
樣本變異數　sample variance　186
適合度統計量　goodness-of-fit statistic　591
潛在變項　lurking variables　60
質性的　qualitative　12
調查　survey　78
數值的　numerical　342
數值變項 $x$ 的平均數　mean value of a numerical variable $x$　346
數值變項 $x$ 的標準偏差　standard deviation of a numerical variable $x$　346
數量型　numerical　12
標準化　standardizing　369

標準化殘差圖　standardized residual plot　657
標準化殘差　standardized residuals　654
標準常態分配　standard normal distribution　361
標準誤　standard error　442
複製　replication　58, 59
葉　leaf　109, 110
層　strata　48

## 16 劃

獨立的　independent　312, 533
獨立的結果　independent outcomes　312
選取偏誤　selection bias　41
機率模型　probabilistic model　628
隨機分派　random assignment　56
隨機化控制的實驗　randomized controlled experiment　544
隨機化集區設計　randomized block design　67

## 17 劃

總平方和　total sum of squares　259, 718
點估計　point estimation　425
點估計值　point estimate　426
檢定力　power　512
檢定統計量　test statistic　487

## 18 劃

雙向次數表　two-way frequency table　600
雙盲　double-blind　74
雙峰　bimodal　131
雙變量資料集　bivariate data set　13
簡單線性迴歸模型　simple linear regression model　629
簡單隨機樣本　simple random sample　43

轉換　transformation　277
歸還抽樣　sampling with replacement　45

## 19 劃

類別型　categorical　12, 342
穩健的　robust　662
離散型數值變項　discrete numerical variable　344
離群值　outlier　111, 197, 258
邊際總和　marginal totals　601

## 23 劃

變項　variable　12
顯著水準　significance level　478

## 25 劃

觀察格次數　observed cell counts　600
觀察研究　observational study　35

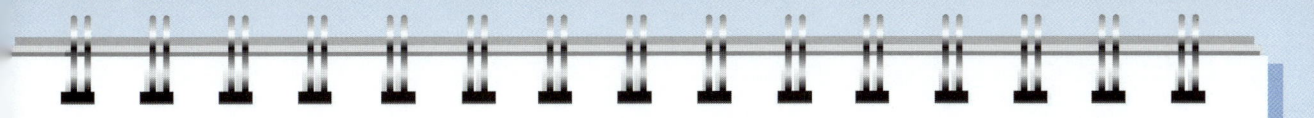

note

# note